2021

银成教育全国辅导机构
指　定　用　书

贺银成

国家临床执业医师资格考试
辅导讲义同步练习

编著◎武汉大学中南医院 贺银成

全国百佳图书出版单位
中国中医药出版社

图书在版编目(CIP)数据

贺银成国家临床执业医师资格考试辅导讲义同步练习/贺银成编著. —北京:中国中医药出版社,2020.12
ISBN 978-7-5132-6463-1

Ⅰ. ①贺…　Ⅱ. ①贺…　Ⅲ. ①临床医学—资格考试—习题集　Ⅳ. ①R4-44

中国版本图书馆 CIP 数据核字(2020)第 187207 号

中国中医药出版社有限公司出版
北京经济技术开发区科创十三街 31 号院二区 8 号楼
邮政编码　100176
传真　010-64405721
三河市燕山印刷有限公司印刷
各地新华书店经销

开本 787×1092　1/16　印张 40.25　字数 1178 千字
2020 年 12 月第 1 版　2020 年 12 月第 1 次印刷
书号　ISBN 978-7-5132-6463-1

定价　128.00 元
网址　www.cptcm.com

社 长 热 线　010-64405720
购 书 热 线　010-89535836
咨 询 热 线　010-64405709
维 权 打 假　010-64405753

微信服务号　zgzyycbs
微商城网址　https://kdt.im/LIdUGr
官 方 微 博　http://e.weibo.com/cptcm
天猫旗舰店网址　https://zgzyycbs.tmall.com

如有印装质量问题请与本社出版部联系(**010-64405510**)

前　　言

2021《贺银成国家临床执业医师资格考试辅导讲义》和2021《贺银成国家临床执业及助理医师资格考试历年考点精析》中的试题都是以真题为研究对象的，有些考试大纲上要求掌握的知识点未能完全覆盖。为此编著了这本2021《贺银成国家临床执业医师资格考试辅导讲义同步练习》，以进一步拓展同学们的知识面，更好地掌握大纲所要求的知识点。

本书严格按照2021年新大纲进行修订，内容包括解剖学、生物化学、生理学、医学微生物学、医学免疫学、病理学、病理生理学、药理学、医学心理学、医学伦理学、医学统计学、预防医学、卫生法规、内科学（含诊断学）、传染病学与皮肤性病学、神经病学、精神病学、外科学、妇产科学、儿科学和实践综合。其特点是将执业医师资格考试的相关知识点、易混点以试题形式对比排列，以帮助同学们理解和记忆相关知识点。所设计的试题与近年执业医师资格考试真题的出题方式及命题风格一致。本书是一本执业医师资格考试的专业题库，希望同学们在复习过程中，认真弄清楚本习题集所涉及的知识点，真正明白每个答案项为什么对，为什么错，错在什么地方。

本书按照2021《贺银成国家临床执业医师资格考试辅导讲义》的体例和顺序进行编排，以方便同学们复习。如能与辅导讲义配合使用，效果会更好。辅导讲义配有由我主讲的全套课件。如需购买，可以通过以下方式联系：

QQ：800067818　　25270063

武汉银成文化传播有限公司电话：027-82266012　　13971116888　　13971181888

公司商城网址　http://shop.yixueks.com

扫描本书封面二维码，下载APP直接购买。

本套执业医师资格考试复习参考书已全部出版，可以选用：

2021《贺银成国家临床执业医师资格考试辅导讲义》

2021《贺银成国家临床执业医师资格考试辅导讲义同步练习》

2021《贺银成国家临床执业医师资格考试全真模拟试卷及精析》

2021《贺银成国家临床执业及助理医师资格考试历年考点精析》

2021《贺银成国家临床执业及助理医师资格考试实践技能应试指南》

在使用本套图书过程中若发现不足或错误之处，请随时指出（heyincheng2002@qq.com），每指出一处错误，奖励10元，多人指出同一处错误者，奖励首位指出者。

最后祝愿大家顺利通过执业医师资格考试！

贺银成

2020年12月

目　录

Contents 目录

第一篇　解剖学试题

1. 有横突孔的椎骨是
A. 颈椎　B. 胸椎　C. 腰椎
D. 骶椎　E. 尾椎
2. 胸骨角两侧平对
A. 第1肋　B. 第2肋　C. 第3肋
D. 第4肋　E. 第5肋
3. 穿棘孔的结构是
A. 眼神经　B. 颈内动脉　C. 视神经
D. 上颌神经　E. 脑膜中动脉
4. 鼻泪管开口于
A. 上鼻道　B. 中鼻道　C. 下鼻道
D. 半月裂孔　E. 眶下裂
5. 额窦开口于
A. 上鼻道　B. 中鼻道　C. 下鼻道
D. 蝶筛隐窝　E. 眶下裂
6. 下列各骨中,不属于长骨的是
A. 肱骨　B. 尺骨　C. 指骨
D. 跖骨　E. 肋骨
7. 在体表不能扪及的结构是
A. 肩峰　B. 尺骨冠突　C. 桡骨茎突
D. 肱骨内上髁　E. 肩胛骨下角
8. 全身活动度最大的关节是
A. 肩关节　B. 肘关节　C. 指关节
D. 膝关节　E. 踝关节
9. 斜方肌麻痹时,可产生的典型畸形是
A. 翼状肩　B. 塌肩　C. 方肩
D. 腕下垂　E. 爪形手
10. 食管的第二个狭窄约距中切牙
A. 15cm　B. 20cm　C. 25cm
D. 40cm　E. 45cm
11. 结肠带存在于
A. 直肠　B. 肛管　C. 盲肠
D. 小肠　E. 阑尾
12. 患者,女,48岁。因胆总管结石行胆总管切开探查引流术,最易显露胆总管的部位是
A. 十二指肠上段　B. 十二指肠后段　C. 胰腺段
D. 十二指肠壁段　E. 肝胰壶腹

13. 鼻出血是临床常见的症状,好发于
A. 鼻腔顶　B. 鼻中隔　C. 上鼻甲
D. 中鼻甲　E. 下鼻甲

14. 女性膀胱后方毗邻
A. 卵巢　B. 直肠　C. 输卵管
D. 骶骨　E. 子宫和阴道

15. 肾蒂内的结构不包括
A. 肾动脉　B. 肾静脉　C. 肾盂
D. 肾大盏　E. 淋巴管

16. 男性尿道最狭窄的部位是
A. 尿道内口　B. 尿道外口　C. 尿道膜部
D. 尿道前列腺部　E. 弯曲的部位

17. 避免子宫向下脱垂的主要结构是
A. 子宫阔韧带　B. 子宫圆韧带　C. 子宫主韧带
D. 子宫骶韧带　E. 卵巢固有韧带

18. 不属于腹膜间位器官的是
A. 肝　B. 脾　C. 子宫
D. 升结肠　E. 膀胱

19. 与肝无关的腹膜结构是
A. 小网膜　B. 网膜囊　C. 镰状韧带
D. Douglas 腔　E. Winslow 孔

20. 属于右心室的结构是
A. 界嵴　B. Todaro 腱　C. 隔缘肉柱
D. 二尖瓣　E. 主动脉瓣

21. 锁骨下动脉的主要分支不包括
A. 椎动脉　B. 胸廓内动脉　C. 甲状颈干
D. 肋颈干　E. 胸肩峰动脉

22. 某急性阑尾炎患者行保守治疗,静脉滴注的抗生素作用于阑尾,须经过的动脉不包括
A. 腹腔干　B. 回结肠动脉　C. 肠系膜上动脉
D. 腹主动脉　E. 阑尾动脉

23. 下腔静脉不接受的静脉是
A. 腰静脉　B. 肾静脉　C. 肝门静脉
D. 右侧肾上腺静脉　E. 膈下静脉

24. 子宫淋巴管注入的淋巴结不包括
A. 髂内淋巴结　B. 髂外淋巴结　C. 腰淋巴结
D. 腹股沟浅淋巴结　E. 腹股沟深淋巴结

25. 下列哪种结构不属于眼副器?
A. 结膜　B. 眼睑　C. 眼球外肌
D. 眼动脉　E. 眶脂体

26. 下列结构中属于骨迷路的是
A. 耳蜗　B. 蜗管　C. 椭圆囊
D. 球囊　E. 鼓膜

27. 听觉感受器位于
A. 耳蜗　B. 鼓膜　C. 半规管
D. 椭圆囊　E. 球囊

28. 薄束和楔束在脊髓表面的分界标志是
A. 前正中裂　B. 前外侧沟　C. 后外侧沟
D. 后正中沟　E. 后中间沟

29. 损伤后导致本体感觉丧失的纤维束是
A. 薄束和楔束　B. 脊髓丘脑束　C. 脊髓小脑束
D. 皮质脊髓束　E. 红核脊髓束

30. 脑干从下到上依次为
A. 中脑、脑桥、延髓　B. 脑桥、中脑、延髓　C. 脑桥、延髓、中脑
D. 延髓、中脑、脑桥　E. 延髓、脑桥、中脑

31. 属于特殊内脏感觉核的是
A. 三叉神经中脑核　B. 舌下神经核　C. 孤束核
D. 疑核　E. 迷走神经背核

32. 小脑损伤的临床表现不包括
A. 共济失调　B. 眼球震颤　C. 意向性震颤
D. 肌张力下降　E. 随意运动障碍

33. 间脑位于中脑和端脑之间，分为五个部分，错误的是
A. 下丘脑　B. 上丘脑　C. 前丘脑
D. 后丘脑　E. 底丘脑

34. 中央旁小叶损伤可引起
A. 同侧下肢瘫痪　B. 对侧下肢瘫痪　C. 同侧上肢瘫痪
D. 同侧下肢感觉异常　E. 对侧下肢感觉异常

35. 患者，女性，46 岁。作乳腺癌扩大根治术时，不慎致“翼状肩”畸形，是由于术中损伤了
A. 腋神经　B. 尺神经　C. 胸长神经
D. 胸背神经　E. 肌皮神经

36. 瞳孔散大是由于损伤了
A. 视神经　B. 动眼神经　C. 眼神经
D. 滑车神经　E. 展神经

37. 控制舌下腺分泌的节后纤维发自
A. 睫状神经节　B. 耳神经节　C. 翼腭神经节
D. 下颌下神经节　E. 三叉神经节

38. 患者，男，25 岁。因车祸事故造成其第八胸段脊髓左侧半离断，四肢的功能障碍表现为
A. 左上肢硬瘫　B. 右上肢硬瘫　C. 左下肢硬瘫
D. 右下肢硬瘫　E. 右下肢软瘫

39. 脊髓的动脉来自
A. 椎动脉　B. 大脑前动脉　C. 大脑中动脉
D. 大脑后动脉　E. 颈内动脉

40. 基底动脉的分支不包括
A. 大脑后动脉　B. 大脑中动脉　C. 小脑上动脉
D. 脑桥动脉　E. 迷路动脉

41. 属于内分泌器官的是
A. 卵巢　　B. 睾丸　　C. 前列腺
D. 肾上腺　　E. 胰腺

42. 患者,女性,40岁,因“内分泌失调”就诊。MRI 显示蝶鞍内一肿块向蝶鞍上扩展,未见正常垂体组织。CT 扫描重建成像可见病灶内大量钙化组织。初步诊断为垂体钙化。患者分泌减少的激素是
A. 甲状腺激素　　B. 甲状旁腺激素　　C. 生长抑素
D. 催乳素　　E. 褪黑素

43. 甲状腺峡部多位于
A. 1~2 气管软骨环前方　　B. 2~4 气管软骨环前方　　C. 4~5 气管软骨环前方
D. 5~6 气管软骨环前方　　E. 6~7 气管软骨环前方

解剖学试题参考答案及详细解答

（正确答案为绿色的选项）

1. ABCDE ①颈椎横突有孔，称为横突孔，有椎动脉（穿 1～6 横突孔）和椎静脉通过。②胸椎、腰椎、骶椎和尾椎均无横突孔。
2. ABCDE 胸骨柄与胸骨体连接处微向前突，称为胸骨角，可在体表扪及，两侧平对第 2 肋，是计数肋的重要标志。
3. ABCDE ①在颅中窝颈动脉沟外侧，由前内向后外有圆孔、卵圆孔和棘孔，分别有上颌神经、下颌神经、脑膜中动脉通过。②眼神经经眶上裂出颅，颈内动脉经颈动脉管入颅，视神经经视神经管出颅。
4. ABCDE 鼻腔外侧壁可见上、中、下鼻甲，每个鼻甲下方为相应的鼻道，分别称为上鼻道、中鼻道、下鼻道。鼻泪管开口于下鼻道前上方。
5. ABCDE ①额窦位于眉弓深面，左右各一，窦口向下，开口于中鼻道前部的筛漏斗处。②筛窦分前、中、后三群，前、中群开口于中鼻道，后群开口于上鼻道。蝶窦开口于蝶筛隐窝。上颌窦开口于中鼻道半月裂孔。
6. ABCDE ①长骨分布于四肢，呈长管状，ABCD 均属于长骨。②肋骨属于扁骨，参与胸腔的构成，故答 E。
7. ABCDE 除尺骨冠突外，ACDE 均可在体表扪及。
8. ABCDE 肩关节是全身活动度最大、最灵活的关节，因此最易发生关节脱位，肩关节脱位约占全身关节脱位的 50%。
9. ABCDE ①斜方肌的作用为拉肩胛骨向脊柱靠拢，上部肌束可上提肩胛骨，下部肌束使肩胛骨下降。该肌瘫痪时，产生塌肩（B）。②翼状肩见于前锯肌麻痹，方肩见于肩关节脱位，腕下垂见于桡神经损伤，爪形手见于尺神经损伤。
10. ABCDE 食管有 3 个生理性狭窄：第 1 狭窄相当于第 6 颈椎体下缘水平，距中切牙约 15cm；第 2 狭窄相当于第 4、5 胸椎体之间水平，距中切牙 25cm；第 3 狭窄相当于第 10 胸椎水平，距中切牙约 40cm。
11. ABCDE 结肠带是由肠壁的纵行肌增厚形成的，除直肠、肛管、阑尾外，结肠和盲肠均具有结肠带。
12. ABCDE 胆总管按行程分为 4 段，即十二指肠上段、十二指肠后段、胰腺段和十二指肠壁段，其中十二指肠上段最易显露，常作为胆总管切开探查的部位。
13. ABCDE 鼻中隔表面有黏膜，前下方血管丰富，位置表浅，外伤或干燥刺激均易引起出血，是鼻出血的好发部位，称为易出血区或 Little 区。
14. ABCDE 女性膀胱后方借膀胱阴道隔与子宫、阴道前壁相邻。男性膀胱后方与直肠毗邻。
15. ABCDE 出入肾门的诸结构被结缔组织所包裹，称为肾蒂。通过肾蒂的结构包括肾动脉、肾静脉、神经、淋巴管、肾盂等，不包括肾大盏，肾大盏位于肾脏内，而不在肾蒂内。
16. ABCDE 男性尿道有 3 个狭窄的部位，分别位于尿道内口、尿道膜部和尿道外口，其中以尿道外口最为狭窄。
17. ABCDE ①子宫主韧带位于子宫阔韧带的基部，从子宫颈两侧缘延至盆侧壁。子宫主韧带较强韧，是维持子宫颈正常位置、防止子宫向下脱垂的重要结构。②子宫阔韧带主要作用是限制子宫向两侧移动。子宫圆韧带主要是维持子宫前倾位置。子宫骶韧带主要维持子宫前倾前屈位置。卵巢固有韧带是卵巢的固定装置。

18. ABCDE　表面大部分被腹膜覆盖的器官,称为腹膜间位器官,如肝、胆囊、升结肠、降结肠、子宫、膀胱、直肠上段等。脾属于腹膜内位器官。

19. ABCDE　①Douglas 腔是指直肠子宫陷凹,位于盆腔,与肝无关。②小网膜是由肝门移行于胃小弯和十二指肠上部的双层腹膜结构。网膜囊借肝十二指肠韧带后方的网膜孔(Winslow 孔)与腹膜腔相交通。镰状韧带是位于肝上方的韧带,对肝起固定作用。可见,ABCE 均与肝有关,故答 D。

20. ABCDE　①在右心室流入道的室壁上,有许多纵横交错的肌性隆起,称为肉柱。在前乳头肌根部有一条肌束横过室腔至室间隔的下部,称为隔缘肉柱。可见,隔缘肉柱属于右心室的结构(C)。②界嵴、Todaro 腱是位于右心房的结构。二尖瓣、主动脉瓣是位于左心室的结构。

21. ABCDE　ABCD 均属于锁骨下动脉的主要分支,胸肩峰动脉是腋动脉的分支。

22. ABCDE　①静脉滴注的抗生素经心脏→主动脉→降主动脉→肠系膜上动脉→回结肠动脉→阑尾动脉→阑尾。②腹腔干是胃左动脉、肝总动脉、脾动脉的主干动脉,故答 A。

23. ABCDE　①肝门静脉由肠系膜上静脉和脾静脉汇合而成,进入肝脏,在肝内反复分支,最终注入肝血窦,而不是注入下腔静脉(C)。②ABDE 均可注入下腔静脉。

24. ABCDE　子宫的淋巴引流方向包括:①子宫底和子宫体上部的淋巴管沿卵巢血管上行,注入腰淋巴结;沿子宫圆韧带穿腹股沟管,注入腹股沟浅淋巴结。②子宫体下部、子宫颈的淋巴管沿子宫血管行向两侧,注入髂内、髂外淋巴结;经子宫主韧带注入沿闭孔排列的闭孔淋巴结;沿骶子宫韧带向后注入骶淋巴结。

25. ABCDE　眼副器为保护、运动、支持眼球的装置,包括眼睑、结膜、泪器、眼球外肌、眶脂体、眶筋膜等。眼动脉不属于眼副器。

26. ABCDE　①骨迷路为内耳的组成部分之一,包括耳蜗、前庭、骨半规管三部分(A)。②蜗管、椭圆囊、球囊均属于膜迷路。鼓膜属于中耳的组成部分,而不属于内耳的迷路结构。

27. ABCDE　①耳蜗属于内耳结构,为听觉感受器,能将机械振动转换为听神经纤维的神经冲动(A)。②鼓膜属于中耳的结构,是声音由外耳传导到内耳途中的重要部位,是压力承受装置。椭圆囊、球囊和三个半规管组成前庭器官,它们是机体的位置感受器,在保持身体的平衡中起重要作用。

28. ABCDE　①脊髓表面有 6 条平行的纵沟。前面正中较明显的沟称为前正中裂,后面正中较浅的沟称为后正中沟。这两条纵沟将脊髓分为左右对称的两半。②脊髓的前外侧面有 1 对前外侧沟,后外侧面有 1 对后外侧沟,分别有脊神经前、后根的根丝附着。③此外,在颈髓和胸髓上部,后正中沟和后外侧沟之间,还有 1 条较浅的后中间沟,是薄束和楔束在脊髓表面的分界标志(E)。

29. ABCDE　①薄束和楔束传导同侧躯干及上下肢的肌、腱、关节的本体感觉和皮肤精细触觉,损伤后可导致本体感觉、精细触觉丧失(A)。②一侧脊髓丘脑束受损,可导致对侧痛温觉减退或丧失。脊髓小脑束受损可导致下肢、躯干下部的非意识性本体感觉、触压觉信息传导受阻。一侧皮质脊髓束受损,可导致同侧损伤平面以下的痉挛性瘫痪,而躯干肌不瘫痪。红核脊髓束与皮质脊髓束一起对肢体远端肌肉运动发挥重要作用。

30. ABCDE　脑干从下往上,由延髓、脑桥、中脑组成,从上向下依次与Ⅲ~Ⅻ对脑神经相连。

31. ABCDE　A 为一般躯体感觉核,B 为一般躯体运动核,C 为特殊内脏感觉核,D 为特殊内脏运动核,E 为一般内脏运动核。

32. ABCDE　小脑的功能主要是维持身体平衡,影响眼球的运动。小脑受损常表现为共济失调、站立不稳、身体倒向病变的一侧、意向性震颤、肌张力下降、眼球震颤,但不会出现随意运动障碍。随意运动障碍是锥体束受损的表现。

33. ABCDE　间脑位于中脑和端脑之间,以背侧丘脑为中心,可分为五个部分,即背侧丘脑、上丘脑、下丘脑、后丘脑、底丘脑。

34. ABCDE　中央旁小叶为大脑皮质躯体运动区,而不是感觉区,故可首先排除答案 DE。由于大脑皮质运动区的纤维投射是上下倒置、左右交叉的,因此中央旁小叶损伤后常表现为对侧下肢瘫痪。

35. ABCDE ①胸长神经沿前锯肌表面下行,并支配该肌。胸长神经受损,可导致前锯肌瘫痪,在上肢做前推动作时,病侧肩胛骨内侧缘和下角离开胸廓而耸起,呈现"翼状肩"畸形。②腋神经损伤常表现为"方形肩"畸形。尺神经损伤常表现为"爪形手"畸形。胸背神经损伤常表现为背阔肌瘫痪。肌皮神经损伤常表现为不能屈肘。

36. ABCDE 动眼神经支配瞳孔括约肌,受损后可导致瞳孔散大。

37. ABCDE ①支配舌下腺的节前神经元是上泌涎核,节前纤维是面神经,节后神经元是下颌下神经节(D)。②睫状神经节是支配瞳孔括约肌的节后神经元。耳神经节是支配腮腺的节后神经元。翼腭神经节是支配泪腺的节后神经元。

38. ABCDE 上肢由臂丛神经($C_{5\sim8}$和T_1的前支组成)支配,下肢由坐骨神经($L_{4\sim5}$和$S_{1\sim3}$的前支组成)支配。T_8损伤对下肢而言,属于上运动神经元损伤,因此表现为同侧下肢硬瘫,上肢完好无瘫痪。

39. ABCDE 脊髓的动脉有两个来源,即椎动脉和节段性动脉,椎动脉发出的脊髓前动脉和脊髓后动脉在下行过程中,不断得到颈、胸、腰部动脉发出的节段性动脉分支的补充,以保障脊髓足够的血液供应。

40. ABCDE 基底动脉的分支包括小脑下前动脉、迷路动脉、脑桥动脉、小脑上动脉、大脑后动脉。大脑中动脉为颈内动脉的分支,故答 B。

41. ABCDE 人体常见的内分泌器官包括垂体、甲状腺、甲状旁腺、肾上腺、胰岛、松果体、胸腺等,ABCE均不属于内分泌器官。

42. ABCDE ABCDE 五种激素中,只有催乳素是腺垂体分泌的,故答 D。

43. ABCDE 甲状腺峡部多位于 2~4 气管软骨环的前方。

第二篇　生物化学试题

1. 含有两个羧基的氨基酸是
A. 谷氨酸　B. 丝氨酸　C. 酪氨酸
D. 赖氨酸　E. 苏氨酸
2. 不出现于蛋白质中的氨基酸是
A. 半胱氨酸　B. 胱氨酸　C. 瓜氨酸
D. 精氨酸　E. 赖氨酸
3. 下列哪一种氨基酸是亚氨基酸？
A. 赖氨酸　B. 脯氨酸　C. 组氨酸
D. 色氨酸　E. 异亮氨酸

A. 一级结构　B. 二级结构　C. 三级结构
D. 四级结构　E. 结构域
4. 模体属于蛋白质分子的
5. 无规卷曲属于蛋白质分子的
6. 各亚基的空间排布属于蛋白质分子的
7. 肽链中原子的三维空间排布属于蛋白质分子的

8. 蛋白质分子中 α-螺旋的特点是
A. α-螺旋为左手螺旋　B. 每一螺旋含 3 个氨基酸残基　C. 靠氢键维持其紧密结构
D. 氨基酸侧链伸向螺旋内部　E. 结构中含有脯氨酸
9. 胰岛素分子 A 链与 B 链的交联主要依靠
A. 氢键　B. 二硫键　C. 盐键
D. 疏水键　E. 肽键
10. 蛋白质的空间构象主要取决于肽链中的结构是
A. β-转角　B. β-折叠　C. α-螺旋
D. 氨基酸序列　E. 二硫键位置
11. 血清白蛋白(pI4.7)在下列哪种 pH 值溶液中带正电荷？
A. pH4.0　B. pH5.0　C. pH6.0
D. pH7.0　E. pH8.0
12. 下列对蛋白质变性的描述中，正确的是
A. 变性蛋白质的溶液黏度下降　B. 变性的蛋白质不易被消化　C. 蛋白质沉淀不一定就是变性
D. 蛋白质变性后容易形成结晶　E. 蛋白质变性不涉及二硫键破坏
13. DNA 和 RNA 的共有组分是
A. β-D-核糖　B. 鸟嘌呤　C. 尿嘧啶
D. 胸腺嘧啶　E. 黄嘌呤
14. 下列关于 DNA 双螺旋结构的叙述，正确的是
A. 一条链是左手螺旋，另一条链是右手螺旋　B. 双螺旋结构的稳定纵向靠氢键维系
C. A+T 与 G+C 的比值为 1　D. 两条链的碱基间以共价键相连

E. 磷酸、脱氧核糖构成螺旋的骨架

15. DNA 分子中不含有

A. 磷酸二酯键　　B. 糖苷键　　C. 二硫键

D. 氢键　　E. 疏水作用力

16. 有关 RNA 分类、分布及结构的叙述,错误的是

A. 主要有 mRNA、tRNA 和 rRNA 三类　　B. tRNA 分子量比 mRNA 和 rRNA 小

C. 胞质中只有 mRNA　　D. rRNA 可与蛋白质结合

E. RNA 并不全是单链结构

17. DNA 理化性质中的"T_m"值所表达的含义是

A. 复制时的温度　　B. 复性时的温度　　C. 50%双链被打开时的温度

D. 双链全部被打开时的温度　　E. 由 B 型转变成 A 型时的温度

18. tRNA 最主要的分子结构特征是含

A. 密码环　　B. 反密码环　　C. DHU 环

D. TψC 环　　E. 外显子

A. tRNA　　B. mRNA　　C. rRNA

D. hnRNA　　E. DNA

19. 含有密码子的核酸分子是

20. 含有反密码子的核酸分子是

21. 作为 RNA 合成模板的核酸分子是

22. 携带遗传信息的核酸分子是

23. 含稀有碱基最多的核酸分子是

24. 既含有内含子又含有外显子的核酸分子是

25. 在 3′-末端含有 CCA-OH 结构的核酸分子是

26. 关于酶活性测定反应体系的叙述,正确的是

A. 底物浓度与酶促反应速度呈直线函数关系

B. 温育时间必须在 120 分钟以上

C. 反应体系中不应该用缓冲溶液

D. 在 0~40℃范围内,反应速度随温度升高而加快

E. pH 为中性

27. 关于结合酶的叙述,正确的是

A. 辅酶具有催化活性　　B. 酶蛋白具有催化活性　　C. 酶蛋白决定酶的特异性

D. 酶蛋白与辅酶结合紧密　　E. 有机化合物是最常见的辅助因子

28. 酶的特异性是指

A. 酶与辅酶的特异结合　　B. 酶对底物的特异选择性　　C. 酶在细胞中定位的特异性

D. 酶催化反应机制各不相同　　E. 在酶的分类中各属不同的类别

29. 当酶促反应速度等于 V_{max} 的 80%时,K_m 与[S]的关系是

A. $K_m = 0.10$[S]　　B. $K_m = 0.25$[S]　　C. $K_m = 0.22$[S]

D. $K_m = 0.40$[S]　　E. $K_m = 0.50$[S]

30. 关于酶的最适温度的叙述,下列哪项是正确的?

A. 是酶的特征性常数　　B. 是指酶促反应速度等于 50% V_{max} 时的温度

C. 与反应时间无关　　D. 是指酶促反应速度最快时的温度

E. 是一个固定值，与其他因素无关

A. 不可逆性抑制　　B. 竞争性抑制　　C. 非竞争性抑制
D. 反竞争性抑制　　E. 可逆性抑制

31. 丙二酸对琥珀酸脱氢酶的抑制属于
32. 磺胺类药物的抑菌机制是
33. 敌敌畏对胆碱酯酶的作用属于

A. K_m 值不变，V_{max} 降低　　B. K_m 值降低，V_{max} 不变　　C. K_m 值增高，V_{max} 不变
D. K_m 值降低，V_{max} 降低　　E. K_m 值增高，V_{max} 增高

34. 酶竞争性抑制的特点是
35. 酶非竞争性抑制的特点是
36. 酶反竞争性抑制的特点是

37. 酶原之所以没有活性是因为
A. 肽链合成不完全　　B. 缺乏辅助因子　　C. 酶原已经变性
D. 没有最适温度　　E. 酶的活性中心未形成或未暴露

38. 别构酶的动力学曲线为
A. 直线　　B. 抛物线　　C. S 形曲线
D. 矩形双曲线　　E. 不规则曲线

39. 既能催化糖酵解也能催化糖异生的酶是
A. 磷酸果糖激酶-1　　B. 丙酮酸激酶　　C. 果糖二磷酸酶-1
D. 磷酸甘油酸激酶　　E. 磷酸烯醇式丙酮酸羧激酶

40. 肌糖原不能分解为葡萄糖直接补充血糖是因为肌肉中无
A. 糖原磷酸化酶　　B. 脱支酶　　C. 磷酸果糖激酶-1
D. 葡糖-6-磷酸酶　　E. 果糖二磷酸酶-1

41. 与核苷酸合成密切相关的生化代谢途径是
A. 糖酵解　　B. 糖有氧氧化　　C. 糖异生
D. 磷酸戊糖途径　　E. 糖原分解

42. 有关乳酸循环的描述，错误的是
A. 可防止乳酸在体内堆积　　B. 最终从尿中排出乳酸　　C. 使能源物质避免损失
D. 可防止酸中毒　　E. 使肌肉中的乳酸进入肝脏异生成葡萄糖

43. 在细胞内抑制糖异生反应的主要物质是
A. 1,6-二磷酸果糖　　B. 1-磷酸葡萄糖　　C. 6-磷酸果糖
D. 6-磷酸葡萄糖　　E. 2,6-二磷酸果糖

44. 女性，26 岁，停经 50 天。10 天前始感恶心、厌食、乏力，且日渐加重。诊断：早孕、妊娠剧吐。此时孕妇心肌与脑组织活动的主要供能物质是
A. 葡萄糖　　B. 甘油　　C. 脂肪酸
D. 乙酰乙酸　　E. 氨基酸

A. 丙酮　　B. 丙酮酸　　C. 乳酸
D. 草酰乙酸　　E. CO_2 和 H_2O

45. 人体内糖酵解途径的终产物是
46. 人体内糖酵解过程的终产物是

A. 肝糖原的分解　　B. 肌糖原的分解　　C. 肌蛋白的降解

D. 肝糖异生　　E. 肾糖异生

47. 短期饥饿时血糖的主要来源是
48. 长期饥饿时血糖的主要来源是

A. 葡糖-6-磷酸脱氢酶　　B. 丙酮酸激酶　　C. 丙酮酸羧化酶
D. 糖原磷酸化酶　　E. 糖原合酶

49. 糖酵解的关键酶是
50. 磷酸戊糖途径的关键酶是
51. 糖原合成的关键酶是
52. 糖原分解的关键酶是
53. 糖异生的关键酶是

54. 生物体内的氧化磷酸化在下列哪种细胞器内进行?
A. 微粒体　　B. 线粒体　　C. 溶酶体
D. 高尔基体　　E. 过氧化物酶体

55. NADH 氧化呼吸链的组分不包括
A. NAD^+　　B. FMN　　C. FAD
D. CoQ　　E. CytC

56. 在呼吸链中,既可作为 NADH 脱氢酶的受氢体,又可作为琥珀酸脱氢酶的受氢体的是
A. Cytc　　B. Cytb　　C. CoQ
D. FAD　　E. Fe-S

57. 琥珀酸氧化呼吸链的氧化磷酸化 P/O 比值大约为
A. 1　　B. 1.5　　C. 2
D. 2.5　　E. 3

58. 关于 ATP 合酶的正确叙述是
A. 其 F_0 组分具有亲水性　　B. 该酶又称复合体Ⅴ　　C. 既可生成 ATP 又可分解 ATP
D. F_1 仅含有 αβγ3 种亚基　　E. F_1 和 F_0 组分都含有寡霉素敏感蛋白

59. 下列关于线粒体氧化磷酸化解偶联的叙述,正确的是
A. ADP 磷酸化作用加速氧的利用　　B. ADP 磷酸化作用继续,但氧利用停止
C. ADP 磷酸化停止,但氧利用继续　　D. ADP 磷酸化无变化,但氧利用停止
E. ADP 磷酸化和氧利用无相关性

60. 一位过食白果(含氰化物)的病人,出现呼吸窒息,抑制呼吸链的具体环节是
A. 阻断 NADH 脱氢酶的催化作用　　B. 阻断 Cytb 和 c_1 传递电子
C. 解偶联作用　　D. 抑制 ATP 合酶的活性
E. 阻断 $Cytaa_3$ 把电子传递给氧

61. 下列化合物中哪一个是线粒体氧化磷酸化的解偶联剂?
A. 鱼藤酮　　B. 抗霉素 A　　C. 二硝基苯酚
D. CO　　E. 寡霉素

62. 正常机体氧化磷酸化速度的主要调节因素是
A. 甲状腺激素　　B. ADP　　C. mtDNA 突变
D. UDP　　E. 寡霉素

63. 生命活动中能量的直接供应体是
A. 三磷酸腺苷　　B. 脂肪酸　　C. 氨基酸

D. 磷酸肌酸　E. 葡萄糖

64. 下列物质中,不属于高能化合物的是
A. 二磷酸腺苷　B. 乙酰 CoA　C. 3-磷酸甘油酸
D. 磷酸肌酸　E. 1,3-二磷酸甘油酸

65. 不属于不饱和脂肪酸的是
A. 软脂酸　B. 油酸　C. 亚油酸
D. α-亚麻酸　E. 花生四烯酸

66. 经甘油一酯途径合成甘油三酯主要存在于
A. 肝细胞　B. 脂肪细胞　C. 小肠黏膜细胞
D. 乳腺细胞　E. 肾上腺皮质

67. 脂肪细胞不能利用甘油是因为缺乏
A. 甘油激酶　B. 脂酰 CoA 脱氢酶　C. 磷酸甘油醛脱氢酶
D. 脂酰 CoA 转移酶　E. 激素敏感性甘油三酯脂酶

68. 脂肪酸合成过程中,脂酰基的载体是
A. CoA　B. 肉碱　C. ACP
D. 丙二酰 CoA　E. 草酰乙酸

69. 下列关于酮体的描述,错误的是
A. 酮体包括乙酰乙酸、β-羟丁酸和丙酮
B. 合成原料是丙酮酸氧化生成的乙酰 CoA
C. 酮体只能在肝内生成
D. 酮体只能在肝外组织氧化
E. 酮体是肝输出能量的一种形式

70. 糖尿病妇女,上呼吸道感染多日,血酮体升高。心、脑、肾等肝外组织利用酮体需要的酶主要是
A. 琥珀酸脱氢酶　B. HMG CoA 合酶　C. HMG CoA 还原酶
D. 琥珀酰 CoA 转硫酶　E. β-羟丁酸脱氢酶

71. 参与甘油磷脂合成代谢的氨基酸是
A. 缬氨酸　B. 鸟氨酸　C. 丝氨酸
D. 谷氨酸　E. 精氨酸

72. 血浆蛋白按电泳法分类不包括
A. α-脂蛋白　B. 前 β-脂蛋白　C. β-脂蛋白
D. 乳糜微粒　E. 低密度脂蛋白

A. VLDL　B. LDL　C. HDL
D. CM　E. IDL

73. 具有逆向转运胆固醇功能的脂蛋白是
74. 具有转运内源性胆固醇功能的脂蛋白是
75. 具有转运内源性甘油三酯功能的脂蛋白是
76. 具有转运外源性甘油三酯功能的脂蛋白是

77. 食物蛋白质的互补作用是指
A. 糖与蛋白质混合食用以提高营养价值
B. 脂肪与蛋白质混合食用以提高营养价值
C. 几种蛋白质混合食用以提高营养价值

D. 糖、脂肪、蛋白质混合食用，以提高营养价值
E. 用糖、脂肪替代蛋白质的营养作用

78. 能增加尿中酮体排出量的氨基酸是
A. 亮氨酸　B. 丙氨酸　C. 丝氨酸
D. 组氨酸　E. 缬氨酸

79. 体内氨基酸脱氨基的主要方式是
A. 转氨基　B. 联合脱氨基　C. 氧化脱氨基
D. 非氧化脱氨基　E. 嘌呤核苷酸循环

80. 体内氨的主要代谢去路是
A. 在肝中合成尿素　B. 生成谷氨酰胺　C. 生成丙氨酸
D. 渗入肠道　E. 合成非必需氨基酸

81. 属于鸟氨酸循环中间产物的氨基酸是
A. 丙氨酸　B. 组氨酸　C. 谷氨酸
D. 甲硫氨酸　E. 精氨酸

82. 氨基酸脱羧的产物主要是
A. 胺和 CO_2　B. 氨和 CO_2　C. 胺和 α-酮酸
D. 氨和 α-酮酸　E. 氨和草酰乙酸

83. 患者，男，68 岁。昏迷 1 天。慢性乙肝病史 10 年。急查血氨 130μmol/L。患者血氨增高的主要原因是
A. 乳酸循环障碍　B. 三羧酸循环障碍　C. 鸟氨酸循环障碍
D. 核蛋白体循环障碍　E. 丙氨酸-葡萄糖循环障碍

84. 甲硫氨酸循环的生理意义是
A. 合成非必需氨基酸　B. 完成含硫氨基酸的互变　C. 为甲基化反应提供甲基
D. 转氨基作用　E. 合成尿素

85. 参与甲硫氨酸循环的维生素是
A. 维生素 B_{12}　B. 生物素　C. 维生素 B_1
D. 维生素 B_2　E. 四氢生物蝶呤

86. 体内活性硫酸根是指
A. PAPS　B. SAM　C. GSH
D. GABA　E. IMP

87. 参与生物转化的氨基酸是
A. 色氨酸　B. 酪氨酸　C. 半胱氨酸
D. 丝氨酸　E. 缬氨酸

A. 苯丙氨酸羟化酶　B. 尿黑酸氧化酶　C. 酪氨酸酶
D. 酪氨酸转氨酶　E. 多巴胺脱羧酶

88. 白化病是由于缺乏
89. 尿黑酸症是由于主要缺乏
90. 苯丙酮酸尿症是由于缺乏

A. 丙氨酸-葡萄糖循环　B. 柠檬酸-丙酮酸循环　C. 三羧酸循环
D. 鸟氨酸循环　E. 乳酸循环

91. 将肌肉中的氨以无毒形式运送至肝脏
92. 尿素产生的机制

A. 尿酸　B. β-丙氨酸　C. β-氨基异丁酸
D. 胺　E. 尿素

93. IMP 的分解代谢产物是
94. TMP 的分解代谢产物是
95. CMP 的分解代谢产物是

96. 嘧啶核苷酸生物合成途径的负反馈调节是由于控制了下列哪种酶的生物活性?
A. 二氢乳清酸酶　B. 乳清酸磷酸核糖转移酶　C. PRPP 合成酶
D. PRPP 酰胺转移酶　E. 天冬氨酸氨基甲酰转移酶

97. dTMP 是由下列哪种核苷酸直接转变而来的?
A. TMP　B. TDP　C. dUDP
D. dUMP　E. dCMP

A. 黄嘌呤氧化酶　B. 二氢叶酸还原酶　C. HGPRT
D. 胸苷酸合酶　E. 核糖核苷酸还原酶

98. 甲氨蝶呤治疗肿瘤的机理主要是抑制
99. 6-巯基嘌呤抗嘌呤核苷酸代谢的机理主要是抑制
100. 5-氟尿嘧啶治疗肿瘤的机理主要是抑制
101. 阿糖胞苷治疗肿瘤的机理主要是抑制

102. DNA 复制过程中,产生冈崎片段的原因是
A. DNA 复制是双向复制　B. DNA 复制是多复制子复制　C. RNA 引物的存在
D. 复制延长与解链方向不同　E. 复制过程中 DNA 缠绕打结

103. Klenow 片段是哪种 DNA 聚合酶的水解片段?
A. DNA-pol Ⅰ　B. DNA-pol Ⅱ　C. DNA-pol Ⅲ
D. DNA-pol α　E. DNA-pol β

104. DNA 复制过程中不需要的酶是
A. 拓扑异构酶　B. DNA 连接酶　C. 解螺旋酶
D. Dna G　E. 限制性核酸内切酶

105. 逆转录是指
A. 以 RNA 为模板合成 RNA　B. 以 DNA 为模板合成 DNA　C. 以 DNA 为模板合成 RNA
D. 以 RNA 为模板合成蛋白质　E. 以 RNA 为模板合成 DNA

106. 生物界最常见最重要的 DNA 损伤修复方式为
A. 直接修复　B. 切除修复　C. 重组修复
D. 跨越损伤修复　E. SOS 修复

107. 启动子是指
A. 转录起始点　B. DNA 分子中能转录的序列　C. 翻译起始点
D. TATA 盒　E. RNA 聚合酶结合模板 DNA 的部位

108. 真核生物转录终止
A. 需要 ρ 因子　B. 需要信号肽　C. 需要释放因子 eRF
D. 需要阻遏蛋白　E. 与转录后修饰密切相关

109. 遗传密码第 3 位碱基发生转换可能翻译出相同氨基酸,与此有关的特性是
A. 连续性　B. 保真性　C. 通用性
D. 简并性　E. 方向性

110. 遗传密码的特性不包括
A. 连续性　B. 方向性　C. 通用性
D. 特异性　E. 摆动性

111. 反密码子 UAG 识别的 mRNA 上的密码子是
A. GTC　B. ATC　C. AUC
D. CUA　E. CTA

112. 放线菌素抗肿瘤作用机制是
A. 引起 DNA 链间交联，妨碍双链拆开　B. 插入 DNA 双链，破坏模板作用
C. 抑制细菌 DNA 聚合酶活性　D. 抑制细菌 RNA 聚合酶活性
E. 抑制蛋白质生物合成

113. 对操纵子基因转录起负性调节作用的基本结构是
A. 启动序列　B. 操纵序列　C. 激活序列
D. CAP　E. Y 基因

114. 在基因工程中，将目的基因与载体 DNA 拼接的酶是
A. DNA 聚合酶 Ⅰ　B. DNA 聚合酶 Ⅲ　C. 限制性核酸内切酶
D. DNA 连接酶　E. 逆转录酶

115. 关于细胞癌基因的叙述，正确的是
A. 又称为病毒癌基因　B. 存在于 DNA 病毒中　C. 存在于 RNA 病毒中
D. 存在于正常生物基因组中　E. 正常细胞含有即可导致肿瘤的发生

A. 体外引起细胞转化的基因　B. 抑制细胞过度生长和增殖的基因
C. 突变的 *P53* 基因　D. 存在于正常细胞基因组的癌基因
E. 携带有转导基因病毒的癌基因

116. 原癌基因是指
117. 抑癌基因是指

118. 属于第二信使的物质是
A. ATP　B. ADP　C. PIP_2
D. GMP　E. DAG

119. 蛋白激酶的作用是使蛋白质或酶
A. 磷酸化　B. 脱磷酸化　C. 水解
D. 激活　E. 钝化

120. 血浆蛋白的功能不包括
A. 维持血浆正常 pH 值　B. 免疫作用　C. 营养作用
D. 运输作用　E. 维持血浆晶体渗透压

121. 白蛋白产生于
A. 浆细胞　B. 肝细胞　C. 巨噬细胞
D. B 淋巴细胞　E. T 淋巴细胞

122. 血红素的合成部位在细胞的
A. 线粒体　B. 线粒体和胞质　C. 胞质和内质网
D. 微粒体和核糖体　E. 线粒体和内质网

123. 影响血红素合成关键酶的相关维生素是
A. 维生素 A　B. 维生素 B_1　C. 维生素 B_6

D. 维生素 B_{12}　　E. 维生素 C

124. 成熟红细胞产生的 2,3-BPG 的主要生理功能是
A. 为红细胞供能　　B. 促进脂肪合成　　C. 参与细胞膜的组成
D. 维持 GSH 的正常水平　　E. 调节血红蛋白的运氧能力

125. 生物转化中最重要的第一相反应是
A. 水解反应　　B. 还原反应　　C. 氧化反应
D. 脱羧反应　　E. 加成反应

126. 生物转化中参与氧化反应最重要的酶是
A. 单加氧酶　　B. 单胺氧化酶　　C. 水解酶
D. 胺氧化酶　　E. 醇脱氢酶

127. 导致人体内生物转化能力下降的主要因素是
A. 高脂肪饮食　　B. 高糖饮食　　C. 肝功能减退
D. 心肌缺血　　E. 轻度肥胖

128. 胆红素在小肠被还原成
A. 粪胆素　　B. 胆素原　　C. 胆绿素
D. 血红素　　E. 胆汁酸

129. 下列哪组物质属于初级胆汁酸?
A. 胆酸、脱氧胆酸　　B. 甘氨胆酸、石胆酸　　C. 牛磺胆酸、脱氧胆酸
D. 石胆酸、脱氧胆酸　　E. 甘氨鹅脱氧胆酸、牛磺鹅脱氧胆酸

130. 进行肠肝循环的胆色素主要为
A. 胆红素　　B. 胆素原　　C. 胆素
D. 尿胆素　　E. 胆绿素

131. 下列哪种物质是结合胆红素?
A. 胆红素-清蛋白　　B. 胆红素-Y 蛋白　　C. 胆红素-Z 蛋白
D. 葡糖醛酸胆红素　　E. 胆红素-结合珠蛋白

A. 口角炎　　B. 凝血因子合成障碍　　C. 溶血性贫血症
D. 恶性贫血　　E. 癞皮病

132. 维生素 E 缺乏可引起
133. 维生素 K 缺乏可引起
134. 维生素 B_2 缺乏可引起
135. 维生素 PP 缺乏可引起
136. 维生素 B_{12}缺乏可引起

生物化学试题参考答案及详细解答

（正确答案为绿色的选项）

1. ABCDE 含有两个羧基的氨基酸是谷氨酸、天冬氨酸，含有两个氨基的氨基酸是赖氨酸。

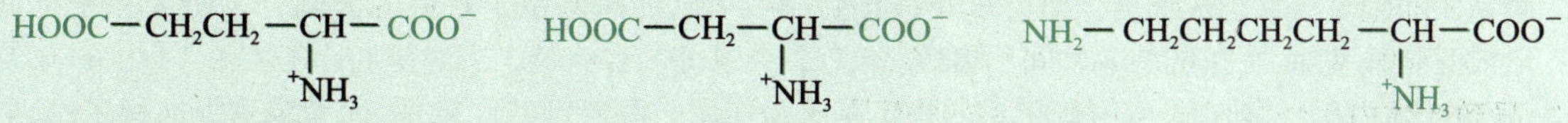

2. ABCDE 在组成蛋白质的20种氨基酸中无瓜氨酸，瓜氨酸为尿素合成过程中3个重要中间产物之一。

3. ABCDE 脯氨酸的结构形似杂环族，但实际上，它的环结构里只有一个亚氨基，因此它属于环状亚氨基酸。它处于肽链中时，常使肽链的走向形成折角。

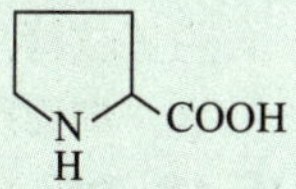
脯氨酸

4. ABCDE 5. ABCDE 6. ABCDE 7. ABCDE ①模体是蛋白质分子中具有特定空间构象和特定功能的结构成分，属于有规律的二级结构组合（B）。②无规卷曲是指没有确定规律的肽链结构，属于蛋白质的二级结构（B）。③许多蛋白质含有2条或2条以上的多肽链，每条多肽链都有其完整的三级结构，称为亚基。蛋白质分子中，各亚基的空间排布及亚基接触部位的布局和相互作用，称为蛋白质的四级结构（D）。④蛋白质的三级结构是指整条肽链中全部氨基酸残基的相对空间位置，也就是整条肽链所有原子在三维空间的排布位置（C）。

8. ABCDE ①α-螺旋为蛋白质的二级结构，是指多肽链的主链围绕中心轴作有规律的螺旋式上升，螺旋的走向为顺时针方向，即所谓右手螺旋。每个螺旋含有3.6个氨基酸残基。氨基酸侧链伸向螺旋外侧。α-螺旋每个肽链的N—H和第4个肽键的羧基氧形成氢键，维持其紧密结构（C）。②20种氨基酸均可参与组成α-螺旋，结构中常含有脯氨酸的是β-转角。β-转角属于蛋白质的二级结构。

9. ABCDE 胰岛素有A链和B链两条肽链，A链含21个氨基酸残基，B链含30个氨基酸残基。胰岛素分子中含有3个二硫键，其中1个位于A链内，称为链内二硫键。A、B两链之间有两个二硫键交联，称为链间二硫键。

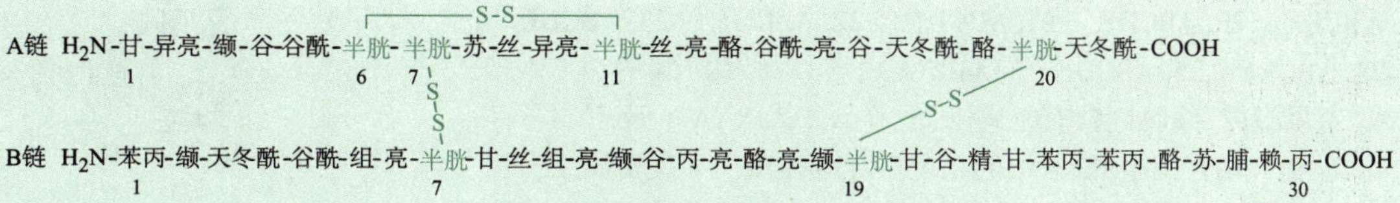

牛胰岛素的一级结构

10. ABCDE 蛋白质分子是由许多氨基酸通过肽键相连形成的生物大分子。蛋白质的一级结构是指蛋白质分子中氨基酸从N端至C端的排列顺序，即氨基酸序列。二级结构是指蛋白质主链局部的空间结构，主要为α-螺旋、β-折叠、β-转角、无规卷曲。三级结构是指多肽链主链和侧链的全部原子的空间排布位置。四级结构是指蛋白质亚基之间的聚合。后三种结构称为蛋白质的空间结构。蛋白质一级结构是空间结构的基础，即蛋白质的空间构象主要取决于一级结构（氨基酸排列序列），故答D。

11. ABCDE 蛋白质分子具有两性解离性；若溶液pH<pI（等电点），蛋白质可解离成带正电荷的基团；若溶液pH>pI，蛋白质可解离成带负电荷的基团；若溶液pH=pI，蛋白质可成为兼性离子。血清白蛋白的pI=4.7，在pH4.0的溶液中带正电荷，在BCDE溶液中带负电荷。

12. ABCDE ①蛋白质变性后，其溶解度降低、溶液黏度增加、结晶能力消失不容易形成结晶、生物活性丧失。蛋白质变性主要是二硫键和非共价键的破坏，不涉及一级结构的改变。②蛋白质变性后从溶液中析出的现象，称为沉淀。变性的蛋白质易于沉淀，但沉淀的蛋白质不一定变性。

13. ABCDE ①组成 DNA 的碱基为腺嘌呤(A)、鸟嘌呤(G)、胞嘧啶(C)、胸腺嘧啶(T)，组成 RNA 的碱基为 A、G、C、尿嘧啶(U)，黄嘌呤不参与 DNA 和 RNA 的组成，故答 B。②参与组成 DNA 的戊糖为 β-*D*-2′-脱氧核糖，组成 RNA 的戊糖为 β-*D*-核糖，故不答 A。

14. ABCDE ①DNA 双螺旋结构模型认为 DNA 是反平行、右手螺旋的双链结构，两条多聚核苷酸链在空间上的走向呈反向平行。一条链的走向为 5′→3′，另一条为 3′→5′。在 DNA 双链结构中，亲水的磷酸基团和脱氧核糖构成螺旋骨架，位于双链的外侧，疏水的碱基位于双链的内侧。②DNA 双链之间形成互补碱基对，两条链的碱基间严格按 A=T(2 个氢键)、G≡C(3 个氢键)配对存在，因此 A+G 与 C+T的比值为 1。③DNA 双螺旋结构的稳定靠疏水作用力和氢键共同维系，前者维系纵向稳定性，后者维系横向稳定性。

15. ABCDE ①DNA 是由脱氧核苷酸经 3′,5′-磷酸二酯键连接而成的长链核酸分子，故不答 A。β-*D*-2′-脱氧核糖与碱基间形成糖苷键，两条 DNA 链的碱基间形成氢键，DNA 双螺旋结构的纵向稳定性靠疏水作用力维系，故不答 BDE。②二硫键常存在于部分蛋白质分子中，不存在于 DNA 中，故答 C。

16. ABCDE ①RNA 的种类很多，但以 mRNA、tRNA 和 rRNA 为主。②tRNA 分子量最小(约 2800)，mRNA 分子量一般约 10^6，rRNA 分子量约$(0.5\sim1.0)\times10^6$。③mRNA、tRNA 和 rRNA 均可存在胞质中(C 错)。④rRNA 可与核糖体蛋白结合组成核糖体，成为蛋白质合成的场所。⑤RNA 通常以单链形式存在，但也可通过链内的碱基配对形成局部的双螺旋二级结构和高级结构。

17. ABCDE T_m 是指核酸分子内双链解开 50%时的温度，也称融链温度(原称解链温度)。

18. ABCDE ①密码环、外显子均属于 mRNA 的结构，故可首先排除答案 AE。②tRNA 的二级结构呈三叶草样，从 5′→3′ 依次为：DHU 环、反密码环、Tψ C 环、相同的CCA-OH结构(氨基酸接纳茎)。反密码环内有反密码子，反密码子的 3 个碱基可与 mRNA 上编码相应氨基酸的密码子具有碱基反向互补关系，可配对结合。不同的 tRNA 有不同的反密码子，蛋白质生物合成时，就是靠反密码子来辨认 mRNA 上互补的密码子，才能将其携带的氨基酸正确地安放在合成的肽链上。

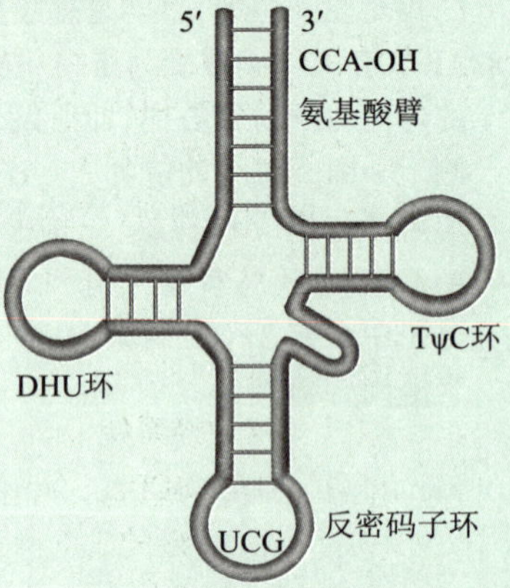

tRNA的结构

19. ABCDE 20. ABCDE 21. ABCDE 22. ABCDE 23. ABCDE

24. ABCDE 25. ABCDE ①mRNA 由 5′-帽结构+编码区+3′-多聚 A 尾组成，编码区含有密码子，故答 B。②tRNA 的反密码子环由 7~9 个核苷酸组成，居中的 3 个核苷酸构成 1 个反密码子。反密码子可通过碱基互补关系识别 mRNA 上的密码子(A)。③以 DNA 为模板合成 RNA 的过程，称为转录，故答 E。④DNA 是携带生物体遗传信息的物质基础(E)。⑤含稀有碱基最多的核酸分子是 tRNA，占 10%~20%(A)。这些稀有碱基包括双氢尿嘧啶(DHU)、假尿嘧啶(ψ)、甲基化的嘌呤(^{m}G、^{m}A)等。⑥hnRNA(不均一核 RNA)是 mRNA 的未成熟前体(即 hnRNA→mRNA)。在合成mRNA过程中，hnRNA 核苷酸链中的一些片段将不出现在相应 mRNA 中，这些片段称内含子。保留于 mRNA 中的片段称外显子。因此，hnRNA 转变为成熟 mRNA 时，切除了一些片段，保留的片段重新合成 mRNA。可见 hnRNA 是既含内含子又含外显子的 RNA(D)。⑦所有 tRNA 的 3′-端都是以 CCA3 个核苷酸结束的，称为氨基酸接纳茎(A)。

26. ABCDE ①根据米-曼氏方程式可知，在其他因素不变的情况下，底物浓度与酶促反应速度呈矩形双曲线关系。当底物足够时，酶浓度对反应速度的影响呈直线函数关系。②每个酶促反应都有其最适反应时间，且受反应温度等因素的影响，因此不能说温育时间必须在120分钟以上。③为了达到酶促反应所需的最适pH，可在反应体系中加入缓冲液，以加快反应速度。④温度对酶促反应速度具有双重影响，升高温度一方面可加快反应速度，同时也增加酶（蛋白质）变性的机会。在正常人体，大多数酶的最适温度在35~40℃。在0~40℃范围内，反应速度随温度升高而加快（D对）。但当温度高于最适温度时，反应速度则因酶变性而降低。⑤并不是所有酶的最适pH均为中性，如胃蛋白酶的最适pH约为1.8，肝精氨酸酶的最适pH为9.8。2019年真题。

27. ABCDE　①结合酶由酶蛋白和辅助因子共同组成，酶蛋白和辅助因子单独存在时均无催化活性，只有全酶才具有催化活性（AB错）。酶蛋白决定酶促反应的特异性，辅助因子决定酶促反应的性质和类型（C对）。②辅助因子按其与酶蛋白结合的紧密程度与作用特点不同，分为辅酶和辅基。辅酶与酶蛋白结合疏松，可以用透析或超滤的方法除去；辅基与酶蛋白结合紧密，不能用透析或超滤的方法将其除去（D错）。③辅助因子多为小分子有机化合物或金属离子，金属离子是最常见的辅助因子，约2/3的酶含有金属离子（E错）。

28. ABCDE　与一般催化剂不同，酶对其所催化的底物具有较严格的选择性，即一种酶仅作用于一种或一类化合物，或一定的化学键，催化一定的化学反应并产生一定的产物，酶的这种特异性称为酶的特异性或专一性。

29. ABCDE　根据米氏方程 $V=\frac{V_{max}[S]}{K_m+[S]}$，代入方程：$80\%\times V_{max}=\frac{V_{max}[S]}{K_m+[S]}$，解该方程得 $[S]=4K_m$，即 $K_m=0.25[S]$。

30. ABCDE　①酶促反应速度最快时反应系统的温度，称为酶的最适温度（D）。②酶的最适温度不是酶的特征性常数，它与反应时间有关。哺乳类动物组织中酶的最适温度多在35~40℃，并不是一个固定值。

31. ABCDE　32. ABCDE　33. ABCDE　①可逆性抑制分为竞争性抑制、非竞争性抑制和反竞争性抑制。丙二酸与琥珀酸的结构类似，可与琥珀酸竞争性抑制琥珀酸脱氢酶。酶对丙二酸的亲和力远大于酶对琥珀酸的亲和力，当丙二酸浓度仅为琥珀酸浓度的1/50时，酶活性便被抑制50%。②磺胺类药的化学结构与对氨基苯甲酸类似，是二氢叶酸合成酶的竞争性抑制剂。通过抑制二氢叶酸的合成，而使细菌的核苷酸和核酸合成受阻，影响其生长繁殖。③有机磷农药（敌敌畏）中毒时，敌敌畏与胆碱酯酶结合，不可逆性抑制胆碱酯酶，造成乙酰胆碱降解减少，在体内大量堆积，从而引起M样、N样中毒症状及中枢神经系统症状。

34. ABCDE　35. ABCDE　36. ABCDE　这种经典试题考过多次，请牢记。

37. ABCDE　无活性的酶的前体称酶原。酶原向酶转化的过程称酶原的激活。在酶原激活过程中，酶前体水解开一个或几个特定的肽键，构象发生改变，致使酶的活性中心形成或暴露。

38. ABCDE　别构酶的动力学曲线为S形曲线，米氏方程为矩形双曲线。

39. ABCDE　催化糖酵解和糖异生的关键酶都是不可逆的，因此排除这两种反应的关键酶就是答案所在。催化糖酵解的关键酶包括：葡萄糖激酶、磷酸果糖激酶-1、丙酮酸激酶；催化糖异生的关键酶是葡糖-6-磷酸酶、果糖二磷酸酶-1、丙酮酸羧化酶、磷酸烯醇式丙酮酸羧激酶。

40. ABCDE　糖原的分解部位是肝、肌和肾。糖原分解习惯上是指肝糖原分解为葡萄糖。肝糖原的分解步骤是：在糖原磷酸化酶作用下，肝糖原分解下1个葡萄糖基，生成葡糖-1-磷酸。葡糖-1-磷酸在磷酸葡萄糖变位酶的作用下，转变为葡糖-6-磷酸，后者被葡糖-6-磷酸酶水解为葡萄糖，释放入血补充血糖。由于肌肉组织中没有葡糖-6-磷酸酶，因此肌糖原不能分解为葡萄糖补充血糖。

41. ABCDE　葡萄糖通过磷酸戊糖途径生成的核糖-5-磷酸是体内合成核苷酸的主要原料。

42. ABCDE　①肌组织缺乏葡萄糖-6-磷酸酶，因此肌组织通过糖酵解生成的乳酸不能异生为葡萄糖，而是通过细胞膜弥散入血,再运送至肝,在肝内异生为葡萄糖。葡萄糖释放入血后又被肌摄取,这样构成的循环,称乳酸循环。乳酸循环的生理意义在于避免损失乳酸、防止乳酸在体内堆积引起酸中毒。②乳酸属于能源物质,正常情况下不会从尿中排出。

43. ABCDE ①果糖二磷酸酶-1 是糖异生的关键酶,2,6-二磷酸果糖可抑制此酶的活性,启动糖酵解,抑制糖异生。目前认为 2,6-二磷酸果糖的水平是肝内糖酵解和糖异生的主要调节信号。②1,6-二磷酸果糖、6-磷酸果糖、6-磷酸葡萄糖都是糖酵解的中间代谢产物,不参与糖异生的调控。

44. ABCDE ①脑组织没有糖原、脂肪、蛋白质储备,几乎以葡萄糖为唯一供能物质。心肌的供能物质依次为脂酸、葡萄糖、酮体。因此当孕妇剧烈呕吐不能进食时,其心肌与脑组织主要依靠葡萄糖供能(A)。②心肌和脑组织甘油激酶活性低,不能将甘油转变为 3-磷酸甘油而利用。③只有在长期饥饿的情况下,心肌与脑组织才会利用酮体(乙酰乙酸)供能。氨基酸不是主要的供能物质。

45. ABCDE 46. ABCDE 在机体缺氧条件下,葡萄糖经一系列酶促反应生成乳酸的过程,称为糖酵解。糖酵解的第一阶段是由葡萄糖分解为丙酮酸,称为糖酵解途径;第二阶段是丙酮酸在乳酸脱氢酶的作用下,还原生成乳酸。请注意区分:从葡萄糖→丙酮酸,称为糖酵解途径;从葡萄糖→乳酸,称为糖酵解过程。

47. ABCDE 48. ABCDE ①短期饥饿时,通过肝糖原分解补充血糖(A)。②长期饥饿时,非糖物质通过糖异生补充血糖(D)。③饱食时,通过食物消化吸收提供血糖。肾糖异生主要参与酸碱失衡的调节。

49. ABCDE 50. ABCDE 51. ABCDE 52. ABCDE 53. ABCDE ①糖酵解的关键酶有 3 个:葡萄糖激酶、磷酸果糖激酶-1、丙酮酸激酶(B)。②磷酸戊糖途径的关键酶是葡糖-6-磷酸脱氢酶,其活性决定葡糖-6-磷酸进入该途径的流量(A)。③糖原合成的关键酶是糖原合酶,还需要分支酶的参与(E)。④糖原分解的关键酶是糖原磷酸化酶,还需脱支酶的参与(D)。⑤糖异生的关键酶包括葡糖-6-磷酸酶、果糖二磷酸酶-1、丙酮酸羧化酶、磷酸烯醇式丙酮酸羧激酶(C)。

54. ABCDE 由于组成呼吸链的 4 种复合体均位于线粒体内膜上,因此生物体内的氧化磷酸化均在肝细胞线粒体内进行(B)。

55. ABCDE 生物体内存在两条氧化呼吸链。①NADH 氧化呼吸链:NADH→FMN→Fe-S→Q→Cyt b→Fe-S→Cyt c_1→Cyt c→CuA→Cyt a→Cyt a_3-CuB→O_2。②$FADH_2$ 氧化呼吸链(琥珀酸氧化呼吸链):琥珀酸→FAD→Fe-S→Q→Cyt b→Fe-S→Cyt c_1→Cyt c→CuA→Cyt a→Cyt a_3-CuB→O_2。可见,FAD 参与组成琥珀酸氧化呼吸链,不参与组成 NADH 氧化呼吸链。

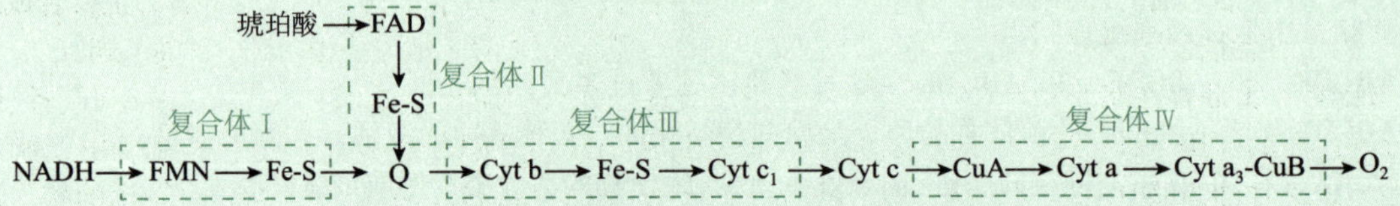

NADH氧化呼吸链和琥珀酸氧化呼吸链的组成及电子传递顺序

56. ABCDE CoQ(Q)是 NADH 氧化呼吸链和琥珀酸氧化呼吸链的交会点,因此既可作为 NADH 脱氢酶的受氢体,又可作为琥珀酸脱氢酶的受氢体。

57. ABCDE 琥珀酸氧化脱下的 1 对氢,经琥珀酸氧化呼吸链传递,有 2 个氧化磷酸化偶联部位,P/O 比值约为 1.5,即生成 1.5ATP。NADH 氧化呼吸链的 P/O 比值约为 2.5。

58. ABCDE ATP 合酶又称复合体Ⅴ,由 F_1 和 F_0 两部分组成,存在于线粒体内膜上,可催化 ADP 磷酸化生成 ATP。F_1(亲水部分)由 $\alpha_3\beta_3\gamma\delta\varepsilon$ 亚基复合体及 OSCP、IF_1 等组成,其功能是催化 ADP 磷酸化为 ATP。OSCP 为寡霉素敏感蛋白,IF_1 可调节 ATP 合成。F_0(疏水部分)由 $a_1b_2c_{9\sim12}$ 亚基组成。

59. ABCDE 氧化磷酸化是细胞获得能量(ATP)的主要方式。通过氧化磷酸化将氧化呼吸链释能与 ADP 磷酸化生成 ATP 偶联起来。解偶联是指氧化与磷酸化偶联过程脱离,即物质脱下的氢仍可通过

递氢递电子体传给 O_2 生成 H_2O（氧化过程继续），但在递氢递电子过程中所释放的能量不能用于 ADP 磷酸化生成 ATP（磷酸化停止），答案为 C。

60. ABCDE ①NADH 氧化呼吸链的组成为：NADH→FMN→Fe-S→Q→Cyt b→Fe-S→Cyt c_1→Cyt c→CuA→Cyt a→Cyt a_3-CuB→O_2。氰化物可抑制细胞色素 C 氧化酶（复合体Ⅳ）的 Cytaa$_3$，使电子不能传递给氧（E）。②阻断 Cytb→c_1 电子传递的是抗霉素 A。具有解偶联作用（使氧化与磷酸化分离）的抑制剂是二硝基苯酚。能抑制 ATP 合酶活性的是寡霉素。

61. ABCDE 鱼藤酮、抗霉素 A、CO 都是呼吸链抑制剂，此类抑制剂能在特异部位阻断氧化呼吸链中的电子传递过程。二硝基苯酚是线粒体氧化磷酸化的解偶联剂，可使氧化与磷酸化的偶联相互分离，使 ATP 的生成受到抑制。寡霉素是 ATP 合酶抑制剂，对电子传递和 ADP 磷酸化均有抑制作用，是呼吸链氧化磷酸化的抑制剂。

62. ABCDE 影响氧化磷酸化的因素很多，如各种抑制剂的作用、ADP 的调节作用、甲状腺激素的作用等，其中正常机体氧化磷酸化的速率主要受 ADP 的调节。当机体 ATP 利用增加，ADP 浓度增高时，氧化磷酸化速度加快；反之，当 ADP 不足时，氧化磷酸化速度减慢。

63. ABCDE 人体活动的直接供能物质是三磷酸腺苷（ATP）。机体内的磷酸肌酸可将高能磷酸键转移给 ADP，生成 ATP 供能。葡萄糖、脂酸和氨基酸在体内氧化时，也是转变为 ATP 供能，故生物体内能量的储存和利用都是以 ATP 为中心的。

64. ABCDE ①高能（磷酸）化合物是指水解时有较大自由能（>21kJ/mol）释放的磷酸化合物，如 ATP、GTP、UTP、CTP、磷酸肌酸、磷酸烯醇式丙酮酸、乙酰磷酸、乙酰 CoA、氨基甲酰磷酸、焦磷酸、1,3-二磷酸甘油酸、1-磷酸葡萄糖等。ATP 是通用高能化合物。②二磷酸腺苷（ADP）含有两个磷酸键，其中一个为高能磷酸键，另一个为低能磷酸键（也称一般磷酸键），因此属于高能化合物。③磷酸肌酸含 1 个高能磷酸键，该高能磷酸键水解时，产生的能量使 ADP 磷酸化，生成 ATP 而供能，因此磷酸肌酸也是高能化合物。④3-磷酸甘油酸中所含的磷酸键是低能磷酸键，属于酯键，因此不属于高能化合物（C）。解题时应注意，有些化合物名称中含“磷酸××”，好像含高能磷酸键，容易被误认为高能磷酸化合物，如 1,6-双磷酸果糖分子中第 1、6 位是磷酸酯键；三磷酸肌醇分子在第 1、2、5 位也是磷酸酯键，都不是高能磷酸键，因此它们都不是高能磷酸化合物。

65. ABCDE 不饱和脂肪酸主要包括油酸、软油酸（不是软脂酸）、亚油酸、α-亚麻酸和花生四烯酸等，前 2 种可自身合成，后 3 种必须从食物中摄取，因此称为必需脂肪酸。

66. ABCDE 甘油三酯的合成分甘油一酯途径和甘油二酯途径。甘油一酯途径为小肠黏膜细胞的主要合成途径，甘油二酯途径为肝细胞和脂肪细胞的主要合成途径。乳腺细胞、肾上腺皮质很少合成甘油三酯。

67. ABCDE ①储存在脂肪细胞中的脂肪，经脂肪动员逐步水解为游离脂肪酸和甘油，甘油在肝、肾、肠甘油激酶的作用下，转变为 3-磷酸甘油，然后脱氢生成磷酸二羟丙酮，循糖代谢途径利用。由于脂肪细胞缺乏甘油激酶，因此不能很好地利用甘油（A）。②脂酰 CoA 脱氢酶为参与脂酸 β-氧化的酶。磷酸甘油醛脱氢酶为参与糖酵解的酶。脂酰 CoA 转移酶主要参与甘油三酯的合成。激素敏感性甘油三酯脂酶是脂肪动员的限速酶。

68. ABCDE ①酰基载体蛋白（ACP）是脂肪酸合成过程中脂酰基的载体，脂酸合成的所有反应均在 ACP 的辅基上进行。②肉碱参与长链脂酰 CoA 进入线粒体的转运。丙二酰 CoA 是脂肪酸合成第一步反应的产物。草酰乙酸主要参与三羧酸循环。

69. ABCDE ①酮体的合成原料是脂酸经 β-氧化产生的大量乙酰 CoA。丙酮酸氧化生成的乙酰 CoA 主要进入三羧酸循环彻底氧化供能。②肝细胞线粒体内含有各种合成酮体的酶类，尤其是 HMG-CoA 合成酶，因此生成酮体是肝细胞特有的功能。但肝细胞缺乏氧化酮体的酶系——琥珀酰 CoA 转硫酶，因此肝细胞不能利用酮体，酮体只能在肝外组织氧化利用。可见，酮体是肝输出能量的一种形式。

70. ABCDE ①酮体包括乙酰乙酸、β-羟丁酸和丙酮。酮体是肝内合成肝外利用，心、脑、肾、骨骼肌的线粒体具有高活性的利用酮体的酶系琥珀酰 CoA 转硫酶，因此可以利用酮体供能(D)。②琥珀酸脱氢酶是催化三羧酸循环所需的非关键酶。HMG CoA 合酶为合成酮体所需的酶，HMG CoA 还原酶为胆固醇合成的关键酶，β-羟丁酸脱氢酶是催化乙酰乙酸和 β-羟丁酸相互转换的酶。

β-羟丁酸 ⟷(β-羟丁酸脱氢酶) 乙酰乙酸 ⟶(琥珀酰CoA转硫酶) 乙酰乙酰CoA ⟶(乙酰乙酰CoA硫解酶) 乙酰CoA ⟶ 柠檬酸循环氧化

71. ABCDE 甘油磷脂合成的基本原料包括甘油、脂肪酸、磷酸盐、胆碱、丝氨酸、肌醇、ATP、CTP 等。甘油、脂肪酸主要由糖代谢转变而来。丝氨酸在体内可脱羧生成乙醇胺。

72. ABCDE 血浆脂蛋白按电泳时在电场中的迁移率不同，分为 α-脂蛋白、前 β-脂蛋白、β-脂蛋白、乳糜微粒 4 类；根据超速离心法按密度不同，分为乳糜微粒、极低密度脂蛋白、低密度脂蛋白、高密度脂蛋白。

73. ABCDE **74. ABCDE** **75. ABCDE** **76. ABCDE** 9 版《生物化学》P165 表 7-5 的内容是常考点，尤其是“功能”项。

77. ABCDE 蛋白质的营养价值是指食物蛋白质在体内的利用率，其高低主要取决于食物蛋白质中必需氨基酸的种类、数量和比例。营养价值较低的蛋白质混合食用，彼此间必需氨基酸可以得到相互补充，从而提高蛋白质的营养价值，这种作用称为食物蛋白质的互补作用。例如谷类含赖氨酸较少而含色氨酸较多，豆类含赖氨酸较多而含色氨酸较少，两者混合食用即可提高蛋白质的营养价值。

78. ABCDE 生酮氨基酸能增加尿中酮体排出量，包括亮氨酸和赖氨酸。

79. ABCDE 氨基酸的脱氨基作用是指氨基酸脱去氨基，生成氨及相应的 α-酮酸的过程，这是氨基酸的主要分解代谢途径。脱氨基的方式包括联合脱氨基(最重要)、L-谷氨酸氧化脱氨基、非氧化脱氨基等。嘌呤核苷酸循环为肌肉组织最主要的脱氨基方式。

80. ABCDE ①体内氨的主要去路是在肝中合成尿素(A)。②肌组织中的氨主要以丙氨酸形式运送至肝，脑组织中的氨主要以谷氨酰胺的形式运送至肝。

81. ABCDE 鸟氨酸循环也称尿素循环，在胞质中，精氨酸由精氨酸酶催化，水解生成尿素和鸟氨酸。可见，精氨酸是鸟氨酸循环的重要中间产物。ABCD 均不参与鸟氨酸循环。2020 年真题。

82. ABCDE 有些氨基酸可通过脱羧基作用生成相应的胺。胺在胺氧化酶的作用下，生成相应的醛、NH_3 和 H_2O_2。醛可继续氧化成羧酸，羧酸再氧化成 CO_2 和 H_2O(A)。

83. ABCDE 体内氨的主要去路是在肝中经鸟氨酸循环合成尿素后经尿中排出。若患者肝功能障碍，尿素合成减少，将导致血氨增高，引起肝性脑病。

84. ABCDE 甲硫氨酸循环的意义是由 N^5-CH_3-FH_4 提供甲基合成甲硫氨酸，再通过此循环的 S-腺苷甲硫氨酸提供甲基，以进行体内甲基化反应。

85. ABCDE ①甲硫氨酸循环时，同型半胱氨酸转变为甲硫氨酸是由甲硫氨酸合成酶催化的，此酶的辅酶是维生素 B_{12}，可参与甲基的转移。因此当维生素 B_{12} 缺乏时，N^5-CH_3-FH_4 上的甲基不能转移，既不利于甲硫氨酸的生成，也不利于 FH_4 的再生，使组织中 FH_4 的含量降低。②四氢生物蝶呤是苯丙氨酸羟化酶的辅酶。

86. ABCDE 活性硫酸根是指 PAPS，即 3′-磷酸腺苷 5′-磷酰硫酸。SAM 是指 S-腺苷甲硫氨酸，GSH 是指谷胱甘肽，GABA 是指 γ-氨基丁酸，IMP 是指次黄嘌呤核苷。

87. ABCDE 半胱氨酸在体内可转化为活性硫酸根，即 3′-磷酸腺苷 5′-磷酰硫酸(PAPS)。PAPS 化学性质活泼，在肝生物转化中可提供硫酸根使某些物质生成硫酸酯而排出体外。

88. ABCDE **89. ABCDE** **90. ABCDE** ①白化病是由于酪氨酸酶缺乏，黑色素(吲哚-5,6-醌)合成障碍所致，常表现为皮肤、毛发等发白。②酪氨酸在酪氨酸转氨酶催化下，生成对羟苯丙酮酸，后者转变为尿黑酸，尿黑酸在尿黑酸氧化酶作用下，生成延胡索酸、乙酰乙酸。当尿黑酸氧化酶缺陷时可导致尿黑酸症。③当苯丙氨酸羟化酶缺乏时，苯丙氨酸不能正常转变为酪氨酸，体内苯丙氨酸蓄积，并经转氨基作用生成苯丙酮酸。大量苯丙酮酸及其部分代谢产物(苯乳酸、苯乙酸)由尿排出，称为苯丙酮酸尿症。

91. ABCDE 92. ABCDE ①通过丙氨酸-葡萄糖循环可将肌肉中的氨由丙酮酸氨基化形成无毒的丙氨酸运送至肝脏。②鸟氨酸循环为尿素合成途径。③柠檬酸-丙酮酸循环是脂酸合成时乙酰 CoA 由线粒体进入胞液的途径。三羧酸循环是三大营养物质的最终代谢通路。乳酸循环可避免体内乳酸堆积。

93. ABCDE 94. ABCDE 95. ABCDE ①尿酸是嘌呤核苷酸的分解代谢产物，IMP（次黄嘌呤核苷酸）、AMP、GMP 的代谢分解产物都是尿酸。②嘧啶碱的降解主要在肝中进行，嘧啶核苷酸首先经核苷酸酶、核苷酶的作用脱去磷酸及戊糖，生成嘧啶碱。胸腺嘧啶分解为 β-氨基异丁酸、氨和 CO_2。③胞嘧啶和尿嘧啶主要在肝脏内经脱氨、氧化、还原、脱羧等反应生成 β-丙氨酸、氨和 CO_2。

胞嘧啶（C）⟶ 尿嘧啶（U）⟶⟶ 二氢尿嘧啶 ⟶ β-丙氨酸 + CO_2 + NH_3

胸腺嘧啶（T）⟶⟶⟶⟶ β-脲基异丁酸 ⟶ β-氨基异丁酸 + CO_2 + NH_3

96. ABCDE ①嘧啶核苷酸从头合成的关键酶是氨基甲酰磷酸合成酶Ⅱ、天冬氨酸氨基甲酰转移酶，前者是人类调节的关键酶，主要受 UMP 的负反馈调节；后者是细菌调节的关键酶，主要受 CTP 的负反馈调节。②磷酸核糖焦磷酸合成酶（PRPP 合成酶）和磷酸核糖焦磷酸酰胺转移酶（PRPP 酰胺转移酶）均属于嘌呤核苷酸从头合成的关键酶。二氢乳清酸酶、乳清酸磷酸核糖转移酶都是嘧啶核苷酸合成的非关键酶。

97. ABCDE ①体内核糖核苷酸在核糖核苷酸还原酶的催化下，大多数能直接还原生成脱氧核糖核苷酸，这种还原作用是在核苷二磷酸水平上进行的，即 NDP→dNDP，如 UDP 能直接转变为 dUDP。②脱氧胸腺嘧啶核苷酸的生成是在一磷酸水平，由脱氧尿嘧啶核苷酸（dUMP）经甲基化生成的，即 dUMP→dTMP。催化此反应的酶是 TMP 合酶（胸苷酸合酶）。即 UMP→UDP→dUDP→dUMP→dTMP。

98. ABCDE 99. ABCDE 100. ABCDE 101. ABCDE ①甲氨蝶呤是叶酸的类似物，能竞争性抑制二氢叶酸还原酶，使叶酸不能还原成二氢叶酸及四氢叶酸，从而抑制嘌呤核苷酸的合成，用于肿瘤的治疗（B）。②6-巯基嘌呤（6MP）的化学结构与次黄嘌呤类似，能竞争性抑制次黄嘌呤-鸟嘌呤磷酸核糖转移酶（HGPRT），阻止嘌呤核苷酸的补救合成途径（C）。③5-氟尿嘧啶（5-FU）的结构与胸腺嘧啶类似，在体内可转变成 FdUMP 及 FUTP。FdUMP 与 dUMP 的结构类似，是胸苷酸合酶的抑制剂，可使 dTMP 合成受阻，干扰 RNA 分子的合成，从而达到抗肿瘤的目的（D）。④阿糖胞苷能抑制核糖核苷酸还原酶，阻止 CDP 还原成 dCDP，从而影响 DNA 的合成（E）。

102. ABCDE 由于 DNA 复制是半不连续复制，复制叉前进的方向与前导链的合成方向相同。前导链的子链沿 5′→3′ 方向连续延长，其延长方向与解链方向相同。后随链的子链延长方向与解链方向相反，需要等待复制叉解开相当长度，生成新的引物，然后再在引物 3′-OH 末端上延长。也就是说复制延长中，在后随链上要不断生成引物。后随链上不连续复制的片段称为冈崎片段。

103. ABCDE 用特异的蛋白酶将 DNA 聚合酶Ⅰ水解为两个片段，在 F、G 螺旋之间断裂。小片段含 323 个氨基酸残基。大片段含 604 个氨基酸残基，称 Klenow 片段。Klenow 片段是实验室合成 DNA 和进行分子生物学研究的常用工具酶。

104. ABCDE 在 DNA 复制过程中，DNA 连接酶可连接随从链上不连续的 DNA 片段；解螺旋酶主要作用是解开 DNA 双链；拓扑异构酶可改变 DNA 分子的拓扑构象，理顺 DNA 链；Dna G（引物酶）可催化 RNA 引物的生成。复制过程中无限制性核酸内切酶参与，它的主要作用是识别特异序列，切割 DNA。

105. ABCDE ①逆转录是指在宿主细胞中，逆转录病毒的逆转录酶以病毒 RNA 为模板，以宿主细胞 dNTP 为原料催化合成 DNA 的过程。②以 DNA 为模板合成 DNA 称为复制，以 DNA 为模板合成 RNA 称为转录，以 RNA 为模板合成蛋白质称为翻译。

106. ABCDE ABCDE 均属于 DNA 损伤修复的方式，但以切除修复最常见且最重要。

107. ABCDE 真核生物启动子是指 RNA 聚合酶结合位点周围的一组转录控制组件。启动子包括至少一个转录起始点及一个以上的功能组件(如 TATA 盒)。TATA 盒是转录因子的结合位点。因此,调控序列中的启动子是 RNA 聚合酶结合模板 DNA 的部位,也是控制转录的关键部位。

108. ABCDE 原核生物的转录终止与 ρ 因子有关。真核生物的转录终止是和转录后修饰密切相关的(E 对)。真核生物 mRNA 有 poly A 尾结构,是转录后才加进去的。转录不是在 poly A 的位置上终止,而是超出数百个至上千个核苷酸后才停顿。已发现在密码子编码区的下游,常有一组共同序列 AATAAA,再远处的下游还有相当多的 GT 序列,这些序列就是 hnRNA 的转录终止相关信号,被称为转录终止的修饰点。转录越过修饰点后,mRNA 在修饰点处被切断,后加入 poly A 尾及 5′-帽子。信号肽主要参与蛋白质合成后的靶向输送。eRF 是蛋白质合成的释放因子,阻遏蛋白与基因调控有关,故不答 CD。

109. ABCDE 编码同一种氨基酸的密码子称为简并密码子,多数情况下,简并密码子的前两位碱基都是相同的,仅第 3 位碱基有差异,即密码子的特异性主要是由前两位核苷酸决定的,也就是说,第 3 位碱基的变化往往不改变其密码子编码的氨基酸,合成的蛋白质具有相同的一级结构(D)。

110. ABCDE 遗传密码的特性包括连续性、方向性、通用性、简并性、摆动性,没有特异性。

111. ABCDE 反密码子为 5′-UAG→3′,识别的密码子为 3′-AUC-5′,因为密码子的阅读方向规定为 5′→3′,故将其变更为 5′-CUA→3′,答案为 D。

112. ABCDE 放线菌素可作用于核糖体大亚基,抑制转肽酶,阻止肽链延长,从而抑制蛋白质的生物合成。

113. ABCDE 原核生物大多数基因表达调控是通过操纵子机制实现的。操纵子通常由 2 个以上的编码序列、启动序列、操纵序列等组成。操纵序列与启动序列接近,是原核阻遏蛋白的结合位点。当操纵序列结合有阻遏蛋白时,会阻碍 RNA 聚合酶与启动序列结合,或使 RNA 聚合酶不能沿 DNA 链向前移动,阻遏转录,介导负性调节。ACD 都起正性调节作用。CAP 为分解(代谢)物基因激活蛋白,Y 基因为结构基因。

114. ABCDE ①DNA 连接酶可催化 DNA 中相邻的 5′-磷酸基和 3′-羟基末端之间形成磷酸二酯键,使目的基因与载体 DNA 共价连接。②DNA 聚合酶Ⅰ主要在 DNA 合成中起校正作用。DNA 聚合酶Ⅲ主要在复制延长中起主要作用。限制性核酸内切酶可识别 DNA 特异性序列,并在识别位点或其周围切割双链 DNA。逆转录酶主要参与逆转录过程。

115. ABCDE 细胞癌基因也称原癌基因,是指存在于生物正常细胞基因组中的癌基因(A 错 D 对)。在正常情况下,这些基因处于静止或低表达状态,不仅对细胞无害,而且对维持细胞正常功能具有重要作用。当其受到致癌因素作用被活化并发生异常时,则可成为癌基因导致细胞癌变(E 错)。病毒癌基因是一类存在于肿瘤病毒(DNA 病毒或 RNA 病毒)中,能使靶细胞发生恶性转化的基因,不属于细胞癌基因,故不答 BC。

116. ABCDE 117. ABCDE ①癌基因原指能在体外引起细胞转化,在体内诱发肿瘤的基因。目前广义的"癌基因"是指能编码生长因子、生长因子受体、细胞内生长信息传递分子,以及与生长有关的转录调节因子的基因。原癌基因(细胞癌基因)是指存在于生物正常细胞基因组中的癌基因(D)。②抑癌基因是一类抑制细胞过度生长、增殖从而遏制肿瘤形成的基因(B)。

118. ABCDE 第二信使物质指在细胞内传递信息的小分子化合物,如 cAMP、cGMP、Ca^{2+}、IP_3、DAG、Cer 等。

119. ABCDE cAMP 对细胞的调节作用是通过激活蛋白激酶 A(PKA)来实现的。PKA 是一种由四聚体组成的别构酶(C_2R_2),其中 C 为催化亚基,R 为调节亚基。催化亚基具有催化底物蛋白质某些特定丝/苏氨酸残基磷酸化的功能。调节亚基与催化亚基结合时,PKA 呈无活性状态。当 cAMP 与 2 个调节亚基结合后,调节亚基脱落,游离的催化亚基具有蛋白激酶活性。

120. ABCDE ①血浆蛋白盐与相应血浆蛋白形成缓冲对,参与维持血浆正常 pH 值(A 对)。②血浆中的免疫球蛋白(IgG、IgA、IgM、IgD、IgE)可参与体液免疫(B 对)。③某些血浆蛋白既可用于组织蛋白质的合成,也可分解供能(C 对)。④血浆蛋白质分子表面分布有众多的亲脂性结合位点,维生素 A、类固醇激素等脂溶性物质可与其结合而被运输。血浆中的清蛋白能与脂肪酸、Ca^{2+}、胆红素、磺胺等结合,参与运输(D对)。⑤血浆蛋白维持的是胶体渗透压而不是晶体渗透压,晶体渗透压主要是 Na^{+} 产生的,故答E。

121. ABCDE　除γ球蛋白由浆细胞产生外,绝大多数血浆蛋白都是由肝细胞合成的。

122. ABCDE　血红素主要在骨髓的幼红细胞、网织红细胞中合成,合成的起始和终末阶段都在线粒体内,中间阶段则在胞质中进行。

123. ABCDE　血红素合成的关键酶是δ-氨基-γ-酮戊酸(ALA)合酶,其辅酶是磷酸吡哆醛(维生素 B_6),因此维生素 B_6 缺乏可影响血红素的合成。2020年真题。

124. ABCDE　①红细胞产生的2,3-BPG(2,3-二磷酸甘油酸)虽能供能,但主要用于调节血红蛋白的运氧能力。2,3-BPG含量增加,氧解离曲线右移,可增加氧的利用;反之2,3-BPG含量降低,氧解离曲线左移,可减少氧的利用。②"参与细胞膜的组成"是红细胞脂代谢的功能。维持还原型谷胱甘肽(GSH)的正常水平是NADPH的功能。

125. ABCDE　肝的生物转化可分为两相反应,第一相反应包括氧化、还原和水解反应,其中以氧化反应最常见,约占总反应的50%。第二相反应即各种结合反应,以葡糖醛酸结合反应最普遍。

126. ABCDE　单加氧酶是生物转化中氧化非营养物质最重要的酶,肝细胞中存在多种氧化酶系,其中最重要的是定位于肝细胞微粒体(不是线粒体)的依赖细胞色素 P_{450} 的单加氧酶系。

127. ABCDE　肝是人体内生物转化的主要器官,因此肝功能减退可导致生物转化能力下降。2020年真题。

128. ABCDE　经肝脏进行生物转化生成的葡糖醛酸胆红素随胆汁进入肠道,在回肠下段和结肠的肠菌作用下,脱去葡糖醛酸基,被还原成胆素原。

129. ABCDE　初级胆汁酸是指肝脏中新合成的7位有羟基的胆汁酸,包括胆酸、鹅脱氧胆酸及其与甘氨酸、牛磺酸的结合产物(如甘氨胆酸、甘氨鹅脱氧胆酸、牛磺胆酸、牛磺鹅脱氧胆酸)。次级胆汁酸是指初级胆汁进入肠道后,一部分在肠道细菌的作用下,7位脱去羟基的胆汁酸,包括脱氧胆酸、石胆酸及其在肝中的结合产物。

130. ABCDE　肠道中被还原生成的胆素原约10%~20%被肠黏膜细胞重吸收,经门静脉入肝,其中大部分再次随胆汁排入肠腔,形成胆素原的肠肝循环。

131. ABCDE　①在肝脾单核-吞噬细胞系统内,血红素经代谢转变为胆红素,此为未结合胆红素。进入血液后与清蛋白结合形成胆红素-清蛋白复合物,运输至肝脏。当胆红素-清蛋白到达肝脏后,胆红素与清蛋白解离,胆红素被肝细胞摄取,与肝细胞胞液中的Y蛋白、Z蛋白等配体蛋白结合,形成胆红素-Y蛋白和胆红素-Z蛋白,后被运送至滑面内质网,在UDP-葡糖醛酸基转移酶的催化下生成葡糖醛酸胆红素。这些与葡糖醛酸结合的胆红素称为结合胆红素。②结合珠蛋白是血浆中的一种糖蛋白,与血红蛋白的结合力极强,当两者结合后可防止血红蛋白从肾小球漏出,结合珠蛋白不能与胆红素结合。

132. ABCDE　133. ABCDE　134. ABCDE　135. ABCDE　136. ABCDE　①维生素E缺乏表现为红细胞数量减少,脆性增加等溶血性贫血症(C)。②维生素K缺乏可导致维生素K依赖性凝血因子FⅡ、FⅦ、FⅨ、FⅩ合成减少,主要症状是易出血(B)。③维生素 B_2 缺乏可引起口角炎、唇炎、阴囊炎、眼睑炎等(A)。④维生素PP缺乏可引起癞皮病,常表现为皮炎、腹泻、痴呆等(E)。⑤维生素 B_{12} 缺乏可导致核酸合成障碍,阻止细胞分裂而产生巨幼红细胞性贫血,即恶性贫血(D)。

第三篇　生理学试题

1. 下列属于正反馈的是
A. 正常血压的维持　B. 体温的调节　C. 排尿反射
D. 血糖浓度的调节　E. 红细胞数量稳定的调节
2. 机体内环境是指
A. 体液　B. 细胞内液　C. 细胞外液
D. 血液　E. 组织液
3. 与肠黏膜细胞吸收葡萄糖关系密切的转运过程是
A. HCO_3^- 的被动吸收　B. Na^+的主动吸收　C. K^+的主动吸收
D. Cl^-的被动吸收　E. Ca^{2+}的主动吸收
4. 可兴奋细胞受刺激后产生兴奋的共同表现形式是出现
A. 动作电位　B. 局部电位　C. 收缩
D. 分泌　E. 收缩和分泌
5. 逐渐增加细胞外液中的 K^+浓度，静息电位将
A. 逐渐减小　B. 逐渐增大　C. 不变
D. 先增大后减小　E. 先减小后增大
6. 下列能使心输出量增加的因素是
A. 心迷走中枢紧张性增高　B. 心交感中枢紧张性增高　C. 静脉回心血量减少
D. 心室舒张末期容积减小　E. 颈动脉窦内压力增高

A. 锋电位　B. 阈电位　C. 负后电位
D. 正后电位　E. 局部电位
7. 可兴奋细胞受阈下刺激后，可出现
8. 刺激引起兴奋的基本条件是使跨膜电位达到

9. 临床上，乙型血友病是由于缺乏
A. FⅦ　B. FⅧ　C. FⅨ
D. FⅩ　E. FⅪ
10. 红细胞比容是指红细胞
A. 与血浆容积之比　B. 在血液中所占的容积百分比　C. 在血液中所占的重量百分比
D. 与白细胞容积之比　E. 与血小板容积之比
11. 下列凝血因子中，不属于维生素 K 依赖性的是
A. Ⅶ　B. Ⅹ　C. Ⅷ
D. Ⅸ　E. Ⅱ
12. 风湿热时，红细胞沉降率加快的原因是
A. 红细胞本身发生病变　B. 卵磷脂含量增高　C. 血浆白蛋白增高
D. 血浆球蛋白含量增高　E. 红细胞表面积/体积比增大
13. 血凝块回缩的原因是

A. 血凝块中纤维蛋白收缩　B. 红细胞叠连而压缩　C. 白细胞变形运动
D. 血小板的收缩蛋白收缩　E. 血浆析出而体积减小

14. 下列凝血因子中，最不稳定的是
A. FⅤ　B. FⅥ　C. FⅦ
D. FⅩ　E. FⅫ

15. 实验中常用枸橼酸钠抗凝血，其机制是
A. 抑制凝血酶的活性　B. 加强抗凝血酶的作用　C. 防止血小板激活
D. 螯合血浆中的 Ca^{2+}　E. 凝血途径的特异性抑制剂

16. AB 血型人的红细胞膜上和血清中分别含
A. A 凝集原和抗 A、抗 B 凝集素　B. B 凝集原和抗 B 凝集素　C. A 凝集原和抗 B 凝集素
D. B 凝集原和抗 A 凝集素　E. A、B 凝集原，不含抗 A、抗 B 凝集素

17. Rh 阳性是指红细胞膜上存在
A. C 抗原　B. A 抗原　C. D 抗原
D. E 抗原　E. B 抗原

18. Rh 阴性的母亲，第二胎若为 Rh 阳性，胎儿生后易患的疾病是
A. 巨幼红细胞性贫血　B. 血友病　C. 新生儿溶血性贫血
D. 红细胞增多症　E. 新生儿败血症

19. 心动周期是指
A. 心脏机械活动周期　B. 心脏生物电活动周期　C. 心音活动周期
D. 心率变化周期　E. 室内压变化周期

20. 心动周期中，房室瓣开放始于
A. 心房收缩期末　B. 快速射血期　C. 等容舒张期初
D. 等容舒张期末　E. 减慢射血期

21. 比较不同个体之间的心泵功能，宜选用的评定指标为
A. 每搏输出量　B. 每分输出量　C. 射血分数
D. 心指数　E. 心脏做功量

22. 健康成年男性在安静状态下的心输出量约为
A. 3.0L/min　B. 4.0L/min　C. 5.0L/min
D. 6.5L/min　E. 7.0L/min

A. 收缩末期容积　B. 舒张末期容积　C. 等容收缩期容积
D. 等容舒张期容积　E. 大动脉血压

23. 生理情况下，能代表心室肌前负荷的指标是
24. 生理情况下，能代表心室肌后负荷的指标是

25. 心室肌细胞和浦肯野细胞动作电位的主要区别在于
A. 0 期去极化速度不同　B. 1 期复极化机制不同　C. 平台期复极化机制不同
D. 3 期复极化机制不同　E. 4 期自动去极化的有无

26. 室性期前收缩之后常出现代偿性间歇的原因是
A. 窦房结的节律性兴奋延迟发放　B. 窦房结的节律性兴奋少发放了一次
C. 房室结暂时不能传导动作电位　D. 室性期前收缩时心室肌的有效不应期很长
E. 窦房结传来的冲动落在期前兴奋的有效不应期内

27. 心室肌有效不应期的长短主要取决于

A. 动作电位 0 期去极速度　B. 动作电位 2 期的长短　C. 动作电位 3 期的长短
D. 阈电位水平的高低　E. 钠泵的功能状态

28. 某男,60 岁,近年来感胸部不适,劳累后心悸,但仍能进行轻度体力劳动。心脏听诊发现病人心律不齐,无病理性杂音。心电图检查提示心房颤动,心室率 90 次/分。该病人患心房颤动后,安静时心脏泵血功能仍能接近正常的原因是
A. 心室收缩能力增强　B. 心率增快　C. 心脏后负荷减少
D. 心脏前负荷加大　E. 心房收缩时对心室充盈不起主要作用

29. 当血流流经下列血管时,血压降落幅度最大的是
A. 主动脉　B. 小动脉　C. 微动脉
D. 毛细血管　E. 微静脉

30. 在影响动脉血压的诸多因素中,搏出量增多而其他因素不变时,脉压增大的主要原因是
A. 收缩压、舒张压均降低　B. 收缩压、舒张压均升高　C. 收缩压升高,舒张压降低
D. 收缩压变化不大,舒张压降低　E. 收缩压升高,舒张压变化不大

31. 一般情况下,动脉粥样硬化患者
A. 收缩压无变化　B. 舒张压无变化　C. 脉压增大
D. 大动脉顺应性增大　E. 脉搏传播速度减慢

32. 中心静脉压的高低主要取决于
A. 血管容量和血量　B. 心脏射血能力和外周阻力　C. 动脉血压和静脉压之差
D. 外周静脉压　E. 心脏射血能力和静脉回心血量

A. 微动脉　B. 后微动脉　C. 毛细血管前括约肌
D. 微静脉　E. 动-静脉短路

33. 微循环中参与体温调节的主要结构是
34. 控制微循环血流量的主要结构是

35. 组织液的生成与回流,主要取决于
A. 有效滤过压　B. 毛细血管血压　C. 组织液静水压
D. 血浆胶体渗透压　E. 血浆晶体渗透压

36. 下列器官的血管中,交感缩血管纤维分布最密的是
A. 骨骼肌血管　B. 胃血管　C. 冠状血管
D. 皮肤血管　E. 脑血管

37. 能有效缓冲血压快速波动的心血管反射是
A. 压力感受性反射　B. 化学感受性反射　C. 心肺感受器反射
D. 脑缺血反应　E. 内脏感受器反射

38. 不能引起血管平滑肌舒张的物质是
A. PGI_2　B. 内皮素　C. NO
D. 心房钠尿肽　E. EDHF

A. 等容收缩期　B. 等容舒张期　C. 射血期
D. 充盈期　E. 房缩期

39. 在一次心动周期中,冠状动脉血流量急剧降低的时相是
40. 在一次心动周期中,冠状动脉血流量急剧增加的时相是

41. 每分通气量和肺泡通气量之差等于

A. 潮气量×呼吸频率　B. 功能余气量×呼吸频率　C. 余气量×呼吸频率
D. 无效腔气量×呼吸频率　E. 肺活量×呼吸频率

42. 平静呼吸时,最重要的肺通气阻力是
A. 肺组织弹性阻力　B. 肺泡内侧面表面张力　C. 气道阻力
D. 惯性阻力　E. 胸廓弹性阻力

43. 可使肺顺应性增加的因素是
A. 肺弹性阻力减小　B. 肺弹性阻力增大　C. 气道阻力减小
D. 气道阻力增大　E. 肺表面活性物质减少

44. 肺纤维化病人,1 秒用力呼气量(FEV_1)/用力肺活量(FVC)的检查结果是
A. FEV_1 减小,FVC 基本不变,FEV_1/FVC 减小
B. FEV_1 基本不变,FVC 减小,FEV_1/FVC 增大
C. FEV_1 和 FVC 均减小,FEV_1/FVC 基本不变
D. FEV_1 和 FVC 均增大,FEV_1/FVC 基本不变
E. FEV_1、FVC、FEV_1/FVC 均减小

45. 残气量与肺活量之和等于
A. 深吸气量　B. 肺总量　C. 用力呼气量
D. 功能残气量　E. 补吸气量

46. 潮气量为 500ml,呼吸频率为 12 次/分,则肺泡通气量约为
A. 3 升　B. 4 升　C. 5 升
D. 6 升　E. 7 升

47. 对肺换气而言,浅快呼吸不利于呼吸,是因为浅快呼吸时
A. 肺通气量下降　B. 肺血流量下降　C. 解剖无效腔增加
D. 解剖无效腔的存在　E. 潮气量减少

48. 假设肺通气量为 7000ml/min,呼吸频率为 20 次/分,无效腔容量为 100ml,每分心输出量为 5000ml 时,其通气/血流比值为
A. 0.7　B. 0.8　C. 0.9
D. 1.0　E. 1.5

49. 在高原地区,若血红蛋白氧饱和度达到 90%以上,需要 PO_2 不低于
A. 100mmHg　B. 90mmHg　C. 80mmHg
D. 60mmHg　E. 50mmHg

50. 调节呼吸运动最重要的理化因素是
A. O_2　B. CO_2　C. 动脉血中的 H^+
D. 脑脊液中的 H^+　E. 2,3-DPG

51. 缺氧引起呼吸加深加快的原因是
A. 直接刺激呼吸中枢　B. 刺激中枢化学感受器　C. 刺激外周化学感受器
D. 刺激呼吸肌　E. 通过肺牵张反射

52. 交感神经对胃肠运动和分泌的作用是
A. 胃肠运动及分泌均抑制　B. 胃肠运动及分泌均增强　C. 胃肠运动增强,分泌抑制
D. 胃肠运动抑制,分泌增强　E. 对胃肠运动及分泌均无明显影响

53. 关于胃肠激素的生理功能,下列哪项是错误的?
A. 调节其他激素的释放　B. 调节消化液的分泌速度　C. 调节消化液的成分

D. 调节营养物质的吸收　　E. 调节胃肠平滑肌的运动

54. 关于唾液的生理作用,下列哪项是错误的?
A. 抗菌　　B. 部分消化淀粉　　C. 部分消化蛋白质
D. 部分消化脂肪　　E. 排泄功能

55. 下列哪项不属于胃液的生理作用?
A. 杀菌　　B. 激活胃蛋白酶原　　C. 使蛋白质变性
D. 对淀粉进行初步消化　　E. 促进维生素 B_{12} 的吸收

56. 胃大部切除患者出现贫血,其主要原因是
A. HCl 减少　　B. 黏液减少　　C. 内因子减少
D. HCO_3^- 减少　　E. 胃蛋白酶活性减弱

57. 抑制胃酸分泌的因素是
A. 乙酰胆碱　　B. 组胺　　C. 生长抑素
D. 咖啡因　　E. 促胃液素

58. 胃容受性舒张的主要刺激物是
A. 胃中的食物　　B. 小肠中的食物　　C. 咽部和食道中的食物
D. 胆囊收缩素　　E. 促胰液素

59. 对脂肪、蛋白质消化作用最强的消化液是
A. 唾液　　B. 胃液　　C. 胆汁
D. 胰液　　E. 小肠液

60. 关于胆汁生理作用的描述,错误的是
A. 胆盐、胆固醇、卵磷脂均可乳化脂肪　　B. 胆汁可与脂肪酸结合,促进脂肪酸的吸收
C. 胆汁可促进脂溶性维生素的吸收　　D. 胆汁的消化酶可促进脂肪的消化
E. 胆汁在十二指肠可中和一部分胃酸

61. 小肠特有的运动形式为
A. 紧张性收缩　　B. 蠕动　　C. 集团蠕动
D. 蠕动冲　　E. 分节运动

A. 维生素 A　　B. 维生素 B_1　　C. 维生素 C
D. 维生素 D　　E. 维生素 E

62. 能促进铁吸收的维生素是
63. 能促进钙吸收的维生素是

64. 安静时,正常机体能量代谢最为稳定的环境温度为
A. 10~20℃　　B. 20~30℃　　C. 30~37℃
D. 37℃　　E. 36.8~37.2℃

65. 正常人体能量代谢率最低的情况是
A. 安静时　　B. 清醒时　　C. 禁食 12 小时以上
D. 熟睡时　　E. 劳动时

66. 促进机体产热最重要的激素是
A. 肾上腺素　　B. 去甲肾上腺素　　C. 促甲状腺激素
D. 甲状腺素　　E. 生长激素

67. 在环境温度 21℃,机体处于安静状态下的主要散热方式是
A. 辐射散热　　B. 传导散热　　C. 对流散热

D. 不感蒸发　　E. 可感蒸发

A. 肝　　B. 皮肤　　C. 褐色脂肪组织
D. 骨骼肌　　E. 甲状腺

68. 人体在安静时最主要的产热器官是
69. 人体在运动时最主要的产热器官是
70. 人体代谢产热功能最强的组织是
71. 人体战栗产热的主要部位是
72. 人体最主要的散热器官是

73. 肾小球滤过率是指单位时间内
A. 一侧肾脏生成的原尿量　　B. 两侧肾脏生成的原尿量　　C. 一侧肾脏生成的终尿量
D. 两肾生成的终尿量　　E. 一侧肾血浆的滤过量

74. 下列哪项不是通过改变有效滤过压来影响肾小球滤过率？
A. 血容量减少　　B. 输尿管结石　　C. 低蛋白血症
D. 肾血浆流量减少　　E. 输入大量生理盐水

75. 可导致水利尿的方法是
A. 饮大量清水　　B. 静脉滴注大量生理盐水　　C. 饮大量生理盐水
D. 静脉滴注甘露醇　　E. 静脉滴注大量高渗葡萄糖

76. 破坏动物下丘脑视上核和室旁核，可导致动物
A. 尿量增加、尿比重增加、动脉压增加　　B. 尿量增加、尿比重降低、动脉压降低
C. 尿量增加、尿比重增加、动脉压降低　　D. 尿量减少、尿比重增加、动脉压增加
E. 尿量减少、尿比重降低、动脉压降低

77. 下列哪种物质的血浆清除率最高？
A. 肌酐　　B. 菊粉　　C. 碘锐特
D. 葡萄糖　　E. 尿素

78. 如果某物质在肾动脉中有一定浓度，而在肾静脉中为零，其血浆清除率等于
A. 零　　B. 肾小球滤过率　　C. 每分钟肾血浆流量
D. 每分钟肾血流量　　E. 肾小管吸收量

79. 高位截瘫病人排尿障碍表现为
A. 尿失禁　　B. 尿潴留　　C. 无尿
D. 尿崩症　　E. 少尿

80. 中枢兴奋传播的特点不包括
A. 单向传播　　B. 中枢延搁　　C. 不易疲劳
D. 兴奋节律的改变　　E. 兴奋的总和

81. 在周围神经系统中，属于胆碱能纤维的是
A. 所有自主神经节前纤维　　B. 所有副交感节后纤维　　C. 支配所有汗腺的交感节后
D. 所有舒血管神经纤维　　E. 支配胰腺的所有交感节后纤维

82. N_1 受体主要分布于
A. 自主神经节后神经元　　B. 神经-骨骼肌接头的终板膜　　C. 多数交感神经支配的效应器
D. 自主神经节前神经元　　E. 多数副交感神经支配的效应器

83. 在中脑头端切断网状结构，则动物（如猫）处于下列何种状态？
A. 脊休克　　B. 去大脑僵直　　C. 觉醒

D. 昏睡　　E. 运动共济失调

84. 会聚学说常用来解释下列哪种疼痛的产生机制？
A. 快痛　　B. 慢痛　　C. 内脏痛
D. 牵涉痛　　E. 躯体痛

85. 关于腱反射的正确叙述是
A. 为多突触反射　　B. 反射减弱提示高位中枢病变　　C. 反射亢进提示反射弧受损
D. 感受器为肌梭　　E. 由缓慢牵拉肌梭而引起

86. γ 运动神经元在牵张反射中的作用是
A. 直接诱发梭外肌收缩　　B. 直接发动牵张反射　　C. 引起腱反射
D. 引起腱器官兴奋　　E. 使肌梭感受器处于敏感状态

87. 患者，男，40 岁。走路不稳 2 年，眼球震颤，肌力正常，共济失调。病变部位最可能位于
A. 小脑　　B. 大脑　　C. 脑干
D. 内囊　　E. 锥体外系

88. 交感神经兴奋时，可引起
A. 胃肠平滑肌收缩　　B. 胃肠括约肌收缩　　C. 妊娠子宫舒张
D. 膀胱逼尿肌收缩　　E. 泪腺分泌增加

89. 成人在安静、清醒、闭眼时出现的脑电波形主要是
A. α 波　　B. β 波　　C. θ 波
D. δ 波　　E. γ 波

90. 正常人白天工作时的脑电波主要是
A. α 波　　B. β 波　　C. γ 波
D. δ 波　　E. θ 波

91. 病人不会说话，但可以看懂文字和听懂别人的谈话，且发音器官功能正常，其语言中枢的损伤部位在
A. Wernicke 区　　B. Broca 区　　C. 额中回后部
D. 颞上回后部　　E. 角回

92. 下列激素中，哪一个不是由腺垂体合成和分泌的？
A. 生长激素　　B. 催乳素　　C. 催产素
D. 黄体生成素　　E. 卵泡刺激素

93. 下列哪种激素的分泌不受腺垂体的调节？
A. 甲状腺激素　　B. 甲状旁腺激素　　C. 糖皮质激素
D. 雌激素　　E. 孕激素

94. 能促进 PRL 分泌的下丘脑调节肽是
A. CRH　　B. GHRH　　C. PIF
D. PRF　　E. MRF

A. 呆小症　　B. 侏儒症　　C. 肢端肥大症
D. 黏液性水肿　　E. 向心性肥胖

95. 幼年时生长激素分泌不足会导致
96. 成年人生长激素分泌过多会导致
97. 幼年时甲状腺激素分泌不足会导致
98. 成年人甲状腺激素分泌不足会导致

A. 生长激素　　B. 糖皮质激素　　C. 肾上腺素

D. 甲状腺激素 E. 雌激素/雄激素

99. 影响神经系统发育最重要的激素是
100. 影响骨骼、软组织、肌肉生长发育最重要的激素是
101. 腺垂体中含量最多的激素是

A. 骨和肝 B. 骨和脑 C. 骨和肾
D. 肾和心 E. 骨和肌肉

102. 生长激素的靶器官主要是
103. 甲状腺激素的靶器官主要是
104. 甲状旁腺激素的靶器官主要是
105. 降钙素的靶器官主要是

A. 升血钙,升血磷 B. 降血钙,降血磷 C. 升血钙,降血磷
D. 降血钙,升血磷 E. 无明显影响

106. 甲状旁腺激素对体内钙磷代谢的影响为
107. 降钙素对体内钙磷代谢的影响为
108. 1,25-二羟维生素 D_3 对体内钙磷代谢的影响为

109. 能促进胎儿脑发育的激素是

A. 糖皮质激素 B. 生长激素 C. 甲状旁腺激素
D. 甲状腺激素 E. 性激素

110. 甲状腺滤泡旁细胞(又称 C 细胞)分泌的降钙素的作用

A. 促进细胞内的氧化作用 B. 维持糖、蛋白、脂肪正常的代谢 C. 促进机体的正常生长发育
D. 抑制溶骨反应 E. 保持机体各系统、器官的生理功能

111. 下列哪项不是甲状腺激素的作用?

A. 增加机体产热量 B. 提高神经系统兴奋性 C. 分泌过多时蛋白质合成增加
D. 与生长激素具有协同作用 E. 可促进外周组织对糖的利用

112. 与水盐代谢无关的激素是

A. 胰岛素 B. 皮质醇 C. 抗利尿激素
D. 雌激素 E. 醛固酮

113. 下列哪项不是胰岛素的生理作用?

A. 促进肝糖原的合成 B. 促进肝脏合成脂酸 C. 促进蛋白质合成
D. 升高血钾 E. 促进生长发育

114. 糖皮质激素对血细胞的作用是

A. 血小板数量增多 B. 红细胞数量降低 C. 淋巴细胞数量增加
D. 中性粒细胞数量减少 E. 嗜酸性粒细胞数量增加

115. 糖皮质激素本身没有缩血管效应,但能加强儿茶酚胺的缩血管作用,这种现象称为

A. 协同作用 B. 增强作用 C. 加强作用
D. 允许作用 E. 辅助作用

A. 雌激素 B. 孕激素 C. 黄体生成素
D. 卵泡刺激素 E. 睾酮

116. 具有始动生精作用的激素是
117. 具有维持生精作用的激素是
118. 引起排卵的激素是

119. 雌激素和孕激素作用的相同点是
A. 促进乳腺导管增生　B. 使子宫内膜变厚　C. 保钠保水排钾
D. 减少宫颈黏液的分泌　E. 使子宫输卵管平滑肌活动减弱

120. 排卵后黄体萎缩的原因是
A. 前列腺素水平下降　B. 雌激素水平下降　C. 孕激素水平下降
D. 雄激素水平下降　E. FSH 和 LH 水平下降

生理学试题参考答案及详细解答

（正确答案为绿色的选项）

1. ABCDE ①受控部分发出的反馈信息与控制信息作用性质相同，使控制部分的活动加强，这种反馈称正反馈。排尿时，骶段脊髓排尿中枢的传出信号经盆神经传出，引起逼尿肌收缩，尿道内括约肌舒张，尿液被压向后尿道。进入后尿道的尿液刺激尿道感受器，冲动沿阴部神经再次传入骶段脊髓排尿中枢，加强其活动，此为正反馈过程。②ABDE 均属于负反馈调节。

2. ABCDE 人体的体液分细胞内液和细胞外液，前者占 2/3，分布在细胞内；后者占 1/3，分布在细胞外。人体的绝大多数细胞都不直接与外界环境接触，而是直接浸浴在细胞外液中，因此细胞外液是细胞在体内直接所处的环境，称内环境。

3. ABCDE 肠黏膜细胞吸收葡萄糖是逆浓度差进行的继发性主动转运，伴随 Na^+的跨膜转运，Na^+的主动吸收为葡萄糖的吸收提供动力。葡萄糖在小肠黏膜的重吸收是通过 Na^+-葡萄糖同向转运体完成的。上皮细胞基底侧膜区钠泵的活动，造成细胞内低 Na^+，并在顶端膜区的膜内外形成 Na^+浓度差。膜上的同向转运体利用 Na^+的浓度势能，将肠腔中的 Na^+和葡萄糖分子一起转运至上皮细胞内。HCO_3^-、K^+、Cl^-和 Ca^{2+}的主动或被动吸收都与葡萄糖的吸收无直接关系。

4. ABCDE 兴奋性的定义是“活细胞在接受刺激时产生动作电位的能力”。可见，可兴奋细胞的共同标志就是动作电位的产生能力。不同的可兴奋细胞，兴奋时可有不同的表现形式，如腺细胞兴奋时有腺体分泌、骨骼肌细胞和心肌细胞兴奋时肌细胞收缩、神经细胞兴奋时产生神经冲动，但它们都有一个共同的特点，就是接受刺激时，首先产生动作电位。

5. ABCDE 静息状态下，细胞内 K^+浓度是细胞外的 30 倍。静息时，细胞膜对 K^+的通透性最大，故静息电位主要由 K^+平衡电位决定。因此逐渐增加细胞外液中的 K^+浓度，将使细胞膜内外 K^+浓度差减小，导致静息电位逐渐减小。

6. ABCDE ①心交感神经兴奋，在心肌表现为正性效应，即心率增快、传导加快、收缩力增强、心输出量增加(B)。迷走神经兴奋表现为负性效应，引起心输出量降低。②静脉回心血量减少，使心室充盈减少，心室舒张末期容积减小，前负荷降低，根据 Frank-Starling 定律，心输出量将减低。③颈动脉窦内压力增高，导致减压反射加强，血压降低，心输出量减少。

7. ABCDE 8. ABCDE ①阈值是指可兴奋细胞能引起动作电位的最小刺激强度，阈刺激或阈上刺激可引起动作电位，阈下刺激只能引起局部电位，不能产生动作电位(E)。锋电位、负后电位、正后电位均属于动作电位，故不答 ACD。②刺激能否引起可兴奋细胞兴奋，主要取决于刺激能否使细胞去极化达到阈值。一旦跨膜电位去极化达到阈电位，即会引起动作电位(兴奋)，故答 B。

9. ABCDE 甲型(A 型)血友病和乙型(B 型)血友病分别缺乏 FⅧ、FⅨ。

10. ABCDE 红细胞比容是指红细胞在血液中所占容积百分比。

11. ABCDE 凝血因子Ⅱ、Ⅶ、Ⅸ、Ⅹ的合成需维生素 K 的参与，因此称为维生素 K 依赖性凝血因子。FⅧ不属于维生素 K 依赖性凝血因子。

12. ABCDE ①通常用抗凝血静置后红细胞在第一小时末下沉的距离来表示红细胞的沉降速度，称为红细胞沉降率(ESR)。正常情况下，红细胞膜表面的唾液酸带负电荷，红细胞相互排斥，使之分散悬浮于血浆中。球蛋白带有正电荷，可以中和红细胞表面的负电荷，促使红细胞聚集而沉降。因此，风湿热时由于血浆球蛋白含量增高而导致 ESR 加快(D)。②ESR 与血浆成分的变化有关,而与红细胞本身无关,故不答 A。血浆卵磷脂和白蛋白含量增高、红细胞表面积/体积比增大均可使 ESR 减慢。

13. ABCDE ①血小板内存在类似肌肉的收缩蛋白系统,可使血小板收缩。血液凝固后 1~2 小时,血凝块中的血小板被激活,引起血小板收缩,可使血凝块回缩。血凝块回缩挤出血清,从而使血凝块更坚实,达到止血的目的。②纤维蛋白收缩系统存在血小板中,而不在血凝块中。红细胞叠连而压缩,会导致血沉增快;白细胞变形运动与炎症时白细胞渗出有关,故 BC 项与血凝块回缩无关。

14. ABCDE FⅤ也称易变因子,是最不稳定的凝血因子。

15. ABCDE ①凝血过程是一系列复杂的酶促反应过程,许多环节需要 FⅣ(Ca^{2+})的参与。枸橼酸钠是 Ca^{2+} 螯合剂,可与 Ca^{2+} 结合而除去血浆中的 Ca^{2+},从而起抗凝作用(D)。②抑制凝血酶活性的物质有抗凝血酶等丝氨酸蛋白酶抑制物,肝素则主要通过加强抗凝血酶的作用、抑制血小板聚集和释放来抗凝。组织因子途径抑制物(TFPI)是外源性凝血途径的特异性抑制剂。

16. ABCDE AB 型血的红细胞膜 上存在 A、B 凝集原,则血清中不会出现抗 A、抗 B 凝集素。

17. ABCDE 通常在红细胞膜上含有 D 抗原者称为 Rh 阳性,缺乏 D 抗原者称为 Rh 阴性。

18. ABCDE ①Rh 血型系统有 40 多种 Rh 抗原,将红细胞表面含有 D 抗原者称为 Rh 阳性,缺乏 D 抗原者称为 Rh 阴性。Rh 系统的抗体主要是 IgG,其分子量较小,能通过胎盘。当 Rh 阴性的孕妇怀有 Rh 阳性的胎儿时,Rh 阳性胎儿的少量 D 抗原可进入母体,使母体产生免疫性抗体,主要是抗 D 抗体。这种抗体可通过胎盘进入胎儿的血液,使胎儿的红细胞发生溶血,造成新生儿溶血性贫血。②巨幼红细胞性贫血是叶酸或维生素 B_{12} 缺乏所致,血友病是凝血因子Ⅷ、Ⅸ、Ⅺ缺乏所致,红细胞增多症是指单位容积血液中红细胞数高于正常参考值上限。新生儿败血症是指细菌进入血液中繁殖,并产生严重毒血症。

19. ABCDE 心脏的一次收缩和舒张,构成一个机械活动周期,称为心动周期。

20. ABCDE 在心房收缩期末,房室瓣和半月瓣均处于关闭状态。在快速射血期和减慢射血期,房室瓣关闭、半月瓣开启。在等容舒张期初,房室瓣和半月瓣均处于关闭状态。在等容舒张期末,房室瓣开启,半月瓣关闭(D)。

21. ABCDE ①每搏输出量是指一次心搏中由一侧心室射出的血液量;每分输出量是指一侧心室每分钟射出的血液量,它们都没有考虑不同个体对心泵功能的影响。而心指数=心输出量/体表面积,考虑了个体体表面积对心泵功能的影响,因此比较不同个体之间的心泵功能,常选用的指标是心指数(D)。②射血分数=每搏输出量/心室舒张末期容积×100%,因此射血分数与心室舒张末期容积有关,故心室扩大(如心衰)早期时宜选用的评定指标是射血分数。比较高血压病人和正常人心脏的做功情况,宜选用的评定指标是心脏做功量。

22. ABCDE 健康成年男性在安静状态下的心输出量一般为 4.5~6.0L/min。

23. ABCDE 24. ABCDE ①心肌前负荷是指心肌收缩前所负载的负荷,即心室舒张末期压(心室舒张末期容积)。②后负荷是指心肌开始收缩时所遇到的负荷,因此对于左心室而言,其后负荷相当于主动脉血压;对右心室而言,其后负荷相当于肺动脉压。

25. ABCDE 心室肌细胞为工作细胞,无自动节律性,无 4 期自动去极化。浦肯野细胞为自律细胞,有 4 期自动去极化,这是心室肌细胞和浦肯野细胞动作电位的主要区别。

26. ABCDE 在心室肌的有效不应期后、下一次窦房结兴奋达到前,若心室肌受到一次外来刺激,则可提前产生一次兴奋和收缩,分别称为期前兴奋和期前收缩。期前兴奋有其自身的有效不应期,当紧接在期前兴奋后的一次窦房结兴奋传到心室时,如果正好落在期前兴奋的有效不应期内,则此次正常下传的窦房结兴奋将不能引起心室兴奋和收缩,须待再下一次窦房结的兴奋传来时才能引起兴奋和收缩。这样,在一次期前收缩之后往往会出现一段较长的心室舒张期,称为代偿间歇,然后恢复窦性节律。

27. ABCDE 心室肌细胞发生一次兴奋后,从 0 期去极化到复极 3 期膜电位达到-60mV 的一段时间,称为有效不应期(ERP),时长 200~300ms。其中动作电位 2 期(平台期)占 100~150ms,因此心室肌

ERP 的长短主要取决于平台期的长短。

28. ABCDE　心输出量=搏出量×心率,而搏出量又取决于心室前、后负荷和心肌收缩力。本例不是高血压患者,故左心室后负荷不增加。对于某一特定的患者,在安静状态下,其左心室收缩能力基本稳定。本例安静时心室率为 90 次/分,为一定值,故其左心室搏出量主要与其前负荷有关,而前负荷相当于左心室舒张末期容积,即左心室充盈量。左心室充盈量取决于左心室舒张期抽吸作用(占 75%)和左心房收缩时对左心室的充盈量(占 25%)。由于心房收缩时对心室的充盈量仅占 25%,因此房颤患者安静时,即使没有心房收缩对心室的这部分充盈量,左心室的搏出量仍能基本接近正常(E)。

29. ABCDE　血流在流经各段血管时,血压降幅与其血流阻力大小成正比。在体循环中,微动脉段的血流阻力最大,因此血压降幅最显著。

30. ABCDE　动脉收缩压主要反映每搏输出量,动脉舒张压主要反映外周血管阻力的大小。因此当每搏量增加时,动脉收缩压升高。当外周血管阻力不变时,舒张压变化不大。答案为 E。

31. ABCDE　动脉粥样硬化多见于老年人,其动脉管壁硬化,大动脉顺应性下降,弹性储器作用减弱,对血压的缓冲作用减小,因而收缩压增高而舒张压降低,结果使脉压明显增大。动脉硬化时,主动脉可扩张性降低,其脉搏传播速度加快。

32. ABCDE　中心静脉压是指右心房和胸腔内大静脉的血压,而各器官静脉的血压称外周静脉压。中心静脉压的高低取决于心脏射血能力和静脉回心血量之间的相互关系。若心脏射血能力较强,能及时将回流入心脏的血液射入动脉,中心静脉压就降低。反之,心脏射血能力减弱时,中心静脉压就升高。另一方面,如果静脉回流速度加快,中心静脉压也会升高。

33. ABCDE　34. ABCDE　①动-静脉短路是指血液从微动脉直接经动-静脉吻合支流入微静脉的通路。该通路血流速度快,没有物质交换功能,其生理功能主要是参与体温调节(E)。②微循环的典型结构包括微动脉、后微动脉、毛细血管前括约肌、真毛细血管、通血毛细血管、动-静脉吻合支、微静脉等。微动脉管壁有完整的平滑肌,当管壁外层的环形肌收缩或舒张时可使管腔内径显著缩小或扩张,起着控制微循环血流量总闸门的作用(A)。在微循环中,毛细血管前括约肌起分闸门的作用,微静脉起后闸门的作用,故不答 CD。

35. ABCDE　组织液是血浆滤过毛细血管壁而生成的,其中 90%在静脉端被重吸收回血液,10%进入毛细淋巴管成为淋巴液。组织液的生成与回流主要取决于有效滤过压,BCD 都是影响有效滤过压的因素,故不答 BCD。血浆晶体渗透压与有效滤过压无关,故不答 E。

36. ABCDE　几乎所有器官的血管都受交感缩血管纤维的支配,交感缩血管纤维分布的密度:皮肤血管>骨骼肌、内脏血管>冠状血管、脑血管。

37. ABCDE　压力感受性反射的感受器位于颈动脉窦、主动脉弓血管外膜下,适宜刺激是血管壁的被动扩张。当动脉血压升高时,动脉壁被牵张的程度增大,压力感受器发放的神经冲动经传入神经达心血管反射中枢,使心迷走紧张加强,心交感紧张和交感缩血管紧张降低,其效应为心率减慢、心输出量减少,外周血管阻力降低,故动脉血压回降。可见压力感受器反射是典型的负反馈调节,具有双向调节能力。压力感受器反射主要对快速波动的动脉血压起缓冲作用。

38. ABCDE　内皮素为缩血管物质,ACDE 都是舒血管物质。EDHF 为内皮超极化因子。

39. ABCDE　40. ABCDE　由于冠状动脉的分支大部分深埋于心肌组织中,故心肌的节律性收缩对冠脉血流量的影响很大。左心室等容收缩开始时,心室壁张力急剧升高,压迫肌纤维之间的小血管,使左冠状动脉血流量明显减少,甚至发生逆流。在舒张期开始时,心肌对冠脉的压迫减弱或消失,冠脉血流阻力减小,血流量迅速增加,在舒张早期(等容舒张期)达到高峰,然后再逐渐减少。

41. ABCDE　每分通气量=潮气量×呼吸频率,肺泡通气量=(潮气量-无效腔气量)×呼吸频率,因此每分通气量-肺泡通气量=无效腔气量×呼吸频率(D)。

42. ABCDE　肺通气阻力包括弹性阻力(占 70%)和非弹性阻力(占 30%,其中以气道阻力为主)。弹性阻力包括肺弹性阻力和胸廓弹性阻力，其中以肺弹性阻力最重要，包括肺组织本身的弹性阻力（占1/3）和肺泡内侧面表面张力产生的回缩力（占2/3）。

43. ABCDE 弹性阻力是指物体对抗外力作用所引起的变形的力。顺应性是指弹性体在外力作用下发生变形的难易程度。顺应性与弹性阻力成反比关系，故答 A。

44. ABCDE ①用力肺活量（FVC）是指一次最大吸气后，尽力尽快呼气所能呼出的最大气体量。用力呼气量（FEV）是指一次最大吸气后尽力尽快呼气，在一定时间内所能呼出的气体量，为排除背景肺容量的影响，通常以第 1 秒末的 FEV 所占 FVC 的百分数（FEV_1/FVC）来表示。FEV_1/FVC 是鉴别阻塞性肺疾病和限制性肺疾病的重要肺功能检查指标。②肺纤维化为限制性通气功能障碍性疾病，表现为 FEV_1 和 FVC 均下降，但 FEV_1/FVC 仍可基本正常（C）。③A 为阻塞性通气功能障碍的表现。

45. ABCDE ①肺总量（TLC）是指肺所能容纳的最大气体量，TLC＝肺活量＋余气量（残气量）。肺活量（VC）是指尽力吸气后，从肺内所能呼出的最大气体量。余气量（RV）是指最大呼气末尚存留于肺内不能呼出的气体量。②深吸气量（IC）是指从平静呼气末做最大吸气时，所能吸入的气体量。用力呼气量（FEV）是指一次最大吸气后尽力尽快呼气，在一定时间内所能呼出的气体量。功能余气量（FRC）是指平静呼气末尚存留在肺内的气体量。补吸气量（IRV）是指平静吸气末，再尽力吸气所能吸入的气体量。

46. ABCDE 肺泡通气量＝（潮气量－无效腔气量）×呼吸频率。已知：无效腔气量＝150ml，潮气量为 500m1，呼吸频率为 12 次/分，则肺泡通气量＝（500－150）×12＝4200ml。

47. ABCDE ①肺泡通气量＝（潮气量－无效腔气量）×呼吸频率＝每分通气量－无效腔气量×呼吸频率。每次吸入的气体，一部分将留在鼻或口与终末细支气管之间的呼吸道内，这部分不参与肺泡与血液之间气体交换的呼吸道容积称为解剖无效腔，无效腔气量＝150ml。若潮气量减少一半，而呼吸频率加快一倍，则每分通气量不变，肺泡通气量减少。②由于解剖无效腔的存在，浅快呼吸时，虽每分通气量不变，但肺泡通气量仍减少，对肺换气而言，是不利的。

48. ABCDE 通气/血流比值（$\dot{V}_A/\dot{Q}$）是指每分钟肺泡通气量和每分钟肺血流量的比值。

肺通气量是指每分钟吸入或呼出的气体总量。肺通气量＝潮气量×呼吸频率。

肺泡通气量＝（潮气量－无效腔容量）×呼吸频率＝肺通气量－无效腔容量×呼吸频率＝7000－100×20＝5000。故 V_A/Q＝每分钟肺泡通气量/每分钟肺血流量＝5000ml/5000ml＝1.0。

49. ABCDE 氧解离曲线上段比较平坦，说明 PO_2 在 60～100mmHg 范围变动时，对 Hb 氧饱和度影响不大。在高原地区，虽然吸入气 PO_2 有所降低，但只要 PO_2 不低于 60mmHg，Hb 氧饱和度仍可维持在 90%以上，血液仍可携带足够量的 O_2，不至于引起明显的低氧血症。

50. ABCDE 调节呼吸运动的理化因素很多，如 O_2、CO_2、H^+等，其中最重要的理化因素是 CO_2。

51. ABCDE ①缺氧只能通过刺激外周化学感受器（颈动脉体、主动脉体），使呼吸加深加快，因为缺氧对中枢感受器不敏感，故答 C 而不是 AB。②通过刺激呼吸肌可反射性引起呼吸运动加强，属于本体感受性反射。肺牵张反射主要是加速吸气和呼气之间的转换频率。2020 年真题。

52. ABCDE 交感神经从脊髓第 5 胸段至第 2 腰段侧角发出，其节前纤维在腹腔神经节、肠系膜神经节或腹下神经节内更换神经元，而后发出节后纤维（末梢释放去甲肾上腺素）主要终止于壁内神经丛的胆碱能神经元，抑制其兴奋性。当交感神经兴奋时，可引起胃肠道运动减弱，腺体分泌抑制和血流量减少，消化道括约肌收缩。

53. ABCDE 胃肠激素的生理作用包括：①调节消化液的分泌速度，如促胰液素刺激胰液的分泌；②可调节消化液的成分，如促胰液素刺激胰液及胆汁中 HCO_3^- 的分泌；③可调节胃肠平滑肌的运动，如促胃液素能促进胃肠运动，同时促胃液素进入十二指肠后又可抑制胃的运动，延缓胃的排空，综合效应是延缓胃的排空；④可调节其他激素的释放，如抑胃肽可刺激胰岛素的分泌。胃肠激素不能调节营养物质的吸收。

54. ABCDE　唾液中含有溶菌酶、IgA、乳铁蛋白等，具有抗菌作用。唾液淀粉酶有助于消化淀粉。唾液中的舌脂酶可分解食物中的脂肪。唾液不能消化蛋白质，蛋白质主要是由胰液中的胰蛋白酶消化的(C)。某些进入体内的重金属、氰化物、狂犬病病毒可通过唾液分泌而排泄。

55. ABCDE　胃液中存在胃酸、胃蛋白酶原、黏液、碳酸氢盐、内因子等。胃酸具有杀菌、激活胃蛋白酶原、使食物蛋白质变性的作用。内因子可促进维生素 B_{12} 的吸收。食物中的淀粉是通过唾液淀粉酶、胰液中的胰淀粉酶进行消化的，胃液不能对淀粉进行初步消化(D)。

56. ABCDE　壁细胞分泌的内因子可促进维生素 B_{12} 的吸收，胃大部切除患者由于切除了胃体的大部，导致壁细胞数量减少，内因子分泌减少，维生素 B_{12} 吸收障碍，引起巨幼细胞贫血。

57. ABCDE　刺激胃酸分泌的因素包括乙酰胆碱、促胃液素、组胺、低血糖、咖啡因、酒精、Ca^{2+}；抑制胃酸分泌的因素包括胃酸、生长抑素、前列腺素、肠抑胃素、上皮生长因子。

58. ABCDE　胃容受性舒张是指由进食动作和食物对咽、食管等处感受器的刺激，反射性引起胃底和胃体肌肉的舒张，因此其主要刺激物是咽部和食管中的食物。

59. ABCDE　胰液含有消化三种营养物质的消化酶：胰淀粉酶(消化糖类)、胰脂肪酶(消化脂肪)、胰蛋白酶(消化蛋白质)，因此胰液是所有消化液中消化力最强、消化功能最全面的消化液。

60. ABCDE　胆汁不含消化酶，故 D 错。ABCE 均正确。

61. ABCDE　小肠特有的运动形式为分节运动。蠕动冲为小肠在病理情况下的运动形式。结肠特有的运动形式为集团蠕动。紧张性收缩、蠕动是胃肠道共有的运动形式。

62. ABCDE　63. ABCDE　维生素 C 可与铁形成可溶性复合物，并能使 Fe^{3+} 还原为 Fe^{2+}，从而促进铁的吸收。维生素 D 可促进钙的吸收。

64. ABCDE　肌肉活动是影响能量代谢最为显著的因素。人安静时的能量代谢，在 20～30℃的环境温度下最为稳定，主要是因为肌肉比较松弛。

65. ABCDE　人熟睡时的能量代谢率是最低的，比安静时还低 8%～10%。此时基础代谢率不是最低的。

66. ABCDE　很多激素都能促进机体产热，如甲状腺素、肾上腺素、去甲肾上腺素和生长激素等，其中甲状腺素是促进机体产热的最重要激素。其他激素虽可刺激产热，且作用迅速，但维持时间较短。

67. ABCDE　ABCDE 均属于机体的散热方式。在 21℃的环境中，机体处于安静状态下的主要散热方式是辐射散热，约占 60%。2020 年真题。

68. ABCDE　69. ABCDE　70. ABCDE　71. ABCDE　72. ABCDE　①人体的主要产热器官是肝脏和骨骼肌，前者为安静时最主要的产热器官，后者是运动时最主要的产热器官。②代谢产热也称非战栗产热，褐色脂肪组织是代谢产热的最大组织，约占代谢产热总量的 70%。③战栗产热主要是在寒冷环境中，通过骨骼肌的不随意节律性收缩产热。④人体主要的散热部位是皮肤。

73. ABCDE　当血液流经肾小球毛细血管时，除蛋白质外的血浆成分被滤过进入肾小囊腔而形成超滤液(也称原尿)。肾小球滤过率(GFR)是指单位时间内(每分钟)两肾生成的超滤液量(原尿量)。

74. ABCDE　肾血浆流量对肾小球滤过率的影响并不是通过改变有效滤过压，而是通过改变滤过平衡点来进行的。如肾血浆流量增大时，滤过平衡点向出球小动脉端移动，使肾小球滤过率增加；反之，当肾血浆流量减少时，滤过平衡点向入球小动脉端移动，使肾小球滤过率减小。ABCE 均可影响肾小球有效滤过压。

75. ABCDE　①水利尿是指大量饮清水后引起尿量增加的现象。这里饮用的是清水，而不是生理盐水，因为饮用生理盐水后，排尿率不会增加。②静脉滴注大量生理盐水后，由于体液量增加，而晶体渗透压不增高，因此不会出现渗透性利尿。DE 均会出现渗透性利尿。

76. ABCDE　抗利尿激素由下丘脑视上核和室旁核分泌，可使远曲小管和集合管对水的通透性增高，保水保钠排钾，导致水重吸收增加、尿量减少、血容量增加、动脉压增高。因此，破坏动物的视上核和室旁核可使抗利尿激素分泌减少，导致尿量增加、尿比重降低、血容量减少、动脉压降低。

77. ABCDE ①肌酐全部由肾小球滤过，肾小管少量吸收，少量分泌，其血浆清除率≈肾小球滤过率(GFR)，即 80~120ml/min。②菊粉可自由通过肾小球滤过膜，肾小管既不分泌也不吸收，故其血浆清除率=GFR=125ml/min。③碘锐特的清除率=肾血浆流量=660ml/min。④葡萄糖经肾小球滤过后全部被近端小管重吸收，其血浆清除率=0。⑤尿素从肾小球滤过后，被肾小管和集合管净重吸收，其血浆清除率<GFR。

78. ABCDE 血浆清除率是指两肾在 1 分钟内能将多少毫升血浆中的某一物质完全清除，这个被清除了该物质的血浆毫升数，就是该物质的清除率。如果某物质在肾动脉中有一定浓度，血浆在流经肾脏后，肾静脉中的浓度为零，则表示该物质经肾小球滤过和肾小管、集合管转运后，被全部从血浆中清除，因此该物质的血浆清除率等于每分钟肾血浆流量。临床上，符合此标准的物质是碘锐特或对氨基马尿酸。

79. ABCDE ①脊髓可完成一些简单的反射活动，如排尿反射等。高位截瘫的病人，由于高位脊髓受损，骶髓排尿中枢的活动不能得到高位中枢的控制，虽然脊髓排尿反射的反射弧完好，但仍可出现尿失禁。②骶段脊髓受损将引起盆神经(排尿反射的传出神经)功能障碍，导致尿潴留。无尿、少尿为肾功能不全的表现。尿崩症为抗利尿激素分泌过少或缺乏所致。

80. ABCDE 中枢兴奋的突触传递容易疲劳，可能与神经递质的耗竭有关(C 错)。ABDE 均正确。

81. ABCDE 在周围神经系统中，胆碱能纤维包括所有自主神经节前纤维、少数交感节后纤维(支配骨骼肌的舒血管交感节后、支配汗腺的交感节后)、大多数副交感节后纤维(除少数释放肽类外)。

82. ABCDE N 受体也称烟碱受体，分布于中枢神经系统和自主神经节后神经元上的，称 N_1 受体；分布于骨骼肌神经-肌接头处终板膜上的，称为 N_2 受体。

83. ABCDE ①网状结构通过非特异投射系统发挥作用，存在于脑干网状结构内，它本身不能单独激发皮层神经元放电，它的主要功能是维持大脑皮层的兴奋状态。因此在中脑头端切断网状结构后，动物将处于昏睡状态。②脊休克是在 C_5 水平离断脊髓。去大脑僵直是在中脑上、下丘之间切断脑干。运动共济失调多为小脑损伤后出现的动作性协调障碍。

84. ABCDE 某些内脏疾病往往引起远隔的体表部位感觉疼痛或痛觉过敏，这种现象称牵涉痛。由于牵涉痛往往发生在与疼痛原发内脏具有相同胚胎来源节段和皮节的体表部位，目前常用会聚学说和易化学说来解释牵涉痛的发生机制。

85. ABCDE 腱反射是指快速牵拉肌腱而发生的牵张反射，为单突触反射，其感受器为肌梭，效应器为快肌纤维。腱反射减弱或消失提示反射弧受损；腱反射亢进提示高位中枢有病变，因为牵张反射受高位中枢的调控。

86. ABCDE 牵张反射是指骨骼肌受外力牵拉时引起受牵拉的同一肌肉收缩的反射活动，分腱反射和肌紧张两种类型。腱反射和肌紧张的感受器都是肌梭，由于肌梭与梭外肌并联，与梭内肌串联，因此梭内肌收缩时肌梭感受器的敏感性增高，梭外肌收缩时，肌梭感受器的刺激减少。脊髓前角存在大量 α、γ、β 运动神经元。α 运动神经元支配梭外肌，γ 运动神经元支配梭内肌，其主要作用是增加肌梭感受器的敏感性。当肌肉受外力牵拉时，梭内肌感受器装置被动拉长，肌梭的传入冲动引起支配同一肌肉的 α 运动神经元活动和梭外肌收缩，从而形成一次牵张反射。

87. ABCDE 走路不稳、眼球震颤为前庭小脑受损的表现，共济失调为脊髓小脑受损的表现，故本例病变部位最可能位于小脑。

88. ABCDE 交感神经兴奋释放的儿茶酚胺作用于胃肠括约肌的 α_1 受体，引起括约肌收缩。ACDE 都是副交感神经兴奋的生理效应。

89. ABCDE 成人在安静、清醒、闭眼时出现的脑电波形主要是 α 波。

90. ABCDE 成人在白天工作时出现的脑电波主要是 β 波。成人在熟睡时出现的脑电波主要是 δ 波。

成人在困倦时出现的脑电波主要是 θ 波。2020 年真题。

91. ABCDE 运动性失语症由 Broca 区受损引起,病人能看懂文字和听懂别人的谈话,却不会说话。流畅性失语症由 Wernicke 区受损引起。失写症是由额中回后部接近中央前回受损引起。感觉性失语症由颞上回后部受损引起。失读症由角回受损引起。

92. ABCDE 催产素是由下丘脑视上核、室旁核分泌的激素,经下丘脑垂体束运送至神经垂体储存的,故答 C。ABDE 都是腺垂体分泌的激素。

93. ABCDE 甲状腺激素受腺垂体分泌的促甲状腺激素(TSH)的调节,但甲状旁腺激素不受腺垂体的调节,它只受血钙水平、血磷水平等的调节。糖皮质激素受腺垂体分泌的促肾上腺皮质激素(ACTH)的调节,雌激素、孕激素受腺垂体分泌的黄体生成素/卵泡刺激素(LH/FSH)的调节。

94. ABCDE 催乳素(PRL)是无靶腺激素,主要受下丘脑调节肽(PIF、PRF)的调节。PIF 为催乳素释放抑制因子,抑制 PRL 的释放;PRF 为催乳素释放因子,可促进 PRL 的释放。CRH 为促肾上腺皮质激素释放激素,GHRH 为生长激素释放激素,MRF 为促黑激素释放因子。

95. ABCDE 96. ABCDE 97. ABCDE 98. ABCDE 幼年时生长激素分泌不足会导致侏儒症,幼年时生长激素分泌过多会导致巨人症,成年时生长激素分泌过多会导致肢端肥大症。幼年时甲状腺激素分泌不足会导致呆小症(克汀病),成年人甲状腺激素分泌不足会导致黏液性水肿。向心性肥胖为糖皮质激素分泌过多所致。

99. ABCDE 100. ABCDE 101. ABCDE 影响神经系统发育最重要的激素是甲状腺激素。虽然甲状腺激素也可促进机体正常的生长发育,但影响骨骼、肌肉生长发育最重要的激素还是生长激素。腺垂体中含量最多的激素是生长激素。

102. ABCDE 103. ABCDE 104. ABCDE 105. ABCDE ①生长激素可促进全身组织器官的生长发育,尤其是骨骼和肌肉等软组织的发育,故答 E。②甲状腺激素是促进生长发育必不可少的激素,可促进胚胎和骨的生长发育,尤其是脑组织的生长发育,故答 B。③甲状旁腺激素是由甲状旁腺主细胞合成和分泌的,主要作用是升高血钙、降低血磷,其靶器官主要是肾和骨(C)。④降钙素是由甲状腺 C 细胞分泌的肽类激素,主要作用是降低血钙和血磷,其主要靶器官是骨和肾(C)。

106. ABCDE 107. ABCDE 108. ABCDE ①甲状旁腺激素由甲状旁腺主细胞分泌,其主要作用为促进破骨细胞作用、促进远曲小管和集合管对钙的吸收、抑制近球小管对磷的吸收,因此具有升高血钙、降低血磷的作用。②降钙素由甲状腺 C 细胞分泌,可抑制破骨细胞活动、抑制肾小管对钙磷钠氯的吸收,因此具有降低血钙、降低血磷的作用。③1,25-二羟维生素 D_3 可促进小肠对钙的吸收、调节骨钙的沉积和释放,具有升高血钙、升高血磷的作用。

109. ABCDE ①甲状腺激素是促进胎儿和新生儿脑发育的关键激素。在胚胎期,甲状腺激素可促进神经元增殖、分化、突起和突触形成,促进胶质细胞生长和髓鞘形成,促进神经元骨架的发育。虽然甲状腺激素和生长激素都能促进生长发育,但前者可促进神经系统的生长发育,后者则不能。故影响神经系统发育最重要的激素是甲状腺激素。②糖皮质激素、甲状旁腺激素、性激素均不能促进脑组织的生长发育。2018 年真题。

110. ABCDE 降钙素的生理作用主要是调节钙磷代谢,能抑制破骨细胞的活动,减弱溶骨反应(D 对);同时还能增强成骨过程,使骨组织中钙、磷沉积增加,从而使血中钙、磷水平降低。

111. ABCDE ①生理情况下,甲状腺激素可作用于靶细胞的核受体,激活 DNA 转录过程,加速蛋白质合成。但在甲亢时,甲状腺激素分泌过多又可增加蛋白质分解。因此甲状腺激素的作用较为特殊:生理情况下,增加蛋白质合成;甲亢时增加蛋白质分解。②A、B 均正确。甲状腺激素和生长激素均可促进生长发育,两者具有协同作用。甲状腺激素既能增强胰岛素抵抗,促进血糖升高;又能加强外周组织对糖的利用,而降低血糖。

112. ABCDE ①胰岛素可促进合成代谢,降低血糖,对水盐代谢无明显影响(A)。②皮质醇可保钠排水排钾，雌激素和醛固酮具有保钠保水排钾的生理作用。抗利尿激素可增加水的重吸收。

113. ABCDE 胰岛素能促进全身组织，特别是肝脏、肌肉和脂肪组织摄取和利用葡萄糖，促进肝糖原和肌糖原的合成，抑制糖异生，促进肝脏利用葡萄糖合成脂酸，从而降低血糖。胰岛素可促进蛋白质合成，抑制蛋白质分解。胰岛素可促进 K^+、Mg^{2+} 等进入细胞内，使血 K^+ 降低。胰岛素可与生长激素协同，促进机体的生长发育。

114. ABCDE 糖皮质激素可刺激骨髓造血，使红细胞、血小板、中性粒细胞计数增加，淋巴细胞、嗜酸性粒细胞计数减少。

115. ABCDE 糖皮质激素本身没有缩血管效应，但能增加血管平滑肌肾上腺素能受体的数量，加强儿茶酚胺的缩血管作用，这种现象称为允许作用。

116. ABCDE 117. ABCDE 118. ABCDE ①卵泡刺激素（FSH）和黄体生成素（LH）对生精过程均有调节作用。FSH 起着始动生精的作用，而睾酮则有维持生精的效应。LH 对生精过程的调节并非直接影响生精细胞，而是通过刺激睾丸间质细胞分泌睾酮，通过对睾酮的作用而间接发挥作用。②与排卵最有关的激素是 LH。成熟卵泡在 LH 分泌高峰的作用下，向卵泡表面移动，卵泡壁破裂，卵细胞排出卵泡的过程，称为排卵。

119. ABCDE ①雌激素主要刺激乳腺导管的发育，而孕激素主要刺激乳腺腺泡的发育。②雌激素可使子宫内膜增生变厚，发生增生期变化。孕激素可使处于增生期的子宫内膜进一步增厚，发生分泌期变化（B 对）。③雌激素具有保钠保水排钾的生理作用，孕激素对水盐代谢无影响。④雌激素可促进子宫颈黏液的分泌，孕激素可使宫颈黏液分泌减少，性状变黏稠。⑤雌激素可促进子宫输卵管平滑肌运动，孕激素可抑制输卵管平滑肌的节律性收缩。

120. ABCDE 排卵后，卵巢进入黄体期。黄体细胞可分泌孕激素和雌激素，高浓度的雌激素和孕激素对下丘脑、腺垂体的负反馈作用加强，导致下丘脑 GnRH 和腺垂体 FSH、LH 分泌减少，使黄体期 FSH 和 LH 一直处于低水平。

第四篇 医学微生物学试题

1. 属于真核细胞型微生物的是
   A. 铜绿假单胞菌 B. 衣原体 C. 白假丝酵母菌
   D. 立克次体 E. 肺炎支原体
2. 革兰阴性细菌的特有结构是
   A. 外膜 B. 磷壁酸 C. 质粒
   D. 菌毛 E. 五肽交联桥
3. 溶菌酶的溶菌作用机制是
   A. 破坏细胞壁磷壁酸 B. 溶解细菌细胞膜 C. 抑制肽聚糖的合成
   D. 抑制细菌 DNA 转录 E. 水解肽聚糖骨架上的 β-1,4 糖苷键

   A. 荚膜 B. 芽胞 C. 鞭毛
   D. 菌毛 E. 异染颗粒
4. 细菌的运动器官是
5. 可用于鉴别白喉棒状杆菌的特殊细菌结构是
6. 与细菌抵抗吞噬有关的结构是
7. 对外界环境抵抗力最强的细菌结构是
8. 与细菌黏附宿主细胞有关的结构是
9. 细菌生长繁殖的基本条件不包括
   A. 营养物质 B. 酸碱度 C. 气体环境
   D. 温度 E. 溶解度
10. 在细菌生长过程中,细菌生长最快,生物学性状最典型的阶段是
   A. 迟缓期 B. 对数期 C. 减数期
   D. 稳定期 E. 衰亡期
11. 破伤风梭菌属于
   A. 专性需氧菌 B. 微需氧菌 C. 兼性需氧菌
   D. 专性厌氧菌 E. 兼性厌氧菌
12. 不属于细菌合成代谢产物的是
   A. 抗生素 B. 细菌素 C. 类毒素
   D. 维生素 E. 侵袭性酶
13. 半固体培养基便于观察细菌是否有下列哪种结构?
   A. 菌毛 B. 鞭毛 C. 荚膜
   D. 芽胞 E. 磷壁酸
14. 目前主要用于牛乳消毒的方法是
   A. 巴氏消毒法 B. 煮沸法 C. 流动蒸汽消毒法
   D. 间歇蒸汽消毒法 E. 高压蒸汽灭菌法
15. 杀菌作用最强的紫外线波长范围是

A. 245～246nm　　B. 250～260nm　　C. 265～266nm
D. 270～280nm　　E. 280～290nm

16. 噬菌体在微生物学分类上属于
A. 细菌　　B. 病毒　　C. 支原体
D. 衣原体　　E. 真菌

17. 关于噬菌体生物学性状的叙述,错误的是
A. 能通过细菌滤器　　B. 没有核酸成分　　C. 必须寄生于活菌内
D. 有严格的宿主特异性　　E. 无细胞结构

18. 耐药质粒是指
A. F 质粒　　B. R 质粒　　C. Vi 质粒
D. Col 质粒　　E. γ 决定因子

19. 与细菌侵袭力无关的物质是
A. 黏附素　　B. 荚膜　　C. 芽胞
D. 透明质酸酶　　E. 侵袭素

20. 细菌外毒素的特点是
A. 来源于革兰阴性细菌　　B. 多为细菌裂解后释放　　C. 化学成分是脂多糖
D. 对热稳定　　E. 经甲醛处理可制备成类毒素

21. 胞内寄生菌不包括
A. 结核分枝杆菌　　B. 伤寒沙门菌　　C. 嗜肺军团菌
D. 肺炎链球菌　　E. 立克次体

22. 细菌入血后大量繁殖,称为
A. 败血症　　B. 毒血症　　C. 内毒素血症
D. 脓毒血症　　E. 菌血症

23. 双份血清检测确诊细菌现症感染的标准为恢复期或 1 周后血清抗体效价比早期升高≥
A. 1 倍　　B. 2 倍　　C. 3 倍
D. 4 倍　　E. 5 倍

24. 能产生脂溶性色素的细菌是
A. 淋病奈瑟菌　　B. 肺炎链球菌　　C. 乙型溶血性链球菌
D. 金黄色葡萄球菌　　E. 铜绿假单胞菌

25. 患者,男,20 岁。高热、咳嗽、败血症 2 天。血培养发现有革兰阳性矛头状双球菌生长,对胆盐敏感,该细菌可能是
A. 大肠埃希菌　　B. 脑膜炎奈瑟菌　　C. 肺炎链球菌
D. 草绿色链球菌　　E. 金黄色葡萄球菌

26. 致病性链球菌所产生的毒性物质不包括
A. 黏附素　　B. M 蛋白　　C. 链激酶
D. 肠毒素　　E. 链道酶

27. 对淋病奈瑟菌(淋球菌)的叙述,唯一正确的是
A. 主要经呼吸道传播　　B. 为革兰阳性球菌　　C. 人是淋球菌的唯一宿主
D. 淋球菌可产生自溶酶　　E. 大多无荚膜和菌毛

28. 引起急性出血性结肠炎的病原体是
A. 志贺菌　　B. 伤寒沙门菌　　C. 新型肠道病毒 70 型

D. 大肠埃希菌 O_{157}:H_7型　　E. 轮状病毒 A 组

29. 可引起菌痢样症状的大肠埃希菌是
A. ETEC　　B. EIEC　　C. EPEC
D. EHEC　　E. EAEC

30. 志贺菌是引起细菌性痢疾的病原体,我国常见的流行型别是
A. 痢疾志贺菌和福氏志贺菌　　B. 福氏志贺菌和宋内志贺菌　　C. 痢疾志贺菌和鲍氏志贺菌
D. 痢疾志贺菌和宋内志贺菌　　E. 福氏志贺菌和鲍氏志贺菌

31. 沙门菌不能引起的病症是
A. 败血症　　B. 肠热症　　C. 食物中毒
D. 无症状带菌者　　E. 溶血性尿毒综合征

32. 霍乱弧菌的主要致病物质是
A. 霍乱肠毒素　　B. 霍乱内毒素　　C. 腺苷酸环化酶
D. 透明质酸酶　　E. 蛋白水解酶

33. 可作为快速鉴定幽门螺杆菌的试验是
A. 尿素酶试验　　B. 吲哚试验　　C. 乳糖发酵试验
D. 肥达试验　　E. 菊糖发酵试验

34. 与长期使用抗生素引起假膜性肠炎有关的细菌是
A. 大肠埃希菌　　B. 金黄色葡萄球菌　　C. 肉毒梭菌
D. 艰难梭菌　　E. 耶尔森菌

35. 麻风分枝杆菌与结核分枝杆菌的鉴别要点是
A. 抗酸染色阳性　　B. 胞内寄生　　C. 泡沫细胞形成
D. 脂质含量较高　　E. 菌体细长

36. 流感嗜血杆菌的致病物质不包括
A. 荚膜　　B. 菌毛　　C. 内毒素
D. 外毒素　　E. IgA 蛋白酶

37. 感染人体后,易引起波浪热的致病菌是
A. 布鲁氏菌　　B. 耶尔森菌　　C. 炭疽芽胞杆菌
D. 白喉棒状杆菌　　E. 伤寒沙门菌

38. 铜绿假单胞菌的特点不包括
A. 革兰染色阴性　　B. 有荚膜　　C. 有鞭毛
D. 无芽胞　　E. 可产生脂溶性色素

39. 放线菌病具有诊断意义的微生物检查是
A. 病原体抗酸染色阳性　　B. 病原体革兰染色阳性　　C. 液体培养基呈表面膜生长
D. 固体培养基呈分枝状生长　　E. 脓液标本中找到硫磺样颗粒

40. 能在无生命培养基中生长繁殖的最小微生物是
A. 支原体　　B. 衣原体　　C. 立克次体
D. 细菌　　E. 病毒

41. 普氏立克次体引起的疾病是
A. 肠伤寒　　B. Q 热　　C. 流行性斑疹伤寒
D. 地方性斑疹伤寒　　E. 恙虫病

42. 关于衣原体的特点,错误的是
A. 严格细胞内寄生　　B. 有 DNA 和 RNA 两种核酸　　C. 含有核糖体

D. 对抗生素不敏感　E. 革兰染色阴性

43. 检查血液和组织液中的梅毒螺旋体常用的染色方法是
A. 抗酸染色法　B. 革兰染色法　C. 墨汁染色法
D. 镀银染色法　E. 鞭毛染色法

44. 伯氏疏螺旋体主要引起
A. 莱姆病　B. 波浪热　C. 钩体病
D. 回归热　E. 肾综合征出血热

45. 在生物学性状上,病毒与衣原体的共同特点是
A. 只有一种核酸　B. 非细胞结构　C. 严格细胞内寄生
D. 对抗生素敏感　E. 以复制方式增殖

46. 灭活病毒无效的因素是
A. 紫外线　B. γ 射线　C. 氯仿
D. 青霉素　E. 氧化剂

47. 不属于病毒感染类型的是
A. 隐性感染　B. 潜伏感染　C. 慢性感染
D. 慢发病毒感染　E. 败血症

48. 不适合培养病毒的方法是
A. 鸡胚接种　B. 传代细胞培养　C. 人工合成培养基
D. 易感动物接种　E. 组织器官培养

49. 区分流感病毒亚型的依据是
A. 核酸　B. 核糖体核蛋白　C. 基质蛋白
D. 核蛋白　E. 包膜上的 HA 和 NA

50. 引起亚急性硬化性全脑炎(SSPE)的病原体是
A. 风疹病毒　B. 麻疹病毒　C. 冠状病毒
D. 腮腺炎病毒　E. 流感病毒

51. SARS 的病原体是
A. 麻疹病毒　B. 风疹病毒　C. 呼吸道合胞病毒
D. 冠状病毒　E. 流感病毒

52. 脊髓灰质炎病毒最主要的感染类型是
A. 迟发感染　B. 急性感染　C. 慢性感染
D. 隐性感染　E. 潜伏感染

53. 可引起手足口病的病毒是
A. 风疹病毒　B. 单纯疱疹病毒　C. 脊髓灰质炎病毒
D. 肠道病毒 70 型　E. 肠道病毒 71 型

54. 6 个月~2 岁婴幼儿严重胃肠炎最常见的病原体是
A. 轮状病毒 A 组　B. 轮状病毒 B 组　C. 肠道病毒 70 型
D. 痢疾杆菌　E. 埃可病毒

55. 下列肝炎病毒中,属于缺陷病毒的是
A. HAV　B. HBV　C. HCV
D. HDV　E. HEV

56. 提示患者体内 HBV 处于复制状态,血清具有传染性的指标是
A. HBsAg(+)、抗-HBs(+)　B. HBsAg(+)、抗-HBe(+)、抗-HBc(+)

C. HBsAg(+)、HBeAg(+)、抗-HBc(+) D. HBsAg(+)、抗-HBs(+)、抗-HBc(+)
E. 抗-HBs(+)、抗-HBc(+)

57. 诊断慢性 HDV 感染的血清学指标是
A. HBcAg(+)、抗-HDV(+) B. HBsAg(+)、抗-HBs(+) C. HBsAg(+)、抗-HBc(+)
D. HBeAg(+)、抗-HDV(+) E. HBsAg(+)、抗-HDV(+)

58. 给流行区的幼猪进行特异性疫苗接种,可以降低人群发病率的疾病是
A. 登革热 B. 肾综合征出血热 C. 流行性感冒
D. 乙型脑炎 E. 脊髓灰质炎

59. 感染汉坦病毒的途径不包括
A. 呼吸道 B. 消化道 C. 伤口
D. 垂直传播 E. 携带病毒的蚊叮咬

A. HSV-1 B. HSV-2 C. VZV
D. HCMV E. EBV

60. 引起角膜结膜炎的病原体是
61. 引起生殖器疱疹的病原体是

62. HIV 的蛋白质中,最易发生变异的是
A. gp120 B. gp41 C. p17
D. p24 E. p32

63. 临床诊断 AIDS 的初筛方法是
A. ELISA 法测定 HIV 抗原 B. ELISA 法测定 HIV 抗体 C. 外周血单核细胞中分离 HIV
D. PCR 法测定 HIV 核酸 E. 蛋白印迹试验测定 HIV 抗体

64. 狂犬病病毒属于
A. 虫媒病毒 B. 丝状病毒 C. 弹状病毒
D. 正黏病毒 E. 副黏病毒

65. 临床上普通的高压蒸汽灭菌不能杀灭的微生物是
A. 细菌 B. 真菌 C. 支原体
D. 病毒 E. 朊粒

66. 真菌细胞不含有的结构或成分是
A. 细胞壁 B. 细胞核 C. 内质网
D. 叶绿素 E. 线粒体

医学微生物学试题参考答案及详细解答

（正确答案为绿色的选项）

1. ABCDE ①真核细胞型微生物的细胞核高度分化，有核仁和核膜，DNA 和 RNA 同时存在。白假丝酵母菌属于真菌，为真核细胞型微生物（C）。②ABDE 均属于原核细胞型微生物。

2. ABCDE 在革兰阴性细菌细胞壁的肽聚糖外侧，有其特殊组分外膜。外膜由脂蛋白、脂质双侧、脂多糖三部分组成。革兰阳性细菌的肽聚糖由聚糖骨架、四肽侧链、五肽交联桥三部分组成，其细胞壁的特殊组分为磷壁酸。

3. ABCDE 溶菌酶是一种特异性细菌细胞壁的水解酶，可裂解肽聚糖分子中 N-乙酰胞壁酸与 N-乙酰葡糖胺之间的 β-1，4 糖苷键，破坏聚糖骨架，导致细菌溶解死亡。

4. ABCDE 5. ABCDE 6. ABCDE 7. ABCDE 8. ABCDE ①鞭毛是细菌的运动器官，具有鞭毛的细菌在液体环境中能主动、自由游动（C）。②异染颗粒是一种胞质颗粒，含 RNA 和多偏磷酸盐，嗜碱性强，亚甲蓝染色呈紫色，常见于白喉棒状杆菌，有助于细菌鉴别（E）。③荚膜具有保护细菌抵抗宿主吞噬细胞的吞噬和消化的作用，增强细菌的侵袭力，因此荚膜是细菌重要的毒力因子（A）。④细菌的芽胞对热力、干燥、辐射、化学消毒剂等理化因素均有强大的抵抗力（B）。⑤菌毛可分为普通菌毛和性菌毛，前者具有黏附作用，后者可传递遗传物质（D）。

9. ABCDE 细菌生长繁殖的基本条件包括营养物质、最适 pH、最适温度、气体环境、渗透压。

10. ABCDE 细菌的群体生长繁殖可分为 4 期：迟缓期、对数期、稳定期、衰亡期。一般细菌对数期在培养后的 8~18 小时，其细菌繁殖最快，代谢活跃，细菌形态、染色、生物学性状都很典型。

11. ABCDE 破伤风梭菌只能在低氧或无氧环境中生长，属于专性厌氧菌。

12. ABCDE 将细菌外毒素用甲醛处理脱去其毒性，保存其免疫原性，即为类毒素，不属于细菌合成的代谢产物（C）。

13. ABCDE 细菌培养基可分为液体培养基、固体培养基、半固体培养基三类。液体培养基便于观察菌膜，固体培养基便于观察菌落，半固体培养基便于观察鞭毛。半固体培养基黏度低，有鞭毛的细菌可自由游动，沿穿刺线呈羽毛状或云雾状混浊生长；无鞭毛细菌只能沿穿刺线呈明显的线状生长。

14. ABCDE 巴氏消毒法所用温度较低，可杀灭其中的病原菌，又可保持其中的不耐热成分不被破坏。其他方法由于温度较高，会影响牛乳的一些成分，故不宜使用。

15. ABCDE 波长 240~300nm 的紫外线具有杀菌作用，其中以 265~266nm 杀菌最强。

16. ABCDE 噬菌体是侵袭微生物（细菌、真菌、放线菌或螺旋体）的病毒，只含有一种核酸 DNA 或 RNA。

17. ABCDE ①噬菌体个体微小，可通过细菌滤器。②噬菌体含有一种核酸成分，即 DNA 或 RNA（B 错）。③噬菌体只能在活的微生物细胞内才能复制增殖，是一种专性胞内寄生的微生物。噬菌体有严格的宿主特异性，只能寄居于易感宿主菌体内。噬菌体无细胞结构，主要由蛋白质构成的衣壳和包含于其中的核酸组成。

18. ABCDE 根据质粒编码的生物学性状不同，可将质粒分为：致育性质粒（F 质粒）、耐药质粒（R 质粒）、毒力质粒（Vi 质粒）、细菌素质粒（Col 质粒）、代谢质粒等。

19. ABCDE 侵袭力是指细菌突破宿主的防御屏障，在体内定居、繁殖及扩散的能力，侵袭力包括黏附素、荚膜、侵袭素、侵袭性酶类（如透明质酸酶）、细菌生物被膜等。芽胞是增强细菌对外界抵抗力的结构,与细菌侵袭力无关(C)。

20. ABCDE　ABCD 均为细菌内毒素的特点,E 为外毒素的特点。

21. ABCDE　ABC 为兼性胞内菌,E 为专性胞内菌,D 为胞外菌。

22. ABCDE　①细菌入血后大量繁殖并产生毒性产物,引起全身症状,称为败血症(A)。②细菌在局部繁殖,毒素入血,称为毒血症。细菌由局部侵入血流,但并未在血流中生长繁殖,称为菌血症。化脓性细菌侵入血流后,在其中大量繁殖,并通过血流扩散至宿主体内的其他组织或器官,称为脓毒血症。

23. ABCDE　确诊细菌现症感染的标准为恢复期或 1 周后血清抗体效价比早期升高≥4 倍。

24. ABCDE　金黄色葡萄球菌能产生脂溶性色素,使其在培养基平板上的菌落呈金黄色。ABC 不能产生色素,E 产生的是水溶性色素而不是脂溶性色素。

25. ABCDE　①大肠埃希菌、脑膜炎奈瑟菌为革兰阴性菌,可首先排除答案 AB。金黄色葡萄球菌虽为革兰阳性球菌,但菌落形态特征不符合,故可排除 E。②肺炎链球菌为革兰阳性球菌,菌体呈矛头状,多成双排列,对胆盐敏感,故答 C。③草绿色链球菌对胆盐不敏感,故不答 D。

26. ABCDE　①ABCE 都是链球菌的致病物质。黏附素对细胞膜有高度亲和力,有利于细菌定植在皮肤、呼吸道黏膜表面。M 蛋白具有抗吞噬作用,也可刺激机体产生特异抗体,损害心血管组织。链激酶能使血液中纤维蛋白酶原转变成纤维蛋白酶,溶解血块,阻止血浆凝固,有利于病菌在组织中扩散。链道酶能降解脓液中具有高度黏稠性的 DNA,使脓液稀薄,促进病菌扩散。②致病性链球菌不产生肠毒素,肠毒素是金黄色葡萄球菌的致病物质,答案为 D。

27. ABCDE　①淋球菌是引起淋病的病原体,主要通过性接触传播,少数经污染的毛巾、衣裤、被褥等进行传播。淋球菌为革兰阴性球菌,无芽胞,无鞭毛,但有荚膜和菌毛。②人是淋球菌的天然宿主,也是唯一宿主(C 对),淋球菌多侵犯尿道黏膜,常位于中性粒细胞内。淋球菌不产生自溶酶。自溶酶是细胞死亡时参与细胞自溶的酶类,包括蛋白酶、脂肪酶、糖类水解酶等。

28. ABCDE　①肠出血性大肠埃希菌(EHEC)为急性出血性结肠炎的病原体,血清型主要为 O_{157}:H_7 型。本病好发于 5 岁以下的儿童,夏季多见,常表现为轻度腹泻、剧烈腹痛伴血便,可并发急性肾衰竭、血小板减少、溶血性贫血等。②志贺菌常引起急性菌痢。伤寒沙门菌为伤寒的致病菌。新型肠道病毒 70 型常引起麻痹症、无菌性脑膜脑炎、急性出血性结膜炎等。轮状病毒 A 组常引起婴幼儿或成人腹泻。

29. ABCDE　①肠侵袭性大肠埃希菌(EIEC)的表型和致病性与志贺菌密切相关,所致疾病临床表现与菌痢类似,如发热、腹痛、腹泻、脓血便、里急后重等(B)。②肠产毒素性大肠埃希菌(ETEC)可引起霍乱样症状。肠致病性大肠埃希菌(EPEC)常引起婴幼儿腹泻。肠出血性大肠埃希菌(EHEC)常引起急性出血性结肠炎。肠聚集性大肠埃希菌(EAEC)可引起婴儿、旅行者持续性水样腹泻。

30. ABCDE　志贺菌属分为 4 群,即痢疾志贺菌、福氏志贺菌、鲍氏志贺菌、宋内志贺菌。我国流行型别主要是宋内志贺菌和福氏志贺菌。宋内志贺菌多引起轻型感染,福氏志贺菌易转变为慢性。

31. ABCDE　ABCD 均属于沙门菌所致疾病,E 为肠出血性大肠埃希菌(EHEC)所致。

32. ABCDE　霍乱肠毒素是目前已知的致泻作用最强的毒素,可作用于腺苷酸环化酶,使细胞内 cAMP 浓度增高,肠黏膜细胞分泌增加,导致严重的水样腹泻与呕吐。

33. ABCDE　①幽门螺杆菌能产生丰富的尿素酶,分解尿素产生氨,尿素酶试验是鉴定该菌的主要依据之一(A)。②吲哚试验、乳糖发酵试验常用于肠杆菌的鉴定。肥达试验主要用于伤寒的诊断。菊糖发酵试验常用于肺炎链球菌与甲型溶血性链球菌的鉴别。

34. ABCDE　艰难梭菌是人类肠道中正常菌群之一,当长期使用或不正规使用某些抗生素(氨苄西林、头孢菌素、红霉素、克林霉素等)以后,可引起肠道内菌群失调,耐药的艰难梭菌能导致抗生素相关性腹泻和假膜性结肠炎。

35. ABCDE　麻风分枝杆菌是典型的胞内寄生菌,在形态上酷似结核分枝杆菌,菌体细长,抗酸染色阳性。某些患者渗出物标本中可见大量麻风杆菌存在的感染细胞,其胞质呈泡沫状,称为泡沫细胞或麻风细胞，这是与结核分枝杆菌感染的一个主要区别。

36. ABCDE　流感嗜血杆菌的主要致病物质包括荚膜（主要毒力因子）、菌毛、内毒素、IgA 蛋白酶等。

37. ABCDE　布鲁氏菌进入人体后，可被中性粒细胞、巨噬细胞吞噬，但不能被杀灭，而成为胞内寄生菌，随淋巴到达局部淋巴结生长繁殖后，反复侵入血流引起菌血症，导致波浪热。

38. ABCDE　铜绿假单胞菌可产生水溶性色素（青脓素与绿脓素），而不是脂溶性色素（E 错）。金黄色葡萄球菌可产生脂溶性色素。

39. ABCDE　放线菌病患者的病灶组织、瘘管流出的脓液中，可找到肉眼可见的黄色小颗粒，称为硫磺样颗粒，此为放线菌在组织中形成的菌落。本病的主要微生物检查方法是在脓液、痰液、组织切片中寻找硫磺样颗粒，故答 E。

40. ABCDE　支原体是一类缺乏细胞壁、呈高度多形性、能通过滤菌器、在无生命培养基中能生长繁殖的最小原核细胞型微生物。

41. ABCDE　流行性斑疹伤寒的病原体是普氏立克次体。肠伤寒的病原体是伤寒沙门菌，Q 热的病原体是伯氏考克斯氏体，地方性斑疹伤寒的病原体是斑疹伤寒立克次体，恙虫病的病原体是恙虫病立克次体。

42. ABCDE　衣原体是一类严格真核细胞内寄生，能通过细菌滤器的原核细胞型微生物，对多种抗生素敏感（D 错）。ABCE 均正确。

43. ABCDE　梅毒螺旋体使用普通染色不易着色，应用镀银染色可被染成棕褐色。

44. ABCDE　①伯氏疏螺旋体主要引起莱姆病。莱姆病是自然疫源性疾病，多发生于户外工作者或旅行者，表现为慢性游走性红斑，并可累及心脏、神经和关节等多系统。②波浪热的病原体是布鲁氏菌，钩体病的病原体是钩端螺旋体，回归热的病原体是回归热螺旋体，肾综合征出血热的病原体是汉坦病毒。

45. ABCDE　病毒和衣原体的共同点是严格细胞内寄生，ABDE 均不相同。病毒只有一种核酸（RNA 或 DNA），无完整细胞结构，以复制方式进行增殖，对抗生素不敏感。衣原体有 RNA 和 DNA 两种类型的核酸，为原核细胞型微生物，对多种抗生素敏感，以类似细菌的二分裂方式繁殖。

46. ABCDE　病毒对多种理化因素敏感，可使病毒失去感染性，即灭活病毒，如温度、pH、射线、紫外线、脂溶剂、氧化剂等。病毒对抗生素不敏感，故答 D。

47. ABCDE　败血症是细菌全身性感染的种类之一，不属于病毒感染类型。ABCD 均属于病毒感染类型。

48. ABCDE　人工合成培养基是细菌培养的常用方法，不适合病毒培养。

49. ABCDE　①根据核蛋白（NP）和基质蛋白（MP）抗原性的不同，人流感病毒被分为甲、乙、丙三个血清型。②甲型流感病毒根据其包膜上血凝素（HA）、神经氨酸酶（NA）抗原性的不同，又分为若干亚型。迄今发现 HA 有 16 种（H1～H16）、NA 有 9 种抗原（N1～N9），理论上至少有 141 种血清亚型。

50. ABCDE　麻疹病毒主要引起麻疹，也可引起亚急性硬化性全脑炎。

51. ABCDE　冠状病毒主要有 229E、OC43 和 SARS 冠状病毒三个型别。SARS 冠状病毒主要引起严重急性呼吸道综合征（SARS）。

52. ABCDE　脊髓灰质炎病毒感染机体后，机体免疫力的强弱显著影响感染的结局。90%以上的脊髓灰质炎病毒感染表现为隐性感染，仅 0.1%～2%的感染者出现麻痹症状，并可遗留后遗症。

53. ABCDE　引起手足口病的病毒主要有两种，一种是柯萨奇病毒 A5、A10、A16，另一种是肠道病毒 71 型（EV71）。我国近年来流行的手足口病，其病原体主要是 EV71。

54. ABCDE　轮状病毒分为 7 个组（A～G 组），其中 A 组轮状病毒感染最常见，是引起 6 个月～2 岁婴幼儿严重胃肠炎的主要病原体，占病毒性胃肠炎的 80%以上。B 组轮状病毒常导致成人腹泻。

55. ABCDE　HDV 为缺陷病毒，必须在 HBV 或其他嗜肝 DNA 病毒的辅助下才能复制，其他肝炎病毒均不是缺陷病毒。

56. ABCDE　HBsAg、HBeAg、抗-HBc 都是 HBV 复制和具有传染性的指标，抗-HBs 阳性提示机体具有免疫力，抗-HBe 阳性提示复制能力减弱，传染性降低。

57. ABCDE　HDV 是缺陷病毒，必须在 HBV 的辅助下才能复制，其包膜蛋白并非为 HDV 的基因产物，而是由 HBV 编码产生的 HBsAg，故慢性 HDV 感染者血清中存在 HBsAg。抗-HDV 阳性是慢性 HDV 感染的指标。

58. ABCDE　幼猪是乙脑最重要的传染源和中间宿主，且农村地区人群和猪的关系密切，因此做好猪的管理工作，给流行区的幼猪接种疫苗，可以降低人群乙脑的发病率。

59. ABCDE　汉坦病毒的传播途径包括动物源性传播（呼吸道、消化道、伤口途径）、垂直传播、虫媒传播，但蚊子叮咬不能传播。

60. ABCDE　61. ABCDE　①HSV-1（单纯疱疹病毒 1 型）可导致龈口炎、唇疱疹、角膜结膜炎、脑炎等（A）。②HSV-2（单纯疱疹病毒 2 型）可导致生殖系统疱疹、新生儿疱疹、无菌性脑膜炎等（B）。

62. ABCDE　HIV 有两种包膜糖蛋白：①表面糖蛋白 gp120，可与靶细胞的受体结合，但最易发生变异，有利于病毒逃避免疫清除，也给 HIV 疫苗研制带来困难；②跨膜糖蛋白 gp41，可介导病毒包膜与宿主细胞膜的融合。

63. ABCDE　临床上常用 ELISA 法测定 HIV 抗体，作为艾滋病的初筛检查。若 HIV 抗体筛查两次均为阳性，则需用蛋白印迹试验进行确认。

64. ABCDE　狂犬病病毒形态似子弹状，有包膜，属于弹状病毒科狂犬病病毒属。

65. ABCDE　朊粒对理化因素有很强的抵抗力。临床上普通的高压蒸汽灭菌（121.3℃，20 分钟）不能破坏朊粒，需 134℃、≥2 小时才能使其失去传染性。朊粒对紫外线、辐射及常用消毒剂都有很强的抗性。

66. ABCDE　真菌是一大类真核细胞型微生物，细胞核高度分化，胞质内有完整的细胞器，细胞壁不含叶绿素，不分化根、茎、叶。

第五篇　医学免疫学试题

1. 属于人类中枢免疫器官的是
   A. 扁桃体　B. 淋巴结　C. 骨髓
   D. 脾　E. 阑尾
2. 机体免疫监视功能低下时易发生
   A. 免疫耐受　B. 自身免疫病　C. 超敏反应
   D. 肿瘤　E. 移植排斥反应
3. 适应性免疫的特点是
   A. 经遗传获得　B. 无针对病原体的特异性　C. 可产生免疫记忆
   D. 感染早期迅速发挥作用　E. 包括物理屏障和化学屏障作用
4. 完全抗原
   A. 只有免疫原性,无免疫反应性　B. 只有免疫反应性,无免疫原性
   C. 既无免疫原性,又无免疫反应性　D. 既有免疫原性,又有免疫反应性
   E. 不能激发细胞免疫应答
5. 属于 TI-Ag 的物质是
   A. LPS　B. 病原微生物　C. 血细胞
   D. 血清蛋白　E. 类毒素
6. 免疫应答的基本过程包括
   A. 识别、活化、效应三个阶段　B. 识别、活化、排斥三个阶段　C. 识别、活化、反应三个阶段
   D. 识别、活化、增殖三个阶段　E. 识别、活化、应答三个阶段
7. 机体发生再次体液免疫应答的主要部位是
   A. 淋巴结　B. 脾脏　C. 骨髓
   D. 胸腺　E. 黏膜相关淋巴组织
8. 调节性 T 细胞不表达
   A. CD79a　B. CD3　C. TCR
   D. CD25　E. Foxp3
9. NK 细胞表面不表达
   A. CD16　B. CD56　C. FcγRⅢ
   D. TCR　E. NKp30
10. 提呈抗原能力最强的细胞是
   A. 树突状细胞　B. 巨噬细胞　C. B 淋巴细胞
   D. T 淋巴细胞　E. 单核细胞

   A. Th　B. CTL　C. Treg
   D. Mφ　E. LC
11. 抗原提呈的 MHC Ⅰ类分子途径中,抗原提呈的对象是
12. 抗原提呈的 MHC Ⅱ类分子途径中,抗原提呈的对象是

13. 抗体分子中与抗原特异性结合的部位是

A. CH1　　B. CH2　　C. VH 与 VL 区

D. VL 与 CL 区　　E. VH 与 CH 区

14. 抗体分子特异性结合抗原的部位是

A. Fc 段　　B. Fab 段　　C. 铰链区

D. 轻链 C 末端　　E. 重链 C 末端

15. 免疫球蛋白的高变区位于

A. Fc 段　　B. Fab 段　　C. 铰链区

D. CH1 区　　E. CH2 区

16. 具有 J 链的免疫球蛋白是

A. IgG1　　B. IgG4　　C. IgD

D. IgA　　E. IgE

17. 合成 SIgA J 链的细胞是

A. 巨噬细胞　　B. 浆细胞　　C. 黏膜上皮细胞

D. B 淋巴细胞　　E. T 淋巴细胞

18. 在局部黏膜抗感染免疫中发挥重要作用的免疫球蛋白是

A. IgA　　B. IgM　　C. IgD

D. IgE　　E. IgG

19. 关于 Ig 的描述，正确的是

A. 具有抗原性　　B. IgD 构成的免疫复合物可通过 C1q 激活补体

C. IgM 中含有分泌片　　D. Ig 有 κ 和 λ 两类重链

E. 可被胃蛋白酶水解成 Fab 和 Fc 段

A. IgM　　B. IgG　　C. IgE

D. IgA　　E. IgD

20. 唯一能通过胎盘的免疫球蛋白是

21. 参与Ⅰ型超敏反应的免疫球蛋白是

22. 血清中含量最多的免疫球蛋白是

23. 血清中含量最少的免疫球蛋白是

24. 激活补体能力最强的免疫球蛋白是

25. 介导 ADCC 的免疫球蛋白是

26. 补体攻膜复合物是

A. C2b　　B. C4b2a　　C. C4b2a3b

D. C5b67　　E. C5b6789n

27. 补体片段促进吞噬细胞的吞噬作用，称为补体的

A. 炎症介质作用　　B. 调理作用　　C. 溶菌作用

D. 细胞毒作用　　E. 免疫黏附作用

28. T 细胞产生的细胞因子不包括

A. IL-1　　B. IL-2　　C. IL-3

D. IL-4　　E. IL-6

29. 抗 IL-8 单抗（ABX-IL8）可用于治疗

A. 类风湿关节炎　　B. 银屑病　　C. 支气管哮喘

D. 克罗恩病　　E. 多发性硬化症

30. 白细胞分化抗原分布于
A. 红细胞　　B. 白细胞　　C. 血小板
D. 吞噬细胞　　E. 血细胞和非造血细胞

31. 人类 MHC 基因定位于哪号染色体上?
A. 2　　B. 3　　C. 5
D. 6　　E. 7

32. HLA Ⅰ类抗原在下列哪种细胞表面不表达?
A. 成熟红细胞　　B. 网织红细胞　　C. 淋巴细胞
D. 中性粒细胞　　E. 巨噬细胞

33. 进行器官移植时优先考虑的候选供者是患者的
A. 父母　　B. 妻子　　C. 子女
D. 表兄弟姐妹　　E. 同胞兄弟姐妹

34. B 细胞活化过程中的第一信号是
A. BCR 识别抗原　　B. 识别 MHC 分子　　C. IL-4 和 IL-5 的相互作用
D. IL-2 受体的产生　　E. 黏附分子受体与配体的相互作用

35. 再次免疫应答的特点是
A. 潜伏期长　　B. 抗体浓度低　　C. 主要抗体是 IgG
D. 抗体维持时间短　　E. 诱发应答所需抗原剂量大

36. Th 细胞的主要功能是
A. 抗原提呈　　B. 中和作用　　C. 激活补体
D. 分泌细胞因子　　E. 吞噬作用

37. 不属于黏膜相关淋巴组织的是
A. 脾　　B. 扁桃体　　C. 支气管相关淋巴组织
D. 派氏集合淋巴结　　E. 韦氏环

38. 人类 B 淋巴细胞克隆清除发生在
A. 胸腺　　B. 脾脏　　C. 骨髓
D. 淋巴结　　E. 黏膜相关淋巴组织

39. 在Ⅰ型超敏反应中具有重要负反馈调节作用的细胞是
A. 中性粒细胞　　B. 嗜碱性粒细胞　　C. 嗜酸性粒细胞
D. 单核吞噬细胞　　E. 肥大细胞

40. Ⅱ型超敏反应
A. 由 IgG 介导　　B. 属迟发型超敏反应　　C. 与 NK 细胞无关
D. 与巨噬细胞无关　　E. 不破坏细胞

41. Ⅱ型超敏性疾病是
A. 过敏性休克　　B. Goodpasture 综合征　　C. 变态反应性鼻炎
D. 血清病　　E. 荨麻疹

42. 可引起Ⅲ型超敏反应的是
A. 细胞因子　　B. 单核吞噬细胞　　C. 淋巴细胞
D. 巨噬细胞　　E. 免疫复合物

A. 接触性皮炎　　B. 新生儿溶血病　　C. 支气管哮喘

D. 荨麻疹　　E. 链球菌感染后肾小球肾炎

43. 属于Ⅱ型超敏反应导致的疾病是

44. 属于Ⅳ型超敏反应导致的疾病是

A. 类风湿关节炎　　B. 结核性肉芽肿　　C. 支气管哮喘

D. 输血反应　　E. 急性上呼吸道感染

45. 属于Ⅰ型超敏反应的是

46. 属于Ⅱ型超敏反应的是

47. 属于Ⅲ型超敏反应的是

48. 属于Ⅳ型超敏反应的是

49. 不属于器官特异性自身免疫病的是

A. 慢性甲状腺炎　　B. 恶性贫血　　C. 重症肌无力

D. 特发性血小板减少性紫癜　　E. 类风湿关节炎

50. Graves 病患者血清中的促甲状腺激素受体的自身抗体主要是

A. IgG　　B. IgA　　C. IgD

D. IgE　　E. IgM

51. 重症肌无力的自身抗原是

A. 血小板　　B. 细胞核　　C. 乙酰胆碱

D. 乙酰胆碱受体　　E. 平滑肌

52. 交感性眼炎的主要致病机制是由于

A. 隐蔽抗原的释放　　B. 自身抗原的改变　　C. 分子模拟

D. 表位扩展　　E. 免疫调节异常

53. 选择性 IgA 缺陷症的发病机制是由于

A. T 细胞缺陷　　B. B 细胞缺陷　　C. T、B 细胞联合缺陷

D. 吞噬细胞缺陷　　E. 补体系统缺陷

54. Di George 综合征的免疫学表现是

A. 吞噬细胞缺陷　　B. B 细胞缺陷　　C. 补体缺陷

D. T 细胞缺陷　　E. 联合免疫缺陷

55. 属于免疫缺陷性疾病的是

A. 艾滋病　　B. 系统性红斑狼疮　　C. 青霉素过敏

D. 白血病　　E. 接触性皮炎

56. 胚胎抗原是

A. 肿瘤特异性抗原　　B. 肿瘤相关抗原　　C. 化学因素诱发的肿瘤抗原

D. 病毒诱发的肿瘤抗原　　E. 物理因素诱发的肿瘤抗原

57. 抗肿瘤免疫的主要效应细胞是

A. NK 细胞　　B. 巨噬细胞　　C. $CD4^+$T 细胞

D. $CD8^+$T 细胞　　E. γδT 细胞

58. 与肿瘤的免疫逃逸无关的因素是

A. 肿瘤细胞的抗原缺失　　B. 肿瘤细胞缺乏共刺激信号　　C. 抗原调变

D. 肿瘤细胞的凋亡抵抗作用　　E. 宿主抗原提呈细胞功能增强

59. 同种异体移植最常发生下列哪种反应？

A. 超急性排斥反应　　B. 急性排斥反应　　C. 慢性排斥反应

D. 迟发性排斥反应　　E. GVHR

60. 下列哪种移植术后无需使用免疫抑制剂？

A. 同种肾移植　　B. 同种异基因骨髓抑制　　C. 异种心脏移植

D. 同卵双生肝移植　　E. 异卵双生肝移植

61. 提高移植物存活率的方法不包括

A. HLA 配型　　B. ABO 血型鉴定　　C. mH 鉴定

D. 血清总补体含量检测　　E. 移植前使用免疫抑制剂

A. ^{51}Cr 释放法　　B. ^{3}H-TdR 掺入法　　C. 皮肤试验

D. 单向琼脂扩散试验　　E. 免疫印迹计数

62. 属于 T 细胞增殖试验的方法是

63. 属于细胞毒试验的方法是

64. 下列哪种不是人工被动免疫的生物制品？

A. 抗毒素　　B. 单克隆抗体　　C. 丙种球蛋白

D. 基因工程抗体　　E. 类毒素

医学免疫学试题参考答案及详细解答

（正确答案为绿色的选项）

1. ABCDE　骨髓、胸腺属于中枢免疫器官。扁桃体、淋巴结、脾、阑尾均属于周围免疫器官。
2. ABCDE　①机体的免疫功能包括免疫防御、免疫监视和免疫自稳。免疫监视是指机体可随时发现、清除体内出现的“非己”成分，如肿瘤细胞、衰老细胞、凋亡细胞。当免疫监视功能低下时易发生肿瘤、持续性病毒感染（D）。②免疫耐受是指免疫系统对自身组织细胞不产生免疫应答。免疫自稳功能紊乱常发生自身免疫病。免疫防御反应异常增高可引起超敏反应。
3. ABCDE　ABDE 为固有免疫的特点，C 为适应性免疫的特点。
4. ABCDE　完全抗原也称免疫原，是指既有免疫原性，又有抗原性的抗原。由于具有抗原性，因此可以引起免疫反应，即具有免疫反应性，故 D 对。
5. ABCDE　胸腺非依赖性抗原（TI-Ag）是指无需 T 细胞辅助，就能直接激活 B 细胞产生抗体的抗原，如细菌脂多糖（LPS）、肺炎球菌荚膜多糖等。BCDE 均属于胸腺依赖性抗原（TD-Ag）。
6. ABCDE　免疫应答分为固有免疫应答和适应性免疫应答两类。适应性免疫应答分为三个阶段：①识别阶段：T 细胞通过 T 细胞受体（TCR）特异性识别抗原提呈细胞递呈的抗原，B 细胞通过 B 细胞受体（BCR）特异性识别抗原。②活化增殖阶段：识别抗原后的淋巴细胞在协同刺激分子参与下，发生活化、增殖、分化，产生效应细胞、效应分子和记忆细胞。③效应阶段：由效应细胞和效应分子清除抗原。
7. ABCDE　骨髓是发生再次体液免疫应答和产生抗体的主要部位。记忆 B 细胞在外周免疫器官受抗原再次刺激而被活化，随后经淋巴液和血液迁移至骨髓，在此分化为成熟浆细胞，持久地产生大量抗体，并释放至血液循环，是血清抗体的主要来源。
8. ABCDE　①TCR、CD3 均属于 T 细胞的特征性标记，故不答 BC。②调节性 T 细胞（Treg）是具有免疫抑制作用的功能亚群，它们的表型特征均为 $CD4^+CD25^+Foxp3^+$，故不答 DE。③CD79a 可传递抗原刺激信号，参与 B 细胞受体（BCR）复合物的形成，故答 A。
9. ABCDE　①NK 细胞不表达特异性抗原识别受体，但可表达 IgG Fc 受体（FcγRⅢ）、CD16、CD56。NK 细胞表面的 NCR，如 NKp30、44、46 是 NK 细胞特有的标志。②TCR 为 T 细胞特异性受体，故答 D。
10. ABCDE　树突状细胞（DC）是目前已知的功能最强的抗原提呈细胞，能显著刺激初始 T 细胞增殖，是机体适应性 T 细胞免疫应答的始动者，而巨噬细胞、B 细胞仅能刺激已活化的或记忆性 T 细胞。
11. ABCDE　12. ABCDE　①内源性抗原经 MHC Ⅰ类分子途径提呈给 $CD8^+$T 细胞（主要是 CTL）：内源性抗原在胞内合成后，被胞质中的蛋白酶体降解为多肽。多肽经抗原加工相关转运物（TAP）选择性转运至内质网中，与内质网内组装的 MHC Ⅰ类分子结合形成抗原肽-MHC Ⅰ类分子复合物，再经高尔基体将此复合物转运至细胞膜表面，供 $CD8^+$T 细胞（主要是 CTL）识别结合。②外源性抗原经 MHC Ⅱ类分子途径提呈给 $CD4^+$T 细胞（主要是 Th）：外源性抗原被抗原提呈细胞（APC）识别和摄取，在胞内形成内体。内体转运至溶酶体，抗原随后被降解为多肽而转运至 MHC Ⅱ类分子腔室（MⅡC）中。MⅡC 中含有 MHC Ⅱ类分子。最后在 MⅡC 中形成稳定的抗原肽-MHC Ⅱ类分子复合物，然后转运至 APC 膜表面，最终将抗原提呈给 $CD4^+$T 细胞（主要是 Th）。
13. ABCDE　免疫球蛋白单体的基本结构呈“Y”字形，由两条相同的重链和两条相同的轻链借链间二硫键连接而成。重链（H 链）近氨基端 1/4 区域内、轻链（L 链）近氨基端 1/2 区域内的氨基酸序列变化很大,称为可变区(V区)。而重链和轻链近羧基端区域的氨基酸序列相对稳定,称为恒定区(C区)。重链可变区(VH)和轻链可变区(VL)的氨基酸组成和排列顺序高度可变,称为高变区(HVR),是抗体分子中与抗原特异性结合的部位。

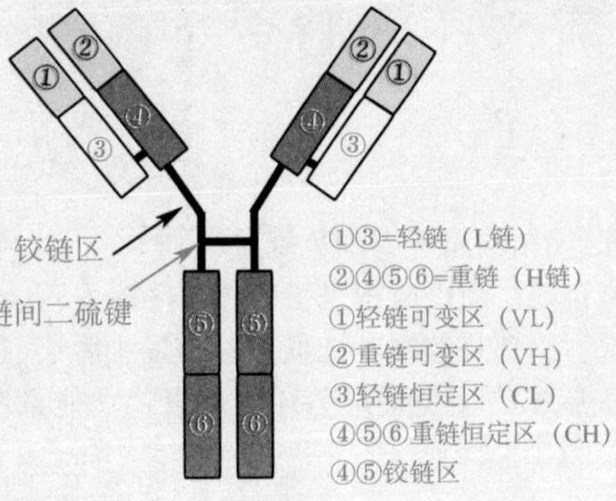

免疫球蛋白基本结构示意图

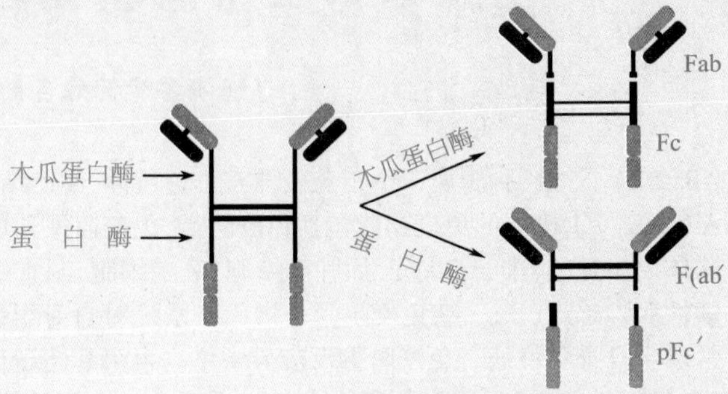

免疫球蛋白的水解片段示意图

14. ABCDE 木瓜蛋白酶和胃蛋白酶是最常用的两种免疫球蛋白水解酶。用木瓜蛋白酶水解IgG分子,断裂部位在Ig重链间的二硫键的氨基端,可将其裂解为三个片段,即两个完全相同的抗原结合片段(Fab)和一个可结晶片段(Fc)。

15. ABCDE 重链可变区(VH)和轻链可变区(VL)的氨基酸组成和排列顺序高度可变,称为高变区(HVR),是抗体分子中与抗原特异性结合的部位,位于Fab段。

16. ABCDE J链是富含半胱氨酸的多肽链,主要功能是将单体Ig连接为二聚体或多聚体。2个IgA单体由J链连接形成二聚体。5个IgM单体由二硫键相互连接,并通过二硫键与J链连接形成五聚体。IgG、IgD和IgE常为单体,无J链。

17. ABCDE SIgA是由黏膜上皮细胞合成的,而SIgA J链是由浆细胞合成的。

18. ABCDE ①SIgA在肠道、呼吸道、乳腺、唾液腺、泪腺等部位合成,可通过分泌片穿越黏膜上皮,进入呼吸道和消化道管腔,发挥局部黏膜免疫作用(A)。②IgM是初期免疫应答最早出现的抗体,检出IgM表示新近感染。IgD的生物学功能不清。IgE为亲细胞抗体,可与肥大细胞、嗜碱性粒细胞的Fc受体结合,引起Ⅰ型变态反应。IgG是唯一能通过胎盘的免疫球蛋白,是机体抗感染的主力军。

19. ABCDE ①免疫球蛋白(Ig)属于蛋白质,对于异种动物而言,具有异性蛋白的抗原性(A对)。②IgG或IgM构成的免疫复合物可通过C1q激活补体。③IgA中含有分泌片段,称为SIgA。④Ig有κ和λ两类轻链,有γ、α、μ、δ、ε 5种重链。⑤免疫球蛋白可被木瓜水解酶水解成Fab和Fc段。

20. ABCDE **21. ABCDE** **22. ABCDE** **23. ABCDE** **24. ABCDE** **25. ABCDE** ①IgG是唯一能通过胎盘的免疫球蛋白,在新生儿抗感染免疫中起重要作用。②IgE的Fc段与肥大细胞和嗜碱性粒细胞的Fc受体结合,并使其致敏。当相同抗原再次进入机体时,与致敏靶细胞表面的特异性IgE结合,可使之脱颗粒,释放组胺等生物活性介质,引起Ⅰ型超敏反应。③血清中含量最多的免疫球蛋白是IgG,约占血清总Ig的75%~80%。④血清中含量最少的免疫球蛋白是IgE,血清浓度约为3×10^{-4}mg/ml。⑤IgM和IgG都可通过经典途径激活补体,但由于IgM为五聚体,含5个Fc片段,因此较IgG激活补体的能力更强。IgA、IgE主要通过旁路途径激活补体,故不答CD。IgD不能激活补体。⑥抗体依赖的细胞介导的细胞毒作用(ADCC)是指IgG与细菌、肿瘤或病毒感染的靶细胞结合后,可通过其Fc段与具有杀伤活性的NK细胞表面的IgG Fc受体结合,增强NK细胞对靶细胞的杀伤作用。

26. ABCDE IgG或IgM与抗原结合后,导致其Fc段的补体C1q结合点暴露。C1q与两个以上的Fc段结合后依次活化C1r、C1s,进而将C4裂解为C4a和C4b。C2与固相C4b结合,而后被C1s裂解为C2a

和 C2b,形成具有 C3 转化酶活性的 C4b2a 复合物,该复合物使 C3 裂解为 C3a 和 C3b,形成 C5 转化酶(C4b2a3b),继而启动膜攻击阶段:C5 转化酶将 C5 裂解为 C5a 和 C5b,C5b 在液相中与 C6、C7 结合形成 C5b67 复合物,嵌入细胞膜疏水脂质层中,进而与 C8、C9 分子聚合,形成 C5b6789n 复合物,即攻膜复合物(MAC),形成穿膜的亲水性孔道,导致靶细胞崩解。

27. ABCDE 补体的调理作用是指 C3b/C4b 与细菌等颗粒性抗原或免疫复合物结合,再与表面具有补体受体的吞噬细胞结合,促进吞噬。

28. ABCDE IL-1 是由巨噬细胞、单核细胞、树突状细胞等产生的细胞因子,而不是 T 细胞产生的,故答 A。BCDE 都是 T 细胞产生的细胞因子。

29. ABCDE 抗 IL-8 单抗可用于治疗严重银屑病(B)。抗 TNF-α、抗 IL-15 单抗常用于治疗类风湿关节炎。抗 IL-4 单抗、抗 IL-5 单抗常用于治疗支气管哮喘。抗 TNF-α 可用于治疗克罗恩病。TNFRⅠ-Fc 融合蛋白可用于治疗多发性硬化症。

30. ABCDE 白细胞分化抗原主要是指造血干细胞在分化成熟为不同谱系、各个谱系分化不同阶段,以及成熟细胞活化过程中,出现或消失的细胞表面分子。白细胞分化抗原除表达于白细胞外,还表达于红系、巨核细胞/血小板谱系,并广泛分布于许多非造血细胞,如血管内皮细胞、成纤维细胞、上皮细胞、神经内分泌细胞等。

31. ABCDE 人类的主要组织相容性抗原(MHC),即人类白细胞抗原(HLA)复合体,定位于第 6 染色体短臂上。

32. ABCDE HLAⅠ类抗原分布于所有有核细胞表面。

33. ABCDE 移植供体与受体 MHC 的相似程度直接反映两者的组织相容性,也决定了移植物存活的概率。供体-受体间的 MHC 相似性越高,移植成功的可能性越大。同卵双胎或多胎兄弟姐妹之间进行移植时几乎不发生排斥反应,移植物存活率接近 100%。HLA 一致的个体间移植的存活率约为 80%。亲子之间移植成功率约为 70%。无任何亲缘关系的个体之间进行器官移植时存活率仅为 40%。

34. ABCDE 在对 T 细胞依赖性抗原的免疫应答过程中,B 细胞活化需要多个信号,即特异性抗原传递的第一信号、协同刺激分子提供的第二信号、细胞因子提供的第三信号。B 细胞的 BCR 与特异性抗原结合,由穿膜的 Igα、Igβ 把 B 细胞激活的第一信号传入细胞内。通过 B 细胞表面表达的 CD40 分子与活化 Th 细胞表面的 CD40L 结合产生第二信号。Th2 细胞通过分泌 IL-4 和 IL-5 等细胞因子向 B 细胞传递第三信号。

35. ABCDE 再次免疫应答的特点:①潜伏期短,大约为初次应答潜伏期的一半;②血清抗体浓度增加快,平台高;③抗体维持时间长;④诱发再次免疫应答所需抗原剂量小;⑤再次应答主要产生高亲和力的抗体 IgG(C 对)。

36. ABCDE Th 细胞的主要功能是分泌细胞因子。Th1 细胞主要分泌 IFN-γ、LTα、TNF-α、L-2、IL-3、GM-CSF、FasL。Th2 细胞主要分泌 IL-4、IL-5、IL-10、IL-13、GM-CSF。Th3 细胞主要分泌 IFN-γ、LTα、TNF-α、穿孔素、颗粒酶、FasL。

37. ABCDE ①黏膜相关淋巴组织(MALT)也称黏膜免疫系统,是指呼吸道、胃肠道、泌尿生殖道固有层和上皮细胞下散在的无被膜淋巴组织,以及某些带有生发中心的淋巴组织。MALT 主要包括肠相关淋巴组织(派氏集合淋巴结)、鼻相关淋巴组织(扁桃体、韦氏环)、支气管相关淋巴组织等。②脾属于外周免疫器官,不属于 MALT。

38. ABCDE 克隆清除是中枢免疫耐受的主要机制之一:B 细胞发育到不成熟阶段,在骨髓中通过 mIgM-Igα/Igβ BCR 与自身抗原呈高亲和力结合时,可被克隆清除。T 淋巴细胞克隆清除在胸腺进行。

39. ABCDE ①Ⅰ型超敏反应是指抗原与结合在肥大细胞和嗜碱性粒细胞上的 IgE 抗体结合,并发生交联,使细胞释放生物活性物质,导致平滑肌收缩、血管扩张、通透性增强,黏膜腺体分泌增加。②Ⅰ型超敏反应患者血中或反应部位嗜酸性粒细胞显著增加。嗜酸性粒细胞可释放多种酶破坏肥大细胞和嗜碱性粒细胞释放的生物活性物质，从而对Ⅰ型超敏反应产生负反馈调节，答案为C。③中性粒细胞与急性化脓性感染有关。单核吞噬细胞与非特异性免疫有关。

40. ABCDE Ⅱ型超敏反应是指IgG或IgM类抗体与靶细胞表面抗原结合，通过募集和激活炎性细胞及补体系统，引起靶细胞损伤（A对E错），所以此型超敏反应也称抗体依赖的细胞毒超敏反应。抗体、补体、巨噬细胞、NK细胞均参与该型反应（CD错）。迟发型超敏反应属于Ⅳ型超敏反应（B错）。

41. ABCDE ①Ⅱ型超敏反应也称细胞溶解型超敏反应，是指抗体与抗原结合，通过激活补体和ADCC破坏细胞。常见疾病有输血反应、新生儿溶血症、自身免疫性溶血性贫血、药物过敏性血细胞减少症、Goodpasture综合征、Graves病，答案为B。②过敏性休克、荨麻疹、变态反应性鼻炎均属于Ⅰ型超敏反应。血清病属于Ⅲ型超敏反应。

42. ABCDE Ⅲ型超敏反应又称免疫复合物型变态反应，是由抗原和抗体结合形成中等大小的可溶性免疫复合物，沉积于局部或全身多处毛细血管基底膜后，激活补体，并在中性粒细胞、血小板、嗜碱性粒细胞等效应细胞参与下，引起的以充血水肿、局部坏死、中性粒细胞浸润为主要特征的炎症反应和组织损伤。

43. ABCDE 44. ABCDE ①Ⅱ型超敏反应又称溶细胞型或细胞毒型超敏反应，特点是由IgG或IgM与靶细胞表面相应抗原结合后，在补体、吞噬细胞和NK细胞参与下，引起的以细胞溶解或组织损伤为主的病理性免疫反应。血型为Rh^-的母亲由于输血、分娩等原因，接受Rh^+红细胞刺激后，可产生抗Rh的IgG。再次妊娠且胎儿血型为Rh^+时，IgG可通过胎盘进入胎儿体内，溶解红细胞，引起流产、死胎或新生儿溶血病，此为Ⅱ型超敏反应（B）。②Ⅳ型超敏反应也称迟发型超敏反应，是T细胞介导的免疫应答，与抗体和补体无关。效应T细胞与特异性抗原结合后，引起以单个核细胞浸润和组织损伤为主的炎症反应。接触性皮炎为典型的迟发型超敏反应，通常是由于接触小分子半抗原物质，如油漆、染料、农药、化妆品等引起。小分子半抗原与体内蛋白质结合成全抗原，进入机体后产生记忆T细胞。当机体再次接触相应抗原后，可刺激特异性记忆T细胞活化，产生IFN-γ和IL17等细胞因子，介导组织炎症损伤，使局部皮肤出现红肿、皮疹、水疱。③请注意，支气管哮喘（过敏性哮喘）属于Ⅰ型超敏反应，但慢性哮喘（非控制性哮喘）属于Ⅳ型超敏反应。荨麻疹、特异性皮炎（*即湿疹，不是接触性皮炎*）属于Ⅰ型超敏反应。链球菌感染后肾小球肾炎属于Ⅲ型超敏反应。

45. ABCDE 46. ABCDE 47. ABCDE 48. ABCDE 这种经典试题，考过多次，希望熟练掌握。

49. ABCDE ①自身免疫性疾病是指人体对自身细胞或自身成分发生免疫应答而导致的疾病。慢性甲状腺炎是以甲状腺球蛋白为代表的自身抗体引起的自身免疫性疾病，主要累及甲状腺。恶性贫血是针对红细胞的自身抗体而形成的自身免疫性疾病。重症肌无力是针对骨骼肌产生的肌线粒体抗体所致的自身免疫性疾病。特发性血小板减少性紫癜是针对血小板的自身抗体所致的自身免疫性疾病。②虽然类风湿关节炎也属于自身免疫性疾病，但不具有器官特异性，可表现为以关节为主的多系统受累。

50. ABCDE 弥漫性毒性甲状腺肿（Graves病）是血清中有针对促甲状腺激素受体（TSHR）的IgG抗体引起的自身免疫性疾病。

51. ABCDE 重症肌无力是由于体内存在针对乙酰胆碱受体的自身抗体引起的自身免疫性疾病。

52. ABCDE 隐蔽抗原是指体内某些与免疫系统在解剖位置上隔绝的抗原成分，如脑、睾丸、眼球、心肌、子宫等内容物常被视为隐蔽抗原（隔离抗原）。在正常情况下，隐蔽抗原不进入血液循环和淋巴液。当眼外伤时，释放的隐蔽抗原可刺激机体产生特异性CTL，对健侧眼的细胞发动攻击，而引发自身免疫性交感性眼炎。

53. ABCDE 选择性IgA缺陷症是由于B细胞不能分化为能分泌IgA的浆细胞所致，常表现为血清IgA水平低下，SIgA水平极低，但血清IgG、IgM水平正常或略高，细胞免疫功能正常，约半数无明显症状，或仅有呼吸道、消化道、泌尿道的反复感染。

54. ABCDE ①Di George综合征又称先天性胸腺发育不良综合征，是一种以T细胞（并非B细胞）缺陷为主的原发性免疫缺陷病。患者常有胸腺和甲状腺缺如或发育不良，外周血T细胞减少，缺乏T细胞应答，B细胞数量正常，抗体水平正常或降低。②吞噬细胞缺陷见于慢性肉芽肿病。B细胞缺陷见于X连锁无丙种球蛋白血症（Bruton病）。补体缺陷见于遗传性血管神经性水肿、阵发性夜间血红蛋白尿。联合免疫缺陷见于腺苷脱氨酶缺陷等。

55. ABCDE 艾滋病是由人类免疫缺陷病毒感染引起的获得性免疫缺陷综合征（AIDS）。系统性红斑狼疮属于自身免疫病。青霉素过敏、接触性皮炎均属于变态反应性疾病。白血病属于诱发获得性免疫缺陷病的因素，不要误答D。参阅7版《医学免疫学》P169。

56. ABCDE ①肿瘤特异性抗原是指肿瘤细胞特有的或只存在于某种肿瘤细胞而不存在于正常细胞的新抗原。肿瘤相关抗原是指肿瘤细胞和正常细胞组织均可表达的抗原，只是其含量在细胞癌变时明显增高，此类抗原只表现出量的变化而无严格肿瘤特异性。②胚胎抗原（肿瘤胎儿抗原）属于肿瘤相关抗原，是指在胎儿组织中大量表达，在分化成熟组织中不表达或表达量很小，但在癌变组织中表达增加的抗原，如甲胎蛋白可见于胎肝细胞和肝细胞癌中。

57. ABCDE ①NK细胞能非特异性杀伤肿瘤细胞，是机体抗肿瘤的第一道防线。②巨噬细胞既是抗原提呈细胞，也是杀伤肿瘤的效应细胞。③在控制具有免疫原性肿瘤细胞的生长中，$CD8^+$CTL介导的细胞免疫应答最重要。④$CD4^+$Th细胞通过分泌IL-2、IFN-γ，激活$CD8^+$CTL，在抗肿瘤免疫应答中起重要作用。⑤γδT细胞也参与了机体的抗肿瘤作用。

58. ABCDE ①肿瘤的免疫逃逸机制包括：肿瘤细胞的抗原缺失和抗原调变、肿瘤细胞MHC Ⅰ类分子表达低下、肿瘤细胞缺乏共刺激信号、肿瘤细胞导致的免疫抑制、肿瘤细胞的“漏逸”、肿瘤细胞的凋亡抵抗作用、宿主免疫功能低下等。②宿主抗原提呈细胞功能增强，即免疫功能增强，肿瘤增殖应减少。

59. ABCDE ①急性排斥反应是指移植术后数天至2周发生的排斥反应，是同种异基因移植中最常见的排斥反应类型（B）。②超急性排斥反应现已罕见。慢性排斥反应机制不明。迟发性排斥反应为不规范化名称，故不答D。GVHR为移植物抗宿主反应。

60. ABCDE 供受体HLA型别匹配程度是决定供受者间组织相容性的关键因素，只有同卵双生肝移植，其供受者HLA型别才相同，术后不会发生移植排斥反应，移植后无需使用免疫抑制剂。

61. ABCDE 补体主要参与抗菌、抗病毒、免疫黏附、免疫调理、炎症反应等，与移植免疫关系不大，故答D。ABCE均属于延长移植物存活的措施。

62. ABCDE 63. ABCDE ①^{3}H-TdR掺入法：T细胞在增殖过程中，DNA和RNA合成明显增加，若加入氚标记的胸腺嘧啶核苷（^{3}H-TdR），会被掺入DNA分子中，细胞增殖水平越高，掺入的放射性核素越多。培养结束后收集细胞，用液体闪烁仪测定样本中放射性活性，可反映T细胞的增殖水平。②细胞毒试验是检测CTL、NK细胞等杀伤靶细胞活性的一种细胞学技术。基本流程是：将效应细胞（CTL或NK细胞）和用^{51}Cr标记的靶细胞相互作用4小时，被杀伤的靶细胞可释放^{51}Cr。测定培养上清中^{51}Cr的放射性，即可判断细胞毒的强弱，放射性越高说明细胞毒活性越强。

64. ABCDE ①主动免疫是指人为提供具有免疫原性的制剂（抗原），使机体主动产生特异性免疫力。被动免疫是指人为提供免疫应答的效应物质（抗体），直接发挥免疫效应。②类毒素是使用细菌外毒素经0.3%甲醛处理制成，因其已失去外毒素的毒性，但保留了免疫原性，因此接种后能诱导机体产生抗毒素，故类毒素属于主动免疫治疗的生物制品。ABCD均属于被动免疫的生物制品。

第六篇　病理学试题

1. 与化生相关的癌是
   A. 食管鳞癌　B. 皮肤鳞癌　C. 子宫颈鳞癌
   D. 膀胱鳞癌　E. 阴茎鳞癌
2. 化生不可能发生于
   A. 肾盂黏膜上皮　B. 结缔组织　C. 支气管上皮
   D. 宫颈柱状上皮　E. 神经纤维
3. 气球样变的细胞常见于
   A. 心　B. 肝　C. 肾
   D. 肺　E. 脑
4. 患者,男,65 岁。良性高血压 20 年,血压长期控制不满意。该患者全身血管可能出现的病变是
   A. 大动脉硬化　B. 中动脉硬化　C. 小动脉纤维素样坏死
   D. 细小动脉壁玻璃样变　E. 细动脉脂质沉积
5. 男,24 岁,吸烟,近 1 年来右下肢行走后疼痛,休息后好转,出现间歇性跛行。近 1 月来,右踇趾变黑、皱缩,失去知觉,此种病变是
   A. 液化性坏死　B. 固缩坏死　C. 干性坏疽
   D. 湿性坏疽　E. 干酪样坏死
6. 坏死组织经腐败菌作用后常可发生
   A. 脓肿　B. 空洞　C. 梗死
   D. 坏疽　E. 栓塞
7. 镜下坏死组织结构的轮廓消失,呈现一片嗜酸性颗粒状物,其坏死类型是
   A. 凝固性坏死　B. 液化性坏死　C. 干酪样坏死
   D. 脂肪坏死　E. 纤维素样坏死
8. 纤维素样坏死常见于
   A. 肌肉组织　B. 结缔组织　C. 骨组织
   D. 脂肪组织　E. 神经组织
9. 最易发生干性坏疽的器官是
   A. 阑尾　B. 结肠　C. 肺
   D. 四肢　E. 胆囊
10. 深部开放性损伤合并厌氧菌感染,称为
    A. 凝固性坏死　B. 液化性坏死　C. 干性坏疽
    D. 湿性坏疽　E. 气性坏疽
11. 单个细胞或小团细胞的死亡称为
    A. 坏死　B. 凋亡　C. 坏疽
    D. 变性　E. 再生

    A. 小肠黏膜被覆上皮细胞　B. 肝细胞　C. 神经细胞

D. 心肌细胞　E. 骨骼肌细胞

12. 属于不稳定细胞的是
13. 属于稳定细胞的是

14. 前臂断肢再植手术成功后，下列哪种愈合属于完全再生？
A. 动脉吻合口愈合　B. 皮肤伤口愈合　C. 骨折愈合
D. 肌肉断端愈合　E. 肌腱断端愈合

15. 肉芽组织的功能不包括
A. 抗感染　B. 保护创面　C. 填补创口
D. 机化凝血块　E. 伤口收缩

16. 维生素C缺乏常导致创伤愈合不良的主要原因是
A. 表皮再生困难　B. 难以形成前胶原分子　C. 炎症难以控制
D. 局部神经性营养不良　E. 伤口难以收缩

17. 下列骨折愈合描述中，骨折处表现为肉芽组织和排列紊乱的骨小梁的是
A. 纤维性骨痂形成　B. 骨性骨痂形成　C. 骨不愈合
D. 骨痂重塑完成　E. 血肿形成

18. 患者，女，65岁。二尖瓣狭窄病史20余年。近半月呼吸困难加重，咳粉红色泡沫痰。不符合患者肺的病理改变的是
A. 肺泡内大量纤维素渗出　B. 肺泡腔内大量蛋白性液体　C. 肺泡腔内红细胞漏出
D. 肺泡壁毛细血管扩张　E. 肺泡腔内可见心衰细胞

19. 不符合肝淤血的病理改变是
A. 肝窦扩张　B. 含铁血黄素沉积　C. 肝细胞萎缩
D. 肝细胞脂肪变性　E. 纤维组织增生

20. 动脉内血栓形成最重要的因素是
A. 血管内血流缓慢　B. 血流轴流消失　C. 内皮细胞损伤
D. 血小板增加　E. 血液高凝状态

21. 白色血栓的主要成分是
A. 纤维素　B. 血小板　C. 纤维素和血小板
D. 纤维素和红细胞　E. 纤维素、红细胞和血小板

22. 最常见的栓子是
A. 血栓栓子　B. 空气栓子　C. 细菌栓子
D. 肿瘤栓子　E. 羊水栓子

23. 关于血栓的叙述，错误的是
A. 静脉血栓多于动脉血栓　B. 下肢血栓多于上肢血栓　C. 层状血栓是混合性血栓
D. 心室内血栓多为红色血栓　E. 毛细血管内血栓多为纤维蛋白性血栓

24. 女性，73岁。下楼梯时，不慎摔倒，股骨干骨折。伤后第2天行手术内固定术时，突然呼吸困难，发绀，血压下降，全身抽搐，昏迷，抢救无效死亡。尸体解剖，肺血管内最可能的发现是
A. 脂滴　B. 空气　C. 角化上皮
D. 血栓　E. 癌细胞

25. 引起梗死最常见的原因是
A. 动脉痉挛　B. 动脉闭塞　C. 动脉栓塞
D. 血栓形成　E. 血管受压

26. 动脉阻塞后极少发生梗死的器官是
A. 肾　B. 脾　C. 肝
D. 脑　E. 心

27. 肺梗死的特点是梗死灶
A. 呈地图状　B. 呈锥形　C. 呈节段形
D. 发生液化　E. 化脓

28. 炎症时引起局部疼痛的主要因素是
A. 炎症局部动脉扩张　B. 炎症局部静脉阻塞　C. 局部充血渗出
D. 局部血管通透性增高　E. 炎性渗出物和炎症介质的作用

29. 下列哪项病理变化最支持炎症的诊断?
A. 细胞变性坏死　B. 毛细血管扩张充血　C. 白细胞渗出
D. 纤维组织增生　E. 实质细胞增生

A. 淋巴细胞　B. 中性粒细胞　C. 浆细胞
D. 巨噬细胞　E. 嗜酸性粒细胞
30. 急性炎症早期开始出现的炎症细胞是
31. 急性炎症晚期开始出现的炎症细胞是
32. 特异性慢性炎中出现的炎症细胞主要是

33. 具有趋化作用的炎症介质是
A. 组胺　B. 缓激肽　C. 氧自由基
D. C3b　E. C5a

34. 不属于渗出性炎的是
A. 浆液性炎　B. 纤维素性炎　C. 假膜性炎
D. 肉芽肿性炎　E. 化脓性炎

A. 纤维素性炎　B. 出血性炎　C. 蜂窝织炎
D. 脓肿　E. 变质性炎
35. 金黄色葡萄球菌感染最常引起
36. 钩端螺旋体病常引起
37. 乙型病毒性肝炎常引起

38. 上皮样细胞来源于
A. 中性粒细胞　B. 浆细胞　C. 淋巴细胞
D. 巨噬细胞　E. 成纤维细胞

39. 下列病变中,属于非感染性肉芽肿的是
A. 树胶样肿　B. 伤寒小结　C. 风湿小结
D. 结核结节　E. 血吸虫卵结节

40. 不属于肉芽肿性炎病变的是
A. 伤寒小结　B. 结核结节　C. 肺肉质变
D. 慢性虫卵结节　E. Aschoff 小体

41. 对维持肿瘤生长起重要作用的肿瘤间质成分是
A. 结缔组织　B. 血管　C. 淋巴细胞
D. 间质细胞　E. 纤维组织

42. 属于良性肿瘤的是
A. 神经母细胞瘤　B. 软骨母细胞瘤　C. 无性细胞瘤
D. 鲍文病　E. 骨髓瘤

43. 国际抗癌联盟制定的恶性肿瘤 TNM 分期法中 M 是指
A. 发生肿瘤的器官　B. 原发肿瘤的数量　C. 转移性肿瘤的数量
D. 远处转移　E. 原发肿瘤的大小

44. 患者,女性,40 岁。不规则阴道流血 3 个月,行宫颈活组织检查。显微镜下见癌细胞呈不规则团块状、片状,癌巢中央可见同心圆、层状排列的红染角化物,应诊断为
A. 高分化鳞癌　B. 低分化鳞癌　C. 未分化鳞癌
D. 低分化腺癌　E. 鳞腺癌

45. 恶性肿瘤种植性转移至盆腔,最多见的是
A. 胃癌　B. 肝癌　C. 胰腺癌
D. 胆管癌　E. 胆囊癌

46. 恶性肿瘤经血道最常转移至
A. 心和肺　B. 心和肝　C. 肝和肺
D. 肝和肾　E. 肝和胰

47. 呈浸润性生长,但不发生转移的肿瘤是
A. 骨髓瘤　B. 淋巴瘤　C. 血管瘤
D. 精原细胞瘤　E. 脂肪瘤

48. 诊断肉瘤的主要形态依据是
A. 包膜消失　B. 浸润性生长　C. 瘤细胞异型性明显
D. 瘤巨细胞多　E. 瘤细胞弥漫分布,与间质分界不清

49. 属于间叶组织的良性肿瘤是
A. 骨软骨瘤　B. 肝母细胞瘤　C. 不成熟畸胎瘤
D. 黑色素瘤　E. 乳头状瘤

50. 着色性干皮病患者皮肤癌发生率极高的原因是
A. *bcl*-2 基因过度表达　B. *p*53 基因缺失　C. *ras* 点突变
D. 端粒酶活性增高　E. 遗传性 DNA 修复基因异常

51. 下列致癌因素中,与肝细胞癌最相关的是
A. 多环芳烃　B. 联苯胺　C. 亚硝酸胺
D. 黄曲霉毒素　E. 烷化剂

52. 与鼻咽癌发生有关的病毒是
A. EB 病毒　B. HPV　C. HIV
D. HBV　E. 柯萨奇病毒

53. 前列腺特异性抗原(PSA)属于肿瘤
A. 特异性抗原　B. 相关抗原　C. 胎儿抗原
D. 分化抗原　E. 非特异性抗原

54. 关于动脉粥样硬化的错误叙述是
A. 脂纹好发于主动脉前壁　B. 冠状动脉左前降支易受累　C. 大脑中动脉易受累
D. 可引起肾固缩　E. 下肢动脉病变比上肢动脉重

55. 动脉粥样硬化肉眼可见的最早病变是
A. 脂纹　B. 粥样斑块　C. 纤维斑块

D. 动脉瘤　　E. 血栓形成

56. 与动脉粥样斑块表面的纤维帽形成关系密切的细胞是

A. 平滑肌细胞　　B. 内皮细胞　　C. 成纤维细胞

D. 单核细胞　　E. 淋巴细胞

57. 心肌梗死室壁瘤形成最多见于

A. 左心室侧壁　　B. 左心室前壁　　C. 左心室后壁

D. 右心室前壁　　E. 右心室后壁

58. 在下列描述中,哪一项不符合高血压的病理变化?

A. 细动脉硬化　　B. 左心室肥大　　C. 肾脏大瘢痕性萎缩

D. 脑出血　　E. 视乳头水肿、出血

A. 细动脉玻璃样变性　　B. 细动脉纤维化　　C. 细动脉淀粉样变性

D. 细动脉纤维素样坏死　　E. 大中动脉粥样硬化

59. 良性高血压的基本病变是

60. 恶性高血压的基本病变是

A. 纤维素样坏死　　B. 阿绍夫小体　　C. 梭形瘢痕

D. 小化脓性病灶　　E. 心瓣膜赘生物

61. 风湿病变质渗出期的主要病变是

62. 风湿病增生期的主要病变是

63. 风湿病愈合期的主要病变是

64. 风湿病心脏受累时,Mc Callum 斑常见于

A. 左心房后壁　　B. 左心房前壁　　C. 右心房前壁

D. 右心房后壁　　E. 左心室

65. 不属于慢性风湿性心脏病病理改变的是

A. 二尖瓣增厚、缩短、变形　　B. Osler 小结形成　　C. McCallum 斑形成

D. 心肌间质小瘢痕形成　　E. 心外膜浆液性或纤维素性渗出

66. 亚急性感染性心内膜炎的赘生物脱落最易栓塞的部位是

A. 脑　　B. 肾　　C. 脾

D. 下肢　　E. 肺

A. 二尖瓣　　B. 三尖瓣　　C. 主动脉瓣

D. 肺动脉瓣　　E. 二尖瓣+主动脉瓣

67. 风湿性心内膜炎最常累及的瓣膜是

68. 亚急性感染性心内膜炎最常累及的瓣膜是

69. 下列哪种病变不易引起左心室肥大?

A. 二尖瓣狭窄　　B. 二尖瓣关闭不全　　C. 三期梅毒

D. 原发性高血压　　E. 主动脉瓣关闭不全

A. 肺肉质变　　B. 肺气肿　　C. 肺褐色硬化

D. 肺癌　　E. 肺结节病

70. 大叶性肺炎可导致

71. 慢性肺淤血可导致

72. 大叶性肺炎发生肺肉质变的主要原因是

A. 细菌毒力太强　　B. 伴肺淤血　　C. 中性粒细胞渗出过少
D. 中性粒细胞渗出过多　　E. 巨噬细胞渗出过多

73. 小叶性肺炎的常见致病菌是
A. 金黄色葡萄球菌　　B. 流感嗜血杆菌　　C. 肺炎克雷伯杆菌
D. 肺炎球菌　　E. 铜绿假单胞菌

74. ARDS 最典型的病变是
A. 肺泡壁增厚、水肿　　B. 肺肉质变　　C. 肺透明膜形成
D. 肺纤维化　　E. 胸膜明显增厚

75. 慢性支气管炎患者呼吸道黏膜上皮易发生
A. 黏液腺化生　　B. 鳞状上皮化生　　C. 肠上皮化生
D. 移行上皮化生　　E. 杯状上皮化生

A. 呼吸性细支气管不扩张,肺泡管和肺泡囊扩张
B. 呼吸性细支气管扩张,肺泡管和肺泡囊不扩张
C. 肺泡间隔内出现成串小气泡
D. 呼吸性细支气管、肺泡管和肺泡囊均扩张
E. 呼吸性细支气管、肺泡管和肺泡囊均不扩张

76. 腺泡周围型肺气肿的病理表现是
77. 全腺泡型肺气肿的病理表现是

78. 形成早期细胞性硅结节的细胞主要是
A. 巨噬细胞　　B. 淋巴细胞　　C. 成纤维细胞
D. 中性粒细胞　　E. 浆细胞

79. 早期硅肺的硅结节常位于
A. 双肺上野　　B. 双肺中叶　　C. 胸膜
D. 肺门淋巴结　　E. 双肺底部

A. 中央型多见　　B. 周围型多见　　C. 弥漫型多见
D. 常具有内分泌功能　　E. 肿瘤呈胶冻状

80. 肺腺癌
81. 肺鳞癌

A. 肺鳞癌　　B. 肺腺癌　　C. 肺类癌
D. 肺小细胞癌　　E. 肺大细胞癌

82. 组织学分型上最常见的肺癌是
83. 男性的肺癌大多数为
84. 女性的肺癌大多数为
85. 吸烟者发生的肺癌多为
86. 肺瘢痕癌多为
87. 能引起副肿瘤综合征的肺癌是
88. 对放化疗最敏感的肺癌是

89. 胃溃疡的好发部位是
A. 胃大弯近胃体部　　B. 胃大弯近胃窦部　　C. 胃小弯近胃体部
D. 胃小弯近胃窦部　　E. 胃底部

90. 与胃癌发病关系密切的病理改变是
A. Barrett 上皮　B. 胃上皮化生　C. 乳头状瘤
D. 黏膜中性粒细胞浸润　E. 胃黏膜上皮细胞异型增生

91. 病毒性肝炎的基本病变不包括
A. 气球样变　B. 脂肪变性　C. 嗜酸性变
D. 溶解性坏死　E. 肝细胞再生

92. 亚急性重型肝炎与急性重型肝炎的主要区别在于是否有
A. 肝细胞大片坏死　B. 肝体积缩小　C. 炎性细胞明显浸润
D. 肝细胞结节状再生　E. 肝脏被膜皱缩

93. 下列肝细胞坏死中,属于凋亡的是
A. 碎片状坏死　B. 点状坏死　C．桥接坏死
D. 嗜酸性坏死　E. 大片坏死

94. 最易发展为坏死后性肝硬化的病毒性肝炎类型是
A. 急性普通型肝炎　B. 慢性普通型肝炎　C. 慢性重型肝炎
D. 急性重型肝炎　E. 亚急性重型肝炎

95. 患者,男,50 岁。肝穿刺活检镜下见肝细胞疏松化,气球样变,易见碎片状坏死、桥接坏死及肝细胞结节状再生,有的肝小叶正常结构被增生的结缔组织分割而破坏。该患者的病理诊断应为
A. 急性普通型肝炎　B. 轻度慢性肝炎　C. 重度慢性肝炎
D. 急性重型肝炎　E. 亚急性重型肝炎

96. 下列肝硬化的病变中,符合假小叶的是
A. 肉眼见肝内大小不等的结节　B. 再生的肝细胞所形成的结节
C. 广泛增生的纤维组织包绕的肝细胞结节　D. 异型增生肝细胞所形成的结节
E. 坏死后性肝硬化形成的大小不等的结节

97. “海蛇头”现象是由于
A. 食管下段静脉曲张引起　B. Retzius 静脉丛扩张引起　C. 大量蜘蛛痣集聚形成
D. 脐周浅静脉扩张引起　E. 直肠下端肛管静脉交通支扩张引起

98. 无淋巴结转移的癌是
A. 早期食管癌　B. 早期胃癌　C. 早期大肠癌
D. 肺鳞癌　E. 胰腺癌

99. 关于早期食管癌的叙述,下列哪项是错误的?
A. 以食管中段最多见　B. 肿块直径<0.5cm　C. 无明显临床症状
D. 无淋巴结转移　E. 我国以鳞癌最多见

100. 患者,男,55 岁,慢性萎缩性胃炎 20 年。胃镜提示胃窦部一直径约 0.8cm 的息肉状隆起。手术标本病理检查诊断为中分化腺癌,癌组织局限于黏膜内。符合该患者的肉眼类型是
A. 凹陷型　B. 隆起型　C. 表浅型
D. 息肉型　E. 浸润型

101. 革囊胃是指
A. 胃癌伴胃扩张　B. 胃癌伴幽门梗阻　C. 弥漫浸润型胃癌
D. 胃癌伴胃下垂　E. 早期胃癌

102. 大肠癌最常见的肉眼类型是
A. 隆起型　B. 凹陷型　C. 溃疡型
D. 胶样型　E. 浸润型

103. 原发性肝癌是指
A. 库普弗细胞发生的癌　B. 肝细胞发生的癌　C. 肝细胞或胆管上皮发生的癌
D. 胆管上皮发生的癌　E. 肝细胞或肝内胆管上皮发生的癌
104. 患者,男,45 岁。右上腹隐痛 1 个月。B 超检查示肝脏肿大,弥漫分布无数小结节,直径 0.1~0.5cm,散在分布较大结节,最大直径 5cm。经皮肝穿刺活组织病理检查见假小叶形成,大结节无包膜,由多角形、胞质丰富、核大深染的细胞组成,呈小梁状或巢状排列,其间有血窦。其病理诊断应为
A. 门脉性肝硬化　B. 结节性肝癌　C. 坏死后性肝硬化,肝癌
D. 胆汁性肝硬化,肝癌　E. 结节性肝硬化,肝癌
105. 以皮肤病变为特点的淋巴瘤是
A. 蕈样霉菌病　B. Burkitt 淋巴瘤　C. 免疫母细胞性淋巴瘤
D. 小淋巴细胞性淋巴瘤　E. 滤泡性淋巴瘤
106. NK/T 细胞淋巴瘤的常见病变部位是
A. 颌骨　B. 中线面部　C. 骨髓
D. 皮肤　E. 颈部淋巴结
107. 属于系统性自身免疫性疾病的是
A. 类风湿关节炎　B. 自身免疫性溶血性贫血　C. 重症肌无力
D. 溃疡性结肠炎　E. 膜性肾小球肾炎
108. 下列属于细胞免疫缺陷为主的原发性免疫缺陷病的是
A. 孤立性 IgA 缺乏症　B. Nezelof 综合征　C. 原发性丙种球蛋白缺乏症
D. 普通易变免疫缺陷病　E. 毛细血管扩张性共济失调症
109. AIDS 患者晚期淋巴结的病理变化特点是
A. 淋巴滤泡增生　B. 副皮质区增生　C. 窦组织细胞增生
D. 淋巴细胞消失殆尽　E. 副皮质区变窄
110. 艾滋病患者首先受累的器官是
A. 脾　B. 胸腺　C. 肺
D. 淋巴结　E. 骨髓
111. 艾滋病患者死亡的首要病因是
A. 全身性特异性感染　B. 肺孢子虫感染　C. Kaposi 肉瘤
D. 脑炎、脑脓肿　E. 淋巴瘤

A. 细动脉壁玻璃样变性　B. 细动脉壁纤维素样坏死　C. 小动脉内膜纤维化
D. 急性小动脉炎　E. 毛细血管内纤维素样血栓形成
112. 肾移植后超急性排斥反应的基本病变是
113. 肾移植后慢性排斥反应的基本病变是
A. 大红肾　B. 大白肾　C. 原发性颗粒性固缩肾
D. 继发性颗粒性固缩肾　E. 不规则瘢痕肾
114. 急性肾小球肾炎常表现为
115. 膜性肾病常表现为
116. 高血压肾病可表现为
117. 慢性肾小球肾炎可表现为
118. 慢性肾盂肾炎可表现为
A. 肾小球壁层上皮细胞增生　B. 内皮细胞和系膜细胞增生　C. 脏层上皮细胞足突消失

D. 毛细血管壁弥漫性增厚　E. 肾小球基膜增厚、系膜细胞增生和系膜基质增多

119. 急性肾小球肾炎的病理学特点是
120. 急进性肾小球肾炎的病理学特点是
121. 微小病变性肾小球病的病理学特点是
122. 膜性肾小球病的病理学特点是
123. 膜增生性肾小球肾炎的病理学特点是

A. 上皮下驼峰状沉积物　B. 基膜增厚，钉突形成　C. 基膜增厚，双轨征
D. 脏层上皮细胞足突消失　E. 新月体形成

124. 急性肾小球肾炎的特征性病理变化为
125. 急进性肾小球肾炎的特征性病理变化为
126. 微小病变性肾小球病的电镜检查可见
127. 膜性肾小球病的特征性病理变化为
128. 膜增生性肾小球肾炎的特征性病理变化为

A. 脂性肾病　B. 膜性肾病　C. 膜增生性肾小球肾炎
D. 系膜增生性肾小球肾炎　E. 局灶性节段性肾小球硬化

129. 引起成人肾病综合征的最常见原因是
130. 引起儿童肾病综合征的最常见原因是

131. 属于慢性肾盂肾炎的病理变化是
A. 肾小球内系膜细胞增生　B. 肾小球内中性粒细胞浸润　C. 肾小球囊壁纤维化
D. 肾小球囊壁层上皮细胞增生　E. 肾小球囊脏层上皮细胞增生

132. 子宫颈 CIN Ⅲ 是指异型增生细胞占据上皮的
A. 下 1/3　B. 下 1/3～2/3　C. 下 2/3 以上但未累及全层
D. 下 2/3 以上　E. 下 2/3 以上及原位癌

133. 子宫颈癌最常见的转移途径是
A. 直接蔓延　B. 血道转移　C. 淋巴转移
D. 种植转移　E. 跳跃转移

A. 绒毛水肿，滋养层细胞增生　B. 异型增生滋养层细胞浸润深肌层，可见绒毛结构
C. 异型增生滋养层细胞浸润深肌层，无绒毛结构　D. 胎盘种植部位滋养层细胞浸润肌层，无出血坏死
E. 异型增生滋养层细胞增生而无浸润

134. 葡萄胎的主要病理变化是
135. 绒毛膜癌的主要病理变化是

136. 乳腺癌最常见的病理学类型是
A. 导管内癌　B. 浸润性导管癌　C. 小叶原位癌
D. 髓样癌　E. 浸润性小叶癌

137. 下列属于非浸润性乳腺癌的是
A. 粉刺癌　B. 黏液癌　C. 小管癌
D. 髓样癌　E. 硬癌

138. 湿疹样癌是
A. 浸润性小叶癌　B. 导管内癌　C. Paget 病
D. 单纯癌　E. 硬癌

139. 女性，58 岁。左乳腺外上象限肿物，直径约 2cm。组织学检查见肿瘤细胞小，在纤维组织中排列成

单排细胞,浸润周围脂肪组织。应诊断为
A. 浸润性小叶癌　B. 浸润性导管癌　C. 导管内癌
D. 小叶原位癌　E. 粉刺癌

140. 单纯性甲状腺肿胶质贮积期的主要病理改变是
A. 甲状腺不均匀肿大　B. 滤泡上皮柱状增生　C. 小滤泡形成
D. 滤泡上皮立方状增生　E. 滤泡腔高度扩大,内含大量胶质

141. 甲状腺腺瘤的下列病理类型中,巨滤泡型腺瘤是指
A. 单纯型腺瘤　B. 胶样型腺瘤　C. 胎儿型腺瘤
D. 胚胎型腺瘤　E. 嗜酸细胞型腺瘤

142. 患者,女,55 岁。体检发现颈部包块 3 天。查体:生命体征稳定,甲状腺左叶结节,质地较硬,活动欠佳。实验室检查:血清降钙素轻度升高,甲状腺功能正常。B 超引导下穿刺活组织病理学检查见增生细胞呈弥漫分布,异型性明显,间质内见淀粉样物质沉着。其病理分型应为
A. 单纯性甲状腺肿　B. 甲状腺瘤　C. 甲状腺滤泡癌
D. 甲状腺髓样癌　E. 桥本甲状腺炎

A. 乳头状癌　B. 滤泡癌　C. 髓样癌
D. 未分化癌　E. 腺癌

143. 甲状腺梭形细胞癌多属于
144. 恶性程度低,较早发生局部淋巴结转移的甲状腺癌是
145. 恶性程度高,早期即发生浸润和转移的甲状腺癌是
146. 恶性程度较高,早期易发生血道转移的甲状腺癌是
147. 可引起严重腹泻的甲状腺癌是
148. 伴有砂粒体的甲状腺癌是
149. 癌细胞核呈毛玻璃样的甲状腺癌是

A. 少突胶质细胞围绕变性神经细胞　B. 小胶质细胞吞噬变性神经细胞
C. 淋巴细胞围绕小血管浸润　D. 小胶质细胞和中性粒细胞吞噬变性神经细胞
E. 巨噬细胞围绕小血管浸润

150. 淋巴细胞套是指
151. 噬神经细胞现象是指
152. 卫星现象是指

153. 胸膜组织切片见成团类上皮细胞,包绕少量朗汉斯巨细胞和干酪样坏死,周围散在多量淋巴细胞。应考虑为
A. 组织细胞增生症　B. 胸膜结核　C. 胸膜间皮瘤
D. 纤维素性胸膜炎　E. 胸膜淋巴瘤

154. 提示原发性肺结核病变恶化的病理转归是
A. 结核性胸膜炎　B. 原发病灶扩大,产生空洞　C. 支气管淋巴结肿大
D. 支气管淋巴结周围炎　E. 急性粟粒性肺结核

155. Ghon 灶是指
A. 原发性肺结核　B. 局灶型肺结核　C. 浸润型肺结核
D. 结核球　E. 空洞型肺结核

156. 伤寒并发肠穿孔最常见于病程
A. 第 1 周　B. 第 2 周　C. 第 3 周

D. 第 4 周　　E. 第 5 周

157. 肠伤寒溃疡的形态特征取决于肠黏膜
A. 皱襞形态　　B. 淋巴小结的形态　　C. 淋巴管的走向
D. 动脉的走向　　E. 静脉的走向

158. 下列属于假膜性炎的疾病是
A. 肠伤寒　　B. 肠结核　　C. 阿米巴痢疾
D. 急性细菌性痢疾　　E. 肠血吸虫病

159. 男,24 岁。发热、腹痛、腹泻 1 天,为黏液脓血便。查体:T38.4℃,BP110/62mmHg,脐周及左下腹有轻压痛。实验室检查:血 WBC15.8×10^9/L,N0.88,L0.12。粪镜检:WBC40/HP,RBC20/HP。肠道最可能的病理变化是
A. 全结肠轻度充血水肿　　B. 肠黏膜出血　　C. 肠黏膜隐窝小脓肿
D. 乙状结肠、直肠多发溃疡　　E. 肠黏膜弥漫性纤维素渗出性炎症

160. 关于血吸虫病的描述,下列哪项是正确的?
A. 晚期虫卵结节出现多量类上皮细胞　　B. 慢性虫卵结节的虫卵内毛蚴仍存活
C. 急性虫卵结节内大量中性粒细胞浸润　　D. 慢性虫卵结节内大量淋巴细胞浸润
E. 肺内无虫卵结节形成

161. 淋病属于
A. 浆液性炎　　B. 变质性炎　　C. 增生性炎
D. 肉芽肿性炎　　E. 化脓性炎

162. 尖锐湿疣的病原体是
A. HIV　　B. HBV　　C. EBV
D. HPV　　E. HEV

163. 梅毒恒定出现的细胞是
A. 淋巴细胞　　B. 浆细胞　　C. 上皮样细胞
D. 肥大细胞　　E. 巨噬细胞

A. 闭塞性小动脉炎　　B. 梅毒疹　　C. 硬性下疳
D. 树胶样肿　　E. 浆细胞

164. 一期梅毒的主要表现是
165. 二期梅毒的主要表现是
166. 三期梅毒的主要表现是
167. 梅毒的特征性病变是

病理学试题参考答案及详细解答

（正确答案为绿色的选项）

1. ABCDE 化生是指一种分化成熟的细胞或组织被另一种分化成熟的细胞或组织所取代。正常情况下，食管、皮肤、子宫颈和阴茎的被覆上皮都是复层鳞状上皮，因此这些组织发生的鳞癌都与化生无关。而膀胱的被覆上皮是移行上皮，因此当被覆移行上皮的膀胱发生鳞癌时，则必然与化生有关。

2. ABCDE 化生常发生于上皮组织和间叶组织。间叶组织包括纤维组织、脂肪组织、横纹肌、平滑肌、血管、淋巴管和骨组织等，无神经组织，故答 E。ACD 属于上皮组织，B 属于间叶组织。

3. ABCDE 严重细胞水肿时，镜下见细胞肿大明显，细胞基质高度疏松呈空泡状，胞质表面出现囊泡，称为气球样变，常见于病毒性肝炎(B)。

4. ABCDE 良性高血压常表现为细小动脉壁玻璃样变，恶性高血压常表现为增生性小动脉硬化、坏死性细动脉炎。

5. ABCDE ①青年男性，吸烟，间歇性跛行，右蹋趾变黑，应诊断为血栓闭塞性脉管炎，其坏疽应为干性坏疽(C)。②液化性坏死多见于脑组织。固缩坏死属于细胞生理性死亡，现已改称凋亡。湿性坏疽多发生于与外界相通的内脏。干酪样坏死多见于结核病。

6. ABCDE ①坏疽是指局部组织大块坏死并继发腐败菌感染。②脓肿为局限性化脓性炎症。空洞是指肺、肾等内脏坏死物液化后，经支气管、输尿管等自然管道排出所残留的空腔。梗死是指器官或局部组织由于血管阻塞、血流停止导致缺氧而发生的坏死。栓塞是指在循环血液中出现的不溶于血液的异常物质，随血流运行阻塞血管腔的现象。

7. ABCDE ①干酪样坏死是特殊类型的凝固性坏死，常见于结核病。由于坏死彻底，故镜下常表现为无结构颗粒状红染物，不见坏死部位原有组织结构的残影，甚至不见核碎屑。②凝固性坏死的镜下特点为细胞微细结构消失，而组织结构轮廓仍可保存，坏死区周围形成充血、出血和炎症反应带。液化性坏死的镜下特点为死亡细胞完全被消化，局部组织快速溶解。脂肪坏死属于液化性坏死，坏死后释放的脂肪酸和钙离子结合，形成肉眼可见的灰白色钙皂。纤维素样坏死镜下见细丝状、颗粒状无结构物质。

8. ABCDE 纤维素样坏死是结缔组织及小血管常见的坏死类型。

9. ABCDE 干性坏疽常见于动脉阻塞但静脉回流通畅的四肢末端。ABCE 均易发生湿性坏疽。

10. ABCDE 坏疽是指局部组织大块坏死并继发腐败菌感染，故可首先排除答案 AB。狭深的开放性创伤合并厌氧菌感染，常导致气性坏疽，其坏死区水分较多，皮下积气，与正常组织分界不清。

11. ABCDE ①凋亡是活体内个别细胞程序性死亡的形式，多为散在的单个细胞或数个细胞的死亡(B)。②坏死是以酶溶性变化为特点的活体内局部组织细胞的死亡，多为集聚的大片细胞死亡。坏疽是指局部组织大块坏死并继发腐败菌感染。变性也称可逆性损伤，是指细胞或细胞间质受损伤后，因代谢障碍而使细胞内或细胞间质内出现异常物质或正常物质异常蓄积的现象。再生是指组织和细胞损伤后，由周围同种细胞来完成修复的过程。

12. ABCDE 13. ABCDE 根据再生能力将人体细胞分为三类：不稳定细胞、稳定细胞和永久性细胞。①小肠黏膜被覆上皮细胞属于不稳定细胞，这类细胞总在不断地增殖，以代替衰亡或破坏的细胞，其再生能力很强。②肝细胞属于稳定细胞，在生理情况下，这类细胞增殖不明显，但受到组织损伤的刺激时，表现出较强的再生能力。③神经细胞、心肌细胞、骨骼肌细胞都属于永久性细胞，这类细胞不能再生。

14. ABCDE　再生是指损伤周围的同种细胞来完成修复过程。如果完全恢复了原组织的结构和功能，则称为完全再生。骨折愈合时，如果对位对线都达到了解剖学复位，经骨痂改建塑形后，可完全恢复原有的组织结构和功能，属于完全再生。动脉吻合口的愈合、皮肤伤口的愈合、肌肉和肌腱断裂后的愈合等都不是完全再生，因愈合后有瘢痕形成。

15. ABCDE　肉芽组织的功能包括抗感染、保护创面、填补创口及其他组织缺损、机化或包裹坏死、血栓及其他异物。伤口收缩为创伤愈合的基本过程，不属于肉芽组织的功能。

16. ABCDE　很多因素可以影响创伤愈合，如维生素 C 对创伤的愈合极为重要。胶原纤维形成过程中，脯氨酸和赖氨酸必须经羟化酶催化，才能形成胶原分子，而维生素 C 具有催化羟化酶的作用。因此，维生素 C 缺乏时，前胶原分子难以形成，从而影响了胶原纤维的形成，导致创伤愈合不良。局部炎症难以控制、营养不良等都可影响创伤愈合，但都不是维生素 C 缺乏的机制。

17. ABCDE　骨折愈合过程分四个阶段：①血肿形成；②纤维性骨痂形成：是指骨折后 2~3 天，血肿开始由肉芽组织取代而机化，继而发生纤维化形成纤维性骨痂；③骨性骨痂形成：由纤维性骨痂分化出骨母细胞，并形成类骨组织，类骨组织转变为编织骨，编织骨结构不致密，骨小梁排列紊乱；④骨痂改建或再塑：编织骨改建成成熟的板层骨、皮质骨。

18. ABCDE　二尖瓣狭窄患者，呼吸困难加重，咳粉红色泡沫痰，应考虑合并左心衰竭，因此可有 BCDE 项病理改变。肺泡内大量纤维素渗出见于大叶性肺炎，故答 A。

19. ABCDE　肝淤血镜下观，可见小叶中央静脉和肝窦扩张，充满红细胞，严重时可有小叶中央肝细胞萎缩、坏死；小叶汇管区附近的肝细胞由于靠近肝小动脉，缺氧程度较轻，可仅出现肝细胞脂肪变性。含铁血黄素沉积为慢性肺淤血的病理改变，故答 B。

20. ABCDE　血栓形成是血液在流动状态下由于血小板活化和凝血因子被激活致血液发生凝固。血栓形成的条件有三个：心血管内皮细胞损伤、血流状态改变（*血流缓慢、血流轴流消失*）和血液凝固性增加（*血小板增多*），其中心血管内皮细胞损伤是血栓形成的最重要和最常见的原因。内皮细胞损伤后，暴露出内皮下胶原，激活血小板和 FⅫ，启动内源性凝血过程。同时，损伤的内皮细胞释放组织因子，激活 FⅦ，启动外源性凝血过程。血液高凝状态是血栓形成的因素之一。

21. ABCDE　白色血栓也称血小板血栓，镜下主要由血小板和少量纤维素构成，故答 B 而不是 C，因为题干要求回答的是“主要成分”。透明血栓的成分是纤维素。

22. ABCDE　栓子是指阻塞血管的异常物质。ABCDE 都是栓子的类型，但临床上以血栓栓子最多见。

23. ABCDE　①静脉血流速度较动脉缓慢，故易形成血栓，静脉血栓比动脉血栓多 4 倍。由于下肢静脉比上肢静脉相对要长，血流缓慢，且受重力作用回流缓慢，因此下肢更容易形成血栓。②混合性血栓肉眼观呈灰白色和红褐色层状交替，因此也称为层状血栓。③血流速度较快的心室腔内形成的血栓多为白色血栓，而不是红色血栓（D 错）。④毛细血管内血栓多为纤维蛋白性血栓，即透明血栓。

24. ABCDE　①脂肪栓塞多见于股骨干骨折。由于骨折处髓腔内血肿张力过大，骨髓被破坏，脂肪滴进入破裂的静脉窦内，可引起肺脂肪栓塞。临床上出现呼吸功能不全、发绀、烦躁不安、嗜睡，甚至昏迷、死亡。根据病史及临床表现，本例应诊断为脂肪栓塞，故尸体解剖时肺血管内可发现脂滴（A）。②肺血管内发现空气，常见于空气栓塞。肺血管内发现角化上皮，常见于羊水栓塞。肺血管内发现血栓，常见于肺血栓栓塞。肺血管内发现癌细胞为癌性栓塞。

25. ABCDE　梗死是指器官或局部组织由于血管阻塞、血流停止导致缺氧而发生的坏死。血栓形成导致动脉血流中断是造成梗死最常见的原因（D）。动脉栓塞、动脉痉挛、血管受压闭塞均可导致梗死，但不是最常见的病因，故不答 ABCE。

26. ABCDE　肝脏由肝动脉和门静脉双重供血，当肝动脉阻塞后，仍可由门静脉供血，极少发生缺血梗死。

27. ABCDE　由于支配肺的血管呈锥形分布，因此肺的梗死灶呈锥形（B）。心肌梗死灶呈地图状。肠梗死灶呈节段形。脑组织易发生液化性坏死。梗死灶为缺血所致，无化脓性感染，故不答 E。

28. ABCDE 炎症的典型表现为红肿热痛和功能障碍。炎症时,渗出物的压迫和炎症介质的作用可引起疼痛。

29. ABCDE ①炎症的基本病理变化包括变质、渗出和增生,其中渗出是炎症最具特征性的变化。白细胞游出和趋化是炎症反应最重要的特征,因此白细胞渗出最支持炎症的诊断(C)。②毛细血管扩张充血是炎症过程中血流动力学的改变之一。炎症主要以炎性细胞浸润为主,如急性炎症主要以中性粒细胞浸润为主,慢性炎症主要以淋巴细胞和单核细胞浸润为主。纤维组织和实质细胞增生是慢性增生性炎的病理改变。细胞变性坏死是坏死性炎的表现,如干酪样坏死。

30. ABCDE 31. ABCDE 32. ABCDE ①白细胞渗出是炎症反应最重要的特征,在炎症的不同阶段,渗出的白细胞种类是不同的。在急性炎症的早期(24 小时内)渗出的主要是中性粒细胞(B)。②急性炎症 24 小时后以单核细胞渗出为主,在血液中转变为吞噬作用更强的巨噬细胞,因此急性炎症晚期开始出现的炎症细胞为巨噬细胞。淋巴细胞和浆细胞常见于慢性炎症。③特异性慢性炎也称肉芽肿性炎,是以肉芽肿形成为特征的炎症,肉芽肿是由巨噬细胞局部增生构成的境界清楚的结节状病灶。因此肉芽肿性炎症中的主要炎症细胞是巨噬细胞。

33. ABCDE ①趋化作用是指白细胞沿浓度梯度向着化学刺激物所做的定向移动。具有趋化作用的炎症介质包括可溶性细菌产物、补体成分(C5a)、白三烯(LTB_4)、细胞因子(IL-8、IL-1、TNF)。②组胺、缓激肽可使血管扩张、血管通透性增高。C3b 可通过调理作用增强中性粒细胞和单核细胞的吞噬活性。氧自由基具有组织损伤作用。

34. ABCDE ①急性炎症常以渗出性病变为主要表现,根据渗出物的主要成分和病变特点,可将急性渗出性炎分为浆液性炎、纤维素性炎(包括假膜性炎)、化脓性炎、出血性炎。②肉芽肿性炎为特异性慢性炎,不属于渗出性炎(D)。

35. ABCDE 36. ABCDE 37. ABCDE ①金黄色葡萄球菌产生的毒素可使局部组织坏死,继而大量中性粒细胞浸润并释放蛋白溶解酶使坏死组织液化,形成含有脓液的脓肿(D)。②出血性炎是指炎症病灶的血管损伤严重,渗出物中含有大量红细胞,如钩端螺旋体病、鼠疫等(B)。③典型的变质性炎包括乙型肝炎、乙型脑炎(E)。④大叶性肺炎常表现为纤维素性炎。溶血性链球菌常引起蜂窝织炎。

38. ABCDE 上皮样细胞由巨噬细胞演变而来,由于形态与上皮细胞相似,故称上皮样细胞。部分上皮样细胞又可融合成为多核巨细胞。

39. ABCDE ①肉芽肿分感染性肉芽肿和异物性肉芽肿。树胶样肿由梅毒螺旋体感染引起,伤寒小结由伤寒杆菌感染引起,结核结节由结核杆菌感染引起,血吸虫卵结节由血吸虫感染引起,都属于感染性肉芽肿。②风湿病是一种与 A 组乙型溶血性链球菌感染有关的变态反应性疾病,因此其特征性病变风湿小结属于非感染性肉芽肿。

40. ABCDE ①慢性肉芽肿性炎是以肉芽肿形成为特征的炎症,如伤寒小结、结核结节、慢性虫卵结节、Aschoff 小体等,均属于肉芽肿。②大叶性肺炎患者由于中性粒细胞渗出过少,释放的蛋白酶不足以溶解渗出物中的纤维素时,纤维素被肉芽组织取代而机化,称为肺肉质变(机化性肺炎)。可见肺肉质变并无巨噬细胞聚集,故不属于肉芽肿性炎。

41. ABCDE 肿瘤组织分实质和间质,肿瘤实质主要是指肿瘤细胞;肿瘤间质由结缔组织和血管组成,结缔组织对肿瘤细胞起支持作用,血管可为肿瘤实质提供营养物质,对于维持肿瘤的生长起重要作用。肿瘤细胞可刺激肿瘤组织中的血管生成,是肿瘤能够持续生长的重要因素。

42. ABCDE ①母细胞瘤是指来源幼稚的一类肿瘤,大部分为恶性肿瘤,如视网膜母细胞瘤、神经母细胞瘤、髓母细胞瘤、肾母细胞瘤和肝母细胞瘤等,但也有一部分是良性肿瘤,如肌母细胞瘤、骨母细胞瘤、软骨母细胞瘤和脂肪母细胞瘤等。②无性细胞瘤是由原始生殖细胞组成的恶性肿瘤。Bowen 病(鲍文病)是一种表皮内鳞状细胞癌,属于皮肤原位癌。骨髓瘤又称浆细胞瘤,是起源于骨髓浆细胞的恶性肿瘤。

43. ABCDE TNM 分期的 T 指肿瘤原发灶的情况;N 指区域淋巴结;M 指远处转移,没有远处转移者用 M_0 表示,有远处转移者用 M_1 表示。

44. ABCDE ①光镜下见癌巢中央出现同心圆、层状排列的红染角化物,称为角化珠或癌珠,此为高分化鳞癌的特征性病理改变(A)。②腺癌的特点是癌细胞大小不等、形状不一、排列成不规则腺样结构。

45. ABCDE 晚期胃癌侵及浆膜后,可种植到大网膜、腹膜、盆腔脏器等,故答 A。

46. ABCDE 恶性肿瘤可以通过血道转移累及许多器官,但最常受累的脏器是肺和肝。

47. ABCDE 血管瘤属于良性肿瘤,不发生转移,但仍呈浸润性生长,无被膜,界限不清。如肝血管瘤虽属良性肿瘤,不发生转移,但呈浸润性生长。骨髓瘤、淋巴瘤和精原细胞瘤都属于恶性肿瘤,都可发生转移。脂肪瘤为良性肿瘤,不发生转移,但呈膨胀性生长。

48. ABCDE 肉瘤的镜下特点为:肉瘤细胞大多不成巢,弥漫生长,与间质分界不清。间质的结缔组织较少,但血管较丰富。

49. ABCDE BCD 均为恶性肿瘤,故可首先排除答案 BCD。骨软骨瘤为来源于间叶组织的良性肿瘤,乳头状瘤为来源于上皮组织的良性肿瘤。

50. ABCDE 许多因素可引起 DNA 损伤,正常细胞内的轻微 DNA 损伤,可通过 DNA 修复机制予以修复。但着色性干皮病患者由于遗传性 DNA 修复基因异常,不能修复紫外线导致的 DNA 损伤,因此其皮肤癌的发病率极高。

51. ABCDE ①黄曲霉毒素有多种,以黄曲霉毒素 B1 致癌性最强。黄曲霉毒素 B1 是异环芳烃,在肝脏代谢为环氧化物,可使肿瘤抑制基因 *p*53 发生点突变而失去活性,从而诱发肝细胞癌。②多环芳烃常导致肺癌、胃癌。联苯胺常导致膀胱癌。亚硝酸胺常导致胃癌、食管癌。烷化剂常导致粒细胞白血病。

52. ABCDE ①EB 病毒主要感染人类口咽部上皮细胞和 B 淋巴细胞,导致鼻咽癌和淋巴瘤(A)。②乳头瘤病毒(HPV)16、18 型与宫颈癌的发生有关。HIV 是艾滋病的病原体。乙肝病毒(HBV)与肝细胞癌的发生有关。

53. ABCDE ①肿瘤分化抗原是指正常细胞和肿瘤细胞都具有的与某个方向的分化有关的抗原,例如前列腺特异性抗原(PSA)既可见于正常前列腺上皮,也可见于前列腺癌细胞。②肿瘤特异性抗原是肿瘤细胞独有的抗原,不存在于正常细胞。③肿瘤相关抗原是指既存在于肿瘤细胞,也存在于某些正常细胞的抗原。④有些抗原在胎儿组织中大量表达,在分化成熟组织中不表达或表达量很小,但在癌变组织中表达增加,这种抗原称为肿瘤胎儿抗原。⑤肿瘤非特异性抗原为不规范化名称。

54. ABCDE ①脂纹是动脉粥样硬化肉眼可见的最早病变,好发于主动脉后壁及其分支出口处,因为这些部位容易受到血流冲击,引起血管内膜损伤(A 错)。②冠状动脉受累的频率为:左前降支>右主干>左主干、左旋支、后降支。动脉粥样硬化常累及大脑动脉 Willis 环,以大脑中动脉最易受累;累及肾脏时可导致动脉粥样硬化性固缩肾。四肢动脉粥样硬化以下肢动脉为重,常累及髂动脉、股动脉等。

55. ABCDE ①脂纹是动脉粥样硬化肉眼可见的最早病变,肉眼观为点状或条纹状黄色不隆起或微隆起于内膜的病灶,常见于主动脉后壁及其分支出口处(A)。②粥样斑块、纤维斑块均属于动脉粥样硬化中、晚期的基本病变。动脉瘤、血栓形成为动脉粥样硬化的继发性病变,出现更晚,故不答 DE。

56. ABCDE ①纤维斑块是动脉粥样硬化的基本病变,由脂纹发展而来。光镜下可见病灶表层大量胶原纤维;平滑肌细胞增生并分泌细胞外基质(胶原纤维和蛋白聚糖);脂质逐渐被埋藏在深层。②纤维斑块表面为纤维帽,由大量平滑肌细胞和细胞外基质组成(A)。③纤维帽下可见泡沫细胞、平滑肌细胞、细胞外基质和炎细胞。

57. ABCDE 心肌梗死室壁瘤形成最多见于左心室前壁近心尖处。

58. ABCDE ①细动脉硬化是高血压的主要病理变化,表现为细动脉玻璃样变。②血压持续升高,外周阻力增大,心肌负荷增加,可导致左心室代偿性肥大。③高血压时,由于入球小动脉玻璃样变性和肌型小动脉硬化,管壁增厚、管腔狭窄,使病变区的肾小球缺血发生纤维化和玻璃样变性,相应的肾小管因缺血而萎缩、消失，出现间质纤维组织增生和淋巴细胞浸润。病变相对较轻的肾小球代偿性肥大，相应的肾小管代偿性扩张。肉眼观双侧肾脏对称性缩小、质地变硬，肾表面凸凹不平，呈细颗粒状。肾脏以上的病变特点称原发性颗粒性固缩肾，并非大瘢痕性萎缩（C 错）。④脑出血是高血压最严重的并发症。⑤高血压时细动脉硬化常累及视网膜中央动脉，眼底检查可见血管迂曲，反光增强，动静脉交叉处出现压痕。严重者视乳头水肿、出血，视力减退。

59. ABCDE　**60.** ABCDE　①良性高血压的基本病变是细动脉硬化，表现为细动脉玻璃样变，最易累及肾的入球动脉和视网膜动脉。②恶性高血压的特征性病变是细动脉纤维素样坏死，主要累及肾。

61. ABCDE　**62.** ABCDE　**63.** ABCDE　风湿病按病变发展过程分为三期：①变质渗出期：在心脏、浆膜、关节、皮肤等部位表现为结缔组织基质的黏液样变性和胶原的纤维素样坏死（A）；②增生期（肉芽肿期）：在心肌间质、心内膜下和皮下结缔组织中有 Aschoff 小体形成，此为风湿病的特征性病变（B）；③瘢痕期（愈合期）：Aschoff 小体纤维化，形成梭形小瘢痕（C）。风湿病为变态反应性疾病，不可能形成小化脓性病灶。心瓣膜赘生物为风湿性心内膜炎的基本病变。

64. ABCDE　当风湿病累及心内膜时，由于病变所致瓣膜口狭窄或关闭不全，受血液反流冲击较重，可引起左心房后壁粗糙，内膜增厚，称为 Mc Callum 斑。

65. ABCDE　①风湿性心内膜炎最常累及二尖瓣，病变后期可导致二尖瓣瓣膜增厚、卷曲、缩短、变形。病变可导致瓣膜口狭窄或关闭不全，受血流反流冲击较重，引起内膜灶状增厚，称为 McCallum 斑。②风湿性心肌炎主要累及心肌间质结缔组织，表现为间质性心肌炎、Aschoff 小体形成，病变反复发作，Aschoff 小体机化可形成小瘢痕。③风湿性心外膜炎主要累及心外膜脏层，呈浆液性或纤维素性炎症。④Osler 小结形成为亚急性感染性心内膜炎的病理特点，故答 B。

66. ABCDE　亚急性细菌性心内膜炎的赘生物容易脱落，随血流栓塞远端动脉，最常栓塞脑动脉，其次是肾、脾动脉等。

67. ABCDE　**68.** ABCDE　①风湿性心内膜炎的受累部位：二尖瓣（最常见）>二尖瓣+主动脉瓣>三尖瓣。②亚急性感染性心内膜炎受累部位以二尖瓣+主动脉瓣常见，三尖瓣、肺动脉瓣少见。

69. ABCDE　二尖瓣狭窄时，血液由左心房进入左心室受阻，因此左心房负荷过重，将导致左心房增大，而不是左心室肥大。

70. ABCDE　**71.** ABCDE　①大叶性肺炎时，若肺内炎性病灶中中性粒细胞渗出过少，释放的蛋白酶不足以溶解渗出物中的纤维素，则大量未能被溶解吸收的纤维素被肉芽组织取代而机化。病变肺组织呈褐色肉样外观，称为肺肉质变（机化性肺炎）。②慢性肺淤血时，肺泡壁毛细血管扩张，通透性增高，血液漏出血管外。长期肺淤血后，肺质地变硬，肉眼呈棕褐色，为肺褐色硬化。慢性肺淤血时只是“淤血”，不会癌变。肺结节病是一种间质性肺疾病，与肺淤血无关。

72. ABCDE　肺肉质变也称机化性肺炎，是由于肺内炎性病灶中中性粒细胞渗出过少，释放的蛋白酶不足以溶解渗出物中的纤维素，大量未能被溶解吸收的纤维素被肉芽组织机化取代而形成。

73. ABCDE　ABCDE 都是小叶性肺炎的致病菌，但以致病力较弱的 4、6、10 型肺炎球菌最常见。

74. ABCDE　①成人呼吸窘迫综合征（ARDS）镜下主要表现为肺间质毛细血管扩张、充血，肺泡腔和肺泡间质内充满大量含蛋白质的浆液（肺水肿）。在呼吸性细支气管、肺泡管、肺泡内表面可见透明膜形成（C）。②肺泡壁增厚、水肿为肺炎的病理改变。肺肉质变为大叶性肺炎的并发症。肺纤维化、胸膜明显增厚为硅肺的常见病变。

75. ABCDE　慢性支气管炎的病理变化主要为：①呼吸道黏液-纤毛排送系统受损，纤毛柱状上皮变性坏死，再生的呼吸道黏膜上皮杯状细胞增多，并发生鳞状上皮化生（B 对）；②黏膜下腺体增生肥大，浆液性上皮发生黏液腺化生，导致黏液分泌增多（A 错）。

76. ABCDE　**77.** ABCDE　肺泡性肺气肿的病变发生在肺腺泡内，根据发生部位和范围不同，分为三类：①腺泡中央型肺气肿：位于腺泡中央的呼吸性细支气管囊状扩张，而肺泡管、肺泡囊扩张不明显（B）；

②腺泡周围型肺气肿：呼吸性细支气管基本正常，肺泡管、肺泡囊扩张(A)；③全腺泡型肺气肿：表现为呼吸性细支气管、肺泡管、肺泡囊和肺泡均扩张，含气小囊腔布满肺腺泡内(D)。

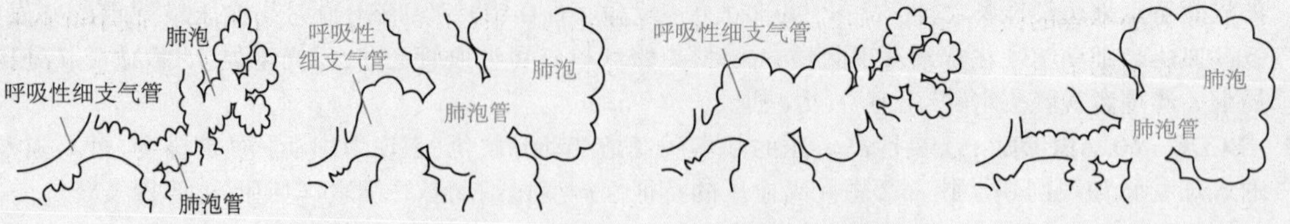

肺泡性肺气肿类型模式图

78. ABCDE ①肺硅沉着病的特征性病变为硅结节，是由于硅尘进入肺泡内，并被聚集于肺泡间隔或支气管周围的巨噬细胞吞噬，早期形成细胞性硅结节。晚期由于结节内成纤维细胞增生，结节发生纤维化形成纤维性硅结节。②肺硅沉着症不是炎性疾病，不会出现淋巴细胞、浆细胞、中性粒细胞大量浸润。

79. ABCDE 硅肺时最早出现的硅结节多在肺门淋巴结(Ⅰ期)。硅结节扩散到淋巴结以外的肺组织属于Ⅱ、Ⅲ期硅肺。

80. ABCDE 81. ABCDE ①肺腺癌通常发生于较小的支气管上皮，约 65% 为周围型肺癌，肉眼观多为弥漫型或多结节型。②肺鳞癌通常发生于大支气管，80%~85% 为中央型肺癌。③具有内分泌功能的多为小细胞肺癌。肿瘤呈胶冻状常是黏液癌的特点，好发于胃和大肠。

82. ABCDE 83. ABCDE 84. ABCDE 85. ABCDE 86. ABCDE 87. ABCDE 88. ABCDE ①肺癌的发病率：肺鳞癌 30%~50%、肺腺癌 30%~35%、肺小细胞癌 10%~20%、肺大细胞癌 15%~20%。9 版《病理学》认为肺鳞癌最多见，9 版《外科学》认为肺腺癌最常见，本题按病理学观点答 A。②肺鳞癌好发于 50 岁以上的男性(A)。③肺腺癌发病年龄较小，女性相对多见(B)。④肺鳞癌绝大多数为中老年男性，且大多有吸烟史，这是因为吸烟导致支气管上皮鳞化，在鳞化的基础上发生癌变(A)。⑤肺腺癌伴纤维化和瘢痕形成，称为瘢痕癌(B)。⑥小细胞肺癌是一种神经内分泌肿瘤，可分泌 5-羟色胺，导致哮喘样支气管痉挛、阵发性心动过速、水样腹泻及皮肤潮红等副肿瘤综合征(D)。⑦肺小细胞癌对放化疗很敏感，手术切除效果差(D)。

89. ABCDE 胃溃疡好发于胃小弯侧，尤其多见于胃窦部，少见于胃底及大弯侧。

90. ABCDE ①胃黏膜上皮细胞异型增生、胃黏膜大肠型上皮化生均是胃癌的癌前病变，但胃上皮化生不属于癌前病变，故答 E 而不是 B。②Barrett 食管是食管腺癌的癌前病变。胃黏膜中性粒细胞浸润是胃炎的病理改变。胃癌与乳头状瘤无关。

91. ABCDE 虽然肝脏是最易发生脂肪变性的脏器，但病毒性肝炎患者除丙型肝炎外，肝细胞很少发生脂肪变性(B 错)。ACDE 均属于病毒性肝炎的基本病理变化。

92. ABCDE ①急性重型肝炎由于病程短，残留的肝细胞无再生；亚急性重型肝炎可有结节状肝细胞再生。②急性重型肝炎和亚急性重型肝炎均有大片坏死、肝体积缩小、肝脏被膜皱缩和大量炎性细胞浸润。

93. ABCDE ①细胞死亡分为凋亡和坏死。凋亡曾称嗜酸性坏死，是活体内局部组织中单个细胞的程序性死亡，主要由嗜酸性变发展而来，胞质进一步浓缩，细胞核也浓缩消失，最终形成深红色浓染的圆形小体，称为嗜酸性小体(凋亡小体)。②ABCE 项均属于细胞坏死而不是凋亡，多见于病毒性肝炎。

94. ABCDE 亚急性重型肝炎大多数由急性重型肝炎迁延而来，如治疗得当且及时，病变可停止发展并有治愈可能。多数病例常继续发展而转变为坏死后性肝硬化。

95. ABCDE ①急性普通型肝炎以点状坏死为特点，急性重型肝炎、亚急性重型肝炎以大片坏死为特点。本例为碎片状坏死和桥接坏死，故可首先排除答案 ADE。②轻度慢性肝炎常表现为点状坏死，偶见碎片状坏死，肝小叶界板无破坏，小叶结构清楚。重度慢性肝炎常表现为碎片状坏死、桥接坏死，坏死区肝细胞不规则增生，纤维间隔分割肝小叶结构。根据题干，本例应诊断为重度慢性肝炎（C）。

96. ABCDE　假小叶是肝硬化的特征性病变。假小叶是指由广泛增生的纤维组织分割原来的肝小叶并包绕成大小不等的圆形或类圆形的肝细胞团。肝硬化时，肉眼观可见结节大小相仿。假小叶内可有再生的肝细胞结节。包绕假小叶的纤维间隔内可有少量淋巴细胞和单核细胞浸润，但不会出现异型增生的肝细胞，此为肝细胞癌的特点。

97. ABCDE　门静脉高压症时，门腔静脉之间可形成侧支循环。门静脉血经附脐静脉、脐周静脉网，向上经胸腹壁静脉进入上腔静脉，向下经腹壁下静脉进入下腔静脉，引起脐周浅静脉高度扩张，形成“海蛇头”现象。

98. ABCDE　①早期食管癌定义为“侵犯黏膜或黏膜下层的癌，未侵犯肌层，无淋巴结转移者”。②早期胃癌是指局限于黏膜或黏膜下层的癌，无论面积大小及有无淋巴结转移。早期大肠癌、肺鳞癌、胰腺癌均可有淋巴结转移。

99. ABCDE　早期食管癌是指侵犯黏膜或黏膜下层的癌，未侵犯肌层，无淋巴结转移。多为原位癌、黏膜内癌、黏膜下癌。早期食管癌由于病变局限，临床上无明显症状。早期食管癌的定义是相对于癌细胞的浸润深度而言的，不涉及癌肿本身的大小，因此“肿块直径<0.5cm”是错误的。食管癌好发于食管中段。我国食管癌以鳞癌最多见，约占95%。

100. ABCDE　①早期胃癌是指癌组织局限于黏膜或黏膜下层，若超过黏膜下层则为进展期胃癌。早期胃癌的肉眼分型包括隆起型、表浅型、凹陷型，进展期胃癌的肉眼分型包括息肉型、溃疡型和浸润型。本例癌组织局限于黏膜内，应诊断为早期胃癌，故可首先排除答案DE。②本例胃镜下见胃窦部息肉状隆起，应为隆起型（B）。

101. ABCDE　革囊胃是指弥漫浸润型胃癌，导致胃壁普遍增厚，变硬，胃腔变小，状如皮革。

102. ABCDE　大肠癌肉眼分隆起型、溃疡型、浸润型、胶样型四种类型，其中以溃疡型最多见。

103. ABCDE　原发性肝癌是指肝细胞或肝内胆管上皮发生的恶性肿瘤。肝外胆管上皮发生的恶性肿瘤称为胆管癌。

104. ABCDE　①假小叶为肝硬化的特征性病理表现，故本例应考虑肝硬化。②门脉性肝硬化肉眼观结节大小相等，直径0.15~0.5cm。坏死后性肝硬化结节大小悬殊，可达5~6cm。胆汁性肝硬化一般无明显结节。故本例应诊断为坏死后性肝硬化。③肝穿刺病检示“多角形、胞质丰富、核大深染的细胞，呈小梁状或巢状排列”，此为肝癌的病理特点，故答案为C。

105. ABCDE　①蕈样霉菌病是T细胞淋巴瘤，主要累及皮肤，是最常见的皮肤淋巴瘤。早期为湿疹样病损，表面斑疹。以后发展为不规则瘤样结节，可扩散至淋巴结和内脏。②Burkitt淋巴瘤主要累及颌骨、颅面骨。免疫母细胞性淋巴瘤主要累及淋巴结或血管。小淋巴细胞性淋巴瘤和滤泡淋巴瘤主要累及淋巴结。

106. ABCDE　NK/T细胞淋巴瘤约2/3发生于中线面部，1/3发生于其他器官和组织，如皮肤、软组织、胃肠道、附睾等。Burkitt淋巴瘤好发于颌骨。浆细胞性肿瘤好发于骨髓。蕈样霉菌病好发于皮肤。

107. ABCDE　①系统性自身免疫性疾病的自身抗原多为器官、组织的共有成分，能引起多器官组织损害，如系统性红斑狼疮、类风湿关节炎、口眼干燥综合征、炎性肌病、系统性硬化、结节性多动脉炎等。②BCDE均属于器官或细胞特异性自身免疫性疾病。

108. ABCDE　Nezelof综合征为细胞免疫缺陷为主的免疫缺陷病。ACD均属于体液免疫缺陷为主的免疫缺陷病。E为联合性免疫缺陷病。

109. ABCDE　艾滋病（AIDS）的病原体为HIV，HIV主要感染破坏$CD4^{+}$T细胞。随着病情的发展，淋巴细胞越来越少，巨噬细胞相对越来越多，最后主要细胞为巨噬细胞和浆细胞。因此AIDS晚期的病理特点为淋巴细胞消失殆尽。

110. ABCDE　艾滋病（AIDS）早期表现为淋巴结肿大，淋巴小结增生明显，生发中心活跃，髓质内出现较多浆细胞。晚期淋巴结病变呈现一片荒芜，淋巴结消失殆尽。

111. ABCDE 由于严重的免疫功能缺陷，艾滋病（AIDS）患者常伴多发性机会感染和肿瘤。70%～80%的患者可经历一次或多次肺孢子虫感染，约50%的病人死于肺孢子虫感染，为本病最常见死因，对诊断本病有一定参考价值。约30%的患者发生 Kaposi 肉瘤，是 AIDS 最常伴发的恶性肿瘤。

112. ABCDE 113. ABCDE ①器官移植后超急性排斥反应一般于移植后数分钟至数小时出现，本质上属于Ⅲ型变态反应，病理改变以广泛分布的急性小动脉炎、血栓形成、组织缺血坏死为特征（D）。②慢性排斥反应常表现为慢性进行性的移植器官损害，其突出病变是小动脉内膜纤维化，引起管腔严重狭窄（C）。③细动脉壁玻璃样变性为良性高血压的病理特点，细动脉壁纤维素样坏死为恶性高血压的病理特点，毛细血管内纤维素样血栓形成为透明血栓的特点。

114. ABCDE 115. ABCDE 116. ABCDE 117. ABCDE 118. ABCDE ①急性肾小球肾炎肾表面充血，有的肾脏表面见散在粟粒大小的出血点，称大红肾或蚤咬肾。②膜性肾病双肾肿大，颜色苍白，有"大白肾"之称。此外，大白肾还见于脂性肾病、膜性增生性肾炎的早期、新月体性肾炎的中期。③原发性颗粒性固缩肾常见于高血压肾病。④继发性颗粒性固缩肾常见于慢性肾小球肾炎。⑤不规则瘢痕肾常见于慢性肾盂肾炎。

119. ABCDE 120. ABCDE 121. ABCDE 122. ABCDE 123. ABCDE ①急性肾小球肾炎的病理学特点是弥漫性毛细血管内皮细胞和系膜细胞增生，伴中性粒细胞和巨噬细胞浸润（B）。②急进性肾小球肾炎的病理学特点是肾小球壁层上皮细胞增生形成新月体，故又称新月体性肾炎（A）。③微小病变性肾小球病的病理学特点是弥漫性肾小球脏层上皮细胞足突消失，光镜下肾小球基本正常，肾小管上皮内有脂质沉积，故又称脂性肾病（C）。④膜性肾小球病的特点是肾小球毛细血管壁弥漫性增厚（D）。⑤膜增生性肾小球肾炎的病理学特点是肾小球基膜增厚、系膜细胞增生和系膜基质增多（E）。

124. ABCDE 125. ABCDE 126. ABCDE 127. ABCDE 128. ABCDE ①急性肾小球肾炎电镜检查显示脏层上皮细胞和基膜之间驼峰状电子致密物沉积（A）。②急进性肾小球肾炎电镜下可见新月体形成，肾小球基膜缺损和断裂（E）。③微小病变性肾小球病电镜检查显示肾小球基膜正常，无电子致密物沉积，主要改变是弥漫性脏层上皮细胞足突消失（D）。④膜性肾小球病电镜检查显示上皮细胞肿胀，基膜增厚，钉突形成（B）。⑤膜增生性肾小球肾炎电镜检查显示基膜增厚，大量电子致密物沉积呈双轨征（C）。

129. ABCDE 130. ABCDE 引起成人肾病综合征的最常见原因是膜性肾病。引起儿童肾病综合征的最常见原因是脂性肾病。

131. ABCDE ①慢性肾盂肾炎为肾小管和间质的慢性非特异性炎症，表现为局灶性淋巴细胞、浆细胞浸润和间质纤维化。早期肾小球很少受累，肾小球囊壁可发生纤维化（C）。②急性肾小球肾炎常表现为弥漫性毛细血管内皮细胞和系膜细胞增生，伴中性粒细胞浸润。急进性肾小球肾炎常表现为肾小球囊壁层上皮细胞增生，新月体形成。

132. ABCDE ①子宫颈上皮非典型增生属子宫颈癌的癌前病变，分Ⅰ、Ⅱ、Ⅲ级。Ⅰ级指异型细胞局限于上皮的下1/3；Ⅱ级指异型细胞累及上皮层的下1/3～2/3；Ⅲ级指异型细胞超过上皮全层的2/3，但未累及上皮全层。②应注意子宫颈上皮非典型增生和子宫颈上皮内瘤变（CIN）的区别和联系：CIN=非典型增生+原位癌。CINⅠ=Ⅰ级非典型增生；CINⅡ=Ⅱ级非典型增生；CINⅢ=Ⅲ级非典型增生+原位癌。

133. ABCDE 淋巴道转移是子宫颈癌最常见、最重要的转移途径，首先转移至子宫旁淋巴结。

134. ABCDE 135. ABCDE ①葡萄胎的镜下特点：绒毛水肿增大；绒毛间质内血管消失；滋养层细胞有不同程度增生，异型性很小。②绒毛膜癌是起源于妊娠绒毛滋养层上皮的高度侵袭性恶性肿瘤。镜下，瘤组织由细胞滋养层和合体滋养层两种瘤细胞组成，细胞异型性明显，可浸润深肌层。肿瘤自身无间质血管，依靠侵袭宿主血管获取营养。癌细胞不形成绒毛和水泡状结构。绒毛膜癌记忆为"三无产品”(无绒毛、无水泡、无间质血管)。

136. ABCDE　乳腺癌以浸润性导管癌最常见,占70%左右。浸润性小叶癌占全部乳腺癌的5%~10%,导管内原位癌占15%~30%。髓样癌属于特殊类型癌,极为少见。

137. ABCDE　①乳腺癌分为非浸润性癌和浸润性癌。非浸润性癌包括导管内原位癌和小叶原位癌,浸润性癌包括浸润性导管癌、浸润性小叶癌及特殊类型癌。粉刺癌属于导管内原位癌,是非浸润性癌。②黏液癌、小管癌、髓样癌属于特殊类型癌,是浸润性癌。③硬癌是来源于导管上皮的高度恶性的肿瘤,属于浸润性癌。

138. ABCDE　湿疹样乳腺癌又称 Paget 病,是一种浸润性导管癌,发生于近乳头的大导管上皮,表现为乳头乳晕区渗出和浅表溃疡,呈湿疹样改变。

139. ABCDE　①“癌细胞浸润周围组织”,说明不是原位癌而是浸润癌,故可首先排除答案项 CDE。②浸润性小叶癌的病理特点是癌细胞小,大小一致,呈单行串珠状或细条索状排列。浸润性导管癌的病理特点是癌细胞大小形态各异,呈巢状、团索状排列。根据题意,本例应诊断为浸润性小叶癌。

140. ABCDE　①单纯性甲状腺肿分为增生期、胶质贮积期和结节期。胶质贮积期镜下可见滤泡上皮扁平,滤泡腔高度扩大,腔内大量胶质贮积(E)。②ABC 为结节期表现,D 为增生期表现。

141. ABCDE　单纯型腺瘤也称正常大小滤泡型腺瘤,胶样型腺瘤也称巨滤泡型腺瘤,胎儿型腺瘤也称小滤泡型腺瘤,胚胎型腺瘤又称梁状和实性腺瘤,嗜酸细胞型腺瘤又称许特莱细胞腺瘤。

142. ABCDE　①患者甲状腺结节质地较硬,活动欠佳,病理学检查示细胞异型性明显,应考虑甲状腺癌,故可首先排除答案 ABE。②甲状腺髓样癌可分泌降钙素,镜下癌组织间质内常有淀粉样物质沉着。根据题干,本例应诊断为甲状腺髓样癌,而不是滤泡癌。

143. ABCDE　144. ABCDE　145. ABCDE　146. ABCDE　147. ABCDE　148. ABCDE　149. ABCDE　甲状腺癌病理分 4 型:乳头状癌、滤泡癌、髓样癌和未分化癌,各有特点。①未分化癌又称间变性癌,组织学上又细分为小细胞型、梭形细胞型、巨细胞型和混合细胞型,因此梭形细胞癌属于未分化癌(D)。②尽管乳头状癌预后很好,5 年生存率达 90%以上,但较早就可发生颈淋巴结转移(A)。③未分化癌恶性程度高,可较早发生浸润和转移(D)。④滤泡癌好发于 40 岁以上女性,早期易发生血道转移(B)。⑤髓样癌是来源于滤泡旁细胞的恶性肿瘤,属于 APUD 瘤,能分泌降钙素,产生严重腹泻和低钙血症(C)。⑥乳头状癌镜下观乳头分枝多,乳头中心有纤维血管间质,间质内可见砂粒体(A);癌细胞核常呈透明或毛玻璃状,无核仁(A)。

150. ABCDE　151. ABCDE　152. ABCDE　①淋巴细胞套是指流行性乙型脑炎时脑组织水肿,脑实质血管高度扩张充血,血管周围间隙增宽,以淋巴细胞为主的炎细胞常围绕血管周围间隙形成袖套状浸润。②小胶质细胞并不是真正的胶质细胞,而属于单核巨噬细胞系统。当乙型脑炎发生神经细胞变性坏死时,小胶质细胞吞噬变性坏死的神经细胞,称为“噬神经细胞现象”。③乙型脑炎可出现神经细胞的变性坏死,表现为神经细胞肿胀、尼氏小体消失,严重者核浓缩、溶解、消失,被增生的少突胶质细胞包绕,若一个神经元被 5 个或 5 个以上的少突胶质细胞围绕,称为“卫星现象”。

153. ABCDE　“类上皮细胞+朗汉斯巨细胞+干酪样坏死+淋巴细胞”即为典型的结核结节的病理改变,此为结核病的特征性病变,可确诊为胸膜结核。上皮样细胞原称类上皮细胞。

154. ABCDE　原发性肺结核好发于小儿,95%可以自愈,但少数营养不良或免疫力低下的患儿,原发灶的干酪样坏死物质破入邻近大静脉,或因含有结核杆菌的淋巴液由胸导管回流,经静脉入右心,播散至全身,导致全身粟粒性结核病。

155. ABCDE　肺的原发病灶、淋巴管炎和肺门淋巴结结核称原发综合征(原发性肺结核)。其原发病灶常位于肺上叶下部或下叶上部近胸膜处,为直径 1.0~1.5cm,灰白色的炎性实质灶,称 Ghon 灶。

156. ABCDE　伤寒肠道病变分 4 期:髓样肿胀期(第 1 周)、坏死期(第 2 周)、溃疡期(第 3 周)及愈合期(第 4 周),每期大约持续 1 周。在病程第 3 周,坏死肠黏膜脱落后形成溃疡,溃疡一般深及黏膜下层,但坏死严重时可深达肌层及浆肌层,甚至穿孔。

157. ABCDE ①肠伤寒溃疡是由于坏死组织逐渐崩解脱落而形成。因受累淋巴结不同,溃疡的形态和大小也不相同。集合淋巴小结的溃疡较大,呈椭圆形,其长轴与肠管的长轴平行;孤立淋巴小结的溃疡小而圆。因此,溃疡形态与肠黏膜淋巴小结的形态有关,而与肠黏膜的皱襞形态、血管走向等无关。②肠结核溃疡的形态取决于肠黏膜淋巴管的走向。

158. ABCDE ①急性细菌性痢疾的早期肠道病变为卡他性炎,随着病情发展,大量纤维素渗出,与黏膜表层坏死组织、中性粒细胞、红细胞和细菌一起形成假膜,出现急性菌痢的特征性病变,即假膜性炎。②肠伤寒为增生性炎。肠结核、肠血吸虫病为慢性肉芽肿性炎。肠阿米巴痢疾为变质性炎。

159. ABCDE ①患者发热,腹痛腹泻,黏液脓血便,左下腹压痛,粪镜检 WBC≥15/HP,应诊断为急性细菌性痢疾。急性菌痢为假膜性炎,故其特征性病理改变为肠黏膜纤维素渗出性炎(E)。②若患者病史为数月甚至数年,则应诊断为溃疡性结肠炎。

160. ABCDE 虫卵造成血吸虫病的主要病损,其基本病理变化为虫卵结节。表现为虫卵在肝、肠、肺等组织内的沉着(E 错)。急性虫卵结节并非真正脓肿,而是寄生虫卵结节,故有大量嗜酸性粒细胞积聚,并非中性粒细胞积聚(C 错)。无论早期还是晚期均不会出现大量淋巴细胞浸润。慢性虫卵结节的毛蚴已死亡,只有死亡,才会被吸收、钙化(B 错)。晚期血吸虫卵结节可表现为假结核结节,含有大量类上皮细胞、少量异物巨细胞及钙化灶等。

161. ABCDE 淋病是由淋病奈瑟菌引起的急性化脓性炎,是最常见的性传播疾病。

162. ABCDE ①尖锐湿疣是由 HPV(主要是 HPV6 和 HPV11)引起的性传播疾病。②HIV 为艾滋病病毒,HBV 为乙肝病毒,EBV 为 EB 病毒,HEV 为戊肝病毒。

163. ABCDE 梅毒的基础病变为闭塞性动脉内膜炎、小血管周围炎和树胶样肿。小动脉周围炎是指围管性单核细胞、淋巴细胞和浆细胞浸润。浆细胞恒定出现是梅毒的病变特点之一。

164. ABCDE 165. ABCDE 166. ABCDE 167. ABCDE 后天梅毒分一、二、三期。一期梅毒是指梅毒螺旋体进入人体后 3 周左右,形成硬性下疳。二期梅毒是指下疳发生后 7~8 周,体内螺旋体再次大量繁殖,引起全身皮肤、黏膜广泛梅毒疹和血管炎。三期梅毒是指感染梅毒螺旋体后 4~5 年,累及内脏,树胶样肿形成,此为梅毒的特征性病理改变。

第七篇　病理生理学试题

1. 高热病人易发生的水电解质紊乱是
A. 等渗性脱水　B. 低渗性脱水　C. 高渗性脱水
D. 水中毒　E. 细胞外液显著丢失
2. 等渗性脱水如未经处理可转变为
A. 高渗性脱水　B. 低渗性脱水　C. 水中毒
D. 低钠血症　E. 低钾血症
3. 高渗性脱水的主要部位是
A. 细胞内液　B. 细胞外液　C. 组织间液
D. 淋巴液　E. 血浆
4. 水肿首先出现在身体低垂的部位,最可能为
A. 心性水肿　B. 肾性水肿　C. 肝性水肿
D. 隐性水肿　E. 肺水肿
5. 高钾血症易发生
A. 中性尿　B. 反常性酸性尿　C. 反常性碱性尿
D. 代谢性碱中毒　E. 呼吸性酸中毒
6. 血液中缓冲固定酸作用最强的缓冲对是
A. Pr^-/HPr　B. HCO_3^-/H_2CO_3　C. Hb^-/HHb
D. HPO_4^{2-}/H_2PO_4　E. $HbO_2^-/HHbO_2$
7. 能直接反映血液中一切具有缓冲作用的负离子碱的总和的指标是
A. pH　B. AB　C. SB
D. BE　E. BB
8. 代谢性酸中毒的病因不包括
A. 大量摄入阿司匹林　B. 高钾血症　C. 腹泻
D. 呕吐　E. 休克
9. 呼吸性酸中毒的病因不包括
A. 呼吸中枢抑制　B. 呼吸肌麻痹　C. 过度通气
D. 重度肺气肿　E. 胸廓病变
10. 急性呼吸性酸中毒的代偿调节主要依靠
A. 碳酸氢盐缓冲系统　B. 非碳酸氢盐缓冲系统　C. 血浆蛋白质缓冲系统
D. 磷酸盐缓冲系统　E. 血红蛋白缓冲系统
11. 慢性呼吸性酸中毒的代偿调节主要依靠下列哪种器官或系统?
A. 血液　B. 肝　C. 肾
D. 肺　E. 心
12. 代谢性碱中毒的病因不包括
A. 剧烈呕吐　B. 严重腹泻　C. 低钾血症
D. 肝功能衰竭　E. 继发性醛固酮增多症

13. 代谢性碱中毒时，出现手足抽搐的主要原因是血清
A. K^+降低　B. Na^+降低　C. Ca^{2+}降低
D. Mg^{2+}降低　E. Cl^-降低
14. 不引起血液性缺氧的情况是
A. 严重贫血　B. 高铁血红蛋白血症　C. 输入大量库血
D. 一氧化碳中毒　E. 动脉血栓形成
15. 动脉血氧分压、氧容量、氧含量均正常，而静脉血氧含量增高可见于
A. 慢性贫血　B. 失血性休克　C. 呼吸衰竭
D. 氰化钠中毒　E. 充血性心力衰竭
16. 急性缺氧时，最易出现血流量减少的脏器是
A. 肝　B. 心　C. 脑
D. 肾　E. 胃肠道

A. 动脉氧分压降低　B. 动-静脉血氧含量差增大　C. 静脉氧含量增大
D. 血氧容量降低　E. 血氧饱和度增高
17. 低张性缺氧的血气分析特点是
18. 血液性缺氧的血气分析特点是
19. 循环性缺氧的血气分析特点是
20. 组织性缺氧的血气分析特点是

21. 体温调节中枢的高级部位是
A. 延髓　B. 脑桥　C. 中脑
D. 脊髓　E. 视前区-下丘脑前部
22. 革兰氏阳性细菌的致热物质主要是
A. 脂多糖　B. 肽聚糖　C. 内毒素
D. 菌体成分和内毒素　E. 菌体成分和外毒素
23. 革兰氏阴性细菌的致热物质主要是
A. 外毒素　B. 溶血素　C. 细胞毒因子
D. 螺旋毒素　E. 内毒素
24. 应激时血清水平降低的激素是
A. 糖皮质激素　B. 抗利尿激素　C. 胰岛素
D. 催乳素　E. 醛固酮
25. 不属于急性期反应蛋白的是
A. C-反应蛋白　B. 铜蓝蛋白　C. 纤维蛋白原
D. 结合珠蛋白　E. 白蛋白
26. 缺血-再灌注损伤导致钙超载的病理生理机制不包括
A. 细胞膜损伤　B. 线粒体膜损伤　C. PKC 激活
D. 细胞内酸中毒　E. 胞膜 Na^+-Ca^{2+}交换增加
27. 休克微循环缺血期引起微血管收缩的最主要体液因素是
A. 血管紧张素Ⅱ　B. 血管升压素　C. 血栓素 A_2
D. 儿茶酚胺　E. 内皮素
28. 休克微循环缺血期开放的血管为
A. 微动脉　B. 微静脉　C. 后微动脉

D. 小静脉　E. 动静脉吻合支

29. 休克微循环淤血期微循环灌流的特点是
A. 少灌少流,灌少于流　B. 多灌多流,灌多于流　C. 少灌多流,灌少于流
D. 多灌多流,灌少于流　E. 灌而少流,灌多于流

30. DIC 患者最初的表现是
A. 少尿　B. 出血　C. 呼吸困难
D. 贫血　E. 休克

31. DIC 最常见的病因是
A. 感染性疾病　B. 肿瘤　C. 妇产科疾病
D. 创伤　E. 手术

32. 急性心力衰竭时不易出现的代偿形式为
A. 血液重新分布　B. 心率加快　C. 心脏紧张源性扩张
D. 交感神经兴奋　E. 心肌肥大

33. 左心衰竭引起呼吸困难的主要机制是
A. 回心血量减少　B. 心肌缺血　C. 水钠潴留增加
D. 肺淤血肺水肿　E. 支气管平滑肌敏感性增高

34. 吸入纯氧 15~20 分钟后如 PaO_2 仍无明显提高,说明肺内可能发生了
A. 真性分流　B. 功能性分流　C. 气体弥散功能障碍
D. 气道阻塞　E. 肺泡死腔样通气增多

35. 肝性脑病时,血氨生成过多的最常见来源是
A. 肠道产氨增多　B. 肌肉产氨增多　C. 肝产氨增多
D. 脑产生增多　E. 氨从肾小管重吸收增多

36. 肝性脑病早期兴奋性增高的主要原因是下列哪种物质增多?
A. 谷氨酸　B. 谷氨酰胺　C. 乙酰胆碱
D. 甘氨酸　E. γ-氨基丁酸

37. 肝性脑病的假性神经递质是指
A. 苯乙胺和酪胺　B. 多巴胺和苯乙醇胺　C. 苯乙胺和苯乙醇胺
D. 多巴胺和酪胺　E. 苯乙醇胺和羟苯乙醇胺

38. 肾前性急性肾衰竭最常见的病因是
A. 汞中毒　B. 休克早期　C. 急性肾小球肾炎
D. 肾内血栓形成　E. 尿路梗阻

39. 急性肾衰竭少尿期最常见的酸碱平衡紊乱类型是
A. 呼吸性酸中毒　B. 代谢性酸中毒　C. 呼吸性碱中毒
D. 代谢性碱中毒　E. 呼吸性酸中毒合并代谢性碱中毒

40. 慢性肾衰竭时,与血钙降低无关的因素是
A. 血磷升高　B. 血钠升高　C. 肠钙吸收减少
D. 毒物损伤肠黏膜　E. $1,25\text{-}(OH)_2\text{-}D_3$ 生成不足

病理生理学试题参考答案及详细解答

（正确答案为绿色的选项）

1. ABCDE ①汗液含 0.25%的氯化钠，为低渗液，因此高热时大量出汗，将导致高渗性脱水。②高热病人大量体液丢失，当然不会造成水中毒。高渗性脱水病人由于细胞外液高渗，可发生细胞内液向细胞外液的转移，故高热病人会有细胞外液减少，但不会显著减少。

2. ABCDE 等渗性脱水若不进行处理，患者可通过不感性蒸发和呼吸等途径不断丢失水分，而转变为高渗性脱水；若补给过多的低渗溶液，则可转变为低渗性脱水或低钠血症。

3. ABCDE 高渗性脱水病人由于细胞外液高渗，可使渗透压较低的细胞内液向细胞外转移，因此高渗性脱水的主要部位是细胞内液。

4. ABCDE 心性水肿首先出现在低垂部位。肾性水肿首先出现在眼睑或面部。肝性水肿以腹腔积液多见。隐性水肿是指凹陷性水肿出现之前已有组织液的增多。肺水肿常表现为肺部湿啰音。

5. ABCDE 高钾血症可引起代谢性酸中毒，并出现反常性碱性尿。其发生机制是：①高钾血症时，细胞外液 K^+升高，此时细胞外液 K^+内移，而细胞内液 H^+外出，引起细胞外液酸中毒；②肾小管上皮细胞内 K^+浓度增高，H^+浓度降低，造成肾小管 H^+-Na^+交换减弱，而 K^+-Na^+交换增强，排 H^+减少，加重代谢性酸中毒，且尿液呈碱性。

6. ABCDE ABCDE 均属于血液缓冲系统，其中以 HCO_3^-/H_2CO_3 缓冲系统作用最强，其含量最多，占全血缓冲总量的 50%以上。

7. ABCDE ①pH 是酸碱度的指标。②AB（实际碳酸氢盐）是指在隔绝空气、实际 PCO_2、体温、血氧饱和度的条件下，所测得的血浆 HCO_3^- 浓度。③SB（标准碳酸氢盐）是指全血在标准条件下（即 PCO_2 为 40mmHg、温度 38℃、血红蛋白氧饱和度为 100%）所测得的血浆中 HCO_3^- 的量。④BE（剩余碱）是指在标准条件下，用酸或碱滴定全血标本至 pH7.40 时，所需的酸或碱的量。⑤BB（缓冲碱）是血液中一切具有缓冲作用的负离子碱的总和。

8. ABCDE ①剧烈呕吐，大量胃酸丢失，可造成低钾低氯性代谢性碱中毒，而不是代谢性酸中毒，故答 D。②大量摄入阿司匹林（乙酰水杨酸）可引起酸中毒，经缓冲 HCO_3^- 浓度下降，水杨酸根潴留，导致代谢性酸中毒。③高钾血症可造成代谢性酸中毒、反常性碱性尿。胰液、肠液、胆汁中碳酸氢盐的含量均高于血浆，严重腹泻时，大量碳酸氢钠丢失，可导致代谢性酸中毒。休克时，组织细胞缺血缺氧，无氧糖酵解加强，乳酸产生增多，可导致乳酸性酸中毒。

9. ABCDE 过度通气，大量二氧化碳被排出，将导致呼吸性碱中毒而不是呼吸性酸中毒，故答 C。

10. ABCDE 急性呼吸性酸中毒时，体内大量 CO_2 排出受阻而产生大量 H_2CO_3，由于碳酸盐缓冲系统不能缓冲挥发酸，血浆其他缓冲系统碱含量较低，缓冲 H_2CO_3 的能力极为有限。而且呼吸性酸中毒的发生最主要的环节是肺通气功能障碍，所以呼吸系统往往不能发挥代偿作用，因此主要依靠血液非碳酸氢盐缓冲系统、细胞内外离子交换、肾代偿，故答 B。

11. ABCDE ①慢性呼吸性酸中毒患者 $PaCO_2$ 和 H^+浓度持续升高超过 24 小时时，可刺激肾小管上皮细胞内碳酸酐酶和线粒体中谷氨酰胺酶的活性，促使肾小管上皮细胞排泄 H^+ 和 NH_4^+、重吸收 HCO_3^- 的能力加强，从而进行酸碱失衡的代偿性调节。这些代偿调节充分发挥作用常需 3～5 天才能完成，因此急性呼吸性酸中毒来不及代偿。②长期呼吸性酸中毒，除肾代偿外，血液及细胞内液等也参与缓冲作用，但不起主要作用，故不答 AD。肝、心对酸碱失衡无代偿调节作用，故不答 BE。

12. ABCDE ①肠液、胆汁、胰液中的碳酸氢盐含量均高于血浆，严重腹泻将导致大量碳酸氢盐丢失，造成代谢性酸中毒，而不是代谢性碱中毒，故不答 B。②剧烈呕吐，大量胃酸丢失，可导致代谢性碱中毒。低钾血症，可导致代谢性碱中毒，反常性酸性尿。肝功能衰竭，血氨过高，尿素合成障碍，可导致代谢性碱中毒。继发性醛固酮增多症，排钾保钠增加，可导致低钾性代谢性碱中毒。

13. ABCDE 代谢性碱中毒时，血清 pH 升高，可导致血浆游离 Ca^{2+} 减少，即使血钙总量不变，但由于血浆游离 Ca^{2+} 浓度降低，仍可造成神经肌肉的应激性增高，表现为腱反射亢进，手足抽搐。

14. ABCDE ①动脉血栓形成，可造成组织血流量减少，组织供氧不足，导致循环性缺氧，而不是血液性缺氧，故答 E。②ABCD 均可导致血液性缺氧。

15. ABCDE ①患者动脉血氧含量正常，静脉血氧含量增高，说明动-静脉血氧含量差降低。患者动脉血氧分压、氧容量、氧含量均正常，动-静脉血氧含量差降低，提示组织性缺氧，见于氰化钠中毒。②慢性贫血常导致血液性缺氧，表现为动脉血氧分压正常、氧含量降低、氧容量正常或降低、动-静脉血氧含量差降低。③失血性休克、充血性心力衰竭常导致循环性缺氧，表现为动脉血氧分压正常、氧含量正常、氧容量正常、动-静脉血氧含量差增高。④呼吸衰竭常导致低张性缺氧，表现为动脉血氧分压降低、氧含量降低、氧容量正常或增高、动-静脉血氧含量差正常或降低。

16. ABCDE 急性缺氧时，全身各器官的血流分布发生改变，心、脑的血流量增多，而皮肤、内脏、骨骼肌、肾的血流量减少，且肾血流量减少最明显。

17. ABCDE 18. ABCDE 19. ABCDE 20. ABCDE 四种类型缺氧时血氧变化特点如下表。

缺氧类型	动脉血氧分压	动脉血氧含量	动脉血氧容量	动脉血氧饱和度	动-静脉血氧含量差
低张性缺氧	↓	↓	正常或↑	↓	正常或↓
血液性缺氧	正常	↓	正常或↓	正常或↓	↓
循环性缺氧	正常	正常	正常	正常	↑
组织性缺氧	正常	正常	正常	正常	↓

21. ABCDE 体温调节中枢位于视前区-下丘脑前部(POAH)，该区含有温度敏感神经元，可对来自外周和深部的温度信息起整合作用，损伤该区可导致体温调节障碍。

22. ABCDE 革兰氏阳性细菌是引起发热的常见致病菌，这类细菌的全菌体、菌体碎片及其释放的外毒素均是重要的致热物质。

23. ABCDE 革兰氏阴性细菌是引起发热的常见致病菌，这类细菌的致热物质包括全菌体、胞壁所含的肽聚糖和内毒素等，其中内毒素是主要致热物质，故答 E。

24. ABCDE ①应激时，交感神经兴奋，可导致胰高血糖素分泌增加，胰岛素分泌减少，导致血清胰岛素水平降低。②应激时，ABDE 均增高。

25. ABCDE 急性期反应是指感染、烧伤、大手术、创伤等强烈应激原诱发机体产生的一种快速防御反应，表现为体温增高、血糖升高、分解代谢增强、血浆蛋白含量的急剧变化，相关的血浆蛋白称为急性期反应蛋白(APP)。ABCD 均属于 APP，血浆白蛋白不属于 APP。

26. ABCDE 缺血-再灌注损伤导致细胞内钙超载发生于再灌注期，主要是由于钙内流增加所致，其病理生理机制包括：①Na^+-Ca^{2+} 交换异常：生理条件下，Na^+-Ca^{2+} 交换蛋白以正向转运方式将细胞内的 Ca^{2+} 转移至细胞外，与肌质网和细胞膜钙泵共同维持细胞静息状态时的低钙浓度。病理条件下，如细胞内 Na^+ 明显升高，Na^+-Ca^{2+} 交换蛋白则以反向转运方式将细胞内的 Na^+ 排出，细胞外的 Ca^{2+} 进入细胞，这是导致缺血-再灌注损伤时钙超载的主要因素，可见，缺血-再灌注时，并不是胞膜 Na^+-Ca^{2+} 交换增加，故答 E。②缺血-再灌注损伤时，细胞膜、线粒体膜脂质过氧化，可使其通透性增加而受损，故不答 AB。③缺血-再灌注损伤时，内源性儿茶酚胺释放增加，作用于 α_1 受体，激活蛋白激酶 C(PKC)系统，发挥生理作用。④组织缺血时，糖酵解增加，乳酸生成增多，可导致细胞内酸中毒。

27. ABCDE 休克病因作用于机体，最早最快的反应是交感-肾上腺髓质系统兴奋，儿茶酚胺大量释放入血，导致微血管收缩，进入微循环缺血期，故答 D。

28. ABCDE 在休克微循环缺血期，交感-肾上腺髓质系统兴奋，儿茶酚胺大量释放入血，导致全身小血管收缩，包括小动脉、微动脉、后微动脉、微静脉、小静脉等均持续收缩痉挛。因开放的毛细血管数量减少，血流主要通过直捷通路或动静脉吻合支回流，故答 E。

29. ABCDE 在休克微循环淤血期，微动脉、后微动脉、毛细血管前括约肌收缩性减弱甚至扩张，大量血液涌入真毛细血管网。微静脉虽也表现为扩张，但因血流缓慢、细胞嵌塞，使微循环流出道阻力增加，毛细血管后阻力大于前阻力，从而导致血液淤滞于微循环中。此期微循环的特点为：灌而少流，灌多于流，组织呈淤血性缺氧状态。

30. ABCDE 出血常是 DIC 患者最初的表现，可有多部位出血，如皮肤瘀斑、紫癜、呕血、黑便、咯血、血尿、牙龈出血、鼻出血、阴道出血等。

31. ABCDE ABCDE 都是 DIC 的病因，其中以感染最常见，占 31%~43%。肿瘤性疾病占 24%~34%，妇产科疾病占 4%~12%，创伤及手术占 1%~5%。

32. ABCDE 急性心力衰竭病程短，不会发生心肌肥大，故答 E。心肌肥大为慢性心力衰竭的代偿形式。

33. ABCDE 左心衰竭时，左心室射血减少，大量血液淤积在左心室，造成左心室压力负荷增加，左心房压力负荷增加，导致肺淤血、肺水肿，肺顺应性降低，要吸入同等量的空气，需要增加呼吸肌做功，消耗更多的能量，故患者感到呼吸困难。

34. ABCDE 解剖分流的血液完全未经气体交换过程，称为真性分流。在肺实变、肺不张时，病变肺泡完全失去了通气功能，但仍有血流，流经肺泡的血液完全未经气体交换而掺入动脉血，类似解剖分流。吸入纯氧可有效提高功能性分流的 PaO_2，而对真性分流的 PaO_2 无明显作用，此为鉴别要点。

35. ABCDE 肝性脑病时血氨主要来源于肠道产氨：①肠道内蛋白质转变为氨基酸，在肠道细菌释放的氨基酸氧化酶作用下产氨；②经肠-肝循环弥散入肠道的尿素，在细菌释放的尿素酶作用下，也可产氨。

36. ABCDE ①正常状态下，脑内兴奋性神经递质与抑制性神经递质保持平衡。谷氨酸为脑内主要的兴奋性神经递质，在肝性脑病早期，氨可明显抑制 α-酮戊二酸脱氢酶活性，但对丙酮酸脱氢酶作用较小，因而在葡萄糖代谢过程中造成 α-酮戊二酸蓄积，其经转氨基作用获取氨生成谷氨酸，患者表现为兴奋性增高(A)。②谷氨酰胺、甘氨酸、γ-氨基丁酸都起抑制性神经递质的作用，故不答 BDE。肝性脑病时，兴奋性神经递质乙酰胆碱减少，而不是增多，故不答 C。

37. ABCDE 食物中的蛋白质在消化道经水解转变为氨基酸，其中，芳香族氨基酸苯丙氨酸、酪氨酸可经肠道细菌脱羧酶的作用，分别分解为苯乙胺和酪胺。正常情况下，苯乙胺和酪胺可进入肝脏，被氧化分解而解毒。当肝功能严重障碍时，苯乙胺和酪胺不能完全被肝脏分解，而经体循环进入脑组织。在神经细胞 β-羟化酶作用下，苯乙胺和酪胺分别转变生成苯乙醇胺和羟苯乙醇胺，这两种胺在化学结构上与正常神经递质去甲肾上腺素、多巴胺相似，但生理作用极弱，称为假性神经递质。

38. ABCDE ①急性肾衰竭的病因分为肾前性、肾性和肾后性三类。休克早期由于交感神经兴奋，肾血管强烈收缩，肾血流量减少，常导致肾前性肾衰竭(B)。②汞中毒、急性肾小球肾炎、肾内血栓形成常导致肾性肾衰竭。尿路梗阻常导致肾后性肾衰竭。

39. ABCDE ①急性肾衰竭少尿期，由于少尿，大量酸性代谢产物不能及时排出体外，因此易导致代谢性酸中毒(B)。②呼吸性酸中毒常见于慢性阻塞性肺疾病。呼吸性碱中毒常见于过度通气。

40. ABCDE 慢性肾衰竭时血钙降低的原因包括：①血液中钙、磷浓度的乘积为一常数 40，血磷浓度升高，血钙浓度必然降低；②由于肾实质破坏，1,25-$(OH)_2$-D_3 生成不足，肠钙吸收减少；③肾毒物损伤肠道黏膜，影响肠道钙的吸收。慢性肾衰竭时血钙降低与血钠升高无关，故答 B。

第八篇　药理学试题

1. 硝酸甘油口服后经门静脉入肝，进入体循环的药量仅约 10%，这说明该药
   A. 活性低　B. 效能低　C. 排泄快
   D. 首关效应显著　E. 大多被胃酸破坏
2. 药物按零级动力学消除是指单位时间内
   A. 以不定的量消除　B. 以恒定的比例消除　C. 以恒定的速度消除
   D. 以不定的比例消除　E. 以不定的速度消除
3. 最能代表药物安全性的参数是
   A. 极量　B. 半数有效量　C. 半数致死量
   D. 治疗指数　E. 生物利用度
4. 体内破坏乙酰胆碱的特异性酶是
   A. 单胺氧化酶　B. 胆碱酯酶　C. 磷酸二酯酶
   D. 氧位甲基转移酶　E. 羧化酶
5. 治疗重症肌无力的药物是
   A. 新斯的明　B. 肾上腺素　C. 阿托品
   D. 毛果芸香碱　E. 碘解磷定
6. 阿托品用于治疗感染性休克的主要机制是
   A. 加快心率，增加心输出量　B. 扩张支气管，改善缺氧状态　C. 扩张血管，改善微循环
   D. 收缩血管，升高血压　E. 兴奋呼吸中枢，加强呼吸
7. 去甲肾上腺素可收缩下列器官/组织的血管，但应除外
   A. 皮肤　B. 肾脏　C. 脑
   D. 心脏　E. 骨骼肌
8. 治疗休克和急性肾功能衰竭宜选用
   A. 阿托品　B. 肾上腺素　C. 间羟胺
   D. 多巴胺　E. 多巴酚丁胺
9. 治疗外周血管痉挛性疾病宜选用
   A. 肾上腺素　B. 东莨菪碱　C. 酚妥拉明
   D. 多巴胺　E. 间羟胺
10. 可抑制心肌收缩的药物是
    A. 普萘洛尔　B. 多巴胺　C. 多巴酚丁胺
    D. 地高辛　E. 肾上腺素
11. 局麻药的作用机制主要是
    A. 阻断 Na^+ 内流　B. 阻断 Na^+ 外流　C. 阻断 Ca^{2+} 内流
    D. 阻断 Ca^{2+} 外流　E. 阻断 K^+ 外流

    A. 普鲁卡因　B. 利多卡因　C. 丁卡因
    D. 布比卡因　E. 罗哌卡因

12. 毒性最大的局麻药是
13. 临床上应用最多的局麻药是
14. 一般不用于表面麻醉的局麻药是

15. 兼有镇静催眠、抗惊厥、抗癫痫作用的药物是
A. 苯妥英钠　B. 地西泮　C. 卡马西平
D. 水合氯醛　E. 扑米酮

A. 乙琥胺　B. 地西泮　C. 丙戊酸钠
D. 苯妥英钠　E. 卡马西平
16. 治疗癫痫小发作的首选药物是
17. 治疗癫痫大发作的首选药物是
18. 治疗癫痫小发作合并大发作的首选药物是
19. 治疗癫痫持续状态的首选药物是
20. 属于广谱抗癫痫药物的是
21. 治疗癫痫局限性发作的首选药物是
22. 治疗三叉神经痛的首选药物是

23. 治疗子痫所致的惊厥宜选用
A. 氯丙嗪　B. 硫酸镁　C. 地西泮
D. 苯巴比妥　E. 苯妥英钠
24. 苯海索治疗帕金森病的作用机制是
A. 减少多巴胺降解　B. 抑制多巴胺再摄取　C. 提高脑内多巴胺的浓度
D. 中枢抗胆碱作用　E. 激活多巴胺受体
25. 单独使用时无抗帕金森病作用的药物是
A. 左旋多巴　B. 卡比多巴　C. 苯海索
D. 溴隐亭　E. 苯扎托品
26. 患者,女,38 岁,因患严重精神分裂症用氯丙嗪治疗。2 年来氯丙嗪的用量需增加至 600mg/d 才能满意控制症状,但近日出现肌肉震颤、动作迟缓、流涎等症状。为改善这些症状,应选用的治疗药物是
A. 左旋多巴　B. 多巴胺　C. 地西泮
D. 溴隐亭　E. 苯海索

A. 氯氮平　B. 碳酸锂　C. 丙米嗪
D. 苯妥英钠　E. 氯丙嗪
27. 躁狂症的治疗首选
28. 抑郁症的治疗首选
29. 精神分裂症的治疗首选
30. 可用于人工冬眠的药物是

31. 吗啡的药理作用有
A. 镇痛、镇静、镇咳　B. 镇痛、镇静、抗震颤麻痹　C. 镇痛、兴奋呼吸
D. 镇痛、止泻、缩血管　E. 镇痛、镇静、散瞳
32. 不属于哌替啶适应证的是
A. 术后镇痛　B. 人工冬眠　C. 心源性哮喘
D. 支气管哮喘　E. 麻醉前给药

33. 可用于阿片类药物成瘾者鉴别诊断的药物是
A. 吗啡　　B. 哌替啶　　C. 纳洛酮
D. 美沙酮　　E. 曲马多

34. 下列哪种维生素可以预防使用阿司匹林后引起的出凝血障碍？
A. 维生素 A　　B. 维生素 B_1　　C. 维生素 C
D. 维生素 E　　E. 维生素 K

35. 解热镇痛作用强而抗炎作用很弱的药物是
A. 布洛芬　　B. 阿司匹林　　C. 双氯芬酸
D. 对乙酰氨基酚　　E. 吲哚美辛

36. 下列属于选择性钙通道拮抗药的是
A. 硝苯地平　　B. 普尼拉明　　C. 苄普地尔
D. 卡罗维林　　E. 氟桂利嗪

37. 维拉帕米对下列哪种心律失常的疗效最好？
A. 房室传导阻滞　　B. 室性心动过速　　C. 阵发性室上性心动过速
D. 室性早搏　　E. 洋地黄中毒所致的心律失常

38. 室性早搏、室性心动过速的首选治疗药物是
A. 维拉帕米　　B. 利多卡因　　C. 胺碘酮
D. 普萘洛尔　　E. 苯妥英钠

39. 治疗窦性心动过速首选
A. 奎尼丁　　B. 苯妥英钠　　C. 利多卡因
D. 普萘洛尔　　E. 阿托品

40. 胺碘酮
A. 延长 APD，阻滞 Na^+内流　　B. 缩短 APD，阻滞 Na^+内流　　C. 延长 ERP，促进 K^+外流
D. 缩短 APD，阻断 β 受体　　E. 缩短 ERP，阻断 α 受体

41. 伴有糖尿病的水肿患者，不宜选用的利尿药是
A. 氢氯噻嗪　　B. 呋塞米　　C. 螺内酯
D. 乙酰唑胺　　E. 氨苯蝶啶

42. 能降低眼内压，用于治疗青光眼的利尿药是
A. 氢氯噻嗪　　B. 螺内酯　　C. 氨苯蝶啶
D. 乙酰唑胺　　E. 呋塞米

43. 某心源性水肿患者，用地高辛和氢氯噻嗪治疗，2 周后患者出现多源性室性期前收缩，其主要原因是
A. 低血钾　　B. 低血钙　　C. 低血钠
D. 高血镁　　E. 低氯碱血症

44. 具有抗心律失常、抗高血压、抗心绞痛作用的药物是
A. 氢氯噻嗪　　B. 利多卡因　　C. 硝酸甘油
D. 胺碘酮　　E. 普萘洛尔

45. 卡托普利的常见不良反应是
A. 直立性低血压　　B. 顽固性咳嗽　　C. 男乳女化
D. 低钾血症　　E. 反射性心率增快

46. 高血压伴有快速心律失常者最好选用
A. 硝苯地平　　B. 维拉帕米　　C. 尼莫地平
D. 尼卡地平　　E. 氨氯地平

47. 最可能加重变异型心绞痛的药物是
A. 抗血小板药物　B. 硝酸酯类药物　C. 钙通道阻滞剂
D. 调脂药物　E. β 受体阻滞剂

48. 洋地黄中毒引起的房室传导阻滞可选用的药物是
A. 氯化钾　B. 苯妥英钠　C. 氨茶碱
D. 利多卡因　E. 阿托品

49. 能明显提高 HDL 的药物是
A. 洛伐他汀　B. 吉非贝齐　C. 考来替泊
D. 普罗布考　E. 消胆胺

50. 关于普萘洛尔治疗心绞痛的叙述,错误的是
A. 常与硝酸甘油合用　B. 对兼有高血压者效果好　C. 对稳定型心绞痛有效
D. 对变异型心绞痛效果较好　E. 久用者不宜突然停药

51. 肝素用于体内抗凝最常用的给药途径是
A. 舌下含服　B. 口服　C. 肌肉注射
D. 皮下注射　E. 静脉注射

52. 双香豆素过量引起的出血可用下列哪种药物纠正?
A. 鱼精蛋白　B. 叶酸　C. 维生素 K
D. 链激酶　E. 肝素

A. 右旋糖酐　B. 右旋糖酐铁　C. 叶酸
D. 维生素 B_{12}　E. 促红细胞生成素

53. 治疗长期慢性失血引起的贫血宜选用
54. 失血性休克补充血容量宜选用

55. 氯雷他定属于
A. H_1 受体阻断药　B. H_2 受体阻断药　C. H_3 受体阻断药
D. H_4 受体阻断药　E. H_5 受体阻断药

56. 属于抗炎平喘药的是
A. 特布他林　B. 沙丁胺醇　C. 糖皮质激素
D. 氨茶碱　E. 色甘酸钠

57. 氨茶碱治疗支气管哮喘的作用机理是
A. 阻断迷走神经　B. 抑制磷酸二酯酶　C. 激活磷酸二酯酶
D. 激活腺苷酸环化酶　E. 保护肥大细胞溶酶体膜

58. 奥美拉唑的不良反应不包括
A. 头痛头晕　B. 外周神经炎　C. 恶心呕吐
D. 胃黏膜出血　E. 男性乳腺发育

59. 不宜使用糖皮质激素的疾病是
A. 水痘和带状疱疹　B. 多发性皮肌炎　C. 过敏性紫癜
D. 中毒性菌痢　E. 感染性休克

60. 长期大剂量使用糖皮质激素可出现的不良反应是
A. 低血糖　B. 低血压　C. 水钠潴留
D. 高钾血症　E. 高钙血症

61. 地塞米松的临床应用不包括

A. 风湿性心肌炎　B. 骨质疏松　C. 系统性红斑狼疮
D. 过敏性紫癜　E. 感染中毒性休克

62. 长期应用糖皮质激素后,突然停药所产生的反跳现象是由于病人
A. 对糖皮质激素产生耐药性　B. ACTH 分泌减少　C. 肾上腺皮质功能亢进
D. 肾上腺皮质功能减退　E. 对糖皮质激素产生了依赖或病情未能完全控制

A. 胃肠道反应　B. 过敏反应　C. 粒细胞缺乏症
D. 甲状腺肿大　E. 甲状腺功能减退

63. 硫脲类药物最常见的不良反应是
64. 硫脲类药物最严重的不良反应是

65. 大剂量碘剂不能单独用于甲状腺功能亢进症的长期内科治疗,其主要原因是
A. 使大量 T_4 转变为 T_3　B. 作为合成甲状腺激素的原料
C. 易导致慢性碘中毒　D. 使甲状腺腺体增大,血管增粗
E. 使甲状腺对碘的摄取减少,失去抑制甲状腺激素合成的作用

66. 下列哪种降血糖药可用于治疗尿崩症?
A. 氯磺丙脲　B. 胰岛素　C. 二甲双胍
D. 阿卡波糖　E. 罗格列酮

67. 青霉素最适合下列哪种细菌引起的感染?
A. 肠球菌　B. 溶血性链球菌　C. 伤寒杆菌
D. 痢疾杆菌　E. 立克次体

68. 使用青霉素出现过敏性休克时,应立即选用的急救药物是
A. 肾上腺素　B. 去甲肾上腺素　C. 地塞米松
D. 苯海拉明　E. 苯巴比妥

69. 可用于治疗伤寒的药物是
A. 青霉素　B. 苯唑西林　C. 氨苄西林
D. 苯氧青霉素　E. 羧苄西林

70. 对 β-内酰胺酶稳定性最高的头孢菌素是
A. 头孢噻吩　B. 头孢孟多　C. 头孢唑啉
D. 头孢噻肟　E. 头孢匹罗

71. 对红霉素不敏感的病原体是
A. 革兰阳性菌　B. 革兰阴性菌　C. 肺炎支原体
D. 军团菌　E. 大肠埃希菌

72. 林可霉素的抗菌谱不包括
A. 脆弱类杆菌　B. 产气荚膜梭菌　C. 肺炎支原体
D. 金黄色葡萄球菌　E. 放线杆菌

73. 关于氨基糖苷类抗生素抗菌谱的叙述,错误的是
A. 对革兰阴性杆菌敏感　B. 对革兰阴性球菌作用差　C. 对 MRSA 也有效
D. 对肠球菌敏感　E. 对厌氧菌不敏感

74. 对庆大霉素不敏感的致病菌是
A. 革兰阴性杆菌　B. 铜绿假单胞菌　C. 肺炎球菌
D. 结核分枝杆菌　E. 草绿色链球菌

75. 肺炎支原体肺炎宜选用的抗生素是

A. 青霉素　B. 链霉素　C. 头孢他啶
D. 多西环素　E. 氧氟沙星

A. 青霉素　B. 链霉素　C. 氯霉素
D. 四环素　E. 米诺环素

76. 大剂量应用可抑制骨髓造血的抗生素是
77. 能产生前庭反应的抗生素是

A. 影响神经系统发育　B. 抑制骨髓造血功能　C. 导致灰婴综合征
D. 影响骨和牙的发育　E. 损害肝肾功能

78. 儿童不宜服用四环素的主要原因是由于该药
79. 氯霉素临床应用受限的主要原因是由于该药

A. 甲硝唑　B. 甲氧苄啶　C. 红霉素
D. 环丙沙星　E. 磺胺嘧啶

80. 铜绿假单胞菌尿道炎的首选治疗药物是
81. 流行性脑脊髓膜炎的首选治疗药物是

82. 甲硝唑一般不用于下列哪种疾病的治疗？
A. 阿米巴肝脓肿　B. 急性阿米巴痢疾　C. 阴道滴虫病
D. 破伤风　E. 白假丝酵母菌阴道炎

A. 氟康唑　B. 氧氟沙星　C. 利巴韦林
D. 利福平　E. 克林霉素

83. 对呼吸道合胞病毒肺炎治疗效果较好的药物是
84. 艾滋病患者隐球菌性脑膜炎的首选治疗药物是

85. 各型结核病的首选治疗药物是
A. 异烟肼　B. 利福平　C. 乙胺丁醇
D. 吡嗪酰胺　E. 链霉素

86. 抢救脑性疟时宜选用的药物是
A. 氯喹　B. 奎宁　C. 青蒿素
D. 乙胺嘧啶　E. 伯氨喹

87. 对氟尿嘧啶疗效较好的肿瘤是
A. 卵巢癌　B. 膀胱癌　C. 消化道癌
D. 子宫颈癌　E. 绒毛膜上皮癌

药理学试题参考答案及详细解答

（正确答案为绿色的选项）

1. ABCDE　药物口服后从胃肠道吸收入门静脉，在到达全身血循环前应先通过肝脏，若肝脏对其代谢能力很强，则使进入全身血循环内的有效药物量明显减少，这种作用称为首关效应。

2. ABCDE　药物的零级动力学消除是指药物在体内以恒定的速率消除，即不论血浆药物浓度高低，单位时间内消除的药物量不变。

3. ABCDE　①通常将药物的“半数致死量/半数有效量”的比值称为治疗指数（TI），用以表示药物的安全性。治疗指数大的药物相对较治疗指数小的药物安全（D）。②生物利用度是评价药物制剂质量的重要指标。

4. ABCDE　乙酰胆碱可在乙酰胆碱酯酶的作用下，分解为乙酸和胆碱。

5. ABCDE　重症肌无力是神经肌接头传递障碍所致的慢性疾病，表现为受累骨骼肌极易疲劳。新斯的明可兴奋神经-骨骼肌接头的 N_2 受体，增强骨骼肌收缩力，常用于控制症状。

6. ABCDE　大剂量阿托品可解除血管痉挛，舒张外周血管，改善微循环，而用于感染性休克的治疗，此药理效应与阿托品的 M 受体阻断作用无关。

7. ABCDE　①去甲肾上腺素可激动血管 α_1 受体，使血管收缩。皮肤黏膜血管收缩最明显，肾脏、脑、肝、骨骼肌血管也呈收缩反应。②去甲肾上腺素可舒张冠状动脉，主要是由于心脏兴奋，心肌代谢所产生的腺苷增加所致。

8. ABCDE　多巴胺可激动 α 受体、β 受体，加强心肌收缩，增加心排血量，故可用于休克的治疗。多巴胺低浓度时可激动 D_1 受体，舒张肾血管，使肾血流量增加，故可与利尿剂联合用于急性肾功能衰竭的治疗。

9. ABCDE　酚妥拉明为 α 受体阻断药，可阻断血管 α_1 受体，直接扩张小动脉，用于外周血管痉挛性疾病（如雷诺综合征、血栓闭塞性脉管炎）的治疗。

10. ABCDE　普萘洛尔为非选择性 β 受体阻断药，可减慢心率，降低心肌收缩力和心输出量，减少心肌氧耗量（A）。BCDE 均可加强心肌收缩。

11. ABCDE　神经冲动的产生是由于神经受刺激时引起膜通透性的改变，产生 Na^+内流和 K^+外流。局麻药可阻断神经细胞膜上电压门控性 Na^+通道，减少 Na^+内流，阻滞神经传导，产生局麻作用。

12. ABCDE　13. ABCDE　14. ABCDE　①丁卡因属于酯类局麻药，其麻醉强度比普鲁卡因强 10 倍，但毒性大 10~12 倍，因毒性大，一般不用于浸润麻醉（C）。②利多卡因起效快，作用强而持久，穿透力强，安全范围大，可用于多种形式的局部麻醉，有全能局麻药之称，是临床上应用最多的局麻药（B）。③普鲁卡因亲脂性低，对黏膜的穿透力弱，因此一般不用于表面麻醉（A）。

15. ABCDE　①兼有镇静催眠、抗惊厥、抗癫痫作用的药物是地西泮（B）。②苯妥英钠、卡马西平、扑米酮均有抗惊厥、抗癫痫作用，但无镇静催眠作用。水合氯醛具有镇静催眠作用，但无抗癫痫作用。

16. ABCDE　17. ABCDE　18. ABCDE　19. ABCDE　20. ABCDE　21. ABCDE　22. ABCDE　①乙琥胺是临床上治疗癫痫小发作（失神性发作）的首选药物，其疗效虽稍逊于氯硝西泮，但副作用和耐受性的产生较少，对其他类型癫痫发作无效（A）。②苯妥英钠是治疗癫痫大发作和局限性发作的首选药物，但对小发作无效（D）。③丙戊酸钠为广谱抗癫痫药，临床上对各类癫痫都有一定疗效，对大发作疗效不如苯妥英钠、苯巴比妥，对小发作的疗效优于乙琥胺，但其因肝脏毒性不作为首选药物。对复杂部分性发作疗效近似卡马西平，对非典型小发作疗效不及氯硝西泮，它是大发作合并小发作时的首选药物(C)。④地西泮是治疗癫痫持续状态的首选药物，静脉注射显效快，且较其他药物安全(B)。⑤丙戊酸钠为广谱抗癫痫药(C)。⑥苯妥英钠是治疗癫痫大发作和局限性发作的首选药物(D)。⑦卡马西平对神经痛效果优于苯妥英钠，是治疗三叉神经痛的首选药物，有效率70%~80%(E)。

23. ABCDE 静脉注射硫酸镁能抑制中枢及外周神经系统，使骨骼肌、心肌、血管平滑肌松弛，从而发挥肌松作用和降压作用，常用于治疗子痫所致的惊厥。

24. ABCDE 苯海索常用于帕金森病的治疗，可通过阻断中枢胆碱受体，而减弱黑质-纹状体通路中ACh的作用，抗震颤效果好，也能改善运动障碍和肌肉强直，但对动作迟缓无效。

25. ABCDE 卡比多巴是外周氨基酸脱羧酶抑制剂，与左旋多巴合用治疗帕金森病时，可抑制外周氨基酸脱羧酶的活性，减少左旋多巴在外周转化为多巴胺的量，使进入脑内的左旋多巴增加，而使不良反应明显减少，症状波动减轻。由于卡比多巴不易通过血脑屏障，故单独使用时无抗帕金森病的药理作用。

26. ABCDE 长期大量服用氯丙嗪后出现肌张力增高、面容呆板、动作迟缓、肌肉颤动、流涎等症状，应考虑并发锥体外系反应帕金森综合征。此反应是由于氯丙嗪拮抗了黑质-纹状体通路的D_2样受体，使纹状体中的多巴胺功能减弱、乙酰胆碱功能增强引起的，可选用抗胆碱药苯海索，以缓解症状。

27. ABCDE 28. ABCDE 29. ABCDE 30. ABCDE ①碳酸锂对躁狂症患者有显著疗效，特别是对急性躁狂、轻度躁狂疗效显著，有效率为80%(B)。②丙米嗪为三环类抗抑郁症药物，对各种原因引起的抑郁症均有效，对内源性抑郁症、更年期抑郁症效果较好，对反应性抑郁症效果次之，对精神病的抑郁成分效果较差(C)。③氯氮平为新型抗精神病药，可选择性拮抗多巴胺D_4受体，为治疗精神分裂症的首选药物(A)。氯氮平对精神分裂症的疗效与氯丙嗪相当，但起效迅速，多在1周内见效。④人工冬眠合剂由氯丙嗪、哌替啶、异丙嗪组成，多用于严重创伤、感染性休克、高热惊厥、中枢性高热、甲状腺危象等的辅助治疗(E)。

31. ABCDE ①吗啡具有强大的镇痛作用，对大多数急性疼痛、慢性疼痛效果良好。吗啡能改善疼痛引起的焦虑、紧张、恐惧等情绪反应，具有镇静作用。吗啡能直接抑制延髓咳嗽中枢，具有镇咳作用(A)。②吗啡具有抑制呼吸、缩小瞳孔、引起便秘等作用。

32. ABCDE 大剂量哌替啶可收缩支气管平滑肌，因此禁用于支气管哮喘发作(D)。ABCE都是哌替啶的适应证。

33. ABCDE 纳洛酮为竞争性阿片受体拮抗药，对阿片类药物成瘾者，肌内注射本品可诱发严重戒断症状，结合用药史、尿检结果，可确诊阿片类药物成瘾(C)。美沙酮主要用于阿片类药物成瘾的治疗。

34. ABCDE 阿司匹林能不可逆地抑制环氧化酶，对血小板合成TXA_2有强大而持久抑制作用，使血小板凝集受到抑制，使血液不易凝固。大剂量阿司匹林还可抑制凝血酶原的形成，引起凝血障碍。使用维生素K可增加体内维生素K依赖的凝血因子的合成，预防阿司匹林引起的出凝血障碍。

35. ABCDE ①对乙酰氨基酚的特点是解热镇痛作用与阿司匹林相当，但无明显抗炎作用(D)。②布洛芬、双氯芬酸的特点是解热镇痛抗炎作用均很强。吲哚美辛具有解热镇痛抗炎作用，尤其抗炎作用比阿司匹林强10~40倍。

36. ABCDE A为二氢吡啶类选择性钙通道拮抗药，BCDE均属于非选择性钙通道拮抗药。

37. ABCDE 窦房结、房室结等慢反应细胞的0期、4期去极化均与Ca^{2+}内流有关，其传导速度、自律性均由Ca^{2+}内流决定。因此钙通道拮抗药能减慢房室结传导速度，降低窦房结自律性而减慢心率，可用于室上速的治疗。维拉帕米的负性频率、负性传导作用最强，可作为阵发性室上性心动过速的首选药物，参阅3版8年制《药理学》P217。

38. ABCDE ①利多卡因可阻断钠通道，抑制动作电位2期和4期钠内流，缩短浦肯野纤维和心室肌的动作电位时程，延长静息期，降低自律性。主要用于治疗室性快速性心律失常(室性早搏、室性心动过速、室性纤颤)。利多卡因对心房肌细胞钠通道的阻滞作用较弱，因此对房性心律失常疗效差。②维拉帕米为室上速的首选药物，胺碘酮是广谱抗心律失常药物，普萘洛尔多用于治疗室上性心律失常，苯妥英钠多用于治疗洋地黄中毒所致的室性心律失常。

39. ABCDE　①普萘洛尔能降低窦房结、心房、浦肯野纤维自律性，主要用于治疗室上性心律失常，对窦性心动过速效果良好(D)。②奎尼丁心脏毒性较大，目前临床上少用。苯妥英钠、利多卡因多用于治疗室性心律失常，阿托品多用于治疗房室传导阻滞。

40. ABCDE　胺碘酮可阻滞 K^+ 外流和 Na^+ 内流，延长动作电位平台期，从而延长动作电位时程(APD)。胺碘酮也有一定 α 和 β 受体阻断作用。ERP 为有效不应期。

41. ABCDE　氢氯噻嗪可抑制胰岛素分泌、减少组织利用葡萄糖，导致血糖升高、高脂血症，故糖尿病合并水肿的患者，不宜选用氢氯噻嗪。

42. ABCDE　乙酰唑胺可抑制碳酸酐酶活性，减少房水生成，降低眼内压，可用于治疗各型青光眼(D)。

43. ABCDE　①氢氯噻嗪为排钾性利尿剂，长期大量使用可导致低钾血症，诱发室性期前收缩，答案为 A。低钾血症又可诱发及加重洋地黄(地高辛)中毒，出现室性期前收缩。②BCDE 均与用药史无关。

44. ABCDE　①普萘洛尔可降低窦房结、心房、浦肯野纤维的自律性，常用于治疗室上性心律失常。普萘洛尔可减少心输出量、抑制肾素释放而降低血压。普萘洛尔可降低心肌耗氧量、改善心肌缺血区供血而用于心绞痛的治疗。②氢氯噻嗪为利尿药，可降低血压而无抗心律失常、抗心绞痛作用。利多卡因为抗心律失常药物。硝酸甘油可降低血压、抗心绞痛而无抗心律失常作用。胺碘酮为广谱抗心律失常药物。

45. ABCDE　①卡托普利的常见不良反应包括高钾血症、血管神经性水肿、顽固性咳嗽。顽固性咳嗽与缓激肽降解减少，缓激肽增加有关(B)。②直立性低血压为 α 受体阻滞剂的常见不良反应。男乳女化为螺内酯的常见副作用。卡托普利具有轻至中等强度的降压作用，可降低外周血管阻力，增加肾血流量，不伴反射性心率增快。

46. ABCDE　①维拉帕米属非二氢吡啶类钙通道拮抗药，可降低窦房结自律性，减慢心率，因此特别适合高血压伴有快速心律失常的治疗(B)。②硝苯地平、尼莫地平、尼卡地平、氨氯地平均为二氢吡啶类钙通道拮抗药，可使心率增快，故不答 A。

47. ABCDE　非选择性 β 受体阻滞剂既可阻断 $β_1$ 受体，也可阻断 $β_2$ 受体。由于能阻断冠状动脉的 $β_2$ 受体，导致冠状动脉收缩或痉挛加重，因此使用后可加重变异型心绞痛的病情，故答 E。

48. ABCDE　①洋地黄中毒所致的房室传导阻滞，不宜补充钾盐，可用 M 受体阻断药阿托品治疗(E)。②氯化钾主要用于洋地黄中毒所致的快速型心律失常。苯妥英钠、利多卡因主要用于治疗洋地黄中毒所致的室性心律失常。氨茶碱常用于治疗心源性哮喘与支气管哮喘不能鉴别者。

49. ABCDE　①吉非贝齐为贝特类调脂药，主要降低甘油三酯，也可作用于过氧化物酶体增殖物激活的受体(PPAR)，刺激 apo-Ⅰ和 apo-Ⅱ的表达，从而提高 HDL-C 的水平。②洛伐他汀可使 HDL-C 略有升高，故不答 A。考来替泊、消胆胺(考来烯胺)均属于胆汁酸结合树脂，主要通过抑制胆固醇的吸收而降低血清胆固醇浓度，而对 HDL-C 影响不大。普罗布考为抗氧化药，可降低血清 HDL-C 水平。

50. ABCDE　普萘洛尔为 β 受体阻断药，禁用于变异型心绞痛，因 β 受体阻断后，α 受体占优势，易致冠脉收缩(D)。普萘洛尔与硝酸甘油合用，可协同降低耗氧量，故不答 A。普萘洛尔可降低血压，对高血压伴心绞痛者效果较好。普萘洛尔可用于硝酸甘油疗效差的稳定型心绞痛，可使发作次数减少。停用普萘洛尔应逐渐减量，若突然停用可导致心绞痛加剧或诱发心肌梗死，故不答 E。

51. ABCDE　肝素口服无效，只能静脉注射(普通肝素)、皮下注射(低分子肝素)。由于低分子肝素临床应用较少，故最佳答案为 E 而不是 D。

52. ABCDE　①凝血因子Ⅱ、Ⅶ、Ⅸ、Ⅹ的合成需维生素 K 的参与，称维生素 K 依赖的凝血因子。双香豆素是维生素 K 的拮抗剂，可抑制维生素 K 在肝内由环氧化物向氢醌型转化，从而阻止维生素 K 的反复利用，影响维生素 K 依赖的凝血因子的合成，而发挥抗凝作用。因此双香豆素过量引起的出血可用维生素 K 纠正(C)。②肝素使用过量可用鱼精蛋白纠正。

53. ABCDE　54. ABCDE　①长期慢性失血（如月经过多、痔出血）引起的贫血多为缺铁性贫血，首选铁剂（右旋糖酐铁、硫酸亚铁）治疗，故答 B。②右旋糖酐分子量大，能提高血浆胶体渗透压，从而扩充血容量，维持血压，因此临床上常用于治疗低血容量休克，故答 A。③叶酸、维生素 B_{12} 常用于治疗巨幼红细胞性贫血，促红细胞生成素常用于治疗肾性贫血。

55. ABCDE　目前已发现的组胺受体分 H_1、H_2 和 H_3 三种亚型，氯雷他定属于第二代 H_1 受体阻断药，常用于治疗过敏性鼻炎、慢性荨麻疹等。

56. ABCDE　临床常用的平喘药，按作用方式可分为抗炎平喘药（糖皮质激素）、支气管扩张药（β_2 肾上腺素受体激动药、茶碱类、抗胆碱药）和抗过敏平喘药（色甘酸钠）。特布他林、沙丁胺醇均属于 β_2 肾上腺素受体激动药。

57. ABCDE　ATP 在腺苷酸环化酶的作用下，去焦磷酸环化生成 cAMP。cAMP 在磷酸二酯酶的作用下，分解为 5′-AMP 而失活。氨茶碱能抑制磷酸二酯酶，减少 cAMP 水解，提高支气管平滑肌细胞内的 cAMP 浓度，导致支气管平滑肌舒张，而用于缓解支气管哮喘发作。

58. ABCDE　奥美拉唑常用于胃黏膜出血的治疗，当然不属于不良反应，而属于治疗作用。

59. ABCDE　应用糖皮质激素可使体内潜在感染病灶（如水痘、带状疱疹）扩散，尤其是抵抗力低下的患者，故答 A。BCDE 均可使用糖皮质激素。

60. ABCDE　长期大剂量使用糖皮质激素可导致水钠潴留、高血压，约 50% 的患者可出现类固醇性糖尿病。糖皮质激素增加尿钾排泄，故长期使用可导致低血钾。糖皮质激素可增加钙磷排泄，故长期使用可导致血钙降低，骨质疏松。

61. ABCDE　①地塞米松属于糖皮质激素，可促进蛋白质分解，抑制其合成，增加钙磷代谢，故可导致骨质疏松。可见，骨质疏松为地塞米松的不良反应而不是临床应用指征（B）。②风湿性心肌炎、系统性红斑狼疮均属于自身免疫性疾病，应用地塞米松可缓解症状。③过敏性紫癜属于过敏性疾病，若抗组胺药物无效，可给予地塞米松消除症状。④对于感染中毒性休克，在有效抗菌药物治疗下，可早期、大量、短时间使用地塞米松。

62. ABCDE　长期应用糖皮质激素后，突然停药所产生的反跳现象可能是病人对激素产生了依赖性或病情尚未完全控制，突然停药或减量过快而致原病复发或恶化。

63. ABCDE　64. ABCDE　硫脲类是最常用的抗甲状腺药物，最常见的不良反应是过敏反应（发生率 4%～6%），最严重的不良反应是粒细胞缺乏症（发生率 0.1%～0.5%）。

65. ABCDE　大剂量碘剂具有抗甲状腺作用，但甲状腺腺泡细胞内碘离子浓度增高到一定程度时，细胞摄取碘的能力即自动降低，使胞内碘离子浓度下降，从而失去抑制甲状腺激素合成的效应，因此碘剂不能单独用于甲亢的内科治疗。

66. ABCDE　氯磺丙脲为磺酰脲类降糖药，可促进抗利尿激素（ADH）分泌，故有抗利尿作用，可用于尿崩症的治疗。

67. ABCDE　①青霉素对大多数 G^+ 球菌（溶血性链球菌、肺炎球菌）高度敏感（B）。②青霉素对大多数 G^- 杆菌（伤寒杆菌、痢疾杆菌）作用较弱，对肠球菌不敏感，对真菌、原虫、立克次体、病毒等无作用。

68. ABCDE　使用青霉素出现过敏性休克时，应立即皮下或肌肉注射肾上腺素 0.5～1.0mg，必要时加用糖皮质激素和抗组胺药。

69. ABCDE　①氨苄西林对 G^- 杆菌有较强的抗菌作用，如对伤寒沙门菌、大肠埃希菌、痢疾志贺菌有较强的抗菌作用，常用于敏感菌所致的呼吸道感染、伤寒等（C）。②青霉素、羧苄西林的抗菌谱相同，均对伤寒沙门菌不敏感。苯唑西林主要用于耐青霉素 G 的金黄色葡萄球菌感染。苯氧青霉素主要用于铜绿假单胞菌的感染。

70. ABCDE　①头孢匹罗属于第四代头孢菌素，对 β-内酰胺酶稳定性最高（E）。②头孢噻吩、头孢唑啉属于第一代头孢菌素，可被 β-内酰胺酶分解破坏，头孢孟多、头孢噻肟分别属于第二、三代头孢菌素，对β-内酰胺酶较稳定。

71. **ABCDE** 红霉素对 G^+ 菌(金葡菌、表皮葡萄球菌)、G^- 菌(脑膜炎奈瑟菌、军团菌)高度敏感,对某些螺旋体、肺炎支原体、立克次体等也有抗菌作用,但对大肠埃希菌无效。

72. **ABCDE** 林可霉素对各类厌氧菌(脆弱类杆菌、产气荚膜梭菌)、放线杆菌均有强大的杀菌作用,也是治疗金黄色葡萄球菌引起的骨髓炎的首选药物,但对肺炎支原体、真菌、病毒不敏感。

73. **ABCDE** 氨基糖苷类抗生素对各种需氧 G^- 杆菌(大肠埃希菌、铜绿假单胞菌、变形杆菌)有强大抗菌活性,对 G^- 球菌(淋病奈瑟菌、脑膜炎奈瑟菌)抗菌作用差,对耐甲氧西林金葡菌(MRSA)、耐甲氧西林表皮葡萄球菌(MRSE)有较好抗菌活性,对肠球菌和厌氧菌不敏感。

74. **ABCDE** 庆大霉素对各种革兰阴性杆菌作用强大,可与青霉素合用,协同治疗严重的肺炎球菌、铜绿假单胞菌、肠球菌、草绿色链球菌感染,但对结核分枝杆菌无效。

75. **ABCDE** 多西环素为四环素类抗生素,对立克次体、支原体、衣原体均有效(D)。

76. **ABCDE** 77. **ABCDE** ①大剂量氯霉素可抑制骨髓造血,导致再生障碍性贫血、急性白血病(C)。②米诺环素可产生独特的前庭反应,出现恶心、呕吐、眩晕、运动失调等症状,因此用药期间不宜从事高空作业、驾驶、机器操作(E)。

78. **ABCDE** 79. **ABCDE** ①四环素可经血液到达新形成的牙齿组织,与牙齿中的羟磷灰石晶体结合形成四环素-磷酸钙复合物,后者呈淡黄色,可成恒齿永久性棕色色素沉着、牙釉质发育不全。四环素对新形成的骨组织也有相同的作用,可抑制胎儿、婴幼儿的骨骼发育。因此,孕妇、哺乳期妇女、8岁以下儿童禁用四环素(D)。②氯霉素可抑制骨髓造血,导致血小板减少、再生障碍性贫血等,故临床应用受限(B)。虽然氯霉素也可导致灰婴综合征,但主要发生于早产儿及新生儿,故不是限制其临床应用的主要原因。

80. **ABCDE** 81. **ABCDE** ①环丙沙星为第三代喹诺酮类药物,对多数革兰阴性菌敏感,是铜绿假单胞菌尿道炎的首选治疗药物。②磺胺嘧啶口服易吸收,容易通过血脑屏障,首选用于治疗流行性脑脊髓膜炎。

82. **ABCDE** 甲硝唑首选用于治疗阿米巴病、滴虫病、破伤风,但对真菌无效(E)。

83. **ABCDE** 84. **ABCDE** ①利巴韦林为广谱抗病毒药,对多种 RNA 和 DNA 病毒有效,治疗呼吸道合胞病毒肺炎和支气管炎效果最佳(C)。②氟康唑为广谱抗真菌药物,是艾滋病患者隐球菌性脑膜炎的首选药物(A)。

85. **ABCDE** 各型结核病的首选治疗药物是异烟肼,疗效好,副作用较少。

86. **ABCDE** ①青蒿素对各种疟原虫红细胞内期裂殖体均有快速杀灭作用,因可透过血脑屏障,对脑性疟的抢救有较好效果。②氯喹是控制疟疾症状的首选药物,乙胺嘧啶是预防性抗疟药,伯氨喹常用于控制疟疾的远期复发。

87. **ABCDE** 氟尿嘧啶对胃肠道肿瘤(食管癌、胃癌、肠癌、胰腺癌、肝癌)和乳腺癌的治疗效果较好。

第九篇　医学心理学试题

1. 通过交谈或问卷的方法了解某些人对某一事件的感受、态度和行为，这种研究方法在医学心理学上称为
A. 观察研究　B. 调查研究　C. 个案研究
D. 实验研究　E. 测验研究
2. 人类的认知过程不包括
A. 感觉　B. 知觉　C. 信念
D. 注意　E. 思维
3. 知觉过程中，根据过去的知识经验，力求对知觉对象做出某种解释，使其具有一定的意义，这是知觉的
A. 相对性　B. 整体性　C. 理解性
D. 恒常性　E. 可知性
4. “感时花溅泪，恨别鸟惊心”的含义是指
A. 心境　B. 激情　C. 应激
D. 表情　E. 心情
5. 需要属于心理现象中的
A. 认识过程　B. 意志过程　C. 情感过程
D. 人格特征　E. 人格倾向
6. 不属于马斯洛需要层次理论的内容是
A. 生理的需要　B. 安全的需要　C. 尊重的需要
D. 精神的需要　E. 自我实现的需要

A. 双趋冲突　B. 双避冲突　C. 趋避冲突
D. 双重趋避　E. 混合冲突
7. “鱼和熊掌不可兼得”，这种动机冲突属于
8. “前有狼，后有虎”，这种动机冲突属于

9. 根据巴甫洛夫高级实验神经活动类型学说，神经活动表现为强、均衡、不灵活的特点，相对应的气质类型是
A. 多血质　B. 胆汁质　C. 抑郁质
D. 黏液质　E. 狂躁质
10. 人格的核心部分，受意识倾向性制约，能反映一个人的生活经历和本质属性的人格特征是
A. 信念　B. 能力　C. 性格
D. 行为　E. 气质
11. 男，30 岁。平时做事有强烈的时间紧迫感，脾气暴躁，说话快，办事快，喜欢竞争，好斗，常对人存有戒心。其性格行为是
A. A 型行为　B. B 型行为　C. C 型行为
D. D 型行为　E. 混合型行为
12. 人们以积极的、有效的心理活动，平稳的、正常的心理状态，对当前和发展着的社会、自然环境以及自我内环境的变化具有良好的适应能力，称为
A. 心理卫生　B. 健康促进　C. 健康人格

D. 自身和谐　　E. 心理适应

13. 心理健康的标准不包括

A. 人格健全　　B. 社会适应　　C. 信仰坚定

D. 情绪健康　　E. 人际和谐

14. 男,40 岁。平时乐于交际,宽以待人,友好相处,不卑不亢。符合心理健康的标准是

A. 适应环境　　B. 情绪良好　　C. 智力正常

D. 人格完整　　E. 人际和谐

15. 青少年阶段的常见心理健康问题不包括

A. 学习问题　　B. 情绪情感问题　　C. 恋爱问题

D. 人际关系问题　　E. 性的问题

16. 司机驾驶时出现危险,需根据以往经验,迅速判断情况,果断做出相应的处理,在心理学上称为

A. 激情　　B. 适应　　C. 应激

D. 应急　　E. 反应

17. 人们在应激源的刺激下,产生的最常见的情绪性应激反应是

A. 抑郁　　B. 焦虑　　C. 恐惧

D. 愤怒　　E. 痛苦

18. 按照心身医学的观点,下列疾病中属于心身疾病的是

A. 精神分裂症　　B. 抑郁症　　C. 消化性溃疡

D. 大叶性肺炎　　E. 精神发育迟滞

19. 以下不属于心身疾病的是

A. 心境障碍　　B. 原发性高血压　　C. 神经性皮炎

D. 消化性溃疡　　E. 糖尿病

20. 依据心理学的理论和方法对人的心理品质及水平所做出的鉴定,称为

A. 心理诊断　　B. 心理测量　　C. 心理测验

D. 心理评估　　E. 心理调查

21. 投射法常应用于

A. 人格测验　　B. 性格测验　　C. 智力测验

D. 神经心理学测验　　E. 特殊能力测验

22. 在心理测验中,主试者对所有被试者使用统一的指导语以使被试者完成测验,这说明主试者遵循了心理测验的

A. 保密原则　　B. 标准化原则　　C. 客观性原则

D. 统一原则　　E. 中立原则

23. 心理治疗的性质为

A. 独立性、实效性、保密性　　B. 保密性、学习性、实效性　　C. 自主性、独立性、实效性

D. 自主性、学习性、保密性　　E. 自主性、学习性、实效性

24. 不适合进行心理治疗的疾病是

A. 神经症　　B. 性心理障碍　　C. 食物中毒

D. 儿童行为障碍　　E. 情绪反应

25. 认为人格结构由本我、自我和超我三个部分组成的心理学派是

A. 人本主义学派　　B. 精神分析学派　　C. 行为主义学派

D. 认知心理学学派　　E. 精神心理学学派

26. “心理障碍大多为幼年压抑的潜意识冲突而引起”,持这种观点的学派是

A. 心理生理学派　B. 人本主义学派　C. 认知行为学派
D. 行为主义学派　E. 精神分析学派

27. 属于精神分析疗法的是
A. 系统脱敏　B. 厌恶疗法　C. 松弛疗法
D. 移情　E. 认知疗法

28. 下列不属于行为疗法的是
A. 系统脱敏　B. 厌恶疗法　C. 冲击疗法
D. 自由联想　E. 生物反馈疗法

29. 提出治疗过程要信任和依靠来访者自身的潜力,而不是依靠治疗师的指导性工作,持这种观点的是
A. 精神分析　B. 行为主义　C. 人本主义
D. 认识心理　E. 折中主义

30. 患者,男,35 岁。经常在偏僻的地方向经过的陌生女性暴露自己的阴茎,后公安机关强制其就诊,门诊诊断为露阴癖。最好选用的治疗方法是
A. 家庭脱敏　B. 冲击疗法　C. 厌恶疗法
D. 松弛疗法　E. 自由联想

31. 男性,23 岁。大学生,自述不能看见马路上的汽车,当汽车经过时总感觉汽车很可能撞上自己,因此十分恐惧,来心理门诊就诊,最好采用的治疗方法是
A. 系统脱敏　B. 厌恶治疗　C. 生物反馈
D. 自由联想　E. 梦的分析

32. 一位来访者单位的同事,要求了解当事人心理治疗的情况,心理治疗师婉言谢绝,这是因为
A. 出于对来访者的尊重　B. 保持客观中立的立场　C. 不认识来访者的同事
D. 心理治疗的关系限定原则　E. 心理治疗的保密原则

33. 男,17 岁,高三考生,因考试焦虑。医师张某是其家属的朋友,考生请求心理治疗,医师未给予治疗。该医师遵循的心理治疗原则是
A. 尊重原则　B. 同情原则　C. 回避性原则
D. 不伤害原则　E. 中立原则

(34~37 题共用题干)女咨询者,32 岁,大学教师。3 个月前因职称晋升失败与领导争吵,而后逐渐出现失眠,早醒,情绪低落,兴趣减退,对未来悲观失望,认为领导有意不让她晋升,能主动求医,接触良好。

34. 针对此例来询者,心理评估宜采用
A. 调查法　B. 观察法　C. 会谈法
D. 心理测验法　E. 作品分析法

35. 其主要的情绪反应是
A. 焦虑　B. 抑郁　C. 恐惧
D. 愤怒　E. 痛苦

36. 目前最合适的干预方法是
A. 门诊心理治疗　B. 门诊心理咨询　C. 门诊精神科治疗
D. 精神病院住院治疗　E. 家庭或社会心理治疗

37. 初次接触首选的干预手段是
A. 宣泄　B. 领悟　C. 强化自我控制
D. 增强自信心　E. 自由联想

38. 一位女医生对病人说话声调柔和,目光亲切,讲话时面带笑容。说明她在医患交往时在下列哪方面

做得好?
A. 尊重病人　B. 面部表情　C. 言语交往
D. 非言语交往　E. 目光接触

39. 在医患交往的过程中,医护人员不恰当的交往方式是
A. 用专业术语进行交流　B. 重视患者的自我感受　C. 关注疾病本身和相关话题
D. 采取封闭和开放式的提问　E. 了解患者的安全需要

40. 医师的临床知识和技能×病人的依从性,等于
A. 治疗效果　B. 技术交往　C. 非技术交往
D. 言语交往　E. 非言语交往

41. 病人安于已适应的角色,小病大养,该出院而不愿出院,此时病人的状态被称为角色行为
A. 减退　B. 缺如　C. 冲突
D. 强化　E. 异常

42. 患者,男,22 岁。面部外伤 1 小时,在获知自己的面容不能完全恢复到伤前的模样后,对在场的医师和护士进行殴打。该患者的角色转化类型为
A. 角色行为减退　B. 角色行为缺如　C. 角色行为冲突
D. 角色行为异常　E. 角色行为强化

43. 根据求医的决定权不同,可将求医行为分成
A. 主动型、被动型、合作型　B. 主动型、被动型、参与型　C. 主动型、被动型、强制型
D. 参与型、被动型、强制型　E. 参与型、合作型、强制型

44. 患病后病人最明显的情绪反应是
A. 愤怒　B. 焦虑　C. 行为退化
D. 抑郁　E. 猜疑心加重

45. 青年住院患者常见的心理问题一般不包括
A. 盲目乐观　B. 焦虑　C. 抑郁
D. 依从性差　E. 生理功能减退

46. 患者表现平静,客观面对患病现实,关注自身疾病,遵行医嘱,所体现的患者角色行为类型为
A. 角色行为冲突　B. 角色行为减退　C. 角色行为异常
D. 角色行为缺如　E. 角色行为适应

医学心理学试题参考答案及详细解答

（正确答案为绿色的选项）

1. ABCDE ①调查研究是借助于会见、问卷或各种调查表格，了解一组人的态度、意见和行为的一种研究方法（B）。②观察研究是指在完全自然或不加控制的条件下，对人的可观察到的行为进行观测和记录。个案研究是对某现象的一个特征进行详细深入调查研究的一种方法。实验研究是在控制的条件下观察、测量和记录个体行为的一种研究方法。测验研究是利用心理测验来测量和评定个体能力、态度、性格、成就和情绪状态等心理方面的一种研究方法。

2. ABCDE 认知过程包括感觉、知觉、记忆、注意、思维、想象等，不包括信念。

3. ABCDE 知觉具有相对性、整体性、理解性、恒常性四种特征，故可首先排除答案 E。知觉的理解性是指人以知识经验为基础，对感知的事物加工处理，并用词语加以概括赋予说明的组织加工过程（C）。

4. ABCDE ①情绪反应分为心境、激情和应激三种，故可首先排除答案 DE。心境是指微弱而持久，带有宣泄性的情绪状态。一种心境的持续时间依赖于引起心境的客观刺激的性质，如"感时花溅泪，恨别鸟惊心"。②激情是一种迅猛爆发、激动短暂的情绪状态。应激是指个体对某种意外的环境刺激所做出的适应性反应。

5. ABCDE ①人格心理结构包括倾向性、心理特征和自我调节系统。人格倾向性决定人对客观事物的态度和行为的基本动力，主要包括需要（E 对）、动机、兴趣、理想、信念和世界观等。②人格心理特征是指个体心理活动中所表现出的比较稳定的心理特点，主要包括能力、气质和性格。

6. ABCDE 马斯洛需要层次理论包括：生理的需要→安全的需要→归属和爱的需要→尊重的需要→自我实现的需要，没有精神的需要（D）。

7. ABCDE 8. ABCDE ①心理学家将动机冲突分为 4 种基本类型，即双趋冲突、双避冲突、趋避冲突、双重趋避式冲突，故可首先排除答案 E。双趋冲突是指两个目标具有相同的吸引力，引起同样强度的动机，但无法同时实现，二者必择其一，即鱼和熊掌不可兼得（A）。②双避冲突是指一个人同时受到两种事物的威胁，产生同等强度的逃避动机，但迫于情势，必须接受其中一个，才能避开另一个，处于左右为难、进退维谷的紧张状态，即前有狼，后有虎（B）。

9. ABCDE 神经系统最基本的过程是兴奋和抑制，这一过程具有三种特性：强度、均衡性和灵活性。强度是指神经细胞和整个神经系统承受强烈刺激或持久工作的能力，均衡性是指神经系统兴奋与抑制过程的相对关系，灵活性是指兴奋与抑制相互转化的速度。这三种神经活动特性在人与人之间存在个体差异，其不同的组合就形成了高级神经活动的 4 种不同类型，即强、不均衡型；强、均衡、灵活型；强、均衡、不灵活型；弱型，分别相当于多血质、胆汁质、黏液质、抑郁质。

10. ABCDE 人格特征由能力、气质和性格组成，其中性格是其核心，受意识倾向性的制约，能反映一个人的生活经历和本质属性。

11. ABCDE ①A 型行为的特征为：有时间紧迫感，行为急促，说话快，走路快，办事快；脾气暴躁，容易激动；争强好胜；人际关系不协调，对人有敌意等。②B 型行为：与 A 型行为相反，缺乏竞争性，喜欢不紧张的工作，喜欢过松散的生活，无时间紧迫感，有耐心，无主动的敌意。③C 型行为：面对不愉快的、压力大的事情，比较压抑自己的情绪，过分的忍让，谦虚，过分依从社会，回避矛盾。④混合型行为：表现为以上两种气质的综合。

12. ABCDE 心理卫生也称心理健康，是指以积极的、有效的心理活动，平稳的、正常的心理状态，对当前和发展着的社会、自然环境以及自我内环境的变化具有良好的适应能力，并由此不断地发展健全的人格，提高生活质量，保持旺盛的精力和愉快的情绪。

13. ABCDE 我国心理学家提出的心理健康的5条标准为：智力正常、情绪良好、人际和谐、适应环境、人格完整。不包括信仰坚定，故答C。2020年真题。

14. ABCDE ①人际和谐是指乐于与人交往，既有稳定而广泛的人际关系，又有知己的朋友；在交往中保持独立而完整的人格，有自知之明，不卑不亢；能客观评价别人，取人之长补己之短，宽以待人，乐于助人。②适应环境是指有积极的处世态度，与社会广泛接触，对社会现状有较清晰正确的认识，具有顺应社会改革变化的能力。情绪良好是指能够经常保持愉快、开朗、自信的心情，善于从生活中寻求乐趣，对生活充满希望。智力正常包括分布在智力正态分布曲线之内者，及能对日常生活作出正常反应的智力超常者。人格完整是指心理健康的最终目标是培养健全的人格。2020年真题。

15. ABCDE 青少年阶段的常见心理健康问题包括学习问题、情绪情感问题、恋爱和性的问题。人际关系复杂为中年人心理健康问题，故答D。

16. ABCDE 心理应激是指人体在察觉到环境刺激构成威胁或挑战时，做出的适应性反应(C)。

17. ABCDE ABCD均属于情绪性应激反应，其中以焦虑最常见。

18. ABCDE 心身疾病的诊断原则：①疾病的发生有明确的心理社会因素；②躯体有明确的器质性病理改变，或存在已知的病理生理学改变；③排除精神病、神经症及明确的理化、生物因素所致的疾病。生活事件、应激、易感人格、情绪障碍、饮食习惯都是消化性溃疡的重要心理社会因素，因此消化性溃疡属于心身疾病(C)。ABE均属于精神病。大叶性肺炎属于躯体疾病。

19. ABCDE BCDE均属于心身疾病，A为精神障碍性疾病。2020年真题。

20. ABCDE 心理评估是指根据心理学的理论和方法对人的心理品质及水平所作出的鉴定。

21. ABCDE 投射法是指在心理评估时，向被试者呈现一些意义不明的图像、一片模糊的墨迹或一些不完整的句子等，要求受试者根据自己的理解随意做出回答，以诱导出受试者的经验、情绪或内心冲突。投射法多用于测量人格，如洛夏测验、主题统觉测验(TAT)等；也可用于异常思维的发现，如自由联想测验、填词测验等。

22. ABCDE ①心理测验应遵循标准化原则、保密原则、客观性原则，故可首先排除答案DE。②标准化原则是指心理测验要采用标准化工具、固定的测量措施、统一规定执行，故答B。保密原则是指测验工具、测验结果的保密。客观性原则是指对实验结果的评价应遵循客观性原则。

23. ABCDE 心理治疗的性质为自主性、学习性、实效性。

24. ABCDE 心理治疗最常应用于神经症、儿童与成人的行为障碍，包括性心理障碍、应激或挫折后的情绪反应、重型精神病的恢复期、心身疾病的辅助治疗、学习问题、个性问题以及某些慢性病患者的康复治疗等。

25. ABCDE 精神分析学派代表人物弗洛伊德将人格的结构分为三个部分，即本我、自我和超我。本我存在于潜意识深处，是人格中最原始的部分；自我是人格中最重要的部分，自我的一部分是意识的，也有一部分处于潜意识水平；超我是在后天教育中形成的。

26. ABCDE ①精神分析学派认为童年时的特殊事件或压抑在潜意识中的心理冲突是引起各种心理障碍、心身疾病的根源(E)。②心理生理学派认为躯体器官的生理活动取决于遗传素质和个性特征。人本主义学派的主要理论包括人的主观性和人性观，自我和自我实现倾向，自我倾向与心理失调。认知行为学派认为个体对周围事件的认知影响其社会功能、情绪和行为。行为主义学派认为各种心理疾病和心身疾病的产生都是通过错误学习而习得的条件反射。

27. ABCDE ①精神分析疗法包括自由联想、释梦、移情和阻抗(D)。②系统脱敏、厌恶疗法、松弛疗法均属于行为疗法。认知疗法不属于精神分析疗法。

28. ABCDE ①行为疗法也称行为矫正法，是建立在行为学习理论基础上的一种心理咨询方法。行为疗法的种类有：系统脱敏、厌恶疗法、冲击疗法、生物反馈疗法、放松疗法等。②自由联想是弗洛伊德创立的经典精神分析疗法，不属于行为疗法(D)。

29. ABCDE 人本主义治疗是以患者为中心，把心理治疗看成一个转变过程，而非指令性治疗，因此人本主义的治疗过程是让来访者处于治疗的中心地位，依靠调动来访者的自身潜力来治愈疾病。

30. ABCDE ①厌恶疗法是一种通过轻微的惩罚来消除适应不良反应的治疗方法。当某种适应不良行为即将出现或正在出现时，当即给予一定的痛苦刺激，使其产生厌恶的主观体验。经过反复实施，适应不良反应和厌恶体验就建立了联系。厌恶刺激有电击法、橡皮筋法、氨水法、阿扑吗啡法、厌恶想象法等。给露阴癖者电击的方法属于厌恶疗法(C)。②家庭脱敏是通过会谈、行为作业及其他非言语技术消除患者的心理问题。冲击疗法是将恐惧症患者暴露于他所惧怕的情景中进行脱敏治疗的方法。松弛疗法是按一定的练习程序，有意识地控制或调节自身心理生理活动的治疗方法。自由联想属于精神分析疗法。

31. ABCDE ①该患者应诊断为恐惧症，属于系统脱敏治疗的最佳适应证(A)。②厌恶疗法主要用于治疗恋物癖、性变态者、酒精依赖等。生物反馈疗法主要用于治疗紧张性头痛、血管性头痛、支气管哮喘、消化性溃疡等。自由联想、梦的分析均属于精神分析疗法，主要用于治疗各种神经症、心境障碍、某些人格障碍等。

32. ABCDE ①ACD不属于心理治疗的原则要求，故可首先排除答案ACD。②心理治疗的中立原则是指治疗师在心理治疗过程中，应保持中立的态度和立场。心理治疗的保密原则是指治疗师应保护患者隐私。本例中，显然治疗师遵循的是心理治疗的保密原则(E)。

33. ABCDE ①心理治疗中往往要涉及个人隐私，交谈十分深入，同时要保持中立，这些在亲友和熟人中都难以做到。因此，一般情况下要回避亲友和熟人进行心理治疗，此为心理治疗的回避性原则。②同情原则、不伤害原则并不是心理治疗的原则，可首先排除答案BD。尊重原则要求治疗者在心理治疗过程中应尊重患者，以平等的态度对待患者。中立原则要求治疗者在心理治疗过程中保持中立的态度和立场。2020年真题。

34. ABCDE 35. ABCDE 36. ABCDE 37. ABCDE ①心理评估是心理治疗和心理咨询的前提，ABCDE均属于心理评估的方法，但最常用的方法是会谈法(C)。②来询者失眠、早醒、情绪低落、兴趣减退，应诊断为抑郁(B)。ABCD均属于应激的情绪反应，E不是规范化名称，可首先排除答案E。③本例为心理问题的来询者，其干预方法首选门诊心理咨询(B)。④心理咨询的手段包括宣泄→领悟→强化自我控制→增强自信心，首次接触来询者，应接受其宣泄(A)。宣泄是指来咨询者将其郁积已久的情绪烦恼及变态行为倾诉给咨询人员的过程，这是一种发泄痛苦的形式，可以给人以极大的精神解脱，使人感到由衷的舒畅。

38. ABCDE 医患交往的形式包括言语交往和非言语交往，尊重病人属于言语交往，面部表情、目光接触属于非言语交往，可见正确答案为D。BE不全面，故不答BE。

39. ABCDE 医患语言交流不能使用专业术语进行交流，否则患者难以领会医生的真正意思，故答A。医患之间的语言交流的原则包括：①尊重病人：交谈要在平等和谐的医患关系中进行，重视患者的自我感受；②有针对性：关注疾病本身和相关话题；③善于提问：采取封闭式和开放式的提问；④了解患者的安全需要。

40. ABCDE ①遵医是指患者遵从医生开具的医嘱及有助于患者康复、预防疾病复发的指导。患者的依从性，也称遵医行为，是指患者的医嘱执行率。患者的依从性不高，是医患交往不良最直接的结果。有人用如下公式强调依从性的重要性：治疗效果=医生的临床知识与技能×患者的依从性(A)。②技术交往和非技术交往是医患交往的两个水平。言语交往和非言语交往是医患交往的两种方式。

41. ABCDE 随着躯体的康复，病人角色行为也应转化为正常的社会角色行为。如果个体安于病人角色，过分地对自我能力表示怀疑、失望和忧虑，行为上表现出较强的退缩和依赖性，称为病人角色行为强化，即“小病大养”（D）。

42. ABCDE ①角色行为异常是指患者受病痛折磨感到悲观、失望等不良心境的影响，而导致行为异常。②角色行为减退是已进入角色的患者，不顾病情而从事力所不及的活动。角色行为缺如是指患者未能进入角色状态。角色行为冲突是指同一个体常常承担着多种社会角色。角色行为强化是指小病大养。

43. ABCDE 求医行为可分为主动求医型、被动求医型、强制求医型 3 型。

44. ABCDE ABCDE 均属于病后的情绪反应，但以焦虑最明显。

45. ABCDE ①青年人的情绪是强烈而不稳定的，容易从一个极端走向另一个极端。他们对待疾病也是如此。倘若病情稍好转，他们就盲目乐观，往往不再认真执行医疗护理计划，不按时吃药。病程较长或有后遗症的青年人，又易自暴自弃、悲观失望，情感变得异常抑郁。由于疾病的巨大挫折，他们会出现严重的精神紧张和焦虑。②生理功能减退不属于心理问题，而是病理生理变化，故答 E。

46. ABCDE 角色行为适应是指患者已与患者角色的“指定心理活动和行为模式”相符合，表现为比较冷静、客观地面对现实，“既来之，则安之”，关注自身的疾病，遵行医嘱，主动采取必要的措施减轻疾病（E）。

第十篇　医学伦理学试题

1. 医学伦理学的研究对象是
A. 医学道德难题　B. 医德基本理论　C. 医学道德关系
D. 医德基本实践　E. 医德基本规范
2. “医家五戒十要”的作者是
A. 张仲景　B. 林逋　C. 杨泉
D. 陈实功　E. 孙思邈
3. 世界上第一部《医学伦理学》的作者是
A. 盖伦　B. 希波克拉底　C. 胡弗兰德
D. 比奈儿　E. 托马斯·帕茨瓦尔
4. 医学伦理学的尊重原则不包括
A. 保护患者的隐私　B. 尊重患者的人格　C. 尊重患者的自主权
D. 尊重患者的生命权　E. 公平分配卫生资源
5. 把病人的健康放在首位，切实为病人谋利益，符合以下哪项医学伦理学原则？
A. 不伤害原则　B. 尊重原则　C. 有利原则
D. 公正原则　E. 公益原则

A. 一视同仁地对待所有患者　B. 尊重患者的隐私权
C. 同情所有患者　D. 选择对患者、社会均有利的卫生保健措施
E. 在诊疗活动中杜绝有意伤害和责任伤害
6. 在医疗实践中，能体现不伤害原则的措施是
7. 在医疗实践中，能体现公正原则的措施是

8. 下列哪项不属于《医疗机构从业人员行为规范》的内容？
A. 以人为本，救死扶伤　B. 廉洁自律，恪守医德　C. 严谨求实，精益求精
D. 乐于奉献，热心公益　E. 遵纪守法，依法执业
9. “健康所系，性命相托”出自
A.《中国医学生誓词》　B.《临床医师公约》　C.《中华人民共和国执业医师法》
D.《希波克拉底誓言》　E.《医疗机构从业人员行为规范》
10.《医务人员医德规范及实施办法》的具体内容不包括
A. 尊重病人的人格与权利　B. 互学互尊，团结协作　C. 文明礼貌服务
D. 优质服务，医患和谐　E. 严谨求实，奋发进取
11. 不属于医患关系特点的是
A. 医患双方尊严权利上的平等性　B. 医患双方医学知识上的不对称性
C. 明确的目的性和目的的高度一致性　D. 利益满足和社会价值实现的统一性
E. 医患冲突可避免性

A. 主动-被动型　B. 指导-合作型　C. 指导-参与型

D. 共同参与型　　E. 强制-被动型

12. 对于慢性阻塞性肺气肿缓解期的病人,宜采取的医患关系模式为

13. 对于精神病人,宜采取的医患关系模式为

14. 医师劝病人“你应该参加一些晨间锻炼”,这种医患关系模式为

15. 关于病人的道德权利,下列提法中正确的是

A. 病人都享有稀有卫生资源分配的权利　　B. 病人都有要求开具假条休息的权利

C. 知情同意是病人自主权的具体形式　　D. 病人被免除社会责任的权利是随意的

E. 医师在任何情况下都不能超越病人要求保密的权利

16. 在医疗实践活动中,患者应履行的道德义务不包括

A. 配合医者诊疗　　B. 给付医疗费用　　C. 保持和恢复健康

D. 遵守医院规章制度　　E. 接受健康教育

17. 不利于医院整体效应发挥的是群体间的

A. 互补　　B. 师承　　C. 控制

D. 离心　　E. 合作

18. 医务人员互相协作的基础和前提是

A. 互相学习　　B. 互相信任　　C. 彼此独立

D. 彼此竞争　　E. 彼此平等

19. 临床诊疗的伦理原则不包括

A. 公正原则　　B. 最优化原则　　C. 知情同意原则

D. 患者至上原则　　E. 保密守信原则

20. 临床诊疗伦理要求医务人员做到最优化原则,其内容不包括

A. 痛苦最小　　B. 效果最好　　C. 寿命最长

D. 耗费最少　　E. 安全无害

21. 女,孕40周,无剖宫产适应证,但患者及家属坚持要剖宫产,术后患儿出现呼吸困难,诊断为新生儿湿肺,家属质疑。主治大夫称产妇本不应该选择手术,已告知患者及家属。家属认为医生是权威,手术应由医生决定,若医生说剖宫产会导致湿肺,他们也不会选择手术。请问医生违背的伦理原则是

A. 认真做好术前准备　　B. 医护精诚合作　　C. 严格遵守手术适应证

D. 履行知情同意原则　　E. 药物配伍合理

22. 患者,张某,28岁。曾因患妄想型精神分裂症入院治疗,1年前出院回家,现病情平稳,且患者已怀孕7周。其父母、公婆及丈夫均担心怀孕和分娩的痛苦对她的精神状态有不良影响,于是都劝她到医院做流产手术。那么,对人工流产手术具有最终决定权的是

A. 父母和丈夫　　B. 公婆和丈夫　　C. 父母和公婆

D. 张某和丈夫　　E. 医生及医院

A. 对症下药,剂量安全　　B. 掌握手术指征,动机纯正　　C. 减轻痛苦,加速康复

D. 勇担风险,团结协作　　E. 以健康、稳定的情绪影响患者

23. 手术前治疗的伦理要求是

24. 手术后治疗的伦理要求是

25. 心理治疗的伦理要求是

26. 临床急救的伦理要求是

27. 医师进行药物治疗时的伦理要求是

A. 荷兰　　B. 英国　　C. 美国

D. 比利时　　E. 法国

28. 世界上首创临终关怀的国家是
29. 世界上首先提出脑死亡标准的国家是
30. 世界上第一个安乐死合法化的国家是
31. 世界上第二个安乐死合法化的国家是

32. 允许患者安乐死主要应该基于
A. 提供器官移植的供体　　B. 减轻家庭负担　　C. 节约社会卫生资源
D. 减轻家人精神痛苦　　E. 患者自身利益

33. 在公共卫生政策的制定、资金的筹集、资源的分配等方面，一定要坚持
A. 全社会参与原则　　B. 社会公益原则　　C. 社会公正原则
D. 互助协同原则　　E. 信息公开原则

34. 公共卫生从业人员在传染病防控中应遵循的伦理要求不包括
A. 患者至上原则　　B. 积极开展传染病的防控　　C. 遵守国家法律规定
D. 坚持以预防为主　　E. 严格执行隔离消毒措施

35. 医学科研的伦理要求不包括
A. 诚实严谨　　B. 敢于怀疑　　C. 公正无私
D. 团结协作　　E. 随机对照

36. 某著名大学教授黄某某用不道德手段获取人类卵子，虚构论文，称自己领导的科研小组利用多名患者的体细胞克隆成功培育出 11 个干细胞系。在该事件中他所违背的医学科研道德要求是
A. 诚实严谨　　B. 敢于怀疑　　C. 公正无私
D. 团结协作　　E. 动机纯正

37. 关于人体实验的国际著名文件是
A.《夏威夷宣言》　　B.《赫尔辛基宣言》　　C.《希波克拉底誓言》
D.《东京宣言》　　E.《悉尼宣言》

38. 下列哪项不属于涉及人的生物医学研究应遵循的伦理原则？
A. 医学目的原则　　B. 知情同意原则　　C. 随机对照原则
D. 不伤害原则　　E. 维护受试者利益的原则

39. 涉及人的生物医学研究伦理审查的目的不包括
A. 保护受试者的尊严和权利　　B. 保护受试者的安全和福利　　C. 保障研究结果的可信性
D. 促进社会公正　　E. 使科研论文尽早发表

40. 我国原卫生部颁布的《涉及人的生物医学研究伦理审查办法》中规定的伦理审查内容不包括
A. 研究者的资格、经验是否符合试验要求　　B. 研究方案是否符合科学性和伦理原则的要求
C. 对受试者的资料是否采取了保密措施　　D. 研究设计是否遵守随机对照原则
E. 受试者是否因参加研究而获得合理补偿

41. 下列说法符合人类辅助生殖技术伦理要求的是
A. 社会名人负有捐赠其精/卵子的法律义务　　B. 医疗机构不得保留人工受孕妇女的病历资料
C. 医疗机构不得向未婚大龄妇女提供助孕技术　　D. 实施人工授精时，精子库必须保证提供新鲜精液
E. 我国已婚女性，若其丈夫同意，可提供无偿代孕服务

42. 在我国，供精进行辅助生殖而获得的后代，不具有的权利和义务是
A. 继承权　　B. 受教育权　　C. 赡养辅助生殖父母的权利
D. 知悉遗传父母姓名的权利　　E. 在父母离异时孩子的被抚养权

43. 符合器官移植伦理的是
A. 活体器官捐献者必须年满20岁
B. 参与器官移植的医生可以从事广告宣传
C. 从事器官移植的医生可以从事器官买卖
D. 从事器官移植的医生可以参与捐赠器官的分配
E. 应严格按先来后到的原则选择器官接受者

44. 用于研究的人胚胎干细胞只能通过下列方式获得,但应除外
A. 体外受精时多余的配子或囊胚　　B. 自然或自愿选择流产的胎儿细胞
C. 其他动物的生殖细胞　　D. 自愿捐献的生殖细胞
E. 体细胞核移植技术所获得的囊胚和单性分裂囊胚

45. 医学道德修养的方法不包括
A. 学习　　B. 躬行　　C. 反省
D. 立志　　E. 反复

46. 医师行为规范不包括
A. 尊重科学,规范行医　　B. 重视人文,规范文书　　C. 严格报告,救死扶伤
D. 严谨求实,精益求精　　E. 严格权限,规范试验

47. 关于医德规范,下列提法中错误的是
A. 医务人员行为的具体医德标准　　B. 调节医务人员人际关系的出发点和根本准则
C. 社会对医务人员行为的基本要求　　D. 医德原则的具体体现和补充
E. 把医德理想变成医德实践的中间环节

48. 协调医务人员之间关系的首要思想基础和道德要求是
A. 维护健康,救治生命　　B. 彼此独立,互相支持　　C. 彼此平等,互相尊重
D. 彼此信任,互相协作　　E. 互相学习,共同提高

49. 某癌症患者,心理状态较差且预后不良,治疗过程中需要家属的积极配合。对此,医生关于患者病情的最佳告知方式是
A. 直接告知患者实情　　B. 告知患者部分病情并向家属保密
C. 告知患者及家属实情　　D. 告知家属部分病情并向患者保密
E. 告知家属实情并对患者适度告知

50. 女,17岁。脑部受伤住院,入院后虽经积极救治,但3天后患者进入脑死亡状态。医师告知其父母,并建议撤掉呼吸机。其父母看到女儿在呼吸机支持下仍有呼吸,并能触及女儿的脉搏,坚决不接受医生的建议,此时,该医师符合伦理的做法是
A. 直接撤掉呼吸机并填写死亡报告　　B. 执行脑死亡标准并劝说其父母捐献患者器官
C. 尊重其父母的意愿并不惜一切代价救治　　D. 向患者父母解释脑死亡,征得同意后拔掉呼吸机
E. 请公证机关来公证患者已死亡

51. 下列关于临终关怀的叙述,正确的是
A. 它的服务对象包括所有病人　　B. 应不惜一切代价地抢救临终病人
C. 它以提高病人的生存质量为主要目的　　D. 它将尽量延长病人的寿命
E. 宽容大度,满足临终病人的所有要求

医学伦理学试题参考答案及详细解答

（正确答案为绿色的选项）

1. ABCDE　①医学伦理学是研究医学道德关系的科学，以医学领域中医务人员的医德意识和医德活动为研究对象（C）。②ABE 都只涉及医学道德的一部分，不全面，故不答 ABE。D 为医德修养的要求。

2. ABCDE　“医家五戒十要”出自明代陈实功的《外科正宗》。

3. ABCDE　1803 年，英国托马斯·帕茨瓦尔出版了《医学伦理学》，标志着古代和中世纪的道德学向近、现代医学伦理学的转变。

4. ABCDE　ABCD 都属于尊重原则的内容，公平分配卫生资源属于公正原则的内容。

5. ABCDE　①ABCD 属于医学伦理学的四大基本原则，故可首先排除答案 E。②有利原则是指医务人员的诊治、护理行为对患者有益，既能减轻痛苦，又能促进康复；医务人员的行为对患者利害共存时，要使行为给患者带来最大的利益和最小的伤害。

6. ABCDE　7. ABCDE　①医学伦理学的不伤害原则是指在诊治、护理过程中不使患者的身心受到损害。不伤害原则不是绝对的，有些诊治、护理手段，即使符合适应证，也会给患者带来躯体或心理上的一些伤害，但应杜绝有意伤害和责任伤害（E）。②公正原则要求医生公正地分配卫生资源、公正地对待患者、站在公正的立场上处理医疗差错事故等，因此对待患者一视同仁，能体现公正原则（A）。③B 体现了尊重原则，D 体现了有利原则。

8. ABCDE　《医疗机构从业人员行为规范》共八条：①以人为本，践行宗旨；②遵纪守法，依法从业；③尊重生命，关爱生命；④优质服务，医患和谐；⑤廉洁自律，恪守医德；⑥严谨求实，精益求精；⑦爱岗敬业，团结协作；⑧乐于奉献，热心公益。“以人为本，救死扶伤”为医德基本准则，故答 A。

9. ABCDE　“健康所系，性命相托”为《中国医学生誓词》第一句。

10. ABCDE　《医务人员医德规范及实施办法》的具体内容：①救死扶伤，实行社会主义的人道主义。时刻为病人着想，千方百计为病人解除病痛；②尊重病人的人格与权利，对待病人，不分民族、性别、职业、地位、财产状况，都应一视同仁；③文明礼貌服务。举止端庄，语言文明，态度和蔼，同情、关心和体贴病人；④廉洁奉公，自觉遵守法纪，不以医谋私；⑤为病人保守医密，实行保护性医疗，不泄露病人隐私与秘密；⑥互学互尊，团结协作，正确处理同行同事间的关系；⑦严谨求实，奋发进取，钻研医术，精益求精。“优质服务，医患和谐”为《医疗机构从业人员行为规范》的内容。

11. ABCDE　医患冲突或纠纷的具有不可避免性，由于医患双方的地位、利益、文化和思想道德修养以及法律意识等方面存在差异，对医疗活动及其行为的方式、效果的理解不相同，常常发生医患双方的矛盾、冲突或纠纷，并且这种矛盾、冲突或纠纷是不可避免的。ABCD 都是医患关系的特点。

12. ABCDE　13. ABCDE　14. ABCDE　①萨斯-荷伦德将医患关系模式分为主动-被动型、指导-合作型、共同参与型三种，因此可首先排除答案 CE。共同参与型主要适用于大多数慢性病的治疗、一般的心理治疗（D）。②主动-被动型主要适用于休克、昏迷、精神病、难以表达主观意见的患者（A）。③指导-合作型主要适用于病情较轻的患者（B）。

15. ABCDE　①尊重原则是医学伦理学的基本原则之一，是指在医疗实践中，患者的人格尊严及自主权必须得到尊重。患者的自主权是指患者对自己有关的医护问题，经过深思熟虑后，所做出的合乎理性的决定并据此采取行动，如知情同意、知情选择、要求保守秘密等。可见，知情同意是病人自主权的具体形式。②医学伦理学的公正原则包括绝对公正和相对公正，绝对公正是指人人享有基本医疗保健；相对公正是指稀有卫生资源只能根据个人的地位、能力、贡献、医学需要等进行分配，并不是平均分配，更不是人人享有。③病人有要求开具假条休息的权利，但对于不符合事实的假条，医生可以行使干涉权加以拒绝。④保守医密是医学伦理学的基本原则，但若医务人员有高于保密的社会责任（如传染病报告）、隐私涉及他人或社会，且有对他人或社会构成伤害的危险及法律需要时可以解密。⑤D项显然是错误的。

16. ABCDE 在医疗活动中，患者应履行的道德义务主要包括：①配合医者诊疗的义务；②遵守医院规章制度，尊重医务人员及其劳动的义务；③给付医疗费用的义务；④保持和恢复健康的义务；⑤支持临床实习和医学发展的义务。

17. ABCDE ①离心离德，肯定不利于医院整体效应的发挥，不利于医院的发展（D对）。②通过群体之间的互补、师承、控制和相互合作，可使每个人的潜力得以充分展现，有利于医院整体效应的发挥。

18. ABCDE 医务人员之间互相学习、加强联系、保持一定的独立性，并展开竞争都是正确的，但都不是互相协作的基础和前提，互相信任才是互相协作的基础和前提。

19. ABCDE BCDE均属于临床诊疗伦理原则，A为医学伦理学原则。

20. ABCDE 最优化原则是指医务人员在诊治疾病的过程中，从各种可能的诊治方案中选择代价最低而效果最优的方案。最优化原则要求医务人员做到：效果最佳、痛苦最小、耗费最少、安全无害。

21. ABCDE ①在临床诊疗过程中，医生应遵守知情同意原则。手术前，医生必须客观地向患者或家属（或监护人）介绍手术的必要性、手术方式、可能发生的不良情况或意外、术前注意事项等，并让其充分理解和自主地作出是否手术的决定。如果患者选择有误，医生有履行指导的责任。本例中，医生显然违背了知情同意原则。②ABC都不是临床诊疗的伦理原则，故不答A、B、C。药物配伍合理为药物治疗医生应遵守的伦理原则，故不答E。

22. ABCDE 医生做特殊检查或手术前，需征得患者本人或家属（或监护人）的知情同意并签字，故可首先排除答案E。张某患过妄想型精神分裂症，是否做人工流产手术，医生及医院只有建议权，其丈夫、父母、公婆只有在张某处于精神病发作期间才具有代理决定权，而现其病情平稳，应当尊重张某本人及丈夫的意见（D）。

23. ABCDE 24. ABCDE 25. ABCDE 26. ABCDE 27. ABCDE ①手术前的伦理要求是：严格掌握手术指征，手术动机纯正（B）；患者或患者家属知情同意；认真做好术前准备，为手术的顺利进行创造条件。②手术后治疗的伦理要求是：严密观察，勤于护理；减轻痛苦，加速康复（C）。③在心理治疗过程中，对治疗师的伦理要求是：要掌握和运用心理治疗的知识、技巧去开导患者；要有同情、帮助患者的诚意；要以健康、稳定的心态去影响和帮助患者（E）；要保守患者的秘密、隐私。④临床急救的伦理要求是：争分夺秒地抢救，力争使患者转危为安；勇担风险，团结协作（D）；满腔热情，重视心理治疗；全面考虑，维护社会公益。⑤医师进行药物治疗时的伦理要求是：对症下药，剂量安全（A）；合理配伍，细致观察；节约费用，公正分配。

28. ABCDE 29. ABCDE 30. ABCDE 31. ABCDE ①1967年英国的桑德斯创立世界上第一个临终关怀机构，即圣克里斯多弗临终关怀医院（B）。②1968年，美国哈佛大学医学院提出"脑死亡"的4条诊断标准，即著名的哈佛标准（C）。③2001年荷兰通过《安乐死法案》，成为世界上第一个安乐死合法化的国家（A）。④2002年，比利时成为世界上第二个安乐死合法化的国家（D）。

32. ABCDE 安乐死应当基于患者自身的利益，而不应该将家庭、他人、社会的利益作为安乐死的主要理由。

33. ABCDE ABCDE均属于公共卫生伦理原则。公共卫生工作和政策是为了改善公众的整体健康，因此政策的制定、资金的筹措、资源的分配以及公共卫生相关信息的公开都要坚持社会公正原则（C）。公共卫生应当提倡和努力赋予每一个社会成员基本的健康资源和必要的健康条件，尊重社会中每个人的基本权利，促进社会社区人群的健康。

34. ABCDE　公共卫生从业人员在传染病防控中应遵循的伦理要求：①积极开展传染病的防控，对广大群众的健康负责；②遵守国家法律规定，认真做好传染病的监测和报告，履行其道德和法律责任；③尊重科学，具有奉献精神；④尊重传染病患者的人格和权利；⑤坚持预防为主的积极防疫思想；⑥严格执行隔离消毒措施和各项操作规程。患者至上原则为临床诊疗的伦理原则，故答 A。

35. ABCDE　医学科研的伦理要求包括：动机纯正，诚实严谨，敢于怀疑，公正无私，团结协作，知识公开。随机对照原则为人体实验的伦理原则，而不是医学科研的伦理要求，故答 E。

36. ABCDE　黄某某受不良动机支配，在科研中弄虚作假，明显违背了医学科研中“动机纯正”的要求。ABCD 虽属于科研道德的具体要求，但与本例无关。

37. ABCDE　①有关人体实验的国际著名文件是《赫尔辛基宣言》（关于人体医学研究的伦理原则），于 1964 年 6 月在芬兰第 18 届世界医学协会大会上正式通过。②《夏威夷宣言》是有关精神病的伦理道德原则。《希波克拉底誓言》是关于医德、医密的伦理原则。《东京宣言》是关于对拘留犯和囚犯给予折磨、虐待、非人道待遇和处罚时医师的行为准则。《悉尼宣言》是关于死亡的伦理原则。

38. ABCDE　ABCE 均属于人体实验的伦理原则，D 为医学伦理原则。

39. ABCDE　涉及人的生物医学研究伦理审查的目的为：尽可能保护所有受试者的尊严、权利、安全和福利，保障研究结果的可信性，促进社会公正，在某种意义上对科研人员也有一定的保护作用。

40. ABCDE　ABCE 均属于人体实验伦理审查的内容，D 为实验设计的原则。

41. ABCDE　①目前异源人工授精使用的都是自愿献精者的精液，故 A 错。医疗机构肯定能保留病历资料，故 B 错。②《人类辅助生殖技术和人类精子库伦理原则》规定，医务人员不得对不符合计划生育法规的夫妇和单身妇女实施人类辅助生殖技术；医务人员不得实施代孕技术（C 对 E 错）。③假若“人工授精时，精子库必须提供新鲜精液”的话，则无需建立冷藏精子库了，故 D 错。

42. ABCDE　①通过辅助生殖技术出生的后代与自然受孕分娩的后代享有相同的法律权利和义务，包括后代的继承权、受教育权、赡养父母的义务、父母离异时对孩子监护权的裁定等。②《人类辅助生殖技术管理办法》第十六条规定，实施人类辅助生殖技术的医疗机构应当为当事人保密。在实施辅助生殖技术时，施行卵子捐赠者、受者、工作人员的三盲操作，因此，通过辅助生殖技术出生的后代不能知悉遗传父母的姓名（D 错）。

43. ABCDE　①活体器官捐献者必须年满 18 岁，具有完全民事行为能力。②参与器官移植的医生不能从事广告宣传，不可以从事器官买卖，但可以参与捐赠器官的分配。③选择器官接受者应遵守“捐献者意愿至上”原则，“先来后到”只是通常考虑因素。

44. ABCDE　2004 年我国科技部和原卫生部共同颁布的《人胚胎干细胞研究指导原则》第五条明确规定，用于研究的人胚胎干细胞只能通过下列方式获得：体外受精时多余的配子或囊胚；自然或自愿选择流产的胎儿细胞；体细胞核移植技术所获得的囊胚和单性分裂囊胚；自愿捐献的生殖细胞。

45. ABCDE　ABCD 均属于医学道德修养的方法，不包括 E。

46. ABCDE　①我国医师行为规范包括：尊重科学，规范行医，重视人文，规范文书，严格报告，救死扶伤，严格权限，规范试验。②“严谨求实，精益求精”为医疗机构从业人员基本行为规范（D）。

47. ABCDE　医德规范是医务人员在医学活动中医德行为和道德关系普遍规律的反映，是医务人员的医德意识和医德行为的具体标准，是社会对医务人员的基本要求，是医德原则的具体体现和补充。在医疗活动中，医德规范发挥着把医德理想变成医德实践的中间环节的作用，故答案为 B。

48. ABCDE　ABCDE 均属于协调医务人员之间关系的伦理要求。其中，维护病人的健康和生命，捍卫病人的正当权益，是医务人员的共同义务和天职，也是协调医务人员之间关系的思想基础和道德要求。因此，医务人员在医疗卫生保健活动中，对于维护病人利益的言行要予以肯定、支持和帮助，而对于损害病人利益的言行要敢于抵制和提出批评。2018 年真题。

49. ABCDE　①在临床诊治过程中，医生应遵循保密守信原则和知情同意原则。保守医密有两层含义，一是保守病人的秘密；二是对病人保守秘密，包括不良诊断、进展、预后等。癌症患者心理状态较差，医生不应将预后不良的实情告知患者，以免影响患者的心理状态。②知情同意原则要求医生将病人的实情告知患者家属，故答 E。2018 年真题。

50. ABCDE ①在临床诊疗过程中，应遵循知情同意原则，未征得父母的同意，不能直接撤掉呼吸机并填写死亡报告。②脑死亡标准尚未在我国执行，故不答 B。③病人已经脑死亡，尊重其父母的意愿并不惜一切代价救治，都是不必要的抢救措施。④应向患者父母解释脑死亡，征得同意后拔掉呼吸机（D 对）。⑤E 显然是错误答案。2018 年真题。

51. ABCDE ①临终关怀是指向临终患者及其家属提供包括医疗、护理、心理和社会等各方面的照护，使临终患者的症状得到控制，痛苦得以缓解，生存质量得以提高，生命受到尊重（C 对）。②临终关怀的主要对象为不可逆的临终患者，而不是所有病人（A 错）。临终关怀的目的不是治疗或治愈疾病，而是减轻患者的身心痛苦、控制症状，采取姑息对症和支持疗法（BD 错）。医务人员应宽容大度，满足临终患者的合理要求（并不是所有要求），使患者始终得到精神上的安抚（E 错）。

第十一篇　医学统计学试题

1. 统计学中所说的样本通常是指
   A. 可测量的生物性样本　B. 统计量　C. 某一变量的测量值
   D. 数据中有代表性的一部分　E. 总体中有代表性的部分观察单位
2. 在实际工作中可以消除的误差是
   A. 系统误差　B. 随机误差　C. 抽样误差
   D. 随机误差和抽样误差　E. 系统误差和随机误差
3. 下列有关概率与频率,说法正确的是
   A. 概率常用符号 M 表示　B. 频率常用符号 P 表示
   C. 概率就是频率　D. 概率的取值范围介于-1 和+1 之间
   E. 概率是描述某随机事件发生可能性大小的指标
4. 用某新疗法治疗某疾病 50 人,治疗结果为:治愈 15 人,显效 23 人,好转 7 人,恶化 4 人,死亡 1 人。该资料的属于
   A. 计数资料　B. 计量资料　C. 等级资料
   D. 数据资料　E. 分析资料

   A. 算术均数　B. 中位数　C. 四分位数间距
   D. 标准差　E. 变异系数
5. 呈正态分布的计量资料,描述其集中趋势宜选用的指标是
6. 呈偏态分布的计量资料,描述其集中趋势宜选用的指标是
7. 呈正态分布的计量资料,描述其离散趋势宜选用的指标是
8. 呈偏态分布的计量资料,描述其离散趋势宜选用的指标是
9. 呈正态分布的计量资料,比较相同计量单位指标的变异程度宜选用
10. 呈正态分布的计量资料,比较不同计量单位指标的变异程度宜选
11. 对于正态分布的总体,其均数与中位数的关系是
    A. 均数等于中位数　B. 均数大于中位数　C. 均数小于中位数
    D. 两者有一定的数量关系　E. 两者的数量关系不大

    A. 2.5%　B. 5%　C. 50%
    D. 95%　E. 99%
12. 正态分布曲线下,横轴上 $\mu \pm 1.96\sigma$ 范围内的面积约为
13. 标准正态曲线下,横轴上-2.58~2.58 范围内的面积约为
14. 正态曲线下,横轴上从均数到+∞ 范围内的面积约为
15. 标准正态曲线下,横轴上从+1.96 到+∞ 范围内的面积约为
16. 均数的标准误反映了
    A. 个体变异程度的大小　B. 个体集中趋势的位置　C. 指标的分布特征
    D. 频数的分布特征　E. 样本均数与总体均数的差异

17. 在两样本均数比较的 t 检验中,无效假设应为
A. 两样本均数相等　B. 两样本均数不等　C. 两总体均数相等
D. 两总体均数不等　E. 样本均数等于总体均数
18. 在假设检验中,最有理由拒绝无效假设的概率是
A. $P=0.055$　B. $P=0.051$　C. $P=0.100$
D. $P=0.300$　E. $P=0.005$
19. 统计学上,假设检验的内容为
A. 计算样本率　B. 计算样本均值　C. 计算标准化率
D. 建立假设　E. 估计参考值范围
20. 两样本均数比较的 t 检验,分别取以下检验水准,犯第二类错误概率最小的是
A. $\alpha=0.01$　B. $\alpha=0.05$　C. $\alpha=0.10$
D. $\alpha=0.20$　E. $\alpha=0.30$
21. 进行两样本均数差别的 Z 检验时,不要求满足的条件是
A. 两组数据单位相同　B. 两组数据均数相近　C. 两样本含量足够大
D. 两样本的总体呈正态分布　E. 两样本所属总体的方差必须相等

A. 某病发生的严重程度　B. 某病在各疾病中所占的位次　C. 同种病不同地区的严重情况
D. 两个指标的相对关系　E. 同种病不同时间动态变化情况
22. 发病率反映
23. 构成比反映
24. 相对比反映

25. 某药厂的广告声称:"服用本品的1000名上呼吸道感染的儿童,有970名在72小时内症状消失,有效率高达97%",因此推断此药治疗儿童上呼吸道感染是非常有效的。这项推论是
A. 正确的,因为有效率高达97%　B. 正确的,因为比较的是症状消失率
C. 不正确的,因为所做的比较不是按率计算的　D. 不正确的,因为没有设立对照组或对比组
E. 不正确的,因未做统计学假设检验
26. 在实际工作中,表示样本率的抽样误差大小的指标是
A. σ_p　B. S_p　C. σ_X
D. RR　E. OR
27. 5个样本率做比较,$\chi^2>\chi^2_{0.01,4}$,则在 $\alpha=0.05$ 检验水准下,可认为
A. 各总体率不全等　B. 各总体率均不等　C. 各样本率均不等
D. 各样本率不全等　E. 至少有两个总体率相等

(28~29题共用题干)某医师用甲、乙两种疗法治疗金葡菌肺炎,甲疗法治疗35人、痊愈28人,乙疗法治疗39人、痊愈34人。
28. 为比较甲、乙两种疗法的疗效是否不同,宜选用的指标是
A. 构成比　B. 等级指标　C. 定性指标
D. 定量指标　E. 率
29. 进行统计学处理时,宜选用的假设检验是
A. F 检验　B. t 检验　C. 配对资料的 χ^2 检验
D. 四格表 χ^2 检验　E. 行×列表 χ^2 检验

30. 直线相关和回归分析主要用于研究变量间是否存在

A. 函数关系　B. 因果关系　C. 线性关系
D. 曲线关系　E. 伴随关系

31. 进行直线回归分析时首先应
A. 计算回归系数　B. 计算截距　C. 对回归系数进行假设检验
D. 绘制散点图　E. 判断回归系数的正负

A. 散点图　B. 圆图　C. 直条图
D. 直方图　E. 线图

32. 比较甲、乙、丙、丁四个城市2015年HIV感染率,宜选用的统计图是
33. 表示某城市2015年4种不同类型病毒性肝炎发病人数占发病总人数的比例,宜选用的统计图是
34. 现测得20名糖尿病患者的血糖值和胰岛素水平,若要图示两者的关系,宜选用的统计图是

35. 下列不属于统计表必备结构的是
A. 数字　B. 线条　C. 备注
D. 标目　E. 标题

36. 与t检验比较,秩和检验的优点是
A. 犯判断错误概率较小　B. 不拘于资料的分布类型　C. 适用于两组均数的比较
D. 适用于两个率的比较　E. 充分利用样本信息

37. 两个独立小样本计量资料比较的假设检验,首先应考虑
A. 用t检验　B. μ检验　C. 用秩和检验
D. 回归分析　E. 资料是否符合t检验的条件

38. 四个样本率的比较,进行χ^2检验,其自由度为
A. 1　B. 2　C. 3
D. 4　E. 5

医学统计学试题参考答案及详细解答

（正确答案为绿色的选项）

1\. ABCDE　样本是指从研究总体中抽取的部分有代表性的观察单位。

2\. ABCDE　①误差分为系统误差、随机误差和抽样误差三类。由于仪器未经校准、标准试剂未经校正、医生掌握疗效标准偏高或偏低等，造成观察结果倾向性偏大或偏小，称系统误差，这类误差可通过周密设计、调校仪器等予以消除。②随机误差没有固定的倾向，不可消除。抽样误差是由个体变异引起的，不可消除。

3\. ABCDE　①概率是描述某随机事件发生可能性大小的指标，概率常用符号 P 表示（E 对 A 错）。②随机事件 A 发生的频率，是指相同条件下重复 n 次试验，事件 A 发生的次数 m 与试验总次数 n 的比值。③在大量重复试验时，频率会逐步趋于稳定，总在某一常数附近摆动，该常数就称为这个事件发生的概率。由此可见，随着试验次数的增多，频率也越来越接近概率，可以看作是概率的近似值。但频率又不同于概率，频率本身是随机的，而概率是个确定的常数。因此概率与频率既有区别，又有联系，两者不能画等号（C 错）。④概率的取值范围在 0~1 之间（D 错）。

4\. ABCDE　变量分为定性变量（计数资料）、定量变量（计量资料）、有序变量（等级资料）三类。本例变量的观察值是定性的，但各类别之间有程度上的差异，故属于等级资料。

5\. ABCDE　6. ABCDE　7. ABCDE　8. ABCDE　9. ABCDE　10. ABCDE　①算术均数和中位数，均可反映计量资料的集中趋势，前者适用于正态分布的资料，后者适用于偏态分布或两端无确切数值的资料。②标准差和四分位数间距均可反映计量资料的离散趋势，前者适用于正态分布的资料，后者适用于偏态分布的资料。③标准差和变异系数均可反映资料的变异程度，前者适用于计量单位相同的正态分布资料，后者适用于计量单位不同或均数相差较大的几组观察值的比较。

11\. ABCDE　均数等于全部观察值除以观察例数，中位数是将一组观察值从小到大顺序排列时，中间位置的数值。当变量呈正态分布时，均数应等于中位数。

12\. ABCDE　13. ABCDE　14. ABCED　15. ABCDE　①正态分布是连续分布的钟形曲线，以均数为中心，左右两侧基本对称。在 $\mu\pm\sigma$、$\mu\pm1.96\sigma$、$\mu\pm2.58\sigma$、均数到 $+\infty$ 范围内的面积分别为 68.3%、95%、99%、50%。②标准正态分布的 $\mu=0$、$\sigma=1$，在 −2.58~2.58 范围内的面积约为 99%，从 +1.96 到 $+\infty$ 范围内的面积约为 2.5%。

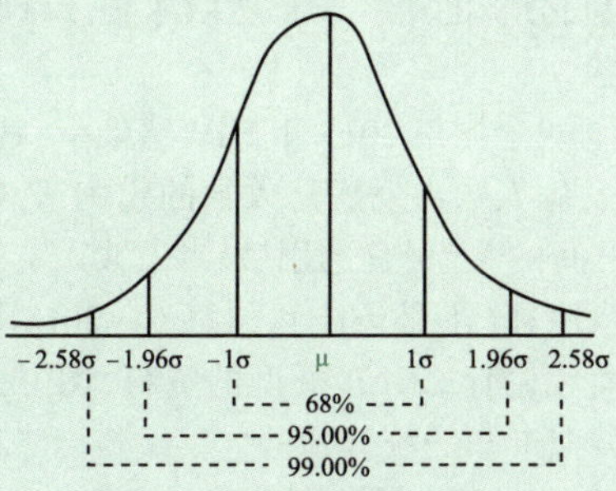

正态分布

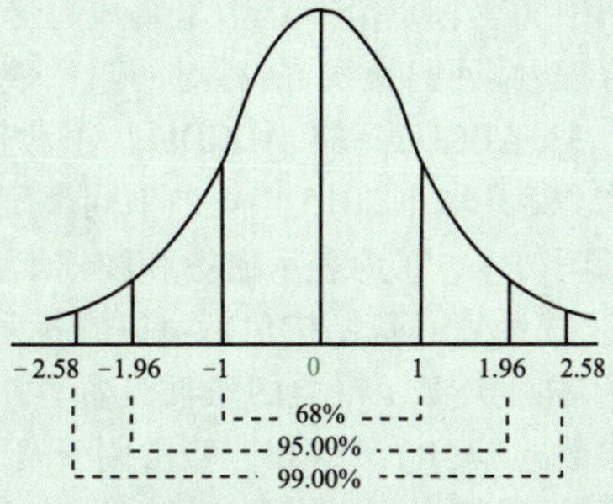

标准正态分布

16\. ABCDE　均数的标准误主要反映抽样误差的大小，即由抽样造成的样本均数与总体均数的差异大小。

17\. ABCDE　假设检验中，检验假设均是针对总体而不是样本，故不答 ABE。无效假设 H_0 通常是两总体均数相等，即 $\mu_1=\mu_2$，备择假设 H_1 通常是两总体均数不等，即 $\mu_1\neq\mu_2$。

18. ABCDE 在假设检验者，通常取 $\alpha=0.05$，若 $P\leq\alpha$，按 α 检验水准拒绝无效假设（H_0），接受备择假设（H_1），称为差异显著；若 $P>\alpha$，则不能拒绝 H_0，称为差异不显著。

19. ABCDE 假设检验步骤：建立假设、确定检验水平、计算检验统计量、根据 P 值做出统计结论四步。

20. ABCDE ①假设检验的Ⅰ类错误（α）是指拒绝了实际上成立的 H_0，属于"弃真"的错误；Ⅱ类错误（β）是指没拒绝实际上不成立的 H_0，属于"存伪"的错误。②当 n 固定时，α 越小，则 β 越大；反之，α 越大，则 β 越小。本题中，要想Ⅱ类错误（β）最小，则需 α 最大，故答 E。

21. ABCDE ①两样本均数的 Z 检验必须满足的条件包括：为大样本资料 $n>50$；两样本的总体呈正态分布；两样本所属总体的方差必须相等。②由于是两样本均数的比较，因此两组数据的单位相同。

22. ABCDE 23. ABCDE 24. ABCDE ①发病率表示一定期间内，一定人群中某病新发生的病例出现的频率，反映了某病发生的严重程度（A）。②构成比表示某事物内部各组成部分在整体中所占的比重（B）。③相对比是指两个关联指标值之比，可反映两个指标的相对关系（对比水平）。

25. ABCDE ①此研究没有设立阴性对照组，不能说明是否 1000 名上呼吸道感染的儿童即使不服用本品，也可能有 970 名儿童在 72 小时内症状消失。②要推断该药治疗儿童上呼吸道感染是否非常有效，还应有一疗效确切的药物作为阳性对照组。

26. ABCDE 从同一总体中随机抽出观察数相等的多个样本，样本率与总体率、各样本率之间往往会有差异，这种差异称为率的抽样误差。误差的大小可以用率的标准误 σ_p 来描述，其计算公式为：

$$\sigma_p=\sqrt{\frac{\pi(1-\pi)}{n}}$$

式中，σ_p 为率的标准误，π 为总体率，n 为样本含量

由于实际工作中，总体率 π 往往未知，我们常用样本率 P 来代替总体率 π，则上述公式可改写为：

$$S_p=\sqrt{\frac{P(1-P)}{n}}$$

式中，S_p 为样本率的标准误，P 为样本率，n 为样本含量

27. ABCDE 比较 5 个样本率时，检验假设为 $H_0:\pi_1=\pi_2=\pi_3=\pi_4=\pi_5$；$H_1$：各总体率不全等，检验水准 $\alpha=0.05$。当检验结果为 $\chi^2>\chi^2_{0.01,4}$，$P<0.01$ 时，按 $\alpha=0.05$ 检验水准，拒绝 H_0，接受 H_1，各总体率不全等。

28. ABCDE 29. ABCDE ①比较两组疗效是否不同，宜选用的指标是治愈率（E）。②进行统计学处理时，对于两两率的比较宜选用 χ^2 检验。

30. ABCDE 在相关分析中，当一个变量 X 改变时，另一个变量 Y 也相应改变，此时称 X 为自变量，Y 为因变量。若 $Y=a+bX$，则直线回归分析就是研究两变量 X 和 Y 之间是否存在线性关系。

31. ABCDE 直线相关常用于研究两个连续性随机变量 X 和 Y 之间是否存在线性关系。为了直观地判断两个变量之间的关系，可在直角坐标系中把每对（X_i，Y_i）值所代表的点描绘出来，形成散点图。观察散点图中的坐标点分布是否呈直线趋势，此为直线回归分析的第一步。然后才是计算回归系数、建立回归方程、做回归直线，最后对回归系数进行假设检验。

32. ABCDE 33. ABCDE 34. ABCDE ①比较甲、乙、丙、丁四个城市 2015 年 HIV 感染率，宜选用单式直条图（C）。②某城市 2015 年 4 种不同类型病毒性肝炎发病人数占发病总人数的比例，为构成比资料，宜选用圆图（B）。③为表示血糖和胰岛素浓度两指标之间的关系，宜选用散点图（A）。

35. ABCDE 统计表必备结构包括：标题、标目、线条、数字、注释（不是备注），故答 C。2018 年真题。

36. ABCDE 样本均数 t 检验的条件是资料呈正态分布，而无论什么分布类型的资料，均可行秩和检验，此为非参数检验（B）。秩和检验常用于资料总体分布类型未知的统计检验。

37. ABCDE 如果两个小样本所来自的两个总体为正态总体且方差相等，则选择 t 检验来推断两个总体均数是否相等。如果两个小样本所来自的两个总体不为正态总体，或为正态总体但方差不等，则选择秩和检验来推断两个总体均数是否相等。

38. ABCDE $R\times C$ 列联表资料的 χ^2 检验，其自由度 $\nu=(R-1)(C-1)=(2-1)(4-1)=3$。

第十二篇　预防医学试题

1. 预防医学的研究对象是
   A. 病人　B. 健康人　C. 人体
   D. 群体　E. 个体及确定的群体
2. 下列疾病的预防以第一级预防为主要控制策略的是
   A. 结肠直肠癌　B. 类风湿关节炎　C. 乳腺癌
   D. 胰腺癌　E. 碘缺乏病
3. 下列属于第三级预防措施的是
   A. 遗传咨询　B. 脑卒中患者的康复　C. 孕妇产前检查
   D. 职业性急性中毒患者抢救　E. 乳腺癌筛检
4. 流行病学最基本的原理是
   A. 基因调控论　B. 疾病分布论　C. 疾病预防控制论
   D. 疾病流行数理模型　E. 健康-疾病连续带理论
5. 流行病学的基本原则不包括
   A. 群体原则　B. 现场原则　C. 对比原则
   D. 代表性原则　E. 盲法原则
6. 流行病学的研究方法不包括
   A. 实验性方法　B. 理论性方法　C. 描述性方法
   D. 推论性方法　E. 分析性方法
7. 某研究者拟采用多中心、随机、双盲临床试验评价补肾活血颗粒改善帕金森病患者运动功能的有效性，试验组使用的中药配方包括山茱萸、何首乌和当归等成分。对照组用药由淀粉、糊精和苦味剂等成分制成，其气味、口感与试验用药非常近似，但没有药理作用。该试验采用的对照属于
   A. 交叉对照　B. 标准方法对照　C. 自身对照
   D. 安慰剂对照　E. 空白对照
8. 100 名高血压患者接受某种药物治疗，1 个月后有 65 名患者血压明显下降，正确的说法为
   A. 该药物无降压效果　B. 样本量小，尚不能作结论　C. 未设对照组，无法做结论
   D. 该药物降压效果好　E. 观察时间短，疗效可疑
9. 某地区在 1 个月内对居民进行了是否有糖尿病的普查，可计算当地居民糖尿病的
   A. 发病率　B. 罹患率　C. 死亡率
   D. 患病率　E. 二代发病率
10. 某地区欲找出对病人生命威胁最大的疾病，以便制订防治对策，需要计算和评价的统计指标为某病
    A. 病死率　B. 患病率　C. 死亡率
    D. 患病构成比　E. 发病率
11. 对感染性腹泻进行监测应选择的疾病频率测量指标是
    A. 发病率　B. 罹患率　C. 现患率
    D. 期间患病率　E. 时点患病率

12. 1966年,全国流脑发病率高达200/10万,而其他年份流脑一般发病率为(10~20)/10万。1966年流脑的流行强度为

A. 大流行　B. 散发　C. 暴发
D. 长期变异　E. 流行

13. 一项病例对照研究的数据如下,其*OR*值为

	病例组	对照组
有暴露史	20	10
无暴露史	10	15

A. 0.75　B. 1.0　C. 1.3
D. 2.3　E. 3.0

14. 某研究者在社区进行糖尿病患病率调查时,首先将全区的人群按经济条件分为好、较好、差三类,然后每一类各随机抽取1/100的人做调查。该研究者使用的抽样方法分别为

A. 整群抽样、机械抽样　B. 系统抽样、单纯随机抽样　C. 机械抽样、分层抽样
D. 分层抽样、单纯随机抽样　E. 单纯随机抽样、系统抽样

15. 选定有特定疾病的人群组与未患这种疾病的对照组,比较两组人群过去暴露于某种可能危险因素的比例,分析暴露于该因素是否与疾病有关,该研究为

A. 现况调查研究　B. 病例对照研究　C. 队列研究
D. 实验性研究　E. 理论性研究

16. 选定暴露和未暴露于某种因素的两种人群,追踪其各自的发病结局,比较二者发病结局的差异,从而判断暴露因素与发病有无因果关系及关联程度,该研究为

A. 队列研究　B. 病例对照研究　C. 现况调查研究
D. 临床试验研究　E. 现场干预试验

17. 从医院选取了糖尿病病人和非糖尿病病人,观察体重是否超重与糖尿病的关系,需计算的指标为

A. 患病率　B. 发病率　C. 发病率比
D. 患病率比　E. 比值比

18. 下列流行病学研究方法中,证明病因假设最可靠的是

A. 病例对照研究　B. 队列研究　C. 现况研究
D. 实验流行病学　E. 动物实验

19. 在病例对照研究中,由于研究者事先知道研究对象的分组情况,而对病例组的询问仔细认真,对对照组的询问则不认真。研究者认为对照组不需要像病例组那样花费精力认真调查,由此产生的偏倚属于

A. 诊断怀疑偏倚　B. 暴露怀疑偏倚　C. 易感性偏倚
D. 领先偏倚　E. 测量偏倚

20. 所谓筛检,是指在人群中

A. 采用快速试验确诊病人　B. 随机抽取一部分人进行检查
C. 采用诊断试验确诊病人　D. 随机抽取一部分人进行初步检查,阳性者再到医院进行诊断
E. 采用快速的试验发现未识别的病人、可疑病人或有缺陷的人

21. 若某项检查指标的高滴度与某疾病有关联,则诊断标准降低1个稀释度将导致

A. 灵敏度和特异度均降低　B. 灵敏度和特异度均增高　C. 灵敏度增高,特异度降低
D. 灵敏度降低,特异度增高　E. 灵敏度增高,特异度不定

22. 为尽量发现病人,在制定筛选方法标准过程中,常采用

A. 提高方法的灵敏度　B. 提高方法的特异度　C. 降低假阳性率

D. 提高假阴性率　E. 使假阴性率与假阳性率相等

23. 筛检试验不要求具备的特点是
A. 特异度高　B. 简便快速　C. 易为群众接受
D. 经济　E. 安全

(24~26 题共用题干)用钼靶 X 线摄片检查方法做乳腺癌的筛检试验,分别检查了 100 名未患乳腺癌的妇女和 100 名已活检确诊为乳腺癌的妇女,结果发现前者有 16 例为阳性结果,后者有 64 例为阳性结果。

24. 此项筛检试验中灵敏度为
A. 16%　B. 36%　C. 64%
D. 74%　E. 84%

25. 此项筛检试验中特异度为
A. 16%　B. 36%　C. 64%
D. 74%　E. 84%

26. 此项筛检试验的粗一致率为
A. 16%　B. 36%　C. 64%
D. 74%　E. 84%

27. 公共卫生监测的目的不包括
A. 预测疾病流行　B. 查明原因　C. 制订公共卫生策略和措施
D. 评价干预措施的效果　E. 连续系统地收集资料

28. 对能够反映总人群中某种基本流行状况的有代表性的特定人群进行监测,属于
A. 主动监测　B. 被动监测　C. 哨点监测
D. 常规报告　E. 医院监测

29. 我国疾病监测体系不包括
A. 重点传染病监测系统　B. 症状监测系统　C. 死因监测系统
D. 自愿报告系统　E. 病媒生物监测系统

30. 药物不良反应监测方法不包括
A. 自愿报告系统　B. 义务性监测　C. 重点医院监测
D. 重点药物监测　E. 哨点监测

31. Meta 分析应特别注意控制
A. 发表偏倚　B. 回忆偏倚　C. 测量偏倚
D. 混杂偏倚　E. 报告偏倚

32. Meta 分析与原始研究证据在方法学上的最大区别是 Meta 分析
A. 使用二次研究证据　B. 综合原始研究证据　C. 只使用已经发表的研究结果
D. 可以提高统计学效能　E. 可增加研究结果的可靠性

33. 临床预防服务的策略属于
A. 第一级预防和第二级预防　B. 第三级预防和第四级预防　C. 第一级预防
D. 第二级预防　E. 第三级预防

34. 对个体或群体的健康进行全面监测、分析、评估、提供健康咨询、指导以及对健康危险因素进行干预的全过程,称为
A. 疾病管理　B. 健康管理　C. 健康维护计划
D. 健康教育　E. 健康促进

35. 临床预防服务内容中成本-效益最好的措施是

A. 健康咨询　　B. 健康筛查　　C. 免疫接种
D. 化学预防　　E. 预防性化疗

36. 健康危险因素评价的主要目的在于
A. 改善人类生活环境　　B. 阐明疾病的生物学病因　　C. 便于疾病的早期诊断
D. 控制传染病的传播　　E. 促进人们改变不良的行为生活方式

37. 某单位在职工体检中发现员工高血压和超重的检出率较高。医务人员为该单位制订的健康教育与健康促进干预活动,主要包括调整食堂的膳食结构、制订工间操制度和组织文体活动等。这些干预活动主要是
A. 社会因素　　B. 强化因素　　C. 人群因素
D. 倾向因素　　E. 促成因素

A. 价值观　　B. 政策　　C. 周围人的首肯
D. 干预项目　　E. 医疗费用

38. 影响健康行为的倾向因素是
39. 影响健康行为的强化因素是

40. 男,35 岁,吸烟 10 年,每天 1 包并表示不想戒烟。他说:“就算生病我也不会把烟戒掉”。按照行为改变阶段模式,该患者行为属于
A. 行动阶段　　B. 准备阶段　　C. 打算转变阶段
D. 维持阶段　　E. 无打算阶段

41. 某男,43 岁。吸烟 10 年,每天 1 包,不想戒烟。他说:“我从来不生病,即使吸烟也不会得肺癌”。针对该患者的想法,首先应该向他指出的是
A. 吸烟相关疾病的易感性　　B. 行为改变的有效性　　C. 行为改变的障碍
D. 吸烟相关疾病的严重性　　E. 自我效能的重要性

42. 某吸烟者在家人的督促下到戒烟门诊就诊。他说,吸烟不过使人多咳嗽几声,没什么大不了的。按照健康信念模式,戒烟门诊医生应该着重提高患者哪方面的认识?
A. 提高自信的重要性　　B. 行为改变的好处　　C. 吸烟相关疾病的易感性
D. 吸烟相关疾病的严重性　　E. 行为改变障碍

A. 健康信念模式　　B. 社会认知理论　　C. 组织发展理论
D. 创新扩散理论　　E. 组织间关系理论

43. 属于个体水平的理论是
44. 属于人际间水平的理论是

45. 临床健康咨询的原则不包括
A. 建立友好关系　　B. 识别需求　　C. 同情
D. 保守秘密　　E. 调动参与

A. 尼古丁　　B. 重金属　　C. 烟草焦油
D. 吲哚吡啶　　E. 醛酸类

46. 烟草中主要的致癌物质是
47. 烟草中能导致成瘾的物质是

48. 下列疾病的发生与吸烟危害关系不大的是
A. 糖尿病　　B. 阿尔茨海默病　　C. 男性功能障碍
D. 冠心病　　E. 慢性阻塞性肺疾病

49. 一名45岁的男性，由于患肺结核病而就诊。经问诊得知他已经吸烟20年，每天吸一包烟。他表示考虑在一个月内戒烟。作为一名临床医生，你要做的是
A. 强调戒烟的好处　B. 提供戒烟药物　C. 随访
D. 谈吸烟的危害　E. 和病人一起确定戒烟日
50. 5A 戒烟法的第一步是
A. 评估　B. 询问　C. 建议
D. 帮助　E. 随访
51. 根据“5R”的快速干预策略，向吸烟者宣传戒烟的好处，属于
A. 相关性　B. 危险性　C. 益处
D. 障碍　E. 反复
52. 控烟策略(MPOWER)不包括
A. 提高烟税　B. 提供戒烟帮助　C. 监测烟草使用
D. 警示烟草危害　E. 烟草替代物种植
53. 营养素的需要量是指
A. 维持机体正常代谢所需要的量　B. 为满足机体从事轻劳动所需要的量
C. 为保证机体正常生长发育所需要的量　D. 维持机体正常生理功能所需要的量
E. 为满足机体需要，每日必须由膳食摄取以满足机体需要的量
54. 中国营养学会提出的平衡膳食宝塔提供了
A. 食物分类的概念　B. 膳食中营养素的适宜摄入量　C. 比较理想的膳食模式
D. 理想的一日食谱　E. 每日必须摄入的食物数量

A. 谷类　B. 大豆类及其制品　C. 薯类
D. 奶及奶制品　E. 新鲜蔬菜
55. 钙的最好来源是
56. 优质蛋白质的最好来源是
57. 维生素C的最好来源是

58. 低嘌呤膳食的适用对象是
A. 肾脏疾病患者　B. 高血压患者　C. 急性痛风患者
D. 糖尿病患者　E. 心脏病患者
59. 最准确的膳食调查方法是
A. 称重法　B. 记账法　C. 回顾法
D. 化学分析法　E. 食物频率法
60. 3~6代谢当量的身体活动强度属于
A. 极低强度　B. 低强度　C. 中等强度
D. 高强度　E. 极高强度
61. 骑自行车上下班属于
A. 职业性身体活动　B. 交通往来身体活动　C. 家务性身体活动
D. 闲暇时间身体活动　E. 运动锻炼
62. 关于临床场所疾病筛检原则的叙述，错误的是
A. 不应常规推荐有效性存疑的筛检项目　B. 将已证实有效的筛检项目常规推荐给受检者
C. 应在全人群中开展相应的筛检　D. 不鼓励受检者无针对性地全身体检
E. 进行特殊筛检前应与受检者充分沟通

63. 评价疫苗接种效果的最关键指标是接种的
A. 不良反应发生率　B. 安全性　C. 临床效果评价
D. 副作用发生率　E. 流行病学效果和免疫学评价

(64~65 题共用题干)观察一种疫苗的流行病学效果,结果为:接种组 200 人,发病 5 人;对照组 200 人,发病 50 人。

64. 该疫苗的保护率为
A. 10%　B. 25%　C. 50%
D. 70%　E. 90%

65. 该疫苗的效果指数为
A. 0.10　B. 0.75　C. 0.90
D. 9.00　E. 10.00

66. 当前我国慢性病的防治原则不包括
A. 政府主导　B. 社会参与　C. 分类指导
D. 防治结合　E. 健康教育

67. 引起介水传染病的污染是
A. 物理性污染　B. 化学性污染　C. 生物性污染
D. 放射性污染　E. 土壤污染

68. 严重环境污染引起的一类地区性中毒性疾病称为
A. 痛痛病　B. 地方病　C. 水俣病
D. 公害病　E. 介水传染病

69. 下列属于二次污染物的是
A. SO_2　B. 酸雨　C. CO
D. 汞　E. NO_X

70. 产生温室效应的主要物质是
A. NO_2　B. CO_2　C. N_2O
D. CO　E. SO_2

71. 大气污染对人体健康的间接危害不包括
A. 变态反应　B. 臭氧层破坏　C. 温室效应
D. 酸雨　E. 气候变暖

72. 环境污染物危险度评价的核心是
A. 危害鉴定　B. 暴露评价　C. 剂量-反应关系评价
D. 剂量-效应关系评价　E. 危险度特征分析

73. 职业性有害因素不包括
A. 物理性有害因素　B. 化学性有害因素　C. 生物性有害因素
D. 放射性有害因素　E. 不良生理、心理性有害因素

74. 下列气体哪个属于刺激性气体?
A. Cl_2　B. CO　C. H_2S
D. CH_4　E. 以上均不是

A. 该气体与细胞色素氧化酶中三价铁和谷胱甘肽结合抑制细胞呼吸酶
B. 该气体与氧化型细胞色素氧化酶中的二价铁结合,引起细胞内窒息
C. 使血氧饱和度增加,组织不能利用氧

D. 引起氧分压增加,导致组织供氧不足,引起缺氧
E. 影响血液中氧的释放和传递,导致低氧血症和组织缺氧

75. 硫化氢中毒的机制是
76. 一氧化碳中毒的机制是
A. 神经系统　B. 造血系统　C. 消化系统
D. 循环系统　E. 呼吸系统
77. 急性苯中毒时主要损害
78. 慢性苯中毒时主要损害

79. 职业卫生服务的研究对象是
A. 职业人群　B. 工作环境　C. 职业人群和工作环境
D. 不良劳动条件　E. 全体工作人员
80. 医疗机构接诊的急性职业病应在规定的时限内向患者所在地卫生行政部门报告,此规定时限为
A. 2 小时　B. 12 小时　C. 12~24 小时
D. 24 小时　E. 立即
81. 下列职业病防护措施中,属于第一级预防的措施是
A. 在高危人群中定期开展健康检查　B. 建立家庭病床,促进职业病患者康复
C. 将轻症患者调离原岗位进行治疗　D. 以低毒原料代替高毒原料,以减少职业病的发生
E. 对发生心理问题的职工进行心理咨询和指导
82. 食源性疾病是指由于进食
A. 而引起的各种疾病　B. 带有病原物质的食物而引起的中毒性疾病
C. 带有病原物质的食物而引起的急性传染病　D. 带有病原物质的食物而引起的消化道传染病
E. 带有病原物质的食物而引起的通常具有感染或中毒性质的一类疾病
83. 长期摄入受到甲基汞污染的食物会导致
A. 痛痛病　B. 水俣病　C. 癌症
D. 单纯性甲状腺肿　E. 化学性食物中毒

A. 职业性接触铅　B. 职业性接触石棉　C. 职业性接触联苯胺
D. 人乳头瘤病毒 18 型感染　E. 长期饮用含藻类毒素的宅沟水或井水
84. 上述各因素中最可能致肝癌的是
85. 上述各因素中最可能致肺癌的是

(86~87 题共用题干)某家庭 5 口人,一日晚餐十几分钟后均出现头晕、头痛、心悸、胸闷、皮肤潮红、荨麻疹、哮喘等症状。晚餐主食为米饭,副食主要有排骨(猪)、金枪鱼(青皮红肉海鱼)、花菇、豆腐和青菜,所有食物均购于某超市,未见腐败变质。
86. 此次事件最可能是
A. 急性胃肠炎　B. 病毒性甲型肝炎　C. 细菌性痢疾
D. 食物过敏　E. 食物中毒
87. 引起此次事件最可能的食物是
A. 猪排骨　B. 金枪鱼　C. 花菇
D. 豆腐　E. 青菜

88. 在某工地食堂用餐后半小时左右,有多名工人口唇、指甲和全身皮肤发绀,并出现精神萎靡、头晕、头痛、乏力、心跳加速,有的伴有恶心、呕吐、腹胀、烦躁不安、呼吸困难。其最大可能是

A. 河鲀鱼中毒　　B. 四季豆中毒　　C. 亚硝酸盐中毒
D. 沙门菌中毒　　E. 葡萄球菌肠毒素中毒

89. 由于对卫生投入的不足，导致医院尤其是基层医院的基础设施落后，从而增加医院内有害因素的发生，这类因素属于
A. 医院专业因素　　B. 医院环境因素　　C. 医院管理因素
D. 医院社会因素　　E. 医源性有害因素

90. 医院工作场所暴力事件的防范措施不包括
A. 加强安全保卫措施　　B. 推行感动服务　　C. 提高医务人员技术水平
D. 积极化解纠纷　　E. 加强媒体沟通

91. 不属于群体性不明原因疾病应急处理原则的是
A. 统一领导、分级响应　　B. 调查与控制并举　　C. 分工合作、联防联控
D. 信息互通、及时发布　　E. 按时报告

92. 引起急性电离辐射损伤的下限辐射剂量一般为
A. 1Gy　　B. 1.5Gy　　C. 2Gy
D. 2.5Gy　　E. 3Gy

93. 卫生服务的需要主要取决于消费者的
A. 购买愿望　　B. 实际支付能力　　C. 购买愿望和支付能力
D. 购买愿望和健康状况　　E. 自身健康状况

94. 卫生服务组织不包括
A. 医疗机构　　B. 妇幼保健机构　　C. 医疗保险公司
D. 医学教育机构　　E. 公共卫生机构

95. 良好医疗保健的基本要求包括 10 个方面，简称为
A. 3A7C　　B. 7A3C　　C. 5A5C
D. 6A4C　　E. 2A8C

96. 实行储蓄医疗保险模式的代表性国家是
A. 美国　　B. 德国　　C. 日本
D. 新加坡　　E. 英国

97. 城镇职工基本医疗保险的个人缴费比例一般为本人工资的
A. 1%　　B. 2%　　C. 5%
D. 10%　　E. 15%

98. 王某是外企职员，2016 年 6 月因急性胰腺炎住院治疗 2 个月，总共花费 20 余万元。请问王某的住院费用不可能从哪个渠道得到补偿？
A. 基本医疗保险　　B. 补充医疗保险　　C. 商业医疗保险
D. 农村合作医疗保险　　E. 社会医疗救助

99. 关于医疗费用的控制，不属于控制医疗服务供方的措施是
A. 按病种给付方式付费　　B. 按服务项目付费　　C. 按人头预付方式付费
D. 按服务单元付费　　E. 总额预付制

100. 我国卫生系统的组成主要包括
A. 医疗服务、医疗保险和卫生管理　　B. 医疗保障和卫生服务
C. 医疗服务、疾病预防和卫生管理　　D. 医疗服务、疾病预防和医疗保障
E. 卫生服务、医疗保障和卫生执法监督

预防医学试题参考答案及详细解答

（正确答案为绿色的选项）

1. ABCDE　预防医学是医学的一门应用学科，它以个体和确定的群体为研究对象，目的是保护、促进和维护健康，预防疾病、失能和早逝。

2. ABCDE　①疾病的三级预防策略包括：第一级预防又称病因预防，是指针对病因所采取的预防措施。第二级预防是指对疾病进行早期发现、早期诊断、早期治疗的三早预防工作。第三级预防是指对已患病的病人，采取及时、有效的治疗措施。碘缺乏病的病因已明确，只要去除病因即可消除疾病，因此应以第一级预防为主要控制策略（E）。②ABCD 病因尚未明确，除第一级预防外，还需第二、三级预防。

3. ABCDE　疾病的三级预防策略包括：①第一级预防：又称病因预防，是指针对病因所采取的预防措施；②第二级预防：在疾病的临床前期做好早期发现、早期诊断、早期治疗的三早预防工作；③第三级预防：对已患病的病人，采取及时、有效的治疗措施，防止病情恶化，预防并发症和伤残。可见，职业性急性中毒患者抢救属于三级预防（D）。遗传咨询属于一级预防，孕妇产前检查、乳腺癌筛检属于二级预防，脑卒中患者的康复不属于预防。

4. ABCDE　BCDE 均属于流行病学的原理，其中最基本的原理是疾病分布论，即研究疾病或健康状况在人群中的分布情况，如人群特征、时间特征、地区特征等。

5. ABCDE　盲法原则是临床试验的设计原则，而不是流行病学的基本原则。

6. ABCDE　流行病学的研究方法包括：①观测法：分为描述流行病学（横断面研究+生态学研究+疾病监测）和分析流行病学（病例对照研究+队列研究）；②实验法（临床试验+现场试验+社区干预试验）；③数理法（理论流行病学）。不包括推论性方法（D）。

7. ABCDE　在进行前瞻性研究时，需设计对照组，常用的对照组处理方法包括：①空白对照：不给予对照组任何措施；②安慰剂对照：安慰剂是感官性状与试验药物相似，但没有效应的物质，常用淀粉、生理盐水等成分制成，其外形、颜色、大小、味道与试验药物极为相近；③标准疗法对照：给予对照组以常规或现行最好的疗法；④不同给药剂量、不同疗法、不同给药途径相互对照：以观察哪个剂量、哪种给药途径治疗效果最佳。显然，本研究所采用的对照为安慰剂对照（D）。

8. ABCDE　实验设计的三大原则包括对照原则、随机化原则、重复原则。只有设立了对照组，才能消除非处理因素对实验结果的影响，从而使处理因素的效应得以体现。本研究未设立对照组，因此无法做结论。2018 年真题。

9. ABCDE　患病率＝某特定时间内一定人群中现患某病的新旧病例数÷同期的平均人口数（被观察人口数）×k（k＝100%、1000‰…）。患病率主要用于描述病程较长的慢性病的发生或流行情况，答案为 D。

10. ABCDE　①“对病人生命威胁最大的”，当然是“死亡”，因此答案只可能在 AC 中产生，可首先排除答案 BDE。②死亡率是指在一定期间（1 年）内，某人群中死于某病的频率。病死率是指一定时期内，患某病的全部病人中因该病死亡者所占的比例。可见，死亡率包含所有病因的死亡，如疾病、车祸、自杀等；而病死率是指特定某一疾病的死亡，故答 A。

11. ABCDE　①发病率是指一定期间内（一般为 1 年），特定人群中某病新发病例出现的频率，主要用于描述急性感染性疾病的发生频率。感染性腹泻属于感染性疾病范畴，故答 A。②罹患率常用于传染病、食物中毒等暴发的调查。现患率也称患病率，根据观察时间的不同，患病率又分为期间患病率和时点患病率。患病率主要用于描述病程较长的慢性病的发生或流行情况。

12. ABCDE ①疾病流行强度分为散发、流行、大流行和暴发4种，故可首先排除答案D。散发是指某病发病率维持在历年的一般水平。流行指某病发病率超过历年发病率水平的3～10倍。大流行是指发病率超过历年发病率水平的10倍。暴发是流行的特例，是指一个局部地区或集体单位中，短时间内，突然出现大量相同病人的现象。②1966年全国流脑发病率为历史一般发病率的10～20倍，故其流行强度应为大流行(A)。请注意，很多医考参考书将答案错为E，错误的原因是没有记住"3～10倍"这个数据，请参阅7版预防医学P44。

13. ABCDE OR值也称比值比，是指某事物发生的可能性与不发生的可能性之比。在病例对照研究中：

$$OR=\frac{\text{病例组的暴露比值}}{\text{对照组的暴露比值}}=\frac{a/c}{b/d}=\frac{ad}{bc}=\frac{20\times 15}{10\times 10}=3.0$$。2018年真题。

14. ABCDE 分层抽样是将调查的总体按照某种特征分成若干层(组群)，然后在每层(组群)中进行随机抽样。单纯随机抽样是指从总体 N 个对象中，利用抽签、随机数字等方法抽取 n 个对象组成一个样本。本研究先将全区人群按经济条件分为好、较好、差三类(分层抽样)，再从每类中随机抽取1/100做调查(单纯随机抽样)，故答案为D。

15. ABCDE ①病例对照研究是选择患有和未患有某特定疾病的人群分别作为病例组和对照组，调查各组人群过去暴露于某可疑危险因素的水平，通过比较各组之间暴露水平的差异，判断暴露因素是否与研究的疾病有关联及其关联强度(B)。②现况调查研究是对某一特定人群、特定时间内的患病率进行研究。队列研究是将一个范围明确的人群按是否暴露于某可疑因素或暴露程度分为不同的亚组，追踪各组的结局并比较其差异，从而判定暴露因素与结局之间有无关联及其关联强度。实验流行病学是将来自同一总体的研究对象随机分为实验组和对照组，实验组给予实验因素，对照组不给予该因素，然后前瞻性地随访各组的结局，并比较其差别的程度，从而判断实验因素的效果。理论流行病学是用数学公式定量地表达病因和宿主之间构成的数学关系，以预测疾病的流行规律，从理论上探讨疾病防治措施的效果。

16. ABCDE ①队列研究是将特定人群按是否暴露于某可疑因素分组，追踪各组的结局并比较其差异，从而判定暴露因素与结局之间有无关联及其关联强度(A)。②临床试验是将临床病人随机分为试验组和对照组，试验组给予某临床干预措施，对照组不给予该措施，通过比较各组效应的差别来判断临床干预措施效果的一种前瞻性研究。

17. ABCDE 比值比(OR)是指某事物发生的可能性与不发生的可能性之比，是估计暴露因素与疾病关联程度的指标。OR=病例组的暴露比值/对照组的暴露比值。因此，计算比值比，可反映暴露因素(超重)与疾病(糖尿病)的关联程度(E)。

18. ABCDE 实验流行病学是将来自同一总体的研究对象随机分为实验组和对照组，然后前瞻性地随访各组的结局，并比较其差别的程度，从而判断实验因素的效果。由于实验流行病学采取了随机分组，保证了两组的均衡可比，两组间的唯一差别是有无实验因素，因此在论证病因假设时，其因果关系说服力最强，故答D而不是ABC。动物实验虽可提供佐证，但动物实验结果不能说明人群结果。

19. ABCDE 暴露怀疑偏倚多见于病例对照研究中，是指研究者有某疾病与暴露某因素有关联的先入之见，因而在收集病例组和对照组的暴露信息时采取了不同的方法和态度，致使病例组比对照组更易获得暴露信息的情况。

20. ABCDE 筛检也称筛查，是运用快速简便的检验、检查或其他措施，在健康人群中，发现那些表面健康，但可疑有病或有缺陷的人。

21. ABCDE 疾病的诊断标准降低将提高灵敏度，从而降低特异度。

22. ABCDE ①灵敏度是指金标准确诊的病例中，筛检试验也判断为阳性者所占的百分比。特异度是指金标准确诊的非病例中，筛检试验也判断为阴性者所占的百分比。提高筛检试验的灵敏度，可更可能多地发现病人，但其特异度会降低，故答 A 而不是 B。②假阳性率也称误诊率，是指金标准确诊的非病例中，筛检试验错判为阳性者所占的百分比。假阴性率也称漏诊率，是指金标准确诊的病例中，筛检试验错判为阴性者所占的百分比。2018 年真题。

23. ABCDE ①筛检试验必须要快速、简单、经济、可靠、安全、有效、易为群众接受。②"特异度高"是诊断的应用原则（A）。

24. ABCDE 25. ABCDE 26. ABCDE 为保证资料的准确无误，评价试验结果整理如下表。

筛检试验	活检确诊结果		合计
	乳腺癌	非乳腺癌	
阳性	a（真阳性）[64]	b（假阳性）[16]	$a+b$
阴性	c（假阴性）[36]	d（真阴性）[84]	$c+d$
合计	$a+c$ [100]	$b+d$ [100]	$n(a+b+c+d)$

①灵敏度是指金标准确诊的病例中筛检试验也判断为阳性者所占的百分比，灵敏度 $=a/(a+c)\times100\%$ $=(64/100)\times100\%=64\%$，答案为 C。②特异度（真阴性率）是指金标准确诊的非病例中筛检试验也判断为阴性者所占的百分比，特异度 $=d/(b+d)\times100\%=(84/100)\times100\%=84\%$，答案为 E。③粗一致性是指筛检试验检出的真阳性和真阴性病例之和占受试人数的百分比。粗一致性 $=(a+d)/(a+b+c+d)\times100\%=(64+84)/200\times100\%=74\%$，答案为 D。2018 年真题。

27. ABCDE 公共卫生监测的目的包括：①确定主要的公共卫生问题，掌握其分布和趋势；②查明原因，采取干预措施；③评价干预措施的效果；④预测疾病流行；⑤制订公共卫生策略和措施。

28. ABCDE 对能反映总体人群中某种疾病流行状况的有代表性特定人群（哨点人群）进行监测，了解疾病的流行趋势，属于哨点监测。

29. ABCDE ①我国疾病监测体系包括 6 大系统：疾病监测信息报告系统、重点传染病监测系统、症状监测系统、死因监测系统、病媒生物监测系统、健康相关危险因素监测系统。②自愿报告系统为药物不良反应监测方法。

30. ABCDE 药物不良反应监测的方法包括自愿报告系统、义务性监测、重点医院监测、重点药物监测、速报制度。哨点监测属于我国疾病监测方法。

31. ABCDE Meta 分析是运用定量统计学方法，汇总多个原始研究结果，文献是否全面、系统直接影响研究结果的真实性，故应特别注意控制发表偏倚。

32. ABCDE Meta 分析是运用定量统计学方法，汇总多个原始研究结果的系统评价，因此，与原始研究证据在方法学上的最大区别在于 Meta 分析是综合原始研究证据（B）。

33. ABCDE 临床预防服务是指由医务人员在临床场所（包括社区卫生服务工作者在家庭和社区场所）对健康者和无症状"患者"的健康危险因素进行评价，实施个性化的预防措施来预防疾病和促进健康。临床预防服务的内容强调第一级和第二级预防的结合，且是临床和预防一体化的卫生服务。

34. ABCDE 健康管理是指对个体或群体的健康进行全面监测、分析、评估、提供健康咨询、指导以及对健康危险因素进行干预的全过程。健康管理的目的是调动个体、群体及整个社会的积极性，有效地利用有限的资源达到最大的健康效果。

35. ABCDE ABCDE 均属于临床预防服务的内容。通过健康咨询改变就医者的不健康行为，属于疾病的一级预防，若能很好地执行，其成本-效益最好，是预防疾病最有效的方式，是临床预防服务最重要的内容之一。

36. ABCDE ①健康危险因素评估是一种用于描述和评估个体健康危险因素所导致的某一特定疾病或因为某种特定疾病而死亡的可能性的方法和工具。其目的是通过干预措施，促使人们改变不良的行为生活方式，从而避免或减少暴露于危险因素，提高健康水平（E）。②健康危险因素评估显然不能改善人类生活环境、阐明疾病的病因、控制疾病的传播及早期诊断。

37. ABCDE 根据健康行为的生态学模式，影响健康行为的因素包括三个方面：①倾向因素：是为行为改变提供理由或动机的先行因素，它通常先于行为，是产生某种行为的动机或愿望，或诱发产生某行为的因素，包括知识、信念、价值观、自信心等。②促成因素：是指允许行为动机或愿望得以实现的先行因素，即实现或达到某行为所必需的技术和资源，包括干预项目、服务、行为和环境改变的必需资源、行为改变所需的新技能等。③强化因素：是指对象实施某行为后所得到的加强或减弱该行为的因素，也包括行为者自己对行为后果的感受。调整膳食结构、制订工间操制度、组织文体活动，均属于干预项目，因此属于促成因素(E)。

38. ABCDE 39. ABCDE 判断影响健康行为三因素的简单方法是：行为本身为促成因素，行为之前的先行因素为倾向因素，行为之后的后果(周围人的评价或自身感受)为强化因素。因此，价值观属于倾向因素，周围人的首肯为强化因素，BDE 为促成因素。

40. ABCDE 行为改变阶段模式认为人的行为变化通常需经过以下 5 个阶段(如右图)：①无打算阶段：处于该阶段的人，没有在未来 6 个月中改变自己行为的考虑，或有意坚持不改。②打算阶段：处于该阶段的人，打算在未来 6 个月内采取行动，改变疾病危险行为。③准备阶段：处于该阶段的人，将于未来 1 个月内改变行为。④行动阶段：在此阶段的人，在过去 6 个月中目标行为已经有所改变。⑤行为维持阶段：处于此阶段的人已经维持新行为长达 6 个月以上，已达到预期目的。吸烟者不想戒烟，并说“就算生病我也不会把烟戒掉”，说明他不打算戒烟，故答 E。

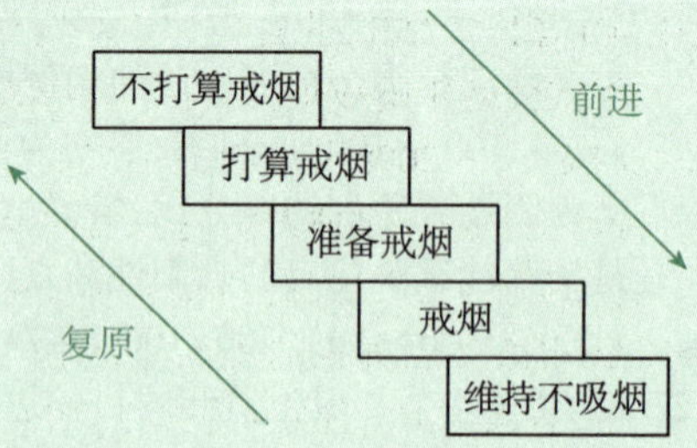

行为改变阶段模式示意图

41. ABCDE 按照行为改变阶段模式，该患者行为属于无打算阶段。对于无打算阶段的患者，最重要的劝导是“提高认识”，包括对疾病严重性和易感性的认识，故可首先排除答案 BCE。“我从来不生病，不会得肺癌”，显然患者是对疾病的易感性认识不足，故答 A 而不是 D。本题为 2014 年真题，很多医考参考书将答案错为 D。

42. ABCDE 按照行为改变阶段模式，该患者行为属于无打算阶段。对于无打算阶段的患者，最重要的劝导是“提高认识”，包括对疾病严重性和易感性的认识，故可首先排除答案 ABE。“吸烟不过使人多咳嗽几声，没什么大不了的”，说明患者对疾病的严重性认识不足，故答 D 而不是 C。本题为 2013 年真题，很多医考参考书将答案错为 C。

43. ABCDE 44. ABCDE 与个体水平的健康信念模式和行为改变阶段模式不同，社会认知理论属于人际水平的行为改变理论，可以用来解释广泛人类行为(包括健康行为)的综合行为理论。社会认知理论认为个体的行为既不是单由内部因素驱动，也不是单由外部刺激控制，而是行为、个人认知、环境三者之间交互作用决定的。

45. ABCDE 临床健康咨询的原则包括：①建立友好关系；②识别需求；③移情(不是同情)；④调动参与；⑤保守秘密；⑥尽量提供信息和资源。

46. ABCDE 47. ABCDE ①多环芳香烃是烟草焦油的主要成分，是一种常见的致癌物质(C)。②尼古丁是烟草成瘾的主要物质(A)。

48. ABCDE ①吸烟可导致 2 型糖尿病，且可增加糖尿病患者发生大血管和微血管并发症的风险(A 对)。②吸烟可导致男性勃起功能障碍(C 对)。③吸烟可导致冠心病、脑卒中、外周血管疾病(D 对)。④众所周知，吸烟能导致慢阻肺。按照 6 版预防医学 P175 观点，本题正确答案应为 B。但 7 版神经病学 P218 认为吸烟是阿尔茨海默病的高危因素，故按照神经病学观点，本题无正确答案。由于本题为预防医学试题，故仍选最佳答案为 B，很多医考参考书将答案错为 A。

49. ABCDE ①行为改变阶段模式认为人的行为变化通常需要经过5个阶段:无打算阶段:处于该阶段的人,没有在未来6个月中改变自己行为的考虑;打算阶段:处于该阶段的人,打算在未来6个月内采取行动,改变疾病危险行为;准备阶段:进入该阶段的人,将于未来1个月内改变行为;行动阶段:在此阶段的人,在过去6个月中目标行为已经有所改变;行为维持阶段:处于此阶段的人已经维持新行为长达6个月以上。②对于无打算阶段、打算阶段,应重点促使他们思考,认识到危险行为的危害,权衡行为利弊,从而产生改变行为的意向、动机;对于准备阶段、行动阶段,应促使他们尽快开始改变危害健康的行为,并促使参与者做出改变行为的承诺;对于行为维持阶段,应改变环境,消除或减少诱惑,通过帮助建立自我强化、学会信任来支持行为改变。根据题干,本例应属于准备阶段,为促使患者做出戒烟承诺,医生应和病人一起确定戒烟日期(E)。

50. ABCDE 5A戒烟法包括:①Ask(询问吸烟情况),此为第一步;②Advise(建议吸烟者戒烟);③Assess(评估吸烟者的戒烟意愿);④Assist(提供戒烟药物或行为咨询治疗);⑤Arrange(安排随访)。

51. ABCDE "5R"的益处是指使患者认识到戒烟的益处,突出说明那些和吸烟者最可能相关的好处,并强调任何年龄戒烟都可以获益,但戒烟越早获益越大。

52. ABCDE 2008年,WHO提出全球综合控烟政策(MPOWER),即Monitor(监测烟草使用及评估政策)、Protect(保护人们免受烟草烟雾危害)、Offer(提供戒烟帮助)、Warn(警示烟草危害)、Enforce(确保禁止烟草广告、促销和赞助)、Raise(提高烟税)。

53. ABCDE 营养素的需要量是指维持人体正常健康与生长所需要的营养素数量,也称营养素生理需要量,答案为C。注意:此题为2011年真题,按照营养素定义,答案C项并不完全。

54. ABCDE 中国营养学会建议的平衡膳食宝塔直观地告诉居民食物分类的概念及每天各类食物的合理摄入范围,也就是说告诉消费者每日应吃食物的种类及相应的数量,对合理调配平衡膳食进行具体指导。它提出了包含每日应摄入的主要食物种类和总量,即营养上比较理想的膳食模式(C)。此题为2014年真题,易误选答案ABE。请参阅第3版《预防医学学习指导与习题集》P151第18题,原题。

55. ABCDE 56. ABCDE 57. ABCDE ①奶及奶制品是钙的良好来源(D)。②蛋白质广泛存在于动物性和植物性食物中,动物性蛋白质质量好,植物性蛋白质中以大豆及其制品富含优质蛋白质,其余植物性蛋白质利用率较低(B)。③维生素C的最好来源是新鲜蔬菜和水果(E)。

58. ABCDE ①低嘌呤膳食的适用对象是急性痛风患者,以减少外源性嘌呤的来源,降低血清尿酸水平(C)。②ABE均宜采用低盐膳食,D宜采用低糖膳食。

59. ABCDE ABCDE均属于膳食调查方法,其中以称重法最准确,称重法是对某一膳食单位所消耗的全部食物分别称重的方法。

60. ABCDE 身体活动强度的分级标准为:身体活动强度<3MET(代谢当量,也称梅脱)为低强度;3~6MET为中等强度;≥7MET为高强度。

61. ABCDE 交通往来身体活动指从家中前往工作、购物、游玩地点等往来途中的身体活动。

62. ABCDE 应在高危人群(并不是全人群)中开展相应的筛检,以便筛检效益最大化(C错)。

63. ABCDE 目前主要通过测定接种后人群抗体阳转率、抗体平均滴度、抗体持续时间来评价疫苗接种效果,故答E。

64. ABCDE 65. ABCDE $\text{疫苗保护率}(\%)=\dfrac{\text{对照组发病率}-\text{接种组发病率}}{\text{对照组发病率}}\times 100\%=\dfrac{50/200-5/200}{50/200}\times 100\%=90\%$; $\text{疫苗效果指数}=\dfrac{\text{对照组发病率}}{\text{接种组发病率}}=\dfrac{50/200}{5/200}=10$

66. ABCDE 我国慢性病防治的三项基本原则是:①政府主导,部门合作,社会参与;②突出重点,分类指导,注重效果;③预防为主,防治结合,重心下沉。健康教育不属于慢性病的防治原则,而是传染病预防控制策略(E)。

67. ABCDE　介水传染病是指饮用水或接触受病原体污染的水体而传播的疾病，如 1988 年上海市发生的甲肝暴发流行。

68. ABCDE　严重的环境污染称为公害。由严重环境污染引起的地区性疾病称为公害病。

69. ABCDE　①一次污染物又称原生污染物，是指污染源直接排入环境，其物理和化学性质未发生变化的污染物。二次污染物是指由一次污染物转化而来的污染物。常见的一次污染物包括大气中的 SO_2、CO、氟利昂、颗粒物、火山灰、水体和土壤中的重金属、有机物等。②酸雨是大气中 SO_2、NO_X 等污染物溶于水汽中，经氧化成酸性物质（硫酸、硝酸等）凝结而成，故为二次污染物(B)。

70. ABCDE　大量燃料燃烧产生 CO_2 并排入大气，超过了森林和植物的吸收能力，致使大气中 CO_2 含量增加，全球气候变暖，称为温室效应。

71. ABCDE　大气污染对人体健康的间接危害有：温室效应（气候变暖）、形成酸雨、破坏平流层的臭氧层。变态反应为直接危害，故答 A。

72. ABCDE　环境污染物的危险度评价包括 ABCE 四项，其中剂量-反应关系评价是危险度评价的核心，是指研究有害物质剂量与健康效应的定量关系，从而确定暴露水平与健康效应发生率之间的关系。

73. ABCDE　职业性有害因素分为 ABCE 四类，不包括 D。放射性有害因素属于物理性有害因素，故答 D。

74. ABCDE　①Cl_2（氯气）为常温常压下有强烈刺激性气味的黄绿色有毒气体（A）。②CO（一氧化碳）为无色、无味、无臭的有毒气体。③H_2S（硫化氢）为常温下无色有臭鸡蛋气味的剧毒气体。④CH_4（甲烷）为无色、无味的气体。本题易错答为 C。

75. ABCDE　76. ABCDE　①硫化氢是细胞色素氧化酶的强抑制剂，能与线粒体内膜呼吸链中的氧化型细胞色素氧化酶中的 Fe^{3+} 结合，抑制呼吸链的电子传递和氧的利用，引起细胞内缺氧，造成细胞内窒息（A）。②一氧化碳（CO）经呼吸道吸入后，通过肺泡进入血液循环，立即与血红蛋白（Hb）结合，形成碳氧血红蛋白（HbCO），使 Hb 失去携带氧的能力。CO 与 Hb 的亲和力比 O_2 与 Hb 的亲和力大 300 倍，而 HbCO 又比氧合血红蛋白（HbO_2）的解离慢约 3600 倍，而且 HbCO 的存在还可抑制 HbO_2 的解离，抑制氧的释放和传递，导致低氧血症和组织缺氧（E）。

77. ABCDE　78. ABCDE　苯为脂溶性物质，在脂肪丰富的组织如神经组织、骨髓内蓄积较多，从而引起神经系统和造血系统损害。急性中毒主要引起神经系统损害，慢性中毒主要引起造血系统损害。

79. ABCDE　职业卫生服务（OHS）是以保护和促进职业从事者的安全与健康为目的，以职业人群和工作环境为对象的一种特殊形式的卫生服务。

80. ABCDE　任何医疗卫生机构接诊的急性职业病均应在 12～24 小时之内向患者所在地卫生行政部门报告。凡有死亡或同时发生 3 名以上急性职业中毒以及发生 1 名职业性炭疽，初诊医疗机构应当立即电话报告卫生行政主管部门或卫生监督机构。

81. ABCDE　职业病应遵循"三级预防"原则：①一级预防（病因预防）：从根本上阻止职业性有害因素对人体的损害作用，为最有效的预防措施，如 a.通过生产工艺改革和生产设备改进，合理利用防护设施及个人防护用品，使劳动者尽可能不接触或少接触职业性有害因素；b.通过制订职业接触限值，控制作业场所有害因素在职业安全卫生标准允许限度内；c.针对高危个体进行职业禁忌证检查。②二级预防（临床前期预防）：对作业人群实施职业健康监护，早期发现职业损害，及时合理处理，并进行有效治疗，防止损害的进一步发展。③三级预防（临床预防）：对已患职业病的患者及时做出正确的诊断和处理，包括脱离接触、实施合理有效的治疗、预防并发症、促进患者尽快康复等。D 为一级预防，AE 为二级预防，BC 为三级预防。

82. ABCDE　食源性疾病是指通过摄入食物而进入人体的各种致病因子引起的、通常具有感染或中毒性质的一类疾病。食源性疾病包括食物中毒、食源性肠道传染病、寄生虫病、人兽共患病、化学性有毒有害物质所造成的慢性中毒性疾病等，其中，以食物中毒最常见。

83. ABCDE　①水俣病是由于甲基汞污染环境并通过食物链进入人体所造成的疾病，最早发生于日本熊本县水俣镇,当时病因不明,故称为水俣病,后来确认是世界上最典型的汞污染环境所致的公害之一。②痛痛病(骨痛病)为镉中毒所致。亚硝基化合物常导致癌症。土壤缺碘常导致单纯性甲状腺肿。

84. ABCDE 85. ABCDE ①蓝绿藻产生的环状七肽肝毒素——微囊藻毒素,是一种致病性非常强的亲肝性致癌剂。因此长期饮用含藻类毒素的宅沟水或井水,可诱发肝癌(E)。②职业性接触石棉可导致石棉肺,石棉肺患者肺癌的发病率是普通人群的2~10倍(B)。③职业性接触铅可引起铅中毒,一般不会诱发癌症。职业性接触联苯胺易诱发膀胱癌。人乳头瘤病毒18型感染易诱发宫颈癌。

86. ABCDE 87. ABCDE ①本例一家5人进餐后在短时间全部发病,临床表现相似,因此应考虑食物中毒(E)。②鱼类引起的组胺中毒潜伏期多为10分钟至2小时,以急性过敏反应为主要表现,如面部、胸部或全身皮肤潮红,眼结膜充血,头痛头晕,心慌胸闷,呼吸加快,故本例应诊断为金枪鱼引起的组胺中毒(B)。猪排骨常引起沙门菌中毒,花菇常引起毒蕈中毒,豆腐很少引起食物中毒,青菜中的四季豆可引起四季豆中毒。

88. ABCDE ①进食腌制食品易引起亚硝酸盐中毒,常表现为头痛、头晕、乏力、胸闷、气短、心悸、恶心呕吐、腹痛腹泻腹胀、全身皮肤及黏膜发绀。结合病史及临床表现,本例应诊断为亚硝酸盐中毒(C)。②河鲀鱼中毒常表现为恶心呕吐、腹痛腹泻、口渴、便血、口唇肢端麻木、四肢无力、共济失调等。四季豆中毒主要表现为急性胃肠炎。沙门菌中毒常表现为头痛、恶心呕吐、腹痛腹泻、水样便、高热等。葡萄球菌肠毒素中毒常表现为恶心呕吐,中上腹部疼痛和腹泻,体温正常或有低热。

89. ABCDE ①医院常见的健康有害因素包括BCD四项,故可首先排除答案E。②医院社会因素是指可能引发患者和医务人员健康危害的医院相关的外界社会因素。由于长期以来卫生投入不足,导致医院基础设施落后、医疗设备不齐、医院环境恶劣等,增加了医院的有害因素,属于医院社会因素。

90. ABCDE 医院工作场所暴力事件的防范措施包括加强安全保卫措施、推行感动服务、积极化解纠纷、加强媒体沟通,不包括C项。

91. ABCDE 群体性不明原因疾病的应急处理原则是及时报告,而不是按时报告(E错)。ABCD均正确。

92. ABCDE 引起急性电离辐射损伤的下限辐射剂量一般为1Gy(戈瑞)。

93. ABCDE 卫生服务需要主要取决于居民的自身健康状况,是依据人们的实际健康状况与"理想健康状态"之间存在差距而提出的对预防、保健、医疗、康复等服务的客观要求。

94. ABCDE 卫生服务组织按照职能分工,卫生服务机构分为医疗机构、公共卫生机构、妇幼保健机构、医学教育机构、医学科学研究机构、军队、企业医疗卫生服务机构、其他卫生组织机构。

95. ABCDE 良好医疗保健的基本要求包括:可供性(Availability)、适量性(Adequacy)、可及性(Accessibility)、可接受性(Acceptability)、适宜性(Appropriateness)、可评估性(Assessability)、责任性(Accountability)、综合性(Comprehensiveness)、完整性(Completeness)、连续性(Continuity),简称"7A3C",它是评价医疗保健服务质量的重要指标。

96. ABCDE 实行储蓄医疗保险模式的国家是新加坡、斯里兰卡。美国实行的是商业医疗保险,德国、日本实行的是社会医疗保险,英国实行的是国家医疗保险。

97. ABCDE 城镇职工基本医疗保险的个人缴费比例一般为本人工资的2%。

98. ABCDE 新型农村合作医疗保险是由政府组织、引导、支持,农民自愿参加,个人、集体和政府多方筹资,以大病统筹为主的农民医疗互助共济制度,覆盖对象为所有农村居民。王某为外企职员,不可能参加农村合作医疗保险(D)。

99. ABCDE ACDE均属于控制医疗服务供方的措施,不包括B项。

100. ABCDE 卫生体制是国家为维护公民健康,保障国民基本健康权益而建立的国家基本制度。我国卫生事业的性质是政府实行一定福利政策的社会公益事业。我国的卫生系统由卫生服务、医疗保障和卫生执法监督三部分组成。

第十三篇　卫生法规试题

1. 卫生法的主要作用是维护社会卫生秩序,运用形式不包括
A. 禁止性规范　B. 强制性规范　C. 授权性规范
D. 任意性规范　E. 操作性规范
2. 卫生法的执法范围不包括
A. 行政许可　B. 行政处罚　C. 刑事处罚
D. 行政强制　E. 行政复议
3. 2013 年我国公布的《职业病分类和目录》将法定职业病分为
A. 8 大类　B. 9 大类　C. 10 大类
D. 11 大类　E. 12 大类
4.《职业病防治法》规定,进行职业病诊断时,需提供劳动者工作场所职业病危害因素检测结果等资料,其法定提供者是
A. 劳动者本人　B. 用人单位　C. 当地劳动保障行政部门
D. 安全生产监督管理部门　E. 当地卫生行政部门
5.《职业病防治法》规定,职业病诊断鉴定委员会组成人员收受职业病诊断争议当事人财物的,应当给予的处罚不包括
A. 警告　B. 没收收受的财物　C. 罚款
D. 吊销执业医师证　E. 取消职业病诊断鉴定委员会组成人员的资格
6. 执业医师是指在医疗机构中的
A. 从业人员　B. 执业的医务人员　C. 经注册的医务人员
D. 取得医师资格的医务人员　E. 取得医师资格并经注册的执业医务人员
7. 通过国家执业医师资格考试的医师,可以申请注册,受理机构是
A. 县级以上人民政府　B. 县级以上人民政府卫生行政部门
C. 省、自治区以上人民政府　D. 省、自治区以上人民政府卫生行政部门
E. 省医师协会
8. 受理执业医师注册申请的卫生行政部门,对申请人提交的申请材料进行审核的期限是自收到注册申请之日起
A. 7 日内　B. 10 日内　C. 15 日内
D. 30 日内　E. 60 日内
9. 医师注册后,应当由卫生行政部门注销注册的情形是
A. 受警告行政处罚的　B. 中止医师执业活动满 1 年的　C. 受吊销执业证书行政处罚的
D. 受罚款行政处罚的　E. 受责令暂停 6 个月执业活动行政处罚的
10. 医师跨省调动工作,需申请办理变更执业注册手续时应
A. 向原注册管理部门申请
B. 向拟执业地点注册管理部门申请
C. 向原或拟执业地任何一个注册管理部门申请

D. 先向原注册管理部门申请，再向拟执业地点管理部门申请
E. 先向拟执业地点管理部门申请，再向原注册管理部门申请

11. 医师在执业活动中享有的权利是
A. 保护患者隐私　B. 履行医师职责　C. 从事医学研究
D. 遵守技术规范　E. 遵守职业道德

12. 医师在执业活动中应履行的义务不包括
A. 进行医学诊查　B. 遵守技术操作规范　C. 保护患者隐私
D. 努力钻研业务　E. 对患者进行健康教育

13. 执业医师进行实验性临床医疗的，除征得患者本人或者其家属同意外，还需经
A. 县级以上卫生行政部门批准　B. 省级以上卫生行政部门批准　C. 自治区卫生行政部门批准
D. 医院批准　E. 科室批准

14. 医师的下列行为不属于违法违规行为的是
A. 泄露患者隐私　B. 隐匿医学文书　C. 延误危急患者的抢救
D. 收受患者财物　E. 拒绝依据他院检查结果签署诊断证明

15. 不法人员干扰医疗秩序妨碍医务人员工作生活的，必须
A. 受到刑事处罚　B. 受到相应行政处罚　C. 依法承担法律责任
D. 被处以高额罚款　E. 剥夺其就医的权利

16. 未经批准擅自开办医疗机构行医或者非医师行医的
A. 应当追究刑事责任　B. 由县级以上人民政府卫生行政部门予以警告
C. 对医师吊销执业证书并给予行政拘留　D. 给患者造成损害的，承担赔偿责任
E. 由县级以上人民政府卫生行政部门处十万元以上的罚款

17. 医疗机构在医疗卫生技术工作中对非卫生技术人员
A. 可以使用　B. 尽量不用　C. 不得使用
D. 在非重点科室可以使用　E. 一些特殊科室可以使用

18.《医疗机构管理条例》要求医疗机构必须将下列项目悬挂于明显处所，除了
A. 诊疗科目　B. 诊疗时间　C. 收费标准
D. 诊疗医师　E. 医疗机构执业许可证

19. 未经医师亲自诊查病人或亲自接产，医疗机构可以出具的证明文件是
A. 疾病诊断书　B. 健康证明书　C. 死亡证明书
D. 出生证明书　E. 医疗纠纷分析书面证言

20. 男，70 岁。因腹主动脉瘤在某市级医院接受手术治疗，术中发生大出血，经抢救无效死亡。其子女要求复印患者在该医院的全部病历资料，而院方只同意复印其中一部分。根据《医疗事故处理条例》规定，其子女有权复印的病历资料是
A. 疑难病例讨论记录　B. 上级医师查房记录　C. 死亡病例讨论记录
D. 会诊意见　E. 手术及麻醉记录单

21. 医疗机构发生重大医疗过失行为，导致患者死亡的，应在多长时间内向当地卫生行政部门报告？
A. 立即　B. 2 小时　C. 4 小时
D. 12 小时　E. 24 小时

22. 医患双方当事人的任何一方，若对首次医疗事故技术鉴定结论不服时，向当地卫生行政部门申请再次鉴定的期限，为收到首次医疗事故技术鉴定结论
A. 7 日内　B. 10 日内　C. 15 日内
D. 30 日内　E. 60 日内

23. 王教授为医疗事故技术鉴定专家库成员，在一起医疗事故鉴定案中，被随机抽取为专家鉴定组成员。但王教授以书面形式向医学会申请回避，能被医学会批准回避的理由是
A. 本人不愿意　B. 家中有急事　C. 单位不同意请假
D. 系当事人近亲属　E. 因公出差
24. 卫生行政部门收到医疗事故争议处理申请进行审查，并作出是否受理决定的期限是
A. 3 日内　B. 5 日内　C. 7 日内
D. 10 日内　E. 15 日内
25. 医疗机构在处理医疗事故过程中，发生涂改、伪造、隐匿、销毁病历资料的违法行为时，应当承担的法律责任不包括
A. 由卫生行政部门责令改正　B. 由卫生行政部门给予警告　C. 对直接责任人员给予纪律处分
D. 由卫生行政部门给予罚款　E. 对负有责任的主管人员给予行政处分
26. 母婴保健工作方针不包括
A. 以母婴保健为中心　B. 以保障生殖健康为目的　C. 保健和临床相结合
D. 预防为主　E. 提高出生人口素质
27. 母婴保健技术服务不包括
A. 母婴保健的科普宣传　B. 新生儿遗传病筛查　C. 婚前医学检查
D. 产前诊断　E. 助产技术
28. 属于《母婴保健法》规定可以申请医学技术鉴定的是
A. 对孕妇、产妇保健服务有异议的　B. 对婚前医学检查结果有异议的
C. 对婚前卫生咨询有异议的　D. 对产前检查结果有异议的
E. 对医学指导意见有异议的
29. 产前检查胎儿患下列哪种疾病时，医师应当向夫妻双方说明情况，并提出终止妊娠的医学意见？
A. 严重遗传性疾病　B. 严重精神病　C. 指定传染病
D. 法定传染病　E. 严重神经系统疾病
30. 某医师拟开展结扎手术业务，向卫生行政部门提出申请。按照规定，负责对其进行考核并颁发相应合格证书的单位是
A. 省级妇幼保健机构　B. 县级以上卫生行政部门　C. 省级医院协会
D. 省级医师协会　E. 省级医学会
31. 医疗机构未取得母婴保健技术相应合格证书而出具有关医学证明的，卫生行政部门给予的处罚为
A. 停业整顿　B. 罚款　C. 没收违法所得
D. 吊销执业证书　E. 取消执业资格
32. 疾病预防控制机构在传染病的预防与控制中，不具有的职责是
A. 组织实施免疫规划　B. 开展健康教育咨询　C. 提供技术咨询
D. 进入现场采样　E. 宣布疫区
33. 根据《传染病防治法》的规定，医疗机构的职责不包括
A. 防止医源性感染　B. 防止医院内感染　C. 传染病疫情报告
D. 医疗废物处置工作　E. 对拒绝隔离的患者采取强制隔离治疗
34. 属于乙类传染病的疾病是
A. 麻疹　B. 流行性腮腺炎　C. 麻风病
D. 急性出血性结膜炎　E. 风疹
35. 肺结核的疫情报告时限为
A. 立即　B. 2 小时　C. 4 小时

D. 12 小时　　E. 24 小时

36. 负责定期公布全国传染病疫情的部门是
A. 国务院　　B. 国务院卫生行政部门　　C. 省级人民政府
D. 省级以上人民政府　　E. 省级以上人民政府卫生行政部门

37. 无需施行隔离治疗的传染病是
A. 鼠疫　　B. 艾滋病　　C. 霍乱
D. 肺炭疽　　E. 人感染高致病性禽流感

A. 隔离治疗　　B. 强制隔离治疗　　C. 在指定场所单独隔离治疗
D. 对疫点进行卫生处理　　E. 在指定场所进行医学观察

38. 对医疗机构内的甲类传染病病人的密切接触者,医疗机构应采取的措施是
39. 对拒绝隔离治疗的甲类传染病病人,由公安机关协助医疗机构采取的措施是
40. 对尚未确诊的甲类传染病疑似病人,医疗机构应采取的措施是

41. 对传染病病人或疑似传染病病人污染的场所和物品,医疗保健机构应当及时采取
A. 封闭场所并销毁物品　　B. 强制隔离治疗　　C. 必要的卫生处理
D. 报告上级卫生行政机关处理　　E. 提请卫生防疫部门处理

42. 当传染病暴发流行时,可以采取停工、停业、停课等措施的部门是
A. 疾病预防控制机构　　B. 县级人民政府卫生行政部门　　C. 县级以上地方人民政府
D. 省级以上人民政府　　E. 省级以上人民政府卫生行政部门

43. 医疗机构未按照规定报告传染病疫情,对造成传染病传播流行的直接责任人员的处罚措施不包括
A. 通报批评　　B. 降级　　C. 撤职
D. 开除　　E. 吊销执业证书

44.《艾滋病防治条例》规定的艾滋病感染者的合法权益不包括
A. 婚姻　　B. 就业　　C. 娱乐
D. 就医　　E. 入学

45. 国家对艾滋病咨询和检测所实行的制度是
A. 义务咨询和义务检测　　B. 自愿咨询和自愿检测　　C. 义务咨询和自愿检测
D. 自愿咨询和义务检测　　E. 自愿咨询和免费检测

46. 王某,女,20 岁,大学生。因为输血不幸感染了艾滋病,后因精神过度压抑被医院确诊为抑郁症。现有一家药品生产企业为王某提供救助治疗的同时希望可以公开王某的病史资料,根据《艾滋病防治条例》的有关规定,应当征得
A. 王某本人的同意　　B. 王某监护人的同意　　C. 王某学校的同意
D. 卫生行政部门的同意　　E. 省级以上疾病预防控制机构的同意

(47~48 题共用题干)湖北省某县人民医院发现重大食物中毒事件。

47. 该县人民医院应当在几小时内向县人民政府卫生行政部门报告?
A. 立即　　B. 1 小时　　C. 2 小时
D. 6 小时　　E. 12 小时

48. 该县人民政府卫生行政部门应在几小时内向县人民政府报告?
A. 立即　　B. 1 小时　　C. 2 小时
D. 6 小时　　E. 12 小时

49. 对于未按照《突发公共卫生事件应急条例》的规定履行报告职责,隐瞒、缓报或者谎报,造成传染病传

播、流行的医疗机构的主要负责人,应依法
A. 给予通报批评　B. 给予警告　C. 给予降级
D. 给予撤职　E. 追究刑事责任

50. 某地药品监督管理部门接到多名眼疾患者举报,反映在县医院眼科就诊使用某药后发生“眼内炎”。药品监督管理部门经过调查确认该药为假药,其法定依据是
A. 未标明有效期　B. 未注明生产批号　C. 未经批准而进口
D. 超过有效期　E. 擅自添加着色剂

51. 对于已确认发生严重不良反应的药品,国务院、省、自治区、直辖市人民政府的药品监督管理部门可以采取停止生产、销售、使用的紧急控制措施,并应当在一定期限内组织鉴定,该期限为
A. 3 日　B. 5 日　C. 7 日
D. 15 日　E. 30 日

52. 医疗机构在药品购销中暗中收受回扣或者其他利益,依法对其给予罚款处罚的机关是
A. 卫生行政部门　B. 药品监督管理部门　C. 工商行政管理部门
D. 劳动保障行政部门　E. 中医药管理部门

53. 医师李某,为某三甲医院消化内科主任,在执业过程中多次收受某药品生产企业的回扣,李某可能承担的法律责任应除外
A. 处分　B. 行政拘留　C. 吊销医师执业证书
D. 没收非法所得　E. 追究刑事责任

54. 医务人员收受药品生产企业的财物,情节尚不严重时,依法应对其给予的处罚是
A. 没收违法所得　B. 吊销执业证书　C. 追究刑事责任
D. 罚款　E. 警告

55. 医疗机构使用麻醉药品和第一类精神药品的需首先取得药品购用印鉴卡,批准和发放该印鉴卡的部门是
A. 省级人民政府卫生行政主管部门　B. 省级人民政府药品监督管理部门
C. 市级人民政府卫生行政主管部门　D. 市级人民政府药品监督管理部门
E. 设区的市级人民政府卫生行政主管部门

56. 授予执业医师麻醉药品和第一类精神药品处方权的部门为
A. 省级卫生行政主管部门　B. 市级卫生行政主管部门　C. 县级卫生行政主管部门
D. 医疗机构　E. 市级药品监督管理部门

57. 未取得麻醉药品和第一类精神药品处方资格的医师违反规定开具麻醉药品造成严重后果的,卫生行政部门给予的处理为
A. 给予警告　B. 暂停执业活动　C. 吊销执业证书
D. 罚款　E. 追究刑事责任

58. 医师张某给一患者开具了处方,患者取药时,药剂师指出该处方不符合相关规定不予调配。其理由是该处方
A. 使用了药品通用名称　B. 同时开具了中成药和西药　C. 开具了 5 种药物
D. 注明了 5 天有效期　E. 开具了 7 天药物用量

A. 1 日用量　B. 3 日用量　C. 5 日用量
D. 7 日用量　E. 15 日用量

59. 普通处方一般不得超过
60. 急诊处方一般不得超过
61. 为门诊癌症疼痛患者开具麻醉药品注射剂,每张处方不得超过

62. 为门诊癌症疼痛患者开具麻醉药品缓释剂，每张处方不得超过
A. 1 年　B. 2 年　C. 3 年
D. 4 年　E. 5 年
63. 普通处方的保存期限为
64. 急诊处方的保存期限为
65. 麻醉药品处方的保存期限为
66. 第一类精神药品处方的保存期限为
67. 第二类精神药品处方的保存期限为

68. 患者，女，40 岁。离异后情绪低落、失眠。主治医师开第二类精神药品处方进行治疗，处方依法保存的期限至少是
A. 1 年　B. 2 年　C. 3 年
D. 4 年　E. 5 年
69. 下列属于限制处方权的情形是
A. 被责令暂停执业的　B. 被吊销执业证书的　C. 考核不合格离岗培训期间
D. 因开具处方谋取私利的　E. 超常处方 3 次以上且无正当理由的
70. 为保障公民临床急救用血需要，国家提倡并指导择期手术的患者
A. 率先献血　B. 互助献血　C. 自身储血
D. 自愿献血　E. 同型输血
71. 公民临床用血时，交付费用的项目不包括的是
A. 采集血液费用　B. 检验血液费用　C. 分离血液费用
D. 储存血液费用　E. 购买血液费用
72. 医疗机构的医务人员违反《献血法》规定，将不符合国家规定标准的血液用于患者的，由县级以上卫生行政部门给予的行政处罚是
A. 警告　B. 罚款　C. 吊销《医疗机构执业许可证》
D. 责令改正　E. 限期整顿
73. 主治医师为一名择期手术患者提交了临床用血申请，经上级医师核准后予以签发，依照《医疗机构临床用血管理办法》的规定，申请的备血量应是
A. 600 毫升　B. 900 毫升　C. 1000 毫升
D. 1200 毫升　E. 1600 毫升
74. 某患者行胃大部分切除术后需要输血 1200ml，经主治医生签字后，配血站不给配血，说不符合程序，违反的程序是
A. 科主任未签字　B. 医院领导未签字　C. 中心血库领导未签字
D. 医务部门未签字　E. 全部医师未签字
75. 女，25 岁。因分娩大出血急需输血，当地血站较远无法提供血液，医院当时根据采血的相关规定就地采血，最后挽救了患者。术后医院在法律规定的时限内向卫生部门进行了报告，该时限为
A. 1 日　B. 3 日　C. 5 日
D. 10 日　E. 15 日
76. 医疗机构使用未经卫生行政部门指定的血站供应的血液造成严重后果的，对负有责任的主管人员应依法
A. 给予通报批评　B. 给予警告　C. 给予罚款
D. 给予处分　E. 追究刑事责任
77. 患者在诊疗活动中受到损害，医疗机构及其医务人员有过错的，承担赔偿责任的主体是

A. 医疗机构　B. 医务人员　C. 医疗机构及医务人员
D. 保险公司　E. 卫生行政主管部门

78. 医疗侵权赔偿责任中,不属于推定医疗机构有过错的情形是
A. 违反诊疗规范的规定　B. 隐匿病历资料　C. 拒绝提供病历资料
D. 篡改病历资料　E. 医疗事故造成患者死亡的

79. 下列哪项不是侵权责任法规定的医疗机构及其医务人员应当填写与保管的病历资料?
A. 住院志　B. 医嘱单　C. 手术及麻醉记录
D. 护理记录　E. 会诊意见

80. 人体器官捐献应当遵循的原则是
A. 自愿,无偿　B. 自愿,有偿　C. 义务,无偿
D. 义务,有偿　E. 自愿,合理补偿

81. 活体器官的接受人不包括捐献人
A. 配偶　B. 直系血亲　C. 三代以内旁系血亲
D. 自愿捐献的任何人　E. 因帮扶形成亲情关系的人员

82. 医务人员对摘取器官完毕的尸体未进行符合伦理原则的医学处理的,应依法给予
A. 处分　B. 警告　C. 罚款
D. 吊销执业证书　E. 暂停执业活动

83. 放射诊疗设备和检测仪表应定期进行稳定性检测、校正和维护保养,由省级以上卫生行政部门资质认证的检测机构每年至少进行几次状态检测?
A. 1 次　B. 2 次　C. 3 次
D. 4 次　E. 5 次

84. 关于放射诊断检查的原则,错误的是
A. 严格执行检查资料的登记、保存、提取和借阅制度
B. 不得将 X 射线胸部检查列入对婴幼儿及少年儿童体检的常规检查项目
C. 非特殊需要,对受孕后 8 至 15 周的育龄妇女,不得进行下腹部放射影像检查
D. 尽量以胸部荧光透视检查代替胸部 X 射线摄影检查
E. 实施 X 射线照射操作时,应当禁止非受检者进入操作现场

85. 抗菌药物临床应用应当遵循的原则是
A. 安全、有效、经济　B. 安全、有效、合理　C. 安全、有效、科学
D. 安全、合理、科学　E. 安全、有效、节约

86. 医疗机构遴选和新引进抗菌药物品种应当由哪个部门提交申请报告,经药学部门提出意见后,由抗菌药物管理工作组审议?
A. 药物生产厂家　B. 临床医师　C. 临床科室
D. 药房　E. 药品调剂部门

87. 可授予限制使用级抗菌药物处方权的医务人员是
A. 主治医师　B. 住院医师　C. 实习医师
D. 副主任医师　E. 主任医师

88. 执业医师使用本机构抗菌药物供应目录以外的品种、品规,造成严重后果的,卫生行政部门应给予
A. 警告　B. 罚款　C. 开除公职
D. 处分　E. 吊销执业证书

89. 某患者因肺部感染入院,经多种抗菌药物治疗效果不明显。主治医师刘某值夜班时发现患者病情危重,需要使用特殊使用级抗菌药物治疗。依照《抗菌药物临床使用管理办法》规定,刘某越级使用了抗

菌药物，同时详细记录用药指征，并在规定时限内补办了越级使用抗菌药物的必要手续。该时限是
A. 24 小时　B. 6 小时　C. 12 小时
D. 2 小时　E. 3 小时

90. 我国精神卫生工作的方针是
A. 预防为主　B. 治疗为主　C. 防治结合
D. 自愿免费　E. 全社会共同参与

91. 医疗机构在没有其他可替代措施的情况下，可对精神障碍患者实施约束、隔离等保护性医疗措施的情形是
A. 严重抑郁　B. 双相情感障碍　C. 精神分裂症
D. 有伤害自身倾向者　E. 烦躁不安者

92. 精神障碍患者病历资料的保存期不得少于
A. 10 年　B. 15 年　C. 20 年
D. 30 年　E. 40 年

93. 我国的疫苗分为几类？
A. 2 类　B. 3 类　C. 4 类
D. 5 类　E. 6 类

94.《疫苗流通和预防接种管理条例》规定的预防接种异常反应情形是
A. 受种者在接种时正处于某种疾病的潜伏期，接种后偶合发病
B. 因心理因素发生的个体或者群体的心因性反应
C. 合格疫苗在规范接种过程中相关各方均无过错但造成受种者机体组织器官损害
D. 因疫苗质量不合格给受种者造成的损害
E. 因疫苗本身特性引起的接种后一般反应

95. 因接种第二类疫苗引起预防接种异常反应需要对受种者予以补偿的，补偿费用的承担者为
A. 疫苗生产企业　B. 疫苗接种单位　C. 接种疫苗的医务人员
D. 疾病预防控制机构　E. 省、自治区、直辖市人民政府财政部门

96. 预防接种异常反应是
A. 疫苗本身特性引起的接种后一般反应
B. 受种者在接种时正处于某种疾病的前驱期，接种后偶合发病
C. 接种单位违反预防接种方案给受种者造成损害
D. 心理因素引起的个体心因性反应
E. 合格疫苗在实施规范接种过程中给受种者造成损害

97. 医疗卫生机构发现药品群体不良事件后，需向有关部门报告的时限为
A. 立即　B. 1 小时　C. 2 小时
D. 6 小时　E. 24 小时

卫生法规试题参考答案及详细解答

(正确答案为绿色的选项)

1. ABCDE 卫生法的主要作用之一是维持社会卫生秩序。卫生法运用禁止性规范、强制性规范、授权性规范、任意性规范等来维持社会卫生秩序。

2. ABCDE 卫生法执法范围非常广泛,包括行政许可、行政强制、行政处罚、行政复议等,不包括刑事处罚。

3. ABCDE 2013 年我国公布的《职业病分类和目录》将法定职业病分为 10 大类 132 种。

4. ABCDE 《职业病防治法》规定,用人单位应当如实提供职业病诊断、鉴定所需的劳动者职业史和职业病危害接触史、工作场所职业病危害因素检测结果等资料;安全生产监督管理部门应当监督检查和督促用人单位提供上述资料;劳动者和有关机构也应当提供与职业病诊断、鉴定有关的资料。

5. ABCDE 《职业病防治法》规定,职业病诊断鉴定委员会组成人员收受职业病诊断争议当事人财物或者其他好处的,应给予警告,没收收受的财物,可以并处 3 千元以上 5 万元以下的罚款,取消其担任职业病诊断鉴定委员会组成人员的资格,并从省、自治区、直辖市人民政府卫生行政部门设立的专家库中予以除名。

6. ABCDE 《执业医师法》规定,执业医师是指依法取得执业医师资格或者执业助理医师资格,经注册在医疗、预防、保健机构中执业的专业医务人员。

7. ABCDE 《执业医师法》规定,国家实行医师执业注册制度。取得医师资格的,可以向所在地县级以上人民政府卫生行政部门申请注册。

8. ABCDE 除《执业医师法》规定的不予注册情形外,受理申请的卫生行政部门应当自收到申请之日起 30 日内准予注册,并发给由国务院卫生行政部门统一印制的医师执业证书。

9. ABCDE 《执业医师法》规定,执业医师注销注册的情形:①死亡或者被宣告失踪的;②受刑事处罚的;③受吊销医师执业证书行政处罚的;④因考核不合格,暂停执业活动期满,经培训后再次考核仍不合格的;⑤中止医师执业活动满 2 年的;⑥有国务院卫生行政部门规定不宜从事医疗、预防、保健业务的其他情形的。

10. ABCDE ①《执业医师法》规定,医师申请变更执业注册事项属于原注册主管部门管辖的,申请人应到原注册主管部门申请变更手续。医师申请执业变更执业注册事项不属于原注册主管部门管辖的,申请人应先到原注册主管部门申请变更注册事项和医师执业证书编码,然后到拟执业地点注册主管部门申请办理变更执业注册手续。②跨省、自治区、直辖市变更执业注册事项的,除以上规定外,新的执业地点注册主管部门在办理执业注册手续时,应收回原医师执业证书,并发给新的医师执业证书。

11. ABCDE 《执业医师法》规定,医师在执业活动中享有的权利为:①在注册的执业范围内,进行医学诊查、疾病调查、医学处置、出具相应的医学证明文件,选择合理的医疗、预防、保健方案;②按照国务院卫生行政部门规定的标准,获得与本人执业活动相当的医疗设备基本条件;③从事医学研究(C 对)、学术交流,参加专业学术团体;④参加专业培训,接受继续医学教育;⑤在执业活动中,人格尊严、人身安全不受侵犯;⑥获取工资报酬和津贴,享受国家规定的福利待遇;⑦对所在机构的医疗、预防、保健工作和卫生行政部门的工作提出意见和建议,依法参与所在机构的民主管理。ABDE 均属于医师在执业活动中应履行的义务,而不是享有的权利。

12. ABCDE 医师在执业活动中应履行的义务包括:①遵守法律、法规,遵守技术操作规范;②树立敬业精神,遵守职业道德,履行医师职责,尽职尽责为患者服务;③关心、爱护、尊重患者,保护患者的隐私;④努力钻研业务,更新知识,提高专业技术水平;⑤宣传卫生保健知识,对患者进行健康教育。进行医学诊查为医师在执业活动中享有的权利而不是应尽的义务(A)。

13. ABCDE 《执业医师法》规定,医师进行实验性临床医疗,应当经医院批准并征得患者本人或者其家属同意。

14. ABCDE 《执业医师法》规定,"未经亲自诊查、调查,签署诊断、治疗、流行病学等证明文件或者有关出生、死亡等证明文件的"属于违法违规行为,故拒绝依据他院检查结果签署诊断证明不属于违法行为(E)。ABCD 均属于违法违规行为。

15. ABCDE 《执业医师法》规定,阻碍医师依法执业,侮辱、诽谤、威胁、殴打医师或者侵犯医师人身自由、干扰医师正常工作、生活的,依照治安管理处罚条例的规定处罚;构成犯罪的,依法追究刑事责任。

16. ABCDE 《执业医师法》规定,未经批准擅自开办医疗机构行医或者非医师行医的,由县级以上人民政府卫生行政部门予以取缔,没收其违法所得及其药品、器械,并处十万元以下的罚款;对医师吊销其执业证书;给患者造成损害的,依法承担赔偿责任;构成犯罪的,依法追究刑事责任。

17. ABCDE 《医疗机构管理条例》规定,医疗机构不得使用非卫生技术人员从事医疗卫生技术工作。

18. ABCDE 《医疗机构管理条例》规定,医疗机构必须将《医疗机构执业许可证》、诊疗科目、诊疗时间和收费标准悬挂于明显处所。

19. ABCDE 《医疗机构管理条例》规定,未经医师(士)亲自诊查病人,医疗机构不得出具疾病诊断书、健康证明书或者死亡证明书等证明文件;未经医师(士)、助产人员亲自接产,医疗机构不得出具出生证明书或者死产报告书。

20. ABCDE 《医疗事故处理条例》规定,患者有权复印或者复制其门诊病历、住院志、体温单、医嘱单、化验单(检验报告)、医学影像检查资料、特殊检查同意书、手术同意书、手术及麻醉记录单、病理资料、护理记录以及国务院卫生行政部门规定的其他病历资料。

21. ABCDE 《医疗事故处理条例》规定,发生下列重大医疗过失行为的,医疗机构应当在 12 小时内向所在地卫生行政部门报告:导致患者死亡或者可能为二级以上的医疗事故; 导致 3 人以上人身损害后果; 国务院卫生行政部门和省、自治区、直辖市人民政府卫生行政部门规定的其他情形。

22. ABCDE 《医疗事故处理条例》规定,医患双方当事人对首次医疗事故技术鉴定结论不服的,可以自收到首次鉴定结论之日起 15 日内向医疗机构所在地卫生行政部门提出再次鉴定的申请。

23. ABCDE 《医疗事故处理条例》规定,专家鉴定组成员有下列情形之一的,应当回避,当事人也可以以口头或者书面的方式申请其回避: 是医疗事故争议当事人或者当事人的近亲属的;与医疗事故争议有利害关系的; 与医疗事故争议当事人有其他关系,可能影响公正鉴定的。

24. ABCDE 《医疗事故处理条例》规定,卫生行政部门应当自收到医疗事故争议处理申请之日起 10 日内进行审查。

25. ABCDE 《医疗事故处理条例》规定,医疗机构有下列情形之一的,由卫生行政部门责令改正,给予警告;对负有责任的主管人员和其他直接责任人员依法给予行政处分或者纪律处分;情节严重的,由原发证部门吊销其执业证书或者资格证书: ①承担尸检任务的机构没有正当理由,拒绝进行尸检的;②涂改、伪造、隐匿、销毁病历资料的。

26. ABCDE 《母婴保健法》规定,母婴保健工作方针为:以保健为中心,以保障生殖健康为目的,实行保健和临床相结合,面向群体、面向基层和预防为主的方针。

27. ABCDE 母婴保健技术服务事项包括:①有关母婴保健的科普宣传、教育和咨询; ②婚前医学检查; ③产前诊断和遗传病诊断;④助产技术; ⑤实施医学上需要的节育手术; ⑥新生儿疾病筛查(并不是遗传病筛查); ⑦有关生育、节育、不育的其他生殖健康服务。

28. ABCDE 《母婴保健法》第二十五条规定,县级以上地方人民政府可以设立医学技术鉴定组织,负责对婚前医学检查、遗传病诊断和产前诊断结果有异议的进行医学技术鉴定(B)。

29. ABCDE 《母婴保健法》规定,经产前诊断,有下列情形之一的,医师应当向夫妻双方说明情况,并提出终止妊娠的医学意见:①胎儿患严重遗传性疾病的;②胎儿有严重缺陷的;③因患严重疾病,继续妊娠可能危及孕妇生命安全或者严重危害孕妇健康的。

30. ABCDE 《母婴保健法》规定,从事婚前医学检查、施行结扎手术和终止妊娠手术的人员以及从事家庭接生的人员,必须经过县级以上地方人民政府卫生行政部门的考核,并取得相应的合格证书。

31. ABCDE 《母婴保健法》规定,未取得国家颁发的有关合格证书,有下列行为之一,县级以上地方人民政府卫生行政部门应当予以制止,并可以根据情节给予警告或者处以罚款:①从事婚前医学检查、遗传病诊断、产前诊断或者医学技术鉴定的;②施行终止妊娠手术的;③出具《母婴保健法》规定的有关医学证明的。

32. ABCDE 《传染病防治法》规定,各级疾病预防控制机构在传染病预防控制中应履行以下职责:①实施传染病预防控制规划、计划和方案;②收集、分析和报告传染病监测信息,预测传染病的发生、流行趋势;③开展对传染病疫情和突发公共卫生事件的流行病学调查、现场处理及其效果评价;④开展传染病实验室检测、诊断、病原学鉴定;⑤实施免疫规划,负责预防性生物制品的使用管理;⑥开展健康教育、咨询,普及传染病防治知识;⑦指导、培训下级疾病预防控制机构及其工作人员开展传染病监测工作;⑧开展传染病防治应用性研究和卫生评价,提供技术咨询。国务院、省、自治区、直辖市人民政府才有权宣布疫区,故答E。

33. ABCDE 《传染病防治法》规定,医疗机构的职责包括:①必须严格执行国务院卫生行政部门规定的管理制度、操作规范,防止传染病的医源性感染和医院感染;②医疗机构应当确定专门的部门或者人员,承担传染病疫情报告、本单位的传染病预防、控制以及责任区域内的传染病预防工作;③承担医疗活动中与医院感染有关的危险因素监测、安全防护、消毒、隔离和医疗废物处置工作。对于拒绝隔离治疗或隔离期未满擅自脱离隔离治疗的,可由公安机关协助医疗机构进行强制隔离治疗,故E错。

34. ABCDE 麻疹属于乙类传染病(A)。BCDE均属于丙类传染病。

35. ABCDE 肺结核为乙类传染病,需24小时内进行网络报告。

36. ABCDE 《传染病防治法》规定,国务院卫生行政部门应当及时向国务院其他有关部门和各省、自治区、直辖市人民政府卫生行政部门通报全国传染病疫情以及监测、预警的相关信息。

37. ABCDE ①艾滋病为乙类传染病,应根据病情采取必要的治疗和控制传播措施,而无需隔离治疗(B)。②鼠疫、霍乱为甲类传染病,当然需行隔离治疗。对于乙类传染病中的传染性非典、肺炭疽、人感染高致病性禽流感,需采取甲类传染病的预防控制措施,故仍需行隔离治疗。

38. ABCDE　39. ABCDE　40. ABCDE 《传染病防治法》规定,医疗机构发现甲类传染病时:①对病人、病原携带者,予以隔离治疗;②对疑似病人,确诊前在指定场所单独隔离治疗;③对医疗机构内的病人、病原携带者、疑似病人的密切接触者,在指定场所进行医学观察和采取其他预防措施;④拒绝隔离治疗或隔离期未满擅自脱离隔离治疗的,可由公安机关协助医疗机构进行强制隔离治疗。

41. ABCDE 《传染病防治法》规定,医疗机构对本单位内被传染病病原体污染的场所、物品以及医疗废物,必须实施消毒和无害化处置(C)。

42. ABCDE 《传染病防治法》规定,当传染病暴发、流行时,县级以上地方人民政府应当立即组织力量,按照预防、控制预案进行防治,切断传染病的传播途径。必要时,报经上一级人民政府决定停工、停业、停课。

43. ABCDE 《传染病防治法》规定,对未依法履行传染病疫情报告、通报职责,或者隐瞒、谎报、缓报传染病疫情的,由县级以上人民政府卫生行政部门责令限期改正,通报批评,给予警告;对负有责任的主管人员和其他直接责任人员,依法给予降级、撤职、开除的处分,并可以依法吊销有关责任人员的执业证书;构成犯罪的,依法追究刑事责任。

44. ABCDE 《艾滋病防治条例》规定,艾滋病病毒感染者、艾滋病病人及其家属享有的婚姻、就业、就医、入学等合法权益受法律保护。

45. ABCDE 《艾滋病防治条例》规定,国家实行艾滋病自愿咨询和自愿检测制度。县级以上地方人民政府卫生主管部门指定的医疗卫生机构，为自愿接受艾滋病咨询、检测的人员免费提供咨询和初筛检测。

46. ABCDE 《艾滋病防治条例》规定，未经本人或者其监护人同意，任何单位或者个人不得公开艾滋病病毒感染者、艾滋病病人及其家属的身份信息。本例为精神病患者，是无行为能力人或者限制行为能力人，故应征得其监护人同意。

47. ABCDE 48. ABCDE 突发事件监测机构、医疗卫生机构和有关单位发现突发公共卫生事件（如重大食物中毒）后，应当在2小时内向所在地县级人民政府卫生行政主管部门报告；接到报告的卫生行政主管部门应当在2小时内向本级人民政府报告，并同时向上级人民政府卫生行政主管部门和国务院卫生行政主管部门报告。

49. ABCDE 《突发公共卫生事件应急条例》规定，对未依照本条例的规定履行报告职责，隐瞒、缓报或者谎报的医疗卫生机构的主要负责人、负有责任的主管人员和其他直接责任人依法给予降级或撤职的纪律处分；造成传染病传播、流行或者对社会公众健康造成其他严重危害后果，构成犯罪的，依法追究刑事责任。

50. ABCDE 《药品管理法》规定，未经批准而进口的属于假药（C）。劣药是指药品成分含量不符合国家药品标准规定的药品。有下列情形之一的药品，按劣药论处：①未标明有效期或者更改有效期的；②不注明或者更改生产批号的；③超过有效期的；④直接接触药品的包装材料和容器未经批准的；⑤擅自添加着色剂、防腐剂、香料、矫味剂及辅料的；⑥其他不符合药品标准规定的。可见，ABDE均属于劣药。

51. ABCDE 对于已确认发生严重不良反应的药品，国务院、省、自治区、直辖市人民政府的药品监督管理部门可以采取停止生产、销售、使用的紧急控制措施，并应当在5日内组织鉴定，自鉴定结论作出之日起15日内依法作出行政处理决定。

52. ABCDE 《药品管理法》规定，医疗机构在药品购销中收受回扣或者其他利益的，由工商行政管理部门处1万元以上20万元以下的罚款，有违法所得的，予以没收。

53. ABCDE 《药品管理法》规定，医疗机构的负责人、药品采购人员、医师等有关人员收受药品生产企业、药品经营企业或者其代理人给予的财物或者其他利益的，由卫生行政部门或者本单位给予处分，没收违法所得；对违法行为情节严重的执业医师，由卫生行政部门吊销其执业证书；构成犯罪的，依法追究刑事责任。

54. ABCDE 《药品管理法》规定，医疗机构的负责人、药品采购人员、医师等有关人员收受药品生产企业、药品经营企业或者其代理人给予的财物或者其他利益的，由卫生行政部门或者本单位给予处分，没收违法所得；对违法行为情节严重的执业医师，由卫生行政部门吊销其执业证书；构成犯罪的，依法追究刑事责任。2018年真题。

55. ABCDE 医疗机构需要使用麻醉药品和第一类精神药品的，应当经所在地设区的市级人民政府卫生主管部门批准，取得麻醉药品、第一类精神药品购用印鉴卡。医疗机构应当凭印鉴卡向本省、自治区、直辖市行政区域内的定点批发企业购买麻醉药品和第一类精神药品。

56. ABCDE 医疗机构应当按照国务院卫生主管部门的规定，对本单位执业医师进行有关麻醉药品和精神药品使用知识的培训、考核，经考核合格的，授予麻醉药品和第一类精神药品处方资格。

57. ABCDE 未取得麻醉药品和第一类精神药品处方资格的执业医师擅自开具麻醉药品和第一类精神药品处方，由县级以上人民政府卫生主管部门给予警告，暂停其执业活动；造成严重后果的，吊销其执业证书；构成犯罪的，依法追究刑事责任。

58. ABCDE ①医师开具处方时，应当使用经药品监督管理部门批准并公布的药品通用名称、新活性化合物的专利药品名称和复方制剂药品名称。②西药和中成药可以分别开具处方，也可以开具一张处方。③每张处方不得超过5种药品。④处方开具当日有效，特殊情况下需延长有效期的，由开具处方的医师注明有效期限，但最长不得超过3天（D错）。⑤处方量一般不得超过7日用量。

59. ABCDE 60. ABCDE 61. ABCDE 62. ABCDE ①处方量一般不得超过7日用量。②急诊处方不

得超过 3 日用量。③为门诊癌症疼痛患者开具的麻醉药品或第一类精神药品:注射剂,每张处方不得超过 3 日常用量;控缓释剂每张处方不得超过 15 日常用量;其他剂型不得超过 7 日常用量。

63. ABCDE **64.** ABCDE **65.** ABCDE **66.** ABCDE **67.** ABCDE 处方由调剂处方药品的医疗机构妥善保存,保存期限为:普通处方、急诊处方、儿科处方为 1 年;医疗用毒性药品、第二类精神药品处方为 2 年;麻醉药品和第一类精神药品处方为 3 年。

68. ABCDE 处方的保存期限:普通处方为 1 年;第二类精神药品处方为 2 年;麻醉药品和第一类精神药品处方为 3 年。2020 年真题。

69. ABCDE ①医疗机构应当对超常处方 3 次以上,且无正当理由的医师提出警告,限制其处方权。②ABCD均属于取消处方权的情形。

70. ABCDE 《献血法》规定,为保障公民临床急救用血的需要,国家提倡并指导择期手术的患者自身储血,动员家庭、亲友、所在单位以及社会互助献血。

71. ABCDE ①公民临床用血时只交付用于血液的采集、储存、分离、检验等费用。②无偿献血的血液不得买卖(E 错)。

72. ABCDE 《献血法》规定,医疗机构的医务人员违反规定,将不符合国家规定标准的血液用于患者的,由县级以上地方人民政府卫生行政部门责令改正(D 对);给患者健康造成损害的,应当依法赔偿,对直接负责的主管人员和其他直接责任人员,依法给予行政处分;构成犯罪的,依法追究刑事责任。

73. ABCDE 《医疗机构临床用血管理办法》规定,医疗机构应当建立临床用血申请管理制度:①同一患者一天申请备血量<800ml 的,由具有中级以上专业技术职务任职资格的医师提出申请,上级医师核准签发后,方可备血。②同一患者一天申请备血量在 800~1600ml 的,由具有中级以上专业技术职务任职资格的医师提出申请,经上级医师审核,科室主任核准签发后,方可备血。③同一患者一天申请备血量≥1600ml 的,由具有中级以上专业技术职务任职资格的医师提出申请,科室主任核准签发后,报医务部门批准,方可备血。以上三款规定不适用于急救用血,急救用血仍按照急救用血的相关流程和规定实施。本例为择期手术备血,主治医师提交用血申请,经上级医师核准签发后备血,说明备血量<800ml,故答案为 A。

74. ABCDE 《医疗机构临床用血管理办法》规定,同一患者一天申请备血量在 800~1600ml 的,由主治医师提出申请,经上级医师审核,科室主任核准签发后,方可备血。2020 年真题。

75. ABCDE 《医疗机构临床用血管理办法》规定,为保证应急用血,医疗机构可以临时采集血液,但应当在临时采集血液后 10 日内将情况报告县级以上人民政府卫生行政部门。

76. ABCDE 《医疗机构临床用血管理办法》规定,医疗机构使用未经卫生行政部门指定血站供应血液的,由县级以上地方人民政府卫生行政部门给予警告,并处 3 万元以下罚款;情节严重或者造成严重后果的,对负有责任的主管人员和其他直接责任人员依法给予处分。

77. ABCDE 《侵权责任法》规定,患者在诊疗活动中受到损害,医疗机构及其医务人员有过错的,由医疗机构承担赔偿责任。

78. ABCDE 《侵权责任法》规定,推定医疗机构有过错的情形包括:①违反法律、行政法规、规章以及其他有关诊疗规范的规定;②隐匿或者拒绝提供与纠纷有关的病历资料;③伪造、篡改或者销毁病历资料。

79. ABCDE 《侵权责任法》规定,医疗机构及其医务人员应当按照规定填写并妥善保管住院志、医嘱单、检验报告、手术及麻醉记录、病理资料、护理记录、医疗费用等病历资料。

80. ABCDE 《人体器官移植条例》规定,人体器官捐献应当遵循自愿、无偿的原则。公民享有捐献或者不捐献其人体器官的权利;任何组织或者个人不得强迫、欺骗或者利诱他人捐献人体器官。

81. ABCDE 《人体器官移植条例》规定,活体器官的接受人限于活体器官捐献人的配偶、直系血亲或者三代以内旁系血亲,或者有证据证明与活体器官捐献人存在因帮扶等形成亲情关系的人员。

82. ABCDE 《人体器官移植条例》规定,对摘取器官完毕的尸体未进行符合伦理原则的医学处理,恢复尸体原貌的医务人员,应当依法给予处分;情节严重的,由县级以上人民政府卫生主管部门暂停其6个月以上1年以下执业活动;情节特别严重的,吊销其执业证书。

83. ABCDE 放射诊疗设备和检测仪表应定期进行稳定性检测、校正和维护保养,由省级以上卫生行政部门资质认证的检测机构每年至少进行1次状态检测。

84. ABCDE 《放射诊疗管理规定》应当尽量以胸部X射线摄影代替胸部荧光透视检查,以免人体X线吸收过多(D错)。ABCE均正确。

85. ABCDE 《抗菌药物临床应用管理办法》规定,抗菌药物临床应用应当遵循安全、有效、经济的原则。

86. ABCDE 《抗菌药物临床应用管理办法》规定,医疗机构应当建立抗菌药物遴选和定期评估制度。遴选和新引进抗菌药物品种应当由临床科室提交申请报告,经药学部门提出意见后,由抗菌药物管理工作组审议。

87. ABCDE 《抗菌药物临床应用管理办法》规定:①具有高级职称的医师,可授予特殊使用级抗菌药物处方权;②具有中级职称的医师,可授予限制使用级抗菌药物处方权;③具有初级职称的医师、助理医师以及乡村医生,可授予非限制使用级抗菌药物处方权。

88. ABCDE 《抗菌药物临床应用管理办法》规定,医师使用本机构抗菌药物供应目录以外的品种、品规,造成严重后果的,由县级以上卫生行政部门给予警告或者责令暂停6个月以上1年以下执业活动;情节严重的,吊销其执业证书;构成犯罪的,依法追究刑事责任。

89. ABCDE 《抗菌药物临床应用管理办法》规定,因抢救生命垂危的患者等紧急情况,医师可以越级使用抗菌药物。越级使用抗菌药物应当详细记录用药指征,并应当于24小时内补办越级使用抗菌药物的必要手续。2018年真题。

90. ABCDE 《精神卫生法》规定,精神卫生工作实行预防为主的方针,坚持预防、治疗和康复相结合的原则。精神卫生工作实行政府组织领导、部门各负其责、家庭和单位尽力尽责、全社会共同参与的综合管理机制。

91. ABCDE 《精神卫生法》规定,精神障碍患者在医疗机构内发生或者将要发生伤害自身、危害他人安全、扰乱医疗秩序的行为,医疗机构及其医务人员在没有其他可替代措施的情况下,可以实施约束、隔离等保护性医疗措施。

92. ABCDE 《精神卫生法》规定,精神障碍患者病历资料的保存期不得少于30年。

93. ABCDE 我国的疫苗分为两类:①第一类疫苗是指政府免费向公民提供,公民应当依照政府的规定受种的疫苗;②第二类疫苗是指由公民自费并且自愿受种的其他疫苗。

94. ABCDE 《疫苗流通和预防接种管理条例》规定,不属于预防接种异常反应的情形包括:①因疫苗本身特性引起的接种后一般反应;②因疫苗质量不合格给受种者造成的损害;③因接种单位违反预防接种工作规范、免疫程序、疫苗使用指导原则、接种方案给受种者造成的损害(C错);④受种者在接种时正处于某种疾病的潜伏期或者前驱期,接种后偶合发病;⑤受种者有疫苗说明书规定的接种禁忌,在接种前受种者或者其监护人未如实提供受种者的健康状况和接种禁忌等情况,接种后受种者原有疾病急性复发或者病情加重;⑥因心理因素发生的个体或者群体的心因性反应。

95. ABCDE 《疫苗流通和预防接种管理条例》规定,因接种第一类疫苗引起预防接种异常反应需要对受种者予以补偿的,补偿费用由省、自治区、直辖市人民政府财政部门在预防接种工作经费中安排。因接种第二类疫苗引起预防接种异常反应需要对受种者予以补偿的,补偿费用由相关的疫苗生产企业承担。

96. ABCDE 预防接种异常反应是指合格疫苗在实施规范接种过程中或者实施规范接种后造成受种者机体组织、器官功能损害,相关各方均无过错的药品不良反应。ABCD均不属于预防接种异常反应的情形。

97. ABCDE 《药品不良反应报告和监测管理办法》规定,医疗卫生机构获知或者发现药品群体不良事件后,应当立即通过电话或者传真等方式报告所在地的县级药品监督管理部门、卫生行政部门和药品不良反应监测机构,必要时可以越级报告。

第十四篇　内科学试题

第 1 章　呼吸系统疾病

1. 下列选项中,不属于我国 COPD 发病的常见危险因素是
A. 吸烟　　B. 职业性粉尘暴露　　C. 大气污染
D. 氧化应激　　E. 先天性 α_1 抗胰蛋白酶缺乏

2. COPD 的标志性症状是
A. 慢性咳嗽　　B. 咳痰　　C. 呼吸困难
D. 喘息　　E. 胸闷

3. 男,75 岁。反复咳嗽、咳痰、喘憋 40 余年,加重伴发热 3 天。查体:R24 次/分,BP145/85mmHg,昏睡,颈静脉怒张,双肺散在哮鸣音,双下肺可闻及湿啰音,心率 128 次/分,双下肢轻度凹陷性水肿。该患者目前应首先进行的检查是
A. 头颅 CT　　B. 检眼镜　　C. UCG
D. 动脉血气分析　　E. 肝肾功能+电解质

4. 男,55 岁。间断咳嗽、咳痰,反复发作 30 年,近 2 年来渐觉气短,发现高血压 3 年。吸烟 36 年,40 支/日。查体:BP140/90mmHg,心肺无明显阳性体征。心脏彩超未发现异常。为明确诊断,首选的检查是
A. 胸部 CT　　B. 肺功能　　C. 运动心肺功能
D. 冠状动脉造影　　E. 核素心肌显像

5. 患者,男,55 岁。8 年前始有咳嗽、咳痰,逐年加重,常持续数月。多次 X 线胸片检查提示两肺纹理增粗。应诊断为
A. 肺结节病　　B. 支气管肺癌　　C. COPD
D. 肺结核　　E. 气胸

6. 男,68 岁。反复咳嗽、咳痰 15 年,加重伴发热 3 天。吸烟史 40 年,1 包/日。查体:T38.8℃,口唇发绀,桶状胸,双肺可闻及哮鸣音和湿啰音。血 WBC10.3×10^9/L,N0.85。该患者最可能的诊断是
A. 支气管哮喘　　B. 慢性阻塞性肺疾病　　C. 支气管扩张
D. 肺血栓栓塞症　　E. 支气管肺癌

7. 女,70 岁。反复咳嗽、咳痰伴气促 15 年。查体:双肺呼吸音减弱。辅助检查结果中对明确诊断最有价值的是
A. 血气分析示低氧血症　　B. 肺功能示 FVC 明显降低　　C. 肺泡动脉氧分压差增大
D. 肺功能示 DLco 下降　　E. 肺功能示 FEV_1/FVC 明显降低

8. 男性,40 岁。慢性咳嗽、咳痰 10 年,突发左侧胸痛 1 天,呈针刺样疼痛,向左肩部放射,伴胸闷及气短,干咳,无发热。吸烟约 10 年,1 包/天。查体:消瘦,神志清楚,气管居中,无颈静脉怒张,左下肺叩诊鼓音,左下肺呼吸音明显降低,右肺散在少量干啰音,心界叩诊不清,心率 92 次/分,律齐,无病理性杂音,双下肢不肿。最可能的疾病是
A. 左侧气胸　　B. 肺栓塞　　C. 急性心肌梗死
D. COPD　　E. 肺大疱

9. 慢性阻塞性肺疾病偶有轻微咳嗽，少量痰液，采取下列哪项治疗措施最为合适？
A. 应用抗生素治疗　B. 应用少量镇咳剂　C. 应用支气管扩张剂以利排痰
D. 应用少量激素　E. 提高机体抗病能力，避免上呼吸道感染

10. 男，45 岁。发作性呼吸困难 5 年，再发 3 天，伴咳嗽，咳白色泡沫痰，无咯血、发热。有甲状腺功能亢进症病史 1 年。查体：BP135/90mmHg，呼气延长，双肺可闻及哮鸣音。发生呼吸困难最可能的机制是
A. 大支气管狭窄　B. 大支气管梗阻　C. 小支气管狭窄
D. 呼吸面积减少　E. 肺泡张力增高

11. 支气管哮喘的基本特征是
A. 气道慢性炎症　B. 气道高反应性　C. 气道重构
D. 变态反应　E. 支气管痉挛

12. 关于气道高反应性的叙述，错误的是
A. 是支气管哮喘的基本特征　B. 常受遗传因素的影响　C. 上呼吸道感染时可出现
D. 与气道炎症有关　E. 与长期吸烟无关

13. 外源性支气管哮喘，浆细胞产生的使人致敏的抗体是
A. IgA　B. IgG　C. IgE
D. IgM　E. IgD

14. 支气管哮喘的肺功能检查，主要表现在
A. 肺活量减少　B. 最大通气量增加　C. 第一秒用力呼气容积减少
D. 弥散量减少　E. 功能残气量减少

15. 咳嗽变异性哮喘正确诊断的依据是
A. 咳嗽反复发作>2 周　B. 抗生素治疗有效　C. 支气管扩张剂能缓解
D. 无家族过敏史　E. 中性粒细胞增高

16. 不属于缓解哮喘急性发作的药物是
A. 静脉用糖皮质激素　B. 抗胆碱能药物　C. 短效茶碱
D. 白三烯调节剂　E. 速效 β_2 受体激动剂

17. 男，18 岁。发作性胸闷 3 年、再发 2 天。发作多以凌晨为著，无咯血和发热，发作时不经药物治疗可逐渐缓解。查体：双肺呼吸音清晰。该患者最可能的诊断是
A. 胃食管反流病　B. 支气管哮喘　C. 左心衰竭
D. 过敏性肺炎　E. 慢性支气管炎

18. 女，28 岁。发作性干咳、胸闷 3 年，夜间明显，无咯血、发热。每年发作 2~3 次，1~2 周可自行缓解。近 2 天来再次出现上述症状而就诊。查体：双肺呼吸音清晰，未闻及干湿啰音，心率 86 次/分，心脏各瓣膜听诊区未闻及杂音。胸部 X 线片未见异常，肺通气功能正常。为明确诊断，应采取的进一步检查是
A. 支气管镜　B. 胸部高分辨 CT　C. 胸部 MRI
D. 支气管舒张试验　E. 支气管激发试验

19. 某患者，因支气管哮喘住院治疗 10 余天，今晨突感左上胸短暂刺痛，逐渐感呼吸困难，不能平卧。心率 120 次/分，律不齐，左肺呼吸音减弱。对此患者首先应考虑并发了下列何种情况？
A. 支气管哮喘急性发作　B. 心绞痛　C. 自发性气胸
D. 肺不张　E. 急性心力衰竭

20. 男，18 岁，支气管哮喘患者，每个月偶尔发作 1~2 次，无夜间发作。其合理的治疗方案是
A. 必要时吸入 β_2 受体兴奋剂　B. 规则吸入糖皮质激素　C. 规则口服 β_2 受体兴奋剂
D. 规则口服泼尼松　E. 规则吸入抗胆碱药物

21. 防治支气管哮喘最好的方法是

A. 预防肺部感染　　B. 脱离变应原　　C. 应用糖皮质激素
D. 应用酮替酚　　E. 坚持体育锻炼

22. 治疗支气管哮喘最有效的药物是
A. 沙丁胺醇　　B. 布地奈德　　C. 色甘酸钠
D. 曲尼斯特　　E. 氨茶碱

23. 目前用于控制支气管哮喘患者气道高反应性最主要的措施是
A. 使用 H_1 受体拮抗剂　　B. 吸入支气管舒张剂　　C. 特异性免疫治疗
D. 吸入糖皮质激素　　E. 使用白三烯调节剂

24. 女,34 岁。哮喘患者。平时规律使用吸入激素,偶尔需要使用短效 β_2 受体激动剂治疗,症状控制较满意。近来过敏性鼻炎发作,喘息症状出现波动。此时为加强抗炎效果,宜首先选择的药物是
A. 茶碱缓释片　　B. 长效 β_2 受体激动剂　　C. 白三烯受体调节剂
D. 口服激素　　E. H_1 受体拮抗剂

25. 男,34 岁。支气管哮喘患者,因急性加重就诊,静脉点滴氨茶碱治疗后效果欠佳。动脉血气分析示Ⅰ型呼吸衰竭。目前宜采用的药物治疗措施中最重要的是
A. 雾化吸入糖皮质激素　　B. 口服白三烯受体调节剂　　C. 吸入长效 β_2 受体激动剂
D. 静脉滴注广谱抗生素　　E. 静脉滴注糖皮质激素

(26~29 题共用题干)女性,20 岁。反复发作呼吸困难、胸闷、咳嗽 3 年,每年秋季发作,可自行缓解,此次已发作半天,症状仍继续加重而来就诊。体检:双肺满布哮鸣音,心率 90 次/分,律齐,无杂音。

26. 该患者的诊断首先考虑为
A. 慢性支气管炎　　B. 阻塞性肺气肿　　C. 慢性支气管炎并肺气肿
D. 支气管哮喘　　E. 心源性哮喘

27. 该患者的治疗应首选
A. β_2 受体激动剂　　B. β_2 受体阻滞剂　　C. α 受体激动剂
D. α 受体阻滞剂　　E. 广谱抗生素

28. 若给予足量特布他林(博利康尼)和氨茶碱治疗 1 天多病情仍无好转,呼吸困难严重,口唇发绀,此时应采取的治疗措施是
A. 加大原有药物剂量　　B. 静脉滴注氢化可的松　　C. 静脉滴注 5%碳酸氢钠
D. 静脉滴注头孢菌素　　E. 大剂量二丙酸倍氯米松气雾吸入

29. 若应用足量解痉平喘药和糖皮质激素等治疗无效,患者呼吸浅快,神志不清,PaO_2 50mmHg,$PaCO_2$ 70mmHg,此时应采取的救治措施为
A. 高浓度吸氧　　B. 静脉滴注甲泼尼龙　　C. 纠正水电解质和酸碱失衡
D. 联合应用广谱抗生素静滴　　E. 气管插管,机械通气

30. 干性支气管扩张症的主要症状是
A. 反复咳嗽　　B. 大量咳脓痰　　C. 反复咯血
D. 营养不良　　E. 肌肉酸痛

31. 支气管扩张症的典型 X 线表现为
A. 残根征　　B. 双轨征　　C. 蜂窝肺
D. 卷发样阴影　　E. 假空洞征

32. 男性,20 岁,支气管哮喘患者。昨夜突然发作,气喘明显,口唇发绀,端坐呼吸,大汗淋漓。最能提示患者病情严重的体征是
A. 呼吸急促,R28 次/分　　B. HR100 次/分　　C. 双肺广泛哮鸣音

D. 双肺未闻及哮鸣音　　E. 桶状胸，双肺叩诊过清音

33. 男，56 岁。反复咳嗽 30 年伴间断咯血，发作时使用“头孢菌素”及止血治疗可缓解。查体：左下肺可闻及湿啰音。胸部 X 线片示左下肺纹理增粗、紊乱。为明确咯血的病因，宜首先采取的检查是

A. 支气管镜　　B. 胸部高分辨 CT　　C. 痰找癌细胞

D. 肺通气/灌注扫描　　E. 支气管动脉造影

34. 支气管扩张患者因感染反复加重多次住院，再次因感染加重行抗感染治疗时，应特别注意覆盖的病原体是

A. 肠杆菌　　B. 耐青霉素肺炎链球菌　　C. 军团菌

D. 铜绿假单胞菌　　E. 耐甲氧西林金黄色葡萄球菌

35. 支气管扩张症合并感染的常见病原体不包括

A. 肺炎链球菌　　B. 流感嗜血杆菌　　C. 铜绿假单胞菌

D. 肺炎支原体　　E. 卡他莫拉菌

36. 患者，女，60 岁，支气管扩张症病史 20 年。3 天前受凉后咳嗽咳痰，并有间断咯血，每日量约 100ml。查体：BP135/82mmHg，右下肺可闻及局限性湿啰音。为控制咯血症状，除抗感染外，还应施行的治疗措施是

A. 口服卡巴克洛　　B. 静脉滴注垂体后叶素　　C. 介入治疗

D. 手术治疗　　E. 支气管镜下止血

37. 双侧支气管扩张患者反复大咯血时，最佳的治疗手段是

A. 长期口服抗生素预防感染　　B. 手术切除病变肺组织　　C. 支气管动脉栓塞术

D. 支气管镜下介入治疗　　E. 口服止血药物

（38～40 题共用题干）女性，50 岁，慢性咳嗽、偶咯大量脓痰 20 年，有时咯大口鲜血。体检：双肺底可闻及局限性粗湿啰音，经治疗后可好转。多次胸片提示左下肺纹理增粗紊乱。

38. 本例最可能的诊断是

A. 肺脓肿　　B. 慢性阻塞性肺疾病　　C. 支气管扩张症

D. 肺癌　　E. 肺结核

39. 为确诊本病，首选的检查方法是

A. 胸部断层扫描　　B. 支气管造影　　C. HRCT

D. 胸腔镜检查　　E. 纤维支气管镜检查

40. 本例的主要治疗措施是

A. 保持呼吸道通畅　　B. 使用支气管舒张剂　　C. 控制感染

D. 体位引流　　E. 介入治疗

41. 属于非典型病原体所致的肺炎是

A. 溶血性链球菌肺炎　　B. 肺炎克雷伯杆菌肺炎　　C. 流感嗜血杆菌肺炎

D. 军团菌肺炎　　E. 鲍曼不动杆菌肺炎

42. 男，56 岁。发热、咳嗽伴呼吸困难 3 天，慢性阻塞性肺疾病 10 年。查体：T38℃，胸部 X 线示右上肺大片状影，其内可见多个透亮区，痰涂片革兰染色阳性球菌，成簇分布。该患者肺部最可能感染的病原菌是

A. 金黄色葡萄球菌　　B. 卡他莫拉菌　　C. 溶血性链球菌

D. 厌氧菌　　E. 肺炎链球菌

43. 患者，男，40 岁。发热、咳嗽、右侧胸痛 3 天。查体：T38.8℃，右下肺语音震颤增强，呼吸音略减低。该患者最可能的诊断是

A. 气胸　　B. 胸腔积液　　C. 肺炎

D. 肺气肿　　E. 肺不张

44. 男，20 岁。发热、咳嗽 2 周。查体：右肺语颤减弱，呼吸音低。该患者最可能的肺通气功能检查结果是
A. 最大通气量增加　　B. 肺总量增加　　C. 残气量增加
D. 肺活量降低　　E. 一秒率降低

45. 男，24 岁。间断咳嗽 2 天。伴阵发性胸闷，无痰，无发热，无胸痛。查体：右下肺呼吸音稍低，未闻及干湿啰音。为明确诊断，首选的检查是
A. 动脉血气分析　　B. 肺功能　　C. 胸部 X 线片
D. 血 D-二聚体　　E. 胸部 B 超

46. 下列肺炎中最易并发肺脓肿的是
A. 真菌性肺炎　　B. 干酪性肺类　　C. 金黄色葡萄球菌肺炎
D. 肺炎支原体肺炎　　E. 肺炎链球菌肺炎

47. 某糖尿病患者，男性，68 岁，突发高热、寒战、右胸痛，次日咯痰，为黄脓性带血丝，量多，X 线显示右下肺叶实变，其中有多个液气囊腔，最可能的诊断是
A. 干酪性肺炎　　B. 肺炎支原体肺炎　　C. 克雷伯杆菌肺炎
D. 葡萄球菌肺炎　　E. 军团菌肺炎

48. 老年患者，突然发生寒战、高热、咳嗽、咳痰，痰呈砖红色胶冻状，引起肺部感染最可能的病原菌是
A. 葡萄球菌　　B. 肺炎克雷伯杆菌　　C. 铜绿假单胞菌
D. 流感嗜血杆菌　　E. 嗜肺军团杆菌

49. 男，32 岁，3 天前受凉后出现寒战、高热，随之咳嗽，咳少量脓性痰伴右侧胸痛。查体：体温 39℃，急性病容，左侧口角疱疹，心率 110 次/分，律齐。血白细胞 $11.0\times10^9/L$，N0.78。最可能的诊断是
A. 肺炎链球菌肺炎　　B. 急性肺脓肿　　C. 金黄色葡萄球菌肺炎
D. 干酪性肺炎　　E. 肺炎支原体肺炎

50. 患者，男，52 岁，急性起病，寒战、高热，咳嗽、咳痰 1 周，全身衰弱。胸部 X 线检查示右肺实变阴影及蜂窝状脓肿，叶间隙下坠。最可能的诊断为
A. 金黄色葡萄球菌肺炎　　B. 军团菌肺炎　　C. 支原体肺炎
D. 肺炎克雷伯杆菌肺炎　　E. 厌氧菌肺炎

51. 男性，34 岁。2 天前着凉后发热，体温 38.9℃，伴呼吸困难，咳嗽，咳少量黄痰，腹泻两次。自服“先锋霉素”无效。入院查体：嗜睡，口唇轻度发绀，脉搏 100 次/分，呼吸 28 次/分，双肺叩清音，双下肺可闻及湿啰音，心律整，腹(－)。血 WBC$12.3\times10^9/L$，N87%。血气分析：pH7.35，$PaO_2$57mmHg，$PaCO_2$31mmHg。胸片示：左上肺前段、左下肺及右上肺前段、右中肺见斑片状阴影。最可能的诊断是
A. 军团菌肺炎　　B. 金黄色葡萄球菌肺炎　　C. ARDS
D. 肺栓塞　　E. 支原体肺炎

52. 患者，女，16 岁。外出郊游后出现头痛、咽痛，伴低热和肌肉酸痛。3 天后出现咳嗽和少量黏痰。X 线胸片检查结果：双肺下叶边缘模糊的斑片状阴影。1 周后查体发现鼓膜充血。最可能的诊断是
A. 军团菌肺炎　　B. 支原体肺炎　　C. 浸润性肺结核
D. 厌氧菌肺炎　　E. 金黄色葡萄球菌肺炎

53. 患者，女，37 岁。发热、气短 10 天，伴明显刺激性咳嗽、咽痛、头痛。外周血白细胞计数增高。胸片示双下肺点片状浸润影。最有可能的诊断是
A. 肺炎链球菌肺炎　　B. 葡萄球菌肺炎　　C. 肺结核
D. 肺炎支原体肺炎　　E. 肺孢子菌肺炎

54. 男，50 岁。慢性扁桃体炎病史多年。近 1 周来高热，咳嗽，咳黄臭痰，2 天后出现左侧胸痛。查体左肺叩诊呈浊音。诊断性胸腔穿刺抽出带有恶臭的脓性液体。其肺部感染的病原体最可能为

A. 金黄色葡萄球菌　　B. 肺炎链球菌　　C. 肺炎支原体
D. 结核杆菌　　E. 厌氧菌

A. 红霉素　　B. 万古霉素　　C. 甲硝唑
D. 阿米卡星　　E. 青霉素

55. 治疗社区获得性 MRSA 肺炎，首选药物是
56. 治疗支原体肺炎，首选药物是
A. 少量铁锈色痰　　B. 砖红色胶冻样痰　　C. 脓痰带血丝或脓血状
D. 黄绿色脓痰　　E. 少量白色黏液痰
57. 肺炎克雷伯杆菌肺炎的典型痰液是
58. 金黄色葡萄球菌肺炎的典型痰液是
59. 肺炎链球菌肺炎的典型痰液是
60. 铜绿假单胞菌肺炎的典型痰液是
61. 病毒性肺炎的典型痰液是
A. 肺部多种形态的浸润影，呈节段性分布　　B. 肺叶或肺段实变影，可见空洞、液气囊腔
C. 大片炎性实变浸润影，可见支气管充气征　　D. 肺大叶实变，蜂窝状脓肿，叶间裂下坠
E. 肺纹理增多，磨玻璃样阴影，小片状或广泛浸润
62. 肺炎链球菌肺炎的典型胸片表现是
63. 葡萄球菌肺炎的典型胸片表现是
64. 肺炎支原体肺炎的典型胸片表现是
65. 病毒性肺炎的典型胸片表现是
66. 肺炎克雷伯杆菌肺炎的典型胸片表现是
A. 青霉素 G　　B. 红霉素　　C. 氨基糖苷类抗生素
D. 喹诺酮类抗生素　　E. 耐青霉素酶的半合成青霉素
67. 肺炎链球菌肺炎的首选治疗药物是
68. 葡萄球菌肺炎的首选治疗药物是
69. 肺炎支原体肺炎的首选治疗药物是
70. 肺炎克雷伯杆菌肺炎的首选治疗药物是
71. 军团菌肺炎的首选治疗药物是

72. 女性，30 岁。发热、咳嗽、右胸痛 3 天。体检：体温 40℃，呼吸急促，右上肺叩诊呈浊音，可闻及支气管呼吸音。血白细胞计数 20×10^9/L，中性粒细胞 0.92。准备用青霉素治疗，但皮试阳性，此时应首先考虑使用的抗菌药物为
A. 氨苄西林　　B. 庆大霉素　　C. 左氧氟沙星
D. 四环素　　E. 磺胺类药物
73. 治疗吸入性肺炎首选
A. 氨基糖苷类　　B. 第三代头孢菌素　　C. 青霉素
D. 氟喹诺酮类　　E. 红霉素
74. 血清冷凝集试验常用于诊断
A. 肺炎球菌肺炎　　B. 葡萄球菌肺炎　　C. 肺炎支原体肺炎
D. 肺炎衣原体肺炎　　E. 肺炎克雷伯杆菌肺炎
75. 肺炎支原体肺炎最突出的症状是
A. 胸痛　　B. 咳嗽　　C. 高热

D. 咽痛　　E. 呼吸困难

76. 下列关于病毒性肺炎临床表现的叙述，正确的是

A. 并发胸腔积液者较多见　　B. 起病较急但临床症状较轻　　C. 肺部体征为较典型

D. 胸片可见大片状浸润阴影　　E. 感染较少侵犯肺间质

A. 下叶后基底段　　B. 上叶后段或下叶背段　　C. 上叶尖后段和下叶背段

D. 左下叶和舌叶支气管　　E. 两肺外野

77. 吸入性肺脓肿坐位时好发于

78. 吸入性肺脓肿仰卧位时好发于

79. 血源性肺脓肿好发于

80. 慢性肺脓肿较急性肺脓肿更为常见的体征是

A. 肺部闻及支气管呼吸音　　B. 肺部叩诊呈鼓音　　C. 肺部呼吸音减弱

D. 肺部闻及湿啰音　　E. 杵状指

81. 男，40 岁。半月前开始畏寒、发热，每天体温高达 39～40℃，咳嗽、咳少量脓性痰，近 4 天来突然咳大量臭脓痰，每日约 300ml，并有痰中带血。体检右下肺叩诊浊音，闻及支气管呼吸音，血白细胞 $20\times10^9/L$，中性粒细胞 90%，最可能的诊断为

A. 葡萄球菌肺炎　　B. 克雷伯杆菌肺炎　　C. 急性肺脓肿

D. 肺结核　　E. 阻塞性肺炎

82. 女，34 岁。寒战、高热、咳血痰 1 周。2 周前干农活时右小腿外伤。查体：T39.7℃。神志清楚，精神差。双肺未闻及干湿啰音，右外踝上方可见小脓疱。血常规 WBC$17\times10^9/L$，N0.95。胸部 X 线片发现右下肺、左上肺类圆形阴影，其内可见空洞及液平。该患者最可能的诊断是

A. 肺结核　　B. 吸入性肺脓肿　　C. 真菌性肺炎

D. 革兰阴性杆菌肺炎　　E. 血源性肺脓肿

83. 不是肺脓肿手术指征的是

A. 急性肺脓肿　　B. 反复大咯血　　C. 支气管胸膜瘘

D. 合并支气管扩张者　　E. 内科积极治疗无效的慢性肺脓肿

84. 男，18 岁。寒战、高热、咳嗽 4 天。1 周前脚趾曾划伤导致化脓感染，经治疗后愈合。听诊双肺可闻及湿啰音。血常规 WBC$17\times10^9/L$，N0.92。胸部 X 线片示两肺多发性块状密度增高影，部分有空洞形成。最可能的诊断是

A. 肺血管炎　　B. 肺结核　　C. 肺囊肿继发感染

D. 肺脓肿　　E. 真菌性肺炎

（85～89 题共用题干）男，40 岁。半月前开始畏寒、发热，每天体温高达 39～40℃，咳嗽、咳少量脓性痰，近 4 天来突然咳大量臭脓痰，每日约 300ml，并有痰中带血。体检右下肺叩诊浊音，闻及支气管呼吸音。血白细胞 $20\times10^9/L$，中性粒细胞 90%。

85. 该患者最可能的诊断为

A. 葡萄球菌肺炎　　B. 肺炎克雷伯杆菌肺炎　　C. 急性肺脓肿

D. 支气管扩张症　　E. 肺结核

86. 治疗时首选的抗生素为

A. 甲硝唑　　B. 头孢菌素　　C. 青霉素

D. 氨基糖苷类抗生素　　E. 红霉素

87. 治疗时抗生素的使用疗程为

A. 3～4 周　　B. 4～6 周　　C. 6～8 周

D. 8~10周　E. 10~12周

88. 停用抗生素的指征为

A. 体温正常　B. 痰恶臭味消失　C. 血白细胞计数正常

D. 胸片示脓腔消失　E. 痰细菌培养3次阴性

89. 对于本病的治疗,除合理使用抗生素外,另一项关键措施是

A. 提高机体抵抗力　B. 少量多次输新鲜血液　C. 手术治疗

D. 脓液引流　E. 介入治疗

90. 可诱发皮肤变态反应的结核分枝杆菌的菌体成分是

A. 磷脂　B. 蛋白质　C. 多糖类

D. 蜡质　E. 索状因子

A. 下叶尖后段　B. 上叶后段或下叶背段　C. 上叶尖后段和下叶背段

D. 肺底部　E. 上叶下部或下叶上部近胸膜处

91. 原发性肺结核好发于

92. 继发性肺结核好发于

93. 男,56岁。低热咳嗽、咳痰2周。胸部X线片示右肺下叶背段可见不规则斑片状影及薄壁空洞,其内未见液平。血常规正常,ESR56mm/h。该患者首先考虑

A. 肺结核　B. 肺癌　C. 急性肺脓肿

D. 肺囊肿继发感染　E. 金黄色葡萄球菌肺炎

94. 男,40岁。咳嗽、咳痰半年,加重1周。无发热、盗汗、消瘦。查体:浅表淋巴结未触及,右上肺散在湿啰音。为明确诊断,应该首选的检查是

A. 胸部X线片　B. 动脉血气分析　C. 痰涂片+药敏

D. 肺功能　E. 痰涂片找抗酸杆菌

95. 不符合肺结核活动期特点的是

A. 胸片示病灶扩大　B. 胸片示空洞形成　C. 胸片示斑片状阴影

D. 痰涂片找到抗酸杆菌　E. 胸片示病灶密度高,边缘清楚

96. 患者,男,25岁。低热盗汗、咳嗽1个月。痰涂片检查示抗酸杆菌阳性。胸片示右上肺斑点状阴影,可见薄壁空洞。该患者的正确诊断为

A. 原发型肺结核,痰涂(+),进展期　B. 原发型肺结核,痰涂(+),稳定期

C. 浸润性肺结核,痰涂(+),进展期　D. 浸润性肺结核,痰涂(+),稳定期

E. 早期空洞性肺结核,痰涂(+),进展期

97. 肺结核空洞与肺脓肿空洞最可靠的鉴别诊断方法是

A. 有无咳嗽咳痰　B. 肺部体征　C. 胸部X线检查

D. 痰细菌学检查　E. 外周白细胞计数

98. 患者,男,28岁。肺上野病变伴低热、乏力,经正规抗菌药物治疗后肺部病灶不吸收,最先考虑的是

A. 干酪性肺炎　B. 葡萄球菌肺炎　C. 革兰阴性杆菌肺炎

D. 急性肺脓肿　E. 肺癌

99. 男,46岁。吸烟史20年。发热2周(37.5~38℃),右胸疼痛,近4天胸痛减轻,感胸闷、气促。查体:右下胸语音震颤减弱,叩诊浊音,呼吸音消失。诊断最可能是

A. 肺炎链球菌肺炎　B. 支原体肺炎　C. 结核性胸膜炎

D. 浸润性肺结核　E. 支气管肺癌

100. 患者女性,22岁。低热消瘦、间断咳嗽3个月就诊。体检无阳性发现。胸片示左上肺密度不均匀斑

片状阴影。结核菌素试验 5IU 皮内注射 72 小时后测得硬结直径 22mm×25mm。最可能的诊断是

A. 慢性支气管炎 B. 支气管扩张 C. 急性结核性胸膜炎

D. 肺结核 E. 支气管肺癌

101. 女,43 岁。近 2 周来发热、乏力、痰中带血,最高体温 38℃,经"头孢菌素"抗感染治疗 1 周无效。查体:T37.8℃,P84 次/分,左上肺语颤减弱,呼吸音低。实验室检查:血常规 WBC7.8×10^9/L,N0.73,L0.24。ESR43mm/h。胸部 X 线片示左上肺斑片状阴影,其内可见透亮区。该患者最可能的诊断是

A. 肺脓肿 B. 肺癌 C. 肺炎

D. 肺结核 E. 支气管扩张症

(102~103 题共用题干)男,24 岁。因反复干咳、咯血 2 个月、发热 1 周来院门诊。查体:T39.2℃,消瘦,左上肺语颤增强,叩诊呈实音,呼吸音减弱。WBC7.8×10^9/L。X 线胸片提示大片密度均匀磨玻璃状阴影,可见虫蚀样空洞。

102. 最可能的诊断是

A. 肺炎球菌肺炎 B. 干酪性肺炎 C. 支原体肺炎

D. 支气管扩张症 E. 病毒性肺炎

103. 该患者最可能的致病途径是

A. 淋巴结支气管瘘 B. 飞沫 C. 消化道

D. 血行 E. 蚊虫叮咬

104. 结核病化疗时采用联合用药的主要目的是

A. 缩短疗程 B. 提高治愈率 C. 避免产生耐药性

D. 避免产生副作用 E. 减少副作用

A. 异烟肼 B. 利福平 C. 吡嗪酰胺

D. 乙胺丁醇 E. 链霉素

105. 对结核分枝杆菌 A 菌群作用最强的药物是

106. 对结核分枝杆菌 B 菌群作用最强的药物是

A. 乙胺丁醇 B. 对氨基水杨酸 C. 异烟肼

D. 吡嗪酰胺 E. 链霉素

107. 对巨噬细胞内外的结核分枝杆菌均有杀灭作用的药物是

108. 主要杀灭巨噬细胞内酸性环境中结核分枝杆菌的药物是

109. 主要杀灭巨噬细胞外碱性环境中结核分枝杆菌的药物是

110. 患者,男,30 岁,确诊为初治涂阳肺结核。使用 2HRZE/4HR 方案治疗 2 个月后出现视力减退,视野缩小,应考虑停用的药物是

A. 异烟肼 B. 利福平 C. 吡嗪酰胺

D. 乙胺丁醇 E. 链霉素

111. 女性,20 岁,突然大咯血,已妊娠 3 个月。胸片示右上肺结核。不宜使用的药物是

A. 垂体后叶素 B. 氨基己酸 C. 氨甲苯酸

D. 止血敏 E. 安络血

112. 男性,66 岁。持续性呼吸困难 10 小时,3 个月前曾发生股骨颈骨折。发现高血压病 10 年。体检:T 36.5℃,BP90/60mmHg,颈静脉充盈,P_2 亢进,心脏各瓣膜区未闻及杂音和心包摩擦音。心电图:电轴右偏。血清乳酸脱氢酶(LDH)增高,血清肌酸磷酸激酶同工酶(CK-MB)正常。最可能的诊断是

A. 肺动脉栓塞 B. 急性心肌梗死 C. 急性心包炎

D. 主动脉夹层　　E. 胸腔积液

113. 男，56 岁。5 小时前突发右侧胸痛伴咳嗽、憋气，否认其他病史。查体：R24 次/分，BP130/80mmHg，双肺呼吸音清晰，未闻及干湿啰音及胸膜摩擦音。心率 102 次/分，$P_2>A_2$，心脏各瓣膜听诊区未闻及杂音。胸部 X 线片未见异常。动脉血气分析示：pH7.45，$PaCO_2$32mmHg，$PaO_2$55mmHg。下列检查对明确诊断意义最大的是

A. CT 肺动脉造影　　B. 心肌坏死标志物　　C. 血 D-二聚体

D. UCG　　E. ECG

114. 明确诊断肺血栓栓塞症首选的检查

A. CT 肺动脉造影　　B. 血 D-二聚体　　C. 肺动脉造影

D. 肺通气灌注扫描　　E. 超声心动图

115. 深静脉血栓形成最常见于

A. 上肢深静脉　　B. 上腔静脉　　C. 下腔静脉

D. 门静脉　　E. 下肢深静脉

116. 男，38 岁。突发呼吸困难伴短暂意识丧失，无咳嗽、咳痰及咯血。既往体健。查体：BP85/65mmHg，呼吸急促，口唇发绀，双肺可闻及少许哮鸣音，心率 110 次/分，P_2 亢进。心电图示窦性心动过速。对明确诊断意义最大的检查是

A. CT 肺动脉造影　　B. 胸部 X 线片　　C. 血 D-二聚体

D. 动脉血气分析　　E. 血心肌坏死标记物

117. 男，52 岁。突发呼吸困难 4 小时。既往糖尿病、高血压病史 10 年。查体：R32 次/分，BP100/70mmHg，颈静脉怒张，双肺呼吸音清晰，未闻及干湿啰音。心率 105 次/分，$P_2>A_2$。行 CTPA 示右下肺动脉内充盈缺损。该患者宜采取的治疗措施首选

A. 口服华法林　　B. 静脉滴注 rt-PA　　C. 肺动脉内注射尿激酶

D. 皮下注射低分子肝素　　E. 手术取栓

118. 判断肺血栓栓塞患者需要溶栓治疗的主要依据是

A. 合并下肢深静脉血栓　　B. 存在体循环功能障碍　　C. 出现肺动脉高压

D. 出现右心功能异常　　E. 出现呼吸衰竭

119. 伴有血液动力学紊乱的大面积肺栓塞的溶栓治疗时间窗是

A. ≤3 天　　B. ≤7 天　　C. ≤14 天

D. ≤15 天　　E. ≤30 天

120. 男性，45 岁，突发胸痛、呼吸困难 3 小时，CTPA 显示右下肺动脉干及左下肺动脉分支多处充盈缺损。查体：脉率 105 次/分，血压 80/60mmHg，颈静脉怒张，双肺呼吸音清晰，$P_2>A_2$，三尖瓣区可闻及 2/6 级收缩期杂音，左下肢轻度水肿。此时应采取的主要治疗措施是

A. 静脉点滴 rt-PA　　B. 静脉点滴多巴胺　　C. 皮下注射低分子肝素

D. 手术治疗　　E. 血管支架置放

121. 动脉性肺动脉高压不包括

A. 特发性　　B. 遗传性　　C. 疾病相关性

D. 新生儿持续性　　E. 肺发育异常

122. 下列疾病所致的肺动脉高压，最主要由低氧血症所致的是

A. 肺血栓栓塞症　　B. 结缔组织疾病　　C. COPD

D. 特发性肺动脉高压　　E. 心源性肺水肿

123. 特发性肺动脉高压最常见的临床表现是

A. 呼吸困难　　B. 胸痛　　C. 咯血

D. 头晕　　E. 晕厥

124. 慢性肺源性心脏病发病的主要因素，下列哪项不正确？

A. 肺血管阻力增加　　B. 气道梗阻　　C. 肺动脉高压
D. 血液黏度增加　　E. 低氧血症及高碳酸血症

125. 男，70 岁。咳嗽、咳痰 30 年，劳力性呼吸困难 2 年。加重伴双下肢水肿、尿少 3 天入院。胸部 X 线检查最可能出现的心脏特点是

A. 心尖上凸　　B. 烧瓶心　　C. 靴形心
D. 普大形心　　E. 梨形心

126. 慢性肺心病肺心功能代偿期的临床表现不包括

A. 活动后呼吸困难　　B. 两肺干湿啰音　　C. 肝颈静脉回流征阳性
D. 咳嗽咳痰　　E. 三尖瓣区闻及收缩期杂音

127. 男，65 岁。反复咳嗽、咳痰 20 年，加重伴心悸、气短 1 周，咳大量脓痰，心悸、气短于夜间平卧时更明显，高血压病史 3 年。查体：BP150/90mmHg，双肺呼吸音低，三尖瓣区可闻及 3/6 级收缩期杂音。脊柱后凸畸形，心电图示 $R_{V1}+S_{V5}=1.18mV$，右束支传导阻滞。该患者最可能的诊断是

A. 风湿性心脏瓣膜病　　B. 原发性心肌病　　C. 高血压性心脏病
D. 冠心病　　E. 慢性肺源性心脏病

128. 有助于慢性肺心病和扩张型心肌病鉴别的是

A. 右心室扩大　　B. 右心衰竭　　C. 超声波提示全心增大
D. 肝颈征阳性　　E. 心界扩大

129. 慢性肺源性心脏病心力衰竭最重要的治疗是

A. 利尿药　　B. 血管扩张药　　C. 呼吸兴奋剂
D. 正性肌力药　　E. 控制感染、改善呼吸功能

130. 最容易发生洋地黄中毒的心脏病是

A. 风湿性心脏病　　B. 先天性心脏病　　C. 慢性肺源性心脏病
D. 高血压心脏病　　E. 冠心病

131. 下列哪种疾病的胸腔积液是由胸膜毛细血管静水压增高所致？

A. 缩窄性心包炎　　B. 肺结核　　C. 膈下脓肿
D. 肝硬化　　E. 淋巴管阻塞

132. 下列疾病中，不会引起漏出性胸腔积液的是

A. 心力衰竭　　B. 低蛋白血症　　C. 肝硬化
D. 肾病综合征　　E. 系统性红斑狼疮

133. 胸腔积液最常见的症状是

A. 胸痛　　B. 咳嗽　　C. 胸闷
D. 呼吸困难　　E. 发热

134. 女，23 岁。因“右侧胸痛伴发热 1 周”就诊，既往体健。体检：右侧第 8 后肋以下叩诊实音，呼吸音消失。胸部 X 线片示右下肺大片致密影，上缘呈外高内低弧形。为明确诊断，应首选的检查是

A. PPD 试验　　B. 支气管镜　　C. 胸部 CT
D. 胸腔镜　　E. 胸腔穿刺

A. X 线示肋膈角变钝　　B. X 线示大片状、边缘模糊阴影
C. X 线示斑片状、边缘模糊阴影　　D. X 线示凸面指向肺内呈“D”字征阴影
E. X 线示上缘呈外侧升高的反抛物线阴影

135. 胸腔积液量约 400ml
136. 包裹性积液

(137～139 题共用题干)男性,35 岁,3 个月来低热、盗汗、消瘦,1 个月来劳累后气短。查体:T37.6℃,右下肺触觉语颤减弱,叩诊呈浊音,呼吸音消失。心尖搏动向左移位,心音正常,心率 98 次/分,律整,无杂音,超声示右侧胸腔中等量积液。

137. 对患者进行初步诊断,首先考虑为
A. 结核性胸腔积液　B. 病毒性胸腔积液　C. 化脓性胸腔积液
D. 肿瘤性胸腔积液　E. 风湿性胸腔积液

138. 入院后应采取的最主要诊断措施是
A. 胸腔穿刺抽液检查　B. 血培养　C. PPD 试验
D. 胸部 CT 检查　E. X 线胸片检查

139. 该患者还可能出现的体征是
A. 右侧肺底下移　B. 气管向左移位　C. 右上肺可闻管样呼吸音
D. 双侧胸廓肋间隙变窄　E. 右肺可闻及湿啰音

A. 肺炎伴胸腔积液　B. 心衰伴胸腔积液　C. 肺癌伴胸腔积液
D. 结核性胸膜炎　E. 系统性红斑狼疮伴胸腔积液

140. 胸腔积液化验结果为:pH7.40,WBC1700×10^6/L,多核细胞 30%,单核细胞 70%,葡萄糖 2.0mmol/L,ADA102U/L。应考虑诊断为

141. 胸腔积液化验结果为:pH7.28,WBC1200×10^6/L,多核细胞 56%,单核细胞 44%,葡萄糖 2.4mmol/L,ADA15U/L,胸液/血清 CEA 比值为 2。应考虑诊断为

142. 女性,45 岁。呼吸困难、胸痛 1 个月。胸部 B 超发现右侧中等量胸腔积液。化验:血性胸腔积液,比重1.020,蛋白定量 35g/L,WBC680×10^6/L,ADA25U/L,最可能的诊断是
A. 结核性胸腔积液　B. 癌性胸腔积液　C. 肺栓塞所致胸腔积液
D. 肺炎旁胸腔积液　E. 肝硬化性胸腔积液

(143～145 题共用题干)男性,30 岁,发热乏力 1 周,呼吸困难 2 天。查体:T38.2℃,右中下肺叩诊浊音,呼吸音消失。

143. 该患者最可能的诊断为
A. 大叶性肺炎　B. 干酪样肺炎　C. 结核性胸膜炎
D. 阻塞性肺炎　E. 胸膜肥厚粘连

144. 宜选用的治疗方法是
A. 全身化疗　B. 联合使用抗生素　C. 免疫治疗
D. 手术治疗　E. 抗结核治疗+胸穿抽液

145. 若经 B 超检查证实为胸腔积液,行穿刺抽液过程中患者突然心悸、出汗、脉细、颜面苍白,应立即给予
A. 阿托品肌注　B. 肾上腺素皮下注射　C. 地塞米松静注
D. 50%葡萄糖液静注　E. 洋地黄缓慢静注

146. 不符合恶性胸腔积液特点的是胸腔积液
A. LDH>500U/L　B. ADA<45U/L　C. CEA>20μg/L
D. 比重<1.018　E. 红细胞$>500\times10^6$/L

147. ARDS 时出现肺泡Ⅱ型细胞损伤,表面活性物质减少,可引起的病理改变是
A. 肺不张和肺泡萎陷　B. 肺水肿　C. 肺内含铁血黄素沉着

D. 肺小叶间隔增宽　　E. 肺褐色硬化

148. 我国 ARDS 导致直接肺损伤的最常见原因是

A. 重症肺炎　　B. 严重胸部外伤　　C. 胃内容物吸入

D. 感染中毒症　　E. 急性胰腺炎

149. 急性呼吸窘迫综合征血气分析的典型改变是

A. PaO_2 降低，$PaCO_2$ 降低，pH 升高　　B. PaO_2 降低，$PaCO_2$ 降低，pH 降低

C. PaO_2 升高，$PaCO_2$ 降低，pH 升高　　D. PaO_2 降低，$PaCO_2$ 升高，pH 升高

E. PaO_2 升高，$PaCO_2$ 降低，pH 降低

150. 不符合 ARDS 病理生理改变的是

A. 肺间质水肿　　B. 肺泡萎陷　　C. 肺内分流增加

D. 肺顺应性增加　　E. 肺毛细血管通透性增加

151. 男，64 岁。胆结石术后 5 天突发呼吸困难 1 小时，有 COPD 病史 20 余年。查体：BP110/80mmHg，端坐呼吸，烦躁不安，大汗，口唇发绀，双肺可闻及少量干湿啰音，心率 120 次/分。该患者呼吸困难最可能的原因是并发

A. 急性呼吸窘迫综合征　　B. 急性左心衰竭　　C. 继发肺部感染

D. 自发性气胸　　E. 右心衰竭

152. 男，34 岁。四肢广泛挤压伤后 3 小时急诊入院。查体：BP85/65mmHg，呼吸急促，口唇发绀，双肺可闻及湿啰音，心率 140 次/分。血气分析（未吸氧）：$PaO_2$50mmHg，$PaCO_2$30mmHg。除扩容治疗外，此时应首选的治疗措施为

A. 应用糖皮质激素　　B. 持续高浓度吸氧　　C. 持续低浓度吸氧

D. 静脉应用抗生素　　E. 机械通气

153. 下列哪种疾病不是慢性呼吸衰竭的病因？

A. 重度肺结核　　B. 肺间质纤维化　　C. 尘肺

D. 胸廓畸形　　E. 严重感染

A. 肺泡通气量下降　　B. 通气/血流比例失调　　C. 弥散障碍

D. 肺内分流　　E. 氧耗量增加

154. 肺栓塞患者出现低氧血症最主要的机制是

155. COPD 患者出现低氧血症最主要的机制是

156. 关于缺氧和 CO_2 潴留对机体影响的比较，错误的是两者都可

A. 有肺通气量增加　　B. 使呼吸频率加快　　C. 引起呼吸性酸中毒

D. 损害肾功能　　E. 使心率增快

157. 急性呼吸衰竭最早出现的症状是

A. 发绀　　B. 呼吸困难　　C. 精神错乱、昏迷

D. 心动过速　　E. 心律失常

158. COPD 合并Ⅱ型呼吸衰竭的患者，拟给予鼻导管吸入 29%的氧，其氧流量应为

A. 0.5L/min　　B. 1L/min　　C. 1.5L/min

D. 2L/min　　E. 3L/min

159. 男，67 岁。反复咳嗽、咳痰、喘息 5 年，再发加重 1 周。查体：嗜睡，口唇发绀，两肺可闻及哮鸣音和湿啰音，心率 120 次/分。动脉血气分析示：pH7.10，$PaO_2$54mmHg，$PaCO_2$103mmHg。该患者发生呼吸衰竭最主要的机制是

A. 肺泡通气量减少　　B. 无效腔通气减少　　C. 呼吸中枢抑制

D. 胸廓扩张受限　　E. 弥散功能障碍

160. 男，68 岁。既往有慢性支气管炎病史 10 年，1 周前因感冒后咳嗽加重来诊。查体：神志模糊，两肺哮鸣音，心率 110 次/分。血气分析 pH 7.30，PaO_2 50mmHg，$PaCO_2$ 80mmHg。下列治疗措施正确的是

A. 静脉滴注尼可刹米　　B. 静脉注射毛花苷丙　　C. 静脉滴注 4%碳酸氢钠

D. 静脉注射呋塞米　　E. 人工机械通气

161. 男，58 岁。因肺心病呼吸衰竭入院。入院查体：神志清晰，血气分析：PaO_2 30mmHg，$PaCO_2$ 60mmHg。吸氧后神志渐不清，昏迷，血气分析 PaO_2 70mmHg，$PaCO_2$ 80mmHg。病情恶化的原因最可能是

A. 感染加重　　B. 心力衰竭加重　　C. 气道阻力增加

D. 氧疗不当　　E. 周围循环衰竭

162. 患者男性，75 岁，慢性支气管炎病史 30 年。2 天前因着凉后发热、咳嗽加重，气急，呼吸困难。动脉血气分析：pH7.10，PaO_2 50mmHg，$PaCO_2$ 80mmHg，BE-5mmol/L。本例血气分析结果为

A. 失代偿性呼吸性酸中毒　　B. 呼吸性酸中毒合并代谢性酸中毒

C. 失代偿性代谢性酸中毒　　D. 呼吸性酸中毒合并代谢性碱中毒

E. 代谢性酸中毒合并呼吸性碱中毒

163. 慢性肺源性心脏病患者，血气分析结果为：pH7.43，PaO_2 47mmHg，$PaCO_2$ 73mmHg，HCO_3^- 28mmol/L。此血气分析结果应诊断为

A. 呼吸性酸中毒合并代谢性碱中毒　　B. 呼吸性碱中毒合并代谢性碱中毒

C. 呼吸性酸中毒合并代谢性酸中毒　　D. 呼吸性碱中毒合并代谢性酸中毒

E. 失代偿性代谢性碱中毒

164. 呼吸衰竭时，不符合慢性呼吸性酸中毒表现的是

A. $PaCO_2$ 上升　　B. pH 可正常　　C. pH 可降低

D. SB>AB　　E. HCO_3^- 上升

165. 多器官功能障碍综合征最易受累的脏器是

A. 肝　　B. 肾　　C. 肺

D. 心　　E. 脑

第 2 章　循环系统疾病

166. 下列哪种疾病容易导致压力负荷过重而引起心力衰竭？

A. 主动脉瓣关闭不全　　B. 二尖瓣关闭不全　　C. 动脉导管未闭

D. 肺动脉瓣狭窄　　E. 室间隔缺损

167. 临床上出现舒张期心力衰竭最常见的疾病是

A. 急性心肌梗死　　B. 扩张型心肌病　　C. 高血压病

D. 缩窄性心包炎　　E. 贫血性心脏病

168. 心力衰竭最常见的诱因是

A. 食盐摄入过多　　B. 饮水过多　　C. 运动量过大

D. 输液过多　　E. 肺部感染

169. 男性，72 岁。因持续性胸痛 6 小时入院，查体双肺底有少量湿啰音，诊断为急性心肌梗死。该患者心功能分级为

A. NYHA 分级Ⅰ级　　B. NYHA 分级Ⅱ级　　C. NYHA 分级Ⅳ级

D. Killip 分级Ⅱ级　　E. Killip 分级Ⅲ级

170. 患者,男性,60 岁,心肌梗死病史 15 年。近 1 年来,每天从事原有日常活动时出现心悸、气短,休息后好转,心功能应判定为
A. NYHA 分级Ⅰ级　B. NYHA 分级Ⅱ级　C. NYHA 分级Ⅲ级
D. Killip 分级Ⅱ级　E. Killip 分级Ⅲ级

A. 劳力性呼吸困难　B. 夜间阵发性呼吸困难　C. 端坐呼吸
D. 急性肺水肿　E. 咳嗽咯血
171. 慢性左心衰最早出现的症状是
172. 左心衰呼吸困难最严重的形式是
A. 肝肿大　B. 颈静脉怒张　C. 胸腔积液
D. 肝颈静脉反流征　E. 劳力性呼吸困难
173. 临床上鉴别门脉性肝硬化腹腔积液和右心衰竭所致腹腔积液的要点是
174. 诊断右心衰竭最可靠的体征是

175. 男,72 岁。10 年前因急性心肌梗死住院。5 年前出现活动后气短,夜间憋醒。近 1 年双下肢水肿、少尿。查体:BP140/90mmHg,颈静脉怒张,双下肺可闻及细湿啰音。心界向两侧扩大,心率 110 次/分,肝肋下 3cm,质中,压痛(+),双下肢水肿。该患者最可能的诊断为
A. 左心衰竭　B. 右心衰竭　C. 心功能Ⅲ级(Killip 分级)
D. 心功能Ⅲ级(NYHA 分级)　E. 全心衰竭
176. 老年患者,常于夜间发作哮喘,伴频繁咳嗽,咳出泡沫痰,有时带血丝,双肺底闻湿啰音。以下哪一种疾病可能性大?
A. 心源性哮喘　B. 支气管哮喘　C. 过敏性肺炎
D. 肺癌　E. 喘息型支气管炎
177. 男,59 岁。活动后气短半年,夜间憋醒 1 周。既往陈旧性心肌梗死 3 年。查体:血压 110/80mmHg,双下肺可闻及少许湿啰音,心率 98 次/分,心律齐。最有助于明确该患者气短原因的检查是
A. 胸部 X 线片　B. 超声心动图　C. 血常规
D. 动脉血气分析　E. 肺功能
178. 临床上判断心脏舒张功能最实用的方法是
A. 心脏 X 线片　B. 超声多普勒　C. 放射性核素检查
D. 心-肺吸氧运动试验　E. 心导管检查
179. 治疗心力衰竭最常用的药物是
A. 利尿剂　B. 洋地黄制剂　C. β 受体阻滞剂
D. 钙通道阻滞剂　E. 血管紧张素转换酶抑制剂
180. 男,35 岁。入院诊断为扩张型心肌病,心功能Ⅳ级。心电图示心率 96 次/分,心房颤动。血清钾6.5 mmol/L,血清钠 130mmol/L。该患者不宜应用
A. 硝普钠　B. 呋塞米　C. 螺内酯
D. 地高辛　E. 阿司匹林

(181~183 题共用题干)女性,75 岁。半年来稍活动后心悸、气短,1 个月来夜间不能平卧、双下肢水肿来院,5 年前患前壁心肌梗死,有高血压病史 16 年、糖尿病史 12 年。查体:T37.3℃,P88 次/分,BP135/60mmHg,半卧位,颈静脉怒张,双肺底可闻及湿啰音,心界向左下扩大,心率 120 次/分,心律不整,$A_2=P_2$,脉短绌,腹壁厚,肝触诊不满意,双下肢凹陷性水肿(++)。
181. 该患者目前选用的治疗药物中,不恰当的是
A. 噻嗪类利尿剂　B. β 受体拮抗剂　C. 硝酸酯类制剂

D. 洋地黄制剂　　E. 降糖药

182. 针对该患者的心律不整应首选的药物是
A. 普罗帕酮　　B. 胺碘酮　　C. 维拉帕米
D. 地高辛　　E. 利多卡因

183. 患者检验结果：血 WBC12.4×10^9/L，N82%，ALT42U/L，Scr300μmol/L，TC4.21mmol/L，LDL-C 2.96mmol/L，血 K^+4.98mmol/L，Na^+138mmol/L，血糖 6.5mmol/L。根据检验结果，该患者应调整的治疗药物中，不恰当的是
A. 增加 ACEI　　B. 改用袢利尿剂　　C. 加用抗生素
D. 增加他汀类制剂　　E. 加用阿司匹林

184. 治疗慢性心功能不全和逆转心肌肥厚并能降低病死率的药物是
A. 强心苷　　B. 哌唑嗪　　C. 硝酸甘油
D. 酚妥拉明　　E. 卡托普利

185. 女，30岁。活动后心悸2年，1周前受凉后出现咳嗽、咳白痰。有风湿性心脏病二尖瓣狭窄史。查体：高枕卧位，BP90/60mmHg，双肺底可闻及较密的细湿啰音，心率140次/分，心律绝对不齐，S_1 强弱不一。治疗首选
A. 西地兰　　B. 青霉素　　C. 硝普钠
D. 美托洛尔　　E. 多巴酚丁胺

186. 洋地黄的禁忌证是
A. 扩张型心肌病　　B. 肥厚梗阻型心肌病　　C. 缺血性心肌病
D. 急性心肌炎　　E. 风湿性心脏病

187. 患者，男，52岁。患扩张型心肌病16年，呼吸困难、活动受限、下肢水肿4年，来院检查。查体：血压 90/60mmHg，心率96次/分，心律整，双肺底多数湿啰音，左心室舒张末内径69mm，LVEF31%，尿蛋白微量，肾小球滤过率25ml/min。此时对患者进行治疗，最合适的药物是
A. 卡托普利+呋塞米+美托洛尔　　B. 卡托普利+氢氯噻嗪+硝酸酯
C. 氯沙坦钾+呋塞米+螺内酯　　D. 氯沙坦钾+美托洛尔+硝酸酯
E. 卡托普利+硝酸酯+美托洛尔

188. 急性左心衰时发生肺水肿的直接原因主要是
A. 心排血量减少　　B. 舒张压升高　　C. 收缩压降低
D. 肺静脉压快速升高　　E. 肺动脉压升高

189. 风湿性心脏病患者，突发呼吸困难，咳粉红色泡沫痰，血压120/80mmHg，心率140次/分，心律绝对不齐。首选药物是
A. 普罗帕酮　　B. 利多卡因　　C. 毛花苷丙
D. 可拉明　　E. 胺碘酮

190. 患者，男，64岁。突发心肌梗死10小时入院。排尿时突发呼吸困难，咳粉红色泡沫痰。查体：血压 110/60mmHg，心率102次/分。下列处理措施不恰当的是
A. 静脉注射毛花苷丙　　B. 静脉注射硝普钠　　C. 皮下注射吗啡
D. 静脉注射呋塞米　　E. 静脉注射硝酸甘油

191. 男，63岁。高血压病史8年，突然心悸、气促，咳出粉红色泡沫痰，不能平卧。查体：端坐位，口唇略发绀。BP220/130mmHg，双肺满布湿啰音。心界扩大，心率120次/分，心律齐，心尖区可闻及舒张早期奔马律，无杂音。对于该患者最恰当的治疗组合是
A. 硝酸甘油、西地兰、美托洛尔　B. 硝酸甘油、地尔硫䓬、呋塞米　C. 硝普钠、西地兰、呋塞米

D. 硝普钠、地尔硫䓬、呋塞米　E. 尼卡地平、西地兰、美托洛尔

192. 窦性心动过速的心率多为
A. 60～100 次/分　B. 80～100 次/分　C. 100～120 次/分
D. 100～150 次/分　E. 100～180 次/分

193. 男,49 岁。发作劳力性胸痛 2 月余,每次持续 5～10 分钟,休息 2～3 分钟可自行缓解。查体:BP140/90mmHg,心率 110 次/分,律齐。心电图示窦性心律。为控制心率宜首选的药物是
A. 美托洛尔　B. 普罗帕酮　C. 胺碘酮
D. 地高辛　E. 维拉帕米

194. 心电图示:提前发生的 P 波,形态与窦性 P 波略不同,PR 间期 0.14 秒,QRS 波群形态和时限正常。该心律失常最可能是
A. 房性期前收缩　B. 阵发性室性心动过速　C. 心房颤动
D. 室性期前收缩　E. 阵发性室上性心动过速

195. 女。33 岁。健康查体时心电图发现偶发房性期前收缩。既往体健。查体:心界不大,心率 80 次/分,心脏各瓣膜区未闻及杂音。该患者最恰当的处理措施是
A. 寻找病因,定期随诊　B. 口服普罗帕酮　C. 口服慢心律
D. 口服胺碘酮　E. 静脉注射利多卡因

196. 女,23 岁。体检发现心律不齐,平素无自觉不适,体力活动不受限。心电图示提前出现的 QRS 波群,形态正常,其前可见 P 波,不完全性代偿间歇,动态心电图 24 小时内共记录到 1500 次。实验室检查:肌钙蛋白阴性。最适宜的处理是
A. 口服泼尼松　B. 口服普罗帕酮　C. 暂不治疗,随访
D. 口服胺碘酮　E. 输注营养心肌药物

197. 为根治由旁路引发的折返性室上性心动过速,应首选
A. 外科手术　B. 射频消融治疗　C. 抗心动过速起搏器
D. 长期服用有效药物　E. 自动心脏复律除颤器

198. 心脏听诊正常的心律失常类型是
A. 阵发性窦性心动过速　B. 阵发性室性心动过速　C. 阵发性室上性心动过速
D. 心房扑动伴 4:1 下传　E. 心房颤动

199. 女,49 岁。突发心悸伴头晕、大汗 10 分钟。查体:BP80/50mmHg。心电图:心室率 160 次/分,QRS 波群宽大畸形,可见心室夺获。该患者最适宜的治疗是
A. 静脉推注普罗帕酮　B. 静脉推注利多卡因　C. 静脉推注胺碘酮
D. 同步直流电复律　E. 口服美托洛尔

200. 男,24 岁。因体检发现心律不齐 1 周就诊。平素无心悸和头晕。既往体健。查体:BP110/60mmHg,心界不大,心率 60 次/分,律不齐,可闻及早搏 2 次/分。心电图示室性期前收缩。超声心动图提示心脏结构正常。该患者最适宜的处理措施是
A. 继续随访,暂不予药物治疗　B. 口服 β 受体拮抗剂
C. 口服ⅠB 类抗心律失常药物　D. 口服ⅠC 类抗心律失常药物
E. 口服Ⅲ类抗心律失常药物

201. 男,65 岁。心房颤动及高血压病史 5 年,糖尿病 2 年,1 年前曾发作言语不利伴肢体活动障碍。该患者长期抗栓治疗的药物应首选
A. 华法林　B. 阿司匹林　C. 氯吡格雷
D. 低分子肝素　E. 潘生丁

202. 男,50 岁。因持续心悸 5 天入院。既往体健。查体:血压 142/80mmHg,心界不大,心率 132 次/分,

心律不齐。心电图示：P 波消失，代之以 f 波，心室律绝对不规则。控制心室率宜首选

A. 华法林　　B. 腺苷　　C. 胺碘酮

D. 美托洛尔　　E. 普罗帕酮

203. 女，28 岁。恶心、呕吐 1 天，诊断为急性胃炎。查体：BP120/80mmHg，心率 55 次/分。心电图示窦性心动过缓。该患者心动过缓的最恰当处理措施是

A. 植入临时起搏器　　B. 植入永久起搏器　　C. 静脉滴注异丙肾上腺素

D. 口服阿托品　　E. 治疗胃炎，继续观察

204. 男性，60 岁。因扩张型心肌病、心脏扩大、心功能Ⅳ级、心电监测呈现频发室性期前收缩伴短阵阵发性室性心动过速而来院。首选治疗药物是

A. 胺碘酮　　B. 利多卡因　　C. 美托洛尔

D. 普罗帕酮　　E. 奎尼丁

205. 急性心肌梗死左心功能不全伴频发多源性室性期前收缩，用利多卡因无效，应选择的治疗药物是

A. 普鲁卡因酰胺　　B. 普罗帕酮　　C. 维拉帕米

D. 胺碘酮　　E. 氨酰心安

206. 男，35 岁。阵发性心悸 3 年，发作时按摩颈动脉窦心悸可突然终止。发作时心电图示：心室率 190 次/分，逆行 P 波，QRS 波群形态与时限正常。该患者最可能的诊断是

A. 心房颤动　　B. 窦性心动过速　　C. 房性期前收缩

D. 阵发性室性心动过速　　E. 阵发性室上性心动过速

207. 不支持室性心动过速诊断的心电图表现是

A. 室性融合波　　B. 房室分离

C. QRS 波宽大畸形　　D. 3 个或 3 个以上室性期前收缩连续出现

E. 心动过速常由期前发生的 P 波开始

208. 尖端扭转型室性心动过速的心电图特点不包括

A. 频率多为 200~250 次/分　　B. 常伴有高 U 波　　C. 是室性并行心律的特殊类型

D. QT 间期通常延长　　E. 发作时 QRS 波群的振幅与波峰呈周期性改变

209. 终止心房扑动最有效的方法是

A. 洋地黄化　　B. 刺激迷走神经　　C. 心房起搏

D. 直流电复律　　E. 胺碘酮转复

A. 100~150 次/分　　B. 150~300 次/分　　C. 250~300 次/分

D. 300~500 次/分　　E. 350~600 次/分

210. 心房扑动时 F 波的频率为

211. 心房颤动时 f 波的频率为

A. 首诊房颤　　B. 阵发性房颤　　C. 持续性房颤

D. 长期持续性房颤　　E. 永久性房颤

212. 女性，45 岁，患风湿性心脏病二尖瓣狭窄 20 年。近 1 个月来多次突发心悸，心电图证实为心房颤动，持续几分钟至几小时不等，可自行恢复。应诊断为

213. 男性，47 岁，心悸 3 年。动态心电图检查示：快心室率心房颤动。曾服用胺碘酮转复为窦性心律并维持。1 个月前心房颤动再发，改用电复律成功。应诊断为

214. 心房颤动发生后至少可使心排血量下降

A. 35%　　B. 30%　　C. 25%

D. 20%　　E. 15%

215. 女性，62 岁。患高血压病 10 年，2 个月来发作性心悸，心电图诊断为心房颤动，持续 5~24 小时自行恢复。4 天前再次发作后持续不缓解来院。查体：BP125/70mmHg，心率 90 次/分，对该患者正确的治疗措施是

A. 立即采取电转复　B. 立即静脉输注胺碘酮转复　C. 华法林抗凝 3 周后转复
D. 导管消融　E. 经胸 UCG 检查心房内无血栓即可转复

(216~218 题共用题干)患者，男，55 岁。因心悸伴消瘦 1 周来诊。查体：脉率 84 次/分，血压 148/60mmHg，甲状腺弥漫性Ⅱ度肿大，可闻及血管杂音，肺(-)，心率 112 次/分，心律绝对不整，心音强弱不等，腹(-)。

216. 该患者的心律失常类型是
A. 心房颤动　B. 心房扑动　C. 频发房性期前收缩
D. 频发室性期前收缩　E. 三度房室传导阻滞

217. 产生心律失常的最可能原因是
A. 冠心病　B. 甲亢性心脏病　C. 心肌病
D. 高血压病　E. 风湿性心脏病

218. 为明确诊断，首选的检查是
A. 超声心动图　B. 心肌酶谱　C. 血 T_3、T_4测定
D. 冠状动脉造影　E. B 型超声

219. 下列哪种心律失常有器质性心脏病的可能性最大？
A. 三度房室传导阻滞　B. 室性心动过速　C. 窦性心动过缓
D. 心房扑动　E. 室性期前收缩

220. 二度Ⅰ型房室传导阻滞的心电图表现是
A. P 波与 QRS 群无关　B. PR 间期固定，时有 QRS 波群脱落
C. QRS 波群增宽　D. PR 间期延长，间距≥0.20s
E. PR 间期逐渐延长，伴 QRS 波群脱落，呈周期性变化

221. 心电图上 P 波与 QRS 波群无关，心室率 38 次/分，律整。诊断为
A. 窦性心动过缓　B. 室性心动过缓　C. 二度Ⅰ型房室传导阻滞
D. 二度Ⅱ型房室传导阻滞　E. 三度房室传导阻滞

222. 男，55 岁。突发持续胸痛 4 小时。查体：BP100/50mmHg，心率 30 次/分，律齐。心电图示急性下壁、右心室心肌梗死，三度房室传导阻滞。为提高心室率应立即采取的治疗措施是
A. 静脉滴注异丙肾上腺素　B. 植入临时性心脏起搏器　C. 静脉注射肾上腺素
D. 同步直流电复律　E. 静脉滴注多巴酚丁胺

A. 一度房室传导阻滞　B. 二度Ⅰ型房室传导阻滞　C. 二度Ⅱ型房室传导阻滞
D. 三度房室传导阻滞　E. 室内传导阻滞

223. 听诊可闻及大炮音见于
224. 听诊第一心音由强变弱见于

225. 属于冠状动脉心脏病主要危险因素的是
A. 酗酒　B. 水污染　C. 生活节奏加快
D. 吸烟　E. 饮咖啡

226. 动脉粥样硬化最重要的危险因素是
A. 年龄　B. 脂质代谢异常　C. 高血压

D. 糖尿病　　E. 肥胖症

227. 对于动脉粥样硬化患者，为积极预防冠状动脉和脑动脉血栓栓塞，最常用的药物是

A. 阿司匹林　　B. 氯吡格雷　　C. 辛伐他汀

D. 吉非贝齐　　E. 阿昔单抗

A. 冠状动脉内斑块形成　　B. 冠状动脉内斑块破裂　　C. 冠状动脉内斑块糜烂

D. 冠状动脉痉挛　　E. 冠状动脉血栓形成

228. 稳定型心绞痛的发病机制主要是

229. 变异型心绞痛的发病机制主要是

230. 稳定型心绞痛患者发作时典型临床表现不包括

A. 血压下降　　B. 心率加快　　C. 第二心音逆分裂

D. 出现第四心音奔马律　　E. 一过性心尖部收缩期杂音

231. 男性，56 岁。近 1 个月来反复出现发作性胸部压抑感，向咽喉部放射，持续 10 分钟左右自行缓解，既往有高血压、糖尿病病史，吸烟 35 年。为明确诊断，不宜进行的检查是

A. 心肌酶学　　B. 冠状动脉 CT　　C. 冠状动脉造影

D. 24 小时动态心电图　　E. 心电图活动平板负荷试验

232. 下列各项临床表现中，最不支持稳定型心绞痛诊断的是

A. 疼痛多在劳累时发生　　B. 胸骨体后剧痛　　C. 含服硝酸甘油疼痛迅速缓解

D. 可发射至左肩　　E. 反复出现的局限性心前区刺痛，每次 2~3 秒

233. 心绞痛急性发作时，为迅速缓解症状，应该选用

A. 皮下注射阿托品　　B. 肌内注射哌替啶　　C. 口服对乙酰氨基酚

D. 舌下含化硝酸甘油　　E. 口服硝酸甘油

234. 对于稳定型心绞痛患者，既能减轻症状又能改善预后的药物是

A. β 受体拮抗剂　　B. 硝酸酯类　　C. 钙通道阻滞剂

D. 阿司匹林　　E. 血管紧张素转换酶抑制剂

235. 男，54 岁。阵发性胸痛 1 月余，均发生于夜间睡眠中，每次持续 30 分钟。胸痛发作时心电图示 ST 段一过性抬高。最可能的诊断是

A. 急性心肌梗死　　B. 初发型劳力性心绞痛　　C. 稳定型心绞痛

D. 变异型心绞痛　　E. 急性心包炎

236. 对于不稳定型心绞痛患者，只要没有禁忌，均应尽早使用

A. 硝酸甘油　　B. 阿司匹林　　C. 氯吡格雷

D. 阿昔单抗　　E. 比伐卢定

237. 男性，64 岁，在抗洪抢险一线，突获悉其母病故后当日发生急性下壁心肌梗死。既往有高血压病 5 年、糖尿病 10 年、吸烟 40 余年。该患者急性心肌梗死的主要病因是

A. 劳累及情绪激动　　B. 高血压病　　C. 糖尿病

D. 动脉硬化　　E. 吸烟过量

238. 急性心肌梗死最常发生的心律失常是

A. 心房颤动　　B. 房性早搏　　C. 房室传导阻滞

D. 室性期前收缩　　E. 心室颤动

239. 下列哪项不是急性心肌梗死的体征？

A. 第一心音减弱　　B. 第三心音奔马律　　C. 第四心音奔马律

D. 心尖部舒张期杂音　　E. 心包摩擦音

240. 心绞痛与急性心肌梗死临床表现的主要鉴别点是
A. 疼痛部位　B. 疼痛性质　C. 疼痛程度
D. 疼痛放射部位　E. 疼痛持续时间

241. 不符合急性心肌梗死胸痛特点的是
A. 胸痛比心绞痛更严重　B. 含化硝酸甘油不缓解　C. 可伴休克
D. 可伴心律失常　E. 体力活动时发作,休息数分钟后可缓解

242. 心肌坏死的心电图特征性表现是
A. ST 段水平型下降　B. 病理性 Q 波　C. T 波低平
D. 冠状 T 波　E. ST 段抬高呈弓背向上型

243. 男,71 岁。饮酒、饱餐后剧烈胸痛 2 小时,呕吐 2 次,初为进食的食物,后呕出物为浅咖啡色胃内容物。心电图示Ⅱ、Ⅲ、aVF 导联 T 波高尖。既往有糖尿病和高血压病史 10 年。该患者最可能的诊断是
A. 胃穿孔　B. 急性胃扩张　C. 急性心肌梗死
D. 急性胃肠炎　E. 胃溃疡

244. 男性,52 岁。突发心前区闷痛 4 小时。心电图示 $V_{1\sim4}$ 导联 ST 段弓背向上抬高,有病理性 Q 波。该患者最可能的诊断是
A. 急性下壁心肌梗死　B. 急性前间壁心肌梗死　C. 急性广泛前壁心肌梗死
D. 急性高侧壁心肌梗死　E. 急性正后壁心肌梗死

245. 男,36 岁。2 天前突发持续胸痛 5 小时,自行服止痛药略好转。今日心电图示Ⅱ、Ⅲ、aVF 导联可见 Q 波。查体:R16 次/分,BP110/80mmHg,$P_2>A_2$。血肌钙蛋白 I 升高。该患者最可能的诊断为
A. 陈旧下壁心肌梗死　B. 陈旧前壁心肌梗死　C. 急性下壁心肌梗死
D. 急性前壁心肌梗死　E. 肺血栓栓塞症

246. 当患者发作剧烈胸痛时,下列哪项检查结果正常,可排除急性冠脉综合征的诊断?
A. CK-MB　B. 肌钙蛋白　C. 超声心动图
D. 18 导联体表心电图　E. 肌红蛋白

A. 肌酸激酶　B. 肌钙蛋白　C. 肌红蛋白
D. 乳酸脱氢酶　E. 肌酸激酶同工酶

247. 急性心肌梗死后最早升高的血清标记物是
248. 对急性心肌梗死后诊断特异性最高的血清标记物是

249. 患者,男性,70 岁。阵发性胸痛 5 年,发作时心尖部可闻及 3/6 收缩期吹风样杂音,症状缓解后消失,最可能原因是
A. 二尖瓣腱索断裂　B. 合并风湿性心脏瓣膜病　C. 乳头肌功能不全
D. 二尖瓣环扩张　E. 退行性心脏瓣膜病

250. 患者,男,68 岁,广泛前壁心肌梗死经治疗后疼痛缓解。发病 72 小时后突然呼吸困难,不能平卧。心率 140 次/分,胸骨左缘第 4 肋间可闻及 4/6 级响亮收缩期杂音,伴震颤,经积极抢救无效死亡。该病人死亡的原因可能是
A. 心室壁瘤　B. 心肌梗死并发栓塞　C. 心脏破裂
D. 主动脉夹层　E. 心室膨胀瘤

251. 男性,47 岁。10 天前患急性前壁心肌梗死入院。1 天来胸痛再发,呈持续性,在吸气及仰卧位时加重,坐位或前倾位时减轻。查体:体温 37.5℃,血压正常,右肺底叩诊浊音,呼吸音减弱,可闻及心包摩擦音。胸部 X 线片示右侧胸腔少量积液。WBC11×10^9/L,血沉 28mm/h。最可能的诊断是
A. 心肌梗死扩展　B. 不稳定型心绞痛　C. 变异型心绞痛

D. 肺栓塞　　E. 心肌梗死后综合征

252. 急性心肌梗死 4 小时，最适宜的治疗方案是
A. 哌替啶　　B. 介入治疗　　C. 射频消融治疗
D. 静滴硝酸甘油　　E. 糖皮质激素+扩血管药物静滴

253. 急性前壁心肌梗死后 24 小时内出现急性肺水肿时应该慎用
A. 毛花苷丙　　B. 呋塞米　　C. 硝酸甘油
D. 硝普钠　　E. 氨茶碱

254. 患者，男，50 岁。持续胸痛 8 小时，喘憋 2 小时入院。既往无高血压病史。查体：BP150/70mmHg，端坐位，双肺可闻及少许细湿啰音，心界不大，心率 110 次/分，律齐，$P_2>A_2$。心电图示Ⅰ、aVL、$V_1\sim V_6$ 导联 ST 段抬高 0.1～0.4mV，可见病理性 Q 波。该患者应慎用的治疗药物为
A. 皮下注射吗啡　　B. 静脉注射毛花苷丙　　C. 口服阿斯匹林
D. 静脉注射硝酸甘油　　E. 静脉注射呋塞米

255. 男性，50 岁。4 小时来急性胸痛，心电图诊断为“急性下壁、右心室心肌梗死”。患者胸痛持续不缓解。查体：BP85/60mmHg，颈静脉充盈，下肢水肿(+)。下列治疗措施中，不正确的是
A. 补充血容量　　B. 禁用利尿剂　　C. 必要时应用多巴胺升血压
D. 静点硝酸甘油缓解心绞痛　　E. 立即行 PCI 治疗

256. 女，60 岁。6 小时前突发胸骨后疼痛，压榨性，含服硝酸甘油后可暂时缓解，然后疼痛持续加重。既往有高血压病史 10 年。查体：血压 130/70mmHg，心率 83 次/分，律齐，$A_2>P_2$，双肺呼吸音清。心电图：$V_1\sim V_6$ 导联 ST 段压低 0.4mV。不宜施行的治疗是
A. 口服氯吡格雷　　B. 口服阿司匹林　　C. 静脉滴注硝酸甘油
D. 静脉滴注尿激酶　　E. 皮下注射低分子肝素

(257～259 题共用题干)女性，74 岁，1 周前因股骨颈骨折卧床行牵引治疗。8 小时前在睡眠中突发心前区疼痛，持续伴阵发加重，出汗，口含硝酸甘油不缓解。既往有高血压、糖尿病病史。入院查体：脉率 62 次/分，血压 110/70mmHg，双肺(-)，心脏不大，心律整，$A_2>P_2$，双侧脉搏对称。心电图如下：

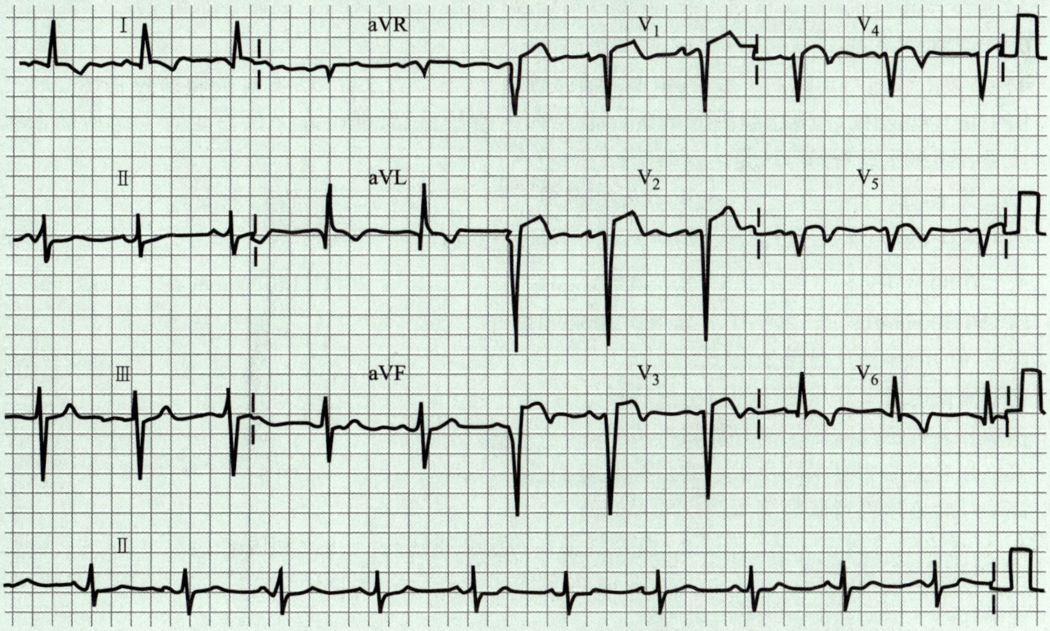

257. 对该患者最可能的诊断是

A. 肺栓塞　B. 主动脉夹层　C. 不稳定型心绞痛

D. 急性心肌梗死　E. 变异型心绞痛

258. 为明确诊断,最有价值的检查是

A. 肌酸激酶同工酶　B. D-二聚体　C. 肌钙蛋白 T

D. 脑钠肽　E. 肌酸激酶

259. 下面关于该患者的急诊处理措施,错误的是

A. 溶栓治疗　B. 抗凝治疗　C. 抗血小板治疗

D. 急诊介入治疗　E. 降血糖治疗

260. 男,65 岁,患高血压多年。1 年来血压波动在 170~180/110~120mmHg。X 线胸片示左心室增大,肺淤血。眼底检查为高血压 3 级改变。尿常规正常。该患者应诊断为

A. 高血压 1 级　B. 高血压 2 级　C. 高血压 3 级

D. 高血压危象　E. 高血压脑病

261. 急进型高血压患者受损最严重的器官是

A. 肾　B. 脑　C. 心

D. 肺　E. 眼底

262. 男,26 岁。发现高血压 1 年。查体:双上肢血压 180/100mmHg,双下肢血压 140/80mmHg,BMI20,腰围 80cm,正力体型,心尖区可闻及 2/6 级收缩期杂音,肩胛间区可闻及血管杂音,余瓣膜区未闻及杂音。该患者最可能的诊断是

A. 主动脉缩窄　B. 肾动脉狭窄　C. 嗜铬细胞瘤

D. 原发性醛固酮增多症　E. 皮质醇增多症

263.患者,男,32 岁。发现血压高 1 年,最高达到 170/100mmHg,口服硝苯地平片治疗。近半年来出现头晕,发作性全身乏力,手足发麻,口渴,夜尿增多。查尿糖(-),尿蛋白(±),尿比重 1.010,血钾 3.01mmol/L。最可能的诊断是

A. 原发性高血压　B. 原发性醛固酮增多症　C. 肾血管性高血压

D. 肾实质性高血压　E. 嗜铬细胞瘤

264. 女,66 岁。快步行走时右下肢疼痛,休息数分钟后缓解。其父亲 52 岁时被确诊为急性心肌梗死。BP170/106mmHg,血清总胆固醇 6.0mmol/L,两次空腹血糖>9.0mmol/L,右足背动脉搏动未触及。该患者高血压诊断的分级是

A. 2 级,高危　B. 2 级,很高危　C. 1 级,低危

D. 1 级,高危　E. 1 级,很高危

A. 120/80mmHg　B. 130/80mmHg　C. 140/90mmHg

D. 150/100mmHg　E. 160/100mmHg

265. 高血压的降压治疗对象是血压≥

266. 普通高血压患者降压治疗的目标值应<

267. 高血压合并糖尿病降压治疗的目标值应<

268. 高血压合并心力衰竭降压治疗的目标值应<

269. 高血压合并慢性肾脏病降压治疗的目标值应<

A. 钙通道阻滞剂　B. 血管紧张素转换酶抑制剂　C. 利尿剂

D. α 受体拮抗剂　E. β 受体拮抗剂

270. 高血压合并糖尿病的首选降压药是

271. 高血压合并甲状腺功能亢进症的首选降压药是

272. 高血压病降压治疗的原则不包括

A. 高血压急症应迅速降压　　B. 血压控制满意后可立即停药　　C. 单个药物宜从小剂量开始
D. 联合用药　　E. 尽可能用长效制剂,减少血压波动

273. 关于噻嗪类利尿剂治疗高血压的正确叙述是

A. 过度肥胖患者禁用　　B. 不适用于老年患者　　C. 伴慢性心衰者可选用
D. 伴痛风者可以选用　　E. 多用于高血压病 3 级患者

274. β 受体阻滞剂的主要副作用是

A. 咳嗽　　B. 引起血钾增高　　C. 导致高尿酸血症
D. 诱发哮喘　　E. 引起血钠降低

275. 高血压患者长期使用血管紧张素转换酶抑制剂(ACEI)后,出现刺激性干咳的原因是

A. ACEI 的刺激作用　　B. ACEI 能促进纤毛运动　　C. ACEI 使支气管分泌减少
D. 体内缓激肽增加　　E. 体内缓激肽减少

276. 女,71 岁,2 型糖尿病史 10 年。查体:BP140/95mmHg,心率 65 次/分。实验室检查:Scr160μmol/L,血 K^+4.2mmol/L,尿蛋白(+)。该患者降血压药应首选

A. 钙通道阻滞剂　　B. 利尿剂　　C. 血管紧张素Ⅱ受体阻滞剂
D. α 受体阻滞剂　　E. β 受体阻滞剂

277. 男,35 岁。发现血压升高 3 个月。既往体健。查体:血压 150/95mmHg,心率 96 次/分,双肺呼吸音清晰。该患者最适合的治疗药物是

A. 利血平　　B. 普萘洛尔　　C. 硝普钠
D. 哌唑嗪　　E. 可乐定

278. 男性,50 岁。突发剧烈头痛,呕吐,视物模糊,血压 210/130mmHg,首选降压药物是

A. 呋塞米　　B. 普萘洛尔　　C. 卡托普利
D. 维拉帕米　　E. 硝普钠

279. 男,50 岁。突起呼吸困难,咳粉红色泡沫痰,血压 190/100mmHg。该患者的最佳治疗药物是

A. 西地兰　　B. 氨茶碱　　C. 硝普钠
D. 多巴酚丁胺　　E. 硝酸甘油

280. 关于继发性高血压的错误叙述是

A. 慢性肾小球肾炎所致的高血压主要与水钠潴留及血容量增加有关
B. 肾血管性高血压在继发性高血压中属不常见的一种
C. 原发性醛固酮增多症仅少数病例可发展为重度或恶性高血压
D. 嗜铬细胞瘤在继发性高血压中是较少的一种
E. 对 40 岁以下的高血压者应着重考虑继发性高血压的可能

281. 患者,男,40 岁。间断发作头痛伴苍白、出汗、心悸,发作性血压升高,发作时血压 200/130mmHg。最可能的诊断是

A. 原发性醛固酮增多症　　B. 肾动脉狭窄　　C. 嗜铬细胞瘤
D. 库欣综合征　　E. 原发性高血压

282. 患者,男,40 岁。血压升高 4 年,半年前出现双下肢无力,夜尿增多,食欲较前无变化。查体:血压 170/100mmHg,神志清,心率 80 次/分,双下肢无水肿。患者最可能合并

A. 低钙血症　　B. 代谢性碱中毒　　C. 低磷血症
D. 低钾血症　　E. 低血糖

283. 属于混合性心肌病的是
A. 扩张型心肌病　B. 围生期心肌病　C. 肥厚型心肌病
D. 感染性心肌病　E. 右心室发育不良心肌病
284. 扩张型心肌病超声心动图检查不可能出现
A. 二尖瓣反流　B. 三尖瓣反流　C. 二尖瓣狭窄
D. 心室扩大　E. 室壁运动普遍减弱

A. X 线胸片　B. 冠状动脉造影　C. 超声心动图
D. CMR　E. 心肌核素显像
285. 对诊断扩张型心肌病价值最大的辅助检查是
286. 对诊断扩张型心肌病价值最小的辅助检查是

(287~289 题共用题干)男性,56 岁。3 年来劳累后心悸、气短进行性加重,多次出现夜间睡眠中呼吸困难,坐起后可缓解。半年来感腹胀、食欲下降、尿少、下肢水肿。既往无高血压、糖尿病、高脂血症。查体:P88 次/分,BP130/70mmHg,半卧位,颈静脉怒张,双肺底可闻及湿啰音,心前区搏动弥散,心界向两侧扩大,心率 110 次/分,心律不整,心音强弱不等,$P_2>A_2$,心尖部可闻及 3/6 级收缩期吹风样杂音,肝肋下 2.0cm,肝颈静脉反流征(+),下肢水肿(++)。
287. 该患者最可能的诊断是
A. 扩张型心肌病　B. 心瓣膜病　C. 心包积液
D. 冠状动脉性心脏病　E. 肥厚型心肌病
288. 为明确诊断,最有价值的检查是
A. 动态心电图　B. 超声心动图　C. 胸部 X 线片
D. 冠状动脉 CT　E. CMR
289. 该患者心律不整最可能的类型是
A. 心房颤动　B. 窦性心律不齐　C. 阵发性心动过速
D. 频发期前收缩　E. 三度房室传导阻滞

(290~292 题共用题干)男,28 岁。劳动时出现胸部闷痛,多次晕倒,数分钟后意识恢复。体检:血压 120/80mmHg,双肺(-),心界不大,胸骨左缘第 4 肋闻及喷射性收缩期杂音,屏气时杂音增强。
290. 最可能的诊断为
A. 冠心病　B. 风湿性心瓣膜病　C. 肥厚型梗阻性心肌病
D. 先天性心脏病　E. 病态窦房结综合征
291. 应首选的检查是
A. 心电图　B. 超声心动图　C. 心肌核素显像
D. 冠状动脉造影　E. X 线胸片
292. 适宜治疗药物是
A. 硝酸酯类　B. 洋地黄类　C. 利尿剂
D. β 受体拮抗剂　E. 抗生素

293. 肥厚型心肌病最常见的症状是
A. 充血性心力衰竭　B. 劳力性呼吸困难　C. 晕厥
D. 胸痛　E. 心律失常
294. 心肌炎的病因不包括
A. 遗传　B. 放射线照射　C. 结缔组织病

D. 结节病　　E. 病毒

295. 女，20岁。活动后胸闷、气短2天。3周前曾咳嗽、持续发热1周。既往体健。查体：面色苍白，双肺呼吸音清，心界向左下扩大，心率120次/分，频发早搏，第一心音减弱，$P_2>A_2$，心尖区可闻及2/6级收缩期杂音。实验室检查：血肌钙蛋白增高。该患者最可能的诊断是

A. 感染性心内膜炎　　B. 病毒性心肌炎　　C. 慢性心力衰竭
D. 急性肺栓塞　　E. 急性心肌梗死

296. 二尖瓣狭窄最早出现的血流动力学异常是

A. 肺静脉压升高　　B. 肺动脉压升高　　C. 左心房压升高
D. 左心室压升高　　E. 右心室压升高

297. 因支气管静脉曲张破裂所致咯血最常见于

A. 肺结核　　B. 肺脓肿　　C. 肺栓塞
D. 二尖瓣狭窄　　E. Wegener 肉芽肿

298. 风湿性心脏病二尖瓣狭窄患者，早期呼吸困难常表现为

A. 端坐呼吸　　B. 劳力性呼吸困难　　C. 夜间阵发性呼吸困难
D. 心源性哮喘　　E. 急性肺水肿

299. 二尖瓣狭窄时，提示瓣叶钙化僵硬的体征是

A. 第一心音亢进和开瓣音　　B. 第一心音减弱，开瓣音亢进　　C. 第一心音减弱，开瓣音消失
D. 二尖瓣开放拍击音　　E. 大炮音

300. 心影呈梨形常见于

A. 肺动脉段膨出　　B. 左心室、右心室增大　　C. 右心室增大
D. 右心房、右心室增大　　E. 主动脉弓膨出

（301～304题共用题干）女，27岁。劳累后心悸、气短5年，近1周间断咯血，无发热。查体：双颊紫红，口唇轻度发绀，颈静脉无怒张。两肺未闻干湿啰音。心浊音界在胸骨左缘第三肋间向左扩大。心尖部局限性舒张期隆隆样杂音，第一心音亢进，可闻及开瓣音。肝脏不大，下肢无水肿。

301. 本病诊断应首先考虑

A. 肺结核　　B. 风心病二尖瓣狭窄　　C. 室间隔缺损
D. 扩张型心肌病　　E. 风心病二尖瓣关闭不全

302. 本病最易发生的心律失常是

A. 一度房室传导阻滞　　B. 心房颤动　　C. 心室颤动
D. 室性期前收缩　　E. 窦性心动过缓

303. 本病致死的主要原因是

A. 心功能不全　　B. 心律失常　　C. 肺栓塞
D. 亚急性感染性心内膜炎　　E. 呼吸道感染

304. 该患者首选的治疗措施是

A. 内科治疗　　B. 经皮球囊二尖瓣成形术　　C. 闭式二尖瓣分离术
D. 直视二尖瓣分离术　　E. 人工瓣膜置换术

A. 二尖瓣狭窄　　B. 二尖瓣关闭不全　　C. 主动脉瓣狭窄
D. 肺动脉瓣狭窄　　E. 大面积室间隔缺损

305. 最容易并发亚急性感染性心内膜炎的瓣膜损害是

306. 最容易并发心房颤动的瓣膜损害是

307. 下列选项中，不属于常见的急性二尖瓣关闭不全病因的是

A. 感染性心内膜炎　B. 急性心肌梗死　C. 心脏瓣膜手术
D. 扩张型心肌病　E. 创伤

308. 下列关于二尖瓣关闭不全患者早期病理生理改变的叙述，正确的是
A. 左心房压力负荷增加　B. 左心室压力负荷增加　C. 左心室容量负荷增加
D. 肺静脉压力负荷增加　E. 肺静脉容量负荷增加

309. 男性，53岁。1个月来活动后气短、心悸，自觉体力明显下降。偶有夜间憋醒，坐起休息后可缓解，有高血压病史1年，最高血压达150/90mmHg，吸烟25年。查体：P88次/分，BP130/80mmHg，平卧位，颈静脉充盈，双肺底可闻及湿啰音，心界向两侧扩大，心率108次/分，心律不整，心音强弱不等，心尖部可闻及2/6级收缩期吹风样杂音，肝肋下可及，下肢水肿(±)。首先可以排除的疾病是
A. 心包积液　B. 扩张型心肌病　C. 冠心病
D. 风湿性心脏瓣膜病　E. 心力衰竭

(310~312题共用题干)女性，35岁，因心悸1个月就诊。查体：脉率78次/分，血压130/85mmHg，心界向左扩大，心律不齐，心率96次/分，心尖部可闻及3/6级收缩期吹风样杂音及舒张期隆隆样杂音，P_2亢进，胸骨左缘第二肋间可闻及柔和的舒张期杂音。

310. 该患者最可能的心脏器质性疾病诊断是
A. 二尖瓣狭窄伴肺动脉瓣关闭不全　B. 二尖瓣狭窄伴二尖瓣关闭不全
C. 二尖瓣关闭不全伴肺动脉瓣关闭不全　D. 二尖瓣狭窄及关闭不全伴肺动脉瓣关闭不全
E. 主动脉瓣狭窄伴主动脉瓣关闭不全

311. 该患者听诊不可能出现的心音特点是
A. 心尖部第一心音强弱不等　B. 心尖部可闻舒张早期开瓣音　C. 心尖部可闻及第四心音
D. P_2分裂　E. P_2亢进

312. 该患者首选的治疗措施是
A. 内科治疗　B. 经皮球囊二尖瓣成形术　C. 闭式二尖瓣分离术
D. 直视二尖瓣分离术　E. 人工瓣膜置换术

313. 下列关于主动脉瓣狭窄的病理生理变化，不正确的是
A. 左心室压力负荷降低　B. 左心室舒张末压升高　C. 左心室顺应性降低
D. 左心室肥厚　E. 左心房后负荷增加

314. 重度主动脉瓣狭窄患者最早出现且最常见的临床症状是
A. 呼吸困难　B. 心力衰竭　C. 晕厥
D. 心绞痛　E. 猝死

315. 关于主动脉瓣狭窄心脏听诊的特点，不正确的是
A. 第一心音亢进　B. 第二心音可有逆分裂　C. 可出现第四心音
D. 杂音呈递增-递减型　E. 杂音可向颈部传导

(316~318题共用题干)男性，70岁。3个月前出现活动后胸闷伴头晕，曾晕厥一次，近1周来上一层楼即感心前区疼痛。2小时前因再次感到胸痛伴短暂晕厥来院。既往有糖尿病病史12年，吸烟35年。入院查体：P82次/分，BP100/85mmHg，神清，颈静脉无怒张，双肺(-)，心尖搏动呈抬举状，心界向左下扩大，心律整，S_1低钝，胸骨右缘第二肋间可闻及3/6级收缩期吹风样杂音，粗糙，呈喷射状，向颈部放散，$A_2<P_2$，下肢不肿。

316. 导致患者出现上述临床表现最可能的心脏疾病是
A. 肥厚型梗阻性心肌病　B. 主动脉瓣狭窄　C. 不稳定型心绞痛
D. 病态窦房结综合征　E. 主动脉瓣关闭不全

317. 对明确诊断意义最大的无创性检查是
A. 常规体表心电图　B. 24 小时动态心电图　C. 冠状动脉 CT
D. 超声心动图　E. X 线胸片
318. 为缓解胸痛、晕厥症状，应选用的最佳治疗方法是
A. 长期口服硝酸酯类药物　B. 应用 β 受体拮抗剂　C. 冠状动脉介入治疗
D. 心脏瓣膜置换术　E. 长期服用阿司匹林
319. 男，65 岁。活动后心悸、胸痛 1 年。查体：BP140/50mmHg。双侧桡动脉脉搏骤起骤落，双肺呼吸音清，心率 84 次/分，律齐，胸骨左缘第 3 肋间可闻及舒张期叹气样杂音。该患者最可能的诊断是
A. 主动脉瓣狭窄　B. 主动脉瓣关闭不全　C. 二尖瓣狭窄
D. 二尖瓣关闭不全　E. 肺动脉瓣狭窄
320. 关于急性主动脉瓣关闭不全的体征，错误的是
A. 心尖搏动增强　B. 周围血管征阴性　C. 可闻及第三心音
D. 第一心音减弱或消失　E. 肺动脉瓣区第二心音亢进
321. 男，40 岁。发现心脏杂音 40 年。查体：胸骨左缘第 3 肋间闻及舒张期叹气样杂音向心尖部传导，周围血管征阳性。胸部 X 线最可能出现的心脏外形是
A. 梨形　B. 普大型　C. 靴形
D. 烧瓶形　E. 球形
322. 下列临床上常见出现脉压减小的病变，不正确的是
A. 心包积液　B. 心力衰竭　C. 主动脉瓣狭窄
D. 主动脉瓣关闭不全　E. 早期休克
323. 不符合大量心包积液体征的是
A. 颈静脉怒张　B. 脉压增大　C. 心尖搏动减弱或消失
D. 心音遥远　E. 奇脉
324. 女，40 岁。因持续胸痛 1 天就诊。10 天前曾发热伴咳嗽。查体：BP120/70mmHg，心界不大，心率 84 次/分，律齐，胸骨左缘第 3、4 肋间可闻及性质粗糙、高音调、与心搏一致的双期搔抓样音，与呼吸无关。该患者最可能的诊断是
A. 肥厚型心肌病　B. 急性心包炎　C. 限制型心肌病
D. 急性胸膜炎　E. 病毒性心肌炎
325. 患者，男，40 岁。气促、水肿、肝肿大 1 个月。查体：颈静脉怒张，吸气时颈静脉搏动不明显。胸片见心脏向两侧扩大，肺野清晰。最可能的诊断是
A. 扩张型心肌病　B. 病毒性心肌炎　C. 肺源性心脏病
D. 心包积液　E. 二尖瓣狭窄伴右心衰竭
326. 不属于心包穿刺的指征是
A. 心脏压塞　B. 为证实心包积液的存在　C. 为明确心包积液的性质
D. 心包积脓　E. 心包内药物治疗

A. 急性心脏压塞　B. 急性心包炎　C. 感染性心内膜炎
D. 病毒性心肌炎　E. 糖尿病酮症酸中毒
327. Beck 三联征常见于
328. Kussmaul 征常见于
329. Kussmaul 呼吸常见于

A. 100ml　B. 200ml　C. 600ml

D. 3000ml　　E. 6000ml

330. 心包腔穿刺抽液首次抽液量不应超过
331. 胸腔穿刺抽液首次抽液量不应超过
332. 腹腔穿刺抽液每次抽液量不应超过
333. 肝硬化腹腔积液腹腔穿刺抽液每次抽液量不应超过

(334~336 题共用题干)男性,60 岁。3 个月来自觉乏力,1 个月来出现渐进性呼吸困难、气短、腹胀、尿少、下肢水肿,体重无明显变化,无胸痛、发热等。既往有慢性支气管炎病史 30 年,饮酒史 20 年。查体:T36.5℃,P102 次/分,BP90/80mmHg,轻度贫血貌,颈静脉怒张,双肺(-),心界明显向两侧扩大,心音低,肝肋下 3.0cm,双下肢水肿(++),深吸气时脉搏消失。

334. 根据患者病史及体检,导致目前临床表现的最可能原因是
A. 心脏压塞　　B. 呼吸衰竭　　C. 肝脏衰竭
D. 全心衰竭　　E. 病毒性心肌炎

335. 应首先考虑的疾病诊断是
A. 渗出性心包炎　　B. 酒精性心肌病　　C. 扩张型心肌病
D. COPD　　E. 纤维蛋白性心包炎

336. 为明确诊断,应选用最简便而又有价值的检查是
A. 动态心电图　　B. 胸部 CT 检查　　C. 胸部 X 线片
D. 超声心动图　　E. 心肌酶学测定

A. 贫血　　B. 心瓣膜区杂音　　C. 脾肿大
D. 环形红斑　　E. 血红蛋白含量降低

337. 亚急性感染性心内膜炎一般不出现的临床表现是
338. 急性风湿热一般不出现的临床表现是

339. 亚急性感染性心内膜炎患者不应出现的体征是
A. 杵状指　　B. Osler 结节　　C. Roth 点
D. 瘀点　　E. Duroziez 征

340. 感染性心内膜炎最常见的临床表现是
A. 发热　　B. 心脏杂音　　C. 周围体征
D. 动脉栓塞　　E. 贫血

341. 属于感染性心内膜炎主要诊断标准的是
A. Osler 结节　　B. Janeway 损害　　C. 风湿性心脏病伴发热
D. 睑结膜瘀点　　E. 两次血培养均为同一典型致病菌

342. 一位 28 岁男性风湿性心脏病患者,近半月来发热,T38.3℃,右下睑结膜见一出血点,双肺无啰音。脾肋下可扪及边缘,双下肢皮肤少数紫癜。血红蛋白 100g/L,白细胞 12×10^9/L,中性粒细胞 75%,血小板 150×10^9/L,可能的诊断是
A. 脾功能亢进　　B. 过敏性紫癜　　C. 急性白血病
D. 再生障碍性贫血　　E. 亚急性感染性心内膜炎

343. 患者,女性,心脏联合瓣膜病 10 年,发热 1 个月,体温为 37.2~37.6℃,厌食,消瘦,贫血貌。为明确诊断,首选的辅助检查是
A. 胸部 X 线　　B. 血培养　　C. 测定血红蛋白
D. 心肌酶检查　　E. 测定血沉

344. 风湿性心瓣膜病并发感染性心内膜炎时,最支持感染性内心膜炎诊断的是

A. 体温 38.5℃　　B. 胸痛并有胸膜摩擦音　　C. 超声心动图显示有赘生物
D. 白细胞增高　　E. 心电图 ST-T 改变

345. 感染性心内膜炎的抗生素治疗原则是
A. 需联合使用 2 种抗生素　　B. 体温正常后需及时停药　　C. 连续使用足量敏感抗生素
D. 应尽量使用抗生素 4~8 周　　E. 在血培养结果回报之前避免使用抗生素

(346~350 题共用题干)患者,女,22 岁。5 岁前发现心脏杂音。2 个月来乏力、头晕、食欲下降,四肢关节疼痛。1 周来活动后气短,夜间反复憋醒而来院就诊。查体:体温 37.8℃,脉率 96 次/分,血压 120/60mmHg,消瘦,睑结膜苍白,可见小出血点,右肺底少许小水泡音,心界不大,心律整,心尖部 S_1 减弱,胸骨左缘第三肋间可闻舒张期叹气样杂音,肝脾肋下均可及,下肢不肿。血红蛋白 84g/L,白细胞 12.1×10^9/L,血沉 38mm/h,尿常规红细胞 2~4/HP。

346. 该患者最主要的疾病是
A. 风湿热　　B. 肺炎　　C. 缺铁性贫血
D. 感染性心内膜炎　　E. 肺结核

347. 该患者最不可能出现的体征是
A. Roth 斑　　B. 贫血　　C. Ewart 征
D. Osler 结节　　E. 脾肿大

348. 该患者最常见的并发症是
A. 心力衰竭　　B. 心肌脓肿　　C. 急性心肌梗死
D. 化脓性心包炎　　E. 心肌炎

349. 对确诊意义最大的检查是
A. CRP　　B. 胸部 X 线片　　C. 血培养
D. 血清铁蛋白　　E. 超声心动图

350. 该患者心脏杂音最可能的瓣膜异常是
A. 主动脉瓣关闭不全　　B. 肺动脉瓣关闭不全　　C. 二尖瓣关闭不全
D. 三尖瓣关闭不全　　E. 二尖瓣狭窄

351. 心脏性猝死最主要的病因是
A. 二尖瓣脱垂　　B. 心肌病　　C. 主动脉瓣狭窄
D. 急性心肌炎　　E. 冠心病及其并发症

352. 心脏骤停一旦确诊,应立即
A. 清理呼吸道　　B. 气管内插管　　C. 人工呼吸
D. 口对口呼吸　　E. 心脏按压

353. 下列关于口对口人工呼吸操作的叙述,不恰当的是
A. 头极度后仰,托起下颌　　B. 吹气时向后压环状软骨　　C. 吹气要看到胸廓抬起
D. 吹气不少于 20 次/分　　E. 吹气时应以拇指和示指将病人的鼻孔捏闭

354. 抢救由心室颤动引起的心脏骤停时,最有效的方法是
A. 静脉注射利多卡因　　B. 皮下注射肾上腺素　　C. 植入心脏起搏器
D. 非同步电击复律　　E. 口对口人工呼吸

355. 女,68 岁。清晨锻炼时突发心肌梗死,心跳骤停 3 分钟后实施心肺复苏,5 分钟后心跳、呼吸恢复,10 分钟后到医院。查体:P100 次/分,BP100/65mmHg,浅昏迷,两侧瞳孔不等大,不必要的治疗措施是
A. 足量抗生素静滴　　B. 20%甘露醇 250ml 快速静注　　C. 呋塞米 20mg 静脉滴注
D. 高压氧疗　　E. 物理降温使体温降至 33~35℃

(356~357 题共用题干)男,60 岁。突发心前区疼痛 4 小时,心电图示急性前壁心肌梗死,既往无高血压病史、癫痫史和出血性疾病史。入院时心率 80 次/分,律齐,血压 150/100mmHg,入院后 2 小时突然出现短暂意识丧失,抽搐,听不到心音。

356. 最可能的心电图表现是
A. 心房颤动　B. 心室颤动　C. 窦房传导阻滞
D. 房室传导阻滞　E. 室性心动过速

357. 如果并发乳头肌断裂,最可能出现的体征是
A. 心包摩擦音　B. 心尖部出现舒张期奔马律
C. 室性心律失常　D. 心尖区收缩中晚期喀喇音和响亮收缩期杂音
E. 心尖区 S_1 降低,出现第四心音

第 3 章　消化系统疾病

358. 最主要的食管抗反流屏障是
A. 食管逆蠕动　B. 食管下括约肌　C. 膈食管韧带
D. His 角　E. 膈肌食管裂孔

359. 导致胃食管反流病的直接损害因素不包括
A. 胃酸　B. 胃蛋白酶　C. 非结合胆盐
D. 结合胆盐　E. 胰酶

360. 胃食管反流病的病因不包括
A. 高脂肪饮食　B. 钙通道阻滞剂　C. 缩胆囊素
D. 莫沙必利　E. 长期吸烟

361. 胃食管反流病患者,由反流物引起的临床表现不包括
A. 癔球症　B. 咽喉炎、声嘶　C. 非季节性哮喘
D. 反复发生肺炎　E. 吞咽困难

362. 不属于胃食管反流病并发症的是
A. 胃癌　B. 食管狭窄　C. 食管腺癌
D. 消化道出血　E. Barrett 食管

363. 男,57 岁。胸痛、吞咽困难 2 周。既往反酸、烧心 10 余年,口服制酸剂可缓解。为明确诊断,首选的检查是
A. 胸部 X 线片　B. 胃镜　C. 腹部 B 超
D. 上消化道 X 线钡餐造影　E. 胸部 CT

364. 男性,40 岁。胸痛、反酸、胃灼热、嗳气 2 个月,胃镜检查食管黏膜未见明显异常,最有助于明确诊断的检查是
A. 上消化道气钡双重造影　B. ^{13}C 尿素呼气试验　C. 24h 胃食管 pH 监测
D. 腹部 B 超　E. 24h 心电监测

365. 男,31 岁。反酸伴上腹胀 2 个月,胸骨后烧灼样痛 3 天。最适当的处理措施是
A. 口服奥美拉唑　B. 冠状动脉造影
C. 食管 24 小时 pH 监测　D. 多潘立酮及枸橼酸铋钾口服
E. 口服阿司匹林,胸痛时舌下含硝酸甘油

(366~368 题共用题干)女性,55 岁。2 个月来反复发作夜间入睡时胸骨下段疼痛,性质呈刺痛、烧

灼样，向后背、胸部、颈部放射，持续 30 分钟以上，坐起后症状可减轻，偶在饱餐后 1 小时左右发生，口含硝酸甘油无效。既往有高血压、胃病史，否认糖尿病史。父有冠心病史。

366. 该患者发作性胸痛最可能的病因是
A. 心绞痛 B. 胆囊炎 C. 主动脉夹层
D. 胃食管反流病 E. 急性心肌梗死

367. 选用的最佳治疗药物是
A. 多潘立酮 B. 硝酸甘油 C. 氢氧化铝
D. 奥美拉唑 E. 法莫替丁

368. 若需维持治疗，选用的最佳药物是
A. 雷尼替丁 B. 奥美拉唑 C. 枸橼酸铋钾
D. 莫沙比利 E. 钙通道阻滞剂

A. 口服非甾体抗炎药 B. 应激 C. 幽门螺杆菌感染
D. 自身免疫 E. 十二指肠-胃反流

369. 急性胃炎最常见的病因是
370. 慢性胃炎最常见的病因是

A. 酒精 B. 幽门螺杆菌 C. 严重烧伤
D. 中枢神经系统严重损伤 E. 非甾体抗炎药

371. Curling 溃疡的病因是
372. Cushing 溃疡的病因是

A. 球部 B. 胃窦及胃体 C. 胃窦及球部
D. 胃窦 E. 胃角及胃窦小弯

373. 急性胃炎的好发部位是
374. 慢性胃炎的好发部位是
375. 胃溃疡的好发部位是
376. 十二指肠溃疡的好发部位是
377. 胃癌的好发部位是

378. 男，72 岁，突发头痛 10 小时，昏迷 8 小时。头颅 CT：右额叶出血。1 小时来呕暗红色血 2 次，共约 350ml。无慢性肝病史。最可能的呕血原因是
A. 十二指肠溃疡 B. 胃癌 C. 贲门黏膜撕裂
D. 急性胃黏膜病变 E. 食管胃底静脉曲张破裂

379. 女，56 岁。1 小时前无诱因呕血一次，量约 400ml，混有食物。既往体健，否认胃肠道疾病病史。1 年前因风湿性关节疼痛开始服用吲哚美辛。查体：T36.5℃，P90 次/分，R18 次/分，BP120/80mmHg。双肺呼吸音清，未闻及干湿啰音，心律齐，腹软，无压痛。粪常规：未见白细胞，粪隐血(+)。除停用吲哚美辛外，应首选的治疗是
A. 口服胃黏膜保护剂 B. 静脉应用 H_2 受体拮抗剂 C. 静脉应用质子泵抑制剂
D. 静脉应用止血芳酸 E. 肌注维生素 K_1

(380~382 题共用题干)男，73 岁。饮酒后呕吐咖啡样胃内容物 2 次，量约 200ml。有冠心病史，近 1 周每天口服阿司匹林 75mg。查体：T36.5℃，P90 次/分，BP128/68mmHg。神清，腹软，剑突下有轻压痛，未触及包块，肝脾肋下未触及。

380. 最可能的诊断是
A. 十二指肠球炎 B. 胃癌 C. 急性胃黏膜病变

D. 反流性食管炎　E. 食管贲门黏膜撕裂综合征

381. 首选的检查是
A. 腹部 X 线平片　B. 腹部 B 超　C. 腹部 CT
D. 胃镜　E. 血肿瘤标志物

382. 首选的治疗是
A. 口服胃黏膜保护剂　B. 口服云南白药　C. 静脉应用 H_2 受体拮抗剂
D. 静脉应用止血环酸　E. 静脉应用质子泵抑制剂

383. 幽门螺杆菌在胃内的定植部位是
A. 胃腺体内　B. 胃黏膜层　C. 胃固有层
D. 胃黏膜表面　E. 胃肌层

384. 慢性胃炎的常见病因不包括
A. Hp 感染　B. 自身免疫　C. 精神刺激
D. 胃黏膜营养因子缺乏　E. 十二指肠液反流入胃

385. 萎缩性胃炎患者,由于壁细胞大量减少,可引起胃酸缺乏,但其血清促胃液素水平却增高,这是由于
A. 交感神经兴奋　B. 迷走神经兴奋　C. 肠胃反射减弱
D. 胰泌素分泌减少　E. 胃酸对 G 细胞的抑制作用减弱

386. 下列哪项不是慢性萎缩性胃炎的内镜征象?
A. 胃黏膜红斑、颗粒状　B. 黏膜下血管透见　C. 黏膜皱襞细小
D. 黏膜糜烂　E. 黏膜色泽灰暗

(387~389 题共用题干)女性,51 岁。间断上腹疼痛 2 年,疼痛发作与情绪、饮食有关。查:上腹部轻压痛。胃镜:胃窦皱襞平坦,黏膜粗糙无光泽,黏膜下血管透见。

387. 此病例考虑诊断为
A. 急性胃炎　B. 慢性浅表性胃炎　C. 慢性萎缩性胃炎
D. 慢性肥厚性胃炎　E. 感染性胃炎

388. 判断该患者炎症活动的客观依据是胃黏膜
A. 肠上皮化生　B. 出血　C. 中性粒细胞增多
D. 淋巴细胞增多　E. 浆细胞增多

389. 该患者如考虑为 A 型胃炎,正确的是
A. 壁细胞抗体阴性　B. 胃酸升高　C. 主要位于胃体部
D. 不出现恶性贫血　E. 内因子分泌正常

390. 不能用于根除幽门螺杆菌的抗生素是
A. 克拉霉素　B. 羟氨苄青霉素　C. 头孢克洛
D. 替硝唑　E. 痢特灵

391. 大样本临床研究表明,有助于胃黏膜肠化逆转的药物是
A. 奥美拉唑　B. 法莫替丁　C. 塞来昔布
D. 多潘立酮　E. 克拉霉素

392. 女,56 岁。间断上腹胀 10 年,加重 1 周。无腹泻、便秘、恶心、呕吐。既往体健。查体:T36.5℃,P80 次/分,R18 次/分,BP120/80mmHg。双肺呼吸音清,未闻及干湿啰音,心律齐。腹软,无压痛。胃镜检查:胃黏膜菲薄,黏膜下血管透见。黏膜活组织病理检查可见肠上皮化生,恰当的治疗措施是
A. 应用抗胆碱能药物　B. 内镜下治疗肠上皮化生病灶　C. 胃大部切除术
D. 应用质子泵抑制剂　E. 应用促胃肠动力药物

393. 十二指肠溃疡的发病主要是因为
A. 长期服用非甾体抗炎药　B. 黏膜屏障减弱　C. 黏膜血流量减低
D. 黏膜细胞更新能力减弱　E. 胃酸和胃蛋白酶等侵袭因素增强
394. 消化性溃疡所致腹痛的特征是
A. 中上腹疼痛　B. 饥饿性疼痛　C. 反复发作性疼痛
D. 节律性疼痛　E. 长期疼痛
395. 十二指肠溃疡的典型症状是
A. 进食后呕吐　B. 疼痛与进食脂肪有关　C. 进食后疼痛可缓解
D. 左上腹钝痛　E. 右上腹痉挛性疼痛
396. 与幽门螺杆菌感染关系密切的疾病是
A. 十二指肠溃疡　B. 急性胃肠炎　C. 急性胰腺炎
D. 溃疡性结肠炎　E. 慢性胆囊炎
397. 复合性溃疡是指同时具有
A. 胃大弯与胃小弯溃疡　B. 胃体与胃窦溃疡　C. 胃小弯与幽门管溃疡
D. 胃底与胃体溃疡　E. 胃与十二指肠溃疡
398. 男，45 岁。上腹部间断疼痛 10 余年。多于餐后半小时出现上腹饱胀、疼痛。平素常有反酸、嗳气，偶有大便颜色发黑。近半年来疼痛不规律，餐前、餐后均可发生。能够进行确诊的检查是
A. 超声内镜　B. 腹部 CT　C. 腹部 MRI
D. 上消化道 X 线钡剂造影　E. 胃镜及组织活检病理
399. 长期服用非甾体抗炎药物不易引起的消化性溃疡是
A. 胃溃疡　B. 十二指肠溃疡　C. 巨大溃疡
D. 老年人溃疡　E. 无症状性溃疡
400. 男，36 岁。反复饥饿性上腹痛 4 年，加重 10 天。既往体健。查体：T36.5℃，P80 次/分，R18 次/分，BP120/80mmHg，双肺呼吸音清，未闻及干湿啰音，心律齐，腹软，上腹部压痛，未触及包块，肝脾肋下未触及。最可能的诊断是
A. 胃溃疡　B. 十二指肠溃疡　C. 慢性胆囊炎
D. 慢性胰腺炎　E. 胃癌

A. 无症状性溃疡　B. 幽门管溃疡　C. 巨大溃疡
D. 球后溃疡　E. 老年人溃疡
401. 夜间痛多见且易发生出血的消化性溃疡是
402. 最易导致幽门梗阻的消化性溃疡是
403. 多见于胃体上部且易误诊为胃癌的消化性溃疡是
404. 易导致急性胰腺炎的消化性溃疡是

（405~408 共用题干）患者，男，35 岁。3 个月来间断上腹痛，有时夜间痛醒，反酸。1 天前黑便 1 次，无呕血，但腹痛减轻。化验大便隐血强阳性。
405. 最可能的诊断是
A. 慢性胃炎　B. 胃溃疡　C. 十二指肠溃疡
D. 胃癌　E. 急性胃炎
406. 为了明确诊断，首选的检查是
A. 胃镜检查　B. 钡餐透视　C. 腹部 CT
D. 腹部 B 超　E. 血尿淀粉酶测定

407. 若患者出现大便隐血试验阳性，每日出血量应超过
A. 1ml　　B. 5ml　　C. 10ml
D. 50ml　　E. 100ml

408. 若患者出现黑便，每日出血量应超过
A. 30ml　　B. 50ml　　C. 150ml
D. 300ml　　E. 500ml

409. 确诊消化性溃疡的直接证据是 X 线钡餐检查提示
A. 龛影　　B. 局部激惹　　C. 局部变形
D. 胃小弯痉挛　　E. 胃大弯痉挛

410. 正在用 PPI 治疗的溃疡病患者，用下列方法检查幽门螺杆菌(Hp)感染时，最不易出现假阴性的是
A. ^{13}C 尿素呼气试验　　B. 快速尿素酶试验　　C. 血清学 Hp 抗体检测
D. Hp 培养　　E. 胃黏膜组织切片镜检

411. 下列有关胃的良性与恶性溃疡鉴别要点的叙述，错误的是
A. 早期溃疡型胃癌单凭内镜所见不难与良性溃疡鉴别
B. 活组织检查可以确定良性或恶性溃疡
C. 即使内镜下诊断为良性溃疡且活检阴性，仍有漏诊恶性溃疡的可能
D. 胃镜复查溃疡愈合不是鉴别良性或恶性溃疡的可靠依据
E. 有无真性胃酸缺乏，可作为胃癌与胃溃疡的鉴别要点之一

412. Zollinger-Ellisin 综合征常导致严重而顽固的消化性溃疡，其溃疡的好发部位是
A. 胃窦部　　B. 幽门管　　C. 十二指肠球部
D. 十二指肠降部　　E. 十二指肠球部和胃窦部

A. 持续性上腹部疼痛，阵发性加重　　B. 周期性餐后上腹部疼痛，至下一餐前缓解
C. 周期性空腹及夜间上腹痛，进食后可缓解　　D. 渐进加重的上腹部疼痛，向后背放射
E. 反复上腹部胀痛，餐后加重伴嗳气，无节律性

413. 符合慢性胃炎临床表现的是
414. 典型的胃溃疡疼痛特点是

415. 消化性溃疡的治疗目标不包括
A. 控制症状　　B. 去除病因　　C. 预防癌变
D. 促进溃疡愈合　　E. 避免并发症

416. 降低胃内酸度最有效的药物是
A. H_2 受体阻滞剂　　B. 含铝抗酸剂　　C. 抗胆碱能药物
D. 质子泵抑制剂　　E. 促胃液素受体阻滞剂

417. 治疗消化性溃疡的药物中，抑酸最强、疗效最佳的是
A. 西咪替丁　　B. 阿托品　　C. 硫糖铝
D. 奥美拉唑　　E. 胶体枸橼酸铋

418. 男，43 岁，反复上腹痛 3 个月。胃镜检查见十二指肠球部溃疡，快速尿素酶试验阳性。最佳的治疗方案是
A. 质子泵抑制剂+两种抗生素　　B. 胃黏膜保护剂+H_2 受体拮抗剂
C. H_2 受体拮抗剂+两种抗生素　　D. 质子泵抑制剂+胃黏膜保护剂
E. 抗酸剂+两种抗生素

419. 男，36 岁。间断上腹痛 5 年，空腹出现，餐后缓解。查 ^{13}C 尿素呼气试验阳性。最适合该患者的用于联合治疗方案的药物是

A. 颠茄　B. 甲氰咪胍　C. 法莫替丁
D. 铝碳酸镁　E. 奥美拉唑

420. 男性,45岁。间断上腹痛3年,加重2个月,胃镜检查发现胃角切迹溃疡,幽门螺杆菌阳性。其治疗方案首选
A. H_2受体拮抗剂治疗,6周复查胃镜　B. 黏膜保护剂治疗,6周复查胃镜
C. 质子泵抑制剂+黏膜保护剂治疗,4周复查胃镜　D. 抗幽门螺杆菌治疗,2周复查胃镜
E. 抗幽门螺杆菌治疗+质子泵抑制剂治疗,6周复查胃镜

421. 根除幽门螺杆菌治疗后,不宜选用的复查方法是
A. ^{13}C尿素呼气试验　B. 血清幽门螺杆菌抗体检查　C. 组织学检查
D. 快速尿素酶试验　E. 幽门螺杆菌培养

422. 下列药物属于胃黏膜保护剂的是
A. 替硝唑　B. 雷尼替丁　C. 奥美拉唑
D. 硫糖铝　E. 西咪替丁

423. 预防非甾体抗炎药所致消化性溃疡的首选药物是
A. 硫糖铝　B. 胶体铋　C. 米索前列醇
D. 阿莫西林　E. 法莫替丁

424. 女性,30岁。腹胀、便秘8个月,低热4个月。查体:腹软,无压痛,肠鸣音活跃。X线钡剂造影:回盲部充盈缺损。最可能的诊断是
A. 克罗恩病　B. 慢性阑尾炎　C. 阿米巴性结肠炎
D. 增生型肠结核　E. 溃疡型肠结核

425. 女,33岁。低热、乏力、盗汗伴腹泻、腹痛2个月。体格检查:右下腹有压痛和轻反跳痛。X线钡剂灌肠发现回盲部有跳跃征。最可能的诊断是
A. 肠结核　B. 阿米巴肠炎　C. 结肠癌
D. 克罗恩病　E. 血吸虫病

426. 对高度怀疑肠结核的病例,下列最有利于临床诊断的是
A. 抗结核治疗2~6周有效　B. PPD试验阳性　C. 有肠外结核
D. 血沉增快　E. 有腹痛、腹泻、右下腹压痛

427. 女性,31岁。低热、乏力伴腹胀3个月。查体:腹部膨隆,腹壁柔韧感,有压痛和轻反跳痛,移动性浊音阳性。腹腔积液为渗出液。为明确诊断,最有价值的检查是
A. 腹部B型超声　B. 胃肠道钡剂检查　C. 血沉
D. 腹腔积液细菌培养　E. 腹腔镜检查

428. 男性,32岁。3个多月来低热、乏力、大便稀、右下腹痛、体重减轻。查体:T37.6℃,P84次/分,BP110/70mmHg,心肺检查未见异常,腹软,右下腹轻压痛,肝脾肋下未触及,肠鸣音活跃。化验血Hb125g/L,WBC5.4×10^9/L,Plt252×10^9/L,粪常规偶见WBC。结肠镜检查示回盲部肠黏膜充血水肿,横行溃疡形成,肠腔狭窄,大小及形态各异的炎性息肉。最可能的诊断是
A. 克罗恩病　B. 肠结核　C. 结肠癌
D. 阿米巴肉芽肿　E. 结核性腹膜炎

(429~430题共用题干)女,35岁。腹泻、纳差、乏力、发热5月余。大便为黄色糊状,无黏液及脓血,3~5次/日,体温37.5℃~38.0℃。发病以来体重减轻约8kg。

429. 最可能的诊断是
A. 结肠癌　B. 克罗恩病　C. 溃疡性结肠炎

D. 阿米巴肠病　E. 肠结核

430. 下列辅助检查,最有助于明确诊断的是
A. 腹部 CT　B. 胶囊内镜　C. 下消化道 X 线钡剂造影
D. PPD 试验　E. 结肠镜及黏膜活组织病理检查

431. 关于肠结核的治疗,错误的是
A. 抗结核治疗是关键　B. 多采用长程抗结核治疗　C. 腹痛可用抗胆碱能药物
D. 诊断困难者可剖腹探查　E. 伴完全性肠梗阻者应手术治疗

432. 结核性腹膜炎腹痛的特点是
A. 早期腹痛明显　B. 呈持续性绞痛　C. 疼痛多位于脐周、下腹
D. 多表现为急腹症　E. 呈转移性疼痛

433. 结核性腹膜炎的腹腔积液大多是
A. 草黄色渗出液　B. 血性渗出液　C. 乳糜性渗出液
D. 草绿色漏出液　E. 淡黄色漏出液

434. 女,18 岁。低热、腹痛、腹泻伴腹胀 2 个月。体查:腹壁揉面感,腹部移动性浊音阳性。腹腔积液为渗出液。对诊断最有意义的检查是
A. 血培养　B. 结核菌素试验　C. 腹膜活检
D. 腹腔积液细菌培养　E. 血沉

435. 女,23 岁。间断低热、腹痛 5 个月。伴腹胀、盗汗,体重下降 3kg。查体:T37.5℃,P80 次/分,R18 次/分,BP120/80mmHg。巩膜无黄染,颈静脉无怒张,双肺呼吸音清,未闻及干湿啰音,心律齐,全腹有轻压痛,移动性浊音(+)。腹腔积液:比重 1.020,蛋白定量 38g/L,白细胞 520×10^6/L,单个核细胞 0.85。最可能的诊断是
A. 化脓性腹膜炎　B. 结核性腹膜炎　C. 缩窄性心包炎
D. 原发性腹膜炎　E. 肝硬化腹腔积液

A. 肠瘘　B. 肠出血　C. 肠梗阻
D. 腹腔脓肿　E. 中毒性巨结肠

436. 肠结核最常见的并发症是
437. 结核性腹膜炎最常见的并发症是
438. 克罗恩病最常见的并发症是
439. 重症溃疡性结肠炎最常见的并发症是

(440~441 题共用题干)女,35 岁。腹胀、腹部隐痛伴低热 3 个月。突发脐周绞痛 6 小时,呕吐数次,无排气、排便。

440. 最可能的诊断是
A. 消化性溃疡并幽门梗阻　B. 慢性阑尾炎急性发作　C. 结肠癌并肠穿孔
D. 结核性腹膜炎并肠梗阻　E. 缺血性肠病并肠梗阻

441. 首选的检查是
A. 结肠镜检查　B. 立位腹部 X 线平片　C. 腹部 B 超
D. 腹部 CT　E. 腹部 MRI

(442~444 题共用题干)女性,26 岁。腹胀、腹痛伴低热、盗汗 3 个月。查体发现腹部移动性浊音阳性。化验血 HBsAg(+)。腹腔积液常规:比重 1.023,蛋白定量 38g/L,白细胞计数 610×10^6/L,其中单个核细胞为 80%。

442. 该患者最可能的诊断是
A. 肠结核　B. 结核性腹膜炎　C. 肝炎后肝硬化失代偿期
D. 肝癌腹膜转移　E. 肝硬化合并自发性腹膜炎

443. 下列检查结果支持上述诊断的是
A. 腹腔积液腺苷脱氨酶 80U/L　B. SAAG12g/L
C. 腹腔积液病理检查见到癌细胞　D. 腹腔积液检查提示漏出液
E. 腹腔积液培养见到来自肠道的革兰阴性菌

444. 该患者最宜选用的治疗是
A. 对症支持治疗　B. 应用广谱抗生素　C. 抗结核治疗
D. 全身化疗　E. 介入治疗

A. 溃疡性结肠炎　B. 肠阿米巴病　C. 肠结核
D. 结肠克罗恩病　E. 血吸虫病

445. 发生炎性息肉最多见于

446. 发生肠内瘘最多见于

447. 溃疡性结肠炎的好发部位是
A. 直肠、乙状结肠　B. 结肠脾曲　C. 横结肠
D. 回盲肠　E. 升结肠

448. 溃疡性结肠炎的典型临床表现是
A. 腹痛、腹泻、脓血便　B. 排便困难伴腹痛，无便血　C. 腹泻与便秘交替伴发热
D. 腹痛便后缓解，无便血　E. 腹痛、腹泻、高热

449. 下列哪项不是溃疡性结肠炎的常见临床症状？
A. 黏液脓血便　B. 腹痛于便后缓解　C. 肛周瘘管
D. 结节性红斑　E. 外周关节炎

450. 下列哪一项不符合重度溃疡性结肠炎？
A. 腹泻每日 6 次以上　B. 体温达 38℃以上　C. 脉搏在 90 次/分以上
D. 血沉大于 30mm/h　E. 血红蛋白<75%正常值

451. 男，32 岁。左下腹痛 2 个月。伴腹泻，大便为黄稀便，时有黏液血便，每日 3 次。查体：T36.5℃，P80 次/分，R18 次/分，BP120/80mmHg。双肺呼吸音清，未闻及干湿啰音，心律齐，腹软，左下腹轻压痛，无反跳痛。结肠镜检查：直肠、乙状结肠黏膜弥漫充血、水肿，粗颗粒样改变，多发糜烂及浅溃疡。最可能的诊断是
A. 肠结核　B. 溃疡性结肠炎　C. 克罗恩病
D. 结肠癌　E. 慢性结肠炎

452. 溃疡性结肠炎患者容易并发中毒性巨结肠的情况是
A. 重症患者接受激素治疗时　B. 重症患者接受柳氮磺吡啶治疗时
C. 重症患者接受抗生素治疗时　D. 重症患者接受胆碱能受体拮抗剂治疗时
E. 重症患者接受全胃肠道外营养治疗时

453. 女，32 岁。有溃疡性结肠炎病史，3 天前出现脓血便，未行系统治疗。1 天前又出现高热、明显腹胀。体格检查：腹膨隆，明显压痛和反跳痛，肠鸣音减弱。X 线腹部平片可见结肠扩张，结肠袋形消失。此患者最可能出现的并发症是
A. 结核性腹膜炎　B. 自发性腹膜炎　C. 中毒性巨结肠
D. 肠穿孔　E. 肠梗阻

454. 男,25 岁。腹痛、脓血便、发热 2 个月。大便约为 10 次/日,体温 39℃。粪便镜检及培养未见病原体。结肠镜检查示结肠弥漫分布的糜烂及浅溃疡。病理学提示重度慢性炎症。左氧氟沙星联合甲硝唑治疗 1 周症状无缓解。最适宜的治疗药物是

A. 泼尼松　　B. 柳氮磺吡啶　　C. 硫唑嘌呤
D. 美沙拉嗪　　E. 美沙拉嗪联合奥沙拉嗪

A. 鹅卵石征　　B. 铅管征　　C. 反“3”字征
D. 鸟嘴征　　E. 激惹征

455. 溃疡性结肠炎 X 线钡剂灌肠检查提示
456. 溃疡型肠结核 X 线钡剂灌肠检查提示
457. 克罗恩病 X 线钡剂灌肠检查提示

A. 结肠克罗恩病　　B. 急性细菌性痢疾　　C. 肠结核
D. 溃疡性结肠炎　　E. 肠易激综合征

458. 纵行裂隙状溃疡见于
459. 黏膜及黏膜下层的表浅溃疡见于

A. 末端回肠　　B. 回盲部　　C. 升结肠
D. 横结肠　　E. 直肠和乙状结肠

460. 溃疡性结肠炎的好发部位是
461. 中毒性巨结肠病变最严重的部位是

(462~464 题共用题干)患者,女,45 岁。反复发作脓血便 10 余年,每日 2~3 次,此期间有时伴膝关节疼痛。多次大便细菌培养阴性。X 线钡剂检查见乙状结肠袋消失,肠壁变硬,肠管变细。

462. 最可能的诊断是

A. 溃疡性结肠炎　　B. 克罗恩病　　C. 肠结核
D. 慢性细菌性痢疾　　E. 肠易激综合征

463. 该病腹痛的特点是

A. 腹痛—进食—缓解　　B. 腹痛—进食—加痛　　C. 腹痛—便意—便后缓解
D. 腹痛—便意—便后无变化　　E. 腹痛—便意—便后加重

464. 该患者的治疗首选

A. 柳氮磺吡啶　　B. 泼尼松　　C. 布地奈德
D. 环孢素　　E. 替硝唑

465. 克罗恩病的典型病理变化不包括

A. 铺路石样改变　　B. 病变呈节段性分布　　C. 纵行溃疡
D. 非干酪性肉芽肿　　E. 肠段弥漫性充血水肿伴溃烂

466. 克罗恩病最常见的消化系统症状是

A. 腹痛　　B. 腹泻　　C. 腹部包块
D. 瘘管形成　　E. 肛门周围病变

467. 女性,30 岁。间断右下腹疼痛、腹泻 5 年,大便糊状,无黏液脓血便。体检无异常发现。结肠镜检查提示:右半结肠呈节段性炎性改变,鹅卵石外观,肠腔两处狭窄。最可能的诊断是

A. 肠结核　　B. 溃疡性结肠炎　　C. 结肠克罗恩病
D. 结肠癌　　E. 结核性腹膜炎

A. 柳氮磺吡啶　　B. 美沙拉嗪　　C. 布地奈德

D. 硫唑嘌呤　　E. 甲氨蝶呤

468. 治疗轻、中度溃疡性结肠炎的首选药物是
469. 治疗轻、中度克罗恩病(病变累及回肠和结肠)的首选药物是

A. PSA　　B. p-ANCA　　C. ASCA
D. ANA　　E. CRP

470. 溃疡性结肠炎的相当特异性抗体是
471. 克罗恩病的相当特异性抗体是

A. 慢性便秘　　B. 慢性腹泻　　C. 功能性消化不良
D. 肠易激综合征　　E. 功能性便秘

472. 临床上最常见的功能性胃肠病是
473. 临床上最常见的功能性肠道疾病是

474. 女,25岁。上腹痛、腹胀4个月。3周前上消化道X线钡造影未见异常。口服法莫替丁20mg,每日2次,1周后上腹痛缓解,仍觉餐后上腹胀。目前最适宜的治疗药物是
A. 铝碳酸镁　　B. 硫糖铝　　C. 西咪替丁
D. 氢氧化铝　　E. 多潘立酮

475. 功能性消化不良的主要症状不包括
A. 餐后饱胀　　B. 上腹痛　　C. 上腹灼热感
D. 食欲不振　　E. 呕吐

476. 肠易激综合征的症状特点是
A. 腹痛与排便无关　　B. 病史较长者会出现营养不良　　C. 精神紧张可使症状加重
D. 常有大便失禁　　E. 常于睡眠中痛醒

477. 下列哪项不符合肠易激综合征的腹泻特点?
A. 每日大便3~5次　　B. 大便多呈稀糊状　　C. 大便多带有黏液
D. 排便常干扰睡眠　　E. 大便绝对无脓血

478. 关于肠易激综合征腹痛的叙述,错误的是
A. 部位不定　　B. 以下腹和右下腹多见　　C. 极少睡眠中痛醒
D. 多于排便或排气后缓解　　E. 无明显体征

479. 男性,30岁。腹痛1个月,以左下腹疼痛明显,排便后缓解,大便稀糊状。体检:左下腹压痛明显。X线及结肠镜检查未见异常。最可能的诊断是
A. 自发性腹膜炎　　B. 肠易激综合征　　C. 左半结肠癌
D. 功能性消化不良　　E. 溃疡性结肠炎

480. 男性,35岁,患肠易激综合征5年,近1个月来排便困难,粪便干结,伴失眠、焦虑。不宜选用的治疗药物是
A. 甲基纤维素　　B. 聚乙二醇　　C. 洛哌丁胺
D. 阿米替林　　E. 乳果糖

A. B超　　B. CT　　C. MRI
D. 放射性核素扫描　　E. 肝穿刺活检

481. 诊断脂肪性肝病重要而实用的检查是
482. 确诊脂肪性肝病的主要检查是

483. 酒精性肝病的关键治疗是
A. 戒酒　　B. 营养支持　　C. 多烯磷脂酰胆碱

D. 糖皮质激素　　E. 肝移植

484. 下列疾病中最少发生急性肝衰竭的是

A. 药物性肝病　　B. 慢性乙型肝炎　　C. 右半肝切除术后

D. 酒精性脂肪性肝病　　E. 四氯化碳中毒

A. 黄疸　　B. 肝大　　C. 腹壁静脉曲张

D. 皮肤紫癜　　E. 脾脏缩小

485. 肝硬化代偿期的体征是

486. 肝硬化失代偿期门脉高压的体征是

487. 下列属于肝硬化门脉高压表现的是

A. 肝掌　　B. 蜘蛛痣　　C. 脾大

D. 营养不良　　E. 男性乳房发育

488. 肝硬化失代偿期最突出的临床表现是

A. 食欲不振　　B. 腹腔积液　　C. 乏力

D. 腹泻　　E. 消瘦

489. 肝硬化患者内分泌失调不会表现为

A. 雌激素过多　　B. 肾上腺皮质激素合成不足　　C. 促黑素分泌增加

D. 血清 T_3 浓度增高　　E. 醛固酮分泌过多

490. 男,43 岁。肝炎肝硬化病史 15 年,反复少尿、腹胀 1 年,1 周来腹痛伴低热。腹腔积液常规:比重 1.020,蛋白 35g/L,细胞总数 920×10^6/L,白细胞 800×10^6/L,多形核细胞 0.80。最可能的诊断是

A. 门静脉血栓形成　　B. 结核性腹膜炎　　C. 原发性肝癌

D. 自发性腹膜炎　　E. 肝肾综合征

491. 男,51 岁。腹胀、乏力 8 个月,加重伴憋气、尿量明显减少 2 周。尿量 200~300ml/d。查体:P78 次/分,R20 次/分,神清,颈部可见蜘蛛痣,巩膜黄染。腹膨隆,无压痛及反跳痛,肝肋下未触及,脾平脐,移动性浊音(+)。双下肢凹陷性水肿。实验室检查:血 WBC3.5×10^9/L,N0.60,HBsAg(+),ALT45U/L,AST95U/L,TBil56μmol/L,BUN16.5mmol/L,Scr198.1μmol/L。最可能的诊断为乙肝肝硬化合并

A. 肝肾综合征　　B. 肝癌　　C. 自发性腹膜炎

D. 肝肺综合征　　E. 肝性脑病

492. 肝硬化患者突然出现剧烈腹痛,发热,腹腔积液迅速增加,脾肿大,最可能的并发症是

A. 肝破裂　　B. 自发性腹膜炎　　C. 门静脉血栓形成

D. 肝肾综合征　　E. 肝肺综合征

493. 下列哪项不是肝硬化患者电解质及酸碱平衡紊乱的常见表现?

A. 低钠血症　　B. 低钾血症　　C. 低氯血症

D. 代谢性碱中毒　　E. 呼吸性酸中毒

A. 腹腔积液比重<1.016,蛋白 20g/L

B. 腹腔积液比重>1.018,Rivalta 试验阳性

C. 乳糜样腹腔积液

D. 腹腔积液细胞总数>500×10^6/L,分类以中性粒细胞为主

E. 腹腔积液细胞总数为 200×10^6/L,分类以间皮细胞为主

494. 最可能为肝硬化腹腔积液的是

495. 最可能为结核性腹膜炎腹腔积液的是

（496～497题共用题干）男性，47岁，腹胀、纳差半年，6小时前突然呕血约1000ml来急诊，既往HBsAg(+)。查体：P125次/分，BP70/50mmHg，巩膜轻度黄染，肝脾肋下未触及，移动性浊音(+)，下肢有可凹性水肿。

496. 引起呕血的最可能病因是
A. 胃癌　B. 肝硬化　C. 消化性溃疡
D. 胆囊结石　E. 急性胃炎

497. 应首选的处理措施是
A. 急诊胃镜止血　B. 剖腹探查　C. 紧急输血和输液
D. 三腔二囊管压迫　E. TIPS

（498～502题共用题干）患者，男，42岁。5年前曾患乙型肝炎，ALT时有波动。近月来腹胀加重，食欲减退，下肢浮肿。体检：肝掌，蜘蛛痣，脾肋下3cm，腹部移动性浊音(+)。外周血RBC2.5×10^{12}/L，WBC2.0×10^{9}/L，Plt90×10^{9}/L。

498. 促进患者腹腔积液形成最主要的内分泌激素是
A. 雌激素　B. 雄激素　C. 醛固酮
D. 心钠肽　E. 前列腺素

499. 下列哪项实验室检查结果是最重要的诊断依据？
A. ALT增高　B. ALP增高　C. 血糖降低
D. 胆红素增高　E. A/G比例倒置

500. 患者全血细胞减少的主要原因是
A. 血容量增加而稀释　B. 脾功能亢进　C. 肝肾综合征
D. 营养吸收不良　E. 上消化道大出血

501. 若患者突然发生上消化道大出血，不会出现的临床征象是
A. 脾脏增大加剧　B. 血尿素氮增高　C. 腹腔积液增多
D. 诱发肝性脑病　E. 出现肝肾综合征

502. 此时最有效的止血急救措施是
A. 静脉注射维生素K_1　B. 静脉滴注生长抑素　C. 静脉滴注法莫替丁
D. 肌注止血敏　E. 胃管内注入去甲肾上腺素

503. 原发性肝癌的发生与下列哪种因素最有关？
A. 酒精中毒　B. EB病毒感染　C. 肠道细菌感染
D. 黄曲霉素污染　E. 戊型肝炎病毒感染

504. 巨块型肝癌是指肿瘤直径
A. >3cm　B. >5cm　C. 5～10cm
D. >10cm　E. >15cm

505. 肝癌的伴癌综合征不包括
A. 血糖增高　B. 血钙增高　C. 血脂增高
D. 红细胞增多　E. 类癌综合征

506. 对肝癌的临床诊断最具特异性的是
A. 肝区疼痛　B. 进行性肝大，质硬　C. 恶病质
D. 梗阻性黄疸　E. 肺部转移病灶

507. 鉴别肝癌与肝血管瘤最佳的检查方法是
A. 腹部MRI　B. 腹部多普勒超声　C. 放射性核素肝扫描

D. 腹部 CT 平扫　　E. 内镜超声

508. 男,30 岁。肝区钝痛、低热、乏力 3 个月,有血吸虫疫水接触史,偶饮酒。查体:肝肋下 2cm,质硬。HBsAg(+),ALT60U/L,A/G3.1/3.0。AFP 先后检测二次,结果分别为 200μg/L 和 400μg/L。诊断首先应考虑

A. 慢性活动性肝炎　　B. 肝炎肝硬化　　C. 血吸虫病肝纤维化

D. 酒精性肝硬化　　E. 肝炎肝硬化合并原发性肝癌

509. 男性,48 岁。右季肋区疼痛半年。CT 检查示:肝右叶 12cm×10cm 肿块,包绕、压迫下腔静脉,肝左叶内多个小的低密度结节。进一步检查确诊为原发性肝癌。考虑的治疗方法不包括

A. 肝动脉结扎术　　B. 肝动脉栓塞术　　C. 肝动脉灌注化疗

D. 肝移植手术　　E. 肝叶切除术

(510~512 题共用题干)患者,男,50 岁。肝区疼痛 2 个月,伴乏力,消瘦明显,消化不良,腹胀,食欲减退,无黄疸。查体:肝肋下 3.0cm,质硬,移动性浊音(-)。B 超示肝右叶占位性病变,大小 5cm×4cm。

510. 下列哪项检查对本病的诊断价值不大?

A. CT　　B. MRI　　C. ECT

D. ERCP　　E. 肝动脉造影

511. 为明确诊断,最有价值的实验室检查项目是

A. ALT、AST　　B. AFP　　C. CA19-9

D. A/G 比值　　E. 肝炎标记物

512. 若最后确诊为本病,其最佳治疗方法是

A. 手术治疗　　B. 肝动脉结扎　　C. 肝动脉栓塞

D. 化学治疗　　E. 放射治疗

513. 肝性脑病最常见的病因是

A. 原发性肝癌　　B. 肝硬化　　C. 重症肝炎

D. 重症胆道感染　　E. 消化道出血

514. 导致肝性脑病的假性神经递质是

A. 酪氨酸及苯丙氨酸　　B. 酪胺及苯丙氨酸　　C. 酪胺及苯乙胺

D. 去甲肾上腺素　　E. β 羟酪胺及苯乙醇胺

515. 肝性脑病的脑性毒物主要是

A. 尿素　　B. NH_3　　C. NH_4^+

D. 谷氨酰胺　　E. 酪氨酸

516. 氨是促发肝性脑病最主要的神经毒素,体内产生氨的主要部位是

A. 消化道　　B. 肾　　C. 肌肉

D. 肝　　E. 脑组织

A. 扑翼样震颤无法引出　　B. 轻度性格改变和行为失常　　C. 昏睡和精神错乱

D. 意识错乱和睡眠倒错　　E. 脑电图正常

517. 肝性脑病 2 期的临床表现是

518. 肝性脑病 4 期的临床表现是

A. 精氨酸　　B. 谷氨酸钾　　C. 支链氨基酸

D. 乳果糖　　E. 甘露醇

519. 治疗肝性脑病时,可减少假神经递质形成的药物是

520. 治疗肝性脑病时,可减少氨生成与吸收的药物是

521. 男性,53岁。肝硬化病史6年,近日出现腹痛、腹胀和低热,表情淡漠,嗜睡,诊断考虑为肝性脑病,对诊断帮助最大的体征是
A. 腹壁反射消失　B. 腱反射亢进　C. 肌阵挛
D. 扑翼样震颤　E. Babinski征阳性
522. 有关肝性脑病,正确的治疗是
A. 低蛋白饮食　B. 口服乳果糖　C. 静脉滴注甲硝唑
D. 肥皂水灌肠　E. 狂躁不安时使用水合氯醛灌肠

(523~525题共用题干)男性,56岁。2年来消瘦、乏力,近5天来发热、嗜睡,1天来意识障碍急诊入院,既往患乙型肝炎多年,吸烟史20年。查体:T37.5℃,P86次/分,R20次/分,BP120/80mmHg,神志不清,巩膜轻度黄染,颈软,心肺检查未见异常,腹平软,肝肋下未及,脾肋下4cm,移动性浊音阳性。尿常规无异常,化验血Hb110g/L,WBC3.4×10^9/L,Plt92×10^9/L。
523. 该患者最可能的诊断是
A. 肺性脑病　B. 肝性脑病　C. 尿毒症昏迷
D. 脑血管意外　E. 糖尿病酮症酸中毒
524. 为明确诊断,首选的检查是
A. 肝功能　B. 肾功能　C. 血气分析
D. 血氨　E. 头颅CT
525. 针对该患者的发病机制,应选择的治疗措施是
A. 降血氨药物　B. 纠正水电解质紊乱　C. 机械通气
D. 降颅压治疗　E. 抗感染治疗

A. 消化性溃疡　B. 胆道出血　C. 痔、肛裂
D. 急性胃炎　E. 肠道肿瘤
526. 上消化道出血最常见的原因是
527. 下消化道出血最常见的原因是
A. 5ml　B. 10ml　C. 50ml
D. 100ml　E. 200ml
528. 粪便潜血试验阳性提示成人每日消化道出血量至少
529. 出现黑粪提示成人每日消化道出血量至少
A. 鲜血样大便　B. 呕大量鲜血,可伴有血块　C. 强烈呕吐,先胃液后鲜血
D. 柏油样大便　E. 周期性出血,很少引起休克
530. 胆道出血的特点是
531. Mallory-Weiss综合征的特点是

532. 女,25岁。妊娠8周,剧吐后吐出100ml鲜血。最可能的诊断是
A. 食管癌　B. 急性胃炎　C. 食管贲门撕裂
D. 消化性溃疡　E. 门静脉高压症
533. 上消化道出血时,为寻找出血的病因,首选的检查方法是
A. 胃镜检查　B. 上消化道钡餐　C. 胃液分析
D. 便隐血试验　E. 选择性动脉造影
534. 男,66岁。食用坚果后突发呕血4小时,伴心悸、胸闷、气短。既往慢性乙型肝炎病史20年,冠心病史8年。查体:血压90/50mmHg,心率110次/分,心律不齐,房性期前收缩10次/分。最适合的治疗药物是

A. 西咪替丁　　B. 硝酸甘油　　C. 普萘洛尔
D. 血管加压素　　E. 生长抑素

535. 男,25 岁。上腹痛 2 年,加重 1 周,呕血 5 小时。胃镜检查见十二指肠球部前壁溃疡,底部见红色血栓并有少量活动性出血。最合适的治疗是
A. 口服去甲肾上腺素盐水　　B. 口服凝血酶　　C. 手术治疗
D. 胃镜下止血治疗　　E. 口服 H_2 受体阻断剂

536. 男,62 岁。1 小时前呕血 1000ml。既往史:HBsAg 阳性 20 年,冠心病史 10 年,近期有心绞痛发作。不宜应用的药物是
A. 血管加压素　　B. 生长抑素　　C. 支链氨基酸
D. 奥美拉唑　　E. 法莫替丁

537. 男性,32 岁。十二指肠溃疡病史 1 年,口服药物治疗,因 12 小时前呕吐鲜血来诊。血压 80/50mmHg,输血 1000ml 后,血压仍有波动。查体:贫血貌,剑突下压痛,腹软,此病人最适宜的治疗方法是
A. 快速补液、输血　　B. 静脉注射止血药　　C. 胃镜电凝止血
D. 急诊剖腹手术　　E. 应用血管活性药物

(538~540 题共用题干)男性,26 岁。排柏油便 2 天,加重伴头晕、心慌半天急诊入院。既往无肝病史,近期无服药史。查体:BP70/40mmHg,心率 120 次/分,腹平软,无压痛,肝、脾肋下未触及,四肢末梢发凉。

538. 该患者最可能的诊断是
A. 胃癌　　B. 十二指肠溃疡　　C. 胆道出血
D. 急性胃炎　　E. 肝硬化食管曲张静脉破裂出血

539. 首选的处理是
A. 三腔二囊管压迫止血　　B. 补充血容量　　C. 急诊手术治疗
D. 胃镜止血　　E. 静滴奥美拉唑

540. 为明确诊断,最重要的检查方法是
A. 血清 CEA 测定　　B. 稳定后胃镜检查　　C. 稳定后 X 线钡餐检查
D. 腹部 B 型超声检查　　E. ERCP 检查

第 4 章　泌尿系统疾病

A. 肾小球性蛋白尿　　B. 肾小管性蛋白尿　　C. 溢出性蛋白尿
D. 组织性蛋白尿　　E. 假性蛋白尿

541. 尿中出现以白蛋白为主的蛋白尿
542. 尿中出现以溶菌酶为主的蛋白尿
543. 尿中出现以肌红蛋白为主的蛋白尿

544. 关于管型的叙述,正确的是
A. 红细胞管型常见于急性肾炎　　B. 白细胞管型常见于急性肾衰竭
C. 脂肪管型常见于肾盂肾炎　　D. 蜡样管型常见于肾病综合征
E. 上皮细胞管型常见于慢性肾炎晚期

545. 尿中发现大量透明管型提示病变在
A. 肾小管和肾盏　　B. 肾小管和肾盂　　C. 肾小管和肾小球
D. 肾小管和输尿管　　E. 肾小管和膀胱

546. 女，30 岁。尿频、尿急、尿痛 1 天就诊，体温 38.2℃。可以最好的区分急性肾盂肾炎和急性膀胱炎的实验室检查是

A. 尿细菌培养阳性　B. 尿常规有白细胞　C. 尿中有白细胞及蛋白
D. 尿中有白细胞管型　E. 尿亚硝酸盐试验阳性

547. 女，63 岁。发热伴腰痛 3 天。既往糖尿病病史 8 年。查体：T38.5℃，右肾区叩击痛（+）。血 WBC11.3×10^9/L，N0.88。尿常规：Pro（+），Glu（++）。沉渣镜检：RBC8～10/HP，WBC25～30/HP。对明确诊断最有意义的检查是

A. 肾穿刺活检　B. 尿找病理细胞　C. 清洁中段尿培养+药敏
D. 泌尿系统 B 超　E. 尿相差显微镜检查

548. 女，28 岁。尿频、尿急、尿痛 2 天，无发热及腰痛，既往无类似发作。查体：双肾区无叩击痛。血 WBC 5.4×10^9/L，尿 WBC30～40/HP，RBC10～15/HP，亚硝酸盐试验（+）。该患者抗感染治疗疗程应为

A. 3 天　B. 7 天　C. 10 天
D. 2 周　E. 4 周

549. 区别血尿和血红蛋白尿的主要方法是

A. 观察血尿颜色　B. 做尿胆原测验　C. 做尿潜血试验
D. 做尿三杯试验　E. 做尿沉渣镜检

550. 对鉴别是否肾小球源性血尿最有意义的是

A. 全程血尿　B. 合并尿道刺激征　C. 尿潜血阳性
D. 肉眼血尿　E. 变形红细胞血尿

551. 下列提示肾小球源性血尿的是

A. 伴尿路刺激征　B. 肉眼血尿　C. 伴有血凝块
D. 尿沉渣可见红细胞管型　E. 尿相差显微镜示均一形态红细胞

552. 肾小球源性血尿产生的主要原因是

A. 肾小球基底膜断裂　B. 脏层上皮细胞受损　C. 壁层上皮细胞受损
D. 近端小管受损　E. 远端小管受损

553. 用相差显微镜观察尿沉渣红细胞形态是为了鉴别

A. 前尿道血尿和后尿道血尿　B. 肾源性血尿和膀胱源性血尿
C. 肾小球源性血尿和非肾小球源性血尿　D. 肾小球源性血尿和肾小管性血尿
E. 急性肾衰竭和慢性肾衰竭

554. 急性肾小球肾炎水肿的主要机制为

A. 毛细血管通透性增加　B. 抗利尿激素增加　C. 继发性醛固酮增多症
D. 低蛋白血症　E. 肾小球滤过率下降，水钠潴留

555. 链球菌感染后急性肾小球肾炎必有的临床表现是

A. 肉眼血尿　B. 镜下血尿　C. 水肿
D. 高血压　E. 肾功能异常

556. 急性链球菌感染后肾小球肾炎血生化改变意义最大的是

A. 抗“O”明显升高　B. 血沉升高　C. 血 IgG 升高
D. 血白蛋白下降　E. 血 C3 明显下降

（557～559 题共用题干）男，30 岁。咽痛、咳嗽、发热，2 周后发现尿色红，眼睑水肿，尿量 1000ml/24h。体检：全身皮肤未见皮疹，血压 150/100mmHg。化验：尿蛋白（++），红细胞 50～60/HP，血白蛋白 32g/L，血肌酐 123μmol/L。

557. 上述临床表现最可能的诊断是
A. 急性链球菌感染后肾炎　B. 急性肾盂肾炎　C. 过敏性紫癜
D. 系统性红斑狼疮　E. 急性肾小管坏死

558. 该患者的治疗,错误的是
A. 控制血压　B. 消肿　C. 低盐饮食
D. 抗生素　E. 补充白蛋白

559. 按上述治疗 2 个月后,病情无好转,血肌酐 300μmol/L,对诊断最有价值的进一步检查是
A. 清洁中段尿培养　B. 肾穿刺活检　C. 肾脏 ECT
D. 肾脏 B 型超声　E. 静脉肾盂造影

560. 男性,16 岁。少尿、水肿 1 周,气促不能平卧伴咳粉红色泡沫样痰 1 天入院,既往体健。查体:T37.5℃,P120 次/分,R24 次/分,BP165/105mmHg,端坐呼吸,全身水肿明显,双肺底可闻及湿啰音,心律整,无杂音。化验血 Hb120g/L,尿蛋白(++),尿比重 1.025,尿沉渣镜检 RBC30~40/HP,颗粒管型 0~1/HP,Scr178μmol/L。该患者发生急性心力衰竭最可能的病因是
A. 急性肾小球肾炎　B. 急进性肾小球肾炎　C. 脂性肾病
D. 膜性肾病　E. 高血压病

561. 男性,17 岁。感冒 1 周后出现颜面及双下肢水肿。查体:血压 140/90mmHg,颜面及双下肢轻度水肿。尿常规:蛋白(++),红细胞(+)。Scr176μmol/L,补体 C3 轻度下降。诊断为急性肾小球肾炎。不宜使用的药物是
A. 利尿剂　B. 血管紧张素转换酶抑制剂　C. 血管紧张素Ⅱ受体阻滞剂
D. 糖皮质激素　E. 钙离子通道阻滞剂

562. 女,40 岁。乏力、纳差、尿少、浮肿 3 周。查体:BP160/100mmHg,贫血貌,双下肢水肿。实验室检查:外周血 Hb78g/L,尿蛋白(+++),尿沉渣 RBC5~8/HP,血肌酐 425μmol/L,抗肾小球基底膜抗体(-),血清 ANCA(+)。若行肾脏穿刺活组织病理检查,最可能的免疫病理所见是
A. IgG、C3 线样沉积于肾小球毛细血管壁　B. IgG、C3 线样沉积于系膜区及毛细血管壁
C. IgG、C3 颗粒状沉积于肾小球毛细血管壁　D. IgG、C3 颗粒状沉积于系膜区及毛细血管壁
E. 肾小球无免疫复合物沉积

563. 下列有关急进性肾小球肾炎的描述,正确的是
A. 病理改变特征为系膜细胞重度增生　B. Ⅰ型多伴血清抗中性粒细胞胞质抗体阳性
C. 光镜下改变是分型的主要依据　D. Ⅲ型多伴血清抗肾小球基底膜抗体阳性
E. Ⅱ型多伴循环免疫复合物阳性

564. 急进性肾炎临床最突出的表现是
A. 水肿　B. 高血压　C. 少尿或无尿
D. 肾病综合征　E. 心包摩擦音

565. 男,20 岁。感冒后 7 天出现颜面及双下肢水肿,尿少。查:血压 160/100mmHg,尿蛋白(++),尿沉渣:红细胞(++),Scr130μmol/L,2 周后少尿,BUN28mmol/L,Scr620μmol/L。最可能的诊断为
A. 急性肾小球肾炎　B. 急进性肾小球肾炎　C. 慢性肾炎
D. 肾病综合征　E. 高血压肾病

566. Goodpasture 综合征首选的治疗方法是
A. 糖皮质激素　B. 糖皮质激素+环磷酰胺+肾透析
C. 糖皮质激素+环磷酰胺　D. 糖皮质激素+环磷酰胺+血浆置换
E. 糖皮质激素+血浆置换

567. 男,45岁。发现血尿、蛋白尿8年。查体:BP150/90mmHg。实验室检查:尿蛋白定量1.2~1.8g/d,血肌酐110μmol/L。临床诊断是
A. 急性肾小球肾炎　B. 肾病综合征　C. 隐匿性肾小球肾炎
D. 高血压肾损害　E. 慢性肾小球肾炎

(568~570题共用题干)男性,30岁。间歇出现颜面部及下肢水肿已经5年,伴乏力,头痛。查血压180/110mmHg。Hb80g/L,尿蛋白(++),尿红细胞6~8个/HP。

568. 为明确诊断,对病人应该首选的检查项目是
A. 尿蛋白定量　B. 血电解质测定　C. 血BUN、Scr测定
D. 肾B超　E. 肾活检
569. 可能性最大的诊断是
A. 急性肾炎　B. 急进性肾炎　C. 高血压肾小动脉硬化
D. 慢性肾炎　E. 慢性肾盂肾炎
570. 不宜选用的治疗药物是
A. 糖皮质激素　B. 氢氯噻嗪　C. 阿司匹林
D. 卡托普利　E. 普萘洛尔

(571~572题共用题干)女性,36岁,1年来乏力、易疲倦、腰部不适,有时下肢浮肿,未检查。2个月来加重,伴纳差,血压增高为150/100mmHg,下肢轻度浮肿。尿蛋白(+),沉渣RBC5~10/HP,偶见颗粒管型。血化验Hb90g/L,血肌酐400μmol/L。

571. 最可能的诊断是
A. 慢性肾盂肾炎　B. 慢性肾小球肾炎　C. 肾病综合征
D. 狼疮性肾炎　E. 高血压肾损害
572. 进行降压治疗时,下列药物不宜选用的是
A. 贝那普利　B. 氯沙坦　C. 氢氯噻嗪
D. 氨氯地平　E. 维拉帕米

573. 慢性肾炎合并感染时慎用的抗生素是
A. 青霉素　B. 庆大霉素　C. 氨苄西林
D. 红霉素　E. 头孢哌酮
574. 慢性肾炎的治疗目的是
A. 消除尿红细胞　B. 消除管型尿　C. 消除轻微蛋白尿
D. 改善营养状况　E. 防止或延缓肾功能恶化
575. 男,25岁。反复咽痛伴腰酸、发作性单纯血尿2年余。查体:BP114/72mmHg,咽红,扁桃体Ⅱ度肿大,肾区无叩击痛,下肢无浮肿。尿常规:RBC20~40/HP,WBC0~2/HP,尿蛋白(-)。最可能的诊断是
A. 急性肾盂肾炎　B. 慢性肾盂肾炎　C. 慢性肾盂肾炎急性发作
D. 慢性肾炎　E. 隐匿型肾炎
576. 男性,50岁。因肾病综合征入院作肾活检,病理显示膜性肾病。治疗过程中突然出现双侧肾区疼痛,尿量减少,低热,蛋白尿显著增多伴肉眼血尿,下肢水肿加重,肾功能较前稍有减退。B超示双肾大小较前有所增大。此时最可能的原因是
A. 伴发肾石症　B. 原有膜性肾病加重　C. 伴发泌尿系肿瘤
D. 肾静脉血栓形成　E. 泌尿系结核病
577. 能引起肾病综合征的疾病是
A. 隐匿性肾炎　B. 间质性肾炎　C. 急性肾盂肾炎

D. 慢性肾盂肾炎　　E. 狼疮性肾炎

A. 脂性肾病　　B. 膜性肾病　　C. 膜增生性肾炎
D. 系膜增生性肾小球肾炎　　E. 糖尿病肾病

578. 儿童原发性肾病综合征最常见的病因是
579. 青少年原发性肾病综合征最常见的病因是
580. 中老年人原发性肾病综合征最常见的病因是
581. 老年人继发性肾病综合征最常见的病因是

582. 在原发性肾病综合征中,关于微小病变型肾病的特点,叙述不正确的是
A. 光镜下肾小球基本正常,可见近曲小管上皮细胞脂肪变性
B. 免疫荧光检查阴性　　C. 电镜下于系膜区可见电子致密物
D. 对激素治疗敏感　　E. 镜下血尿发生率低,一般不出现肉眼血尿

583. 原发性肾病综合征患者用糖皮质激素治疗 4 周后,尿蛋白转为阴性,水肿完全消退。下一步治疗应
A. 停用糖皮质激素
B. 糖皮质激素维持治疗 8 周后停药
C. 糖皮质激素维持治疗 10 周后停药
D. 立即开始减量,每 1~2 周减量 10%,至维持量治疗半年
E. 继续治疗 4 周后开始减量,每 2~3 周减量 10%,至维持量治疗半年

(584~586 题共用题干)男性,55 岁。间断水肿 1 年,加重半个月,伴气短、纳差 2 天入院。查体:BP150/90mmHg,心肺检查未见异常,腹软,肝脾肋下未触及,双下肢凹陷性水肿(++)。化验尿:蛋白(++++),尿糖(±),尿沉渣镜检 RBC0~2/HP。B 超示双肾静脉主干有血栓。

584. 最可能的诊断是
A. 糖尿病肾病　　B. 慢性肾炎急性发作　　C. 高血压肾损害
D. 肾病综合征　　E. 慢性肾盂肾炎

585. 肾穿刺检查,最可能的病理结果是
A. 系膜毛细血管性肾炎　　B. 结节性肾小球硬化　　C. 入球动脉玻璃样变性
D. 膜性肾病　　E. 脂性肾病

586. 最主要的治疗用药是
A. 利尿剂　　B. 糖皮质激素　　C. ACEI
D. ARB　　E. 胰岛素

A. 长春新碱　　B. 盐酸氮芥　　C. 环磷酰胺
D. 苯丁酸氮芥　　E. 硫唑嘌呤

587. 最常用于治疗肾病综合征的细胞毒药物是
588. 最早用于治疗肾病综合征的细胞毒药物是

A. 脂性肾病　　B. 系膜增生性肾炎　　C. 系膜毛细血管性肾炎
D. 膜性肾病　　E. 局灶节段性肾小球硬化

589. 应用糖皮质激素治疗效果最好的肾病综合征类型是
590. 最易发生急性肾损伤的肾病综合征类型是
591. 最易发生血栓并发症的肾病综合征类型是

A. 心力衰竭　　B. 肾性贫血　　C. 高血压脑病
D. 肾静脉血栓　　E. 肾周脓肿

592. 肾病综合征易出现的并发症是
593. 急性肾盂肾炎易出现的并发症是
594. 男性，35岁。因蛋白尿原因待查入院，24小时尿蛋白定量3.8g，血白蛋白30g/L。该患者最不常见的并发症是
A. 水、电解质紊乱　B. 肾静脉血栓形成　C. 急性肾衰竭
D. 呼吸道感染　E. 蛋白质代谢紊乱
595. 肾病综合征预防性抗凝治疗的指征是
A. 出现尿频、尿急、尿痛　B. 出现血尿时　C. 蛋白尿>5g/L
D. 血浆白蛋白<20g/L　E. 出现肾静脉栓塞
596. 我国肾小球源性血尿最常见的病因是
A. 急性肾小球肾炎　B. 慢性肾小球肾炎　C. 急性肾盂肾炎
D. IgA肾病　E. 系膜毛细血管性肾炎

（597~598题共用题干）男性，25岁。咽痛、发热1天后出现肉眼血尿，无尿频、尿痛、尿急。化验尿蛋白阴性，尿沉渣镜检RBC满视野/HP。

597. 该患者最可能的诊断是
A. 急性肾小球肾炎　B. 过敏性紫癜肾炎　C. IgA肾病
D. 急进性肾小球肾炎　E. 急性肾盂肾炎
598. 该患者肾活检最可能的类型是
A. 新月体性肾小球肾炎　B. 系膜增生性肾小球肾炎　C. 毛细血管内增生性肾炎
D. 毛细血管外增生性肾炎　E. 系膜毛细血管性肾炎
599. 肾结石患者发生尿路感染最常见的致病菌是
A. 大肠埃希菌　B. 变形杆菌　C. 金黄色葡萄球菌
D. 克雷伯杆菌　E. 肠球菌
600. 尿路感染最常见的感染途径是
A. 血液感染　B. 淋巴道感染　C. 下行感染
D. 上行感染　E. 直接感染
601. 鉴别肾盂肾炎和膀胱炎最有意义的是
A. 尿频、尿急、尿痛　B. 白细胞计数　C. 尿细菌培养阳性
D. 尿中白细胞管型　E. 血尿
602. 女，35岁。寒战、发热伴腰痛、尿频1天。查体：T39.2℃，左肾区叩击痛(+)。血WBC明显升高。尿常规RBC25~30/高倍视野，WBC50~60/高倍视野，尿蛋白(+)，亚硝酸盐(+)。最可能的诊断是
A. 急性肾盂肾炎　B. 肾乳头坏死　C. 急性肾小球肾炎
D. 急性间质性肾炎　E. 肾结核
603. 急性肾盂肾炎与无症状细菌尿的共同点是
A. 尿路刺激征　B. 寒战高热　C. 白细胞计数增高
D. 真性细菌尿　E. 血沉增快
604. 急性肾盂肾炎的好发人群是
A. 未婚女性　B. 育龄女性　C. 老年女性
D. 青年男性　E. 老年男性
605. 女，28岁。尿急、尿频、尿痛2天。查体：T36.5℃，双肾区无叩痛。尿沉渣镜检：RBC5~10/HP，WBC20~30/HP。最可能的诊断为

A. 急性肾盂肾炎　B. 急性膀胱炎　C. 急性间质性肾炎
D. 急性肾小球肾炎　E. 急进性肾小球肾炎

606. 女性,40 岁,5 天来高热,腰痛伴尿频、尿急、尿痛,曾口服环丙沙星两天不见好转。既往无类似发作史,1 个月前曾发现肾盂结石未积极治疗。查体:体温 39℃,右肾区有叩击痛,尿蛋白(+),WBC 20~30 个/HP,偶见白细胞管型,尿密度 1.025。最可能的诊断是
A. 非复杂性膀胱炎　B. 非复杂性急性肾盂肾炎　C. 复杂性膀胱炎
D. 复杂性急性肾盂肾炎　E. 慢性肾盂肾炎

607. 女,35 岁。尿频、尿痛伴肉眼血尿 1 天。既往体健。查体无异常。尿亚硝酸盐阳性,尿沉渣镜检红、白细胞满视野。抗生素疗程一般为
A. 14 天　B. 10 天　C. 7 天
D. 5 天　E. 3 天

608. 静脉肾盂造影,有诊断价值的疾病是
A. 急性肾小球肾炎　B. 急性肾盂肾炎　C. 慢性肾小球肾炎
D. 慢性肾盂肾炎　E. 肾病综合征

609. 慢性肾盂肾炎的易感因素有
A. 胸膜炎　B. 胃炎　C. 甲状腺功能亢进
D. 糖尿病　E. 药物性皮炎

610. 慢性肾盂肾炎早期肾功能减退的主要指标是
A. 血尿素氮升高　B. 血肌酐升高　C. 尿浓缩功能减退
D. 肌酐清除率下降　E. 肾小球滤过率降低

611. 女性,30 岁。腰痛、尿频、尿急,血压 160/100mmHg。尿蛋白(+),沉渣红细胞 8~10/HP,白细胞 15~20/HP。肾盂造影示右肾缩小,肾盏扩张。最可能的诊断是
A. 慢性肾炎　B. 慢性肾盂肾炎　C. 多囊肾
D. 肾结核　E. 肾盂积液

612. 下列患无症状细菌尿的病人中,不需要治疗的是
A. 学龄前儿童　B. 老年人　C. 妊娠妇女
D. 肾移植后　E. 尿路结石

613. 男,60 岁。因肝硬化一次排放腹腔积液 3000ml 而无尿,诊断应首先考虑为
A. 急性肝衰竭　B. 急性心衰　C. 肾前性肾衰竭
D. 肾后性肾衰竭　E. 肾性肾衰竭

614. 患者,女,56 岁。行盆腔手术后 12 天,尿少,尿量<10ml/h,血肌酐 326μmol/L。尿量减少的可能原因是
A. 急进性肾小球肾炎　B. 肾前性肾损伤　C. 肾后性肾损伤
D. 肾间质性肾炎　E. 急性肾小球肾炎

615. 急性肾性肾衰竭的最常见原因是
A. 急性肾炎　B. 急性间质性肾炎　C. 急进性肾炎
D. 急性肾小管坏死　E. 肾动脉栓塞

A. 5mmol/L　B. 10mmol/L　C. 12mmol/L
D. 15mmol/L　E. 20mmol/L

616. 急性肾损伤合并代谢性酸中毒补碱指征为血浆 HCO_3^-<

617. 肠瘘患者合并代谢性酸中毒补碱指征为血浆 HCO_3^-<

618. 糖尿病酮症酸中毒补碱指征为血浆 HCO_3^-<

(619~620 题共用题干)男性患者,40 岁。因恶心 2 个月,乏力 1 个月来诊。血压 160/100mmHg,皮肤粗糙有抓痕。外周血 Hb75g/L。尿常规:蛋白(+),RBC4~5/HP,WBC0~1/HP。

619. 该患者最可能的诊断是
A. 慢性肾盂肾炎　B. 营养不良性贫血　C. 急性肾炎
D. 高血压肾损害　E. 慢性肾功能不全

620. 该患者首先应做的检查是
A. 补体 C3 测定　B. 血浆 BUN、Scr 测定　C. 24 小时尿蛋白定量
D. 血清铁及叶酸测定　E. 静脉肾盂造影

621. 急性肾小管坏死维持期出现的实验室检查异常是
A. 肾衰指数<1　B. 血红蛋白中度以上降低　C. 血钾浓度降低
D. 尿钠浓度降低　E. 血尿素氮与肌酐的比值减小

622. 肾前性肾衰竭尿沉渣镜检常见的管型是
A. 红细胞管型　B. 白细胞管型　C. 棕色颗粒管型
D. 透明管型　E. 蜡样管型

(623~625 题共用题干)男性,55 岁,患慢性肾炎 10 余年,经中西医结合治疗病情稳定,但近 1 年来逐渐加重,食欲下降,贫血,化验血肌酐已进入肾功能衰竭期。

623. 该患者血肌酐的水平是
A. 133~177μmol/L　B. 186~442μmol/L　C. 278~451μmol/L
D. 451~707μmol/L　E. ≥707μmol/L

624. 相当于国际公认的 CKD 分期的
A. 1 期　B. 2 期　C. 3 期
D. 4 期　E. 5 期

625. 估计该患者肾小球滤过率为
A. <15ml/min　B. 15~29ml/min　C. 30~59ml/min
D. 60~89ml/min　E. ≥90ml/min

626. 典型慢性肾功能不全时的水电解质紊乱是
A. 代谢性酸中毒、低血钙、高血磷、高血钾　B. 代谢性酸中毒、低血钙、低血磷、高血钾
C. 代谢性酸中毒、低血钙、低血磷、高血钠　D. 代谢性酸中毒、低血钙、低血磷、低血钠
E. 代谢性碱中毒、低血钙、高血磷、高血钾

627. 尿毒症患者最常见的死亡原因是
A. 高钾血症　B. 代谢性酸中毒　C. 心力衰竭
D. 尿毒症性心肌病　E. 脑出血

628. 患者,男,35 岁。反复水肿伴血压高 5 年,近半年来夜尿增多,有时牙龈出血,口渴,气促,面色逐渐苍白,曾化验血红蛋白为 65g/L,1 天前稀便多次后逐渐神志不清。2 年前曾患急性甲型肝炎已愈。为明确昏迷原因,除全面查体外,首选的检查是
A. 肝功能　B. 血肌酐　C. 血糖
D. 骨髓穿刺　E. 血氨

629. 女,56 岁。间断水肿 8 年,加重伴头痛,恶心、呕吐 10 天。查体:T36.5℃,P110 次/分,BP170/100mmHg,贫血貌,双中下肺可闻及湿啰音,双下肢中度凹陷性水肿。尿常规:蛋白(+++)。尿沉渣镜检:RBC 10~15/HP。血红蛋白 68g/L,血肌酐 892μmol/L,钾 6.2mmol/L,二氧化碳结合力 10mmol/L。该患者最重要的治疗为

A. 降压　　B. 血液透析　　C. 碳酸氢钠
D. 利尿　　E. 输血

(630~632 题共用题干)男性,45 岁。间断双下肢水肿伴蛋白尿 10 年,乏力、纳差、恶心 1 周,刷牙时牙龈出血伴皮肤碰后发青 3 天入院。入院时测血压 150/90mmHg,化验血 Hb80g/L,WBC 6.4×10^9/L,Plt192×10^9/L。尿蛋白(++),尿比重 1.010,尿糖(±),偶见颗粒管型。Scr707μmol/L。

630. 该患者血肌酐升高的最可能病因是
A. 慢性肾小球肾炎　　B. 肾病综合征　　C. 高血压病肾损害
D. 糖尿病肾病　　E. 慢性肾盂肾炎

631. 该患者贫血最可能的原因是
A. 失血因素　　B. 慢性溶血　　C. 促红细胞生成素减少
D. 营养性造血原料不足　　E. 原位溶血

632. 该患者出血倾向最可能的原因是
A. 血管脆性增加　　B. 血小板功能减低　　C. 凝血因子缺乏
D. 纤溶亢进　　E. 血小板数量减少

(633~635 题共用题干)男性,45 岁。间断全身轻度水肿 5 年,加重伴视物模糊 1 天入院。测血压 180/135mmHg,化验尿蛋白(++),尿沉渣镜检 RBC8~10 个/HP,24 小时尿蛋白定量 1.3g,Scr337μmol/L。

633. 该患者首选的治疗措施是
A. 血液透析　　B. 低蛋白饮食　　C. 限制钠盐摄入
D. 降压药物治疗　　E. 利尿治疗

634. 该患者目前不适宜选用的治疗药物是
A. 卡托普利　　B. 硝苯地平　　C. 氢氯噻嗪
D. 维拉帕米　　E. 硝普钠

635. 病情稳定后,为明确诊断,最重要的检查是
A. 眼底检查　　B. 肾动态显像　　C. 肾穿刺活检
D. 双肾 B 型超声　　E. 头颅 CT

第 5 章　血液系统疾病

A. 再生障碍性贫血　　B. 慢性失血所致的贫血　　C. 叶酸缺乏所致贫血
D. 维生素 B_{12} 缺乏所致贫血　　E. 骨髓增生异常综合征

636. 属于小细胞低色素性贫血的是
637. 属于正常细胞性贫血的是

638. 一孕妇,26 岁。妊娠 7 个月,贫血,头昏,乏力,纳差,Hb45g/L,RBC2.5×10^{12}/L。血常规提示:小细胞低色素性贫血。其贫血属于
A. 再生障碍性贫血　　B. 缺铁性贫血　　C. 稀释性贫血
D. 巨幼细胞贫血　　E. 自身免疫性溶血性贫血

639. 确诊贫血的可靠检查方法是
A. 血常规　　B. 骨髓穿刺　　C. 骨髓活检
D. 网织红细胞计数　　E. 细胞形态学检查

640. 适合行脾切除治疗的贫血是
A. 遗传性球形细胞增多症　B. 巨幼细胞贫血　C. 缺铁性贫血
D. 肾性贫血　E. 再生障碍性贫血

641. 关于体内铁代谢的叙述，错误的是
A. 乳铁蛋白属于功能铁　B. 铁蛋白属于贮存铁　C. 肠黏膜主要吸收亚铁离子
D. 铁主要经尿液排出　E. 铁在十二指肠及空肠上段被吸收

A. 缺铁性贫血　B. 溶血性贫血　C. 巨幼细胞贫血
D. 再生障碍性贫血　E. 骨髓增生异常综合征

642. 外科手术切除空肠可导致
643. 外科手术切除回肠可导致
A. 巨幼细胞贫血　B. 急性红血病　C. 骨髓增生异常综合征
D. 缺铁性贫血　E. 再生障碍性贫血

644. 骨髓有核红细胞出现“核老浆幼”现象的是
645. 骨髓有核红细胞出现“核幼浆老”现象的是

646. 缺铁性贫血患者最可能出现的体征是
A. 肝脾大　B. 淋巴结肿大　C. 舌乳头肥大
D. 匙状甲　E. 胸骨压痛

647. 缺铁性贫血患者组织缺铁的临床表现不包括
A. 异食癖　B. 口角炎、舌炎　C. 匙状甲
D. 心悸、气短　E. 毛发干枯、脱落

648. 下列哪一项不符合缺铁性贫血？
A. 血清铁蛋白减低　B. 血清铁减低　C. 总铁结合力减低
D. 运铁蛋白饱和度减低　E. 骨髓有核红细胞内铁减低

(649~651 题共用题干)男性，45 岁。逐渐乏力、心慌 2 个月来诊，病后偶有上腹部不适，进食正常，体重略有下降，大小便正常，既往体健。查体：贫血貌，皮肤未见出血点，浅表淋巴结不大，巩膜无黄染，心肺腹检查未见明显异常。化验 Hb78g/L，MCV75fl，MCHC29%，WBC7.2×10^9/L，分类见中性粒细胞 70%，淋巴细胞 30%，Plt260×10^9/L。粪便隐血阳性。

649. 该患者最可能的诊断是
A. 肾性贫血　B. 铁粒幼细胞性贫血　C. 慢性病性贫血
D. 缺铁性贫血　E. 再生障碍性贫血

650. 为明确诊断，下列哪项检查价值最小？
A. 尿常规　B. 血清铁和铁蛋白测定　C. 消化道内镜
D. 骨髓细胞学　E. 外周血涂片

651. 下列符合该患者铁代谢异常的结果是
A. 骨髓细胞内铁减低、外铁增高　B. 骨髓细胞内、外铁均增高
C. 骨髓细胞内铁增高、外铁减低　D. 骨髓细胞内、外铁均减低
E. 骨髓细胞内铁、外铁不确定

(652~654 题共用题干)男，50 岁。头晕、乏力、心悸 2 个月。查体：贫血貌，皮肤干燥，指甲脆裂，浅表淋巴结未触及，肝脾不大。实验室检查：血红蛋白 70g/L，网织红细胞 0.005，血片示小细胞低色素性贫血改变。血清铁 6.2μmol/L，总铁结合力 92μmol/L，粪便检查钩虫卵(+)。

652. 该病病因治疗最主要的措施应该是
A. 驱钩虫　B. 口服铁剂　C. 注射铁剂
D. 口服维生素 C　E. 进食含铁量高的饮食

653. 该患者采用铁剂治疗，显示疗效最早的指标是
A. 血红蛋白升高　B. 网织红细胞增高　C. 红细胞计数升高
D. 红细胞平均体积增大　E. 血清铁上升

654. 本病铁剂治疗的最终目的是
A. 血常规恢复正常　B. 红细胞形态恢复正常　C. 血清铁恢复正常
D. 总铁结合力恢复正常　E. 补足贮存铁

655. 女，22 岁。面色苍白 1 年余。既往月经量多 2 年。血常规：Hb75g/L，WBC6.7×10^9/L，Plt220×10^9/L。骨髓细胞学检查：增生活跃，红系增生为主，中、晚幼红比值增高，成熟红细胞大小不均，以小细胞为主，中心淡染区扩大。首选的治疗是
A. 口服铁剂　B. 输注红细胞　C. 口服雄性激素
D. 口服泼尼松　E. 补充维生素 B_{12}、叶酸

656. 应用铁剂治疗缺铁性贫血的停药指征为
A. 血红蛋白恢复正常　B. 血清铁恢复正常　C. 骨髓铁恢复正常
D. 铁蛋白恢复正常　E. 网织红细胞计数恢复正常

657. 维生素 B_{12}缺乏的最常见原因是
A. 摄入不足　B. 需要量增加　C. 吸收障碍
D. 利用障碍　E. 排出增加

658. 叶酸或维生素 B_{12}缺乏引起巨幼细胞贫血的发病机制主要是
A. DNA 合成障碍　B. RNA 合成障碍　C. 蛋白质合成障碍
D. 血红蛋白合成障碍　E. 胞质发育障碍

659. 女，25 岁，妊娠 35 周。头晕、乏力、心悸 2 个月。既往体健。血常规：Hb80g/L，MCV108fl，MCH35pg，MCHC33%，WBC3.6×10^9/L，Plt95×10^9/L，网织红细胞 0.02。为明确诊断，首先应进行的检查是
A. 尿 Rous 试验　B. 粪隐血试验　C. 血清铁、铁蛋白测定
D. Coombs 试验　E. 血清叶酸、维生素 B_{12}测定

660. 有关再生障碍性贫血发病机制的检查结果，错误的是
A. 血清 IL-2 水平增高　B. 血清 TNF 水平增高　C. $CD4^+$T 细胞比例增高
D. $CD8^+$T 细胞比例增高　E. $CD25^+$T 细胞比例增高

661. 非重型再生障碍性贫血患者最常见的感染部位是
A. 皮肤软组织　B. 泌尿系统　C. 肠道
D. 上呼吸道　E. 血液

662. 女，20 岁。头晕、乏力 3 个月，加重 1 周。近期月经量多。查体：四肢皮肤散在出血点，浅表淋巴结不大，胸骨压痛(-)，肝脾未触及。血常规：血红蛋白 50g/L，白细胞 1.5×10^9/L，中性粒细胞 0.20，淋巴细胞 0.80，网织红细胞 0.001，血小板 11×10^9/L。最可能的诊断是
A. 急性白血病　B. 骨髓增生异常综合征　C. 再生障碍性贫血
D. 巨幼细胞贫血　E. 自身免疫性溶血性贫血

（663～665 题共用题干）患者，女，28 岁。3 个月来乏力，1 周来发热伴皮肤紫癜和口腔颊黏膜血疱，浅表淋巴结及肝脾均不大，胸骨无压痛。化验：Hb65g/L，RBC2.2×10^{12}/L，Ret 0.2%，WBC 2.4×10^9/L，分类：N24%，L70%，M6%，Plt10×10^9/L。胸部 X 线片检查示右下肺炎症。

663. 对该患者最可能的血液病学诊断是
A. 骨髓增生异常综合征　B. 再生障碍性贫血　C. 急性淋巴细胞白血病
D. 巨幼细胞贫血　E. 缺铁性贫血

664. 为确定诊断，首选的检查是
A. 血清铁和铁蛋白　B. 血清叶酸和维生素 B_{12}　C. 骨髓穿刺
D. 骨髓活检　E. 骨髓涂片铁染色

665. 根据病史，该患者最急需的治疗是
A. 抗生素治疗　B. 补充叶酸和维生素 B_{12}　C. 雄激素治疗
D. 血小板成分输注　E. EPO 治疗

666. 属于红细胞外部因素异常所致的溶血性贫血是
A. PNH　B. 遗传性球形红细胞增多症　C. 自身免疫性溶血性贫血
D. 异常血红蛋白病　E. 失血性贫血

667. 属于血管外溶血的疾病是
A. 血型不合的输血　B. PNH　C. G6PD 缺乏症
D. 镰状细胞贫血　E. 温抗体型自身免疫性溶血性贫血

668. 原位溶血的发生部位在
A. 肝　B. 脾　C. 骨髓
D. 血管　E. 单核-巨噬细胞系统

669. 血管外溶血的临床特点是
A. 多发生急性溶血　B. 血清游离胆红素不高　C. 常有血红蛋白尿
D. 常有含铁血黄素尿　E. 常有贫血、黄疸、肝脾肿大

670. 血型不合输血后，病人出现严重溶血反应，实验室检查的重要依据是
A. 含铁血黄素尿　B. 血尿　C. 血红蛋白尿
D. 网织红细胞增高　E. 尿胆原阳性

671. 输血引起的急性溶血的特异性表现是
A. 尿呈深黄色，尿胆原阳性　B. 尿呈酱油色，尿胆原阳性　C. 尿呈深黄色，尿胆原阴性
D. 尿呈酱油色，尿胆原阴性　E. 外周血网织红细胞计数增高并出现幼稚红细胞

672. 下列能直接提示红细胞破坏增多的检查是外周血
A. 网织红细胞增多　B. 见到晚幼红细胞　C. 见到晚幼粒细胞
D. 见到破碎红细胞　E. 靶形红细胞增多

673. 女性，23 岁。头晕、乏力、低热、腰痛、恶心 5 天来诊，有肝炎病史 1 年。查体：T37.5℃，浅表淋巴结不大，巩膜轻度黄染，脾肋下 3cm。化验尿色深，镜下未见红细胞，尿胆原(+)，尿胆红素(-)，血 TBil 44.2 μmol/L，DBil 5.2μmol/L。最可能的诊断是
A. 慢性肝炎急性发作　B. 胆囊炎　C. 急性胰腺炎
D. 溶血性贫血　E. 胆囊结石

674. 女，45 岁。茶色尿伴腰背痛 1 个月。查体：贫血貌，巩膜黄染，肝肋下未触及，脾肋下 2cm，腹部移动性浊音(-)。血常规：Hb72g/L，WBC6.0×10^9/L，Plt126×10^9/L，网织红细胞 0.12。Coombs 试验(+)，Ham 试验(-)。该患者最可能的诊断是
A. 自身免疫性溶血性贫血　B. 骨髓增生异常综合征　C. 巨幼细胞贫血
D. 脾功能亢进　E. 阵发性睡眠性血红蛋白尿

A. G6PD 缺乏症　B. PNH　C. 遗传性球形细胞增多症

D. 地中海贫血　　E. 温抗体型自身免疫性溶血性贫血

675. Ham 试验阳性提示

676. Coombs 试验阳性提示

677. 红细胞渗透性脆性试验阳性提示

678. 高铁血红蛋白还原试验阳性提示

(679~681 题共用题干)女性,37 岁,1 年前诊断为再生障碍性贫血,经治疗好转。2 个月来乏力、头晕加重,间有酱油色尿。外周血血红蛋白 60g/L,白细胞 $3.5\times10^9/L$,血小板 $60\times10^9/L$,网织红细胞 8.4%,骨髓增生活跃,细胞外铁阴性。

679. 为明确诊断,最有意义的检查是

A. Coombs 试验　　B. 酸溶血试验　　C. 高铁血红蛋白还原试验

D. 异丙醇试验　　E. 红细胞渗透性脆性试验

680. 患者若需输注红细胞,宜选用

A. 悬浮红细胞　　B. 洗涤红细胞　　C. 冰冻红细胞

D. 去白红细胞　　E. 辐照红细胞

681. 对该患者无效的治疗措施是

A. 输血　　B. 铁剂　　C. 雄激素

D. 糖皮质激素　　E. 脾切除

A. 骨髓病态造血　　B. 骨髓造血功能衰竭　　C. 免疫性破坏过多

D. 分布异常　　E. 释放障碍

682. 假性粒细胞减少是由于

683. 系统性红斑狼疮的白细胞减少是由于

684. 再生障碍性贫血的白细胞减少是由于

685. 男性,50 岁。1 年来面色苍白、乏力,1 个月来出现牙龈出血。化验 Hb68g/L,WBC$2.6\times10^9/L$,Plt$32\times10^9/L$。骨髓检查增生明显活跃,原始细胞 4%,可见到 Auer 小体,铁染色结果示细胞外铁(+++),环状铁粒幼细胞占 17%,诊断为骨髓增生异常综合征(MDS),根据 FAB 分型最可能的类型是

A. RA 型　　B. RAS 型　　C. RAEB 型

D. RAEB-t 型　　E. CMML 型

(686~688 题共用题干)患者,男,52 岁。3 个月来乏力,面色苍白。化验血 Hb62g/L,WBC $3.2\times10^9/L$,分类 N66%,L30%,M4%,Plt$68\times10^9/L$。骨髓增生明显活跃,原始粒细胞 4%,成熟粒细胞分叶过多,胞质内颗粒少,红系有巨幼样变,全片见巨核细胞 54 个,易见小巨核细胞。骨髓铁染色见环状铁粒幼细胞 11%,染色体检查见-7,诊断为 MDS。

686. 按照 FAB 分型,该例 MDS 最可能的类型是

A. RA　　B. RAS　　C. RAEB

D. CMML　　E. RAEB-t 型

687. 按 WHO 新的分型,该例 MDS 最可能的类型是

A. RA　　B. RAS　　C. RCMD

D. RAEB　　E. 5q-综合征

688. 下列治疗方法中,目前该例尚不宜选用的是

A. 司坦唑醇　　B. 联合化疗　　C. 全反式维 A 酸

D. 促红细胞生成素　　E. 异基因造血干细胞移植

689. 男,50 岁。面色苍白、乏力半年,牙龈出血 1 周。化验血常规:Hb72g/L,WBC2.8×10^9/L,Plt32×10^9/L。骨髓细胞学检查:增生明显活跃,原始细胞占 0.02,全片见巨核细胞 40 个,铁染色示细胞外铁(++),环形铁粒幼细胞占 0.01,诊断为骨髓增生异常综合征(MDS)。根据 WHO 分型标准,还需要进行检查的项目是

A. 骨髓细胞染色体　B. 骨髓活检　C. 骨髓细胞流式细胞术
D. 骨髓细胞融合基因　E. 骨髓干细胞培养

690. 按 FAB 分型,急性早幼粒细胞白血病的类别是

A. M_1　B. M_2　C. M_3
D. M_4　E. M_5

691. 不属于白血病细胞浸润表现的是

A. 皮肤瘀斑　B. 淋巴结肿大　C. 牙龈增生
D. 关节痛　E. 绿色瘤

692. 急性白血病出血的主要原因是

A. DIC　B. 血小板数量减少　C. 血小板功能减退
D. 凝血因子减少　E. 血管被瘤细胞浸润破坏

693. 急性白血病最常见的髓外浸润部位是

A. 肝脾　B. 淋巴结　C. 中枢神经系统
D. 睾丸　E. 皮下

694. 急性白血病并发感染最多见于

A. 口腔感染　B. 腹腔感染　C. 颅内感染
D. 呼吸道感染　E. 泌尿系统感染

695. 急性白血病并发感染最常见的致病菌是

A. 革兰阳性杆菌　B. 革兰阴性杆菌　C. 革兰阳性球菌
D. 革兰阴性球菌　E. 厌氧菌

696. 急性白血病死亡的主要原因是

A. 感染　B. 颅内出血　C. DIC
D. 咯血　E. 白细胞淤滞症

697. 女,28 岁。发热、皮肤出血点 2 周。查体:贫血貌,四肢皮肤散在出血点,胸骨压痛(+),左肺可闻及少许湿啰音,腹软,脾肋下 1cm。血常规:Hb71g/L,WBC3.0×10^9/L,Plt6×10^9/L。骨髓细胞学检查见原始细胞占 0.90,细胞化学染色:MPO(-),PAS(+),骨髓染色体检查为正常核型。应首选的治疗是

A. 环孢素口服　B. VDLP 方案化疗　C. 全反式维 A 酸口服
D. DA 方案化疗　E. 甲磺酸伊马替尼口服

698. 男性,17 岁。发热、皮肤紫癜、齿龈肿胀 1 个月,皮肤散在紫癜,浅表淋巴结、肝脾肿大,白细胞 4.2×10^9/L,分类可见原始细胞,非特异性酯酶染色强阳性,能被 NaF 抑制,髓过氧化物酶染色弱阳性。最可能的诊断是

A. 急性单核细胞白血病　B. 急性粒细胞白血病　C. 急性淋巴细胞白血病
D. 类白血病反应　E. 淋巴瘤

699. 女性,18 岁。发热伴鼻出血 5 日。查体全身淋巴结肿大,皮肤散在出血斑,肝肋下 2cm,脾肋下 3cm,血红蛋白 80g/L,白细胞 12×10^9/L,血小板 40×10^9/L,骨髓增生活跃,原始细胞占 0.80,髓过氧化物酶染色阴性,非特异性酯酶染色阴性。首选的治疗方案为

A. HA　B. DA　C. VP
D. CHOP　E. MOPP

(700~702 题共用题干)男性,35 岁。牙龈出血、皮肤瘀斑及间断鼻出血 10 天入院。既往体健。化验血常规:Hb64g/L,WBC10.5×10^9/L,Plt26×10^9/L。骨髓增生明显活跃,可见胞质中有较多颗粒及 POX 染色强阳性的细胞,部分可见成堆 Auer 小体,计数此种细胞占 65%。

700. 该患者最可能的诊断是
A. 急性淋巴细胞白血病　B. 急性早幼粒细胞白血病　C. 急性单核细胞白血病
D. 急性巨核细胞白血病　E. 急性红白血病

701. 支持上述诊断的细胞免疫学表型是
A. CD10 阳性、CD19 阳性　B. CD13 阳性、HLA-DR 阳性　C. CD13 阳性、HLA-DR 阴性
D. CD41 阳性、CD61 阳性　E. CD34 阳性、HLA-DR 阳性

702. 该患者临床最容易出现的并发症是
A. 高尿酸性肾病　B. 弥散性血管内凝血　C. 严重感染
D. 中枢神经系统白血病　E. 睾丸白血病

(703~705 题共用题干)男性,23 岁。因乏力 10 天、牙龈出血伴皮肤瘀斑 4 天入院,既往体健。化验血 Hb76g/L,WBC 25×10^9/L,Plt29×10^9/L,骨髓增生明显活跃,原始细胞占 60%,MPO 染色(-),PAS 染色(+)成块,NSE 染色(-)。

703. 该患者的诊断是
A. 急性淋巴细胞白血病　B. 急性粒细胞白血病　C. 急性单核细胞白血病
D. 急性红白血病　E. 急性巨核细胞白血病

704. 提示该患者预后差的染色体异常是
A. t(8;21)　B. t(9;22)　C. t(15;17)
D. t(16;16)　E. t(12;21)

705. 该患者首选的治疗方案是
A. DA　B. COP　C. DVLP
D. ABVD　E. IA

706. 急性早幼粒细胞白血病的基因改变常常是
A. *AML1-ETO*　B. *PML-RARA*　C. *BCR-ABL*
D. *MLL/ENL*　E. *CBFB/MYH*$_{11}$

707. 对于急性白血病白细胞淤滞症患者的急救不宜采用
A. 白细胞单采　B. 化学治疗　C. 水化治疗
D. 输红细胞悬液　E. 预防高尿酸血症

708. 中性粒细胞碱性磷酸酶降低见于
A. 再生障碍性贫血　B. 急淋白血病　C. 急单白血病
D. 慢粒白血病　E. 类白血病反应

709. 下列白血病类型中,不会出现 Ph 染色体的是
A. 慢性粒细胞白血病　B. 慢性淋巴细胞白血病　C. 急性粒细胞白血病
D. 儿童急性淋巴细胞白血病　E. 成人急性淋巴细胞白血病

710. 慢性粒细胞白血病的临床特点不包括
A. 约 90%出现 Ph 染色体　B. 肝肿大　C. 骨髓内大量原始粒细胞
D. 脾明显肿大　E. 周围血白细胞数量明显增高

A. 急性巨核细胞白血病　B. 急性早幼粒细胞白血病　C. 急性淋巴细胞白血病
D. 慢性粒细胞白血病　E. 急性单核细胞白血病

711. t(9;22)常见于
712. t(15;17)常见于

713. 经典霍奇金淋巴瘤最常见的病理类型是
A. 结节硬化型　B. 富于淋巴细胞型　C. 混合细胞型
D. 淋巴细胞消减型　E. 结节性淋巴细胞为主型

714. 淋巴瘤最有诊断意义的临床表现
A. 肝脾肿大　B. 周期性发热　C. 盗汗、体重减轻
D. 无痛性淋巴结肿大　E. 局限性淋巴结肿大并有粘连

715. 男,59 岁。反复发热半个月。查体:T38.5℃,双侧颈部和腹股沟淋巴结肿大,最大者 2cm×2cm,无压痛,肝脾不大。CT 示右侧胸腔中等量积液,穿刺后胸腔积液细胞学检查见大量淋巴瘤细胞。根据目前资料,该患者的临床分期是
A. Ⅳ期 A　B. Ⅳ期 B　C. Ⅲ期 A
D. Ⅲ期 B　E. Ⅱ期 B

(716~718 题共用题干)男,20 岁。发热、淋巴结肿大 2 个月。体温 38~39℃,体重减轻 10kg。既往体健。查体:T39℃,P104 次/分,R20 次/分,BP100/70mmHg。两侧颈部及两侧腹股沟淋巴结肿大,双肺听诊未见异常,腹软,肝脾肋下未触及。辅助检查:胸部 X 线示纵隔增宽。血常规:Hb110g/L,WBC11.5×10^9/L,Plt100×10^9/L。左颈部淋巴结病理检查:正常结构破坏,并发现 Reed-Sternberg(里-斯)细胞。

716. 该患者最可能的诊断为
A. 间变性大细胞淋巴瘤　B. 边缘区淋巴瘤　C. 套细胞淋巴瘤
D. 霍奇金淋巴瘤　E. 滤泡淋巴瘤

717. 该患者临床分期为
A. ⅠA 期　B. ⅡA 期　C. ⅡB 期
D. ⅢA 期　E. ⅢB 期

718. 首选的治疗方案是
A. CHOP　B. VDLP　C. ABVD
D. MOPP　E. DA

719. 来源于 B 细胞的淋巴瘤类型是
A. 滤泡性淋巴瘤　B. 间变性大细胞淋巴瘤　C. 蕈样霉菌病
D. Sezary 综合征　E. 扭曲性淋巴细胞淋巴瘤

720. 应用染色体易位检测技术辅助 NHL 分型,下列选项中错误的是
A. 检出 t(14;18)提示滤泡性淋巴瘤　B. 检出 t(8;14)提示 Burkitt 淋巴瘤
C. 检出 t(11;14)提示套细胞淋巴瘤　D. 检出 t(2;5)提示间变大细胞淋巴瘤
E. 检出 t(11;4)提示弥漫性大 B 细胞淋巴瘤

721. 非霍奇金淋巴瘤最常见的临床类型是
A. 弥漫性大 B 细胞淋巴瘤　B. 间变性大细胞淋巴瘤　C. 套细胞淋巴瘤
D. Burkitt 淋巴瘤　E. 滤泡性淋巴瘤

(722~724 题共用题干)男,46 岁。右颈部无痛性淋巴结肿大 4 个月,伴上腹疼痛,食欲不佳,发热、盗汗、体重减轻。行剖腹探查见末端回肠与腹膜有粘连,周围有多个肿大的淋巴结,病理检查为非霍奇金淋巴瘤,免疫染色 $CD20^+$、$CD22^+$、$CD5^-$,有 t(8;14)。

722. 临床分期属

A. ⅡB　B. ⅢA　C. ⅢB

D. ⅣA　E. ⅣB

723. 最可能的血液病学诊断是

A. 边缘区淋巴瘤　B. 滤泡性淋巴瘤　C. Burkitt 淋巴瘤

D. 蕈样肉芽肿　E. 套细胞淋巴瘤

724. 化疗方案首选

A. CHOP　B. COP　C. MOPP

D. EPOCH　E. ABVD

(725~726 题共用题干)女性,45 岁。两侧颈部淋巴结无痛性肿大 1 个月,无原因发热 3 天入院,既往体健。查体:T38.5℃,双颈部各触及 2 个肿大淋巴结,最大者为 2.5cm×1.5cm 大小,左腹股沟可触及 1 个1.5×1cm 大小淋巴结,均活动无压痛,巩膜无黄染,心肺检查未见异常,肝肋下 0.5cm,脾肋下 1cm。化验 Hb115g/L,WBC8.2×10^9/L,Plt149×10^9/L,颈部淋巴结活检病理见弥漫性小至中等大小细胞浸润,细胞免疫表型 CD5(+),CD20(+),有 t(11;14)。

725. 该患者的诊断是

A. 滤泡性淋巴瘤　B. 套细胞淋巴瘤　C. Burkitt 淋巴瘤

D. 脾边缘区细胞淋巴瘤　E. 间变性大细胞淋巴瘤

726. 该患者治疗的最佳方案是

A. CHOP　B. ABVD　C. MOPP

D. COP　E. CHOP+利妥昔单抗

727. 多发性骨髓瘤的临床表现不包括

A. 贫血　B. 高钙血症　C. 高黏滞综合征

D. 淀粉样变性　E. Plummer-Vinson 综合征

728. 男,60 岁。恶心、呕吐 1 周。查体:BP160/100mmHg,肋骨压痛。尿常规:蛋白(+)。尿沉渣镜检:RBC(-)。尿蛋白定量 3.2g/d。血肌酐 350μmol/L,血钙 3.3mmol/L,B 超示双肾增大。其最可能出现的血清学异常是

A. 抗中性粒细胞胞质抗体阳性　B. 抗肾小球基底膜抗体阳性

C. 抗核抗体阳性　D. 蛋白电泳示多种免疫球蛋白升高

E. 免疫固定电泳示单克隆免疫球蛋白

(729~731 题共用题干)患者,男,65 岁。腰痛 2 个月。查体:轻度贫血貌,巩膜皮肤无黄染,浅表淋巴结无肿大,胸骨无压痛,肝脾肋下未触及,第 2 腰椎局部压痛。血常规:Hb80g/L,WBC3.5×10^9/L,N0.60,L0.40,Plt140×10^9/L。ESR105mm/h。尿蛋白(+++)。血生化:A/G=28/78,BUN 10.8 mmol/L,Scr255μmol/L,电解质正常,肝炎免疫标记物阴性。腰椎正侧位片示 L_2 压缩性骨折。

729. 该患者最可能的诊断为

A. 腰椎转移癌　B. 腰椎原发癌　C. 腰椎结核

D. 多发性骨髓瘤　E. 慢性肾小球肾炎

730. 为明确诊断,首选的检查是

A. 肾穿刺活组织检查　B. CT 引导腰椎穿刺活检　C. 腰椎 CT

D. 全身 ECT　E. 骨髓穿刺+血、尿蛋白鉴定

731. 该患者的治疗方案为

A. 化学治疗　B. 放射治疗　C. 手术治疗

D. 单克隆抗体治疗　　E. 干细胞移植

732. 血小板破坏过多导致的血小板减少性疾病是
A. ITP　　B. DIC　　C. 再生障碍性贫血
D. 白血病　　E. 脾功能亢进

733. 下列凝血因子中，如缺陷不会引起APTT延长的是
A. 纤维蛋白原　　B. 凝血酶原　　C. 凝血因子Ⅶ
D. 凝血因子Ⅹ　　E. 凝血因子Ⅺ

734. 男性，18岁。因头痛针刺合谷穴后，次日局部形成血肿。半年前曾因右膝关节轻度外伤而出血。该患者出血最可能的机制是
A. 血管壁功能异常　　B. 凝血功能异常　　C. 血小板数量减少
D. 血小板功能缺陷　　E. 纤维蛋白溶解异常

735. 下列哪项在严重的特发性血小板减少性紫癜患者中最常见到？
A. BT 延长　　B. CT 延长　　C. 束臂试验阴性
D. 血小板功能正常　　E. 骨髓巨核细胞数量减少

736. 下列属于抗纤溶药物的是
A. 氨基己酸　　B. 曲克芦丁　　C. 维生素 K
D. 垂体后叶素　　E. 去氨加压素

737. 过敏性紫癜最常见的临床类型是
A. 单纯型　　B. 腹型　　C. 关节型
D. 肾型　　E. 混合型

738. 女，16岁。发热、皮肤紫癜5天，伴腹痛、便血、关节肿痛。查体：血压110/70mmHg，四肢及臀部皮肤呈对称分布红色斑丘疹。实验室检查：尿红细胞(+++)，蛋白(++)，可见管型。血小板计数及出凝血时间均正常。首先应考虑
A. 急性肾小球肾炎　　B. 风湿热　　C. 过敏性紫癜
D. 血友病　　E. 系统性红斑狼疮

(739~742 题共用题干)患者，女，12岁。阵发性腹痛伴黑便2天。双下肢散在出血点，双膝关节肿胀，腹软，右下腹压痛。外周血 Hb110g/L，WBC12.8×10^9/L，Plt200×10^9/L。尿常规：蛋白质(+)，红细胞3~5/HP，颗粒管型0~3/HP。

739. 该患者最可能的诊断是
A. 急性阑尾炎　　B. 肠套叠　　C. 急性肾小球肾炎
D. 过敏性紫癜　　E. 特发性血小板减少性紫癜

740. 常见病因不包括
A. 细菌感染　　B. 病毒感染　　C. 蛋白质类食物
D. 花粉　　E. 放射性物质

741. 首选治疗药物是
A. 头孢类抗生素　　B. 维生素 C　　C. 糖皮质激素
D. 法莫替丁　　E. 氯苯那敏

742. 若上述治疗无效，可酌情使用
A. 环磷酰胺　　B. 山莨菪碱　　C. 输血
D. 奥美拉唑　　E. 卡托普利

743. 特发性血小板减少性紫癜较少出现

A. 肌肉血肿　　B. 鼻出血　　C. 月经过多
D. 口腔黏膜出血　　E. 皮肤瘀点

744. 女,40 岁。皮肤出血点伴月经量增多 1 周。血常规:Hb100g/L,WBC4.0×10^9/L,Plt23×10^9/L。骨髓细胞学检查:巨核细胞增多伴成熟障碍。首选的治疗措施是
A. 输注浓缩血小板　　B. 脾切除　　C. 应用雄激素
D. 应用糖皮质激素　　E. 应用长春新碱

(745~747 题共用题干)患者,女,30 岁。8 个月来月经量增多,1 周来皮肤瘀斑伴牙龈出血,不挑食,无光过敏和口腔溃疡。查体:脾侧位肋下刚触及。化验血 Hb85g/L,RBC4.0×10^{12}/L,WBC5.1×10^9/L,Plt25×10^9/L,尿常规(-)。骨髓检查:粒红比例正常,全片见巨核细胞 138 个,其中产板型 4 个。

745. 最可能的诊断是
A. 再生障碍性贫血　　B. ITP　　C. 脾功能亢进
D. MDS　　E. 过敏性紫癜

746. 最有助于诊断的进一步检查是
A. 血小板抗体　　B. 腹部 B 超　　C. 腹部 CT
D. 骨髓干细胞培养　　E. 骨髓活检

747. 若化验血清铁(SI)、铁蛋白(SF)和总铁结合力(TIBC),该患者的检查结果可能是
A. SI↓,SF↓,TIBC↓　　B. SI↓,SF↓,TIBC↑　　C. SI↑,SF↑,TIBC↑
D. SI↑,SF↑,TIBC↓　　E. SI↑,SF↓,TIBC↑

(748~750 题共用题干)女性,25 岁。无明显诱因月经量增多 2 个月,出现牙龈出血 2 天入院,既往体健。查体:胸腹部及四肢皮肤散在出血点和少量瘀斑,浅表淋巴结不大,牙龈少量渗血,心肺腹检查未见明显异常。化验血:Hb100g/L,RBC3.3×10^{12}/L,WBC8.2×10^9/L,Plt9×10^9/L,网织红细胞 1%。

748. 为警惕颅内出血的危险,查体中还应特别注意检查的是
A. 关节肿胀　　B. 关节血肿　　C. 鼻出血
D. 口腔血疱　　E. 严重内脏出血

749. 为确定诊断,首选的检查是
A. 白细胞分类　　B. 骨髓检查　　C. 抗人球蛋白试验
D. 凝血功能　　E. 腹部 B 超检查

750. 该患者的急救措施为
A. 输注红细胞悬浮液　　B. 输注血小板悬液　　C. 静滴糖皮质激素
D. 静注丙种球蛋白　　E. 静注长春新碱

751. 鉴别严重肝病出血与 DIC 出血最有价值的实验室检查项目是
A. 凝血酶原时间　　B. AT-Ⅲ含量及活性　　C. 血浆 FⅧ:C 活性
D. 纤溶酶原　　E. 纤维蛋白原

(752~754 题共用题干)患者,男,68 岁。咳嗽伴发热 1 周。表情淡漠,气急,近 2 天全身散在出血点及瘀斑,血压 60/40mmHg,浅表淋巴结未触及肿大。外周血 Hb120g/L,WBC12×10^9/L,Plt30×10^9/L。血涂片可见少量红细胞碎片。凝血酶原时间 18s(对照 13s)。骨髓穿刺示增生活跃,巨核细胞多。

752. 该患者可能的诊断是
A. 再生障碍性贫血　　B. 急性白血病　　C. 过敏性紫癜
D. 弥散性血管内凝血　　E. 特发性血小板紫癜

753. 为明确诊断,还须做的检查是

A. 血小板功能测定　　B. 骨髓活检　　C. 骨髓液细胞化学染色
D. 血细菌培养　　E. 3P试验

754. 目前最合适的治疗药物是
A. 糖皮质激素　　B. TPO　　C. 环磷酰胺
D. 肝素　　E. 氨基己酸

755. 普通冰冻血浆与新鲜冰冻血浆相比,含量明显降低的凝血因子是
A. FⅤ和FⅦ　　B. FⅤ和FⅧ　　C. FⅡ和FⅧ
D. FⅡ和FⅩ　　E. FⅦ和FⅧ

756. 男,12岁。患再生障碍性贫血半年,因重度贫血,需要反复输血。应输注的血液成分是
A. 洗涤红细胞　　B. 去除白细胞的红细胞　　C. 悬浮红细胞
D. 浓缩红细胞　　E. 冰冻红细胞

757. 男性,35岁。因慢性再生障碍性贫血2年,头晕、乏力、心悸2天入院。入院时检查:贫血外貌,Hb50g/L,患者既往有多次输血史,1个月前在输血过程中曾出现发热反应,体温达39.5℃,经对症处理缓解。此次给予输血治疗,首选的血液制品是
A. 全血　　B. 洗涤红细胞　　C. 浓缩红细胞
D. 红细胞悬液　　E. 少白细胞的红细胞

758. 女性,55岁。因子宫癌入院准备进行全子宫切除。患者曾有输血并出现变态反应的病史。Hb100g/L,血小板100×10^9/L。现准备术中用血,最好是选用
A. 新鲜全血　　B. 浓缩红细胞　　C. 红细胞悬液
D. 洗涤红细胞　　E. 红细胞悬液和血浆

759. 女,28岁,妊娠38周。B超示胎儿脐带绕颈2周,拟行剖宫产术。4年前曾因外伤住院,接受输血后出现严重过敏反应。孕妇一般状况良好,心、肝、肾功能正常。化验Hb100g/L。术前拟申请备血400ml,应选择的血液成分是
A. 冷沉淀　　B. 洗涤红细胞　　C. 新鲜冰冻血浆
D. 悬浮红细胞　　E. 浓缩血小板

760. 一产妇分娩时产道出血400ml,血压100/65mmHg,Hb110g/L,因平时身体虚弱,其家属要求输血以补充营养和加快恢复体力。此时正确的处理是
A. 输注全血2单位　　B. 输注红细胞悬液2单位　　C. 输注新鲜冰冻血浆400ml
D. 输注血白蛋白　　E. 加强饮食营养,但不输注任何血液制品

761. 输血的适应证不包括
A. 贫血　　B. 出血　　C. 重症感染
D. 凝血障碍　　E. 脱水及代谢性酸中毒

762. 一位术后贫血合并心功能不全的老年患者,宜输入的血液制品是
A. 浓缩红细胞　　B. 洗涤红细胞　　C. 冰冻红细胞
D. 少白细胞的红细胞　　E. 库存全血

763. 男,57岁。患原发性肝癌拟行肝癌切除术。术前血常规:Hb70g/L,WBC3.0×10^9/L,Plt150×10^9/L。为纠正贫血,术前给其输注红细胞。在输注约50ml时,患者出现寒战、发热、腰痛、头痛及心前区不适,面色潮红,呼吸困难和焦虑不安。查体:BP85/50mmHg。患者发生的输血不良反应最可能为
A. 循环超负荷　　B. 非溶血性发热反应　　C. 肺微血管栓塞
D. 急性溶血性输血反应　　E. 输血相关移植物抗宿主病

764. 患者误输异型血后无尿2天,无休克,此时最有效的治疗是

A. 输注甘露醇　　B. 血液透析　　C. 注射地塞米松
D. 静注大量呋塞米　　E. 碱化尿液

765. 男,38 岁。因胃癌行胃大部切除术,术中估计失血 1200ml,术后患者感胸闷、心悸。血常规:Hb70g/L,Plt100×10^9/L。给患者输注的血液成分首选的是
A. 洗涤红细胞　　B. 悬浮红细胞　　C. 辐照红细胞
D. 冰冻红细胞　　E. 浓缩红细胞

766. 对血液进行辐照用于预防输血相关移植物抗宿主病,下列成分需要进行辐照的是
A. 普通冰冻血浆　　B. 新鲜冰冻血浆　　C. 冷沉淀
D. 洗涤红细胞　　E. 冰冻红细胞

第 6 章　内分泌和营养代谢性疾病

767. 不属于经典内分泌腺的器官是
A. 甲状腺　　B. 肾上腺　　C. 前列腺
D. 垂体　　E. 性腺

768. 对于内分泌疾病的诊断,首先易于确定的是
A. 病理诊断　　B. 病因诊断　　C. 定位诊断
D. 功能诊断　　E. 鉴别诊断

769. 属于下丘脑分泌的激素是
A. PRL　　B. GH　　C. ACTH
D. ADH　　E. MSH

770. 垂体微腺瘤是指肿瘤直径小于
A. 1mm　　B. 3mm　　C. 5mm
D. 10mm　　E. 20mm

771. 偏盲型视野缺损最常见于
A. 糖尿病性视神经乳头水肿　　B. Graves 病浸润性突眼
C. 嗜铬细胞瘤阵发性高血压眼底出血　　D. 垂体腺瘤鞍上发展
E. 希恩(Sheehan)综合征垂体梗死

772. 患者,女性,18 岁。因原发性闭经就诊。查体:女性体态,双乳Ⅲ期(乳核大于乳晕),触发泌乳征阳性。实验室检查:血雌二醇正常范围低值,血催乳素 210μg/L。垂体 CT 正常。B 超示子宫体积小。最可能的诊断是
A. 子宫性闭经　　B. 卵巢性闭经　　C. 多囊卵巢综合征
D. 垂体催乳素瘤　　E. 卵巢功能早衰

773. 女性,26 岁。继发闭经 5 年,婚后 3 年未孕。查体双乳溢乳,血 PRL800μg/L,磁共振检查垂体有 2.0cm的占位病变,诊断为垂体泌乳素大腺瘤,继发闭经、不育。治疗宜采用
A. 手术切除垂体腺瘤　　B. 放射治疗垂体腺瘤　　C. 多巴胺激动剂溴隐亭
D. 人工周期恢复月经　　E. 促排卵治疗不育

774. 患者,女性,30 岁。经蝶窦行垂体泌乳素瘤手术 2 个月,放疗后 1 个月,血清泌乳素 123μg/L。最适宜的治疗是
A. 口服左旋多巴　　B. 口服卡麦角林　　C. 口服赛庚啶
D. 再次放疗　　E. 再次手术

775. 生长激素瘤多发生于
A. 下丘脑　B. 腺垂体　C. 神经垂体
D. 脑膜　E. 脑室

776. 患者,男,14岁。因近5年身材过长,近2年头痛、视力下降伴多饮、乏力就诊。查体:身高194cm,空腹血糖10.1mmol/L。蝶鞍矢状位CT示垂体增大向鞍上发展。最适宜的治疗是
A. 药物治疗　B. 手术治疗　C. 放射治疗
D. 手术后放射治疗　E. 药物治疗后放射治疗

777. Sheehan综合征的临床表现不包括
A. 外生殖器萎缩　B. 血压低　C. 闭经
D. 产后乳汁减少　E. 皮肤色素沉着

778. 下列哪项不是诱发垂体危象的因素
A. 腹泻　B. 感染　C. 手术
D. 饱餐　E. 使用镇静药

779. 女,50岁。畏寒、消瘦、食欲减退、便秘、毛发脱落10年余。有产后大出血史。查体:水肿,皮肤粗糙,反应迟钝,心率56次/分,律齐。实验室检查:血FT_3↓,FT_4↓,TSH↓。考虑主要诊断为
A. 垂体瘤　B. 原发性甲状腺功能减退症　C. 甲状腺肿瘤
D. Sheehan综合征　E. 原发性慢性肾上腺皮质功能减退症

780. 女,45岁。1天前感冒后出现发热,全身无力,厌食,腹泻。既往Sheehan综合征15年,口服泼尼松5mg/d治疗。查体:T38.1℃,BP82/40mmHg,神志淡漠,肺部听诊未见异常,心率92次/分,FBG(空腹血糖)3.3mmo1/L。目前最有效的治疗是
A. 静脉补液治疗　B. 静脉注射葡萄糖　C. 静脉注射升压药物
D. 静脉注射氢化可的松　E. 口服泼尼松增加剂量

A. 溴隐亭　B. 去氨加压素　C. 糖皮质激素
D. 左甲状腺素　E. 螺内酯

781. 希恩综合征最常选用的药物是
782. 生长激素瘤可选用的药物是
783. 催乳素瘤首选治疗药物是
784. 尿崩症首选治疗药物是
785. 甲状腺功能减退症首选治疗药物是
786. 库欣病手术治疗后常需补充
787. 醛固酮腺瘤术前准备的首选药物是

788. 不属于腺垂体疾病的是
A. 巨人症　B. 肢端肥大症　C. 高泌乳素血症
D. 催乳素瘤　E. 中枢性尿崩症

789. 男性,30岁。头部外伤2个月,口渴多饮、多尿1个月。尿比重1.000~1.004,主动限水后尿比重1.006,伴烦渴、恶心。禁水试验后尿比重1.008,垂体后叶素注射后1小时,尿比重1.020。最适宜的治疗药物是
A. 去氨加压素　B. 鞣酸加压素　C. 垂体后叶素
D. 氢氯噻嗪　E. 卡马西平

790. Graves病发病过程中起主要作用的自身抗体不包括
A. 线粒体抗体　B. TSAb　C. TSBAb

D. TgAb　　E. TPOAb

791. 女,23 岁。2 个月来时有心悸、易出汗、体重减轻约 3kg。查体:血压 126/68mmHg,中等体型,皮肤微潮,双手轻度细颤,无突眼,甲状腺Ⅰ度肿大,未闻及血管杂音,心率 94 次/分,律齐。为证实是否为甲状腺功能亢进症,应检查

A. 血 TSH、FT_3、FT_4　　B. 甲状腺^{131}I 摄取率　　C. 甲状腺核素扫描
D. 抗甲状腺抗体　　E. 甲状腺刺激免疫球蛋白

792. Graves 病时的代谢,下列哪项不正确?

A. 肠道糖吸收增加　　B. 肝糖原分解增加　　C. 尿肌酸排出增加
D. 血总胆固醇增加　　E. 糖耐量异常

793. Graves 病的主要临床表现不包括

A. 甲状腺毒症　　B. 结节性甲状腺肿　　C. 单纯性突眼
D. 浸润性突眼　　E. 胫前黏液性水肿

794. 不属于 Graves 病患者单纯性突眼的表现是

A. 眼球向前突出　　B. 瞬目减少　　C. 眼睑肿胀肥厚,结膜充血水肿
D. 看近物时眼球辐辏不良　　E. 双眼上看时,前额皮肤不能皱起

(795~797 题共用题干)患者,男,55 岁。因心悸伴消瘦 1 周来诊。查体:脉率 84 次/分,血压 148/60mmHg,甲状腺弥漫性Ⅱ度肿大,可闻及血管杂音,肺(-),心率 112 次/分,心律绝对不整,心音强弱不等,腹(-)。

795. 该患者的心律失常类型是

A. 心房颤动　　B. 心房扑动　　C. 频发早搏
D. 心室颤动　　E. 二度Ⅱ型房室传导阻滞

796. 产生心律失常的最可能原因是

A. 冠心病　　B. 甲亢性心脏病　　C. 心肌病
D. 高血压　　E. 风湿性心脏病

797. 为明确诊断,首选的检查是

A. 超声心动图　　B. 心肌酶谱　　C. 血 T_3、T_4测定
D. 冠状动脉造影　　E. 甲状腺穿刺活检

798. 甲状腺功能亢进合并低钾性软瘫多见于

A. 少年儿童　　B. 老年男性　　C. 老年女性
D. 青壮年男性　　E. 青壮年女性

799. 甲状腺危象的诱发因素不包括

A. 感染　　B. 抗甲状腺药物量过少　　C. 手术创伤
D. 精神刺激　　E. 术前准备不充分

800. 关于淡漠型甲亢的叙述,不正确的是

A. 多见于老年患者　　B. 消瘦、乏力、心悸常见　　C. 甲状腺明显肿大
D. 易被误诊　　E. 可伴心房颤动

801. 患者血清 T_3、T_4 正常,TSH 降低的疾病是

A. 甲亢性心脏病　　B. 亚临床甲亢　　C. 淡漠型甲亢
D. 妊娠甲亢　　E. 甲状腺危象

802. ^{131}I 摄取率测定主要用于

A. 甲状腺毒症病因的鉴别　　B. 甲亢程度的估计　　C. 观察抗甲状腺药物的疗效

D. 为是否手术提供依据　　E. 诊断甲状腺功能亢进症

(803~805 题共用题干)女性,35 岁。乏力、心悸 1 年余,近 2 个月症状加重,伴厌食、消瘦、手颤。查体:甲状腺弥漫性肿大,心率 126 次/分,心律整。实验室检查提示 FT_3、FT_4 显著增高,TSH 降低。

803. 该患者最可能的诊断是
A. Graves 病　　B. 自身免疫性甲状腺炎　　C. 结节性毒性甲状腺肿
D. 亚急性甲状腺炎　　E. 单纯性甲状腺肿

804. 为进一步确诊,下列检查项目中意义最大的是
A. 促甲状腺激素受体抗体　　B. ^{131}I 摄取率　　C. 甲状腺 B 超
D. 甲状腺核素显像　　E. 甲状腺穿刺活检

805. 对该患者治疗,应首选的方法是
A. 手术治疗　　B. 咪唑类药物　　C. 硫脲类药物
D. ^{131}I 治疗　　E. 碘制剂

806. 硫脲类药物治疗甲状腺功能亢进的主要作用是
A. 抑制碘的吸收　　B. 抑制甲状腺激素的合成　　C. 抑制甲状腺激素的释放
D. 抑制促甲状腺激素的释放　　E. 降低靶细胞对 T_3、T_4 的敏感性

807. 抗甲状腺药物丙硫氧嘧啶、甲巯咪唑最严重的不良反应是
A. 永久性甲低　　B. 皮疹　　C. 胃肠道反应
D. 粒细胞缺乏　　E. 药物性肝炎

808. 甲亢治疗时粒细胞减少多见于
A. 放射性核素 ^{131}I 治疗　　B. 复方碘溶液治疗　　C. 抗甲状腺药物治疗
D. 甲状腺次全切除术　　E. 甲状腺素治疗

809. 在外周组织能抑制 T_4 转换为 T_3 的药物是
A. 甲硫氧嘧啶　　B. 丙硫氧嘧啶　　C. 他巴唑
D. 左旋甲状腺素片　　E. 复方碘剂

A. 放射碘治疗　　B. 丙硫氧嘧啶　　C. 甲巯咪唑
D. 手术治疗　　E. 复方碘剂

810. T1 期妊娠甲亢的治疗首选
811. T2 期妊娠甲亢的治疗首选
812. T3 期妊娠甲亢的治疗首选
813. 哺乳期甲亢的治疗首选
814. 美国治疗成人甲亢首选

815. 女性,32 岁,妊娠 30 周出现心悸、多汗、手颤。辅助检查示:血 FT_3、FT_4 升高,TSH 降低,诊断为 Graves 病。合理的治疗方法是
A. 口服丙硫氧嘧啶　　B. 口服甲巯咪唑　　C. ^{131}I 治疗
D. 手术治疗　　E. 口服复方碘剂

816. 甲亢危象的处理中,不恰当的是
A. 首选丙硫氧嘧啶　　B. 口服复方碘溶液　　C. 静滴氢化可的松
D. 口服普萘洛尔　　E. 高热时选用乙酰水杨酸类解热药

817. 诊断原发性甲状腺功能减退症的必备指标是血清
A. TSH 增高　　B. TSH 降低　　C. TT_3、TT_4 降低

D. FT_3、FT_4 降低　　E. TT_3、FT_3 降低

818. 黏液水肿性昏迷的治疗首选

A. 胃管注入左甲状腺素　　B. 静滴碘化钠或碘化钾　　C. 静注 T_3

D. 静注 T_4　　E. 静滴氢化可的松

819. 亚临床甲减行药物治疗的指征为

A. 血清 TSH 降低　　B. 血清 FT_4 降低　　C. 血清 TT_4 降低

D. 血清 FT_3 降低　　E. 高胆固醇血症

820. 库欣综合征最常见的病因是

A. 肾上腺皮质癌　　B. 肾上腺皮质腺瘤　　C. 垂体微腺瘤

D. 垂体大腺瘤　　E. 异位 ACTH 综合征

821. 依赖 ACTH 的库欣综合征病因是

A. 库欣病　　B. 肾上腺皮质腺瘤　　C. 肾上腺皮质癌

D. Meador 综合征　　E. Carney 综合征

822. 呈现圆脸、厚背、躯干发胖而四肢消瘦的向心性肥胖的特殊体形，提示下列哪种激素分泌过多

A. 甲状腺激素　　B. 生长激素　　C. 糖皮质激素

D. 肾上腺素　　E. 胰岛素

A. 高血压　　B. 向心性肥胖　　C. 满月脸

D. 低血钾症　　E. 周期性瘫痪

823. 库欣综合征早期的临床表现主要是

824. 原发性醛固酮增多症最常见和最早的临床表现是

825. 嗜铬细胞瘤最主要的症状是

826. 女，26 岁。肥胖、头痛伴闭经 1 年半。查体：BP180/110mmHg，向心性肥胖，满月脸，皮肤薄，有痤疮，腹壁有宽大紫纹，下肢胫前可凹性水肿。为明确库欣综合征的诊断，需进行的辅助检查是

A. 血浆皮质醇测定　　B. 尿游离皮质醇测定　　C. 血皮质醇昼夜节律测定

D. 小剂量地塞米松抑制试验　　E. 大剂量地塞米松抑制试验

827. 某患者，女性，30 岁，半年来肥胖，皮肤出现痤疮、紫纹。化验血皮质醇增高，血糖增高，小剂量地塞米松抑制试验血皮质醇较对照低 38%，大剂量地塞米松抑制试验血皮质醇较对照低 78%。该患者最可能的诊断是

A. 肾上腺皮质腺瘤　　B. 肾上腺皮质癌　　C. Cushing 病

D. 异位 ACTH 综合征　　E. 糖尿病

A. 血皮质醇升高，ACTH 降低，双侧肾上腺增生伴结节

B. 血皮质醇升高，ACTH 升高，双侧肾上腺皮质弥漫增生

C. 血皮质醇升高，ACTH 降低，血钾正常

D. 血皮质醇升高，ACTH 降低，伴明显低钾碱中毒

E. 血皮质醇降低，ACTH 降低，伴明显低钾碱中毒

828. Cushing 病的特点是

829. 肾上腺皮质腺癌的特点是

(830~832 题共用题干）男性，46 岁。有乏力、腰背痛 2 年，常有便秘，既往高血压病史 5 年。查体：腹部稍膨隆，四肢近端较细，胸椎 X 线提示有骨质疏松，B 超显示左侧肾上腺可见一直径约 3.5cm 肿物，临床拟诊为“皮质醇增多症”。

830. 上述描述中，对提示“皮质醇增多症”诊断意义不大的是
A. 腹部膨隆　B. 高血压　C. 骨质疏松
D. 便秘　E. 四肢近端较细

831. 为进一步确定皮质醇增多症的诊断，最有价值的检查是
A. 血 ACTH 测定　B. 小剂量地塞米松抑制试验　C. 大剂量地塞米松抑制试验
D. 肾上腺 CT　E. 垂体 MRI

832. 患者确诊为“肾上腺皮质腺瘤”，对该患者的治疗原则，正确的是
A. 单纯手术切除腺瘤　B. 终身激素替代治疗　C. 手术+短期激素替代治疗
D. 手术+终身激素替代治疗　E. 手术+较长期激素替代治疗

833. 血浆肾素活性降低见于
A. 嗜铬细胞瘤　B. 醛固酮瘤　C. 肾动脉瘤
D. 生长激素瘤　E. 甲状腺功能亢进症

834. 原发性醛固酮增多症患者出现肌无力的原因是
A. 持续性高血压　B. 血钠潴留过多　C. 持续尿量过多
D. 尿钾排出增多　E. 血钾浓度降低

835. 原发性醛固酮增多症的临床特点是
A. 血浆肾素增高　B. 血浆血管紧张素Ⅱ增高　C. 尿钾降低
D. 血钠降低　E. 血中 HCO_3^- 浓度升高

836. 女，45 岁。肢体软弱无力、夜尿多 2 年余，今晨起双下肢不能活动。查：血压 170/100mmHg，均匀性轻度肥胖，双下肢松弛性瘫痪，血钾 2.4mmol/L。最可能的诊断为
A. 原发性高血压　B. 嗜铬细胞瘤　C. 肾性高血压
D. 原发性醛固酮增多症　E. 库欣病

（837～839 题共用题干）男性，30 岁，2 个月来自觉乏力、口渴、夜尿增多，1 周前因劳累感乏力症状明显加重，伴下肢无力，行走困难，来院检查发现血压升高。既往体健，无烟酒嗜好，无高血压家族史。查体：BP160/90mmHg，心肺腹未见阳性体征，尿常规：比重 1.011，蛋白(±)。心电图可见高 U 波。

837. 该患者最可能的诊断是
A. 原发性高血压　B. 肾性高血压　C. 糖尿病并发高血压
D. 原发性醛固酮增多症　E. 嗜铬细胞瘤

838. 为进一步明确病情，首选的检查是
A. 肾功能检查　B. 超声心动图检查　C. 血、尿电解质检查
D. 糖化血红蛋白检查　E. OGTT 试验

839. 下列对该患者治疗不恰当的药物是
A. 氨苯蝶啶　B. 氨氯地平　C. 螺内酯
D. 呋塞米　E. 硝苯地平

840. 原发性慢性肾上腺皮质功能减退症的症状是由于缺乏
A. 促肾上腺皮质激素　B. 醛固酮　C. 皮质醇
D. 醛固酮及皮质醇　E. 肾上腺素及去甲肾上腺素

841. 我国 Addison 病最常见的病因是
A. 肾结核　B. 肾上腺结核　C. 坏死性肾上腺炎
D. 艾滋病　E. 肾上腺真菌感染

842. 原发性慢性肾上腺皮质功能减退症患者体内分泌增多的激素是

A. ACTH　B. 醛固酮　C. 皮质醇
D. 雌激素　E. 孕激素

A. 皮肤色素加深　B. 皮肤色素变淡　C. 皮肤色素无变化
D. 皮肤色素脱失　E. 皮肤紫纹

843. 原发性慢性肾上腺皮质功能减退症常表现为
844. 腺垂体功能减退症常表现为
845. 库欣综合征常表现为

A. 醛固酮　B. 螺内酯　C. 氢化可的松
D. 左甲状腺素　E. 生长激素

846. 原发性慢性肾上腺皮质功能减退症的激素替代治疗首选
847. 抢救肾上腺危象首选的激素是
848. 腺垂体功能减退的激素替代治疗首选
849. 抢救垂体危象首选的激素是

850. Addison 病患者每天食盐摄入量不得少于
A. 4~6g　B. 6~8g　C. 8~10g
D. 10~12g　E. 12~15g

851. 肾上腺外的嗜铬细胞瘤发生的主要部位是
A. 腹主动脉旁　B. 肾门区　C. 肝门区
D. 后纵隔　E. 脊柱旁

852. 嗜铬细胞瘤的特征性表现是
A. 持续性高血压　B. 阵发性高血压　C. 低血压
D. 休克　E. 高血压与低血压交替出现

853. 男,40 岁,发作性心悸,头痛,大汗,发作时血压 230/130mmHg,平素血压不高,对诊断最有帮助的是发作时测定尿中
A. 儿茶酚胺浓度　B. 氨基酸浓度　C. 钾钠氯浓度
D. 钙磷浓度　E. 游离皮质醇浓度

854. 在嗜铬细胞瘤患者手术过程中,出现急骤血压升高时,应首选的降压药物是
A. 硝普钠　B. 酚妥拉明　C. 利多卡因
D. 哌唑嗪　E. 卡托普利

855. 分泌生长抑素的细胞是胰岛
A. α 细胞　B. β 细胞　C. δ 细胞
D. D_1 细胞　E. F 细胞

856. 1 型糖尿病的主要特点是
A. 多见于 40 岁以上的成年人　B. 易发生糖尿病酮症酸中毒　C. 多数患者表现为胰岛素抵抗
D. 早期常不需要胰岛素治疗　E. 与免疫介导的胰岛 β 细胞增生有关

857. 女,64 岁。2 型糖尿病病史 10 年,近 2 个月出现双下肢水肿。查体:BP140/100mmHg,神志清楚,营养差,甲状腺无肿大,双肺未闻及干湿啰音,心率 70 次/分,律齐,肝脾未触及,双下肢明显水肿。实验室检查:空腹血糖 9.6mmol/L,血清胆固醇 7.6mmol/L,低密度脂蛋白胆固醇 4.6mmol/L,血浆白蛋白 28g/L。为明确水肿原因,首先应进行的检查是
A. 双肾 CT　B. 双肾 B 超　C. 糖化血红蛋白
D. 胰岛素释放试验　E. 尿微量白蛋白

858. 糖尿病患者眼底检查提示视网膜病变Ⅲ期的表现为
A. 微血管瘤　B. 硬性渗出　C. 软性渗出
D. 新生血管形成　E. 玻璃体机化
859. 关于糖尿病性周围神经病变的叙述,错误的是
A. 好发于远端肢体　B. 通常为对称性　C. 下肢较上肢严重
D. 先运动异常后感觉异常　E. 可有运动神经受累

A. 胰岛素释放试验　B. 血糖测定　C. 糖化血红蛋白 A1 测定
D. 糖化血浆白蛋白测定　E. 尿糖测定
860. 可用于评价胰岛 β 细胞功能的检查是
861. 可反映糖尿病患者近 2~3 周内平均血糖水平的检查是
862. 可反映糖尿病患者近 8~12 周平均血糖水平的检查是
863. 可作为诊断糖尿病主要依据的检查方法是
864. 可作为诊断糖尿病重要线索的检查方法是

865. 用口服葡萄糖耐量试验(OGTT)诊断糖尿病的标准,其 2h 血糖应
A. ≥11.1mmol/L　B. ≥12.1mmol/L　C. ≥10.1mmol/L
D. ≥7.8mmol/L　E. ≥7.0mmol/L
866. 女,45 岁。轻度肥胖,无明显口渴、多饮和多尿现象,空腹血糖 6.8mmol/L。为确定是否有糖尿病,应检查
A. 糖化血红蛋白　B. 24 小时尿糖定量　C. 口服葡萄糖耐量试验
D. 复查空腹血糖　E. 餐后 2 小时血糖
867. 男,45 岁。身高 171cm,体重 85kg,口服葡萄糖耐量试验血糖结果:空腹 6.7mmol/L,1h 9.8 mmol/L,2h 7.0mmol/L,结果符合
A. 正常胰岛素释放曲线　B. 空腹血糖受损　C. 糖耐量减低
D. 1 型糖尿病　E. 2 型糖尿病
868. 糖尿病的治疗目标不包括
A. 控制高血糖　B. 消除症状　C. 降低死亡率
D. 延缓并发症发生　E. 彻底治愈

A. 磺酰脲类　B. 双胍类　C. α 葡萄糖苷酶抑制剂
D. 格列酮类　E. 格列奈类
869. 通过抑制小肠黏膜对葡萄糖吸收而降低血糖的药物是
870. 通过增强靶细胞对胰岛素敏感性而降低血糖的药物是
871. 通过促进残存胰岛 β 细胞释放胰岛素而降低血糖的药物是
872. 通过促进外周组织利用葡萄糖、抑制肝葡萄糖输出而降低血糖的药物是
873. 通过刺激胰岛素的早时相分泌而降低血糖的药物是
A. 低血糖　B. 乳酸性酸中毒　C. 胃肠道反应
D. 头痛和超敏反应　E. 水肿和体重增加
874. 磺酰脲类最常见的不良反应是
875. α 葡萄糖苷酶抑制剂的常见不良反应是
876. 双胍类的最严重不良反应是
877. 噻唑烷二酮类的常见不良反应是
878. 胰岛素的主要不良反应是

879. GLP-1 受体激动剂的常见不良反应是
880. DPP-Ⅳ抑制剂的常见不良反应是
A. 双胍类　B. 磺酰脲类　C. α 葡萄糖苷酶抑制剂
D. 格列奈类　E. 胰岛素
881. 治疗肥胖的 2 型糖尿病宜选用
882. 治疗非肥胖的 2 型糖尿病宜选用
883. 治疗肥胖的餐后高血糖宜选用
884. 治疗非肥胖的餐后高血糖宜选用
885. 治疗 1 型糖尿病宜选用

886. 男性,52 岁。确诊 2 型糖尿病 1 年,予合理饮食和运动治疗并口服二甲双胍 500mg,每日 3 次。查体:身高 173cm,体重 78kg,血压 130/90mmHg,心、肺和腹部检查未见异常。复查空腹血糖 5.2mmol/L,三餐后 2 小时血糖分别为 11.4mmol/L、13.1mmol/L 和 12.6mmol/L,下一步最合理的治疗是
A. 二甲双胍加大剂量　B. 改用胰岛素　C. 改用磺脲类降血糖药
D. 加用磺脲类降血糖药　E. 加用 α 葡萄糖苷酶抑制剂
887. 男,56 岁。口渴、多饮、多尿 3 个月。查空腹血糖 9.5mmol/L,餐后血糖 14.0mmol/L。肝功能、肾功能正常。患者体重 75kg,身高 168cm。降血糖治疗可选用
A. 普通胰岛素　B. 中效胰岛素　C. 磺脲类降糖药
D. 双胍类降糖药　E. α-葡萄糖苷酶抑制剂
888. 男,50 岁,肥胖,患 2 型糖尿病 5 年,口服二甲双胍 250mg,3 次/日。5 个月前因外伤发生左足溃疡至今未愈。空腹血糖 7.2 mmol/L,三餐后血糖分别为 9.2mmol/L、8.7mmol/L、8.6mmol/L。控制糖尿病的最佳治疗方案应选择
A. 增加二甲双胍剂量　B. 换用胰岛素制剂　C. 加用磺脲类口服降糖药
D. 加用 α 葡萄糖苷酶抑制剂　E. 加用噻唑烷二酮类药
889. 女,46 岁。糖尿病史 3 年,经饮食治疗并服用二甲双胍,病情控制良好。近日受凉后发热、咳嗽,咳黄痰。X 线检查为右下肺炎。血糖 18.6mmol/L,尿糖(++++)。对该患者除治疗肺炎外,糖尿病的处理应
A. 用胰岛素治疗　B. 增加二甲双胍剂量　C. 改用格列吡嗪
D. 加用格列吡嗪　E. 加用 α-葡萄糖苷酶抑制剂
890. 女,62 岁。糖尿病 6 年,瑞格列奈 2mg tid 治疗,近期血糖控制不佳。既往高血压病史 10 年,冠心病病史 5 年。查体:T36.5℃,P80 次/分,R18 次/分,BP120/80mmHg,身高 160cm,体重 50kg。双肺呼吸音清,未闻及干湿啰音,心律齐,腹软,无压痛。实验室检查:空腹血糖 12.5mmol/L,餐后血糖分别为:半小时 7.8mmol/L、1 小时 8.5mmol/L、2 小时 8.8mmol/L,夜间血糖 10.5mmol/L,糖化血红蛋白 9.2%。目前最适宜的治疗是
A. 改用胰岛素　B. 加用噻唑烷二酮类降糖药　C. 加用双胍类降糖药
D. 改用磺脲类降糖药　E. 加用 α 葡萄糖苷酶抑制剂
891. 男性,17 岁。糖尿病 2 个月,有酮症酸中毒病史。每日进主食量 400g,血糖波动大,身高 172cm,体重 46kg。最适宜的治疗应选择
A. 控制饮食　B. 加强运动　C. 胰岛素
D. 双胍类降糖药　E. 磺脲类降糖药
892. 经肾脏排泄最少,可在轻中度肾功能不全情况下使用的磺脲类药物是
A. 格列本脲　B. 格列喹酮　C. 格列吡嗪
D. 格列美脲　E. 格列齐特

(893~894题共用题干)男,57岁。体检发现血糖升高。既往有高血压、高脂血症史。其母患糖尿病。查体:BP160/100mmHg,身高175cm,体重90kg。双肺听诊未见异常,心率76次/分,律齐,肝脾肋下未触及。实验室检查:空腹血糖7.8mmol/L,HbAlc8.0%。

893. 该患者首选的降糖治疗药物是
A. 西格列汀 B. 二甲双胍 C. 吡格列酮
D. 格列齐特 E. 阿卡波糖

894. 下列降压药物中,应首选的是
A. 钙通道阻滞剂 B. α受体拮抗剂 C. β受体拮抗剂
D. 利尿剂 E. 血管紧张素转换酶抑制剂

(895~897题共用题干)男性,65岁,患糖尿病15年,高血压10年。查体:双下肢轻度水肿。尿蛋白(++),血肌酐160μmol/L,眼底检查示视网膜出现棉絮状软性渗出。

895. 为明确该患者是否出现糖尿病肾病,应进行的检查是
A. 尿渗透压 B. 尿白蛋白排泄率 C. 糖化血红蛋白
D. 血、尿β_2微球蛋白 E. 果糖胺测定

896. 该患者首选的降糖药物是
A. 胰岛素 B. 阿卡波糖 C. 格列喹酮
D. 二甲双胍 E. 罗格列酮

897. 为延缓该患者糖尿病肾病的进展,不宜采用的措施是
A. 使用糖皮质激素 B. 控制血压 C. 低蛋白饮食
D. 控制血糖 E. 尽早使用EPO

(898~900题共用题干)患者,男,56岁。患糖尿病10年,一直采用饮食控制疗法,空腹血糖持续在10mmol/L以上。近5年来,口服降糖药物格列本脲和阿卡波糖仍未获得良好控制,需采用胰岛素治疗。

898. 下列选项中,属于长效胰岛素的是
A. 普通胰岛素 B. 慢胰岛素锌悬液 C. 精蛋白锌胰岛素
D. 低精蛋白胰岛素 E. 半慢胰岛素锌混悬液

899. 近1个月来,采用强化胰岛素治疗,有时发现空腹血糖仍较高。为查明原因,下列检查最有意义的是
A. 夜间多次血糖测定 B. 睡前血糖测定 C. 血浆胰岛素测定
D. 血浆C肽测定 E. OGTT

900. 该患者易发生并发症。下列选项中,属于微血管病变并发症的是
A. 糖尿病足 B. 冠心病 C. 糖尿病肾病
D. 糖尿病酮症酸中毒 E. 高渗高血糖综合征

901. 女,20岁。1型糖尿病患者,出现恶心,厌食2天,神志不清1小时。查体:面色潮红,呼吸深快,意识障碍。最可能的诊断是
A. 糖尿病酮症酸中毒 B. 高渗高血糖综合征 C. 乳酸酸中毒
D. 低血糖昏迷 E. 糖尿病合并尿毒症酸中毒

902. 在糖尿病酮症酸中毒的治疗中,最关键的措施是
A. 补充液体 B. 小剂量胰岛素治疗 C. 纠正酸中毒
D. 补钾 E. 补碱治疗

903. 糖尿病酮症酸中毒患者,过多过快补充碳酸氢钠产生的不良影响,下列哪项不正确?
A. 脑脊液pH反常升高 B. 反跳性碱中毒 C. 可诱发或加重脑水肿
D. 促进钾离子向细胞内转移 E. 血pH骤升使血红蛋白和氧的亲和力上升

(904~906 题共用题干)女性,72 岁。6 天前进食后出现腹泻,呈稀水样,每日 7~8 次,伴恶心、呕吐,当地医院给予输注葡萄糖等治疗后,感口干加重、尿量增多。1 天来反应渐迟钝,淡漠,既往有脑梗塞病史,曾有血糖增高史。查体:BP90/50mmHg,嗜睡状,呼吸正常,即刻查血糖 35.3mmol/L。

904. 该患者最可能的诊断是
A. 糖尿病酮症酸中毒　B. 高渗高血糖综合征　C. 急性胃肠炎合并脱水
D. 水电解质紊乱　E. 乳酸性昏迷

905. 为明确该诊断做进一步检查,最有价值的项目是
A. 血浆有效渗透压　B. 尿酮体　C. 血气分析
D. 血电解质　E. 血氨

906. 下列的治疗措施中不恰当的是
A. 24h 补液量 6000~10000ml　B. 胰岛素 0.1U/(kg·h)静滴　C. 开始可先大量输入低渗盐水
D. 一般无需补充碱性溶液　E. 血压偏低,可先输血浆

907. 女性,45 岁,1 周前查体发现空腹血糖 9.2mmol/L,诊断为 2 型糖尿病,给予口服降糖药治疗。患者饮食欠规律。家属晨起时发现患者呼之不应即来急诊。查体:心率 108 次/分,呼吸 21 次/分,幅度较浅,血压 140/70mmHg,皮肤潮湿。引起患者昏迷最可能的原因是
A. 酮症酸中毒　B. 乳酸酸中毒　C. 高渗高血糖综合征
D. 低血糖　E. 肝性脑病

908. 主要表现为餐前(午、晚)低血糖的疾病是
A. 腺垂体功能减退症　B. 肝硬化　C. 胰岛素瘤
D. 糖原累积症　E. 2 型糖尿病早期

第 7 章　风湿性疾病

909. 下列属于退行性变的风湿性疾病是
A. 强直性脊柱炎　B. 骨性关节炎　C. Reiter 综合征
D. 银屑病关节炎　E. 类风湿关节炎

910. 下列与感染相关的风湿性疾病是
A. 风湿热　B. 类风湿关节炎　C. 多肌炎
D. Reiter 综合征　E. 强直性脊柱炎

911. 以关节腔炎症为主要病理改变的风湿病是
A. 骨关节炎　B. 类风湿关节炎　C. 强直性脊柱炎
D. 痛风　E. 系统性红斑狼疮

912. 下列属于抗磷脂抗体的是
A. 抗核抗体　B. 类风湿因子　C. 狼疮抗凝物
D. 抗 Sm 抗体　E. 抗角蛋白抗体

913. 下列治疗风湿病的非甾体抗炎药物中,胃肠道不良反应最小的是
A. 萘普生　B. 炎痛喜康　C. 塞来昔布
D. 双氯芬酸　E. 布洛芬

914. 不属于改变病情抗风湿药的是
A. 吲哚美辛　B. 抗疟药　C. 吗替麦考酚酯
D. 来氟米特　E. 甲氨蝶呤

A. 晨僵 B. 关节痛 C. 关节肿
D. 关节炎 E. 关节畸形

915. 类风湿关节炎最早出现的症状是
916. 类风湿关节炎晚期的临床表现是

A. 类风湿关节炎 B. 系统性红斑狼疮 C. 骨关节炎
D. 强直性脊柱炎 E. 痛风关节炎

917. 常累及近端指间关节的风湿病是
918. 常累及远端指间关节的风湿病是
919. 最常累及单侧第一跖趾关节的风湿病是
920. 常累及骶髂关节的风湿病是

921. 关于类风湿因子(RF)与类风湿关节炎(RA)的陈述,正确的是
A. RF 阳性的病人一定都是 RA,而且 RA 病人 RF 一定都阳性
B. RF 阳性的病人一定都是 RA,但是 RA 病人 RF 不一定都阳性
C. RF 阳性的病人不一定都是 RA,但是 RA 病人 RF 一定都阳性
D. RF 阳性的病人不一定都是 RA,而且 RA 病人 RF 不一定都阳性
E. 在 RA 病人中,RF 一旦出现就不再发生变化

922. 女,40 岁。关节肿痛 2 年。累及双手近端指间关节及掌指关节,近 3 个月症状加重,伴晨僵 2 小时。实验室检查:血常规 Hb110g/L,WBC6.4×10^9/L,Plt480×10^9/L;血沉 78mm/h;抗 CCP 抗体阳性,ANA 阴性。最可能的诊断是
A. 痛风关节炎 B. 骨关节炎 C. 类风湿关节炎
D. 化脓性关节炎 E. 强直性脊柱炎

923. 女,50 岁。掌指和腕关节反复肿痛 2 年余,近 1 个月病情加重,晨起时出现关节僵硬,活动后可缓解。对诊断最有意义的实验室检查是
A. 血尿酸 B. 抗核抗体 C. 类风湿因子
D. 抗角蛋白抗体 E. 抗环瓜氨酸多肽抗体

924. 下列与类风湿关节炎活动无关的是
A. 晨僵 B. 关节畸形 C. 类风湿结节
D. 血沉增快 E. C 反应蛋白增高

925. 类风湿关节炎的关节 X 线检查结果属Ⅲ期的特点是
A. 关节周围软组织肿胀阴影 B. 关节间隙狭窄 C. 关节半脱位和骨性强直
D. 关节端的骨质破坏 E. 关节面出现虫蚀样破坏性改变

A. 布洛芬 B. 泼尼松 C. 柳氮磺吡啶
D. 青霉胺 E. 甲氨蝶呤

926. 类风湿关节炎对症治疗的常用药物是
927. 能迅速缓解类风湿关节炎关节肿痛症状和全身炎症的药物是
928. 治疗类风湿关节炎首选的改变病情抗风湿药是

929. 属于类风湿关节炎治疗的改善病情抗风湿药联合治疗方案是
A. 甲氨蝶呤+来氟米特 B. 双氯芬酸钠+来氟米特 C. 甲氨蝶呤+硫酸氨基葡萄糖
D. 双氯芬酸钠+泼尼松 E. 对乙酰氨基酚+硫酸氨基葡萄糖

930. 与系统性红斑狼疮发病无关的因素是
A. 遗传 B. 紫外线照射 C. 化学试剂

D. 雄激素　　E. 微生物病原体

931. Libman-Sacks 血栓性心内膜炎常发生于

A. 休克　　B. 败血症　　C. 癌症晚期

D. 系统性红斑狼疮　　E. 类风湿关节炎

932. 抗 ENA 抗体谱中不包括的抗体是

A. 抗 RNP 抗体　　B. 抗 SSB(La)抗体　　C. 抗 dsDNA 抗体

D. 抗 Sm 抗体　　E. 抗 rRNP 抗体

933. 继发于 SLE 的干燥综合征患者中,出现的特异性抗体是

A. 抗 SSA 抗体　　B. 抗磷脂抗体　　C. 抗 RNP 抗体

D. 抗组蛋白抗体　　E. 抗 dsDNA 抗体

934. 女,19 岁。关节痛、脱发 2 个月,发热 2 周,伴下肢水肿。查体:双手冻疮样皮疹。血 WBC 3.4×10^9/L,Plt66×10^9/L;尿蛋白(+++),尿沉渣镜检 RBC10~15/高倍视野,ESR56mm/h。为明确诊断,最重要的检查是

A. 类风湿因子　　B. 抗中性粒细胞胞质抗体　　C. 血培养

D. 骨髓细胞学检查　　E. 抗核抗体谱

935. 女,21 岁。关节疼痛、口腔溃疡 4 个月,双手指遇冷变白、变紫 2 个月,发热、下肢水肿 2 周。实验室检查:血 Hb89g/L,WBC2.3×10^9/L,Plt80×10^9/L;尿蛋白(++),尿红细胞(++)。最可能的诊断是

A. 急性肾小球肾炎　　B. 再生障碍性贫血　　C. 肾结核

D. 类风湿关节炎　　E. 系统性红斑狼疮

(936~937 题共用题干)女性,32 岁。发热、多关节疼痛、双侧胸腔积液、尿蛋白(+)半年。实验室检查发现 ANA(+),抗 SSA(+),抗 Sm(+)。

936. 最可能的诊断是

A. 原发性干燥综合征　　B. 系统性红斑狼疮　　C. 原发性血管炎

D. 类风湿关节炎　　E. 结核性胸膜炎

937. 首选治疗的药物

A. 非甾体抗炎药　　B. 镇痛剂,如扑热息痛　　C. 小剂量糖皮质激素

D. 免疫抑制剂　　E. 糖皮质激素联合免疫抑制剂

938. 在 SLE 应用激素冲击疗法中,下列哪项一般不是适应证?

A. 急性肾衰竭　　B. 狼疮脑病的癫痫发作　　C. 狼疮脑病的明显精神症状

D. 严重溶血性贫血　　E. 严重血小板减少性紫癜

939. 脊柱关节炎不包括

A. 强直性脊柱炎　　B. 反应性关节炎　　C. 银屑病关节炎

D. 炎性肠病关节炎　　E. 骨关节炎

940. 下列导致关节痛的疾病中,休息后症状加重的是

A. 强直性脊柱炎　　B. 系统性红斑狼疮　　C. 痛风

D. 骨关节炎　　E. 类风湿关节炎

941. 男,22 岁。下腰痛 2 年余,加重 6 周,疼痛以夜间明显,有痛醒现象。查体:双侧"4"字试验阳性,腰部活动受限。实验室检查:血沉 48mm/h,HLA-B27 阳性。最可能的诊断是

A. 腰椎间盘突出症　　B. 类风湿关节炎　　C. 风湿性关节炎

D. 强直性脊柱炎　　E. 腰肌劳损

942. 男,22 岁。腰背痛 2 年。下腰段及骶髂关节压痛,腰椎活动明显受限。X 线片示双侧骶髂关节虫蚀

样破坏，脊柱呈“竹节样”改变。最可能的诊断是
A. 强直性脊柱炎　B. 腰椎间盘突出症　C. 腰椎结核
D. 腰椎肿瘤　E. 化脓性脊柱炎

A. 脊柱结核　B. 脊柱转移癌　C. 强直性脊柱炎
D. 退行性脊柱骨关节病　E. 类风湿关节炎
943. X线表现为脊柱骨质破坏、椎间隙狭窄，常见于
944. X线表现为脊柱骨质破坏、椎间隙正常，常见于
945. X线表现为脊柱呈“竹节样”改变，常见于

(946~948题共用题干)男性，18岁。近一年反复腰部疼痛，活动受限。近两月来，又出现双髋疼痛，轻度屈曲畸形，需拄拐行走。X线检查显示：双侧骶髋关节面模糊，双侧股骨头表面毛糙，髋关节间隙变窄。
946. 该患者最可能的诊断是
A. 类风湿关节炎　B. 骨关节结核　C. 强直性脊柱炎
D. 双侧股骨头缺血性坏死　E. 系统性红斑狼疮
947. 下列检查项目中，对该患者明确诊断帮助最大的是
A. ESR、RF、骶髂关节CT　B. ESR、HLA-B27、骶髂关节CT
C. ESR、RF、双髋关节MRI　D. ESR、HLA-B27、双髋关节MRI
E. ESR、RF、OT试验
948. 该患者病程晚期最常累及的关节是
A. 脊柱　B. 髋关节　C. 膝关节
D. 手关节　E. 腕关节

A. 滑膜　B. 关节软骨　C. 骶髂关节
D. 椎体　E. 椎弓根
949. 骨关节炎的病变最早发生于
950. 强直性脊柱炎的病变最早发生于
951. 类风湿关节炎的早期病变位于
952. 脊柱转移癌首先侵犯
953. 中心型脊柱结核病变早期侵犯

954. 以关节活动弹响(骨摩擦音)为特征性体征的风湿病是
A. 类风湿关节炎　B. 强直性脊柱炎　C. 风湿热关节受累
D. 骨性关节炎　E. 痛风性关节炎
955. 不符合骨关节炎临床特点的是
A. 好发于青壮年　B. 晨僵不超过30分钟　C. 关节摩擦感
D. 关节肿痛　E. 关节压痛和被动痛
956. 女，68岁。右膝关节疼痛、行走困难10余年。查体：右膝关节内翻畸形，屈曲挛缩。X线检查示右膝关节间隙明显狭窄，骨赘增生。最合适的治疗方法是
A. 关节内注射透明质酸钠　B. 关节融合术　C. 关节镜下行关节清理术
D. 人工膝关节置换术　E. 胫骨高位截骨术
957. 痛风患者合并的泌尿系结石，最可能的是
A. 草酸钙结石　B. 磷酸盐结石　C. 碳酸盐结石
D. 黄嘌呤结石　E. 尿酸结石

958. 富含嘌呤的食物是
A. 牛奶 B. 鸡蛋 C. 动物内脏
D. 黄瓜 E. 米饭

(959~960 题共用题干)患者,男,50 岁。1 年前体检发现血尿酸增高,当时无症状,未予重视,平时也不注意饮食控制。患者 1 天前参加同学聚餐,吃了较多海鲜和肉食,并饮啤酒约 500ml,晨起感右踇趾关节疼痛,局部肿胀发热。

959. 该患者最可能的诊断是
A. 类风湿关节炎 B. 风湿性关节炎 C. 骨关节炎
D. 痛风 E. 脓性趾头炎

960. 不适宜的治疗是
A. 禁酒 B. 口服吲哚美辛 C. 口服秋水仙碱
D. 口服苯溴马隆 E. 口服泼尼松

第 8 章　理化因素所致疾病

961. 呼吸呈蒜味的毒物是
A. 阿托品 B. 地西泮 C. 酒糟
D. 有机磷农药 E. 亚硝酸盐

962. 误服下列哪种药物应禁忌洗胃?
A. 东莨菪碱 B. 水杨酸盐 C. 氢氧化钠
D. 盐酸麻黄碱 E. 亚硝酸盐类

A. 1/5000 高锰酸钾 B. 2%碳酸氢钠 C. 0.3%H_2O_2
D. 0.3%氧化镁 E. 5%硫酸钠

963. 对硫磷中毒者洗胃禁用
964. 敌百虫中毒者洗胃禁用

965. 抢救急性口服中毒时,最常使用的吸附剂是
A. 鸡蛋清 B. 牛奶 C. 树脂
D. 活性炭 E. 氢氧化铝凝胶

966. 不明原因的中毒洗胃液宜选用
A. 生理盐水 B. 1/5000 高锰酸钾溶液 C. 2%碳酸氢钠溶液
D. 0.3%H_2O_2 E. 5%硫酸钠

967. 下列急性中毒毒物与解毒剂的组合,错误的是
A. 二巯丙醇——砷中毒 B. 二巯丙醇——汞中毒 C. 依地酸钙钠——锑中毒
D. 二巯丁二钠——锑中毒 E. 奥曲肽——磺酰脲类中毒

968. 急性有机磷中毒的下列临床表现中,能提示中度中毒的是
A. 出汗、流涎 B. 呕吐、腹泻 C. 胸背部肌肉颤动
D. 瞳孔缩小 E. 尿失禁

969. 女性,20 岁。误服有机磷农药后半小时家人送来急诊。查体:神志不清,皮肤潮湿多汗,面部肌肉束颤动,瞳孔缩小,双肺布满湿啰音。该患者最可能的中毒程度是
A. 轻度 B. 中度 C. 重度

D. 极重度　　E. 不能确定

970. 男性,30 岁。因昏迷入院。查体:浅昏迷,呼吸有蒜味,瞳孔缩小,皮肤多汗,两肺布满湿啰音,心率 130 次/分。为明确诊断、首选的检测项目是

A. 血液碳氧血红蛋白测定　　B. 尿酮体测定　　C. 血胆碱酯酶活力测定

D. 脑脊液常规检查　　E. 排泄物毒物分析

971. 女,35 岁。误服有机磷农药 50ml,立即被其家人送往医院,该病人抢救成功的关键是

A. 彻底洗胃　　B. 早期应用解磷定　　C. 早期应用阿托品

D. 解磷定与阿托品合用　　E. 静脉注射毛花苷丙

972. 治疗急性有机磷农药中毒时,下列哪项不属于“阿托品化”的临床表现?

A. 瞳孔扩大　　B. 颜面潮红　　C. 心率减慢

D. 肺部啰音消失　　E. 皮肤干燥

973. 胆碱酯酶复活剂不具备的药理作用是

A. 恢复已经老化的胆碱酯酶活性　　B. 解除烟碱样症状

C. 恢复被抑制的胆碱酯酶活性　　D. 与阿托品合用可发挥协同作用

E. 增高全血胆碱酯酶活性

974. 女,31 岁。口服有机磷农药 30ml 后出现口吐白沫、呼吸困难立即入院,经洗胃、碘解磷定及阿托品治疗后症状有所缓解,但 24 小时后再次出现呼吸困难。查体:R6~8 次/分,BP112/65mmHg,昏迷,呼吸浅慢,皮肤湿冷,瞳孔针尖样,双肺可闻及湿啰音,心率 50~60 次/分。急诊处理正确的是

A. 立即给予呼吸兴奋剂+解毒治疗　　B. 立即解毒治疗,导泻,必要时气管插管

C. 立即解毒治疗,重复洗胃,必要时气管插管　　D. 立即气管插管机械通气,强心、利尿治疗

E. 立即气管插管机械通气治疗,然后给予解毒剂治疗

975. 苯二氮䓬类中毒的特效解毒药是

A. 氟马西尼　　B. 纳洛酮　　C. 阿托品

D. 氯解磷定　　E. 尼可刹米

976. 男,50 岁。被发现昏倒在煤气热水器浴室内。查体:浅昏迷,血压 160/90mmHg,口唇樱红色,四肢无瘫痪。尿糖(++),尿酮体(-),最可能的诊断是

A. 脑出血　　B. 脑梗塞　　C. 急性心肌梗死

D. 急性一氧化碳中毒　　E. 糖尿病酮症酸中毒

977. 女,21 岁。早晨被发现昏睡不醒,枕头旁边有呕吐物。同寝室人有头晕、乏力、恶心症状,房间用煤炉取暖。既往体健。查体:T35.6℃,P100 次/分,R26 次/分,BP120/75mmHg。神志不清,双侧瞳孔等圆等大,对光反射存在,心、肺检查未见异常,无颈强直,病理反射未引出。为明确诊断,最有意义的检查是

A. 头颅 CT　　B. 全血胆碱酯酶活力测定　　C. 血及呕吐物毒物检测

D. 脑脊液常规检查　　E. 血碳氧血红蛋白浓度测定

(978~982 题共用题干)患者,女性,65 岁。神志不清 3 小时入院。家属代述家中生煤火,室内有农药瓶。既往有糖尿病病史 14 年,COPD 病史 20 年。

978. 造成患者昏迷的原因,最不可能的是

A. 农药中毒　　B. 一氧化碳中毒　　C. 糖尿病酮症酸中毒

D. 肺性脑病　　E. 肝性脑病

979. 若怀疑一氧化碳中毒,首先应做的检查是

A. 血红蛋白测定　　B. 血液碳氧血红蛋白测定　　C. 血气分析

D. 脑电图　　E. 头颅 CT

980. 若检查确诊为一氧化碳中毒，则首要急救措施为
A. 低温疗法　　B. 高压氧舱治疗　　C. 鼻导管吸氧
D. 给予呼吸兴奋剂　　E. 气管切开、机械通气

981. 若怀疑有机磷农药中毒，首要的实验室检查项目是
A. 尿有机磷农药成分检测　　B. 尿有机磷农药代谢物测定　　C. 血有机磷农药成分检测
D. 血有机磷农药代谢物测定　　E. 血胆碱酯酶活力测定

982. 若确诊为误服有机磷农药中毒，则首选的治疗是
A. 洗胃　　B. 导泻　　C. 静注阿托品
D. 静注氯解磷定　　E. 吸氧

983. 在高温环境中运动时，排汗量急增，致使血液中电解质的浓度大大降低，若得不到及时的补充，则可引起肌肉痉挛，称为
A. 热痉挛　　B. 热衰竭　　C. 热射病
D. 中暑热　　E. 痉挛

984. 快速降温是治疗中暑的基础，应在“黄金半小时内”将患者体温降至
A. 36℃　　B. 37℃　　C. 38℃
D. 39℃　　E. 40℃

内科学试题参考答案及详细解答

（正确答案为绿色的选项）

1. ABCDE ①慢性阻塞性肺疾病（COPD）的常见病因包括吸烟、空气污染、职业粉尘和化学物质、呼吸道感染、氧化应激、蛋白酶-抗蛋白酶失衡等。②蛋白酶对组织有损伤、破坏作用。抗蛋白酶对弹性蛋白酶具有抑制作用，其中 α_1 抗胰蛋白酶的活性最强。蛋白酶增多或抗蛋白酶缺乏都可导致组织破坏产生肺气肿。先天性 α_1 抗胰蛋白酶缺乏，多见于北欧血统的 COPD 患者，我国尚未见正式报道。

2. ABCDE ABCDE 都是 COPD 的临床表现，其中，气短或呼吸困难是 COPD 的标志性症状。

3. ABCDE ①老年患者长期咳嗽，咳痰，喘憋，应考虑慢性阻塞性肺疾病（COPD）。3 天来发热，双肺湿啰音，应考虑 COPD 急性加重期。患者颈静脉怒张，双肺湿啰音，双下肢水肿，应考虑慢性肺心病肺心功能失代偿期。患者昏睡，应考虑合并肺性脑病，因此本例应诊断为 COPD 急性加重期，慢性肺心病肺心功能失代偿期，肺性脑病。为明确诊断，首选动脉血气分析（D）。②头颅 CT 常用于诊断颅内占位性病变，本例昏睡为肺性脑病所致，并无颅内占位病变，故不答 A。检眼镜检查常用于诊断慢性颅内压增高症。心脏超声心动图（UCG）常用于诊断心肌病。肝肾功能+电解质检测无特异性。

4. ABCDE ①"反复咳嗽咳痰 30 年"，应考虑 COPD，为明确诊断，当然首选肺功能检查（B）。若检查发现不可逆性气流受限，可诊断为 COPD。②胸部 CT 为影像学检查，对于 COPD 的诊断价值不大。运动心肺功能检查可了解心脏功能。冠状动脉造影为确诊冠心病的金标准。核素心肌显像为了解心肌缺血范围的检查。这些检查对 COPD 的诊断帮助不大。

5. ABCDE ①老年男性，长期咳嗽、咳痰，胸片示肺纹理增粗，应诊断为慢性阻塞性肺疾病（COPD）。②肺结节病常表现为多系统损害，胸片示双肺门淋巴结肿大。患者病程长达 8 年，显然不是支气管肺癌和气胸，故不答 BE。肺结核好发于年轻人，多表现为低热、盗汗、咳嗽、咳痰，胸片示肺尖阴影。2020 年真题。

6. ABCDE ①老年患者反复咳嗽咳痰 15 年，桶状胸，应诊断为慢性阻塞性肺疾病（COPD）。近 3 天发热，发绀，双肺闻及湿啰音，白细胞总数增高，应考虑急性加重期（B）。②支气管哮喘的典型表现为发作性呼气性呼吸困难，发作时满肺哮鸣音，可有咳嗽，但无咳痰。支气管扩张常表现为咳嗽，咳大量臭脓痰。肺血栓栓塞常表现为呼吸困难、胸痛、咯血三联征，P_2 亢进。患者病史长达 15 年，支气管肺癌的可能性不大。

7. ABCDE ①老年患者咳嗽、咳痰 15 年，应考虑慢性阻塞性肺疾病（COPD），最主要的诊断指标是肺功能检查示 $FEV_1/FVC<0.70$，故答案为 E。②血气分析示低氧血症，若 $PaO_2<60mmHg$，则可诊断为呼吸衰竭而不是 COPD，故不答 A。肺功能示 FVC 明显降低，提示为限制性通气功能障碍。肺泡动脉氧分压差是反映肺换气功能的指标。肺功能示 DLco 下降提示肺弥散功能障碍。

8. ABCDE ①患者咳嗽咳痰 10 年，应考虑 COPD。突发胸痛，呼吸困难，患肺叩诊鼓音，呼吸音降低，应考虑并发自发性气胸，此为 COPD 的常见并发症。②肺栓塞多有手术、长期卧床等病史，常有咯血症状。急性心梗可突发胸痛，但一般无呼吸困难、肺部叩诊鼓音、呼吸音降低等表现。单纯 COPD 无胸痛表现。肺大疱一般无症状。

9. ABCDE 慢性阻塞性肺疾病（COPD）偶有轻微咳嗽，少量痰液，表明 COPD 处于缓解期，而不是急性加重期，治疗主要是提高机体抗病能力，避免上呼吸道感染。ABCD 都是 COPD 急性加重期的治疗。

10. ABCDE ①患者发作性呼气性呼吸困难 5 年，双肺哮鸣音，可诊断为支气管哮喘，其呼气性呼吸困难主要是细小支气管痉挛所致(C)。②大支气管狭窄、大支气管梗阻主要导致吸气性呼吸困难。呼吸面积减少、肺泡张力增高主要见于 COPD。

11. ABCDE 气道高反应性(AHR)是指气道对各种刺激因子呈高度敏感状态,表现为患者接触这些刺激因子时气道出现过强或过早的收缩反应。AHR 是支气管哮喘的基本特征,气道慢性炎症是导致 AHR 的重要机制,气道重构是哮喘的重要病理特征。

12. ABCDE 气道高反应性(AHR)是指气道对各种刺激因子如变应原、理化因素、运动等呈现的高度敏感状态。AHR 是支气管哮喘的基本特征,有症状的哮喘患者几乎都存在 AHR。气道慢性炎症是导致 AHR 的重要机制之一,AHR 常有家族倾向,受遗传因素的影响。长期吸烟、病毒性上呼吸道感染、慢性阻塞性肺疾病等均可出现 AHR(E 错)。

13. ABCDE 外源性支气管哮喘的发病机制为Ⅰ型变态反应。当变应原进入机体后,引起浆细胞产生 IgE 抗体,并与肥大细胞、嗜碱性粒细胞结合,使其致敏。当机体再次接触变应原时,变应原与肥大细胞表面的 IgE 结合,引起肥大细胞脱颗粒,释放组胺、缓激肽、白三烯等炎症介质,引起支气管平滑肌收缩,导致哮喘发作。

14. ABCDE ①支气管哮喘发作时呈阻塞性通气功能障碍改变,反映呼气流速的指标(如第一秒用力呼气容积)在早期即显著下降,而反映肺容量的指标(如肺活量)在晚期时才降低,故最佳答案为 C 而不是 A。②支气管哮喘发作时,最大通气量减小、功能残气量增大、弥散量正常。2019 年真题。

15. ABCDE ①咳嗽变异性哮喘是指发作时以咳嗽为唯一症状的哮喘,可自行缓解或经支气管舒张剂治疗后缓解(C)。②A 肯定错误,因老慢支患者反复咳嗽的时间均>2 周。支喘主要由小气道痉挛狭窄引起,因此中性粒细胞不高,抗生素治疗无效。调查资料表明,遗传因素与哮喘发病有关。

16. ABCDE 治疗支气管哮喘的药物分为两类:ABCE 均属于缓解性药物,D 为控制性药物。2018 年真题。

17. ABCDE ①支气管哮喘的典型症状是发作性呼吸困难,可自行缓解或使用支气管舒张剂后缓解,夜间、凌晨发作或加重是哮喘的临床特点。本例发作性胸闷,可自行缓解,发作多以凌晨为著,应诊断为支气管哮喘(B)。②胃食管反流病常表现为反流和烧心。左心衰竭常表现为咳嗽,咳粉红色泡沫痰,双肺湿啰音。过敏性肺炎以弥漫性间质性肺炎为病理特征,常表现为接触抗原数小时后出现发热、干咳、呼吸困难、胸痛、发绀等。慢性支气管炎多表现为长期咳嗽咳痰。

18. ABCDE ①夜间、凌晨发作为支气管哮喘的特点。青年患者反复发作干咳,夜间明显,可自行缓解,发作间歇期肺部体检正常,应诊断为咳嗽变异性哮喘。为明确诊断,应首选支气管舒张试验,次选支气管激发试验,故答 D。②支气管镜常用于气管、大支气管占位性病变的诊断。胸部高分辨 CT 常用于确诊支气管扩张症。胸部 MRI 常用于诊断胸部占位性病变。

19. ABCDE ①支气管哮喘患者突发胸痛、呼吸困难、呼吸音减低,应考虑并发自发性气胸。②哮喘急性发作、肺不张、急性心力衰竭均不会出现胸痛。心绞痛可有胸痛,但一般不会出现呼吸困难。

20. ABCDE 支气管哮喘患者,每月偶尔发作 1~2 次,无夜间发作,说明患者处于支气管哮喘慢性持续期。其治疗首先应按需使用短效 β_2 受体兴奋剂,故答案为 A 而不是 C。若上述治疗无效,再加用抗胆碱药物、糖皮质激素等。

21. ABCDE ①尽管目前支气管哮喘的发病机制尚不清楚,但某些变应原引起的变态反应与哮喘的发病密切相关。目前支气管哮喘的治疗尚无特效药物,因此,部分患者若能找到引起哮喘发作的变应原,使患者彻底脱离变应原,这是防治哮喘最有效的方法。②糖皮质激素能迅速缓解哮喘症状,酮替酚只能预防季节性哮喘发作。

22. ABCDE ①支气管哮喘的本质是气道慢性非特异性炎症,糖皮质激素是目前消除炎症、控制哮喘发作最有效的药物,布地奈德属于新型糖皮质激素(B)。②沙丁胺醇为 β_2 受体激动剂,可迅速舒张支气管平滑肌,是控制哮喘急性发作的首选药。色甘酸钠为非糖皮质激素抗炎药,主要用于预防因变应原引起的外源性哮喘。曲尼斯特为 H_1 受体拮抗剂，对于轻症哮喘和季节性哮喘有一定效果。氨茶碱是目前治疗哮喘的有效药物之一。

23. ABCDE ①气道高反应性是哮喘的基本特征，因此题干要求作答的是控制支气管哮喘发作的最主要措施。治疗哮喘的药物分为控制性药物和缓解性药物，糖皮质激素是目前控制哮喘发作最有效的药物，吸入剂型副作用少，是目前哮喘长期治疗的首选(D)。②吸入支气管舒张剂(如 β_2 受体激动剂)为缓解哮喘急性发作的首选药物。H_1 受体拮抗剂(如苯海拉明)主要用于皮肤黏膜变态反应性疾病的治疗。特异性免疫治疗具有一定的辅助疗效。白三烯调节剂常用于轻度哮喘的治疗。

24. ABCDE ①茶碱类、β_2 受体激动剂均属于支气管舒张剂，不能控制气道炎症，而题干要求回答的是"加强抗炎效果"，因此可首先排除答案 AB。②白三烯调节剂具有抗炎作用，常单独用于治疗轻度哮喘，或作为中、重度哮喘的联合治疗药物，尤其适用于阿司匹林哮喘、运动性哮喘、伴有过敏性鼻炎的哮喘病人。本例伴有过敏性鼻炎，故答 C。③口服糖皮质激素(泼尼松、泼尼松龙)主要用于吸入激素无效的哮喘病人。H_1 受体拮抗剂常用于预防季节性哮喘的发作。

25. ABCDE ①支气管哮喘急性发作若静脉点滴氨茶碱无效，则应改用支气管哮喘的特效药糖皮质激素静脉滴注(E)。②糖皮质激素雾化吸入通常需规律吸入 1 周以上方可生效，多作为控制性药物使用。口服白三烯受体调节剂起效缓慢，不能用于控制急性发作。控制哮喘发作多吸入短效 β_2 受体激动剂，而不是长效制剂。支气管哮喘的本质是支气管痉挛，而不是细菌感染，故一般不用抗生素。

26. ABCDE 27. ABCDE 28. ABCDE 29. ABCDE ①患者反复呼吸困难、胸闷、咳嗽，可自行缓解，发作有季节性，发作期间双肺满布哮鸣音，可诊断为支气管哮喘(D)。慢性支气管炎主要表现为咳痰喘，不会自行缓解，发作时不会满肺哮鸣音。阻塞性肺气肿多见于老年人，不会阵发性发作，自行缓解。心源性哮喘多见于心脏病患者，体检心脏多有异常体征。②β_2 受体激动剂可迅速舒张支气管，是控制哮喘发作的首选药(A)。β_2 受体阻滞剂可加重支气管哮喘，应禁用。抗生素对支喘发作无效。③若使用 β_2 受体激动剂及茶碱类药物无效，则只能改用支喘的特效药糖皮质激素静脉滴注，故答 B 而不是 A。支气管哮喘患者不宜使用 5%的碳酸氢钠纠酸，否则易导致氧解离曲线左移，加重组织缺氧，故不答 C。头孢菌素对缓解支气管哮喘无效，故不答 D。本例哮喘持续状态已超过 24 小时，不能使用糖皮质激素(倍氯米松)吸入治疗，因吸入药量少，不能达到满意控制哮喘的目的，故不答 E。④重症哮喘发作行机械通气的指征包括呼吸肌疲劳、$PaCO_2 \geq 45mmHg$、意识改变。患者神志不清、$PaCO_2 70mmHg$，应行气管插管、机械通气(E)。

30. ABCDE 典型支气管扩张好发于引流不畅的下叶肺段，其症状为慢性咳嗽、大量臭脓痰、反复咯血。部分患者支气管扩张发生于上叶肺段，由于引流效果好，没有慢性咳嗽、咳痰、反复感染的症状，仅以反复咯血为唯一症状，临床上称为干性支气管扩张。

31. ABCDE ①支气管柱状扩张的典型 X 线表现为"双轨征"，这是由于受累肺实质通气不足、萎陷，扩张的气道往往聚拢，导致纵切面呈"双轨征"，横切面呈"环形阴影"。②"残根征"为肺动脉高压的典型 X 线表现，蜂窝肺为间质性肺疾病的典型 X 线表现，卷发样阴影为支气管囊状扩张的典型 X 线表现，假空洞征为肺炎链球菌肺炎的典型 X 线表现。

32. ABCDE ①重度支气管哮喘常表现为呼吸频率>30 次/分，心率>120 次/分，奇脉，故不答 AB。②支气管哮喘的典型体征是双肺广泛哮鸣音，但在非常严重的哮喘发作，哮鸣音反而减弱，甚至完全消失，称为"沉默肺"，是病情危重的表现，故正确答案为 D 而不是 C。③"桶状胸，双肺叩诊过清音"为肺气肿的临床表现。

33. ABCDE ①患者长期反复咳嗽、咯血，左下肺湿啰音，胸片示左下肺纹理增粗、紊乱，应考虑支气管扩张。为明确诊断，首选高分辨 CT(HRCT)检查。②支气管镜主要用于确诊气管、大支气管病变。痰找癌细胞主要用于确诊肺癌。肺通气/灌注扫描、支气管动脉造影主要用于肺血栓栓塞症的诊断。

34. ABCDE 支气管扩张症患者发生铜绿假单胞菌感染的高危因素包括：①近期住院；②每年 4 次以上

或近 3 个月以内应用抗生素；③重度气流阻塞（FEV_1<30%预计值）；④最近 2 周每日口服泼尼松<10mg。以上 4 条中含 2 条即易发生铜绿假单胞菌感染，故答 D。2018 年真题。

35. ABCDE 支气管扩张症合并感染的常见病原体为铜绿假单胞菌、金黄色葡萄球菌、流感嗜血杆菌、肺炎链球菌、卡他莫拉菌等，无肺炎支原体。

36. ABCDE ①垂体后叶素可收缩内脏小动脉，常用于治疗支气管扩张症大咯血（B）。②口服卡巴克洛（安络血）常用于支扩少量咯血。介入治疗、手术治疗常用于大咯血经内科治疗无效者。支扩大咯血不能进行支气管镜下止血，故不答 E。

37. ABCDE ①患者双侧支扩，病变范围广泛，为手术禁忌证，故不答 B。②对于反复大咯血的支扩患者，经内科治疗无效，可行支气管动脉栓塞术。③抗生素主要适用于支扩合并急性感染者，故不答 A。支气管镜下不能对支气管扩张进行介入治疗，故不答 D。口服止血药物仅用于支扩少量咯血者。

38. ABCDE 39. ABCDE 40. ABCDE ①咳大量脓痰的常见疾病有两个，即支气管扩张症和肺脓肿，故可首先排除答案 BDE。吸入性肺脓肿 1/3 的患者有不同程度咯血。本例体检可闻及双肺底局限性粗湿啰音，此为支气管扩张症的典型体征（C）。②支气管造影为确诊支气管扩张症的经典方法，但由于属于有创检查，现已被敏感性更高的高分辨 CT（HRCT）所取代（C）。胸部断层扫描、胸腔镜、支气管镜检查均不能用于支扩的诊断。③支扩的治疗原则是治疗基础疾病、控制感染、改善气流受限、清除气道分泌物等。支扩急性感染期的主要治疗是控制感染而不是介入治疗控制出血，故答 C。使用支气管舒张剂、体位引流都是保持呼吸道通畅的方法。

41. ABCDE 非典型病原体所致的肺炎包括军团菌、支原体、衣原体等所致的肺炎。ABCE 均属于细菌性肺炎。

42. ABCDE ①金黄色葡萄球菌为革兰染色阳性球菌，可成簇分布。金葡菌肺炎胸片示肺段、肺叶实变，其中可有单个或多个液气囊腔（透亮区），故答 A。②卡他莫拉菌为革兰染色阴性杆菌，故不答 B。溶血性链球菌为革兰染色阳性球菌，但多呈链状排列。厌氧菌肺炎多由误吸所致，多见于长期卧床、昏迷等患者。肺炎链球菌肺炎不会产生肺组织坏死，不会出现空洞、液气囊腔，故不答 E。2018 年真题。

43. ABCDE 患者近期发热，胸痛，说明为炎性病变，故答 C 而不是 ADE。胸腔积液常表现为呼吸音消失而不是减弱，故不答 B。

44. ABCDE ①患者发热，咳嗽，应考虑肺部感染。患者右肺语颤减弱，呼吸音低，应考虑合并胸腔积液。因为单纯肺部感染常导致肺组织实变，而表现为语颤增强。②肺部感染合并胸腔积液常表现为限制性通气功能障碍，其特点为最大通气量降低、肺总量减低、残气量减低、肺活量降低、一秒率（FEV_1/FVC）正常或增加。

45. ABCDE ①患者无胸痛，说明不是心肌缺血性疾病。患者咳嗽、胸闷、右下肺呼吸音降低，应考虑肺部疾病所致，故应首选胸部 X 线片检查（C）。②动脉血气分析常用于诊断呼吸衰竭。年轻患者，病史仅 2 天，不可能诊断为 COPD，故不答 B。患者无胸痛、咯血，无下肢深静脉血栓病史，不可能诊断为肺血栓栓塞，故不答 D。患者仅凭咳嗽、胸闷、呼吸音降低，不能诊断为胸腔积液，故不答 E。

46. ABCDE ①金黄色葡萄球菌肺炎可引起肺实变、化脓、组织破坏，导致肺脓肿（C）。②真菌性肺炎易形成慢性肉芽肿，干酪性肺炎易形成结核空洞，而不是肺脓肿。肺炎支原体肺炎主要累及肺间质，很少引起肺脓肿。2018 年真题。

47. ABCDE "肺叶实变、其中有液气囊腔"为葡萄球菌肺炎的特征性 X 线表现，故答 D。干酪性肺炎的 X 线影像呈大叶性密度均匀磨玻璃状阴影。肺炎支原体肺炎的胸片示多种形态浸润影，呈节段性分布。肺炎克雷伯杆菌肺炎的典型胸片表现为肺小叶实变、蜂窝状脓肿。军团菌肺炎的 X 线表现为肺下叶斑片状浸润，无空洞。

48. ABCDE ①砖红色胶冻状痰是肺炎克雷伯杆菌肺炎的特征性痰液，故答 B。②葡萄球菌肺炎为脓性痰或脓血性痰，铜绿假单胞菌肺炎为黄绿色痰或翠绿色痰，流感嗜血杆菌肺炎为脓性痰，嗜肺军团杆菌肺炎为黏液、脓性或血性痰。

49. ABCDE ①肺炎链球菌肺炎好发于青年，常于受凉后突发寒战高热，咳嗽咳痰，“口角疱疹”为其重要体征，故本例最可能的诊断为肺炎链球菌肺炎（A）。②急性肺脓肿常表现为咳嗽，咳大量臭脓痰，很少出现胸痛及口角疱疹，故不答 B。金葡菌肺炎常急性起病，突发寒战高热，胸痛，咳脓性痰，毒血症状明显，如关节酸痛，精神萎靡，周围循环衰竭等，无口角疱疹，故不答 C。干酪性肺炎好发于体质衰弱者，常表现为结核中毒症状，咳嗽咳痰，呼吸困难，故不答 D。肺炎支原体肺炎好发于儿童，常表现为剧烈咳嗽，无痰或少痰，咽部充血，颈淋巴结肿大，故不答 E。

50. ABCDE “胸片示蜂窝状脓肿，叶间隙下坠”为肺炎克雷伯杆菌肺炎的特征性表现，故本例诊断为克雷伯杆菌肺炎。

51. ABCDE 胸片提示斑片状阴影，自服先锋霉素无效，首先排除答案 B，首选答案 A。肺栓塞表现为突发呼吸困难，胸骨后剧烈疼痛，晕厥、大汗淋漓，发绀等，故可排除答案 D。从血气分析的结果来看，患者虽有缺氧（PaO_2<60mmHg），但无 CO_2 潴留（$PaCO_2$<50mmHg），属于Ⅰ型呼衰，患者并无急性呼吸窘迫综合征（ARDS）的高危因素，故可排除 ARDS。支原体肺炎以咳嗽为突出症状，也可排除在外。

52. ABCDE ①肺炎支原体肺炎好发于儿童及青年，主要症状为乏力、咽痛、头痛、发热、腹泻、肌痛、耳痛等，可有阵发性刺激性咳嗽，咳少量黏痰。本例有咽痛、肌痛、咳少量黏痰的典型症状，可诊断为肺炎支原体肺炎。②军团菌肺炎常为亚急性起病，疲乏、无力、肌痛、畏寒、高热、咳嗽进行性加剧，咳黏痰带少量血丝或血痰。其基本病理改变为急性纤维素性化脓性炎，因此病情危重。③本例起病急，病程短，无盗汗等结核病中毒症状，不符合浸润性肺结核。④厌氧菌肺炎患者常有误吸史，高热、咳臭脓痰，X 线表现为脓胸、多发性肺脓肿等，与本例不符。⑤金葡菌肺炎常表现为咳嗽，咳黄色脓性痰，胸片示肺段或肺叶实变，早期可形成空洞。

53. ABCDE ①刺激性咳嗽是间质性肺炎的临床特点，常见于肺炎支原体肺炎、病毒性肺炎。肺炎支原体肺炎患者胸片常显示肺部多种形态的浸润影。根据题干，本例应诊断为肺炎支原体肺炎。②肺炎链球菌肺炎好发于年轻人，多于着凉、淋雨后发病，突发寒战、高热、咳嗽、咳铁锈色痰。葡萄球菌肺炎常表现为寒战、高热、胸痛、咳脓性痰，胸片示多发液气囊腔。肺结核常表现为低热、盗汗、咳嗽、咳少量白色黏液痰，胸片示肺尖部浸润影。肺孢子菌肺炎常合并艾滋病，临床上少见。2020 年真题。

54. ABCDE 恶臭脓液为厌氧菌的典型表现，故答 E。

55. ABCDE 56. ABCDE ①耐甲氧西林金黄色葡萄球菌（MRSA）肺炎可选用万古霉素、替考拉宁等进行治疗（B）。②支原体肺炎可选用大环内酯类抗生素（如红霉素、罗红霉素）治疗，答案为 A。

57. ABCDE 58. ABCDE 59. ABCDE 60. ABCDE 61. ABCDE 肺炎克雷伯杆菌肺炎的特征性痰液为砖红色胶冻样痰（B）。金黄色葡萄球菌肺炎的典型痰液为脓痰，量多，带血丝或呈脓血状（C）。铁锈色痰为肺炎链球菌肺炎的特征性痰液（A）。黄绿色脓痰为铜绿假单胞菌（绿脓杆菌）肺炎的典型痰液（D）。病毒性肺炎多表现为刺激性咳嗽，咳少量白色黏液痰或无痰（E）。

62. ABCDE 63. ABCDE 64. ABCDE 65. ABCDE 66. ABCDE ①肺炎链球菌肺炎早期表现为肺纹理增粗，肺段、肺叶稍模糊，随着病情进展，表现为大片炎性浸润阴影或实变影，在实变阴影中可见支气管充气征（C）。②葡萄球菌肺炎的典型胸片表现为肺叶或肺段实变，早期可形成空洞，或呈小叶状浸润，其中有单个或多个液气囊腔（B）。③肺炎支原体肺炎的典型胸片表现为肺部多种形态的浸润影，呈节段性分布，以肺下叶多见（A）。④病毒性肺炎的典型胸片表现为肺纹理增多，磨玻璃样阴影，小片状或广泛浸润、实变（E）。⑤肺炎克雷伯杆菌肺炎的典型胸片表现为肺大叶实变，蜂窝状脓肿，水平叶间裂弧形下坠（D）。

67. ABCDE 68. ABCDE 69. ABCDE 70. ABCDE 71. ABCDE ①肺炎链球菌肺炎首选青霉素 G；若过敏，可选用氟喹诺酮类、头孢噻肟、头孢曲松等；耐药菌株（MDR）可选用万古霉素、替考拉宁）。②葡萄球菌肺炎近年来对青霉素 G 的耐药率已高达 90%左右，故宜选用耐青霉素酶的半合成青霉素，或头孢菌素;对于 MRSA,可选用万古霉素、替考拉宁。③肺炎支原体肺炎、军团菌肺炎首选大环内酯类抗生素,如红霉素、罗红霉素、阿奇霉素等。④肺炎克雷伯杆菌肺炎首选氨基糖苷类抗生素。

72. ABCDE 青年女性,突发高热,咳嗽,右上肺实变征,白细胞总数及中性粒细胞比例均增高,可诊断为肺炎链球菌肺炎,应首选青霉素治疗。青霉素过敏者可选用氟喹诺酮类(如左氧氟沙星)、头孢噻肟或头孢曲松(C)。

73. ABCDE ①吸入性肺炎的病原体多为厌氧菌,治疗首选青霉素(C)。请注意:不是首选厌氧菌的特效药甲硝唑,而是首选青霉素。②氨基糖苷类为肺炎克雷伯杆菌肺炎的首选药。第三代头孢菌素为金黄色葡萄球菌肺炎的首选药。氟喹诺酮类为肺炎链球菌肺炎、肺炎支原体肺炎的次选药。红霉素为支原体肺炎的首选药。

74. ABCDE 血清冷凝集试验是诊断肺炎支原体感染的传统方法,其敏感性与特异性均不理想。现已淘汰。起病 2 周后,约 2/3 的肺炎支原体肺炎患者冷凝集试验阳性,滴度>1:32,如滴度逐步升高,有诊断价值。

75. ABCDE 肺炎支原体肺炎和病毒性肺炎最突出的临床表现都是咳嗽,多为阵发性咳嗽,咳少量黏液痰。

76. ABCDE 病毒性肺炎是间质性肺炎,表现为肺间质受累、增宽、水肿,间质炎细胞浸润。肺泡腔变小,一般无渗出,或少量浆液性渗出,并发胸腔积液者较少见。本病起病较急,但临床症状较轻(B 对),常无显著胸部体征。胸部 X 线检查可见肺纹理增多,小片状浸润或广泛浸润,严重者双肺弥漫性结节性浸润。

77. ABCDE 78. ABCDE 79. ABCDE ①肺脓肿多为误吸所致,由于右主支气管较陡直,且管径较粗,吸入物易进入右肺,故吸入性肺脓肿好发于右肺。坐位时,好发于下叶后基底段。仰卧位时,好发于上叶后段或下叶背段。②血源性肺脓肿多为脓毒症经血行播散到肺,常表现为两肺外野多发性脓肿。

80. ABCDE ①杵状指是因肢体末端慢性缺氧、代谢障碍,导致手指末端增生、肥厚、增宽、增厚,使指甲从根部到末端拱形隆起呈杵状。因此,杵状指的形成是一个慢性过程,只有慢性肺脓肿患者才可能形成杵状指,急性肺脓肿因为病程短,不可能出现杵状指(E 对)。②急性肺脓肿患肺呼吸音减低,可闻及湿啰音。肺组织实变时,可闻及支气管呼吸音。肺脓腔较大时,叩诊可呈鼓音。慢性肺脓肿除非急性期,这些体征均少见。

81. ABCDE ①急性肺脓肿可有寒战高热,白细胞增高,肺部炎症体征,咳大量臭脓痰为其特征性表现,故答 C。②葡萄球菌肺炎为脓血痰,克雷伯杆菌肺炎为砖红色胶冻痰,肺结核为白色黏液痰,阻塞性肺炎为脓性痰,但这些肺炎的痰量均较少,不会达到 300ml/d。咳大量脓痰的疾病只有两个,即急性肺脓肿和支气管扩张症急性期。

82. ABCDE 患者 2 周前右小腿外伤,外踝处小脓疮,最可能的致病菌为金黄色葡萄球菌,此为血源性肺脓肿的常见病原体。皮肤外伤所致的脓毒症,菌栓可经血行播散到肺引起血源性肺脓肿,故答 E。

83. ABCDE ①肺脓肿的手术指征为:肺脓肿病程超过 3 个月,经内科治疗无效者;大咯血经内科治疗无效者;伴有支气管胸膜瘘或脓胸经保守治疗疗效不佳者;支气管堵塞限制了气道引流。②急性肺脓肿处于急性感染期,手术会导致感染扩散,引起严重后果,为手术禁忌证(A)。

84. ABCDE ①血源性肺脓肿最常见的致病菌为金黄色葡萄球菌。患者 1 周前脚趾化脓性感染,最可能的致病菌为金黄色葡萄球菌。金黄色葡萄球菌随血液循环进入肺内,可导致肺脓肿,表现为寒战、高热、咳嗽、咳大量臭脓痰。本例肺部有空洞形成,白细胞计数增高,应诊断为血源性肺脓肿(D)。②患者白细胞计数和中性粒细胞总数显著增高,提示化脓菌感染,故可首先排除 ABE。肺囊肿继发感染不会有外伤史,故不答 C。

85. ABCDE 86. ABCDE 87. ABCDE 88. ABCDE 89. ABCDE ①患者突发寒战高热,咳大量臭脓痰,血白细胞显著增高,可诊断为急性肺脓肿。"咳大量臭脓痰"的疾病有两个,即急性肺脓肿和支气管扩张症并发急性感染,但本病病程短,不符合支气管扩张症反复发作的特点。②尽管急性肺脓肿的致病菌多为厌氧菌,但首选抗生素不是厌氧菌的特效药甲硝唑,而是青霉素。③抗生素疗程为 6~8 周,或直至X线胸片空洞和炎症消失,或仅有少量的残留纤维化。④肺脓肿的治疗原则:抗生素治疗和脓液引流。脓液引流是提高疗效的关键。如脓液滞留肺部,可阻塞呼吸道、加重感染。"提高机体抵抗力""少量多次输血"都是肺脓肿的一般性治疗措施,对于有手术指征的肺脓肿可行手术治疗。肺脓肿不宜行介入治疗。

90. ABCDE 结核分枝杆菌的菌体成分包括类脂质、蛋白质和多糖类。类脂质占总量的50%~60%,其中的蜡质约占50%,与结核病的组织坏死、干酪液化、空洞形成、结核变态反应有关。菌体蛋白质可诱发皮肤变态反应,即OT试验的原理(B)。磷脂参与结核结节的形成,多糖类与免疫应答有关,索状因子具有免疫佐剂活性。

91. ABCDE 92. ABCDE ①原发性肺结核的原发灶好发于通气较好的肺上叶下部或下叶上部近胸膜处(9版病理学P342)。②继发性肺结核好发于上叶尖后段、下叶背段和后基底段(9版内科学P65);或答肺尖或锁骨下(9版内科学P64)。

93. ABCDE ①患者血常规正常,说明无化脓性细菌感染,故可首先排除答案CDE。②肺癌多为偏心性、厚壁空洞,而不是薄壁空洞,故不答B。患者低热、咳嗽、咳痰、血沉增快,应考虑肺结核。肺下叶背段为肺结核的好发部位,根据题干,本例应诊断为肺结核。2018年真题。

94. ABCDE ①青年男性,咳嗽咳痰,右上肺散在湿啰音,应考虑肺结核。为明确诊断,首选的检查是胸部X线片(A)。②不要误答E,因为痰涂片找抗酸杆菌为确诊肺结核的主要方法,不是首选方法。动脉血气分析常用于呼吸衰竭的诊断。痰涂片+药敏常用于细菌性肺炎的诊断。肺功能检查常用于COPD的诊断。2018年真题。

95. ABCDE 活动性肺结核胸片表现为边缘模糊不清的斑片状阴影,可有中心溶解和空洞,或出现播散灶(E错)。痰涂片找到抗酸杆菌肯定是活动性肺结核,故不答D。

96. ABCDE ①原发型肺结核好发于儿童,常表现为原发灶、结核性淋巴管炎、肺门淋巴结结核三联征,与题干不符,故可首先排除答案AB。②患者胸片示右上肺斑点状阴影,说明为活动肺结核,故可排除答案D。③空洞性肺结核的病程常较长,其空洞壁较厚,形态不一,故不答E。本例应诊断为浸润性肺结核,痰涂(+),进展期。

97. ABCDE ①空洞性肺结核与肺脓肿均可有咳嗽咳痰,胸片均可有空洞形成,两者的肺部体征基本相同,故不答ABC。②空洞性肺结核若合并普通细菌感染,也可有白细胞计数增高,故不答E。③痰细菌学检查空洞性肺结核可找到抗酸杆菌,肺脓肿则为阴性,故答D。

98. ABCDE 患者低热,经正规抗菌治疗后肺部病灶不吸收,应考虑肺结核和肺癌。由于肺结核好发于肺尖或上肺叶,故干酪样肺炎的可能性大,肺癌可能性小。BCD项经正规抗感染治疗均有效。

99. ABCDE ①中年男性,有长期低热,应考虑为结核中毒症状。"右下胸语音震颤减弱,叩诊浊音,呼吸音消失",考虑为胸腔积液。此病人有胸痛,考虑为胸膜性胸痛。因此,本例可诊断为结核性胸膜炎合并胸腔积液,不能诊断为浸润性肺结核,因为肺结核很少出现胸痛和胸腔积液,故答案为C而不是D。②肺炎链球菌肺炎多见于年轻人,多于受凉后发病,伴寒战高热,肺部可有实变征。支原体肺炎为间质性肺炎,不累及肺实质,多表现为阵发性刺激性咳嗽,肺部体征轻微。支气管肺癌多见于老年,多有咳嗽、痰中带血,一般无胸痛,早期无胸腔积液。

100. ABCDE 青年女性患者,低热消瘦、间断咳嗽3月;胸片提示左上肺斑片状阴影;OT试验强阳性,应诊断为肺结核。可作痰涂片找抗酸杆菌以明确诊断。

101. ABCDE ①患者头孢菌素无效,可首先排除答案AC,因为肺脓肿、肺炎抗生素治疗常有效。支气管扩张症常表现为反复咳嗽、咳痰,咳大量臭脓痰,病情迁延,故不答E。②患者低热,咳嗽,痰中带血,左上肺语颤减弱,呼吸音减低,胸片示斑片状阴影,其内可见透亮区(此为结核空洞),应诊断为肺结核(D)。③肺癌多见于老年人,可有阻塞性肺炎表现,但外周血白细胞总数及中性粒细胞比例应增高。

102. ABCDE 103. ABCDE ①患者病程达2个月,反复干咳、咯血,可排除肺炎球菌肺炎和支原体肺炎。

大叶性干酪性肺炎的 X 线表现为大片密度均匀磨玻璃样阴影，逐渐出现溶解区，呈虫蚀样空洞，可出现播散病灶，故答 B。本例胸片结果不支持支气管扩张症的诊断。病毒性肺炎胸片可见肺纹理增多，磨玻璃状阴影，但一般无空洞形成，且病程较短，故不答 E。②干酪性肺炎多发生在机体免疫力差和体质衰弱，又受到大量结核分枝杆菌感染的患者，或有淋巴结支气管瘘，淋巴结中的大量干酪样物质经支气管进入肺内而发生。

104. ABCDE 结核病化疗的原则是早期、规律、全程、适量、联合。“联合”用药是指同时采用多种抗结核药物治疗，可提高疗效，同时通过交叉杀菌作用减少或防止耐药性的产生（C）。“全程”的目的是提高治愈率和减少复发率。“适量”的目的是减少药物毒副作用。

105. ABCDE　106. ABCDE 结核杆菌根据代谢状态，分为 4 个菌群。①A 菌群：快速繁殖，多位于巨噬细胞外、肺空洞干酪液化部分，细菌数量大，易产生耐药变异菌，抗结核药敏感性：异烟肼>链霉素>利福平>乙胺丁醇（A）。②B 菌群：处于半静止状态，多位于巨噬细胞内、空洞壁坏死组织中，抗结核药敏感性：吡嗪酰胺>利福平>异烟肼（C）。③C 菌群：处于半静止状态，可突然间歇性短暂的生长繁殖，抗结核药敏感性：利福平>异烟肼。④D 菌群：处于休眠状态，不繁殖，无任何药物敏感。

107. ABCDE　108. ABCDE　109. ABCDE ①异烟肼可抑制细菌 DNA 合成，对巨噬细胞内外的结核分枝杆菌均有强大的杀灭作用（C）。②吡嗪酰胺对结核分枝杆菌具有独特的杀菌作用，主要是杀灭巨噬细胞内酸性环境中的 B 菌群（D）。③链霉素对巨噬细胞外碱性环境中的结核分枝杆菌有杀灭作用，故答 E。④乙胺丁醇、对氨基水杨酸均属于抑菌剂，而不能杀灭结核分枝杆菌。

110. ABCDE ①2HRZE/4HR 方案强化治疗期的药物为异烟肼（H）、利福平（R）、吡嗪酰胺（Z）和乙胺丁醇（E），故可首先排除答案 E。乙胺丁醇的常见副作用是球后视神经炎，可表现为视力减退，视野缩小，视力模糊等（D）。②异烟肼的常见副作用为周围神经炎。利福平的常见副作用为肝损害、过敏反应。吡嗪酰胺的常见副作用为肝损害、高尿酸、关节痛等。

111. ABCDE 垂体后叶素可收缩小动脉，使肺循环血量减少而常用于肺结核大咯血的治疗，但高血压、冠心病、心力衰竭、孕妇禁用（A）。BCDE 项药物均可使用。

112. ABCDE ①肺动脉栓塞的临床表现缺乏特异性，常见症状为不明原因的持续性呼吸困难，典型症状为呼吸困难+胸痛+咯血三联征。肺动脉栓塞可有肺动脉高压，颈静脉充盈，P_2 亢进。股骨颈骨折患者需长期卧床休息，可发生下肢深静脉血栓形成，血栓脱落可导致肺动脉栓塞。根据病史及临床表现，本例应考虑肺动脉栓塞（A）。②急性心梗常表现为突发性胸痛，心肌酶学增高，一般无呼吸困难。急性心包炎常可闻及心包摩擦音。主动脉夹层常表现为胸部撕裂样剧痛，血压增高。胸腔积液为进行性呼吸困难，进展缓慢。

113. ABCDE ①肺栓塞常表现为胸痛、呼吸困难、咯血三联征，可有肺动脉高压（$P_2>A_2$）。肺动脉阻塞可造成严重的低氧血症，但早期由于过度通气，可导致低碳酸血症，故常表现为 PO_2 和 PCO_2 均降低。根据题干，本例应首先考虑肺血栓栓塞症。为明确诊断，应首选 CT 肺动脉造影（CTPA）检查，故答 A。②心肌坏死标志物、ECG 常用于诊断急性心肌梗死，故不答 BE。血 D-二聚体为肺血栓栓塞症的初筛检查，不能确诊本病，故不答 C。超声心动图（UCG）常用于诊断心肌病和心脏瓣膜病。

114. ABCDE ①CT 肺动脉造影（CTPA）是确诊肺血栓栓塞症（PTE）的首选检查，能够准确发现段以上肺动脉内的血栓（A）。②肺动脉造影虽是确诊 PTE 的“金标准”，但为有创性检查，故不作为首选。血 D-二聚体因特异性差，对 PTE 无诊断价值。肺通气灌注扫描是过去诊断 PTE 的重要方法，现已少用。超声心动图主要用于除外引起 PTE 的心血管疾病。2018 年真题。

115. ABCDE 深静脉血栓形成最常见于下肢深静脉（占 50%~90%），其他静脉少见。

116. ABCDE ①患者突发呼吸困难，呼吸急促，发绀，肺部哮鸣音，肺动脉瓣区第二心音亢进（P_2 亢进），窦性心动过速，应考虑肺血栓栓塞症。为明确诊断，最有价值的检查是 CT 肺动脉造影（CTPA）。②胸部 X 线片对肺血栓栓塞症诊断价值不大。血 D-二聚体常用于肺血栓栓塞症的筛查。动脉血气分析常用于诊断呼吸衰竭。血清心肌坏死标记物测定常用于诊断急性心肌梗死。

117. ABCDE ①患者突发呼吸困难，颈静脉怒张，P_2亢进，CT肺动脉造影（CTPA）示右下肺动脉内充盈缺损，应诊断为肺动脉血栓栓塞症。②肺动脉血栓栓塞的治疗原则为：溶栓是最重要的治疗方法，抗凝是基础治疗方法，手术是补救治疗方法：a.高危患者（右心室功能不全伴低血压的大块肺动脉栓塞）先行溶栓治疗，再行抗凝治疗；b.中危患者（血压正常，但右心功能不全的次大块肺动脉栓塞）是否溶栓尚无定论，无论是否溶栓均应行抗凝治疗；c.低危患者（血压正常，右心功能正常的肺动脉栓塞）无需溶栓，直接行抗凝治疗；d.内科治疗无效者，行手术取栓。按照此原则，本例血压正常，无右心功能不全的表现，属于低危患者，应直接行抗凝治疗，不宜溶栓治疗，故不答BC。③抗凝治疗时应先给予肝素治疗4~5天，再转为口服华法林3~6个月，因为华法林需数天才能在体内发挥抗凝作用，故正确答案为D而不是A。④手术取栓适用于大块肺动脉栓塞，由于死亡率高达30%~44%，因此仅用于溶栓治疗无效或溶栓治疗禁忌的患者，故不答E。本题为2014年真题，其知识点9版《内科学》未详细讲述，因此很多医考参考书将答案错为BCE，请参阅2版8年制《内科学》P70、13版《实用内科学》P1863，讲解详细。

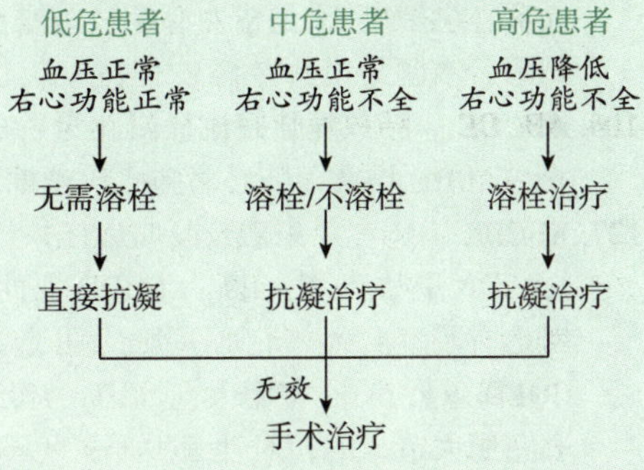

肺血栓栓塞症的治疗原则

118. ABCDE 肺血栓栓塞症行溶栓治疗的适应证为：①大面积肺血栓栓塞症伴休克、低血压、右心功能不全。②血压正常，但超声心动图提示右心室功能减退或临床表现为右心功能不全者。9版《内科学》未详细讲述，请参阅第13版《实用内科学》P1862。

119. ABCDE 大面积肺栓塞溶栓治疗的时间窗一般为14天以内。

120. ABCDE ①螺旋CT是确诊肺血栓栓塞症的首选检查。本例突发胸痛、呼吸困难，有肺动脉高压的表现（$P_2>A_2$），CT肺动脉造影（CTPA）显示右下肺动脉干及左下肺动脉充盈缺损，应诊断为肺血栓栓塞症。患者合并休克，收缩压<90mmHg，表明为大面积肺血栓栓塞。对于发病14天以内的大面积肺栓塞患者首选溶栓治疗，以重组组织型纤维蛋白溶酶原激活剂（rt-PA）静脉滴注效果最佳（A）。②多巴胺为升压药，低分子肝素为抗凝剂，均不能溶解血栓，故不答BC。本病手术治疗风险极大，病死率极高，故不答D。肺血栓栓塞症无需置放血管支架，故不答E。

121. ABCDE 肺动脉高压分为5类：动脉性肺动脉高压、左心疾病所致肺动脉高压、肺部疾病和（或）低氧所致肺动脉高压、慢性血栓栓塞性肺动脉高压、未明多因素机制所致肺动脉高压。ABCD均属于动脉性肺动脉高压，E属于肺部疾病和（或）低氧所致肺动脉高压。

122. ABCDE 低氧所致肺动脉高压细分为7种：慢性阻塞性肺疾病（COPD）、间质性肺疾病、其他限制性与阻塞性通气障碍并存的肺部疾病、睡眠呼吸障碍、肺泡低通气、长期居住高原环境、肺发育异常。

123. ABCDE ABCDE均属于特发性动脉高压的临床表现，但以呼吸困难最常见，且多为首发症状。

124. ABCDE 慢性肺心病是指由支气管-肺组织、胸廓或肺血管病变所致肺血管阻力增加，产生肺动脉高压，继而右心室结构和（或）功能改变的疾病。发生肺心病的先决条件是肺动脉高压，血液黏度增加、低氧血症和高碳酸血症都可导致肺动脉高压而最终导致肺心病，但气道阻力增加不是诱发肺心病的主要因素。

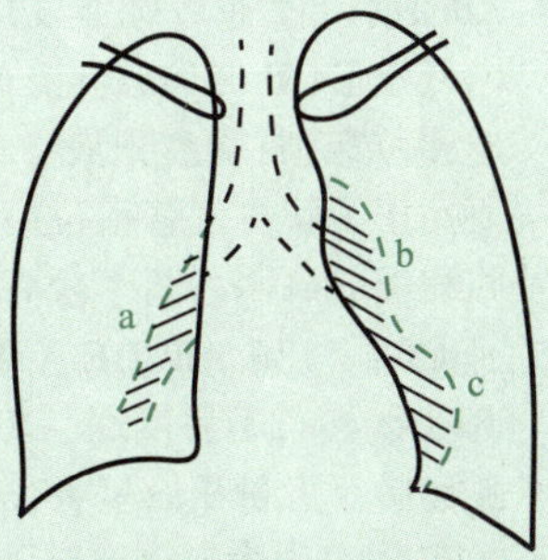

a.右下肺动脉干增宽；b.肺动脉段凸出
c.心尖上凸
慢性肺源性心脏病X线胸片正位

125. ABCDE ①患者咳嗽咳痰30年，应考虑慢性阻塞性肺疾病

(COPD)。患者双下肢水肿、尿少,应考虑慢性肺心病合并右心衰。慢性肺心病的基本病理改变是肺动脉高压,其胸部正位片表现为右下肺动脉干增宽,肺动脉段凸出,心尖上凸(A)。②烧瓶心多见于双心室扩大。靴形心多见于左心室肥大。普大形心常见于心房心室同时增大、心包积液。梨形心又称二尖瓣型心,是指左心房显著增大,肺动脉段凸出,心尖上翘,使心腰消失,主动脉结缩小,状如梨形。本题易误选答案E,但按9版《内科学》P111 图 2-11-2 观点,应选答案A。

126. ABCDE　肝颈静脉回流征阳性为右心衰竭的体征,此为慢性肺心病心功能失代偿期的临床表现之一。ABDE 均属于肺心病肺心代偿期的临床表现。

127. ABCDE　①老年患者反复咳嗽咳痰20年,应考虑慢性阻塞性肺疾病(COPD)。患者1周来心悸、气短、咳大量脓痰,应诊断为COPD急性加重期。患者心电图示 $R_{V1}+S_{V5}>1.05mV$,右束支传导阻滞,应考虑右心室肥大。右心室肥大可造成相对性三尖瓣关闭不全,可于三尖瓣区闻及收缩期杂音。COPD 患者,右心室肥大,应诊断为慢性肺源性心脏病(E)。②患者三尖瓣区闻及收缩期杂音,为右心室肥大造成的相对性三尖瓣关闭不全,故不答A。题干所述与BCD项关系不大。2018年真题。

128. ABCDE　①扩张型心肌病超声波检查常提示全心增大,慢性肺心病心脏超声检查常提示右心室肥大,故超声波检查有无全心增大有助于两者的鉴别。②右心室扩大、右心衰竭、肝颈征阳性、心界扩大在两种疾病的不同时期都可能出现,不能作为两者的鉴别依据。

129. ABCDE　呼吸系统感染是引起慢性肺心病急性加重致肺、心功能失代偿的常见原因,因此慢性肺心病心力衰竭患者一般在积极控制感染、改善呼吸功能、纠正缺氧和 CO_2 潴留后,心力衰竭便能得到改善,无需常规使用利尿药、正性肌力药、血管扩张药、呼吸兴奋剂。

130. ABCDE　慢性肺源性心脏病患者由于缺氧及肺部感染,对洋地黄的耐受性较低,容易发生洋地黄中毒,出现心律失常。

131. ABCDE　①缩窄性心包炎可使胸膜毛细血管静水压增高,导致胸腔积液(A)。②肺结核、膈下脓肿可使胸膜通透性增加导致胸腔积液。肝硬化造成的低蛋白血症,可使胸膜毛细血管内胶体渗透压降低导致胸腔积液。淋巴管阻塞可使壁层胸膜淋巴引流障碍而导致胸腔积液。

132. ABCDE　胸腔积液从性质上分为渗出性和漏出性两类。①渗出性胸腔积液的病因主要有3类:a.炎性病变(如细菌、病毒或真菌感染胸膜)引起的胸腔积液;b.非炎性病变(如肺栓塞、结缔组织疾病)引起的胸腔积液;c.肿瘤(如胸膜间皮瘤、肺癌、乳癌)累及胸膜引起的胸腔积液。②漏出性胸腔积液的病因可以是全身性疾病(如低蛋白血症、肾病综合征、过敏性疾病),也可以是某器官的病变(如充血性心衰、肝硬化、上腔静脉阻塞)。系统性红斑狼疮属于结缔组织病,可出现渗出性胸腔积液,而不会引起漏出性胸腔积液。

133. ABCDE　ABCDE 项都是胸腔积液的临床症状,其中呼吸困难是最常见的症状(D)。呼吸困难与胸廓顺应性降低、患侧膈肌受压、纵隔移位、肺容量下降刺激神经反射有关。

134. ABCDE　①患者胸痛发热,右下肺叩诊实音,呼吸音消失。胸片示右下肺大片致密影,上缘呈外高内低弧形(此为胸腔积液的特征X线表现),应诊断为右侧大量胸腔积液。为明确积液性质,当然首选胸腔穿刺+胸腔积液检查(E)。②PPD 试验对成人结核的诊断价值有限,故不答A。支气管镜主要用于了解支气管占位病变的性质。胸部CT主要用于了解胸部有无占位性病变。胸腔镜对恶性胸腔积液的病因诊断率较高。

135. ABCDE　136. ABCDE　①胸腔积液的X线表现与积液量、是否有包裹有关。较少量胸腔积液时胸部X线检查不易发现。300~500ml 胸腔积液胸片显示肋膈角变钝(A)。中量积液显示外高内低的弧形影。大量积液呈大片状致密影,边缘模糊阴影。参阅3版8年制《内科学》P153。②包裹性积液的X线表现为自胸壁向肺野突出的半圆形或梭形致密影,呈"D"字形,边缘光滑,密度均匀,其上、下缘与胸壁的夹角呈钝角(D)。③C 为大叶性肺炎的胸片征象。

137. ABCDE　138. ABCDE　139. ABCDE　①青年患者,低热、盗汗、消瘦3月,此为结核病的典型中毒症状。超声示右侧胸腔积液,应诊断为结核性胸腔积液(A)。BCDE 均不会出现典型结核中毒症状。②中等量胸腔积液患者入院后最主要的措施是胸腔穿刺抽液检查,以进一步明确胸腔积液的病因(A)。血培养对结核性胸腔积液的确诊意义不大。PPD 试验只对婴幼儿结核病的诊断有价值,对成人只具有参考意义。胸部 CT 有助于排除肺部占位病变。本例超声检查确诊为胸腔积液,若需明确胸腔积液病因,胸片检查价值不大,故不答 E。③右侧胸腔积液患者体检时可能发现的阳性体征包括:右肺底上移、气管向左侧移位、右侧胸廓肋间隙增宽、右侧积液区上方(*不是右上肺*)可能闻及支气管呼吸音(*管样呼吸音*),肺部无湿啰音。

140. ABCDE 141. ABCDE ①结核性胸腔积液时,因细胞免疫受刺激,T 淋巴细胞活性增强,故胸腔积液中腺苷脱氨酶(ADA)多高于 45U/L,且对诊断的敏感性较高。②癌胚抗原(CEA)在恶性胸腔积液早期即可升高,且比血清更显著。若胸液/血清 CEA>1,90%以上为恶性。

142. ABCDE ①本例胸腔积液比重>1.018,蛋白定量>30g/L,白细胞计数>500×10^6/L,应考虑渗出性胸腔积液,故可首先排除答案 E,因肝硬化胸腔积液为漏出液。②结核性胸腔积液多为草黄色渗出液,腺苷脱氨酶(ADA)>45U/L。癌性胸腔积液多为血性,ADA25~45U/L,CEA 升高。肺炎旁胸腔积液多为草黄色或脓性渗出液。本例为血性胸腔积液,ADA25U/L,应首先考虑癌性胸腔积液(B)。③肺栓塞所致胸腔积液少见,故不答 C。

143. ABCDE 144. ABCDE 145. ABCDE ①青年患者低热,此为结核病中毒症状。呼吸困难为胸腔积液最常见的症状。右下肺叩诊浊音,呼吸音消失,应考虑胸腔积液,以结核性胸膜炎可能性最大(C)。ABDE 一般不会出现胸腔积液及呼吸音消失。②结核性胸膜炎导致的胸腔积液多为渗出性胸腔积液,量大,蛋白质含量高,容易引起粘连,原则上应尽快抽尽胸腔积液,故答 E。③患者抽液过程中突发头晕、心悸、出冷汗、面色苍白、脉细等,应考虑胸膜反应,应立即停止抽液,使患者平卧,皮下注射肾上腺素,密切观察病情变化。

146. ABCDE 恶性肿瘤引起的胸腔积液是渗出液,胸腔积液比重应>1.018(D 错)。恶性胸腔积液 CEA>20μg/L,LDH>500U/L(且以 LDH_2 为主),腺苷脱氨酶(ADA)<45U/L。恶性胸腔积液多为血性,红细胞计数常超过 500×10^6/L。

147. ABCDE 急性呼吸窘迫综合征(ARDS)的主要病理改变是肺广泛充血水肿和肺泡内透明膜形成。当肺泡Ⅱ型细胞受损,所分泌的肺表面活性物质减少时,肺泡表面张力增加,肺顺应性降低,导致小气道陷闭、肺泡萎陷、肺不张(A)。当肺毛细血管内皮细胞、肺泡上皮细胞受损时,肺毛细血管通透性增加,可导致肺水肿(B)。肺内含铁血黄素沉着、肺小叶间隔增宽为肺水肿的继发性改变。肺褐色硬化见于慢性肺淤血。

148. ABCDE ARDS 患者导致直接肺损伤的原因,国内以重症肺炎最多见,国外以误吸最多见。

149. ABCDE 急性呼吸窘迫综合征患者由于肺内动静脉分流,肺泡弥散功能障碍,导致 PaO_2 降低。病程早期可出现呼吸频率增快,大量呼出 CO_2,可导致 $PaCO_2$ 降低、pH 升高。

150. ABCDE 急性呼吸窘迫综合征(ARDS)的病理特征是炎症导致的肺毛细血管通透性增高,肺泡腔渗出富含蛋白质的液体,肺泡萎缩,肺间质水肿及透明膜形成。主要病理生理改变是肺容积减小、肺顺应性降低(D 错)、肺内分流增加(V/Q 比例失调)。

151. ABCDE ①急性呼吸窘迫综合征(ARDS)常于原发病后 5 天内发生,除原发病症状外,常有呼吸困难,发绀,烦躁不安,焦虑,出汗,呼吸窘迫感。早期可在双肺闻及少量细湿啰音。结合病史及临床表现,本例应诊断为 ARDS(A)。②急性左心衰竭常表现为突发性呼吸困难,端坐呼吸,烦躁不安,大汗,发绀等,本题易错答为 B。但急性左心衰常有心脏病、输液过多等病因,咳嗽,咳粉红色泡沫痰等症状,双肺满布湿啰音和哮鸣音等体征,均与本例不符。③继发肺部感染常亚急性起病,端坐呼吸少见,肺部可闻及大量湿啰音。自发性气胸常有 COPD+剧烈咳嗽病史,突发胸痛及呼吸困难,肺部呼吸音减低或消失,无湿啰音。右心衰竭常表现为体循环淤血。

152. ABCDE ①患者挤压伤后 3 小时,呼吸困难,双肺湿啰音,血气分析示 PaO_2 和 $PaCO_2$ 均降低,应诊断为急性呼吸窘迫综合征(ARDS)。除抗休克治疗外,最重要的治疗措施即为尽快纠正缺氧,使 PaO_2 提高至 60mmHg 以上。早期轻症患者可用无创性鼻(面)罩通气,持续高浓度吸氧。当吸氧浓度(FiO_2)>0.5,且 PaO_2<60mmHg 时,应行机械通气。因此机械通气应在常规吸氧不能提高氧分压之后才采用,故正确答案应为 B 而不是 E。②糖皮质激素疗效不肯定。持续低浓度吸氧常用于 COPD 的治疗。抗感染不是目前的治疗重点,故不答 D。

153. ABCDE 严重感染是慢性呼衰最常见的诱因而不是病因(E)。ABCD 都是慢性呼吸衰竭的病因。

154. ABCDE 155. ABCDE ①通气/血流比值是指每分钟肺泡通气量和每分钟肺血流量的比值,是影响肺换气的重要因素。肺栓塞患者,栓塞部位血流减少,通气/血流比值增大,肺泡通气不能被充分利用,将导致低氧血症而无 CO_2 潴留(B)。②慢性阻塞性肺疾病(COPD)由于肺泡通气量下降,造成肺泡氧分压降低和 CO_2 分压升高,从而引起低氧血症和 CO_2 潴留,导致Ⅱ型呼吸衰竭(A)。③弥散障碍为Ⅰ型呼衰的主要发病机制。肺内分流是通气/血流比例失调的特例,为Ⅰ型呼衰的发病机制之一。

156. ABCDE ①呼吸衰竭时发生低氧血症和高碳酸血症(CO_2 潴留)。缺氧时通过兴奋颈动脉体和主动脉体化学感受器,反射性增强呼吸,使呼吸频率加快,肺通气量增加,心率加快。由于 CO_2 是强有力的呼吸中枢兴奋剂,因此 CO_2 潴留将导致呼吸加深加快,使肺通气量增加,心率加快。②缺氧和 CO_2 潴留均可影响肾脏功能。③持续缺氧时,组织细胞能量代谢的中间过程,如三羧酸循环、氧化磷酸化作用受限,能量生成减少,导致体内乳酸和无机磷酸产生增多而引起代谢性酸中毒。CO_2 潴留引起的是呼吸性酸中毒(C 错)。

157. ABCDE ABCDE 都是急性呼衰的临床表现,其中呼吸困难是呼吸衰竭最早出现的症状。多数患者有明显的呼吸困难,较早表现为呼吸频率加快,病情加重时出现呼吸困难,辅助呼吸肌活动加强,如出现三凹征等。

158. ABCDE 吸入氧浓度(%)=21+4×氧流量(L/min)。本例吸入氧浓度=29%,故氧流量应为 2L/min。

159. ABCDE ①患者 PaO_2<60mmHg,$PaCO_2$>50mmHg,应诊断为Ⅱ型呼吸衰竭,系肺泡通气不足所致(A)。②无效腔通气减少不是呼吸衰竭的发生机制。呼吸中枢抑制常导致Ⅱ型呼吸衰竭,但与本例无关。胸廓扩张受限、弥散功能障碍常导致Ⅰ型呼吸衰竭。

160. ABCDE ①患者 PaO_2<60mmHg,$PaCO_2$>50mmHg,可诊断为Ⅱ型呼衰。患者 $PaCO_2$>70mmHg,说明 CO_2 严重潴留,应行气管插管、机械通气(E)。②Ⅱ型呼衰患者一般不宜使用呼吸兴奋剂(尼可刹米),因疗效较差,且增加氧耗。COPD 患者多合并肺心病,心脏对洋地黄的耐受性极差,容易导致洋地黄中毒,故应慎用。使用碳酸氢钠纠酸,可使 pH 升高,氧解离曲线左移,加重组织缺氧,故很少应用。COPD 患者使用排钾性利尿剂呋塞米,可造成低钾低氯性碱中毒,且可造成水分大量丢失,使痰液黏稠不易咳出,加重呼吸道堵塞,不宜应用。

161. ABCDE ①Ⅱ型呼衰患者经过氧疗后,PaO_2 从 30mmHg 提高到 70mmHg,但 $PaCO_2$ 从 60mmHg 上升到了 80mmHg,说明氧疗时造成了体内 CO_2 的大量潴留。②肺心病患者易发生Ⅱ型呼衰,即缺氧伴 CO_2 潴留,宜采用持续低流量氧疗,严禁采用高浓度给氧,因患者多伴 CO_2 潴留,呼吸中枢对 CO_2 反应性差,呼吸的维持主要依靠低氧血症对外周化学感受器的兴奋作用,输入高浓度氧后可导致 CO_2 潴留,$PaCO_2$ 增高,使病情恶化,本例就是如此(D)。③肺部感染加重病情进展不会如此迅速,一般不会导致昏迷。心力衰竭、周围循环衰竭均与题干所述关系不大。气道阻力增加常见于支气管哮喘。

162. ABCDE ①$PaCO_2$ 为呼吸性指标,正常值为 35~45mmHg。若 $PaCO_2$>45mmHg 为呼吸性酸中毒(酸多),若 $PaCO_2$<35mmHg 为呼吸性碱中毒(酸少)。本例 $PaCO_2$ 为 80mmHg,应判断为呼吸性酸中毒。②剩余碱(BE)为代谢性指标,正常值为-2.3~+2.3mmol/L。若 BE>+2.3 为代谢性碱中毒,若 BE<-2.3为代谢性酸中毒。本例 BE-5mmol/L,应判断为代谢性酸中毒。故本例应诊断为呼吸性酸

中毒合并代谢性酸中毒(B)。

163. ABCDE ①$PaCO_2$ 为呼吸性指标,正常值为 35~45mmHg。若 $PaCO_2$>45mmHg 为呼吸性酸中毒,若 $PaCO_2$<35mmHg 为呼吸性碱中毒。本例 $PaCO_2$ 为 73mmHg,应判断为呼吸性酸中毒。②HCO_3^- 为代谢性指标,正常值为 22~27mmol/L,若 HCO_3^->27mmol/L 为代谢性碱中毒,若 HCO_3^-<22mmol/L 为代谢性酸中毒。本例 HCO_3^- 为 28mmol/L,应判断为代谢性碱中毒。故本例应诊断为呼吸性酸中毒合并代谢性碱中毒(A)。

164. ABCDE ①呼吸衰竭伴呼酸时,体内 CO_2 蓄积,因此 $PaCO_2$、HCO_3^- 均升高;②由于是酸中毒,故 pH 可降低;若为代偿性,则 pH 可维持在正常范围。③AB 为实际碳酸氢盐含量,是指隔绝空气时测得的 HCO_3^- 含量。SB 为标准碳酸氢盐含量,是指标准状态下测得的 HCO_3^- 含量。呼吸性酸中毒时,由于 CO_2 潴留,其 AB>SB,并不是 SB>AB。SB>AB 表示 CO_2 呼出过多,见于呼吸性碱中毒。

165. ABCDE 多器官功能障碍综合征(MODS)是指机体在遭受急性严重感染、严重创伤、大面积烧伤等突然打击,同时或先后出现 2 个或 2 个以上器官功能障碍,以至在无干预治疗的情况下不能维持内环境稳定的综合征。肺是这一病理生理过程中最易受累的器官,表现为 ARDS。

166. ABCDE 前负荷也称容量负荷,是指心肌收缩前所负载的负荷。后负荷也称压力负荷,是指心肌开始收缩时所遇到的负荷。引起前负荷增加的病因包括:①瓣膜关闭不全,如主动脉瓣关闭不全、二尖瓣关闭不全;②分流性先心病,如间隔缺损、动脉导管未闭;③循环血量增加,如慢性贫血、甲亢等。引起后负荷增加的病因包括:高血压、主动脉瓣狭窄、肺动脉高压、肺动脉瓣狭窄等。

167. ABCDE ①在高血压、冠心病发生心功能不全的早期,收缩期的射血功能尚未明显降低,但因舒张功能障碍而致左心室充盈压增高,导致肺循环淤血,称为舒张期心力衰竭(C)。②严重的舒张期心衰见于限制型心肌病、肥厚型心肌病、缩窄性心包炎等。急性心肌梗死、扩张型心肌病、贫血性心脏病常发生收缩期心衰。

168. ABCDE 慢性心力衰竭诱因包括感染、心律失常、血容量增加、过劳、情绪激动、治疗不当、原有心脏病加重等,其中肺部感染是最常见最重要的诱因(E)。

169. ABCDE 患者为急性心肌梗死,应行 Killip 分级,首先排除答案项 ABC。患者双肺底少量湿啰音,说明啰音范围<1/2 肺野,应诊断为 Killip Ⅱ级(D)。

170. ABCDE ①患者此时并无心肌梗死,只是既往有心肌梗死病史,应行 NYHA 分级而不是 Killip 分级,故可首先排除答案 DE。②患者日常活动受限制,休息后可缓解,应诊断为 NYHA 分级Ⅱ级(B)。

171. ABCDE 172. ABCDE 左心衰竭时,呼吸困难出现的顺序一般为:劳力性呼吸困难→端坐呼吸→夜间阵发性呼吸困难→急性肺水肿。因此慢性左心衰最早出现的症状是劳力性呼吸困难,最严重的形式是急性肺水肿。

173. ABCDE 174. ABCDE 颈静脉怒张是右心衰的主要体征;肝颈静脉反流征阳性是右心衰特征性的体征,也是与门脉性肝硬化腹腔积液鉴别的重要体征。

175. ABCDE ①患者有心肌梗死病史,但目前尚无心肌梗死,不宜行 Killip 分级,故可首先排除答案 C。患者夜间憋醒,应诊断为心功能 NYHA Ⅳ级,故不答 D。②患者有双肺湿啰音,说明有急性左心衰竭。患者有颈静脉怒张、肝肿大、双下肢水肿,说明有右心衰竭,故目前患者应诊断为全心衰竭(E)。

176. ABCDE ①心源性哮喘多见于左心衰竭,常表现为夜间阵发性呼吸困难,好发于老年人,双肺可闻及湿啰音。支气管哮喘好发于青少年,常有过敏史,双肺可闻及哮鸣音。根据题干,本例应诊断为心源性哮喘而不是支气管哮喘,故答 A。②过敏性肺炎为吸入真菌、细菌等引起的变态反应性肺炎,常表现为突发性干咳、呼吸困难等。中心型肺癌可有支气管哮喘,但一般为局限性,持续性,不会阵发性发作。喘息型支气管炎常表现为慢性咳嗽咳痰,可伴喘息,很少痰中带血。

177. ABCDE ①患者有心肌梗死病史,夜间阵发性呼吸困难,双肺闻及湿啰音,应考虑左心衰竭。为明确诊断,应首选超声心动图检查,若测定左室射血分数(LVEF)<50%,即可确诊左心衰竭(B)。②胸部X线片不能确诊左心衰竭。血常规检查无特异性。动脉血气分析常用于诊断呼吸衰竭。肺功能检查常用于诊断慢性阻塞性肺疾病。

178. ABCDE 超声多普勒是临床上最实用的判断心脏舒张功能的方法,它主要反映心室主动舒张功能。

179. ABCDE ABCDE 都是治疗心力衰竭的药物,其中利尿剂是最常用的药物。利尿剂通过排钠排水,减轻心脏的容量负荷,对缓解肺淤血症状,减轻水肿有十分显著的效果。

180. ABCDE 该患者为扩张型心肌病+房颤+心衰,心率增快,可给予强心、扩管、利尿、抗凝等治疗。硝普钠可扩张小动脉和小静脉,减轻前后负荷,若血压很高,则可以使用。该患者血钾为6.5mmol/L,属于高钾血症(血钾正常值为3.5~5.5mmol/L),故应给予排钾性利尿剂呋塞米,而不能给予保钾性利尿剂螺内酯,答案为C。地高辛适用于心率较快的收缩期心衰患者,故本例可以应用。本例合并房颤,为预防血栓栓塞,应给予阿司匹林抗凝治疗。

181. ABCDE 182. ABCDE 183. ABCDE ①患者夜间不能平卧,双肺底湿啰音,颈静脉怒张,双下肢凹陷性水肿,应为全心衰竭 NYHA Ⅳ级。β受体拮抗剂具有心肌负性作用,禁用于严重心衰患者(B)。患者有颈静脉怒张,说明容量超载,可使用噻嗪类利尿剂以减少液体潴留。慢性心衰合并高血压的患者可联合使用硝酸酯类制剂。慢性心衰合并房颤,可以使用洋地黄制剂。患者有糖尿病病史12年,可给予降糖药物。②患者心律不整,脉搏短绌(脉率<心率),应考虑心房颤动。房颤伴心衰首选洋地黄制剂(D)。普罗帕酮和胺碘酮均为房颤复律药物,本例房颤超过24小时,不宜直接使用复律药物,故不答AB。维拉帕米常用于房颤心功能代偿期。利多卡因常用于室性心律失常。③本例血肌酐>265μmol/L,禁用血管紧张素转换酶抑制剂(ACEI),故答A。患者有水肿,可使用袢利尿剂以减少水钠潴留。患者白细胞计数增高,应加用抗生素。患者5年前已发生急性心肌梗死,合并糖尿病,故属于血脂异常危险分层的极高危患者,应常规服用阿司匹林。当血清总胆固醇(TC)≥4.14mmol/L、低密度脂蛋白胆固醇(LDL-C)≥2.07mmol/L时,应开始药物调脂治疗。故本例应增加他汀类制剂,以降低血清TC和LDL-C。

184. ABCDE ①卡托普利属于血管紧张素转换酶抑制剂(ACEI),不仅可以抑制血管紧张素系统,扩张血管,改善心衰时血流动力学状态,还可以降低心衰患者代偿性神经-体液的不利影响,限制心肌、小血管的重塑,以达到维持心肌功能,推迟充血性心衰进展,降低远期死亡率的目的(E)。②循证医学证据表明,洋地黄(强心苷)虽然可改善心衰患者的近期症状,减少住院率,提高运动耐量,但不能降低远期死亡率。③哌唑嗪为选择性α_1受体拮抗剂,可降低血压。硝酸甘油为扩管药,主要用于冠心病的治疗。酚妥拉明为非选择性$\alpha_1+\alpha_2$受体拮抗药,主要用于血管痉挛性疾病的治疗。

185. ABCDE ①患者活动后心悸,高枕卧位,咳嗽咳痰,双肺湿啰音,应考虑急性左心衰竭。患者"心律绝对不齐,S_1强弱不一",应考虑房颤。伴有房颤的收缩期心衰,且心率较快,为洋地黄的最佳适应证,因此本例治疗首选西地兰(A)。②患者咳嗽、咳痰为左心衰肺水肿所致,并不是肺部感染的征象,无需使用青霉素。③硝普钠为强烈的血管扩张剂,具有较强的降压作用,该患者血压仅90/60mmHg,故不宜使用。美托洛尔为β受体阻滞剂,仅适合于慢性心衰稳定期的治疗。多巴酚丁胺为升压药,不能作为本例的首选药物。

186. ABCDE ①肥厚梗阻型心肌病以左心室肥厚为特征,常伴左心室流出道梗阻。洋地黄可加强心肌收缩,故不能用于肥厚梗阻型心肌病,以免加重流出道梗阻(B)。②对于扩张型心肌病合并心衰的患者,使用洋地黄可以增加心排血量,迅速改善心衰症状,是洋地黄治疗的适应证。但应注意,肥厚型心肌病是洋地黄的禁忌证。③缺血性心肌病、心肌炎、风湿性心脏病等导致的心衰,由于心肌本身有病变,洋地黄可以使用但不是最佳适应证。

187. ABCDE ①正常肾小球滤过率(GFR)为120~160ml/min,本例为25ml/min,说明患者已进入肾衰竭期,严禁使用ACEI制剂(卡托普利),故可首先排除答案ABE。②患者双肺底多数湿啰音、左室射血分数(LVEF)<50%,说明合并严重心衰,严禁使用β受体阻滞剂(美托洛尔),故不答D。③血管紧张素受体抑制剂(氯沙坦)可保护肾功能,大部分经肝脏排泄,因此可用于肾衰患者。患者下肢水肿4年,应联合使用排钾型利尿剂(呋塞米)+保钾型利尿剂(螺内酯),故答C。

188. ABCDE 急性心力衰竭时,心排量急剧减少,左心室舒张末压迅速升高,肺静脉回流不畅,导致肺静脉压快速升高,肺毛细血管压随之升高,使血管内液体渗入到肺间质和肺泡内形成急性肺水肿。可见A为根本原因,D为直接原因,故答D。

189. ABCDE ①患者突发呼吸困难,咳粉红色泡沫痰,应考虑为急性左心衰竭。患者心律绝对不齐,应考虑为房颤。故本例诊断为风心病房颤左心衰竭,心率增快,治疗首选洋地黄(毛花苷丙),答案为C。②利多卡因为治疗室性心律失常的首选药。普罗帕酮、胺碘酮可用于房颤转复窦性心律,但本例为风心病永久性房颤患者,很难转复窦律。可拉明为呼吸中枢兴奋剂,不能控制心衰。

190. ABCDE ①心肌梗死患者排尿时突发呼吸困难,咳粉红色泡沫痰,应诊断为急性心肌梗死合并急性左心衰竭,治疗以应用吗啡、利尿剂为主,不宜使用毛花苷丙,因为急性心肌梗死24小时内严禁使用洋地黄。②BCDE均可使用。2020年真题。

191. ABCDE 患者突发心悸,咳粉红色泡沫痰,端坐位,双肺湿啰音,应考虑急性左心衰,治疗首选呋塞米,以降低心脏前负荷。患者有高血压病史,入院血压高达220/130mmHg,属于高血压危象,应立即应用硝普钠降低血压。患者左心衰竭,心率较快可选用洋地黄(西地兰)强心,故答C。患者为急性左心衰竭,严禁使用美托洛尔,故不答AE。

192. ABCDE 正常心率为60~100次/分,窦性心动过速的心率多为100~150次/分。

193. ABCDE ①患者窦性心律,心律>100次/分,应诊断为窦性心动过速。②窦性心动过速的治疗应针对病因、去除诱因,必要时给予β受体阻滞剂(美托洛尔)或非二氢吡啶类钙通道阻滞剂,故答A。

194. ABCDE ①心电图示提前发生的P波,QRS波群形态和时限正常,应诊断为房性期前收缩(A)。②室性心动过速心电图表现为房室分离,心室夺获或室性融合波。心房颤动常表现为P波消失,代之以f波,且节律不整。室性期前收缩常表现为提前出现的宽大畸形的QRS波群,无窦性P波。室上性心动过速=房性早搏+房室交界性早搏。

195. ABCDE ①偶发房性期前收缩,若无临床症状,仅需去除诱因即可,无需治疗。若症状明显,则给予普罗帕酮、β受体阻滞剂等。②慢心律(美西律)、利多卡因均为Ⅰb类抗心律失常药,主要用于室性心律失常的治疗。胺碘酮为Ⅲ类广谱抗心律失常药,可用于房性(房扑、房颤)、室性(室早、室速)、室上性(早搏、室上速)等心律失常的治疗。

196. ABCDE ①患者心电图示提前出现的QRS波群,形态正常,其前可见P波,不完全性代偿间歇,应诊断为房性早搏。动态心电图24小时内共记录到1500次,相当于房早1次/分。②患者房性早搏,1次/分,无自觉症状,可暂不治疗,随访(C)。

197. ABCDE 射频消融是根治由旁路引发的折返性室上速的首选治疗方法。

198. ABCDE ABCE的心脏听诊,均可闻及心律失常。心房扑动的心室律既可规则也可不规则,主要取决于房室传导比例是否恒定。若房室传导比例恒定,则听诊心室律规则整齐。典型房扑的频率为250~300次/分,若房室下传比例恒定为4:1,则心室率通常为75次/分。此时,心脏听诊可以正常。

199. ABCDE 心室夺获是室性心动过速的特征性心电图表现,故本例应诊断为室速。对于室速的治疗,若无血流动力学障碍,应首选利多卡因静脉注射;若有血流动力学障碍(低血压、休克、心绞痛、心力衰竭),则首选电复律治疗。本例血压仅80/50mmHg,应选用同步直流电复律(D)。

200. ABCDE 对于偶发室性早搏,若无临床症状,则无需药物治疗。

201. ABCDE ①房颤患者栓塞的发生率较高,应行抗凝治疗。对于非瓣膜病病人,需使用CHA_2DS_2-VASc评分系统进行血栓栓塞的危险分层。CHA_2DS_2-VASc评分≥2分者,需行华法林抗凝治疗;评分 1 分者，优选华法林或阿司匹林抗凝治疗；评分为 0 分者，无需抗凝治疗。本例 CHA_2DS_2-VASc 评分 = 高血压病史 1 分+糖尿病 1 分+脑卒中病史 2 分 = 4 分，故应给予华法林抗凝治疗（A）。②阿司匹林抗凝治疗适用于 CHA_2DS_2-VASc 评分 = 1 分的病人。氯吡格雷、潘生丁均属于抗血小板制剂，而不是抗凝药物。低分子肝素常用于房颤紧急复律的抗凝治疗。2018 年真题。

202. ABCDE ①患者心电图示 P 波消失，代之以 f 波，心室律绝对不规则，应诊断为房颤。患者病史仅 5 天，应诊断为首诊房颤。②首诊房颤的最初治疗目标是减慢心室率。患者血压正常，无血流动力学紊乱，可静脉注射 β 受体阻滞剂（美托洛尔）。③华法林为抗凝药，常在房颤转复前后使用。腺苷为阵发性室上速的首选药。胺碘酮、普罗帕酮为房颤的复律药物，而不是控制心室率的常用药物。

203. ABCDE 正常心率 60～100 次/分，患者窦性心率 55 次/分，但无临床症状，无需特殊治疗，可继续观察。

204. ABCDE ①利多卡因、普罗帕酮、奎尼丁均为Ⅰ类、美托洛尔为Ⅱ类、胺碘酮 为Ⅲ类抗心律失常药物。②对于有器质性心脏病的室早患者，Ⅰ类药物并不能降低死亡率，应避免使用。Ⅲ类药物胺碘酮治疗效果良好，应作为首选。③对于室速的治疗，Ⅰ类药物虽能有效抑制心律失常的发生，但可增加心律失常的相关死亡和总体死亡率；现在所有指南都推荐Ⅲ类药物为首选。可见，无论室早还是室速，目前都不主张首选Ⅰ类药物，而应首选Ⅲ类抗心律失常药物。本例合并有器质性心脏（扩张型心肌病），心电图示室早伴短阵室速，故应首选Ⅲ类药物胺碘酮（A）。④美托洛尔为Ⅱ类药物，可用于无器质性心脏病的偶发室早患者，故不答 C。

205. ABCDE ①频发多源性室性早搏易诱发心室颤动，应积极治疗。胺碘酮为Ⅲ类抗心律失常药物，主要作用于房室结，可延长动作电位时程，对室早、室速有效（D）。②普鲁卡因酰胺、普罗帕酮均为Ⅰ类药物，可致恶性室速，不宜使用。维拉帕米、氨酰心安对心功能不全者禁用。

206. ABCDE ①刺激迷走神经（按摩颈动脉窦）可终止发作，是室上速的特点。心电图示逆行 P 波（此为交界区心动过速的特点），QRS 波群正常，可确诊为交界区性心动过速，此属于室上速。②房颤主要表现为心律绝对不整，P 波消失。窦性心动过速常表现为心律整齐，心率 100～150 次/分，无逆行 P 波。房性期前收缩表现为 P 波提前出现，P 波直立不倒置。室性心动过速常表现为宽大畸形的 QRS 波群，无 P 波。

207. ABCDE ①3 个或 3 个以上的室性期前收缩（室早）连续出现，称为室性心动过速（室速），室早表现为提前出现的 QRS 波群，宽大畸形，时限>0.12s。室速心电图表现为心房独立活动与 QRS 波群无固定关系，形成房室分离。心室夺获和室性融合波是室速的特征性心电图表现。②心动过速常由期前发生的 P 波开始，为房早的特点（E 错）。

208. ABCDE ①尖端扭转型室速是多形性室性心动过速的一个特殊类型（C 错），因发作时 QRS 波群的振幅与波峰呈周期性改变，宛如围绕等电位线连续扭转而得名。频率一般为 200～250 次/分，QT 间期通常>0.5s，U 波显著。②室性阵发性心动过速发生机制为折返激动，故不属于室性并行心律。

209. ABCDE 终止房扑最有效的方法是直流电复律。通常应用很低的电能，便能迅速将房扑转复为窦性心律。

210. ABCDE 211. ABCDE ①心房扑动时，心房活动呈规律性锯齿状扑动波，称为 F 波，频率约为 250～300次/分（C）。②心房颤动时，P 波消失，代之以 f 波，频率为 350～600 次/分（E）。

212. ABCDE 213. ABCDE 房颤分为 5 类：①首诊房颤指首次发作而确诊的房颤；②阵发性房颤指持续时间≤7 天，能自行终止；③持续性房颤指持续时间>7 天，非自限性；④长期持续性房颤指持续时间≥1 年，患者有转复愿望；⑤永久性房颤指持续时间>1 年，不能终止或终止后又复发，无转复愿望。

214. ABCDE 心房颤动时心房有效收缩消失，心排血量下降 25%或更多。

215. ABCDE ①患者房颤病史未超过 1 年，每次发作不超过 7 天，能自行缓解，应诊断为阵发性房颤。②房颤复律方法包括药物转复、电转复、导管消融。电转复主要适用于房颤伴血流动力学障碍者，本例血压正常，故不答 A。导管消融为二线治疗，不作为首选，故不答 D。③房颤持续不超过 24 小时，药物复律前无需抗凝治疗；否则应在复律前接受 3 周华法林抗凝治疗。本例房颤持续时间超过 24 小时，故复律前需行华法林抗凝 3 周，不能直接给予胺碘酮复律，故答案为 C 而不是 B。

216. ABCDE 217. ABCDE 218. ABCDE ①患者脉搏短绌（心率>脉率）、心律不齐，心音强弱不等，此为心房颤动的三大典型体征（A）。心房扑动、频发早搏、三度房室传导阻滞均不会有这三大体征。②本例心悸伴消瘦、甲状腺弥漫性Ⅱ度肿大，可诊断为甲亢，故产生心律失常的最可能原因是甲亢性心脏病（B）。本例无冠心病、心肌病、高血压病、风湿性心脏病的相关病史及相应临床表现，故不答 ACDE。③要确诊甲亢，当然首选血 T_3、T_4测定（C）。超声心动图主要用于确诊肥厚型或扩张型心肌病。心肌酶谱主要用于诊断急性心肌梗死。冠状动脉造影主要用于确诊冠心病。B 超检查仅可明确甲状腺大小，不能确诊甲亢，故不答 E。

219. ABCDE 三度房室阻滞只见于器质性心脏病患者，而 BCDE 既可见于无器质性心脏病的正常人，也可见于器质性心脏病患者。

220. ABCDE 二度Ⅰ型房室阻滞的心电图表现：①P 波规律出现；②PR 间期逐渐延长，直至 P 波下传受阻，脱漏 1 个 QRS 波群，呈周期性变化。A 为三度房室传导阻滞的特点。B 为二度Ⅱ型房室阻滞的特点。QRS 波群增宽常见于希氏束-浦肯野系统阻滞。D 为一度房室传导阻滞的特点。2020 年真题。

221. ABCDE 本例 P 波与 QRS 波群完全无关，且心室率仅 38 次/分，应诊断为三度房室阻滞（E）。窦性心动过缓、室性心动过缓不会出现 P 波与 QRS 波群完全无关。

222. ABCDE 三度房室传导阻滞患者，心率仅 30 次/分，当然首选植入临时性心脏起搏器（B）。

223. ABCDE 224. ABCDE 房室传导阻滞分为三度。①一度房室传导阻滞表现为 PR 间期延长，听诊时第一心音强度减弱。②二度Ⅰ型房室传导阻滞表现为 P 波规律出现，PR 间期逐渐延长，直到 1 个 P 波后脱漏 1 个 QRS 波群，漏搏后房室传导阻滞得到一定改善，PR 间期又趋缩短，之后又复逐渐延长，如此周而复始。听诊时第一心音强度由强变弱并有心搏脱漏。③二度Ⅱ型房室传导阻滞表现为 PR 间期恒定，部分 P 波后无 QRS 波群。听诊时有间歇性心搏脱漏，但第一心音强度恒定。④三度房室传导阻滞为完全性房室传导阻滞，表现为 P 波和 QRS 波毫无关系，心房和心室按各自规律收缩。当心房和心室同时收缩时，可听到非常响亮的"大炮音"。

225. ABCDE ①吸烟是冠心病的高危因素，与不吸烟者相比，吸烟者冠心病的发病率增高 2~6 倍。吸烟者前列环素释放减少，血小板易在动脉壁黏附聚集。吸烟还可降低血浆 HDL-C、增加胆固醇浓度，从而导致动脉硬化。②饮酒不是冠心病的高危因素，少量低浓度饮酒甚至能提高 HDL，减少冠状动脉粥样硬化的发生。BCE 均不是冠心病的常见危险因素。2018 年真题。

226. ABCDE ABCDE 项均为动脉粥样硬化的危险因素，其中脂质代谢异常是最重要的危险因素。总胆固醇（TC）、甘油三酯（TG）、LDL、VLDL 增高等均是危险因素。

227. ABCDE 动脉粥样硬化患者，为积极预防冠状动脉和脑动脉血栓栓塞，应选用抗血小板黏附和聚集的药物，以阿司匹林最常用，其他尚有氯吡格雷、阿昔单抗等。辛伐他汀和吉非贝齐为降脂药物。

228. ABCDE 229. ABCDE ①稳定型心绞痛是在冠状动脉固定性严重狭窄的基础上，由于心肌负荷增加引起心肌急剧的、暂时的缺血缺氧的临床综合征，故答 A。BCDE 均可导致冠状动脉非固定严重狭窄，是不稳定型心绞痛的发病基础。②变异型心绞痛是不稳定型心绞痛的特例，其发病机制为冠状动脉痉挛（D）。

230. ABCDE 稳定型心绞痛是在冠状动脉狭窄的基础上，由于心肌负荷增加引起心肌急剧的、暂时的缺血与缺氧的临床综合征。平时一般无症状，心绞痛发作时常见心率增快、血压升高（A 错），有时出现第四或第三心音奔马律。可有暂时性心尖部收缩期杂音，此为乳头肌缺血以致功能失调引起二尖瓣关闭不全所致。第二心音可有逆分裂。心绞痛发作时血压不下降，反会升高，如血压下降应考虑急性心肌梗死的可能。

231. ABCDE ①患者反复出现发作性胸部压抑感,持续 10 分钟可自行缓解,应考虑稳定型心绞痛。为明确诊断,可行 24 小时动态心电图检查。心肌酶学检查可排除急性心肌梗死。冠状动脉 CT 可无创性判断冠脉管腔狭窄程度,近年来应用逐渐增多。冠状动脉造影为诊断冠心病的"金标准",但为有创检查方法。②做心电图活动平板负荷试验时,需增加心脏负荷以激发心肌缺血或心绞痛的发作,具有一定的危险性,近年来应用逐渐减少,故本例不宜进行此项检查(E)。

232. ABCDE 反复出现的局限性心前区刺痛,每次持续仅 2~3 秒,为心脏神经症的典型临床表现(E)。ABCD 均属于稳定型心绞痛的典型临床表现。

233. ABCDE ①硝酸甘油可扩张冠状动脉和周围血管,减少静脉回流,降低心脏前后负荷和心肌氧耗,从而缓解心绞痛。硝酸甘油舌下含化,可迅速为唾液溶解吸收,1~2 分钟即可发挥作用,约半小时后作用消失,有效率约 92%(D)。②治疗心绞痛急性发作时,硝酸甘油不宜口服,因为口服发挥作用缓慢,且吸收后要通过肝脏,当硝酸甘油进入肝脏后易被灭活而降低药效,故不答 E。③皮下注射阿托品,将使心率加快,增加心肌氧耗,加重胸痛。肌内注射哌替啶为急性心肌梗死的止痛方法。对乙酰氨基酚仅对轻、中度关节性疼痛效果好,对心绞痛发作效果不佳。

234. ABCDE 对于稳定型心绞痛患者,能改善心肌缺血、减轻症状的药物包括 β 受体拮抗剂、硝酸酯类、钙通道阻滞剂;能预防心肌梗死、改善预后的药物包括 β 受体拮抗剂、阿司匹林、他汀类、ACEI 或 ARB。因此既能减轻稳定型心绞痛症状又能改善其预后的药物是 β 受体拮抗剂(A)。

235. ABCDE ①患者发作性胸痛每次不超过 30 分钟,可首先排除急性心肌梗死,故不答 A。患者每次于夜间睡眠发作,而不是劳累后发作,故不答 B。患者发作时心电图示 ST 段一过性抬高,应诊断为变异型心绞痛,而不是稳定型心绞痛,故答案为 D。稳定型心绞痛发作是心电图示 ST 段压低。②急性心包炎的胸痛为持续性隐痛,而不是阵发性发作,故不答 E。

236. ABCDE 阿司匹林通过抑制环氧化酶和 TXA_2 的合成,达到抗血小板聚集的作用,可预防心肌梗死,改善预后。对于不稳定型心绞痛患者,只要没有禁忌,均应尽早使用(B)。

237. ABCDE 急性心肌梗死的基本病因为冠状动脉粥样硬化。其他如劳累、情绪激动等都是心梗诱因。高血压病、糖尿病、吸烟过量是冠心病的高危因素,不是引起急性心肌梗死的直接原因。

238. ABCDE 75%~95%的急性心肌梗死患者可发生心律失常,其中以室性心律失常(尤其是室性早搏)最多见,房室传导阻滞较多见,室上性心律失常少见。

239. ABCDE 急性心梗时,心尖区第一心音减弱。可出现第四心音(心房性)奔马律,少数有第三心音(心室性)奔马律。10%~20%患者起病 2~3 天出现心包摩擦音,为反应性纤维素性心包炎所致。心尖区可出现粗糙的收缩期杂音或伴收缩中晚期喀喇音,此为乳头肌功能失调所致(D 错)。

240. ABCDE 心绞痛发作时胸痛常在 3~5 分钟内自行消失,含服硝酸甘油能在几分钟内缓解。急性心肌梗死胸痛持续时间较长,可达数小时或更长,一般超过 30 分钟,不能被硝酸甘油缓解,这是两者胸痛的主要鉴别点。

241. ABCDE 急性心肌梗死发作时胸痛部位、性质与心绞痛相同,但程度更严重。常在安静时突发胸痛,持续时间较长,可达数小时或更长,休息和含服硝酸甘油片多不能缓解(B 对 E 错)。20%的患者可发生心源性休克,75%~95%的患者可发生心律失常。

242. ABCDE ①心肌坏死时,该部位的心肌细胞丧失了电活动,不再产生心电向量,而正常心肌仍照常除极,从而产生一个与梗死部位相反的综合向量,故面向坏死部位的导联记录到的是负向波,所以"坏死型"图形改变主要表现为面向坏死区的导联出现异常 Q 波(时间≥0.4s,振幅≥1/4R),称为病理性 Q 波。此为急性心肌梗死的特征性心电图改变,答案为 B。②ST 段水平型下降≥0.1mV,是心肌缺血的可靠指标,常伴 T 波低平、双向或倒置。正常 T 波一般是正立的。心肌梗死后 T 波倒置且对称,称为冠状 T 波。ST 段弓背向上抬高常见于心肌梗死急性期。ACDE 都不是心肌梗死的特征性表现。

243. ABCDE ①老年男性,剧烈胸痛 2 小时,心电图示Ⅱ、Ⅲ、aVF 导联 T 波高尖,应诊断为急性下壁心肌梗死(C)。②ABDE 均不会出现心肌梗死的心电图表现。2018 年真题。

244. ABCDE ①患者突发心前区疼痛 4 小时,ST 段弓背向上抬高+病理性 Q 波,应考虑急性心肌梗死。由于心电图定位于 $V_{1\sim4}$ 导联,因此应诊断为广泛前壁心梗,答案为 C。②急性下壁心梗定位于Ⅱ、Ⅲ、aVF 导联。急性前间壁心梗定位于 $V_1\sim V_3$ 导联。急性高侧壁心梗定位于Ⅰ、aVL 导联。急性正后壁心梗定位于 $V_7\sim V_8$ 导联。

245. ABCDE ①患者突发持续性胸痛>30 分钟,血清肌钙蛋白增高,应诊断为急性心肌梗死。患者心电图示Ⅱ、Ⅲ、aVF 导联病理性 Q 波,应诊断为急性下壁心肌梗死(C)。②陈旧性心肌梗死一般不会出现持续性胸痛及血清肌钙蛋白增高,故不答 AB。急性前壁心肌梗死常表现为心电图 V_1、V_2、V_3 导联病理性 Q 波。肺血栓栓塞症常表现为呼吸困难、胸痛、咯血三联征。

246. ABCDE ①血清肌酸激酶同工酶(CK-MB)、肌钙蛋白、肌红蛋白均在急性心肌梗死后 2~10 小时才开始升高,故不能用于急性冠脉综合征的早期诊断。超声心动图为形态学检查方法,急性冠脉综合征患者多正常,故不答 C。②18 导联心电图在心肌缺血数分钟后即可出现异常改变,因此当患者发作急性胸痛,心电图正常时,可排除急性冠脉综合征。

247. ABCDE 248. ABCDE ①血清标记物在急性心梗后开始升高的时间分别为:肌红蛋白 2 小时,肌钙蛋白 3~4 小时,肌酸激酶同工酶 4 小时,肌酸激酶和乳酸脱氢酶均为 6~10 小时(C)。②肌钙蛋白是诊断急性心梗的确定性标记物,诊断特异性最高(B)。

249. ABCDE ①老年人,阵发性胸痛 5 年,应考虑稳定型心绞痛。发作时可有暂时性心尖部收缩期杂音,是乳头肌缺血以致功能失调导致二尖瓣关闭不全所致。参阅 9 版《内科学》P219。②ABDE 均属于器质性病变,所产生的心脏杂音不会在短期内消失。2019 年真题。

250. ABCDE 心脏破裂常发生在急性心梗 1 周以内。在胸骨左缘第 3~4 肋间出现响亮的收缩期杂音,常伴震颤,可引起心衰和休克,在数日内死亡。本例的临床特点符合急性心梗后心脏破裂的诊断。

251. ABCDE ①心绞痛患者常有胸痛,由于无心肌组织坏死,常无发热、白细胞升高、血沉增快、心包摩擦音等表现,因此可首先排除答案 BC。急性肺栓塞常表现为胸痛、咯血、呼吸困难三联征,与本例不符。心肌梗死的胸痛一般持续数小时或 1~2 天,胸痛与体位及呼吸关系不大,因此可排除心肌梗死扩展。②"10 天前心梗,1 天来加重+心包摩擦音+胸腔积液",可诊断为心肌梗死后综合征。心肌梗死后综合征发生率约 10%,常于心梗后数周至数月内发生,表现为心包炎、胸膜炎或肺炎,可有发热、胸痛等症状。

252. ABCDE ①在急性心肌梗死 3~6 小时内,最重要的治疗措施是介入治疗(即心肌再灌注),可使闭塞的冠状动脉再通(B)。②哌替啶可解除胸痛,为对症治疗措施。射频消融主要用于治疗快速性心律失常,不适合急性心梗的治疗。静滴硝酸甘油主要用于扩张外周血管和冠脉,减轻心脏负荷。在治疗急性心梗时,现已很少使用糖皮质激素,故不答 E。

253. ABCDE ①急性心肌梗死 24 小时内出现肺水肿主要是坏死的心肌间质充血、水肿引起顺应性降低所致,而左心室舒张末期容量尚未增大,因此在心肌梗死 24 小时内不宜使用洋地黄(毛花苷丙),洋地黄的正性肌力作用将加重心肌缺血缺氧,故答 A。②急性心肌梗死合并肺水肿,可以使用利尿剂呋塞米,以减轻心脏前负荷。急性前壁心肌梗死可以使用硝酸甘油扩张冠状动脉,但下壁、右心室心肌梗死不宜使用。在补足血容量之后,也可使用血管扩张剂硝普钠。氨茶碱可缓解心源性哮喘。

254. ABCDE ①患者持续胸痛超过半小时,心电图示多个导联 ST 段抬高、病理性 Q 波,应诊断为急性心肌梗死。急性心肌梗死 24 小时内不宜使用洋地黄,故答 B。②ACDE 均可用于冠心病急性心肌梗死的治疗。2020 年真题。

255. ABCDE ①右心室梗死多伴右心衰、低血压,若无左心衰表现,则宜补充血容量,以增加心排量和动脉压,禁用利尿剂(AB 对)。②如输液 1~2L 后,低血压仍未纠正,可使用正性肌力药物,如多巴胺等(C 对)。③本例心肌梗死后 4 小时,未超过 12 小时,故可行经皮冠脉介入治疗(PCI),以重建心肌血运(E 对)。④急性下壁心肌梗死、收缩压<90mmHg 者,不宜使用硝酸甘油,因其可降低心肌前负荷,减少心排量,引起严重低血压,故答 D。

256. ABCDE ①老年患者,持续性胸痛超过 30 分钟,心电图示 $V_1 \sim V_6$ 导联 ST 段压低,应诊断为非 ST 段抬高型心肌梗死,不宜溶栓治疗,故答 D。②非 ST 段抬高型心肌梗死低危组以阿司匹林、氯吡格雷、肝素治疗为主;中高危组以介入治疗为主;可给予硝酸甘油缓解症状。2019 年真题。

257. ABCDE 258. ABCDE 259. ABCDE ①老年患者,有高血压、糖尿病病史,突发心前区疼痛 8 小时,口含硝酸甘油无效,心电图提示 $V_1 \sim V_5$ 导联呈 QS 波,ST 段弓背向上抬高,应诊断为急性心肌梗死(D)。患者虽有胸痛,但无呼吸困难、咯血等症状,可排除肺栓塞。主动脉夹层常表现为撕裂样胸骨后疼痛,血压显著增高,与本例不符。患者心电图表现有心肌梗死的证据,可以排除答案 CE。②肌钙蛋白是诊断急性心肌梗死的确定性标志物,故答 C。肌酸激酶、肌酸激酶同工酶对急性心梗的诊断价值不如肌钙蛋白。D-二聚体主要用于诊断肺血栓栓塞症。脑钠肽主要用于诊断心力衰竭。③近期有创伤史为急性心肌梗死溶栓治疗的禁忌证,本例 1 周前有股骨颈骨折,因此不宜行溶栓治疗,可给予抗凝治疗、抗血小板治疗、急诊介入治疗等。患者有糖尿病病史,应行降糖治疗。

260. ABCDE ①患者血压≥180/110mmHg,应诊断为高血压 3 级(C)。②高血压危象常表现为头痛、烦躁、眩晕、恶心呕吐、心悸、气急、视力模糊等。高血压脑病常有脑水肿,多表现为严重头痛、呕吐、意识障碍、抽搐、昏迷等。

261. ABCDE 急进型高血压常有肾细小动脉纤维素样坏死,以肾脏损害为突出表现,常死于肾衰竭。

262. ABCDE ①主动脉缩窄的特点是上、下肢血压不相等,常表现为上肢血压增高,而下肢血压不高或降低,在肩胛间区、胸骨旁、腋部有侧支循环的动脉搏动和杂音。根据题干,本例应诊断为主动脉缩窄(A)。②肾动脉狭窄常表现为高血压迅速发展或突然加重,在上腹部或背部肋脊角处可闻及血管杂音。嗜铬细胞瘤常表现为阵发性高血压,伴心动过速、头痛、出汗、面色苍白。原发性醛固酮增多症的特点是高血压伴低钾血症。皮质醇增多症常表现为高血压、向心性肥胖、满月脸、水牛背、皮肤紫纹、毛发增多等。

263. ABCDE 醛固酮的作用是保钠、保水、排钾。原发性醛固酮增多症(原醛症)患者由于水钠潴留可致高血压,由于尿中排钾增多可致低钾血症,因此原醛症的特点就是低血钾+高血压,本例诊断为原醛症。血钾的正常值为 3.5~5.5mmol/L。ACDE 均无低钾血症的表现。

264. ABCDE 患者血压 170/106mmHg,属高血压 2 级。患者有 3 个危险因素(女性>65 岁、血胆固醇>5.72mmol/L、家族史)、1 个并发症(外周血管病),属很高危(B)。

265. ABCDE 266. ABCDE 267. ABCDE 268. ABCDE 269. ABCDE ①高血压降压治疗的对象为高血压 2 级或以上患者(≥160/100mmHg)。②降压治疗一般主张血压目标值应<140/90mmHg。高血压合并糖尿病、慢性肾脏病、心力衰竭、病情稳定的冠心病,血压目标值<130/80mmHg。

270. ABCDE 271. ABCDE ①血管紧张素转换酶抑制剂(ACEI)既可降低血压,又可改善胰岛素抵抗,是高血压合并糖尿病的首选治疗药物。②β 受体拮抗剂既可降低血压,又可减慢心率,减弱心肌收缩,是高血压合并甲状腺功能亢进症的首选治疗药物。2020 年真题。

272. ABCDE ①原发性高血压目前尚无根治方法,需终身用药维持,不能在血压控制满意后立即停药(B 错)。②降压治疗时,降压药应从小剂量开始逐步递增剂量。联合用药有利于血压在相对短期内达到目标值。选用长效制剂或缓释剂可减少降压过程中血压的波动。③高血压急症需紧急处理,以降低并发症发生率和死亡率。

273. ABCDE ①噻嗪类利尿剂是治疗高血压的常用药物,适用于轻中度高血压(E 错);在盐敏感性高血压、肥胖者、老年人高血压有较强降压效应(AB 错);长期使用可导致血尿酸增高,故痛风患者禁用(D 错)。②对于慢性心力衰竭合并高血压者可以使用。

274. ABCDE ①β 受体阻滞剂可阻断支气管平滑肌的 β_2 受体，引起支气管痉挛，诱发支气管哮喘（D）。②咳嗽（干咳）、血钾增高是 ACEI 的主要副作用。高尿酸血症、血钠降低是利尿剂的常见副作用。

275. ABCDE 高血压患者长期使用 ACEI 后，其不良反应主要是刺激性干咳和血管性水肿。干咳的发生率约 10%～20%，可能与体内缓激肽增多有关，停药后可消失。

276. ABCDE ①血管紧张素Ⅱ受体阻滞剂（ARB）可改善胰岛素抵抗、减少尿蛋白形成，特别适合高血压伴糖尿病、蛋白尿的患者，故答 C。患者血肌酐 < 265μmol/L，血钾 < 5.5mmol/L，可以使用 ARB。②ABE均无此独特作用，故不答 ABE。α 受体阻滞剂目前很少作为降压药使用，故不答 D。

277. ABCDE ①普萘洛尔为非选择性 β 受体阻滞剂，具有心肌负性作用，既可降低血压，也可减慢心率。高血压患者，心率较快，应选用普萘洛尔进行治疗。②利血平、可乐定为中枢神经系统抑制剂，副作用严重，现已少用。硝普钠常用于高血压危象的治疗。哌唑嗪为 α_1 受体阻断剂，副作用较多，很少作为降压药物使用。

278. ABCDE ①患者突发剧烈头痛，呕吐，视物模糊，血压 210/130mmHg，应诊断为高血压危象，治疗首选硝普钠静滴（E）。②ABCD 项药物均不能立即降压。

279. ABCDE ①患者突发呼吸困难，咳粉红色泡沫痰，应诊断为急性左心衰。该患者血压 190/100mmHg，故引起急性左心衰的原因最可能为血压过高。为迅速降低血压，应首选硝普钠静脉滴注（C）。②其他药物，如硝酸甘油、呋塞米等可以使用，但不是首选。多巴酚丁胺为升压药，禁用。

280. ABCDE ①慢性肾小球肾炎为双肾弥漫性肾小球病变，其所致的高血压主要与水钠潴留及血容量增加有关。②肾血管性高血压是指单侧或双侧肾动脉狭窄所致的高血压，属于较常见的继发性高血压之一（B 错），其病因在国外以动脉硬化最常见，在国内以大动脉炎最常见，肾动脉造影可以确诊。③原发性醛固酮增多症是由肾上腺皮质肿瘤或增生引起，大多表现为轻、中度高血压，少数可发展为重度或恶性高血压。④嗜铬细胞瘤的典型表现是阵发性高血压，在继发性高血压中是较少见的一种。⑤对 40 岁以下的高血压者应着重考虑继发性高血压的可能。

281. ABCDE ①青年男性，间断性高血压，发作时伴头痛、苍白、出汗、心悸，应诊断为嗜铬细胞瘤。②原发性醛固酮增多症常表现为高血压合并低血钾。肾动脉狭窄常于上腹部闻及连续性高调血管杂音。库欣综合征常表现为高血压、满月脸、水牛背、紫纹、多毛等。原发性高血压多见于老年人，除血压增高外，一般无其他症状。2020 年真题。

282. ABCDE ①年轻男性，高血压多年，双下肢无力可能为低钾血症所致，应诊断为原发性醛固酮增多症。②ABCE 均不会出现双下肢无力。2020 年真题。

283. ABCDE 心肌病分为三类：①混合性心肌病：如扩张型心肌病、限制型心肌病等；②获得性心肌病：如感染性心肌病、围生期心肌病等；③遗传性心肌病：如肥厚型心肌病、右心室发育不良心肌病等。

284. ABCDE 扩张型心肌病的主要病理改变为左、右心室扩大，但常以左心室扩大为主。左心室扩大可造成二尖瓣反流，右心室扩大可造成三尖瓣反流。由于左心室扩大，故不可能出现二尖瓣狭窄（C）。

285. ABCDE 286. ABCDE ①扩张型心肌病的诊断首选超声心动图，早期表现为左心室轻度扩张，后期各心腔均扩大，以左心室扩大为著（C）。②扩张型心肌病的冠状动脉造影检查常为阴性，其诊断价值不大，主要用于排除冠心病。

287. ABCDE 288. ABCDE 289. ABCDE ①患者心界向两侧扩大，应考虑扩张型心肌病、心包积液、心瓣膜病，可首先排除答案 DE，因为冠心病、肥厚型心肌病一般无心界扩大。心包积液可有心界扩大、颈静脉怒张、肝大、腹腔积液、下肢水肿等，但一般无心脏杂音，且心音低而遥远，故不答 C。患者有夜间阵发性呼吸困难，双肺底湿啰音，可诊断为左心衰；患者有颈静脉怒张、肝大、肝颈征（+）、下肢水肿，可诊断为右心衰，故本例应诊断为扩张型心肌病合并全心衰竭。扩张型心肌病由于心腔扩大，可有相对性二尖瓣关闭不全所致的心尖部收缩期杂音，不要因此误诊为二闭而错答为 B。②诊断扩张型心肌病，最有价值的检查是超声心动图（B）。③患者脉搏短绌（心率>脉率）、心律不整、心音强弱不等，为典型心房颤动的三大体征(A)。BCDE 均不会出现此三大体征。

290. ABCDE 291. ABCDE 292. ABCDE ①肥厚型梗阻性心肌病由于心排血量减低可产生运动性晕厥，左心室流出道梗阻患者可于胸骨左缘第 3~4 肋间闻及粗糙的喷射性收缩期杂音。屏气时，左心室容量减少，心肌前负荷下降，使左心室流出道压差增大，从而使心脏杂音增强，故答 C。冠心病很少发生晕厥，少有心脏杂音。风湿性主动脉瓣狭窄可有晕厥，可于胸骨左缘第 3 肋间闻及喷射性收缩期杂音，但屏气常使杂音减弱(B 错)。先天性室间隔缺损可于胸骨左缘 3、4 肋间闻及粗糙的收缩期杂音，屏气对杂音强度无明显影响，患者常表现为反复肺部感染，晕厥罕见。病态窦房结综合征可因心动过缓引起晕厥，但无胸骨左缘特征性杂音。②肥厚型心肌病的诊断首选超声心动图(B)。③β 受体拮抗剂是肥厚型梗阻性心肌病的一线治疗药物，可改善心室松弛，增加心室舒张期充盈时间，减少室性及室上性心动过速(D)。硝酸酯类可减少回心血流，加重肥厚型心肌病症状。肥厚型心肌病主要表现为舒张功能不良，严禁使用正性肌力药物洋地黄。利尿剂仅用于伴有左心衰竭的患者，故不答 C。本例无明显感染，故不答 E。

293. ABCDE ①肥厚型心肌病最常见的症状是劳力性呼吸困难，约占 90%(B)。②充血性心力衰竭是扩张型心肌病最常见的临床表现。部分肥厚型心肌病患者可有晕厥，1/3 患者可有劳力性胸痛，最常见的持续性心律失常为房颤。

294. ABCDE 心肌炎是指心肌的炎症性疾病，最常见病因为病毒感染，细菌、真菌、螺旋体、立克次体、原虫、蠕虫等感染也可引起心肌炎，但相对少见。非感染性心肌炎的病因包括药物、毒物、放射、结缔组织病、血管炎、巨细胞心肌炎、结节病等。心肌炎不是遗传性疾病(A 错)。

295. ABCDE ①患者血清肌钙蛋白增高，说明有急性心肌受损，故可首先排除答案 ACD。患者病史长达 3 周，不可能诊断为急性心肌梗死，故正确答案为 B。②病毒性心肌炎病前 1~3 周常有上感病史，可有发热，第一心音减弱，各种类型的心律失常，但以室性心律失常最多见，可有肌钙蛋白增高。

296. ABCDE 正常情况下，血液由“右心房→三尖瓣→右心室→肺动脉→肺→肺静脉→左心房→二尖瓣→左心室→主动脉瓣→主动脉”。因此，当二尖瓣狭窄时，血液从左心房流入左心室受阻，首先出现左心房高压，然后才是肺静脉高压。

297. ABCDE ①严重二尖瓣狭窄患者，左心房血液进入左心室受阻，左心房压力增高，肺静脉压增高，支气管静脉破裂可导致大咯血(D)。②肺结核咯血是肺毛细血管破裂所致。肺脓肿小量咯血是由于肺部感染导致微血管壁通透性增加，红细胞渗出所致。肺栓塞可因栓子脱落阻塞肺动脉，血液滞留，造成肺组织水肿及血液外渗，进入肺泡而咯出。Wegener 肉芽肿常表现为鼻炎、咳嗽咯血、局灶坏死性肾小球肾炎三联征。

298. ABCDE 二狭患者最常见的早期症状为呼吸困难，初为劳力性呼吸困难(B)，随着病情发展，出现休息时呼吸困难、夜间阵发性呼吸困难、端坐呼吸，甚至发生急性肺水肿。

299. ABCDE ①二狭时，心尖区可闻及第一心音亢进和开瓣音，提示前叶柔顺、活动度好；如瓣叶钙化僵硬，则第一心音减弱，开瓣音消失(C)。②大炮音常见于三度房室传导阻滞、房颤。

300. ABCDE 左心房与肺动脉段均增大膨出，表现为胸骨左缘第 2、3 肋间心界增大，心腰丰满或膨出，心影呈梨形，常见于二尖瓣狭窄，参阅 9 版《诊断学》P147。2020 年真题。

301. ABCDE 302. ABCDE 303. ABCDE 304. ABCDE ①患者二尖瓣面容(双颊紫红)，心尖部舒张期隆隆样杂音，第一心音亢进，可诊断为二尖瓣狭窄(B)。肺结核常表现为低热盗汗，咳嗽咳痰等症状，无心尖部杂音。室间隔缺损常于胸骨左缘第 3、4 肋间闻及响亮而粗糙的收缩期吹风样杂音。扩张型心肌病常表现为气急、水肿、肝大、心界扩大等征象。二尖瓣关闭不全常于心尖部闻及收缩期吹风样杂音。②二尖瓣狭窄最常见的心律失常为心房颤动(B)，这是由于二狭时，左心房压力增高而代偿性肥大和风湿性炎症引起左心房壁纤维化的结果。二狭时其他心律失常，如房室传导阻滞、室颤、室早、窦性心动过缓等少见。③二狭晚期，50%~75%的患者可发生充血性心力衰竭，以右心室衰竭最常见,也是本病最主要的死因,答案为 A。心律失常、肺栓塞、亚急性感染性心内膜炎、呼吸道感染都是二狭相对少见的并发症。④对于单纯性二狭患者,心脏听诊可闻及开瓣音,说明瓣膜活动度好,有弹性,无明显钙化,可行经皮球囊二尖瓣成形术(B)。CDE 术式损伤大,现已少用。人工瓣膜置换术适用于二狭合并二闭者。

305. ABCDE　306. ABCDE　①亚急性感染性心内膜炎主要发生于器质性心脏瓣膜病,尤其是二尖瓣和主动脉瓣。赘生物常位于血流从高压腔经病变瓣膜口至低压腔产生高速射流和湍流的下游,如二尖瓣关闭不全的瓣叶心房面、主动脉瓣关闭不全的瓣叶心室面,可能与这些部位的侧压下降和内膜灌注减少,有利于微生物沉积和生长有关。亚急性心内膜炎在瓣膜狭窄(如二尖瓣狭窄、主动脉瓣狭窄、肺动脉瓣狭窄)少见。②心房颤动为二尖瓣狭窄最常见的心律失常,也是相对早期的常见并发症。

307. ABCDE　二尖瓣结构包括瓣叶、瓣环、腱索、乳头肌四部分,其中任何一个或多个部分发生结构异常或功能失调,均可导致二尖瓣关闭不全。①感染性心内膜炎最常累及主动脉瓣,其次为二尖瓣和三尖瓣。若累及二尖瓣可导致瓣膜损害,造成急性二尖瓣关闭不全(A)。②急性心肌梗死患者二尖瓣乳头肌缺血、坏死,可使收缩功能发生障碍,导致不同程度的二尖瓣脱垂并关闭不全(B)。③心脏瓣膜手术、创伤当然会损伤二尖瓣而引起急性二尖瓣关闭不全(CE)。④扩张型心肌病由于左心室逐渐扩大,可导致慢性二尖瓣关闭不全,而不是急性二尖瓣关闭不全,故答 D。

308. ABCDE　二尖瓣关闭不全患者,收缩期左心室射出的血液经关闭不全的二尖瓣口反流回左心房,与肺静脉回流至左心房的血液汇总,在舒张期充盈左心室,使左心房和左心室容量负荷骤增,左心室舒张末期压急剧上升。左心房压也急剧升高,导致肺淤血,甚至肺水肿,之后可致肺动脉高压和右心衰。

309. ABCDE　①患者活动后气短、心悸,颈静脉怒张,心界向两侧扩大,应考虑心包积液、扩张型心肌病。②患者活动后气短、心悸,夜间憋醒,双肺底可闻及湿啰音,应考虑左心衰竭;患者颈静脉怒张,肝肿大,下肢水肿,应考虑右心衰竭;故本例可能为全心衰竭,冠心病所致的心衰不能排除。③器质性心脏病的收缩期杂音常在 3/6 级以上,本例心尖部收缩杂音为 2/6 级,故可首先排除风湿性心脏瓣膜病。

310. ABCDE　311. ABCDE　312. ABCDE　①心尖部闻及收缩期吹风样杂音,为二尖瓣关闭不全的典型体征。心尖部闻及舒张期隆隆样杂音,为二尖瓣狭窄的典型体征,故本例应诊断为二尖瓣狭窄合并二尖瓣关闭不全(B)。当二尖瓣狭窄时,血流从左心房至左心室受阻,可造成左心房压和肺静脉压增高,最终导致肺动脉压增高,肺动脉扩张,引起相对性肺动脉瓣关闭不全,可在胸骨左缘第 2 肋间闻及舒张早期吹风样杂音,称 Graham Steell 杂音。因此,"胸骨左缘第 2 肋间可闻及柔和的舒张期杂音"为二尖瓣狭窄的体征之一,不能据此单独诊断为"伴肺动脉瓣关闭不全",因肺动脉瓣本身无器质性病变。②本例有风湿性心脏瓣膜病,心律不齐,脉搏短绌(心率>脉率),可诊断为心房颤动,说明心房不会有正常收缩功能,因此心尖部不可能闻及第四心音。心房颤动可有心尖部第一心音强弱不等。当二尖瓣狭窄时,若前叶柔顺、活动度好,心尖部可闻舒张早期开瓣音。当二尖瓣狭窄出现肺动脉高压时,可出现 P_2 亢进或伴 P_2 分裂。③二尖瓣狭窄合并二尖瓣关闭不全应行二尖瓣人工瓣膜置换术。经皮球囊二尖瓣成形术适用于单纯性二尖瓣狭窄,CD 项术式损伤大,现已少用。

313. ABCDE　正常血流从"左心房→二尖瓣→左心室→主动脉瓣→主动脉→外周动脉供血"。当主动脉瓣狭窄时,血液从左心室射向主动脉受阻,使左心室压力负荷(后负荷)增加→左心室代偿性肥大→左心室顺应性降低→左心室舒张末期压进行性升高→左心房后负荷增加→左心房代偿性肥大→肥厚的左心房在舒张末期强烈收缩有利于左心室充盈→左心室舒张末容量增加。

314. ABCDE　劳力性呼吸困难是晚期主动脉瓣狭窄常见的首发症状,心绞痛是重度主动脉瓣狭窄最早出现、也是最常见的症状。心力衰竭为主动脉瓣狭窄的晚期表现,不可能是最常见的临床症状,故不答 B。晕厥见于 15%~30%的有症状主动脉瓣狭窄患者,故不答 C。主动脉瓣狭窄患者猝死少见。

315. ABCDE　①由于主动脉瓣狭窄,心室收缩期从左心室射入主动脉的血液量减少,当然第一心音不会亢进,常表现为正常(A 错)。②严重主动脉瓣狭窄患者,左心室射血时间延长,主动脉瓣第二心音成分减弱或消失，可有第二心音逆分裂。肥厚的左心房强有力收缩可产生明显的第四心音。主动脉瓣狭窄患者可于胸骨右缘1~2肋间闻及粗糙而响亮的射流性杂音，3/6级以上，呈递增-递减型，可向颈部传导。

316. ABCDE 317. ABCDE 318. ABCDE ①主动脉瓣狭窄常表现为呼吸困难、心绞痛、晕厥、左心室肥大（心尖搏动呈抬举状、心界向左下扩大），于胸骨右缘第1~2肋间可闻及3/6级以上收缩期吹风样杂音。根据题干，本例应诊断为主动脉瓣狭窄（B）。肥厚型梗阻性心肌病常于胸骨左缘第3~4肋间闻及粗糙的收缩期杂音。不稳定型心绞痛常表现为发作性胸痛，心尖部可闻及一过性收缩期杂音，故不答C。病态窦房结综合征多有心动过缓、心脑供血不足的表现，故不答D。主动脉瓣关闭不全常于主动脉瓣听诊区闻及舒张期叹气样杂音，故不答E。②为明确主动脉瓣狭窄的诊断，当然首选超声心动图（D）。常规体表心电图、24小时动态心电图、冠状动脉CT常用于诊断冠心病。X线胸片常用于了解心脏的形态学改变。③主动脉瓣狭窄患者一旦出现症状，均需手术治疗，首选人工瓣膜置换术（D）。ABCE都是冠心病的常用治疗方法。

319. ABCDE ①双侧桡动脉脉搏骤起骤落为水冲脉。"胸骨左缘第3肋间可闻及舒张期叹气样杂音"为主动脉瓣关闭不全的特征性杂音，故答B。②主动脉瓣狭窄可于胸骨左缘第3肋间闻及收缩期杂音。二尖瓣狭窄可于心尖部闻及舒张期隆隆样杂音。二尖瓣关闭不全可于心尖部闻及收缩期杂音。肺动脉瓣狭窄常于肺动脉瓣区闻及喷射性收缩期杂音。2018年真题。

320. ABCDE 急性主动脉瓣关闭不全时，无明显周围血管征，心尖搏动正常（A错）。舒张期二尖瓣提前关闭，导致第一心音减弱或消失。肺动脉高压时，可闻及肺动脉瓣区第二心音亢进，常可闻及病理性第三心音和第四心音。请注意：急性主动脉瓣关闭不全与慢性主动脉瓣关闭不全的临床症状相差很大，不要混淆。

321. ABCDE ①患者胸骨左缘第3肋间（主动脉瓣第二听诊区）闻及舒张期叹气样杂音，向心尖部传导，周围血管征阳性，应诊断为主动脉瓣关闭不全，胸片示靴形心（C）。②梨形心常见于二尖瓣狭窄，普大型心常见于扩张型心肌病（左右心室均增大），烧瓶形心常见于心包积液，球形心常见于二尖瓣关闭不全。2018年真题。

322. ABCDE ①脉压=收缩压-舒张压。脉压增大常见于甲状腺功能亢进症、主动脉瓣关闭不全、重度二尖瓣关闭不全、动脉硬化等。②脉压减小常见于心包积液、严重心力衰竭、主动脉瓣狭窄、早期休克。

323. ABCDE ①大量心包积液可使上、下腔静脉回流受阻，体循环淤血，出现颈静脉怒张、肝大、腹腔积液、下肢水肿等。触诊时可见心尖搏动减弱甚至消失，听诊心音低钝而遥远。②大量心包积液可引起急性心脏压塞，常表现为明显心动过速、血压降低，脉压缩小（B错）。若病程较长，可出现亚急性或慢性心脏压塞，表现为静脉压增高，奇脉等。

324. ABCDE ①胸骨左缘第3、4肋间可闻及性质粗糙、高音调、与心搏一致的双期搔抓样音，与呼吸无关，为心包摩擦音，此为纤维蛋白性心包炎的特征性体征，应诊断为急性心包炎（B）。②ACDE项疾病都不会出现心包摩擦音，急性胸膜炎可出现胸膜摩擦音，但与呼吸有关，屏气时消失。

325. ABCDE 胸片见心脏向两侧扩大，应考虑扩张型心肌病和心包积液。肺野清晰应诊断为心包积液（D）。

326. ABCDE 心包穿刺术的指征为：①用于心包积液性质的判断；②协助心包积液病因的诊断；③缓解心脏压塞的症状；④对于化脓性心包炎行排脓、冲洗、注药等治疗。临床上常采用B超探查、胸部透视（或拍摄胸片）来证实心包积液的存在。心包穿刺术为有创操作，且有一定危险性，不能为证实心包积液的存在而盲目进行心包穿刺（B错）。

327. ABCDE 328. ABCDE 329. ABCDE ①Beck三联征是指颈静脉压升高、心音低钝、动脉压降低，常见于急性心脏压塞（A）。②Kussmaul征是指吸气时颈静脉充盈更明显，常见于急性心脏压塞（A）。③Kussmaul呼吸也称酸中毒大呼吸，是指深长而规则的呼吸，可伴有鼾音，常见于糖尿病酮症酸中毒、尿毒症等（E）。

330. ABCDE　331. ABCDE　332. ABCDE　333. ABCDE　①心包腔穿刺抽液首次抽液量不应超过 100~200ml，重复抽液量可逐渐增加到 300~500ml(9 版《诊断学》P606)。②胸腔穿刺抽液首次抽液量不应超过 600ml，以后每次不超过 1000ml(9 版《诊断学》P599)。③腹腔穿刺抽液每次抽液量不应超过 3000~6000ml(9 版《诊断学》608)。④肝硬化腹腔积液腹腔穿刺抽液每次抽液量不应超过 3000ml(9 版《诊断学》P608)。

334. ABCDE　335. ABCDE　336. ABCDE　①患者心界明显向两侧扩大，可排除呼吸衰竭、肝脏衰竭、病毒性心肌炎，因为呼衰、肝衰、病毒性心肌炎一般不会出现心界增大。心脏压塞和全心衰竭都可出现心界增大、颈静脉怒张、肝肿大、双下肢水肿，但心脏压塞可有奇脉(深吸气时脉搏消失)，全心衰竭不会出现奇脉，故答案为 A 而不是 D。②心脏压塞是由于心包大量积液所致，在所给 5 个选项中，只有渗出性心包炎能产生大量心包积液，故答案为 A。③确诊渗出性心包炎的首选检查是超声心动图，方法简单易行，迅速可靠，并可在超声引导下行心包穿刺抽液(D)。动态心电图主要用于诊断阵发性心律失常。胸部 CT 价格昂贵，不作为首选检查。胸部 X 线片可以诊断心包积液，但一般不作为首选检查。心肌酶学测定常用于急性心肌梗死的诊断。

337. ABCDE　338. ABCDE　①亚急性感染性心内膜炎多有轻、中度贫血，晚期可有重度贫血。80%~85%的患者可闻及心脏杂音，脾肿大见于 15%~50%的患者。亚急性心内膜炎一般不会出现环形红斑(D)。②风湿热是 A 组乙型溶血性链球菌感染后反复发作的全身结缔组织炎症，可累及心脏导致心肌炎出现心脏杂音，故不答 B。急性风湿热常有轻度红细胞计数和血红蛋白含量降低，呈正细胞正色素性贫血，故不答 A，参阅 13 版《实用内科学》P2695。环形红斑是急性风湿病具有诊断意义的病变，故不答 D。急性风湿热一般不出现脾肿大，答案为 C。

339. ABCDE　亚急性感染性心内膜炎患者可有许多非特异性周围体征：①约 1/3 有杵状指，但一般无发绀；②Osler 结节，为指和趾垫出现的豌豆大小的红或紫色痛性结节；③Roth 点，为视网膜的卵圆形出血斑；④瘀点，可出现在任何部位，但以锁骨以上皮肤、口腔黏膜和睑结膜多见。Duroziez 征为周围血管征，常见于脉压增大的疾病，如主动脉瓣关闭不全，不见于亚急性感染性心内膜炎(E)。

340. ABCDE　ABCDE 都是感染性心内膜炎的临床表现，但以发热最常见，几乎所有患者均有发热。

341. ABCDE　E 为感染性心内膜炎的主要诊断标准，ABCD 为次要诊断标准。

342. ABCDE　①患者有感染性心内膜炎的基础病变风湿性心脏病，长期低热，有周围体征(瘀点)、轻度脾肿大、贫血、白细胞计数增高，应诊断为亚急性感染性心内膜炎(E)。②脾功能亢进常表现为巨脾、外周血三系减少，无发热、睑结膜瘀点。过敏性紫癜可有皮肤紫癜，但一般无发热、贫血、白细胞计数增高。急性白血病常表现为贫血、感染、出血、肝脾淋巴结肿大。再生障碍性贫血常表现为贫血、感染、出血，无肝脾淋巴结肿大。

343. ABCDE　该患者有感染性心内膜炎的基础病变心脏瓣膜病，长期低热，贫血，应考虑亚急性感染性心内膜炎，确诊首选血培养(B)。ACE 项检查无特异性。D 项检查为确诊急性心肌梗死的方法。

344. ABCDE　①感染性心内膜炎为心脏内膜表面的微生物(细菌、真菌、病毒、立克次体、衣原体等)感染，伴赘生物形成。赘生物是由血小板和纤维素组成的白色血栓。故超声心动图检查发现赘生物对明确诊断有重要价值(C)。②虽然感染性心内膜炎患者几乎均有发热，但发热对其诊断无特异性。胸痛并有胸膜摩擦音为纤维素性胸膜炎的特点。白细胞增高见于细菌感染，无特异性。心电图 ST-T 改变为心肌缺血的表现，对诊断感染性心内膜炎无帮助。

345. ABCDE　①感染性心内膜炎抗生素应用的原则是：早期用药，足量用药，静脉用药为主，选用敏感抗生素(C)。②感染性心内膜炎的治疗不一定使用两种抗生素，如草绿色链球菌感染者，使用青霉素一种抗生素即可(A 错)。③为杀灭隐藏在心瓣膜赘生物中的细菌，应相应延长疗程，不应在体温正常后停药(B 错)。④抗生素疗程一般为 4~6 周，但真菌感染者，疗程可长达半年(D 错)。⑤在血培养结果回报之前，应根据常见致病菌行经验性治疗(E 错)。

346. ABCDE 347. ABCDE 348. ABCDE 349. ABCDE 350. ABCDE ①患者有心脏病史多年,四肢关节受累,1周来低热,贫血,睑结膜淤点,白细胞增高,可诊断为感染性心内膜炎。风湿热主要累及心脏及其瓣膜,与本例不符。本例多系统、多部位受累的症状不能用肺炎、缺铁性贫血、肺结核来解释。②Roth 斑、Osler 结节、脾肿大、贫血均属于亚急性感染性心内膜炎的典型临床表现,Ewart 征(心包积液征)常见于大量心包积液。③ABCDE 均属于感染性心内膜炎的并发症,其中心力衰竭为最常见的并发症,主要由主动脉瓣关闭不全所致。④确诊感染性心内膜炎,最有意义的检查是血细菌培养,超声心动图为次选检查,故答 C 而不是 E。C 反应蛋白(CRP)增高见于细菌急性感染。胸部 X 线片对感染性心内膜炎无确诊价值。血清铁蛋白测定常用于缺铁性贫血的辅助诊断。⑤胸骨左缘第 3 肋间闻及舒张期叹气样杂音,为主动脉瓣关闭不全的典型杂音。肺动脉瓣关闭不全为胸骨左缘第 2~4 肋间舒张早期叹息样高调递减型杂音。二尖瓣关闭不全为全收缩期吹风样杂音。三尖瓣关闭不全为胸骨左下缘全收缩期吹风样杂音。二尖瓣狭窄为心尖部舒张期杂音。

351. ABCDE ①绝大多数心脏性猝死发生在有器质性心脏病的患者,约 80%由冠心病及其并发症引起,而这些冠心病患者中约 75%有心肌梗死病史。②各种心肌病引起的心脏性猝死约占5%~15%,其他还有离子通道病等,占 5%~10%。

352. ABCDE 9 版《内科学》和 9 版《外科学》已将心肺复苏顺序更改为:C→A→B。即心脏骤停后进行心肺复苏的顺序为:人工胸外按压(C)→开通气道(A)→人工呼吸(B)。

353. ABCDE 施行口对口人工呼吸时,应先将病人的头后仰,下颌向上托起,轻轻后压环状软骨以保持呼吸道通畅。同时以拇指和示指将病人的鼻孔捏闭。然后术者深吸一口气,对准病人口部用力吹气。吹气频率一般不应超过 20 次/分,过频的吹气会造成操作者疲乏,不能保证吹入气体的氧浓度较高(D 错)。吹气时看到病人胸廓抬起表示气体已进入肺部。每次吹气完毕,即将口移开并作深吸气,此时病人凭其胸肺的弹性被动地完成呼气。

354. ABCDE 心脏骤停最常见的心律失常是心室颤动(约占 85%)。虽然及时胸外按压和人工呼吸可部分维持心脑功能,但极少能将室颤转复为正常心律,而迅速恢复有效的心律是复苏成功至关重要的一步。终止室颤最有效的方法是电除颤,如果能在心脏骤停后 6~10 分钟内进行电除颤,多数患者可无神经系统损害。每延迟 1 分钟除颤,复苏成功率下降 7%~10%。一旦心电监测确定为心室颤动,应立即用 360J 能量进行非同步直流电除颤(D)。

355. ABCDE ①对于心肺复苏的后期治疗,高压氧疗可保证心脑的供氧,物理降温可减少脑组织氧耗;呋塞米利尿可保护肾脏功能;20%甘露醇脱水治疗有利于防治脑水肿。②心肺复苏的后期治疗无需使用抗生素(A)。

356. ABCDE 357. ABCDE ①患者心电图示急性前壁心肌梗死,约 75%~95%的患者可发生心律失常,尤其是室性心律失常。该患者突然出现短暂意识丧失,抽搐,听不到心音,提示已发生心室颤动,最可能的心电图表现为室颤(B)。房颤、窦房传导阻滞、房室传导阻滞及室速,均不会出现意识障碍、心音消失。②急性心梗并发乳头肌断裂,可造成二尖瓣脱垂并关闭不全,于心尖部可闻及收缩中晚期喀喇音和响亮的收缩期杂音(D)。心包摩擦音常见于心肌梗死后综合征。心尖部出现舒张期奔马律常见于心力衰竭。室性心律失常是急性心梗常见的心律失常类型。心尖区 S_1 降低,出现第四心音,常见于房性奔马律,提示心室肥厚。

358. ABCDE 食管抗反流屏障是指食管和胃交接的解剖结构,包括食管下括约肌(LES)、膈肌脚、膈食管韧带、食管与胃底的锐角(His 角)等,其中最主要的是 LES 的功能状态。

359. ABCDE 胃食管反流病是多种因素造成的以食管下括约肌(LES)功能障碍为主的胃食管动力障碍性疾病,直接损害因素是胃酸、胃蛋白酶及胆汁(非结合胆盐和胰酶)等反流物,不包括结合胆盐(D)。

360. ABCDE ①高脂肪饮食、钙通道阻滞剂、缩胆囊素均可引起 LES 功能障碍或一过性松弛,使抗反流屏障受损而导致胃食管反流病。长期吸烟可使食管黏膜不能抵御反流物的损害,而导致胃食管反流病。②莫沙必利可增加 LES 压力,改善食管蠕动,促进胃排空,常用于胃食管反流病的治疗(D)。

361. ABCDE ①反流是指胃内容物在无恶心和不用力的情况下涌入咽部或口腔的感觉。胃食管反流病患者,可因反流物刺激咽部,诉咽部不适、异物感、棉团感,但无真正吞咽困难,称癔球症;反流物刺激咽喉部可致咽喉炎、声嘶;反流物进入肺部可致非季节性哮喘、反复发生肺炎等。②吞咽困难不是胃内容物反流所致,而是食管痉挛或功能紊乱所致(E)。

362. ABCDE 胃食管反流病的并发症包括:①食管狭窄,食管炎反复发作致使纤维组织增生,最终导致瘢痕狭窄;②Barrett 食管和食管腺癌,Barrett 食管是指食管的鳞状上皮被柱状上皮取代,在此基础上可发生溃疡或腺癌;③上消化道出血,反流性食管炎患者因食管黏膜糜烂及溃疡可导致上消化道出血。由于胃食管反流病的病变部位主要在食管下段,而不在胃,因此可发生食管腺癌,而不发生胃癌,答案为 A。

363. ABCDE ①反酸、烧心是胃食管反流病最常见的典型症状,胸痛、吞咽困难为非典型症状,故本例应考虑胃食管反流病。为明确诊断,应首选胃镜检查(B)。②胸部 X 线片、腹部 B 超、胸部 CT 对本病的诊断价值不大。上消化道 X 线钡餐造影诊断敏感性不高,仅用于排除食管癌。

364. ABCDE ①该患者胸痛、反酸、胃灼热,应考虑胃食管反流病,胃镜检查是最准确的方法。但胃镜检查阴性时,可次选 24 小时胃食管 pH 监测,此检查是诊断反流性食管炎的重要检查方法,可提供食管是否存在过度酸反流的客观证据,多在内镜检查阴性时采用,故答案为 C。②上消化道气钡双重造影,对诊断胃食管反流病敏感性不高,主要用于排除食管癌。^{13}C 尿素呼气试验主要用于检查有无幽门螺杆菌感染。腹部 B 超主要用于实质性脏器的检查。24 小时心电监测主要用于心律失常的诊断。

365. ABCDE ①反酸为胃食管反流病的最常见的典型症状。青年男性,反酸、胸骨后烧灼痛、上腹胀,应诊断为胃食管反流病,最适当的处理措施是口服奥美拉唑(A)。②冠心病很少出现消化道症状,故不答 B。食管 24 小时 pH 监测是诊断胃食管反流病的次选检查方法(首选检查方法是纤维胃镜),故不答 C。多潘立酮是胃动力药,枸橼酸铋钾为抗幽门螺杆菌药,均可用于慢性胃炎的治疗。E 为冠心病的治疗措施。2018 年真题。

366. ABCDE 367. ABCDE 368. ABCDE ①心绞痛可表现为胸骨下段刺痛,但持续时间一般不超过 30 分钟,口含硝酸甘油可缓解,与本例不符合。胆囊炎一般于脂肪餐后发病,常为右上腹持续性疼痛,30 分钟内不会自行缓解。主动脉夹层常急性起病,撕裂样胸痛一开始即达高峰,不可能自行缓解,两上肢血压和脉搏可有明显差别,也与本例不符。患者病程 2 个月,不可能为急性心肌梗死,故不答 E。本例最可能的诊断为胃食管反流病。胃食管反流病的非典型症状为胸骨后疼痛,硝酸甘油无效,可放射到后背、胸部、肩部,酷似心绞痛,症状常于餐后 1 小时发生,坐起可减轻,平卧可加重。②奥美拉唑为质子泵抑制剂,抑酸效果好,疗效最好,是胃食管反流病的首选治疗药物(D)。③胃食管反流病具有慢性复发倾向,为减少复发,往往需要长程维持治疗。质子泵抑制剂和 H_2 受体阻滞剂均可用于维持治疗,但前者效果更优(B)。

369. ABCDE 370. ABCDE ①非甾体抗炎药可抑制环氧合酶,使胃肠黏膜正常再生的前列腺素 E 合成不足,黏膜修复障碍,出现糜烂、出血,导致急性胃炎,此为急性胃炎的主要发病机制(A)。②幽门螺杆菌感染是慢性胃炎最常见的病因(C)。

371. ABCDE 372. ABCDE ①Curling 溃疡是指严重烧伤所致的急性胃黏膜病变(溃疡)。Cushing 溃疡是指中枢神经系统疾病所致的急性胃黏膜病变(溃疡)。②非甾体抗炎药、酒精可引起急性胃炎。幽门螺杆菌感染常引起慢性胃炎。

373. ABCDE 374. ABCDE 375. ABCDE 376. ABCDE 377. ABCDE ①急性胃炎好发于胃窦及球部,也可见于全胃(C)。②慢性胃炎好发于胃窦和胃体,前者多为幽门螺杆菌感染所致,后者多与自身免疫有关(B)。③胃溃疡好发于胃角和胃窦小弯(E)。④十二指肠溃疡好发于球部,约占 90%(A)。⑤胃癌的好发部位依次为胃窦(58%)、贲门(20%)、胃体(15%)、全胃或大部分胃(7%)。

378. ABCDE ①患者颅内出血后发生上消化道出血，应首先考虑 Cushing 溃疡（急性胃黏膜病变）所致。②十二指肠溃疡病程较长，常表现为饥饿痛，进食缓解。胃癌出血常有不规律上腹隐痛史。贲门黏膜撕裂常由剧烈呕吐引起，出血量大，鲜红色。食管胃底静脉曲张破裂出血多有长期肝病史。

379. ABCDE ①病人长期服用非甾体抗炎药物（吲哚美辛），现呕血 1 次，粪隐血试验阳性，应诊断为急性胃炎伴上消化道出血，首选治疗为静脉应用质子泵抑制剂（C）。②AB 虽可用于本病的治疗，但疗效不如质子泵抑制剂。急性胃炎所致的上消化道出血，应用止血芳酸、维生素 K_1 效果不佳，故不答 DE。2018 年真题。

380. ABCDE 381. ABCDE 382. ABCDE ①服用非甾体抗炎药阿司匹林、大量饮酒均可引起急性胃黏膜病变，导致上消化道出血，呕吐咖啡样胃内容物，出现剑突下轻压痛。根据题干，本例应诊断为急性胃黏膜病变（C）。十二指肠球炎、胃癌、反流性食管炎均起病缓慢，慢性病程，与题干所述不符。食管贲门黏膜撕裂综合征也称 Mallory-Weiss 综合征，其特点是剧烈呕吐后，发生上消化道出血，出血量可大可小，多为鲜血。②为明确急性胃黏膜病变的诊断，应首选胃镜检查（D）。ABCE 均不能确诊本病。③急性胃黏膜病变的治疗首选质子泵抑制剂，次选 H_2 受体拮抗剂、胃黏膜保护剂，云南白药、止血环酸效果不佳。

383. ABCDE 幽门螺杆菌经口进入胃内，部分可被胃酸杀灭，部分则附着于胃窦部黏液层，依靠其鞭毛穿过黏液层，定居在黏液层与胃窦黏膜上皮细胞表面，一般不侵入胃腺和固有层内。

384. ABCDE 慢性胃炎的病因：①幽门螺杆菌（Hp）感染，是慢性胃炎的主要病因；②自身免疫性胃炎的自身抗体攻击壁细胞，使壁细胞总数减少，导致胃酸分泌减少；内因子抗体与内因子结合，阻碍维生素 B_{12} 的吸收，从而导致恶性贫血。③幽门括约肌功能不全时，含胆汁和胰液的十二指肠液反流入胃，可削弱胃黏膜屏障功能，导致慢性胃炎。④营养缺乏可使胃黏膜修复再生功能降低，炎症慢性化，上皮增殖异常，胃腺萎缩。⑤慢性胃炎的发病与精神刺激无关，精神刺激是消化性溃疡的常见诱因。

385. ABCDE 胃酸对胃酸分泌的负反馈抑制，主要是通过抑制胃窦部 G 细胞分泌促胃液素实现的。萎缩性胃炎患者由于胃黏膜萎缩，壁细胞分泌胃酸减少，胃酸对 G 细胞的抑制作用减弱，导致血清促胃液素水平增高。

386. ABCDE ①慢性萎缩性胃炎的内镜表现为：胃黏膜呈颗粒状、黏膜下血管透见、色泽灰暗、皱襞细小，可伴有糜烂、胆汁反流。②胃黏膜可见红斑是慢性非萎缩性胃炎的内镜表现。

387. ABCDE 388. ABCDE 389. ABCDE ①“胃镜示胃窦皱襞平坦，黏膜粗糙无光泽，黏膜下血管透见”为慢性萎缩性胃炎的特点（C）。②慢性萎缩性胃炎胃黏膜内中性粒细胞增多肯定表明炎症处于活动期（C）。③A 型胃炎位于胃体部，壁细胞抗体常阳性，胃酸降低，内因子分泌减少，使维生素 B_{12} 吸收障碍，导致巨幼细胞贫血（恶性贫血）。

390. ABCDE 临床上可用于根除幽门螺杆菌的抗生素包括：克拉霉素、羟氨苄青霉素、甲硝唑、替硝唑、喹诺酮类抗生素、痢特灵、四环素等。

391. ABCDE 大样本临床研究表明，口服选择性 COX-2 抑制剂塞来昔布对胃黏膜重度炎症、肠化、萎缩、异型增生的逆转有一定益处（C）。

392. ABCDE ①病人间断上腹胀 10 年，胃镜检查示胃黏膜菲薄，黏膜下血管透见，应考虑为慢性萎缩性胃炎。黏膜组织活检示肠上皮化生，应诊断为慢性萎缩性胃炎伴肠上皮化生。肠上皮化生属于癌前病变，主要行内镜下治疗，如内镜下黏膜切除术、内镜下黏膜剥离术、内镜下激光治疗等。参阅 14 版《实用内科学》P1914。②抗胆碱能药物可造成胃蠕动减弱，很少应用。胃大部切除术常用于消化性溃疡的治疗。质子泵抑制剂常用于抗幽门螺杆菌的治疗。促胃肠动力药物主要用于对症治疗。2018 年真题。

393. ABCDE 消化性溃疡是胃十二指肠黏膜侵袭因素与黏膜保护作用失衡的结果。正常情况下，黏膜能够抵御这些侵袭性因素的损害作用，维持黏膜的完整性。十二指肠溃疡多由胃酸、胃蛋白酶等侵袭因素增强造成，胃溃疡多由黏膜保护性因素减弱造成。虽然长期服用非甾体抗炎药、黏膜血流量减低、黏膜细胞更新能力减弱都是引起消化性溃疡的病因，但都不是十二指肠溃疡的主要病因。

394. ABCDE 消化性溃疡的腹痛特点是：①慢性过程，病史可达数年或十余年；②周期性发作，发作期可为数周或数月，缓解期长短不一；③部分患者有与进餐相关的节律性上腹痛，如饥饿痛或餐后痛；④腹痛可被抑酸剂缓解。B 项说法不全面，E 项法说无特异性，故正确答案为 D。

395. ABCDE ①十二指肠溃疡常表现为周期性空腹痛，即餐前痛→进餐后缓解→餐后 3~4 小时再痛，具有疼痛—进食—缓解的规律(C)。②进食后呕吐常见于幽门梗阻。腹痛与进食脂肪有关，常见于胆胰疾病。左上腹钝痛常见于慢性胰腺炎。右上腹痉挛性疼痛常见于胆囊结石。

396. ABCDE ①十二指肠溃疡的发病与幽门螺杆菌感染密切相关，十二指肠溃疡患者幽门螺杆菌的检出率约为 90%，人群中感染幽门螺杆菌者约 15%发生消化性溃疡(A)。②急性胃肠炎多与肠道感染有关。急性胰腺炎多与胆道疾病、饮酒等有关。溃疡性结肠炎多与自身免疫性因素有关。慢性胆囊炎多与胆囊结石有关。可见，BCDE 的发病均与幽门螺杆菌感染无关。

397. ABCDE 复合性溃疡是指胃和十二指肠均有活动性溃疡，多见于男性。

398. ABCDE ①中年男性，长期间断上腹痛，多为餐后痛，应考虑胃溃疡。为明确诊断，当然首选胃镜+活组织检查(E)。②超声内镜常用于了解胃癌的浸润深度。腹部 CT、MRI、上消化道钡餐均属于影像学检查，不能确诊胃溃疡。2018 年真题。

399. ABCDE ①非甾体抗炎药(NSAIDs)是导致胃黏膜损伤最常见的药物，10%~20%的患者可发生胃溃疡，但很少发生十二指肠溃疡(B)。②巨大溃疡、无症状性溃疡常见于有 NSAIDs 服用史的老年患者，故不答 CDE。

400. ABCDE ①男性青年，反复饥饿性上腹痛 4 年，应诊断为十二指肠溃疡(B)。②胃溃疡常表现为饱餐痛，而不是饥饿痛。慢性胆囊炎、慢性胰腺炎常表现为脂肪餐后腹痛。胃癌常表现为无规律性上腹痛。

401. ABCDE 402. ABCDE 403. ABCDE 404. ABCDE ①球后溃疡是指发生于十二指肠球部后方的溃疡，夜间痛、背部放射痛常见，易出血(D)。②幽门管溃疡易出现幽门梗阻，表现为呕吐隔夜宿食，不含胆汁，易导致机体水电解质失衡(B)。③老年人溃疡临床表现多不典型，胃溃疡多位于胃体上部，溃疡较大，易误诊为胃癌(E)。④球后溃疡多位于十二指肠降段的初始部及乳头附近，溃疡多在后内侧壁，可穿透入胰腺。由于溃疡靠近胆胰共同通道开口处，故易导致胰管梗阻，引起急性胰腺炎(D)。

405. ABCDE 406. ABCDE 407. ABCDE 408. ABCDE ①夜间痛是十二指肠溃疡的典型表现，黑便是并发出血的表现。慢性胃炎多无症状，有症状者表现为上腹痛或不适，饱胀、恶心等，一般无夜间痛，反酸，黑便等症状。胃溃疡多表现为饱餐痛，具有进食—疼痛—缓解的规律，少有夜间痛。胃癌无典型节律性腹痛特点。患者病史 3 个月，不可能诊断为急性胃炎。②确诊十二指肠溃疡首选纤维胃镜检查。钡餐透视检查虽可确诊消化性溃疡，但不是首选检查，仅适用于对胃镜检查有禁忌或不愿接受胃镜检查者。腹部 CT、B 超、血尿淀粉酶测定均不能确诊消化性溃疡。③出血为消化性溃疡最常见的并发症。若出血量>5ml/d，可有大便隐血试验阳性。若出血量>50~100ml/d，可出现黑便。

409. ABCDE X 线钡餐检查为确诊消化性溃疡的次选检查方法。龛影是确诊消化性溃疡的直接征象，而局部压痛、十二指肠球部激惹和球部变形、胃大弯侧痉挛性切迹均为间接征象，仅提示有溃疡的可能。

410. ABCDE ABCDE 均可检查幽门螺杆菌，因质子泵抑制剂(PPI)可根除幽门螺杆菌，因此正在使用 PPI 治疗的患者，除血清学 Hp 抗体检测(定性检测血清抗幽门螺杆菌 IgG 抗体)外，上述检查均可能呈假阴性反应。

411. ABCDE ①临床上胃良、恶性溃疡的鉴别尤其重要。早期的溃疡型胃癌在内镜下很难与良性溃疡相鉴别，可多处取活组织检查，以资鉴别(A 错)。②任何检查都不能保证 100%准确，内镜下诊断为胃溃疡，即使活检阴性，仍可能为假阴性，而漏诊胃癌。复查胃镜溃疡愈合只能作为良、恶性溃疡鉴别的辅助诊断方法，而不是确诊依据。胃癌患者常有真性胃酸缺乏，胃溃疡常无真性胃酸缺乏，可作为两者的鉴别要点之一。

412. ABCDE　Zollinger-Ellisin 综合征也称胃泌素瘤，是胰腺非 B 细胞瘤分泌大量胃泌素所致。胃泌素可刺激壁细胞分泌大量胃酸，引起严重而顽固的消化性溃疡，溃疡常位于十二指肠球部和胃窦小弯侧，其余分布于食管下段、十二指肠球后、空肠等非典型部位。

413. ABCDE　414. ABCDE　①慢性胃炎多无症状，有症状者主要表现为非特异性消化不良，如上腹不适、饱胀、钝痛、烧灼痛，无明显节律性，进食可加重或减轻。此外，还可有食欲减退、嗳气、反酸、恶心等症状(E)。②典型的胃溃疡疼痛特点是周期性餐后上腹部疼痛，至下一餐前缓解("进食→疼痛→缓解")，即餐后 1 小时疼痛→1~2 小时逐渐缓解→下次进餐再痛(B)。③C 为十二指肠溃疡的腹痛特点。D 为急性胰腺炎的腹痛特点。

415. ABCDE　①消化性溃疡的治疗目标为：去除病因，控制症状，促进溃疡愈合，预防复发，避免并发症。②十二指肠溃疡不会癌变，故预防癌变不可能是其治疗目标(C)。

416. ABCDE　①质子泵抑制剂是目前抑酸作用最强，作用最持久，疗效最好的抑酸药物(D)。H_2 受体阻滞剂虽可抑制胃酸分泌，但抑酸作用不如质子泵抑制剂。②含铝抗酸剂(如氢氧化铝、铝碳酸镁等)为碱性抗酸剂，主要通过碱性药物来中和胃酸，其抑酸作用非常弱。抗胆碱能药物虽可抑制胃酸分泌，但其抑酸作用不强。促胃液素受体阻滞剂(如丙谷胺)可抑制经胃泌素途径的胃酸分泌，抑酸作用不强，临床上已淘汰。

417. ABCDE　①质子泵抑制剂(如奥美拉唑)，可抑制壁细胞胃酸分泌终末步骤中的关键酶 H^+-K^+-ATP 酶，使其不可逆失活，是目前抑酸作用最强，作用最持久，疗效最好的抑酸药物(D)。②西咪替丁为 H_2 受体拮抗剂，其抑酸作用不如奥美拉唑。阿托品为抗胆碱药，虽可抑制胃酸分泌，但因抑酸作用不强，且可引起胃排空障碍，临床上已淘汰。硫糖铝、胶体次枸橼酸铋属于胃黏膜保护剂，不能抑制胃酸分泌。

418. ABCDE　快速尿素酶试验阳性提示幽门螺杆菌(Hp)感染。对于伴 Hp 感染的十二指肠溃疡患者，治疗时首先应根除 Hp，以促进溃疡愈合、降低复发率。目前根除 Hp 治疗的经典方法即为 1 种质子泵抑制剂+2 种抗生素，即奥美拉唑+克拉霉素+甲硝唑，每日 2 次，疗程 7~14 天。

419. ABCDE　①"空腹痛，餐后缓解"为十二指肠溃疡的特点。患者间断上腹痛 5 年，应考虑十二指肠溃疡。查^{13}C 尿素呼气试验阳性，说明存在幽门螺杆菌(Hp)感染，应首先进行抗幽门螺杆菌治疗。目前多采用三联疗法，即质子泵抑制剂或胶体铋剂任选 1 种+抗菌药物(克拉霉素、阿莫西林、甲硝唑)任选 2 种，疗程 1~2 周。奥美拉唑为质子泵抑制剂，答案为 E。②颠茄合剂为解痉剂，甲氰咪胍、法莫替丁为 H_2 受体阻滞剂，铝碳酸镁为碱性抗酸剂，均可用于消化性溃疡的治疗，但均不属于抗 Hp 三联疗法的药物。

420. ABCDE　胃溃疡且幽门螺杆菌(Hp)阳性患者，故应先行抗幽门螺杆菌治疗，疗程 1~2 周；然后再行消化性溃疡的药物治疗。临床上，胃溃疡的治疗可给予质子泵抑制剂常规剂量，疗程 4~6 周，或 H_2 受体阻滞剂常规剂量，疗程 6~8 周。可见本例的治疗方案应为 E 选项，总疗程 5~7 周后复查胃镜。

421. ABCDE　①幽门螺杆菌(Hp)感染机体后可刺激机体产生 IgG 抗体，该 IgG 抗体可在体内存在很长一段时间，因此无论 Hp 是否被根除，其血清 IgG 抗体仍可为阳性，故血清幽门螺杆菌 IgG 抗体检测只能提示近期是否感染 Hp，不能确定是否为现症感染，也不能用于根除 Hp 治疗后的疗效复查，只能用于流行病学调查(B)。②根除 Hp 治疗后复查首选无创的^{13}C 尿素呼气试验，也可选用 CDE 项检查，但 CDE 均为有创检查，临床上少用。

422. ABCDE　①临床上常用的胃黏膜保护剂包括铋剂(枸橼酸铋钾)和弱碱性抗酸剂(铝碳酸镁、硫糖铝、氢氧化铝凝胶),故答 D。②替硝唑为抗 Hp 药物,雷尼替丁、西咪替丁为 H_2 受体阻滞剂,奥美拉唑为质子泵抑制剂。

423. ABCDE ①长期服用非甾体抗炎药可导致消化性溃疡,其机制是抑制环氧合酶(COX),使胃肠黏膜生理性前列腺素 E 合成不足,从而使胃肠黏膜保护性因素减弱,引起消化性溃疡。米索前列醇是一种人工合成的前列腺素衍生物,进入血液后与胃壁细胞的前列腺素受体结合,抑制胃酸分泌。另外,米索前列醇也是一种胃黏膜保护剂,因此预防非甾体抗炎药所致消化性溃疡,米索前列醇已成为首选药物之一(另一类药物是质子泵抑制剂)。②硫糖铝、胶体铋也属于胃黏膜保护剂,但目前临床上少用。阿莫西林目前主要用于根除幽门螺杆菌的治疗。法莫替丁为 H_2 受体抑制剂,其抑酸作用较差,不宜用于预防非甾体抗炎药所致的消化性溃疡。

424. ABCDE ①患者长期腹胀、便秘、低热,应考虑肠结核。增生型肠结核以便秘为主要症状,X 线钡餐表现为回盲部充盈缺损。溃疡型肠结核以腹泻为主要症状,X 线钡餐表现为跳跃征。故答案为 D。②克罗恩病常表现为腹痛、腹部包块及瘘管形成。慢性阑尾炎常有急性阑尾炎病史,表现为发作性右下腹痛,右下腹压痛反跳痛,钡餐造影常表现为阑尾不显影、钡剂排出延迟等。阿米巴性结肠炎多有阿米巴感染史,脓血便,里急后重等。

425. ABCDE ①青年女性,长期低热盗汗,应考虑结核病。患者腹痛、腹泻、右下腹压痛及反跳痛,说病变部位在右下腹,与肠结核好发于回盲部相吻合。X 线钡剂造影呈跳跃征为溃疡型肠结核的特征性改变。根据题干,本例应诊断为肠结核(A)。②BCDE 均不会出现低热、盗汗等结核中毒症状,也不会出现钡剂灌肠"跳跃征"。

426. ABCDE "PPD(结核菌素)试验阳性"仅说明患者曾受结核杆菌感染,不能确诊肠结核。患者"有肠外结核"更不能确诊肠结核,如患者可能为肺结核、骨结核等。血沉增快提示患者结核病处于活动期。患者"有腹痛、腹泻、右下腹压痛"可能为克罗恩病、溃疡性结肠炎,也不能确诊肠结核,因此 BCDE项均不能确诊肠结核。临床上,肠结核的诊断较为困难。对高度怀疑肠结核的病例,如抗结核治疗 2~6 周有效,可做出肠结核的临床诊断。

427. ABCDE ①青年女性,长期低热,腹胀,腹腔积液征阳性,且为渗出性腹腔积液。腹壁柔韧感为结核性腹膜炎的典型表现,因此应考虑结核性腹膜炎。其诊断困难,对于有游离腹腔积液的患者,可行腹腔镜+活组织检查,以明确诊断(E)。②腹部 B 超只能探查腹腔积液多少,并不能确诊本病。胃肠道钡餐对结核性腹膜炎的诊断价值不大。血沉是反映结核病是否处于活动期的指标,并不能确诊本病。腹腔积液结核杆菌培养阳性率很低,且需费时 2~6 周,临床上少用。

428. ABCDE ①青年患者,长期有结核病中毒症状(低热、乏力、体重减轻),消化道症状(稀便、肠鸣音活跃、右下腹痛),结肠镜提示回盲部充血水肿、横行溃疡、炎性息肉,应诊断为肠结核。肠结核好发于回盲部,故答 B。②克罗恩病结肠镜示纵行裂隙状溃疡。结肠癌常表现为结肠肿块,或火山口状溃疡,浸润性生长,不会出现局部肠黏膜充血水肿、炎性息肉,故不答 C。阿米巴肉芽肿患者溃疡较深,边缘潜行,溃疡间黏膜多正常,不会出现充血水肿、炎性息肉,故不答 D。患者病变部位在回盲部而不在腹膜,故不答 E。

429. ABCDE 430. ABCDE ①肠结核多表现为长期低热,腹泻,3~4 次/日,多为糊状便,可有营养不良、体重减轻。根据题干,本例应诊断为肠结核(E)。结肠癌、溃疡性结肠炎、阿米巴肠病均表现为腹痛腹泻,黏液脓血便,故不答 ACD。克罗恩病常表现为腹痛、腹泻,多为糊状便,一般无黏液脓血便,但大多起病隐匿,活动期与缓解期交替,不会持续发作 5 月余,故不答 B。②肠结核好发于回盲部,为明确诊断最有价值的检查是结肠镜+活组织检查(E)。ABC 均属于影像学检查,不能确诊肠结核。PPD 试验对于成人结核病的诊断价值不大,故不答 D。

431. ABCDE ①抗结核治疗是肠结核治疗的关键,其化疗原则为早期、联合、适量、规律、全程使用敏感药物。短程化疗 6~9 个月,并不是多采用长程抗结核治疗(B 错)。②腹痛者可给予抗胆碱能药物对症治疗，以缓解疼痛。若并发完全性肠梗阻、肠道大出血保守治疗无效应行手术治疗。诊断困难者可行剖腹探查术。

432. ABCDE　结核性腹膜炎早期腹痛不明显，以后可出现持续性隐痛或钝痛，也可始终没有腹痛。疼痛多位于脐周、下腹，有时在全腹（C 对）。当并发不完全性肠梗阻时，有阵发性绞痛。偶可表现为急腹症。转移性腹痛是急性阑尾炎的典型表现。

433. ABCDE　结核性腹膜炎是由结核杆菌引起的慢性弥漫性腹膜感染，所引起的腹腔积液多为渗出液，若不合并其他细菌感染，大多呈草黄色（A），少数为淡红色，偶为乳糜性。

434. ABCDE　腹壁揉面感为结核性腹膜炎的典型体征，根据题干，本例应诊断为结核性腹膜炎。对诊断最有意义的检查是腹膜活检（C）。

435. ABCDE　①患者腹腔积液比重>1.018，蛋白定量>30g/L，白细胞>500×10^6/L，应考虑渗出性腹腔积液，故不答 E，因为肝硬化多为漏出性腹腔积液。患者间断低热，盗汗，体重下降，此为结核中毒症状。患者腹痛腹胀，全腹轻压痛，渗出性腹腔积液，白细胞以单个核细胞为主，应诊断为结核性腹膜炎（B）。②化脓性腹膜炎、原发性腹膜炎起病急，常表现为寒战高热，持续性剧烈腹痛，腹部明显压痛反跳痛。患者无颈静脉怒张，缩窄性心包炎的可能性不大。

436. ABCDE　437. ABCDE　438. ABCDE　439. ABCDE　肠结核、结核性腹膜炎和克罗恩病的最常见并发症都是肠梗阻。重症溃疡性结肠炎最常见的并发症是中毒性巨结肠。

440. ABCDE　441. ABCDE　①肠梗阻为结核性腹膜炎最常见的并发症。患者有痛（脐周绞痛 6 小时）、吐（呕吐数次）、胀（腹胀 3 个月）、闭（无排气排便）的典型临床表现，应诊断为肠梗阻，故可首先排除答案 BC。患者长期低热，为结核中毒症状，故本例应诊断为结核性腹膜炎并肠梗阻（D）。消化性溃疡及缺血性肠病都不会有长期低热，故不答 AE。②结核性腹膜炎并肠梗阻腹部平片可发现阶梯状液平面，为首选检查。结核性腹膜炎并肠梗阻不宜行结肠镜检查，故不答 A。腹部 B 超可探查有无腹腔积液，但不能确诊本病。腹部 CT、MRI 价格昂贵，不作为首选检查。

442. ABCDE　443. ABCDE　444. ABCDE　①年轻女性，长期低热盗汗，此为结核中毒症状。患者腹痛腹胀，腹腔积液比重>1.018、蛋白定量>30g/L，白细胞计数>500×10^6/L，以单个核细胞为主，应考虑渗出性腹腔积液，故本例应诊断为结核性腹膜炎（B）。肠结核很少出现腹腔积液，故不答 A。肝炎后肝硬化失代偿期多无腹痛发热盗汗，可出现漏出性腹腔积液。肝癌腹膜转移多无发热盗汗，病情进展快，血性腹腔积液。肝硬化合并自发性腹膜炎常表现为腹痛，发热，全腹压痛，腹膜刺激征，渗出性腹腔积液，细胞分类以中性粒细胞为主。②结核性腹膜炎时，因细胞免疫受刺激，淋巴细胞明显增多，故腹腔积液 ADA 多高于 45U/L，其诊断结核性腹膜炎的敏感度较高（A）。血清-腹腔积液白蛋白梯度（SAAG）是指同日所测血清白蛋白与腹腔积液白蛋白的差值。SAAG≥11g/L 的腹腔积液为漏出液，多见于肝硬化、酒精性肝病、心源性腹腔积液等；SAAG<11g/L 的腹腔积液多为渗出液，常见于结核性腹膜炎、腹腔恶性肿瘤、胰源性腹腔积液等。腹腔积液病理检查见到癌细胞多提示腹膜癌转移。结核性腹膜炎所致的腹腔积液多为渗出液，肝硬化腹腔积液多为漏出液。腹腔积液培养见到来自肠道的革兰阴性菌多提示合并自发性腹膜炎。③结核性腹膜炎当然首选抗结核治疗（C）。

445. ABCDE　446. ABCDE　①溃疡性结肠炎肠黏膜可出现大片坏死、溃疡，残存的肠黏膜充血、水肿可形成炎性息肉（A）。②克罗恩病典型病变为节段性改变、非干酪性肉芽肿、裂隙状溃疡，这种纵行裂隙状溃疡可深达肌层，并融合成窦道，形成肠内瘘（D）。③溃疡型肠结核也可发生慢性穿孔而形成肠内瘘，但少见。

447. ABCDE　溃疡性结肠炎可累及全结肠，但以直肠、乙状结肠最常见，其次为降结肠、横结肠等。

448. ABCDE　溃疡性结肠炎的典型临床表现是腹痛、腹泻、脓血便（A），典型粪便为黏液脓血便。粪便中的黏液脓血为炎症渗出、黏膜糜烂及溃疡所致。黏液脓血便是本病活动期的重要表现。

449. ABCDE　①黏液脓血便是溃疡性结肠炎活动期的重要表现。②患者常有疼痛—便意—便后缓解的规律，伴里急后重。③溃疡性结肠炎病变常位于黏膜与黏膜下层，很少深入肌层，所以很少并发结肠穿孔、肠瘘。肛周瘘管是克罗恩病的常见临床症状之一。④结节性红斑、外周关节炎都是溃疡性结肠炎的肠外表现。

450. ABCDE 溃疡性结肠炎根据病情程度分轻、中、重三度。①轻度：腹泻<4 次/日，便血轻或无，无发热，贫血无或轻，血沉正常；②中度：介于轻度与重度之间；③重度：腹泻≥6 次/日，有明显黏液脓血便，体温>37.8℃，脉搏>90 次/分，血红蛋白<75%正常值，血沉>30mm/h。

451. ABCDE ①溃疡性结肠炎好发于直肠、乙状结肠，多表现为左下腹痛，黏液脓血便，结肠镜检查可见肠黏膜充血水肿，颗粒状，多发糜烂及浅溃疡。根据题干，本例应诊断为溃疡性结肠炎(B)。②肠结核好发于回盲部，多表现为低热盗汗，右下腹隐痛，触痛性包块。克罗恩病好发于末段回肠，多表现为右下腹痛，结肠镜可见节段性病变，纵行溃疡。结肠癌行结肠镜检查可见癌块。慢性结肠炎是指结肠的非特异性炎症，常表现为慢性腹泻，反复腹痛。

452. ABCDE M 胆碱受体拮抗剂可抑制胃肠平滑肌蠕动，诱发中毒性巨结肠(D)。

453. ABCDE ①重症溃疡性结肠炎易并发中毒性巨结肠，表现为病情急剧恶化，毒血症明显，高热，出现鼓肠，腹部压痛，肠鸣音消失。X 线腹部平片见结肠扩张，结肠袋消失。结合病史和临床表现，本例应诊断为中毒性巨结肠(C)。②结核性腹膜炎多有结核病史，进展缓慢，与本例不符。自发性腹膜炎常发生于肝硬化腹腔积液患者。溃疡性结肠炎并发肠穿孔少见，多在中毒性巨结肠的基础上发生。肠梗阻常见于克罗恩病，很少见于溃疡性结肠炎。

454. ABCDE ①患者腹痛，脓血便，结肠镜检查见弥漫性糜烂、浅溃疡，应诊断为溃疡性结肠炎。患者腹泻>6 次/日，体温>37.5℃，应诊断为重度溃疡性结肠炎，治疗首选糖皮质激素(A)。②柳氮磺吡啶常用于治疗轻、中度溃疡性结肠炎。硫唑嘌呤属于免疫抑制剂，常用于糖皮质激素效果不佳者。美沙拉嗪、奥沙拉嗪均属于 5-氨基水杨酸缓释剂，常用于不能耐受柳氮磺吡啶者。

455. ABCDE 456. ABCDE 457. ABCDE ①溃疡性结肠炎 X 线钡灌肠检查提示肠管缩短，结肠袋消失，肠壁变硬，呈铅管征(B)。②溃疡型肠结核 X 线钡剂灌肠检查提示钡剂于病变肠段排空加快，充盈不佳，而在病变上、下肠段钡剂充盈良好，称为 X 线钡剂激惹征(E)。③克罗恩病钡剂灌肠检查可见病变呈节段性分布，肠黏膜皱襞粗乱、纵行溃疡、鹅卵石征(A)。④晚期胰腺癌压迫十二指肠降部时，进行低张十二指肠钡剂检查可见“反 3 字征”。乙状结肠扭转行钡剂灌肠检查时，可见扭转部位钡剂受阻，尖端呈“鸟嘴征”。

458. ABCDE 459. ABCDE ①结肠克罗恩病为纵行裂隙状溃疡。②溃疡性结肠炎为黏膜、黏膜下层的表浅性溃疡。③急性细菌性痢疾为大小不等、形状不一的浅溃疡，即地图状溃疡。肠结核为横带状(半环形)溃疡，溃疡长径与肠管长轴垂直。肠易激综合征为功能性肠病，无肠壁溃疡形成。

460. ABCDE 461. ABCDE 虽然溃疡性结肠炎好发于直肠和乙状结肠，但其并发症中毒性巨结肠病变最严重的部位是横结肠。

462. ABCDE 463. ABCDE 464. ABCDE ①女性患者，反复脓血便 10 余年，有肠外表现(膝关节疼痛)，大便培养无痢疾杆菌生长，可诊断为炎症性肠病。X 线检查提示病变位于乙状结肠，因此溃疡性结肠炎的可能性大(A)。克罗恩病好发于回肠末端，脓血便少见。肠结核好发于回盲部，常表现为腹泻与便秘交替。慢性细菌性痢疾无肠外症状，大便培养常有阳性发现。肠易激综合征为功能性肠病，绝无脓血便。②溃疡性结肠炎常有“腹痛—便意—便后缓解”的规律，常伴里急后重(C)。③患者每日腹泻<4 次，应考虑轻度溃疡性结肠炎，首选柳氮磺吡啶治疗(A)。糖皮质激素常用于中、重度患者的治疗，故不答 BC。环孢素为免疫抑制剂，常用于激素疗效不佳者。替硝唑仅用于重症有继发感染者。

465. ABCDE ①克罗恩病是一种病因不明的胃肠道慢性非干酪性肉芽肿性疾病，病变可累及从口腔至肛门各段消化道，呈节段性分布。肉眼观，肠黏膜溃疡早期呈鹅口疮样，晚期形成典型的纵行溃疡或裂隙样溃疡,将黏膜分割呈铺路石样改变,这些均是克罗恩病的特征性表现。②受累肠段弥漫性充血水肿伴溃烂,为溃疡性结肠炎的特点(E 错)。

466. ABCDE ABCDE 都是克罗恩病的消化系统症状,其中腹痛为最常见症状,多位于右下腹或脐周,间歇性发作。

467. ABCDE "结肠节段性炎性改变、鹅卵石外观、肠腔多处狭窄"是克罗恩病的特征性改变。

468. ABCDE 469. ABCDE ①柳氮磺吡啶为普通 5-氨基水杨酸制剂,是溃疡性结肠炎的常用治疗药物,适用于轻中度患者。柳氮磺吡啶口服后大部分达结肠,经肠菌分解为 5-氨基水杨酸而发挥作用。美沙拉嗪是 5-氨基水杨酸的控释剂,可避免在小肠近段被吸收,而在结肠内发挥作用,但因价格昂贵,主要用于对柳氮磺吡啶不能耐受者。糖皮质激素适用于氨基水杨酸制剂疗效不佳、重度及急性暴发型患者。②柳氮磺吡啶和美沙拉嗪都属于 5-氨基水杨酸制剂,主要适用于轻中度克罗恩病。柳氮磺吡啶为普通制剂,主要在结肠发挥作用,适用于病变局限在结肠的轻度患者。美沙拉嗪为控释制剂,能在回肠末段、结肠定位释放,适用于轻度回结肠型患者。布地奈德也可用于轻、中度回结肠型患者,但由于价格昂贵,一般不作为首选,故最佳答案为 B 而不是 C。硫唑嘌呤、甲氨蝶呤均为免疫抑制剂,主要适用于激素治疗无效或对激素依赖的患者。

470. ABCDE 471. ABCDE ①外周血中性粒细胞胞质抗体(p-ANCA)、酿酒酵母抗体(ASCA)分别是溃疡性结肠炎和克罗恩病的相对特异性抗体。②前列腺特异性抗原(PSA)主要用于诊断前列腺癌。抗核抗体(ANA)为系统性红斑狼疮的相对特异性抗体。C 反应蛋白(CRP)常用于诊断急性细菌感染。

472. ABCDE 473. ABCDE ①临床上最常见的功能性胃肠病是功能性消化不良,占胃肠疾病专科门诊患者的 50%左右。②临床上最常见的功能性肠道疾病是肠易激综合征,我国成人患病率约为 10%。

474. ABCDE ①患者主诉有两个,一个是上腹痛,经口服制酸剂后缓解;另一个是腹胀,主要与胃排空不良有关,故应选用胃动力药多潘立酮。②铝碳酸镁、氢氧化铝凝胶均为弱碱性抗酸剂,与硫糖铝一样常作为胃黏膜保护剂使用,故不答 ABD。西咪替丁和法莫替丁类似,均属于 H_2 受体阻滞剂,故不答 C。

475. ABCDE 功能性消化不良的主要症状包括餐后饱胀、早饱感、上腹胀痛、上腹灼热感、嗳气、食欲不振、恶心等,无呕吐(E)。

476. ABCDE ①肠易激综合征(IBS)患者都有不同程度的腹痛,多于排便或排气后缓解(A 错)。②IBS 为功能性肠病,无器质性病变,因此即使病史再长,也不会出现营养不良症状。③由于精神心理障碍是 IBS 发病的重要因素之一,因此精神紧张可使症状复发或加重(C 对)。④IBS 为功能性肠病,虽有排便习惯和大便性状的改变,但不会造成大便失禁。患者可有腹痛腹泻,但睡眠中痛醒者少见。

477. ABCDE 肠易激综合征是一种常见的功能性肠病,其腹泻特点为:①一般 3~5 次/天,也可多达 10 余次/天;②稀糊状、水样便,含黏液,但绝无脓血;③部分病人可有腹泻与便秘交替;④可伴腹痛,多于排便或排气后缓解,极少睡眠中痛醒,排便不影响睡眠(D 错)。

478. ABCDE 几乎所有肠易激综合征患者都有不同程度的腹痛,疼痛部位不定,以下腹和左下腹多见(B 错),多于排便或排气后缓解,睡眠中痛醒者极少。由于肠易激综合征是一种功能性肠病,无器质性病变,因此,体检时一般无明显体征,有时在相应部位有轻压痛。

479. ABCDE ①间断左下腹痛,排便后缓解,大便稀糊状,应考虑肠易激综合征。本病是功能性肠病,因此各种检查均为阴性。结合病史及临床表现,本例应诊断为肠易激综合征(B)。②自发性腹膜炎好发于肝硬化腹腔积液,常有高热,腹膜刺激征。左半结肠癌可有排便习惯和性状改变,结肠镜检查可发现结肠肿块。功能性消化不良常表现为餐后上腹痛,有腹胀、嗳气、食欲不振、恶心呕吐等消化不良症状。溃疡性结肠炎多有黏液脓血便,结肠镜提示肠黏膜血管纹理模糊,黏膜充血水肿,呈颗粒状。

480. ABCDE ①肠易激综合征是一种功能性肠道疾病,治疗的重点在于调节肠道功能和精神因素的影响。便秘型患者可给予泻药,如甲基纤维素、聚乙二醇、乳果糖。对于精神症状明显者,可给予抗抑郁药,如阿米替林等。②洛哌丁胺主要作用于胃肠道的 μ 阿片受体,拮抗平滑肌收缩而抑制肠蠕动和分泌，属于止泻药物，不能用于便秘型患者(C)。

481. ABCDE 482. ABCDE ①超声检查是诊断脂肪性肝病重要而实用的手段，其准确率为70%~80%(A)。②肝穿刺活组织检查是确诊脂肪性肝病的主要方法(E)。

483. ABCDE ①戒酒是治疗酒精性肝病的关键，戒酒4~6周脂肪肝可停止发展，最终恢复正常。②BCDE都是酒精性肝病的一般治疗措施。

484. ABCDE ①酒精性脂肪性肝病一般预后良好，很少发生急性肝衰竭(D)。参阅9版《内科学》P394。②ABCE均属于急性肝衰竭的常见病因，其中以慢性乙型肝炎最常见。2018年真题。

485. ABCDE 486. ABCDE ①肝硬化代偿期的体征可有肝脾肿大，肝脏质地偏硬(B)。请注意：肝硬化早期肝脏肿大，肝硬化晚期为肝体积缩小。②肝硬化失代偿期可有门脉高压，导致门-体侧支循环开放，表现为食管胃底静脉曲张、腹壁静脉曲张(C)。黄疸、皮肤紫癜为肝硬化失代偿期肝功能减退的表现，而与门脉高压无关。

487. ABCDE ①正常情况下，雌激素在肝脏灭活。当肝硬化肝功能减退时，雌激素灭活减少，在体内浓度增高，可导致肝掌、蜘蛛痣、男性乳房发育。营养不良与肝功能减退密切相关。②脾大属于门脉高压时，脾脏长期淤血所致(C)。

488. ABCDE ①食欲不振和乏力是肝硬化代偿期和失代偿期均可出现的临床表现，无特异性，不可能为正确答案，可首先排除AC。②失代偿期肝硬化患者对脂肪和蛋白质耐受差，可致腹泻。长期吸收不良可导致消瘦。这些临床表现均无特异性，故不答DE。③腹腔积液是门静脉高压和肝功能减退共同作用的结果，为肝硬化失代偿期最突出的临床表现(B)。

489. ABCDE ①肝硬化患者肝功能减退，对雌激素、醛固酮的灭活减少，导致雌激素、醛固酮增多。胆固醇是合成肾上腺皮质激素的原料，肝硬化时，胆固醇合成减少，可导致肾上腺皮质激素合成不足；促皮质素释放因子受抑，促黑素分泌增加。②肝硬化患者血清总T_3、游离T_3降低，游离T_4正常或增高。

490. ABCDE ①自发性腹膜炎为肝硬化腹腔积液的常见并发症，多表现为低热、腹胀或腹腔积液增长明显。本例为肝硬化腹腔积液，且为渗出性腹腔积液(比重>1.018、蛋白定量>30g/L，白细胞总数>500×10^6/L，细胞分类以多形核细胞为主)，故应诊断为自发性腹膜炎(D)。②门静脉血栓形成常表现为重度腹胀，剧烈腹痛，脾大，顽固性腹腔积液等。结核性腹膜炎也可表现为渗出性腹腔积液，但与题干所述的肝硬化腹腔积液病史不符，故不答B。原发性肝癌晚期可出现血性腹腔积液，但本例腹腔积液以白细胞为主，故不答C。根据题干所给条件，不能诊断为肝肾综合征，故不答E。

491. ABCDE ①乙肝肝硬化患者腹胀，腹膨隆，移动性浊音阳性，说明存在大量腹腔积液。患者无腹痛，腹部无压痛反跳痛，可排除自发性腹膜炎。患者肝肋下未触及，未触及肝脏肿块，可排除肝癌。患者无呼吸困难、发绀、杵状指，可排除肝肺综合征。患者神志清楚，可排除肝性脑病。②患者尿量明显减少，BUN、Scr增高，故应考虑合并肝肾综合征(A)。

492. ABCDE 肝硬化并发门静脉血栓形成常表现为突发腹部剧痛、脾大、顽固性腹腔积液、肠坏死、消化道出血及肝性脑病，腹穿可抽出血性腹腔积液。

493. ABCDE 肝硬化患者由于长期钠盐摄入不足、大量放腹腔积液、腹泻等，常导致低钠、低钾、低氯性代谢性碱中毒。

494. ABCDE 495. ABCDE ①肝硬化腹腔积液多为漏出性，常表现为腹腔积液比重<1.018，蛋白<25g/L，Rivalta试验阴性，细胞总数<100×10^6/L，分类以淋巴细胞、间皮细胞为主(A)。②结核性腹膜炎腹腔积液多为渗出性，常表现为腹腔积液比重>1.018，蛋白质>30g/L，Rivalta试验阳性，细胞总数>500×10^6/L，分类以淋巴细胞为主(B)。

496. ABCDE 497. ABCDE ①本例为上消化道出血，要求判断上消化道出血的病因。胆囊结石常表现为脂肪餐后右上腹阵发性疼痛，Murphy征阳性，故不答D。胃癌、消化性溃疡、急性胃炎所致的上消化道出血，每次出血量一般不超过500ml，很少引起休克，故不答ACE。因此，最可能的诊断是肝硬化导致的门脉高压症引起的上消化道出血，这种出血来势凶猛，一次出血量可达 500～1000ml，常可引起休克(B)。此外，肝硬化时由于肝功能减退，可有轻度黄疸、腹腔积液征，晚期因肝萎缩变小而于肋下不能触及。脾肿大可因大出血后而缩小。②该患者肝功能差，已经处于失血性休克状态，因此急救措施是紧急输血输液。

498. ABCDE　499. ABCDE　500. ABCDE　501. ABCDE　502. ABCDE　①患者长期乙肝病史，肝掌，蜘蛛痣，脾脏肿大，腹腔积液，全血细胞减少，应诊断为乙肝肝硬化。由于肝功能减退，肝脏对醛固酮的灭活作用减弱，导致继发性醛固酮增多，腹腔积液形成(C)。②白蛋白(A)由肝细胞合成，γ 球蛋白(G)由浆细胞产生。肝硬化患者白蛋白合成减少，γ 球蛋白产生增加，导致 A/G 比值倒置，可作为肝硬化失代偿的重要诊断依据(E)。ALT 增高、胆红素增高常提示肝细胞急性受损。碱性磷酸酶(ALP)增高常提示胆道梗阻。血糖降低常提示胰岛素分泌过多。③肝硬化患者全血细胞减少主要与脾功能亢进有关(B)。④肝硬化患者由于门静脉高压，常导致脾脏淤血性肿大。由于脾静脉是门静脉的主要属支，因此食管静脉曲张破裂大出血后，循环血量骤减，门静脉压降低，将导致脾脏缩小(A 错)。BCDE 在肝硬化门脉高压症发生上消化道出血后均可出现。⑤肝硬化门脉高压食管胃底曲张静脉破裂大出血首选治疗药物是生长抑素，可减少门静脉血流量，降低门静脉压力，止血效果最佳(B)。ACDE 均属于止血措施，但疗效不如生长抑素。

503. ABCDE　①黄曲霉素广泛存在于霉变的花生、玉米及谷物中。黄曲霉素的代谢产物黄曲霉毒素有多种，其中黄曲霉毒素 B1 致癌性最强，与肝癌的发生密切相关(D)。②慢性酒精中毒与肝硬化有关。EB 病毒感染与宫颈癌、鼻咽癌有关。乙肝病毒、丙肝病毒与肝细胞性肝癌有关，但尚未发现戊型肝炎病毒感染与肝癌发生有关。

504. ABCDE　块状型肝癌是指肿瘤直径 5～10cm，>10cm 者称为巨块型肝癌。

505. ABCDE　肝癌的伴癌综合征包括自发性低血糖、红细胞增多症、高钙血症、高脂血症、类癌综合征。

506. ABCDE　①肝区疼痛为肝癌最常见的症状，约 50%患者有肝区疼痛，但很多疾病(如肝炎、肝硬化)均可出现肝区疼痛，故无特异性。②肝脏进行性肿大为肝癌最常见的特征性体征之一，肝质地坚硬，表面凹凸不平，结节状，常有不同程度的压痛，故答 B。③很多晚期肿瘤均可有恶病质表现，无特异性。梗阻性黄疸为晚期肝癌的表现，也无特异性。很多晚期消化道肿瘤，如胃癌、结直肠癌，均可出现肺部转移灶，故 E 项也无特异性。

507. ABCDE　①B 超、CT 对肝癌的诊断符合率为 90%左右，MRI 对肝癌的诊断率，尤其是对肝血管瘤的鉴别优于 CT，故答 A 而不是 BD。参阅 3 版 8 年制《外科学》P559。②放射性核素肝扫描对肝癌、肝血管瘤的诊断率均较低。内镜超声很少用于肝癌、肝血管瘤的鉴别诊断。2018 年真题。

508. ABCDE　①乙型肝炎多经历“肝炎→肝硬化→肝癌”三个发展阶段，本例 HBsAg 阳性，肝区疼痛，AFP 逐渐升高达 400μg/L，应首先考虑肝炎肝硬化合并原发性肝癌。②虽然慢性活动性肝炎、肝硬化等可有 AFP 升高，但一般不超过 200μg/L，且不会进行性升高，故不答 ABD。血吸虫病肝纤维化 AFP 常为阴性，故不答 C。

509. ABCDE　巨块型肝癌患者，肝内广泛转移，且已侵犯下腔静脉，已失去肝癌根治性切除机会，故不能行肝叶切除术(E)。可行姑息性手术，如肝动脉结扎或栓塞、肝动脉灌注化疗等。由于常规肝移植手术需切除门静脉及部分下腔静脉，因此对于已有下腔静脉浸润者可行肝移植手术。

510. ABCDE　511. ABCDE　512. ABCDE　①患者肝区疼痛，肝肿大，肝脏占位性病变，应考虑肝癌。经内镜逆行胰胆管造影(ERCP)主要用于低位梗阻性黄疸原因的鉴别，而对肝癌的诊断价值不大(D)。ABCE 均可用于肝癌的定位诊断。②对原发性肝细胞癌最有价值的实验室检查项目是甲胎蛋白(AFP)测定(B)。③肝癌的首选治疗是早期手术切除(A)。肝动脉结扎或栓塞常用于不能切除肝癌的治疗，故不答 BC。化学治疗、放射治疗对肝癌效果不佳，故不答 DE。

513. ABCDE　ABCD 均属于肝性脑病的病因，其中以肝硬化最常见。E 为肝性脑病的诱因而不是病因。

514. ABCDE 食物中的芳香族氨基酸(酪氨酸、苯丙氨酸),经肠菌脱羧酶的作用,分别转变为酪胺和苯乙胺。正常情况下,这两种胺在肝内被分解清除。当肝功能衰竭时,清除发生障碍,酪胺和苯乙胺进入脑组织,经β羟化酶的作用分别转变为β羟酪胺和苯乙醇胺。后二者称为假性神经递质,其化学结构与正常的神经递质去甲肾上腺素相似,但不能传递神经冲动,当被神经细胞摄取并取代突触中的正常递质,则神经传导发生障碍,出现肝性脑病。

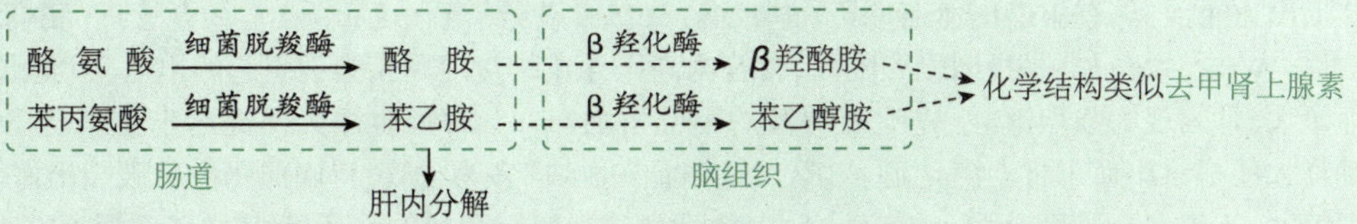

515. ABCDE 肝性脑病最主要的脑性毒物是 NH_3,因为 NH_3 在肠道吸收后可弥散进入肠黏膜,其吸收比率比 NH_4^+ 高得多。游离 NH_3 有毒性,且能通过血脑屏障。NH_4^+ 相对无毒,不能通过血脑屏障。

516. ABCDE 虽然肾脏和肌肉均可产氨,但消化道是产氨的主要部位,当其被吸收后通过门静脉进入体循环,引起肝性脑病。

517. ABCDE 518. ABCDE 肝性脑病可分为5期。①0期(潜伏期)无行为、性格异常,无神经系统病理征,脑电图正常。②1期(前驱期)表现为轻度性格改变和精神异常,如焦虑、欣快激动、淡漠、睡眠倒错、健忘等,可有扑翼样震颤。③2期(昏迷前期)表现为嗜睡、行为异常、言语不清、书写障碍、定向力障碍,有腱反射亢进、肌张力增高、踝阵挛、Babinski征阳性,有扑翼样震颤。④3期(昏睡期)表现为昏睡,但可唤醒,有扑翼样震颤,肌张力高,腱反射亢进,锥体束征常阳性。⑤4期(昏迷期)表现为昏迷,不能唤醒,扑翼样震颤无法引出。A为4期表现,B为1期表现,C为3期表现,D为2期表现,E为0期表现。

519. ABCDE 520. ABCDE ①支链氨基酸制剂富含亮氨酸、异亮氨酸和缬氨酸,可竞争性抑制芳香族氨基酸(酪氨酸、苯丙氨酸)进入大脑,从而减少假性神经递质(β羟酪胺、苯乙醇胺)的形成,用于肝性脑病的治疗。②乳果糖口服后在小肠不会被分解,达到结肠后可被乳酸杆菌、粪肠球菌等细菌分解为乳酸、乙酸等,可降低肠道pH值。肠道酸化后对产尿素酶的细菌生长不利,但有利于不产尿素酶的乳酸杆菌的生长,使肠道细菌产氨减少。此外,酸性肠道环境可减少氨的吸收,促进氨的排出。③精氨酸、谷氨酸钾理论上具有降氨作用,但至今无证据肯定其疗效。甘露醇主要用于治疗脑水肿。

521. ABCDE ①诊断肝性脑病最有意义的体征是扑翼样震颤阳性。②腹壁反射消失见于同侧锥体束病损。

522. ABCDE ①乳果糖口服后,在小肠不会被分解,到达结肠后可被乳酸杆菌分解为乳酸,使肠道pH降低,从而减少氨的吸收,并促进血液中的氨渗入肠道排出,可用于各期肝性脑病的治疗(B)。②治疗肝性脑病时,病初数日内应禁止食用蛋白质。③为抑制肠道产尿素酶的细菌生长,减少氨的生成,可口服新霉素、甲硝唑等,但不宜静脉使用。④肥皂水多为碱性溶液,可增加肠道氨的吸收,应禁用。⑤肝性脑病患者由于肝功能减退,药物在体内的半衰期延长,脑组织敏感性增加,多数患者不能耐受安眠镇静药,如使用不当,可使患者迅速进入不可逆的昏迷。因此,当患者狂躁不安时,原则上禁用巴比妥类、水合氯醛等,可试用异丙嗪、氯苯那敏等抗组胺药。

523. ABCDE 524. ABCDE 525. ABCDE ①患者有乙肝病史多年,消瘦,乏力,黄疸,脾大,腹腔积液征阳性,应考虑乙肝肝硬化失代偿期。患者近5天意识障碍,应考虑合并肝性脑病(B)。题干所述与ACDE无关。②氨代谢紊乱是肝性脑病的重要发病机制,肝硬化肝性脑病患者多有血氨升高。为明确诊断,首选的检查是血氨测定而不是肝肾功能检查。血气分析主要用于诊断肺性脑病。头颅CT主要用于诊断脑血管意外。③肝性脑病的主要发病机制是氨中毒,因此针对发病机制的治疗措施是降低血氨(A)。纠正水电解质紊乱为一般性治疗。机械通气为肺性脑病的治疗措施。降低颅内压为脑血管意外的治疗措施。肝性脑病不是感染所致,故不答E。

526. ABCDE　527. ABCDE　①上消化道出血最常见的原因是消化性溃疡，约占 50%（A）。②下消化道出血最常见的原因是痔和肛裂，其他病因有肠息肉、结肠癌、静脉曲张等（C）。

528. ABCDE　529. ABCDE　成人每日消化道出血>5ml，粪便潜血试验即出现阳性；每日消化道出血量>50ml可出现黑粪。

530. ABCDE　531. ABCDE　①胆道出血的特点为：每次出血 200~300ml，很少引起休克；周期性出血，间隔 1~2 周出血 1 次；具有胆道出血三联征（胆绞痛、梗阻性黄疸、消化道出血）。②食管贲门黏膜撕裂伤（Mallory-Weiss 综合征）是指因剧烈呕吐，食管内高压导致的贲门黏膜撕裂引起的出血，因此出血凶猛，出血量大，常表现为强烈呕吐，先呕吐胃液后呕吐鲜血（C）。③鲜血样大便提示出血来自下消化道。柏油样大便提示出血来自上消化道。"呕大量鲜血和血块"多为食管、胃底曲张静脉破裂出血。

532. ABCDE　①患者剧烈呕吐后，吐出鲜血，为食管贲门撕裂综合征的临床特点。②食管癌、急性胃炎、消化性溃疡的出血均与剧烈呕吐无关，故不答 ABD。门静脉高压症所致上消化道出血常有慢性乙型肝炎病史，多于进食粗糙食物后发生，且出血凶猛，可导致失血性休克。2019 年真题。

533. ABCDE　①急诊胃镜是目前诊断上消化道出血病因的首选检查方法，应在出血 24~48 小时内进行（A）。②上消化道钡餐仅用于胃镜有禁忌或不愿进行胃镜检查者，且需在出血停止数天后进行，不作为首选检查。胃液分析现已少用，主要用于胃泌素瘤的辅助诊断。便隐血试验主要用于判断有无消化道出血，但不能确定出血病因和部位。选择性动脉造影仅用于胃镜检查无法判断出血病灶者。

534. ABCDE　①长期慢性乙肝易演变为肝硬化，引起门脉高压症，导致食管胃底静脉曲张。患者食用坚硬食物时，易刺破曲张静脉引起上消化道大出血。故本例应诊断为乙肝肝硬化门脉高压症食管胃底曲张静脉破裂出血，最合适的治疗药物是生长抑素（E）。②H_2 拮抗剂（西咪替丁）主要用于治疗消化性溃疡所致的上消化道出血，故不答 A。硝酸甘油常用于治疗冠心病，而本例现在的主要矛盾是上消化道出血，故不答 B。普萘洛尔为预防食管胃底曲张静脉破裂出血的首选药，而不是治疗药物，故不答 C。血管加压素可收缩内脏小血管，严禁用于冠心病的病人，故不答 D。

535. ABCDE　①十二指肠球溃出血患者，且在胃镜下见活动性出血，最合适的止血措施当然是胃镜下止血，其止血效果确切、可靠、直观（D）。②口服去甲肾上腺素盐水、凝血酶均为局部止血措施，其止血效果不及静脉滴注质子泵抑制剂，故不答 AB。70%以上的消化性溃疡出血均可保守治疗痊愈，且本例呕血仅 5 小时，正行胃镜检查，说明生命体征稳定，故暂不手术治疗。消化性溃疡的急性出血期，应静脉给药，故不答 E。

536. ABCDE　①患者乙肝病史 20 年，突然呕血 1000ml，应考虑为乙肝肝硬化门脉高压食管胃底静脉曲张破裂出血。血管加压素可收缩内脏血管，减少门脉血流量，降低门脉压力，而达到止血的目的。但血管加压素也可收缩冠状动脉，因此冠心病、心绞痛患者禁用（A）。②生长抑素为近年来治疗食管胃底静脉曲张出血的常用药物。支链氨基酸可预防肝性脑病的发生。奥美拉唑、法莫替丁可降低胃酸，加强止血效果。

537. ABCDE　十二指肠溃疡大出血患者，短期内输血超过 800ml 血压仍不稳定，说明出血量大且为活动性出血，应急诊手术治疗。

538. ABCDE　539. ABCDE　540. ABCDE　①青年患者排柏油便 2 天，伴头晕、心慌，血压降低，心率增快，应诊断为上消化道大出血。十二指肠溃疡多见于青年人，故答 B。胃癌常见于老年人，故不答 A。胆道出血量少，一般不引起休克，故不答 C。急性胃炎近期常有非甾体抗炎药服用史，且出血量一般不大，不会导致休克，故不答 D。本例无肝炎病史，肝脾不大，故肝硬化门脉高压食管胃底曲张静脉破裂出血的可能性小。②患者十二指肠溃疡大出血并休克，血压不稳定（70/40mmHg），首选处理应是积极补充血容量，抗休克治疗，然后才是病因治疗，故答 B 而不是 E。三腔二囊管压迫止血多用于肝硬化食管胃底曲张静脉破裂出血。绝大多数消化性溃疡出血均可保守治疗止血，只有积极内科治疗 6~8 小时无效时才考虑急诊手术，故不答 C。胃镜止血一般应在抗休克治疗，血压稳定后进行,故不答D。③上消化道出血最常见的病因是消化性溃疡,为明确诊断,应在休克纠正,病情稳定后行胃镜检查(B)。血清CEA测定多用于诊断结肠癌。上消化道大出血急性期不宜做钡餐检查。腹部B超、ERCP检查对十二指肠溃疡出血诊断价值不大。

541. ABCDE 542. ABCDE 543. ABCDE ①肾小球滤过膜受损,通透性增高,血浆白蛋白从滤过膜滤出超过了肾小管的重吸收能力,导致尿中出现以白蛋白为主的蛋白质,称为肾小球性蛋白尿(A)。②肾小管受损后,肾小管对正常从滤过膜滤过的小分子量蛋白质(如溶菌酶、β_2微球蛋白)重吸收障碍,导致蛋白质从尿中排出,称为肾小管性蛋白尿(B)。③血中小分子量蛋白质(如肌红蛋白、血红蛋白、本周蛋白)异常增多,从肾小球滤过,超过了肾小管重吸收阈值所致的蛋白尿,称为溢出性蛋白尿(C)。④组织性蛋白尿从尿中排出的是Tamm-Horsfall蛋白。假性蛋白尿是指尿中混有大量血、脓、黏液等成分而导致尿蛋白定性阳性。

544. ABCDE 红细胞管型常见于急性肾炎(A对)、急进性肾炎、慢性肾炎等。白细胞管型常见于肾盂肾炎、间质性肾炎等。脂肪管型常见于肾病综合征、慢性肾炎急性发作等。蜡样管型常见于严重肾小管坏死。肾小管上皮细胞管型常见于肾小管损伤。

545. ABCDE 管型是蛋白质、细胞或碎片在肾小管、集合管中凝固而成的圆柱形蛋白聚体。尿中发现大量管型提示肾小球或肾小管疾病(C)。

546. ABCDE ①急性肾盂肾炎的尿液中可有白细胞管型,但急性膀胱炎无白细胞管型,故尿中有白细胞管型,可以作为两者的鉴别诊断依据(D)。②尿细菌培养阳性、尿亚硝酸盐试验阳性只能用于尿路感染的诊断,而不能区分急性肾盂肾炎和急性膀胱炎,故不答A、E。急性肾盂肾炎和急性膀胱炎的尿液中均可出现白细胞及蛋白质,故不答BC。2019年真题。

547. ABCDE ①老年女性,发热,腰痛,右肾区叩痛,外周血白细胞计数和中粒细胞比例增高,脓尿,血尿,应考虑急性肾盂肾炎。为明确诊断,应首选清洁中段尿细菌培养(C)。②肾穿刺活检常用于肾病综合征的诊断。尿找肿瘤细胞常用于肾盂癌的诊断。泌尿系统B超常用于肾结石的诊断。尿相差显微镜检查常用于鉴别肾小球源性血尿和非肾小球源性血尿。

548. ABCDE ①青年女性,尿频、尿急、尿痛、白细胞尿(WBC>5/HP)、硝酸盐还原试验阳性,应考虑尿路感染。②患者无发热、白细胞增高、腰痛、肾区叩痛,故应诊断为急性膀胱炎,而不是急性肾盂肾炎。急性膀胱炎的治疗常采用3日疗法,急性肾盂肾炎多采用2周疗法。2019年真题。

549. ABCDE ①发现尿液变红,需鉴别真性血尿和假性血尿。肉眼血尿呈红色,血红蛋白尿呈暗红色或酱油色,两者难以凭肉眼颜色进行鉴别,需进行尿沉渣镜检,前者有镜下红细胞,后者无镜下红细胞(E对)。②尿胆原检测主要用于鉴别阻塞性黄疸与肝细胞性黄疸、溶血性黄疸,故不答B。尿潜血试验的原理是红细胞破坏后释放出血红蛋白,血红蛋白中的含铁血黄素催化试剂中的过氧化氢释放新生态氧,氧化色原物质而显色,因此血尿和血红蛋白尿均可表现为尿潜血阳性,故不答C。尿三杯试验主要用于判断血尿或脓尿的来源及病变部位,故不答D。

550. ABCDE ①血尿分为肾小球源性血尿和非肾小球源性血尿,前者是指红细胞通过肾小球滤过膜时,受到挤压损伤,在肾小管中呈多形性改变;后者尿红细胞形态类似外周血中的红细胞。尿沉渣相差显微镜检测,若变形红细胞>80%,称肾小球源性血尿;若变形红细胞<50%,称非肾小球源性血尿,因此变形红细胞血尿为鉴别两者最有意义的指标(E)。②全程血尿提示出血部位在膀胱或其以上部位。合并尿道刺激征提示下尿路感染。尿潜血阳性提示有血尿或血红蛋白尿。肉眼血尿提示每1000ml尿液中含血液量>1ml。

551. ABCDE ①红细胞管型由肾小球滤过的红细胞在肾小管内凝固聚集而成,常提示肾小球源性血尿,故答D。②尿路刺激征提示下尿路感染。肉眼血尿仅提示出血量大,而不能区分肾小球源性血尿和非肾小球源性血尿。伴有血凝块常提示下尿路病变。尿相差显微镜示均一形态红细胞,见于非肾小球源性血尿。

552. ABCDE 肾小球源性血尿的主要原因是肾小球基底膜断裂,红细胞通过该断裂缝时,受到血管内压力挤压受损,受损的红细胞其后通过肾小管各段又受不同渗透压和 pH 作用,呈现变形红细胞血尿。

553. ABCDE 血尿分为肾小球源性血尿和非肾小球源性血尿。用相差显微镜观察新鲜尿沉渣,发现尿变形红细胞>80%为肾小球源性血尿;发现尿变形红细胞<50%为非肾小球源性血尿。

554. ABCDE ①80%以上的急性肾小球肾炎患者可出现水肿,肾炎性水肿主要是由于肾小球滤过率下降,而肾小管重吸收功能基本正常造成"球-管失衡"和肾小球滤过分数(肾小球滤过率/肾血浆流量)下降,导致水钠潴留所致(E)。②BCD 为肾病性水肿的发病机制。

555. ABCDE 链球菌感染后急性肾小球肾炎也称急性肾炎,几乎全部患者均有肾小球源性镜下血尿(B),约 30%有肉眼血尿。95%以上的患者有轻、中度蛋白尿。80%以上患者有水肿和高血压。大多数患者有短暂的程度不等的肾功能不全。

556. ABCDE ①急性链球菌感染后肾小球肾炎也称急性肾炎,主要由 β-溶血性链球菌感染所诱发的免疫反应引起,起病初期血清 C3 明显降低,8 周内逐渐恢复正常,对诊断本病意义很大(E)。②血清抗链球菌溶血素 O(抗 O)滴度升高,只能说明患者近期曾受链球菌感染,不能说明已患急性肾炎。血沉升高只能说明疾病处于活动期。IgG 升高是再次免疫应答的标志,常见于各种慢性感染、自身免疫性疾病等。血白蛋白降低主要见于肾病综合征。

557. ABCDE 558. ABCDE 559. ABCDE ①患者 2 周前有上呼吸道感染史,表现为急性肾炎综合征(血尿、蛋白尿、水肿、高血压),血肌酐轻度增高(正常值 76~88.4μmol/L),应诊断为急性肾炎,即急性链球菌感染后肾炎(A)。急性肾盂肾炎常表现为发热,尿频、尿急、尿痛,一般无肾功能减退。过敏紫癜性肾炎常表现为皮肤紫癜、腹痛、血尿、蛋白尿等。系统性红斑狼疮常表现为多系统损害,临床表现多样,肾脏常受损。急性肾小管坏死常表现为急性肾衰竭。②治疗急性肾炎时,应给予低盐饮食(NaCl<3g/d)。患者有高血压、水肿,应首选利尿剂控制血压、消除水肿。若咽喉部炎症仍未控制,应给予抗生素治疗。急性肾炎可有尿蛋白丢失而造成血浆白蛋白降低,但多为一过性降低,无需输注白蛋白(E)。③为确诊急性肾炎,最有价值的检查当然是肾穿刺活检(B)。清洁中段尿培养常用于确诊尿路感染。肾脏 ECT、B 型超声均为影像学检查方法,对确诊本病价值不大。静脉肾盂造影常用于诊断慢性肾盂肾炎。

560. ABCDE ①患者起病急,有血尿(尿沉渣镜检 RBC30~40/HP)、水肿、高血压(BP165/105mmHg)、肾功能减退(Scr178μmol/L),应诊断为急性肾小球肾炎。重症急性肾炎患者可发生充血性心力衰竭,严重水钠潴留和高血压为其诱发因素,常表现为急性肺水肿(咳粉红色泡沫样痰、双肺底湿啰音、端坐呼吸),故答 A。②急进性肾小球肾炎常以急性肾炎综合征起病,以肾功能急剧衰退为特点,但本例肾功能减退不明显(血肌酐正常值为 76~88.4μmol/L,本例处于肾功能代偿期),故不答 B。肾病综合征的诊断标准为尿蛋白>3.5g/d(或≥+++)、血浆白蛋白<30g/L,本例尿蛋白仅(++),故不答 CD。高血压病不会在 1 周内造成肾功能的损害,故不答 E。

561. ABCDE ①急性肾小球肾炎为自限性疾病,治疗应以休息及对症处理为主,不宜应用糖皮质激素(D)。②若有高血压,可首选利尿剂降低血压。当利尿治疗后,高血压控制仍不满意,可加用血管紧张素转换酶抑制剂、血管紧张素Ⅱ受体阻断剂、钙通道阻滞剂等降压。

562. ABCDE ①患者尿少,水肿,贫血,蛋白尿,血尿,血肌酐增高,血清抗中性粒细胞胞质抗体(ANCA)阳性,应诊断为Ⅲ型急进性肾炎,多为原发性小血管炎肾损害,因此免疫病理检查常提示肾小球内无沉积物(E)。②A、D 分别为Ⅰ型和Ⅱ型急进性肾炎的病理特点。

563. ABCDE ①急进性肾炎病理特征是新月体形成(A 错)。②急进性肾炎分为三型,Ⅰ型急进性肾炎常表现为抗肾小球基底膜抗体阳性。血清抗中性粒细胞胞质抗体阳性为Ⅲ型的特点(BD 错)。③由于各型急进性肾炎在光镜下均表现为新月体形成,故不能作为分型依据,其分型依据是免疫病理(C 错)。④Ⅱ型急进性肾炎也称为免疫复合物型肾炎,常表现为循环免疫复合物阳性。

564. ABCDE ①急进性肾炎的特征性病理改变为肾小球囊内广泛新月体形成，其突出的表现是短期内(3~6月)发生肾功衰，严重少尿或无尿。②水肿是肾病综合征的表现。高血压是肾炎综合征的表现。急进性肾炎主要表现为急进性肾炎综合征，并非肾病综合征。心包摩擦音为尿毒症的表现。

565. ABCDE 急进性肾炎的特点是以急性肾炎综合征起病，肾功能进行性急剧衰竭。患者有血尿、蛋白尿、水肿、高血压，肾功能在2周内急剧衰竭，应诊断为急进性肾炎(B)。ACDE都不可能在2周内进入肾功能衰竭期(Scr620μmol/L)。

566. ABCDE ①肺出血-肾炎综合征(Goodpasture综合征)是抗基底膜抗体所致的肾小球肾炎，该抗体可与肺泡基底膜发生交叉反应，引起肺出血，临床表现为咯血和快速进行性肾功能衰竭(Ⅰ型急进性肾炎)。②Goodpasture综合征可采用强化血浆置换疗法，分离患者的血浆和血细胞，弃去血浆，以等量正常人血浆和患者血细胞重新输入体内，以清除患者体内抗基底膜抗体，其疗效肯定、迅速，应为首选。③血浆置换必须配合糖皮质激素、细胞毒药物(环磷酰胺)，以免在机体大量丢失免疫球蛋白后大量合成而造成反跳。

567. ABCDE ①病人尿检发现蛋白尿、血尿，伴或不伴高血压、水肿病史达3个月以上，无论有无肾功能损害，均应考虑慢性肾小球肾炎。中年男性，血尿、蛋白尿8年，伴高血压、肾功能轻度受损，应诊断为慢性肾小球肾炎(E)。②病人病程已8年，不可能诊断为急性肾小球肾炎。肾病综合征的诊断标准是尿蛋白>3.5g/d、血清白蛋白<30g/L。隐匿性肾小球肾炎也称无症状性血尿和(或)蛋白尿，无水肿、高血压、肾功能受损，故不答C。高血压肾损害常表现为高血压病史数十年，近年出现肾功能受损。2018年真题。

568. ABCDE 569. ABCDE 570. ABCDE ①对于尿常规异常(蛋白尿、血尿、管型尿)，伴或不伴水肿及高血压达3个月以上者，均应考虑慢性肾小球肾炎。本例为青年男性，为慢性肾炎的好发人群，水肿、高血压、尿常规异常达5年，首先应考虑慢性肾小球肾炎，故应首选血肌酐、尿素氮测定(C)。尿蛋白定量为肾病综合征的首选检查。血电解质测定无特异性。肾B超为影像学检查，对慢性肾小球肾炎只有辅助诊断价值。肾活检为有创检查项目，一般不作为首选检查。②本例最可能的诊断为慢性肾炎(D)。患者病史已5年，不可能诊断为急性肾炎、急进性肾炎，故不答AB。高血压肾小动脉硬化常表现为先有长期高血压，然后再出现肾损害，多表现为尿浓缩功能减退、夜尿增多等。慢性肾盂肾炎多有反复泌尿系感染史，尿常规可见白细胞管型。③慢性肾炎为一组临床综合征，其病理类型、病因、肾功能损害各异，故不主张使用糖皮质激素及免疫抑制剂(A)。氢氯噻嗪为降压治疗的首选药，卡托普利为降低血压、消除尿蛋白的首选药，阿司匹林为血小板解聚药，普萘洛尔为减慢心率的对症治疗药物，这些药物均可用于慢性肾炎的治疗。

571. ABCDE 572. ABCDE ①患者高血压、蛋白尿、血尿、贫血、血肌酐增高，病史超过3个月，应诊断为慢性肾小球肾炎(B)。慢性肾盂肾炎多有反复尿感史，且肾功能损害一般较轻，在发作期可有脓尿。肾病综合征常表现为大量蛋白尿(+++~++++)、血浆蛋白<30g/L、水肿、高血脂等，无血尿。本病无系统性红斑狼疮的临床表现，不支持狼疮肾炎的诊断，故不答D。高血压肾损害常表现为先有长期高血压病史，然后才出现肾功能减退，且以远端小管功能受损为主，如尿浓缩功能减退、夜尿增多等。②贝那普利为血管紧张素转换酶抑制剂(ACEI)，为治疗"慢性肾炎伴高血压或尿蛋白"的首选药，但血肌酐>264μmol/L时应慎用。本例血肌酐400μmol/L，不宜使用(A)。氯沙坦为血管紧张素Ⅱ受体阻滞剂(ARB)，可延缓肾功能恶化，可用于慢性肾炎的治疗。氢氯噻嗪是各种轻、中度高血压的基础治疗药物。氨氯地平、维拉帕米属于钙通道阻滞剂，临床使用的禁忌证很少(急性心衰除外)。

573. ABCDE ①氨基糖苷类是诱发药源性肾衰竭的最常见因素。此类药物可导致肾小管，尤其是近端小管受损，表现为蛋白尿、管型尿、血尿、尿量减少，甚至氮质血症。因此慢性肾炎患者严禁使用氨基糖苷类抗生素庆大霉素(B)。氨基糖苷类抗生素的肾毒性大小依次为：新霉素>卡那霉素>庆大霉素>妥布霉素>阿米卡星>奈替米星>链霉素。②青霉素类(包括氨苄西林)、三代头孢(头孢哌酮)，一般无肾毒性。红霉素主要副作用为肝损害,而不是肾损害。

574. ABCDE　慢性肾炎的治疗目的是防止或延缓肾功能恶化,而不以消除尿红细胞或轻微尿蛋白为目标。

575. ABCDE　①隐匿型肾炎也称无症状性血尿或(和)蛋白尿,是指无水肿、高血压及肾功能损害,仅表现为肾小球源性血尿或(和)蛋白尿的一组肾小球疾病。本例反复发作性单纯血尿,无水肿、脓尿、蛋白尿,可诊断为隐匿型肾炎(E)。②患者病史 2 年,无白细胞尿,可排除急性肾盂肾炎。慢性肾盂肾炎常表现为夜尿增多、低比重尿等,急性发作时可有尿频、尿急、尿痛等膀胱刺激征。慢性肾炎起病缓慢,常表现为蛋白尿、血尿、管型尿、水肿、高血压等。

576. ABCDE　①肾病综合征容易形成血栓、栓塞并发症,尤其膜性肾病最易发生肾静脉血栓形成,常表现为突发腰痛、血尿、少尿、尿蛋白增加、肾脏增大、肾功能减退。根据题干,本例应诊断为肾病综合征并发肾静脉血栓形成(D)。②并发肾石症常表现为发作性腰痛伴血尿,B 超可见结石影。原有膜性肾病加重常表现为尿蛋白增加,一般不会出现肾区疼痛,少尿等。泌尿系统肿瘤常表现为无痛性肉眼血尿。泌尿系结核常表现为慢性膀胱刺激征。

577. ABCDE　①狼疮肾炎是引起儿童、青少年继发性肾病综合征的常见病因之一(E)。②隐匿性肾炎常表现为无症状性血尿或(和)蛋白尿,不会引起肾病综合征。肾病综合征由肾小球疾病引起,但间质性肾炎、肾盂肾炎都是累及肾小管-间质的疾病,因此不可能引起肾病综合征。

578. ABCDE　579. ABCDE　580. ABCDE　581. ABCDE　①原发性肾病综合征的常见病因有 5 种,包括脂性肾病(35%)、系膜增生性肾炎(30%)、膜性肾病(20%)、系膜毛细血管性肾炎(10%~20%)、局灶节段性肾小球硬化(5%~10%)。儿童原发性肾病综合征最常见的病因是脂性肾病(微小病变型肾病),约占儿童病例的 80%~90%(A)。②青少年原发性肾病综合征最常见的病因是系膜增生性肾炎(D)。③中老年原发性肾病综合征最常见的病因是膜性肾病(B)。④老年人继发性肾病综合征的病因包括糖尿病肾病、肾淀粉样变性、骨髓瘤性肾病、淋巴瘤或实体肿瘤性肾病等,其中,以糖尿病肾病最常见(E)。

582. ABCDE　微小病变型肾病光镜下肾小球基本正常,可见近曲小管上皮细胞脂肪变性,免疫荧光检查肾小球内无免疫复合物沉积。电镜下肾小球基底膜正常,无电子致密物沉积(C 错),主要改变是弥漫性脏层上皮细胞足突消失。约 90%的微小病变型肾病对糖皮质激素敏感。本病的典型表现为肾病综合征,仅 15%的患者伴有镜下血尿,肉眼血尿罕见。

583. ABCDE　糖皮质激素治疗原发性肾病综合征的原则是:①起始足量:口服 8 周,必要时延长至 12 周;②缓慢减药:足量治疗后每 2~3 周减原用量的 10%;③长期维持:以最小有效剂量(10mg/d)再维持半年左右。

584. ABCDE　585. ABCDE　586. ABCDE　①肾病综合征患者易发生肾静脉血栓形成。患者大量蛋白尿,双下肢水肿提示血浆蛋白降低,B 超示双肾静脉有血栓,故应诊断为肾病综合征(D)。糖尿病肾病常见于糖尿病病程 10 年以上者,根据题干所述,不能确诊糖尿病,故不答 A。慢性肾炎急性发作常表现为血尿、蛋白尿、高血压、水肿、不同程度的肾功能受损,不会出现肾静脉栓塞,故不答 B。高血压肾损害常表现为多年高血压后肾功能轻度损害,慢性肾盂肾炎常表现为反复发作性尿频、尿急、尿痛,均与本例不符。②儿童肾病综合征最常见的病因是脂性肾病,中老年肾病综合征最常见的病因是膜性肾病,且肾静脉血栓发生率高达 40%~50%。本例为中老年男性,有肾静脉血栓,故最可能的病理诊断为膜性肾病(D)。系膜毛细血管性肾炎好发于青壮年,几乎所有患者均有血尿,但本例为中老年男性,且无血尿,故不答 A。结节性肾小球硬化是糖尿病肾病的特征性病变,故不答 B。入球动脉玻璃样变性为高血压肾损害的常见病变,故不答 C。③糖皮质激素是治疗肾病综合征的首选药物,约 60%~70%的膜性肾病经糖皮质激素和细胞毒药物治疗后可达临床缓解(B)。利尿剂主要用于利尿消肿;ACEI/ARB 可降低血压,减少尿蛋白,均属于对症治疗措施,故不答 ACD。胰岛素主要用于治疗糖尿病肾病,故不答 E。

587. ABCDE 588. ABCDE ①环磷酰胺为治疗肾病综合征最常用的细胞毒药物，氮芥为最早用于治疗肾病综合征的细胞毒药物。②长春新碱为治疗特发性血小板减少性紫癜常用药物。苯丁酸氮芥和硫唑嘌呤均可用于肾病综合征的治疗，但疗效均较差。

589. ABCDE 590. ABCDE 591. ABCDE ①脂性肾病病理改变轻微，对于糖皮质激素的治疗效果最好，有效率约为90%(A)。糖皮质激素对其他类型肾病综合征的有效率：系膜增生性肾炎约50%，系膜毛细血管性肾炎治疗困难，膜性肾病60%～70%，局灶节段性肾小球硬化30%～50%。②少数肾病综合征患者可出现急性肾损伤，尤以脂性肾病居多(A)。③膜性肾病极易发生血栓、栓塞并发症，肾静脉血栓发生率高达40%～50%。

592. ABCDE 593. ABCDE ①肾病综合征的常见并发症包括感染、肾静脉血栓形成、急性肾损伤、蛋白质及脂肪代谢紊乱等。②急性肾盂肾炎的常见并发症包括肾乳头坏死、肾周围脓肿。2020年真题，超纲题，大纲不要求掌握肾盂肾炎的并发症。③心力衰竭是小儿急性肾小球肾炎的并发症。肾性贫血是慢性肾衰竭的常见临床表现。高血压脑病是高血压的并发症。2020年真题。

594. ABCDE ①患者尿蛋白>3.5g/L，血浆白蛋白30g/L，应诊断为肾病综合征。肾病综合征常见的并发症包括感染、血栓和栓塞、急性肾衰竭、蛋白质及脂肪代谢紊乱。其中，栓塞并发症以肾静脉血栓最常见。②肾病综合征患者可因有效血容量不足而致肾血流量下降，诱发肾前性氮质血症，常经扩容、利尿后恢复，故较少发生水、电解质紊乱(A)。

595. ABCDE 肾病综合征患者血浆白蛋白<20g/L时，提示存在高凝状态，应开始预防性抗凝治疗。可给予肝素钠维持凝血时间于正常值的1倍。抗凝药一般应持续应用半年以上。

596. ABCDE IgA肾病是肾小球源性血尿最常见的原因，血尿是最常见的临床表现。IgA肾病是我国最常见的肾小球疾病，约占40%～50%。

597. ABCDE 598. ABCDE ①男性青年上感后24～72小时出现单纯性血尿，最常见的原因即为IgA肾病(C)。急性肾小球肾炎常表现为上呼吸道感染1～3周后，出现血尿、蛋白尿、水肿、高血压、肾功能一过性减退。过敏性紫癜肾炎常表现为双下肢对称性小出血点、腹痛、血尿等。急进性肾炎常以急性肾炎综合征起病，并出现急剧肾功能恶化。急性肾盂肾炎常表现为尿频、尿急、尿痛，发热，肾区叩痛。可见ABDE项均与题干所述不符。②IgA肾病的病理变化多种多样，可涉及肾小球肾炎几乎所有的病理类型，但以系膜增生性肾小球肾炎最常见(B)。

599. ABCDE ①尿路结石合并感染为复杂性尿感，其致病菌以变形杆菌最多见(B)。②非复杂尿感的致病菌以大肠埃希菌最多见，血源性尿感以金黄色葡萄球菌最多见。

600. ABCDE 尿路感染的感染途径包括：①上行感染占95%，即病原菌经由尿道上行至膀胱、输尿管、肾盂引起的感染。②血行感染也称下行感染，少见。③直接感染少见。④淋巴道感染罕见。2018年真题。

601. ABCDE ①尿中出现白细胞管型提示肾盂肾炎，急性膀胱炎不会出现白细胞管型，故尿中白细胞管型是鉴别肾盂肾炎和膀胱炎最有意义的检查(D)。②肾盂肾炎和膀胱炎均可出现尿频、尿急、尿痛、白细胞计数增高，故不答AB。尿细菌培养阳性只能确诊尿感，不能进行尿感定位，故不答C。肾盂肾炎和膀胱炎均可出现血尿，因此血尿不能作为尿感定位诊断的依据，故不答E。

602. ABCDE ①患者尿频，脓尿，血尿，应考虑尿路感染。患者寒战高热，肾区叩痛，血白细胞增高，应诊断为急性肾盂肾炎(A)。②肾乳头坏死多见于老年人，临床上少见，主要表现为暴发性肾盂肾炎。急性肾小球肾炎寒战高热、脓尿少见。急性间质性肾炎常表现为肾小管功能受损、肾性糖尿、低比重尿、低渗透压尿。肾结核常表现为慢性膀胱刺激征。

603. ABCDE ①急性肾盂肾炎、无症状细菌尿都属于尿路感染，因此均有真性细菌尿(D)。②无症状细菌尿没有尿路感染的任何症状，故无ABCE项表现，而急性肾盂肾炎可有ABCE项表现。

604. ABCDE 急性肾盂肾炎可发生于各年龄段，但以育龄女性最多见，因为性生活时可将尿道口周围的细菌挤压入膀胱引起尿路感染。

605. ABCDE ①青年女性，尿频、尿急、尿痛 2 天，脓尿，应考虑急性尿路感染。病人无发热，双肾区无叩痛，应诊断为急性膀胱炎而不是急性肾盂肾炎。②急性间质性肾炎常表现为肾小管功能损害，如夜尿增多、低比重尿等。急性肾小球肾炎常表现为血尿、蛋白尿、水肿、高血压、肾功能一过性受损。急进性肾小球肾炎常表现为血尿、蛋白尿、水肿、高血压、肾功能急剧损害。2018 年真题。

606. ABCDE 本例病程仅 5 天，以前无类似发作史，不可能诊断为慢性肾盂肾炎。本例有肾盂结石存在，故容易发生尿路感染（尿感发生率较正常人高 12 倍），因此属于复杂性尿感，可排出答案 AB。解答此题的关键是区分上尿路感染和下尿路感染，急性肾盂肾炎和急性膀胱炎都有尿频、尿急、尿痛，但前者常有腰痛、肾区叩痛及全身感染症状如寒战、高热等，故本例应诊断为复杂性急性肾盂肾炎。

607. ABCDE 中年女性，尿频、尿痛伴血尿，脓尿，应考虑尿路感染。查体无肾区叩痛，应诊断为急性膀胱炎，一般采用 3 日疗法（E）。

608. ABCDE ①慢性肾盂肾炎的诊断需结合影像学及肾功能检查，最有价值的检查是静脉肾盂造影提示肾盂肾盏变形、缩窄（D）。②急性肾炎、慢性肾炎和肾病综合征主要损害肾小球，而不是肾盂。急性肾盂肾炎由于病程短，对肾盂损害较轻，一般无肾盂肾盏变形，因此无需行静脉肾盂造影检查。

609. ABCDE 糖尿病容易并发各种感染，急性肾盂肾炎多见于女性患者，易反复发作演变为慢性肾盂肾炎（D）。

610. ABCDE ①慢性肾盂肾炎是主要累及肾盂、肾间质、肾小管的慢性炎症，早期主要表现为肾小管功能减退，晚期才累及肾小球。尿浓缩功能试验主要检测远端肾小管、集合管的稀释-浓缩功能，因此，慢性肾盂肾炎早期肾功能减退主要表现为尿浓缩功能减退（C）。②血尿素氮、血肌酐、肌酐清除率、肾小球滤过率测定都是检测肾小球功能的方法，主要用于了解肾小球肾炎时肾功能的改变。慢性肾盂肾炎只有在晚期合并肾小球受累时，这些指标才会有异常改变。

611. ABCDE 育龄期女性，有尿路刺激征，脓尿，应考虑尿路感染。肾盂造影提示肾盂变形，应诊断为慢性肾盂肾炎（B）。

612. ABCDE ①老年人无症状细菌尿无需特殊治疗，因为治疗与否与寿命无关（B）。②学龄前儿童无症状细菌尿需积极治疗。妊娠期无症状细菌尿需进行治疗，因为治疗可保护母亲和胎儿。肾移植、尿路结石等尿路复杂情况，若出现无症状细菌尿，需积极治疗。

613. ABCDE 急性肾衰竭分为肾前性、肾性和肾后性 3 类。肾前性肾衰竭的常见原因包括血容量减少、肾内血流动力学改变等。肾性肾衰竭的常见病因是肾缺血或肾毒性物质所致的肾实质损伤。肾后性肾衰竭是指急性尿路梗阻引起的肾衰竭。本例大量放腹腔积液后，可导致血容量不足而引起肾前性肾衰竭，常表现为无尿（C）。本题题干要求回答的是"无尿的原因"，故答案不可能为急性肝衰竭、急性心衰，可首先排除答案 AB。

614. ABCDE ①急性肾损伤分为肾前性、肾性和肾后性 3 类。肾后性肾损伤是指急性尿路梗阻引起的肾损伤。盆腔手术容易误扎输尿管，导致肾后性肾损伤，造成少尿。②ADE 可导致肾性肾损伤。2020 年真题。

615. ABCDE 急性肾性肾衰竭最常见的类型是急性肾小管坏死，约占 75%～80%，通常由肾缺血、肾毒性因素所致。参阅 15 版《实用内科学》P1924。ABCE 均可导致急性肾性肾衰竭，但不常见。2020 年真题。

616. ABCDE 617. ABCDE 618. ABCDE ①9 版《内科学》P516：急性肾损伤合并代谢性酸中毒补碱指征为血浆 HCO_3^-<12mmol/L（C）。8 版《内科学》P522：急性肾损伤合并代谢性酸中毒补碱指征为血浆 HCO_3^-<15mmol/L。②9 版《外科学》P18：肠瘘患者合并代谢性酸中毒补碱指征为血浆 HCO_3^-<10mmol/L（B）。③9 版《内科学》P747：糖尿病酮症酸中毒补碱指征为血浆 HCO_3^-<5mmol/L（A）。

619. ABCDE 620. ABCDE ①患者长期恶心，乏力，高血压，皮肤瘙痒，贫血，蛋白尿，血尿，应考虑慢性肾功能不全(E)。慢性肾盂肾炎常表现为反复发作尿频、尿急、尿痛。营养不良性贫血不会出现高血压、血尿、蛋白尿等。急性肾炎常表现为上呼吸道感染后出现血尿、蛋白尿、高血压、水肿,呈自限性,多于1个月内自愈。高血压肾损害多表现为长期高血压后出现肾损害。②为确诊慢性肾功能不全,当然首选血浆尿素氮(BUN)、血肌酐(Scr)测定,答案为B。补体C3测定主要用于诊断急性肾炎,24小时尿蛋白定量主要用于诊断肾病综合征,血清铁及叶酸测定主要用于诊断缺铁性贫血、巨幼细胞贫血。静脉肾盂造影主要用于诊断慢性肾盂肾炎。

621. ABCDE ①急性肾小管坏死(ATN)维持期(少尿期)可有血尿素氮和血肌酐进行性升高,但由于血肌酐升高更快,故血尿素氮与血肌酐的比值减小,常<10~15(E对)。②ATN患者肾衰指数常>1,肾前性少尿常<1(A错)。ATN患者可有轻度贫血,故不答B。ATN少尿期由于肾排钾减少、酸中毒、组织分解过快,可导致血钾浓度升高,故不答C。ATN时因肾小管重吸收功能减退,尿钠含量增高(>40mmol/L),钠排泄分数>1%,故不答D。

622. ABCDE ①肾前性肾衰竭尿沉渣镜检常见透明管型(D)。②棕色颗粒管型常见于急性肾小管坏死,红细胞管型常见于急性肾小球肾炎,白细胞管型常见于急性肾盂肾炎,蜡样管型常见于严重肾小管变性坏死。

623. ABCDE 624. ABCDE 625. ABCDE ①我国根据血肌酐(μmol/L)水平,将慢性肾功能不全分4期:肾功能代偿期(133~177)、肾功能失代偿期(186~442)、肾功能衰竭期(451~707)和尿毒症期(≥707)。②我国肾功能代偿期、失代偿期、衰竭期、尿毒症期分别相当于CKD2、3、4、5期,故答D。③ABCDE分别为CKD5、4、3、2、1期,故答B。

626. ABCDE ①慢性肾衰患者由于体内酸性代谢产物(磷酸、硫酸等)因肾排泄障碍而潴留,可发生代谢性酸中毒。②肾衰患者由于钙摄入不足、活性维生素D缺乏,可导致低钙血症。③肾衰患者肾小球滤过率下降,尿磷排泄减少,可导致血磷逐渐升高。④当肾小球滤过率降低时,肾脏排钾能力降低,易出现高钾血症(A)。

627. ABCDE 尿毒症患者最常见的死亡原因是心力衰竭,随着肾功能的不断恶化,心力衰竭的患病率明显增加,至尿毒症晚期可达65%~70%。

628. ABCDE ①本例为中年男性患者,反复水肿伴血压高5年,说明有慢性肾脏病史。近半年来夜尿增多,贫血,1天前昏迷,可初步诊断为慢性肾衰竭尿毒症期。为明确昏迷原因,可首选血肌酐测定(B)。②患者2年前曾患急性甲型肝炎,不要据此诊断为肝性脑病,而错选答案为AE。因为甲肝治愈后一般不会复发,且本例无肝功能受损的表现。③题干未叙及糖尿病或血糖过低的临床表现,不符合低血糖昏迷或高渗性昏迷,首选检查不可能为血糖测定。④题干仅叙及贫血、出血症状,也不符合血液病,因为血液病一般不会在早期出现肾衰竭和昏迷,因此首选检查也不可能是骨髓穿刺。

629. ABCDE ①女性病人,间断水肿8年,高血压,蛋白尿,血尿,贫血,血肌酐显著增高,应诊断为慢性肾衰竭。病人血肌酐>442μmol/L、二氧化碳结合力<13mmol/L,应行血液透析治疗(B)。②ACD都是慢性肾衰竭的一般性治疗措施。病人血钾过高,不宜输入库血。2018年真题。

630. ABCDE 631. ABCDE 632. ABCDE ①患者血肌酐(Scr)≥707μmol/L,应诊断为慢性肾衰竭尿毒症期。在我国慢性肾衰竭最常见的病因为慢性肾小球肾炎而不是慢性肾盂肾炎。患者水肿、蛋白尿10年,有消化道症状、出血倾向、贫血,应诊断为慢性肾小球肾炎合并肾衰竭(A)。肾病综合征常表现为大量蛋白尿(+++~++++)、血浆蛋白<30g/L,很少发生肾衰竭,故不答B。患者无长期高血压病史,入院时血压仅150/90mmHg,不能诊断为高血压病肾损害。糖尿病肾病常发生于糖尿病病史10年以上者,且有血糖升高,尿糖阳性,故不答D。②促红细胞生成素(EPO)由肾间质产生,因此慢性肾衰竭时,肾脏产生EPO减少,可导致肾性贫血(C)。本例无明显失血病史及症状,故不答A。本例也无黄疸、肝脾肿大等表现,故不考虑慢性溶血。营养性造血原料不足常见于缺铁性贫血,题干并未述及,故不答D。原位溶血常见于骨髓增生障碍综合征、巨幼细胞贫血,故不答E。③晚期肾衰竭患

者有出血倾向，其原因多与血小板功能减低有关，部分患者也可有凝血因子Ⅷ缺乏，最佳答案为 B。慢性肾衰竭的出血倾向与 ADE 项无关。

633. ABCDE　634. ABCDE　635. ABCDE　①高血压急症是指短时间内血压>180/120mmHg，患者水肿 5 年，视物模糊 1 天，入院血压 180/135mmHg，可诊断为高血压急症，应行紧急降压处理，可首选硝普钠静脉滴注(D)。血液透析的指征为血肌酐(Scr)>442μmol/L，本例无需透析治疗。患者有水肿、高血压、蛋白尿、血肌酐 337μmol/L，应诊断为慢性肾衰竭肾功能失代偿期，宜采用低蛋白、低磷饮食，患者水肿明显，应限制钠盐摄入，给予利尿治疗。②卡托普利为血管紧张素转换酶抑制剂，Scr>265μmol/L 时禁用，本例 Scr337μmol/L，不宜使用(A)。③为明确是高血压引起的肾损害，还是慢性肾衰竭导致的高血压，待病情稳定后，最重要的检查当然是肾穿刺活检(C)。眼底检查只能了解高血压眼底损害的情况，肾动态显像只能了解肾功能情况，双肾 B 超检查只能了解其形态学改变，头颅 CT 检查主要用于诊断颅内占位病变。

636. ABCDE　637. ABCDE　①慢性失血所致的贫血属于小细胞低色素性贫血。②再生障碍性贫血属于正常细胞性贫血。③CDE 属于大细胞性贫血。2020 年真题。

638. ABCDE　①缺铁性贫血常表现为小细胞低色素性贫血(B)。②再生障碍性贫血、稀释性贫血、自身免疫性溶血性贫血多为正常细胞性贫血。维生素 B_{12} 缺乏导致的巨幼细胞贫血为大细胞性贫血。

639. ABCDE　血红蛋白和红细胞计数是确诊贫血的可靠指标，因此确诊贫血的可靠检查是血常规，而不是骨髓检查。

640. ABCDE　①遗传性球形细胞增多症行脾切除治疗效果较好(A)。②巨幼细胞贫血可补充叶酸或维生素 B_{12}。缺铁性贫血是由于原料铁的缺乏所致，最有效的治疗是补充铁剂，而不是行脾切除。肾性贫血给予促红细胞生成素(EPO)治疗最有效。再生障碍性贫血的治疗重点是刺激骨髓造血。

641. ABCDE　①体内铁分为功能铁和贮存铁两部分。功能铁包括血红蛋白铁、肌红蛋白铁、转铁蛋白铁、乳铁蛋白、酶和辅因子结合的铁，贮存铁包括铁蛋白和含铁血黄素。②人体每天排铁不超过 1mg，主要通过肠黏膜脱落细胞随粪便排出，少量经尿、汗液排出(D 错)。铁主要在十二指肠、空肠上段以亚铁离子的形式被吸收。

642. ABCDE　643. ABCDE　铁的吸收部位在十二指肠及空肠上段，而维生素 B_{12} 的吸收部位在回肠末端，因此手术切除空肠可引起铁的吸收障碍而导致缺铁性贫血，切除回肠可引起维生素 B_{12} 吸收障碍而导致巨幼细胞贫血。

644. ABCDE　645. ABCDE　①缺铁性贫血时由于铁缺乏，导致血红蛋白合成不足，胞质发育迟于胞核，骨髓有核红细胞出现"核老浆幼"现象(D)。②巨幼细胞贫血由于缺乏叶酸、维生素 B_{12}，将影响甲硫氨酸循环，导致核苷酸合成的甲基化受阻，进而影响 DNA 的生物合成，而胞质发育不受影响，因此骨髓有核红细胞出现"核幼浆老"现象(A)。

646. ABCDE　①缺铁性贫血患者由于组织缺铁，可出现指甲缺乏光泽、脆薄易裂，重者指甲变平，甚至凹下呈勺状(匙状甲)，答案为 D。②缺铁性贫血可表现为口腔炎、舌炎、舌乳头萎缩(而不是肥大)。ABE 均为白血病的体征。

647. ABCDE　①心悸、气短为贫血的临床表现。②ABCE 均属于组织缺铁的临床表现。2019 年真题。

648. ABCDE　缺铁性贫血患者由于体内缺铁，可导致血清铁降低、骨髓有核红细胞内铁减少、血清铁蛋白降低、转铁蛋白饱和度降低、总铁结合力升高(C 错)。

649. ABCDE　650. ABCDE　651. ABCDE　①患者有贫血的症状(乏力、心慌、贫血貌)，Hb78g/L，应诊断为中度贫血。患者血常规检查示 MCV(红细胞平均体积)<80fl、MCHC(红细胞平均血红蛋白浓度)<32%，应诊断为小细胞低色素性贫血，临床上以缺铁性贫血最常见。患者粪便隐血阳性，应考虑长期便血导致的缺铁性贫血(D)。肾性贫血常见于慢性肾衰竭晚期，而题干未提及患者肾功能，故不答 A。铁粒幼细胞性贫血常由遗传或不明原因的红细胞铁利用障碍引起，但临床上少见，故不答 B。慢

性病性贫血常由慢性炎症、感染、肿瘤等导致的铁代谢异常所致，与题干不符，故不答 C。再生障碍性贫血多为正常细胞性贫血，故不答 E。②对于缺铁性贫血患者，测定血清铁和铁蛋白有利于病因诊断。消化道内镜检查有助于明确出血原因（如消化性溃疡、痔出血等）。骨髓细胞学检查为缺铁性贫血的基本检查。外周血涂片可了解骨髓增生代偿情况。尿常规检查对缺铁性贫血的诊断价值不大（A）。③缺铁性贫血患者可表现为骨髓细胞内、外铁均减低（D）。

652. ABCDE　653. ABCDE　654. ABCDE　①患者有贫血的一般临床表现（头晕、乏力、心悸、贫血貌），血红蛋白 70g/L，应诊断为贫血。患者有组织缺铁表现（指甲脆裂），血清铁降低（<8.95μmol/L），总铁结合力升高（>64μmol/L），血片示小细胞低色素性贫血，应诊断为缺铁性贫血。缺铁性贫血最常见的病因是慢性胃肠道失血，患者粪便检查提示钩虫卵阳性，故导致缺铁性贫血最可能的病因是钩虫病。贫血的治疗首先是病因治疗，故本例最主要的治疗措施是驱钩虫（A）。在此基础上，可给予含铁量高的饮食，口服铁剂+维生素 C，若口服铁剂不能耐受或吸收障碍时，可肌肉注射右旋糖酐铁。②缺铁性贫血患者采用铁剂治疗后，首先是外周血网织红细胞计数增高（B），一般在治疗后 3~4 天开始升高，5~10 天达高峰；2 周后血红蛋白升高，2 个月左右恢复正常。③待血红蛋白正常后，还需继续服用铁剂 4~6 个月，待铁蛋白正常后才能停药，以补足贮存铁。贮存铁包括铁蛋白和含铁血黄素。

655. ABCDE　①青年女性，面色苍白，既往月经量多，Hb75g/L，应诊断为中度贫血。骨髓细胞学检查示增生活跃，以红系增生为主，成熟红细胞以小细胞为主，中心淡染区扩大，应诊断为缺铁性贫血，治疗首选口服铁剂（A）。②只有严重贫血时，才会输注红细胞悬液。口服雄激素、泼尼松是过去治疗再生障碍性贫血的方法，现已少用。补充维生素 B_{12}、叶酸常用于治疗巨幼细胞贫血。2018 年真题。

656. ABCDE　治疗缺铁性贫血时，口服补充铁剂后，首先是外周血网织红细胞增多，5~10 天达高峰，2 周后血红蛋白开始升高，一般 2 个月左右恢复正常。血红蛋白正常后，仍需服用铁剂 4~6 个月，待铁蛋白正常后才能停药，以补足贮存铁。

657. ABCDE　ACD 是维生素 B_{12} 缺乏的三大原因，其中以吸收障碍最多见（C）。吸收障碍可见于内因子缺乏、胃酸和胃蛋白酶缺乏、胰蛋白酶缺乏、肠道疾病等。BE 是叶酸缺乏的常见原因。

658. ABCDE　①叶酸或维生素 B_{12} 缺乏将影响甲硫氨酸循环，导致核苷酸合成的甲基化受阻，进而影响 DNA 的生物合成，影响细胞的分裂，患者出现巨幼细胞贫血（A）。②叶酸或维生素 B_{12} 缺乏一般不影响 RNA 和蛋白质的生物合成。血红蛋白合成障碍、胞质发育受阻是缺铁性贫血的发病机制。

659. ABCDE　①患者头晕、乏力、心悸，Hb80g/L，应诊断为中度贫血。患者红细胞平均体积（MCV）>100fl、红细胞平均血红蛋白含量（MCH）>34pg、红细胞平均血红蛋白浓度（MCHC）32%~35%之间，应诊断为大细胞性贫血。大细胞性贫血临床上以叶酸、维生素 B_{12} 缺乏所致的巨幼细胞贫血最多见。为明确诊断，首选的检查是血清叶酸、维生素 B_{12} 测定（E）。②尿 Rous 试验主要用于鉴别真性血尿和含铁血黄素尿。粪隐血试验主要用于诊断便血。血清铁、铁蛋白测定主要用于诊断缺铁性贫血。Coombs 试验主要用于诊断温抗体型自身免疫性溶血性贫血。

660. ABCDE　再障是获得性骨髓造血功能衰竭，导致全血细胞减少。患者外周血及骨髓淋巴细胞比例增高，T 细胞亚群失调（$CD4^+/CD8^+$T 细胞比例倒置），Th1 细胞、$CD8^+$T 细胞、$CD25^+$T 细胞比例增高。T 细胞分泌的造血负调控因子（IL-2、TNF、IFN-γ）明显增加。可见 ABDE 均正确，答案为 C。

661. ABCDE　再生障碍性贫血由于中性粒细胞减少，可导致各种感染，以上呼吸道感染最常见，其次为牙龈炎、支气管炎、扁桃体炎，而肺炎、败血症少见。2018 年真题。

662. ABCDE　①再生障碍性贫血（再障）由于骨髓造血功能衰竭，故外周血三系减少，即红细胞、粒细胞、血小板减少，分别出现贫血、感染、出血等症状。由于再障不是恶性疾病，因此不会有肝脾淋巴结受累征象，即无肝脾淋巴结肿大。本例外周血三系减少，肝脾不肿大，应首先考虑再障（C）。②急性白血病常有肝脾淋巴结肿大，故不答 A。骨髓增生异常综合征常表现为骨髓增生异常活跃，但外周血三系减少，根据题干所给病史，不能确诊本病，故不答 B。巨幼细胞贫血、自身免疫性溶血性贫血只涉及红系，粒系和巨核系应正常，但本例外周血三系均减少，故不答 DE。

663. ABCDE　664. ABCDE　665. ABCDE　①患者临床表现为贫血、出血、感染（发热及右下肺炎），外周血象示全血细胞（RBC、WBC、Plt）减少，无肝脾肿大，应诊断为再生障碍性贫血（B）。骨髓增生异常综合征也可有全血细胞减少，但外周血一般可出现原始细胞，脾肿大常见。急性淋巴细胞白血病多有肝脾肿大，大多数患者白细胞增多，超过 $10\times10^9/L$。巨幼细胞贫血、缺铁性贫血只影响红系，对粒系和单核系影响较小，这些都与本例不符，故不答 ACDE。②确诊再生障碍性贫血首选多部位骨髓穿刺（常提示骨髓增生低下），有条件者可行骨髓活检，但不是首选检查方法。血清铁和铁蛋白测定、骨髓涂片铁染色检查常用于缺铁性贫血的诊断。血清叶酸和维生素 B_{12} 测定常用于巨幼细胞贫血的诊断。③患者血小板仅 $10\times10^9/L$，有颅内出血的可能性，故应急行血小板成分输注。抗生素、雄激素、促红细胞生成素（EPO）均可用于本例的治疗，但不是急需的治疗。补充叶酸和维生素 B_{12} 为巨幼细胞贫血的治疗。

666. ABCDE　①阵发性睡眠性血红蛋白尿症（PNH）、遗传性球形红细胞增多症、异常血红蛋白病均属于红细胞自身异常所致的溶血性贫血。失血性贫血属于红细胞丢失过度所致的贫血，不属于溶血性贫血。②自身免疫性溶血性贫血属于红细胞外部因素异常所致的溶血性贫血。2020 年真题。

667. ABCDE　AB 均属于血管内溶血；E 属于血管外溶血；CD 既可发生血管内溶血，也可发生血管外溶血。

668. ABCDE　①原位溶血也称无效红细胞生成，是指骨髓内的幼红细胞在释入血液循环之前已在骨髓内破坏（C）。②血管外溶血发生在脾脏等单核-巨噬细胞系统内，血管内溶血发生在血液循环系统中。

669. ABCDE　ABCD 均属于血管内溶血的特点，E 为血管外溶血的特点。

670. ABCDE　①血型不合输血后可发生严重的血管内溶血，受损红细胞破坏，释放出的血红蛋白可引起血红蛋白血症；小部分从肾小球滤出，形成血红蛋白尿排出体外。若为慢性血管内溶血，还可出现含铁血黄素尿，但本例为急性溶血反应，故答 C 而不是 A。②溶血性贫血时，不可能出现血尿，故不答 B。网织红细胞计数增高为骨髓的代偿性增生反应，急性溶血不会出现网织红细胞计数增高，故不答 D。尿胆原阳性为血管外溶血的特点，故不答 E。

671. ABCDE　①输血引起的急性溶血反应的本质是血管内溶血，红细胞发生溶血后释放的游离血红蛋白可从肾小球滤过，形成血红蛋白尿，使尿液呈酱油色，故可首先排除答案 AC。②血管外溶血时，红细胞破坏后释放的血红蛋白，可在脾脏由单核吞噬细胞系统消化，分解为珠蛋白和血红素。血红素进一步分解为铁和卟啉，卟啉则分解为游离胆红素，后者被肝细胞摄取，转化为结合胆红素从胆汁中排出。③血管外溶血由于存在胆红素的这些代谢过程，尿胆原呈阳性，而血管内溶血不存在胆红素上述的代谢反应过程，因此尿胆原为阴性，故正确答案应为 D 而不是 B。④急性溶血反应时间短促，来不及引起骨髓代偿性增生而出现外周血网织红细胞计数增高，故不答 E。

672. ABCDE　①对于溶血性贫血的患者，外周血涂片见到破碎红细胞和畸形红细胞，提示红细胞破坏增多。②AB 提示红系代偿增生活跃。C 提示粒系增生活跃。E 提示珠蛋白生成障碍性贫血。2020 年真题。

673. ABCDE　①胆囊炎、胆囊结石很少出现黄疸、脾肿大，故可首先排除答案 BE。急性胰腺炎多表现为高热、左上腹持续性剧痛、恶心呕吐、呕吐后腹痛不缓解为其特点，与本例不符，故可排除 C。②溶血性黄疸常表现为结合胆红素（DBil）轻度升高，未结合胆红素（IBil）明显升高（即以 IBil 升高为主），结合胆红素/总胆红素（DBil/TBil）<0.2。肝细胞性黄疸常表现为 DBil 中度升高，IBil 中度升高，DBil/TBil 0.2~0.5。患者以腰痛，脾肿大，黄疸为主要症状，DBil/TBil = 5.2/44.2 = 0.12，应考虑溶血性黄疸而不是肝细胞性黄疸，故答案为 D 而不是 A。DBil、IBil、TBil 为过去老的叫法，现已分别更改为CB、UCB、STB。

674. ABCDE　抗人球蛋白试验（Coombs 试验）阳性为温抗体型自身免疫性溶血性贫血的特征性表现，故答 A。

675. ABCDE　676. ABCDE　677. ABCDE　678. ABCDE　①酸溶血试验（Ham 试验）主要用于诊断阵发

性睡眠性血红蛋白尿(PNH)。②抗人球蛋白试验(Coombs 试验)是测定吸附在红细胞膜上的不完全抗体和补体较敏感的方法,是诊断温抗体型自身免疫性溶血性贫血的重要依据(E)。③红细胞渗透性脆性试验主要用于诊断遗传性球形细胞增多症(C)。④高铁血红蛋白还原试验阳性提示红细胞葡萄糖-6-磷酸脱氢酶(G6PD)缺乏症(蚕豆病)。⑤确诊地中海贫血常行血红蛋白电泳分析。

679. ABCDE　680. ABCDE　681. ABCDE　①患者全血细胞减少,间歇性酱油色尿(血红蛋白尿),骨髓增生活跃,应考虑阵发性睡眠性血红蛋白尿(PNH)。为明确诊断,最有价值的检查是酸溶血试验(Ham 试验)。②PNH 患者若需输血,首选去白红细胞,参阅 9 版《内科学》P561。14 版《实用内科学》P2543 观点为洗涤红细胞,与教科书矛盾。③脾切除多用于血管外溶血的治疗,但 PNH 为间歇发作的慢性血管内溶血,故脾切除对 PNH 无效(E)。

682. ABCDE　683. ABCDE　684. ABCDE　①假性粒细胞减少是由于中性粒细胞转移至边缘池导致循环池的粒细胞相对减少,但粒细胞总数并不减少(D)。②系统性红斑狼疮为自身免疫性疾病,其白细胞减少是由于免疫性破坏过多所致(C)。③再生障碍性贫血患者由于骨髓造血功能衰竭,可导致全血细胞减少(B)。

685. ABCDE　FAB 分型 RAEB-t 型的诊断标准为:外周血原始细胞≥5%;骨髓原始细胞比例 20%~30%;或幼粒细胞出现 Auer 小体。以上 3 项中满足 1 项,即可诊断为 RAEB-t 型。虽然本例骨髓原始细胞<5%,环状铁粒幼细胞>15%,但由于见到 Auer 小体,只能诊断为 RAEB-t 型,而不能诊断为 RAS 型。

686. ABCDE　687. ABCDE　688. ABCDE　①FAB 协作组将骨髓增生异常综合征(MDS)分为 5 型:难治性贫血(RA)、环形铁粒幼细胞性难治性贫血(RAS)、难治性贫血伴原始细胞增多(RAEB)、难治性贫血伴原始细胞增多转变型(RAEB-t)、慢性粒-单核细胞性白血病(CMML)。RA 的诊断标准为:外周血原始细胞<1%,骨髓原始细胞<5%。RAS 的诊断标准为:外周血原始细胞<1%,骨髓原始细胞<5%,环形铁幼粒细胞>骨髓有核红细胞 15%。RAEB 和 CMML 的诊断标准为:骨髓原始细胞 5%~20%。RAEB-t 的诊断标准为骨髓原始细胞 20%~30%。本例骨髓原始粒细胞 4%,环形铁幼粒细胞 11%,按 FAB 诊断标准,本例应诊断为 RA(A)。②WHO 提出的 MDS 分型标准,将原 FAB 分型的 RA 分为 RA、RCMD 和 5q-综合征:若仅有红系病态造血,称为 RA;若有难治性细胞减少伴多系(2 系或 3 系)增生异常称为 RCMD;若仅有 5 号染色体长臂的缺失,称 $5q^-$综合征。本例有红系、粒系、巨核系 3 系增生异常,按 WHO 分型应为 RCMD(C)。③RAEB 和 RAEB-t 有向白血病转化的倾向,恶变率分别为 40%和 60%,应行联合化疗;RA 和 RAS 以贫血为主,恶变率极低,无需化疗(B)。司坦唑醇和促红细胞生成素(EPO)均属于促造血剂,各类 MDS 均可使用。全反式维 A 酸可诱导分化,少部分患者可改善血象,也可应用于 RA。异基因造血干细胞移植是唯一可治愈 MDS 的疗法。

689. ABCDE　①WHO 将 MDS 分为 7 型。MDS 骨髓细胞学检查示原始细胞<5%,可排除 RAEB-1、RAEB-2;环形铁粒幼细胞<5%,可排除 RARS、RCMD。$5q^-$综合征应表现为外周血:贫血,血小板正常或升高,原始细胞无或少见(<1%)。本例外周血小板减少,故可排除 $5q^-$综合征。②因此,本例最可能的分型为 RCUD、MDS-U。RCUD 常表现为骨髓一系细胞发育异常>10%、原始细胞<5%、环形铁粒幼细胞<15%。MDS-U 常表现为骨髓一系或多系细胞发育异常<10%、同时伴细胞遗传学异常、原始细胞<5%。因此,区分 RCUD 和 MDS-U,还需行骨髓细胞染色体核型分析即可。2018 年真题。

690. ABCDE　M_1 为急性粒细胞白血病未分化型,M_2 为急性粒细胞白血病部分分化型,M_3 为急性早幼粒细胞白血病,M_4 为急性粒-单核细胞白血病,M_5 为急性单核细胞白血病。

691. ABCDE　①白血病属于恶性疾病,因此具有浸润症状。如白血病细胞浸润淋巴结,可导致淋巴结肿大,常见于急淋白血病(B)。M_4 和 M_5 型白血病浸润可使牙龈增生肿胀(C)。白血病细胞浸润关节可导致关节疼痛(D)。白血病细胞浸润眼眶可导致粒细胞肉瘤(绿色瘤)。②白血病患者由于骨髓中白血病细胞大量增殖,正常骨髓造血功能受抑制,可导致外周血小板减少,出现皮肤瘀点、瘀斑、鼻出血、牙龈出血等。可见,皮肤瘀斑是正常骨髓造血受抑的表现,而不是白血病细胞浸润的表现,故答 A。

692. ABCDE 急性白血病常表现为贫血、发热、出血三大症状，出血的主要原因是血小板数量减少。

693. ABCDE 急性白血病最常见的髓外浸润部位是中枢神经系统，其次为睾丸。

694. ABCDE 白血病患者感染可发生在各个部位，以口腔感染最常见，如口腔炎、牙龈炎、咽峡炎等。

695. ABCDE 白血病感染最常见的致病菌是革兰阴性杆菌，如肺炎克雷伯杆菌、铜绿假单胞菌、大肠埃希菌、产气杆菌等。注意：尽管普通口腔感染以厌氧菌多见，但急性白血病的口腔感染以革兰阴性杆菌多见。

696. ABCDE 急性白血病死于出血者占62%，其中87%为颅内出血。大量白血病细胞在血管中淤滞及浸润、血小板减少、凝血异常、感染是导致出血的主要原因。

697. ABCDE ①患者外周血三系减少，骨髓细胞学检查见原始细胞>30%，应诊断为急性白血病。骨髓液细胞化学染色示髓过氧化物酶（MPO）阴性，糖原染色（PAS）阳性，应诊断为急性淋巴细胞白血病，其治疗首选VDLP方案（长春新碱VCR+柔红霉素DNR+左旋门冬酰胺酶L-ASP+泼尼松P）。②环孢素口服常用于治疗激素抵抗型肾病综合征。全反式维A酸常用于急性早幼粒细胞白血病的治疗。DA方案常用于急性髓系白血病的化疗。甲磺酸伊马替尼常用于慢性粒细胞白血病的化疗。

698. ABCDE ①患者有感染（发热）、出血（皮肤紫癜）两大症状，有浸润体征（牙龈肿胀、肝脾淋巴结肿大），外周血可见原始细胞，应诊断为急性白血病。②髓过氧化物酶染色弱阳性常见于急粒白血病、急单白血病，阴性见于急淋白血病，故不答C。③非特异性酯酶染色阳性，阳性反应可被氟化钠抑制见于急单白血病，阳性反应不能被氟化钠抑制见于急粒白血病，故答A而不是B。④类白血病反应常见于严重感染，外周血WBC显著增高，故不答D。淋巴瘤常表现为外周浅表淋巴结肿大，但骨髓检查多为阴性，故不答E。

699. ABCDE ①患者骨髓象原始细胞≥30%（占80%），应诊断为急性白血病。“髓过氧化物酶染色阴性，非特异性酯酶染色阴性”，应诊断为急淋白血病。急淋的诱导缓解首选VP方案（长春新碱VCR+泼尼松P），答案为C。②HA（高三尖杉酯碱+阿糖胞苷）、DA（柔红霉素+阿糖胞苷）为急粒诱导缓解方案，CHOP（环磷酰胺+阿霉素+长春新碱+泼尼松）为非霍奇金淋巴瘤的化疗方案，MOPP（氮芥+长春新碱+甲基苄肼+泼尼松）为霍奇金淋巴瘤的化疗方案。

700. ABCDE 701. ABCDE 702. ABCDE ①患者骨髓穿刺细胞化学染色见成堆Auer小体，可首先排除答案AD。“胞质中有较多颗粒及POX（髓过氧化物酶）染色强阳性的细胞”，应诊断为急性早幼粒细胞白血病（APL）。②APL细胞通常表达CD13、CD33和CD117，但不表达HLA-DR和CD34。③异常的APL细胞颗粒中含有促凝物质，故容易并发弥散性血管内凝血（DIC），尤其在大剂量化疗后更易发生，发生率约为33%。高尿酸性肾病是急性白血病化疗的常见并发症。严重感染是急性白血病的常见临床表现。中枢神经系统白血病、睾丸白血病常见于急性淋巴细胞白血病化疗后缓解期。

703. ABCDE 704. ABCDE 705. ABCDE ①患者骨髓增生活跃，原始细胞≥30%，应诊断为急性白血病。糖原（PAS）染色强阳性，成块；髓过氧化物酶（MPO）染色阴性；非特异性酯酶（NSE）染色阴性，应诊断为急性淋巴细胞性白血病（A）。②t(9;22)、t(4;11)均为急淋白血病的高危因素，t(12;21)超二倍体为其标危因素，t(8;21)、t(15;17)、t(16;16)均为急非淋的低危因素，参阅13版《实用内科学》P2496。③DVLP（柔红霉素DNR+长春新碱VCR+左旋门冬酰胺酶L-ASP+泼尼松P）为急淋白血病的化疗方案（C）。DA、IA为急性髓系白血病的化疗方案，COP为非霍奇金淋巴瘤的化疗方案，ABVD为霍奇金淋巴瘤的化疗方案。

706. ABCDE 90%的急性早幼粒细胞白血病（M_3型）有t(15;17)(q22;q12)，该易位使15号染色体上的*PML*（早幼粒白血病基因）与17号染色体上*RARA*（维A酸受体基因）形成*PML-RARA*融合基因。这是M_3型发病及用全反式维A酸治疗有效的分子基础。

707. ABCDE 当循环血液中白细胞数>200×10^9/L时，白血病患者可产生白细胞淤滞，表现为呼吸困难、低氧血症、反应迟钝、颅内出血等。因此应进行急救,可使用血细胞分离机,单采清除过高的白细胞,同时给予化疗药物和水化,并预防高尿酸血症、酸中毒、电解质紊乱、凝血异常等。但不宜立即输注红细胞悬液,以免进一步增加血液黏度。

708. ABCDE ①中性粒细胞碱性磷酸酶(NAP)阳性百分率增高见于再障、类白血病反应、严重化脓性感染、急淋、急单、慢粒白血病急性变、骨髓纤维化、真性红细胞增多症。②NAP阳性百分率降低见于单纯性病毒性感染、阵发性睡眠性血红蛋白尿、系统性红斑狼疮、急粒、慢粒白血病。

709. ABCDE Ph染色体也称费城染色体,见于95%以上的慢性粒细胞白血病、2%的急性粒细胞白血病、25%的成人急性淋巴细胞白血病、5%的儿童急性淋巴细胞白血病,但不见于慢性淋巴细胞白血病。

710. ABCDE ①骨髓内出现大量原始粒细胞(>30%)为急粒白血病或慢粒急性变,并非慢粒特点(C错)。②慢粒时,外周血白细胞明显升高,常超过$20\times10^9/L$。③脾肿大是慢粒白血病最突出的临床表现之一。慢粒患者可有肝肿大,但明显肿大者少见。④90%以上的慢粒细胞中出现Ph染色体,显带分析为t(9;22)。

711. ABCDE 712. ABCDE ①95%以上的慢粒白血病细胞中出现Ph染色体,显带分析为t(9;22)(q34;q11),故答D。②急性早幼粒细胞白血病(M_3)的常见染色体异常为t(15;17)(q22,q12)。

713. ABCDE 霍奇金淋巴瘤(HL)分为结节性淋巴细胞为主型HL和经典HL两大类。经典HL中,混合细胞型最为常见,其次为结节硬化型、富于淋巴细胞型、淋巴细胞消减型。

714. ABCDE ①无痛性进行性淋巴结肿大是淋巴瘤的共同临床表现,具有诊断意义,答案为D。②淋巴瘤晚期可有肝脾肿大。周期性发热(Pel-Ebstein热)约见于1/6的霍奇金淋巴瘤患者。盗汗、体重减轻为淋巴瘤的一般性全身症状。肿大的淋巴结可以相互粘连,融合成块,但无特异性,故不答E。

715. ABCDE (1)淋巴瘤临床分4期:①Ⅰ期:单个淋巴结区域(Ⅰ)或局灶性单个结外器官(ⅠE)受侵犯。②Ⅱ期:在横膈同侧的两组或多组淋巴结受侵犯(Ⅱ),或局灶性单个结外器官及其区域淋巴结受侵犯,伴或不伴横膈其他淋巴结区域受侵犯(ⅡE)。③Ⅲ期:横膈上下淋巴结同时受累(Ⅲ),可伴有局灶性相关结外器官(ⅢE)、脾受侵犯(ⅢS)或两者皆有(ⅢS+E)。④Ⅳ期:弥漫性(多灶性)单个或多个结外器官受侵犯,伴或不伴相关淋巴结肿大,或孤立性结外器官受侵犯伴远处(非区域性)淋巴结肿大。如肝或骨髓受累,即使局限也属于Ⅳ期。(2)每个临床分期按全身症状的有无分A、B两组:无全身症状者为A,有全身症状者(不明原因发热>38℃、盗汗、半年内体重下降10%以上。)为B。本例有全身症状,属于B组;有胸腔积液和远处淋巴结肿大,属于Ⅳ期,故答B。

716. ABCDE 717. ABCDE 718. ABCDE ①R-S细胞是霍奇金淋巴瘤具有诊断意义的细胞。本例颈部淋巴结活检发现里-斯细胞(R-S细胞),应诊断为霍奇金淋巴瘤,而不是非霍奇金淋巴瘤。ABCE项均属于非霍奇金淋巴瘤,而非霍奇金淋巴瘤无R-S细胞,故不答ABCE。②本例颈部淋巴结、纵隔淋巴结、腹股沟淋巴结肿大,病变位于横膈上、下两侧,无肝脾受累,无广泛浸润,故属于Ⅲ期。患者有发热、体重减轻等全身症状,应为B组,故答E。③本例确诊为霍奇金淋巴瘤,其化疗首选ABVD方案(阿霉素+博莱霉素+长春花碱+甲氮咪胺)。MOPP为过去霍奇金淋巴瘤的化疗方案,现已被ABVD方案取代。CHOP为侵袭性非霍奇金淋巴瘤的标准化疗方案。VDLP为急淋白血病的化疗方案。DA为急性髓系白血病的化疗方案。

719. ABCDE A属于B细胞淋巴瘤,BCDE均属于T细胞淋巴瘤。

720. ABCDE 非霍奇金淋巴瘤(NHL)的特征性染色体易位标记常考,请牢记。弥漫性大B细胞淋巴瘤和滤泡性淋巴瘤均为t(14;18),请参阅8版《病理学》P228、8版《内科学》P597,9版《病理学》P247已删除相关知识点。8版《病理学》P227和9版《病理学》P246认为t(14;18)染色体易位是滤泡性淋巴瘤的特征性细胞遗传学改变。ABCD均正确。

721. ABCDE 弥漫性大B细胞淋巴瘤是最常见的非霍奇金淋巴瘤,占35%~40%。

722. ABCDE 723. ABCDE 724. ABCDE ①非霍奇金淋巴瘤的临床分期与霍奇金淋巴瘤相同,患者右颈部和腹腔多个淋巴结肿大，应为Ⅳ期。患者有发热、盗汗，应为 B 组，故答 E。②t(8;14)为 Burkitt 淋巴瘤的特征性染色体易位，患者“免疫染色 $CD20^+$、$CD22^+$、$CD5^-$，有 t(8;14)”，应诊断为 Burkitt 淋巴瘤(C)。③Burkitt 淋巴瘤属于侵袭性非霍奇金淋巴瘤，不论分期，均应以化疗为主，首选 CHOP 方案(环磷酰胺+阿霉素+长春新碱+泼尼松)，该方案疗效高而毒性较低，为侵袭性非霍奇金淋巴瘤的标准化疗方案。ABVD 为霍奇金淋巴瘤的首选化疗方案。

725. ABCDE　726. ABCDE　①t(11;14)为套细胞淋巴瘤的特异染色体异常标记，故本例应诊断为套细胞淋巴瘤(B)。滤泡性淋巴瘤为 t(14;18)，Burkitt 淋巴瘤为 t(8;14)，脾边缘区细胞淋巴瘤为 t(11;18)，间变性大细胞淋巴瘤为 t(2;5)。②套细胞淋巴瘤为 B 细胞侵袭性淋巴瘤，化疗方案首选 CHOP(环磷酰胺+阿霉素+长春新碱+泼尼松)。对于 CD20(+)的 B 细胞非霍奇金淋巴瘤，均可加用 CD20 单抗(利妥昔单抗)治疗，故答 E 而不是 A。ABVD 为霍奇金淋巴瘤的首选化疗方案，MOPP 为其次选化疗方案。COP 为惰性非霍奇金淋巴瘤的化疗方案。

727. ABCDE　Plummer-Vinson 综合征是指缺铁性吞咽困难，常见于缺铁性贫血，不属于多发性骨髓瘤的临床表现。

728. ABCDE　①老年男性，有骨骼损害(肋骨压痛)、肾损害(蛋白尿、血肌酐增高、双肾增大)、高钙血症(血钙>2.75mmol/L)，应考虑多发性骨髓瘤，最可能出现的血清学异常是免疫固定电泳示单克隆免疫球蛋白异常增多(E)。②急进性肾炎可有肾功能急剧受损，但多高钙血症、骨骼受累，故不答 AB。抗中性粒细胞胞质抗体阳性、抗肾小球基底膜抗体阳性分别见于Ⅲ型、Ⅰ型急进性肾炎。系统性红斑狼疮可有肾损害，但多无高钙血症，肋骨受累少见，故不答 C。抗核抗体阳性常见于系统性红斑狼疮。多发性骨髓瘤虽然可有血清多种免疫球蛋白升高，但其特征是血清中出现 M 蛋白，免疫固定电泳示单克隆免疫球蛋白，故答 E 而不是 D。2018 年真题。

729. ABCDE　730. ABCDE　731. ABCDE　①患者贫血，L_2 受累，肾脏受损，大量蛋白尿，球蛋白增加，应考虑多发性骨髓瘤(D)。腰椎转移癌一般椎间隙正常，不会出现压缩性骨折，故不答 A。腰椎原发癌罕见，故不答 B。腰椎结核可有腰椎压缩性骨折，但不会出现肾脏受累，大量蛋白尿，故不答 C。慢性肾小球肾炎可出现大量蛋白尿，肾功能不全，但不会出现腰椎骨折，故不答 E。②确诊多发性骨髓瘤有赖于骨髓穿刺检查、血浆免疫球蛋白和尿本周蛋白测定(E)。③有症状的多发性骨髓瘤首选化学治疗(A)。

732. ABCDE　①特发性血小板减少性紫癜(ITP)是由于血小板免疫性破坏所致，故答 A。②弥散性血管内凝血(DIC)为血小板过度消耗所致，再生障碍性贫血、白血病为血小板生成减少所致，脾功能亢进为血小板分布异常所致。

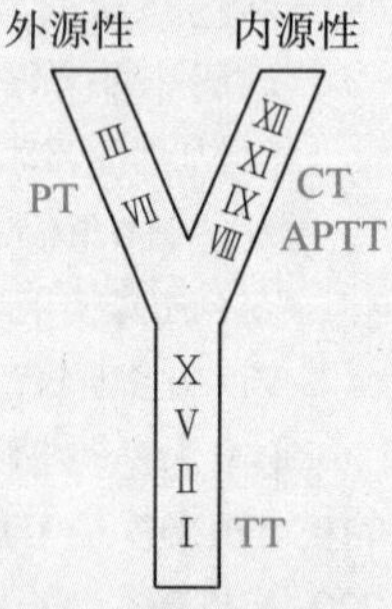

凝血途径简图

733. ABCDE　①活化的部分凝血活酶时间(APTT)是指在受检血浆中加入 APTT 试剂(接触因子激活剂、部分磷脂)和 Ca^{2+}，观察血浆凝固所需要的时间。APTT 是反映内源性凝血途径较为敏感的指标。APTT 延长见于 FⅫ、Ⅺ、Ⅸ、Ⅷ、Ⅹ、Ⅴ、Ⅱ(凝血酶原)、Ⅰ(纤维蛋白原)缺陷。②FⅦ为外源性凝血途径的凝血因子，若缺陷常表现为凝血酶原时间(PT)延长，故答 C。

734. ABCDE　从出血特征可大致推测出血性疾病的类型。皮肤黏膜出血点、紫癜等多为血管、血小板异常所致，而深部血肿、关节出血多与凝血功能障碍有关。本例针刺后血肿形成、膝关节外伤后出血，应首先考虑为凝血功能异常。

735. ABCDE　出血时间(BT)检查的是皮肤血管的止血功能，包括血管壁收缩和黏合，血小板黏附、积聚和释放，故特发性血小板减少性紫癜(ITP)可导致 BT 延长。而凝血时间(CT)反映的是内源性凝血系统的功能，与血小板功能无关，故 CT 正常。ITP 骨髓巨核细胞数量增加，但巨核细胞发育成熟障碍。ITP 患者尽管血小板数量减少，但血小板的功能一般正常。

736. ABCDE　①氨基己酸为抗纤溶药物(A)。②曲克芦丁、垂体后叶素为收缩血管、增加毛细血管致密度、改善其通透性的药物。维生素 K 为合成凝血因子Ⅱ、Ⅶ、Ⅸ、Ⅹ所需的药物。去氨加压素为促进止血因子释放的药物。

737. ABCDE　过敏性紫癜分为 ABCDE 五种类型,其中以单纯型过敏性紫癜最常见。

738. ABCDE　①患者四肢及臀部对称性分布斑丘疹,皮肤紫癜,伴血尿、蛋白尿、管型尿,应考虑肾型过敏性紫癜。过敏性紫癜为血管变态反应性疾病,其血管内有形成分(血小板、凝血因子)正常,故凝血时间正常,出血时间可正常或延长。②ABDE 项疾病一般无皮肤紫癜,系统性红斑狼疮为颊部蝶形红斑。

739. ABCDE　740. ABCDE　741. ABCDE　742. ABCDE　①患者双下肢出血点,膝关节肿胀,腹痛,右下腹压痛,应诊断为混合型过敏性紫癜(紫癜型+腹型+关节型),故答 D。急性阑尾炎、肠套叠、急性肾炎均不能解释题干所述的关节肿胀、皮肤出血点等症状,故不答 ABC。患者血小板计数正常,不能诊断为特发性血小板减少性紫癜,故不答 E。②ABCD 都是过敏性紫癜的常见病因,E 不是其病因。③过敏性紫癜的首选治疗药物是糖皮质激素,维生素 C、氯苯那敏都是一般性治疗药物,故不答 BE。头孢类抗生素、法莫替丁不宜用于过敏性紫癜的治疗。④若糖皮质激素无效,可酌情使用免疫抑制剂环磷酰胺、硫唑嘌呤等。

743. ABCDE　特发性血小板减少性紫癜属于血小板数量异常所致的出血性疾病,故常表现为皮肤黏膜(包括口腔黏膜)出血点、紫癜,鼻出血和月经过多较常见,但深部肌肉血肿罕见(A)。深部肌肉血肿为凝血功能障碍所致。

744. ABCDE　①患者皮肤出血点,月经量增多,外周血小板计数减少,骨髓检查示巨核细胞增多但成熟障碍,应诊断为特发性血小板减少性紫癜(ITP),其治疗首选糖皮质激素(D)。②输注浓缩血小板适用于血小板<20×10^9/L。脾切除适用于糖皮质激素无效,病程迁延 6 个月以上者。雄激素过去常用于再生障碍性贫血的治疗,现已少用。长春新碱常用于治疗糖皮质激素耐药的 ITP。

745. ABCDE　746. ABCDE　747. ABCDE　①患者外周血 RBC 基本正常,WBC 正常,Plt 显著降低[正常值为(100~300)×10^9/L],骨髓检查粒红比例正常,巨核细胞增多,应诊断为特发性血小板减少性紫癜(ITP)。再生障碍性贫血、脾功能亢进、骨髓增生异常综合征(MDS)常表现为全血细胞减少,与本例不符,故不答 ACD。患者血小板显著减少,可排除过敏性紫癜。②80%的 ITP 患者血小板相关抗体(PAIg)和相关补体(PAC3)阳性,因此检查血小板抗体有助于明确诊断(A)。腹部 B 超、CT 对本病的诊断帮助不大。骨髓干细胞培养、骨髓活检目前仅用于科研,临床上少用。③长期月经量过多可导致缺铁性贫血,表现为血清铁和铁蛋白减少、总铁结合力增高。

748. ABCDE　749. ABCDE　750. ABCDE　①出血性疾病分为血管性疾病、血小板疾病、凝血障碍性疾病三类。皮肤及黏膜出血点、紫癜常提示血管、血小板异常,深部血肿、关节出血常提示凝血障碍。患者月经量增多,皮肤出血点、少量瘀斑,牙龈渗血,血常规示血小板减少,应诊断为特发性血小板减少性紫癜(ITP)。因此可首先排除答案 AB,因为关节肿胀、血肿多为凝血障碍所致。ITP 常表现为皮肤、黏膜出血,鼻出血也很常见,严重内脏出血少见。口腔血疱属于黏膜出血,故最佳答案为 D 而不是 C。②为确诊 ITP,当然首选骨髓细胞学检查(B)。白细胞分类为细菌感染性疾病的常用初筛检查。抗人球蛋白试验(Coombs 试验)为温抗体型自身免疫性溶血性贫血的特异性检查。凝血功能检测为凝血障碍性疾病的常用检查。腹部 B 超检查对 ITP 诊断价值不大。③ITP 患者若血小板<20×10^9/L,应紧急输注血小板悬液,以防颅内出血(B)。

751. ABCDE　目前认为凝血因子 FⅧ可能由肝间质组织等单核巨噬细胞系统合成,在肝病时尽管大多数凝血因子合成减少,活性降低,但由于库普弗细胞功能亢进,FⅧ活性增强。而弥散性血管内凝血(DIC)时,由于大量凝血因子的消耗,导致 FⅧ水平下降。因此,FⅧ活性高低是鉴别严重肝病出血与 DIC 出血最有价值的实验室检查项目(C)。FⅧ:C 活性测定称为 FⅧ促凝活性测定。

752. ABCDE　753. ABCDE　754. ABCDE　①感染是弥散性血管内凝血(DIC)最常见的病因。患者 1 周

前上呼吸道感染，近 2 天全身皮肤黏膜出血，血小板 $<100\times10^9/L$，凝血酶原时间（PT）延长 3s 以上，应考虑 DIC 而不是特发性血小板减少性紫癜（ITP），因为 ITP 患者 PT 正常。患者骨髓增生活跃，可排除再生障碍性贫血。患者外周血血红蛋白正常，淋巴结无肿大，可排除急性白血病。患者血小板计数显著降低，可排除过敏性紫癜。②3P 试验是诊断 DIC 的常用检查。③DIC 早期（高凝期）应给予肝素行抗凝治疗（D）。ABC 均是 ITP 的治疗药物。氨基己酸为抗纤溶药物，仅用于 DIC 晚期明显纤溶亢进者。

755. ABCDE 普通冰冻血浆（FP）与新鲜冰冻血浆（FFP）的主要区别是前者 FⅧ、FⅤ及纤维蛋白原的含量较后者低，答案为 B。

756. ABCDE ①多次输血者易产生白细胞抗体，输血时应首选去白细胞的红细胞（B）。②输血后过敏反应是由于血浆蛋白引起，因此多次输血后发生过敏反应，则应首选去除血浆蛋白的洗涤红细胞。悬浮红细胞、浓缩红细胞、冰冻红细胞均含有少量白细胞，故不宜用于反复输血者。2018 年真题。

757. ABCDE 请牢记结论：以前输血曾发生发热反应者，应选用少白细胞的红细胞（LPRBC）；以前输血曾发生变态反应（过敏反应）者，应选用洗涤红细胞。LPRBC 是血液采集后，用滤器去除白细胞而制备的红细胞制剂，内含白细胞极少。输注 LPRBC 可预防白细胞抗体引起的发热反应，故答 E。

758. ABCDE 洗涤红细胞是全血去除血浆后，用生理盐水反复洗涤过的红细胞制剂，因此内含血浆蛋白极少，输注洗涤红细胞可预防由血浆蛋白引起的变态反应（过敏反应），故答 D。

759. ABCDE ①输注洗涤红细胞可预防由血浆蛋白引起的过敏反应（变态反应），故答 B。②冷沉淀、新鲜冰冻血浆常用于补充凝血因子。普通输血使用悬浮红细胞。浓缩血小板主要是加强止血功能。

760. ABCDE 临床输血指征为：急性失血量 >800ml、Hb<70g/L。血液制品不是营养液，患者出血量仅 400ml，Hb110g/L，故无需输注血液制品（E）。

761. ABCDE ①脱水及代谢性酸中毒应行补液，必要时补碱治疗，而不是输血（E）。②严重贫血、大量出血可输入红细胞悬液。重症感染可输入浓缩粒细胞以控制感染（现已少用）。凝血机制障碍可输入相关凝血因子。

762. ABCDE 浓缩红细胞适用于各种急性失血、慢性贫血、心功能不全者输血。

763. ABCDE ①患者输血 50ml 后出现寒战高热，腰痛，头痛，呼吸困难，血压下降，应诊断为急性溶血性输血反应（D）。②循环超负荷多由大量快速输血所致，本例仅输血 50ml，故不答 A。非溶血性输血反应常表现为寒战发热，头痛，但无血压降低。肺微血管栓塞少见。输血相关移植物抗宿主病常表现为发热，皮疹，肝损害，腹泻，全血细胞减少。

764. ABCDE ①患者误输异型血，常导致溶血反应，可因免疫复合物在肾小球沉积，引起少尿、无尿及急性肾衰竭。此病例无休克，因此治疗时，应注意保护肾功能。本例患者无尿已 2 天，无低血压，应首选血液透析，血液透析可迅速清除代谢废物。②为保护肾功能，可给予 5%碳酸氢钠溶液静脉滴注碱化尿液，促使血红蛋白结晶溶解，防止肾小管阻塞。当血容量已基本补足，尿量基本正常时，可使用甘露醇、呋塞米等药物利尿，以加快游离血红蛋白的排出。③本例无休克，无需使用糖皮质激素控制溶血性贫血，故不答 C。

765. ABCDE ①原卫生部输血指南规定：Hb>100g/L 不输血；Hb<70g/L 输浓缩红细胞；Hb 为 70～100 g/L时，根据具体情况决定。患者 Hb70g/L，应输注浓缩红细胞，按 9 版《外科学》P21 观点，应答 E。但浓缩红细胞临床上很少使用，普通失血临床上首选悬浮红细胞，故根据临床习惯答 B。②洗涤红细胞常用于输血后发生变态反应者。辐照红细胞常用于预防输血相关移植物抗宿主病。冰冻红细胞主要用于稀有红细胞的长期保存。

766. ABCDE 辐照血液是指血液经 γ 射线照射灭活其中的淋巴细胞，而保留其他血液成分。因此，凡是具有淋巴细胞活性的血液成分，如红细胞、血小板、白细胞，均需要辐照。淋巴细胞已经失去活性的血液成分，如冰冻解冻去甘油红细胞、冰冻血浆、冷沉淀等，则无需辐照。辐照血液可预防输血相关移植物抗宿主病。2018 年真题。

767. ABCDE 内分泌器官包括垂体、甲状腺、肾上腺、性腺、甲状旁腺、松果体、胸腺等，前列腺不属于内分泌腺(C)。

768. ABCDE 内分泌疾病的诊断包括功能诊断、定位诊断和病因诊断，可首先根据某些特殊的临床表现进行功能诊断，然后借助于影像学检查等进行定位诊断，最后可行病因诊断。

769. ABCDE 抗利尿激素(ADH)是由下丘脑视上核和室旁核分泌后，沿下丘脑垂体束输送至神经垂体储存的(D)。催乳素(PRL)、生长激素(GH)、促肾上腺皮质激素(ACTH)、促黑素(MSH)都是腺垂体分泌的激素。

770. ABCDE 垂体微腺瘤是指肿瘤直径<10mm。

771. ABCDE ①垂体瘤若向前上方发展，可压迫视神经交叉出现视力减退，视野缺损，主要表现为颞侧偏盲或双颞侧上方偏盲(D)。②糖尿病常引起视网膜病变，表现为视力下降，散光感。糖尿病引起视乳头水肿者少见，视乳头水肿常见于颅内高压。Graves 病浸润性突眼常表现为畏光流泪、复视、斜视、眼睑肿胀等。高血压眼底出血主要表现为视力下降。希恩综合征常表现为消瘦、乏力、畏寒、闭经、乳房萎缩等。可见，ABCE 均无视野缺损。

772. ABCDE 女性催乳素瘤的典型表现是闭经-溢乳综合征、不孕，血清催乳素>200μg/L(正常值<20μg/L)。根据题干，本例应诊断为垂体催乳素瘤(D)。患者可能为垂体微腺瘤，故垂体 CT 正常。

773. ABCDE ①本例已确诊为垂体催乳素瘤，应首选药物(溴隐亭)治疗(C)。溴隐亭可使血中催乳素水平降至正常，肿瘤缩小，疗效优于手术，故不答 A。②除催乳素瘤外，其他所有垂体瘤，尤其大腺瘤和功能性肿瘤，应首选手术治疗。放射治疗是垂体肿瘤的常规治疗方法。溴隐亭为多巴胺激动剂，可抑制催乳素(PRL)的合成，恢复下丘脑-垂体促性腺激素的周期性分泌，恢复卵巢对促性激素的反应性，消除闭经和不育，无需另外加用人工周期药及排卵药。

774. ABCDE 垂体泌乳素瘤首选药物治疗，次选手术治疗。患者已行手术治疗及放射治疗，且血清泌乳素仍然显著增高(正常值<20μg/L)，故下一步可给予药物治疗，首选多巴胺激动剂溴隐亭、卡麦角林。

775. ABCDE 生长激素瘤多发生于腺垂体(占 98%)，也可位于垂体外(约占 2%)。

776. ABCDE 患者身材高大，有颅内压增高表现，CT 示垂体占位性病变，应诊断为垂体生长激素瘤。生长激素瘤无论大腺瘤还是微腺瘤，均首选手术治疗。术前或术后可给予放射治疗，垂体放疗是主要治疗措施之一。药物治疗为其辅助治疗措施，故答 D。

777. ABCDE Sheehan 综合征是指女性腺垂体缺血性坏死，由于腺垂体激素分泌减少，患者可有 ABCD 项临床表现。由于缺乏黑素细胞刺激激素，故患者皮肤色素减退，面色苍白，乳晕色素浅淡(E 错)。

778. ABCDE 垂体危象也称垂体功能减退性危象，其常见诱发因素包括感染、败血症、腹泻、呕吐、失水、饥饿、寒冷、急性心肌梗死、脑血管意外、手术、外伤、麻醉、使用镇静药物等。

779. ABCDE ①围生期女性因腺垂体缺血坏死所致的腺垂体功能减退症，称为希恩综合征(Sheehan 综合征)，常有产后大出血病史，其临床表现与原发性甲减相似。但 Sheehan 综合征常表现为血 FT_3↓、FT_4↓、TSH↓，原发性甲减常表现为血 FT_3↓、FT_4↓、TSH↑，故答 D 而不是 B。②垂体瘤不会有产后大出血史，故不答 A。甲状腺肿瘤常表现为甲状腺肿块，一般不会出现全身症状，故不答 C。原发性慢性肾上腺皮质功能减退症常表现为皮肤色素加深，故不答 E。2018 年真题。

780. ABCDE ①围生期女性因腺垂体缺血坏死所致的腺垂体功能减退症，称为希恩(Sheehan)综合征。腹泻为垂体危象的常见诱因。希恩综合征患者，口服泼尼松维持治疗，腹泻后出现发热、低血压、神志淡漠，应诊断为垂体危象。抢救垂体危象时，应首先静脉注射 50%葡萄糖溶液 40~80ml，继而以 5%葡萄糖氯化钠溶液持续静脉滴注，补液中加入氢化可的松，故答 B 而不是 D。②垂体危象经上述治疗后，血压一般可以回升，无需使用升压药物。请注意：腺垂体功能减退症最有效的治疗是口服糖皮质激素行替代治疗。2018 年真题。

781. ABCDE　782. ABCDE　783. ABCDE　784. ABCDE　785. ABCDE　786. ABCDE　787. ABCDE
①席恩综合征是指产后缺血性垂体坏死所致的腺垂体功能减退症，最常选用的药物是糖皮质激素，其次为左甲状腺素、性激素等（C）。②生长激素瘤的药物治疗可选用多巴胺受体激动剂溴隐亭，可降低生长激素浓度，改善临床症状（A）。③催乳素瘤的治疗首选多巴胺受体激动剂溴隐亭、卡麦角林等（A）。④尿崩症的治疗首选去氨加压素，其抗利尿作用强，不良反应少（B）。⑤甲状腺功能减退症首选左甲状腺素进行替代治疗（D）。⑥库欣病多为垂体微腺瘤，经蝶窦切除微腺瘤后可发生暂时性垂体-肾上腺皮质功能不足，需补充糖皮质激素，直至垂体-肾上腺功能恢复正常（C）。⑦醛固酮腺瘤可分泌大量醛固酮，导致高血压、低血钾。螺内酯的结构式与醛固酮类似，可竞争性抑制醛固酮受体，因此宜采用低盐饮食、螺内酯做术前准备，可纠正低血钾，减轻高血压（E）。

788. ABCDE　中枢性尿崩症是指下丘脑视上核、室旁核分泌抗利尿激素减少所致的疾病，不属于腺垂体疾病（E）。ABCD 均属于腺垂体疾病。

789. ABCDE　患者脑外伤后口渴多饮，尿比重降低<1.005，禁水试验不能使尿比重增加，而注射垂体后叶素后尿比重增加，应诊断为尿崩症，首选去氨加压素治疗（A）。BCDE 均属于治疗尿崩症的药物，但都不是首选药物。

790. ABCDE　Graves 病属于自身免疫性疾病，90%～100%的患者血清中存在针对甲状腺细胞 TSH 受体的自身抗体，称 TSH 受体抗体（TRAb）。TRAb 分两类，即 TSH 受体刺激性抗体（TSAb）和 TSH 受体阻断性抗体（TSBAb）。50%～90%的患者也存在针对甲状腺的其他自身抗体，如甲状腺过氧化物酶抗体（TPOAb）、甲状腺球蛋白抗体（TgAb）等，这些抗体在发病中都起重要作用。目前尚未发现 Graves 病患者有针对线粒体的抗体（A）。

791. ABCDE　①诊断甲亢首选血清 FT_3、FT_4 和 TSH 含量测定（A）。②甲状腺摄^{131}I 率是诊断甲亢的传统方法，现已淘汰。甲状腺核素扫描常用于诊断自主高功能腺瘤。抗甲状腺抗体检测常用于诊断桥本甲状腺炎。甲状腺刺激免疫球蛋白（TSI）测定常用于预测甲亢的复发。

792. ABCDE　①Graves 病是由于甲状腺激素分泌增加所致，因代谢亢进，故血糖升高，表现为肠道糖吸收增加、肝糖原分解增加、糖耐量异常。②Graves 病时，血清胆固醇降低（D 错）。在 7α-羟化酶的作用下，肝脏以胆固醇为原料合成胆汁酸，甲状腺激素可使该酶的 mRNA 合成迅速增加而提高 7α-羟化酶的活性，从而加速胆固醇转化为胆汁酸的速度，使血清胆固醇浓度降低。③Graves 病时，蛋白质分解增强，体重下降，负氮平衡，因此尿肌酸排出增加。

793. ABCDE　Graves 病也称弥漫性毒性甲状腺肿，其临床表现为：甲状腺毒症、弥漫性甲状腺肿（并非结节性甲状腺肿）、眼征（包括单纯性突眼和浸润性突眼），少数病人可出现胫前黏液性水肿。

794. ABCDE　Graves 病的眼征分为单纯性突眼和浸润性突眼两类。单纯性突眼的眼征包括：①Joffroy 征：眼球向上看时，前额皮肤不能皱起；②von Graefe 征：双眼向下看时，由于上睑不能随眼球下落，出现白色巩膜；③Mobius 征：双眼看近物时，两眼辐辏不良；④Stellwag 征：凝视、瞬目减少，炯炯发亮。C 项为浸润性突眼的表现。

795. ABCDE　796. ABCDE　797. ABCDE　①患者脉搏短绌（心率>脉率）、心律不齐，心音强弱不等，此为心房颤动的三大典型体征（A）。心房扑动、频发早搏、心室颤动、二度Ⅱ型房室传导阻滞均不会有这三大体征。②本例心悸伴消瘦、甲状腺弥漫性Ⅱ度肿大，可诊断为甲亢，故产生心律失常的最可能原因是甲亢性心脏病（B）。本例无冠心病、心肌病、风湿性心脏病、高血压病的相关病史及相应临床表现。③要确诊甲亢，当然首选血 T_3、T_4测定，而不是甲状腺穿刺活检。超声心动图主要用于确诊肥厚型或扩张型心肌病。心肌酶谱主要用于诊断急性心肌梗死。冠状动脉造影主要用于确诊冠心病。

798. ABCDE　甲状腺功能亢进合并低钾性软瘫好发于 20～40 岁男性（D）。甲亢好发于 20～50 岁女性。Graves 眼病好发于男性。

799. ABCDE　甲状腺危象的常见诱因包括术前准备不充分、感染、手术、创伤、精神刺激等。

800. ABCDE　淡漠型甲亢患者临床表现不典型,70%的患者无甲状腺肿大,主要表现为明显消瘦、心悸、乏力等,可伴心房颤动和肌病等。临床上患者常因明显消瘦被误诊为恶性肿瘤,因心房颤动被误诊为冠心病。

801. ABCDE　①在排除其他能抑制 TSH 因素的前提下,若血清 T_3、T_4 正常,TSH 降低,可诊断为亚临床甲亢。②甲亢性心脏病、淡漠型甲亢、妊娠甲亢、甲状腺危象都不可能表现为血清 T_3、T_4 正常。

802. ABCDE　测定 ^{131}I 摄取率是诊断甲亢的传统方法,但目前已被甲状腺激素测定所取代,现在主要用于甲状腺毒症病因的鉴别:如甲亢时 ^{131}I 摄取率增加,吸 ^{131}I 高峰提前;非甲状腺功能亢进类的甲状腺毒症 ^{131}I 摄取率降低。

803. ABCDE　804. ABCDE　805. ABCDE　①中年女性,有甲亢典型症状(乏力、心悸、厌食、消瘦、手颤)、甲状腺弥漫性肿大、FT_3 和 FT_4 显著增高、TSH 降低,应诊断为 Graves 病(原发性甲状腺功能亢进症)。自身免疫性甲状腺炎常表现为甲状腺功能减退。结节性毒性甲状腺肿常表现为甲状腺结节性肿大,而不是弥漫性肿大。亚急性甲状腺炎病前常有上呼吸道感染史,表现为基础代谢率增高,但甲状腺摄 ^{131} 碘率显著降低。单纯性甲状腺肿 FT_3、FT_4 应正常,而不是显著增高。②Graves 病患者血清中存在针对甲状腺细胞 TSH 受体的特异性自身抗体,称为 TSH 受体抗体(TRAb)。TRAb 分两种类型,即 TSH 受体刺激性抗体(TSAb)和 TSH 受体刺激阻断性抗体(TSBAb)。TSAb 为 Graves 病的致病性抗体,95%的 Graves 病患者 TSAb 阳性。为确诊 Graves 病,诊断意义最大的检查项目是促甲状腺激素受体抗体(TRAb)。^{131}I 摄取率测定对甲亢具有辅助诊断价值。甲状腺 B 超、穿刺活检主要用于甲状腺肿块的诊断。甲状腺核素显像主要用于高功能腺瘤的诊断。③中青年甲亢患者,病史较短,病情不重,应首选抗甲状腺药物治疗。因硫脲类药物的肝毒性大于咪唑类,故临床上首选咪唑类药物(B)。手术治疗常用于中、重度甲亢、长期药物治疗无效者。^{131}I 治疗在国外应用较多,国内少用。碘制剂一般用于甲亢的术前准备,不手术者严禁使用碘剂治疗。

806. ABCDE　①硫脲类抗甲状腺药物可抑制甲状腺过氧化物酶,从而减少甲状腺激素的生物合成(B),硫脲类没有 ACDE 项药理作用。②碘剂可抑制甲状腺激素的释放。

807. ABCDE　①抗甲状腺药物最严重的不良反应是粒细胞减少,发生率约为 0.7%(D)。②抗甲状腺药物只抑制甲状腺激素的合成,不会造成对甲状腺组织的损害,因此不会导致永久性甲状腺功能减退症。③使用抗甲状腺药物后,皮疹发生率约为 5%,一般不严重;很少发生胃肠道反应;药物性肝炎发生率为 0.4%~2.7%。

808. ABCDE　①抗甲状腺药物最严重的不良反应是粒细胞减少,发生率约为 0.1%~0.5%(C)。②^{131}I 在体内主要积蓄在甲状腺内,不会造成血液系统损害,因此放射性 ^{131}I 治疗后不会导致粒细胞减少。③复方碘溶液主要抑制甲状腺激素的释放,甲状腺次全切除术主要是毁损甲状腺组织,甲状腺素片主要用于抗甲药物治疗后发生甲减或甲状腺明显肿大者,这些治疗都不会造成粒细胞减少。

809. ABCDE　丙硫氧嘧啶具有在外周组织抑制 T_4 转换为 T_3 的独特作用,且半衰期短,起效迅速,因此控制甲亢症状较快。

810. ABCDE　811. ABCDE　812. ABCDE　813. ABCDE　814. ABCDE　①甲亢合并妊娠分为 T1 期(孕 1~3 个月)、T2 期(孕 4~6 个月)、T3 期(孕 7~9 个月)。妊娠期甲亢首选药物治疗,次选手术治疗,且手术仅在 T2 期进行。T1 期甲亢首选丙硫氧嘧啶,T2 期、T3 期、哺乳期首选甲巯咪唑,因为甲巯咪唑可影响胎儿皮肤发育。②美国治疗成人甲亢首选 ^{131}I,欧洲、日本和我国首选抗甲状腺药物。

815. ABCDE　妊娠期甲亢首选药物治疗,次选手术治疗。T1 期甲亢首选丙硫氧嘧啶,T2 期、T3 期首选甲巯咪唑。本例属于 T3 期(7~9 个月),应首选甲巯咪唑,因为丙硫氧嘧啶可导致急性重型肝炎。

816. ABCDE　①丙硫氧嘧啶可抑制甲状腺激素的合成,抑制外周组织 T_4 转换为 T_3,发挥作用较迅速,可较快地控制甲亢症状,因此治疗甲危时首选丙硫氧嘧啶。②甲危时,可使用复方碘剂以抑制甲状腺激素的释放。③甲状腺危象患者多有高热、大汗、心动过速、心律失常等症状，而且处于肾上腺皮质功能相对不足状态。糖皮质激素可改善机体反应性，提高应激能力，防止肾上腺皮质低功。④甲危时，使用普萘洛尔可阻断甲状腺激素对心脏的刺激作用、抑制外周组织 T_4 向 T_3 转换。⑤水杨酸类药物可以抑制甲状腺球蛋白与甲状腺激素的结合，使游离 T_3、T_4 增高；增加患者出汗、加重脱水，因此对于高热者可给予物理降温，但不能使用乙酰水杨酸类解热药。

817. ABCDE 血清 TSH 增高、FT_4 降低即可诊断为原发性甲减，此为诊断甲减的必备指标。严重病例才有血清 TT_3、FT_3 降低。

818. ABCDE 黏液水肿性昏迷常见于重症甲状腺功能减退症，其治疗首选甲状腺激素静脉注射。由于 T_3 的生理效应较 T_4 强，故应首选 T_3 而不是 T_4(C)。口服左甲状腺素主要用于未出现昏迷的轻、中症甲减患者。

819. ABCDE 亚临床甲减药物治疗的指征为高胆固醇血症、TSH>10mU/L。

820. ABCDE ABCDE 均属于库欣综合征的病因，但以垂体微腺瘤最常见，约占 56%。

821. ABCDE ①库欣病是指垂体分泌 ACTH 过多所致的库欣综合征，故答 A。②BCDE 均属于不依赖 ACTH 的库欣综合征。Meador 综合征是指不依赖 ACTH 的双侧肾上腺小结节性增生。Carney 综合征是指 Meador 综合征伴皮肤、乳腺、心房黏液瘤、睾丸肿瘤、垂体生长激素瘤等。

822. ABCDE ①向心性肥胖为皮质醇增多症的典型体征。糖皮质激素可促进脂肪分解和脂肪酸在肝内的氧化，抑制脂肪合成。且对不同部位脂肪细胞代谢的影响存在差异。糖皮质激素分泌过多时，可引起躯体脂肪的异常分布，如项背分布增加，而四肢减少，呈现“向心性肥胖”等现象(C)。②甲状腺激素分泌过多可导致甲亢。生长激素分泌过多可导致巨人症、肢端肥大症。肾上腺素分泌过多为交感神经兴奋的结果。胰岛素分泌过多将导致低血糖症。

823. ABCDE　824. ABCDE　825. ABCDE ①库欣综合征的典型临床表现为向心性肥胖、满月脸等，早期病例主要表现为高血压，全身情况较好(A)。②醛固酮的作用是保钠保水排钾，原发性醛固酮增多症患者由于醛固酮增多，引起水钠潴留、排钾增多，从而导致高血压、低血钾，严重病例可出现低钾性周期性瘫痪。其中高血压是最常见和最早出现的临床表现，早期仅有高血压，而无低血钾症状(A)。③嗜铬细胞瘤由于分泌大量儿茶酚胺，其最主要症状是高血压(A)。

826. ABCDE 解答这类试题时，首先要弄清楚各项实验室检查的意义和适应证。①血浆皮质醇：测定血浆皮质醇是为了明确是否有昼夜波动规律。正常人血皮质醇有昼夜波动规律，即 8AM 为(276±66)nmol/L、4PM 为(129.6±52)nmol/L、12PM 为(96.5±33.1)nmol/L。库欣综合征患者血皮质醇无昼夜波动规律(即早晨高于正常，晚上不明显低于清晨)。②尿 17-羟(尿 17-羟皮质类固醇)：为皮质醇由尿排出的代谢产物，因此只要皮质醇分泌过多，尿 17-羟均排出增加，主要用于库欣综合征的筛查。③尿游离皮质醇：能反映血中游离皮质醇的水平，且很少受其他色素的干扰，主要用于库欣综合征的筛查，筛查价值优于尿 17-羟(请注意：只是筛查价值优于尿 17-羟，而不能确诊库欣综合征)。④小剂量地塞米松抑制试验：试验方法为地塞米松 0.5mg，PO，q6h×2d。于服药前及服药第 2 天查尿 17-羟或尿皮质醇含量。正常人给予外源性地塞米松，可抑制“下丘脑(CRH)→垂体(ACTH)→肾上腺→糖皮质激素”调节轴，从而抑制内源性皮质醇的分泌，使尿 17-羟或尿皮质醇降至对照值的 50%以下(表示被抑制)。库欣综合征患者负反馈机制失灵，该试验不能被抑制。故小剂量地塞米松抑制试验主要用于鉴别正常人和库欣综合征，是确诊库欣综合征的必做检查。⑤大剂量地塞米松抑制试验：试验方法为地塞米松 2mg，PO，q6h×2d。于服药前及服药第 2 天查尿 17-羟或尿皮质醇含量，降至对照值 50%以下为被抑制。临床意义为：垂体性库欣病多数被抑制，肾上腺皮质腺瘤、肾上腺皮质癌、异位 ACTH 综合征多数不能被抑制。故大剂量地塞米松抑制试验常在确诊库欣综合征后进行，主要用于库欣综合征病因的鉴别，即区分垂体性库欣病和非垂体性库欣综合征。结合本例，AC 项的血浆皮质醇测定，主要用于观察皮质醇的波动规律，不能用于库欣综合征的确诊，故不答 AC，因为单纯性肥胖属于正常人,但血浆皮质醇仍然增高。尿游离皮质醇为库欣综合征的筛查试验,故不答 B。小剂量地塞米松抑制试验主要用于确诊库欣综合征,大剂量地塞米松抑制试验主要用于鉴别库欣综合征的病因(即定位诊断)。本题题干要求回答的是"确诊库欣综合征"的检查,故正确答案为 D。请注意:该知识点常考,易错易混,请重点掌握。

827. ABCDE ①注意区分:小剂量地塞米松抑制试验阳性用于诊断肥胖症(皮质醇增多症为阴性),大剂量地塞米松抑制试验阳性用于诊断 Cushing 病(肾上腺皮质肿瘤多为阴性)。本例大剂量地塞米松抑制试验血皮质醇较对照低 50%以上,表明该试验为阳性,应诊断为 Cushing 病。②肾上腺皮质腺瘤、肾上腺皮质癌、异位 ACTH 综合征患者大剂量地塞米松抑制试验多为阴性,故不答 ABD。③根据题干,不能诊断为糖尿病,故不答 E。

828. ABCDE 829. ABCDE ①Cushing 病是指垂体 ACTH 分泌亢进,造成双侧肾上腺皮质弥漫性增生,分泌过多糖皮质激素所致的病症(B)。②肾上腺皮质癌是原发于肾上腺本身的恶性肿瘤,癌肿的生长和分泌呈自主性,不受垂体 ACTH 的调节。由于肿瘤分泌大量的糖皮质激素,反馈抑制垂体 ACTH 的释放,病人血中 ACTH 降低。醛固酮具有保钠排钾的作用,分泌过多可引起高钠、低钾和碱中毒。肾上腺皮质癌患者由于癌肿分泌大量糖皮质激素和醛固酮,可导致明显的低钾性碱中毒(D)。③肾上腺皮质腺瘤一般不产生醛固酮,很少发生低钾性碱中毒。A 为不依赖 ACTH 的双侧肾上腺结节增生,B 为 Cushing 病,C 为肾上腺皮质腺瘤,D 为肾上腺皮质癌。

830. ABCDE 831. ABCDE 832. ABCDE ①皮质醇增多症患者由于皮质醇增多,引起身体脂肪重新分布,导致满月脸,胸腹、颈背部脂肪堆积,出现腹部膨隆、四肢近端较细(AE)。高血压是皮质醇增多症的常见症状(B)。病程较长者可出现骨质疏松(C)。本病很少表现为便秘,故答 D。②小剂量地塞米松抑制试验主要用于鉴别正常人和库欣综合征,是确诊库欣综合征的必做检查(B)。大剂量地塞米松抑制试验主要用于区分库欣病和其他类型的库欣综合征。血 ACTH 测定主要用于库欣综合征病因的鉴别及肿瘤的定位。肾上腺 CT、垂体 MRI 分别用于了解肾上腺、垂体的占位性病变。③肾上腺皮质腺瘤为良性肿瘤,首选手术治疗,在摘除腺瘤的同时,应尽可能保留腺瘤外其他正常肾上腺组织。术后可能出现肾上腺皮质功能减退,需及时补充皮质激素,直至肾上腺皮质功能恢复正常,一般需半年至 1 年(E)。

833. ABCDE ①交感-肾素-血管紧张素-醛固酮系统是一个调节轴,醛固酮瘤患者由于醛固酮分泌增多,可负反馈性抑制此调节轴,使血浆肾素活性降低(B)。②嗜铬细胞瘤主要分泌儿茶酚胺,生长激素瘤主要分泌生长激素,甲状腺功能亢进症主要分泌甲状腺激素,都不能抑制此生理调节轴,都不能抑制肾素活性。肾动脉瘤为血管瘤,不会分泌激素,不可能抑制肾素活性。

834. ABCDE ①交感-肾素-血管紧张素-醛固酮系统是一个调节轴,原发性醛固酮增多症(原醛症)患者由于醛固酮分泌增多,保水保钠排钾增多,大量钾离子从尿中排出,使血钾浓度降低,导致低钾性肌无力。即尿钾排出增多→血钾降低→肌无力,可见血钾降低是导致肌无力的直接原因,因此最佳答案为 E 而不是 D。②尽管原醛症可有持续性高血压、血钠潴留,但这些都不是引起肌无力的原因,故不答 AB。原醛症水钠潴留,尿量应减少,晚期可表现为夜尿增多,故不答 C。

835. ABCDE 醛固酮的作用是保 Na^+ 保水排 K^+,因此,当醛固酮增多时,可导致水钠潴留、高血压、高血钠、低血钾、高尿钾、碱血症(血中 HCO_3^- 浓度升高)。由于醛固酮增多,可反馈抑制"肾素-血管紧张素-醛固酮"调节轴,使血浆肾素、血管紧张素Ⅱ基础值降低。

836. ABCDE ①患者有高血压(血压 170/100mmHg)+低血钾(血钾 2.4mmol/L),可诊断为原发性醛固酮增多症,答案为 D。②原发性高血压不会有低钾血症的表现。嗜铬细胞瘤常表现为阵发性高血压+儿茶酚胺增多。肾性高血压常表现为高血压+长期肾脏病史+肾功能严重损害。库欣病常表现为高血压+满月脸、向心性肥胖。

837. ABCDE 838. ABCDE 839. ABCDE ①患者血压增高、血钾降低(下肢无力、心电图可见高 U 波),

应诊断为原醛症(D)。ABCE 均不会出现高血压合并低血钾的临床表现,故不答 ABCE。②原醛症的特点为高血压、低血钾,为明确诊断,应首选血、尿电解质检查,以了解有无低钾血症及尿钾增高(C)。肾功能检查、超声心动图检查对确诊原醛症价值不大。糖化血红蛋白测定主要用于了解糖尿病患者治疗后血糖的控制情况。口服葡萄糖耐量试验(OGTT)主要用于诊断糖尿病。③本例患者有低钾血症,不能使用排钾性利尿剂呋塞米(D)。原醛症的药物治疗首选螺内酯,也可选用氨苯蝶啶,以帮助排钠保钾。钙拮抗剂(氨氯地平、硝苯地平)可使一部分原醛症患者醛固酮产生减少,血钾和血压恢复正常,因为醛固酮的合成需要钙的参与。

840. ABCDE 肾上腺皮质球状带分泌醛固酮,束状带分泌皮质醇,网状带分泌皮质醇+性激素,因此当肾上腺皮质功能减退时,可导致这些激素分泌减少,主要是醛固酮及皮质醇分泌减少而引起临床症状(D)。

841. ABCDE BCDE 均属于原发性慢性肾上腺皮质功能减退症(Addison 病)的病因,但以肾上腺结核最常见(B)。

842. ABCDE 肾上腺皮质可分泌醛固酮、皮质醇、性激素,因此原发性慢性肾上腺皮质功能减退症患者这些激素分泌减少,反馈性 ACTH 分泌增加(A)。

843. ABCDE **844. ABCDE** **845. ABCDE** ①原发性慢性肾上腺皮质功能减退症由于促黑素分泌增多,可导致全身皮肤色素加深(A)。②腺垂体功能减退所致的继发性肾上腺皮质功能减退症常表现为皮肤色素减退(B)。③库欣综合征由于肥胖、皮肤薄、蛋白质分解亢进、皮肤弹性纤维断裂,常于下腹两侧、大腿外侧等处出现皮肤紫纹(E)。

846. ABCDE **847. ABCDE** **848. ABCDE** **849. ABCDE** 治疗原发性肾上腺皮质功能减退症、腺垂体功能减退导致的继发性肾上腺皮质功能减退症及其相应的危象均首选糖皮质激素(氢化可的松)。

850. ABCDE 正常人食盐摄入量为 4~6g/d。Addison 病患者食盐摄入量应充分,每日至少需 8~10g。如有大量出汗、腹泻,应酌情加大食盐摄入量。

851. ABCDE 嗜铬细胞瘤的分布部位:肾上腺(占 80%~90%)、腹主动脉旁(占 10%~15%)、其他少见部位(肾门、肾上极、肝门部、肝及下腔静脉之间、腹腔外)。

852. ABCDE 嗜铬细胞瘤的最主要症状是高血压,ABCDE 均属于其临床表现。由于嗜铬细胞瘤患者儿茶酚胺的分泌呈脉冲式,故特征性表现是阵发性高血压(B)。

853. ABCDE 青年人,阵发性高血压,首先应想到嗜铬细胞瘤。本病是由于嗜铬细胞脉冲式释放儿茶酚胺导致血压升高所致,故对诊断最有价值的检查是在发作时测定血、尿儿茶酚胺浓度(A)。

854. ABCDE ①若嗜铬细胞瘤患者手术中血压急骤上升,可使用速效 α 受体阻滞剂酚妥拉明静脉推注,继之以静滴或用硝普钠静滴维持。②普萘洛尔、利多卡因主要用于心律失常的治疗。

855. ABCDE 胰岛 δ 细胞分泌生长抑素(C),α 细胞分泌胰高血糖素,β 细胞分泌胰岛素,D_1 细胞分泌血管活性肠肽,F 细胞分泌胰多肽。

856. ABCDE ①1 型糖尿病多见于青少年患者,起病急,症状重,易发生糖尿病酮症酸中毒(B 对)。1 型糖尿病多为免疫介导的胰岛 β 细胞受损,胰岛素分泌不足所致,因此早期即需要补充胰岛素来控制血糖,故不答 DE。②"多数患者表现为胰岛素抵抗"为 2 型糖尿病的特点,故不答 C。

857. ABCDE ①糖尿病病史 10 年以上者,易并发糖尿病微血管病变,尤以糖尿病肾病最为重要。糖尿病肾病早期表现为微量白蛋白尿,晚期表现为持续性白蛋白尿。因此行微量白蛋白尿检查,可明确有无糖尿病肾病。患者糖尿病病史 10 年,血糖控制不佳(空腹血糖 9.6mmol/L),出现双下肢水肿,应首先考虑糖尿病肾病,故首选检查为尿微量白蛋白测定(E)。②双肾 CT 和 B 超都是形态学检查,不能确诊糖尿病肾病,故不答 AB。糖化血红蛋白测定主要用于监测血糖的长期控制是否满意,故不答 C。胰岛素释放试验主要用于检测胰岛 β 细胞的功能,故不答 D。

858. ABCDE 糖尿病视网膜病变Ⅰ期:微血管瘤、小出血点;Ⅱ期:出现硬性渗出;Ⅲ期:出现棉絮状软性渗出;Ⅳ期:新生血管形成,玻璃体积血;Ⅴ期:纤维血管增殖、玻璃体机化;Ⅵ期:牵拉性视网膜脱离、失明。

859. ABCDE　糖尿病性神经病变以周围神经最常见,通常为对称性,下肢较上肢重,病情进展缓慢。临床上先出现肢端感觉异常,后期可有运动神经受累,出现肌张力减弱(D 错)。

860. ABCDE　861. ABCDE　862. ABCDE　863. ABCDE　864. ABCDE　①葡萄糖是最强的胰岛 β 细胞分泌胰岛素的刺激物。胰岛素释放试验是指行 OGTT(口服葡萄糖耐量试验)的同时测定血浆胰岛素的浓度,因此胰岛素释放试验可评价胰岛 β 细胞的功能(A)。②血浆蛋白(主要是白蛋白)可与葡萄糖发生非酶催化的糖化反应而形成果糖胺(FA),其形成的量与血糖浓度、持续时间相关。由于白蛋白在血中的半衰期为 19 天,故糖化血浆白蛋白测定可反映患者近 2~3 周内平均血糖水平(D)。③糖化血红蛋白(GHbA1)是葡萄糖与血红蛋白的氨基发生非酶催化反应的产物,其量与血糖浓度正相关。由于红细胞在血循环中的寿命为 120 天,因此糖化血红蛋白 A1 测定可反映患者近 8~12 周平均血糖水平(C)。④诊断糖尿病的主要依据是静脉血浆血糖测定(B)。⑤尿糖阳性只能作为诊断糖尿病的重要线索,不能作为诊断依据,因为尿糖是否阳性,不仅受血糖浓度的影响,还受肾糖阈的影响(E)。

865. ABCDE　OGTT 诊断糖尿病的标准与普通的血糖测定是一样的,即 2h 血糖应≥11.1mmol/L(A)。

866. ABCDE　①空腹血糖的正常值为 3.9~6.0mmol/L,糖尿病的诊断标准为空腹血糖≥7.0mmol/L。当患者所测血糖高于正常值,但又没有达到糖尿病诊断标准时,应做口服葡萄糖耐量试验(OGTT 试验)以确诊或排除糖尿病。患者空腹血糖为 6.8mmol/L,故应做 OGTT 试验,以明确诊断(C)。②糖化血红蛋白测定常用于监测糖尿病患者血糖的控制情况。24 小时尿糖定量常用于糖尿病的辅助诊断。患者复查空腹血糖、餐后 2 小时血糖,对确诊糖尿病意义不大。

867. ABCDE　按糖尿病诊断标准,患者空腹 6.7mmol/L,2 小时血糖 7.0mmol/L,应诊断为空腹血糖受损。

868. ABCDE　糖尿病的治疗目标:①近期目标是通过控制高血糖和相关代谢紊乱,以消除糖尿病症状和防止出现急性严重代谢紊乱。②远期目标是通过良好的代谢控制达到预防和(或)延缓糖尿病慢性并发症的发生和发展,维持良好健康和学习、劳动能力,保障儿童生长发育,提高患者的生活质量,降低死亡率和延长寿命。糖尿病是终身性疾病,不可能治愈,故答 E。

869. ABCDE　870. ABCDE　871. ABCDE　872. ABCDE　873. ABCDE　①α 葡萄糖苷酶抑制剂可抑制小肠黏膜细胞的 α 葡萄糖苷酶,从而延缓葡萄糖的吸收,而降低餐后高血糖(C)。②格列酮类(噻唑烷二酮类)主要通过激活过氧化物酶体增殖物激活受体 γ(PPARγ)起作用,增加靶细胞对胰岛素作用的敏感性而降低血糖(D)。③磺酰脲类可促进残存的胰岛 β 细胞分泌胰岛素,而降低血糖,因此磺酰脲类发挥降糖作用的前提是机体至少残存 30%有功能的 β 细胞(A)。④双胍类的降糖机制主要为抑制肝葡萄糖输出,改善外周组织对胰岛素的敏感性,增加外周组织对葡萄糖的摄取和利用而降低血糖(B)。⑤格列奈类主要通过刺激胰岛素的早时相分泌而降低餐后高血糖(E)。

874. ABCDE　875. ABCDE　876. ABCDE　877. ABCDE　878. ABCDE　879. ABCDE　880. ABCDE
①磺酰脲类不良反应包括低血糖(最常见)、体重增加、皮肤过敏反应等(A)。②α 葡萄糖苷酶抑制剂的常见不良反应是胃肠道反应,如腹胀腹泻等(C)。③双胍类的不良反应包括消化道反应(主要副作用)、皮肤过敏反应、乳酸性酸中毒(最严重副作用)(B)。④噻唑烷二酮类(格列酮类)的常见不良反应是水肿和体重增加(E)。⑤胰岛素的不良反应主要是低血糖,与剂量过大、饮食失调有关(A)。⑥GLP-1(胰高血糖素样肽-1)受体激动剂的常见不良反应是胃肠道反应,如恶心呕吐等(C)。⑦DPP-Ⅳ(二肽基肽酶-Ⅳ)抑制剂的不良反应包括头痛、超敏反应、肝酶升高、胰腺炎等(D)。

881. ABCDE　882. ABCDE　883. ABCDE　884. ABCDE　885. ABCDE　①双胍类可增加外周组织(如肌肉、脂肪)对葡萄糖的摄取和利用,抑制糖异生和糖原分解,降低脂肪酸氧化率,降低体重,不增加胰岛素水平,因此尤其适用于肥胖的 2 型糖尿病(A)。②磺酰脲类可促进残存的胰岛 β 细胞分泌胰岛素,增加体重,故适用于非肥胖的 2 型糖尿病(B)。③α 葡萄糖苷酶抑制剂可抑制小肠黏膜细胞的 α

葡萄糖苷酶,延缓葡萄糖的吸收,故适用于降低肥胖者的餐后高血糖(C)。④格列奈类可刺激胰岛素的早时相分泌而降低餐后高血糖,主要用于降低非肥胖型的餐后高血糖(D)。⑤1 型糖尿病也称胰岛素依赖型糖尿病,需使用胰岛素治疗(E)。

886. ABCDE ①α-葡萄糖苷酶抑制剂可抑制小肠黏膜细胞的 α-葡萄糖苷酶,延缓碳水化合物的吸收,降低餐后高血糖。尤其适合空腹血糖正常而餐后血糖明显升高者,可单用,也可与其他降糖药合用。本例复查空腹血糖正常(正常值 3.9~6.0mmol/L),而三餐的餐后 2 小时血糖均增高(>11.1mmol/L),故应加用 α-葡萄糖苷酶抑制剂,以降低餐后高血糖(E)。②加大二甲双胍的剂量将导致乳酸性酸中毒,故不答 A。2 型糖尿病非应激期不是胰岛素的适应证,故不答 B。磺脲类不是降低餐后高血糖的首选药,故不答 CD。

887. ABCDE ①本例空腹血糖及餐后血糖均增高,因此不能选用 α-葡萄糖苷酶抑制剂(AGI),AGI 主要降低餐后高血糖,故不答 E。②患者体重 75kg,身高 1.68m,体质(体重)指数 BMI=体重(kg)/身高^2=26.6(BMI<18.5 为体重过低,18.5~23.9 为体重正常,24.0~27.9 为超重,≥28 为肥胖),为超重体型,考虑为 2 型糖尿病。对 2 型糖尿病的治疗首选口服降糖药,只有在应激、合并并发症等情况下,才使用胰岛素治疗,故不答 AB。③2 型糖尿病的口服药物可以选用双胍类或磺脲类,双胍类适合肥胖者,磺脲类适合非超重者。本例为超重型糖尿病患者,故应首选双胍类降糖药(D)。

888. ABCDE ①2 型糖尿病患者处于外科感染期(左足溃疡未愈),说明仍处于应激状态,故控制糖尿病应选用胰岛素(B)。②二甲双胍 250mg,3 次/日,剂量已足够,再加大剂量将增加不良反应(如乳酸性酸中毒)的发生率,故不答 A。糖尿病病人处于应激期时,血糖波动大,且不易控制,不宜选用口服降糖药,故不答 CDE。

889. ABCDE 糖尿病患者处于感染应激期,且尿糖强阳性,应改用胰岛素控制血糖,不宜使用口服降糖药。

890. ABCDE 2 型糖尿病经口服降糖药治疗仍不能达到血糖控制目标,即空腹血糖>7.8mmol/L和(或)糖化血红蛋白 HbA1c>7%(正常目标值为<7.0%),说明存在胰岛 β 细胞功能衰竭,应使用胰岛素治疗,故答 A。参阅 14 版《实用内科学》P994。

891. ABCDE 糖尿病出现急性并发症酮症酸中毒,说明病程已到晚期,应以胰岛素控制血糖(C)。

892. ABCDE ①格列喹酮的代谢产物主要由胆汁排泄(占 95%),极少由肾排泄(5%),故可在轻、中度肾功能不全的情况下使用(B)。②格列本脲、格列吡嗪、格列美脲、格列齐特的代谢产物经肾脏的排泄率分别为 50%、89%、60%和 80%,即大部分经肾脏排泄,故肾功能不全者应慎用或禁用。

893. ABCDE 894. ABCDE ①患者空腹血糖>7.0mmol/L,应诊断为糖尿病。患者体重指数(BMI)=体重(kg)/[升高(m)]^2=90/1.75^2=29>28kg/m^2,应为肥胖体型。肥胖型糖尿病的治疗首选二甲双胍,因为二甲双胍可减轻体重,改善血脂谱(B)。西格列汀为二肽基肽酶抑制剂,临床上少用。吡格列酮常用于胰岛素抵抗明显的 2 型糖尿病。格列齐特常用于非肥胖型 2 型糖尿病。阿卡波糖常用于肥胖型餐后高血糖。②高血压合并糖尿病的降压治疗首选血管紧张素转换酶抑制剂(ACEI),ACEI 可改善胰岛素抵抗,减少尿蛋白形成(E)。ABCD 项药物均没有此独特作用。

895. ABCDE 896. ABCDE 897. ABCDE ①糖尿病肾病主要累及肾小球,早期表现尿白蛋白排泄率增高,晚期表现为白蛋白尿、血肌酐升高等,因此为明确糖尿病肾病的诊断,可行尿白蛋白排泄率测定(B)。尿渗透压测定主要用于判断远端肾小管和集合管的稀释-浓缩功能。血、尿 $β_2$ 微球蛋白测定主要用于检测近端肾小管的功能。糖化血红蛋白、果糖胺测定分别用于了解糖尿病患者近 8~12 周、2~3 周平均血糖水平。②糖尿病患者出现并发症的,应选用胰岛素控制血糖。本例合并有糖尿病肾病及视网膜病变,因此首选胰岛素治疗(A)。③控制血糖是治疗糖尿病,延缓糖尿病肾病的基本措施。抗高血压治疗可延缓肾小球滤过率的下降速度。采用低蛋白饮食,减少蛋白质摄入,对早期肾病及肾功能不全的防治均有利。尽早使用促红细胞生成素(EPO)可纠正肾性贫血,改善预后。糖尿病肾病患者长期使用糖皮质激素可增加感染概率,促进病情恶化(A)。

898. ABCDE　899. ABCDE　900. ABCDE　①短效胰岛素包括普通胰岛素、半慢胰岛素锌混悬液。中效胰岛素包括低精蛋白胰岛素、慢胰岛素锌混悬液。长效胰岛素包括精蛋白锌胰岛素(C)、特慢胰岛素锌混悬液。②强化胰岛素治疗后,若早晨空腹血糖较高,可能原因为:夜间胰岛素作用不足、黎明现象或Somogyi效应等。多次测定夜间血糖,有助于鉴别空腹血糖过高的原因(A)。睡前血糖、血浆胰岛素和C肽测定、口服葡萄糖耐量试验(OGTT)对判断空腹血糖过高的原因意义不大。③糖尿病微血管病变主要累及视网膜、肾、神经和心肌组织,其中尤以糖尿病肾病、视网膜病变为重要(C)。冠心病属于大血管病变。糖尿病足是糖尿病的慢性并发症,糖尿病酮症酸中毒、高渗高血糖综合征是糖尿病的急性代谢并发症,可见ADE既不属于微血管病变,也不属于大血管病变。

901. ABCDE　①糖尿病酮症酸中毒是1型糖尿病最常见的急性并发症,主要表现为多尿、烦渴无力、消化道症状(如恶心、呕吐)和神经系统症状(如嗜睡、意识障碍等)。查体可见脱水及酸中毒表现(面色潮红、呼吸深快、烂苹果味呼吸)。结合病史及临床表现,本例应诊断为糖尿病酮症酸中毒(A)。②高渗高血糖综合征多见于成年人2型糖尿病,起病缓慢,主要表现为嗜睡、幻觉、抽搐等,无典型酸中毒表现。乳酸性酸中毒常有口服苯乙双胍病史,起病急,可有酸中毒表现,但多见于2型糖尿病。低血糖昏迷常表现为出冷汗、颤抖、心悸、面色苍白、无酸中毒表现。尿毒症酸中毒与题干所述无关。

902. ABCDE　①糖尿病酮症酸(DKA)患者由于严重高血糖、高血酮和各种酸性代谢产物引起渗透性利尿,血浆渗透压增高,细胞内水分向外转移,可导致严重缺水、电解质平衡紊乱,因此最关键的治疗措施是补充液体,通常使用生理盐水。只有有效改善组织灌注后,胰岛素的生物效应才能充分发挥。②临床上常采用小剂量胰岛素疗法来降低血糖、抑制脂肪分解和酮体生成。③若合并严重酸中毒,pH<7.1、HCO_3^-<5mmol/L,需补碱治疗。④DKA患者均有不同程度的失钾,应注意补钾。

903. ABCDE　糖尿病酮症酸中毒患者多合并代酸,但轻度酸中毒者无须补碱。只有当pH<7.1、HCO_3^-<5mmol/L时才需补碱。过多过快补充碳酸氢钠对机体的危害性包括:①快速补碱,pH骤升,而脑脊液尚为酸性,可导致脑细胞酸中毒、昏迷,并非使脑脊液pH反常性升高(A错);②pH骤升使血红蛋白与O_2的亲和力上升,加重缺氧和脑水肿;③促进K^+细胞内转移;④反跳性碱中毒。

904. ABCDE　905. ABCDE　906. ABCDE　①患者入院急查随机血糖高达35.3mmol/L,可首选排除答案CDE,因为CDE项的血糖不会显著增高。糖尿病酮症酸中毒血糖多为16.7~33.3mmol/L,酸中毒样大呼吸(Kussmaul呼吸)。高渗高血糖综合征血糖多>33.3mmol/L,无Kussmaul呼吸,故答案为B而不是A。②高渗高血糖综合征的特点是血糖和血浆渗透压显著增高。本例血糖已急查,为明确诊断,最有价值的检查项目当然是血浆有效渗透压测定(A)。尿酮体测定主要用于诊断糖尿病酮症酸中毒,CD项均属于一般性检查项目,血氨测定常用于诊断肝性脑病。③高血糖高渗状态患者失水可达体重的10%~15%,24补液量可达6000~10000ml。目前多主张开始治疗时用等渗溶液如0.9%氯化钠,因为大量输入等渗液不会引起溶血,有利于恢复血容量。休克患者应另给予血浆或全血。如无休克或休克已纠正,在输入生理盐水后血浆渗透压>350mOsm/L、血钠>155mmol/L,可考虑输入适量低渗盐水(C错)。高血糖高渗状态的降糖治疗常采用小剂量胰岛素疗法,即给予胰岛素0.1U/(kg·h)。高渗高血糖综合征多无明显酸中毒,无需补碱。

907. ABCDE　患者为2型糖尿病,口服降糖药治疗,突发昏迷,可能为低血糖症。患者心率加快,呼吸浅快,皮肤潮湿,收缩压轻度升高等,都是低血糖发作时交感神经过度兴奋的表现。酮症酸中毒、乳酸酸中毒常表现为呼吸深快、皮肤干燥、血压降低等,与本例不符。高渗高血糖综合征起病缓慢,就诊时常有严重脱水、休克,血糖≥33.3mmol/L,都与本例不符。题干所述与肝性脑病无关,故不答E。

908. ABCDE　①胰岛素瘤患者由于胰岛素释放过多,可导致餐前低血糖,即空腹低血糖(C)。②腺垂体功能减退症、肝硬化晚期也可表现为空腹低血糖,但临床上少见。糖原累积症、2型糖尿病常表现为餐后低血糖。

909. ABCDE ①骨性关节炎是一种以关节软骨退行性变、纤维化、断裂、溃疡及整个关节面损害为主的关节疾病(B)。②强直性脊柱炎、Reiter 综合征、银屑病关节炎均属于脊柱关节病,类风湿关节炎属于弥漫性结缔组织病。

910. ABCDE ①风湿热是 A 组乙型溶血性链球菌感染引起的变态反应性疾病,属于与感染相关的风湿病。②类风湿关节炎、多肌炎属于弥漫性结缔组织病,Reiter 综合征、强直性脊柱炎属于脊柱关节病。

911. ABCDE ①痛风的主要病理改变是关节腔炎症(D)。②骨关节炎的特点是关节软骨变性,类风湿关节炎的特点是滑膜炎,强直性脊柱炎的特点是附着点炎,系统性红斑狼疮的特点是小血管炎。

912. ABCDE ①抗磷脂抗体包括抗心磷脂抗体、狼疮抗凝物、梅毒血清试验反应假阳性等,与血小板减少、动静脉血栓、习惯性自发性流产有关(C)。②抗核抗体(ANA)、抗 Sm 抗体、类风湿因子(RF)、抗角蛋白抗体都是自身抗体,但都不属于抗磷脂抗体。

913. ABCDE ①非甾体抗炎药(NSAID)具有镇痛抗炎作用,其作用机制为抑制环氧化酶(COX),减少 COX 介导的炎症介质前列腺素的产生。COX 有两种同工酶,即 COX-1 和 COX-2。COX-1 主要表达于胃黏膜,COX-2 产生的前列腺素主要见于炎症部位,导致组织的炎症反应,产生肿、热、痛。NSAID 抑制 COX-1 出现胃肠道不良反应,抑制 COX-2 达到抗炎镇痛的目的。②布洛芬、双氯芬酸、萘普生均属于传统的 NSAID 制剂,可非选择性抑制 COX-1 和 COX-2,故胃肠道反应较大。塞来昔布属于选择性 COX-2 抑制剂,胃肠道不良反应较小(C)。③炎痛喜康(吡罗昔康)虽属于选择性 COX-2 抑制剂,但临床应用后胃肠道反应较大,且发生率高达 20%,故不答 B,参阅 17 版《新编药理学》P196。

914. ABCDE 吲哚美辛属于非甾体抗炎药,BCDE 均属于改变病情抗风湿药。

915. ABCDE 916. ABCDE ABCDE 均是类风湿关节炎的临床表现,其中关节痛是最早出现的症状,关节畸形属于晚期表现。

917. ABCDE 918. ABCDE 919. ABCDE 920. ABCDE ①类风湿关节炎最常累及的关节是腕、掌指、近端指间关节(A)。②骨关节炎最常累及远端指间关节,也可累及近端指间关节、第一腕掌关节(C)。③痛风关节炎最常累及单侧第一跖趾关节,也可累及趾、踝、膝、腕、指、肘关节。骨关节炎也可累及第一跖趾关节,但少见,故最佳答案为 E 而不是 C。④强直性脊柱炎早期累及骶髂关节,晚期累及脊柱关节(D)。

921. ABCDE ①类风湿因子(RF)阳性可见于类风湿关节炎(RA 阳性率约 70%)、多发性肌炎、干燥综合征、系统性红斑狼疮等,因此 RF 与 RA 不能画等号。故 ABC 均为错误叙述,D 正确。②RF 的滴度随类风湿关节炎的活动性、病情严重程度而变化,故不答 E。

922. ABCDE ①类风湿关节炎常对称性累及双手近端指间关节、腕关节,晨僵时间超过 1 小时,抗环瓜氨酸肽(CCP)抗体阳性。根据题干,本例应诊断为类风湿关节炎(C)。②痛风关节炎常累及单侧第一跖趾关节。骨关节炎常累及远端指间关节,晨僵时间小于 30 分钟。化脓性关节炎常累及髋关节、膝关节等大关节,多表现为局部红肿热痛。强直性脊柱炎早期常累及骶髂关节,后期累及脊柱。

923. ABCDE ①类风湿关节炎常表现为腕、掌指关节、近端指间关节肿胀疼痛,反复发作,伴晨僵。根据题干,本例应考虑类风湿关节炎。②目前认为抗环瓜氨酸多肽(CCP)抗体对类风湿关节炎诊断的敏感性和特异性均高于类风湿因子,故最佳答案为 E 而不是 C。③血尿酸测定主要用于诊断痛风。抗核抗体主要用于诊断系统性红斑狼疮。抗角蛋白抗体对类风湿关节的诊断价值不大,故不答 D。

924. ABCDE 关节畸形是类风湿关节炎的晚期表现,属于后遗症,与其急性期活动性无关。ACDE 均为类风湿关节炎活动期的表现。

925. ABCDE 关节 X 线检查对类风湿关节炎的诊断、分期、病变演变的监测均有重要意义,临床上多采用手指及腕关节 X 线片检查。Ⅰ期为关节周围软组织的肿胀阴影,关节端的骨质疏松;Ⅱ期为关节间隙因软骨的破坏而变得狭窄;Ⅲ期为关节面出现虫蚀样破坏性改变;Ⅳ期为关节半脱位和关节破坏后的纤维性和骨性强直。

926. ABCDE 927. ABCDE 928. ABCDE ①用于治疗类风湿关节炎的药物包括非甾体抗炎药、改变病情抗风湿药和糖皮质激素。布洛芬为非甾体抗炎药，具有镇痛消肿作用，是改善关节炎症状的常用药，但不能控制病情（A）。②泼尼松具有强大的抗炎作用，能迅速缓解类风湿关节炎的关节肿痛症状和全身炎症，但由于副作用较大，临床上少用（B）。③柳氮磺吡啶、青霉胺、甲氨蝶呤均属于改变病情抗风湿药，但首选甲氨蝶呤（E）。

929. ABCDE ①甲氨蝶呤是治疗类风湿关节炎的首选药物，也是联合治疗的基本药物，因此正确答案中必须包含甲氨蝶呤，故可排除答案 BDE。②硫酸氨基葡萄糖是治疗骨关节炎的常用药物，故不答 C。③类风湿关节炎一经确诊，均应早期使用改善病情抗风湿药，可以单用，也可以采用两种及以上联合应用，甲氨蝶呤和来氟米特均属于改善病情抗风湿药，两种可以联合使用，故答 A。2020 年真题。

930. ABCDE 系统性红斑狼疮（SLE）是一种多系统损害的慢性系统性自身免疫病，其病因包括：①遗传：SLE 患者第一代亲属中患 SLE 者 8 倍于非 SLE 患者；②紫外线照射可使皮肤上皮细胞出现凋亡，新抗原暴露而成为自身抗原；③药物、化学试剂、微生物病原体等可诱发本病；④本病好发于20~40岁的育龄妇女，提示发病与雌激素有关。

931. ABCDE Libman-Sacks 血栓性心内膜炎也称疣状心内膜炎，约半数系统性红斑狼疮患者有心脏受累，以 Libman-Sacks 血栓性心内膜最典型，病理表现为非感染性瓣膜赘生物，常累及二尖瓣或三尖瓣。

932. ABCDE ①抗可提取核抗原（ENA）抗体包括抗 RNP 抗体、抗 SSA（Ro）抗体、抗 SSB（La）抗体、抗 Sm 抗体、抗 rRNP 抗体。②抗 dsDNA 抗体属于抗核抗体，是系统性红斑狼疮的特异性抗体，为其标记性抗体，不属于抗 ENA 抗体（C）。

933. ABCDE 系统性红斑狼疮（SLE）患者可出现多种自身抗体。抗 SSA 抗体见于继发 SLE 的干燥综合征（即继发性干燥综合征）、亚急性皮肤型红斑狼疮（SCLE）；抗磷脂抗体见于抗磷脂抗体综合征；抗 RNP 抗体与 SLE 的雷诺现象和肌炎相关。抗组蛋白抗体属于抗核抗体，几乎见于所有 SLE 患者，缺乏特异性。抗 dsDNA 抗体为 SLE 的标记性抗体，与疾病活动性有关。

934. ABCDE ①双手冻疮样皮疹为系统性红斑狼疮（SLE）的特异性皮损。青年女性，关节痛，脱发，发热，水肿，双手冻疮样皮疹，肾脏受损，应诊断为系统性红斑狼疮。为明确诊断，首选血清抗核抗体检测（E）。②类风湿因子常用于诊断类风湿关节炎。抗中性粒细胞胞质抗体测定常用于诊断Ⅱ型急进性肾炎。血培养常用于诊断感染性心内膜炎。骨髓细胞学检查常用于诊断血液病。

935. ABCDE ①系统性红斑狼疮好发于育龄期女性，常有多系统受累表现，如皮肤黏膜受累可表现为口腔溃疡、雷诺综合征（双手指遇冷变白、变紫），肌肉关节受累可表现为关节疼痛，肾脏受累可表现为水肿、血尿、蛋白尿，血液系统受累可表现为血红蛋白、白细胞、血小板减少。根据题干，本例应诊断为系统性红斑狼疮（E）。②急性肾小球肾炎常表现为血尿、蛋白尿、水肿、高血压、肾功能一过性受损。再生障碍性贫血常表现为贫血、感染、出血、外周血三系减少，但无关节、肾脏受累。肾结核常表现为慢性膀胱刺激征。类风湿关节炎常表现为对称性手足等小关节反复红肿疼痛。

936. ABCDE 937. ABCDE ①抗 Sm 抗体为系统性红斑狼疮（SLE）的标记性抗体，特异性高达 99%，故答 B。ACDE 均不会出现抗 Sm 抗体阳性。②狼疮肾炎的诊断标准为持续性蛋白尿［>0.5g/d 或>（+++）］或蛋白管型，本例尿蛋白仅（+），不能诊断为狼疮肾炎。本例表现为发热、关节痛、胸腔积液、轻度蛋白尿，为一般型 SLE，其治疗首选泼尼松口服，每日 0.5~1mg/kg，即给予小剂量糖皮质激素。故答 C 而不是 E，若将本例误诊为狼疮肾炎，则会误选答案 E。

938. ABCDE ①系统性红斑狼疮（SLE）是一种自身免疫性疾病，因此首选糖皮质激素治疗。冲击疗法主要适用于急性暴发性危重病例，如急性肾衰竭、狼疮脑病的癫痫发作或明显精神症状、严重溶血性贫血等。②严重血小板减少性紫癜虽首选糖皮质激素治疗，但一般不采用大剂量冲击疗法，使用的剂量要远小于冲击治疗剂量。

939. ABCDE 脊柱关节炎是一类以累及脊柱、外周关节、韧带和肌腱为主要表现的慢性炎症性风湿病的总称，包括强直性脊柱炎、反应性关节炎、银屑病关节炎、炎性肠病关节炎、幼年脊柱关节炎、未分化脊柱关节炎，不包括骨关节炎(E)。

940. ABCDE 大多数骨关节痛患者都是活动后加重，休息后缓解，但强直性脊柱炎例外(A)。

941. ABCDE ①强直性脊柱炎好发于男性青壮年，其特点是病变从骶髂关节开始，逐渐向上蔓延至脊柱。早期表现为下腰痛，晚期可累及躯干、髋关节等。症状在静止、休息时加重，活动后缓解。HLA-B27 阳性为其特征性表现，故本例应诊断为强直性脊柱炎(D)。②腰椎间盘突出症常先出现腰痛，后出现腿痛，不会出现 HLA-B27 阳性，故不答 A。类风湿关节炎主要对称性累及四肢小关节，而不是髋关节。风湿性关节炎常有风湿热病史，但不会出现 HLA-B27 阳性。腰肌劳损常表现为活动时疼痛加剧，休息时减轻，且 4 字试验阴性。

942. ABCDE ①强直性脊柱炎一般自骶髂关节开始，缓慢沿脊柱向上延伸，最终使脊柱呈竹节样改变，此为特征性改变(A)。②腰椎间盘突出症一般先有腰痛，然后沿坐骨神经走行出现腿痛，不会出现脊柱的竹节样改变。腰椎结核多表现为双手托住腰部，头和躯干向后倾，重心后移，拾物试验阳性。腰椎肿瘤的 X 线片提示骨质破坏，椎间隙正常。化脓性脊柱炎起病急骤，寒战高热，毒血症明显，很少累及骶髂关节。

943. ABCDE 944. ABCDE 945. ABCDE ①脊柱结核 X 线平片表现以骨质破坏和椎间隙狭窄为主(A)。②脊柱转移癌 X 线平片可见骨质破坏累及椎弓根，椎间隙正常(B)。③强直性脊柱炎早期累及骶髂关节，晚期累及脊柱，X 线表现为椎间盘的纤维环和脊柱前、后纵韧带发生骨化，形成典型的"竹节样"脊柱(C)。④退行性脊柱骨关节病 X 线平片示椎间隙变窄，脊柱边缘增生和骨赘形成。类风湿关节炎很少累及脊柱。

946. ABCDE 947. ABCDE 948. ABCDE ①强直性脊柱炎好发于青年男性，病变常从骶髂关节开始逐渐向上蔓延至脊柱，导致关节强直和畸形。X 线检查：早期骶髂关节骨质疏松，关节间隙不规则增宽，以后关节面模糊、关节间隙变窄，最后形成典型的"竹节样"脊柱。本例早期腰部疼痛，活动受限，后出现双髋疼痛、屈曲畸形，X 线表现等均符合强直性脊柱炎的诊断。ABDE 均很少累及骶髂关节。②强直性脊柱炎患者类风湿因子(RF)阴性，活动期血沉(ESR)增快，HLA-B27 阳性率高达 88%~96%，有一定特异性。骶髂关节 CT 可进一步了解骨质损害情况。MRI 首选用于了解神经受累情况，因价格昂贵，不作为本病的首选检查。③强直性脊柱炎病变常从骶髂关节开始，向上蔓延累及脊柱，X 线呈典型"竹节样"脊椎(A)。

949. ABCDE 950. ABCDE 951. ABCDE 952. ABCDE 953. ABCDE ①骨关节炎是关节软骨的退行性变和继发性骨质增生，最早的病理变化是关节软骨局部发生软化、糜烂，导致软骨下骨外露(B)。②强直性脊柱炎为原发性、慢性、血管翳破坏性炎症，病变一般自骶髂关节开始，缓慢沿脊柱向上延伸(C)。③类风湿关节炎是一种非特异性滑膜炎(A)。早期滑膜充血、水肿，有单核细胞、淋巴细胞和浆细胞浸润，纤维蛋白渗出。④脊柱转移癌首先侵犯椎弓根，后累及椎体(E)。⑤中心型脊柱结核好发于 10 岁以下儿童的胸椎椎体(D)。

954. ABCDE 膝关节的骨关节炎早期以疼痛和僵硬为主，多发生于上下楼梯时。体检可见膝关节肿胀、压痛、关节活动弹响(骨摩擦音)、膝内翻等(D)。ABCE 项都不会出现关节活动弹响。

955. ABCDE 骨关节炎好发于中老年，强直性脊柱炎好发于青壮年(A 错)。

956. ABCDE ①老年患者，膝关节疼痛，关节间隙明显狭窄，骨赘增生，应诊断为骨关节炎。对于终末期膝关节骨关节炎的病人，人工膝关节置换术是唯一有效的治疗方法，可以彻底消除关节疼痛，改善关节功能，提高生活质量。老年患者，合并膝关节内翻畸形、屈曲挛缩，应行人工膝关节置换术。②关节内注射透明质酸钠、关节镜下行关节清理均适用于早期骨关节炎。关节融合术会影响关节功能，临床应用较少。胫骨高位截骨术适用于继发于膝关节内、外翻的年轻骨关节炎患者。

957. ABCDE 痛风是单钠尿酸盐沉积于骨关节、肾脏和皮下等部位，引发的急、慢性炎症和组织损伤，与嘌呤代谢紊乱和(或)尿酸排泄减少所致的高尿酸血症直接相关。痛风患者合并的泌尿系结石多为尿酸结石(E)。

958. ABCDE　动物内脏富含嘌呤,如心、肝、肾等。

959. ABCDE　960. ABCDE　①痛风的发病基础是高尿酸血症,好发于中老年人,常累及单侧第一跖趾关节,常见诱因有劳累、饮酒、高蛋白高嘌呤饮食。根据题干,本例应诊断为痛风(D)。ABCE 均不会出现高尿酸血症。②饮酒是痛风急性发作的诱因之一,故应禁酒。非甾体抗炎药(吲哚美辛)、秋水仙碱、糖皮质激素均可用于痛风急性期的治疗,以控制症状。痛风急性发作期不宜进行降尿酸治疗,以免引起血尿酸波动。苯溴马隆可增加尿酸排泄,急性期禁用(D)。

961. ABCDE　有机磷农药中毒者呼吸气味呈蒜味。

962. ABCDE　吞服强酸、强碱所致的急性腐蚀性胃炎,严禁洗胃,以免胃穿孔。氢氧化钠为强碱;东莨菪碱、盐酸麻黄碱虽然名称中含“碱”,但不是碱;水杨酸盐也不是酸(水杨酸是弱酸);亚硝酸盐类不属于强酸。

963. ABCDE　964. ABCDE　①有机磷农药中毒的洗胃液一般选用 1/5000 高锰酸钾或 2%碳酸氢钠溶液。但对硫磷中毒禁用 1/5000 高锰酸钾洗胃,宜选用 2%碳酸氢钠,因对硫磷经高锰酸钾氧化后可转化为对氧磷,后者对乙酰胆碱酯酶的抑制作用比对硫磷强 300 倍(A)。②敌百虫中毒禁用 2%碳酸氢钠溶液洗胃,因碱性溶液能使敌百虫转变为毒性更强的敌敌畏。③0.3%H_2O_2 主要用于阿片类、士的宁、氰化物、高锰酸钾等中毒的洗胃。0.3%氧化镁主要用于阿司匹林、草酸中毒的洗胃。5%硫酸钠主要用于氯化钡、碳酸钡中毒的洗胃。

965. ABCDE　在抢救口服急性中毒时,活性炭是最常用的强有力的吸附剂,可吸附多种毒物。一般可用 1~2g/kg,加水 200ml,由胃管注入,2~4 小时重复应用。鸡蛋清、牛奶、食用油都是胃肠黏膜保护剂。氢氧化铝凝胶为中和剂。

966. ABCDE　不明原因的中毒洗胃液宜选用生理盐水。

967. ABCDE　二巯丙醇是砷、汞、锑中毒的解毒剂。二巯丁二钠主要用于砷、汞、锑、铅或铜中毒等的治疗。依地酸钙钠主要用于铅、锰中毒的治疗(C 错)。奥曲肽可降低胰岛 β 细胞的作用,用于治疗磺酰脲类引起的低血糖。

968. ABCDE　①急性有机磷中毒分级诊断依据是:轻度中毒仅有 M 样症状;中度中毒为 M 样症状加重,出现 N 样症状;重度中毒具有 M、N 样症状,并伴有肺水肿、抽搐、昏迷,呼吸肌麻痹和脑水肿。可见开始出现 N 样症状为中度中毒。②出汗流涎、呕吐腹泻、瞳孔缩小、尿失禁均为 M 样症状,胸背部肌肉颤动为 N 样症状,故答 C。

969. ABCDE　急性有机磷中毒分为轻度、中度、重度中毒三度。患者昏迷,应诊断为重度有机磷农药中毒(C)。皮肤潮湿多汗、瞳孔缩小、双肺湿啰音为 M 样症状,面部肌肉束颤动为 N 样症状。

970. ABCDE　①呼吸有蒜味为有机磷农药中毒的特征性表现。患者昏迷、瞳孔缩小、多汗、两肺湿啰音,为 M 样症状,故本例应诊断为有机磷农药中毒。为明确诊断,首选全血胆碱酯酶活力测定,该检查是诊断有机磷农药中毒的特异性实验室指标,对判断中毒程度、疗效和预后均有重要意义,答案为 C。②血液碳氧血红蛋白测定主要用于急性 CO 中毒的诊断。尿酮体测定主要用于糖尿病酮症酸中毒的诊断。脑脊液常规检查对诊断有机磷农药中毒无帮助。③在体内,对硫磷和甲基对硫磷氧化分解为对硝基酚,敌百虫代谢为三氯乙醇。尿液对硝基酚或三氯乙醇测定有助于诊断上述毒物中毒,但不是首选检查。

971. ABCDE　①有机磷农药中毒后,应迅速清除毒物,口服中毒者应反复洗胃,直至洗出液清亮为止。然后用硫酸钠导泻以尽快排除毒物。同时尽早应用有机磷解毒药(阿托品+解磷定)。及早彻底洗胃是抢救有机磷农药中毒的关键,故答 A。②毛花苷丙静脉注射主要用于救治急性左心衰竭。

972. ABCDE　阿托品是抢救急性有机磷农药中毒的常用药,主要用于缓解 M 样症状。阿托品化的指征为瞳孔较前扩大、口干、皮肤干燥、颜面潮红、心率增快、肺湿啰音消失。

973. ABCDE　有机磷农药中毒可造成乙酰胆碱在体内的大量蓄积，引起M样（毒蕈碱样）症状、N样（烟碱样）症状和中枢神经系统症状。有机磷农药中毒的解毒剂包括胆碱酯酶复能剂和抗胆碱能药。胆碱酯酶复能剂（氯解磷定）能恢复被抑制的胆碱酯酶的活力，提高全血胆碱酯酶活性，但对中毒24~48小时后已老化的胆碱酯酶无复活作用（A错）。此外，胆碱酯酶复能剂还能作用于外周N_2受体，对抗外周N胆碱受体活性，有效解除烟碱样症状。与解除M样症状的阿托品合用，可发挥协同作用。

974. ABCDE　①有机磷农药中毒后24小时突然再次出现呼吸困难，应考虑中间综合征。治疗措施包括立即人工机械通气，同时应用氯解磷定，积极对症治疗（E）。②病人出现呼吸困难是呼吸肌麻痹所致，并不是呼吸中枢受抑制，不宜给予呼吸兴奋剂，故不答A。有机磷农药中毒已24小时，导泻、洗胃均不能排出毒物，故不答BC。病人双肺可闻及湿啰音，是有机磷中毒的M样症状，并不是左心衰竭，故无需强心、利尿治疗。2018年真题。

975. ABCDE　①苯二氮䓬类中毒的特效解毒药是氟马西尼（A）。②纳洛酮为阿片中毒的解毒剂，阿托品、氯解磷定为有机磷农药中毒的解毒剂，尼可刹米为呼吸兴奋剂。

976. ABCDE　①患者有煤气热水器使用史，口唇樱红色为CO中毒的特异性表现，故本例应诊断为急性CO中毒（D）。②脑出血、脑梗死可有昏迷，偏瘫，但口唇不会呈樱桃红。急性心肌梗死常表现为突发持续性心前区疼痛、口唇发绀，而不是呈樱桃红。糖尿病酮症酸中毒患者尿糖尿酮均呈强阳性。

977. ABCDE　①患者突然昏睡不醒，呕吐，房间用煤炉取暖，应考虑急性一氧化碳中毒。为明确诊断，首选血浆碳氧血红蛋白浓度测定（E）。②头颅CT常用于诊断颅内占位性病变。全血胆碱酯酶活力测定常用于诊断有机磷农药中毒。血及呕吐物毒物检测为急性中毒的处理原则。脑脊液常规检查多用于诊断脑膜炎。

978. ABCDE　979. ABCDE　980. ABCDE　981. ABCDE　982. ABCDE　①患者家中生煤火，可能为一氧化碳中毒。室内有农药瓶，可能为自服有机磷农药中毒。患者糖尿病病史14年，可能为糖尿病酮症酸中毒。患者COPD病史20年，可能为肺性脑病引起的昏迷。排除ABCD，正确答案为E。②CO中毒主要引起组织缺氧。CO进入人体后，可与血液中Hb结合，形成稳定的COHb。COHb不能携带氧，且不易解离，从而导致组织缺氧。因此测定血液碳氧血红蛋白浓度，可确诊一氧化碳中毒（B）。ACDE均属于一般性检查。③CO中毒的急救首选终止CO吸入，高压氧舱治疗（B）。④血胆碱酯酶活力测定有助于确诊有机磷农药中毒、判断中毒程度（E）。⑤对于口服有机磷农药中毒者，首选治疗是彻底洗胃（A）。

983. ABCDE　通常将中暑分为热痉挛、热衰竭和热射病三种。①热痉挛是指在高温环境下进行剧烈运动大量出汗，引起肌肉痉挛，无神志障碍（A）。②热衰竭常见于严重热应激时，多因体液和体钠丢失过多而引起循环容量不足所致。③热射病主要表现为高热（直肠温度≥41℃）和神志障碍。

984. ABCDE　治疗中暑时，应在“黄金半小时内”将患者体温降至39℃。

第十五篇　传染病学与皮肤性病学试题

1. 在感染过程的五种表现中，所占比例最低，但最易识别的是
A. 病原体被清除　B. 隐性感染　C. 显性感染
D. 病原携带状态　E. 潜伏性感染
2. 感染过程的表现形式不包括
A. 隐性感染　B. 潜伏性感染　C. 机会性感染
D. 显性感染　E. 病原携带状态
3. 传染病隐性感染的特点不包括
A. 无明显临床表现　B. 机体可产生特异性免疫应答　C. 在传染病中少见
D. 一般不引起组织损伤　E. 感染过程结束后，少数人可转变为病原携带状态
4. 感染过程中病原体的致病能力不包括
A. 荚膜　B. 侵袭力　C. 毒力
D. 数量　E. 变异性
5. 主要通过呼吸道传播的传染病是
A. 伤寒　B. 疟疾　C. 破伤风
D. 麻疹　E. 丙型肝炎
6. 传染病的病原学检查不包括
A. 分离培养病原体　B. 检测特异性核酸　C. 检测特异性抗原
D. 直接检查病原体　E. 检测特异性抗体
7. 属于乙类传染病但采取甲类传染病预防控制措施的疾病是
A. 白喉　B. 传染性非典型肺炎　C. 梅毒
D. 新生儿破伤风　E. 百日咳
8. 患者，男，50 岁。呼吸困难、胸痛、发热 5 天，经医疗机构确诊为乙类传染病。疾病控制中心按甲类传染病防控的是
A. 鼠疫　B. 肺结核　C. 肺炭疽
D. 流行性斑疹伤寒　E. 流行性感冒
9. 属于丙类传染病的是
A. 流行性出血热　B. 麻疹　C. 鼠疫
D. 流行性感冒　E. 甲型 H1N1 流感
10. 在对传染源采取的预防控制措施中，实施对象包括
A. 全部病人　B. 病人和病原携带者　C. 所有病原携带者
D. 病人和动物传染源　E. 病人、病原携带者、接触者和动物传染源
11. Dane 颗粒是
A. 甲型肝炎病毒　B. 乙型肝炎病毒　C. 丙型肝炎病毒
D. 丁型肝炎病毒　E. 戊型肝炎病毒
12. 最常经母婴途径传播的病毒性肝炎是

A. 甲型肝炎　　B. 乙型肝炎　　C. 丙型肝炎
D. 丁型肝炎　　E. 戊型肝炎

13. 女,40 岁,既往健康。5 天前无明显诱因出现发热、恶心、食欲不振伴尿黄,明显乏力。实验室检查:ALT740U/L,TBil58μmol/L。该患者诊断应考虑为
A. 淤胆型肝炎　　B. 急性黄疸型肝炎　　C. 急性重型肝炎
D. 亚急性重型肝炎　　E. 急性无黄疸型肝炎

14. 男,20 岁。在一次体检中发现 HBsAg 阳性,当时无自觉症状及体征,肝功能正常。次年 5 月,因突然乏力、恶心、厌食、尿黄而入院。化验:ALT500U/L,血清总胆红素 85μmol/L,抗-HAV IgM(+)。该患者的诊断可能为
A. 乙肝,慢性迁延型,既往感染过甲肝　　B. 乙肝,慢性活动型,既往感染过甲肝
C. 急性甲型黄疸型肝炎,乙肝病毒携带者　　D. 急性乙型肝炎,合并甲型肝炎
E. 急性黄疸型肝炎,甲、乙型肝炎病毒混合感染

15. 男性,22 岁。既往有 HBsAg 阳性史。10 天前无诱因发热,体温逐渐上升,波动于 37.5~39℃之间,近 3 天体温持续在 38.5~39.5℃不降,伴有食欲不振、乏力、腹胀及尿黄。查体:T39.5℃,P88/分,BP110/70mmHg,神清,表情淡漠,未见皮疹,巩膜轻度黄染,心肺未见异常,腹软,右下腹压痛(+),肝右肋下 2cm,脾未触及,肝浊音区不小,移动性浊音阴性,双下肢无水肿。化验:WBC3.5×10^9/L,N60%,L10%,血 HBsAg(+),抗 HAV-IgG(+)。该患者最可能的诊断是
A. 乙型肝炎,慢性轻度　　B. 甲型肝炎,急性黄疸型,乙肝表面抗原携带者
C. 伤寒,乙型肝炎,急性黄疸型　　D. 伤寒,甲型肝炎,亚急性重型
E. 伤寒,乙肝表面抗原携带者

16. 10 岁男孩,近 8 天来食欲不振,恶心、呕吐、乏力、尿色黄来院就诊。病前 2 周曾注射丙种球蛋白 1 支。检查:巩膜黄染,肝肋下 3cm,脾未及。化验:ALT500U/L,胆红素 85.5μmol/L,抗 HAV-IgM(+),抗 HAV-IgG(+),HBsAg(+),HBeAg(+),抗 HBc-IgM(+),应诊断为
A. 急性甲型肝炎,乙肝病毒携带者　　B. 急性乙型肝炎,既往感染过甲型肝炎病毒
C. 急性甲型肝炎、乙型肝炎　　D. 被动获得甲肝抗体,急性甲型肝炎,乙肝病毒携带者
E. 被动获得甲肝抗体,急性乙型肝炎

17. 患者,男性,17 岁。发热、疲乏、恶心、胃纳减退 5 天,尿黄、身目黄染 2 天。查体:T36.8℃,巩膜中度黄染,无肝掌,肝肋下 1.5cm,质软,脾未触及。血常规:WBC4.7×10^9/L,N0.76,L0.20。肝功能:ALT1120U/L,AST986U/L,TBil86μmol/L,DBil49μmol/L。1 年前体检发现 HBsAg 阳性,当时无不适,肝功能正常。该患者最可能的诊断是
A. 慢性乙型肝炎　　B. 甲型肝炎　　C. 急性黄疸型肝炎
D. 急性乙型肝炎　　E. 甲乙型肝炎病毒混合感染

18. 男,44 岁。10 年前体检时发现 HBsAg 阳性,当时 ALT 反复升高,未进行抗病毒治疗。3 周前劳累后出现食欲下降、尿黄、明显乏力,症状逐渐加重,出现腹胀、尿量减少入院。查体:神志清楚,反应迟钝,扑翼样震颤阳性,心肺查体未见异样,腹部膨隆,无压痛及反跳痛,移动性浊音阳性。实验室检查:ALT176U/L,TBil432μmol/L,凝血酶原活动度 32%。最可能的诊断是
A. 急性黄疸型肝炎　　B. 急性重型乙型肝炎　　C. 慢性乙型肝炎
D. 慢性重型乙型肝炎　　E. 乙型肝炎肝硬化,失代偿期

(19~22 题共用题干)男,55 岁。乏力、食欲减退 1 个月,且逐渐加重,尿黄及眼黄 1 周。2 个月前家中装修房子及搬家劳累。慢性乙型肝炎病史 20 年,无明显症状,未监测肝功能,未进行抗 HBV 治疗。查体:慢性病容,神志清楚,皮肤巩膜黄染,腹部胀气,脾于肋下可触及,腹腔积液征可疑。实验室检查:ALT250U/L,

AST300U/L,TBil300μmol/L,Alb30g/L,HBsAg(+),抗 HBc(+),HBV DNA 6×10^7 拷贝/ml。

19. 最可能的诊断是
A. 慢性肝炎　B. 急性重症肝炎　C. 亚急性重型肝炎
D. 慢性重型肝炎　E. 淤胆型肝炎

20. 为进一步评价病情严重程度,需进行的检查是
A. 腹部 B 超　B. 腹部 MRI　C. 凝血酶原活动度
D. 腹腔积液常规　E. 血常规

21. 为抢救患者,最急需的治疗措施是
A. 静脉滴注白蛋白　B. 静脉滴注支链氨基酸　C. 静脉滴注甘草酸制剂
D. 人工肝支持治疗　E. 抗生素预防感染

22. 为遏制病情进展,最需要的治疗药物是
A. 免疫增强剂　B. 恩替卡韦　C. 免疫抑制剂
D. 白细胞介素　E. 干扰素

23. 男,35 岁,林业工人。发热 2 天,于 12 月 1 日来诊,伴呕吐、头痛、腰痛。查体:眼结膜明显充血,球结膜水肿。下列检查项目,对确定诊断价值最小的是
A. 血常规　B. 尿常规　C. 病原体 IgM 抗体检测
D. RT-PCR 测 EHFV RNA　E. 肝脾 B 超检查

24. 男,45 岁,农民。发热 5 天,呕吐、腹泻伴少尿 1 天。查体:神志清楚,结膜充血,双腋下可见"搔抓样"出血点。实验室检查:血 WBC25×10^9/L,Plt30×10^9/L,ALT80U/L,TBil45μmol/L,尿蛋白(+++)。最可能的诊断是
A. 急性细菌性痢疾　B. 肾综合征出血热　C. 钩端螺旋体病
D. 急性黄疸型肝炎　E. 疟疾

(25~26 题共用题干)23 岁,男性,农民。11 月份因发热、头痛、呕吐 3 天入院。体检:面颈部潮红,双腋下少许出血点。化验:尿常规蛋白(++),红细胞 3~10 个/HP。末梢血象:WBC 23.0×10^9/L,异型淋巴 10%,Plt48×10^9/L。

25. 该患者的诊断可能为
A. 流行性脑脊髓膜炎　B. 斑疹伤寒　C. 肾综合征出血热
D. 钩端螺旋体病　E. 败血症

26. 住院 2 天后,热退但症状加重,出血点增加,四肢厥冷,脉搏细弱,血压 80/60mmHg,此时对该患者的治疗原则是
A. 以扩容为主　B. 以应用血管活性药物为主　C. 以应用激素为主
D. 以纠正酸中毒为主　E. 以输入胶体液为主

(27~29 题共用题干)患者,35 岁,农民。尿量减少 3 天,于 2016 年 1 月收入院。查体:T39.2℃,球结膜充血水肿,腋窝处皮肤可见条索状出血点,右臀部皮肤可见 5cm×8cm 瘀斑,浅表淋巴结无肿大。实验室检查:Plt21×10^9/L,BUN34.5mmol/L。

27. 患者最可能的诊断是
A. 钩端螺旋体病　B. 败血症　C. 急性肾功能衰竭
D. 流行性脑脊髓膜炎　E. 肾综合征出血热

28. 为明确诊断,最重要的检查是
A. 查异型淋巴细胞　B. 肝功能　C. 骨髓穿刺
D. DIC 三项　E. 特异性 IgM 抗体

29. 目前此患者的处理,错误的是
A. 维持酸碱平衡　　B. 透析治疗　　C. 应用利尿剂
D. 抗病毒治疗　　E. 给予氨基比林迅速降温

A. 病人　　B. 鼠类　　C. 蚊
D. 猪　　E. 犬
30. 流行性乙型脑炎的主要传染源是
31. 肾综合征出血热的主要传染源是
32. 病毒性肝炎的主要传染源是
A. 特异性 IgM 抗体　　B. 特异性 IgG 抗体　　C. 中和抗体
D. 补体结合抗体　　E. 血凝抑制抗体
33. 流行性乙型脑炎病程中最早出现的抗体是
34. 早期确诊流行性乙型脑炎常检查的抗体是
35. 早期确诊肾综合征出血热常检查的抗体是
36. 流行性乙型脑炎的主要死亡原因是
A. 颅内高压　　B. 脑疝　　C. 呼吸衰竭
D. 循环衰竭　　E. 持续抽搐
37. 患者,男,5 岁。持续发热伴意识障碍 5 天,颈硬,克布征可疑。脑脊液检查:压力 $220mmH_2O$,WBC450×10^6/L,N0.60,L0.40,蛋白质 0.60g/L,糖 4.0mmol/L,氯化物 120mmol/L。该患者最可能的诊断是
A. 流行性脑脊髓膜炎　　B. 流行性乙型脑炎　　C. 结核性脑膜炎
D. 钩端螺旋体病　　E. 肾综合征出血热

(38~39 题共用题干)男,10 岁。发热、头痛、呕吐 3 天,嗜睡半天,于 7 月 10 日入院。既往体健。查体:T39.6℃,P112 次/分,R20 次/分,BP130/75mmHg。神志不清,皮肤未见出血点,心肺未见异常,腹软,压痛及反跳痛(-),肝、脾肋下未触及,颈抵抗(+),双侧 Babinski 征(+)。实验室检查:血 WBC12.4×10^9/L,中性粒细胞 0.70,淋巴细胞 0.30。腰穿脑脊液检查:压力 $200mmH_2O$,WBC170×10^6/L,氯化物 115mmol/L。
38. 该患者最可能的诊断是
A. 结核性脑膜炎　　B. 隐球菌性脑膜炎　　C. 流行性脑脊髓膜炎
D. 肾综合征出血热　　E. 流行性乙型脑炎
39. 最有助于确诊的检查是
A. 脑脊液培养　　B. 结核菌素试验　　C. 血清特异性 IgM 抗体
D. 血培养　　E. 脑脊液涂片找细菌

40. HIV 包膜中含有多种蛋白质,除 gp120 外,还有下列哪种蛋白质?
A. gp41　　B. P6　　C. P17
D. P24　　E. P9
41. 人类免疫缺陷病毒(HIV)在人体内作用的靶细胞主要是
A. $CD4^+$T 淋巴细胞　　B. $CD8^+$T 淋巴细胞　　C. B 淋巴细胞
D. NK 细胞　　E. CTL 细胞
42. 艾滋病的主要传播途径是
A. 性接触传播　　B. 眼结膜接触传播　　C. 呼吸道传播

D. 虫媒传播　E. 消化道传播

43. 人类免疫缺陷病毒(HIV)不易传播的途径是
A. 性传播　B. 器官移植　C. 母婴传播
D. 生活接触　E. 不洁注射

44. 艾滋病的易感人群不包括
A. 同性恋　B. 静脉药物依赖者　C. 性乱者
D. 野外作业者　E. 血友病

45. 男,32 岁。腹泻 3 个月,大便每日 7~10 次,稀便,无脓血及黏液。有吸毒史 2 年。查体:T 37.5℃,消瘦,神志清楚,肛门周围可见疱疹。实验室检查:粪便镜检偶见白细胞。为明确诊断,最重要的检查是
A. 抗单纯疱疹病毒 IgM　B. 抗 EBV IgM　C. 结核抗体
D. 抗 CMV IgM　E. 抗 HIV

(46~47 题共用题干)患者,女,28 岁。发现抗 HIV-1 阳性 10 年,不规则发热、盗汗、腹泻,进行性体重下降 2 个月。查体:颈部、腋窝等多处淋巴结肿大。

46. 该患者的临床分期是
A. 前驱期　B. 急性期　C. 无症状期
D. 艾滋病期　E. 淋巴结肿大期

47. 若检查发现 CD_4^+ 0.15×10^9/L,HIV RNA5.5×10^4/ml,此时的关键治疗是
A. 抗病毒治疗　B. 对症支持治疗　C. 隔离治疗
D. 免疫调节治疗　E. 预防治疗机会性感染和肿瘤

48. 伤寒患者排菌量最大的时期是在起病后第
A. 1~2 周　B. 2~3 周　C. 2~4 周
D. 3~4 周　E. 4~6 周

49. 在伤寒的流行病学上具有重要意义的传染源是
A. 患者　B. 暂时带菌者　C. 恢复期带菌者
D. 潜伏期带菌者　E. 慢性带菌者

50. 典型伤寒的临床分期不包括
A. 初期　B. 极期　C. 缓解期
D. 肾衰竭期　E. 恢复期

A. 血液培养　B. 骨髓培养　C. 粪便培养
D. 尿液培养　E. 胆汁培养

51. 临床上检出伤寒沙门菌阳性率最高的方法是
52. 在病程 1~2 周,检出伤寒沙门菌阳性率最高的方法是
53. 在病程 1~2 周,诊断伤寒的首选方法是
54. 在病程第 4 周,诊断伤寒的首选方法是

55. 男性,16 岁。发热 10 天伴食欲减退,体弱。体检:体温 39.6℃,脉搏 74 次/分,肝肋下 2.0cm,脾肋下 1.0cm。外周血白细胞 2.6×10^9/L,中性粒细胞 85%,淋巴细胞 14%,嗜酸性粒细胞 1%。临床上拟诊为伤寒,为明确诊断,宜选用的培养方法是
A. 粪便培养　B. 血培养　C. 尿培养
D. 胆汁培养　E. 玫瑰疹刮取物培养

56. 男性,5 岁。持续发热 15 天,体温 39~39.5℃,伴腹泻,每日 3~5 次。体检:神萎,心率 72 次/分,肝右

肋下 2cm，脾肋下 1.5cm。血常规检查：WBC3.0×10^9/L，中性粒细胞 60%，淋巴细胞 40%，嗜酸性粒细胞 0。ALT 200U/L，血清抗-HBs 阳性。该病例最可能的诊断是

A. 急性乙型肝炎　　B. 伤寒　　C. 钩端螺旋体病
D. 急性血吸虫病　　E. 急性细菌性痢疾

（57～58 题共用题干）男性，39 岁，农民。持续发热 10 天，体温呈稽留热。体检：精神萎靡，反应淡漠，体温 39.5℃，心率 76 次/分，肝肋下 1.5cm，脾肋下 2cm。外周血 WBC1.4×10^9/L，中性粒细胞 44%，淋巴细胞 60%。肥达反应 O 抗体 1∶80，H 抗体 1∶160。ALT180U/L，总胆红素 22.2μmol/L，HBsAg 阴性。

57. 该病例最可能的诊断是
A. 急性黄疸型肝炎　　B. 钩端螺旋体病　　C. 伤寒合并中毒性肝炎
D. 肾综合征出血热　　E. 病毒性肝炎合并胆系感染

58. 为确定诊断首选的检测项目是
A. 血培养　　B. 粪便培养　　C. 骨髓培养
D. 胆汁培养　　E. 尿液培养

（59～62 题共用题干）患者，男，49 岁。持续发热 2 周，于 2015 年 10 月 10 日入院。患者 2 周前无明显诱因出现发热，体温逐渐升高，入院前 3 天波动在 39.0～39.5℃之间，伴食欲不振、乏力、腹胀、腹泻等。曾于外院行"补液抗炎"治疗，无明显效果。入院前 3 小时突然出现右下腹痛，不能耐受，伴恶心呕吐。查体：T39.0℃，R20 次/分，P72 次/分，BP80/64mmHg，神志清楚，表情痛苦，脉搏细弱，腹肌紧张，全腹有压痛，尤以右下腹为甚。血常规：WBC28.6×10^9/L，N0.92。既往有十二指肠溃疡病史。

59. 最可能的诊断是
A. 急性胆囊炎穿孔　　B. 十二指肠溃疡穿孔　　C. 伤寒并发肠穿孔
D. 急性胰腺炎　　E. 细菌性痢疾

60. 为明确诊断，最有价值的辅助检查是
A. 血液培养　　B. 骨髓培养　　C. 粪便培养
D. 尿液培养　　E. 诊断性腹腔穿刺

61. 该患者的病原治疗首选
A. 青霉素　　B. 氯霉素　　C. 环丙沙星
D. 头孢哌酮　　E. 四环素

62. 对于该患者的治疗，错误的是
A. 对症治疗　　B. 内科治疗为主　　C. 尽早手术治疗
D. 积极抗休克治疗　　E. 给予高效足量抗生素

63. 男，30 岁。因腹泻 1 天，于 7 月 15 日来诊。腹泻次数多不可数，为稀便和大量水样便，继之呕吐 4 次，尿少，无发热，无明显腹痛及里急后重，1 周前去外地旅游，昨日归来。查体：T35.5℃，P120 次/分，BP70/40mmHg。精神萎靡，烦躁，皮肤弹性差，口干，腹部凹陷，无肌紧张、压痛及反跳痛，肠鸣音活跃。实验室检查：血 WBC18×10^9/L，Hb170g/L。粪常规检查：水样便，镜检 WBC0～2/HP。为明确诊断，应首先进行的检查是
A. 结肠镜检查　　B. 血沉　　C. 粪隐血
D. 粪便动力及制动试验　　E. 血生化

64. 关于霍乱弧菌的叙述，错误的是
A. 革兰染色阴性　　B. 暗视野镜检可见穿梭运动　　C. 在碱性环境中生长较快
D. 主要致病力为内毒素　　E. O1 群和非 O1 群均可引起暴发流行

65. 霍乱的常见并发症不包括

A. 急性肾衰竭　B. 急性肺水肿　C. 代谢性酸中毒
D. 低钾血症　E. 败血症

66. 霍乱的临床特点不包括
A. 先呕吐后腹泻　B. 无里急后重　C. 多数不伴腹痛
D. 多为水样便　E. 腹泻每天数次至数十次

(67~70 题共用题干)患者,男性,23 岁,有国外旅游史。1 天前出现腹部隐痛不适,大便 35 次,每次量均较多,先为水样便,再转为洗肉水样粪便,呕吐水样物 10 次,不伴恶心,无发热,无里急后重。查体:声音轻度嘶哑,眼窝明显下陷,皮皱恢复较慢。

67. 为明确诊断,应首选的检查是
A. 结肠镜检查　B. 血沉　C. 粪隐血
D. 血电解质　E. 粪便动力和制动试验

68. 确诊本病主要依靠
A. 粪便常规　B. 血生化　C. 粪便霍乱弧菌培养
D. 结肠镜活检　E. 霍乱弧菌血清抗体检测

69. 急需的处理措施为
A. 液体疗法　B. 病原治疗　C. 使用止泻药物
D. 低分子右旋糖酐扩容　E. 使用缩血管药物

70. 患者次日出现小腿疼痛,查体腓肠肌呈强直痉挛状态,可能伴有
A. 低钾血症　B. 低钠血症　C. 高钠血症
D. 高钾血症　E. 代谢性酸中毒

A. 痢疾志贺菌　B. 福氏志贺菌　C. 鲍氏志贺菌
D. 宋内志贺菌　E. 福氏志贺菌+宋内志贺菌

71. 我国细菌性痢疾的主要流行菌群是
72. 最易引起中毒性菌痢的菌群是
73. 毒力最强的志贺菌群是
74. 最易引起慢性菌痢的菌群是

75. 细菌性痢疾流行期间,重要的传染源是
A. 急性菌痢患者　B. 慢性菌痢患者和带菌者　C. 中毒性菌痢患者
D. 急性恢复期患者　E. 轻症菌痢患者

76. 女,45 岁。发热、腹痛、腹泻 2 小时,大便 10 余次,为脓血便。5 小时前曾在小餐馆进食。实验室检查:血 WBC13×10^9/L,N0.85,L0.15;粪镜检:WBC80/HP,RBC10/HP。最可能的诊断是
A. 急性阑尾炎　B. 急性病毒性腹泻　C. 食物中毒
D. 急性胃肠炎　E. 急性细菌性痢疾

77. 5 岁,男孩。发热 1 天,腹泻 6~7 次,为黏液性脓血便,腹痛伴里急后重,病前吃过未洗的黄瓜。粪便常规检查:黏液便,红白细胞满视野。诊断为细菌性痢疾,其类型属于
A. 普通型　B. 轻型　C. 重型
D. 中毒型　E. 慢性型

78. 中毒性菌痢的主要临床表现是
A. 剧烈腹痛腹泻　B. 严重脓血症　C. 感染性休克
D. 吐泻不止　E. 剧烈头痛、频繁呕吐

79. 女,23 岁。腹痛、腹泻、里急后重伴发热半天。查体:T39.2℃,BP126/80mmHg,腹软,左下腹压痛

(+),反跳痛(-)。实验室检查:血 WBC18×10^9/L,N0.87,L0.13。粪镜检 WBC 满视野,RBC20/HP。为明确诊断,最有价值的检查是

A. 粪便隐血　B. 粪便动力和制动试验　C. 粪便培养
D. 特异性 IgM 抗体检测　E. 特异性 IgG 抗体检测

80. 患儿,3 岁,因高热 10 小时,2 小时前发生惊厥急诊来院。查体:T40.2℃,R40 次/分,面色苍白,四肢发凉,皮肤有“花纹”。血 WBC18.0×10^9/L,N0.90。追问病史其母述前 1 天曾进食未洗的葡萄。为明确诊断,应立即进行的检查是

A. 血培养　B. 脑脊液检查　C. 骨髓穿刺检查
D. 粪便培养　E. 肛拭子采集粪便镜检

81. 流行性脑脊髓膜炎的好发人群是

A. <1 岁　B. <2 岁　C. <5 岁
D. 6 个月~2 岁　E. 青少年

82. 普通型流脑的临床分期不包括

A. 前驱期　B. 败血症期　C. 脑膜炎期
D. 恢复期　E. 后遗症期

83. 流行性脑脊髓膜炎与其他细菌引起的化脓性脑膜炎最有价值的鉴别点是

A. 发病季节　B. 发病年龄　C. 皮肤黏膜瘀斑瘀点
D. 有无脑膜刺激征　E. 脑脊液呈化脓性

84. 男孩,4 岁。发热、头痛、皮疹 12 小时,频繁抽搐、昏迷 2 小时。查体:全身可见大量瘀点瘀斑,双下肢有部分融合成片,血压测不出,右侧瞳孔散大,对光反射消失。下列处理不正确的是

A. 急查 DIC 指标　B. 瘀点涂片检菌　C. 20%甘露醇立即静脉滴注
D. 吸氧及心电监护　E. 立刻腰椎穿刺做脑脊液常规检查

85. 女孩,9 岁。发热、头痛、呕吐 2 天,烦躁不安 1 天,于 2 月 20 日入院。查体:T39.8℃,BP130/80mmHg,神志清,精神差,全身散在瘀点、瘀斑、颈抵抗(+),Kernig 征(+),Babinski 征(+)。实验室检查:血 WBC20×10^9/L,N0.9。脑脊液检查:压力 240mmH_2O,外观浑浊,WBC1200×10^6/L,糖1.3 mmol/L,氯化物 100mmol/L,最可能的诊断是

A. 钩端螺旋体病　B. 中毒性细菌性痢疾　C. 流行性乙型脑炎
D. 结核性脑膜炎　E. 流行性脑脊髓膜炎

A. 青霉素　B. 环丙沙星　C. 阿苯达唑
D. 头孢曲松　E. 吡喹酮

86. 流行性脑脊髓膜炎的病原治疗首选
87. 伤寒的病原治疗首选
88. 细菌性痢疾的病原治疗首选
89. 钩端螺旋体病的病原治疗首选
90. 梅毒的病原治疗首选
91. 淋病的病原治疗首选
92. 急性血吸虫的病原治疗首选
93. 脑囊尾蚴病的首选治疗药物是

94. 毒力最强的钩体群是

A. 黄疸出血群　B. 波摩那群　C. 犬群
D. 流感伤寒群　E. 七日群

95. 钩端螺旋体病的主要传染源是
A. 患者　B. 带菌者　C. 隐性感染者
D. 鼠和猪　E. 猪和犬
96. 患者常出现腓肠肌疼痛的疾病是
A. 细菌性痢疾　B. 霍乱　C. 钩端螺旋体病
D. 急性血吸虫病　E. 梅毒
97. 男，35岁，农民。发热伴发冷、头痛、全身痛、乏力4天，咳嗽、血痰及咯血1天于8月25日来诊。当地正值洪水灾害，有数十人发病。查体：T39℃，神志清，球结膜充血，腓肠肌压痛，腹股沟淋巴结如蚕豆大。最可能的诊断是
A. 大叶性肺炎　B. 败血症　C. 肾综合征出血热
D. 钩端螺旋体病　E. 流感
98. 感染人类的疟原虫种类不包括
A. 间日疟原虫　B. 卵形疟原虫　C. 三日疟原虫
D. 四日疟原虫　E. 恶性疟原虫
99. 下列哪种疟原虫感染导致的贫血最轻？
A. 恶性疟　B. 卵形疟　C. 三日疟
D. 间日疟　E. 间日疟和卵形疟
100. 蚊叮咬人体时，进入蚊体内导致疟疾传播的阶段是
A. 速发型子孢子　B. 迟发型子孢子　C. 配子体
D. 裂殖子　E. 动合子
101. 间日疟和卵形疟复发的根源是
A. 速发型子孢子　B. 迟发型子孢子　C. 配子体
D. 裂殖子　E. 裂殖体
102. 26岁，男。家住沈阳，于12月突然发病，表现为发冷、寒战、高热、大汗后而缓解，隔日发作1次，已10天。体检：脾肋下1cm，余未见异常。末梢血化验：WBC5.0×10^9/L，N68%，L32%，Hb100g/L，血培养(-)。患者同年8月曾去海南旅游半个月。该患者发热最可能的原因是
A. 伤寒　B. 疟疾　C. 败血症
D. 急性血吸虫病　E. 急性粒细胞性白血病
103. 关于疟疾的临床表现，错误的是
A. 周期性寒战高热　B. 脾脏肿大　C. 贫血
D. 缓解时一般情况尚可　E. 白细胞增多，中性粒细胞比例增高
104. 女，28岁，妊娠26周，因寒战高热，大汗，诊断为恶性疟，宜选用的治疗药物是
A. 氯喹　B. 氯喹+伯氨喹　C. 青蒿琥酯
D. 奎宁　E. 乙胺嘧啶
105. 日本血吸虫感染人体的阶段是
A. 成虫　B. 虫卵　C. 尾蚴
D. 童虫　E. 毛蚴
106. 日本血吸虫的唯一中间宿主是
A. 人　B. 虾　C. 水蛭
D. 钉螺　E. 蟹
107. 患者，男性，50岁。反复腹泻便秘交替5年。腹泻时大便4~6次/天，稀糊状，偶尔带血。有疫水接

触史。查体:消瘦,肝剑突下 3cm,脾肋下 1cm,腹腔积液征阴性。外周血 WBC4.2×10^9/L,N0.60,L0.35,E0.05,Plt100×10^9/L。粪便镜检 WBC3~5/HP,血吸虫卵阴性。最可能的诊断是

A. 急性血吸虫病　B. 慢性血吸虫病　C. 晚期血吸虫病
D. 结肠癌　E. 慢性细菌性痢疾

A. 中性粒细胞　B. 异型淋巴细胞　C. 嗜酸性粒细胞
D. 单核细胞　E. 嗜碱性粒细胞

108. 急性血吸虫病外周血显著增多的细胞是
109. 肾综合征出血热外周血显著增多的细胞是

A. 吡喹酮　B. 氯喹　C. 伯氨喹
D. 奎宁　E. 喹诺酮类药物

110. 治疗血吸虫病的药物是
111. 用于杀灭肝细胞内迟发型疟原虫的药物是

112. 囊尾蚴病的传染源是
A. 猪　B. 囊虫病患者　C. 猪带绦虫病患者
D. 牛带绦虫病患者　E. 牛

113. 脑囊尾蚴病最常见的临床表现是
A. 头痛　B. 呕吐　C. 视物不清
D. 癫痫　E. 共济失调

114. 脑囊尾蚴病最常见的临床类型是
A. 皮质型　B. 脑室型　C. 颅底型
D. 蛛网膜下隙型　E. 混合型

115. 女,30 岁。因头痛 3 个月,加重伴呕吐、间断抽搐、视物模糊 1 个月就诊。近 2 年来,喜食生肉。眼底检查发现视神经乳头水肿。最可能的诊断是
A. 脑囊尾蚴病　B. 结核性脑膜炎　C. 隐球菌性脑膜炎
D. 脑肿瘤　E. 病毒性脑炎

116. 可以确诊囊尾蚴病的检查是
A. 特异性 IgG 检测　B. 特异性 IgM 检测　C. 头颅 MRI
D. 脑室造影　E. 裂隙灯检查

117. 眼囊尾蚴病的首选治疗措施是
A. 吡喹酮　B. 阿苯达唑　C. 甲硝唑
D. 氯喹　E. 手术

118. 我国《传染病防治法》规定的性病监测病种不包括
A. 软下疳　B. 性病性淋巴肉芽肿　C. 传染性软疣
D. 生殖器疱疹　E. 非淋菌性尿道炎

119. 梅毒的传播途径不包括
A. 性接触传播　B. 垂直传播　C. 输血传播
D. 接吻传播　E. 消化道传播

120. 梅毒的临床分期不包括
A. 一期梅毒　B. 二期梅毒　C. 三期梅毒
D. 亚急性梅毒　E. 晚期先天梅毒

121. 女,27 岁。有不洁性交史。查体:外阴有一硬结节状物。荧光密螺旋体抗体吸收试验阳性,应选择

的治疗措施是
A. 静脉滴注甲硝唑　B. 肌注青霉素　C. 口服多西环素
D. 口服阿莫西林　E. 口服红霉素

122. 淋病的特点，错误的是
A. 易侵犯黏膜　B. 以性传播为主　C. 病原体为革兰阴性双球菌
D. 感染最早期表现为阴道炎　E. 是世界上发病率最高的性传播疾病

123. 患者，男性，28岁。有不洁性交史5天。1天前尿道疼痛、流脓。查体：尿道口可见大量黄色脓性分泌物。为明确诊断，最简单准确的检查是
A. 分泌物涂片　B. 分泌物培养　C. 抗HIV抗体检测
D. 活组织检查　E. 血培养

124. 生殖道沙眼衣原体的传播途径主要是
A. 接吻　B. 性接触　C. 输血　D. 注射　E. 握手

125. 临床上诊断生殖道沙眼衣原体感染最常用的方法是
A. 宫颈分泌物涂片　B. 沙眼衣原体培养　C. 沙眼衣原体抗体检测
D. 血清抗体检测　E. PCR行沙眼衣原体核酸检测

126. 治疗生殖器疱疹的有效药物是
A. 头孢曲松　B. 环丙沙星　C. 环孢素
D. 阿昔洛韦　E. 灰黄霉素

127. 巨细胞病毒感染对胎儿、新生儿的危害不包括
A. 间质性肺炎　B. 黄疸　C. 先天性畸形
D. 高热　E. 溶血性贫血

128. 女，23岁。外阴瘙痒、白带增多5天，有不洁性交史。妇科检查：外阴皮肤黏膜充血，小阴唇内侧见多个小菜花状赘生物，宫颈光滑，子宫正常大，附件无异常。最可能的诊断是
A. 淋病　B. 梅毒　C. 尖锐湿疣
D. 外阴阴道念珠菌病　E. 滴虫性阴道炎

129. 女，25岁。白带增多5天，有不洁性交史。妇科检查：小阴唇内侧及外阴部见3个菜花状赘生物。为明确诊断，应进行的辅助检查是
A. 宫颈刮片细胞学检查　B. 赘生物活组织检查　C. 阴道分泌物培养
D. 血常规、尿常规　E. B超检查

130. 患者，男，25岁。1个月前有不洁性交史。1周前在冠状沟处出现一丘疹，很快破溃，形成溃疡，椭圆形，直径1cm，边界不清，稍高出皮面，上有少量渗出物，不痛。近几天一侧腹股沟淋巴结肿大，较硬，散在，不融合，无疼痛及压痛，皮肤表面不红。该患者最可能的诊断是
A. 软下疳　B. 尖锐湿疣　C. 腹股沟肉芽肿
D. 性病性淋巴肉芽肿　E. 梅毒

131. 女，22岁，妊娠30周。外阴灰白色疣状物伴瘙痒、灼痛不适半个月。外阴皮损病理学检查见挖空细胞。最可能的诊断是
A. 梅毒　B. 尖锐湿疣　C. 淋病
D. 细菌性阴道病　E. 滴虫阴道炎

132. 女，31岁。妊娠28周，阴道脓性分泌物增多3天，诊断为淋病。首选的治疗是
A. 头孢西丁加用红霉素　B. 头孢曲松钠单次肌肉注射　C. 头孢曲松钠加用四环素
D. 头孢西丁单次给药　E. 头孢曲松钠加用喹诺酮类药物

传染病学与皮肤性病学试题参考答案及详细解答

（正确答案为绿色的选项）

1. ABCDE　ABCDE 都是传染病感染过程的表现形式，其中以隐性感染最常见，显性感染最少见(C)。显性感染一旦出现，则容易识别。

2. ABCDE　感染过程的表现形式包括潜伏性感染、隐性感染、显性感染、病原体被清除、病原携带状态五种形式，不包括机会性感染(C)。机会性感染是指宿主免疫功能受损，长期大量应用广谱抗生素所致的菌群失调症。

3. ABCDE　隐性感染也称亚临床感染，是指病原体侵入人体后，仅诱导机体产生特异性免疫应答，而不引起或仅引起轻微的组织损伤，不出现任何临床症状、体征，甚至生化改变，只能通过免疫学检查才能发现。感染后大多数人获得不同程度的特异性免疫能力，病原体被清除；少数成为无症状携带者。在传染病感染的五种表现形式中，隐性感染最常见，显性感染最少见(C 错)。

4. ABCDE　只有极少数“细菌”才有荚膜，而细菌只是病原体的一部分，因此病原体的致病力不可能包括荚膜，故答 A。BCDE 均属于病原体的致病能力。

5. ABCDE　麻疹主要通过呼吸道传播(D)。伤寒主要通过消化道传播，疟疾主要通过虫媒传播，破伤风主要通过接触传播，丙型肝炎主要通过血液传播。

6. ABCDE　传染病的病原学检查包括：①直接检查病原体：许多传染病可通过显微镜或肉眼检出病原体而确诊；②分离培养病原体：细菌、螺旋体、真菌等可用人工培养基分离培养；③检测特异性抗原：病原体特异性抗原的检测可提供病原体存在的证据；④检测特异性核酸：可用分子生物学检测方法，检测病原体的核酸。特异性抗体检测只能说明人体是否受过感染，而不能确诊是否存在病原体，因此特异性抗体检测不属于病原体检查(E)。

7. ABCDE　按甲类管理的乙类传染病包括传染性非典型肺炎、炭疽中的肺炭疽、人感染高致病性禽流感、脊髓灰质炎(B)。

8. ABCDE　按甲类管理的乙类传染病包括传染性非典型肺炎、肺炭疽、人感染高致病性禽流感、脊髓灰质炎。2020 年真题。

9. ABCDE　流行性出血热、麻疹、甲型 H_1N_1 流感均属于乙类传染病。鼠疫属于甲类传染病。流行性感冒属于丙类传染病(D)。

10. ABCDE　早期发现并及时管理传染源，是传染病重要的预防控制措施。传染病的传染源包括病人、病原携带者、接触者和动物传染源。

11. ABCDE　Dane 颗粒为乙肝病毒大球形颗粒，是 1970 年 Dane 首先在乙肝病人血清中发现的。该颗粒直径 42nm，由包膜和核心组成。包膜厚 7nm，为 HBsAg，本身有抗原性，无传染性。核心直径 27nm，内含乙肝 DNA(HBV DNA)、DNA 聚合酶(DNAP)、核心抗原(HBcAg)和 e 抗原(HBeAg)，为病毒复制的主体。

12. ABCDE　乙型肝炎最易经母婴途径传播，包括宫内感染、围生期传播、分娩后传播。

13. ABCDE　①急性黄疸型肝炎的病程短于半年，常表现为全身乏力、畏寒发热、食欲减退、恶心呕吐、腹胀、肝区疼痛。肝功能检查 ALT 和胆红素升高。结合病史及临床表现，本例应诊断为急性黄疸型肝炎(B)。②淤胆型肝炎常表现为皮肤瘙痒，大便颜色变浅，肝脏淤胆肿大，肝功能检查血清胆红素明显增高，以直接胆红素为主，其临床表现与题干所述不符。③急性重型肝炎常表现为肝衰竭，如严重消化道症状，神经精神症状，有明显的出血征象，可出现肝臭、肝肾综合征、扑翼样震颤、肝浊音界缩小、胆酶分离、血氨升高等。而本例无明显肝衰竭症状，不能诊断为急性重型肝炎，故不答C。④本例病程仅5天，不可能诊断为亚急性重型肝炎，故不答D。⑤本例总胆红素（TBil）显著增高，黄疸明显，不可能诊断为无黄疸型肝炎，故不答E。

14. ABCDE ①HBsAg在感染HBV两周后即可阳性，无症状携带者和慢性患者可持续阳性多年，甚至终身。本例在一次体检中发现HBsAg阳性，当时无自觉症状，肝功能正常，应诊断为乙型肝炎病毒携带者。②有下列一项者可确诊为甲型肝炎：抗HAV IgM阳性；抗HAV IgG急性期阴性，恢复期阳性；粪便中检出HAV颗粒、抗原或HAV RNA。本例有急性肝炎的症状，抗HAV IgM阳性，故应诊断为急性甲型肝炎。本例血清总胆红素>17.1μmol/L，故应诊断为黄疸型肝炎，因此正确答案为C。③抗HAV IgM阳性为新近感染的证据，并不表示既往感染过甲肝，故不答AB。从题干所给指标，既不能确诊急性乙肝，也不能确诊慢性乙型肝炎，故不答DE。

15. ABCDE ①IgG出现较晚，持续时间较长，因此单份抗HAV-IgG阳性只表示受过HAV感染，不能诊断为甲型肝炎。只有抗HAV-IgM阳性才能诊断为甲肝现症感染。故可首先排除答案BD。②HBsAg虽可反映现症感染，但HBsAg阳性可持续多年，甚至终身，故不能仅凭HBsAg阳性诊断乙肝。乙肝极少出现稽留热，故不答AC。③该患者稽留热，肝功能受损，表情淡漠，相对缓脉（T39.5℃而P88/分），右下腹压痛，白细胞降低，淋巴细胞比例增高，应诊断为伤寒。本例HBsAg长期阳性，应诊断为乙肝表面抗原携带者，故答E。

16. ABCDE ①HBsAg、HBeAg、抗HBc-IgM均阳性提示感染了乙肝病毒。本例病程仅8天，应诊断为急性乙肝。本例已发病，为现症患者，不是乙肝病毒携带者，故可首先排除答案AD。②有下列一项者可确诊为甲型肝炎：抗HAV IgM阳性；抗HAV IgG急性期阴性，恢复期阳性；粪便中检出HAV颗粒、抗原或HAV RNA。抗HAV-IgM仅在急性感染时才阳性，因此抗HAV-IgM阳性，可诊断为急性甲肝。本例有急性肝炎的症状，抗HAV IgM阳性，应诊断为急性甲型肝炎。单份抗HAV-IgG阳性表示受过HAV感染。抗HAV IgM阴性而抗HAV-IgG阳性，则提示既往感染过甲型肝炎；抗HAV IgM和抗HAV-IgG两者均阳性，也提示现症感染，故答案为C而不是B。③即使注射丙种球蛋白，机体也不会获得甲肝抗体，尤其是IgM抗体，因为它们是针对甲肝的特异性抗体，故不答DE。

17. ABCDE ①患者病程未超过半年，不能诊断为慢性肝炎，故可首先排除答案A。②从题干看，患者未行甲肝病原学检查，不能诊断为甲型肝炎，故不答BE。③乙肝常为慢性感染，急性乙肝少见，故不答D。

18. ABCDE ①患者病程超过半年，应考虑慢性肝炎而不是急性肝炎，故不答AB。②慢性肝炎凝血酶原活动度（PTA）>40%，重型肝炎PTA<40%。患者PTA32%，应为重型肝炎而不是慢性乙肝，故不答C。③患者有重型肝炎表现：极度乏力、严重消化道症状、反应迟钝、胆红素>171μmol/L，PTA<40%，应诊断为慢性重型乙肝。④慢性重型肝炎是在肝硬化基础上，肝功能进行性减退所致，故不答E。

19. ABCDE 20. ABCDE 21. ABCDE 22. ABCDE ①患者乙肝病史20年，不可能诊断为急性肝炎、亚急性肝炎，故不答BC。患者有慢性肝病基础（慢性乙肝病史20年），血清Alb明显下降（正常值40～55g/L），有肝衰竭的临床表现（明显消化道症状），血清总胆红素TBil>171μmol/L（>正常值10倍），腹腔积液征可疑，应诊断为慢性重型肝炎（D）。慢性肝炎不会出现TBil>171μmol/L，故不答A。淤胆型肝炎常表现为皮肤瘙痒，大便颜色变浅，总胆红素明显增高，但ALT、AST升高不明显，故不答E。②凝血酶原活动度（PTA）是评价肝炎严重程度的常用指标：慢性肝炎轻度PTA>70%、中度PTA60%～70%、重度PTA40%～60%，重型肝炎PTA<40%。ABDE均不是评价肝炎病情严重程度的指标。③重型肝炎的治疗主要是支持治疗，目的是赢得肝细胞再生及组织损伤恢复的时间。人工肝支持治疗，短期疗效十分明显，可以选用。ABCE均属于一般性治疗措施。④乙型重型肝炎患者若HBV复制活跃（HBV DNA ≥ 1×10^5 拷贝/ml），应尽早抗病毒治疗，首选核苷类似物恩替卡韦。血清TBil ≥ 34.2μmol/L，严禁使用干扰素，故不答E。ACD均不属于抗病毒药物。

23. ABCDE　肾综合征出血热(HFRS)好发于男性青壮年农民,以 11 月至次年 1 月为发病高峰。患者为林业工人,12 月发病,以发热、头痛、腰痛、眼结膜充血、球结膜水肿为主要症状,应考虑 HFRS。血常规检查常表现为白细胞总数显著增高,异型淋巴细胞增多。尿常规检查常表现为大量蛋白尿。HFRS 的病原体为汉坦病毒(EHFV),其特异性 IgM 抗体检测可用于早期诊断。应用 RT-PCR 法可以检出汉坦病毒的 RNA,具有诊断价值。肝脾 B 超对确诊本病价值不大(E)。

24. ABCDE　①结膜充血、腋下搔抓样出血点、大量蛋白尿都是肾综合征出血热的典型临床表现,故答 B。②急性细菌性痢疾常表现为腹痛腹泻,脓血便,里急后重。钩端螺旋体病常表现为高热、腓肠肌疼痛、眼结膜充血等。急性黄疸型肝炎常表现为消化道症状,黄疸,肝酶显著增高。疟疾常有蚊虫叮咬史,多为周期性寒战高热。2018 年真题。

25. ABCDE　26. ABCDE　①患者发热、三痛征(头痛)、皮肤三红征(面颈部潮红、腋下出血点)、肾功能损害(红细胞 3~10 个/HP)、蛋白尿(++)、外周血异型淋巴细胞增多,应诊断为肾综合征出血热(C)。流行性脑脊髓炎多见于 5 岁以下的小儿,常表现为畏寒高热、头痛呕吐、皮肤大片瘀斑(不是点状出血)、脑膜刺激征阳性等。斑疹伤寒为立克次体所致的急性传染病,常表现为寒战高热,剧烈头痛,颜面潮红,眼结膜充血,肝脾肿大,全身斑丘疹,中枢神经系统症状等。钩端螺旋体病常表现为高热、腓肠肌疼痛、眼结膜充血等。败血症常表现为突发寒战高热,不会出现异型淋巴细胞增多、大量蛋白尿等。②患者热退后中毒症状加重,血压降低,为肾综合征出血热早期休克的表现,因此其首要治疗措施为补充血容量(A)。液体应晶体和胶体相结合,以平衡盐液为主。在补足血容量之后,血压仍不稳定者可以使用血管活性药物。应用糖皮质激素、碱性药物都不是主要治疗措施。

27. ABCDE　28. ABCDE　29. ABCDE　①1 月是肾综合征出血热的流行季节,患者有发热,球结膜水肿,特征性出血,血小板减少,肾功能减退,应诊断为肾综合征出血热(E)。钩体病常表现为发热,眼结膜充血,肌痛,浅表淋巴结肿大。败血症可有发热,出血性皮疹,多器官损害表现,但球结膜充血、水肿、肾功能损害少见。急性肾衰竭不能解释题干所述的其他症状,故不答 C。流行性脑脊髓膜炎好发于 5 岁以下的儿童,常表现为严重脑膜刺激征,皮肤黏膜出血点,但肾功能损害少见。②肾综合征出血热患者血常规检查可有异型淋巴细胞增多,在 DIC 高凝期可有凝血时间缩短,但均不能确诊本病,故不答 AD。血液中检出特异性 IgM 抗体可以明确诊断,故答 E。肝功能检查为一般性检查,骨髓穿刺检查一般用于确诊血液病。③肾综合征出血热发热期,应以物理降温为主,严禁使用强烈发汗退热药,以防大汗进一步丧失血容量,加重休克(E)。

30. ABCDE　31. ABCDE　32. ABCDE　①流行性乙型脑炎是由乙脑病毒引起的中枢神经系统急性传染病,乙脑是人畜共患的自然疫源性疾病。人和动物都可成为本病的传染源,但猪是主要传染源,仔猪经过一个流行季节几乎 100%受到感染(D)。②肾综合征出血热是由汉坦病毒引起的,以鼠类为主要传染源的一种自然疫源性疾病(B)。在我国以黑线姬鼠、褐家鼠为主要传染源,林区以大林姬鼠为主要传染源,人不是主要传染源。③病毒性肝炎的主要传染源是病人和病毒携带者(A)。

33. ABCDE　34. ABCDE　35. ABCDE　①流行性乙型脑炎特异性 IgM 抗体于发病 3~4 天即可出现,血凝抑制抗体于发病 4~5 天出现,特异性 IgG 抗体(补体结合抗体)、中和抗体均于发病 2 周出现。可见,特异性 IgM 抗体是乙脑最早出现的抗体,且具有早期诊断价值(A)。②肾综合征出血热发病第 2 天即能检出特异性 IgM 抗体,1∶20 为阳性,具有早期诊断价值(A)。其特异性 IgG 抗体于恢复期出现,1∶40 为阳性,1 周后滴度上升 4 倍以上才具有诊断意义,故不能用于早期诊断。

36. ABCDE　中枢性呼吸衰竭是乙脑主要的死亡原因(C)。高热、抽搐、呼吸衰竭是乙脑极期的严重表现。

37. ABCDE　①脑脊液检查的正常值:外观透明,压力 80~180mmH_2O,蛋白质 0.2~0.4g/L,葡萄糖 2.5~4.5mmol/L,氯化物 120~130mmol/L,细胞总数(0~8)×10^6/L,多为淋巴细胞。此正常值请牢记,解题时经常用到。流行性乙型脑炎脑脊液检查常表现为无色透明或微混浊,压力增高,白细胞计数(50~

500)$\times 10^6$/L,早期以中性粒细胞为主,随后以淋巴细胞为主,蛋白质轻度增高,糖正常或偏高,氯化物正常。根据题干,本例应诊断为乙脑(B)。②流行性脑脊髓膜炎脑脊液检查常表现为脓性,混浊,白细胞显著增高,以中性粒细胞为主,蛋白质显著增高,葡萄糖显著降低,氯化物降低。结核性脑膜炎脑脊液检查常表现为毛玻璃样,白细胞增高,以淋巴细胞为主,蛋白质增高,葡萄糖和氯化物降低。钩端螺旋体病常表现为高热,腓肠肌疼痛,眼结膜充血。肾综合征出血热常表现为发热,三痛征,三红征,肾功能损害,外周血异型淋巴细胞增多,大量蛋白尿等。

38. ABCDE **39. ABCDE** ①流行性乙型脑炎好发于7~9月,常表现高热,脑实质损害,如意识障碍、惊厥、抽搐,可有颅内高压征、锥体束征、脑膜刺激征,典型脑脊液表现为压力增高,白细胞多在(50~500)$\times 10^6$/L,早期以中性粒细胞为主,随后淋巴细胞增多;蛋白轻度增高;糖正常或偏高;氯化物正常。脑脊液正常值:压力70~200mmH_2O,白细胞(0~10)$\times 10^6$/L,蛋白质0.2~0.4g/L,糖2.8~4.5mmol/L,氯化物117~127mmol/L。患者高热,神志不清,颈抵抗,Babinski征,脑脊液改变典型,故应诊断为流行性乙型脑炎(E)。结核性脑膜炎脑脊液改变为葡萄糖和氯化物均降低。隐球菌性脑膜炎临床上少见。流行性脑脊髓膜炎常表现为脑膜刺激征,但脑实质损害较轻。肾综合征出血热常表现为皮肤三红、黏膜三红、三痛征、大量蛋白尿。②流行性乙型脑炎由乙脑病毒引起,乙脑病毒主要存在于脑组织中,而不在脑脊液和血液中,血液及脑脊液培养不易分离出病毒,故不答AD。乙脑由病毒感染所致,而不是细菌感染,故不答BE。血清特异性IgM抗体检测可用于乙脑的早期诊断(C)。

40. ABCDE HIV为单链RNA病毒,包膜主要嵌有外膜糖蛋白(gp120)、跨膜糖蛋白(gp41)及多种宿主蛋白等。

41. ABCDE $CD4^+$分子是人类免疫缺陷病毒(HIV)的受体,HIV主要感染$CD4^+$T淋巴细胞,导致机体细胞免疫功能受损。2020年真题。

42. ABCDE 艾滋病主要通过性接触传播,包括同性、异性、双性性接触传播。HIV存在于精液、血液、阴道分泌物中,唾液、眼泪、乳汁等体液也含有HIV。2020年真题。

43. ABCDE ①艾滋病病毒(HIV)主要经性传播、血液接触、母婴传播和其他途径传播(如器官移植、人工授精、污染的器械、医务人员职业暴露)。②尚无证据表明可经食物、水、昆虫或生活接触传播(D)。

44. ABCDE 人群对HIV普遍易感,15~49岁发病者占80%。高危人群为男性同性恋、静脉药物依赖者、性乱者、血友病、多次接受输血或血制品者。

45. ABCDE ①吸毒者为艾滋病的高危人群。患者长期腹泻,低热,消瘦,肛门周围可见疱疹,应考虑艾滋病。为明确诊断,应首选抗HIV抗体检测(E)。②抗单纯疱疹病毒IgM检测主要用于诊断单纯疱疹病毒(HSV)感染。抗EB病毒(EBV)IgM检测主要用于诊断EB病毒感染。结核抗体检测主要用于诊断结核病。抗巨细胞病毒(CMV)IgM检测主要用于诊断巨细胞病毒感染。

46. ABCDE **47. ABCDE** ①艾滋病分为急性期、无症状期、艾滋病期,故可首先排除答案AE。患者有发热、盗汗、腹泻等临床表现,不能诊断为无症状期,故不答C。急性期患者可有发热、盗汗、恶心呕吐、腹泻、单处淋巴结肿大,但无体重减轻。患者有腹泻,体重进行性下降,两处以上淋巴结肿大,应诊断为艾滋病期而不是急性期。②艾滋病期患者,无论CD_4^+T细胞计数高低,均应行抗病毒治疗(A)。

48. ABCDE 伤寒杆菌通过粪-口途径感染人体。伤寒患者在病程2~4周排菌量最大,每克粪便含菌量可达数十亿个,传染性极强(C)。

49. ABCDE 潜伏期带菌者、暂时带菌者、恢复期带菌者由于排菌时间短,故在流行病学上作为传染源的意义不大。典型伤寒患者在病程2~4周排菌量最大,传染性最强,但由于临床表现典型,可及时诊断和隔离,从而可减少排菌和传播。而慢性带菌者虽然带菌量少,但难以及时诊断和隔离,引起传播的可能性最大,从而成为伤寒不断传播和流行的主要传染源(E)。

50. ABCDE 典型伤寒的临床分期包括初级、极期、缓解期、恢复期四期,无肾衰竭期。

51. ABCDE **52. ABCDE** **53. ABCDE** **54. ABCDE** 伤寒杆菌的培养,应根据病程采集不同的标本。①

血液培养:在病程 1~2 周阳性率最高,阳性率为 80%~90%,2 周后逐渐降低,3 周后迅速降低。②骨髓培养:在病程中出现阳性的时间与血培养相似,但阳性率比血培养略高,达 80%~95%。由于骨髓穿刺培养为有创检查,故在病程 1~2 周常首选血培养而不是骨髓培养,仅在血培养阴性或使用过抗菌药物诊断困难时才选用骨髓培养。③粪便培养:在病程第 2 周起阳性率逐渐增高,第 3~4 周达最高,阳性率可达 75%。④尿液培养:初期多为阴性,在病程第 3~4 周阳性率约 25%。⑤胆汁培养:操作不便,临床上很少采用。这些结论请牢记,解题时经常用到。

55. ABCDE 患者病程 10 天,应首选血伤寒沙门菌培养,以提高阳性率。

56. ABCDE ①患儿长期高热,表情淡漠(神萎),相对缓脉(体温 39~39.5℃而心率仅 72 次/分),肝脾肿大,外周血白细胞降低,应诊断为伤寒(B)。②不能仅凭血清抗-HBs 阳性,即诊断为急性乙型肝炎,故不答 A。钩端螺旋体病常表现为高热、腓肠肌疼痛、眼结膜充血等。急性血吸虫病应有疫水接触史,常表现为尾蚴性皮炎、间歇热、荨麻疹、外周血嗜酸性粒细胞增多等。急性细菌性痢疾常有不洁饮食史,多表现为腹痛腹泻,里急后重等。

57. ABCDE 58. ABCDE ①患者长期稽留热,表情淡漠(精神萎靡),相对缓脉(体温 39.5℃而心率仅 76 次/分),肝脾肿大,外周血白细胞和中性粒细胞比例降低,肥达反应 O 抗体 1:80,H 抗体 1:160,应诊断为伤寒。患者 ALT 升高(正常值 10~40U/L),总胆红素增高(正常值 3.4~17.1μmol/L),应诊断为中毒性肝炎,故答 C。根据题干所述,不能确诊病毒性肝炎,故不答 AE。钩端螺旋体病常表现为高热、腓肠肌疼痛、眼结膜充血等。肾综合征出血热常表现为发热、三痛征、三红征、肾功能损害、大量蛋白尿、外周血异型淋巴细胞增多等。②伤寒沙门菌的培养,应根据病程采集不同的标本。本例为发病后第 10 天,为明确诊断,应首选血细菌培养,次选骨髓培养(A)。

59. ABCDE 60. ABCDE 61. ABCDE 62. ABCDE ①患者秋季发病,持续高热,有消化道症状,相对缓脉,应考虑伤寒。伤寒最常累及末段回肠,于病程 2~3 周可发生肠穿孔,表现为突发右下腹痛,腹膜刺激征。根据题干,本例应诊断为伤寒肠穿孔(C)。急性胆囊炎穿孔常表现为高热,持续性右上腹痛,腹膜刺激征明显。十二指肠溃疡穿孔常表现为突发上腹→右下腹→全腹疼痛,病程不会迁延 2 周。细菌性痢疾常表现为进食不洁食物后腹痛腹泻,里急后重,②伤寒病程 1~2 周,为明确诊断一般首选血培养,但本例已在外院行"补液抗炎"治疗,血培养阳性率低,应选择骨髓培养,以提高阳性率。尿粪培养一般于病程 3~4 周选用。由于患者腹胀严重,不宜选用诊断性腹腔穿刺。③伤寒的经验性病原治疗首选第三代喹诺酮类药物(环丙沙星),儿童、孕妇首选第三代头孢菌素。④对于伤寒肠穿孔患者,由于腹膜刺激征严重,宜行手术治疗,不应以内科治疗为主(B)。患者目前存在感染性休克,术前应快速补液抗休克治疗。

63. ABCDE ①患者 7 月份发病,突发剧烈腹泻,水样便,无发热,无腹痛,无里急后重,脱水征,休克,应诊断为霍乱。为明确诊断,应首选粪便动力和制动试验(D),即将新鲜粪便做悬滴或暗视野镜检,可见运动活泼呈穿梭状的弧菌,为动力试验阳性,提示为霍乱弧菌。若加上 1 滴 O_1 群抗血清,细菌运动停止,提示标本中有 O_1 群霍乱弧菌;若细菌仍可活动,再加 1 滴 O_{139} 抗血清,细菌运动消失,则证明为 O_{139} 霍乱弧菌。②ABCE 项检查均不能确诊霍乱。

64. ABCDE ①霍乱弧菌革兰染色阴性,有鞭毛,暗视野悬滴镜检可见穿梭状运动,粪涂片呈鱼群样排列。该病原菌属兼性厌氧菌,在普通培养基中生长良好,在碱性培养基中生长繁殖更快。②霍乱弧菌的主要致病力为霍乱肠毒素,此为外毒素而不是内毒素(D 错)。③O_1 群霍乱弧菌是造成霍乱暴发流行的主要致病菌,非 O_1 群一般引起散发性腹泻,但 1992 年发现 O_{139} 群(属于非 O_1 群)也可引起霍乱的暴发流行。

65. ABCDE ①霍乱患者因大量排水样便,可出现脱水、低血容量休克。严重脱水者,可出现急性肺水肿、急性肾衰竭。霍乱患者由于腹泻,丢失大量碳酸氢盐,可造成代谢性酸中毒。虽然霍乱患者丢失的液体是等渗液,但其中含钾量为血清钾的 4~5 倍,因此可出现低钾血症。②霍乱弧菌通过霍乱肠毒素引起疾病,极少侵入肠黏膜及血中,故极少引起败血症(E)。

66. ABCDE 霍乱的特点是先腹泻后呕吐,食物中毒的特点是先呕吐后腹泻,此为两者的鉴别要点(A错)。BCDE 均属于霍乱的典型临床表现。

67. ABCDE 68. ABCDE 69. ABCDE 70. ABCDE ①患者有国外旅游史,先泻后吐,为水样腹泻,量大次数多,无里急后重,脱水征,应考虑霍乱。为明确诊断,首选粪便动力试验和制动试验,可作为霍乱的快速诊断方法(E)。②确诊霍乱,还需做粪便霍乱弧菌培养,培养 6~8 小时有阳性结果(C)。③补充液体和电解质是治疗霍乱的关键措施,国内首选 541 溶液,即每升含氯化钠 5g、碳酸氢钠 4g、氯化钾 1g,另加 50%葡萄糖 10nl 以防低血糖(A)。抗菌治疗仅作为液体疗法的辅助治疗。④由于吐泻使钠盐大量丢失,低钠可引起腓肠肌痉挛,表现为腓肠肌痉挛痛,肌肉呈强直状态(B)。

71. ABCDE 72. ABCDE 73. ABCDE 74. ABCDE ①我国细菌性痢疾的主要流行菌群是福氏和宋内志贺菌(E)。②引起中毒性菌痢的志贺菌不是毒力最强的痢疾志贺菌,而是毒力较强的福氏和宋内志贺菌(E)。③痢疾志贺菌既能产生内毒素,也能产生外毒素,故毒力最强,可引起严重症状(A)。④福氏志贺菌感染易转为慢性,导致慢性菌痢(B)。

75. ABCDE 细菌性痢疾的传染源包括急、慢性菌痢病人和带菌者。慢性菌痢病人及无症状带菌者由于症状不典型而容易误诊或漏诊,且管理困难,因此在流行病学中具有重要意义(B)。

76. ABCDE ①中年女性,有不洁饮食史(5 小时在小餐馆进食),发热,腹痛,腹泻,脓血便,粪镜检示 WBC>15 个/HP,应诊断为急性细菌性痢疾。②急性阑尾炎、急性病毒性腹泻、急性肠炎均不会出现脓血便,故不答 ABD。食物中毒常有进食同一食物集体发病病史,粪便镜检通常 WBC≤5 个/HP,故不答 C。

77. ABCDE ①急性菌痢分为 4 型:即普通型(典型)、轻型(非典型)、重型和中毒性菌痢。轻型者症状轻微,大便有黏液无脓血,故不选 B。重型者有全身中毒症状,体温不升,心肾功能不全,黏液脓血便,腹泻>30 次/日,故不答 C。中毒性菌痢有呼吸或循环衰竭,而肠道症状轻微,故不答 D。慢性菌痢是指菌痢病程>2 个月,故不答 E。②本例腹泻每日 6~7 次,为黏液脓血便,伴里急后重,应诊断为普通型菌痢(A)。

78. ABCDE ①中毒性菌痢多见于儿童,起病急,病情凶险,全身中毒症状严重,而肠道症状轻微,以严重毒血症、感染性休克、中毒性脑病为主要表现(C 对)。中毒性菌痢的常见表现为"严重毒血症",而不是"严重脓血症",不要误答 B。②AD 均属于肠道症状,常见于急性普通型菌痢。③中毒性菌痢分休克型、脑型和混合型三种类型,"剧烈头痛、频繁呕吐"为脑型的常见表现,不能作为中毒性菌痢的主要表现。

79. ABCDE ①患者高热,腹痛腹泻,里急后重,白细胞计数增高,大便 WBC≥15/HP,应考虑急性细菌性痢疾。大便培养检出志贺菌即可明确诊断(C)。②粪便隐血主要用于了解消化道出血。粪便动力和制动试验为霍乱的初筛试验。特异性 IgM 抗体检测为流行性脑脊髓膜炎的常用确诊方法。

80. ABCDE 5 岁以下的儿童,急性起病,发热,惊厥,迅速出现休克,血常规白细胞总数和中性粒细胞显著增高,提示细菌感染。夏季为细菌性痢疾的高发季节。根据题干,应考虑中毒性菌痢。为明确诊断,最快捷的检查为肛拭子采集粪便镜检(E)。确诊有赖于粪便培养。由于题干要求回答的是"立即进行的检查",而不是最有价值的意义,故答 E 而不是 D。

81. ABCDE 流行性脑脊髓膜炎以 5 岁以下多见,尤其 6 个月~2 岁的婴幼儿发生率最高。

82. ABCDE 普通型流脑分为 ABCD 四期,不包括后遗症期。后遗症期属于乙脑的临床分期。

83. ABCDE 其他细菌引起的化脓性脑膜炎虽无明显季节性,但皮肤黏膜瘀斑、瘀点为最有价值的鉴别点(C)。所有脑膜炎患者均有脑膜刺激征,故不答 D。所有化脓性细菌引起的脑膜炎均可呈化脓性脑脊液,故不答 E。

84. ABCDE ①4 岁男孩,发热,头痛,皮疹,频繁抽搐,昏迷,瘀点瘀斑,右瞳孔散大,应诊断为流行性脑脊髓膜炎合并脑疝。②为明确皮肤出血的原因，可急查 DIC 指标。为确诊流脑，可行皮肤瘀点涂片检查细菌。由于患者合并脑疝，可立即静注 20% 甘露醇，以降低颅内压。吸氧及心电监护为一般处理措施。③患者合并脑疝，颅内压增加，不宜行腰椎穿刺抽取脑脊液检查，以免加重脑疝，导致病人突然死亡(E)。2018 年真题。

85. ABCDE ①流行性脑脊髓膜炎好发于冬春季，常表现为突发高热，剧烈头痛，频繁呕吐，皮肤黏膜瘀点瘀斑，脑膜刺激征，脑脊液浑浊，压力增高(正常值 70~200mmH_2O)，白细胞明显增高(正常值<10×10^6/L)，糖和氯化物明显降低(正常值分别为 2.8~4.5mmol/L、117~127mmol/L)，蛋白质增高。根据题干，本例应诊断为流行性脑脊髓膜炎(E)。②钩体病常表现为高热、腓肠肌疼痛、眼结膜充血等。中毒性细菌性痢疾、流行性乙型脑炎、结核性脑膜炎均不会出现皮肤瘀点瘀斑。

86. ABCDE 87. ABCDE 88. ABCDE 89. ABCDE 90. ABCDE 91. ABCDE 92. ABCDE 93. ABCDE ①流行性脑脊髓膜炎是由脑膜炎奈瑟菌引起的急性化脓性脑膜炎，病原治疗首选青霉素(A)。②伤寒的致病菌是伤寒沙门菌，治疗首选第三代喹诺酮类药物(环丙沙星)。儿童、孕妇选用第三代头孢菌素。③细菌性痢疾的致病菌为志贺菌，治疗首选环丙沙星，口服吸收好，不良反应少，耐药菌株相对较少(B)。④钩体病的治疗首选青霉素，对青霉素过敏者可选用庆大霉素(A)。⑤梅毒是由梅毒螺旋体引起的一种慢性传染病，其病原治疗首选青霉素(A)。青霉素过敏者，可选用头孢曲松钠。⑥淋病的致病菌为淋病奈瑟菌，其病原治疗首选头孢曲松(D)。⑦急性血吸虫的病原治疗首选吡喹酮，毒性小，疗效好，给药方便，适应证广(E)。⑧脑囊尾蚴病的首选治疗药物是阿苯达唑(C)。

94. ABCDE 毒力最强的钩体群是黄疸出血群，为稻田型的主要菌群。分布最广的是波摩那群。

95. ABCDE 钩体的宿主相当广泛，在我国证实有 80 多种动物，鼠类和猪是主要的储存宿主和传染源(D)。鼠类是我国南方地区的主要传染源。猪是我国北方地区的主要传染源。

96. ABCDE ①钩端螺旋体病发病第一日即可出现腓肠肌疼痛，具有一定的特征性(C)。②霍乱由于大量腹泻，丢失大量 Na^+，造成低钠血症，可引起腓肠肌痉挛，而不是腓肠肌痛。ADE 均不会导致腓肠肌痛。

97. ABCDE ①钩端螺旋体病(钩体病)好发于 6~10 月，接触疫水易受感染，常表现为寒战高热，头痛身痛，眼结膜充血，腓肠肌疼痛，腹股沟淋巴结肿大。根据题干，本例应诊断为钩体病(D)。②大叶性肺炎多于淋雨受凉后，突发寒战高热，咳嗽，咳铁锈色痰液，不会出现腓肠肌压痛，腹股沟淋巴结肿大。败血症常表现为高热，全身中毒症状。肾综合征出血热常表现为三痛征、三红征、外周血异型淋巴细胞增多、大量蛋白尿。流感常批量发病，多表现为咳嗽、咳痰等。2018 年真题。

98. ABCDE 可感染人类的疟原虫有四种，即间日疟原虫、卵形疟原虫、三日疟原虫和恶性疟原虫。

99. ABCDE 疟疾患者贫血轻重与疟原虫种类有关。①恶性疟原虫能侵犯任何年龄的红细胞，且在红细胞内的繁殖周期较短，红细胞感染率最高(20%以上)，因此贫血症状最重。②间日疟和卵形疟原虫仅侵犯较年轻的红细胞，红细胞感染率较低，故贫血中等。③三日疟原虫仅感染较衰老的红细胞，且红细胞感染率最低，因此贫血最轻(C)。

100. ABCDE 疟疾的传播媒介为雌性按蚊，经叮咬人体传播。当雌性按蚊吸血时，疟原虫配子体被吸入其体内，开始其有性繁殖。雌、雄配子体在蚊体内分别发育为雌、雄配子，两者结合后形成合子，发育后成为动合子，经囊合子发育成为子孢子，完成在蚊体内的发育。可见，进入蚊体内导致疟疾传播的阶段是配子体(C)。

101. ABCDE 复发是由寄生于肝细胞内的迟发型子孢子引起的，只见于间日疟和卵形疟。

102. ABCDE ①患者发病前曾到过疟疾流行区海南，有典型的“寒战—高热—大汗—间歇”的周期性发作特点，应诊断为疟疾(B)。②ACDE 均可寒战高热，但均无周期性发作特点。

103. ABCDE 疟疾为疟原虫感染所致，患者白细胞总数和中性粒细胞比例多在正常范围，但可有嗜酸性粒细胞增多(E 错)。

104. ABCDE 氯喹有致畸作用,孕妇禁用。奎宁目前已较少使用,且易导致孕妇流产。青蒿琥酯不良反应少而轻,耐药率低,尤其适合孕妇及恶性疟的治疗(C)。乙胺嘧啶主要用于疟疾的预防。

105. ABCDE 日本血吸虫的生活史可分虫卵、毛蚴、胞蚴、尾蚴、童虫及成虫等阶段。成虫在人体门静脉系统内交配产卵,大部分虫卵滞留于肝及肠壁内,部分虫卵从肠壁穿破血管,随粪便排至体外。从粪便排出的虫卵入水后,孵出毛蚴,毛蚴侵入中间宿主钉螺体内发育繁殖:毛蚴→母胞蚴→子胞蚴→尾蚴。尾蚴从钉螺体内逸出,随水流在水面上漂浮游动。当人接触含尾蚴的疫水时,尾蚴从皮肤或黏膜侵入人体,随血液循环经肺到达肝脏,在肝内发育为成虫,又逆血流移行至肠系膜下静脉中产卵,完其生活史。

成虫 → 寄生在人门静脉-肠系膜静脉系统内 → 虫卵 → 毛蚴 → 宿主钉螺 → 母胞蚴 → 子胞蚴 → 尾蚴 → 离开钉螺入水 → 童虫 → 血管 → 体循环 → 肠系膜静脉 → 成虫

106. ABCDE 日本血吸虫的生活史中,人和多种哺乳动物是终末宿主,钉螺是唯一中间宿主。

107. ABCDE ①患者病程5年,不可能为急性血吸虫病和结肠癌,故可首先排除答案AD。②慢性血吸虫病最常见的症状是慢性腹泻,脓血黏液便,早期可有肝脾肿大,但无巨脾及门脉高压。晚期血吸虫病常表现为巨脾、腹腔积液、肝硬化、门脉高压等。根据题干,本例应诊断为慢性血吸虫病而不是晚期血吸虫病(B)。③慢性细菌性痢疾不会出现肝脾肿大,外周血嗜酸性粒细胞增多等。

108. ABCDE 109. ABCDE 急性血吸虫病外周血常有嗜酸性粒细胞显著增多。肾综合征出血热外周血常有异型淋巴细胞增多。

110. ABCDE 111. ABCDE ①治疗血吸虫病首选吡喹酮,吡喹酮对血吸虫各个阶段均有不同程度的杀灭作用(A)。②伯氨喹可以杀灭红细胞内疟原虫配子体和肝细胞内迟发型子孢子,从而防止疟疾的传播与复发(C)。③氯喹可以杀灭红细胞内裂体增殖期疟原虫,从而控制疟疾发作的临床症状。奎宁与氯喹相似,可以杀灭疟原虫的红内期,主要用于控制症状。喹诺酮为抗菌药,对血吸虫、疟原虫均无效。2018年真题。

112. ABCDE 人既是猪带绦虫的终宿主又是中间宿主,而人不是牛带绦虫的中间宿主,因此牛带绦虫不引起人的囊尾蚴病。猪带绦虫病患者是囊尾蚴病的唯一传染源。

113. ABCDE 脑囊尾蚴病的临床表现轻重不一,但以癫痫发作最常见,占囊尾蚴病总数的60%~90%。

114. ABCDE 脑猪囊尾蚴病分为4型:皮质型、脑室型、蛛网膜下隙型或颅底型、混合型。其中,以皮质型最常见,占脑囊尾蚴病的84%~100%。

115. ABCDE 囊尾蚴病多因进食米猪肉(患囊尾蚴病的猪肉)而被感染,主要包括脑囊尾蚴病和眼囊尾蚴病,前者主要表现为癫痫发作,后者主要表现为视力下降、视野改变、结膜损害、虹膜炎、角膜炎、甚至失明等。根据题干,本例应诊断为脑囊尾蚴病(A)。BCDE均不会因吃生肉而感染。2020年真题。

116. ABCDE ①特异性IgG检测有假阳性和假阴性结果,不能确诊囊尾蚴病,仅用于临床初筛或流行病学调查。临床上尚无特异性IgM检测,故不答B。头颅MRI仅用于脑囊尾蚴病的定位诊断。脑室造影可用于了解有无梗阻性脑积水。②裂隙灯检查,若发现视网膜下或眼玻璃体内囊尾蚴蠕动,即可确诊眼囊尾蚴病(E)。

117. ABCDE 眼囊尾蚴病应尽早手术摘除眼内囊尾蚴,不宜药物治疗,以免虫体被药物杀死后引起全眼球炎而导致失明。

118. ABCDE 我国《传染病防治法》规定的性病监测病种包括淋病、梅毒、尖锐湿疣、非淋菌性尿道炎、生殖器疱疹、软下疳、性病性淋巴肉芽肿、艾滋病等8种疾病。传染性软疣是未列入监测的广义性传播疾病。

119. ABCDE ABCD均属于梅毒的传播途径,不包括消化道传播。

120. ABCDE 获得性梅毒分为一期、二期、三期梅毒。先天性梅毒分为早期先天梅毒和晚期先天梅毒。

梅毒临床分期中不包括亚急性梅毒。

121. ABCDE　女性患者有不洁性交史，外阴硬结节（硬下疳），荧光密螺旋体抗体吸收试验阳性，应诊断为一期梅毒，治疗首选青霉素（B）。

122. ABCDE　①淋病是由淋病奈瑟菌引起的性传播疾病。淋病奈瑟菌主要侵犯黏膜，尤其对单层柱状上皮和移行上皮细胞的黏膜有特殊亲和力，常隐匿于泌尿生殖道引起感染。②淋病以性接触传播为主，间接传播、母婴传播少见。③淋病奈瑟菌为革兰阴性双球菌，呈卵圆形或肾形，无鞭毛，无芽胞，常成双排列。④感染早期常表现为子宫颈内膜炎和尿道炎，而不是阴道炎（D 错）。⑤淋病是最常见的性病，占全部性病的 80%。2020 年真题。

123. ABCDE　①青年男性，5 天前有不洁性交史，尿道口流脓，应考虑淋病。最简单准确的检查方法是取尿道口分泌物涂片行革兰染色，若见中性粒细胞内有革兰阴性双球菌，可作为淋病的筛查手段。虽然分泌物做淋病奈瑟菌培养是诊断淋病的金标准，但由于不是简单快捷的方法，故最佳答案为 A 而不是 B。②抗 HIV 抗体检测常用于诊断艾滋病，活组织检查常用于诊断尖锐湿疣，血培养常用于诊断播散型淋病奈瑟菌感染。

124. ABCDE　生殖道沙眼衣原体的传播途径包括直接性接触（最常见）、间接接触、垂直传播。

125. ABCDE　ABCDE 均属于生殖道沙眼衣原体感染的诊断方法，其中以沙眼衣原体抗体检测最常用，包括直接免疫荧光法（*敏感性和特异性 95%左右*）、酶联免疫吸附试验（*敏感性 88%、特异性 98%*）。沙眼衣原体培养是最敏感最特异的诊断方法，但费时昂贵，临床上少用。

126. ABCDE　①生殖器疱疹是由单纯疱疹病毒（HSV）感染泌尿生殖器及肛周皮肤黏膜而引起的一种慢性、复发性、难治愈的性传播疾病，治疗宜选用抗病毒药物阿昔洛韦（D）。②头孢曲松、环丙沙星为抗菌药物，环孢素为免疫抑制剂，灰黄霉素为抗真菌药物，均对 HSV 无效。

127. ABCDE　巨细胞病毒感染对胎儿、新生儿的危害包括先天性畸形，新生儿黄疸消退延迟，肝脾肿大，重度溶血性贫血，白细胞增多伴异常淋巴细胞增多，间质性肺炎等。

128. ABCDE　青年女性，有不洁性交史，小阴唇内侧菜花状赘生物，应诊断为尖锐湿疣（C）。ABDE 均不会出现小阴唇内侧赘生物。

129. ABCDE　①女性青年，有不洁性交史，外阴部有菜花状赘生物，应考虑尖锐湿疣。为明确诊断，最有价值的检查是赘生物活检（B）。②宫颈刮片细胞学检查常用于宫颈癌的筛查。阴道分泌物培养常用于滴虫性阴道炎的诊断。DE 无特异性，故不答 DE。

130. ABCDE　①一期梅毒常表现为硬下疳，发生于不洁性交后 2~4 周，常发生于外生殖器，初为丘疹、浸润性红斑，最后发展为硬下疳，腹股沟淋巴结肿大。根据题干，本例应诊断为梅毒（E）。②软下疳的潜伏期一般为 2~5 天，局部疼痛明显，局部淋巴结常肿大、化脓。尖锐湿疣常表现为外生殖器淡红色小丘疹。腹股沟肉芽肿、性病性淋巴肉芽肿少见，故不答 CD。

131. ABCDE　①挖空细胞（凹空细胞）是鳞状上皮的底层细胞受到人乳头瘤病毒作用后，加速成熟而形成的表层鳞状细胞，为尖锐湿疣的特征性病理改变，故答 B。②ACDE 均不会出现挖空细胞。细菌性阴道病可见线索细胞，而不是挖空细胞。2018 年真题。

132. ABCDE　淋病奈瑟菌对头孢曲松钠高度敏感。淋菌性阴道炎首选头孢曲松钠 250~1000mg，一次肌肉注射即可。2018 年真题。

第十六篇　神经病学试题

1. 右侧同向性偏盲的病损部位是
   A. 视交叉　B. 右侧视神经　C. 左侧视束
   D. 右侧视束　E. 视辐射
2. 一侧瞳孔散大，直接和间接光反射消失，对侧间接光反射正常，病损部位是
   A. 同侧视神经　B. 对侧视神经　C. 同侧动眼神经
   D. 对侧动眼神经　E. 同侧外展神经
3. 一侧三叉神经脊束核受损的临床表现为
   A. 同侧面部痛温、触觉均障碍　B. 同侧面部洋葱皮样分离性痛温觉障碍
   C. 同侧面部洋葱皮样分离性痛温觉及触觉障碍　D. 双侧面部洋葱皮样分离性痛温觉及触觉障碍
   E. 对侧面部洋葱皮样分离性痛温觉及触觉障碍
4. 面神经属于哪种类型的神经？
   A. 运动神经　B. 感觉神经　C. 混合性神经
   D. 交感神经　E. 副交感神经
5. 不受面神经支配的肌肉是
   A. 咀嚼肌　B. 皱眉肌　C. 颈阔肌
   D. 镫骨肌　E. 眼轮匝肌
6. 舌咽神经司职的感觉功能不包括
   A. 舌后 1/3 味觉　B. 咽鼓管黏膜的感觉　C. 鼓室黏膜的感觉
   D. 鼻黏膜的感觉　E. 耳部皮肤的感觉
7. 与迷走神经无关的神经核是
   A. 疑核　B. 迷走神经背核　C. 下涎核
   D. 孤束核　E. 三叉神经脊束核
8. 舌下神经核性病变的临床表现不包括
   A. 咽反射减弱　B. 伸舌偏向患侧　C. 伸舌受限
   D. 肌束颤动　E. 舌肌萎缩
9. 不参与运动神经系统组成的是
   A. 下运动神经元　B. 锥体系统　C. 锥体外系统
   D. 丘脑　E. 小脑
10. 属于上运动神经元性瘫痪的体征是
    A. 运动觉消失　B. 肌张力减低　C. 显著的肌萎缩
    D. 肌束颤动　E. Babinski 征阳性
11. 锥体束病损最确切的体征是
    A. 显著的肌萎缩　B. 肌束颤动　C. 肌张力增高
    D. 肌张力减低　E. Babinski 征阳性
12. 锥体束受损的反射改变是

A. 深浅反射均亢进　B. 深反射亢进,浅反射减弱　C. 深反射减弱,浅反射亢进
D. 深浅反射均减弱　E. 深反射亢进,浅反射正常

13. Oppenheim 征提示
A. 锥体束受损　B. 薄束受损　C. 楔束受损
D. 皮质脑干束受损　E. 脊髓丘脑束受损

14. 锥体外系的组成不包括
A. 纹状体　B. 红核　C. 内囊
D. 黑质　E. 丘脑底核

15. 苍白球和黑质病变常表现为
A. 运动减少,肌张力增高　B. 运动增多,肌张力减低　C. 运动减少,肌张力减低
D. 运动增多,肌张力增高　E. 偏侧投掷运动

A. Kernig 征阳性　B. 分离性感觉障碍　C. Babinski 征阳性
D. 共济失调　E. 屈颈试验阳性

16. 小脑受损常表现为
17. 上运动神经元瘫痪常表现为

18. “没有外界刺激而有自发感觉”是指
A. 感觉过敏　B. 感觉过度　C. 感觉倒错
D. 感觉异常　E. 疼痛

(19~20 题共用题干)患者,男,48 岁。右下肢麻木,左下肢无力 4 个月。查体:右腹股沟以下痛觉减退,触觉存在,左下肢音叉振动觉消失,左下肢肌力 4 级,左膝、踝反射亢进,左侧 Babinski 征阳性。

19. 该患者病变部位在
A. 左半 T_{10} 节段　B. 左半 T_{12} 节段　C. 右半 T_{10} 节段
D. 右半 T_{12} 节段　E. 左半 L_1 节段

20. 病变性质为
A. 脊髓横贯损害　B. 脊髓半离断　C. 脊髓后索损害
D. 脊髓侧索损害　E. 脊髓前联合损害

21. 偏头痛的临床特点不包括
A. 多为偏侧　B. 常伴恶心呕吐　C. 搏动样头痛
D. 活动可加重头痛　E. 一般持续 15 分钟至 3 小时

22. 普通型和典型偏头痛二者的区别之一,在于后者一定有
A. 搏动性头痛　B. 恶心、呕吐　C. 畏光、畏声
D. 神经系统检查无异常　E. 10~40 分钟先兆症状

23. 患者,女性,25 岁。反复出现视物模糊,约 30 分钟后发生右侧额颞部搏动性头痛,伴恶心呕吐,畏光,面色苍白。持续约 6 小时后安静入睡,次日晨起症状消失。该患者应诊断为
A. 无先兆偏头痛　B. 有先兆偏头痛　C. 丛集性头痛
D. 紧张型头痛　E. 视网膜性偏头痛

24. 患者,女,19 岁,常在月经期反复出现右额颞部搏动性疼痛,伴恶心呕吐,出汗,持续约 4~72 小时不等,常服用布洛芬以缓解头痛。最可能的诊断是
A. 无先兆偏头痛　B. 有先兆偏头痛　C. 丛集性头痛
D. 紧张型头痛　E. 视网膜性偏头痛

25. 患者，女，28岁。反复出现左眼闪光、视物模糊，约20分钟后出现左额颞部剧烈疼痛，难以忍受，伴恶心呕吐。以往头痛发作时口服乙酰氨基酚效果不明显。为终止头痛急性发作，应选用的治疗药物是
A. 萘普生　　B. 哌替啶　　C. 麦角胺
D. 阿米替林　　E. 氟桂利嗪

A. 非甾体抗炎药　　B. 阿片类药物　　C. 麦角类制剂
D. 曲普坦类药物　　E. 钙离子拮抗剂
26. 终止轻、中度偏头痛的急性发作选用
27. 终止中、重度偏头痛的急性发作首选
28. 预防偏头痛的发作宜选用

A. 低分子肝素　　B. 阿司匹林　　C. 巴曲酶
D. 低分子右旋糖酐　　E. 重组人纤溶酶原激活剂(rt-PA)
29. 反复短暂性脑缺血发作治疗应选用
30. 急性缺血性脑卒中(心源性)起病24小时后的治疗应选用
31. 急性缺血性脑卒中起病3小时内的治疗可选用

32. 偏头痛的特点是
A. 紧缩性或压迫性头痛　　B. 一侧眼眶周围发作性头痛　　C. 体位性头痛
D. 双侧搏动性头痛　　E. 一侧搏动性头痛
33. 诊断脑出血最迅速、最可靠的检查是
A. 脑脊液检测　　B. 脑血管造影　　C. 头颅CT
D. 脑电图　　E. 头颅MRI

A. 高血压　　B. 颅内动脉瘤　　C. 脑动脉粥样硬化
D. 脑动脉炎　　E. 心房颤动
34. 脑血栓形成最常见的病因是
35. 脑栓塞最常见的病因是
36. 脑出血最常见的病因是
37. 蛛网膜下腔出血最常见的病因是

38. 脑血栓形成的临床表现不包括
A. 意识障碍　　B. 肢体瘫痪　　C. 安静时发病
D. 失语　　E. 脑膜刺激征
39. 脑血管闭塞后患者出现“三偏综合征”，提示受累血管为
A. 大脑中动脉主干　　B. 大脑前动脉主干　　C. 大脑后动脉主干
D. 椎-基底动脉　　E. 内听动脉
40. 椎-基底动脉血栓形成的常见临床表现不包括
A. 眩晕　　B. 四肢瘫痪　　C. 共济失调
D. 失语　　E. 眼球运动障碍
41. 男，65岁。有高血压、糖尿病多年。一天前发现左侧上、下肢活动受限，吐字不清，神志清楚。无明显头痛、呕吐。检查发现左侧上、下肢肌力3级，左半身痛觉减退。临床上考虑可能性最大的疾病是
A. 脑出血　　B. 脑栓塞　　C. 短暂性脑缺血发作
D. 蛛网膜下腔出血　　E. 脑血栓形成
42. 急性期脑血栓形成患者用低分子右旋糖酐治疗的原理是

A. 抗凝　B. 早期溶栓　C. 扩张脑血管
D. 降解纤维蛋白原　E. 稀释血液

(43～44 题共用题干)患者,女性,68 岁。早晨起床时发现右上下肢麻木,但可以自行上厕所,回到卧室后因右下肢无力而摔倒。查体:神志清楚,右侧轻偏瘫,偏身感觉减退。

43. 该患者最可能的诊断是
A. 脑出血　B. 脑栓塞　C. 脑血栓形成
D. 蛛网膜下腔出血　E. 脑肿瘤

44. 患者入院后病情加重,发病 36 小时查体:嗜睡,右侧上下肢肌力 0 级。为明确诊断,最有价值的辅助检查是
A. 脑血管造影　B. 头颅 CT　C. 腰椎穿刺
D. TCD　E. SPECT

(45～47 题共用题干)患者,女性,78 岁。2 小时前看电视时突感右侧肢体麻木、无力,继之不能活动,来院急诊。查体:血压 140/80mmHg,心律绝对不齐,神志清楚,不完全运动性失语,右侧中枢性面舌瘫,右侧肢体偏瘫。眼底动脉硬化Ⅱ度,脑膜刺激征阴性。

45. 最可能的诊断为
A. SAH　B. 脑出血　C. 脑血栓形成
D. 脑栓塞　E. TIA

46. 下列哪项体征最支持上述诊断?
A. 右侧中枢性面舌瘫　B. 心律绝对不齐　C. 眼底动脉硬化
D. 脑膜刺激征阴性　E. 运动性失语

47. 若患者住院治疗 5 天后突然出现抽搐,血压 180/110mmHg,意识不清,右侧瞳孔散大,光反射消失,可能出现的情况是
A. 出血性梗死　B. 脑出血再发　C. SAH
D. 小脑幕切迹疝　E. 癫痫持续状态

48. 患者,男性,65 岁。心脏病 20 年,房颤 2 年。1 天前突发意识丧失,四肢抽搐 3 分钟,10 分钟后清醒,左侧上下肢不能活动。神志清楚,血压正常,心房颤动。右眼无光感,左上下肢肌力 0 级,左侧半身感觉丧失,左侧病理征阳性。该患者最可能的诊断为
A. 脑血栓形成　B. 脑出血　C. 脑栓塞
D. 蛛网膜下腔出血　E. 脑膜炎

49. 脑栓塞的治疗原则不包括
A. 改善循环　B. 减轻脑水肿　C. 防止出血
D. 溶栓治疗　E. 减小梗死范围

50. 脑叶出血最常见的部位是
A. 额叶　B. 顶叶　C. 颞叶
D. 枕叶　E. 岛叶

51. 高血压脑出血最常累及的血管是
A. 基底动脉脑桥支　B. 大脑前动脉　C. 大脑后动脉
D. 豆纹动脉　E. 室管膜下动脉

52. 患者,女性,68 岁。眩晕、枕部疼痛、呕吐、步行不稳 1 小时,昏迷 20 分钟。查体:深昏迷,呼吸节律不整。诊断为脑出血,其出血部位可能是
A. 颞叶　B. 顶叶　C. 枕叶

D. 内囊　　E. 小脑

(53~55 题共用题干)患者,男性,60 岁,高血压病史 15 年。4 小时前大便后突发头痛、偏瘫,伴呕吐 2 次急诊入院。查体:血压 180/130mmHg,左侧上下肢肌力 0 级,肌张力低下,左侧偏身感觉障碍。

53. 最可能的诊断为
A. 左侧内囊基底节区出血　　B. 右侧内囊基底节区出血　　C. 左侧大脑中动脉血栓形成
D. 右侧大脑中动脉血栓形成　　E. 小脑出血

54. 最有价值的首选检查是
A. 头颅 X 线正侧位片　　B. 头颅 CT　　C. 头颅 MRI
D. 脑脊液检查　　E. DSA

55. 不适宜的治疗措施是
A. 保持大小便通畅　　B. 保持呼吸道通畅　　C. 平稳降血压
D. 降低颅内压　　E. 止血治疗

56. 蛛网膜下腔出血最可靠的诊断依据是
A. 头痛、呕吐　　B. 脑膜刺激征　　C. 一侧动眼神经麻痹
D. 偏瘫　　E. 腰穿发现均匀血性脑脊液

57. 男,59 岁。突发剧烈头痛伴恶心呕吐 2 天。高血压病史 10 年,糖尿病病史 8 年,吸烟 30 年。查体:神志清,对答切题,右眼睑下垂,右眼球上下及内收不能,右侧瞳孔直径 5mm,左侧瞳孔直径 3mm,右侧直接对光反射消失,四肢肌力 5 级,腱反射消失,无感觉异常,病理征(-),颈抵抗(+)。该患者最可能的诊断是
A. 糖尿病性动眼神经麻痹　　B. 脑桥梗死　　C. 脑干脑炎
D. 蛛网膜下腔出血　　E. 海绵窦血栓形成

58. 男,31 岁。突发剧烈头痛 1 小时,以枕部为著,伴喷射状呕吐 3 次。查体:痛苦面容,全身大汗,脑膜刺激征阳性。最可能的诊断是
A. 脑栓塞　　B. 蛛网膜下腔出血　　C. 脑梗死
D. 脑脓肿　　E. 急性病毒性脑炎

(59~62 题共用题干)患者,男性,45 岁。2 小时前于抗洪救灾现场突发剧烈头痛,进行性加重。入院查体:急性病容,痛苦表情,颈抵抗(+)。眼底检查可见玻璃体下片状出血。

59. 该患者最可能的诊断是
A. 脑出血　　B. 脑血栓形成　　C. 脑栓塞
D. TIA　　E. 蛛网膜下腔出血

60. 为明确诊断,首选的检查是
A. 头颅 CT　　B. 头颅 MRI　　C. DSA
D. 腰椎穿刺　　E. 脑血流图

61. 经上述检查发现,患者左外侧裂、环池、鞍上池高密度阴影。考虑最可能的病因是
A. 脑肿瘤卒中　　B. 脑动脉瘤破裂　　C. 脑动脉硬化
D. 桥静脉破裂　　E. 脑外伤

62. 为进一步明确具体病因,最有价值的检查是
A. 腰椎穿刺　　B. CTA　　C. 头颅 CT
D. 头颅 MRI　　E. TCD

63. 阿尔茨海默病的确诊依据是

A. 病史　　B. 智力量表检查　　C. 头颅 MRI
D. 病理检查　　E. 脑电图检查

64. 阿尔茨海默病的临床表现不包括
A. 认知障碍　　B. 记忆障碍　　C. 精神障碍
D. 行为异常　　E. 昏迷

65. 临床上最常见的病毒性脑炎是
A. 腺病毒性脑炎　　B. 单纯疱疹病毒性脑炎　　C. 肠道病毒性脑炎
D. 巨细胞病毒性脑炎　　E. 带状疱疹病毒性脑炎

66. 单纯疱疹病毒性脑炎脑脊液检查的常见表现不包括
A. 糖和氯化物正常　　B. 淋巴细胞增多为主　　C. 可有红细胞增多
D. 外观混浊或呈脓性　　E. 蛋白质轻度或中度增高

67. 女性,44岁。头痛、呕吐、高热(T39.8℃),伴躁动,2天后频繁癫痫发作,且出现昏迷,3天后死亡。病理检查发现脑实质出血性坏死,细胞核内包涵体。最可能的诊断为
A. 巨细胞病毒性脑炎　　B. 单纯疱疹病毒性脑炎　　C. 急性播散性脑脊髓炎
D. 腺病毒性脑膜炎　　E. 带状疱疹病毒性脑炎

68. 注射 MPTP(1-甲基-4-苯基-1,2,3,6-四氢吡啶)可造成人和动物的疾病是
A. 阿尔茨海默病　　B. 癫痫　　C. 帕金森病样症状
D. 脑畸形　　E. 先天性脑积水

69. 黑质纹状体系统内使左旋多巴转化为多巴胺的酶是
A. 单胺氧化酶　　B. 多巴脱羧酶　　C. 酪氨酸羟化酶
D. 胆碱酯酶　　E. 儿茶酚-氧位-甲基转移酶

70. 帕金森病最常见的首发症状是
A. 静止性震颤　　B. 铅管样肌强直　　C. 齿轮样肌强直
D. 运动迟缓　　E. 慌张步态

71. 帕金森病的主要体征是
A. 静止性震颤,肌强直,慌张步态　　B. 静止性震颤,面具脸,肌强直
C. 运动迟缓,搓丸样动作,肌强直　　D. 静止性震颤,肌张力增高,运动迟缓
E. 静止性震颤,面具脸,运动迟缓

72. 治疗帕金森病不宜使用
A. 金刚烷胺　　B. 左旋多巴　　C. 苯海索
D. 溴隐亭　　E. 氯丙嗪

(73~75题共用题干)患者,男性,69岁。双手抖动伴动作缓慢7年。查体:慌张步态,记忆力减退不明显,拇指与示指呈搓丸样,静止性震颤,铅管样肌强直,手指扣纽扣、系鞋带困难,书写时字越写越小。

73. 该患者最可能的诊断是
A. 肝豆状核变性　　B. 帕金森病　　C. 抑郁症
D. 特发性震颤　　E. 阿尔茨海默病

74. 对本病诊断价值最大的是
A. 病史和体格检查　　B. 肝功能和血清铜蓝蛋白测定　　C. 腰穿脑脊液检查
D. 头颅 CT 和 MRI　　E. 抑郁量表和智能量表测试

75. 该患者首选的治疗药物是
A. 复方左旋多巴　　B. 苯海索　　C. 金刚烷胺

D. 倍高利特　　E. 司来吉兰

76. 临床上最常见的癫痫类型是
A. 症状性癫痫　　B. 继发性癫痫　　C. 特发性癫痫
D. 隐源性癫痫　　E. 妊娠性癫痫

77. 癫痫临床表现的共同特点不包括
A. 发作性　　B. 短暂性　　C. 重复性
D. 刻板性　　E. 周期性

78. 单纯部分性发作不包括
A. 部分运动性发作　　B. 部分感觉性发作　　C. 自主神经性发作
D. 精神性发作　　E. 自动症

79. 成人癫痫发作最常见的类型是
A. 单纯部分性发作　　B. 复杂部分性发作　　C. 部分性继发全面性发作
D. 强直性发作　　E. 失神发作

80. 9 岁男孩。午餐时突发神志丧失，手中持碗失落，碗打碎后即醒。脑电图示 3Hz/s 棘慢波规律性和对称性发放。最可能的诊断是
A. 复杂部分性发作　　B. 部分性发作　　C. 杰克逊(Jackson)癫痫
D. 失神发作　　E. 不能分类的癫痫发作

81. 对癫痫患者应用脑电图检出痫性放电的阳性率约为
A. 90%　　B. 80%　　C. 70%
D. 60%　　E. 50%

82. 癫痫持续状态最常见的类型是
A. 单纯部分性发作　　B. 复杂部分性发作　　C. 失神发作
D. 强直性发作　　E. 全面强直-阵挛发作

83. 患儿，8 岁，既往有脑炎病史。睡眠中发病，眼球上翻，牙关紧闭，四肢伸直，颈部后伸，面色发绀，持续 30 秒后停止。EEG 为暴发性多棘波。最可能的诊断为
A. 单纯部分性发作　　B. 复杂部分性发作　　C. 失神发作
D. 强直性发作　　E. 全面强直-阵挛发作

84. 治疗成人癫痫部分性发作首选
A. 奥卡西平　　B. 卡马西平　　C. 丙戊酸钠
D. 乙琥胺　　E. 地西泮

(85~87 题共用题干)男，24 岁。突然意识不清，跌倒，全身强直数秒钟后抽搐，咬破舌。2 分钟后抽搐停止，醒后活动正常。

85. 首先应考虑的疾病是
A. 脑出血　　B. 脑血栓　　C. 蛛网膜下腔出血
D. 癫痫　　E. 脑栓塞

86. 应进一步做的检查是
A. 头颅 X 线片　　B. 脑电图　　C. 脑脊液检查
D. 脑血管造影　　E. 经颅超声多普勒(TCD)

87. 治疗的首选药物是
A. 降颅压药　　B. 溶栓治疗　　C. 止血药
D. 扩血管药　　E. 抗癫痫药

88. 对视神经脊髓炎最有诊断价值的辅助检查是
A. CSF 蛋白质显著增高　B. CSF 细胞计数增多　C. 血清 AQP4 抗体阳性
D. CSF IgG 指数增高　E. CSF 蛋白电泳检出寡克隆区带

89. 视神经脊髓炎的 MRI 特点是
A. 大小不一的类圆形 T_1 低信号，T_2 高信号，常见于侧脑室前角、后角周围
B. 脊髓长节段炎性脱髓鞘病灶，连续长度一般≥3 个椎体节段
C. 额、顶、枕、颞叶白质洋葱头样或树木年轮样黑白相间类圆形病灶
D. 两侧大脑白质、胼胝体、皮质脊髓束、视束等较对称分布异常，无占位效应，边缘增强
E. 脑桥基底部特征性蝙蝠翅膀样病灶，呈对称分布 T_1 低信号，T_2 高信号，无增强效应

A. 神经鞘膜瘤　B. 神经胶质细胞瘤　C. 转移瘤
D. 淋巴瘤　E. 白血病

90. 最易导致脊髓压迫症的髓外硬膜内肿瘤是
91. 最易导致脊髓压迫症的脊髓内肿瘤是
92. 最易导致脊髓压迫症的硬膜外肿瘤是

93. 脊髓半切综合征常见于
A. Guillain-Barre 综合征　B. 急性脊髓炎　C. 急性硬脊膜外脓肿
D. 脊髓髓外肿瘤　E. 脊髓空洞症

94. 脊髓外硬膜内肿瘤的临床表现不包括
A. 根性痛常是首发症状　B. 脊髓损害常自一侧开始　C. 感觉障碍呈上行性进展
D. 尿便障碍较早出现　E. 椎管梗阻程度较重

(95~97 题共用题干)患者，女性，50 岁。间断右背痛 10 个月，呈烧灼样，咳嗽时加剧。右下肢逐渐无力，伴左足麻木，并向上扩延 9 个月。查体：右下肢肌力 2 级，肌张力增高，腱反射亢进，左侧 T_4 以下痛、温觉消失，右侧 Babinski 征阳性。辅助检查：腰椎穿刺椎管不全梗阻，脑脊液蛋白质 0.65g/L，余化验结果正常。

95. 最可能的诊断是
A. 慢性脊髓炎　B. 急性脊髓炎　C. 脊髓压迫症
D. 多发性硬化症　E. Guillain-Barre 综合征

96. 病变横向定位在
A. 右侧髓内病变　B. 左侧髓内病变　C. 右侧髓外硬膜内病变
D. 左侧髓外硬膜内病变　E. 左侧硬脊膜外病变

97. 病变节段平面应在
A. C_4　B. T_2　C. T_4
D. T_6　E. T_{10}

98. 三叉神经痛的疼痛特点是
A. 持续性钝痛　B. 持续性刺痛　C. 疼痛常见于前额部
D. 常伴三叉神经破坏体征　E. 短暂电击样、撕裂样剧痛

99. 三叉神经痛常局限于三叉神经的
A. 第 1 支　B. 第 2 支　C. 第 3 支
D. 第 1 或 2 支　E. 第 2 或 3 支

100. 三叉神经痛患者可能出现的阳性体征是

A. 患侧角膜反射消失　B. 患侧面部感觉减退　C. 咀嚼肌瘫痪
D. 患侧面部有触发点　E. 张口时下颌向患侧偏斜

101. 患者,男,55 岁。阵发性左侧面部剧痛 5 年,每次持续约 10 秒,每日发作 10 余次,常因说话、进食、刷牙而诱发,不敢洗脸、说话、吃饭。查体:神经系统无异常。最可能的诊断为
A. 面神经炎　B. 偏头痛　C. 紧张型头痛
D. 三叉神经痛　E. 丛集性头痛

102. 左侧特发性面神经麻痹常表现为
A. 眼睑闭合正常,示齿时口角歪向右侧　B. 眼睑闭合正常,示齿时口角歪向左侧
C. 左眼睑闭合不严,示齿时口角歪向右侧　D. 左眼睑闭合不严,示齿时口角歪向左侧
E. 左眼睑闭合不严,示齿时口角不歪

(103~104 题共用题干)患者,男,30 岁。右耳疼痛、闭目不全、左口角流涎 5 天。查体:右侧外耳道有较密集疱疹,右侧额纹消失,Bell 征阳性,右侧闭嘴无力,余神经系统检查无异常。

103. 最可能的诊断是
A. 偏头痛　B. 三叉神经痛　C. 面神经炎
D. 吉兰-巴雷综合征　E. 神经莱姆病

104. 下列治疗措施中,错误的是
A. B 族维生素　B. 糖皮质激素　C. 加巴喷丁
D. 阿昔洛韦　E. 保护角膜

105. 关于吉兰-巴雷综合征临床特点的描述,错误的是
A. 对称性四肢迟缓性瘫痪　B. 脑神经损害多为双侧面瘫　C. 主要危险是呼吸肌麻痹
D. 肢体感觉障碍较重　E. 脑脊液有蛋白质-细胞分离

106. 吉兰-巴雷综合征与周期性瘫痪最重要的鉴别要点是
A. 瘫痪的特点　B. 有无双侧面瘫　C. 有无血钠降低
D. 有无血钾降低　E. 脑脊液的特点

107. 男,21 岁。手足麻木、双下肢无力 1 天,大小便正常。2 周前曾有低热、腹泻。查体:神志清楚,脑神经无明显异常,四肢肌张力降低,双上肢肌力 3 级,双下肢肌力 1~2 级,远端重,腱反射消失,双侧腓肠肌压痛(+),病理征未引出,无明显感觉异常。心电图和头颅 CT 未见明显异常。最可能的诊断是
A. 脑梗死　B. 周期性瘫痪　C. 吉兰-巴雷综合征
D. 脑出血　E. 急性脊髓炎

108. 重症肌无力的主要发病机制是
A. 阻断 ACh 与 AChR 结合　B. 产生 AChR 抗体使 AChR 受损　C. 阻断 Ca^{2+} 进入神经末梢
D. 使 ACh 合成减少　E. 抑制胆碱酯酶导致 ACh 作用加强

A. 眼外肌　B. 面肌　C. 咽喉肌
D. 四肢近端肌　E. 四肢远端肌

109. 重症肌无力最先受累的肌肉是
110. 低钾型周期性瘫痪最常累及的肌肉是

111. 重症肌无力危象的主要表现是
A. 眼睑下垂加重　B. 眼球不能运动　C. 吞咽困难加重
D. 呼吸肌无力　E. 四肢无力加重

112. 为改善重症肌无力的临床症状,首选药物是

A. 泼尼松　B. 环磷酰胺　C. 阿托品
D. 溴吡斯的明　E. 新霉素

113. 男,45 岁。双上睑下垂伴四肢无力 1 年,晨轻暮重。治疗过程中出现呼吸困难、多汗、流涎、瞳孔缩小,最可能的原因是
A. 肾上腺素能系统亢进　B. 肾上腺素能系统抑制　C. 胆碱能系统亢进
D. 胆碱能系统抑制　E. 5-HT 系统亢进

114. 低钾型周期性麻痹发作时,24 小时口服补钾总量为
A. 5g　B. 8g　C. 10g
D. 15g　E. 20g

(115~118 题共用题干)患者,男性,25 岁。间断晨起肌肉酸胀、翻身、起床困难。近 2 个月内类似发作 5 次,均持续数小时完全恢复。今天再次发作,急诊来院。查体:双上肢肌力 4 级,双下肢肌力 3 级,四肢感觉无异常,腱反射减退,Babinski 征阴性。心电图示 U 波出现。

115. 最可能的诊断是
A. 急性脊髓炎　B. 重症肌无力　C. 吉兰-巴雷综合征
D. TIA　E. 周期性瘫痪

116. 为明确诊断,首选的检查是
A. 脑脊液检查　B. 头颅 CT 检查　C. 肝肾功能测定
D. 电解质测定　E. 血糖测定

117. 适宜治疗措施是
A. 口服氢氯噻嗪　B. 口服乙酰唑胺　C. 静注 10%葡萄糖酸钙
D. 口服 10%氯化钾　E. 口服泼尼松

118. 预防措施中,错误的是
A. 口服螺内酯　B. 口服氢氯噻嗪　C 口服钾盐
D. 低钠饮食　E. 避免过度疲劳

119. 诊断类重症肌无力的重复电刺激必须具备
A. 低频刺激电位衰减 25%,高频刺激电位幅度增加 200%
B. 低频刺激电位衰减 20%,高频刺激电位幅度增加 150%
C. 低频刺激电位衰减 15%,高频刺激电位幅度增加 100%
D. 低频刺激电位衰减 5%,高频刺激电位幅度增加 25%
E. 低频刺激电位衰减 10%,高频刺激电位幅度增加 50%

神经病学试题参考答案及详细解答

（正确答案为绿色的选项）

1. ABCDE　①一侧视束损害常表现为双眼对侧视野同向性偏盲，偏盲侧瞳孔直接对光反射消失，常见于颞叶肿瘤向内侧压迫时（C）。②整个视交叉受损常表现为全盲。右侧视神经受损常表现为右侧眼全盲。视辐射全部受损常表现为两眼对侧视野的同向偏盲。

2. ABCDE　①瞳孔光反射分为直接光反射和间接光反射，光照侧瞳孔缩小称为直接光反射，光照对侧瞳孔缩小称为间接光反射。其传导路径为：光线→视网膜→视神经→视交叉→视束→中脑顶盖前区→动眼神经→睫状神经节→节后纤维→瞳孔括约肌。瞳孔光反射传导径路上任何一处损害，均可引起瞳孔光反射消失和瞳孔散大。该传导路径不涉及外展神经，故可首先排除答案E。②一侧视神经损伤时，瞳孔光反射路径的传入部分中断，若光照患侧瞳孔时，两侧瞳孔均无反应；但光照健侧瞳孔时，两侧瞳孔均缩小，即患侧眼直接光反射消失，间接光反射存在，而健侧眼间接光反射消失，直接光反射存在。③一侧动眼神经损伤时，瞳孔光反射路径的传出部分中断，无论光照哪一侧瞳孔，患侧瞳孔均无反应，即患侧眼直接和间接光反射均消失。由于动眼神经的副交感纤维支配瞳孔括约肌，因此当一侧动眼神经受损时，常表现为患侧瞳孔散大（C）。

3. ABCDE　延髓腹外侧部的病变可损害三叉神经脊束核，表现为同侧面部洋葱皮样分离性感觉障碍，即痛温觉缺失而触觉存在。

4. ABCDE　面神经为混合性神经，主要成分为运动纤维，司面部表情运动，次要成分为感觉纤维及副交感纤维。

5. ABCDE　①面神经的运动纤维，绕过外展神经核，向前下行，在脑桥下缘邻近听神经处出脑，进入内耳孔，经面神经管下行，横过膝状神经节，最后经茎乳孔出颅，支配面部表现肌（咀嚼肌和上睑提肌除外）、枕肌、颈阔肌及镫骨肌。支配上部面肌（额肌、皱眉肌、眼轮匝肌）的神经元接受双侧皮质脑干束控制，支配下部面肌（颊肌、口轮匝肌）的神经元接受对侧皮质脑干束控制。②咀嚼肌受三叉神经支配（A）。

6. ABCDE　舌咽神经感觉纤维的功能包括：①特殊内脏感觉纤维：其胞体位于下神经节，中枢突止于孤束核，周围突分布于舌后1/3味蕾，传导味觉；②一般内脏感觉纤维：其胞体也位于下神经节，中枢突止于孤束核，周围突接受咽、扁桃体、舌后1/3、咽鼓管、鼓室等处黏膜的感觉；分布于颈动脉窦、主动脉体的纤维参与呼吸、循环的调节；③一般躯体感觉纤维：其胞体位于上神经节，其周围突分布于耳后皮肤，中枢突到三叉神经脊束核，接受耳部皮肤的一般感觉。鼻黏膜感觉受翼腭神经的支配（D）。

7. ABCDE　①迷走神经一般躯体感觉纤维：其胞体位于上神经节（颈静脉神经节）内，中枢突止于三叉神经脊束核，周围突分布于外耳道、耳廓凹面的一部分皮肤及硬脑膜；②一般内脏感觉纤维：其胞体位于下神经节（结状神经节）内，中枢突止于孤束核，周围突分布于咽、喉、食管、气管及胸腔内诸脏器；③特殊内脏运动纤维：起自疑核，经颈静脉孔出颅，支配软腭、咽、喉部的横纹肌；④副交感纤维：起自迷走神经背核，其纤维终止于迷走神经丛的副交感神经节，发出的节后纤维分布于胸腹腔诸脏器，控制平滑肌、心肌和腺体的活动。下涎核为舌咽神经副交感纤维的起始点（C）。

8. ABCDE　①舌下神经核性一侧病变常表现为患侧舌肌瘫痪，伸舌偏向患侧；两侧病变则伸舌受限或不能，同时伴有舌肌萎缩；舌下神经的病变可伴有肌束颤动，见于肌萎缩侧索硬化、延髓空洞症。②咽反射是由延髓的舌咽神经、喉返神经支配的，因此舌下神经病变不会导致咽反射减弱或消失（A）。

9. ABCDE　运动系统由上运动神经元(锥体系统)、下运动神经元、锥体外系统、小脑 4 部分组成。

10. ABCDE　上运动神经元瘫痪是由于大脑皮层运动区神经元及其发出的下行纤维病变所致,常表现为整个肢体瘫痪,肌张力增高,腱反射亢进,浅反射消失,病理反射(Babinski 征)阳性(E 对),无或有轻度废用性肌萎缩,无肌束颤动。

11. ABCDE　Babinski 征是最经典的病理反射,阳性提示锥体束受损。

12. ABCDE　锥体束属于上运动神经系统,当锥体束受损时当然表现为深反射亢进,浅反射减弱或消失。

13. ABCDE　Oppenheim 征属于病理反射,阳性是指用拇指和示指沿胫骨前缘自上向下用力下滑,踇趾背屈,提示锥体束受损。

14. ABCDE　广义的锥体外系统是指锥体系统以外的所有躯体运动的神经系统结构,包括纹状体系统和前庭小脑系统。狭义的锥体外系统主要指纹状体系统,包括纹状体(尾核、壳核和苍白球)、红核、黑质及丘脑底核,总称基底节。

15. ABCDE　苍白球和黑质病变主要表现为运动减少、肌张力增高症候群,如帕金森病。尾状核和壳核病变主要表现为运动增多、肌张力减低症候群,如小舞蹈病。丘脑底核病变主要表现为偏侧投掷运动。

16. ABCDE　17. ABCDE　①小脑受损常表现为小脑性共济失调,即协调运动障碍(D)。②上运动神经元瘫痪常表现为 Babinski 征阳性(C)。③Kernig 征属于脑膜刺激征,阳性提示脑膜炎。分离性感觉障碍常见于脊髓后角受损、脊髓前联合受损。屈颈试验阳性常见于上位颈神经根受刺激。

18. ABCDE　①感觉异常是指没有外界刺激而有自发感觉,如麻木感、蚁走感,客观检查无感觉障碍(D)。②感觉过敏是指一般情况下对正常人不会引起不适感觉或只能引起轻微感觉的刺激,患者却感觉非常强烈,甚至难以忍受。感觉过度是指由于刺激阈增高与反应时间延长,在刺激后,需经一潜伏期才能感到强烈的、定位不明确的不适感觉,并感到刺激向周围扩散,持续一段时间。感觉倒错是指对刺激产生的错误感觉。疼痛是指感觉纤维受到刺激时的躯体感受。

19. ABCDE　20. ABCDE　①脊髓感觉平面的定位:T_2 平胸骨柄上缘,T_4 平双侧乳头连线,T_6 平剑突下,T_8 平季肋部肋缘,T_{10}平脐,T_{12}平耻骨联合,L_{1-3}平大腿前面。患者右腹股沟以下痛觉减退,应定位于左半 T_{12}受损(B)。②脊髓半离断常表现为受损平面以下对侧痛温觉减退或消失,同侧上运动神经元性瘫痪和深感觉障碍(B)。脊髓横贯损害常表现为截瘫。脊髓后索损害常表现为受损平面以下深感觉障碍、精细感觉障碍、感觉性共济失调。脊髓侧索损害常表现为健侧平面以下分离性感觉障碍。脊髓前联合损害常表现为受损部位双侧节段性对称性分离性感觉障碍。

21. ABCDE　偏头痛常表现为反复发作的一侧或双侧额颞部疼痛,呈搏动性,常伴恶心呕吐、畏声、畏光、出汗、全身不适等,活动可使头痛加重,睡眠后可缓解头痛。有先兆偏头痛可持续 4~72 小时(E 错)。

22. ABCDE　①普通型偏头痛现已改称无先兆偏头痛,常表现为反复发作的一侧或双侧额颞部疼痛,可伴恶心呕吐、畏光、畏声、出汗等不适,但无先兆症状。典型偏头痛现已改称有先兆偏头痛,常表现为先兆症状→头痛+伴随症状→缓解。因此普通型和典型偏头痛的主要区别在于后者有先兆症状(E)。②ABCD 项症状,普通型和典型偏头痛均可有,故不答 ABCD。

23. ABCDE　①患者每次发作偏头痛前有视觉先兆,故应诊断为有先兆偏头痛而不是无先兆偏头痛(B)。②丛集性头痛好发于青年男性,发作时常伴发同侧眼结膜充血、流泪、瞳孔缩小、眼睑下垂等自主神经症状。紧张型头痛常表现为双侧枕部紧缩性或压迫性头痛,常为持续性,很少伴恶心呕吐。视网膜性偏头痛常表现为反复发作性单眼视觉障碍。

24. ABCDE　患者每次发作头痛前无先兆症状,应诊断为无先兆偏头痛(A)。

25. ABCDE　①乙酰氨基酚为非甾体抗炎镇痛药物,若无效,则不宜选用同类药物萘普生。哌替啶为阿片类药物,对偏头痛急性发作有效,但易成瘾,不推荐常规使用。②麦角胺为 5-HT_1 受体非选择性激动剂,为终止偏头痛发作的首选药物。③阿米替林、氟桂利嗪主要用于预防偏头痛的发作,而不是终止急性发作。

26. ABCDE　27. ABCDE　28. ABCDE　①终止轻、中度偏头痛的急性发作宜选用非甾体抗炎药,如阿司匹林、萘普生、布洛芬、双氯芬酸等，若无效再用偏头痛的特异性治疗药物(A)。②终止中、重度偏头痛的急性发作宜选用麦角类制剂(麦角胺、双氢麦角胺)，次选曲普坦类药物(C)。③钙离子拮抗剂(氟桂利嗪、维拉帕米)可预防偏头痛的发作(E)。

29. ABCDE 30. ABCDE 31. ABCDE ①对于反复发作的TIA(短暂性脑缺血发作)，应使用低分子肝素行抗凝治疗，对于偶尔发作的TIA可口服阿司匹林行抗血小板治疗，故答A而不是B。②病程超过6小时的急性缺血性脑卒中患者不宜溶栓治疗，故不答E。由于心源性脑栓塞的充血性梗死区极易出血，因此不宜抗凝治疗，故不答A。对于既不能溶栓治疗，也不能抗凝治疗的患者，均应给予阿司匹林抗血小板治疗，故答B。参阅上海科技出版社4版《实用神经病学》P428。降纤治疗(巴曲酶)应在发病3~6小时内使用，而患者发病已超过24小时，故不答C。低分子右旋糖酐为扩容剂，故不答D。③急性缺血性脑卒中起病4.5小时内，应行早期溶栓治疗，首选rt-PA静脉溶栓，可显著改善患者预后(E)。ABC均属于一般性治疗措施。参阅7版《神经病学》P182。2016年真题。

32. ABCDE ①偏头痛常表现为一侧额颞部搏动样疼痛(E)。②A为紧张型头痛的特点，B为丛集性头痛的特点，C为低颅压性头痛的特点。

33. ABCDE ①头颅CT扫描是诊断脑出血的首选方法，可清楚显示出血部位、出血量大小、血肿形态等(C)。②脑出血一般不宜行腰椎穿刺脑脊液检测，以免诱发脑疝。脑出血不宜行脑血管造影，除非疑有脑血管畸形需手术治疗。脑电图对脑出血诊断价值不大。头颅MRI对脑干、小脑出血的诊断价值优于CT扫描，但对急性脑出血的诊断价值不如CT，故不答E。2018年真题。

34. ABCDE 35. ABCDE 36. ABCDE 37. ABCDE ①脑血栓形成最常见的病因是动脉粥样硬化(C)。②脑栓塞多为心源性脑栓塞，最常见的病因是心房颤动。房颤时，左心房收缩性降低，血流缓慢，易导致附壁血栓，栓子脱落后引起脑栓塞(E)。③脑出血最常见的病因是高血压合并细小动脉硬化(A)。④蛛网膜下腔出血最常见的病因是颅内动脉瘤，占50%~80%(B)。

38. ABCDE ①脑血栓形成好发于中老年，常在安静、睡眠中发病(C对)。患者一般意识清楚，当发生基底动脉血栓或大面积脑梗死时，可出现意识障碍，故不答A。若累及大脑中动脉，可出现三偏综合征(对侧肢体瘫痪、偏身感觉障碍、偏盲)，故不答B。若优势半球受累可有失语症，故不答D。②脑血栓形成无脑膜刺激征(E错)。

39. ABCDE 大脑中动脉闭塞常表现为三偏综合征，即对侧肢体瘫痪、偏身感觉障碍、偏盲。

40. ABCDE ①椎-基底动脉血栓形成常表现为眩晕、呕吐、四肢瘫痪、共济失调。基底动脉尖端分出小脑上动脉、大脑后动脉，闭塞后可导致眼球运动障碍、瞳孔异常、觉醒和行为障碍。②失语为颈内动脉血栓形成的临床表现(D错)。

41. ABCDE ①脑血栓形成多见于60岁以上患有动脉粥样硬化的老年患者，常在安静状态发病，起病缓慢(数小时~2天)，多无明显头痛及意识障碍，生命体征稳定，因血栓形成的部位不同，可出现相应动脉支配区的神经功能障碍。结合病史及临床表现，本例应诊断为脑血栓形成(E)。②脑出血多在活动、情绪激动时发病，起病急(数分钟~数小时)，可有剧烈头痛、意识障碍，脑膜刺激征明显，定位体征明确。脑栓塞好发于青壮年，起病急(数秒~数分)，多无头痛及意识障碍等。短暂性脑缺血发作常反复发生，10~20分钟自行缓解，无神经系统阳性体征。蛛网膜下腔出血常在活动、情绪激动时发病，起病急(数分钟)，常有剧烈头痛、恶心呕吐，一般无意识障碍等。

42. ABCDE ①急性脑血栓形成患者，若血液黏度过高，血容量不足，可选用低分子右旋糖酐500ml静滴，每日1次，以便稀释血液(E)。②低分子右旋糖酐无ABCD项药理作用。

43. ABCDE 44. ABCDE ①老年患者，安静状态下发病，症状逐渐加重，应首先考虑脑血栓形成(C)。脑出血多于活动时发病，病情进展较快，故不答A。脑栓塞起病急骤(数秒至数分)，故不答B。蛛网膜下腔出血起病急，常有剧烈头痛，明显脑膜刺激征，故不答D。脑肿瘤起病缓慢，病程长达数月，常表现为颅内压增高及颅内占位病变。②脑血栓形成24小时后头颅CT可见低密度病变，患者发病36

小时后作头颅 CT 检查可有阳性发现,故答 B。

45. ABCDE 46. ABCDE 47. ABCDE ①老年患者安静状态下突然右侧肢体瘫痪,失语,血压不高,应考虑脑栓塞(D)。蛛网膜下腔出血(SAH)起病急,常有剧烈头痛,明显脑膜刺激征。脑出血常有高血压病史,起病较急,常在活动中发病。脑血栓形成多于安静或休息时发病,起病缓慢。TIA 的临床症状多为一过性表现,可自行恢复,故不答 E。②脑栓塞患者多心房颤动病史,"心律绝对不齐"常提示房颤,最支持脑栓塞的诊断(B)。③脑栓塞可继发脑水肿,若治疗不及时可导致脑疝。患者突然抽搐,意识不清,两侧瞳孔不等大,应考虑合并脑疝(D)。

48. ABCDE ①老年房颤患者,心房内栓子脱落后易发生脑栓塞。患者起病急,突发三偏征,应诊断为脑栓塞(C)。②脑血栓形成常于安静中缓慢发病。脑出血常于活动时突然发病。蛛网膜下腔出血起病急,常有剧烈头痛,明显脑膜刺激征。患者无明显脑膜刺激征,故不答 E。

49. ABCDE 脑栓塞的治疗原则包括 ABCE 四项,不宜溶栓治疗。

50. ABCDE 脑叶出血约占脑出血的 5%~10%,出血以顶叶最多见,其次为颞叶、枕叶、额叶等。

51. ABCDE ①绝大多数高血压脑出血发生在基底节区,约占脑出血总数的 70%,其中壳核出血(内囊外侧型)占 60%,丘脑出血(内囊内侧型)占 10%~15%。②壳核出血系豆纹动脉外侧支破裂所致,豆纹动脉自脑底部由大脑中动脉呈直角发出,承受压力较大的血流冲击,容易导致血管破裂出血,故称为出血动脉,答案为 D。③基底动脉脑桥支破裂常导致脑桥出血。大脑前动脉破裂常导致额叶出血。大脑后动脉破裂可引起蛛网膜下腔出血。室管膜下动脉破裂常导致脑室出血。

52. ABCDE ①小脑出血常表现为头痛、呕吐、眩晕、共济失调,可伴有枕部疼痛。重症者可出现昏迷、脑干受压征象,双侧瞳孔缩小,呼吸不规则。根据题干,本例应诊断为小脑出血(E)。②颞叶出血常表现为失语、精神症状。顶叶出血常表现为偏身感觉障碍、轻偏瘫、对侧下象限盲。枕叶出血常表现为视野缺损。内囊出血常表现为三偏综合征。

53. ABCDE 54. ABCDE 55. ABCDE ①高血压是脑出血最常见的病因。高血压患者大便后突然颅内压增高(头痛、呕吐)、偏瘫,应考虑脑出血。患者为左侧偏瘫、偏身感觉障碍,应诊断为右侧内囊基底节区出血(B)。脑血栓形成常在安静状态下发病,起病较缓,故不答 CD。小脑出血常表现为头痛、呕吐、眩晕、共济失调等。②脑出血首选头颅 CT 检查(B)。③脑出血多为高血压、动脉粥样硬化所致,止血药物对其作用不大(E)。ABCD 均属于脑出血的常规治疗。

56. ABCDE 蛛网膜下腔出血的病人一般不行腰椎穿刺,以免诱发脑疝。但若腰穿发现均匀一致的血性脑脊液,则为其特征性表现(E)。ABCD 均无特异性,故不作为答案项。

57. ABCDE ①患者突然起病,病程短,故可首先排除答案 AC。②患者右眼睑下垂,右眼球上下及内收不能,右侧瞳孔散大,右侧直接对光反射消失,提示右侧动眼神经麻痹。患者突发剧烈头痛,恶心呕吐,神志清楚,脑膜刺激征阳性,右侧动眼神经受累,无中枢性偏瘫,无感觉障碍,应诊断为蛛网膜下腔出血(D)。③脑桥梗死常表现为眩晕、一侧面神经、三叉神经、外展神经损害伴对侧肢体瘫痪等。海绵窦血栓形成常表现为头痛、恶心呕吐、意识障碍、眼眶部疼痛、眶部压痛、患侧眼球突出、眼睑不能闭合,可有动眼神经、滑车神经、外展神经、三叉神经受累。

58. ABCDE ①蛛网膜下腔出血好发于青年人,常表现为突发剧烈头痛,喷射性呕吐,脑膜刺激征等。根据题干,本例应诊断为蛛网膜下腔出血(B)。②脑栓塞、脑梗死多见于老年人,常无脑膜刺激征。患者病程仅 1 小时,不可能为脑脓肿、急性病毒性脑炎,故不答 DE。

59. ABCDE 60. ABCDE 61. ABCDE 62. ABCDE ①中年男性,突发剧烈头痛,脑膜刺激征阳性,眼底检查见玻璃体下出血,应诊断为蛛网膜下腔出血(E)。ABCD 均不会出现脑膜刺激征和玻璃体下出血。②蛛网膜下腔出血首选头颅 CT 检查(A)。③蛛网膜下腔出血最常见的病因是颅内动脉瘤,结合 CT 所见,应诊断为脑动脉瘤破裂出血(B)。④为明确脑动脉瘤的大小、部位、是否钙化等情况,目前首选 CT 血管成像(CTA),临床上已逐步取代了脑血管造影(DSA),因为 DSA 为有创检查。

63. ABCDE　ABCE 项表现均无特异性，故答 D。
64. ABCDE　ABCD 均属于阿尔茨海默病的常见临床表现，但不会出现昏迷，故答 E。
65. ABCDE　单纯疱疹病毒性脑炎是由单纯疱疹病毒引起的一种急性中枢神经系统感染性疾病，是中枢神经系统最常见的病毒感染性疾病。
66. ABCDE　①单纯疱疹病毒性脑炎脑脊液检查可有压力增高，有核细胞数增多，以淋巴细胞增多为主；可有红细胞计数增多；蛋白质呈轻、中度增高；糖和氯化物正常。②"外观混浊或呈脓性"为化脓性脑膜炎的典型脑脊液特点，故答 D。
67. ABCDE　单纯疱疹病毒性脑炎的病理特点是脑组织水肿、软化、出血、坏死，故又称急性坏死性脑炎。本例病理检查见脑实质出血坏死，应诊断为单纯疱疹病毒性脑炎。
68. ABCDE　研究表明，嗜神经毒素 1-甲基-4-苯基-1，2，3，6-四氢吡啶（MPTP）可诱发人和其他灵长类动物出现典型的帕金森综合征表现（C）。MPTP 在脑内可经单胺氧化酶作用，转变为强毒性的 1-甲基-4-苯基-吡啶离子（MPP^+），MPP^+被多巴胺转运体选择性摄入黑质多巴胺能神经元内，导致多巴胺能神经元变性、丢失。
69. ABCDE　①左旋多巴为多巴胺的前体，在黑质纹状体内，左旋多巴在多巴脱羧酶的作用下脱去羧基可生成多巴胺（B）。多巴胺是一种神经递质。②单胺氧化酶、儿茶酚-氧位-甲基转移酶（COMT）为分解多巴胺的酶类。酪氨酸羟化酶可将酪氨酸转化为左旋多巴。胆碱酯酶可将乙酰胆碱分解为乙酸和胆碱。
70. ABCDE　ABCDE 均属于帕金森病的临床表现，其中静止性震颤常为首发症状。
71. ABCDE　帕金森病三个主要体征为：静止性震颤，肌张力增高，运动迟缓。
72. ABCDE　氯丙嗪属于吩噻嗪类药物，长期服用可导致继发性帕金森综合征，故不宜使用（E）。ABCD 均属于治疗帕金森病的药物。
73. ABCDE　74. ABCDE　75. ABCDE　①老年患者有"静止性震颤、铅管样肌强直、动作迟缓"三大典型症状，应诊断为帕金森病（B）。②中老年发病+缓慢进展性病程+运动迟缓（为必备项）+3 项中至少 1 项（静止性震颤、肌强直、姿势平衡障碍）+偏侧起病+左旋多巴治疗有效，即可做出临床诊断。可见，帕金森病的诊断主要依靠病史和体格检查，而不是 BCDE 项检查。③对于 65 岁以上的帕金森病患者，治疗首选复方左旋多巴（A）。
76. ABCDE　按病因不同，临床上将癫痫分为症状性（继发性）癫痫、特发性癫痫、隐源性癫痫三类，其中以隐源性癫痫最常见，占全部癫痫的 60%～70%（D）。
77. ABCDE　癫痫临床表现的共同特征包括：发作性、短暂性、重复性、刻板性，不包括周期性（E）。
78. ABCDE　ABCD 均属于单纯部分性发作，自动症属于复杂部分性发作（E）。
79. ABCDE　复杂部分性发作也称精神运动性发作，占成人癫痫发作的 50%以上（B）。
80. ABCDE　①癫痫失神发作常于儿童期起病，青春期前停止发作，表现为突然意识丧失 3～15s，可伴简单自动性动作、失张力（手中持物坠落），不会跌倒，醒后不能回忆，每日可发作数次或数百次。脑电图示双侧对称性 3Hz 棘-慢综合波。根据病史及临床表现，本例应诊断为失神发作（D）。②复杂部分性发作常表现为不同程度的意识障碍，可伴有自动症、运动症状等。部分性发作常表现为身体某一局部发生不自主抽动，或一侧肢体麻木感和针刺感，病变部位多在口角、舌、手指或足趾等。杰克逊（Jackson）癫痫是指异常运动从局部开始，沿大脑皮质运动区移动，表现为抽搐自手指-腕部-前臂-肘-肩-口角-面部逐渐发展。
81. ABCDE　脑电图是诊断癫痫最重要的辅助检查，能记录到发作或发作间期痫样放电，阳性率约 50%。
82. ABCDE　任何类型的癫痫均可出现癫痫持续状态，其中，以全面强直-阵挛发作最常见。
83. ABCDE　强直性发作好发于儿童，常睡眠中发作。表现为全身骨骼肌强直性收缩，常伴面色苍白等自主神经症状。发作持续数秒至数十秒。癫痫发作期 EEG 为暴发性多棘波。根据题干，本例应诊断为强直性发作（D）。

84. ABCDE　癫痫成人部分性发作首选卡马西平,儿童部分性发作首选奥卡西平,全面强直-阵挛发作首选丙戊酸钠,失神发作首选乙琥胺,癫痫持续状态首选地西泮静注。癫痫治疗的首选药物常考,请牢记。

85. ABCDE　86. ABCDE　87. ABCDE　①青年男性,阵发性全身强直,短暂发作后可自行停止,恢复如常人,应诊断为癫痫发作。ABCE 均不可能在 2 分钟之内恢复正常。②诊断癫痫的最重要辅助检查是脑电图(EEG)。③治疗癫痫首选抗癫痫药物。

88. ABCDE　血清 AQP4 抗体为视神经脊髓炎相对特异性自身抗体,具有较高的诊断价值。ABDE 均无特异性。

89. ABCDE　A 为多发性硬化的 MRI 特点,B 为视神经脊髓炎的 MRI 特点,C 为同心圆硬化的 MRI 特点,E 为脑桥中央髓鞘溶解症的 MRI 特点。

90. ABCDE　91. ABCDE　92. ABCDE　脊髓压迫症的常见病因是肿瘤,约占 1/3。位于髓外硬膜内最常见的肿瘤是神经鞘膜瘤,脊髓内肿瘤以神经胶质细胞瘤最常见,硬膜外肿瘤以转移瘤最常见。

93. ABCDE　脊髓半切(Brown-Sequard)综合征常见于脊髓髓外肿瘤的脊髓部分受压期,常表现为病变节段以下,同侧上运动神经元性瘫痪、深感觉障碍,对侧痛温觉障碍。

94. ABCDE　脊髓外硬膜内肿瘤患者尿便障碍出现较晚,较早出现尿便障碍为髓内肿瘤的特点(D 错)。ABCE 都是脊髓外硬膜内肿瘤的特点。

95. ABCDE　96. ABCDE　97. ABCDE　①患者病程长达 10 个月,不可能诊断为急性脊髓炎,可首先排除答案 B。慢性脊髓炎、多发性硬化症、Guillain-Barre 综合征均不会出现椎管梗阻,只有脊髓压迫症才可能出现椎管梗阻,故答 C。②髓外病变病变对侧的感觉障碍常呈上行性进展,髓内病变常呈下行性进展。患者左足麻木向上扩延,应首先考虑右侧髓外病变,故答 C。③脊髓压迫症早期常表现为脊髓半切综合征,即同侧病变节段以下上运动神经元性瘫痪、深感觉障碍,对侧病变平面 2~3 个节段以下的痛温觉丧失。本例左侧 T_4 以下痛温觉消失,说明病变部位在 T_1~T_2(B)。

98. ABCDE　三叉神经痛常表现为面颊上下颌及舌部明显剧烈疼痛,呈电击样、针刺样、刀割样或撕裂样,持续数秒或 1~2 分钟,突发突止,间歇期完全正常。神经系统检查无阳性体征。

99. ABCDE　三叉神经痛常局限于三叉神经第 2 或 3 支分布区,以上颌支、下颌支多见。

100. ABCDE　①三叉神经痛患者口角、鼻翼、颊部或舌部为敏感区,轻触可诱发,称为触发点(D)。②继发性三叉神经痛可出现三叉神经支配区的感觉障碍、角膜反射消失、患侧咀嚼肌瘫痪、咬合无力、张口时下颌向患侧偏斜。但原发性三叉神经痛角膜反射正常、无咀嚼肌瘫痪、无咬合无力、无下颌偏斜。临床上所说的"三叉神经痛"一般是原发性三叉神经痛的简称,故答 D。

101. ABCDE　①患者长期面部剧痛而不是头痛,故可首先排除答案 BCE。②患者发作性面部剧痛,时间短暂,可自行缓解,且无神经系统阳性体征,应诊断为三叉神经痛(D)。③面神经炎常有面瘫体征,也不可能在短时间内自行恢复,故不答 A。

102. ABCDE　面神经炎为周围性面神经麻痹,可导致同侧上、下部面肌瘫痪,表现为患侧额纹消失、不能皱眉、眼裂不能闭合,露齿时口角歪向健侧(C)。

103. ABCDE　104. ABCDE　①Bell 征阳性是指患者闭眼时眼球向外上方转动,露出白色巩膜,是面神经炎的特征性体征,故答 C。患者为耳痛而不是头痛,故不答 A。三叉神经痛常表现为阵发性面部剧痛,持续数秒或 1~2 分钟,可自行缓解,恢复期宛如常人,无神经系统阳性体征,故不答 B。面神经炎多为单侧面瘫,而吉兰-巴雷综合征多为双侧面瘫,故不答 D。神经莱姆病常伴发热、皮肤游走性红斑等,故不答 E。②ABDE 都是面神经炎的治疗措施,加巴喷丁为三叉神经痛的治疗药物,故答 C。

105. ABCDE　吉兰-巴雷综合征的首发症状多为对称性四肢迟缓性瘫痪,肢体感觉障碍一般较轻,呈手套-袜套样分布(D 错)。严重病例可累及肋间肌、膈肌导致呼吸肌麻痹。脑神经损害以双侧面神经麻痹最常见。脑脊液检查有特征性蛋白质-细胞分离,即蛋白质增高而细胞数目正常。

106. ABCDE　吉兰-巴雷综合征与周期性瘫痪最重要的鉴别要点是有无血钾降低,前者血钾正常,后者血钾降低。

107. ABCDE ①吉兰-巴雷综合征常急性起病，病前1~3周常有上呼吸道或胃肠道感染史。首发症状常为四肢对称性迟缓性瘫痪，自远端向近端发展。四肢腱反射减弱或消失，病理反射阴性。感觉障碍一般比运动障碍轻。少数患者可有腓肠肌压痛。根据题干，本例应诊断为吉兰-巴雷综合征（C）。②脑梗死、脑出血常为偏瘫，且头颅CT检查常有阳性发现，故不答AD。周期性瘫痪常表现为反复发作性骨骼肌迟缓性瘫痪，下肢重于上肢，近端重于远端，可自行缓解或补充钾盐后缓解，故不答B。急性脊髓炎起病急，常表现为截瘫，故不答E。

108. ABCDE 重症肌无力的发病机制与自身抗体（乙酰胆碱受体抗体，即AChR抗体）介导的神经-肌肉接头突触后膜上AChR（乙酰胆碱受体）损害有关。

109. ABCDE 110. ABCDE ①重症肌无力可累及全身骨骼肌，但以脑神经支配的肌肉最先受累（A）。首发症状常为一侧或双侧眼外肌麻痹，如上睑下垂、斜视、复视、眼球运动受限，但瞳孔括约肌不受累。②低钾型周期性瘫痪常表现为四肢对称性瘫痪，近端重于远端，下肢重于上肢（D）。脑神经支配的肌肉一般不受累。

111. ABCDE 重症肌无力危象是指呼吸肌受累时出现咳嗽无力，甚至呼吸困难，需用呼吸机辅助通气，是致死的主要原因。

112. ABCDE ①溴吡斯的明为胆碱酯酶抑制剂，可减少ACh水解，改善神经-肌肉接头间的信息传递，增加肌力。其副作用为毒蕈碱样反应，可用阿托品对抗。②泼尼松、环磷酰胺虽能抑制自身免疫反应，减少AChR抗体的生成，但起效慢，一般不作为首选药物。新霉素可加重神经-肌肉接头传递障碍，禁用。

113. ABCDE ①患者双上睑下垂，四肢无力，晨轻暮重，应诊断为重症肌无力，常使用胆碱酯酶抑制剂溴吡斯的明进行治疗。若使用过量，可造成乙酰胆碱在体内大量堆积，产生胆碱能系统亢进的临床表现，出现M样症状，如呼吸困难、多汗、流涎、瞳孔缩小。乙酰胆碱在体内胆碱酯酶的作用下，水解为乙酸和胆碱而失活。②胆碱酯酶受抑制与肾上腺素能系统、5-羟色胺（5-HT）系统功能无关，故不答ABE。

114. ABCDE 低钾型周期性麻痹发作时，应给予10%氯化钾溶液，24小时内分次口服，一日总量为10g。

115. ABCDE 116. ABCDE 117. ABCDE 118. ABCDE ①心电图示U波出现，提示低钾血症，应诊断为低钾型周期性瘫痪（E）。ABCD均不会出现低钾血症。②为明确诊断，首选血钾测定（D）。③低钾型周期性瘫痪的治疗首选口服或静脉补钾（D）。口服乙酰唑胺常用于治疗正常钾型周期性瘫痪，静注10%葡萄糖酸钙常用于治疗高钾型周期性瘫痪。④氢氯噻嗪为排钾型利尿剂，不适合低钾型周期性瘫痪的治疗（B）。螺内酯为保钾型利尿剂，可以使用，故不答A。

119. ABCDE 类重症肌无力是一种免疫介导的副肿瘤综合征，主要累及突触前膜，导致神经末梢乙酰胆碱释放减少，其原发灶多为肺小细胞癌。本病的确诊有赖于肌电图的特征性表现，即在低频（3Hz）重复电刺激时复合肌肉动作电位（CMAP）波幅衰竭25%以上，而高频（30~50Hz）重复电刺激后CMAP波幅增加200%以上（A）。参阅13版《实用内科学》P2912。

第十七篇　精神病学试题

1. 诊断精神障碍的最好方法是
   A. 实验室检查　B. 心理测验　C. 既往病史资料
   D. 现症精神状况检查　E. 现症精神状况结合病史资料
2. 感觉是指
   A. 对客观事物个别属性的反映　B. 客观事物刺激人脑的过程　C. 对客观事物的正确反映
   D. 是对客观事物歪曲的知觉　E. 对客观事物整体属性和本质的反映
3. 感觉减退常见于
   A. 精神分裂症　B. 抑郁发作　C. 神经症
   D. 人格障碍　E. 更年期综合征
4. 精神科最常见的幻觉是
   A. 幻听　B. 幻视　C. 幻嗅
   D. 幻味　E. 幻触
5. 感知综合障碍不包括
   A. 内脏性不适　B. 时间感知综合障碍　C. 非真实感
   D. 视物变形症　E. 空间感知综合障碍
6. 不属于思维形式障碍的是
   A. 思维贫乏　B. 思维破裂　C. 病理性赘述
   D. 语词新作　E. 妄想
7. 抑郁发作常表现为
   A. 思维破裂　B. 思维迟缓　C. 思维插入
   D. 强迫性思维　E. 思维贫乏
8. 病人最近数月一直耳闻人语声，讲"要抓他"，非常害怕，病人称："家中有窃听器、摄像机，马路上有人跟踪，自己完全被控制了。"该病人的症状主要是
   A. 思维散漫　B. 被害妄想　C. 被控制感
   D. 错觉　E. 关系妄想
9. 某男性站在窗前赏花，看到窗前落下一片纸屑，他突然意识到有人在散发传单陷害自己，并坚信不疑。这种症状是
   A. 原发性妄想　B. 继发性妄想　C. 心因性幻觉
   D. 功能性幻觉　E. 反射性幻觉
10. 被洞悉感常见于
    A. 抑郁发作　B. 精神分裂症　C. 躁狂症
    D. 分离(转换)性障碍　E. 老年性痴呆
11. 逆行性遗忘常见于
    A. 精神分裂症　B. 躁狂发作　C. 脑外伤
    D. 分离(转换)性障碍　E. 阿尔茨海默病

12. 假性痴呆
A. 由大脑弥散性损害所致　B. 由大脑局限性损害所致　C. 由小脑弥散性损害所致
D. 由小脑局限性损害所致　E. 脑组织结构无任何器质性损害

13. 情感低落常见于
A. 躁狂发作　B. 抑郁发作　C. 阿尔茨海默病
D. 精神分裂症　E. 精神发育迟滞

14. 脑器质性精神障碍的情感障碍是
A. 情感高涨　B. 情感淡漠　C. 情感倒错
D. 欣快　E. 焦虑

15. 意志增强常见于精神分裂症
A. 单纯型　B. 青春型　C. 偏执型
D. 紧张型　E. 混合型

16. 不协调性精神运动性兴奋常见于
A. 抑郁发作　B. 躁狂发作　C. 精神分裂症
D. 惊恐发作　E. 分离(转换)性障碍

17. 蜡样屈曲常常是在什么行为障碍的基础上发生的?
A. 木僵　B. 缄默症　C. 违拗症
D. 协调性精神运动性兴奋　E. 不协调性精神运动性兴奋

18. 病人呆坐于一旁,对医生的任何提问均不作答,医生让其开口喝水,患者却故意用力紧闭双唇。该患者的症状为
A. 木僵　B. 缄默症　C. 主动违拗
D. 被动违拗　E. 蜡样屈曲

19. 模仿动作常见于
A. 强迫症　B. 躁狂症　C. 抑郁症
D. 精神分裂症　E. 脑器质性精神障碍

20. 关于自知力的描述,正确的是
A. 自知力可用于判断精神疾病的严重程度　B. 重度精神病患者都没有自知力
C. 自知力是对自己行为的控制能力　D. 分离(转换)性障碍患者都有自知力
E. 精神病性症状完全缓解后自知力就会完全恢复

21. 抑郁综合征的典型临床表现是
A. 情绪低落、思维迟缓、意志活动减退　B. 木僵、思维迟缓、意志活动减退
C. 情绪低落、思维迟缓、意志缺乏　D. 情绪低落、思维破裂、意志活动减退
E. 情绪淡漠、思维迟缓、意志活动减退

22. 不支持急性脑器质性精神障碍诊断的症状是
A. 幻视　B. 错觉　C. 注意涣散
D. 意识清晰　E. 定向障碍

23. 有关急性脑综合征的叙述,正确的是
A. 一般无意识障碍　B. 主要症状是易兴奋和易疲劳　C. 多见于精神分裂症
D. 多由器质性疾病所致　E. 对神经症性障碍的诊断具有特异性

24. 患者,男性,58岁。高血压病史10年。近3年来失眠,记忆力减退,工作效率下降。近1年来上述症状加重,言语不清,双手震颤,情绪低落,自责自罪,有时不认识周围人,裸体外跑。查体:眼底动脉细如铜丝状,双膝反射亢进,病理反射未引出。头颅CT示数个小的梗死灶。最可能的诊断是

A. 阿尔茨海默病　B. 抑郁症　C. 脑血管病所致精神障碍
D. 人格障碍　E. 精神分裂症

25. 记忆减退在脑器质性精神障碍的初期表现为
A. 顺行性遗忘　B. 逆行性遗忘　C. 瞬间记忆障碍
D. 错构　E. 近事遗忘

26. 不属于阿尔茨海默病常见临床表现的是
A. 记忆障碍　B. 社会功能受损　C. 可出现人格改变
D. 可出现幻觉、妄想　E. 早期表现为多疑

27. 女，68 岁。进行性记忆力下降 5 年。近半年多次因忘记关天然气而引起厨房失火，想不起常用日用品的名称。整日在家找东西，将家里弄得乱七八糟，并怀疑儿媳妇偷东西。既往体健，家族无类似疾病者，查体无阳性体征。辅助检查：头部 CT 示脑萎缩。Hachinski 缺血指数量表（HIS）评分为 3 分。患者最可能的诊断是
A. 血管性痴呆　B. 妄想性障碍　C. 精神分裂症
D. 阿尔茨海默病　E. 假性痴呆

28. 脑血管疾病时伴发的精神障碍主要表现为
A. 幻觉　B. 妄想　C. 抑郁
D. 焦虑、紧张　E. 思维迟钝

（29～30 题共用题干）患者，男性，65 岁。近 5 年来怀疑妻子有外遇，经常为小事激动，控制不住地哭泣。记忆力下降，曾走失 1 周找不到家，被警察送回。吃饭用手抓。高血压病史 10 余年。神经系统检查：血压 220/114mmHg，说话口齿不清，右侧下肢轻度偏瘫，肌张力增高，Babinski 征阳性。

29. 该患者最可能的诊断为
A. 阿尔茨海默病　B. 脑血管性痴呆　C. 脑肿瘤所致精神障碍
D. 脑炎所致精神障碍　E. 精神分裂症

30. 为明确诊断，首选的检查是
A. 脑电图　B. 脑血流图　C. 头颅 CT
D. 脑脊液检查　E. 智商测定

31. 对躯体疾病所致谵妄状态的处理，不正确的方法是
A. 积极治疗原发疾病　B. 精神症状对症处理　C. 加强护理与支持治疗
D. 环境干预，越安静越好　E. 告知家属相关知识，消除紧张情绪

32. 躯体疾病所致精神障碍急性期的主要表现是
A. 智能障碍　B. 意识障碍　C. 人格改变
D. 遗忘综合征　E. 认知障碍

33. 女，40 岁。出现失眠、心悸、消瘦、情绪易激动、注意力不集中、眼球突出半年。其根本治疗措施是
A. 抗焦虑治疗　B. 治疗失眠　C. 治疗原发病
D. 心理治疗　E. 控制情绪

34. 药物依赖是指个体对药物产生
A. 精神依赖　B. 躯体依赖　C. 耐受性增加
D. 精神和躯体依赖　E. 耐受性降低

35. 我国的毒品不包括
A. 海洛因　B. 大麻　C. 可卡因
D. 咖啡因　E. 阿片

36. 与成瘾物质产生快感密切相关的是
A. 乙酰胆碱系统　B. 多巴胺系统　C. 5-羟色胺系统
D. 去甲肾上腺素系统　E. γ-氨基丁酸系统

37. 戒断综合征的临床表现不包括
A. 情绪改变　B. 幻觉或错觉　C. 判断力增强
D. 失眠　E. 人格改变

38. 不属于阿片类物质的是
A. 吗啡　B. 哌替啶　C. 可待因
D. 苯丙胺　E. 海洛因

39. 不属于中枢系统兴奋剂的成瘾物质是
A. 苯丙胺　B. 冰毒　C. 摇头丸
D. 麻黄碱　E. 美沙酮

40. 吗啡、海洛因等短效药物的戒断症状常出现于停药后
A. 3~5 小时　B. 5~8 小时　C. 8~12 小时
D. 12~24 小时　E. 48~72 小时

41. 男,56 岁。长期大量饮酒 30 年。因母亲去世忙于料理后事而停止饮酒,2 天后出现不识家人,不知自己身在何处,听见死去的亲人与他说话,看见房间里有很多蚂蟥。体温 39.5℃,四肢粗大震颤,表情惊恐。患者最可能的诊断是
A. 急性应激障碍　B. 酒精性幻觉症　C. 精神分裂症
D. 早老性痴呆　E. 震颤谵妄

42. 男,40 岁。有长期大量饮酒史。最近一段时间记忆障碍,做事丢三落四。1 天前开始不认识家人,不知道自己的家在哪里,胡言乱语。查体:患者明显眼球震颤。该患者最可能的诊断是
A. 震颤谵妄　B. Wernicke 脑病　C. 酒精性痴呆
D. 酒精性妄想症　E. Korsakoff 综合征

43. 长期大量饮酒者如突然断酒,震颤谵妄常出现在断酒后
A. 4 小时　B. 8 小时　C. 12 小时
D. 24 小时　E. 48 小时

44. 酒精依赖者出现记忆力下降、遗忘、错构、虚构和定向力障碍,称为
A. Wernicke 脑病　B. Korsakoff 综合征　C. 阿尔茨海默病
D. Ganser 综合征　E. 精神发育迟滞

45. Wernicke 脑病是由于缺乏
A. 维生素 B_1　B. 维生素 B_6　C. 维生素 B_{12}
D. 维生素 A　E. 维生素 D

46. 患者,女性,40 岁。3 年来长期服用舒乐安定治疗失眠症,近 1 年来为了达到满意的睡眠效果,不断加大药物剂量。若患者睡前不服药或减少服用剂量则夜间难以入睡,第二天更是无精打采,无法集中注意力,影响正常工作和生活。该患者应考虑
A. 焦虑症　B. 抑郁发作　C. 癔症
D. 药物依赖　E. 心因性精神障碍

47. 患者,男,45 岁。嗜酒 20 年,断酒后 3 天凭空听到枪声和喊杀声。患者意识清晰,非常害怕,到处躲避,定向力完整。该患者的症状为
A. 谵妄　B. 酒精性幻觉症　C. 酒精性妄想症
D. 恐惧症　E. 科萨可夫综合征

48. 关于精神分裂症的神经生化假说,不正确的是
A. 多巴胺功能异常假说　B. 中枢谷氨酸功能不足假说　C. 5-羟色胺功能异常假说
D. GABA 能神经元减少假说　E. 去甲肾上腺素功能低下假说
49. 精神分裂症最重要的致病因素是
A. 环境因素　B. 遗传因素　C. 生化因素
D. 精神因素　E. 脑萎缩
50. 不属于精神分裂症阳性症状的是
A. 联想散漫　B. 妄想　C. 幻觉
D. 快感缺失　E. 行为紊乱
51. 不属于精神分裂症阴性症状的是
A. 言语贫乏　B. 情感迟钝　C. 听幻觉
D. 快感缺失　E. 意志减退
52. 精神分裂症的诊断要点不包括
A. 起病于青壮年　B. 排除器质性或躯体疾病　C. 精神症状至少持续 1 个月
D. 自知力丧失或不完整　E. 至少有两项精神病阳性或阴性症状
53. 目前诊断精神分裂症主要依靠的手段是
A. 临床观察　B. 心理学测试　C. 遗传学测试
D. 脑电图检查　E. 脑影像学检查
54. 女,20 岁。近 3 个月来觉得同学们在背后议论和讥笑她,老师上课也对她指桑骂槐,在公共汽车上常常觉得有人跟踪监视她,不到预定车站就下车。该患者最可能的诊断是
A. 疑病症　B. 躁狂症　C. 分离(转换)性障碍
D. 精神分裂症　E. 抑郁发作
55. 女,25 岁。近半年来睡眠不好,疲乏无力,与家人和同事很少说话,工作效率明显下降,常常独自发笑,有时自言自语,怀疑邻居和同事说她的坏话,甚至监视她。头颅 CT 及体格检查均未见异常。该患者最可能的诊断是
A. 焦虑症　B. 麻痹性痴呆　C. 精神分裂症
D. 分离性障碍　E. 抑郁发作
56. 抗精神病药物应用原则不包括
A. 用药前进行常规体检　B. 尽可能单一用药　C. 足量足疗程
D. 剂量个体化　E. 从小剂量开始,迅速加到治疗剂量
57. 抗精神病药物导致的急性肌张力障碍常表现为
A. 斜颈和眼上翻　B. 反复原地踏步　C. 面具脸
D. 四肢抽搐　E. 震颤
58. 属于高效价抗精神病药的是
A. 氯丙嗪　B. 氟哌啶醇　C. 利培酮
D. 奥氮平　E. 氯氮平
59. 具有多巴胺受体部分激动作用的抗精神病药物是
A. 利培酮　B. 奥氮平　C. 喹硫平
D. 阿立哌唑　E. 齐拉西酮
60. 抗精神病药的禁忌证是
A. 室性早搏　B. 甲状腺功能亢进　C. 孕妇
D. 白细胞减少　E. 闭角型青光眼

(61~63 题共用题干)患者,女性,18 岁。半年来不出门,怕见人,不去上课,要求作美容手术,因为照镜子发现鼻子变得又大又难看,说班上的同学和路上的行人看她的眼光很特别,而且能使她头痛和身体发凉。说自己不是父母亲生的,坚持要做亲子鉴定。说自己整天被电波控制而不能自主。

61. 该患者没有的症状是

A. 关系妄想　B. 非血统妄想　C. 物理影响妄想
D. 感知综合障碍　E. 被洞悉妄想

62. 目前治疗的首选药物是

A. 氯丙嗪　B. 氟哌啶醇　C. 奋乃静
D. 奥氮平　E. 舒必利

63. 若足量使用了上述抗精神病药物,至少需治疗多长时间无效,才考虑换药?

A. 1~2 周　B. 2~4 周　C. 4~6 周
D. 6~8 周　E. 8~10 周

(64~65 题共用题干)男,30 岁。近 5 个月来变得少语,与同事和朋友接触少,睡眠差,疲乏无力,工作效率明显下降,有时自笑自语,怀疑有人监视他的言行,个人独处时听到有人议论他的衣着和打扮或批评他。体格检查及头颅 CT 均无异常发现。

64. 最可能的诊断是

A. 焦虑症　B. 躁狂症　C. 创伤后应激障碍
D. 精神分裂症　E. 抑郁症

65. 应选择的治疗药物是

A. 苯二氮䓬类药物　B. 抗精神病药物　C. 中枢兴奋剂
D. 心境稳定剂　E. 选择性 5-羟色胺再摄取抑制剂

66. 诊断抑郁症的首要症状是

A. 精力明显减退、疲乏　B. 思维困难、联想缓慢　C. 情绪低落、兴趣下降
D. 自卑、自责、自杀观念　E. 失眠、早醒、体重减轻

67. 患者,女性,20 岁。最近半年表情忧愁,常常唉声叹气,心境苦闷,觉得自己前途灰暗,偶尔出现自杀念头。其核心症状为

A. 情绪不稳　B. 情感淡漠　C. 情绪低落
D. 思维贫乏　E. 思维散漫

68. 女,55 岁。近 1 个月来头痛、乏力、早醒、坐立不安,常担心家人会出事,怀疑自己得了不治之症,给家庭带来麻烦,悲观失望。最可能的诊断是

A. 神经衰弱　B. 焦虑症　C. 抑郁症
D. 疑病症　E. 癔症

69. 男,20 岁,大二学生。两周来突然兴奋话多,言语夸大,说自己是中国的乔布斯,能开很多家公司,每个都可以进入世界 500 强。连夜搞发明创造,吃饭都狼吞虎咽,说要分秒必争。家人朋友劝阻他就发脾气,说他们弱智,不配与自己说话。针对该患者宜首选的药物是

A. 曲唑酮　B. 碳酸锂　C. 氯氮平
D. 米氮平　E. 布普品

70. 属于 5-羟色胺和去甲肾上腺素再摄取抑制剂代表药物的是

A. 文拉法辛　B. 舍曲林　C. 氨非他命
D. 氟西汀　E. 阿米替林

71. 女,22 岁。半年前诊断为精神分裂症,平时服用利培酮治疗,病情稳定。半月前因与男朋友分手,情

绪低落、话少。近 3 天加重，整日躺在床上，不语不动，拒绝进食，常双眼含泪。家人反复询问下有时能用点头、摇头表示。患者目前首要的处理方法是

A. 暗示治疗　　B. 认知治疗　　C. 电抽搐治疗
D. 抗精神病药加量　　E. 加用抗抑郁药

(72~74 题共用题干)女性，22 岁。1 个月前因工作失误受到领导当众批评，感到委屈，出现失眠，早醒，觉得没有前途，整天闷闷不乐，少与人交往，认为人心难测，怀疑同事在背后议论她。1 周来又表现为话多，信心十足，自我感觉良好，购买了多种复习资料说要考北京大学，通宵看书，说要把失去的时间补回来，认为领导当初批评她是因为嫉妒。

72. 该患者的基础治疗药物首选
A. 喹硫平　　B. 地西泮　　C. 碳酸锂
D. 奥氮平　　E. 利培酮

73. 用药前的必做检查是
A. 血常规　　B. 心电图　　C. 肝功能
D. 肾功能　　E. 胸片

74. 患者在服药 2 周后，出现恶心呕吐、腹泻、手指震颤、抽动。为明确是否为药物的不良反应，其首选的检查项目是
A. 肝功能　　B. 肾功能　　C. 血锂浓度检测
D. 脑电图　　E. 心电图

75. 关于神经症，正确的叙述是
A. 多数伴有人格障碍　　B. 多在强烈心理刺激下发病　　C. 症状的特异性较差
D. 起病一般较急　　E. 患者的社会功能不受影响

(76~78 题共用题干)男，34 岁。近 1 个月来多次因阵发性恐惧、胸闷、濒死感在医院急诊科就诊，症状持续约半小时后消失。多次查血常规、心电图及头颅 CT 等未见明显异常。患者为此担心苦恼，但仍能坚持工作。

76. 该患者的主要症状是
A. 心前区疼痛　　B. 急性焦虑发作　　C. 慢性焦虑症
D. 高血压危象　　E. 转换症状

77. 最可能的诊断是
A. 二尖瓣脱垂　　B. 甲状腺功能亢进症　　C. 广泛性焦虑障碍
D. 疑病障碍　　E. 惊恐障碍

78. 长期治疗最适当的药物是
A. 地西泮　　B. 甲巯咪唑　　C. 硝酸甘油
D. 帕罗西汀　　E. 普萘洛尔

(79~81 题共用题干)45 岁，男性，经理，急诊入院，自述半小时前突然感到气急、胸闷、心悸、头晕、出汗，自认为生命垂危，要求紧急处理。近 1 个月来这种情况发生过 3 次，每次持续 0.5~1 小时，发病间歇期一切正常，发病与饮食无明显关系。

79. 最可能的诊断是
A. 癔症发作　　B. 低钾血症　　C. 惊恐发作
D. 心肌梗死　　E. 癫痫

80. 最有助于鉴别诊断的项目是

A. 追问起病诱因　B. 心电图　C. 脑电图
D. 血钾测定　E. 脑 CT

81. 最适宜的急诊处理是
A. 输入葡萄糖　B. 补钾　C. 暗示治疗
D. 卡马西平治疗　E. 地西泮注射

(82~84 题共用题干)女性,18 岁,大学新生。患者自幼父母溺爱,从未离开过父母。2 个月前远离家乡到某地读大学。入学初期,患者生活自理能力差,军训动作慢。约 2 周后,患者哭着给家人打电话,说不想读书,要求退学回家。经家人劝说后勉强坚持学习,但同学们发现患者经常不吃早餐,喜欢卧床,不修边幅,活动减少,不与他人谈话,有时旷课,有时独自流泪。精神检查:患者交谈切题,自诉心情不好,不想学习,食欲减退,住房条件差,因此想回家,自觉注意力难以集中,头脑昏昏沉沉,没有自杀念头。

82. 该患者的主要症状是
A. 情感淡漠　B. 幻觉　C. 错觉
D. 妄想　E. 情绪低落

83. 该患者最可能的诊断是
A. 广泛性焦虑障碍　B. 急性应激障碍　C. 适应障碍
D. 创伤后应激障碍　E. 抑郁症

84. 该疾病的病程一般不超过
A. 1 个月　B. 3 个月　C. 6 个月
D. 1 年　E. 2 年

85. 患者,女,20 岁。近 1 年来不愿去人多的地方,不愿与陌生人交往,担心别人议论,但一直坚持上学,与同学、家人交流尚好。最可能的诊断是
A. 惊恐障碍　B. 广泛性焦虑障碍　C. 社交焦虑症
D. 精神分裂症　E. 恐惧症

86. 女性,28 岁。近 1 年来每到人多的地方即出现心慌、胸闷、紧张、多汗、烦躁不安。此患者最可能的诊断是
A. 惊恐障碍　B. 恐惧症　C. 广泛性焦虑障碍
D. 强迫障碍　E. 抑郁症

87. 广泛性焦虑障碍的临床症状不包括
A. 预期性焦虑　B. 心动过速　C. 紧张性头痛
D. 入睡困难　E. 疑人迫害

88. 下列疾病中,以强迫思维为特征的是
A. 慢性酒精中毒　B. 强迫障碍　C. 精神分裂症
D. 广泛性焦虑障碍　E. 疑病障碍

89. 女性,17 岁,高中生。近半年来做数学题时反复核对答案,明知不对,但又无法控制,最可能的诊断是
A. 癔症　B. 妄想症　C. 强迫症
D. 精神分裂症　E. 神经衰弱

90. 女,24 岁,与同事发生口角后出现手舞足蹈,喊叫、打滚,一会又喊着对方的名字骂。约半小时恢复正常,患者以前也有类似发作 3 次,脑电图等检查均未发现异常。最可能的诊断是
A. 急性应激障碍　B. 躁狂症　C. 分离性障碍
D. 精神分裂症　E. 焦虑症

91. 女,25 岁。2 年来在遇到不开心的事情时,出现四肢强直和抽搐样表现,发作时能听清楚家人的呼唤但不予回答,无唇舌咬伤和大小便失禁。查体瞳孔无散大,对光反射存在。该患者最可能的诊断是
A. 创伤后应激障碍　B. 适应障碍　C. 癫痫
D. 神经衰弱　E. 分离(转换)性障碍

92. 女,23 岁。与路人争吵后四肢发抖,继而瘫在地上不能行走,被送到医院检查未发现器质性病变,该患者首选的治疗是
A. 暗示治疗　B. 抗抑郁药物　C. 对症治疗
D. 镇静催眠药物　E. 鼓励疏泄

(93~95 题共用题干)25 岁,农村妇女。与邻居口角,被对方打了一耳光,患者走回家中,取一菜刀追赶对方,被石头绊倒,当即神志不清,牙关紧闭,双手握拳,四肢僵硬,呼之不应。半小时后遂来急诊,尚未清醒。

93. 最急需的检查项目是
A. 神经系统检查　B. 脑 CT　C. 脑脊液
D. EEG　E. ECG

94. 检查结果未见异常,此时应做的处理是
A. 持续低流量给氧　B. 输液支持　C. 心电监护
D. 暗示治疗　E. 电抽搐治疗

95. 经初步处理后,患者已清醒,下一步最宜采取的治疗措施是
A. 生物反馈治疗　B. 物理治疗　C. 药物治疗
D. 针灸治疗　E. 心理治疗

96. 应激相关障碍与分离(转换)性障碍的共同点是
A. 反复发作　B. 症状内容与创伤内容无关　C. 暗示治疗常有效
D. 发病与精神因素有关　E. 症状表现为夸张色彩或表演色彩

97. 急性应激障碍的缓解时间通常为
A. 1 周　B. 2 周　C. 4 周
D. 6 周　E. 半年

98. 患者,男性,20 岁。地震余生半年后,其半年来焦虑万分,经常被噩梦如逃跑、追踪、地震复现所惊醒。有时发作性惊恐,心慌,气闷,腿软,跌倒,精神崩溃感,大汗淋漓。最可能的诊断是
A. 急性应激障碍　B. 创伤后应激障碍　C. 适应障碍
D. 惊恐发作　E. 广泛性焦虑症

99. 治疗贪食症的药物首选
A. 抗精神病药　B. 三环类抗抑郁药　C. 心境稳定剂
D. 抗焦虑药　E. 抗癫痫药

100. 患者,女,18 岁。为了减肥过分限制饮食,有时出现发作性暴食,暴食后自行诱发呕吐,体重明显减轻,伴焦虑、忧郁。该患者最可能的诊断为
A. 神经性呕吐　B. 抑郁症　C. 神经性厌食
D. 神经性贪食　E. 神经性厌食合并神经性贪食

101. 失眠症的诊断标准为每周至少
A. 失眠 2 次,持续 1 个月　B. 失眠 3 次,持续 1 个月　C. 失眠 2 次,持续 2 个月
D. 失眠 3 次,持续 2 个月　E. 失眠 2 次,持续 3 个月

102. 关于夜惊的叙述,错误的是
A. 好发于儿童　B. 突然睡眠中惊醒　C. 每次持续 1~10 分钟

D. 发作期容易唤醒　　E. 可伴呼吸急促

103. 较少出现精神病性症状的疾病状态是

A. 妄想状态　　B. 强迫状态　　C. 幻觉状态

D. 兴奋状态　　E. 谵妄状态

104. 广泛性焦虑障碍的主要临床表现是

A. 对自己躯体的健康过分担心　　B. 与现实不符的过分紧张和担心

C. 面临现实危险时的恐惧反应　　D. 濒死感，失控感

E. 对一些无意义想法的反复出现的不安

105. 女，31岁。产后2个月出现怕脏，担心宝宝被细菌感染，因而反复洗手、反复清洗奶瓶。丈夫下班回来，要求其必须换洗所有衣物。有时出现把宝宝扔出窗外的冲动，但从未真的实施。患者明知这些想法和行为不合理，也试图控制，但没有效果，内心非常痛苦。该患者最可能的诊断为

A. 抑郁症　　B. 恐惧症　　C. 疑病障碍

D. 精神分裂症　　E. 强迫障碍

106. 女，28岁。在与恋人的一次激烈争吵之后，倍感气愤、烦闷，次晨出现双下肢瘫痪、无法起立行走的症状，经查无神经系统器质性病变的临床依据。如欲对该患者实施尝试性心理治疗，首选的方法为

A. 放松训练　　B. 暗示疗法　　C. 自由联想

D. 认知疗法　　E. 支持疗法

107. 女，17岁。因学习压力大，成绩下降，近1个月每天上学至校门口时感到紧张、害怕，发生非喷射性呕吐，将早餐尽数呕出，消化科检查未发现异常，体重无明显下降，请病假在家时从不呕吐，进食亦无异常，该患者可能的诊断是

A. 社交恐惧症　　B. 神经性呕吐　　C. 惊恐障碍

D. 特定恐惧症　　E. 应激相关障碍

精神病学试题参考答案及详细解答

（正确答案为绿色的选项）

1. ABCDE ①临床上常见的精神疾病如精神分裂症、情感障碍等均无客观的实验室证据，也无特异性的心理测量学指标，因此很难根据实验室检查和心理测验结果来做出诊断。②不同的疾病有其自身发生、发展规律，同一疾病在不同时期也有不同的表现，因此，结合现症精神状况检查与病史资料是诊断精神障碍的最好方法（E）。

2. ABCDE 感觉是指大脑对客观事物作用于感觉器官，所产生的对事物个别属性的反映，如形状、颜色、大小、重量、气味等（A）。知觉是对某一具体事物的各种属性以及它们相互关系的整体反映。

3. ABCDE 感觉减退是指对刺激的感受性降低，感觉阈值提高，表现为对外界强烈的刺激产生轻微的感觉体验或完全不能感知，常见于抑郁发作、木僵状态、意识障碍、分离（转换）性障碍等。

4. ABCDE 幻听是精神科临床最常见的幻觉，其中以言语性幻听最常见。

5. ABCDE 感知综合障碍是指患者对客观事物能感知，但对某些个别属性，如大小、形状、颜色、距离、空间位置等产生错误的感知。感知综合障碍包括时间感知综合障碍、空间感知综合障碍、自身感知综合障碍、视物变形症、非真实感等，不包括内脏性不适（A）。内脏性不适属于感觉障碍。

6. ABCDE ABCD 均属于思维形式障碍，妄想属于思维内容障碍（E）。

7. ABCDE ①思维迟缓是指思维联想速度减慢、数量减少和转换困难，常见于抑郁发作（B）。②思维破裂、思维插入、思维贫乏常见于精神分裂症。强迫性思维常见于强迫症。

8. ABCDE ①被害妄想的患者感到自己被人迫害、监视、跟踪、窃听、毁谤、诬陷、毒害，或即将被捕或遭到暗杀等，常见于精神分裂症（B）。②思维散漫表现为患者失去正常的思维结构，联想范围广泛，内容很散乱，谈话混乱且不合逻辑。被控制感也称影响妄想，是指患者觉得自己的一言一行都受到外界某种力量的控制，如电波、仪器、光线等。错觉是指对客观事物歪曲的知觉，临床上以错听和错视多见。关系妄想是指患者感到周围的任何事物均与自己有关，或具有某种特殊意义。

9. ABCDE ①患者看到纸屑的同时联想到有人陷害自己，这是一种病态推理和判断，同时患者对此坚信不疑，应属于妄想。由于它的发生与既往经历和当前处境无关，因此属于原发性妄想（A）。②继发性妄想是发生在其他病理心理基础上的妄想。心因性幻觉、功能性幻觉、反射性幻觉均属于虚幻的知觉体验，而不是思维障碍。

10. ABCDE 被洞悉感（内心被揭露）是指患者认为其内心所想的事，未经语言文字表达就被别人知道了，但是通过什么方式被人知道的，则不一定能描述清楚，常见于精神分裂症。

11. ABCDE ①逆行性遗忘是指对疾病发生之前一段时间内的经历不能回忆，多见于脑外伤、脑卒中发作后（C）。②分离（转换）性障碍多为界限性遗忘，阿尔茨海默病多为进行性遗忘。

12. ABCDE 在强烈的精神创伤后，可产生一种类似痴呆的表现，而大脑组织结构无任何器质性损害，称为假性痴呆，常见于癔症、反应性精神障碍。

13. ABCDE ①情感低落是指负性情感活动的明显增强，表现为忧愁、苦闷、唉声叹气、暗自落泪，有时感到前途灰暗，没有希望，严重时可因悲观绝望而出现自杀企图及行为，常见于抑郁发作（B）。②躁狂发作常表现为情感高涨。精神分裂症常表现为情感淡漠、情感倒错、情感矛盾等。

14. ABCDE ①欣快是指在智能障碍基础上出现的与周围环境不协调的愉快体验，表现为患者自得其乐，似乎十分幸福，常见于脑器质性精神障碍(D)。②情感高涨多见于躁狂发作，情感淡漠、情感倒错多见于精神分裂症，焦虑常见于焦虑症。

15. ABCDE　意志增强是指意志活动增多，表现为在病态情感或妄想的支配下，患者持续地坚持某些行为，具有极大的顽固性，常见于精神分裂症偏执型。

16. ABCDE　不协调性精神运动性兴奋表现为患者增多的动作行为及言语与思维、情感、意志等精神活动不协调，脱离周围现实环境。患者的整个精神活动不协调，动作行为杂乱无章，缺乏动机和目的，使人难以理解。多见于精神分裂症、谵妄状态。

17. ABCDE　蜡样屈曲是在木僵基础上出现的，患者出现肢体任人摆布，即使是不舒服的姿势，也较长时间似蜡塑一样维持不动，常见于紧张型精神分裂症。

18. ABCDE　违拗症是指患者对他人的要求加以抗拒。主动违拗表现为不但拒绝执行他人要求，而且还做出与要求相反的行为(C)。被动违拗表现为对他人的各种要求一概拒绝执行，但不做出相反的行为。

19. ABCDE　模仿动作是指患者无目的地模仿别人的动作，常与模仿言语同时存在，常见于精神分裂症。

20. ABCDE　①自知力是指患者对自己精神状态的认识和判断能力(C错)。不同精神疾病自知力的损害程度是不同的，神经症患者的自知力一般保持完整，重型精神障碍患者的自知力大多(不是全部)是缺乏的(BD错)。②自知力缺乏是重型精神障碍的重要标志，临床上往往将有无自知力及自知力恢复的程度作为判断病情轻重和疾病好转程度的重要指标。自知力完全恢复是精神病康复的重要指标(A对E错)。

21. ABCDE　抑郁综合征主要表现为情绪低落、思维迟缓、意志活动减退的三低症状，常见于情感性精神障碍、脑器质性病变和躯体疾病。

22. ABCDE　脑器质性精神障碍是一组由脑变性、脑血管疾病、颅内感染、颅脑创伤、颅内肿瘤、癫痫等器质性因素直接损害脑部所致的精神障碍。精神症状可表现为意识障碍、智能障碍、人格改变、精神病症状、情感障碍、神经症样表现和行为障碍，ABCE均属于其症状，但不包括意识清晰(D)。

23. ABCDE　①急性脑综合征(谵妄)常表现为急性、一过性、广泛性的认知障碍，尤以意识障碍为主要表现。脑衰弱综合征的主要症状是易兴奋和易疲劳。②急性脑综合征多见于脑器质性精神障碍，而不是精神分裂症等(D对)。③急性脑综合征是与神经症性障碍完全不同的疾病(E错)。

24. ABCDE　老年患者，有神经系统体征，头颅CT证实梗死灶，伴抑郁情绪及自责观念，应诊断为脑血管病所致精神障碍(C)。ABDE行头颅CT检查均不会出现脑梗死灶。

25. ABCDE　记忆减退在脑器质性精神障碍的初期表现为近事遗忘，学习新事物的能力明显减退，严重者甚至找不到回家的路。

26. ABCDE　阿尔茨海默病首发症状常为近记忆减退(A对E错)，学习新事物的能力明显下降。患者可出现人格改变，常表现为兴趣减少、主动性差、社会性退缩。患者可有片段的幻觉、妄想。患者的社会功能常受损，对自己熟悉的工作不能完成。

27. ABCDE　①老年患者，记忆力进行性下降，被窃妄想，头颅CT示脑萎缩，Hachinski缺血评分≤4分，应诊断为阿尔茨海默病(D)。②血管性痴呆患者头颅CT检查示多发性脑梗死，Hachinski缺血评分≥7分。妄想性障碍曾称偏执性障碍，主要表现为一个或多个虚幻的信念，持续至少1个月。精神分裂症神志清楚，不会出现记忆力进行性下降。假性痴呆是指意识障碍状态下，出现的短暂性脑功能障碍，并非真正的智能缺损，常突发突止，一般维持时间较短。

28. ABCDE　脑血管疾病时伴发精神障碍的典型例子是血管性痴呆(VD)，VD患者的感知障碍主要表现为幻觉，以视幻觉和听幻觉多见，也可出现要素性幻觉(A)。

29. ABCDE　30. ABCDE　①老年患者，高血压病史多年，血压高达220/114mmHg，有神经系统症状，伴精神障碍，应诊断为脑血管性痴呆(B)。阿尔茨海默病不会出现偏瘫等症状，故不答A。根据题干，无脑肿瘤、脑炎、精神分裂症的相关症状，故不答CDE。②脑血管性痴呆行头颅CT检查常可见脑梗死灶、软化灶等，故答 C。

31. ABCDE 躯体疾病所致谵妄状态的治疗原则为：①积极治疗原发病；②精神症状对症处理和治疗；③支持治疗；④加强对躯体疾病的护理和精神症状的支持治疗；⑤将患者的病情告知家属，以便家属配合治疗，消除他们的紧张情绪。可见 ABCE 项均正确，答案为 D。

32. ABCDE ①躯体疾病所致精神障碍急性期的主要表现为意识障碍，如肺性脑病、肝性脑病、尿毒症脑病等（B）。②慢性脑综合征常表现为智能障碍、人格解体、遗忘综合征。

33. ABCDE 中年女性，失眠、心悸、消瘦、情绪易激动、注意力不集中、眼球突出半年，应首先考虑甲状腺功能亢进所致的精神障碍，其根本治疗措施是抗甲状腺药物治疗。当患者甲状腺功能正常时，其精神障碍无需治疗即可消失。

34. ABCDE ①药物依赖是指患者对药物有一种强烈的渴求，并反复应用，以取得快感或避免断药后产生痛苦为特点的一种精神和躯体性病理状态。药物依赖包括精神依赖和躯体依赖。精神依赖是指患者对药物的渴求，以期获得服药后的特殊快感。躯体依赖是指反复用药后使中枢神经系统发生了某些病理改变，以致需要药物持续地存在于体内，避免戒断现象的发生。②耐药性是指重复使用某种药物后，临床效应逐渐减低，如欲得到与用药初期相同的效应，必须加大剂量。

35. ABCDE 毒品是指具有很强成瘾性并在社会上禁止使用的化学物质，我国的毒品主要指阿片类、海洛因、可卡因、大麻、苯丙胺类兴奋剂等药物，不包括咖啡因（D）。

36. ABCDE 多巴胺是一种与愉快情绪有关的神经递质，人在高兴时，有关犒赏通路上的神经细胞发出较多的兴奋性冲动，并释放出一定量的多巴胺。各种成瘾物质（如阿片、烟草、可卡因）尽管药理作用不同，但最后共同通路均是作用于中脑边缘多巴胺系统，增加多巴胺的释放，使吸食者主观上产生某种陶醉感和欣快感而成瘾。

37. ABCDE 成瘾物质的戒断症状不可能包括判断力增加，故答 C。

38. ABCDE ABCE 均属于阿片类物质，D 属于苯丙胺类兴奋剂。

39. ABCDE 苯丙胺类中枢兴奋剂是指苯丙胺及其同类化合物，包括苯丙胺（安非他命）、甲基苯丙胺（冰毒）、3,4-亚甲二氧基甲基苯丙胺（摇头丸）、麻黄碱、芬氟拉明、哌甲酯（利他林）、匹莫林、伪麻黄碱等。美沙酮属阿片类成瘾物质。

40. ABCDE 吗啡、海洛因等短效药物的戒断症状一般停药后 8~12 小时出现，极期在 48~72 小时。长效药物（如美沙酮）出现在 1~3 天，极期在 3~8 天。

41. ABCDE ①长期大量饮酒者如果突然断酒，大约 48 小时后可出现震颤谵妄，常表现为意识模糊，分不清东西南北，不知自己身在何处，有出现幻觉（听见死去的亲人与他说话）、知觉异常（看见房间里有很多蛤蟆），可有四肢粗大震颤。根据题干，本例应诊断为震颤谵妄（E）。②急性应激障碍是指以急剧、严重的精神刺激作为直接原因，患者在受刺激后立即发病，表现为强烈恐惧体验的精神运动性兴奋。酒精性幻觉症不会出现四肢粗大震颤，故不答 B。精神分裂症常表现为五个症状维度，即幻觉妄想症状群、阴性症状群、瓦解症状群、焦虑抑郁症状群及激越症状群。早老性痴呆也称阿尔茨海默病，主要表现为持续性、不可逆的智能衰退。2018 年真题。

42. ABCDE ①ABCDE 均属于酒精所致的精神障碍。震颤谵妄为戒断反应，本例无戒酒病史，故不答 A。②Wernicke 脑病是由于维生素 B_1 缺乏所致，表现为眼球震颤、眼球不能外展、明显意识障碍，可伴定向障碍、记忆障碍、震颤谵妄等，故本例应诊断为 Wernicke 脑病（B）。③酒精性痴呆是指长期、大量饮酒后出现的持续性智力减退，表现为短期、长期记忆障碍，抽象思维及理解判断障碍，人格改变，部分病人有皮层功能受损表现，如失语、失认、失用等。④酒精性妄想症主要表现为在意识清晰状态下的妄想状态，特别是嫉妒妄想。⑤Korsakoff（柯萨可夫）综合征是指酒精依赖者特有记忆障碍、虚构、定向障碍三大特征。

43. ABCDE 震颤谵妄常出现在断酒后 48 小时（E）。

44. ABCDE　慢性酒精中毒可出现记忆障碍、虚构、定向障碍三大特征，称为柯萨可夫(Korsakoff)综合征。

45. ABCDE　Wernicke 脑病为慢性酒精中毒常见的临床表现，是由于维生素 B_1 缺乏所致，表现为眼球震颤、眼球不能外展和明显的意识障碍，可伴定向障碍、记忆障碍、震颤谵妄等。

46. ABCDE　药物依赖也称药物成瘾，是指带有强制性渴求、追求与不间断地使用某种药物，借以避免断药时的戒断综合征的行为障碍。患者长期服用舒乐安定，减少剂量或停药就会出现戒断症状，应诊断为药物依赖(D)。

47. ABCDE　①患者意识清晰，可首先排除答案 A。患者定向力完整，可排除答案 E。②酒精性幻觉症常表现为意识清晰的状态下出现生动、持续性视听幻觉。酒精性妄想症主要表现为在意识清晰状态下的妄想状态，特别是嫉妒妄想。根据题干，本例应诊断为酒精性幻觉症(B)。③恐惧症为幻觉引起，故不答 D。

48. ABCDE　ABCD 均属于精神分裂症的发病机制假说。去甲肾上腺素假说主要与心境障碍有关，该假说认为去甲肾上腺素功能降低与抑郁发作有关，功能增高与躁狂发作有关。

49. ABCDE　国内外大量的研究表明，遗传因素是导致精神分裂症最重要的因素，心理社会应激因素在发病中不起决定性作用，但可起诱发作用。

50. ABCDE　①精神分裂症的阳性症状是指精神功能的异常亢进，包括幻觉、妄想、思维联想障碍(联想散漫)、不协调的情志活动(行为紊乱)。②快感缺失是精神分裂症的阴性症状(D)。

51. ABCDE　①精神分裂症的阴性症状是指正常心理功能的缺失，涉及情感、社交、认知方面的缺陷。主要包括 5 条阴性症状，如意志减退、快感缺乏、情感迟钝、社交退缩、言语贫乏，其中，以意志减退、快感缺失最常见。②听幻觉属于精神分裂症的阳性症状(C)。

52. ABCDE　尽管 90%的精神分裂症起病于 15~55 岁，但起病年龄并不是精神分裂症的诊断标准，故答 A。BCDE 均属于精神分裂症的诊断要点。

53. ABCDE　①目前，精神分裂症主要通过精神状况检查发现的精神症状，结合病史与治疗反应等特点，按照国际通用的诊断标准进行诊断(A)。②心理学测试的量表对精神病仅具有辅助诊断价值。遗传学测试在精神分裂症的诊断中少用。脑电图检查、脑影像学检查主要用于排除器质性精神病。

54. ABCDE　①患者觉得同学们在背后议论和讥笑她，老师对她指桑骂槐，属于评论性幻听。患者觉得有人跟踪监视她，属于被害妄想。妄想是精神分裂症出现频率最高的症状。在意识清晰的状态下，出现评论性幻听、争论性幻听或命令性幻听基本可诊断为精神分裂症(D)。②疑病症是指患者毫无根据地坚信自己患了某种严重的躯体疾病。躁狂症常表现为情感高涨、思维奔逸、活动增多等三高症状。分离(转换)性障碍原称癔症，好发于年轻女性，一般由精神因素诱发，本例无导致发作的精神因素，故不答 C。抑郁症主要表现为显著而持久的心境低落，常伴思维迟缓、意志活动减少、言语动作减少等。

55. ABCDE　①患者与家人、同事很少说话，此为"言语贫乏"。患者常常独自发笑，自言自语，此为不恰当的情感表现，属于"瓦解症状群"。患者怀疑邻居和同事说她的坏话，甚至监视她，此为"被害妄想"。可见患者有妄想症状群、阴性症状群、瓦解症状群，应诊断为精神分裂症(C)。②焦虑症以焦虑为突出症状，常有不明原因的提心吊胆、紧张不安，无妄想等精神障碍。麻痹性痴呆常在感染梅毒后 15~20 年出现，表现为构音障碍、反射亢进、癫痫样发作，可伴记忆障碍、易激惹、情绪波动等。分离性障碍是指一种以分离障碍为主要临床表现的精神障碍。抑郁发作以心境低落为主要临床表现，没有妄想等精神障碍表现。

56. ABCDE　①抗精神病药物应用原则为：药物治疗应系统而规范，强调早期、足量、足疗程、单一用药、个体化用药。治疗应从小剂量开始逐渐加到有效推荐剂量(E 错)，维持剂量通常为巩固治疗剂量的 1/2~1/3。一般情况下不能突然停药。②因为许多抗精神病药物均可造成肝肾功能损害，因此用药前应进行常规的体检，检查血常规、肝肾功能、血糖等。

57. ABCDE　急性肌张力障碍属于锥体外系反应，常有不自主的、奇特的表现：眼上翻，斜颈，颈后倾，面部怪相和扭曲、吐舌,张口困难,角弓反张,脊柱侧弯等。

58. ABCDE ①氟哌啶醇属于第一代高效价抗精神病药,抗幻觉妄想作用突出,镇静作用弱,对心血管、肝脏毒性较小(B)。②氯丙嗪属于第一代低效价抗精神病药。利培酮、奥氮平、氯氮平属于第二代抗精神病药。

59. ABCDE 第二代抗精神病药物分为四类:①5-羟色胺和多巴胺受体拮抗剂(SDAs):利培酮、奥氮平、喹硫平、齐拉西酮;②多受体作用药(MARTAs):氯氮平;③选择性多巴胺 D_2/D_3 受体拮抗剂:氨磺必利;④多巴胺受体部分激动剂:阿立哌唑。

60. ABCDE 抗精神病药的禁忌证包括严重的心血管疾病、肝肾疾病、严重的全身感染、甲减、肾上腺皮质功能减退、重症肌无力、闭角型青光眼、既往使用同种药物过敏。白细胞过低、老年人、妊娠、哺乳期妇女慎用。

61. ABCDE 62. ABCDE 63. ABCDE ①患者说路上的行人看她的眼光很特别,属于关系妄想。患者说自己不是父母亲生的,属于非血统妄想。患者说自己整天被电波控制而不能自主,属于物理影响妄想。患者照镜子发现鼻子变得又大又难看,属于自身感知综合障碍。被洞悉妄想是指患者认为其内心所想的事,未经语言文字表达就被别人知道了。可见,患者没有出现被洞悉妄想(E)。②根据题干,患者应诊断为精神分裂症,首选第二代抗精神病药物治疗。氯丙嗪、氟哌啶醇、奋乃静、舒必利均属于第一代抗精神病药,不宜选用。目前一般首选第二代抗精神病药物,如利培酮、奥氮平、喹硫平等(D)。③若足量使用抗精神病药物4~6周无效,可考虑换药(C)。

64. ABCDE 65. ABCDE ①患者怀疑有人监视他的言行,此为被害妄想。患者个人独处时听到有人议论他的衣着和打扮或批评他,此为评论性幻听。评论性幻听是诊断精神分裂症的重要症状,故答案为D。焦虑症是指患者在缺乏相应的客观因素下,出现内心极度不安的期待状态,伴有大祸临头的恐惧感。躁狂症的典型表现是情感高涨、思维奔逸、活动增多的"三高"症状。患者无情感创伤,故不应诊断为创伤后应激障碍。抑郁症常表现为三低(情绪低落、思维迟缓、意志活动减退)、三无(无望、无助、无价值)、三自(自责、自罪、自杀)症状。②精神分裂症的治疗当然首选抗精神病药物(B)。A常用于镇静催眠,C常用于治疗呼吸骤停,D常用于治疗双相障碍,E常用于治疗抑郁症。

66. ABCDE 抑郁症的首要(核心)症状是情绪低落、兴趣缺乏和快感缺失(C)。患者对日常生活兴趣显著减退,感到生活无意义,对前途悲观失望,常有三低(情绪低落、思维迟缓、意志活动减退)、三无(无望、无助、无价值)、三自(自责、自罪、自杀)症状。

67. ABCDE 年轻女性,半年来表情忧愁,唉声叹气,心境苦闷,自觉前途灰暗,应考虑抑郁发作,其核心症状为情绪低落(C)。

68. ABCDE ①患者病程超过2周,有心境低落(悲观失望)、疲劳(乏力)2条典型症状,再加上睡眠障碍(早醒)、自责感(给家庭带来麻烦)2条常见症状,按ICD-10诊断标准,应诊断为轻度抑郁症,答案为C。②神经衰弱的症状特异性差,为排除性诊断,只有排除其他精神疾病之后,才能诊断神经衰弱,故不答A。按焦虑症的诊断标准,病程应超过6个月,本例病程仅1个月,故不答B。疑病症的基本特征是持续存在的先占观念,必须以疑病症状为主要临床表现,故不答D。癔症现已改称分离(转换)性障碍,常表现为分离性遗忘、漫游、木僵、出神与附体等。

69. ABCDE ①20岁男性,活动增加,兴奋话多,言语增多,自我评价过高,应诊断为躁狂发作,治疗首选碳酸锂,有效率约为70%(B)。②曲唑酮、氯氮平、米氮平、布普品(丁胺苯丙酮)常用于抑郁症的治疗。2018年真题。

70. ABCDE ①5-羟色胺和去甲肾上腺素再摄取抑制剂的代表药物包括文拉法辛、度洛西汀(A)。②舍曲林、氟西汀均属于选择性5-羟色胺再摄取抑制剂,氨非他命属于去甲肾上腺素和多巴胺再摄取抑制剂,阿米替林为三环类抗抑郁药。

71. ABCDE ①青年女性,精神分裂症药物治疗期间,与男朋友分手后,情绪低落,话少,常双眼含泪,应考虑抑郁障碍。病人整日躺在床上，不语不动，拒绝进食，家人反复询问下有时能用点头、摇头表示，应考虑木僵，故应诊断为抑郁发作呈木僵状态，其治疗首选电抽搐治疗(C)。电抽搐治疗的适应证为严重消极自杀言行、抑郁性木僵者。②暗示治疗、认知治疗常用于神经症的治疗。本例不是精神分裂症病情加重所致，而是并发抑郁发作，故不答 D。抑郁发作时，首选药物治疗，但若出现自杀倾向、木僵等严重抑郁，应先行电抽搐治疗，故不答 E。2018 年真题。

72. ABCDE　73. ABCDE　74. ABCDE　①青年女性，1 个月前受批评后情绪低落，早醒，应考虑抑郁发作。1 周来情绪高涨，活动增多，应考虑躁狂发作。故本例应诊断为双相障碍，目前处于躁狂发作期。其基础治疗以心境稳定剂为主，碳酸锂为首选药物(C)。ADE 均属于第二代抗精神病药物，具有一定的心境稳定作用，可作为候选的心境稳定剂使用，但不作为首选，故不答 ADE。地西泮为抗焦虑药物，故不答 B。②碳酸锂不能与蛋白质结合，可均衡分布于体内全部含水空间，无需生物转化，最终经肾脏排泄。锂盐的排泄受渗透因子的控制，需要肾功能的完好，故用药前应常规做肾功能检查(D)。③服用碳酸锂 2 周后出现恶心呕吐、腹泻、手指震颤，此为碳酸锂的中毒症状。为明确诊断，应立即检测血锂浓度，若血锂浓度超过 1.4mmol/L 应减量。

75. ABCDE　①神经症原称神经官能症，是一组主要表现为焦虑、抑郁、恐惧、强迫、疑病症状或神经衰弱症状的精神障碍。神经症存在一定的人格基础，常常自感难以控制本应可以控制的意识或行为。②神经症起病常与素质和心理社会因素有关。③神经症的症状几乎可以发生在任何一种精神疾病和一些躯体疾病中，特异性较差(C 对)。④神经症多缓慢起病，病程较长，自知力完整，要求治疗。⑤神经症患者的社会功能相对完好，一般意识清楚，与现实接触良好，人格完整，无严重的行为紊乱。

76. ABCDE　77. ABCDE　78. ABCDE　①患者多次辅助检查均未发现异常，应排除器质性精神障碍，故不答 AD。焦虑是指缺乏相应客观因素时，出现内心极度不安的期待状态，伴有大祸临头的恐惧感，表现为惶惶不安、坐立不定、精神紧张等，严重者惊恐发作。本例病程 1 个月，故应诊断为急性焦虑发作而不是慢性焦虑症，慢性焦虑症常持续数月，故答案为 B。转换症状主要为运动和感觉功能障碍。②二尖瓣脱垂、甲状腺功能亢进症均属于器质性疾病，可首先排除答案 AB。广泛性焦虑障碍是指患者一次发作中，焦虑症状持续数周甚至数月，而本例每次发作仅约半小时，故应诊断为惊恐障碍而不是广泛性焦虑障碍(E 对)。疑病障碍显然不是正确答案。③帕罗西汀为选择性 5-羟色胺再摄取抑制剂，对惊恐障碍有效(D)。地西泮为镇静催眠药。甲巯咪唑为抗甲状腺药。硝酸甘油为扩管药，主要用于冠心病的治疗。普萘洛尔为 β 受体阻滞剂，主要用于治疗心律失常。

79. ABCDE　80. ABCDE　81. ABCDE　①惊恐障碍的发作特点是患者在无特殊的恐惧性处境时，突然感到一种突如其来的惊恐体验，常伴严重的心血管症状。患者好像觉得死亡降至，大难临头，或冲动、惊叫，呼救，伴胸闷、心动过速、心律不齐、呼吸困难或过度换气、出汗、全身发抖等自主神经症状。惊恐发作通常起病急骤，终止迅速，一般历时 5~20 分钟，很少超过 1 小时。发作期间始终意识清晰，警觉度高。可再次发作，发作间歇宛如常人。根据病史及临床表现，本例应诊断为惊恐发作(C)。癔症现已改称分离(转换)性障碍，常因暗示而发病，也可因暗示而改变或消失，发作时常表现为分离性遗忘、漫游、木僵、出神与附体等。本题不要误答为 A。低钾血症常表现为四肢无力软瘫、腹胀，无自主神经症状。心肌梗死常表现为突发性胸痛，不会自行缓解。癫痫大发作时意识丧失，口吐白沫，但本例意识清楚，故不答 E。②本例诊断为惊恐发作，在上题所给 5 个选项中，最易与急性心肌梗死相混淆，因此最有助于鉴别诊断的检查是心电图，而不是追问起病诱因。因为惊恐发作是突发突止，无任何诱因；急性心肌梗死也可无明显诱因突然发作，可见起病诱因不是两者的鉴别依据，故本题的正确答案应为 B 而不是 A，请参阅 2 版 8 年制《精神病学》P176。脑电图常用于癫痫的诊断。血钾测定常用于周期性瘫痪的诊断。脑 CT 常用于排除脑器质性病变。③地西泮属苯二氮䓬类药物，治疗惊恐起效迅速，静脉注射可用于惊恐发作的急救处理(E)。输入葡萄糖主要用于低血糖发作的急救。补钾常用于低钾血症的治疗。暗示疗法常用于癔症的治疗。卡马西平为癫痫部分性发作的首选药。

82. ABCDE　83. ABCDE　84. ABCDE　①情绪低落是指负性情感活动的明显增强,表现为忧愁、苦闷、唉声叹气、暗自落泪等。情感淡漠是指对外界刺激缺乏相应的情感反应,表现为面部表情呆板、对周围发生的事物漠不关心。患者独自流泪、兴趣减退,为情绪低落的主要表现,故答案为E而不是A。题干未叙述患者存在幻觉、错觉、妄想症状,故不答BCD。②适应障碍是指生活环境改变之后出现的烦恼状态和情绪失调,可表现为抑郁、焦虑、适应不良的行为或生理功能障碍等。患者在生活环境改变之后出现抑郁(活动减少、不与他人谈话、独自流泪)、行为和生理功能障碍(不修边幅、食欲减退),应诊断为适应障碍(C)。广泛性焦虑障碍常以焦虑为核心症状,并有显著的自主神经功能紊乱、肌紧张、运动性不安等。急性应激障碍、创伤后应激障碍均在严重应激刺激后发病,而本例只是生活环境的改变,并没有严重的应激刺激,故不答BD。适应障碍和抑郁症均有抑郁症状,但抑郁症患者的抑郁症状一般较重,常有消极念头,甚至有自杀企图或自杀行为,故不答E。③适应障碍病程至少1个月,最长不超过6个月(C)。

85. ABCDE　①社交焦虑症也称社交恐惧症,是指害怕社交场合而出现的焦虑发作(C)。②惊恐发作无特定场景或危险因素,故不答A。广泛性焦虑障碍常表现为无特定场合的慢性焦虑,故不答B。精神分裂症患者回避社会是害怕被人议论、迫害,或表现为社会性退缩,无任何交往动机。恐惧症是一个大的概念,社交焦虑症是其中的一个亚型,更准确,故最佳答案为C而不是E。

86. ABCDE　①恐惧症的核心症状是焦虑,恐惧发作时常伴有明显的自主神经紊乱的症状。患者每到人多的地方,都会出现焦虑和自主神经紊乱症状,应诊断为恐惧症(社交焦虑障碍),故答案为B。②惊恐障碍的特点是突然发作的、不可预测的、反复出现的、强烈的惊恐体验,一般历时5~20分钟,伴濒死感或失控感,故不答A。广泛性焦虑障碍没有导致焦虑的特定对象或处境,常持续存在,而不呈境遇性发作。本例有特定的发作境遇,即人多的地方,故不答C。强迫障碍的恐惧源于自己内心的某些思想或观念,而本例恐惧的是外界特定的环境(人多的地方),故不答D。抑郁症的特点是心境低落,故不答E。

87. ABCDE　①广泛性焦虑障碍的核心症状是焦虑,可伴有睡眠障碍,以入睡困难为主。可有躯体性焦虑症状,表现为运动性不安和肌紧张,如坐卧不安、紧张性头痛、颤抖等。也可有自主神经活动亢进的症状,如出汗、心动过速、呼吸急促、上腹部不适等。②严重焦虑障碍患者可有疑病症状,但不会有疑人迫害(E)。疑人迫害为被害妄想,是精神分裂症的常见症状。

88. ABCDE　①强迫思维是指在患者脑中反复出现某一概念或相同内容的思维,明知不合理和没有必要,但又无法摆脱,常伴有痛苦体验。强迫思维是强迫障碍的基本症状之一(B)。②请注意:强制性思维是思维联想的自主性障碍,患者体验到思维不属于自己的联想,是被外力强加的,多见于精神分裂症。③慢性酒精中毒常表现为记忆障碍(Korsakoff 综合征)和智力障碍(酒精性痴呆)。广泛性焦虑障碍是一种以焦虑为主要表现的精神障碍。疑病障碍的患者由于对自身状况的过分关注,常坚信自己已经得病而表现出对疾病的恐惧。

89. ABCDE　①患者有强迫行为(反复核对答案),病程超过3个月,应诊断为强迫症(C)。②癔症现已改称分离(转换)性障碍,常因暗示而发作,也可因暗示而改变或消失,发作时常表现为分离性遗忘、漫游、木僵、出神与附体等。妄想是一种病理信念,其内容与事实不符,但患者仍坚信不疑,难以用摆事实、讲道理的方法加以纠正。精神分裂症常有原发性妄想。神经衰弱为排除性诊断,只有在排除其他精神病后才能确诊,故不答E。

90. ABCDE　①分离性障碍(癔症)是指一种以分离障碍为主要临床表现的精神障碍,主要表现为部分或全部丧失对过去的记忆,或出现具有发泄特点的情感暴发。患者可以有遗忘、漫游、人格改变等表现,症状具有发作性。起病前心理因素常很明显,疾病的发作常有利于患者摆脱困境、发泄压抑的情绪、获取别人的注意和同情、或得到支持和补偿,但患者本人否认。患者与同事口角后发作性情感暴发,应诊断为分离性障碍(C)。②急性应激障碍表现为患者受刺激后发生强烈恐惧体验的精神运动性兴奋,行为有一定的盲目性，一般于几天或一周内完全恢复。躁狂症常表现为情感高涨、思维奔逸、活动增多等三高症状。精神分裂症常有原发性妄想。按焦虑症的诊断标准，病程应超过6个月，故不答E。

91. ABCDE ①分离（转换）性障碍旧称癔症，是指一种以分离障碍和（或）转换障碍为主要临床表现的精神障碍。分离性抽搐也称假性癫痫发作，是一种类似于癫痫发作的状态，但没有癫痫发作的临床特征和相应的电生理改变，常于情绪激动或受到暗示时突然发生。本例每次发作的诱因即为遇到不开心的事情。分离性障碍的发作与癫痫不同，前者没有唇舌咬伤和大小便失禁，对光反射存在，后者则否，故答案为E而不是C。②ABD一般都为持续性发作，不会间歇性发作，故不答ABD。

92. ABCDE 年轻女性，与路人争吵后四肢发抖，继而瘫在地上不能行走，应诊断为分离（转换）性障碍，首选暗示治疗（A）。大多数患者可经行为治疗、暗示治疗、环境支持而缓解。

93. ABCDE 94. ABCDE 95. ABCDE ①年轻妇女，精神受刺激（被邻居打了一耳光），跌倒后当即神志不清，躯体障碍发作，脑外伤的可能性不大，脑外伤常有颅脑外伤史，偏瘫，神志及瞳孔变化，故应诊断为分离（转换）性障碍。为排除躯体性疾病（脑外伤），首选的检查项目是头颅CT（B）。神经系统检查为一般性检查项目。脑脊液检查为有创检查，一般不作为首选。EEG（脑电图）检查常用于诊断癫痫。ECG（心电图）常用于诊断心律失常。②分离（转换）性障碍的治疗首选暗示疗法，暗示疗法是治疗本病的经典方法，特别适用于急性发作而暗示性较高的患者（D）。持续低流量给氧常用于慢性阻塞性肺疾病的治疗。输液支持、心电监护无特异性。电抽搐治疗常用于治疗精神分裂症的兴奋躁动、冲动伤人及严重抑郁症状。③为防止再次发作，对分离（转换）性障碍患者应行心理治疗（E）。生物反馈疗法常用于治疗焦虑症、惊恐障碍等。物理治疗、针灸治疗无特异性。目前尚无治疗分离（转换）性障碍的特效药，故不答C。

96. ABCDE 应激相关障碍与分离（转换）性障碍的发病均与精神因素有关，此为两者的共同点。ABCE均为分离（转换）性障碍的特点，应激相关障碍没有这些特点。

97. ABCDE 急性应激障碍的症状常在24~48小时开始减轻，一般不超过1周（A）。若症状存在时间超过4周，应诊断为创伤后应激障碍。

98. ABCDE 急性应激障碍常在应激1周内缓解，最长4周内恢复。创伤后应激障碍的症状常持续半年至1年。适应障碍的症状常不超过6个月。本例创伤后半年多，症状仍未缓解，应诊断为创伤后应激障碍（B）。

99. ABCDE 贪食症的治疗可选用各类抗抑郁药物，包括5-羟色胺再摄取抑制剂、三环类抗抑郁药等（B）。

100. ABCDE 患者的主要症状是厌食而不是贪食，抑郁症状为厌食的后果，故应诊断为神经性厌食。

101. ABCDE 失眠症的诊断标准为每周失眠3次以上，持续1个月以上（B）。

102. ABCDE 夜惊是一种常见的儿童睡眠障碍，主要表现为患儿在睡眠中突然惊醒，哭喊，伴有惊恐表情和动作、心率增快、呼吸急促、出汗、瞳孔扩大等。每次发作持续约1~10分钟，难以唤醒。

103. ABCDE 神经症性障碍一般没有明显的精神病性症状，强迫状态属于神经症性障碍，故答B。ACDE均不属于神经症性障碍，故不答ACDE。2018年真题。

104. ABCDE ①广泛性焦虑障碍是一种以焦虑为主要临床表现的精神障碍，患者常常不明原因的提心吊胆，紧张不安，但其担心、焦虑、烦恼的程度与现实极不相符（B对）。②A为疑病症的特点，C为恐惧症的特点，D为惊恐障碍的特点，E为强迫思维的表现。

105. ABCDE ①产妇怕脏，担心宝宝被细菌感染，反复洗手、反复清洗奶瓶，应诊断为强迫洗涤，故答E。②抑郁症可与强迫障碍并存，但该患者强迫障碍为原发症状，且占主要地位，故答E而不是A。恐惧症常表现为过分、不合理地惧怕外界某种客观事物或情境，常伴有明显的焦虑和自主神经功能紊乱。强迫障碍和疑病障碍均可有重复行为，但强迫障碍的思维内容和反复行为在“自身疾病”以外，疑病障碍的思维内容是担心或怀疑自己患了某种严重的躯体疾病，相应的重复行为如反复核查、反复询问医生，都是围绕“疾病”进行的，故不答C。精神分裂症常表现为古怪、特征性思维、联想障碍、情感不协调等，故不答 D。2018 年真题。

106. ABCDE　①年轻女性，与人激烈争吵之后胸闷、双下肢瘫痪，神经系统检查无阳性发现，应诊断为分离性神经症状障碍，首选暗示治疗(C)。②放松训练常用于治疗紧张性头痛、失眠、高血压等。支持疗法常用于治疗焦虑性神经症、强迫性神经症、失眠症等。认知疗法常用于治疗抑郁症、焦虑症、恐惧症等。自由联想属于精神分析疗法的基本技术。2018 年真题。

107. ABCDE　①应激相关障碍是指一类与应激源有明显因果关系的精神障碍。本例的应激源是学习压力大，成绩下降，病程 1 个月，故答 E。②社交恐惧症是指对社交、公开场合感到强烈恐惧，并竭力回避的一种心理疾病，症状至少持续 6 个月，故不答 A。神经性呕吐是指进食后出现自发的或故意诱发的反复呕吐，不影响下次进食的食欲，故不答 B。惊恐障碍无强烈的精神创伤史，常表现为发作性焦虑、恐惧感、窒息感，持续数分钟缓解，突发突止为其特点，故不答 C。特定恐惧症是指对特定物体、场景或活动的局限性恐惧，症状至少持续 6 个月，故不答 D。

第十八篇　外科学试题

第1章　外科学总论

1. 等渗性缺水常常发生于
A. 进水量不足　B. 水分丧失量过多　C. 原发性缺水后
D. 胃肠消化液急性丢失　E. 长期胃肠减压后
2. 等渗性缺水时,血清 Na^+ 与 Cl^- 浓度的变化应该是
A. 两者均显著增高　B. 两者均显著降低　C. 两者均无明显降低
D. 主要是钠低氯高　E. 主要是钠高氯低
3. 急性肠梗阻患者,男,35岁。恶心呕吐,少尿,眼窝凹陷,肢端湿冷,血压偏低,尿比重增高,血清 Na^+ 正常。首选的补液种类应是
A. 生理盐水　B. 平衡盐溶液　C. 5%葡萄糖溶液
D. 5%氯化钠溶液　E. 5%碳酸氢钠
4. 患者,女性,38岁。腹痛、腹胀伴恶心、呕吐、肛门无排气排便7天入院。2年前曾因急性肠梗阻行剖腹探查。查体:T37.8℃,P110次/分,R20次/分,BP88/64mmHg,眼窝凹陷,舌干燥,皮肤弹性差,松弛,四肢发凉。实验室检查:RBC6.2×10^{12}/L,HCT63%,血清 Na^+ 138mmol/L,Cl^- 97mmol/L。血浆渗透压298mOsm/L,尿比重1.027。患者目前存在的体液代谢失调类型是
A. 低渗性缺水　B. 高渗性缺水　C. 等渗性缺水
D. 继发性缺水　E. 稀释性缺水
5. 低渗性缺水的病因不包括
A. 长期胃肠减压　B. 慢性肠梗阻　C. 大量使用利尿酸类利尿剂
D. 长期反复呕吐　E. 大量出汗
6. 低渗性缺水时,在血清钠尚未明显降低之前,尿钠含量
A. 正常　B. 略高　C. 时高时低
D. 逐渐升高　E. 减少
7. 患者,男,50岁。昨日在全麻下行右半结肠切除术,全天胃肠减压量800ml,尿量2000ml,今晨电解质正常。今日输液的最佳方案应是
A. 5%葡萄糖盐水1500ml+10%葡萄糖2500ml　B. 5%葡萄糖盐水2000ml+10%葡萄糖2800ml
C. 5%葡萄糖盐水1000ml+10%葡萄糖2500ml　D. 5%葡萄糖盐水1500ml+10%葡萄糖1500ml
E. 5%葡萄糖盐水1500ml+10%葡萄糖3500ml
8. 低渗性缺水引起血压下降的主要原因是
A. 外周血管重度扩张　B. 低钠血症导致血管张力更低　C. 细胞内外液同时大量丢失
D. 细胞内液急剧减少　E. 细胞外液量急剧减少导致循环血量减少
9. 治疗重度缺钠首先应输入的液体是
A. 平衡盐液　B. 5%氯化钠溶液　C. 5%葡萄糖溶液
D. 羟乙基淀粉　E. 0.45%氯化钠溶液

10. 高渗性缺水最早的临床表现是
A. 口渴　B. 精神萎靡　C. 皮肤弹性差
D. 眼窝凹陷　E. 烦躁不安

11. 高渗性缺水的临床表现为
A. 口渴、尿少、尿比重高　B. 口渴、尿少、尿比重低　C. 口渴、尿量正常、尿比重高
D. 口不渴、尿少、尿比重低　E. 口不渴、尿少、尿比重高

12. 高渗性缺水不会出现的临床表现是
A. 口渴　B. 尿比重增加　C. 恶心呕吐
D. 烦躁不安　E. 血细胞比容增加

13. 男，30 岁。不洁饮食后出现反复大量呕吐，最可能出现的水电解质失调是
A. 等渗性缺水　B. 低镁血症　C. 高渗性缺水
D. 稀释性低钠血症　E. 高钾血症

14. 患者，女性，体重 40kg。因幽门梗阻入院。实验室检查：血清钠 112mmol/L，其第 1 日的补盐量应为
A. 6g　B. 8g　C. 12g
D. 18g　E. 22g

15. 与水中毒相关的是
A. 高钠血症　B. 低血容量血症　C. 稀释性低钠血症
D. 浓缩性低钠血症　E. 高钾血症

16. 男，36 岁。慢性上腹痛 12 年。上腹胀、呕吐宿食 3 天。缺失最明显的电解质可能是
A. 钾　B. 钙　C. 铁
D. 磷　E. 铜

17. 不符合低钾血症临床表现的是
A. 精神萎靡　B. 心律失常　C. 肠鸣音消失
D. 腹胀　E. 腱反射亢进

18. 低钾血症时，最早出现的临床表现是
A. 心电图改变　B. 肌乏力　C. 口苦、恶心
D. 心脏传导阻滞　E. 心脏节律异常

A. 低钾血症　B. 高钾血症　C. 低钙血症
D. 低钠血症　E. 高钠血症

19. 心电图示 T 波高尖的是
20. 大量输注葡萄糖和胰岛素后易出现

21. 女性，20 岁。因十二指肠溃疡幽门梗阻反复呕吐 15 天入院，测血钾 3mmol/L，动脉血 pH7.5。首选补液种类应为
A. 碳酸氢钠+氯化钾溶液　B. 氯化钾溶液　C. 等渗盐水
D. 葡萄糖盐水　E. 葡萄糖盐水+氯化钾溶液

22. 下列不属于高钾血症病因的是
A. 挤压伤综合征　B. 代谢性酸中毒　C. 急性肾衰竭
D. 大量输入库存血　E. 盐皮质激素分泌过多

23. 患者，男，38 岁，结肠破裂修补术后第 5 天，24 小时尿量为 520ml。测得血钠 136.0mmol/L，血钾 6.8 mmol/L，血浆 pH 值 7.3。应诊断为
A. 低渗性脱水　B. 高渗性脱水　C. 低钾血症

D. 高钾血症　　E. 低钾合并等渗性脱水

24. 高钾血症一旦确诊，首先采取的关键性措施是
A. 停用一切含钾药物　　B. 给予5%碳酸氢钠溶液　　C. 输注葡萄糖+胰岛素溶液
D. 透析治疗　　E. 口服阳离子交换树脂

25. 高钾血症和低钾血症均可引起
A. 代谢性酸中毒　　B. 代谢性碱中毒　　C. 肾小管泌氢增加
D. 肾小管泌钾增加　　E. 心律失常

26. 代谢性酸中毒病人的呼吸变化是
A. 浅而快　　B. 浅而慢　　C. 深而快
D. 深而慢　　E. 不规则

27. 下列关于代谢性酸中毒的叙述，哪项是错误的？
A. 由体内[HCO_3^-]减少所致　　B. 最突出表现是呼吸变慢变浅　　C. 呼气中可有酮味
D. 血清pH值降低　　E. 症状较轻者，一般不需应用碱剂治疗

28. 女，40岁。因幽门梗阻致反复呕吐7天。查体：BP95/75mmHg，上腹膨隆，无压痛、反跳痛、肌紧张，肠鸣音减弱。实验室检查：血Na^+ 130.2mmol/L，血K^+ 2.9mmol/L，血Cl^- 90.1mmol/L，pH7.5。最可能的酸碱失衡是
A. 代谢性碱中毒　　B. 代谢性酸中毒　　C. 呼吸性碱中毒
D. 呼吸性酸中毒　　E. 呼吸性碱中毒合并代谢性酸中毒

29. 代谢性酸中毒的常见原因不包括
A. 休克　　B. 急性肾衰竭　　C. 肠瘘
D. 频繁呕吐　　E. 腹泻

30. 严重的代谢性酸中毒纠正后，最要警惕的电解质紊乱是
A. 高钾血症　　B. 低钾血症　　C. 高钙血症
D. 低钙血症　　E. 低镁血症

A. 代谢性酸中毒　　B. 代谢性碱中毒　　C. 呼吸性酸中毒
D. 呼吸性碱中毒　　E. 代谢性酸中毒合并代谢性碱中毒

31. 短期内输库存血5000ml，病人容易发生的酸碱平衡紊乱是
32. 幽门梗阻的患者最易发生的酸碱平衡紊乱是

33. 长期胃肠减压易引起
A. 代谢性酸中毒　　B. 高钾性酸中毒　　C. 低氯性碱中毒
D. 低钙性碱中毒　　E. 高钙性碱中毒

34. 女，22岁。腹痛伴频繁呕吐3天，以肠梗阻收入院，血Na^+ 133mmol/L，血K^+ 3mmol/L，BP80/60mmHg。治疗应首先采取
A. 纠正酸中毒　　B. 纠正低血钾　　C. 纠正低血钠
D. 急诊手术，解除肠梗阻　　E. 纠正低血容量

35. 关于休克的叙述，下列哪项是错误的？
A. 休克的本质是血压下降　　B. 休克时机体有效循环血量急剧减少
C. 休克时脑动脉和冠状动脉收缩不明显　　D. 休克时肾血流量减少、肾小球滤过率降低
E. 休克抑制期微循环的病理改变是毛细血管容积增大

36. 休克代偿期，大量儿茶酚胺释放，但不减少血液供应的脏器是
A. 肺　　B. 心　　C. 肾

D. 肝　　E. 肠

37. 纠正休克并酸中毒的关键措施是

A. 给予碱性药物　　B. 加大通气量　　C. 排酸治疗

D. 改善组织灌注　　E. 使用血管收缩剂

38. 男性，55 岁，因外伤性脾破裂急诊入院。查体：患者神志清楚，面色苍白，手足冰冷，血压 86/60mmHg，心率 120 次/分，尿量 25ml/h。该患者诊断为

A. 休克代偿期　　B. 休克抑制期轻度　　C. 休克抑制期中度

D. 休克抑制期重度　　E. 休克抑制期极重度

39. 休克的一般监测不包括

A. 精神状态　　B. 尿量　　C. 中心静脉压

D. 皮肤温度色泽　　E. 脉率

40. 判断休克已经纠正，除血压正常外，尿量应稳定在

A. 25ml/h 以上　　B. 30ml/h 以上　　C. 35ml/h 以上

D. 40ml/h 以上　　E. 45ml/h 以上

41. 男。19 岁。被人踢伤腹部，腹痛 8 小时，尿少 2 小时。查体：血压 68/50mmHg，意识模糊，面色苍白，四肢厥冷，脉搏细速，全腹压痛，有肌紧张，反跳痛(+)，移动性浊音(+)。该患者目前的病情为

A. 神经性休克　　B. 心源性休克　　C. 过敏性休克

D. 感染性休克　　E. 低血容量性休克

42. 关于休克的治疗，错误的是

A. 尽早去除休克病因　　B. 补充血容量　　C. 改善心功能

D. 尽早使用血管收缩剂　　E. 处理代谢障碍

43. 血管扩张剂常用于休克的治疗，其使用的前提是

A. 血容量补足之后　　B. 心功能良好　　C. 收缩压≥65mmHg

D. CVP 在 $5cmH_2O$ 左右　　E. 肾衰竭纠正后

44. 病人休克，血压低，脉搏 130 次/分，尿量 20ml/h，选用哪种血管活性药物最适宜?

A. 多巴胺　　B. 去甲肾上腺素　　C. 异丙肾上腺素

D. 肾上腺素　　E. 苯肾上腺素

45. 男，50 岁，因局部脓肿发生休克，经补足血容量、纠正酸中毒后，血压、脉搏仍未好转，但无心衰现象，测中心静脉压为 $15cmH_2O$。其下一步治疗首选

A. 应用血管扩张剂　　B. 应用血管收缩剂　　C. 补充高渗盐溶液

D. 给予小剂量糖皮质激素　　E. 给予 5%碳酸氢钠溶液

A. 适当补液　　B. 补液试验　　C. 强心纠酸扩管

D. 舒张血管　　E. 大量补液

46. 休克病人中心静脉压为 $5cmH_2O$，血压 80/65mmHg，处理原则为

47. 休克病人中心静脉压为 $20cmH_2O$，血压 120/80mmHg，处理原则为

48. 男，55 岁。被重物砸伤双下肢 2 小时。查体：P108 次/分，BP113/64mmHg，神志清楚，双肺呼吸音清，未闻及干湿啰音，心律齐，腹软，无压痛，双下肢肿胀、广泛软组织挫裂伤。最佳处理方法是

A. 快速输平衡盐溶液　　B. 输血　　C. 使用升压药

D. 输血浆代用品　　E. 输葡萄糖溶液

49. 休克扩容治疗后，出现下列哪项应警惕肾衰?

A. 尿少，CVP 低，BP 低　　B. 尿少，CVP 高，BP 低　　C. 尿少，CVP 正常，BP 正常

D. 尿少,CVP 低,BP 正常　　E. 尿少,CVP 正常,BP 低

50. 暖休克的临床特点是

A. 多为革兰阴性菌所致　　B. 脉压常<30mmHg　　C. 脉搏细弱

D. 尿量>30ml/h　　E. 毛细血管充盈时间延长

51. 为感染性休克病人迅速纠正血容量不足时,首选的液体是

A. 全血配合葡萄糖　　B. 以胶体溶液为主　　C. 生理盐水加代血浆

D. 葡萄糖溶液加代血浆　　E. 以平衡盐溶液为主,配合适量血浆和全血

52. 心源性休克最常见的病因是

A. 充血性心力衰竭　　B. 严重心律失常　　C. 急性心肌梗死

D. 大块肺栓塞　　E. 急性心肌炎

53. 女,40 岁。肌注青霉素后迅速出现面色苍白,神志不清,BP50/20mmHg。其首要的抢救措施是

A. 人工呼吸　　B. 皮下注射肾上腺素　　C. 面罩吸氧

D. 静脉滴注平衡盐溶液　　E. 应用糖皮质激素

A. 嵌顿疝还纳修补术　　B. 胃癌根治术　　C. 甲状腺腺瘤切除术

D. 脾破裂行脾切除术　　E. 十二指肠溃疡穿孔修补术

54. 属择期手术的是

55. 属限期手术的是

56. 女,60 岁。因便血和大便习惯改变 1 个月,以高位直肠癌收入院,准备行 Dixon 手术。心电图检查示二度Ⅱ型房室传导阻滞,心率 50 次/分,阿托品试验阳性。下列术前准备措施,错误的是

A. 交叉配血,备红细胞悬液 800ml　　B. 术前 1 日和手术当天清晨行清洁灌肠

C. 术前 2~3 天开始口服新霉素及甲硝唑　　D. 安装临时心脏起搏器

E. 术前 3 天开始给予抗肿瘤药物灌肠

57. 下列关于结肠癌患者术前准备的叙述,错误的是

A. 术前 2 日进流食　　B. 口服肠道抗生素　　C. 口服泻剂

D. 抗肿瘤药物灌肠　　E. 术前 12~24h 行肠道灌洗

58. 患者,男,60 岁。右下腹隐痛伴低热 1 月,常排黏液及暗红色便。查体:体温 37.8℃,心率 78 次/分,贫血貌,腹软,脐右侧轻压痛。外周血 Hb80g/L,WBC8×10^9/L。入院后确诊为升结肠癌,其术前准备不应包括

A. 半流质饮食　　B. 口服抗生素　　C. 口服泻药

D. 清洁灌肠　　E. 配血

59. 下列幽门梗阻患者术前准备措施中,不合理的是

A. 应用广谱抗生素　　B. 纠正水电解质失衡　　C. 禁食

D. 胃肠减压　　E. 温盐水洗胃

60. 下列高血压患者的术前处理中,正确的是

A. 术前 2 周停用降压药　　B. 入手术室,血压骤升者应停止手术

C. 血压降至正常后再手术　　D. 血压<160/100mmHg 可不予处理

E. 血压>180/100mmHg 者应使用硝普钠降压

61. 术前准备中,下列哪项处理不正确?

A. 心力衰竭病人需控制 3~4 周后才施行手术

B. 经常发作哮喘的病人,可每日三次口服地塞米松 0.75mg

C. 肝功能严重损害者,一般不宜施行任何手术

D. 肾功能重度损害者,只要在有效的透析疗法处理下,仍能安全地耐受手术

E. 糖尿病病人大手术前,必须将血糖控制到正常、尿糖阴性的水平,才能手术

62. 下腹部手术拆线时间一般为术后

A. 7~9 日　　B. 4~5 日　　C. 13~14 日

D. 6~7 日　　E. 10~12 日

63. 手术后,胃肠减压管拔除的指征是

A. 术后 3 天　　B. 腹痛消失　　C. 已经肛门排气

D. 可闻及肠鸣音　　E. 腹胀消失

64. 手术后乳胶片引流拔除时间一般在术后

A. 1~2 天　　B. 3 天　　C. 4 天

D. 5 天　　E. 5 天以后

A. 头低卧位　　B. 高半坐位　　C. 低半坐位

D. 侧卧位　　E. 平卧位

65. 食管癌手术全麻清醒后,病人应采取的体位是

66. 胃大部切除术全麻清醒后,病人应采取的体位是

67. 下列属于清洁伤口的是

A. 甲状腺手术切口　　B. 胸部刀割伤后 4h 清创伤口　　C. 头面部撞伤 14h 的伤口

D. 胃大部切除术的切口　　E. 胆囊切除术的切口

68. 女,30 岁。胆囊结石行腹腔镜胆囊切除术后 1 周,切口无红肿硬结,切口愈合类型应记为

A. Ⅰ/甲　　B. Ⅰ/乙　　C. Ⅱ/甲

D. Ⅱ/乙　　E. Ⅲ/甲

69. 男,63 岁。因小肠穿孔行小肠部分切除吻合术后 5 天,诉切口疼痛。查体:敷料上少量脓性分泌物,切口下端红肿,压痛,挤压时有少量脓性分泌物。正确的处理是

A. 拆开皮肤缝线,彻底清创后再次缝合　　B. 伤口全层拆开,彻底清创后缝合

C. 无需拆开皮肤缝线,直接塞入引流物　　D. 无需拆开皮肤缝线,用酒精湿敷伤口

E. 拆开皮肤缝线,清创后放置引流物

70. 直肠癌根治术后第一天,病人突然寒战高热,达 39℃。最可能的原因是

A. 伤口感染　　B. 肺炎　　C. 腹腔感染

D. 输液反应　　E. 盆腔感染

71. 下列预防和治疗术后肺不张的措施中,哪项是不恰当的?

A. 鼓励咳痰　　B. 防止呕吐　　C. 术前锻炼深呼吸

D. 术前 2 周禁烟　　E. 术后用腹带紧紧固定上腹部切口

72. 男性,45 岁,外伤致骨盆骨折、会阴部撕裂伤,术后尿潴留,烦躁不安,最佳处理方法是

A. 肌注安定 10 毫克　　B. 下腹部热敷　　C. 口服止痛药

D. 静注氨甲酰甲胆碱　　E. 留置导尿管

(73~76 题共用题干)患者,女性,68 岁。转移性右下腹痛 10 小时入院。查体:右下腹压痛明显,反跳痛不明显,外周血 WBC18.0×10^9/L,N0.85。尿常规检查未见异常。

73. 最可能的诊断是

A. 急性胃穿孔　　B. 急性阑尾炎　　C. 急性胆囊炎

D. 右侧输尿管结石　　E. 克罗恩病

74. 若行手术治疗,其术前准备错误的是

A. 应用抗生素　B. 会阴部备皮　C. 禁食水
D. 必要时胃肠减压　E. 低压灌肠

75. 术后第 3 天,患者体温 38.8℃,切口处红肿,触痛明显,可能的原因是
A. 皮下脂肪液化　B. 切口感染　C. 吸收热
D. 盆腔脓肿　E. 肺部感染

76. 切口的正确处理方法是
A. 敞开切口,清创后一期缝合　B. 敞开切口,清创后理疗　C. 敞开切口,清创后放置引流条
D. 不敞开切口,直接理疗　E. 不敞开切口,直接塞入引流物

77. 创伤后人体代谢变化为
A. 蛋白分解增加、糖异生增加、脂肪分解增加
B. 蛋白分解增加、糖异生减少、脂肪分解减少
C. 蛋白分解增加、糖异生减少、脂肪分解增加
D. 蛋白分解减少、糖异生增加、脂肪分解增加
E. 蛋白分解减少、糖异生减少、脂肪分解减少

78. 男性,50 岁。体重 60kg,行胃癌根治术,其术后每日需要最合适的热量是
A. 1500kcal　B. 1650kcal　C. 1800kcal
D. 1950kcal　E. 2500kcal

A. 体重指数　B. 氮平衡试验　C. 血浆蛋白
D. 三头肌皮皱厚度　E. 淋巴细胞计数

79. 评价机体蛋白质代谢状况的可靠指标是
80. 可反映机体蛋白质营养状况的常用指标是
81. 可反映机体细胞免疫功能的指标是

82. 在肠外营养液中不能加入
A. 葡萄糖　B. 脂肪乳剂　C. 氨基酸
D. 抗生素　E. 维生素

83. 不宜采用完全胃肠外营养治疗的是
A. 短肠综合征　B. 溃疡性结肠炎长期腹泻　C. 胆囊造瘘术后
D. 坏死性胰腺炎　E. 癌肿化疗致严重呕吐

84. 临床上 PICC 插管常选择的血管是
A. 股静脉　B. 颈内静脉　C. 锁骨下静脉
D. 贵要静脉　E. 头皮静脉

A. 气胸　B. 空气栓塞　C. 肝脏损害
D. 腹胀腹泻　E. 吸入性肺炎

85. 施行肠外营养最严重的并发症是
86. 施行肠外营养最常见的并发症是
87. 施行肠内营养最严重的并发症是
88. 施行肠内营养最常见的并发症是

(89~90 题共用题干)男,51 岁。腹痛伴腹胀 1 天。暴饮暴食后突发剧烈上腹痛,之后出现腹胀,停止排气、排便。查体:T38.2℃,P120 次/分,R25 次/分,BP135/73mmHg。腹部明显膨隆,双侧腰肋部皮下瘀斑,全腹肌紧张,压痛和反跳痛(+),肠鸣音消失。实验室检查:血清淀粉酶 180U/L,WBC17×10^9/L。

89. 关于该患者的肠外营养支持，正确的是
A. 以外周静脉输注为主　B. 加入谷氨酰胺以保护肠黏膜屏障
C. 各种营养成分应单瓶输注　D. 加入白蛋白作为肠外营养的氮源
E. 在肠外营养时，可同时应用生长激素

90. 关于该患者的肠内营养支持，正确的原则是
A. 在该患者病程中都不能肠内营养　B. 肠功能恢复后尽早实施肠内营养
C. 早期以肠内营养为主　D. 生命体征平稳后方可实施肠内营养
E. 血清淀粉酶恢复正常后即可以实施肠内营养

91. 短肠综合征病人行肠内营养应选用的制剂是
A. 非要素型　B. 要素型　C. 组件型
D. 疾病专用型　E. 混合型

92. 手术前后外科病人营养支持的选择，错误的是
A. 消化道功能正常者，以口服为主　B. 昏迷或不能进食的病人可用管饲
C. 结肠手术前准备和术后处理可用要素饮食　D. 口服或管饲有困难者，可采用胃肠外营养
E. 大手术后病人尽量先行肠外营养，再行肠内营养

93. 下列哪种病菌引起的感染是特异性感染？
A. 金黄色葡萄球菌　B. 变形杆菌　C. 铜绿假单胞菌
D. 念珠菌　E. 肺炎链球菌

A. 头面部　B. 下肢　C. 胸腹部
D. 项背部　E. 臀部

94. 痈的好发部位是
95. 丹毒的好发部位是

(96~97 题共用题干)女，18 岁。上唇红肿、头痛 5 天，加重伴寒战、高热 2 天。检查：表情淡漠，体温 39.5℃，脉搏 120 次/分，上唇隆起呈紫红色，中心组织坏死塌陷，有多个脓栓，鼻部、眼部及其周围广泛肿胀，发硬触痛。血常规 WBC25×10^9/L，N0.90。

96. 本例应考虑的诊断是
A. 唇部蜂窝织炎　B. 唇痈　C. 唇静脉瘤继发感染
D. 唇部肿瘤　E. 唇痈并发化脓性海绵状静脉窦炎

97. 本例治疗措施错误的是
A. 输液，少量多次输血　B. 限制张口，少言语　C. 早期联合静滴抗生素
D. 过氧化氢局部湿敷　E. 切开引流

98. 患者，女，59 岁。背部皮肤红肿 7 天。感局部疼痛。畏寒、发热 1 天。糖尿病 10 年。查体：T39℃，P100/分，背部红肿，范围 6cm×5cm，皮肤有多个脓点。实验室检查：Hb120g/L，WBC18.6×10^9/L，Plt200×10^9/L。切开引流方法不正确的是
A. 每日换敷料一次　B. 清除脓点　C. 做“+++”切口
D. 切口深度到筋膜　E. 切口边缘在病灶范围之内

99. 颌下急性蜂窝织炎最严重的并发症是
A. 化脓性海绵状静脉窦炎　B. 败血症　C. 纵隔化脓性炎
D. 喉头水肿、窒息　E. 脓毒血症

100. 女，20 岁。足癣多年，近 1 周发热，右小腿出现片状红斑，腹股沟淋巴结肿大，疼痛。最可能的致病菌是

A. 乙型溶血性链球菌　B. 铜绿假单胞菌　C. 梭状芽胞杆菌
D. 金黄色葡萄球菌　E. 表皮葡萄球菌

101. 下列感染性疾病中,创面不需做清创引流的是
A. 气性坏疽　B. 急性丹毒　C. 破伤风
D. 急性皮下蜂窝织炎　E. 痈

102. 女,28 岁。右中指末节红肿 8 天,疼痛剧烈。掌侧肿胀明显,予切开引流,正确的切口是
A. 关节皱褶处切开　B. 手指掌侧横形切开　C. 甲根处切开
D. 手指背侧切开　E. 手指侧面纵形切开

103. 软组织急性化脓性感染在脓肿出现前,需早期切开引流的是
A. 疖　B. 痈　C. 脓性指头炎
D. 丹毒　E. 急性蜂窝织炎

104. 关于脓性指头炎的治疗措施中,错误的是
A. 局部理疗　B. 抬高患肢　C. 应用抗生素
D. 疼痛剧烈时需切开减压　E. 需局部出现明显波动感方可切开引流

105. 掌中间隙感染手术切口一般不应超过远侧掌横纹,以免损伤
A. 正中神经　B. 尺神经　C. 桡神经
D. 掌浅动脉弓　E. 掌深动脉弓

106. 患者示指微屈,拇指不能对掌,掌中凹存在,应诊断为
A. 桡侧滑囊炎　B. 尺侧滑囊炎　C. 掌中间隙感染
D. 鱼际间隙感染　E. 脓性指头炎

107. 男性,20 岁。右下肢局部皮肤红、肿、热、痛,中央部缺血坏死,流出脓液稀薄,粉红色,致病菌是
A. 金黄色葡萄球菌　B. 乙型溶血性链球菌　C. 大肠埃希菌
D. 铜绿假单胞菌　E. 变形杆菌

(108~109 题共用题干)男,60 岁。发热伴寒战、心悸 7 天,体温最高 39℃,头痛,咳嗽,右大腿肿痛,病情渐重入院。查体:T38℃,P100 次/分,R24 次/分,BP100/75mmHg。神志清楚,巩膜轻度黄染,双肺呼吸音粗,无啰音,心脏无异常,腹平软,无压痛,肝区无叩痛。右大腿中段红肿,范围约 10cm,压痛明显,有波动感。血 WBC20×10^9/L,Hb100g/L,多次培养(-)。

108. 该患者目前最可能的诊断是
A. 脓毒症　B. 肝脓肿　C. 菌血症
D. 急性肺炎　E. 感染性休克

109. 对该患者,最恰当的处理是
A. 切开引流　B. 适当输注新鲜血　C. 应用糖皮质激素
D. 抗休克治疗　E. 应用针对 G^-菌抗生素

110. 革兰阴性杆菌脓毒症的临床特点是
A. 易并发心肌炎　B. 休克发生早,持续时间长　C. 热型为稽留热或弛张热
D. 常可见转移性脓肿　E. 皮疹多见

111. 男性,18 岁。右手背部深Ⅱ度烧伤 10 天,近 1 天出现乏力、头痛及张口困难,不正确的诊治措施是
A. 手背部烧伤部位清创　B. TAT 2 万 U 静脉注射　C. 腰穿脑脊液检查
D. 白蛋白 20g 静脉注射　E. 10%水化氯醛 30ml 保留灌肠

112. 下列关于破伤风的叙述,哪项是正确的?
A. 是非特异性感染　B. 临床症状主要是溶血毒素所致

C. 典型症状是肌紧张性收缩　D. 伤口的厌氧菌培养是诊断依据
E. 注射破伤风抗毒素是预防破伤风的最可靠方法

113. 男,50 岁。干农活时刺伤右足 10 天,当时未就医,伤口已愈合良好,伤口内无异物残留。感张口困难 2 天,颈项紧,饮水可诱发手足痉挛。病情逐渐加重,抽搐频繁,用药物未控制,呼吸道分泌物较多,有窒息的危险。为保持呼吸道的通畅,最有效的措施是
A. 协助拍背咳痰　B. 环甲膜穿刺　C. 气管插管
D. 气管切开　E. 吸痰、吸氧

114. 需要早期切开、清创引流的疾病是
A. 动脉瘤　B. 寒性脓肿　C. 蜂窝织炎
D. 气性坏疽　E. 痈

115. 治疗和预防创伤发生气性坏疽的关键措施是
A. 注射破伤风抗毒素　B. 快速补液与输血　C. 应用大剂量青霉素
D. 即刻予高压氧治疗　E. 尽早行彻底清创术

116. 不需应用抗菌药物的疾病是
A. 毛囊炎　B. 丹毒　C. 开放性骨折
D. 结肠癌根治术前　E. 人工关节术后

117. 属于闭合伤的是
A. 擦伤　B. 火器伤　C. 刺伤
D. 直肠破裂　E. 撕脱伤

118. 影响伤口愈合最常见的局部因素是
A. 伤口异物存留　B. 伤口坏死组织多　C. 伤口感染
D. 局部血液循环障碍　E. 伤口厌氧环境

119. 严重胸腹联合损伤后,必须首先处理的是
A. 轻度血压下降　B. 呼吸骤停　C. 急性弥漫性腹膜炎
D. 闭合性液气胸　E. 粉碎性胸腰椎骨折

120. 关于创伤时应用止血带,正确的是
A. 止血带一般使用时间不超过 4 小时　B. 止血带每隔 2 小时松开 2~3 分钟
C. 紧急时可用电线充当止血带　D. 止血带的位置应在伤处的上一个关节处
E. 松开止血带时,伤口处不应加压,以免影响血供

121. 清创时错误的操作是
A. 过氧化氢、生理盐水冲洗伤口　B. 清创时应消除创腔内凝血块、异物
C. 切除 1~2mm 不整齐的创缘皮肤　D. 清创后直接缝合创口
E. 可在创口内放置皮片引流

122. 男性,20 岁。右股刀刺伤 18 小时,刀口处红肿,有渗出液。目前最适当的治疗措施是
A. 清创缝合　B. 抗生素治疗　C. 理疗
D. 清理伤口后换药　E. 局部固定

123. 下列按伤情分类属于重伤的是
A. 肱骨骨折　B. 膀胱破裂　C. 脾被膜下破裂
D. 开放性胫腓骨骨折　E. 股骨干骨折合并肺脂肪栓塞

124. 男,20 岁。右前臂被炸伤 4 小时,最大伤口长 5cm,出血多,伤及肌肉。X 线检查无骨折,未见金属异物。其伤口最佳处理是
A. 清创后二期缝合　B. 加压包扎止血、观察　C. 清洗伤口后包扎

D. 包扎、石膏固定患肢　E. 清创后一期缝合

A. Ⅰ度烧伤　B. 浅Ⅱ度烧伤　C. 深Ⅱ度烧伤
D. Ⅲ度烧伤　E. 不能确定烧伤深度

125. 未损伤生发层的皮肤烧伤是
126. 去除水疱后创面湿润,但感觉迟钝的皮肤烧伤是
127. 创面可见脂肪组织的皮肤烧伤是
128. 创面可见大水疱的皮肤烧伤是

129. 深Ⅱ度烧伤损伤深度已达
A. 皮下脂肪层　B. 皮肤全层及肌肉　C. 真皮深层
D. 表皮浅层　E. 表皮生发层和真皮乳头层

130. 下列哪项不是深Ⅱ度烧伤的特点?
A. 有皮肤附件残留　B. 有大水疱形成　C. 创面红白相间
D. 3~4周愈合　E. 愈合后常有瘢痕

131. 男,18岁。右足和右小腿被开水烫伤,有水疱伴剧痛,创面基底部肿胀发红。该患者烧伤面积和烧伤深度为
A. 5%浅Ⅱ度　B. 5%深Ⅱ度　C. 10%浅Ⅱ度
D. 10%深Ⅱ度　E. 15%浅Ⅱ度

132. 烧伤现场急救时,下列哪种做法不正确?
A. 迅速脱离热源,用凉水浸泡或冲淋局部
B. 剪去伤处衣、袜,用清洁被单覆盖
C. 酌情使用安定、哌替啶等药镇静止痛
D. 呼吸道灼伤者,应在严重呼吸困难时方行气管切开、吸氧
E. 有严重复合伤时,应先施行相应的急救处理

133. 大面积烧伤24小时内的病人,首选的主要治疗措施是
A. 处理创面　B. 镇静止痛　C. 液体复苏
D. 控制感染　E. 补充营养,增强免疫

134. 11个月,男婴。Ⅱ度烧伤面积10%,体重10kg,额外丢失液体量为
A. 100ml　B. 150ml　C. 200ml
D. 250ml　E. 300ml

135. 女,28岁。左上肢不慎被开水烫伤1小时。查体:左前臂约患者手掌大小皮肤红肿明显,有大小不一水疱,水疱无破裂,创面无明显异物污染。关于患者的治疗,正确的是
A. 创面周围注射止痛药物　B. 注射破伤风类毒素　C. 消毒后局部加压包扎
D. 去除水疱皮,消毒包扎　E. 抽去水疱液,消毒包扎

136. 一名25岁消防队员,体重65kg,在救火中不幸烧伤了面部、双上肢、躯干前方和会阴部。该患者伤后8小时内应补充的液体总量约为
A. 1500ml　B. 2000ml　C. 2500ml　D. 2700ml　E. 3000ml

137. 不符合电烧伤特点的是
A. 皮肤的损伤轻微,而全身性损伤较重　B. 主要损害心脏,引起血流动力学改变
C. 可发生电休克,甚至心跳呼吸骤停　D. 有"入口"和"出口",均为三度烧伤
E. 深部损伤范围不超过皮肤"入口"处

第2章　脑外科疾病

A. 头痛　　B. 呕吐　　C. 视乳头水肿
D. 意识障碍　　E. 头痛、呕吐、视乳头水肿

138. 颅内压增高最常见的症状是
139. 颅内压增高的重要客观体征是
140. 颅内压增高的典型表现是

141. 为降低颅内高压,最常用的药物是
A. 25%山梨醇　　B. 20%甘露醇　　C. 50%葡萄糖
D. 50%甘油盐水　　E. 糖皮质激素

142. 腰椎穿刺的禁忌情况是
A. 高热　　B. Kernig 征阳性　　C. Babinski 征阳性
D. 癫痫发作后　　E. 休克

143. 占位性病变引起的颅内压增高时,最佳的治疗方法是
A. 甘露醇脱水　　B. 脑脊液体外引流　　C. 亚低温治疗
D. 气管切开　　E. 切除病变

144. 对颅内高压病人的处理,错误的是
A. 密切监测意识变化　　B. 密切观察瞳孔变化　　C. 甘露醇降低颅内压
D. 腰穿放脑脊液　　E. 必要时气管切开

A. 小脑蚓部　　B. 枕叶　　C. 颞叶钩回
D. 顶叶　　E. 小脑扁桃体

145. 小脑幕切迹疝患者疝入小脑幕裂孔的组织是
146. 枕骨大孔疝患者疝入枕骨大孔的组织是

A. 动眼神经受压　　B. 动眼神经核受压　　C. 动眼神经麻痹
D. 脑干受压缺氧　　E. 动眼神经核功能丧失

147. 小脑幕切迹疝早期患侧瞳孔缩小的原因是
148. 小脑幕切迹疝中期患侧瞳孔散大的原因是
149. 小脑幕切迹疝晚期双侧瞳孔散大的原因是
150. 枕骨大孔疝双侧瞳孔忽大忽小的原因是

151. 小脑幕切迹疝和枕骨大孔疝的鉴别要点是
A. 有无剧烈头痛　　B. 有无频繁呕吐　　C. 是否早期发生意识障碍
D. 是否早期发生呼吸骤停　　E. 是否有视乳头水肿

152. 出现颞叶钩回疝时,有定位意义的瞳孔变化是
A. 患侧瞳孔逐渐扩大　　B. 患侧瞳孔逐渐缩小　　C. 双侧瞳孔散大
D. 双侧瞳孔缩小　　E. 双侧瞳孔大小多变

153. 不属枕骨大孔疝的常见症状的是
A. 剧烈头痛、呕吐　　B. 颈项强直　　C. 早期出现一侧瞳孔散大
D. 意识障碍　　E. 呼吸骤停发生早

154. 患儿,5岁。阵发性头痛3个月,因突然剧烈头痛、反复呕吐半天急诊入院。检查:神志清醒,双瞳孔

正常，颈项强直，半小时后突然呼吸停止，心跳存在。其诊断是

A. 垂体腺瘤　　B. 急性脑水肿　　C. 急性脑膜炎

D. 枕骨大孔疝　　E. 小脑幕切迹疝

155. 患者，男性，36岁。不慎从3m高处坠落，昏迷15分钟后清醒，诉头痛，恶心呕吐2次，非喷射性。神经系统检查尚无阳性体征发现。在随后的治疗观察过程中出现下列情况，与颅内血肿无关的是

A. 呕吐次数增多　　B. 瞳孔不等大　　C. 异常剧烈的头痛

D. 尿量增多　　E. 脉搏变慢，血压升高，呼吸变慢

（156~158题共用题干）患者，男性，30岁。因车祸致头部外伤1小时，伤后即昏迷。入院查体：中度昏迷，右侧瞳孔散大，光反射消失，左上、下肢病理征阳性。

156. 首先应采取的治疗措施是

A. 给予止血药　　B. 20%甘露醇快速静滴　　C. 给予抗生素预防感染

D. 给予呼吸兴奋剂　　E. 气管插管，机械通气

157. 首选的检查是

A. X线颅骨片　　B. 脑电图　　C. 脑血流图

D. 头颅CT　　E. 头颅MRI

158. 根本治疗措施为

A. 气管切开　　B. 止血和脱水　　C. 血肿清除

D. 冬眠疗法　　E. 脱水治疗和预防感染

159. 巨大帽状腱膜下血肿的处理原则是

A. 热敷　　B. 冷敷　　C. 预防感染

D. 抽吸后加压包扎　　E. 切开引流

A. 颅骨X线片　　B. 临床表现　　C. 头颅CT

D. 头颅MRI　　E. 脑血管造影

160. 诊断颅盖骨线形骨折首选

161. 诊断颅底骨折首选

162. 定位颅底骨折首选

163. 确诊颅内血肿首选

164. 诊断原发性脑干损伤首选

165. 诊断颅内肿瘤首选

166. 确诊颅内血管瘤首选

167. 诊断蛛网膜下腔出血首选

168. 颅骨线形骨折的治疗方法是

A. 无需特殊治疗　　B. 降低颅内压　　C. 手法复位外固定

D. 手术复位内固定　　E. 颅骨成形

169. 颅骨凹陷骨折需手术撬起复位的指征是凹陷深度

A. >0.5cm　　B. >1cm　　C. >2cm

D. >2.5cm　　E. >3cm

A. 颅前窝骨折引起的眶周青紫　　B. 颅中窝骨折引起的脑脊液鼻漏和耳漏

C. 颅中窝骨折引起的搏动性突眼　　D. 颅后窝骨折引起的乳突部皮下淤血斑

E. 颅后窝骨折引起的脑脊液鼻漏和耳漏

170. Battle征是指
171. 熊猫眼征是指
A. 熊猫眼+脑脊液鼻漏　B. 脑脊液鼻漏+脑脊液耳漏　C. Battle征阳性
D. 脑脊液鼻漏+Battle征阳性　E. 脑脊液耳漏+Battle征阳性
172. 颅前窝骨折的临床特点是
173. 颅中窝骨折的临床特点是
174. 颅后窝骨折的临床特点是

175. 颅前窝骨折的临床表现不包括
A. 熊猫眼征　B. 球结膜下瘀斑　C. 脑脊液鼻漏
D. 失嗅　E. Battle征
176. 颅后窝骨折的特征性表现是
A. 脑脊液鼻漏　B. 失明　C. 失嗅
D. Battle征　E. 搏动性突眼
177. 单独作为诊断颅底骨折的依据中,错误的是
A. 脑脊液漏　B. 迟发性乳头部皮下瘀血斑　C. CT显示神经管骨折
D. 单纯鼻出血　E. "熊猫眼"征
178. 女,16岁。脑外伤后,双眼睑皮下和球结膜下出血,鼻腔流出血性脑脊液,最可能的诊断是
A. 颅顶骨凹陷性骨折　B. 颅前窝骨折　C. 颅中窝骨折
D. 颅后窝骨折　E. 鼻骨骨折
179. 关于颅底骨折的治疗,错误的是
A. 若无脑脊液漏则无需治疗　B. 若有脑脊液漏需预防感染　C. 脑脊液鼻漏者严禁堵塞鼻腔
D. 严禁腰椎穿刺　E. 脑脊液漏超过2个月未停止则需手术

(180~182题共用题干)患者,男性,30岁。右额部被木棒击中2天。查体:神志清楚,右眼眶周围肿胀青紫,右鼻腔内有淡血性液体流出。
180. 该患者最可能的诊断是
A. 颅前窝骨折,脑脊液鼻漏　B. 颅中窝骨折,脑脊液鼻漏　C. 颅后窝骨折,脑脊液鼻漏
D. 颅前窝骨折,鼻骨骨折　E. 颅中窝骨折,鼻骨骨折
181. 该患者诊断的主要依据是
A. 头颅CT　B. 头颅X线片　C. 头颅MRI
D. 脑脊液检查　E. 临床表现
182. 该患者的主要治疗方案是
A. 保持头低位,引流脑脊液　B. 保持头高位,预防感染　C. 纱布条填塞鼻腔
D. 脱水治疗,预防感染　E. 立即行手术治疗

183. 下列哪种脑损伤属于原发性脑损伤?
A. 脑震荡　B. 脑水肿　C. 脑肿胀
D. 硬膜下血肿　E. 硬膜外血肿
184. 脑对冲伤的好发部位是
A. 额颞叶　B. 枕叶　C. 顶叶
D. 小脑半球　E. 大脑半球
185. 脑震荡的意识障碍一般不超过
A. 5分钟　B. 10分钟　C. 半小时

D. 12 小时　　E. 24 小时

A. 头痛　　B. 头痛+恶心呕吐　　C. 视乳头水肿
D. 意识障碍　　E. 偏瘫
186. 脑挫裂伤最突出的症状是
187. 脑挫裂伤最常见的症状是

188. 脑干损伤的特征性临床表现是
A. 伤后立即出现意识障碍　　B. 昏迷时间长,无中间清醒期　　C. 双侧瞳孔不等大,且大小多变
D. 去脑强直　　E. 伤后立即出现呼吸功能紊乱
189. 头部外伤后慢性硬脑膜下血肿的时限,定义为
A. 3 天内　　B. 1 周内　　C. 3 天~3 周内
D. 3 周~数月内　　E. 1 年以后
190. 男性,35 岁。左颞部被木棒击伤后昏迷半小时清醒,3 小时后又转入昏迷状态。头颅 CT 检查示左颞颅骨内侧双面凸透镜形密度增高影。应诊断为
A. 左颞硬脑膜外血肿　　B. 左颞硬脑膜下血肿　　C. 左颞骨膜下血肿
D. 左颞帽状腱膜下血肿　　E. 左颞蛛网膜下腔出血
191. 21 岁,男性。车祸头部外伤,昏迷 30 分钟后清醒。查体神志清楚,右颞头皮血肿,神经系统检查无阳性发现。入院观察,5 小时后又转入昏迷,伴右侧瞳孔逐渐散大,左侧肢体瘫痪。最可能的诊断是
A. 脑挫伤　　B. 脑内血肿　　C. 脑水肿
D. 急性硬脑膜下积液　　E. 急性硬脑膜外血肿
192. 一建筑工人由高空坠落,左枕着地,伤后出现进行性意识障碍,右侧瞳孔逐渐散大,诊断应首先考虑
A. 小脑血肿　　B. 左枕部急性硬脑膜外血肿　　C. 右枕部急性硬脑膜下血肿
D. 左侧额颞部脑挫裂伤　　E. 右侧额颞极挫裂伤伴硬脑膜下血肿

(193~195 题共用题干)女性,30 岁。4 小时前跌伤后昏迷 5 分钟,清醒后步行回家。1 小时前因剧烈头痛,呕吐 3 次来诊。查体:昏迷,P64 次/分,BP180/90mmHg,R18 次/分,左瞳 3mm,右瞳 2mm,下肢肌力Ⅲ级。
193. 诊断应考虑
A. 脑震荡　　B. 脑挫伤　　C. 急性硬膜外血肿
D. 急性硬膜下血肿　　E. 急性脑内血肿
194. 应立即采取的检查方法是
A. 脑电图　　B. 脑血管造影　　C. 头部 CT
D. 眼底检查　　E. 心电图
195. 应立即采取的急救措施是
A. 应用促苏醒剂　　B. 应用降血压药　　C. 亚低温治疗
D. 严密观察病情变化　　E. 静滴甘露醇,同时做开颅准备

196. 神经胶质瘤占全部颅内肿瘤的
A. 10%~15%　　B. 20%~30%　　C. 40%~50%
D. 60%~70%　　E. 70%~80%
197. 目前颅内动脉瘤主要的确诊检查是
A. 腰椎穿刺示血性脑脊液　　B. 头颅 CT　　C. 蛛网膜下腔出血
D. 头痛反复发作史　　E. 脑血管造影

(198~200题共用题干)男性,30岁。头痛,时有呕吐,逐渐加重1个月,近期嗜睡,反应迟钝,时有头晕、猝倒,无头部外伤及急性炎症病史,血压正常。检查见视神经乳头水肿,血常规、血沉正常。

198. 初步的临床诊断应考虑为
A. 颅脑损伤　B. 颅内肿瘤　C. 颅内感染
D. 急性脑疝　E. 椎动脉型颈椎病

199. 根据以上的初步诊断,其首选的辅助检查应是
A. 头颈X线摄片　B. 腰椎穿刺　C. 脑血管造影
D. 脑CT　E. 脑MRI

200. 根据以上的检查结果,最重要的治疗是
A. 降低颅压　B. 药物镇静治疗　C. 手术治疗
D. 抗感染治疗　E. 吸氧治疗

第3章　甲状腺与乳腺疾病

201. 女性,30岁,行甲状腺大部切除术后,出现饮水时呛咳,声音无改变,可能的原因是
A. 喉返神经前支损伤　B. 喉返神经后支损伤　C. 喉上神经内支损伤
D. 喉上神经外支损伤　E. 交感神经损伤

202. 单纯性甲状腺肿是指
A. 甲状腺弥漫性肿大　B. 甲状腺结节性肿大　C. 吸^{131}I率正常的甲状腺肿大
D. 甲功正常的甲状腺肿大　E. 慢性甲状腺炎引起的甲状腺肿大

203. 地方性甲状腺肿的主要原因是
A. 遗传　B. 海产品摄入过多　C. 精神刺激
D. 感染　E. 缺碘

204. 青春期甲状腺肿,肿大明显时首选治疗方法是
A. 口服硫氧嘧啶类药物　B. 行甲状腺大部分切除术　C. 口服甲状腺素片
D. 行放射性核素碘治疗　E. 多食营养丰富食物

205. 甲状腺患侧腺叶大部切除术适用于
A. 青少年原发性甲亢　B. 亚急性甲状腺炎　C. 甲状腺乳头状癌
D. 桥本病　E. 甲状腺高功能腺瘤

206. 女性,30岁,妊娠6周发生甲状腺机能亢进,甲状腺肿大伴有局部压迫症状,选择下列哪项治疗最恰当?
A. 服用抗甲状腺药物　B. 终止妊娠后,手术治疗　C. 不终止妊娠,手术治疗
D. 终止妊娠后,^{131}I治疗　E. 终止妊娠后,服用抗甲状腺药物

207. 关于甲亢手术治疗的适应证,不正确的是
A. 高功能腺瘤　B. 中度以上原发性甲亢　C. 甲状腺肿大有压迫症状
D. 青少年患者　E. 抗甲状腺药物治疗无效者

208. 甲状腺功能亢进症术前准备通常不包括
A. T_3、T_4测定　B. 喉镜检查　C. 控制心率
D. 给予氢化可的松　E. 测基础代谢率

209. 关于甲亢患者术前准备服用碘剂的作用,错误的是
A. 抑制甲状腺素的合成　B. 使甲状腺缩小变硬　C. 抑制甲状腺素释放
D. 可以减少甲状腺的血流量　E. 抑制蛋白水解酶,减少甲状腺球蛋白的分解

210. 对于不准备行甲状腺大部切除术的甲亢患者,不能给予下列哪项治疗?
A. 甲基硫氧嘧啶　B. 普萘洛尔　C. ^{131}I 治疗
D. 碘剂　E. 甲巯咪唑
211. 下列关于甲亢术前的药物准备,正确的是
A. 普萘洛尔不能与碘剂合用
B. 硫脲类药物和碘剂不能合并应用
C. 服用硫脲类药物控制甲亢症状后再手术
D. 使用碘剂 2~3 周,甲亢症状基本控制便可手术
E. 服用普萘洛尔时应每 8 小时给药一次,术后应继续服用 2~3 周
212. 原发性甲亢行甲状腺大部切除术决定手术时机的关键因素是
A. 脉率<90 次/分　B. 基础代谢率<+20%　C. 病人情绪稳定
D. 病人体重增加　E. 甲状腺变小变硬

A. 全麻气管插管拔出后　B. 术后 1~3 小时　C. 术后 2~6 小时
D. 术后 6~10 小时　E. 术后 24~48 小时
213. 甲状腺大部切术后,双侧喉返神经损伤所致的呼吸困难常出现于
214. 甲状腺大部切术后,气管塌陷所致的呼吸困难常出现于
215. 甲状腺大部切术后,切口内出血所致的呼吸困难常出现于
A. 呼吸困难和窒息　B. 甲状旁腺损伤　C. 喉返神经损伤
D. 喉上神经损伤　E. 甲状腺危象
216. 甲状腺大部切除术后发生手足抽搐是因为
217. 甲状腺大部切除术后最严重的并发症是
A. 术后窒息　B. 喉上神经内支损伤　C. 喉上神经外支损伤
D. 喉返神经损伤　E. 甲状腺危象
218. 甲状腺大部切除术后声音嘶哑提示
219. 甲状腺大部切除术后说话时音调降低提示
220. 甲状腺大部切除术后出现高热、大汗、呕吐、腹泻提示
221. 甲状腺大部切除术后常规放置气管切开包是为了预防

(222~224 题共用题干)患者,女,30 岁。甲亢行甲状腺次全切除术,返回病房 12 小时后感气憋、心慌,急查见患者面色发绀,呼吸急促,30 次/分,血压 136/90mmHg,脉率 120 次/分,伤口部饱满,张力高。
222. 该患者最可能发生的并发症是
A. 创面出血压迫气管　B. 喉返神经损伤　C. 喉上神经损伤
D. 甲状旁腺损伤　E. 甲状腺危象
223. 应立即采取的重要措施是
A. 急诊床边 B 超　B. 立即拆除缝线　C. 急查血钙
D. 静脉注射氯化钙 20ml　E. 高流量吸氧
224. 进一步的治疗是
A. 急送手术室探查止血　B. 急送手术室修复受损神经　C. 加强补钙,并予 DT_{10} 治疗
D. 密切观察　E. 气管切开

225. 女性,50 岁。于全麻下行甲状腺大部分切除术,术后第二天口唇麻木,四肢抽搐。即刻处理应是
A. 口服大剂量葡萄糖酸钙　B. 口服维生素 D_3 丸　C. 口服二氢速甾醇油剂
D. 静脉注射镇静剂　E. 静脉注射 10%葡萄糖酸钙 10ml

226. 女,31 岁。1 周前出现颈部痛和低热,未加注意,症状加重后来门诊检查,发现甲状腺明显肿大,触之疼痛,有结节。首先考虑的疾病是
A. Graves 病　B. 甲状腺癌　C. 亚急性甲状炎
D. 甲状腺肿　E. 慢性淋巴细胞性甲状腺炎

227. 女,37 岁。查体发现甲状腺Ⅱ度肿大、中等硬度、表面不光滑、无触痛、颈浅表淋巴结不肿大。患者无心悸、怕热、多汗、易饿等症状,也无便秘、体重增加等表现。血检 T_3、T_4 及 TSH 正常,TPO-Ab 及 TG-Ab 显著升高。最可能的诊断是
A. 甲状腺癌　B. 亚急性甲状腺炎　C. 慢性淋巴细胞性甲状腺炎
D. 结节性甲状腺肿　E. 甲状腺腺瘤

228. 摄取 ^{131}I 减少,基础代谢率降低的甲状腺疾病是
A. 突眼性甲状腺肿　B. 桥本甲状腺炎　C. 结节性甲状腺肿
D. 甲状腺高功能腺瘤　E. 继发性甲状腺功能亢进症

229. 女,28 岁。发现左颈前包块 1 个月。无多食、易饥、怕热、消瘦。查体:T36.5℃,P80 次/分,R18 次/分,BP120/80mmHg,甲状腺左叶可触及直径约 1cm 质硬肿物,表面不光滑,颈部未触及肿大淋巴结。双肺呼吸音清,未闻及干湿啰音,心律齐,腹软,无压痛。最有助于确诊的检查是
A. 颈部增强 CT　B. 甲状腺核素静态显像　C. 颈部彩色多普勒超声
D. 细针穿刺细胞学检查　E. 血清甲状腺素水平

230. 男性患者,45 岁。甲状腺肿块 4 个月入院。查体:甲状腺右下叶可扪及 2.5cm×2.5cm×3.5cm 的肿块,质地硬,表面不光滑,无压痛,肿块随吞咽活动度差。查血 T_3、T_4 正常,吸 ^{131}I 率 2 小时为 22%,24 小时为 40%。甲状腺核素扫描提示为冷结节。此病例最可能的诊断为
A. 甲状腺腺瘤　B. 甲状腺癌　C. 单纯性甲状腺肿
D. 桥本甲状腺肿　E. 结节性甲状腺肿

231. 甲状腺未分化癌的治疗选用
A. 左甲状腺素片　B. ^{131}碘　C. 手术
D. 化学治疗　E. 放射外照射

232. 女性,29 岁。因右侧甲状腺结节行手术治疗,术中见甲状腺右叶直径 1.5cm 囊实性结节,未触及肿大淋巴结,冰冻切片提示甲状腺乳头状癌。应采取的手术方式是
A. 甲状腺近全切除　B. 甲状腺全切+颈淋巴结清扫　C. 右侧腺叶切除
D. 右侧腺叶+峡部切除　E. 单纯肿瘤切除

233. 女性,29 岁。因右侧甲状腺结节手术治疗,术中见甲状腺右叶多个囊实性结节,颈部无肿大淋巴结,行右叶全切除术。术后病理报告提示甲状腺内有 5mm 乳头状癌灶。进一步的处理应是
A. 峡部及左叶部分切除术　B. 口服甲状腺素　C. 甲状腺近全切除术
D. 放射外照射治疗　E. 甲状腺全切及颈淋巴结清扫术

A. 血钙　B. 血磷　C. 尿钙
D. 尿磷　E. 血 PTH
234. 诊断甲状旁腺功能亢进症的首要指标是
235. 诊断甲状旁腺功能亢进症的最可靠指标是

236. 乳房大部分淋巴液均引流至
A. 腋窝淋巴结　B. 锁骨上淋巴结　C. 锁骨下淋巴结
D. 胸骨旁淋巴结　E. 交通淋巴管

237. 女,40 岁。近 10 天内发生 5 次乳头血性溢液,最可能的诊断是

A. 乳腺导管扩张　　B. 乳腺囊性增生　　C. 乳腺癌
D. 乳腺纤维腺瘤　　E. 导管内乳头状瘤

(238~240 题共用题干)女,30 岁,初产。哺乳期间左侧乳房胀痛、发热 3 天。查体:T39.2℃,P106 次/分,左乳房外上象限 6cm×4cm 红肿,有明显压痛和波动感。

238. 最可能的病原菌是
A. 腐生葡萄球菌　　B. 金黄色葡萄球菌　　C. 溶血性链球菌
D. 表皮葡萄球菌　　E. 厌氧菌

239. 该患者下一步最主要的治疗措施是
A. 止痛对症治疗　　B. 切开引流　　C. 穿刺抽脓
D. 局部应用鱼石脂软膏　　E. 局部热敷

240. 该患者经治疗后康复,避免再次发生的预防措施不包括
A. 注意婴儿口腔卫生　　B. 防止乳头损伤　　C. 避免乳汁淤积
D. 预防性应用抗生素　　E. 养成定时哺乳习惯

241. 乳腺囊性增生症的临床表现最突出的特点是
A. 肿块质韧　　B. 肿块呈颗粒状或结节状　　C. 肿块大小不一
D. 可有乳头溢液　　E. 乳房胀痛与月经周期有关

242. 女性,38 岁。因双乳胀痛伴肿块数年而就诊。查体:双乳可扪及多个大小不等之结节,质韧,同侧腋窝淋巴结无明显肿大,挤压乳头时有乳白色液体溢出,细胞学检查未发现异常细胞。最可能的诊断是
A. 乳腺癌　　B. 乳房囊性增生病　　C. 乳管内乳头状瘤
D. 乳房肉瘤　　E. 乳房纤维腺瘤

243. 乳腺囊性增生症的主要处理措施是
A. 中药治疗　　B. 手术　　C. 定期复查
D. 激素治疗　　E. 对症治疗

244. 患者,女,25 岁。发现右乳房肿块 3 月余。查体:右乳外上象限触及 3cm 结节,无压痛,淋巴结无肿大。超声检查示低回声结节,形态规则,边界清楚,内部无钙化灶。该患者最可能的诊断是
A. 乳房肉瘤　　B. 乳管内乳头状瘤　　C. 乳腺囊性增生病
D. 乳腺癌　　E. 乳房纤维腺瘤

245. 女性乳腺癌发病的危险因素不包括
A. 初产大于 35 岁　　B. 月经初潮早于 12 岁　　C. 肥胖
D. 单纯性乳腺增生　　E. 40 岁未孕

246. 乳腺癌最常见的病理学类型是
A. 非浸润性癌　　B. 早期浸润性癌　　C. 浸润性特殊癌
D. 浸润性非特殊癌　　E. 浸润性小叶癌

247. 乳腺癌最常见的远处转移部位是
A. 骨　　B. 脑　　C. 肾上腺
D. 肾　　E. 腹膜后

A. 乳腺外上象限　　B. 乳腺外下象限　　C. 乳腺内上象限
D. 乳头和乳晕区　　E. 乳腺中央区

248. 乳腺癌好发于
249. Paget 病好发于
250. 乳腺粉刺癌好发于

A. 酒窝征　B. 橘皮征　C. 卫星结节
D. 乳头凹陷　E. 炎性乳腺癌

251. 乳腺癌侵犯乳管产生
252. 乳腺癌侵犯 Cooper 韧带产生
253. 乳腺癌侵犯皮下淋巴管产生
254. 乳腺癌侵犯皮肤淋巴管产生
255. 乳腺癌侵犯相邻毛细血管产生

256. 女性，46 岁，左乳外上象限无痛性肿物，直径 3cm，与皮肤轻度粘连，左腋下可触及 2 个可活动的淋巴结，诊断为“乳腺癌”。按 TNM 分期，应为
A. $T_1N_0M_0$　B. $T_1N_1M_0$　C. $T_2N_0M_0$
D. $T_2N_1M_0$　E. $T_2N_2M_0$

257. 恶性程度最高的乳癌类型是
A. 浸润性导管癌　B. 浸润性小叶癌　C. 湿疹样癌
D. 炎性乳腺癌　E. 髓样癌

258. 下列选项中，不属于乳腺癌手术后辅助化疗指征的是
A. 雌、孕激素受体阴性　B. 腋窝淋巴结转移阳性　C. 导管内癌
D. 脉管癌栓　E. 原发肿瘤直径>2cm

（259~265 题共用题干）女性，40 岁。左乳房外上象限可触及一直径 3cm 包块，距乳头 5cm，同侧腋窝触到肿大淋巴结 2 枚，大小约 1.0cm×1.0cm，质硬，可推动，其他器官系统未见异常。

259. 该病人最佳的定性诊断方法是
A. 粗针穿刺活检　B. 细针穿刺细胞学检查　C. 切取活检
D. 钼靶 X 线摄片　E. MRI 检查

260. 该病人若确诊为乳腺癌，则其 TNM 分期为
A. $T_1N_1M_0$　B. $T_2N_1M_0$　C. $T_1N_2M_0$
D. $T_2N_2M_0$　E. $T_3N_2M_0$

261. 该病人若确诊为乳腺癌，则其临床分期为
A. Ⅰ期　B. Ⅱ期　C. Ⅲ期
D. Ⅳ期　E. Ⅴ期

262. 该病人若确诊为乳腺癌，手术方式应选择
A. 乳腺癌根治术　B. 乳腺癌扩大根治术　C. 乳腺癌改良根治术
D. 全乳房切除术　E. 单纯肿块切除术

263. 若术后选择 CAF 方案化疗，则该方案的化疗药物包括
A. 长春新碱、甲氨蝶呤、氟尿嘧啶　B. 环磷酰胺、甲氨蝶呤、氟尿嘧啶
C. 环磷酰胺、多柔比星、氟尿嘧啶　D. 多西他赛、多柔比星、环磷酰胺
E. 多西他赛、甲氨蝶呤、环磷酰胺

264. 若手术切除标本经病理检查示雌激素受体阴性，则术后首选的治疗措施是
A. 放射治疗　B. 化学治疗　C. 生物治疗
D. 口服阿那曲唑　E. 中医中药治疗

265. 若手术切除标本经病理检查示雌激素受体阳性，则术后首选的治疗措施是
A. 静滴曲妥珠单抗　B. 口服他莫昔芬　C. 口服泼尼松
D. 口服来曲唑　E. CAF 方案化疗

第 4 章　胸外科疾病

266. 单根单处肋骨骨折的主要临床表现是
A. 局部畸形　　B. 骨擦感　　C. 呼吸困难
D. 局部疼痛　　E. 皮下气肿

267. 闭合性肋骨骨折的治疗要点是
A. 镇痛、防治并发症　　B. 胸腔穿刺　　C. 胸腔闭式引流
D. 开胸探查　　E. 气管插管或气管切开

268. 女性,28 岁。车祸伤及右胸 1 小时。查体:P96 次/分,R24 次/分,BP140/95mmHg。右前胸未见反常呼吸运动,局部肿胀,压痛明显,右肺呼吸音降低,X 线胸片示右侧 8、9 肋骨后端骨折,错误的处理是
A. 腹部 B 超　　B. 镇静止痛　　C. 牵引固定
D. 多头胸带固定　　E. 弹性胸带固定

269. 关于开放性肋骨骨折的治疗措施,错误的是
A. 胸壁悬吊牵引　　B. 清创缝合　　C. 骨折对端固定
D. 胸腔闭式引流　　E. 使用抗生素

A. 开放性气胸　　B. 闭合性气胸　　C. 进行性血气胸
D. 张力性气胸　　E. 单根多处肋骨骨折

270. 急需剖胸探查的胸部损伤是
271. 可引起纵隔扑动的胸部损伤是
272. 对生命威胁最大的胸部损伤是

A. 肺萎缩　　B. 反常呼吸运动　　C. 纵隔扑动
D. 左心室射血受阻　　E. 心肌缺血

273. 多根多处肋骨骨折导致呼吸衰竭的主要原因是
274. 开放性气胸导致循环衰竭的主要原因是

A. 无菌纱布覆盖加压包扎　　B. 加压包扎固定胸廓　　C. 粗针头穿刺抽气
D. 胸腔闭式引流　　E. 剖胸探查

275. 闭合性多根多处肋骨骨折的急救处理措施是
276. 开放性气胸的急救处理措施是
277. 张力性气胸的急救处理措施是

278. 开放性气胸引起的病理生理紊乱表现为
A. 患侧肺萎缩,呼吸功能减退　　B. 患侧胸膜腔压力高于大气压,纵隔移向健侧
C. 吸气时,纵隔移向患侧　　D. 呼气时,患侧胸膜腔压力低于大气压
E. 引起反常呼吸运动,导致呼吸、循环衰竭

279. 女,22 岁。突发右侧胸痛伴胸闷 1 小时。搬重物时突发右侧胸痛,疼痛剧烈,深呼吸时加重,伴刺激性咳嗽,继之出现胸闷,进行性加重,BP100/65mmHg。最可能的诊断是
A. 肺栓塞　　B. 自发性气胸　　C. 主动脉夹层
D. 肋间神经痛　　E. 心肌梗死

280. 女性,36 岁。今日晨练时突发喘气、胸闷 1 小时。查体:端坐呼吸,口唇发绀,双肺叩诊鼓音,呼吸音减弱,未闻及哮鸣音及湿啰音,心率 120 次/分。血气分析:$PaO_2$50mmHg,$PaCO_2$30mmHg。该患者首先考虑的诊断是

A. 急性左心衰竭　B. 急性肺栓塞　C. 哮喘急发
D. 气胸　E. 肺癌

281. 男,20 岁。闭合性胸外伤 5 小时。查体:口唇发绀,端坐呼吸,左侧胸壁触及皮下气肿,气管右偏,左侧呼吸音消失。正确的急救措施是
A. 加压吸氧　B. 左胸腔穿刺排气　C. 心包穿刺
D. 急诊开胸探查　E. 气管插管

282. 女性患者,30 岁。咳嗽、胸痛 1 周入院。右下肺闻及湿啰音,痰培养有金黄色葡萄球菌生长,抗炎治疗后病情缓解。4 天后体温骤升至 39.0℃,右胸疼痛加重,呼吸音减弱。X 线胸片示右胸下部大片致密影,有液气平面。末梢血 WBC19×10^9/L。该患者最有效的治疗是
A. 加大抗生素用量　B. 纤支镜检查,排除新生物　C. 左侧卧位排痰
D. 再次痰培养+药敏试验　E. 右侧胸腔闭式引流

283. 提示胸腔手术后内出血的指征是引流管中引流血量连续 3 小时,每小时超过
A. 50ml　B. 100ml　C. 150ml
D. 200ml　E. 250ml

284. 血胸活动性出血的征象不包括
A. 脉快、血压下降,补液后血压不升或回升后又下降
B. 血红蛋白、血细胞比容持续降低
C. 胸片阴影逐渐增大
D. 穿刺液涂片红细胞与白细胞之比为 100∶1
E. 闭式引流量连续 3 小时,每小时超过 200ml

285. 男,60 岁。肺癌根治术后 1 天,胸腔闭式引流 1.5 小时引出血性液体 500ml。查体:P120 次/分,BP100/75mmHg。此时最重要的处理方法是
A. 输注全血　B. 静脉点滴多巴胺　C. 开胸止血
D. 快速补液　E. 继续观察

286. 确诊急性脓胸最重要的方法是
A. 胸部 X 线片　B. 胸部 B 超　C. 胸部 CT
D. 胸部 B 超+胸腔穿刺　E. 胸腔镜检查

(287~289 题共用题干)男,20 岁。左侧结核性胸膜炎合并中等量胸腔积液,积极抗结核治疗 3 周,积液未减少。胸穿 3 次,抽出淡黄色清亮液体共约 1500ml,每次胸穿后均向胸膜腔内注射异烟肼 0.3g。昨日起突然高热,呼吸困难。急查血常规:WBC18.2×10^9/L,N0.92。胸片示胸腔积液较前增多。

287. 造成患者突然高热的最可能原因是
A. 结核播散　B. 结核中毒症状　C. 抗结核药物的副作用
D. 合并结核性心包炎　E. 合并急性脓胸

288. 为明确诊断,首选的检查方法是
A. 胸部 B 超　B. 胸部 CT　C. 胸腔镜检查
D. 支气管镜检查　E. 胸膜腔穿刺+胸腔积液检查

289. 目前最重要的治疗措施是
A. 停用抗结核药物　B. 加大抗结核药物的剂量　C. 更换抗结核药物
D. 加用抗生素　E. 胸腔闭式引流

290. 中央型肺癌伴肺门及纵隔淋巴结肿大最常见于
A. 小细胞癌　B. 腺癌　C. 鳞癌

D. 大细胞癌 E. 类癌

291. 易引起肺外表现的肺癌是
A. 肺鳞状细胞癌 B. 小细胞肺癌 C. 大细胞肺癌
D. 肺腺癌 E. 细支气管-肺泡细胞癌

292. 肺癌最常见的转移途径是
A. 血行转移 B. 淋巴转移 C. 直接扩散
D. 种植转移 E. 经椎旁静脉系统转移

293. 原发性支气管肺癌早期最常见的表现是
A. 刺激性咳嗽 B. 顽固性胸痛 C. 声音嘶哑
D. 锁骨上淋巴结肿大 E. Horner 综合征

294. 属于肺癌副肿瘤综合征的表现是
A. 杵状指 B. 面颈部水肿 C. 吞咽困难
D. 一侧瞳孔缩小 E. 锁骨上淋巴结肿大

295. 下列哪项不属于 Horner 综合征的临床表现？
A. 病侧眼睑下垂 B. 病侧瞳孔散大 C. 病侧额部少汗
D. 病侧眼球内陷 E. 颈交感神经受压

296. 能引起 Horner 综合征的肺癌是
A. 中心型肺癌 B. 周围型肺癌 C. 转移性肺癌
D. 肺上沟瘤 E. 小细胞肺癌

297. 胸部 CT 疑诊中心型肺癌时，最有诊断价值的检查是
A. 纵隔镜检查 B. 痰找癌细胞 C. 血清肿瘤标志物检测
D. 经皮肺穿刺活组织检查 E. 支气管镜检查

298. 周围型肺癌 $T_2N_0M_0$ 首选的治疗是
A. 化学药物治疗 B. 免疫治疗 C. 手术治疗
D. 介入治疗 E. 放射治疗

299. 男，59岁。近1个月来出现低热、胸痛、咳嗽、咳痰，有时痰中混有血丝。体格检查：消瘦，右锁骨上窝触及2枚肿大淋巴结，质硬，固定。胸部X线平片及胸部CT显示右上肺叶不张。最可能的诊断是
A. 肺结核 B. 肺炎 C. 肺脓肿
D. 支气管扩张 E. 支气管肺癌

300. 女，34岁。干咳1个月，无发热、盗汗，反复静滴头孢菌素半个月未见效。查体 T36.8℃，右侧颈部均可触及黄豆大淋巴结，质硬，活动，双肺未闻及干湿啰音。为明确诊断，首选的检查是
A. 血沉 B. 胸部X线片 C. 痰找结核杆菌
D. 结核菌素试验 E. 肺功能

301. 患者，男，58岁。发现肺门肿块5个月。近1个月来出现声音嘶哑、吞咽困难。痰液细胞学检查发现鳞癌细胞。治疗选择应是
A. 手术治疗 B. 化学治疗 C. 放射治疗
D. 免疫治疗 E. 中医中药治疗

302. 患者，女性，50岁。常规体检胸片发现左肺上叶孤立性肿块影，直径2.0cm，边缘模糊。痰液检查可见腺癌细胞。支气管镜检查未见肿物。该患者治疗首选
A. 肿瘤切除术 B. 左上肺叶切除 C. 化学治疗
D. 放射治疗 E. 放疗+化疗

（303～305 题共用题干）男性患者，64 岁。反复咳嗽、咳痰、痰中带血 2 周。体温 38.3℃。WBC12×10^9/L。胸片示右肺门肿块影，伴远端大片状阴影，抗感染治疗阴影不吸收。

303. 有助于尽快明确诊断的检查首选
A. CT　B. 磁共振　C. 胸腔镜
D. 纤支镜　E. 核素扫描

304. 最可能的诊断是
A. 肺炎　B. 肺脓肿　C. 肺癌
D. 肺结核　E. 支气管扩张症

305. 首先考虑的治疗方案是
A. 抗感染治疗　B. 抗炎止血治疗　C. 手术治疗
D. 抗结核治疗　E. 门诊随访

A. 硬化型　B. 髓质型　C. 蕈伞型
D. 溃疡型　E. 胶样型

306. 较早出现梗阻症状的食管癌是
307. 梗阻程度较轻的食管癌是

A. 手术治疗　B. 放射治疗　C. 化学治疗
D. 放化疗联合　E. 免疫治疗

308. 上段食管癌的治疗多采用
309. 中、下段食管癌的首选治疗方法是

310. 男，70 岁。吞咽困难半个月。查体无明显阳性体征。上消化道钡餐造影示食管中段黏膜紊乱，管壁僵硬，管腔狭窄，该患者最可能的初步诊断是
A. 食管癌　B. 食管憩室　C. 食管平滑肌瘤
D. 贲门失弛缓症　E. 食管炎

（311～313 题共用题干）男性，55 岁。进行性吞咽困难 3 个月，体重下降 5kg。查体无阳性发现。

311. 对该病人最可能的诊断是
A. 食管灼伤狭窄　B. 食管癌　C. 食管平滑肌瘤
D. 贲门失弛缓症　E. 食管憩室

312. 首选检查方法是
A. 胸部 CT　B. 食管超声波检查　C. 食管拉网
D. 食管镜检查活检　E. 胸部 MRI

313. 食管吞钡 X 线片描述错误的是
A. 食管呈鸟嘴样改变　B. 食管充盈缺损　C. 食管管壁僵硬
D. 龛影　E. 食管黏膜断裂

314. 常见的前上纵隔肿瘤是
A. 胸腺瘤　B. 神经源性肿瘤　C. 肉瘤
D. 平滑肌瘤　E. 支气管囊肿

315. 对原发性纵隔肿瘤诊断价值最大的检查方法是
A. B 超　B. CT　C. 胸片
D. 支气管镜　E. 放射性核素扫描

316. 原发性纵隔肿瘤首选手术治疗，除外

A. 畸胎瘤　B. 恶性淋巴瘤　C. 皮样囊肿
D. 胸腺瘤　E. 神经源性肿瘤

第 5 章　普通外科疾病

317. 临床上最常见的腹外疝是
A. 腹股沟斜疝　B. 腹股沟直疝　C. 股疝
D. 腹壁切口疝　E. 脐疝
318. 由肠壁一部分构成了疝内容的疝，称为
A. 滑疝　B. Richter 疝　C. 嵌顿疝
D. 直疝　E. 股疝
319. 无需急诊手术治疗的腹外疝是
A. Littre 疝　B. Richter 疝　C. 难复性疝
D. 嵌顿性股疝　E. Maydl 疝
320. 关于腹外疝的叙述，下列哪项是正确的？
A. 滑疝多见于左侧　B. 滑疝属于难复性疝　C. 疝内容物以大网膜最多见
D. 直疝多见于中年肥胖者　E. 儿童的嵌顿疝易发生绞窄
321. 与腹股沟直疝无关的解剖学结构是
A. 腹直肌外侧缘　B. 腹股沟韧带　C. Hesselbach 三角
D. 联合腱　E. 腹壁下动脉
322. 成人腹股沟斜疝的发病机制不包括
A. 腹横筋膜薄弱　B. 鞘突未闭　C. 腹横肌发育不全
D. 腹内斜肌发育不全　E. 弓状下缘位置偏高
323. 腹股沟直疝患者精索在疝囊的
A. 前方　B. 后方　C. 前外方
D. 后外方　E. 前下方
324. 关于腹外疝的叙述，错误的是
A. 以斜疝嵌顿者最多　B. 肠管壁疝发生于股疝的较多　C. 股疝多见于 40 岁以上妇女
D. 直疝极少嵌顿　E. 腹壁下动脉位于斜疝疝囊颈的内侧
325. 腹股沟斜疝和直疝最重要的鉴别要点是
A. 疝内容物是否有嵌顿史　B. 疝囊颈与腹壁下动脉的关系　C. 疝块外形
D. 发病年龄　E. 疝内容物是否容易还纳
326. 腹股沟疝检查时，压迫腹股沟深环的部位是
A. 腹股沟韧带中点上方 2cm　B. 耻骨结节外侧 2cm　C. 髂前上棘与耻骨结节连线的中点
D. 肿块隆起最明显处　E. 精索的内前方 2cm
327. 男性，23 岁。右腹股沟可复性包块 2 年。查体：肿块还纳后，压迫内环口肿物不再复出，无压痛。手术中最有可能的发现是
A. 直疝三角部位腹壁薄弱　B. 疝囊颈位于腹壁下动脉外侧　C. 盲肠组成疝囊壁的一部分
D. 疝内容物常为大网膜　E. 精索在疝囊的前外方
328. 疝内容物已经进入阴囊，最可能的腹外疝是
A. 腹股沟斜疝　B. 腹股沟直疝　C. 股疝

D. 肠管壁疝　　E. 切口疝

A. 保守治疗　　B. 单纯疝囊高位结扎术　　C. 无张力疝修补术
D. 腹腔镜疝修补术　　E. 疝囊高位结扎+疝修补术

329. 1 岁以内婴幼儿腹股沟斜疝的治疗采用
330. 小儿腹股沟斜疝的治疗采用
331. 绞窄性腹股沟斜疝行坏死肠管切除后的治疗方法是
332. 成人腹股沟直疝的传统手术方法是
333. 腹股沟复杂疝和复发疝的手术方式多为

334. 女,45 岁。1 年来久站或长时间行走时觉左下腹部胀痛不适。查体:T36.5℃,P80 次/分,R18 次/分,BP120/80mmHg,双肺呼吸音清,未闻及干湿啰音,心律齐,腹软,无压痛,立位左腹股沟韧带下方内侧突起半球形肿物,平卧时可缩小,咳嗽时无明显冲击感,压迫内环后肿物仍可复出。该患者最适宜的手术方法是
A. Shouldice 法疝修补术　　B. McVay 法疝修补术　　C. Bassini 法疝修补术
D. Halsted 法疝修补术　　E. Ferguson 法疝修补术

335. 下列哪项不是股疝的常见特点?
A. 多见于中老年妇女　　B. 疝块较小　　C. 疝块呈半球形
D. 咳嗽冲击感明显　　E. 易嵌顿,易绞窄

336. 男,65 岁。15 小时前因咳嗽而突然右下腹剧烈疼痛,右侧阴囊也肿胀疼痛。右侧腹股沟区呈梨形隆起,不能回纳。行急诊手术治疗,术中发现嵌顿的肠管已坏死,应采取的手术方法是:坏死肠段切除和
A. 无张力疝修补术　　B. 疝囊高位结扎术　　C. Bassini 修补术
D. 疝成形术　　E. Ferguson 修补术

337. 腹膜刺激征最轻的急腹症是
A. 消化道穿孔　　B. 脾破裂　　C. 急性胆囊炎
D. 急性重症胰腺炎　　E. 肝破裂

338. 男性,34 岁。腹部砸伤 4 小时。查体见四肢湿冷,腹肌紧张,全腹压痛、反跳痛,有移动性浊音,肠鸣音消失。该病人目前应进行的处理不包括
A. 诊断性腹腔穿刺　　B. 密切监测基本生命体征　　C. 补充血容量,抗休克治疗
D. 给予镇痛和镇静剂　　E. 抗感染治疗

339. 腹部闭合性损伤合并出血性休克时的处理原则是
A. 立即手术探查　　B. 输血并给予止血药　　C. 输血并给予抗生素
D. 积极抗休克同时手术探查　　E. 积极抗休克,休克纠正后手术探查

340. 男,48 岁。左上腹部外伤 3 小时,急诊留观时出现口渴、烦躁、左上腹疼痛加剧。体温 39.1℃,复查血常规提示白细胞计数明显升高,下一步治疗应选择
A. 大量补液　　B. 急诊剖腹探查　　C. 皮下注射吗啡
D. 腹部 CT 检查　　E. 抗感染治疗后择期手术

341. 肝损伤后早期出现休克最主要的原因是
A. 急性腹膜炎　　B. 全身感染　　C. 胆瘘
D. 腹膜内出血　　E. 麻痹性肠梗阻

342. 肝破裂的临床特点中,正确的是
A. 在腹部损伤中罕见　　B. 腹痛和腹膜刺激征较轻　　C. 中央型破裂不易继发肝脓肿
D. 有时可出现呕血或黑粪　　E. 被膜下破裂更易继发肝脓肿

343. 腹部闭合性损伤 X 线检查发现右膈肌抬高,活动受限,最可能的损伤是

A. 胃破裂　　B. 脾破裂　　C. 肝破裂

D. 十二指肠破裂　　E. 结肠肝曲破裂

344. 男性,10 岁。因车祸来诊。查体:血压 90/60mmHg,心率 80 次/分,呼吸 22 次/分,左上腹轻压痛。CT 示脾上极血肿,无其他损伤。最合适的处理措施是

A. 住院观察　　B. 回家,1 周后复查　　C. 剖腹探查,脾修补术

D. 剖腹探查,脾切除术　　E. 血管造影脾动脉栓塞治疗

345. 男,26 岁。因车祸 2 小时就诊,诊断脾破裂、腹腔大量积血。就诊时血压 100/60mmHg,心率 110 次/分。输血、输液共 2000ml 后血压 90/50mmHg,心率 130 次/分。除继续输血外,最佳治疗方法是

A. 注射升压药　　B. 腹腔引流　　C. 行脾切除手术

D. 血管造影并行脾动脉栓塞　　E. 静脉输注白蛋白

(346~349 题共用题干)男,23 岁。突然晕倒 2 小时。5 天前因车祸撞伤左下胸部,曾卧床休息2 天。查体:P140 次/分,R30 次/分,BP75/60mmHg。神志清,面色苍白,左下胸有皮肤瘀斑,腹部膨隆,轻度压痛、反跳痛,移动性浊音阳性,肠鸣音减弱。

346. 最可能的诊断是

A. 小肠破裂　　B. 结肠破裂　　C. 胃破裂

D. 脾破裂　　E. 肾破裂

347. 为尽快明确诊断,首选的辅助检查是

A. 腹部 MRI　　B. 胸部 X 线片　　C. 腹部 B 超

D. 腹部 CT　　E. 腹部 X 线片

348. 该患者手术探查的顺序是

A. 先探查胰腺后探查肝脾　　B. 先探查肝脾后探查胃肠道　　C. 先探查盆腔器官后探查肝脾

D. 最先探查肠系膜大血管　　E. 先探查胃肠道后探查肝脾

349. 最佳的处理方法是

A. 小肠修补术　　B. 结肠修补术　　C. 胃修补术

D. 脾切除术　　E. 肾切除术

350. 男性,32 岁。上腹部被挤压 2 小时,上腹部痛、恶心、腹胀,为排除胰腺损伤,最有价值的检查为

A. 腹腔动脉造影　　B. 诊断性腹腔灌洗术　　C. B 超

D. 腹部 X 线片　　E. 血尿淀粉酶

351. 女,35 岁。上腹胀伴恶心、呕吐 20 天。进食后上腹胀明显,恶心,有时呕吐所进食物,无发热,5 个月前曾撞伤上腹部。查体:无贫血,无黄染,上腹部隆起,可触及 18cm×4cm 囊性包块,不活动,无压痛。钡餐透视见胃大弯受压上抬,横结肠下移。最可能的诊断是

A. 胰腺囊肿　　B. 腹膜后血肿　　C. 胰腺假性囊肿

D. 肠系膜囊肿　　E. 胰腺囊腺瘤

352. 腹部闭合性损伤病人手术探查时发现横结肠根部有较多气泡,应高度怀疑损伤的部位是

A. 横结肠　　B. 乙状结肠　　C. 直肠上段

D. 十二指肠球部　　E. 十二指肠水平部

353. 以下关于腹部闭合性损伤导致肠损伤的描述,错误的是

A. 小肠损伤后腹腔穿刺多呈阳性　　B. 小肠损伤后易出现腹膜刺激征

C. 肠损伤后均有膈下游离气体　　D. 小肠损伤多于结肠损伤

E. 结肠损伤后的感染表现一般较晚但严重

354. 腹膜的生理功能不包括
A. 分泌功能　B. 吸收功能　C. 渗透功能
D. 免疫功能　E. 修复功能

355. 有关腹膜的叙述，正确的是
A. 腹膜是由上皮细胞组成的　B. 网膜不是腹膜形成的　C. 腹膜的面积约 $1m^2$
D. 盆腔腹膜的吸收力很强　E. 壁腹膜痛觉敏感，定位准确

356. 原发性腹膜炎与继发性腹膜炎的主要鉴别点为
A. 好发人群为成人还是儿童　B. 是第一次发病还是多次发病　C. 致病菌的种类
D. 腹腔有无原发病灶　E. 病人抵抗力的强弱

357. 导致继发性腹膜炎的细菌一般是
A. 大肠埃希菌　B. 厌氧菌　C. 链球菌
D. 变形杆菌　E. 混合感染

358. 急性化脓性腹膜炎的体征不包括
A. 腹式呼吸减弱　B. 腹肌紧张　C. 腹壁肿胀及静脉曲张
D. 全腹压痛及反跳痛　E. 肠鸣音减弱或消失

359. 女，40岁。突发上腹痛、恶心8小时。疼痛由局部逐渐波及全腹，伴发热。既往十二指肠溃疡病史20年。查体：T38.4℃，P104次/分，R26次/分，BP110/70mmHg。双肺呼吸音清，未闻及干湿啰音，心律齐。全腹肌紧张，压痛和反跳痛阳性，肠鸣音消失。对这种疾病的描述中错误的是
A. 保守治疗无效后需剖腹探查　B. 若诊断和治疗延误易致中毒性休克
C. 常常伴有代谢性碱中毒　D. 继发性腹膜炎较原发性腹膜炎多见
E. 大多数合并麻痹性肠梗阻

360. 腹腔内液体至少达多少毫升时，腹腔穿刺才可能阳性？
A. 20ml　B. 50ml　C. 100ml
D. 250ml　E. 500ml

361. 诊断出急性化脓性腹膜炎后，进一步要明确的重要环节是
A. 病人有无脱水　B. 是否合并酸碱平衡紊乱　C. 引起腹膜炎的原因
D. 感染的主要细菌　E. 有无贫血

362. 急性化脓性腹膜炎病人术后采用半卧位的目的不包括
A. 减少肺部并发症　B. 减少毒素吸收　C. 腹肌松弛，减少切口张力
D. 减少膈下脓肿发生的机会　E. 渗出物流入盆腔，吸收快，避免形成盆腔脓肿

363. 有关盆腔脓肿的治疗，错误的是
A. 小脓肿可采用非手术治疗　B. 脓肿较大时须手术治疗　C. 可采用经腹腔排脓
D. 已婚妇女可经后穹窿排脓　E. 盆腔脓肿未形成时，应以药物为主，辅以物理疗法

364. 膈下脓肿切开引流最常采用的手术路径是
A. 经前腹壁肋缘下切口　B. 经后腰部切口　C. 经胸腹部联合切口
D. 经下胸部切口　E. 经侧腰部切口

(365~367题共用题干)女性，34岁，已婚。消化性溃疡穿孔行修补术后10天，体温39.5℃，黏液便4~6次/天，伴有里急后重及尿频、排尿困难。

365. 该患者术后恢复不顺利的原因，应考虑合并
A. 细菌性痢疾　B. 肠道功能紊乱　C. 膀胱炎
D. 盆腔脓肿　E. 直肠癌

366. 为明确诊断,最简便的检查方法
A. 腹部透视 B. 腹部B超 C. 大便常规
D. 大便细菌培养 E. 直肠指检
367. 若经上述检查发现直肠前壁有一波动性触痛肿物,大小约8cm×8cm,则首选治疗为
A. 大量联合使用广谱抗生素 B. 经皮穿刺置管引流 C. 腹腔镜下切开引流
D. 经直肠前壁切开引流 E. 经后穹隆穿刺切开引流

368. 十二指肠与空肠分界的标志是
A. 胃前静脉 B. 幽门括约肌 C. Treitz 韧带
D. 胰十二指肠上动脉 E. 胰十二指肠下动脉
369. 胃大部切除术治疗消化性溃疡的主要理论依据是
A. 降低体液性胃酸分泌 B. 降低神经性胃酸分泌 C. 切除溃疡的好发部位
D. 切除了溃疡本身 E. 降低胃的张力和蠕动
370. 十二指肠溃疡外科治疗的适应证不包括
A. 合并急性穿孔 B. 合并大出血 C. 合并瘢痕性幽门梗阻
D. 顽固性溃疡 E. 溃疡直径>2.5cm
371. 远端胃大部切除术胃切断线的解剖标志是小弯侧胃左动脉第一降支至大弯侧胃网膜左动脉的最下第一垂直分支的连线,按此连线可以切除远端胃组织的
A. 40% B. 50% C. 55%
D. 60% E. 80%
372. 女,50岁。腹痛、腹胀5天。呕吐物为隔夜酸酵食物,见胃肠型。既往十二指肠球部溃疡病史10年。最适宜的治疗措施是
A. 口服奥美拉唑 B. 温盐水洗胃 C. 胃大部切除术
D. 高选择性迷走神经切断术 E. 选择性迷走神经切断+幽门成形术
373. 选择性迷走神经切断术(SV)与高选择性迷走神经切断术(HSV)的主要区别为是否切断
A. 迷走神经左右干 B. 肝支 C. 腹腔支
D. 胆囊支 E. 鸦爪支
374. 治疗消化性溃疡的各种术式中,下列哪种术式需附加幽门成形术以解决胃潴留?
A. Billroth Ⅰ式胃大部切除术 B. Billorth Ⅱ式胃大部切除术 C. 迷走神经干切断术
D. 选择性迷走神经切断术 E. 高选择性迷走神经切断术
375. 男性,40岁。顽固性十二指肠溃疡2年,拟行手术治疗,该病人可选择的手术方式不包括
A. 毕Ⅰ式胃大部切除术 B. 毕Ⅱ式胃大部切除术 C. Bancroft 法胃大部切除术
D. 选择性迷走神经切断术 E. 高选择性迷走神经切断术
376. 男,45岁。上腹痛伴烧心4年。多在餐后约1小时出现剑突下疼痛,1~2小时后可缓解。内科规范治疗1年,症状反复发作,曾有2次黑便。胃镜及X线钡剂造影均在胃角处见直径1.6cm大小溃疡,决定手术治疗。首选的术式为
A. 胃大部切除毕Ⅰ式吻合术 B. 胃大部切除毕Ⅱ式吻合术
C. 选择性迷走神经切断术加引流术 D. 高选择性迷走神经切断术加引流术
E. Roux-en-Y 吻合术加迷走神经干切断术
377. 十二指肠球部溃疡合并幽门梗阻可选择的手术方式为
A. 毕Ⅰ式胃大部切除术 B. 毕Ⅱ式胃大部切除术 C. 胃空肠吻合术
D. 迷走神经干切断术 E. 高选择性迷走神经切断术

378. 下列胃大部切除术后并发症中，用手术治疗基本无效的是
A. 吻合口溃疡　B. 术后胃瘫　C. 早期十二指肠残端破裂
D. 吻合口梗阻　E. 严重碱性反流性胃炎

379. 男性，25 岁。因十二指肠溃疡急性穿孔行胃大部切除术，术后顺利恢复进食。第 8 天，在进半流食鸡蛋时，突然出现频繁呕吐。治疗错误的是
A. 禁食、胃肠减压　B. 输液　C. 应用糖皮质激素
D. 肌注新斯的明　E. 紧急手术治疗

380. 女性，55 岁。10 天前行胃癌根治术，术后 3 天拔除胃管开始进流食。3 天来进食后半小时出现右上腹胀痛，伴呕吐，吐出物为大量胆汁，不含食物，吐后症状缓解。此患者最可能的诊断是
A. 急性输入袢梗阻　B. 慢性输入袢梗阻　C. 输出袢梗阻
D. 吻合口梗阻　E. 术后胃瘫

（381～382 题共用题干）患者，男，56 岁。胃小弯溃疡穿孔行 Billroth Ⅱ式胃大部切除术后第 3 天，剧烈咳嗽后突发上腹部剧痛，呈持续性，无阵发加剧。后发热，最高体温 39.5℃。查体：上腹明显压痛反跳痛，尤以右上腹为甚，腹部无移动性浊音，肠鸣音寂然。

381. 本例最可能的诊断是
A. 膈下脓肿　B. 急性完全性输出袢梗阻　C. 急性完全性输入袢梗阻
D. 十二指肠残端破裂　E. 术后胃排空障碍

382. 最恰当的治疗为
A. 持续胃肠减压，保守治疗　B. B 超引导下穿刺抽液　C. 急诊手术治疗
D. 经直肠前壁穿刺引流　E. 先做腹腔穿刺，根据结果制订治疗方案

383. 胃大部切术后病人发生晚期倾倒综合征的机制主要是
A. 反应性高血糖　B. 反应性低血糖　C. 交感神经兴奋
D. 迷走神经兴奋　E. 生长抑素大量分泌

384. 胃大部切除术后数月或数年发生的并发症多为
A. 腹泻　B. 碱性反流性胃炎　C. 出血
D. 呕吐　E. 吻合口溃疡

385. 多见于毕Ⅱ式胃大部切除术后的并发症是
A. 倾倒综合征　B. 碱性反流性胃炎　C. 营养性并发症
D. 溃疡复发　E. 残胃癌

386. 男，42 岁。毕Ⅱ式胃大部切除术后 2 年，上腹部有烧灼痛，抗酸剂治疗无效，有时呕吐，内含胆汁，吐后腹痛无缓解，体重减轻。胃镜下黏膜充血、水肿、易出血。最可能的诊断是
A. 输入袢梗阻　B. 输出袢梗阻　C. 碱性反流性胃炎
D. 吻合口梗阻　E. 吻合口溃疡

387. 男性，35 岁。突发上腹刀割样剧痛 2 小时来诊。既往有十二指肠溃疡病史 5 年。查体：病人表情痛苦，腹式呼吸消失，板状腹，全腹压痛反跳痛，以右上腹最明显，听诊肠鸣音消失。为明确诊断，首选检查是
A. 立位 X 线腹部透视　B. 腹部 B 超　C. 腹部 CT
D. 急诊胃镜检查　E. 诊断性腹腔灌洗

（388～390 题共用题干）男性，25 岁，上腹部突发刀割样剧痛 1 小时急诊入院。查体：强迫体位，板状腹，全腹压痛反跳痛，肌紧张，以右上腹为著，肝浊音界减小，肠鸣音减弱。

388. 若行诊断性腹腔穿刺，穿刺液性质最可能是

A. 草绿色、透明　B. 血性、恶臭　C. 血性、无臭、淀粉酶含量高
D. 稀脓性略带臭气　E. 黄色、混浊、含胆汁或食物残渣

389. 下列非手术疗法中无必要的是
A. 禁食、胃肠减压　B. 输液、纠正电解质紊乱　C. 抗生素治疗
D. 针刺治疗　E. 抗胰酶疗法

390. 假设术后1周病人出现持续性高热，右肋缘下疼痛伴呃逆。WBC24×10^9/L，胸片右侧中量胸腔积液。最可能的并发症是
A. 肺部感染　B. 切口感染　C. 膈下脓肿
D. 盆腔脓肿　E. 肠间脓肿

391. 消化性溃疡并幽门梗阻典型的临床表现是
A. 呕吐物有粪味　B. 呕吐大量宿食　C. 呕吐大量胆汁
D. 餐后上腹饱满　E. 进脂餐后腹痛

392. 关于瘢痕性幽门梗阻临床表现的叙述，错误的是
A. 呕吐量大，一次可达1000~2000ml
B. 呕吐物多为宿食，有酸臭味，含有胆汁
C. 上腹隆起，可有蠕动波
D. 可有振水音
E. 可有低钾低氯性碱中毒

393. 患者，男，40岁。间断上腹痛3年，加重1周。1周前腹胀痛明显，进食后加重，伴恶心、呕吐，呕吐物量大，有酸臭味，呕吐后症状有所缓解，排便排气较前减少。查体时，最可能发现的体征是
A. 腹肌紧张　B. 液波震颤　C. 肠型
D. 振水音阳性　E. 肠鸣音减弱

394. 不能作为幽门梗阻诊断依据的是
A. 上腹部胀痛　B. 呕吐大量宿食　C. 胃型和蠕动波
D. 空腹振水音　E. 代谢性酸中毒

395. 女性，45岁，反复上腹痛20年，近1周出现频繁呕吐，呕吐量大，呕吐物为宿食，不含胆汁。查体：可见胃型，振水音阳性。最可能的诊断是
A. 十二指肠憩室　B. 幽门梗阻　C. 十二指肠梗阻
D. 小肠梗阻　E. 食管裂孔疝

396. 男，56岁。反复上腹痛2年，加重3个月。腹痛无明显规律性，伴乏力，间断黑便。3个月以来体重减轻10kg。查体：T36.5℃，P80次/分，R18次/分，BP120/80mmHg。皮肤巩膜无黄染，双肺呼吸音清，未闻及干湿啰音，心律齐。腹软，无压痛。血常规：Hb110g/L，WBC9.6×10^9/L，N0.86，Plt158×10^9/L。对明确诊断最有价值的检查是
A. 腹部B超　B. 胃液分析　C. 胃脱落细胞学检查
D. 胃镜　E. 腹部CT

A. 急性穿孔　B. 癌变　C. 幽门梗阻
D. 胰腺炎　E. 出血

397. 十二指肠球部前壁溃疡最常发生的并发症是
398. 十二指肠球部后壁溃疡最常发生的并发症是

399. 下列哪种疾病与胃癌发病无关?
A. 萎缩性胃炎　B. 胃溃疡　C. 胃息肉

D. 胃平滑肌瘤　　E. 胃大部切除术后残胃

400. 我国胃癌高发区成人幽门螺杆菌感染率至少超过

A. 40%　　B. 50%　　C. 60%

D. 70%　　E. 80%

401. 恶性程度较高的胃癌可以发生跳跃式淋巴结转移，其中最常转移至

A. 脾门淋巴结　　B. 肝总动脉淋巴结　　C. 腹腔淋巴结

D. 左锁骨上淋巴结　　E. 右锁骨上淋巴结

402. 胃癌晚期血行转移最多见的部位是

A. 骨　　B. 胰　　C. 肺

D. 肝　　E. 盆腔

A. 皮革胃　　B. 直径<0.5cm 的胃癌　　C. 直径 2cm 侵入肌层的胃癌

D. 直径 2cm 浸出浆膜的胃癌　　E. 侵入黏膜下层并有淋巴结转移的胃癌

403. 属于早期胃癌的是

404. 属于微小胃癌的是

405. 预后最差的胃癌是

406. 双侧卵巢肿大，活检发现腺癌细胞，首先考虑癌细胞来源于

A. 子宫　　B. 肠　　C. 胃

D. 卵巢　　E. 肝

407. 女，50 岁。间断上腹痛 11 个月，进食后半小时为重，近 2 个月来转为持续性上腹痛伴恶心、乏力，抑酸治疗效果不佳，持续粪便隐血试验强阳性。首先考虑的诊断是

A. 应激性溃疡　　B. 门静脉高压症　　C. 十二指肠溃疡

D. 胃癌　　E. 慢性胃炎

408. 肠梗阻非手术治疗中，矫正全身生理紊乱的主要措施是

A. 抗感染治疗　　B. 胃肠减压　　C. 禁食

D. 吸氧　　E. 纠正水、电解质紊乱和酸碱失衡

409. 下列哪项不是引起机械性肠梗阻的原因？

A. 肠管扭转　　B. 肿瘤　　C. 肠道闭锁

D. 铅中毒　　E. 嵌顿疝

410. 病人发生绞窄性肠梗阻时，其病理生理改变中错误的是

A. 脱水　　B. 有效循环血量减少　　C. 严重的代谢性碱中毒

D. 大量毒素吸收　　E. 最终发生肠坏死和穿孔

411. 病人腹痛、恶心、呕吐，肠鸣音亢进，排便、排气停止，应考虑为

A. 急性胃肠炎　　B. 急性阑尾炎　　C. 急性胆囊炎

D. 急性肠梗阻　　E. 急性胰腺炎

412. 单纯性机械性肠梗阻的临床表现不包括

A. 阵发性腹部绞痛　　B. 腹部压痛轻或无　　C. 腹痛时伴肠鸣音亢进

D. 全身症状较轻　　E. 有腹膜炎体征

413. 属于绞窄性肠梗阻的是

A. 肠腔堵塞　　B. 肠管扭转　　C. 肠管痉挛

D. 肠管血运障碍　　E. 肠管被压迫

414. 高位肠梗阻早期的典型临床表现是

A. 胃肠减压时胃液极少 B. 呕吐频繁但腹胀不明显 C. 腹胀明显但呕吐次数较少
D. 呕吐粪样物 E. 腹部平片示“阶梯状”液平面

415. 下列肠梗阻表现中,提示发生肠绞窄可能性较小的是
A. 腹痛剧烈而持续 B. 腹膜刺激征明显 C. 呕吐物为血性液体
D. 早期出现休克 E. 有多次腹部手术史,反复发作腹痛

416. 男性,26岁,餐后打篮球,半小时后剧烈腹痛,6小时后来院,伴恶心呕吐。查体:全腹腹膜炎体征,以中腹部明显,肠鸣音弱。血淀粉酶64U/L,腹穿抽出淡血性液,淀粉酶64U/L。考虑诊断为
A. 急性出血坏死性胰腺炎 B. 急性胆囊炎 C. 急性阑尾炎
D. 上消化道穿孔 E. 绞窄性肠梗阻

417. 关于粘连性肠梗阻的描述,正确的是
A. 先天性腹内粘连较为常见 B. 梗阻部位以结肠较为常见 C. X线检查可见小肠内多个液平
D. 多数应立即手术 E. 早期临床表现为腹胀、腹痛、停止排气和肠鸣音减退

418. 多需急诊手术的肠梗阻是
A. 动力性肠梗阻 B. 粘连性肠梗阻 C. 蛔虫性肠梗阻
D. 肠扭转 E. 肠套叠

419. 关于肠套叠的描述,错误的是
A. 属于单纯性肠梗阻 B. 好发于2岁以下男孩
C. 以腹痛、便血、腹部肿块为特征 D. 幼儿肠套叠48小时内者可试行空气灌肠复位
E. 慢性复发性肠套叠为手术适应证之一

420. 男,40岁。粘连性肠梗阻术后3天。查体:可见肠蠕动波,肠鸣音亢进,右下腹有局限性压痛。多次立位腹部X线平片可见固定肠袢。正确的治疗措施是
A. 继续补液,观察病情变化 B. 注射吗啡止痛 C. 灌肠治疗
D. 剖腹探查 E. 出现腹膜刺激征后手术

421. 男,70岁。腹部绞痛伴腹胀4小时。腹部X线平片显示马蹄状巨大的双腔充气肠袢。钡剂灌肠见直肠上段钡剂受阻,钡影尖端呈“鸟嘴”形。最可能的诊断是
A. 小肠扭转 B. 直肠癌 C. 乙状结肠扭转
D. 乙状结肠癌 E. 肠套叠

(422~423题共用题干)男性,80岁,6小时前晨练后突发左下腹痛,恶心未吐,2天来尚未排便,既往无大病。查体:腹胀,左下腹有压痛,未及明显肿块,肠鸣音亢进,直肠指检阴性。

422. 该患者最可能的诊断是
A. 缺血性肠病 B. 乙状结肠扭转 C. 小肠扭转
D. 肠系膜动脉栓塞 E. 肠套叠

423. 对该患者的诊断和治疗有价值的措施是
A. 扩血管药物 B. 选择性动脉造影 C. 钡灌肠
D. 胃肠减压 E. 腹部B超

A. 胆汁性呕吐 B. 粪性呕吐 C. 血性呕吐
D. 呕吐物为宿食 E. 咖啡样呕吐物

424. 低位肠梗阻常表现为
425. 肠扭转常表现为
426. 十二指肠溃疡伴幽门梗阻表现为
427. 碱性反流性胃炎多表现为

428. 上消化道出血常表现为

429. 当阑尾血运障碍时，易导致其坏疽的解剖学特点是

A. 阑尾淋巴组织丰富　B. 阑尾体积小　C. 阑尾开口小

D. 阑尾腔小　E. 阑尾动脉为无侧支终末动脉

430. 男，18 岁。转移性右下腹痛 16 小时，伴恶心、呕吐。16 小时前右下腹有局限性压痛，4 小时前疼痛范围扩大。查体：T38.8℃，P92 次/分。腹部膨胀，全腹肌紧张，压痛和反跳痛(+)，右下腹为重，肠鸣音消失。血常规：WBC18.6×10^9/L，N0.91。病情加重的主要解剖学原因是

A. 阑尾壁内淋巴组织丰富易化脓　B. 阑尾与盲肠相通的开口狭窄易梗阻

C. 阑尾系膜短而阑尾本身长，易坏死　D. 阑尾动脉是终末血管易痉挛坏死

E. 阑尾蠕动弱而慢，阻塞的粪便残渣不易排出

431. 男，22 岁。上腹痛 1 日，次日转至右下腹痛，伴恶心，无呕吐。查体：T38.5℃，双肺呼吸音清，未闻及干湿啰音，心律齐，腹平软，右下腹明显压痛，反跳痛(+)，未触及包块。血 WBC15.6×10^9/L，N0.86。尿沉渣镜检：RBC1~3/HP，WBC2~3/HP。最可能的诊断是

A. 急性肠系膜淋巴结炎　B. 右侧输尿管结石　C. 急性胆囊炎

D. 急性化脓性阑尾炎　E. 十二指肠溃疡急性穿孔

432. 急性阑尾炎的临床表现中，最具诊断价值的是

A. 转移性腹痛　B. 畏寒发热　C. 脐周压痛

D. 右下腹固定性压痛　E. 结肠充气试验阳性

433. 男，27 岁。腹痛伴恶心 5 天。5 小时前脐周疼痛伴呕吐，继而右下腹疼痛逐渐加剧。查体：右下腹部可触及一直径约 5cm 肿块，边界不清，明显触痛，最可能的诊断是

A. 结肠癌　B. 克罗恩病　C. 阑尾周围脓肿

D. 溃疡性结肠炎　E. 肠结核

434. 患者，女，35 岁。2 天前开始腹痛，先上腹后脐周，有阵发性加剧，伴恶心，呕吐 2 次胃内容物，腹泻 3~5次/日，稀便。查体：体温 37.5℃，下腹中部压痛，轻度肌紧张，肠鸣音活跃。化验 WBC12.5×10^9/L，大便常规 WBC2~4/HP。腹部 X 线平片未见膈下游离气体，中下腹可见数个气液平面。最可能的诊断是

A. 急性阑尾炎　B. 急性胃肠炎　C. 急性盆腔炎

D. 急性肠梗阻　E. 肠系膜淋巴结炎

435. 急性阑尾炎可发生的并发症不包括下列哪项？

A. 腹腔脓肿　B. 腹腔内出血　C. 内瘘形成

D. 外瘘形成　E. 门静脉炎

436. 成人阑尾切除术后 1 天出现烦躁、剧烈腹痛，心率 112 次/分，血压 90/60mmHg，腹胀，全腹压痛，肠鸣音弱。为除外腹腔内出血，首选的检查是

A. B 超　B. CT　C. MRI

D. 腹腔穿刺　E. 立位腹平片

437. 男性，10 岁，腹痛 1 天，伴恶心、呕吐、稀便 2 次，T38℃，右下腹肌紧张，有明显压痛，白细胞 15×10^9/L。最恰当的治疗是

A. 给予镇静剂　B. 给予解痉剂　C. 服用肠道抗生素

D. 输入广谱抗生素　E. 急诊手术

438. 无需急诊手术的阑尾炎是

A. 儿童急性阑尾炎　B. 老年人急性阑尾炎　C. 妊娠 35 周的急性阑尾炎

D. 急性坏疽性阑尾炎　E. 右下腹可触到包块的阑尾炎

439. 患者,女,28 岁。宫内孕 27 周,右侧腹痛 30 小时,伴发热 38℃,恶心,未吐。查体:宫底脐上二指,右侧腹部压痛(+),无包块,白细胞计数 10.8×10^9/L,诊断为急性阑尾炎。下列处理中,不恰当的是
A. 使用广谱抗生素　B. 剖宫产加阑尾切除术　C. 使用黄体酮
D. 阑尾切除术　E. 术中操作应轻柔

440. 确诊慢性阑尾炎首选的检查是
A. 腹部 B 超　B. 纤维结肠镜　C. 腹部 CT
D. 钡剂灌肠　E. 腹部平片

441. 临床上,常将直肠分为上段直肠和下段直肠,其分界线是
A. 齿状线　B. 腹膜返折　C. 直肠上横襞
D. 直肠下横襞　E. 肛柱

442. 肛管直肠环的组成不包括
A. 肛管内括约肌　B. 肛管外括约肌深部　C. 肛管外括约肌皮下部
D. 耻骨直肠肌　E. 直肠壁纵肌下部

443. 肠息肉最常发生于
A. 空肠　B. 回肠　C. 升结肠和降结肠
D. 横结肠　E. 乙状结肠和直肠

A. Zollinger-Ellison 综合征　B. Gardner 综合征　C. Peutz-Jeghers 综合征
D. Budd-Chiari 综合征　E. 家族性肠息肉病

444. 最容易发生消化性溃疡的是
445. 最容易发生癌变的是
446. 完全与恶性肿瘤无关的是

447. 男,28 岁。腹痛、排便次数增加伴黏液血便 3 年。有家族性肠息肉病史。查体:营养不良,贫血貌,双肺呼吸音清,未闻及干湿啰音,心律齐,腹平软,无压痛。直肠指检触及 1 个质软有蒂肿物。结肠镜检查见结肠内全部布满息肉,直肠 1 个息肉。最佳手术方式是
A. 电灼摘除息肉　B. 单腔回肠造瘘术
C. 结肠次全切除术　D. 经腹会阴联合全结直肠切除术
E. 全结肠切除、末端回肠直肠吻合术

448. 对于直肠内高位带蒂息肉,最适当的切除方式是
A. 内镜下高频电灼切除　B. 腹腔镜直肠部分切除　C. 剖腹行局部切除术
D. 经肛门用血管钳钳夹切除　E. 经肛门用丝线从根部结扎切除

449. 目前认为与直肠癌发生无关的因素是
A. 痔　B. 日本血吸虫病　C. 溃疡性结肠炎
D. 高蛋白高脂肪饮食　E. 直肠腺瘤

450. 关于结肠癌的叙述,错误的是
A. 大体类型以溃疡型多见　B. 左侧以浸润型多见　C. 右侧以隆起型多见
D. 组织学分型以黏液癌多见　E. 淋巴转移是主要扩散途径

451. 降结肠癌最常见的临床表现是
A. 贫血,黏液血便　B. 恶心呕吐　C. 大量频繁腹泻
D. 排便习惯改变　E. 左腹部触及肿块

452. 男,65 岁。低热伴右侧腹部隐痛不适半年。查体:贫血貌,右侧中腹部扪及 6cm×4cm 质硬肿块,可

推动,压痛不明显。最可能的诊断是

A. 肠结核　　B. 盲肠套叠　　C. 右肾肿瘤
D. 升结肠癌　　E. 阑尾周围脓肿

453. 女性,50 岁。左侧腹胀、腹痛,粪便不成形,每日 3~4 次,有脓血。查体:左下腹可扪及包块,边界不清。为明确诊断,首选的检查是

A. B 超　　B. CT　　C. CEA
D. 纤维结肠镜　　E. 便潜血试验

454. 结肠癌诊断和术后监测最有意义的肿瘤标志物是

A. AFP　　B. CEA　　C. CA199
D. CA125　　E. AKP

455. 男性,45 岁。横结肠癌约 4cm×4cm 大小,已累及浆膜层。CT 检查示左肝外叶 3cm 大小转移灶,胰腺正常。该病人的治疗应首选

A. 仅行全身化学疗法　　B. 根治性结肠癌切除术　　C. 结肠造瘘术
D. 左肝外叶切除术　　E. 根治性结肠癌切除+左肝外叶切除术

456. 患者,75 岁。肠梗阻 5 天急行手术探查,术中发现结肠脾曲癌致结肠梗阻,无转移征象,横结肠扩张、水肿。恰当的手术方式是

A. 横结肠造口术,二期左半结肠切除　　B. 左半结肠切除,横结肠-乙状结肠吻合术
C. 肿瘤切除,横结肠造口术　　D. 横结肠-乙状结肠侧侧吻合术
E. Hartmann 手术

457. 女性,35 岁。便血并排便不尽感半月就诊,既往有内痔病史。首选的检查方法是

A. 便潜血试验　　B. 直肠指检　　C. 直肠镜检
D. 结肠镜检　　E. 钡剂灌肠检查

458. 目前认为 Dixon 手术的远端切缘至肿瘤最短的距离应是

A. 2cm　　B. 3cm　　C. 4cm
D. 5cm　　E. 6cm

A. 经腹直肠癌切除术　　B. 腹会阴联合直肠癌根治术　　C. 乙状结肠造口术
D. 拉下式直肠癌切除术　　E. 经腹直肠癌切除、人工肛门、远端封闭术

459. 直肠癌肿块下缘距肛门 12cm 适用
460. 直肠癌病人发生急性肠梗阻时适用

461. 男性,73 岁。因肠梗阻 4 天手术探查,术中发现直肠、乙状结肠交界部直径约 3cm 肿瘤,尚活动,近端结肠扩张、水肿。合理的手术方式是

A. 横结肠造口术　　B. Miles 手术　　C. Dixon 手术
D. Hartmann 手术　　E. Bacon 手术

462. 女性,48 岁。排便带血 3 个月,排便有下坠感,里急后重。直肠镜检查距肛门 12cm 处 3cm×3cm 肿块,菜花状,质脆,易出血,病理诊断直肠腺癌。若选择手术,最佳术式为

A. 经腹会阴直肠癌根治术　　B. 经腹直肠癌切除术　　C. 局部切除加放疗术
D. 拉下式直肠癌切除术　　E. 经腹直肠癌切除、人工肛门、远端封闭手术

463. 直肠指检触及条索状物,挤压时条索状物的肛旁端有脓性分泌物溢出。最可能的诊断是

A. 内痔　　B. 外痔　　C. 肛瘘
D. 直肠癌　　E. 直肠息肉

A. 外痔　　B. 肛周脓肿　　C. 肛裂

D. 内痔　　E. 肛瘘

464. 排便时肛门刀割样疼痛，便后数分钟疼痛缓解，随后又出现肛门剧痛，临床表现符合

465. 肛周有暗紫色长圆形肿物，质硬、压痛明显，临床表现符合

A. 肛周肿痛伴发热　　B. 排便可加重肛门疼痛，伴大便带鲜血

C. 排便时出血无痛　　D. 肛门疼痛，伴局部暗紫色肿块

E. 反复发作的肛周红肿热痛，窦道外口流出脓性分泌物

466. 肛裂

467. 直肠肛管周围脓肿

468. 内痔的早期症状是

A. 排便时疼痛　　B. 内痔脱出　　C. 里急后重

D. 肛门瘙痒　　E. 排便时出血

469. 女，28 岁。肛门持续剧痛 1 天。查体：T36.5℃，P80 次/分，R18 次/分，BP120/80mmHg，双肺呼吸音清，未闻及干湿啰音，心律齐，腹软，无压痛，未触及包块，肛门口有直径 0.7cm 的肿物，呈暗紫色，质硬、触痛明显。最可能的诊断是

A. 血栓性外痔　　B. 肛周脓肿　　C. 直肠息肉

D. 内痔脱出　　E. 肛裂

470. 肛瘘治疗中，最重要的是确定

A. 肛瘘有几个外口　　B. 肛瘘分泌物细菌培养结果　　C. 肛瘘有几个内口

D. 肛周皮肤是否有外口　　E. 肛瘘与肛门括约肌解剖关系

471. 女，35 岁。肛门周围胀痛伴发热 3 天。排便时疼痛加重。查体：T38.5℃，P80 次/分，R18 次/分，BP120/80mmHg。双肺呼吸音清，未闻及干湿啰音，心律齐，腹软，无压痛。肛门周围皮肤发红、压痛明显。最可能的诊断是

A. 直肠后间隙脓肿　　B. 肛管括约肌间隙脓肿　　C. 肛门周围脓肿

D. 骨盆直肠间隙脓肿　　E. 直肠黏膜下脓肿

472. 患者，男，32 岁。1 周来发热伴会阴部疼痛，逐渐加重，大便有里急后重感，且排尿困难，直肠指诊因疼痛不合作未能进行，白细胞 17.5×10^9/L。最可能的诊断是

A. 急性膀胱炎　　B. 肛旁脓肿　　C. 血栓性外痔

D. 坐骨直肠窝脓肿　　E. 肛瘘

（473～474 题共用题干）男性，35 岁。肛周持续性剧烈疼痛 2 天，局部有肿物突出，无便血。查体：肛周 1.0cm 直径的肿物，呈暗紫色，表面光滑，水肿，质硬有触痛。

473. 该患者最可能的诊断是

A. 肛裂前哨痔　　B. 直肠肛管黑色素瘤　　C. 内痔脱出嵌顿

D. 血栓性外痔　　E. 直肠癌

474. 对该患者正确的处理方法是

A. 肿物切除活检　　B. 肿物还纳　　C. 血栓外痔剥离

D. 胶圈套扎　　E. 环痔切除

475. 下列属于第三肝门的结构是

A. 门静脉　　B. 肝动脉　　C. 肝短静脉

D. 肝静脉　　E. 肝胆管

476. 为确定肝脓肿穿刺点或手术引流径路，首选的辅助检查方法是

A. 腹部 X 线平片　　B. B 超　　C. CT

D. MRI　　E. 肝动脉造影

477. 患者,男,52 岁。右上腹隐痛 1 年,间断低热,伴脓血便。查体:肝肋下 2 横指,轻压痛。胸部 X 线片示右侧膈肌抬高,右侧少量胸腔积液。B 超示肝右叶 6cm×5cm 之液性暗区。该患者最可能的诊断是

A. 细菌性肝脓肿　　B. 阿米巴性肝脓肿　　C. 肝癌
D. 肝囊肿　　E. 肝包虫病

478. 男,49 岁。寒战、高热伴肝区疼痛半个月。既往体健。查体:T38.5℃,P110 次/分,BP100/70mmHg。皮肤无黄染。肝肋下可触及,肝区叩击痛阳性。血常规:WBC16×10^9/L,N0.89。B 超示肝左叶 10cm ×7cm 液性暗区。最可能的诊断是

A. 肝血管瘤　　B. 肝包虫病　　C. 细菌性肝脓肿
D. 肝癌　　E. 肝囊肿

479. 细菌性肝脓肿的主要治疗是

A. 抗生素治疗　　B. 穿刺抽脓,脓腔注入抗生素　　C. 切开引流
D. 理疗　　E. 内引流术

480. 男,60 岁。寒战、高热伴肝区疼痛 15 天,体温每日高达 39.8℃左右。腹部 CT 提示肝内脓腔,直径达 6cm。其治疗方法应首选

A. 经皮穿刺置管引流术　　B. 肝叶切除术　　C. 脓腔内注入抗生素
D. 全身大剂量应用抗生素　　E. 继续支持治疗

(481~484 题共用题干)患者,男,45 岁。5 天前突起寒战高热,最高体温 40.6℃,伴肝区持续性胀痛。查体:皮肤巩膜无黄染,右上腹肌紧张,压痛明显,肝肋缘下 3cm,质地稍硬,触痛明显,表面无结节。肝 B 超示肝右叶 3cm×2cm 大小之液性暗区,未见结节影。

481. 本例最可能的诊断是

A. 细菌性肝脓肿　　B. 阿米巴性肝脓肿　　C. 肝血管瘤并发感染
D. 肝癌并感染　　E. 肝被膜下破裂

482. 本例最常见的感染途径是

A. 肝动脉　　B. 门静脉　　C. 胆道
D. 肝静脉　　E. 淋巴系统

483. 最常见的致病菌是

A. 大肠埃希菌　　B. 铜绿假单胞菌　　C. 肺炎链球菌
D. 溶组织阿米巴　　E. 溶血性链球菌

484. 本例最主要的治疗是

A. 抗生素治疗　　B. 切开引流　　C. 内引流术
D. 脓腔注入抗生素　　E. B 超下置管

485. 以下哪支静脉不属于门静脉属支?

A. 胃短静脉　　B. 肛管静脉　　C. 腰静脉
D. 脐旁静脉　　E. 胃冠状静脉

486. 门脉高压症时受影响最早的侧支血管为

A. 脐静脉　　B. 胃冠状静脉　　C. 直肠上静脉
D. 腹膜后静脉　　E. 腹壁上静脉

487. 门静脉高压症手术治疗最主要的目的是

A. 消除脾功能亢进　　B. 防治上消化道出血　　C. 消除腹腔积液
D. 防治肝性脑病　　E. 治疗门静脉高压性胃病

488. 肝炎后肝硬化病人，有黄疸和大量腹腔积液，因大量呕血入院。下列治疗措施中，不采取的是
A. 三腔管压迫　　B. 立即手术　　C. 输血，静脉滴注垂体加压素
D. 静滴生长抑素　　E. 曲张静脉套扎、硬化

489. 男性，45 岁。10 年前患乙型肝炎，保肝治疗后病情缓解，近来查体发现脾大至肋缘，胃镜见食管中下段静脉中度曲张。肝功能化验大致正常，血 Hb124g/L，WBC2.9×10^9/L，Plt40×10^9/L。此病人恰当的处理方法是
A. 脾切除术　　B. 脾切除、贲门周围血管离断术　　C. 脾切除、脾肾分流术
D. 保肝治疗、观察　　E. TIPS

A. 非选择性门体分流术　　B. 选择性门体分流术　　C. 贲周血管离断术
D. 肝移植　　E. 单纯脾切除

490. 阻断门奇静脉间反常血流的手术方式是
491. 对于门静脉高压症的治疗，术后降低门静脉压最显著的手术方式是
492. 对于门静脉高压症的治疗，术后肝性脑病发生率最高的手术方式是
493. 对于门静脉高压症的治疗，急诊手术常选用的手术方式是
494. 对于门静脉高压症顽固性腹腔积液最有效的手术方式是
495. 对于晚期血吸虫病肝硬化、脾大脾功能亢进患者首选的手术方式是

496. 胆总管探查、引流的常用部位是胆总管
A. 十二指肠上段　　B. 十二指肠后段　　C. 胰腺段
D. 十二指肠壁内段　　E. 十二指肠下段

497. 女性，47 岁。疑胆管结石行 ERCP 检查，4 小时后剑突下偏左出现持续性疼痛并呕吐。查体：T37.8℃，剑突下偏左轻压痛，无反跳痛和肌紧张。最可能的诊断是
A. 胃炎　　B. 胰腺炎　　C. 胆囊炎
D. 胆管炎　　E. 胆汁漏

498. 女性，50 岁。黄疸病人，B 超检查显示肝内胆管直径约 1cm，应进一步选择的检查是
A. 静脉胆管造影　　B. 核素扫描　　C. 经皮肝穿刺胆管造影
D. 十二指肠低张造影　　E. 腹腔动脉造影

499. 男，32 岁。聚餐后出现右上腹疼痛 2 天，向右肩胛区放射。查体：T37.5℃，P90 次/分，R22 次/分，BP130/80mmHg，双肺呼吸音清，未闻及干湿啰音，心率 90 次/分，心律齐，右上腹肌紧张，压痛(+)，Murphy 征(+)。最可能的诊断是
A. 急性胆囊炎　　B. 右肾结石　　C. 急性胰腺炎
D. 急性胃炎　　E. 十二指肠球部溃疡

500. 女性，40 岁。右上腹阵发性绞痛伴恶心、呕吐 3 小时来院急诊。体温 37℃，右上腹轻压痛，Murphy征(-)。既往检查胆囊内有小结石，对该病人首先考虑胆囊结石合并
A. 急性胆囊炎　　B. 急性胆管炎　　C. 急性胆绞痛
D. 急性胰腺炎　　E. 急性胃炎

501. 男性，48 岁，肥胖。餐后阵发性右上腹痛，每次发作持续 1~4 小时，伴恶心和腹胀。首选的检查方法是
A. B 超　　B. CT　　C. 胃镜
D. 口服法胆囊造影　　E. 上消化道造影

502. 女性，45 岁。胆囊结石 5 年，曾胆绞痛发作 3 次。B 超示胆囊结石 5 枚，直径 1~2cm。首选的治疗方法是

A. 胆囊切除　　B. 溶石治疗　　C. 体外震波碎石治疗
D. 抗感染治疗　　E. 排石治疗

503. 下列胆囊结石病人,无需行胆囊切除术的是
A. 年轻人无症状　　B. 常发作右上腹痛　　C. 胆囊结石数量多
D. 结石直径≥2~3cm　　E. 伴有糖尿病

504. 女性,60岁,因突发性右上腹痛8小时入院。查体:体温38.5℃,心率90次/分,血压110/80mmHg,右上腹压痛,肌紧张、反跳痛,WBC16×10^9/L。B超提示胆囊增大,壁厚,内有结石多个,胆总管直径1.2cm,拟行急诊手术。此患者应选择的手术方式是
A. 胆囊切除术　　B. 胆囊切除加胆总管探查术　　C. 胆囊造瘘术
D. 胆肠吻合术　　E. PTCD

505. 胆总管探查术后所置T形引流管拔除指征中,下列哪项不正确?
A. 术后1周　　B. 血胆红素正常　　C. 病人体温正常
D. 病人无腹痛、腹胀等症状　　E. T管造影示肝内外胆管显影正常

506. 患者,男,35岁。因胆囊结石、胆总管结石行胆囊切除、胆总管切开取石及T管引流术后第12天拔出T管。拔管后患者出现持续性右上腹痛伴肌紧张,最可能的原因是
A. 胆道痉挛　　B. 胆汁性腹膜炎　　C. 急性胆管炎
D. 急性胰腺炎　　E. 胆道损伤

507. 胆总管切开取石后,造影发现胆总管下端结石残留,T管至少需保留多长时间,以便后期胆道镜取石?
A. 3周　　B. 4周　　C. 5周
D. 6周　　E. 8周

508. 下列疾病中,可不出现梗阻性黄疸的是
A. 肝内胆管结石　　B. 肝门部胆管癌　　C. 胰头癌
D. 壶腹部肿瘤　　E. 下段胆管癌

(509~510题共用题干)患者,男,75岁。7天前因胆囊多发小结石行腹腔镜胆囊切除术,近2日来发现巩膜黄染。

509. 患者出现黄疸最可能的原因是
A. 术中胆总管损伤　　B. 胆总管水肿狭窄　　C. 急性胆管炎
D. 甲型肝炎　　E. 胆囊内结石手术时落入胆总管

510. 此时最好的处理方法是
A. ERCP加EST取石　　B. 保肝治疗　　C. 消炎利胆治疗
D. 开腹胆总管探查　　E. 腹腔镜胆总管探查

511. 女,42岁,上腹部胀闷不适3年,伴反酸嗳气,厌油和右肩不适反复发作,曾有一次胆绞痛史。体检巩膜无黄染,右上腹有深压痛。B型超声检查示胆囊缩小。其诊断最可能是
A. 胃十二指肠溃疡　　B. 右肾结石　　C. 急性胆囊炎
D. 慢性胆囊炎　　E. 慢性阑尾炎

512. 女性,35岁,右上腹痛2天,伴恶心呕吐,今起疼痛阵发性加剧,伴畏寒发热。体检:T38℃,巩膜无黄染,右上腹有压痛,诊断首先考虑
A. 急性阑尾炎　　B. 急性胆囊炎　　C. 急性胰腺炎
D. 胃十二指肠溃疡　　E. 胆总管结石,胆管炎

513. 急性非结石性胆囊炎的临床特点不包括
A. 好发于老年女性　　B. 病情发展迅速　　C. 长期肠外营养者易发生

D. 坏疽发生率高 E. 应及早手术治疗

(514~517题共用题干)女,44岁。上腹绞痛伴高热1天,皮肤黄染2小时。呕吐1次,伴寒战、高热。发病后小便色深。既往反复发作上腹部隐痛3年,向右肩背部放射。查体:T39.1℃,P108次/分,R30次/分,BP150/95mmHg。皮肤、巩膜黄染。上腹部肌紧张,压痛、反跳痛(+)。

514. 为明确诊断,首选的检查是
A. 腹部B超 B. 腹部CT C. 腹部MRI
D. 经皮肝穿胆管造影 E. 内镜逆行胆胰管造影

515. 该病最可能的原因是
A. 肿瘤 B. 结石 C. 蛔虫
D. 炎性狭窄 E. 先天畸形

516. 最可能的检查结果是
A. 胆囊缩小 B. 壶腹部占位 C. 胆总管直径增粗
D. 胰头增大 E. 胰管扩张

517. 若患者出现休克,最有效的治疗措施是
A. 应用多巴胺 B. 应用有效足量抗生素 C. 应用糖皮质激素
D. 急诊胆管引流 E. 急诊胆囊切除

(518~519题共用题干)女性,82岁。上腹痛、尿黄1周,1天来寒战、高热。有高血压、糖尿病病史,药物控制,半年前心肌梗死。查体:T39.5℃,P120次/分,BP86/60mmHg,神志淡漠,皮肤、巩膜黄染,右上腹部压痛,Hb115g/L,WBC 22×10^9/L。B超提示肝内外胆管扩张,胆囊增大,胆总管远端显示不清。

518. 此病症最符合
A. Charcot 三联征 B. Reynolds 五联征 C. Whipple 三联征
D. Grey-Turner 征 E. Murphy 征

519. 下列治疗方法中不宜采取的是
A. ENBD B. 急诊探查胆总管并引流 C. PTCD
D. 大剂量抗生素治疗 E. 先保守治疗,待休克纠正后手术

520. 男,62岁。皮肤黄染进行性加重1个月,伴上腹胀,隐痛,食欲差,乏力。10天前感皮肤瘙痒,大便呈白陶土样。查体:消瘦,巩膜黄染,腹部稍胀,无明显压痛,未触及包块,胆囊无肿大。血AFP5μg/L。最可能的诊断是
A. 肝门部胆管癌 B. 胆囊癌 C. 胆总管下段癌
D. 肝癌 E. 胰头癌

521. 下列关于急性胰腺炎病因的叙述,错误的是
A. 胆汁逆流入胰管 B. 乙醇对胰腺有直接毒性作用 C. ERCP检查可诱发胰腺炎
D. 与高脂血症关系不清 E. 消化性溃疡易导致胰腺炎

522. 在急性胰腺炎发病过程中起关键作用的酶是
A. 淀粉酶 B. 弹力纤维酶 C. 胰蛋白酶
D. 激肽酶 E. 磷脂酶A

523. 急性胰腺炎的典型症状是
A. 阵发上腹部钻顶样疼痛,辗转体位 B. 脐周阵发性疼痛,停止排便和排气
C. 上腹部剧烈疼痛,向左上臂内侧放射 D. 上腹部持续性剧烈疼痛,向腰背部放射
E. 上腹部烧灼样疼痛,进食后可缓解

524. 男,22岁。大量饮酒后突发上腹部胀痛,伴恶心、呕吐2小时。查体:P102次/分,BP110/60mmHg,

双肺呼吸音清,未闻及干湿啰音,心律齐。上腹部压痛明显,反跳痛(+),肠鸣音减弱。血、尿常规及尿淀粉酶检查、立位腹部X线平片均未见明显异常。最可能的诊断是

A. 急性肠梗阻　　B. 胆囊结石　　C. 急性胰腺炎
D. 急性胆囊炎　　E. 上消化道穿孔

525. 一般不会引起血清淀粉酶升高的疾病是

A. 急性胰腺炎　　B. 消化道溃疡穿孔　　C. 胆结石
D. 肠梗阻　　E. 慢性肝炎

526. 对出血坏死性胰腺炎最具诊断价值的实验室检测指标是

A. 血淀粉酶升高　　B. 血清胆红素升高　　C. 血糖降低
D. 血钙降低　　E. 血镁降低

(527~528 题共用题干)女,42岁。参加宴会后突发中上腹持续性疼痛伴恶心、呕吐8小时来诊,既往无胃病史。查体:T38℃,巩膜无黄染,上腹偏左有压痛及轻度肌紧张,肝浊音界正常,Murphy 征阴性,肠鸣音正常。

527. 最可能的诊断是

A. 急性肠梗阻　　B. 急性阑尾炎　　C. 急性胆囊炎
D. 急性胰腺炎　　E. 消化性溃疡穿孔

528. 为明确诊断,首选的检查是

A. 尿淀粉酶　　B. 血淀粉酶　　C. 血脂肪酶
D. 腹部超声　　E. 腹部平片

529. 患者,男,50岁。2个月前饮酒后剧烈腹痛,住院30天后好转。近日上腹稍左发现一包块,有轻度压痛。此患者应高度怀疑为

A. 胰腺假性囊肿　　B. 脾脏肿瘤　　C. 胰腺炎性包块
D. 胰腺恶性肿瘤　　E. 胰周脓肿

530. 患者,男,40岁。8小时前开始上腹剧烈疼痛。查体:上腹部有压痛。对确诊价值不大的检查是

A. 血淀粉酶　　B. 尿淀粉酶　　C. 心电图
D. X线腹部平片　　E. 腹部 CT

531. 治疗急性胰腺炎时,下列属抑制胰酶活性的药物是

A. 抑肽酶　　B. 胰升糖素　　C. 降钙素
D. 生长抑素　　E. 奥曲肽

(532~535 题共用题干)女性,56岁。2天前突发持续上腹痛,阵发加剧,伴腰背部胀痛,恶心、呕吐,急诊入院。既往有胆囊结石病史3年。查体:T36.9℃,P104次/分,R20次/分,BP130/80mmHg,巩膜无黄染,上腹较膨隆,压痛,轻度肌紧张及反跳痛,肠鸣音弱。化验:Hb128g/L,WBC16.7×10^9/L,血淀粉酶786U/L,尿淀粉酶1600U/L。

532. 此病人最可能的诊断是

A. 急性胰腺炎　　B. 急性胆管炎　　C. 急性胆囊炎
D. 消化性溃疡穿孔　　E. 急性心肌梗死

533. 为明确诊断,最简单有效的腹部检查方法是

A. CT　　B. B超　　C. MRI
D. X线片　　E. 心电图

534. 诊断确定后,首先采取的治疗措施是

A. 腹痛加重时手术探查　　B. 急诊胆总管探查　　C. 急诊手术切除胆囊

D. 急诊胰周坏死组织清除　E. 禁食、补液、胃肠减压等保守治疗

535. 3 周后，病情尚平稳，但上腹部可触及一包块，B 超示 7cm×6cm 囊性肿物。合适的治疗方法是
A. 继续保守治疗　B. 囊肿切开引流术　C. 囊肿空肠吻合术
D. 手术切除囊肿　E. B 超引导囊肿穿刺

536. 胰头癌伴梗阻性黄疸时，查体的特点是
A. Murphy 征阳性　B. 胆囊表面光滑，无压痛　C. 胆囊表面不平，压痛明显
D. 胆囊表面不平，无压痛　E. 胆囊表面光滑，伴局部肌紧张

537. 男性，60 岁。黄疸、尿色变深、皮肤瘙痒 2 周。查体：T36.5℃，皮肤巩膜黄染。右上腹无痛性圆形肿块，随呼吸上下活动。其肿块最可能是
A. 肝脏下缘　B. 胆囊　C. 胰头癌
D. 壶腹部癌　E. 胆总管囊肿

538. 男性，55 岁。巩膜皮肤黄染进行性加重 2 月余，胆囊肿大呈圆形，可推动，无触压痛。首先考虑的疾病是
A. 胆囊癌　B. 急性胆囊炎　C. 胆囊结石
D. 急性病毒性肝炎　E. 胰头癌

539. 男，52 岁。皮肤、巩膜黄染 2 个月。大便颜色变浅，无腹痛及发热。查体：皮肤、巩膜黄染，右上腹触及囊性包块，无压痛。腹部 B 超示：胆总管扩张，胆囊大，胰腺显示不清。该患者最可能的诊断是
A. 胆总管结石　B. 胆囊癌　C. 慢性胆囊炎
D. 慢性胰腺炎　E. 壶腹周围癌

540. 最常用于胰腺癌辅助诊断和术后随访的实验室指标是
A. CA199　B. POA　C. PaA
D. AFP　E. CA50

第 6 章　血管外科疾病

541. 下列哪项不是动脉硬化性闭塞症的特点？
A. 发病年龄 45 岁以上　B. 早期可有间歇性跛行　C. 晚期可有静息痛
D. 常累及中小动脉　E. 无血栓性浅静脉炎

542. 不能确诊动脉硬化性闭塞症的检查方法是
A. 超声多普勒　B. 动脉造影　C. DSA
D. MRA　E. CTA

A. 无明显症状　B. 间歇性跛行　C. 静息痛
D. 缺血性溃疡　E. 趾端干性坏疽

543. Buerger 病Ⅰ期的主要临床表现为
544. Buerger 病Ⅱ期的主要临床表现为
545. Buerger 病Ⅲ期的主要临床表现为
546. 动脉硬化性闭塞症Ⅱ期的主要临床表现为

A. 好发于青年女性　B. Homans 试验阳性　C. 发病与吸烟关系密切
D. Perthes 试验阳性　E. 受累动脉钙化

547. 血栓闭塞性脉管炎的临床特点是
548. 动脉硬化性闭塞症的临床特点是
A. 青壮年男性　B. 青壮年女性　C. 中老年男性

D. 中老年女性　　E. 儿童

549. 血栓闭塞性脉管炎好发于

550. 动脉硬化闭塞症好发于

A. Perthes 试验　　B. Trendelenburg 试验　　C. Pratt 试验

D. Buerger 试验　　E. Homans 试验

551. 有助于判断大隐静脉瓣膜功能的检查是

552. 有助于判断交通支瓣膜功能的检查是

553. 有助于判断下肢深静脉是否阻塞的检查是

554. 有助于判断肢体供血情况的检查是

555. 有助于诊断小腿深静脉血栓形成的检查是

556. 下述哪种表现不是血栓闭塞性脉管炎的特点？

A. 病人多为男性青壮年　　B. 病变主要侵袭四肢中、小动静脉

C. 肢体缺血症状多是周期性发作　　D. 反复发作游走性浅静脉炎

E. X 线检查显示动脉有钙化斑

557. 男，65 岁。间断左下肢疼痛 3 年，加重 1 个月。疼痛于较长时间行走后出现，休息后可好转，近 1 个月来休息后疼痛无好转。既往高血压、血脂异常病史 15 年。查体：T36.5℃，P80 次/分，BP150/90mmHg，双肺呼吸音清，未闻及干湿啰音，心律齐，$A2>P_2$。腹软，无压痛。左足苍白，左足及左下肢皮温明显降低，左股动脉可触及搏动，左腘动脉、足背动脉搏动消失。左下肢病变首先应考虑的诊断是

A. 动脉硬化性闭塞症　　B. 深静脉血栓形成　　C. 血栓性浅静脉炎

D. 急性动脉栓塞　　E. 血栓闭塞性脉管炎

558. 男，42 岁。左下肢疼痛，行走后加重 3 年。早期常感患肢麻木，行走后疼痛，短暂休息可缓解，近来疼痛日益加重。吸烟 20 余年。查体：T36.3℃，BP100/70mmHg。最可能的诊断是

A. 下肢静脉曲张　　B. 动脉硬化性闭塞症　　C. 多发性大动脉炎

D. 血栓闭塞性脉管炎　　E. 雷诺综合征

559. 下列哪支不属于大隐静脉的属支？

A. 阴部内静脉　　B. 腹壁浅静脉　　C. 旋髂浅静脉

D. 股内侧静脉　　E. 股外侧静脉

560. 女，45 岁。右下肢静脉迂曲扩张 15 年。长期站立有酸胀感，近 1 年右足靴区颜色加深、肿胀，大隐静脉瓣膜功能试验(+)，深静脉通畅试验(-)，最可能的诊断是

A. 动静脉瘘　　B. 血栓性浅静脉炎　　C. 下肢深静脉血栓形成

D. 单纯性下肢静脉曲张　　E. 原发性下肢深静脉瓣膜功能不全

561. 患者，女，38 岁。右下肢静脉曲张 12 年。长时间行走后右下肢肿胀，小腿胫前皮炎及溃疡经久不愈半年。目前治疗首选

A. 弹力绷带包扎　　B. 抗感染治疗　　C. 局部药物治疗

D. 局部物理治疗　　E. 积极治疗溃疡，愈合后手术治疗

562. 深静脉血栓形成最常见于

A. 上肢深静脉　　B. 上腔静脉　　C. 下腔静脉

D. 门静脉　　E. 下肢深静脉

563. 下肢深静脉血栓形成可有

A. 5P 表现　　B. Buerger 试验阳性　　C. 静脉血氧含量明显增高

D. Perthes 试验阳性　　E. 大隐静脉瓣膜功能试验阳性

564. 男，60岁。直肠癌切除术后4天，晨起时突发左下肢肿胀，左腿皮温增高，股三角有深压痛。最可能的诊断是左下肢
A. 动脉栓塞　　B. 淋巴水肿　　C. 大隐静脉曲张
D. 血栓性浅静脉炎　　E. 深静脉血栓形成

565. 不能预防术后下肢深静脉血栓形成的方法是
A. 口服阿司匹林　　B. 口服华法林　　C. 皮下注射低分子肝素
D. 静脉滴注普通肝素　　E. 术后尽早下床活动

（566~567题共用题干）女，63岁。宫颈癌术后第5天，晨起时突发左小腿疼痛，左足不能着地踏平，行走时疼痛加重。查体：左小腿肿胀，深压痛，足背动脉搏动存在。

566. 对确诊最有意义的体征是
A. 深静脉通畅试验阳性　　B. 交通静脉瓣膜功能试验阳性　　C. 直腿抬高试验阳性
D. 踝关节过度背屈试验阳性　　E. 大隐静脉瓣膜功能试验阳性

567. 错误的治疗措施是
A. 应用止血药　　B. 口服阿司匹林　　C. 静脉输注右旋糖酐
D. 卧床休息　　E. 抬高患肢

（568~569题共用题干）患者，男，60岁。10天前行胃癌根治术，近3天来体温38℃左右，胸片正常，尿常规未见异常，腹部伤口愈合好，已拆线，上腹部B超未见积液。查体发现左小腿微肿，腓肠肌有压痛。

568. 可能的诊断是
A. 左下肢肌筋膜炎　　B. 左膝关节炎　　C. 左下肢深静脉血栓形成
D. 左下肢浅静脉炎　　E. 左下肢动脉栓塞

569. 对该患者不宜采取的措施是
A. 手术　　B. 抗凝　　C. 抬高患肢
D. 多做下肢运动　　E. 卧床休息

第7章　泌尿外科疾病

570. 患儿，男，1岁。B型超声检查发现左侧睾丸位于腹股沟管内，经内分泌治疗10周后睾丸仍未下降到阴囊内。下一步治疗的最佳方法是
A. 观察　　B. 左睾丸切除术　　C. 继续内分泌治疗
D. 近期行左睾丸下降固定术　　E. 3岁后行左睾丸下降固定术

571. 隐睾症行内分泌治疗宜选用
A. 丙酸睾丸酮　　B. 雌二醇　　C. 孕激素
D. 绒毛膜促性腺激素　　E. 黄体生成素

572. 一病人于3小时前从2米高处跌下，左腰部撞击伤，无昏迷，血压正常，左腰部疼痛伴轻压痛，无包块。尿常规RBC5~10个/HP。最可能的诊断是
A. 肾挫伤　　B. 肾部分裂伤　　C. 肾全层裂伤
D. 肾蒂断裂　　E. 输尿管外伤

573. 闭合性肾外伤的病理分型不包括
A. 肾挫伤　　B. 肾部分裂伤　　C. 肾盂裂伤
D. 肾全层裂伤　　E. 肾蒂血管外伤

574. 肾外伤的常见临床表现不包括
A. 休克　B. 血尿　C. 尿痛
D. 发热　E. 腰腹部肿块
575. 大多数肾外伤采取的治疗方法是
A. 非手术治疗　B. 肾部分切除术　C. 肾切除术
D. 肾周引流术　E. 肾修补术
576. 肾外伤不宜做下列哪项检查?
A. B 超　B. CT　C. DSA
D. RP　E. CTU

A. 后尿道　B. 尿道球部　C. 腹膜内膀胱
D. 腹膜外膀胱　E. 尿道前列腺部
577. 会阴部骑跨伤后出现排尿困难、尿道滴血,泌尿系统外伤的常见部位是
578. 骨盆多处骨折后出现排尿困难,泌尿系统外伤的常见部位是

579. 尿道膜部外伤后血肿最常见的部位是
A. 会阴部　B. 阴囊部　C. 尿生殖膈以上
D. 下腹壁　E. 阴茎部
580. 男,30 岁,建筑工人。从脚手架跌下伤及会阴部,3 小时后不能自行排尿且有尿外渗。尿外渗的范围多局限在
A. 腹腔　B. 会阴及阴囊　C. 膀胱周围
D. 前列腺周围　E. 耻骨后间隙
581. 某男,骨盆骨折后,下腹胀痛,排尿困难。检查:下腹膨隆,压痛明显,叩诊浊音。此时应考虑为
A. 肠破裂　B. 后尿道外伤　C. 膀胱破裂
D. 前尿道外伤　E. 输尿管外伤
582. 尿道外伤合并尿外渗及阴囊血肿时,有效的治疗方法是
A. 导尿　B. 经会阴尿道修补　C. 清除会阴部血肿
D. 耻骨上膀胱造瘘　E. 经会阴尿道吻合+清除血肿及尿外渗
583. 骑跨伤导致尿道断裂时,最有效的治疗方法是
A. 导尿　B. 耻骨上膀胱造瘘　C. 清除会阴部血肿
D. 经会阴尿道修补　E. 保守观察、抗感染治疗
584. 患者,男,30 岁。近半年来出现尿频、尿不尽、尿道滴白及肛周隐痛不适。多次检查尿常规示 WBC1 ~3/HP。前列腺液常规:WBC>10 个/HP,卵磷脂小体(++)/HP。前列腺液细菌培养阴性,血常规无异常。该患者应诊断为
A. 慢性膀胱炎　B. 泌尿系统结核　C. 非淋菌性尿道炎
D. 慢性前列腺炎　E. 膀胱结石
585. 治疗慢性非细菌性前列腺炎首选
A. 氨基糖苷类　B. 青霉素　C. 红霉素
D. 头孢菌素　E. 喹诺酮类
586. 急性前列腺炎的治疗不宜采用
A. 卧床休息　B. 喹诺酮类　C. 头孢菌素类
D. 经会阴切开引流　E. 前列腺按摩
587. 急性附睾炎最常见的病原体是

A. 大肠埃希菌　B. 金黄色葡萄球菌　C. 衣原体
D. 支原体　E. 病毒

588. 肾结核的原发病灶多位于
A. 骨关节　B. 肺　C. 消化道
D. 腹腔　E. 盆腔

589. 肾结核的感染途径多为
A. 血行感染　B. 上行感染　C. 直接感染
D. 接触感染　E. 淋巴感染

590. 泌尿系结核最早受到感染的是
A. 单侧肾脏　B. 双侧肾脏　C. 输尿管
D. 膀胱　E. 尿道

A. 尿频　B. 排尿困难　C. 无痛性肉眼血尿
D. 有痛性肉眼血尿　E. 慢性膀胱刺激征

591. 肾结核最早的临床表现是
592. 良性前列腺增生最常见的早期症状是
593. 肾结核最重要的临床表现是
594. 良性前列腺增生最重要的症状是
595. 上尿路结石的典型临床表现是
596. 肾细胞癌的常见症状是
597. 膀胱癌的典型症状是

A. 初始血尿　B. 中段血尿　C. 终末血尿
D. 全程血尿　E. 活动后血尿

598. 肾损伤的血尿多为
599. 肾结核的血尿多为
600. 肾结石的血尿特点是

(601~602 题共用题干)女性,32 岁。进行性膀胱刺激症状,经抗生素治疗不见好转,且伴有右侧腰部胀痛及午后潮热。

601. 尿液检查对诊断有决定性意义的是
A. 血尿　B. 脓尿　C. 尿普通细菌培养阳性
D. 尿沉渣找到抗酸杆菌　E. 尿细胞学检查找到癌细胞

602. 为了解患者肾功能及形态的病理改变,最有价值的检查是
A. B 超　B. 静脉尿路造影　C. 逆行肾盂造影
D. CT　E. MRI

603. 肾结核的基本治疗手段是
A. 抗结核药物治疗　B. 肾切除术　C. 肾造瘘术
D. 膀胱扩大术　E. 解除输尿管梗阻

(604~607 题共用题干)患者,男,30 岁。尿频、尿急、尿痛 1 年,症状反复,抗感染治疗效果不明显。近 2 个月出现脓尿及血尿,膀胱刺激征加重,伴恶心,发热,左侧腰部胀痛。

604. 最可能的诊断是
A. 慢性肾盂肾炎　B. 慢性膀胱炎　C. 肾结石

D. 肾结核　　E. 肾细胞癌

605. 目前首先要做的检查的是

A. 尿常规　　B. 尿沉渣找抗酸杆菌　　C. 尿结核菌培养

D. 腹部平片　　E. IVU检查

606. 为指导治疗,还必须进行的检查是

A. IVU检查　　B. 尿结核菌培养　　C. 逆行肾盂造影

D. 膀胱镜检查　　E. 肾脏CT

607. 若临床诊断为右肾结核,左肾轻度积水,膀胱挛缩,目前应采取的治疗措施是

A. 抗结核治疗　　B. 右肾切除术　　C. 左肾切除术

D. 左肾造瘘术　　E. 膀胱扩大术

A. 狭窄　　B. 结石　　C. 炎症

D. 肿瘤　　E. 异物

608. 引起输尿管梗阻最常见的原因是

609. 引起尿道梗阻最常见的原因是

A. B超　　B. CT　　C. KUB

D. IVU　　E. MRU

610. 诊断肾积水的首选检查是

611. 诊断肾结石的首选检查是

612. 诊断肾损伤的首选检查是

613. 诊断肾癌最可靠的检查是

614. 诊断慢性肾盂肾炎的首选检查是

615. 可用于指导肾结核治疗的检查是

616. 小儿肾积水常见的梗阻部位是

A. 肾盂　　B. 肾盂输尿管连接处　　C. 输尿管膀胱连接处

D. 输尿管　　E. 尿道

617. 肾积水的首选治疗方法是

A. 药物治疗　　B. 病因治疗　　C. 肾切除

D. 肾造瘘　　E. 经皮肾穿刺引流

A. 持续性尿失禁　　B. 充溢性尿失禁　　C. 急迫性尿失禁

D. 压力性尿失禁　　E. 混合性尿失禁

618. 良性前列腺增生早期常表现为

619. 良性前列腺增生晚期常表现为

A. 直肠指检　　B. B超　　C. CT

D. MRI　　E. 细针穿刺细胞学检查

620. 良性前列腺增生最重要的检查是

621. 诊断良性前列腺增生最简便的影像学检查是

622. 确诊良性前列腺增生最有价值的检查是

623. 男,65岁。进行性排尿困难2年,不能自行排尿2小时。膀胱膨隆,轻压痛。首选的治疗方法是

A. 针灸　　B. 药物治疗　　C. 耻骨上膀胱穿刺

D. 耻骨上膀胱造瘘　　E. 导尿并保留导尿管

624. 男,70岁。进行性排尿困难7年。夜尿3~4次,尿流变细、费力,经非那雄胺治疗症状改善不明显。B超检查示前列腺54mm×45mm×38mm,残余尿100ml,双肾无积水。最大尿流率8ml/s。心、肺、肝、肾功能正常。下一步首选的治疗方案是
A. 膀胱穿刺造瘘 B. 改用口服雌激素 C. 经尿道前列腺切除术
D. 加用α受体阻滞剂 E. 耻骨上经膀胱前列腺切除术
625. 动力性梗阻引起的尿潴留最常见的病因是
A. 良性前列腺增生 B. 膀胱颈挛缩 C. 尿道结石
D. 盆腔手术 E. 神经源性膀胱功能障碍
626. 上尿路结石体外冲击波碎石的禁忌证是
A. 血尿 B. 腰部疼痛 C. 合并肾积水
D. 结石直径1.5cm E. 结石远端尿路梗阻

A. 质硬粗糙,不规则,常呈桑椹样,棕褐色 B. 易碎粗糙,不规则,呈灰白色、黄色或棕色
C. 质硬,光滑,多呈颗粒状,黄色或红棕色 D. 光滑、淡黄至黄棕色,蜡样外观
E. 质软,细沙粒状,呈灰白色、淡黄色
627. 泌尿系草酸钙结石的特点是
628. 泌尿系胱氨酸结石的特点是

629. 最常见的尿路结石是
A. 草酸钙结石 B. 胱氨酸结石 C. 磷酸钙结石
D. 磷酸镁铵结石 E. 尿酸盐结石
630. 右肾盂内1.3cm单发结石,静脉尿路造影显示右肾轻度积水,肾功能正常,首选的治疗方法是
A. 体外冲击波碎石 B. 经皮肾镜碎石 C. 经输尿管镜碎石
D. 药物治疗 E. 肾盂切开取石
631. 10岁,男孩。1年来时有尿频、尿急、尿痛和排尿困难、尿流中断,改变体位后又能继续排尿,首先应考虑
A. 急性膀胱炎 B. 前列腺炎 C. 尿道狭窄
D. 膀胱结石 E. 输尿管结石
632. 患者,女性,27岁。活动后突感右下腹放射痛,伴恶心。既往有同样发作史。查体:腹软,右下腹深压痛,无肌紧张,右肾区叩痛明显。尿常规:WBC3~4个/HP,RBC20~30个/HP。KUB:右输尿管上段有一0.8cm阴影。B超检查:右肾轻度积水。目前最好的治疗方法是
A. 体外冲击波碎石 B. 输尿管切开取石 C. 肾镜取石
D. 非手术排石 E. 解痉止痛后体外冲击波碎石
633. 关于肾肿瘤血尿的特点,错误的是
A. 无痛间歇性肉眼血尿 B. 肾实质肾癌血尿出现晚 C. 肾盂癌血尿显著
D. 多为终末血尿 E. 肾母细胞瘤很少出现血尿
634. 下列哪种肾肿瘤术后,配合放疗与化疗可显著提高生存率?
A. 肾透明细胞癌 B. 肾颗粒细胞癌 C. 肾未分化癌
D. 肾母细胞瘤 E. 肾盂癌
635. 患者,男性,55岁。右腰疼痛、血尿伴低热3个月。查体:右侧精索静脉曲张Ⅲ度。最可能的诊断是
A. 肾癌 B. 肾盂癌 C. 膀胱癌
D. 肾母细胞瘤 E. 睾丸精原细胞瘤
636. 肾盂癌最常见的组织学类型是
A. 鳞状细胞癌 B. 移行细胞癌 C. 透明细胞癌

D. 颗粒细胞癌　　E. 腺癌

637. 肾癌淋巴转移最先转移至
A. 主动脉旁淋巴结　　B. 腔静脉旁淋巴结　　C. 肾蒂淋巴结
D. 腰淋巴结　　E. 髂淋巴结

638. 患者,男性,60 岁。间断无痛性全程肉眼血尿 3 个月。肾区无叩痛。尿沉渣镜检红细胞满视野。膀胱镜检查未见异常。静脉尿路造影示右肾盂充盈缺损。最可能的诊断为
A. 肾癌　　B. 肾盂癌　　C. 肾结核
D. 肾结石　　E. 肾囊肿

639. 小儿最常见的恶性肿瘤是
A. 淋巴瘤　　B. Wilms 瘤　　C. 肾癌
D. 肾盂癌　　E. 膀胱癌

640. 肾母细胞瘤好发于
A. 1 岁以下幼儿　　B. 3 岁以下小儿　　C. 5 岁以下小儿
D. 7 岁以下小儿　　E. 10 岁以下小儿

641. T_{2a} 期膀胱肿瘤浸润的组织层是
A. 原位癌　　B. 黏膜固有层　　C. 浅肌层
D. 深肌层　　E. 膀胱邻近组织

642. 男,52 岁。反复无痛性肉眼血尿 1 个月,偶伴尿频、尿急。首先应考虑的疾病是
A. 膀胱肿瘤　　B. 膀胱炎　　C. 慢性前列腺炎
D. 膀胱结石　　E. 前列腺增生

643. 女,62 岁。膀胱炎病史多年,近期反复出现肉眼血尿。膀胱镜检查可见膀胱左侧壁乳头状肿瘤,大小 1.5cm×1cm,有蒂,活组织病理检查为尿路上皮癌Ⅰ级。最适宜的治疗措施是
A. 放疗　　B. 膀胱内药物灌注治疗　　C. 膀胱全切除术
D. 开放保留膀胱手术　　E. 经尿道膀胱肿瘤电切术

A. 膀胱根治切除术　　B. 姑息性放疗　　C. 经尿道膀胱肿瘤电切术
D. 膀胱部分切除术　　E. 经尿道膀胱肿瘤电切+膀胱灌注化疗

644. 单发 T_a 期膀胱尿路上皮癌,首选的治疗方法是

645. T_3 期膀胱尿路上皮癌,首选的治疗方法是

(646~647 题共用题干)患者,男,53 岁。1 周来无诱因终末血尿 3 次,无发热,无尿频、尿痛等不适。吸烟史 20 年。胸片示陈旧肺结核,尿镜检有大量红细胞。

646. 对该患者最可能的诊断是
A. 急性肾炎　　B. 膀胱癌　　C. 肾癌
D. 肾结核　　E. 肾盂癌

647. 下列进一步检查项目中,对该患者明确诊断帮助最大的是
A. 尿细胞学检查　　B. 静脉尿路造影　　C. 尿路 B 超
D. 膀胱镜检查　　E. 尿沉渣抗酸杆菌检查

648. 男,60 岁。进行性排尿困难半年,夜尿 3~4 次。直肠指检:前列腺增大,质地偏硬,未触及硬结。血清 PSA16.7ng/ml。前列腺 B 超显示前列腺增生,残余尿量 20ml。CT 尿路造影(CTU)显示双肾无积水,前列腺增生。下一步诊治方案应首选
A. 经尿道前列腺电切　　B. 药物治疗　　C. 前列腺穿刺活检
D. 根治性前列腺切除　　E. 经尿道球部高压扩张术

649. T_2 期前列腺癌最佳治疗方法是
A. 化疗　B. 睾丸切除　C. 根治性前列腺切除
D. 抗雄激素治疗　E. 应用 LHRH-α 缓释剂

650. 男,56 岁。右侧阴囊部隐痛 2 个月。查体:右侧阴囊壁左侧增大,触之有硬结与睾丸粘连,边界不清,有轻微触痛。首先应考虑的诊断是
A. 睾丸结核　B. 睾丸肿瘤　C. 腹股沟斜疝
D. 睾丸鞘膜积液　E. 睾丸炎

651. 精原细胞瘤的治疗首选
A. 手术治疗　B. 放射治疗　C. 化学治疗
D. 内分泌治疗　E. 免疫治疗

652. 左侧继发性精索静脉曲张,应考虑的疾病是
A. 胰腺囊肿　B. 左肾囊肿　C. 左肾肿瘤
D. 睾丸肿瘤　E. 嗜铬细胞瘤

653. 精索静脉曲张的最大危害是
A. 睾丸肿胀　B. 睾丸癌变　C. 精索水肿
D. 睾丸发育障碍　E. 导致男性不育

654. 5 岁,男孩。右侧阴囊包块,卧位不消失,右睾丸未扪及,透光试验阳性,正确诊断是
A. 右侧斜疝　B. 精索鞘膜积液　C. 交通性鞘膜积液
D. 右睾丸鞘膜积液　E. 右侧隐睾

A. 睾丸肿瘤　B. 腹股沟斜疝　C. 睾丸鞘膜积液
D. 精索鞘膜积液　E. 交通性鞘膜积液

655. 阴囊内卵圆形肿块,呈囊性,表面光滑,触不到睾丸和附睾,透光试验阳性,平卧后未见消失。可能的疾病是

656. 位于睾丸上方的囊性包块,与睾丸有明显分界,透光试验阳性,可能的疾病是

(657~658 题共用题干)男,10 岁。右侧阴囊增大 2 年,无疼痛。查体:右侧阴囊肿大,大小约 10cm×8cm,呈囊性,透光试验阳性,平卧后消失。

657. 首先应考虑的诊断是
A. 腹股沟斜疝　B. 睾丸鞘膜积液　C. 交通性鞘膜积液
D. 精索鞘膜积液　E. 精索静脉曲张

658. 该患者适宜的治疗是
A. 睾丸鞘膜翻转术　B. 精索囊肿切除术　C. 疝囊高位结扎+修补术
D. 鞘状突高位结扎术　E. 疝囊高位结扎术

第 8 章　骨科学疾病

659. 属于不完全骨折的是
A. 横形骨折　B. 裂缝骨折　C. 螺旋形骨折
D. 嵌插骨折　E. 压缩性骨折

660. 下列骨折中,最不稳定的是
A. 裂缝骨折　B. 横形骨折　C. 螺旋骨折
D. 青枝骨折　E. 嵌插骨折

661. 下列哪种骨折既属于完全性骨折，又属于稳定性骨折？
A. 螺旋形骨折　B. 嵌插骨折　C. 裂缝骨折
D. 粉碎性骨折　E. 斜形骨折

662. 最容易合并休克的骨折是
A. 肱骨骨折　B. 尺骨和桡骨骨折　C. 股骨骨折
D. 胫骨和腓骨骨折　E. 第二跖骨骨折

663. 不属于骨折特有体征的是
A. 畸形　B. 骨擦音　C. 局部肿胀
D. 局部异常活动　E. 骨擦感

664. 属于骨折晚期并发症的是
A. 休克　B. 骨化性肌炎　C. 骨筋膜室综合征
D. 脂肪栓塞　E. 神经损伤

665. 男，40 岁，因外伤性股骨干骨折而入院，入院次日突然出现呼吸困难，继发昏迷，皮下出血，血压 80/60mmHg，其诊断最可能是
A. 继发感染　B. 大血管破裂　C. 脂肪栓塞
D. 骨筋膜室综合征　E. 骨折断端严重再移位

666. 骨筋膜室综合征多见于
A. 腰部　B. 上臂　C. 大腿
D. 小腿　E. 手掌

667. 关于骨折的并发症，错误的是
A. 肱骨中段骨折可伤及桡神经
B. 肱骨内上髁骨折可伤及肱动脉
C. 腓骨小头和颈部骨折可同时伤及腓总神经
D. 下胸壁肋骨骨折可同时发生肝脾破裂
E. 股骨颈骨折可致股骨头缺血坏死

A. 创伤性关节炎　B. 骨筋膜室综合征　C. 骨化性肌炎
D. 关节僵硬　E. 关节积液

668. 踝部骨折后易发生的并发症是

669. 肘关节骨折后易发生的并发症是

670. 腓骨颈骨折易损伤
A. 胫神经　B. 腓总神经　C. 胫后动脉
D. 腘动脉　E. 腘静脉

671. 骨折后骨痂改造塑形期一般需
A. 2 周　B. 12~24 周　C. 1 年
D. 1~2 年　E. 2~4 年

672. 下列骨折临床愈合标准中，错误的是
A. 局部无异常活动　B. 局部无压痛　C. X 线片显示骨折断端塑形良好
D. 局部无纵向叩击痛　E. X 线片显示有连续骨痂通过骨折线

673. 胫骨下 1/3 处骨折，愈合较慢的原因是
A. 附近主要血管损伤　B. 附近周围神经损伤　C. 远侧骨折段完全丧失血液供应
D. 局部软组织损伤较重　E. 远侧骨折段血液供应减弱

674. 不影响骨折正常愈合过程的因素是
A. 反复多次的手法复位　B. 复位不满意,对线差　C. 固定不确实
D. 局部严重感染　E. 过早的和不恰当的功能锻炼

(675~677 题共用题干)女,29 岁。半小时前从高处跌落,右下肢疼痛,活动受限。查体:神志清楚,右侧大腿、小腿压痛(+),畸形,异常活动。

675. 为明确诊断,首先应进行的检查是
A. B 超　B. 肌电图　C. MRI
D. X 线片　E. CT

676. 若患者生命体征平稳,现场急救首选的处理是
A. 切开复位　B. 皮牵引　C. 临时固定
D. 闭合复位　E. 镇静止痛

677. 若患者生命体征稳定,影像学检查示右股骨干多段粉碎性骨折,右胫腓骨多段骨折、明显移位,右侧坐骨及耻骨支骨折、轻度移位。首选的治疗方法是
A. 外敷中药　B. 石膏管型固定　C. 夹板固定
D. 切开复位内固定　E. 下肢皮牵引

678. 骨折功能复位标准,正确的说法是
A. 前臂双骨折只需对位良好　B. 下肢侧方成角移位不需矫正　C. 长骨干横骨折至少对位 3/4
D. 旋转移位必须矫正　E. 下肢缩短移位成人不超过 2cm

679. 儿童下肢骨折复位要求肢体短缩不能超过
A. 1cm　B. 2cm　C. 3cm
D. 4cm　E. 5cm

680. 四肢新鲜闭合性骨折切开复位内固定的适应证不包括
A. 并发主要血管损伤　B. 关节内骨折,手法复位对位不好
C. 并发主要神经损伤　D. 闭合骨折未达到解剖复位
E. 骨折端间有软组织嵌插,手法复位失败

681. 老年患者,前臂外伤 25 小时余来诊。查:体温 37.9℃,前臂畸形,反常活动,创口流血,腕手活动自如,应考虑
A. 桡神经损伤　B. 尺神经损伤　C. 开放性骨折
D. 正中神经损伤　E. 前臂肌腱损伤

682. 中年,男性。不慎跌倒摔伤右肩,以左手托右肘部来诊,头向右倾。检体见右肩下沉,右上肢功能障碍,胸骨柄至右肩峰连线中点隆起,并有压痛。其可能的诊断是
A. 肩关节脱位　B. 锁骨骨折　C. 肱骨外科颈骨折
D. 肩胛骨骨折　E. 肱骨解剖颈骨折

683. 锁骨骨折最易损伤
A. 肺尖　B. 臂丛神经　C. 腋神经
D. 锁骨下动脉　E. 锁骨下静脉

684. 女,23 岁。左上肢外展位跌倒,手掌着地,即感左肩肿痛。查体:左肩部饱满,局部稍下方凹陷,有明显压痛,患肩活动障碍。患者最可能的诊断为
A. 左肩关节前脱位　B. 左肩关节后脱位　C. 左肩软组织损伤
D. 左肱骨外科颈骨折　E. 左肱骨外科颈骨折合并关节脱位

685. 女,72 岁。摔倒后左肩部着地受伤,肩部肿胀,疼痛,肩关节活动障碍。X 线片显示左侧肱骨外科颈

骨皮质连续性中断,无明显移位。首选的治疗方法是

A. 切开复位内固定　B. 小夹板外固定　C. 三角巾悬吊贴胸位固定
D. 石膏外固定　E. 尺骨鹰嘴骨牵引+夹板固定

686. 肱骨中段横形骨折首选的治疗方法是

A. 骨牵引　B. 髓内针固定　C. 加压钢板固定
D. 普通钢板固定　E. 手法复位,夹板固定

687. 儿童肘部外伤后,鉴别肱骨髁上骨折和肘关节脱位最可靠的体征是

A. 肿胀明显　B. 活动明显受限　C. 畸形
D. 肘后三角关系改变　E. 局部瘀斑

688. 伤后表现为“餐叉”样畸形的是

A. Smith 骨折　B. 尺神经损伤　C. Colles 骨折
D. 正中神经损伤　E. 桡神经损伤

689. 肱骨髁上骨折最容易出现的晚期并发症是

A. 肘外翻畸形　B. 尺神经损伤　C. 肱动脉损伤
D. 肘内翻畸形　E. 骨折不愈合

690. Monteggia 骨折是指

A. 尺骨上 1/3 骨干骨折合并桡骨头脱位　B. 桡骨干下 1/3 骨折合并尺骨小头脱位
C. 尺骨下 1/3 骨干骨折合并桡骨头脱位　D. 桡骨干上 1/3 骨折合并尺骨小头脱位
E. 桡骨干下 2/3 骨折合并尺骨小头脱位

691. 下列骨折哪项不属于上肢骨折

A. Monteggia 骨折　B. Galeazzi 骨折　C. Barton 骨折
D. Jefferson 骨折　E. Smith 骨折

692. 女,66 岁。2 小时前跌倒时手掌着地受伤。查体:右腕明显肿胀,压痛(+),侧面观呈“银叉样”畸形。最可能的诊断是

A. Galeazzi 骨折　B. Colles 骨折　C. Chance 骨折
D. Monteggia 骨折　E. Smith 骨折

693. 桡骨下段骨折首选的治疗方法是

A. 切开复位钢板内固定　B. 抗感染镇痛　C. 中药活血化瘀
D. 手法复位外固定　E. 直接支具外固定

A. Colles 骨折　B. Smith 骨折　C. Galeazzi 骨折
D. Barton 骨折　E. Monteggia 骨折

694. 桡骨远端屈曲型骨折,骨折近端向背侧移位,远端向掌侧、桡侧移位,称为

695. 桡骨远端骨折,骨折线经关节面,远端骨折片向背侧移位,称为

696. 桡骨干下 1/3 骨折合并尺骨小头脱位,称为

A. ≥140°　B. <140°　C. >110°
D. ≤110°　E. <130°

697. 髋内翻的颈干角范围是

698. 髋外翻的颈干角范围是

A. 圆韧带内的小凹动脉　B. 股骨干滋养动脉升支　C. 旋股内、外侧动脉的分支
D. 骺外侧动脉　E. 干骺端上、下侧动脉

699. 成人股骨头最主要的血液供应来源于

700. 股骨头下型骨折损伤的血管主要是
701. 经股骨颈骨折损伤的血管主要是

702. 最容易发生缺血性骨坏死的是
A. 股骨干骨折　B. 股骨颈骨折　C. 肱骨干骨折
D. 桡骨近端骨折　E. 肱骨髁上骨折
703. 较稳定的股骨颈骨折是
A. 外展型　B. 内收型　C. 粗隆间型
D. 基底型　E. 头下型
704. 女性,70 岁。行走时不慎滑倒,即感右髋部疼痛,2 小时后来院。查体:右髋部皮下淤血,局部压痛,右下肢较左下肢短缩 3cm,右下肢外旋 50°畸形。最可能的诊断是
A. 髋关节前脱位　B. 髋关节后脱位　C. 股骨大转子骨折
D. 股骨转子间骨折　E. 股骨颈骨折
705. 女性,72 岁,因车祸来院。查体:右下肢外旋、短缩畸形。X 线平片示:右股骨颈头下型骨折,部分移位。既往有高血压,服药控制在 130~140/80~90mmHg。最适宜的治疗方法是
A. 闭合复位,穿钉子鞋　B. 切开复位内固定　C. 手法复位,石膏固定
D. 人工关节置换　E. 胫骨结节骨牵引
706. 女,82 岁。不慎髋部着地跌倒造成右侧股骨头下型骨折。病人有心血管慢性疾病、骨质疏松症病史 20 年。最合适的治疗措施是
A. 三刃钉固定　B. 人工髋关节置换　C. 转子间截骨术
D. 多根克氏针内固定　E. 皮牵引,保持下肢中立位
707. 外旋畸形≥90°的可能是
A. 股骨头下骨折　B. 经股骨颈骨折　C. 股骨颈基底骨折
D. 股骨转子间骨折　E. 髋关节后脱位
708. 股骨转子间骨折最常见的临床类型是
A. Ⅰ型　B. Ⅱ型　C. Ⅲ型
D. Ⅳ型　E. Ⅴ型
709. 股骨中段骨折后,骨折向外成角,主要是由于
A. 半膜肌的牵拉　B. 半腱肌的牵拉　C. 内收肌的牵拉
D. 股二头肌的牵拉　E. 缝匠肌的牵拉

A. 垂直悬吊皮肤牵引　B. 胫骨结节持续牵引　C. 手法复位小夹板固定
D. 切开复位内固定　E. 用绷带固定于胸腹部
710. 成人股骨干骨折,足背动脉搏动细弱,首选治疗为
711. 3 岁以下的小儿股骨干骨折,首选治疗为

712. 以下骨折,治疗时需达解剖复位的是
A. Ⅴ型胫骨平台骨折　B. 锁骨骨折　C. 股骨干骨折
D. 肱骨干骨折　E. 胫腓骨骨折

A. 胫后动脉损伤　B. 腓总神经损伤　C. 骨折延迟愈合
D. 骨筋膜室综合征　E. 胫神经损伤
713. 胫骨上 1/3 骨折易导致
714. 胫骨中 1/3 骨折易导致

715. 胫骨下 1/3 骨折易导致

716. 腓骨颈骨折易导致

717. 脊柱骨折的常见部位是

A. $C_{1\sim3}$　　B. $C_{3\sim5}$　　C. $T_{10\sim12}$

D. $T_{10}\sim L_2$　　E. $L_{1\sim3}$

718. 胸腰椎骨折的临床表现不包括

A. 局部疼痛　　B. 局部肿胀　　C. 异常活动及骨擦音

D. 功能障碍　　E. 畸形、后凸、生理弧度消失

719. 男，35 岁。车祸致腰背部受伤，腰部活动明显受限，双下肢出现弛缓性瘫痪，大小便失禁。伤后一小时双下肢感觉、运动功能好转。最可能的诊断是

A. 马尾神经损伤　　B. 脊髓挫伤　　C. 脊髓受压

D. 脊髓震荡　　E. 脊髓出血

720. 男，20 岁。腰椎骨折后走路和双下肢感觉正常，但大小便失禁。应考虑合并

A. 肛门括约肌损伤　　B. 尿道括约肌损伤　　C. 脊髓圆锥损伤

D. 马尾神经损伤　　E. 腹膜后巨大血肿

（721～724 题共用题干）男，35 岁。从高处跳下时，双下肢顿时感到无力。

721. 急救运送的方法是

A. 双人扶着让病人走　　B. 一人背着运送　　C. 一人抱着运送

D. 躺在木板床上运送　　E. 一人抬头，一人抬足运送

722. 在急诊室骨科首先做的影像学检查是

A. MRI　　B. CT　　C. 核素骨扫描

D. X 线　　E. B 型超声

723. 为了解有无脊髓损伤，需做的检查是

A. MRI　　B. CT　　C. 核素骨扫描

D. X 线　　E. 肌电图

724. 如果检查显示胸椎压缩性骨折超过椎体 1/5，并有骨块进入椎管，应采取的治疗方法是

A. 牵引　　B. 仰卧硬板床，背部垫高　　C. 双桌法过伸复位

D. 早期背伸锻炼　　E. 及早手术解除脊髓压迫

（725～727 题共用题干）男性，29 岁。从 3 楼跌落，臀部着地，双下肢完全不能活动，双侧腹股沟平面以下感觉丧失，尿潴留。

725. 患者最可能的诊断是

A. 第 6 胸椎骨折　　B. 第 8 腰椎骨折　　C. 第 10 胸椎骨折

D. 第 12 胸椎骨折　　E. 骨盆骨折

726. 不必立即采取的检查项目是

A. MRI　　B. 心电图　　C. 下肢肌电图

D. X 线摄片　　E. 血气分析

727. 应采取的最佳治疗措施是

A. 高压氧治疗　　B. 给予糖皮质激素　　C. 手术减压，内固定

D. 平卧硬板床　　E. 牵引外固定

A. 四肢硬瘫　　B. 四肢软瘫　　C. 上肢软瘫，下肢硬瘫

D. 上肢完好，下肢软瘫　　E. 上肢完好，下肢硬瘫

728. 脊柱胸 2 水平损伤可引起
729. 脊柱腰 3 水平损伤可引起
730. 高位截瘫的并发症不包括
A. 褥疮　　B. 排尿障碍　　C. 高热
D. 呼吸衰竭　　E. 癫痫
731. 骨盆骨折早期最危险的并发症是
A. 膀胱、尿道破裂　　B. 坐骨神经损伤　　C. 直肠损伤
D. 出血性休克　　E. 截瘫
732. 骨盆骨折时一般不会出现
A. 骨盆挤压试验阳性　　B. 骨盆分离试验阳性　　C. Apley 试验阳性
D. 会阴部瘀斑　　E. 后尿道损伤
733. 后尿道损伤常见于
A. 耻骨联合分离　　B. 耻骨支骨折　　C. 坐骨支骨折
D. 髂骨骨折　　E. 髋臼骨折

A. 肩关节脱位　　B. 肘关节脱位　　C. 髋关节脱位
D. 桡骨头半脱位　　E. 肩锁关节脱位
734. 临床上最常见的关节脱位是
735. X 线片上无异常发现的关节脱位是
A. 前脱位　　B. 后脱位　　C. 外侧方脱位
D. 中心脱位　　E. 侧方脱位
736. 肘关节脱位的常见类型是
737. 肩关节脱位的常见类型是
738. 髋关节脱位的常见类型是
A. Allis 法　　B. Kocher 法　　C. Bigelow 法
D. Stimson 法　　E. Hippocrates 法
739. 治疗肩关节前脱位首选的复位方法是
740. 治疗髋关节后脱位首选的复位方法是

741. Dugas 征表现阳性的是
A. 肩关节脱位　　B. 肩锁关节脱位　　C. 肱骨外科颈骨折
D. 肘关节脱位　　E. 锁骨骨折
742. 患者，男性，20 岁。跌倒时手掌着地，肩外展外旋，出现肩部疼痛、肿胀、活动受限。查体：方肩畸形。最可能的诊断是
A. 肩锁关节脱位　　B. 锁骨骨折　　C. 肩关节脱位
D. 肱骨外科颈骨折　　E. 肩袖损伤
743. 患儿 2 岁，其母在牵拉患儿双手做游戏时，患儿突然大哭，诉左上肢疼痛，其左上肢屈曲，不肯用该手取物。患儿最有可能的诊断是
A. 肩关节脱位　　B. 肘关节脱位　　C. 桡骨头半脱位
D. 腕关节脱位　　E. 锁骨骨折
744. 临床上确诊桡骨头半脱位的主要依据是
A. 病史　　B. 临床表现　　C. X 线摄片

D. CT　　E. MRI

A. 患肢短缩、纵向叩击痛、外旋 45°~60°　　B. 患肢屈曲、外展、外旋畸形
C. 患肢短缩、纵向叩击痛、外旋 90°　　D. 患肢屈曲、内收、内旋畸形
E. 患肢无缩短，髋部肿胀，压痛

745. 股骨颈骨折会出现
746. 股骨转子间骨折会出现
747. 髋关节前脱位会出现
748. 髋关节后脱位会出现

749. 髋关节后脱位的常见体征是
A. 髋关节外旋　　B. 髋关节外展　　C. 髋关节伸直
D. 大转子上移　　E. 患肢延长

750. 女，56 岁。急刹车受伤致髋关节剧痛 3 小时。查体：右髋关节活动受限，屈曲内收，内旋畸形，右髋关节屈伸活动障碍，最可能的损伤是
A. 髋关节脱位　　B. 髋关节脱位合并股神经损伤
C. 髋关节骨折　　D. 髋关节脱位合并闭孔神经损伤
E. 髋关节脱位合并坐骨神经损伤

751. 维持膝关节稳定性最重要的因素是
A. 关节囊　　B. 内侧副韧带　　C. 外侧副韧带
D. 前交叉韧带　　E. 后交叉韧带

752. 下列哪项试验不用于膝关节韧带损伤的检查？
A. 侧方应力试验　　B. 抽屉试验　　C. 轴移试验
D. 旋转试验　　E. Lachman 试验

（753~754 题共用题干）男性，25 岁。右膝撞击伤后 6 小时。查体：浮髌试验（+），轴移试验（-）。侧方应力下 X 线检查发现右侧膝关节内侧间隙张开达 3cm。

753. 最可能的诊断为
A. 内侧副韧带损伤　　B. 外侧副韧带损伤　　C. 前交叉韧带损伤
D. 后交叉韧带损伤　　E. 半月板损伤

754. 为明确诊断和及时治疗，首选的检查是
A. CT　　B. MRI　　C. 膝关节造影
D. 核素扫描　　E. 关节镜

755. 手部尺神经损伤的临床表现是
A. 拇指对掌功能障碍　　B. Froment 征阳性　　C. 垂腕、垂指畸形
D. 手部 2~4 指感觉障碍　　E. 环、小指末节屈曲功能障碍

756. 女，20 岁。右腕部被刀割伤 3 小时。查体：右手小指掌背侧及环指尺侧感觉障碍。损伤的神经是
A. 腋神经　　B. 桡神经　　C. 正中神经
D. 肌皮神经　　E. 尺神经

757. 男，24 岁。手背部刀伤，创口出血不止。现场急救处理最简便而有效的止血方法是
A. 前臂止血带止血　　B. 立即缝合创口　　C. 腕部止血带止血
D. 上臂止血带止血　　E. 局部加压包扎

758. 手外伤的术后处理不正确的是

A. 抬高患肢防止肿胀　B. 注射破伤风抗毒血清　C. 将桡骨茎突部的敷料剪开
D. 用石膏托将手固定于伸直位　E. 包扎时用纱布隔开手指同时露出指尖

A. 4小时　B. 8小时　C. 12小时
D. 16小时　E. 24小时

759. 普通的开放性伤口，清创缝合不应超过的时限是
760. 手部开放性损伤后，清创缝合不应超过的时限是
761. 头皮裂伤后，清创缝合不应超过的时限是

762. 关于手外伤清创术的处理原则，下列哪项不正确？
A. 力争在6~8小时内进行　B. 不能在有张力的情况下，勉强缝合伤口
C. 最好在气囊止血带下进行　D. 创口越过关节时，应采用"Z"字成形术
E. 软组织缺损较大有骨外露时，最好用游离植皮术

763. 木工，男性，38岁。工作中右手示指被电锯切割离断，立即将病人送到医院行断指再植。其断指的保存方法应该是用无菌纱布包好放在
A. 生理盐水中　B. 酒精中　C. 新洁尔灭中
D. 与冰块直接接触的冰箱中　E. 干燥冷藏容器中

764. 左腕掌侧切割伤，小指和环指尺侧半感觉消失，夹纸试验阳性，可能损伤的神经是
A. 正中经神经　B. 尺神经　C. 桡神经
D. 前臂内侧皮神经　E. 前臂骨间背神经

765. 腕部正中神经损伤的表现不包括
A. 中指远节感觉消失　B. 示指远节感觉消失　C. 手部桡侧半感觉障碍
D. 拇指对掌功能障碍　E. 猿手

766. 女性，48岁。左腕部玻璃切割伤。表现为左腕部掌侧斜行切口，深达肌层，左手呈爪状畸形，拇指对掌功能丧失，手指浅感觉丧失。其损伤的神经可能是
A. 正中神经　B. 尺神经及桡神经　C. 桡神经及正中神经
D. 尺神经及正中神经　E. 桡神经

767. 下列选项中，损伤与畸形不对应的是
A. 尺神经损伤—爪形手畸形　B. 正中神经损伤—垂腕畸形　C. Colles骨折—"银叉"畸形
D. 肩关节脱位—方肩畸形　E. 正中神经和尺神经损伤—猿手畸形

768. 不属于腓总神经损伤的临床表现是
A. 足不能背屈、外翻　B. 马蹄内翻足　C. 小腿前内侧区感觉障碍
D. 行走困难，呈跨阈步态　E. 伸趾功能丧失

769. 颈椎病的临床分型不包括
A. 神经根型　B. 脊髓型　C. 副交感神经型
D. 食管型　E. 椎动脉型

770. 脊髓型颈椎病最重要的诊断依据为
A. 头痛、头晕　B. 双上肢麻木　C. 眼痛、面部出汗失常
D. 肢体发凉，无汗或少汗　E. 四肢麻木、无力，病理反射(+)

A. 神经根型　B. 脊髓型　C. 交感神经型
D. 椎动脉型　E. 食管型

771. 最常见的颈椎病类型是
772. Spurling征阳性的颈椎病类型是

773. Eaton 试验阳性的颈椎病类型是
774. 不适合做颌枕带牵引治疗的颈椎病是
A. 眩晕　B. 闪电样锐痛　C. 猝倒
D. 持物不稳　E. 瞳孔扩大
775. 椎动脉型颈椎病最突出的临床表现为
776. 椎动脉型颈椎病最主要的临床表现为
777. 脊髓型颈椎病最先出现的临床表现为
778. 神经根型颈椎病的主要临床表现为

779. 患者,女,45 岁。经常头晕、头痛,有时突然晕倒,随后很快清醒。检查:压头试验阴性,颈椎侧弯或后伸可加重头晕,脊髓造影有部分梗阻。最可能的诊断是
A. 椎动脉型颈椎病　B. 体位性眩晕　C. 神经根性颈椎病
D. 美尼尔征　E. TIA
780. 女性,52 岁。颈痛伴右肩部痛 1 年余,近 5 个月出现四肢麻木,无力,行走时有踩棉花样感觉。查体:颈椎无明显畸形,活动轻度受限,右手及前臂尺侧感觉减退,双下肢肌张力增高,肌力Ⅳ级。X 线检查见颈椎骨质增生,生理曲度变直。最可能的诊断是
A. 肩周炎　B. 交感神经型颈椎病　C. 脊髓型颈椎病
D. 椎动脉型颈椎病　E. 颈椎肿瘤

(781~782 共用题干)男性,60 岁。左手麻木半年,双下肢乏力,行走不稳 3 个月。查体:左上肢桡骨膜反射减弱,左手拇指针刺觉减退,双下肢腱反射亢进,双侧 Babinski 征(+)。初步诊断为颈椎病。
781. 对诊断最有意义的影像学检查是
A. X 线　B. CT　C. 增强 CT
D. MRI　E. DSA
782. 患者最终确诊为颈椎单一节段的椎间盘突出,相应平面颈椎管狭窄,颈脊髓变性。不宜采取的治疗是
A. 颈椎前后路联合手术　B. 颈椎前路手术　C. 颈椎后路手术
D. 按摩治疗　E. 理疗

783. 65 岁,男性。因右上肢放射痛伴手指麻木、动作不灵活 2 年就诊。检查发现颈肩部压痛,神经牵拉试验及压头试验阳性,右上肢桡侧皮肤感觉减退,握力减弱,肌张力减低。最可能的诊断是
A. 交感神经型颈椎病　B. 脊髓型颈椎病　C. 椎动脉型颈椎病
D. 神经根型颈椎病　E. 混合型颈椎病
784. 狭窄性腱鞘炎的好发部位是
A. 拇指　B. 示指　C. 小指
D. 拇指和示指　E. 中指和环指
785. Finkelstein 试验阳性最可能的原因是
A. 腱鞘囊肿　B. 桡骨骨折　C. 桡骨茎突狭窄性腱鞘炎
D. 尺神经损伤　E. 中正神经损伤
786. 女,48 岁,晨起左中指发僵、疼痛,缓慢活动后可消失,屈伸中指时有弹响。最可能的诊断是
A. 类风湿关节炎　B. 狭窄性腱鞘炎　C. 腱鞘囊肿
D. 滑囊炎　E. 创伤性关节炎

A. 拇长屈肌腱狭窄性腱鞘炎　B. 指屈肌腱狭窄性腱鞘炎　C. 拇长展肌腱鞘炎
D. 指伸肌腱狭窄性腱鞘炎　E. 拇长展肌和拇短伸肌腱鞘炎

787. 弹响指是
788. 弹响拇是
789. 桡骨茎突狭窄性腱鞘炎是

790. 肱骨外上髁炎正确的治疗方法是
A. 限制腕关节活动　B. 增加肌腱起点处的压迫应力
C. 限制肘关节活动　D. 立即施行伸肌总腱起点剥离松解术
E. 立即行卡压神经血管束切除结扎术
791. 为明确粘连性肩关节囊炎的诊断，首选检查是
A. 肩关节 X 线片　B. 肩关节 CT　C. 肩关节 MRI
D. 肩关节腔造影　E. 肩关节镜
792. 男，66 岁。右髋部疼痛，活动受限半年余。2 年前因右股骨颈骨折行空心钉内固定治疗。查体：右髋关节内旋和外旋受限。X 线检查示右股骨头负重区出现新月征、囊性变。最可能的诊断是
A. 化脓性髋关节炎　B. 股骨颈骨折不愈合　C. 股骨头缺血性坏死
D. 髋关节结核　E. 类风湿关节炎
793. 股骨头骨软骨病的 X 线分期不包括
A. 软骨下溶血期　B. 股骨头坏死期　C. 股骨头修复期
D. 股骨头塌陷期　E. 股骨头脱位期
794. Ⅲ期股骨头缺血坏死宜选用的治疗措施是
A. 非手术治疗　B. 带血供髂骨移植术　C. 经转子间旋转截骨术
D. 人工关节置换术　E. 病灶清除术
795. 腰椎间盘突出症最先出现的症状是
A. 腰痛　B. 坐骨神经痛　C. 大小便障碍
D. 鞍区感觉障碍　E. 小腿外侧痛
796. 腰椎间盘突出症出现大小便障碍和鞍区感觉障碍提示
A. 脊髓腰膨大受压　B. 脊髓圆锥受压　C. 马尾受压
D. S_1 受压　E. L_5 受压
797. 腰椎间盘突出症的典型 X 线平片表现不包括
A. 腰椎生理性前凸消失　B. 椎间盘突出间隙左右不等宽　C. 椎间盘影向后突出
D. 椎间盘突出间隙前窄后宽　E. 椎体边缘增生
798. 男，36 岁。3 天前突发腰痛，伴右侧下肢放射痛，咳嗽后加重。查体：腰骶区压痛(+)，放射至小腿。右侧直腿抬高试验阳性，小腿前外侧和足内侧感觉减退，踇趾背伸肌力减弱。最可能受累的神经根是
A. L_2　B. L_3　C. L_4
D. L_5　E. S_1

(799~801 题共用题干)男性，装卸工人，40 岁。腰扭伤，经治疗腰痛缓解，但仍有左下肢麻痛并放射。查体：腰背肌痉挛，沿坐骨神经走行有压痛，直腿抬高试验阳性。
799. 为明确诊断首选的检查方法是
A. X 线　B. CT　C. MRI
D. ECT　E. 肌电图
800. 最可能的诊断是
A. 腰部棘上韧带炎　B. 腰椎结核　C. 腰椎骨髓炎
D. 单纯坐骨神经痛　E. 腰椎间盘突出症

801. 如果病史较长，反复发作，其治疗方法应考虑
A. 牵引 B. 按摩 C. 手术
D. 理疗 E. 封闭

(802~804 题共用题干)男性，38 岁，3 年前诊断为腰椎间盘突出症，腰腿痛反复发作，行卧床、牵引等保守治疗可缓解。查体：外踝及足外侧痛觉、触觉减退，趾及足跖屈肌力减弱，跟腱反射减弱。

802. 该患者最可能受累的神经根是
A. 腰 3 B. 腰 4 C. 腰 5
D. 骶 1 E. 骶 2

803. 患者搬重物后突发疼痛加重，伴大小便障碍，应即刻进行的检查是腰椎
A. 正侧位 X 线片 B. 过伸过屈位 X 线片 C. 双斜位 X 线片
D. 磁共振扫描 E. CT 检查

804. 若诊断为椎间盘突出症，最适宜的处理方法是
A. 持续牵引，理疗 B. 髓核化学溶解术 C. 椎间盘切除术
D. 皮质激素硬膜外注射 E. 卧床休息

805. 急性血源性骨髓炎最多见的部位是
A. 股骨下段 B. 掌骨 C. 髂骨
D. 胫骨下端 E. 股骨上段

806. 下列关于急性骨髓炎临床表现的叙述，错误的是
A. 高热 B. 无明显压痛区 C. 干骺端疼痛剧烈
D. 早期 X 线检查常为阴性 E. 白细胞计数和中性粒细胞增高

A. X 线检查 B. 局部脓肿分层穿刺 C. 关节腔穿刺+关节液检查
D. CT 检查 E. MRI 检查

807. 急性血源性骨髓炎的早期诊断首选

808. 急性化脓性关节炎的早期诊断首选

809. 膝关节结核的早期诊断首选

810. 股骨头坏死的早期诊断首选

811. 关于急性血源性骨髓炎的治疗，下列哪项是错误的？
A. 联合应用足量广谱抗生素 B. 抗生素治疗 48~72 小时后，局部症状仍不能控制，应手术治疗
C. 手术行软组织切开引流术 D. 少量多次输血，增加病人的抵抗力
E. 患肢可用皮牵引或石膏托固定

812. 男孩，8 岁。急性化脓性骨髓炎已有 3 月，胫骨中段有 4cm 长整段死骨，周围有少许包壳，有瘘道流脓。近 3 日脓少，发热 39℃，局部红肿。下列哪项治疗方法不宜采用？
A. 大量抗生素静脉点滴 B. 手术取出死骨 C. 切开引流
D. 小量输血 E. 局部固定

(813~815 题共用题干)男，7 岁。突发寒战、高热、右膝下方剧痛 3 天。查体：T39.8℃，P86 次/分，R25 次/分，BP110/60mmHg，烦躁不安，右膝关节呈半曲状，拒动，右小腿近端皮温高，肿胀不明显，压痛阳性。

813. 最可能的诊断是
A. 化脓性关节炎 B. 膝关节结核 C. 急性血源性骨髓炎
D. 风湿性关节炎 E. 类风湿关节炎

814. 早期确诊最可靠的方法是
A. X 线　B. 血常规　C. CT
D. 体格检查　E. 局部分层穿刺

815. 诊断明确后首选的处理措施是
A. 足量抗生素　B. 手术　C. 支持治疗
D. 肢体制动　E. 物理降温

816. 男性，28 岁。胫骨开放性骨折创口不愈，治疗 3 个月后形成窦道，有少量脓性分泌物，并有死骨排出。应考虑为
A. 骨结核　B. 骨肿瘤　C. 慢性骨髓炎
D. 缺血性骨坏死　E. 急性化脓性骨髓炎

817. 急性化脓性关节炎好发于
A. 肩关节、肘关节　B. 肘关节、腕关节　C. 腕关节、膝关节
D. 肩关节、膝关节　E. 髋关节、膝关节

818. 急性化脓性关节炎最常见的致病菌是
A. 大肠埃希菌　B. 金黄色葡萄球菌　C. 溶血性链球菌
D. 肺炎球菌　E. 铜绿假单胞菌

819. 下列选项中，不属于化脓性关节炎特点的是
A. 发热　B. 好发于上肢各关节　C. 周围血白细胞数增高
D. 血沉快　E. X 线检查不能作为早期诊断依据

820. 化脓性关节炎最早出现的 X 线骨骼改变是
A. 骨质坏死　B. 骨质虫蚀状破坏　C. 骨质疏松
D. 关节软骨破坏　E. 关节间隙狭窄

（821～822 题共用题干）女，9 岁。5 天前突然右髋疼痛，并有高热。体温 39.5℃，脉搏 110 次/分，白细胞 $22\times10^9/L$，中性粒细胞 98%，血沉 30mm/h。右髋关节肿胀，不敢活动。

821. 其诊断首先应考虑为
A. 急性化脓性髋关节炎　B. 急性风湿性髋关节炎　C. 类风湿性髋关节炎
D. 髋周软组织炎　E. 髋关节结核

822. 本例最佳治疗方法是
A. 合理有效抗生素加石膏固定
B. 足量有效抗生素加支持疗法
C. 足量有效抗生素加关节切开引流
D. 足量有效抗生素加关节穿刺抽液并注入抗生素
E. 大量联合使用抗生素治疗 48～72 小时后，仍不能控制局部症状，则手术治疗

823. 骨与关节结核多继发于
A. 肠结核　B. 肺结核　C. 肾结核
D. 淋巴结结核　E. 生殖器结核

824. 骨关节结核的临床表现中，错误的是
A. 浅表关节早期常有轻度肿胀与压痛
B. 深部关节结核局部肿胀多不明显
C. 脓肿常局限病灶附近
D. 发病多隐匿、缓慢，常为多发病灶

E. 髋关节结核患儿可主诉膝关节疼痛

825. 骨与关节结核的首选手术方式为
A. 脓肿切开引流术　B. 病灶清除术　C. 关节融合术
D. 截骨术　E. 关节成形术

826. 关于脊柱结核的正确描述是
A. 主要累及棘突　B. 可有拾物试验阳性　C. 可有托马斯征阳性
D. 早期易形成寒性脓肿　E. 手术治疗无须抗结核药物配合

827. 下列关于脊柱结核的叙述,错误的是
A. 多有局部红、肿、热、痛及高热
B. X 线片表现为骨质破坏和椎间隙狭窄
C. 边缘型椎体结核多见于成人,好发于腰椎
D. 中心型椎体结核多见于儿童,好发于胸椎
E. 以椎体结核占多数

828. X 线片上边缘型脊柱结核和脊柱肿瘤的主要鉴别点是
A. 有无椎体破坏　B. 椎体破坏的部位　C. 椎体破坏的程度
D. 有无椎间隙狭窄　E. 有无椎弓根受累

A. 颈椎　B. 胸椎　C. 胸椎$_{10}$ ~ 腰椎$_{2}$
D. 腰椎　E. 骶椎

829. 脊柱骨折的好发部位是
830. 脊柱结核的好发部位是
831. 中心型椎体结核的好发部位是
832. 边缘型椎体结核的好发部位是

833. 截瘫发生率最高的脊柱结核部位是
A. 中心型椎体结核　B. 边缘型椎体结核　C. 脊柱肿瘤
D. 腰椎间盘突出症　E. 强直性脊柱炎

834. 老年人多见,骨破坏累及椎弓根,椎间隙正常见于
835. 儿童多见,累及一个胸椎,椎间隙正常见于
836. 成人多见,累及相邻椎体,椎间隙变窄见于
837. 中青年多见,无骨质破坏,椎体边缘增生,椎间隙变窄见于

A. 关节间隙狭窄,关节边缘有骨刺形成
B. 椎体破坏,椎间隙狭窄,椎体骨性融合
C. 椎体无骨质破坏,脊柱呈竹节样改变
D. 椎体破坏,椎间隙狭窄,椎旁梭形阴影
E. 骨质疏松,关节间隙狭窄,骨组织呈磨砂玻璃样改变

838. 脊柱结核的 X 线表现为
839. 骨关节炎的 X 线表现为
840. 强直性脊柱炎的 X 线表现为
841. 类风湿关节炎的 X 线表现为

842. 男性,60 岁,腰痛 3 周,无明显外伤史,X 线片示第三腰椎椎体破坏、压缩楔形变、椎间隙正常。最可能的诊断是
A. 椎体结核　B. 椎体嗜酸性肉芽肿　C. 椎体巨细胞瘤

D. 椎体转移性骨肿瘤　　E. 老年性骨质疏松症椎体压缩骨折

(843~844 题共用题干)患者,男,52 岁。双下肢无力,行走受限 2 个月。检查:T_9 压痛、叩痛明显,脐以下痛觉减退,下肢不能自主活动,足趾可微动,病理征阳性。X 线摄片见 T_9 椎弓根及椎体后缘显影不清,未见软组织肿大阴影。

843. 对该患者的可能诊断是
A. T_9 原发性肿瘤　　B. T_9 转移性肿瘤　　C. T_9 结核
D. T_9 骨髓炎　　E. 强直性脊柱炎

844. 为明确诊断,首选的影像学检查是
A. 胸椎 CT　　B. 胸椎正侧位 X 线片　　C. 全身骨骼同位素扫描
D. 胸椎 MRI　　E. 椎管造影

845. 某男童,消瘦、低热、右髋痛,跛行步态,腹股沟及臀部可触及囊性肿物,“4”字试验阳性,最可能的诊断是
A. 风湿性关节炎　　B. 类风湿性关节炎　　C. 骨肿瘤
D. 髋关节结核　　E. 髋关节脱位

846. Thomas 征阳性提示
A. 骶髂关节炎　　B. 腰椎间盘突出症　　C. 髋关节屈曲挛缩
D. 腰椎管狭窄症　　E. 膝关节屈曲挛缩

847. 下列选项中,提示骨肿瘤为恶性的 X 线表现
A. 界限清楚　　B. 三角形骨膜反应　　C. 骨皮质膨胀变薄
D. 病灶周围硬化反应骨　　E. 病理性骨折

848. 女孩,15 岁。左小腿近端持续性疼痛 3 个月,逐渐加重。查体:左小腿近端局部肿胀、皮温增高。X 线片示左胫骨上段日光射线样改变。最可能的诊断是
A. 骨结核　　B. 骨囊肿　　C. 骨髓炎
D. 骨肉瘤　　E. 骨软骨瘤

849. 男性,22 岁。右膝内侧肿块 8 年,生长缓慢,无明显疼痛。X 线片显示股骨下端内侧干骺端杵状肿块,边缘清楚。应首先考虑为
A. 骨肉瘤　　B. 骨巨细胞瘤　　C. 软骨肉瘤
D. 骨软骨瘤　　E. 骨样骨瘤

850. 最常见的原发性恶性骨肿瘤是
A. 骨纤维肉瘤　　B. 尤因肉瘤　　C. 软骨肉瘤
D. 骨肉瘤　　E. 骨巨细胞瘤

851. 男性,14 岁,8 个月前开始左上臂肿胀、疼痛,入院诊断为左肱骨上端骨肉瘤,优选的治疗方案是
A. 左肩关节离断术　　B. 肿瘤刮除术　　C. 化疗加放疗
D. 化疗　　E. 术前化疗→根治性切除→术后化疗

852. 下列关于骨巨细胞瘤的叙述,错误的是
A. 好发于 20~40 岁　　B. 局部肿胀有包块　　C. 好发于膝关节上、下骨端
D. 多属恶性　　E. X 线典型表现呈肥皂泡样改变

853. 女性,下肢关节肿痛,心、肺无异常,心电图检查正常。X 线片示溶骨性破坏,肥皂泡样改变。诊断为
A. 骨肉瘤　　B. 骨巨细胞瘤　　C. 骨囊肿
D. 骨软骨瘤　　E. 尤因肉瘤

854. 容易发生骨转移的肿瘤是
A. 胃癌　　B. 肺癌　　C. 宫颈癌

D. 胸腺癌　　E. 鼻咽癌

A. 化疗　　B. 放疗　　C. 手术为主
D. 手术+化疗　　E. 手术+放疗

855. 骨巨细胞瘤采用的治疗方法是
856. 软骨肉瘤采用的治疗方法是

(857~858 题共用题干)女,24 岁,近日发现左膝关节疼痛,行走困难,休息缓解,自觉左小腿上端内侧似有肿块,压痛。查体:左膝关节活动受限,胫骨上端内侧肿胀,压痛。X 线摄片见左胫骨上端内侧有一肥皂泡样阴影,膨胀性生长。

857. 本例最可能的诊断是
A. 骨结核　　B. 骨髓炎　　C. 骨坏死
D. 骨巨细胞瘤　　E. 骨软骨瘤

858. 本例最适当的治疗方法是
A. 休息、营养　　B. 广谱抗生素治疗　　C. 手术治疗
D. 抗结核治疗　　E. 物理治疗

外科学试题参考答案及详细解答

（正确答案为绿色的选项）

1. ABCDE ①等渗性缺水也称急性缺水，因此，“急性”病因导致的脱水，常是等渗性缺水，如胃肠消化液的急性丢失常常导致等渗性缺水（A）。②慢性病因引起的缺水常为低渗性缺水。因此解答此类试题的关键就是抓住“急性”“慢性”等关键字眼。

2. ABCDE 等渗性缺水时，细胞外液渗透压保持正常，其血清 Na^+、Cl^- 浓度一般无明显降低。

3. ABCDE ①急性肠梗阻导致的缺水常为等渗性缺水。患者血钠正常，应诊断为等渗性缺水。其补液首选平衡盐溶液，次选生理盐水，因为平衡盐溶液的电解质含量与血浆内的含量相仿，而生理盐水中 Cl^- 含量比血清 Cl^- 高 50mmol/L，因此大量输入生理盐水可导致高氯性酸中毒。②5%葡萄糖溶液为能量补充液，不含电解质，不适合等渗性缺水的治疗，故不答 C。等渗性缺水的血 Na^+、血 Cl^- 均正常，不宜补充高渗盐水，故不答 D。5%的碳酸氢钠溶液常用于纠正严重酸中毒，不是首选补液种类。

4. ABCDE 判断缺水类型主要依据血钠浓度，血钠正常值为 135~150mmol/L。若血钠正常则为等渗性缺水；若血钠<135mmol/L，则为低渗性缺水；若血钠>150mmol/L，则为高渗性缺水。患者血钠 Na^+ 138mmol/L，应诊断为等渗性缺水（C）。继发性缺水也称低渗性缺水。稀释性缺水为不规范名称。

5. ABCDE 汗液为低渗液，大量出汗将导致高渗性缺水而不是低渗性缺水（E）。ABCD 均属于低渗性缺水的常见病因。

6. ABCDE 低渗性缺水时，失钠多于失水，血清钠低于正常范围，使醛固酮分泌增加，减少肾钠排出，导致尿钠减少（E）。

7. ABCDE ①外科病人补液量=每日生理需要量+累积损失量+日损失量。②成人每天的生理需要量约为 2000ml，其中 1/4 用生理盐水补充（即 5%葡萄糖盐水 500ml），3/4 用 5%~10%的葡萄糖溶液补充（即 10%葡萄糖 1500ml）。每天 NaCl 的生理需要量约为 4.5g，因此 5%葡萄糖盐水 500ml 刚好补充了 NaCl 的生理需要量。③对于脱水病人，还需计算累积损失量。本例未交代脱水情况，累积损失量可不计入补液量。④本例前 1 天胃肠减压量 800ml，电解质正常。故日损失量约为 800ml，可用 5%葡萄糖盐水 800ml 补充。⑤因此，本例今日的输液总量=②+③+④=5%葡萄糖盐水 1300ml+10%葡萄糖溶液 1500ml，故今日输液的最佳方案是 D。

8. ABCDE 低渗性缺水时有细胞外液的丧失，水和钠同时丢失，但失钠多于失水。机体的代偿机制使抗利尿激素分泌减少，使水在肾小管的重吸收减少，尿量排出增加，这样使细胞外液总量更为减少，因此患者容易发生休克。

9. ABCDE 重度缺钠常伴休克，应先应用平衡盐液补足血容量，以改善微循环和组织灌注。然后可静脉滴注高渗盐水（5%氯化钠溶液）200~300ml，尽快纠正血钠过低，以进一步恢复细胞外液量和渗透压，使水分从水肿的细胞中外移。不要误答 B，若题干要求回答的是“轻、中度缺钠的补液首选”可答 B。

10. ABCDE ①高渗性缺水最早的临床表现是口渴，轻度缺水除口渴外，无其他症状（A）。②BCDE 都是中度高渗性缺水的表现。

11. ABCDE 高渗性缺水时，失水多于失钠，使细胞外液容量减少而血浆渗透压增高。当失水量相当于体重的 2%~3%时，即可使渴感中枢兴奋而口渴，刺激视上核、室旁核分泌和释放抗利尿激素，作用于肾远曲小管和集合管使水重吸收增加，尿量减少，尿比重增加。

12. ABCDE　①高渗性缺水常表现为口渴,尿比重增加。由于血液浓缩,血细胞比容将增加。当缺水量为体重的 4%～6%时,会出现烦躁不安。②低渗性缺水、等渗性缺水均会出现恶心呕吐,但高渗性缺水一般不会出现恶心呕吐(C)。

13. ABCDE　①等渗性缺水又称急性缺水,因此急性病因引起的缺水常为等渗性缺水;低渗性缺水也称慢性缺水,因此慢性病因引起的缺水常为低渗性缺水。患者不洁饮食后反复呕吐,一般为急诊,为急性病因,故常导致等渗性缺水(A)。②由于约 50%的镁存在于骨骼内,其余存在于细胞内,在细胞外液中的镁仅占 1%,因此机体不易发生镁缺乏,故不答 B。反复大量呕吐,体液丢失,不可能发生稀释性低钠血症。反复呕吐,大量胃液丢失,易发生低钾、低氯性代谢性碱中毒。

14. ABCDE　血钠正常值为 135～150mmol/L,患者血钠 130mmol/L,应诊断为低渗性缺水。其补钠量=[正常 Na^+-测量 Na^+]×kg×0.6(女性为 0.5)。女性患者,体重 40kg,血钠 112mmol/L,其补钠量=(142-112)×40×0.5=600mmol。以 17mmol Na^+ 相当于 1g 钠盐计算,应补充氯化钠约 35.3g。当天先补 1/2 量,即 17.6g,再加上每天正常需要量 4.5g,共计 22g。其余一半钠,可在第 2 天补给。

15. ABCDE　水中毒又称稀释性低钠血症,是指机体摄入水量超过了排出水量,以致水分在体内潴留,引起血浆渗透压下降和循环血量增多。

16. ABCDE　青年男性,慢性上腹痛 12 年,应考虑消化性溃疡。呕吐宿食 3 天,应诊断为十二指肠溃疡并幽门梗阻。大量呕吐宿食后易造成胃酸及 K^+ 丢失,导致低钾低氯性碱中毒(A)。

17. ABCDE　①低钾血症常有各系统兴奋性降低的表现:神经系统主要表现为精神萎靡,软瘫,腱反射减弱或消失(E 错);心血管系统主要表现为传导阻滞和心律失常;消化系统主要表现为厌食、恶心呕吐、腹胀、肠鸣音消失等。②腱反射亢进常见于低钙血症。

18. ABCDE　低钾血症的最早表现是肌无力,先是四肢软弱无力,以后可延及躯干和呼吸肌,一旦呼吸肌受累,可致呼吸困难或窒息。

19. ABCDE　20. ABCDE　①高尖 T 波是高钾血症的典型心电图表现(B)。②大量输注葡萄糖和胰岛素,可促进 K^+ 向组织内转移,导致低钾血症(A)。2019 年真题。

21. ABCDE　①患者血钾<3.5mmol/L,应诊断为低钾血症,故应补充氯化钾。②患者幽门梗阻反复呕吐,易导致等渗性缺水,故补液可选用葡萄糖盐水,故答 E。

22. ABCDE　①盐皮质激素(醛固酮)的作用是保水保钠排钾,醛固酮分泌过多将导致低钾血症而不是高钾血症(E 错)。②挤压伤综合征、大量输入库存血时,大量红细胞被破坏,红细胞内的钾释放入细胞外液,将导致高钾血症。"高钾酸中毒,反常性碱性尿",可见代谢性酸中毒可导致高钾血症。众所周知,急性肾衰竭少尿期可导致高钾血症。

23. ABCDE　①血钾正常值为 3.5～5.5mmol/L,患者血钾 6.8mmol/L,应诊断为高钾血症(D)。②血钠正常值为 135～150mmol/L,患者血钠 136.0mmol/L,应诊断为等渗性缺水。③血浆正常 pH 值为 7.35～7.45,患者血浆 pH7.3,应诊断为失代偿性酸中毒。

24. ABCDE　高钾血症有导致病人心脏收缩期停搏的危险,因此高钾血症一旦确诊,必需积极治疗,首先应停用一切含钾药物或溶液。BCDE 都是治疗高钾血症的措施。

25. ABCDE　①高钾血症可导致心电图 T 波高尖,P 波波幅下降,QRS 波增宽;低钾血症可导致 T 波低平或倒置,ST 段降低,QT 间期延长和 U 波出现,故答 E。②高钾血症可导致代谢性酸中毒,低钾血症可导致代谢性碱中毒,故不答 AB。高钾血症可使肾远曲小管泌氢减少,泌钾增加;低钾血症可使肾远曲小管泌氢增加,泌钾减少,故不答 CD。

26. ABCDE　①维持机体酸碱平衡的 3 大要素为:pH、HCO_3^- 和 $PaCO_2$。要维持 pH 在正常范围内(7.35～7.45),就必须保持 HCO_3^-/H_2CO_3=20:1。机体通过肺呼出 CO_2 调节[H_2CO_3],通过肾调节[HCO_3^-]。②代谢性酸中毒是指[HCO_3^-]原发性减少所致的酸碱平衡失调,血清 pH 常降低。为了维持 pH 在正常范围,机体就必须使 HCO_3^-/H_2CO_3 维持 20:1,为使[H_2CO_3]降低,只有呼吸加深加快,才能使 CO_2 排出增多,减少体内 H_2CO_3 浓度(C)。

27. ABCDE ①代谢性酸中毒是指[HCO_3^-]原发性减少所致的酸碱平衡失调,血清 pH 常减低。患者最突出的表现是呼吸深而快(B 错)。呼气中可有酮味。②症状轻者,只要消除病因,适当补充液体,酸中毒可自行调节达到正常水平,不必使用碱性药物。

28. ABCDE 幽门梗阻患者反复呕吐,胃酸丢失,易造成低钾低氯性代谢性碱中毒。

29. ABCDE ①频繁呕吐可造成大量胃酸丢失,将导致低钾低氯性代谢性碱中毒(D 错)。②休克时,体内大量代谢性酸性产物堆积,可造成代谢性酸中毒。急性肾衰竭少尿期常导致代谢性酸中毒。肠瘘、腹泻可造成大量 HCO_3^- 丢失,导致代谢性酸中毒。

30. ABCDE 在酸中毒时,离子化的 Ca^{2+} 增多,故即使病人有低钙血症,也可以不出现手足抽搐。但在酸中毒纠正后,离子化的 Ca^{2+} 减少,便会发生手足抽搐,应及时补钙以控制症状。

31. ABCDE 32. ABCDE ①短期内输入库存血 5000ml,属大量输血,库血中的抗凝剂枸橼酸钠可在肝脏转化为 $NaHCO_3$,后者解离为 HCO_3^-,致血中[HCO_3^-]升高,导致代谢性碱中毒(B)。不要错误地认为:大量输库存血引起血钾升高而发生代谢性酸中毒。②幽门梗阻患者常发生频繁呕吐,导致大量胃酸(HCl)丢失,因此容易发生低氯低钾性代谢性碱中毒(B)。

33. ABCDE 持续胃肠减压造成大量胃酸(HCl)丢失,引起低钾、低氯性碱中毒(C)。

34. ABCDE 患者 $Na^+<135mmol/L$,应诊断为低渗性缺水。患者血 $K^+<3.5mmol/L$,应诊断为低钾血症。患者血压仅 80/60mmHg,说明大量体液丧失,因此首要处理措施应是补充血容量。随着血容量的恢复,水、电解质紊乱一般可以自行纠正(E)。

35. ABCDE 休克是指有效循环血量减少,导致组织血流灌注不足,所引起的细胞代谢紊乱和功能受损的综合征。因此休克的本质是有效循环血量的减少导致的氧供给不足和需求增加,并非血压下降(A 错)。休克早期,交感神经兴奋,不重要脏器(如胃肠肾等)的血管收缩,重要器官(如脑、冠状动脉)的血管收缩不明显,以保证重要脏器的血液供应。肾血管收缩,肾血流量减少,肾小球滤过率锐减。休克抑制期,毛细血管前括约肌舒张,后括约肌仍处于收缩状态,因此毛细血管容量增大。

36. ABCDE 休克时交感神经兴奋,儿茶酚胺大量释放,导致不重要的脏器(如皮肤、胃肠道、肾、肝、肺等)血管收缩,重要脏器(心、脑、冠状动脉)血管收缩不明显,以保证重要脏器的血液供应。答案为 B。

37. ABCDE 休克的本质是组织灌注不足和细胞缺氧导致的酸中毒,因此纠正休克并酸中毒的关键措施是补充血容量,改善组织灌注不足。

38. ABCDE ①本例患者有外伤性脾破裂病史,血压低(86/60mmHg)、心率快(120 次/分)、尿量少(<30ml/h),可诊断为失血性休克。②休克分为轻、中、重三度。轻度休克:脉搏<100 次/分,收缩压正常或稍增高,舒张压增高,脉压缩小;中度休克:脉搏 100~200 次/分,收缩压 90~70mmHg,脉压缩小;重度休克:脉搏细弱或摸不清,收缩压<70mmHg 或测不到。本例收缩压 86mmHg,属于中度休克(C)。

39. ABCDE 休克的一般监测项目有 5 项:精神状态、皮肤温度色泽、血压、脉率、尿量。中心静脉压是休克的特殊监测项目。

40. ABCDE 尿量是休克时反映肾血液灌注情况的有效指标。尿量<25ml/h 提示肾血管收缩和供血不足;当尿量维持在 30ml/h 以上时,提示休克已纠正(B)。

41. ABCDE ①患者腹部闭合性损伤,血压<90/60mmHg,意识模糊,面色苍白,四肢厥冷,应考虑重度休克。②患者腹部移动性浊音阳性,说明腹腔内出血>1000ml;患者尿少,说明血容量不足,应诊断为低血容量性休克(E)。ABC 显然不是正确答案。患者虽有腹膜刺激征,但病程仅 8 小时,不可能为感染性休克,故不答 D。

42. ABCDE 休克的主要发病机制是有效循环血量锐减,组织血液灌注不足。若过早使用血管收缩剂,将使微循环收缩,加重组织缺血缺氧(D 错)。ABCE 均正确。

43. ABCDE 治疗休克,使用血管扩张剂前必需补足血容量,否则会因周围血管扩张,回心血量减少,心排量减少,而加重组织缺血缺氧。

44. ABCDE ①多巴胺是治疗休克时最常用的血管收缩剂,具有兴奋 α、β_1 和多巴胺受体的作用。小剂量的多巴胺(<10μg/min·kg),可增加心肌收缩力和心排出量,扩张肾脏及胃肠道血管。故对休克病人,尤其合并肾功能不全者,应首选多巴胺。②休克早期,微循环处于收缩状态,临床上较少使用血管收缩剂(如去甲肾上腺素、肾上腺素、新福林等)。异丙肾上腺素为 β 受体兴奋剂,可增加心肌收缩力、加快心率,且易导致心律失常,更应慎用。

45. ABCDE 感染性休克患者经补液纠酸治疗后,血压仍未好转表明血压仍降低,而中心静脉压增高(正常值 5~10cmH_2O),提示心功能不全或血容量相对过多。题干已经给出"无心衰现象",表明患者为血容量相对过多,故治疗原则为舒张血管(A)。

46. ABCDE 47. ABCDE 中心静脉压(CVP)正常值为 5~10cmH_2O。①CVP 为 5cmH_2O,血压 80/65mmHg,即 CVP 正常,血压降低,提示心功能不全或血容量不足,应行补液试验:0.9% NaCl 溶液 250ml,于 5~10 分钟内静脉注入,如血压升高而 CVP 不变,提示血容量不足;如血压不变而 CVP 升高,提示心功能不全。②CVP 为 20cmH_2O,血压 120/80mmHg,即 CVP 升高,血压正常,提示容量血管过度收缩,应行扩管治疗。

48. ABCDE ①患者双下肢砸伤,脉率增快,血压 113/64mmHg,应诊断为休克代偿期,应快速输入平衡盐溶液行扩容治疗(A)。②只有在输入平衡盐溶液后仍不能维持血压时,才考虑输血、输血浆代用品,故不答 BD。休克早期不宜使用升压药物,以免加重组织缺血缺氧。葡萄糖溶液主要作用为提供能量,而不是扩容,故不答 E。

49. ABCDE ①尿量是反映肾脏血流灌注情况最简单可靠的指标。若尿量减少,血压(BP)和中心静脉压(CVP)均正常,提示急性肾衰竭可能。②A 提示血容量严重不足。B 提示心功能不全或血容量相对过多。D 提示血容量不足。E 提示心功能不全或血容量不足。

50. ABCDE D 为暖休克的特点,ABCE 均属于冷休克的特点。

51. ABCDE 感染性休克的重要治疗措施是补充血容量,首先以输注平衡盐溶液为主,再配合适当的胶体液、血浆或全血,以恢复足够循环血量。

52. ABCDE ABCDE 均属于心源性休克的病因,但临床上以急性心肌梗死最常见。

53. ABCDE ①患者肌注青霉素后迅速出现面色苍白,神志不清,血压降低,应考虑青霉素过敏所致的过敏性休克。抢救过敏性休克时首选肾上腺素,而糖皮质激素为次选药物。因为肾上腺素能通过 β 受体效应使支气管痉挛快速舒张,通过 α 受体效应使外周小血管收缩,还能对抗部分Ⅰ型变态反应的介质释放。②抢救过敏性休克时,应保持呼吸道通畅,吸氧,平卧等。若呼吸骤停,可行人工呼吸急救。静脉滴注平衡盐溶液为一般性治疗措施。

54. ABCDE 55. ABCDE 属择期手术的是甲状腺腺瘤切除术;属限期手术的是胃癌根治术;属于急诊手术的是嵌顿疝还纳修补术、脾破裂行脾切除术、十二指肠溃疡穿孔修补术。

56. ABCDE ①直肠癌根治术属于较大手术,术前可常规备血 800ml。BC 为结肠癌常规的术前肠道准备。对于二度Ⅱ型房室传导阻滞,可安装临时心脏起搏器,以免术中术后发生意外。②直肠癌的术前准备不包括抗肿瘤药物灌肠,故答案为 E。

57. ABCDE ①结肠癌患者术前应常规进行肠道准备,目的是减少肠道内积粪和细菌数量,从而降低术后感染和吻合口漏的发生率。其具体措施是:术前 2 日开始进流质饮食,术前 2~3 天开始口服肠道抗生素和泻剂,术前 1 日及手术当天清晨行清洁灌肠或结肠清洗。②抗肿瘤药物灌肠无意义,不是常规肠道准备的要求。

58. ABCDE 结肠癌常规术前准备是在术前 2 日开始进流质饮食,并不是半流质饮食(A 错)。

59. ABCDE 幽门梗阻多伴呕吐，易导致低钾低氯性碱中毒，因此术前应及时纠正水电解质失衡。禁食、胃肠减压和温盐水洗胃可使胃壁水肿减轻，降低术后吻合口瘘的发生率。幽门梗阻患者无全身感染，术前准备无须应用广谱抗生素。只有结、直肠手术的病人，术前进行肠道准备时，才常规口服抗生素。

60. ABCDE 术前准备时，高血压患者应继续服用降压药，以避免戒断综合征。病人血压在160/100mmHg以下，可不做特殊准备（D对）。血压>180/100mmHg，需选用合适降压药，使血压平稳在一定水平，但不要求降至正常后才做手术。对原有高血压病史，进入手术室血压急骤升高者，应与麻醉师共同处理，根据病情和手术性质，抉择实施或延期手术。

61. ABCDE 对于糖尿病病人，术前将血糖控制在轻度升高状态（5.6~11.2mmol/L）较为合适，此时尿糖（+）~（++）。这样既不因胰岛素使用过多发生低血糖，也不因胰岛素使用过少发生酸中毒。因此术前并不要求必须将血糖降到正常。ABCD均是正确的术前准备方法。

62. ABCDE ①下腹部、会阴部手术于术后6~7日拆线（D）。②胸部、上腹部、背部、臀部手术于术后7~9日拆线。头面颈部手术于术后4~5日拆线。四肢手术于术后10~12日拆线。

63. ABCDE 术后胃肠减压管宜在胃肠功能恢复，肛门排气后拔除。

64. ABCDE 拔管时间乳胶片在术后1~2天，烟卷引流3天内，T型管14天，胃肠减压管在肛门排气后。

65. ABCDE 66. ABCDE 术后应根据麻醉方式、病人情况和疾病性质选择不同的体位，胸部手术后应采用高半坐位，便于病人呼吸和引流；腹部手术后应采用低半坐位，以减小腹壁张力。

67. ABCDE 伤口可分为清洁伤口、污染伤口和感染伤口三类。甲状腺手术为无菌手术，其切口为无菌切口，属于清洁伤口。胃大部切除、胆囊切除术，术中胃液或胆汁可能污染腹腔，其切口为可能污染伤口。胸部刀割伤、头面部撞伤均为污染伤口。

68. ABCDE 胆囊切除术的切口为可能污染切口（Ⅱ），术后切口无红肿硬结，应属于甲级愈合，故答C。

69. ABCDE ①患者腹部手术后第5天，诉切口疼痛，切口下端红肿，压痛，挤压有脓性分泌物，应诊断为切口感染积脓，故宜拆开缝线，清创后敞开，放置引流物以利于通畅引流（E）。②清创后不能立即再次缝合，以免脓液、渗液积聚，故不答AB。皮肤缝线必需拆开，否则不能通畅引流，故不答CD。

70. ABCDE ①发热是术后最常见的症状，术后发热并不一定都是感染所致。非感染性发热通常比感染性发热来得早。本例为直肠癌根治术后第1天，突发寒战高热，体温达39℃，最可能为非感染性因素所致的发热，如输液反应（D）。②伤口感染多发生于术后3~5天，且刚开始时多为低热。术后肺炎多由革兰阴性杆菌引起，多于术后3天发病。腹腔感染、盆腔感染一般发生较晚，不会于术后第1天出现。

71. ABCDE 术后用腹带紧紧固定上腹部切口将限制胸廓的舒张与收缩，影响呼吸，易导致肺部感染。因此是不恰当的。咳嗽、咳痰可促进肺内痰液及时排出，以免引起肺部感染和肺不张。术前锻炼深呼吸可改善呼吸功能。术中防止呕吐不仅可以减少窒息发生的可能性，而且可大大降低术后肺炎、肺不张的发生率。为使患者呼吸道分泌物减少，术前应禁烟2周。

72. ABCDE 骨盆骨折易导致尿道损伤，引起尿潴留，最佳治疗方法是留置导尿管，若导尿管不能插入，则行耻骨上膀胱穿刺造瘘。

73. ABCDE 74. ABCDE 75. ABCDE 76. ABCDE ①转移性右下腹痛是急性阑尾炎的典型临床表现，故答B。ACDE均不会出现转移性右下腹痛的典型症状。②胃肠道手术的术前准备不包括低压灌注，除非结肠癌手术可行清洁灌肠（E）。③切口感染是阑尾切除术后最常见并发症，阑尾切除术后发热，切口红肿、疼痛，应首先考虑切口感染（B）。④化脓性感染伤口的处理应立即拆开缝线，敞开切口，彻底清创后放置引流条，以充分引流，不能一期缝合，否则脓液引流不畅（C）。

77. ABCDE 创伤后机体处于应激状态，儿茶酚胺、糖皮质激素释放增加，脂肪和蛋白质分解加速，糖异生活跃。

78. ABCDE ①人体热卡基本需要量（REE）为20~25kcal/kg。本例REE=25kcal/kg×60kg=1500kcal。②择期手术REE增加约10%，故患者每日热卡总需要量=1500+150=1650kcal。

79. ABCDE　80. ABCDE　81. ABCDE　①氮平衡=摄入氮-排出氮。若氮的摄入量大于排出量,为正氮平衡,表现机体合成代谢大于分解代谢。若氮的摄入量小于排出量,为负氮平衡,表现机体分解代谢大于合成代谢。因此,氮平衡试验是评价机体蛋白质代谢状况可靠指标(B)。②血浆蛋白是反映机体蛋白质营养状况、疾病严重程度、预测手术风险程度的常用指标(C)。③总淋巴细胞计数是评价细胞免疫功能的简易方法(E)。④体重指数是反映蛋白质热能营养不良、肥胖症的可靠指标。三头肌皮皱厚度(TSF)是间接反映人体脂肪储备的指标。

82. ABCDE　肠外营养液的组成包括葡萄糖、脂肪乳剂、氨基酸、电解质、维生素、微量元素等,不应加入抗生素。抗生素应另外建立输入通道滴入。

83. ABCDE　①胆囊造瘘术是比胆囊切除术还小的小手术,当然不需要施行完全胃肠外营养(TPN)。②短肠综合征的病人因小肠过短,吸收面积锐减致吸收不良。溃疡性结肠炎长期腹泻、癌肿化疗后严重呕吐都可导致营养吸收障碍,坏死性胰腺炎患者需长时间禁食,均需施行 TPN 治疗,以保证患者的营养供给。

84. ABCDE　临床上常经头静脉或贵要静脉插入中心静脉导管(PICC),行肠外营养支持治疗。

85. ABCDE　86. ABCDE　87. ABCDE　88. ABCDE　①肠外营养的技术性并发症多为深静脉置管时穿刺不当所致,如气胸、空气栓塞、血管损伤、神经或胸导管损伤等。其中气胸为最常见并发症;空气栓塞为最严重并发症,其死亡率较高。②肠内营养最严重的并发症是吸入性肺炎,常见于幼儿、老年人、意识障碍者(E)。③实施肠内营养以胃肠道并发症最常见,如腹胀腹泻、恶心呕吐、肠痉挛等(D)。④肝脏损害为长期肠外营养的并发症。

89. ABCDE　90. ABCDE　①患者暴饮暴食后上腹剧痛 1 天,全腹肌紧张,压痛和反跳痛,血清淀粉酶 180U/L,应考虑急性胰腺炎。患者双侧腰肋部皮下瘀斑,应诊断为急性重症胰腺炎。禁食和胃肠减压可使胃酸分泌减少,促胰液素分泌减少,胰液分泌减少,使胰腺得到休息,有利于胰腺修复,因此禁食和胃肠减压是急性胰腺炎的基本治疗。重症胰腺炎患者禁食时间长达 1 个月以上,对于这种禁食时间超过 2 周的病人,行肠外营养时,一般宜选用中心静脉输注,而不是以外周静脉为主,外周静脉适用于肠外营养不超过 2 周者(A 错)。谷氨酰胺是小肠黏膜细胞的主要能源物质,可为合成代谢提供底物,因此在肠外营养液中加入谷氨酰胺,可以促进肠黏膜细胞增生,保护肠黏膜屏障(B 对)。从生理角度来说,将各种营养素在体外先混合后再输入的方法最为合理,此为全营养混合液(C 错)。肠外营养液中,作为氮源的营养素是氨基酸,而不是白蛋白(D 错)。在肠外营养液中,不能加入抗生素、生长激素等其他药物,若需使用,需另外开放静脉通道加药(E 错)。②重症胰腺炎的病人,早期营养支持以肠外营养为主,一旦肠功能恢复,应尽早转为全肠内营养,但注意逐步进行(B)。9 版外科学未讲述,请参阅 7 版《黄家驷外科学》P1837。

91. ABCDE　肠内营养制剂分四型:①非要素型:适合于胃肠道功能较好的病人;②要素型:适合于胃肠道功能部分受损的病人,如短肠综合征、胰腺炎患者;③组件型:适合病人的特殊营养需要;④疾病专用型:专病专用。

92. ABCDE　①临床上,凡胃肠道功能正常,或存在部分功能者,营养支持时应首选肠内营养,这样比较符合生理。对于昏迷不能进食的患者,给予管饲,可避免误吸导致吸入性肺炎。结肠手术前准备和术后处理采用要素饮食可减少粪便残渣,以利于肠道清洁。对于给予肠内营养无法满足营养需求的患者,可给予胃肠外营养。②营养支持途径的选择主要取决于患者胃肠道功能是否正常,如全髋置换术为骨科大手术,但患者胃肠功能正常,术后可给予肠内营养,故 E 错。

93. ABCDE　特异性感染是指一种感染性疾病由特定的病菌引起,特定的病菌只引起特定的感染。念珠菌、结核杆菌、破伤风杆菌等引起的感染都属于特异性感染。

94. ABCDE　95. ABCDE　①痈好发于皮肤较厚的项部和背部(D)。②丹毒好发于下肢和面部(B)。2018 年真题。

96. ABCDE 97. ABCDE ①发生在危险三角(鼻根及两侧上唇角之间)的唇痈,致病菌可经内眦静脉、眼静脉进入颅内海绵状静脉窦,引起化脓性海绵状静脉炎,表现为颜面部进行性肿胀,寒战高热、头痛、呕吐、昏迷等,病情严重,死亡率很高。结合病史及临床表现,本例应诊断为唇痈并发化脓性海绵状静脉窦炎(E)。蜂窝织炎常表现为皮下组织的弥漫性急性感染,极少发生于唇部。唇痈不会出现如此严重的全身中毒症状,且不会出现头痛。唇静脉瘤、唇部肿瘤与题干所述无关,故不答 CD。②唇痈位于危险三角区,三角区内的静脉与颅内海绵窦相通,且其静脉瓣功能不全,因此病原菌很容易经内眦静脉造成颅内感染。故唇痈治疗时,应早期联合静滴抗生素、减少说话和咀嚼动作、局部用3%过氧化氢溶液湿敷,严禁挤压、挑刺及切开引流,以防感染扩散。待局部炎症得到控制,并已形成明显的皮下脓肿而久不破溃时,才考虑在脓肿的表面中心、皮肤变薄的区域作保守性切开并引流脓液。

98. ABCDE 痈好发于背部、颈项部,多合并糖尿病。患者背部皮肤红肿,有多个脓点,外周血白细胞计数增高,应诊断为背痈。切开引流时,需做"+"或""++""切口,切口线应达到病变边沿健康组织(E错),深度须达到痈的基底部(深筋膜层)。清除已化脓和尚未化脓,但已失活的组织。术后每天更换敷料一次,注意创面抗感染。2020 年真题。

99. ABCDE 颌下急性蜂窝织炎进展迅速,当感染波及咽喉、颈部时,可导致喉头水肿、窒息死亡。因此,口底及颌下急性蜂窝织炎应及早切开减压,以防喉头水肿,压迫气管。

100. ABCDE ①丹毒是皮肤淋巴管网受乙型溶血性链球菌感染所致的急性非化脓性炎症,好发于下肢,常继发于足趾损伤、足癣等。患者有足癣病史,发热,右小腿片状红斑,腹股沟淋巴结肿大,应诊断为右下肢丹毒,其致病菌以乙型溶血性链球菌多见(A)。②铜绿假单胞菌常引起局部化脓性感染。梭状芽胞杆菌为气性坏疽的致病菌。金葡菌为疖、痈的常见致病菌。表皮葡萄球菌为条件致病菌。

101. ABCDE ①急性丹毒是皮肤淋巴管网的急性炎症,很少有组织坏死或化脓,因此以保守治疗为主,无须清创引流(B)。②气性坏疽和破伤风都是厌氧菌导致的特异性感染,应早期充分敞开伤口引流。急性皮下蜂窝织炎是疏松结缔组织的急性感染,为缓解皮下炎症扩展和减少皮肤坏死,应在病变处切开引流。痈若出现多个脓点时,应及时切开引流。

102. ABCDE 患者右中指末节红肿剧痛,应诊断为脓性指头炎,应及时切开引流,以免感染侵入指骨。手术时选用末节指侧面作纵行切口,切口远侧不超过甲沟的 1/2,近侧不超过指节横纹,切口不应做成鱼口状,以免术后瘢痕形成影响手指感觉。

103. ABCDE ①由于手指末节掌面皮肤与指骨骨膜间有许多纵行的纤维束,将软组织分成许多密闭的小腔隙,故脓性指头炎的手指虽无肿胀,但腔内压力极高,可迅速压迫末节手指滋养血管,导致骨缺血坏死、骨髓炎,因此脓性指头炎患者应当早期切开引流,以免指骨受压坏死和发生骨髓炎(C)。②疖、痈、急性蜂窝织炎一般于脓肿形成后切开引流。丹毒不形成脓肿,无需切开引流。

104. ABCDE 脓性指头炎初发时,可局部理疗,抬高患肢,避免下垂以减轻疼痛。若患指有剧烈疼痛、明显肿胀,需及时切开引流,以免感染侵入指骨引起指骨骨髓炎,不要等到波动感明显时才切开引流。

105. ABCDE 掌中间隙感染时,应纵行切开中指和无名指间的指蹼掌面,切口不应超过手掌远侧横纹,以免损伤掌浅动脉弓。

106. ABCDE ①掌中间隙感染可见掌心肿胀隆起,掌中凹消失。②鱼际间隙感染可见掌中凹存在,示指和拇指微屈、不能伸直,掌背肿胀明显,中指、无名指和小指均屈曲。因此,掌中凹的存在与否,是鉴别掌中间隙感染和鱼际间隙感染的关键所在。

107. ABCDE ①患者右下肢红肿热痛,应诊断为急性非特异性感染。然后再根据脓液特点判断致病菌。金黄色葡萄球菌脓液稠厚,黄色,不臭。β-溶血性链球菌脓液稀薄,淡红色,量多。大肠埃希菌常与厌氧菌混合感染,使脓液稠厚,有粪臭。铜绿假单胞菌脓液淡绿色,甜腥味。变形杆菌脓液有特殊臭味。②根据脓液特点,本例应诊断为 β-溶血性链球菌感染(B)。

108. ABCDE 109. ABCDE ①脓毒症是指病原菌引起的全身性炎症反应,菌血症是指血培养检出病原菌的脓毒症。本例多次细菌培养均阴性，因此应诊断为脓毒症而不是菌血症，答案为 A。患者原发病灶在右大腿中段，而不在肝脏，故不答 B。急性肺炎常表现为咳嗽、咳痰，肺部湿啰音。本例血压 100/75mmHg，未达休克诊断标准（收缩压<90mmHg，脉压<20mmHg），不能诊断为感染性休克。②本例为脓毒症，原发灶右大腿脓肿波动感阳性，表明脓肿已成熟，应积极处理原发灶，行脓肿切开引流，否则大量细菌在体内繁殖，大量毒素吸收，不利于控制脓毒症。输新鲜血液为一般支持治疗措施。糖皮质激素只短期用于感染性休克。在病原菌未明时，应选用广谱抗生素，不应首选针对 G^- 菌的窄谱抗生素。

110. ABCDE ①革兰阴性杆菌的主要毒性是内毒素，虽然大多数抗生素都能杀菌，但对内毒素及其介导的多种炎症介质无效，因此，革兰阴性杆菌所致的脓毒症一般病情严重，可出现三低现象（低温、低白细胞、低血压），感染性休克发生早且持续时间长。革兰阴性杆菌脓毒症可有发热，多为间歇热。②易并发心肌炎、稽留热或弛张热、转移性脓肿和皮疹多见，均为革兰阳性杆菌脓毒症的特点。

111. ABCDE ①患者 10 天前手背烧伤，现出现张口困难，应考虑破伤风。对手背部伤口彻底清创，可从根本上清除破伤风梭菌。静脉注射大剂量破伤风抗毒素（TAT）可中和游离的毒素。白蛋白静脉注射为一般性治疗。水化氯醛保留灌肠可控制痉挛，减少发作。②患者头痛、张口困难为破伤风所致，并不是颅内疾病，因此无需腰穿检查脑脊液。腰穿是有创操作，会诱发破伤风痉挛发作，故严禁腰穿。

112. ABCDE 破伤风是由破伤风梭菌引起的特异性感染，破伤风梭菌可产生大量外毒素（痉挛毒素）和溶血毒素。主要是痉挛毒素产生临床症状和体征，典型症状为肌紧张性收缩（C）。根据外伤史及典型临床表现诊断破伤风并不困难。厌氧菌培养属于特殊培养，阳性率不高，不能作为诊断依据。由于破伤风梭菌是厌氧菌，只有在缺氧的环境中才能生长繁殖，因此，受伤后早期彻底清创、改善局部循环，是预防破伤风发生的关键。注射破伤风抗毒素属于被动免疫，对预防破伤风起一定的作用，但并不是最可靠的方法。

113. ABCDE ①中年男性，右足刺伤 10 天，张口困难，颈强直，频繁抽搐，应诊断为破伤风。破伤风最常见的死因是窒息。对于有窒息危险的病人，应尽早行气管切开，以便改善呼吸，清除呼吸道分泌物。必要时，可进行人工辅助呼吸、高压氧舱治疗等。②协助拍背咳痰、吸痰、吸氧为辅助治疗措施，环甲膜穿刺、气管插管均为急救措施。2018 年真题。

114. ABCDE ①气性坏疽是由厌氧菌引起的特异性感染，因此受伤后早期切开、彻底清创引流是防治气性坏疽的关键（D）。②动脉瘤严禁切开引流。寒性脓肿一般不宜切开引流，否则将导致窦道长期不愈合。急性蜂窝织炎、痈早期尚未形成脓肿，可行抗感染治疗，无需切开引流。

115. ABCDE ①气性坏疽为厌氧菌感染所致，因此预防气性坏疽的关键措施是彻底清创，消灭伤口的厌氧环境。②注射破伤风抗毒素是预防破伤风的措施，并不能预防气性坏疽。BCD 都是气性坏疽的一般性治疗措施。2018 年真题。

116. ABCDE 不需使用抗生素的炎性疾病肯定是病情最轻的疾病，那就是毛囊炎（A）。不是所有的外科感染都需要应用抗生素。化脓性感染中，仅严重的感染要使用抗生素，一些表浅、局限的感染，如毛囊炎、疖、伤口表面感染等都不需使用抗生素。BCDE 均要使用抗生素预防感染。

117. ABCDE 根据伤后皮肤是否完整，将创伤分为闭合伤和开放伤。闭合伤是指皮肤保持完整无开放性伤口者，如挫伤、挤压伤、扭伤、震荡伤等。直肠破裂患者皮肤完整，故属于闭合伤。开放伤指皮肤破损者，如擦伤、撕裂伤、切割伤、砍伤、刺伤、火器伤等。

118. ABCDE 影响伤口愈合的因素包括局部因素和全身因素。ABCDE 都属于局部因素，其中伤口感染是最常见的局部因素（C）。细菌感染可损害细胞和基质，导致局部炎症不易消退，甚至形成化脓性病灶，这些均不利于组织修复和创伤愈合。

119. ABCDE 在所给的 ABCDE 五个选项中，当然呼吸骤停最需要紧急处理，送分题。

120. ABCDE ①使用止血带时，应每隔 1 小时放松 1～2 分钟，且使用时间一般不应超过 4 小时（A 对 B

错)。②在紧急情况下,可使用橡皮管、三角巾、绷带等代替止血带,但禁用细绳索、电线等充当止血带。③止血带一般用于四肢大出血的止血,止血带的位置应靠近伤口的最近端(减小缺血组织范围),并不是伤口的上一个关节处。④松开止血带时,伤口局部应加压,以免活动性出血。2018 年真题。

121. ABCDE ①清创时,污染严重的伤口应以 3%过氧化氢溶液、生理盐水反复冲洗伤口,然后切除失活的组织,清除血肿、血凝块和异物。可沿原伤口切除创缘皮肤 1~2mm,必要时扩大创口。②对于伤后 6~8 小时以内的伤口,若污染不严重,清创后可一期缝合;若受伤时间已超过 8~12 小时,但尚未发生明显感染,可二期缝合;若污染严重则只能清创不能缝合(D 错)。③根据创口情况,决定缝合前是否放置皮片引流。

122. ABCDE 患者受伤时间已超过 6~8 小时,且伤口已有感染征象,严禁一期缝合,可清理伤口后换药。

123. ABCDE 按伤情不同,创伤可分为轻、中、重三类。①轻伤:是指局部软组织伤,暂时失去作业能力,但仍可坚持工作,无生命危险。②中等伤:主要是广泛软组织伤、上下肢开放骨折、肢体挤压伤、机械性呼吸道阻塞、创伤性截肢、一般的腹腔脏器伤等,丧失作业能力和生活能力,需手术治疗,但无生命危险。③重伤:是指危及生命或治愈后有严重残疾者。可见 ABCD 均属于中等伤,E 属于重伤。

124. ABCDE ①患者为火器伤,应行清创后开放引流+延期缝合,不能一期缝合伤口,否则会招致严重感染(A 对 E 错)。②加压包扎止血、固定为现场急救措施,而本例为院内处理,故不答 BD。火器伤患者伤口污染严重,需彻底清创,延期缝合,而不能只行简单的"清洗伤口包扎",故不答 C。

125. ABCDE 126. ABCDE 127. ABCDE 128. ABCDE

①烧伤按三度四分法分为Ⅰ度、浅Ⅱ度、深Ⅱ度和Ⅲ度烧伤。Ⅰ度烧伤仅伤及表皮浅层,生发层健在(A)。②深Ⅱ度烧伤伤及真皮乳头层以下,但仍残留部分网状层,深浅不尽一致,可有水疱,但去除水疱后创面湿润,红白相间,痛觉较迟钝(C)。③Ⅲ度烧伤伤及皮肤全层,可深达肌肉甚至骨骼、内脏器官等,创面蜡白或焦黄,甚至炭化。创面可见脂肪组织,说明皮肤全层受累,应为Ⅲ度烧伤(D)。④Ⅱ度烧伤均可出现水疱,有大水疱为浅Ⅱ度烧伤的特点,有小水疱为深Ⅱ度烧伤的特点(B)。

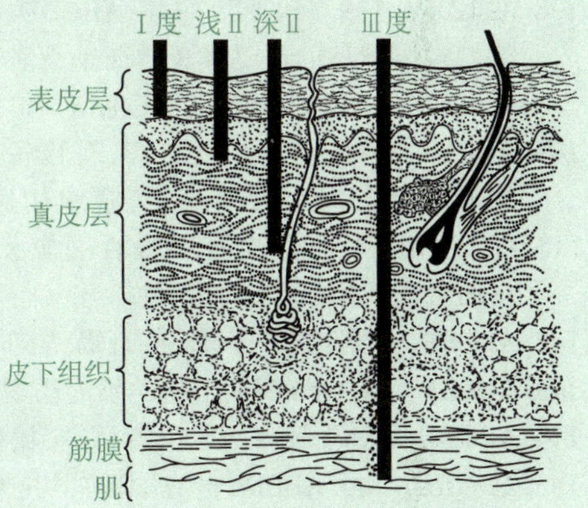

热烧伤深度分度示意图

129. ABCDE 浅Ⅱ度烧伤达真皮浅层(表皮生发层、真皮乳头层),深Ⅱ度烧伤达真皮深层(C)。Ⅲ度烧伤达皮肤全层。

130. ABCDE 深Ⅱ度烧伤伤及真皮乳头层以下,但仍有皮肤附件残留,可出现小水疱(大水疱是浅Ⅱ度烧伤的特点)。深Ⅱ度烧伤创面微湿、红白相间,痛觉较迟钝,愈合需时 3~4 周,愈合后常有瘢痕增生。

131. ABCDE ①患者烧伤创面有水疱,应考虑浅Ⅱ度或深Ⅱ度烧伤。患者创面剧痛,提示为浅Ⅱ度,而不是深Ⅱ度烧伤,因为深Ⅱ度烧伤患者痛觉迟钝,故不答 B、D。②患者右足和右小腿烫伤,其烫伤面积=右足(3.5%)+右小腿(6.5%)= 10%,故答 C。

132. ABCDE ①烧伤病人急救时,应迅速脱离热源,用凉水浸泡或冲淋伤口,降低局部温度。②保护受伤部位,剪去伤处衣袜,用清洁被单覆盖,或行简单包扎后送医院处理。③使用镇静止痛剂,减轻病人痛苦。④应保持呼吸道通畅,尤其是呼吸道灼伤者,应及时行气管切开,不要等到呼吸困难明显时才行气管切开,给予吸氧(D 错)。⑤对于严重复合伤患者,应遵循抢救生命第一的原则,优先处理致命伤。

133. ABCDE ①烧伤早期由于体液大量渗出和血流动力学变化,极易发生低血容量性休克。因此体液疗法是防治休克的主要措施。由于休克的本质就是有效循环血量的锐减,所以休克的救治原则是首先补充血容量。②镇静止痛为烧伤的对症治疗;营养支持、增强免疫为支持治疗,都不是烧伤病人的急救措施。③创面处理、控制感染都是烧伤感染期治疗的关键,多在伤后 2~3 周进行,并非 24 小时内。

134. ABCDE　小儿每1%烧伤面积每公斤体重额外丢失量为2.0ml。本例10%烧伤面积，体重10kg，额外丢失量=2.0×10×10=200ml(C)。

135. ABCDE　①患者烧伤面积约为手掌大小，提示烧伤面积约1%。患者烧伤创面有大小不一的水疱，应考虑Ⅱ度烧伤。故本例应诊断为小面积Ⅱ度烧伤，其创面处理原则为：如水疱皮完整，应予保存，只需抽出水疱液，消毒包扎；若水疱皮已撕脱，则用无菌油性敷料包扎；若创面已感染，则应勤换敷料，清除脓性分泌物，保持创面清洁。本例水疱无破裂，创面无污染，故答E。②烧伤患者可给予止痛药口服或肌肉注射，而不是局部封闭，故不答A。烧伤后可给予破伤风抗毒素而不是类毒素，故不答B。

136. ABCDE　①伤员的烧伤面积=面部3%+双上肢18%+躯干前13%+会阴1%=35%。②第一个24小时，每1%烧伤面积(Ⅱ度、Ⅲ度)每公斤体重应补液1.5ml，另加5%葡萄糖溶液补充水分2000ml。因此伤后第1个24小时总补液量=1.5×35×65+2000=5412ml。伤后8小时应输入其1/2，即2700ml(D)。

137. ABCDE　电烧伤是指电流通过人体所引起的烧伤，有时皮肤局部的电烧伤较轻微，但全身性电损伤却较重，严重者可引起电休克、室颤或呼吸心跳骤停。交流电对心脏损害较大。电流通过人体有"入口"和"出口"，一般入口处较出口处重。入口处常炭化，形成裂口或洞穴，烧伤常深达肌肉、肌腱、骨周(均为三度烧伤)，损伤范围外小内大。早期从外表很难确定损伤范围和深度，但由于邻近血管的损害，经常出现进行性坏死，伤后坏死范围可扩大数倍(E错)。

138. ABCDE　139. ABCDE　140. ABCDE　①颅内压增高最常见的症状是头痛，呈进行性加重(A)。②颅内压增高的重要客观体征是视乳头水肿(C)。③颅内压增高的典型表现是头痛、呕吐、视乳头水肿，称为颅内压增高的"三主征"(E)。

141. ABCDE　①急性颅内压增高，有脑疝征象时应行脱水治疗，首选20%甘露醇快速静脉滴注。甘露醇为渗透性脱水剂，性质稳定，脱水作用强，反跳现象轻，是目前应用最广泛的渗透性脱水剂(B)。②25%山梨醇静脉注射、50%甘油盐水口服，可以选用，但效果较差。50%葡萄糖溶液现已少用。糖皮质激素偶用于减轻脑水肿。

142. ABCDE　腰穿禁忌证：休克、衰竭、局部皮肤感染、颅后窝占位性病变。ABCD都不是腰穿的禁忌证。

143. ABCDE　占位性病变引起的颅内压增高时，若无手术禁忌证，应首先考虑切除病变，进行病因治疗。

144. ABCDE　对于颅内高压患者，腰穿放脑脊液易诱发脑疝，严禁施行(D)。

145. ABCDE　146. ABCDE　①小脑幕切迹疝也称颞叶疝，故答C。②枕骨大孔疝也称小脑扁桃体疝，故答E。

147. ABCDE　148. ABCDE　149. ABCDE　150. ABCDE　①小脑幕切迹疝早期由于患侧动眼神经受刺激可导致患侧瞳孔缩小(A)。随着病情进展，患侧动眼神经麻痹，患侧瞳孔逐渐散大(C)。晚期，脑疝进行性恶化，影响脑干血供时，由于脑干内动眼神经核功能丧失，可致双侧瞳孔散大(E)。②枕骨大孔疝患者因脑干受压缺氧，双侧瞳孔可忽大忽小(D)。

151. ABCDE　①枕骨大孔疝由于延髓呼吸中枢受压，病人可早期突发呼吸骤停而死亡；小脑幕切迹疝呼吸骤停发生较晚，此为两者的鉴别要点之一(D)。②枕骨大孔疝和小脑幕切迹疝均可有颅内压增高，因此均可出现剧烈头痛、频繁呕吐、视乳头水肿，两者均可有意识障碍，故不答ABCE。

152. ABCDE　①颞叶钩回疝也称小脑幕切迹疝，在病变早期，由于动眼神经受刺激导致患侧瞳孔缩小。随着病情进展，动眼神经麻痹，可出现患侧瞳孔逐渐散大。因此患侧瞳孔由缩小→逐渐扩大，为颞叶钩回疝的特点(A)。②双侧瞳孔大小多变为枕骨大孔疝的特点。

153. ABCDE　患侧瞳孔逐渐散大是小脑幕切迹疝的临床表现，枕骨大孔疝常表现为双侧瞳孔忽大忽小(C)。ABDE均属于枕骨大孔疝的常见表现。

154. ABCDE　①患儿剧烈头痛、反复呕吐，应考虑颅内高压。患儿颈项强直，突然呼吸停止，心跳存在，应考虑为枕骨大孔疝。早期呼吸骤停是枕骨大孔疝的临床特点。②垂体腺瘤、急性脑水肿、急性脑膜炎均不会导致呼吸骤停。小脑幕切迹疝常表现患侧瞳孔散大，而呼吸骤停发生较晚，故不答E。

155. ABCDE ①颅内血肿可导致颅内压增高，表现为颅内压增高的三主征，即剧烈头痛、恶心呕吐、视乳头水肿；还可出现 Cushing 反应，即血压升高、心率缓慢、脉压增大、呼吸减慢等。当颅内压增高达一定程度时，可发生脑疝，表现为双侧瞳孔不等大。②颅内压增高不会引起尿量增多(D)，尿量增多常见于下丘脑受损。平时临床上我们见到的颅内压增高患者出现的尿量增多为甘露醇脱水的结果。

156. ABCDE 157. ABCDE 158. ABCDE ①患者脑外伤后昏迷，右侧瞳孔散大，左侧偏瘫，应诊断为右侧颞叶血肿合并小脑幕切迹疝，急救处理应立即给予 20%甘露醇快速静滴，以降低颅内压，为急诊手术做准备(B)。②诊断颅内血肿当然首选头颅 CT(D)。③颅内血肿合并脑疝的根本治疗措施当然是开颅血肿清除术(C)。

159. ABCDE 巨大帽状腱膜下血肿应在严格皮肤准备和消毒下穿刺抽吸，然后加压包扎(D)。对已感染的血肿，需切开引流。此为 9 版《外科学》P185 观点，与 7 版《外科学》观点相反。

160. ABCDE 161. ABCDE 162. ABCDE 163. ABCDE 164. ABCDE 165. ABCDE 166. ABCDE 167. ABCDE ①颅盖骨线形骨折发生率较高，主要依靠颅骨 X 线片和 CT 确诊，由于 CT 检查昂贵，故首选颅骨 X 线片(A)。②与颅盖骨折不同，颅底骨折的诊断主要依靠临床表现，因为头颅 X 线平片、CT、MRI、脑血管造影对颅底骨折的诊断价值有限(B)。临床上若发现脑脊液鼻漏、耳漏即可确诊颅底骨折。③颅底骨折的定位诊断也是依靠临床表现(B)。若发现熊猫眼征、脑脊液鼻漏，可诊断为颅前窝骨折。若发现脑脊液鼻漏和耳漏，可诊断为颅中窝骨折。若发现 Battle 征，可诊断为颅后窝骨折。④确诊颅内血肿当然首选头颅 CT，可见颅内高密度血肿影(C)。⑤诊断原发性脑干损伤首选头颅 MRI，因为 MRI 的敏感性高于 CT(D)。但应注意，无论 MRI 还是 CT，均不能直接显示受损的轴索。⑥MRI 和 CT 均可用于颅内肿瘤的诊断，但 MRI 无颅骨伪影，还可了解肿瘤与大脑皮质功能之间的关系，应作为颅内肿瘤首选检查(D)。参阅 3 版 8 年制《外科学》P333。⑦确诊颅内血管瘤当然首选脑血管造影(DSA)，对判明血管瘤位置、数目、形态和确定手术方案均具有重要价值(E)。⑧诊断蛛网膜下腔出血首选头颅 CT，准确率 90%以上，参阅 7 版《神经病学》P195。

168. ABCDE 颅骨线形骨折本身无需特殊治疗。若骨折线通过脑膜血管沟或静脉窦，应警惕发生硬膜外血肿的可能。

169. ABCDE 颅骨凹陷骨折需手术复位的指征是凹陷深度>1cm。

170. ABCDE 171. ABCDE ①Battle 征是指颅后窝骨折引起的乳突部皮下淤血斑(D)。②颅前窝骨折引起的眶周青紫，称为熊猫眼征(A)。

172. ABCDE 173. ABCDE 174. ABCDE 颅底骨折分为三类：①颅前窝骨折：熊猫眼、脑脊液鼻漏；②颅中窝骨折：脑脊液鼻漏和耳漏；③颅后窝骨折：Battle 征阳性。颅底骨折的定位诊断，请牢记。

175. ABCDE ①颅前窝骨折出血可经鼻流出，或进入眶内在眼睑和球结膜下形成瘀血斑，称为熊猫眼征。脑膜撕裂者，脑脊液可沿额窦或筛窦再经鼻流出形成脑脊液鼻漏。颅前窝骨折常伴嗅神经损伤，导致失嗅。②Battle 征为颅后窝骨折的临床表现(E)。

176. ABCDE ①Battle 征为颅后窝骨折的特征性临床表现(D)。②脑脊液鼻漏见于颅前窝、颅中窝骨折。失明、失嗅常见于颅前窝骨折。搏动性突眼见于颅底骨折导致的颈内动脉-海绵窦瘘。

177. ABCDE 脑脊液漏提示颅前窝或颅中窝骨折。迟发性乳头部皮下瘀血斑(Battle 征)提示颅后窝骨折。CT 显示视神经管骨折、“熊猫眼”征均提示颅前窝骨折。可见 ABCE 项均可作为颅底骨折的诊断和定位依据，只有单纯鼻出血不能作为其诊断依据。注意：脑脊液鼻漏可作为颅底骨折的诊断依据，两者不要混淆。

178. ABCDE ①颅前窝骨折累及眶顶和筛骨，可有鼻出血、“熊猫眼”征及广泛球结膜下瘀血斑等。若脑膜、骨膜均破裂，则可合并脑脊液鼻漏。根据病史及临床表现，本例应诊断为颅前窝骨折(B)。②颅顶骨凹陷性骨折、鼻骨骨折不会出现脑脊液鼻漏。

179. ABCDE 颅底骨折的脑脊液漏一般于伤后 1~2 周自行愈合。若超过 1 个月仍未停止漏液，应考虑手术修补硬脑膜，以封闭瘘口（E错）。ABCD均正确。

180. ABCDE　181. ABCDE　182. ABCDE　①患者头部外伤后眶周青紫为熊猫眼征，右鼻腔内有淡血性液体流出，为脑脊液鼻漏，应诊断为颅前窝骨折，脑脊液鼻漏（A）。②颅底骨折的诊断及定位主要依据临床表现，而不是CT结果（E）。③颅底骨折合并脑脊液漏为开放性颅脑损伤，需预防颅内感染，保持头高位以利于颅内静脉回流（B）。若脑脊液漏超过1个月仍未停止，则需手术治疗。

183. ABCDE　脑损伤分为两类：①原发性脑损伤：是指外力作用于头部时立即发生的损伤，包括脑震荡、脑挫裂伤、弥漫性轴索损伤；②继发性脑损伤：是指受伤一定时间后出现的脑损害，包括脑水肿、脑肿胀、颅内血肿。

184. ABCDE　由于枕骨内面、小脑幕表面均比较平滑，而颅前窝和颅中窝底凹凸不平，因此，在减速伤中，无论着力部位在枕部还是额部，脑对冲伤均多见于额、颞叶浅部和底面（A）。

185. ABCDE　脑震荡于伤后立即出现短暂的意识丧失，持续约数分钟至十余分钟，一般不超过半小时。

186. ABCDE　187. ABCDE　脑挫裂伤最突出的症状是意识障碍，最常见的症状是头痛、恶心呕吐。
注意：颅内高压最常见的症状是头痛。颅内高压三主征＝头痛+恶心呕吐+视乳头水肿。

188. ABCDE　ABCDE均属于脑干损伤的临床表现，其中去脑强直为严重表现，是脑干损伤的特征性表现。

189. ABCDE　外伤后硬脑膜下血肿分为急性型（<72小时）、亚急性型（3日~3周）、慢性型（>3周）。

190. ABCDE　①患者左颞部外伤史，有典型的中间清醒期，即受伤→昏迷→清醒→再次昏迷，结合CT所见，应确诊为左颞硬脑膜外血肿（A）。②硬脑膜下血肿常表现为伤后立即昏迷，无中间清醒期。左颞骨膜下血肿若无脑损伤，一般不会出现伤后昏迷。左颞帽状腱膜下血肿常表现为巨大头皮血肿，无脑损伤表现。蛛网膜下腔出血的常见病因为颅内动脉瘤，而不是脑外伤，故不答E。

191. ABCDE　①患者有头部外伤史，有典型的中间清醒期，即受伤→昏迷→清醒→再次昏迷，应诊断为急性硬脑膜外血肿。患者右侧瞳孔逐渐散大，左侧肢体瘫痪，说明已有脑疝形成。②脑挫伤、脑内血肿常表现为伤后立即昏迷，且意识障碍进行性加深。脑水肿为脑外伤后的继发性改变，不属于原发性脑损伤，故不答C。患者脑外伤仅5小时，不能诊断为急性硬脑膜下积液。

192. ABCDE　①根据颅脑对冲伤机制，左枕着地应导致右额颞叶受伤，可首先可排除答案项ABCD，答案为E。②患者伤后立即出现进行性意识障碍，无中间清醒期，可诊断为硬脑膜下血肿，而不是硬膜外血肿。患侧瞳孔逐渐散大，说明已有脑疝形成。

193. ABCDE　194. ABCDE　195. ABCDE　①患者头部外伤，有中间清醒期，应诊断为急性硬脑膜外血肿，而不是硬膜下血肿，硬膜下血肿无中间清醒期。脑震荡表现为伤后昏迷，但昏迷时间不超过30分钟，且无再次昏迷。脑挫伤和脑内血肿常表现为伤后立即昏迷，且意识障碍进行性加深。②为确诊急性硬脑膜外血肿，应首选头部CT检查。脑电图主要用于癫痫的诊断。脑血管造影主要用于颅内动脉瘤的诊断。眼底检查主要用于颅内高压的诊断。心电图主要用于心律失常的诊断。③急性硬脑膜外血肿患者双侧瞳孔不等大，说明已有脑疝形成，应以20%甘露醇快速静脉滴注以降低颅内高压，并积极准备开颅手术，清除颅内血肿。ABCD均为一般性治疗措施。

196. ABCDE　神经胶质瘤起源于神经上皮，是颅内最常见的恶性肿瘤，占全部颅内肿瘤的40%~50%。

197. ABCDE　血管性疾病的确诊检查肯定是血管造影，答案为E。

198. ABCDE　199. ABCDE　200. ABCDE　①患者有颅内高压三主征（头痛、呕吐、视乳头水肿），意识障碍，无头部外伤史、急性炎症病史，应诊断为颅内肿瘤。颅脑损伤多有头部外伤史。颅内感染近期多有急性炎症史，血常规示白细胞增高，血沉增快。急性脑疝多有意识障碍，瞳孔改变。椎动脉型颈椎病常表现为猝倒，但改变体位后缓解，不会出现颅内高压三主征。②诊断颅内肿瘤，首选检查是头颅MRI，其分辨率远高于CT，参阅7版《外科学》P270，9版《外科学》已删除该知识点。头颈X线摄片常用于诊断颅盖骨骨折。颅内高压患者严禁行腰椎穿刺，否则易诱发脑疝。脑血管造影常用于诊断颅内血管瘤。③颅内肿瘤首选手术治疗，彻底去除病因。降低颅内高压、药物镇静、吸氧均为辅助治疗措施。患者为颅内肿瘤,不是颅内感染,无需使用抗生素。

201. ABCD 支配甲状腺的神经来自迷走神经的分支。迷走神经行走在气管、食管沟内,发出喉上神经及喉返神经支配甲状腺。①喉上神经内支支配声门裂以上的喉黏膜的感觉,因此损伤后表现为喉部黏膜感觉丧失,进食或饮水时误咽、呛咳(C对)。②喉上神经外支支配环甲肌,损伤后表现为环甲肌瘫痪,引起声带松弛、音调降低。本例声音无改变,可见无喉上神经外支损伤。③喉返神经损伤主要表现为声音嘶哑、呼吸困难等。④交感神经损伤罕见。

202. ABCDE ①单纯性甲状腺肿也称地方性甲状腺肿,是指甲状腺功能正常的甲状腺肿大,其主要病因是原料碘的缺乏,而甲状腺功能仍需维持机体正常需要的情况下,垂体前叶促甲状腺激素分泌增多,促使甲状腺代偿性肿大。②A 见于原发性甲亢。B 见于结节性甲状腺肿。E 见于桥本甲状腺肿。单纯性甲状腺肿患者甲状腺功能和基础代谢率正常,吸^{131}I 率增高,但吸^{131}I 高峰不前移。

203. ABCDE ①地方性甲状腺肿也称单纯性甲状腺肿,其主要病因是环境缺碘(E)。高原、山区土壤中的碘盐被冲洗流失,以致饮水、食物中含碘量不足,可造成地方性甲状腺肿。②遗传因素、精神刺激是原发性甲状腺功能亢进症的病因。碘(海产品)的摄入,可导致地方性甲状腺肿,故不答 B。上呼吸道感染是亚急性甲状腺炎的常见病因。2018 年真题。

204. ABCDE 青春期单纯性甲状腺肿多为甲状腺激素需求量激增所致,可给予小量甲状腺素片,以抑制垂体前叶 TSH 分泌,缓解甲状腺的增生和肿大。不应行抗甲治疗,如口服硫氧嘧啶类药物、^{131}I 治疗、甲状腺大部分切除等,否则将导致甲状腺功能低下。多食营养丰富(不是含碘丰富)食物对本病的治疗无帮助。

205. ABCDE ①甲状腺高功能腺瘤为甲状腺大部切除术的指征(E对)。②青少年原发性甲亢严禁行甲状腺大部切除术,应采用药物治疗。亚急性甲状腺炎、桥本病应口服甲状腺素片治疗。甲状腺乳头状癌应行甲状腺腺叶切除、近全切除或全切除术。

206. ABCDE ①任何甲状腺疾病,只要出现气管压迫,均需手术治疗,否则可能导致窒息,故可首先排除答案 ADE。②妊娠早、中期的甲亢病人,可以手术治疗,并可不终止妊娠。

207. ABCDE ①甲亢的手术指征包括:有压迫症状者(压迫气管、食管、喉返神经)、胸骨后甲状腺肿、合并癌变、中度以上的原发性甲亢、继发性甲亢、高功能腺瘤、妊娠早中期、药物治疗或^{131}I 治疗后复发、不能长期坚持服药者。②青少年甲亢禁忌手术(D),应首选抗甲药物治疗,因为抗甲药物不至于引起持久性甲状腺功能低下,对生长发育影响很小。

208. ABCDE ①甲亢患者术前应常规测定血清 T_3、T_4,以了解甲状腺功能。应做喉镜检查,以了解声带运动情况,以防术中损伤喉返神经。术前应控制心率<90 次/分,基础代谢率<+20%,方可进行手术。②甲亢的术前准备一般不给予糖皮质激素,氢化可的松主要用于术后甲危的治疗(D)。

209. ABCDE 甲亢患者术前给予碘剂的作用在于抑制蛋白水解酶,减少甲状腺球蛋白的分解,从而抑制甲状腺激素的释放,而不是抑制其合成(抑制甲状腺激素合成的是抗甲药物)。此外,碘剂还能减少甲状腺的血流量,使腺体充血减少,因而使甲状腺缩小变硬,有利于手术操作。

210. ABCDE 碘剂只能抑制甲状腺素的释放,并不能抑制 T_3、T_4 的合成,对于不准备行甲状腺大部切除术的患者严禁给予碘剂,否则会导致甲危。

211. ABCDE 甲亢术前准备时,口服碘剂的方法有三种:①直接服用碘剂,每次 3 滴,3 次/日,逐日每次增加 1 滴,至 16 滴,时间共约 2~3 周。甲亢症状基本控制便可手术,该方法适用于基础代谢率不是很高的患者(D对)。②先服用碘剂 2 周,如症状减轻不明显,加用硫脲类药物,待症状基本控制后,停用硫脲类药物,继续服用碘剂 1~2 周,进行手术。③先服硫脲类药物,待症状基本控制后,改服碘剂 1~2 周,进行手术。此方法适用于基础代谢率很高,甲亢症状不易控制的患者。若心率较快,可加用普萘洛尔,术后继续服用普萘洛尔 4~7 天,而不需服用至 2~3 周。

212. ABCDE ACDE 均属于甲状腺大部切除术选择手术时机的参考因素,基础代谢率<+20%是判断能

否手术的决定性因素。因为基础代谢率>+20%而贸然手术，易导致甲状腺危象。

213. ABCDE　214. ABCDE　215. ABCDE　甲状腺大部切术后导致呼吸困难的常见原因有三种：①双侧喉返神经损伤：呼吸困难出现快且进展迅速，常在全麻气管插管拔出后立即出现，即在手术台上或在手术间立即出现（A）。②气管塌陷：呼吸困难一般于术后 1～3 小时出现（B）。③切口内出血：出现呼吸困难相对较晚，多在术后 24～48 小时出现（E）。该知识点请牢记，考过多次。

216. ABCDE　217. ABCDE　①甲状腺大部切除术后发生手足抽搐是因为甲状旁腺损伤导致的低钙血症（B）。②按 9 版《外科学》P229、P230 新观点，甲状腺大部切除术后最严重的并发症是呼吸困难和窒息，严重并发症是甲状腺危象（A 对）。

218. ABCDE　219. ABCDE　220. ABCDE　221. ABCDE　①迷走神经发出喉上神经及喉返神经支配甲状腺。喉上神经分内支和外支，喉返神经分前支和后支。喉返神经支配声带内收肌、声带外展肌及喉肌，当甲状腺手术损伤喉返神经时，可导致患者声音嘶哑（D）。②喉上神经内支支配声门裂以上的喉黏膜的感觉，该支损伤后将导致进食或饮水时呛咳。喉上神经外支支配环甲肌，该支损伤后将导致环甲肌瘫痪，引起声带松弛、音调降低（C）。③甲状腺危象的临床表现归纳为 12 字："上吐下泻，高热大汗，谵妄昏迷"（E）。④甲状腺大部切除术最严重的并发症是切口出血、压迫气管引起窒息，可导致患者在数分钟内死亡。因此术后常规在床边放置气管切开包，以防不测（A）。

222. ABCDE　223. ABCDE　224. ABCDE　①甲状腺次全切除术后 12 小时，突发呼吸困难，最可能为切口创面出血，压迫气管所致（A）。喉返神经损伤常表现为声音嘶哑，喉上神经内支损伤常表现为饮水呛咳，甲状旁腺损伤常表现为手足抽搐，甲状腺危象常表现为高热大汗、谵妄昏迷、上吐下泻。②创面出血压迫气管，属于危急重症，抢救时应争分夺秒，以免患者窒息死亡，可于床旁立即拆除缝线，清理血肿，解除气道梗阻（A）。急诊床边 B 超检查，无益于气管受压患者的急救。急查血钙、静脉注射氯化钙 20ml 均为甲状旁腺损伤的急救措施。在气管梗阻未解除前，吸氧无助于缓解呼吸困难，故不答 E。③创面出血压迫气管，经床边紧急处理后，如呼吸困难未完全缓解，应将病人急送手术室探查止血。急送手术室修复受损神经、加强补钙并予双氢速甾醇（DT_{10}）治疗等措施均不对症。

225. ABCDE　甲状腺大部切除术后第 2 天出现口唇麻木，四肢抽搐，为甲状旁腺损伤引起的低钙所致。急救措施为静脉注射 10%葡萄糖酸钙溶液（E），口服钙剂（葡萄糖酸钙）、维生素 D_3 丸，起效较慢，不适合四肢抽搐的急救。二氢速甾醇油剂为长效制剂，也不适合急救。低钙抽搐使用镇静剂疗效差。

226. ABCDE　①患者病史仅 1 周，急性发病，故可首先排除答案 AD，因为 Graves 病、甲状腺肿均为慢性疾病。甲状腺癌常表现为甲状腺肿块，而不是甲状腺肿大，且无触痛，故不答 B。②患者病前 1 周有上呼吸道感染史，甲状腺肿大，触痛，应诊断为亚急性甲状腺炎，而不是慢性淋巴细胞性甲状腺炎，因为病前 1～2 周有上呼吸道感染史是亚急性甲状腺炎的特点。2018 年真题。

227. ABCDE　①甲状腺功能正常时，血清甲状腺过氧化物酶抗体（TPO-Ab）和甲状腺球蛋白抗体（TG-Ab）滴度显著升高，是诊断慢性淋巴细胞性甲状腺炎最有意义的指标。结合病史及临床表现，本例应诊断为慢性淋巴细胞性甲状腺炎（C）。②甲状腺癌无甲状腺肿大，仅有甲状腺肿块，质硬，结节状，颈部淋巴结常肿大，自身抗体常阴性。亚急性甲状腺炎病前 1～2 周常有上呼吸道感染史，表现为甲状腺突然肿大，有触痛，自身抗体阴性。结节性甲状腺肿不属于自身免疫性疾病，因此自身抗体常为阴性。甲状腺腺瘤无甲状腺肿大，仅有甲状腺结节，光滑，活动度好，这些均与本例不符。

228. ABCDE　①桥本甲状腺炎也称慢性淋巴细胞性甲状腺炎，是引起甲减最常见的原因，因此表现为摄碘率和基础代谢率均降低（B）。②突眼性甲状腺肿（即原发性甲亢）、甲状腺高功能腺瘤、继发性甲亢均表现为摄碘率、基础代谢率均增高。结节性甲状腺肿若不合并甲亢，则表现为摄碘率增高，吸碘高峰不前移，基础代谢率正常。

229. ABCDE　①青年女性，左颈前包块，无甲亢症状，甲状腺左叶可触及 1cm 质硬肿物，应考虑甲状腺腺瘤、甲状腺癌。为明确肿物性质，最有价值的检查当然是细针穿刺细胞学检查（D）。②ABC 均属于影像学检查方法,不能对肿块进行定性诊断。血清甲状腺激素水平测定常用于诊断甲亢。2018 年真题。

230. ABCDE　本例甲状腺肿块质硬,表面不光滑,无压痛,活动度差,可基本排除 ACDE 项诊断。查 T_3、T_4 正常,吸 ^{131}I 率不高,甲扫提示冷结节,可诊断为甲状腺癌。

231. ABCDE　甲状腺未分化癌的预后很差,平均生存期 3~6 个月,不宜手术和药物治疗,宜选用放射外照射治疗(E)。

232. ABCDE　按 9 版《外科学》P233 观点,对于分化型甲状腺癌(乳头状癌)行腺叶切除的指征为:①无颈部放射史;②无远处转移;③无甲状腺外侵犯;④肿块直径<1cm。否则行甲状腺全切或近全切。本例肿块直径 1.5cm,应行甲状腺近全切除(A)。由于患者无颈淋巴结转移,可不行颈淋巴结清扫,故不答 B。注意,9 版《外科学》观点与 7 版《外科学》不一致,此处改动大。若按 7 版《外科学》观点答题,正确答案应为 D。

233. ABCDE　按 9 版《外科学》P233 观点,因甲状腺良性病变行腺叶切除,术后病理证实为分化型(乳头状)甲状腺癌者,若切缘阴性、对侧正常、肿块直径<1cm,可观察;否则,需再次手术。根据此处理原则,该患者无需再次手术,可口服甲状腺素,以预防甲状腺功能减退、抑制 TSH 而影响甲状腺癌的生长。

234. ABCDE　235. ABCDE　①血钙是诊断甲旁亢的首要指标,甲旁亢时血钙>3.0mmol/L(正常值 2.1~2.5mmol/L)。②血清甲状旁腺素(PTH)升高是诊断甲旁亢最可靠的直接证据(E)。

236. ABCDE　乳房 75%的淋巴液均引流至腋窝淋巴结,部分乳房上部淋巴液可直接流向锁骨下淋巴结,部分乳房内侧的淋巴液可流向胸骨旁淋巴结。

237. ABCDE　中年妇女乳头鲜红色血性溢液应首先考虑乳管内乳头状瘤,乳腺囊性增生症、乳腺癌、乳腺导管扩张少见。乳腺纤维腺瘤无乳头溢液。

238. ABCDE　239. ABCDE　240. ABCDE　①初产妇哺乳期间感乳房胀痛,发热,左乳房红肿,压痛明显,应考虑急性乳腺炎。急性乳腺炎最常见的致病菌为金黄色葡萄球菌(B)。腐生葡萄球菌、表皮葡萄球菌均为条件致病菌,极少引起感染。溶血性链球菌为急性蜂窝织炎、丹毒的常见致病菌。厌氧菌常引起口腔、肠道、女性生殖道感染。②患者局部波动感明显,说明已形成乳房脓肿,应及时切开引流(B)。ADE 均属于乳房脓肿形成前的保守治疗方法。穿刺抽脓不能排净脓液,临床上少用。③预防急性乳腺炎的关键在于避免乳汁淤积,防止乳头损伤,并保持其清洁。要养成定时哺乳、婴儿不含乳头而睡的良好习惯。注意婴儿口腔卫生。不应使用抗生素预防感染,因为许多抗生素可通过乳汁影响婴儿的生长发育(D 错)。

241. ABCDE　ABCDE 都是乳腺囊性增生症的临床表现,但最突出的表现是乳房胀痛和肿块。乳房胀痛与月经周期有关,常于月经前 3~5 天加重,月经来潮后减轻或消失。

242. ABCDE　①乳腺囊性增生病好发于中年妇女,突出表现为乳房胀痛和肿块,可累及一侧或双侧乳腺,肿块呈结节状、片状,质韧不硬,少数病人有乳头溢液,与本例相符(B)。②乳腺癌多见于老年妇女,肿块质硬不平,常有腋窝淋巴结肿大,可有血性乳头溢液。乳管内乳头状瘤一般无乳房胀痛,乳房肿块一般较小,多表现为反复血性乳头溢液。乳房肉瘤少见。乳房纤维腺瘤好发于青年,常为单个肿块,质硬,活动度好。

243. ABCDE　乳腺囊性增生症的治疗主要是对症治疗,可服用中药逍遥散。症状较重者,可用三苯氧胺治疗。对于局部病灶有癌变可能的,应手术切除,并作病理检查。

244. ABCDE　①年轻女性,乳房无痛性肿块,B 超示低回声结节,形态规则,边界清楚,无钙化,说明为良性肿瘤,应诊断为乳房纤维腺瘤,故答 E 而不是 AD。②乳管内乳头状瘤一般无乳房胀痛,多表现为反复血性乳头溢液。乳腺囊性增生病好发于中年妇女,突出表现为乳房胀痛和肿块。2020 年真题。

245. ABCDE　乳腺癌的病因:①第一胎足月生产年龄迟于 35 岁者发病率明显高于初产在 20 岁以前者;月经初潮早于 12 岁,停经晚于 55 岁,40 岁未孕者的发病率较高。②肥胖可影响组织内脂溶性雌激素的浓度,流行病学研究表明脂肪的摄取量与乳腺癌的发病率之间有明显的正相关,尤其在绝经后的妇女。③单纯性乳腺增生与乳腺癌的关系目前尚有争议(D错)。参阅7版《黄家驷外科学》P1156。

246. ABCDE 乳腺癌的病理类型分为:非浸润性癌、早期浸润性癌、浸润性特殊癌、浸润性非特殊癌和其他罕见癌。其中,以浸润性非特殊癌最常见,约占80%。

247. ABCDE 乳腺癌最常见的远处转移部位是骨、肺、肝。

248. ABCDE 249. ABCDE 250. ABCDE ①乳腺癌好发于外上象限,占50%以上(A)。②Paget病即乳头湿疹样乳腺癌,好发于乳头和乳晕区(D)。③乳腺粉刺癌好发于乳腺中央区,占50%以上。

251. ABCDE 252. ABCDE 253. ABCDE 254. ABCDE 255. ABCDE ①乳腺癌累及乳管使之收缩,可导致乳头凹陷(D)。②乳腺癌累及Cooper韧带,使其收缩导致癌肿表面皮肤凹陷,称为酒窝征(A)。③乳腺癌侵犯皮下淋巴管,引起淋巴回流障碍,出现真皮水肿,皮肤呈现"橘皮样"改变,称为橘皮征(B)。④乳腺癌经皮肤淋巴管广泛扩散到乳腺及周围皮肤,形成许多硬的小结节,称为卫星结节(C)。⑤炎性乳腺癌临床上少见,发展快,预后差,毛细淋巴管内的癌栓致相邻毛细血管扩张充血,使局部皮肤呈"炎症样改变"(E)。

256. ABCDE 乳腺癌的TNM分期:①T_0:原发癌瘤未查出;T_{is}:原发瘤;T_1:癌瘤直径≤2cm;T_2:2cm<癌瘤直径≤5cm;T_3:癌瘤直径>5cm;T_4:癌瘤大小不计,但侵犯皮肤、胸壁,炎性乳腺癌属于之。②N_0:同侧腋窝淋巴结不肿大;N_1:同侧腋窝淋巴结肿大,但可推动;N_2:同侧腋窝淋巴结融合,或与周围组织粘连;N_3:同侧胸骨旁淋巴结转移。③M_0:无远处转移;M_1:有锁骨上淋巴结转移或远处转移。按此标准,该患者应诊断为$T_2N_1M_0$(D)。

257. ABCDE ①炎性乳腺癌临床上少见,恶性程度高,发展快,预后极差,特征为局部皮肤呈"炎症样表现"(D)。②湿疹样乳腺癌(Paget病)发展慢,恶性程度低,预后好。浸润性导管癌、浸润性小叶癌、髓样癌均属于浸润性非特殊癌,虽然预后较差,但较炎性乳腺癌好。

258. ABCDE ①浸润性乳腺癌伴腋窝淋巴结转移是应用辅助化疗的指征。②腋窝淋巴结阴性而有高危复发因素者(如雌孕激素受体阴性、原发肿瘤直径>2cm、组织学分类差、*HER2*过度表达),也应进行辅助化疗。③一般认为原位癌、直径<1cm的微小癌无须化疗。④乳腺导管内癌属于原位癌,单纯手术即可取得很好的疗效,无需化疗(C)。⑤脉管癌栓形成属于浸润癌,当然需辅助化疗。

259. ABCDE 260. ABCDE 261. ABCDE 262. ABCDE 263. ABCDE 264. ABCDE 265. ABCDE
①乳腺肿块术前定性诊断首选细针穿刺细胞学检查,准确率80%以上(B)。粗针穿刺活检、切取肿块活检易导致癌细胞扩散,临床上少用。目前以术中快速切片最常用,但未出现在答案项中。钼靶X线摄片、MRI为影像学检查,不能确定乳腺肿块的性质。②按TNM分期原则,本例属于$T_2N_1M_0$(B)。③乳癌的临床分期与TNM分期的关系:0期=$TisN_0M_0$;Ⅰ期=$T_1N_0M_0$;Ⅱ期=$T_{0\sim1}N_1M_0$、$T_2N_{0\sim1}M_0$、$T_3N_0M_0$;Ⅲ期=$T_{0\sim2}N_2M_0$、$T_3N_{1\sim2}M_0$、T_4任何NM_0、任何TN_3M_0;Ⅳ期包括M_1的任何TN。可见本例属于Ⅱ期(B)。④乳癌根治术过去是外上象限乳腺癌的标准术式,但现在已较少使用,故不答A。乳腺癌扩大根治术主要用于治疗内象限的肿瘤,且伴胸骨旁淋巴结转移者,故不答B。对于Ⅰ、Ⅱ期乳腺癌,改良根治术和根治术后的生存率无明显差异,但改良根治术保留了胸肌,术后外观较好,是目前常用的手术方式,故最佳答案为C。全乳房切除术适用于原位癌、微小癌及年老体弱不宜做根治术者。由于放疗条件的限制,保留乳房的单纯肿块切除术国内少用。⑤乳腺癌术后化疗方案包括CAF方案(环磷酰胺、多柔比星、氟尿嘧啶)、CMF方案(环磷酰胺、甲氨蝶呤、氟尿嘧啶)、TAC方案(多西他赛、多柔比星、环磷酰胺)。⑥乳腺癌细胞雌激素受体阴性者,对内分泌治疗不敏感,术后首选化学治疗(B)。放射治疗常用于保留乳房的乳腺癌切除术。生物治疗(曲妥珠单抗)常用于*HER2*过度表达的乳腺癌。阿那曲唑、来曲唑为芳香化酶抑制剂,主要用于绝经后乳腺癌。⑦雌激素受体阳性的乳腺癌,术后首选内分泌治疗。未绝经者选用他莫昔芬,已绝经者选用芳香化酶抑制剂。他莫昔芬的结构式与雌激素相似,可在靶器官内与雌二醇争夺雌激素受体,从而抑制肿瘤生长。因此,

对雌激素受体阳性的未绝经者,常给予他莫昔芬口服(B)。

266. ABCDE ①单根单处肋骨骨折的主要临床表现是局部疼痛(D)。②单根单处肋骨骨折由于骨折两端有上、下完整的肋骨和肋间肌支撑,一般不会发生移位、活动,故无局部畸形及骨擦音/骨擦感。若不合并气胸、血胸,不会出现呼吸困难。皮下气肿是张力性气胸的临床表现。

267. ABCDE ①闭合性肋骨骨折的治疗原则是镇痛,清理呼吸道分泌物,固定胸廓和防治并发症。②仅对咳嗽无力、不能有效排痰或呼吸衰竭的患者,施行气管插管或气管切开。闭合性肋骨骨折若不合并气胸,则无需行胸腔穿刺、胸腔闭式引流;若不合并活动性血胸,则无需开胸探查。

268. ABCDE ①右侧 8、9 肋骨骨折应考虑是否合并肝破裂,可行腹部 B 超检查以明确诊断。②镇静止痛为肋骨骨折治疗的基本原则。对于闭合性单处肋骨骨折,行多头胸带或弹性胸带固定可减少肋骨断端活动,减轻疼痛。③牵引固定主要用于闭合性多根多处肋骨骨折出现反常呼吸运动的患者(C 错)。

269. ABCDE ①处理开放性肋骨骨折,胸壁伤口需彻底清创,术中将骨折对端固定,缝合前需常规放置胸腔闭式引流。术后给予抗生素预防感染。②胸壁悬吊牵引为闭合性多根多处肋骨骨折反常呼吸的处理措施(A 错)。

270. ABCDE 271. ABCDE 272. ABCDE ①进行性血气胸患者由于胸腔内有活动出血,应积极剖胸探查,彻底止血。否则,出血难以自止,保守治疗不能纠正休克(C)。②开放性气胸患者呼吸时,两侧胸膜腔压力的不均衡出现周期性变化,使纵隔在吸气时移向健侧,呼气时移向伤侧,称为纵隔扑动(A)。③张力性气胸患者胸膜裂口呈单向活瓣,气体随每次吸气进入胸膜腔并积聚增多,导致胸膜腔压力高于大气压,伤侧肺严重萎陷,纵隔显著移向健侧,健肺受压,严重影响呼吸、循环功能,可导致病人迅速死亡。进行性血气胸一般不会导致患者迅速死亡,故不答 C。

273. ABCDE 274. ABCDE ①多根多处肋骨骨折使局部胸壁失去完整肋骨支撑而软化,出现反常呼吸运动,即吸气时软化区胸壁内陷,呼气时外突。反常呼吸运动可造成呼吸时两侧胸腔压力不均衡,导致纵隔扑动,造成呼吸和循环衰竭(B)。②开放性气胸患者呼吸时,两侧胸膜腔压力出现不均衡的周期性变化,使纵隔在吸气时移向健侧,呼气时移向伤侧,称纵隔扑动。纵隔扑动可影响静脉回心血流,导致循环障碍(C)。

275. ABCDE 276. ABCDE 277. ABCDE ①闭合性多根多处肋骨骨折对人体最大的危害是反常呼吸,急救时应采用无菌敷料、衣服或手帕等加压包扎,固定胸廓,以消灭反常呼吸(B)。②开放性气胸的急救处理应将开放性气胸立即变为闭合性气胸,可使用无菌纱布等覆盖吸吮伤口,并加压包扎(A)。③张力性气胸的急救处理需迅速使用粗针头穿刺胸膜腔减压,并外接单向活瓣装置,使胸腔内的高压气体易于排出,而外界气体不能进入胸腔(C)。④胸腔闭式引流、剖胸探查显然不属于急救措施,故可首先排除答案 DE。

278. ABCDE ①开放性气胸患者由于胸内压几乎等于大气压,患侧肺完全萎缩,呼吸功能减退,甚至完全丧失(A)。②开放性气胸患者患侧胸膜腔内压显著高于健侧,导致纵隔向健侧移位。吸气时,纵隔移向健侧;呼气时,纵隔移向患侧。开放性气胸患侧胸膜腔与外界相通,因此呼气时患侧胸膜腔压力与大气压相等。反常呼吸运动为多根肋骨骨折的临床特点。2018 年真题。

279. ABCDE ①青年女性,突发右侧胸痛伴呼吸困难,应首先考虑自发性气胸。②肺栓塞常表现为呼吸困难、胸痛、咯血三联征。主动脉夹层常表现为剧烈胸骨后疼痛,血压增高。肋间神经痛常表现为单侧肋间部位疼痛,可向胸腹前壁放射。心肌梗死常表现为突发持续性胸痛,无呼吸困难。2018 年真题。

280. ABCDE ①患者活动后突发呼吸困难,双肺叩诊呈鼓音,应考虑自发性气胸(D)。②急性左心衰竭常表现为咳嗽,咳粉红色泡沫痰,端坐呼吸,肺淤血征,而不是双肺叩诊过清音。急性肺栓塞常表现为胸痛、呼吸困难和咯血三联征。哮喘急发常有满肺哮鸣音。肺癌不会在 1 小时内突然发生呼吸困难。

281. ABCDE ①皮下气肿是张力性气胸的特征性体征。患者闭合性胸部外伤 5 小时,左胸壁触及皮下气肿,气管右偏,左侧呼吸音消失,应诊断为左侧张力性气胸。其急救措施为迅速使用粗针头穿刺胸膜腔排气减压,并外接单向活瓣装置(B)。②加压吸氧为急性呼吸窘迫综合征的治疗措施。心包穿刺是心脏压塞的急救措施。急诊开胸探查、气管插管均不属于气胸的急救措施,故不答 DE。

282. ABCDE 患者胸痛、咳嗽,肺部湿啰音,痰培养阳性,应诊断为金葡菌肺炎。金葡菌是急性脓胸最常见的致病菌。患者 4 天后高热、呼吸音减弱,胸片示大片致密影,有液气平面,应诊断为急性脓胸。目前患者中毒症状严重,胸腔大量脓液,最有效的治疗是胸腔闭式引流(E)。

283. ABCDE 提示胸腔手术后内出血的指征是引流管中引流血量>200ml/h,连续 3 小时。

284. ABCDE ABCE 都是血胸活动性出血的征象,D 为感染性血胸的征象。胸腔积血无感染时,红细胞与白细胞计数比例应与周围血相似,即 500:1;感染时白细胞计数明显增高,当红细胞与白细胞总数之比达 100:1 时,可确诊为感染性血胸。

285. ABCDE 提示胸腔活动性出血的指征为胸腔闭式引流管每小时引流量>200ml,且持续 3 小时。本例胸腔手术后 1.5 小时引出血性液体 500ml,没有达到胸腔活动性出血的诊断标准,且目前血压较稳定,故可快速补液,必要时输血,继续观察(D)。若连续 3 小时,每小时引流量>200ml,则提示活动性出血,需再次手术探查。

286. ABCDE ①胸部 B 超可明确急性脓胸的范围和准确定位,若 B 超定位下胸腔穿刺抽得脓液,即可确诊急性脓胸(D)。②胸部 X 线片可显示积液所致的致密阴影。胸部 CT 价格昂贵,胸腔镜为有创检查,均不作为首选检查。

287. ABCDE **288. ABCDE** **289. ABCDE** ①结核性胸膜炎合并胸腔积液患者,多次胸穿注药治疗,可能造成胸膜腔感染。患者突发高热,胸腔积液增多,白细胞总数及中性粒细胞比例均增高,应考虑合并急性脓胸(E)。ABCD 均不会导致患者突然高热,且白细胞计数显著增高。②为明确急性脓胸的诊断,可作胸膜腔穿刺,若抽出脓液即可确诊(E)。③急性脓胸中毒症状重,积液量较大,应尽早行胸腔闭式引流排出脓液(E)。

290. ABCDE ①典型的小细胞肺癌位于肺中心部,属于中央型肺癌,早期即可转移至肺门和纵隔淋巴结(A)。②肺腺癌多向支气管腔外生长,常在肺边缘部形成直径 2~4cm 的肿块。肺鳞癌以中央型多见,并有向管腔内生长的倾向,早期常引起支气管狭窄导致肺不张或阻塞性肺炎。大细胞肺癌多发生于肺门附近或肺边缘的支气管。

291. ABCDE 肺癌的肺外表现称为副肿瘤综合征。小细胞肺癌起源于嗜银细胞,该细胞含有神经内分泌颗粒,能分泌 5-羟色胺、儿茶酚胺等胺类物质,引起副肿瘤综合征(B)。

292. ABCDE ABC 均属于肺癌的转移途径,其中以淋巴转移最常见(B)。

293. ABCDE ①原发性支气管肺癌早期最常见的症状为刺激性咳嗽(占 45%~75%),其次为胸闷气短(30%~50%)、胸痛(25%~30%)、痰中带血(19%~29%)。②BCDE 均属于晚期肺癌的压迫、浸润、远处转移症状。顽固性胸痛为癌肿浸润胸壁和胸膜所致。声音嘶哑为癌肿压迫喉返神经所致。锁骨上淋巴结肿大为远处转移症状。Horner 综合征为癌肿压迫颈交感神经所致,常表现为患侧上眼睑下垂、瞳孔缩小、眼球内陷、面部无汗等。

294. ABCDE ①肺癌的非转移性胸外表现称为副肿瘤综合征,表现为肥大性肺性骨关节病(杵状指、骨关节痛、骨膜增生)、男性乳腺发育、库欣综合征、重症肌无力、高钙血症等(A)。②面部水肿为癌肿压迫上腔静脉所致。吞咽困难为癌肿压迫食管所致。一侧瞳孔缩小为癌肿压迫颈交感神经所致。锁骨上淋巴结肿大为肺癌的远处转移症状。可见这些症状均属于肺癌的压迫、转移症状,不属于副肿瘤综合征。

295. ABCDE Horner 综合征为肺尖部肺癌压迫交感神经所致,表现为病侧眼睑下垂、瞳孔缩小(B 错)、眼球内陷,同侧额部与胸壁少汗或无汗。

296. ABCDE 肺上沟瘤也称 Pancoast 瘤,位于肺尖部,可侵入纵隔,压迫颈交感神经,引起 Horner 综合征。

297. ABCDE ①疑诊中心型肺癌时,最有诊断价值的检查是支气管镜+活组织病检,可明确病理性质,对制订手术切除范围、方式有重要意义(E)。②纵隔镜可直接观察气管周围,明确纵隔淋巴结有无转移。痰找癌细胞阳性率较低(3次检查约为80%)。截至目前,尚未发现特异性较高的肺癌肿瘤标志物,故不答C。经皮肺穿刺主要适用于周围型肺癌的诊断。

298. ABCDE ①$T_2N_0M_0$期肺癌的临床分为ⅠB或ⅡA期,应首选根治性手术切除(C)。②化疗、放疗常用于小细胞肺癌的治疗。免疫(靶向)治疗主要用于非小细胞肺癌中腺癌的治疗。介入治疗适用于无手术指征、全身化疗无效的病人。2018年真题。

299. ABCDE ①老年患者,出现刺激性咳嗽、血痰,右锁骨上淋巴结肿大,应考虑中心型肺癌。胸部CT示右上肺不张,为癌肿压迫支气管所致,故本例应诊断为支气管肺癌(E)。②肺结核好发于青年人,多表现为低热盗汗,咳嗽咳痰,胸片示肺尖部模糊阴影。肺炎可有咳嗽咳痰,但不会出现远处淋巴结转移体征。肺脓肿常表现为高热,咳嗽、咳大量臭脓痰。支气管扩张的典型表现为慢性咳嗽、大量脓痰和咯血。

300. ABCDE ①患者刺激性咳嗽,无发热,双肺未闻及干湿啰音,反复静滴头孢菌素无效,说明不是肺炎所致。患者无低热、盗汗,可排除肺结核。患者右侧颈部淋巴结肿大,质硬,应考虑肺癌颈淋巴结转移。为明确诊断,应首选胸部X线片检查(B)。②血沉、痰找结核杆菌、结核菌素试验均为诊断肺结核的方法。肺功能检查为诊断慢性阻塞性肺疾病(COPD)的常用方法。

301. ABCDE ①患者肺门肿块,痰液细胞学检查发现鳞癌细胞,应诊断为肺鳞癌。鳞癌对化疗不敏感,故不答B。患者出现声音嘶哑,说明癌肿已侵犯喉返神经。患者出现吞咽困难,说明食管已受累,已属于肺癌晚期,无手术治疗指征,故不答A。免疫治疗是近年的新进展,不作为首选,故不答D。中医中药治疗效果不肯定,故不答E。②对于已有纵隔转移的肺癌可采用放射治疗(C)。

302. ABCDE 患者为周围型肺腺癌,病灶局限,首选左上肺叶切除(B)。

303. ABCDE 304. ABCDE 305. ABCDE ①中心型肺癌早期可有刺激性咳嗽、痰中带血。由于肿块压迫,可使远端支气管阻塞导致肺不张、阻塞性肺炎,行抗生素治疗无效。根据题干,本例应诊断为中心型肺癌。肺炎、肺脓肿均不会出现肺门肿块影,且抗生素治疗有效。肺结核多见于青年人,表现为低热盗汗、咳嗽咳痰,无肺门肿块影。支气管扩张症常表现为慢性咳嗽、咳大量脓痰、咯血。②确诊中心型肺癌当然首选纤维支气管镜+活组织检查。胸腔镜常用于诊断周围型肺癌。CT、磁共振、核素扫描均为影像学检查,不能确诊肺癌。③中心型肺癌首选手术治疗,手术治疗是肺癌最重要、最有效的治疗手段。肺炎常行抗感染治疗。肺结核常行抗结核治疗。BE显然不是正确答案。

306. ABCDE 307. ABCDE 临床上食管癌分4型:①髓质型:管壁明显增厚并向腔内外扩展,使癌瘤的上下端边缘呈坡状隆起。②蕈伞型:瘤体向腔内呈蕈伞状突起。③溃疡型:溃疡大小和外形不一,深入肌层,阻塞程度较轻。④硬化型(缩窄型),瘤体形成明显的环行狭窄,累及食管全部周径,较早出现阻塞。胶样型常见于胃肠道肿瘤。

308. ABCDE 309. ABCDE ①虽然手术是食管癌的首选治疗方法,但上段食管癌由于手术难度大,手术并发症多,疗效不满意,多采用放射治疗。②中下段食管癌的手术切除率较高,首选手术治疗。

310. ABCDE ①老年男性,吞咽困难,钡餐造影示食管中段黏膜紊乱,管壁僵硬,管腔狭窄(食管中段为食管癌的好发部位),应首先考虑食管癌(A)。②食管憩室可有哽噎感、胸骨后疼痛,食道钡餐检查可见龛影位于食管轮廓外。食管平滑肌瘤可有吞咽困难,但钡餐检查可出现"半月状"压迹。贲门失弛缓症常表现为间歇性吞咽困难,钡餐显示食管下端及贲门部呈鸟嘴状。食管炎不会出现吞咽困难,钡餐检查也不会出现黏膜紊乱、管壁僵硬。

311. ABCDE 312. ABCDE 313. ABCDE ①进行性吞咽困难是食管癌的典型表现。老年患者进行性吞咽困难,体重下降,应诊断为食管癌(B)。食管灼伤狭窄多表现为吞咽困难,但无进行性加重。食管平滑肌瘤可有进食梗阻感,但不会出现短期内体重降低。贲门失弛缓症常表现为间歇性吞咽困难,而不是进行性吞咽困难。食管憩室多无明显症状。②确诊食管癌首选食管镜+活组织检查(D)。

ABE 均为影像学检查,不能确诊食管癌。食管拉网脱落细胞学检查常用于食管癌的普查。③食管呈鸟嘴样改变为贲门失弛症的典型钡餐表现。BCDE 均为早期食管癌吞钡 X 线检查所见。

314. ABCDE ①常见的前上纵隔肿瘤是胸腺瘤(最常见)、畸胎瘤、淋巴源性肿瘤、甲状腺肿瘤,答案为 A。②神经源性肿瘤常位于后纵隔脊柱旁肋脊区。支气管囊肿多位于后纵隔。

315. ABCDE 对原发性纵隔肿瘤诊断价值最大的检查方法是 CT,能清楚显示肿瘤与邻近组织器官的关系。

316. ABCDE 除恶性淋巴瘤因对放疗敏感首选放疗外,其他原发性纵隔肿瘤均首选手术治疗。

317. ABCDE 最常见的腹外疝是腹股沟斜疝,约占 90%。腹股沟直疝占 5%,股疝占 3%~5%,其他腹外疝少见。

318. ABCDE Richter 疝是指嵌顿的疝内容物为肠管壁的一部分。滑动性疝(滑疝)是指疝内容物成为疝囊壁的一部分,属于难复性疝。嵌顿疝是指疝内容物突出后不能回纳腹腔者。直疝指疝囊经直疝三角突出的腹股沟疝。股疝是指疝囊经股环、股管向卵圆窝突出的疝。

319. ABCDE ①只有嵌顿疝才需紧急手术。Richter 疝嵌顿的内容物为肠管壁的一部分。Littre 疝嵌顿的内容物为 Meckel 憩室。Maydl 疝为逆行性嵌顿疝,是指嵌顿的肠管包含几个肠袢,呈 W 形。②难复性疝只是疝内容物不容易回纳腹腔,并没有完全嵌顿,也无肠管血运障碍,无需急诊手术。

320. ABCDE ①滑疝属于难复性疝,好发于 40 岁以上的男性,多见于右侧(A 错 B 对)。②腹外疝最常见的疝内容物是小肠,难复疝最常见的疝内容物是大网膜(C 错)。腹股沟直疝多见于年老体弱者(D 错)。儿童的腹股沟斜疝,因疝环周围组织富于弹性,虽易嵌顿但不易绞窄(E 错)。

321. ABCDE ①经直疝三角(Hesselbach 三角)由后向前突出的疝,称为腹股沟直疝。Hesselbach 三角是由腹直肌外侧缘、腹壁下动脉和腹股沟韧带构成的三角形区域。可见,腹股沟直疝与 ABCE 均有关。②联合腱也称腹股沟镰,参与腹股沟管后壁的组成,与腹股沟斜疝有关(D)。

322. ABCDE ①腹股沟斜疝的发病机制分先天性和后天性两种。鞘突未闭或闭锁不全是先天性斜疝的发病机制,多见于小儿(B)。②成人腹股沟斜疝多为后天性腹壁薄弱或缺损,如腹横筋膜薄弱或缺损、腹内斜肌和腹横肌发育不全等。腹肌松弛时弓状下缘与腹股沟韧带是分离的,但在腹内斜肌收缩时,弓状下缘即被拉直而向腹股沟韧带靠拢,有利于覆盖精索并加强腹股沟管前壁。因此腹内斜肌弓状下缘发育不全或位置偏高者,易发生腹股沟直疝。

323. ABCDE 腹股沟直疝的疝内容物是经直疝三角突出腹外的,腹壁下动脉位于直疝三角的外侧边,腹股沟管的内侧边,男性腹股沟管内有精索通过。因此腹股沟直疝精索在疝囊的前外方。腹股沟斜疝精索在疝囊的后方。

324. ABCDE ①虽然腹股沟斜疝远比股疝多见(前者占所有腹外疝的 90%),但股疝发生嵌顿者比前者多出 1 倍(A 错)。②嵌顿的疝内容物是肠管壁的一部分者称肠管壁疝(Richter 疝),多见于股疝(占 60%)。股疝多见于 40 岁以上妇女。直疝多见于老年人,由于其疝囊颈宽大,极少发生嵌顿。腹壁下动脉常是手术中鉴别腹股沟直疝和斜疝的标志之一,疝囊颈位于腹壁下动脉内侧者为直疝,位于外侧者为斜疝。

325. ABCDE ①腹股沟斜疝是指疝内容物从腹股沟管突出,疝囊颈位于腹壁下动脉的外侧。腹股沟直疝是指疝内容物从直疝三角突出,疝囊颈位于腹壁下动脉内侧,这是手术中腹股沟斜疝和直疝最重要的鉴别要点(B)。②腹股沟斜疝和直疝均可嵌顿、均可还纳,故不答 AE。疝块外形、发病年龄都不是斜疝和直疝最重要的鉴别要点。2018 年真题。

326. ABCDE 成人腹股沟管长约 4~5cm,腹股沟管内口即为深环,外口即为浅环。腹股沟管深环体表投影位于腹股沟韧带中点上方 2cm,压迫此部位,腹股沟疝内容物不再突出为斜疝的特点(A)。

327. ABCDE ①患者右腹股沟可复性包块,压迫内环口疝内容物不再复出,应诊断为右侧腹股沟斜疝,术中可见疝囊颈位于腹壁下动脉外侧(B)。②AE 为腹股沟直疝的特点,C 为滑动疝的特点,D 为难复疝的特点。

328. ABCDE 疝内容物进入阴囊,最可能是腹股沟斜疝,其突出途径是:腹腔→腹股沟管内环→腹股沟管→腹股沟管外环→阴囊。腹股沟直疝、股疝的疝内容物极少或绝不会进入阴囊,因腹股沟直疝是经直疝三角向外突出,股疝是经股管向外突出,而直疝三角和股管均无解剖途径与阴囊相通,故不答BC。肠管壁疝、切口疝的疝内容物无解剖路径进入阴囊,故不答DE。

329. ABCDE　330. ABCDE　331. ABCDE　332. ABCDE　333. ABCDE ①1岁以内婴幼儿的腹股沟斜疝可暂不手术,因婴幼儿腹肌可随躯体生长逐渐强壮,疝有可能自行消失(A)。②小儿的腹肌在发育中可逐渐强壮而使腹壁加强,单纯疝囊高位结扎常能获得满意的效果,无需施行修补术(B)。③绞窄性腹股沟斜疝因肠坏死而局部有严重感染,通常仅行疝囊高位结扎,而不作修补,因感染常使修补失败(B)。④成人腹股沟直疝的传统手术方法是疝囊高位结扎+Mc Vay法修补(E)。⑤腹股沟复杂疝和复发疝多选用无张力疝修补术(C)。

334. ABCDE ①股疝好发于中年女性。45岁女性,左腹股沟下方可复性包块,平卧位可缩小,压迫内环后肿物仍可复出,应诊断为股疝,治疗首选McVay法疝修补术。②ACDE均为腹股沟斜疝的常用手术方式。2018年真题。

335. ABCDE ①股疝好发于40岁以上的妇女。②股管是一个狭长的漏斗形间隙,且几乎是垂直的,疝块在卵圆窝处向前转折时形成一锐角,股环本身小、周围又多坚韧的韧带,因此股疝易嵌顿易绞窄。③股疝由于疝囊颈狭小,咳嗽冲击感不明显(D错)。咳嗽冲击感明显者为腹股沟直疝或斜疝。④疝块半球形为股疝或腹股沟直疝的特点。

336. ABCDE 嵌顿疝肠管已绞窄坏死,坏死肠管切除后,一期只能行疝囊高位结扎,不能做疝修补术。

337. ABCDE ①急性腹膜炎可刺激壁层腹膜引起腹膜刺激征,通常是胃液、胆汁、胰液刺激最强,肠液次之,血液最轻。因此,脾破裂时大量血液进入腹腔,引起的腹膜刺激征最轻。②消化道穿孔时大量胃肠液漏出,急性胆囊炎、肝破裂时胆汁渗出,重症胰腺炎时胰液渗出,均可引起严重腹膜刺激征。

338. ABCDE ①腹部闭合性损伤治疗观察期间,可行诊断性腹穿,以了解有无实质性脏器损伤;密切监测生命体征;积极补充血容量抗休克;为预防感染,可给予广谱抗生素。②观察期间不能注射镇静镇痛剂,以免掩盖伤情,延误诊断和治疗(D错)。

339. ABCDE 腹部闭合性损伤如肝脾破裂等,常合并出血性休克,由于休克多为实质性脏器破裂出血所致,故需一边抗休克治疗,一边准备手术。如不经术前补液而直接手术,则手术风险很大;如只行保守治疗,许多病人出血并不能自止,从而失去抢救机会,所以不能待休克纠正后再手术治疗。

340. ABCDE ①患者左上腹外伤史,在急诊观察期间,全身症状恶化,出现口渴、烦躁、左上腹疼痛加剧、体温增高、白细胞增高,应立即剖腹探查(B)。②大量补液为一般性治疗措施。腹部闭合性损伤在留观期间严禁使用强镇痛剂(如吗啡等),以免掩盖病情。腹部CT检查在生命体征稳定的情况下可以选用,但只能进行诊断。腹部闭合性损伤进展迅速,若抗感染治疗后再择期手术可能丧失救治良机。

341. ABCDE ①肝是实质性脏器,损伤后主要表现为腹腔内出血,严重者可发生失血性休克。②空腔脏器损伤常表现为急性腹膜炎,晚期可导致全身感染,甚至感染性休克。胆瘘、麻痹性肠梗阻早期很少发生休克。2020年真题。

342. ABCDE ①肝破裂在腹部开放性损伤中占首位(约占37%),在闭合性损伤中占第4位,因此外伤性肝破裂并不少见。②肝脏可分泌胆汁,而胆汁是对腹膜刺激最强的物质之一,因此肝破裂时,大量胆汁溢入腹腔,可刺激壁层腹膜引起剧烈腹痛及严重腹膜刺激征。③中央型肝破裂在局部形成积血,易发展为继发性肝脓肿。④肝破裂后,血液可经胆管进入十二指肠而出现黑便或呕血(D对)。⑤肝被膜下破裂可转变为真性破裂,不易继发肝脓肿。

343. ABCDE 腹部闭合性损伤,右侧膈肌抬高,活动受限提示肝破裂(C)。若左侧膈肌抬高,活动受限提示脾破裂。胃、十二指肠、结肠均属于空腔脏器,破裂后均可表现为膈下游离气体。

344. ABCDE ①患者为腹部闭合性损伤,脾被膜下破裂,生命体征稳定,左上腹压痛轻,可住院观察,保守治疗(A)。②脾被膜下破裂的患者有突然转变为真性破裂的可能,不能让患者回家休息。若住院观察期间,突然血压降低,脉搏增快,腹痛加重,表明脾被膜下破裂已转为真性破裂,应积极抗休克后急诊手术治疗。血管造影脾动脉栓塞主要用于治疗门脉高压脾功能亢进、食管胃底曲张静脉破裂出血、脾脏肿瘤等。

345. ABCDE ①脾破裂的处理原则是“抢救生命第一,保留脾脏第二”。本例患者在短时间内输液、输血2000ml 而血压仍进行性下降,说明脾脏出血仍未停止,不经手术止血,难以纠正休克,故应立即行脾切除术(C)。②抢救失血性休克时应首先补液,不能在液体尚未补足的情况下使用升压药物,否则将加重组织缺血缺氧,故不答 A。单纯腹腔引流无助于脾破裂的止血,故不答 B。血管造影并行脾动脉栓塞很少用于脾破裂出血的治疗,因为脾破裂常发展迅猛,可在短期内致死,故应选择止血彻底可靠的方法,如脾切除等;且脾破裂患者腹腔内有大量积血,脾动脉栓塞不能清除这些积血,故不答 D。静注白蛋白为一般性治疗措施,故不答 E。

346. ABCDE 347. ABCDE 348. ABCDE 349. ABCDE ①患者左下胸部外伤后出现腹腔内出血征象,如脉搏增快,血压降低,面色苍白,腹部移动性浊音阳性,应诊断为脾破裂(D)。患者之所以受伤当时无内出血征象,可能与脾延迟性破裂有关。脾被膜下破裂形成的血肿,可因轻微外力影响或胀破被膜而发展为延迟性脾破裂。小肠破裂、结肠破裂、胃破裂均为空腔脏器损伤,常以腹膜刺激征为突出表现,与本例不符,故不答 ABC。肾破裂常为腰背部外伤所致,多表现为腹膜后血肿,血尿,后背疼痛,腹膜刺激征不明显,故不答 E。②确诊闭合性腹部损伤(脾破裂),最有价值的检查是诊断性腹腔穿刺,但该答案未出现在选项中,只有将次选答案“腹部 B 超”作为最佳答案(C)。CT、MRI 因为价格昂贵,操作费时,一般不作为首选检查。胸部 X 线片一般用于胸部损伤的诊断。腹部 X 线片多用于腹部空腔脏器破裂的诊断,而脾破裂为实质性脏器损伤,故不答 E。③腹部闭合伤的探查顺序:应先探查肝脾等实质性器官,同时探查膈肌有无破损;再探查空腔脏器,胃→十二指肠第一段→空肠→回肠→大肠及其系膜→盆腔脏器;最后切开胃结肠韧带显露网膜囊,探查胃后壁和胰腺(B)。④脾破裂的主要治疗方法是脾切除(D)。小肠修补常用于治疗外伤性小肠破裂。结肠修补术常用于治疗裂口小、腹腔污染轻的右半结肠破裂。胃修补术常用于胃穿孔的治疗。肾切除常用于治疗肾实质的严重裂伤。

350. ABCDE ①腹部闭合性损伤患者为了解有无胰腺损伤,可做诊断性腹腔灌洗,取腹腔灌洗液做淀粉酶测定,若淀粉酶>100Somogyi 单位,可确诊胰腺损伤(B)。②虽然血淀粉酶升高对胰腺损伤有一定的诊断价值,但并非胰腺损伤特有,上消化道穿孔也可有类似表现,且 30%的胰腺外伤并无淀粉酶升高,故不答 E。B 超可发现胰腺回声不均匀和周围积血积液,有助于诊断,但许多患者由于肥胖、腹胀、肠气干扰不能获得满意图像,故答 B 而不是 C。③腹腔动脉造影主要用于消化道大出血的定位诊断。腹部 X 线片对胰腺损伤的诊断价值不大。

351. ABCDE ①患者有上腹部撞伤史,上腹部巨大囊性包块,钡餐透视见胃大弯受压上抬,横结肠下移,提示囊性包块位于胰腺。患者上腹胀满、恶心呕吐,为胰腺假性囊肿压迫胃肠所致,故答 C。②胰腺损伤后,部分患者渗液被局限在网膜囊内,3~4 周后可形成一具有纤维壁的胰腺假性囊肿。由于没有真正的囊壁,因此称为胰腺假性囊肿,而不是胰腺囊肿,故不答 A。患者 5 个月前受伤,即使存在腹膜后血肿,也早已吸收,故不答 B。肠系膜囊肿、胰腺囊腺瘤均与胰腺外伤无关,故不答 DE。

352. ABCDE ①十二指肠分四部,即球部、降部、水平部及升部,降部、水平部属于腹膜后位器官,破裂后肠腔内气体可进入腹膜后,在横结肠根部形成气泡(E)。②十二指肠球部及升部、横结肠、乙状结肠、直肠上段均属于腹膜内位器官,破裂后肠腔内气体均进入游离腹腔,不会进入腹膜后。

353. ABCDE ①大多数(并不是全部)肠损伤后,腹部平片可显示膈下游离气体,故答 C。参阅 5 版外科学 P458。②小肠损伤后,大量肠内容物流入腹腔,腹腔穿刺多呈阳性,易出现腹膜刺激征。小肠占据着中下腹的大部分空间,受伤的机会多于结肠。结肠内容物液体成分少而细菌含量多,故腹膜炎出现得较晚，但较严重。2018 年真题。

354. ABCDE ①在急性腹膜炎时，腹膜可分泌大量的渗出液，以稀释毒素和减少刺激。②腹膜有很强的吸收能力，能吸收腹腔内的积液、血液、空气和毒素等。③腹膜是双向半透性膜，水、电解质、尿素及一些小分子物质能透过腹膜。腹膜能向腹腔渗出少量液体。④腹膜渗出液中的纤维蛋白沉积在病变周围，发生粘连，可防止感染的扩散并修复受损的组织。腹膜没有免疫功能(D)。

355. ABCDE 腹膜表面由一层扁平的间皮细胞组成。腹膜腔分大、小腹腔，即腹腔和网膜囊，由网膜孔相通。支配壁腹膜的为体神经(肋间神经、腰神经)，痛觉敏感，定位准确；支配脏腹膜的为自主神经，对牵拉反射敏感(E 对)。腹膜面积 1.7~2.0m²。腹膜的吸收能力很强，尤以膈下腹膜吸收最快，但盆腔腹膜吸收能力较差。

356. ABCDE 原发性腹膜炎也称自发性腹膜炎，即腹腔内无原发病灶。继发性腹膜炎腹腔内有原发病灶，此为两者的主要区别。

357. ABCDE ①急性弥漫性腹膜炎分为原发性腹膜炎和继发性腹膜炎，前者的致病菌多为溶血性链球菌、肺炎双球菌或大肠埃希菌等单一细菌感染。②继发性腹膜炎的致病菌多为胃肠道内的常驻菌群，其中以大肠埃希菌最多见，其次为厌氧拟杆菌、链球菌、变形杆菌等，由于一般是混合性感染，故细菌毒力强，患者病情重(E)。

358. ABCDE 腹胀是急性腹膜炎的体征，腹壁静脉曲张是门脉高压症的体征(C 错)。ABDE 均属于急性腹膜炎的体征。

359. ABCDE ①青年女性，既往有十二指肠溃疡病史，突发上腹痛，扩散至全腹部，全腹肌紧张，压痛反跳痛阳性，肠鸣音消失，应诊断为十二指肠溃疡穿孔。若穿孔较小，且为空腹，穿孔时间不超过 6~8 个小时，可先行保守治疗，若保守治疗无效，再行剖腹探查。②十二指肠溃疡穿孔时，大量肠内容物进入腹腔，若诊治延误，易导致中毒性休克。③十二指肠溃疡穿孔可导致继发性腹膜炎，代谢性酸中毒，而不是代谢性碱中毒(C 错)。④十二指肠溃疡穿孔是继发性腹膜炎的常见病因，原发性腹膜炎是指腹腔内无原发病灶的腹膜炎(D 对)。⑤十二指肠溃疡穿孔后，大量肠内容物溢入腹腔，可导致麻痹性肠梗阻。

360. ABCDE 只有腹腔内液体量>100ml 时，诊断性腹穿才可能有阳性结果。

361. ABCDE 在急性腹膜炎的诊断中，最重要的就是病因诊断，以便指导治疗(C)。

362. ABCDE 盆腔腹膜少，吸收慢，因此可减少毒素吸收。即使在盆腔形成脓肿，处理也较膈下脓肿简便，可经直肠直接穿刺抽脓(E 错)。ABCD 均是急性化脓性腹膜炎病人术后半卧位的目的。

363. ABCDE ①盆腔炎症尚未形成脓肿时，应积极行全身治疗，给予有效抗生素，辅以温盐水灌肠和物理透热疗法，多可自行吸收。②当脓肿形成时，如脓肿较小，也有自行吸收的可能。如脓肿较大，临床症状较重，则需手术引流。③为避免污染腹腔，男性盆腔脓肿多经直肠引流，而不经腹腔排脓(C 错)。已婚妇女可经后穹窿穿刺后切开引流。

364. ABCDE 膈下脓肿可通过多种切口进行切开引流，较常采用经前腹壁肋缘下切口，适用于肝右叶上、肝右叶下位置靠前及膈左下靠前的脓肿。

365. ABCDE 366. ABCDE 367. ABCDE ①消化性溃疡穿孔术后 10 天，体温升高，伴直肠刺激症状及尿频尿急等，最大可能是并发盆腔脓肿。其原因为溃疡病穿孔后，胃内容物顺右结肠旁沟流入盆腔积聚形成盆腔脓肿(D)。细菌性痢疾可有腹泻、直肠刺激症状和里急后重，但与手术无关。肠功能紊乱可有腹泻，但一般无直肠刺激症状。膀胱炎仅有尿频、尿急、尿痛，也无直肠刺激症状。直肠癌可有直肠刺激症状及尿频尿急，也可有直肠肿物，但无发热，也与手术无关。②为明确盆腔脓肿的诊断，最简便的检查方法是直肠指检而不是腹部 B 超。ACD 显然不是正确答案。③对于已婚妇女盆腔脓肿的治疗，最简单的方法是经后穹窿穿刺切开引流(E)。A 为腹腔脓肿的一般性治疗措施，BC

为膈下脓肿的治疗措施，D 为男性盆腔脓肿的处理措施。

368. ABCDE 十二指肠与空肠分界的标志是 Treitz 韧带（十二指肠悬韧带）。胃与十二指肠分界的标志是胃前静脉（7 版外科学称幽门前静脉）。

369. ABCDE ①胃大部切除术由于切除了胃体的大部，使壁细胞数量减少，大大降低了体液性胃酸分泌，此为治疗消化性溃疡的主要理论依据（A）。②胃大部切除也切断少量迷走神经，因此也可有神经性胃酸分泌轻度减少。CD 不作为主要理论依据，E 为迷走神经切断术治疗消化性溃疡的机制。

370. ABCDE ABCD 均属于十二指肠溃疡的手术指征，E 是胃溃疡的手术指征。

371. ABCDE 按标准的解剖标志线行胃大部切除，可以切除 60% 的远端胃组织。

372. ABCDE ①十二指肠球部溃疡患者出现腹痛、腹胀，呕吐隔夜宿食，应诊断为十二指肠溃疡伴幽门梗阻。由于病程较长，瘢痕性幽门梗阻的可能性较大，需手术治疗，故不答 A、B。②十二指肠溃疡伴幽门梗阻首选毕Ⅱ式胃大部切除术。迷走神经切断术国内应用较少，故不答 DE。2019 年真题。

373. ABCDE ①左、右侧迷走神经沿食管裂孔下行进入腹腔，左迷走神经在贲门前面分出肝胆支和胃前支；右迷走神经在贲门背侧分出腹腔支和胃后支。迷走神经的胃前、后支都沿胃小弯行走，发出分支进入胃的前、后壁。最后的 3～4 个终末支，在距离幽门 5～7cm 处进入胃窦，形似"鸦爪"称为鸦爪支。②选择性迷走神经切断术（SV）是在迷走神经左干分出肝胆支，右干分出腹腔支后，再将迷走神经予以切断，切断了支配胃的所有迷走神经（包括鸦爪支）。③高选择性迷走神经切断术（HSV）是指切断支配胃近端、胃底、胃体壁细胞的迷走神经，保留支配胃窦部的鸦爪支。

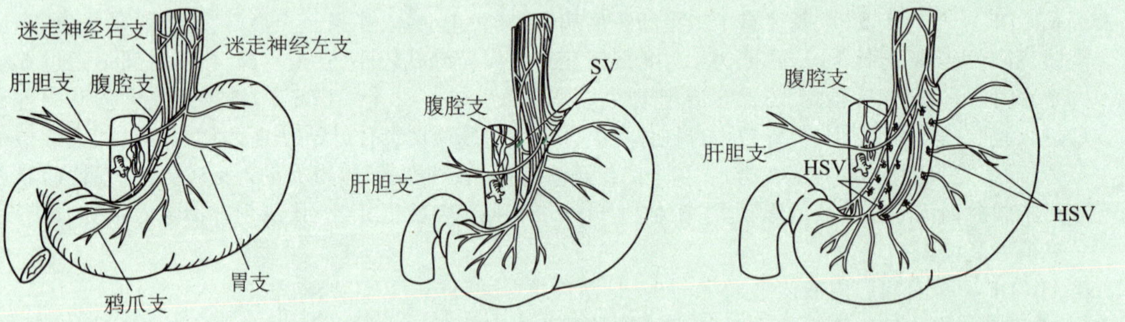

胃的迷走神经支配　　迷走神经切断术的手术方式　　高选择性迷走神经切断术

374. ABCDE ①胃大部切除术已经切除了幽门，不会造成胃潴留，故可首先排除答案 AB。迷走神经干切断术因并发症严重已弃用，故不答 C。高选择性迷走神经切断术（HSV）保留了支配胃窦部的鸦爪支，不会造成胃潴留，无需附加幽门成形术，故不答 E。②选择性迷走神经切断术由于切断了支配胃窦部的鸦爪支，可以造成胃潴留，故需附加幽门成形术（D）。

375. ABCDE ①十二指肠溃疡在国内首选 Billroth Ⅱ式胃大部切除术，在国外首选选择性迷走神经切断术+引流术，或高选择性迷走神经切断术。②Billroth Ⅰ式胃大部切除术为胃溃疡的首选术式，不适合基础胃酸很高的十二指肠溃疡的治疗（A）。③当十二指肠球部溃疡切除有困难时，也可将溃疡旷置，术后未切除的溃疡仍可以愈合，称为 Bancroft 法，此为 Billorth Ⅱ式的特例，故不答 C。

376. ABCDE ①患者上腹痛 4 年，胃镜示胃角处溃疡，应诊断为胃溃疡，首选毕Ⅰ式胃大部切除术（A）。②十二指肠溃疡首选毕Ⅱ式胃大部切除术。迷走神经切断术在我国不作为首选术式，故不答 CDE。

377. ABCDE ①本例为球溃并幽门梗阻，因此治疗方案必需能同时解决"球溃"和"幽门梗阻"两大问题。毕Ⅰ式胃大部切除术不适合高胃酸的十二指肠溃疡，故不答 A。单纯作胃空肠吻合，只能解除"幽门梗阻"，术后胃酸仍高，因此溃疡不会愈合，故不答 C。迷走神经干切断术因严重并发症，全世界均已弃用，故不答 D。高选迷切由于保留了胃窦部鸦爪支，保留了幽门，不能解决幽门梗阻，故不答 E。②毕Ⅱ式胃大部切除术不仅降低了胃酸，还解决了幽门梗阻，是本例的合理手术方式。

378. ABCDE ①胃瘫(胃排空障碍)属于动力性胃通过障碍,无器质性病变,手术治疗无效,多数病人经保守治疗可以好转(B)。②吻合口溃疡可先内科治疗,如无效可再次手术扩大胃切除范围或行迷走神经切断术。早期十二指肠残端破裂应立即手术治疗。吻合口梗阻,若为机械性梗阻,需再次手术解除。严重碱性反流性胃炎可再次手术,改行 Roux-en-Y 胃肠吻合,以减少胆汁反流入胃的机会。

379. ABCDE 患者胃大部切除术后 8 天,频繁呕吐,应考虑术后胃瘫。胃瘫属于动力性胃通过障碍,无器质性病变,应给予保守支持治疗,严禁手术治疗(E)。

380. ABCDE 胃癌根治术后梗阻包括吻合口梗阻、输入袢梗阻和输出袢梗阻。呕吐物性质以及呕吐与进食的关系是鉴别诊断的主要依据。①吻合口梗阻常表现为呕吐物含食物,不含胆汁。②急性完全性输入袢梗阻常表现为上腹剧烈疼痛、呕吐,呕吐物量少,不含胆汁。③慢性不全性输入袢梗阻常表现为餐后半小时上腹胀满,大量呕吐,呕吐物为胆汁,不含食物,呕吐后症状缓解。④输出袢梗阻表现为上腹饱胀,呕吐物含胆汁及胃内容物。本例呕吐物为大量胆汁,不含食物,应诊断为慢性不全性输入袢梗阻(B)。

381. ABCDE 382. ABCDE ①患者行胃大部切除术后第 3 天,咳嗽后突发腹痛,高热,严重腹膜刺激征,可诊断为十二指肠残端破裂。急性完全性输入袢或输出袢梗阻主要表现为呕吐,腹膜刺激征轻微,且常发生于肠功能恢复后。膈下脓肿主要表现为高热,右上腹痛,右侧膈肌升高等症状,与本例不符。术后胃排空障碍常表现为胃蠕动无力,频繁呕吐。②十二指肠残端破裂一旦确诊,应立即手术治疗(C)。

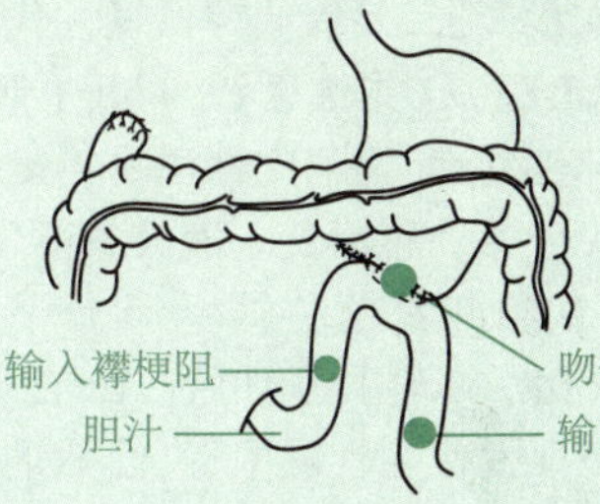

383. ABCDE 胃大部切术后病人发生晚期倾倒综合征的机制主要是食物进入肠道后,刺激胰岛素大量分泌,继而导致反应性低血糖(B)。常表现为进食后 2~4 小时,出现头晕、面色苍白、出冷汗、乏力、脉搏细弱等。

384. ABCDE ①碱性反流性胃炎多发生于胃大部切除术后数月至数年(B)。②胃大部切除术后的脂肪泻为晚期并发症。胃内出血多发生于术后当天至 20 天。胃排空障碍所致的呕吐多发生于术后数日。吻合口溃疡多发生于术后 2 年内。

385. ABCDE ①胃大部切除术后,由于失去了幽门的节制功能,导致胃内容物排空过快,产生一系列临床症状,称为倾倒综合征,多见于毕Ⅱ式胃大部切除术。②BCDE 均属于胃大部切除术后并发症,但其发生与术式无关。2020 年真题。

386. ABCDE 此病例胃大部切除术后 2 年,胃镜无梗阻提示,可首先排除答案 ABD。胃镜检查也未发现溃疡存在,可排除答案 E,故正确答案为 C。胃大部切除术后碱性反流性胃炎三联征:①剑突下持续烧灼痛,进食加重,制酸剂无效;②胆汁性呕吐,呕吐后腹痛仍旧;③体重下降。

387. ABCDE ①十二指肠溃疡患者突发上腹剧痛,板状腹,肠鸣音消失,应考虑十二指肠溃疡穿孔。为明确诊断,应首选立位腹部透视,若发现膈下游离气体即可确诊。②对于空腔脏器穿孔的诊断,B 超检查的临床意义不及腹部平片。腹部 CT 检查价格昂贵,不作为首选检查。消化性溃疡急性穿孔时,严禁行急诊胃镜检查。诊断性腹腔灌洗主要用于闭合性腹部损伤的诊断。

388. ABCDE 389. ABCDE 390. ABCDE ①患者突发上腹剧痛,板状腹,全腹压痛反跳痛,肝浊音界缩小,应诊断为消化性溃疡穿孔。因此诊断性腹穿抽出液最可能为胃内容物,即黄色、混浊、含胆汁或食物残渣(E)。“草绿色、透明”为纯净胃液的性状,不含食物残渣,其可能性不大,故不答 A。患者无上消化道出血,穿刺液不可能为血性,故不答 BC。溃疡穿孔仅 1 小时,不可能化脓,故不答 D。②消化性溃疡穿孔可行保守治疗,其措施包括 ABC 项,也可选择足三里、内关等穴位行针刺治疗。抗胰酶疗法为抑制胰酶分泌的措施,主要用于治疗急性胆源性胰腺炎,而不是治疗消化性溃疡穿孔。因此本题正确答案为 E 而不是 D,参阅 1 版 8 年制《外科学》P562。③消化性溃疡穿孔行保守治疗的主要缺点是不能去除已漏入腹腔内的污染物,若病人经常处于平卧位,则腹腔渗液易积聚在膈下形成膈下脓肿,表现为持续高热,右上腹疼痛,膈肌受刺激引起呃逆,右侧反应性胸腔积液等。结合病史及临床表现,本例应诊断为膈下脓肿(C)。肺部感染不会出现"右肋缘下疼痛伴呃逆"。切口感染仅表现为切口红肿触痛及发热,不会有反应性胸腔积液。盆腔脓肿常表现为直肠刺激征。肠间脓肿常表现为高热、中腹疼痛等,不会出现胸腔积液。

391. ABCDE ①幽门梗阻呕吐量大,一次可达 1000~2000ml,呕吐物为宿食,不含胆汁,有腐败酸臭味(B)。②"呕吐物有粪味"是结肠梗阻的典型表现。进入十二指肠降部的胆汁不可能经梗阻的幽门反流入胃,因此消化性溃疡并幽门梗阻时,呕吐物绝不含胆汁。虽然幽门梗阻患者可有餐后上腹饱满感,但无特异性,故不答 D。进脂餐后腹痛为慢性胰腺炎的典型表现。

392. ABCDE ①幽门梗阻呕吐量大,一次可达 1000~2000ml,呕吐物为宿食,不含胆汁,有腐败酸臭味(B 错)。②幽门梗阻时,大量胃液潴留,可导致上腹隆起,出现蠕动波、振水音。频繁呕吐时,可造成胃液大量丢失,导致低钾低氯性代谢性碱中毒。2020 年真题。

393. ABCDE ①男性患者,间断上腹痛 3 年,应考虑消化性溃疡。1 周前腹胀,呕吐大量胃内容物,有酸臭味,应诊断为消化性溃疡伴幽门梗阻。查体时可能有振水音阳性(D)。②腹肌紧张、肠鸣音减弱常见于急性腹膜炎。液波震颤常见于大量腹腔积液。幽门梗阻患者可出现胃型而不是肠型,故不答 C。2020 年真题。

394. ABCDE 幽门梗阻可有 ABCD 项临床表现。幽门梗阻患者长期反复呕吐,大量胃酸丢失,可造成低钾低氯性代谢性碱中毒,而不是代谢性酸中毒(E 错)。

395. ABCDE ①"反复呕吐,呕吐宿食,不含胆汁"为幽门梗阻的特征性表现,结合病史及临床表现,本例应诊断为消化性溃疡伴幽门梗阻(B)。②十二指肠憩室大多无症状,极少数病人可有间歇性上腹痛或饱胀不适。十二指肠梗阻、小肠梗阻可有反复呕吐,但呕吐量一般不大,且呕吐物含有胆汁。食管裂孔疝主要表现为胃食管反流、出血、吞咽困难等。

396. ABCDE ①病人反复无规律性上腹痛 2 年,间断黑便,体重减轻,应首先考虑胃癌。为明确诊断,最有价值的价值当然是纤维胃镜+活组织检查(D)。②ABCE 均属于辅助检查。2018 年真题。

397. ABCDE **398. ABCDE** 十二指肠溃疡急性穿孔多发生在球部前壁,出血多发生于球部后壁。

399. ABCDE ①萎缩性胃炎、胃溃疡和胃息肉都是胃癌的癌前病变。胃十二指肠溃疡病人行胃大部切除术后 5 年以上,残余胃发生的原发癌称残胃癌。②胃平滑肌瘤是胃较常见的良性肿瘤,由于来源于间叶组织,因此可恶变为胃平滑肌肉瘤,而与来源于腺上皮组织的胃癌无关。

400. ABCDE 我国胃癌高发区成人幽门螺杆菌感染率在 60%以上。

401. ABCDE ①淋巴转移是胃癌的主要转移途径,通常是由原发部位→第一站淋巴结→第二站淋巴结→第三站淋巴结,循序逐步转移,但恶性程度较高的胃癌可以发生跳跃式转移,可经胸导管向左锁骨上淋巴结转移(D)。②脾门淋巴结、肝总动脉淋巴结、腹腔淋巴结均属于胃的区域淋巴结。右锁骨上淋巴结为肺癌远处转移的常见部位。

402. ABCDE 胃癌晚期常发生血行转移,癌细胞可经门静脉或体循环向身体其他部位播散,形成转移灶。常见转移部位是肝、肺、胰、骨骼等处,其中,以肝转移多见。

403. ABCDE **404. ABCDE** **405. ABCDE** ①早期胃癌是指病变仅累及黏膜或黏膜下层者,不论病灶大小、有无淋巴结转移(E)。②直径<0.5cm 的胃癌称为微小胃癌(B)。直径<1.0cm 的胃癌称为小胃癌。③胃癌按 Borrmann 分型法可分为 4 型,其中Ⅳ型也称弥漫浸润型,是指癌肿沿胃壁各层全周性浸润生长,边界不清。若全胃受累,胃腔缩窄,胃壁僵硬如革囊状,称为皮革胃,恶性程度极高,发生转移早,预后极差(A)。④CD 均属于进展期胃癌。

406. ABCDE 胃癌(*特别是胃黏液癌*)的癌细胞浸润至胃浆膜表面时可脱落至腹腔,种植于腹腔及盆腔脏器的浆膜上。常在双侧卵巢形成转移性黏液癌,称为克鲁根勃(Krukenberg)瘤,答案为 C。

407. ABCDE ①早期胃癌常无明显症状,中老年人持续性大便隐血试验强阳性,上腹隐痛抑酸治疗无效,应高度怀疑胃癌(D)。②应激性溃疡发病前一定要有使机体处于应激状态的因素,而本例缺乏。门脉高压症多表现为脾大、脾功能亢进、上消化道大出血。十二指肠溃疡多表现为典型饥饿痛,抑酸治疗效果良好。慢性胃炎抑酸治疗常有效,很少并发上消化道出血。

408. ABCDE ①水、电解质紊乱和酸碱失衡是急性肠梗阻最突出的全身生理紊乱,应及早纠正,故答 E。②抗感染治疗、吸氧为急性肠梗阻的一般治疗措施。胃肠减压、禁食为肠梗阻的主要治疗措施,目的是减少胃肠道积留的气体、液体,减轻肠腔膨胀,有利于肠壁血液循环的恢复,减轻肠壁水肿。由于题干要求回答的是矫正"全身生理紊乱"的措施,故答 E 而不是 B。2018 年真题。

409. ABCDE 肠梗阻的病因分四类:①机械性肠梗阻:为最常见病因,如肠管扭转、肿瘤压迫肠管、先天性肠道闭锁、嵌顿疝等。②动力性肠梗阻:如麻痹性肠梗阻、慢性铅中毒引起的肠痉挛等(D)。③血运性肠梗阻:是指肠管血运障碍引起的肠梗阻,如肠系膜血管栓塞或血栓形成等。④假性肠梗阻。

410. ABCDE ①绞窄性肠梗阻时,由于肠管壁血运障碍,组织缺氧,毛细血管通透性增高,血性渗液渗入肠腔和腹腔,大量体液丢失,造成有效血容量减少、脱水、水电解质平衡紊乱。由于缺氧、低血容量,可造成酸性代谢产物在体内堆积,引起严重的代谢性酸中毒(C 错)。②由于肠道梗阻,在梗阻以上部位的肠腔内细菌数量显著增加,大量繁殖,而产生多种强烈毒素,可导致感染性休克。绞窄性肠梗阻最终可导致肠管壁坏死、穿孔。

411. ABCDE ①急性肠梗阻的典型表现为痛、吐、胀、闭(肛门停止排气排便),故本例应诊断为急性肠梗阻(D)。②急性胃肠炎可有轻微腹痛,恶心呕吐,肠鸣音亢进,但不会出现肛门停止排气排便。急性阑尾炎常表现为转移性右下腹痛,可有肠鸣音减弱。急性胆囊炎常表现为脂肪餐后发作性右上腹绞痛,不会有肛门停止排气排便。急性胰腺炎常表现为上腹持续性疼痛,呕吐后腹痛不缓解。

412. ABCDE 单纯性肠梗阻无腹膜炎表现,无腹膜刺激征。绞窄性肠梗阻有腹膜炎体征(E 错)。ABCD 都属于单纯性肠梗阻的常见表现。

413. ABCDE ①绞窄性肠梗阻是指肠管壁有血运障碍的肠梗阻,故答 D。②ABD 均属于机械性肠梗阻,肠管痉挛不一定导致肠梗阻。2020 年真题。

414. ABCDE ①低位肠梗阻的腹胀明显,呕吐发生晚而次数少,有时呕吐粪样物;高位肠梗阻的腹胀不明显,呕吐发生早而频繁(B 对 CD 错)。②高位肠梗阻胃肠减压量并不是极少,如幽门梗阻时,胃肠减压量极大,故不答 A。腹部平片示"阶梯状"液平面,提示低位小肠(回肠)梗阻;高位肠梗阻常表现为肠黏膜的环状皱襞呈鱼骨刺状,故不答 E。

415. ABCDE 梗阻肠管无血运障碍是单纯性肠梗阻,有血运障碍称为绞窄性肠梗阻。以下应考虑绞窄的可能:①腹痛发作急骤,起始即为持续性剧烈腹痛(A);②早期出现休克(D);③腹膜刺激征明显(B);④闭袢性肠梗阻;⑤呕吐物、胃肠减压液、肛门排出物为血性,或腹穿有血性液体(C);⑥经积极非手术治疗无效;⑦腹部 X 线显示孤立胀大的肠袢,不随时间而改变位置,或有假肿瘤状阴影;或肠间隙增宽,提示有腹腔积液。"有多次腹部手术史,反复发作腹痛"说明为不全性单纯性肠梗阻(E)。

416. ABCDE ①饱餐后立即进行剧烈活动容易导致肠扭转。本例病程 6 小时,全腹腹膜炎体征,肠鸣音弱,淀粉酶正常。最可能的诊断为急性肠扭转导致肠梗阻,由于梗阻时间较长,发生了肠管血运障碍,而发展为绞窄性肠梗阻(E)。②急性出血坏死性胰腺炎常表现为左上腹疼痛,腹腔穿刺液淀粉酶显著增高,而本例腹腔穿刺液淀粉酶正常,故不答 A。急性胆囊炎常表现为脂肪餐后阵发性右上腹痛,Murphy 征阳性,故不答 B。急性阑尾炎常表现为转移性右下腹疼痛,右下腹压痛反跳痛,故不答 C。上消化道穿孔为腹部剧烈疼痛,全腹腹肌紧张,板状腹,肝浊音界缩小,肠鸣音消失,故不答 D。

417. ABCDE ①肠粘连分为三种:先天性粘连少见,约占 5%;炎症后粘连占 10%~20%;手术后粘连最常见,约占 80%。②粘连性肠梗阻多发生在小肠,引起结肠梗阻者少见。③粘连是机体的一种纤维增生的炎性反应。手术治疗并不能消除粘连,相反,术后还可能形成新的粘连,所以对单纯性肠梗阻、不完全性肠梗阻，特别是广泛性粘连者，一般选用非手术治疗。仅对于绞窄性肠梗阻需立即手术治疗。④低位小肠梗阻，扩张的肠袢在腹中部，多个液平面呈“阶梯状排列”（C 对）。⑤早期肠梗阻表现为腹痛、腹胀、肛门停止排气排便，肠鸣音亢进，晚期肠绞窄时肠鸣音减弱或消失。

418. ABCDE ①肠扭转属于闭袢性肠梗阻，容易引起绞窄，需急诊手术治疗（D）。②动力性肠梗阻常表现为麻痹性肠梗阻，治疗时应以促进肠蠕动功能恢复为主，而不是急诊手术。粘连性肠梗阻多数可保守治疗缓解，只有发生绞窄时才需急诊手术。蛔虫性肠梗阻主要采用驱虫治疗，无需手术治疗。早期肠套叠可用空气或钡剂灌肠复位，90%以上可痊愈，大多数无需急诊手术。

419. ABCDE ①肠套叠是一段肠管套入其相连的肠管腔内，导致肠血管系膜受压绞窄，故常引起绞窄性肠梗阻而不是单纯性肠梗阻（A 错）。②肠套叠好发于 2 岁以下的儿童，约占 80%。③肠套叠的三大典型症状为腹痛、血便和腹部肿块。幼儿肠套叠病程不超过 48 小时，全身情况好，生命体征稳定者，可试行空气灌肠复位，疗效可达 90%以上。④慢性复发性肠套叠多有器质性病变，应手术治疗。

420. ABCDE ①患者腹部手术后 3 天，腹部 X 线平片见固定肠袢，说明肠功能没有完全恢复正常，因此不宜手术探查，而应支持治疗，即继续补液、观察病情变化（A）。②注射吗啡止痛可能延误诊断，导致不良后果，故不答 B。灌肠治疗会增加肠腔内压力，可能导致肠吻合口破裂，故不答 C。

421. ABCDE ①乙状结肠扭转好发于老年男性，特征性腹部 X 线平片示马蹄状巨大的双腔充气肠袢，特征性钡剂灌肠影像为阻端钡剂呈“鸟嘴形”。结合病史及临床表现，本例应诊断为乙状结肠扭转（C）。②钡剂灌肠已提示病变部位在直肠上段，可首先排除答案 AE。直肠癌、乙状结肠癌的钡灌肠常见肿块影。

422. ABCDE 423. ABCDE ①老年男性患者，活动后突发左下腹痛，2 天未排便，肠鸣音亢进，说明有肠梗阻。患者有腹胀，呕吐不明显，说明为乙状结肠扭转（B）。小肠扭转多见于青壮年，腹痛常位于脐周，呕吐频繁，腹胀一般不显著，与本例不符。缺血性肠病和肠系膜动脉栓塞多见于老年，腹部绞痛，恶心呕吐频繁，腹部平坦，无腹胀，严重症状与轻微体征不符为其特点。肠套叠好发于 2 岁以下的儿童，常表现为阵发性腹痛、果酱样大便、回盲部空虚、腊肠样包块。②诊断乙状结肠扭转首选钡剂灌肠，可见扭转部位钡剂受阻，钡影尖端呈特征性“鸟嘴”征。钡剂灌肠也可使早期扭转的乙状结肠复位（C）。选择性腹腔动脉造影主要用于诊断肠系膜动脉栓塞。胃肠减压、腹部 B 超对乙状结肠扭转的诊断价值不大。扩血管药物无助于肠扭转的治疗。

424. ABCDE 425. ABCDE 426. ABCDE 427. ABCDE 428. ABCDE ①低位肠梗阻腹胀明显，呕吐出现晚而次数少，呕吐物呈粪样（B）。②肠扭转属于闭袢性肠梗阻，容易发生肠绞窄坏死，因此呕吐物为血性（C）。③十二指肠溃疡伴幽门梗阻常表现为呕吐大量隔夜宿食，不含胆汁（D）。④碱性反流性胃炎常表现为三联征：上腹疼痛，进食加重，抗酸剂无效；胆汁性呕吐，呕吐后腹痛不缓解；体重下降（A）。⑤上消化道出血常表现为呕血、便血，呕吐物为咖啡样胃液（E）。

429. ABCDE ①阑尾动脉系回结肠动脉的分支，是一种没有侧支的终末动脉，当血运障碍时，易导致阑尾坏疽（E）。②阑尾壁内淋巴组织丰富，与回肠末端的 Peyer 淋巴滤泡一起可产生淋巴细胞和抗体，对防止病毒感染有一定的作用。

430. ABCDE ①患者转移性右下腹痛 16 小时，右下腹局限性压痛，应诊断为急性阑尾炎。12 小时后疼痛范围扩大，体温增高>38.5℃，全腹肌紧张，压痛反跳痛阳性，外周血白细胞计数增高，应考虑阑尾穿孔。因此题干要求回答的问题是“导致急性阑尾炎穿孔的解剖学原因是什么？”。阑尾动脉为回结肠动脉的分支，是一种无侧支的终末动脉，因此易于缺血坏疽，答案为 D。②阑尾壁内淋巴组织丰富，对防止病毒感染有一定的作用，并不是“容易化脓”，故不答 A。“阑尾与盲肠相通的开口狭窄易梗阻”是急性阑尾炎的病因，而不是阑尾穿孔的机制，故不答 B。阑尾系膜短而阑尾本身长，导致阑尾蜷曲，而不是坏死，故不答 C。E 项说法本身不严谨，故不答 E。

431. ABCDE ①病人转移性右下腹痛，发热，右下腹明显压痛反跳痛，外周血白细胞计数增高，中性粒细胞比例增高,应诊断为急性化脓性阑尾炎(D)。②ABC 均不会出现转移性右下腹痛,故不答 ABC。十二指肠溃疡急性穿孔可表现为突发上腹痛,后经右侧腹扩散至右下腹,易与急性阑尾炎混淆,但溃疡穿孔腹痛更剧烈,可表现为板状腹,膈下游离气体。2018 年真题。

432. ABCDE ①诊断急性阑尾炎的主要依据是转移性腹痛、右下腹压痛和白细胞增高。其中,转移性腹痛最具有诊断价值,虽然阴性时不能除外阑尾炎,但阳性时基本可以确立诊断(A)。右下腹固定性压痛是诊断慢性(不是急性)阑尾炎最有价值的体征。②畏寒发热、脐周压痛,对阑尾炎的诊断无特异性。结肠充气试验阳性只能作为辅助诊断依据。

433. ABCDE ①患者有转移性右下腹痛,应考虑急性阑尾炎。5 天后右下腹出现一触痛性包块,提示为炎性包块,应诊断为阑尾周围脓肿(C)。②结肠癌不会出现转移性右下腹痛,右下腹可有包块,但包块质硬,无触痛。克罗恩病常反复发作,不会有转移性右下腹痛,一般没有腹部包块。溃疡性结肠炎常表现为反复脓血便,无腹部包块。肠结核常表现为低热盗汗,右下腹包块,无触痛。

434. ABCDE ①患者先上腹痛后脐周痛,此为转移性腹痛。患者有下腹中部压痛、肌紧张,说明有固定性压痛点。加上血白细胞增高,胃肠道刺激症状等,可诊断为急性阑尾炎(A)。本例腹痛部位不典型,压痛点也不在麦氏点,与阑尾位置变异有关。②急性胃肠炎为胃肠功能紊乱所致,可有腹痛、呕吐、腹泻等症状,但一般不会出现血象增高,大便脓细胞阳性。急性盆腔炎主要表现为下腹疼痛及直肠刺激征,与本例不符。急性肠梗阻有典型痛、吐、胀、闭等症状,与本例不符。肠系膜淋巴结炎好发于小儿,可有右下腹痛,但不会出现腹膜炎体征。

435. ABCDE 应注意区分"急性阑尾炎的并发症"和"阑尾切除术后并发症"。急性阑尾炎的并发症包括腹腔脓肿、内外瘘、门静脉炎。阑尾切除术后并发症包括腹腔内出血、切口感染、粘连性肠梗阻、阑尾残株炎、粪瘘。

436. ABCDE 腹腔内出血为阑尾切除后常见的并发症之一。为明确诊断,应首选腹腔穿刺,若抽出不凝血,可确定诊断。

437. ABCDE 患童腹痛 1 天,右下腹压痛,白细胞增高,应诊断为急性阑尾炎。小儿急性阑尾炎病情发展快,穿孔率较高,应早期手术。

438. ABCDE ①小儿急性阑尾炎病情发展较快且较重,穿孔率较高,应早期手术。②老人急性阑尾炎因阑尾动脉硬化,易发生缺血坏死,故应早期手术。③妊娠阑尾炎易导致流产、早产,妊娠后期的腹腔感染难以控制,故应早期手术。④已有坏疽的阑尾炎,当然应急诊手术。⑤右下腹触到有包块的阑尾炎说明已形成阑尾周围脓肿,如果病情稳定,宜保守治疗,若强行切除阑尾易导致肠瘘。

439. ABCDE 本例诊断明确,为妊娠中期急性阑尾炎。由于阑尾炎症易导致流产或早产,威胁母子生命安全,故应早期行阑尾切除。术中操作应轻柔,以减少对子宫的刺激。围术期应加用黄体酮保胎,术后使用广谱抗生素。本例孕 27 周,无早产征象,不应行剖宫产。若行剖宫产,则胎儿不能存活。

440. ABCDE 确诊慢性阑尾炎首选 X 线钡剂灌肠检查,若见阑尾不充盈或充盈不全,阑尾腔不规则,72 小时后透视复查阑尾腔仍有钡剂残留,即可诊断慢性阑尾炎(D)。

441. ABCDE 直肠长 12~15cm,分为上段直肠和下段直肠,以腹膜返折为分界线(B)。齿状线是直肠与肛管的分界线。

442. ABCDE 肛管直肠环是由肛管内括约肌、肛管外括约肌深部、耻骨直肠肌、直肠壁纵肌下部组成的肌环。此环是肛管的重要结构,如手术时不慎完全切断,可引起大便失禁。

443. ABCDE 肠息肉可发生在肠道的任何部位,但临床上以大肠息肉多见,尤其好发于乙状结肠和直肠。

444. ABCDE 445. ABCDE 446. ABCDE ①Zollinger-Ellison 综合征又称胃泌素瘤,来源于 G 细胞,由于肿瘤细胞大量分泌胃泌素,刺激壁细胞分泌胃酸,导致胃酸显著增高,引起消化性溃疡(A)。②家族性肠息肉病癌变率最高,至青春期癌变率几乎 100%(E)。③Budd-Chiari 综合征也称巴德-吉亚利综合征,是指由肝静脉及其开口以上的下腔静脉段狭窄或阻塞引起的肝后型门静脉高压症,与恶性肿瘤无关(D)。④Zollinger-Ellison 综合征 60%~70%为恶性。Gardner 综合征是指肠息肉病合并多发性骨瘤和多发性软组织瘤,癌变倾向明显。Peutz-Jeghers 综合征也称色素沉着息肉综合征,可癌变。

447. ABCDE ①家族性肠息肉病常有家族病史,好发于直肠、乙状结肠,癌变倾向大,至青春期癌变率几乎100%,故应早期治疗。若直肠病变较轻,可施行全结肠切除+末端回肠直肠吻合术,直肠息肉经直肠镜电灼切除;若直肠病变严重,则应施行结、直肠全切除+永久性回肠造口术。②青年男性,结肠内满布息肉,直肠 1 个息肉,应诊断为家族性肠息肉病。由于直肠病变较轻,仅 1 个息肉,故应行全结肠切除、末端回肠直肠吻合术,以保留肛门(E)。参阅 7 版《外科学》P486,9 版外科学已删除。2018 年真题。

448. ABCDE ①直肠内高位带蒂息肉,无法手工经肛门切除,可在内镜(直肠镜、乙状结肠镜、纤维结肠镜)下显露息肉,用圈套器套住蒂部电灼切除(A)。②对于低位直肠息肉,可在骶麻下,扩肛后,经肛门切除(DE)。③腹腔镜手术、开腹手术主要用于内镜下难以彻底切除、位置较高的癌变息肉,或直径>2cm 的广基息肉(BC)。

449. ABCDE 直肠癌病因不明,可能与下列因素有关:①饮食因素:高蛋白、高脂肪饮食能使粪便中的甲基胆蒽增多,诱发直肠癌(D)。②直肠慢性炎症:溃疡性结肠炎(C)、血吸虫病(B)使肠黏膜反复破坏感染、修复而癌变。③癌前病变:如直肠腺瘤等。痔是由于直肠上下静脉丛曲张淤血所致,与直肠癌的发生无关。

450. ABCDE 结肠癌大体分三型,即溃疡型、隆起型和浸润型,其中以溃疡型最多见,约占 50%。左侧结肠癌以浸润型多见,容易引起肠腔狭窄和肠梗阻。右侧结肠癌以隆起型多见,肿瘤常向肠腔内生长。结肠癌的组织学分型以腺癌最多见(D 错)。淋巴转移是结肠癌的主要转移途径。

451. ABCDE ①结肠癌最早出现的临床症状是排便习惯改变。右侧结肠癌主要表现为全身症状、贫血、腹部肿块。左侧结肠癌主要表现为肠梗阻、便秘、腹泻、便血。可见 AE 为右侧结肠癌的典型表现,C 为左侧结肠癌的典型表现,而题干要求回答的是“降结肠癌最常见的临床表现”,故答 C。②若题干要求回答的是“降结肠癌最早的临床表现”,则答 D。恶心呕吐为非特异性症状,故不答 B。

452. ABCDE ①右侧结肠癌以全身症状、贫血、腹部肿块为主要表现。患者有腹部隐痛、全身症状(低热、贫血)、右中腹部肿块,应考虑升结肠癌(D)。②肠结核好发于年轻人,常表现为低热、盗汗等结核中毒症状,可有右下腹包块,质中等,轻压痛。盲肠套叠好发于 2 岁以下的男孩,表现为阵发性腹痛、果酱样大便、腊肠样包块、右下腹空虚。右肾肿瘤常表现为无痛性肉眼血尿,肿块常位于右上腹深部。阑尾周围脓肿常有急性阑尾炎病史,表现为高热、右下腹压痛性包块等。

453. ABCDE ①患者有排便习惯改变,脓血便,左下腹包块,边界不清,应考虑为左侧结肠癌。为明确诊断,应首选纤维结肠镜检查(D)。②B 超、CT 均为影像学检查方法,不能确诊结肠癌。癌胚抗原(CEA)测定主要用于结直肠癌预后估计和复发的监测。便潜血试验为结直肠癌的筛查方法。

454. ABCDE ①约 45%的结肠癌患者癌胚抗原(CEA)阳性,但特异性不高,因此血清 CEA 一般不用于结肠癌的早期诊断,而用于监测术后复发、判断预后(B)。②甲胎蛋白(AFP)主要用于原发性肝癌的诊断和预后判断。癌抗原 199(CA199)主要用于消化道肿瘤的诊断。CA125 主要用于卵巢癌的诊断。碱性磷酸酶(AKP)主要用于肝胆、骨骼等疾病的诊断。

455. ABCDE ①结肠癌的治疗原则是以手术为主的综合治疗,凡能手术切除的结肠癌,如无手术禁忌证,都应尽量施行手术,如伴有能切除的肝转移癌,应同时切除肝转移灶。本例横结肠癌已累及浆膜,但未穿破肠管壁,可以切除。肝脏转移灶仅 3cm 大小,可以一并切除,故答 E。②结肠造瘘主要适用于左侧结肠癌并急性肠梗阻者。“仅行全身化疗”适合于晚期结肠癌不能手术的患者。

456. ABCDE ①患者高龄,肠梗阻已 5 天,横结肠扩张、水肿,说明横结肠远端有梗阻,此为左侧结肠癌。左侧结肠癌急诊手术原则应是一期解除肠梗阻(在梗阻近端造瘘),二期行肿瘤根治,不能一期强行切除肿瘤(A)。②“左半结肠切除、横结肠乙状结肠吻合术”为一期手术方式,此种处理方法不正确。一期做根治性手术易导致肠瘘,引起严重后果。③横结肠-乙状结肠侧侧吻合术,没有切除肿瘤,由于横结肠局部肠管条件较差,术后易发生吻合口瘘。Hartmann 手术为直肠癌的术式之一。

457. ABCDE ①患者便血伴直肠刺激症状(排不尽感),应警惕直肠癌的可能,可首选直肠指检,因为直肠指检可触及约 70%的直肠癌。不要误认为内痔而漏诊直肠癌。内痔可有便血,但一般无直肠刺激征。②便潜血试验为直肠癌的筛查试验。直肠镜检、结肠镜检、钡剂灌肠操作较复杂,不属于首选检查。

458. ABCDE 大量的研究表明,97%的直肠癌向远端肠壁浸润的范围不超过 2cm,因此 Dixon 手术(经腹直肠癌切除术)的远端切缘至肿瘤最短的距离应是 2cm(A)。

459. ABCDE 460. ABCDE ①直肠癌手术方式主要取决于肿块距肛缘的距离。经腹直肠癌切除术(Dixon 手术)适合于距齿状线 5cm 以上的肿块,故答 A。腹会阴联合直肠癌根治术(Miles 手术)适用于腹膜返折以下的直肠癌。②直肠癌病人发生急性肠梗阻时,由于急诊手术术前不可能进行常规肠道准备,梗阻肠管局部充血水肿明显,只能一期行乙状结肠造瘘,二期行根治手术。即先解决肠梗阻,二期处理直肠癌,不能选用 Hartmann 手术(C)。Hartmann 手术是指经腹直肠癌切除、近端造口、远端封闭手术,适用于全身情况差、不能耐受 Miles 手术、急性肠梗阻不宜行 Dixon 手术者。

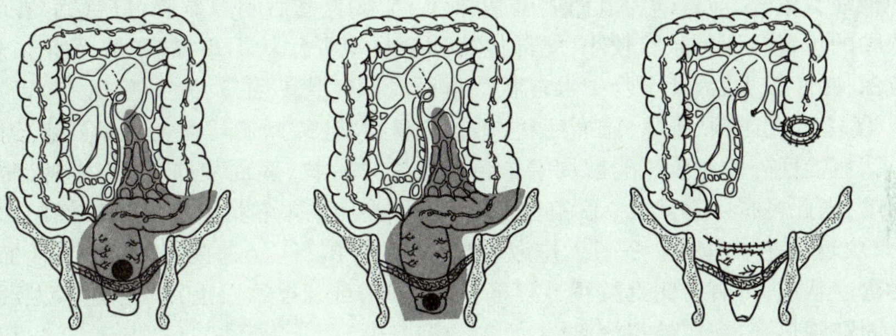

Dixon手术　　Miles手术　　Hartmann手术

461. ABCDE ①晚期直肠癌并发肠梗阻急诊手术时,可行乙状结肠双腔造口,而不是横结肠造口,故不答 A。②经腹会阴联合直肠癌根治术(Miles 手术)需切除肛门,于左下腹行永久性乙状结肠造口,适用于腹膜返折以下的直肠癌,但本例肿瘤位于直肠与乙状结肠交界部,故不适用。③经腹直肠癌切除术(Dixon 手术)可以保留肛门,术后患者生活质量较高,适用于距齿状线 5cm 以上的直肠癌,本例肿瘤位于直肠与乙状结肠交界部,即距齿状线 7~10cm,可以选用此术式。但由于术中见近端结肠扩张、水肿,局部肠管情况较差且高龄,若做 Dixon 手术,将直肠与乙状结肠作一期吻合,则易发生吻合口瘘导致严重后果,故不答 C。④对于不宜行 Dixon 手术伴有急性肠梗阻的直肠癌患者,可行经腹直肠癌切除、近端造口、远端封闭手术,即 Hartmann 手术,留待二期还纳(D 对)。⑤由于癌肿近端肠管水肿、扩张,故不宜行拖出式直肠癌切除术(Bacon 手术)。

462. ABCDE 直肠癌距肛门的距离>10cm,应首选经腹直肠癌切除术(Dixon 手术)。

463. ABCDE ①直肠指检触及条索状物,此为肛瘘的瘘管。挤压时瘘管中有脓性分泌物溢出,应诊断为肛瘘。②内痔、外痔、直肠癌、直肠息肉均不会触及瘘管,故不答 ABDE。2019 年真题。

464. ABCDE 465. ABCDE ①肛裂的疼痛特点是"疼痛→缓解→疼痛",即便时、便后剧痛,表现为便时剧痛→缓解数分钟→括约肌痉挛剧痛半小时至数小时,故答案为 C。②外痔为齿状线下方直肠下静脉丛曲张团块形成,主要表现为痔核、肛门不适,一般无痛,但血栓性外痔可有剧烈疼痛。本例肛周有痔核(暗紫色长圆形肿物),触痛明显,应诊断为血栓性外痔(A)。请注意:普通外痔无疼痛,嵌顿痔、血栓性外痔可有剧痛。③肛周脓肿常表现为发热、肛周红肿、痛、可有或无波动感。内痔主要表现为出血和痔核脱出,一般无痛。肛瘘由内口、瘘管、外口三部分组成,常反复发作,表现为外口流出少量分泌物。

466. ABCDE 467. ABCDE A 为直肠肛管周围脓肿的特点,B 为肛裂的特点,C 为痔的特点,D 为嵌顿痔或血栓性外痔的特点，E 为肛瘘的特点。

468. ABCDE ①内痔的主要临床表现为出血和脱出，在早期主要表现为排便时出血，痔核脱出少见，故答案为 E 而不是 B。②痔块脱出为Ⅲ、Ⅳ度内痔的主要表现。排便时疼痛为肛裂的常见临床表现。里急后重常见于直肠癌。肛门瘙痒感常见于肛瘘、肛门瘙痒症等。

469. ABCDE ①血栓性外痔常表现为肛门持续剧痛，痔核脱出，暗紫色，触痛明显。根据题干，本例应诊断为血栓性外痔(A)。②肛周脓肿常表现为寒战高热，肛门部持续性疼痛，局部红肿，触痛，不会出现 0.7cm 的小肿物。直肠息肉、内痔脱出均不会出现肛门持续性疼痛，故不答 CD。肛裂可有肛门部“便时疼痛-缓解-便后再痛”的间歇性疼痛，而不是持续性疼痛，故不答 E。2018 年真题。

470. ABCDE 肛瘘是指肛管周围的肉芽肿性管道，由“肛瘘外口-瘘管-内口”三部分组成。手术治疗的关键是确定肛瘘瘘管与肛门括约肌之间的解剖关系，准确找到肛瘘内口，一并切开或挂线治疗，否则遗留内口或造成假道，将不可避免地导致复发(E)。

471. ABCDE ①患者肛门周围肿痛，皮肤发红，压痛明显，体温 38.5℃，说明患者以肛门局部症状为主，而全身中毒症状较轻，应诊断为肛门周围脓肿(C)。②直肠后间隙脓肿、肛管括约肌间隙脓肿、直肠黏膜下脓肿的位置较深且脓腔较小，局部症状和全身中毒症状不重，故不答 ABE。骨盆直肠间隙脓肿位置较深，脓腔较大，因此全身中毒症状严重而局部症状不明显，故不答 D。

472. ABCDE ①本例无尿频、尿急、尿痛症状，但有全身症状(白细胞增高)，因此可首先排除急性膀胱炎的诊断。②血栓性外痔常表现为肛周暗紫色长条圆形肿物，表面皮肤水肿、质硬、压痛明显，一般不伴排尿困难，因此可排除答案 C。③肛旁脓肿位置表浅，主要症状为肛周持续性跳痛，全身感染性症状(如白细胞增高等)不明显，一般无排尿困难，故不答 B。④坐骨直肠窝脓肿由于脓肿位置深大，因此全身中毒症状重，可有会阴部持续性疼痛，伴排尿困难和里急后重，故答 D。⑤肛瘘常表现为反复发作的肛周红肿热痛，窦道外口流脓。

473. ABCDE 474. ABCDE ①肛裂疼痛的特点是排便痛—缓解—痉挛痛，不会持续剧烈疼痛 2 天。直肠肛管黑色素瘤、直肠癌不会有肛周剧痛。内痔脱出嵌顿可有疼痛，但痔核不可能仅有 1.0cm 大小，因为 1.0cm 的痔核是很容易自行还纳的，不会嵌顿，故本例应诊断为血栓性外痔(D)。②血栓性外痔位于齿状线以下，为阴部神经支配，痛觉敏感，故应行血栓外痔剥离，以缓解疼痛(C)。胶圈套扎主要适合内痔的治疗。肿物还纳是嵌顿痔的治疗方法。痔核不是肿瘤，无需行肿物切除活检。环痔切除多用于环状痔的治疗。

475. ABCDE 第一肝门是指门静脉、肝动脉和肝总管在肝脏面横沟各自分出左、右干进入肝实质内。第二肝门是指三条主要的肝静脉在肝后上方的静脉窝进入下腔静脉。第三肝门是指肝内小部分血液经数支肝短静脉流入肝后方的下腔静脉。

476. ABCDE ①B 超可明确肝脓肿大小、部位，且可在 B 超引导下穿刺引流，为首选检查方法(B)。②CT、MRI 可引导肝脓肿穿刺引流，但价格昂贵，不作为首选。腹部 X 线平片、肝动脉造影不能引导肝脓肿穿刺，故不答 AE。

477. ABCDE 患者 B 超提示肝右叶液性暗区，说明为液体而不是实质性占位病变，故可首先排除答案 C。患者长期右上腹痛，间断低热，说明有中毒症状，故不答 DE。细菌性肝脓肿病程较短，全身中毒症状严重，常有寒战高热。阿米巴性肝脓肿中毒症状较轻，常表现为低热。根据题干，本例应诊断为阿米巴性肝脓肿(B)。

478. ABCDE ①患者肝区疼痛，肝脏肿大，肝区叩痛，提示病变在肝脏。患者寒战、高热，白细胞及中性粒细胞增多，提示为细菌性感染。B 超示肝左叶巨大液性暗区，提示为液体。结合病史和临床表现，本例应诊断为细菌性肝脓肿(C)。②肝血管瘤、肝囊肿、肝包虫病虽可出现肝脏液性暗区，但不会出现感染中毒症状，也不会出现外周血白细胞增高，故不答 ABE。肝癌常有肝脏增大，肿块，质硬，不会出现肝脏液性暗区，也不会出现感染中毒症状，故不答 D。

479. ABCDE ①细菌性肝脓肿是细菌感染性疾病,因此给予抗生素为主要治疗措施。对急性期肝局限性炎症,脓肿尚未形成或多发性小脓肿,应采用大剂量有效抗生素和全身支持疗法,多数病人可以治愈(A)。②在B超引导下,经皮穿刺抽脓+脓腔内注入抗生素,适用于单个较大的脓肿。肝脓肿切开引流适用于较大脓肿,估计有穿破可能者。③理疗很少采用。内引流不适合肝脓肿的治疗。

480. ABCDE ①患者寒战高热、肝区疼痛,CT示肝内脓腔,直径6cm,应诊断为细菌性肝脓肿。由于脓腔较大(>5cm),故应行经皮穿刺置管引流术(A)。②肝叶切除术适用于病程长的慢性局限性厚壁肝脓肿。脓腔内注入抗生素常作为经皮穿刺置管引流的辅助治疗。全身大剂量应用抗生素适用于病程早期脓肿尚未形成或多发性小脓肿。肝脓肿为消耗性疾病,应行营养支持治疗,此为一般性治疗措施。

481. ABCDE 482. ABCDE 483. ABCDE 484. ABCDE ①患者急性起病,高热,肝区持续性胀痛,肝脏肿大,右上腹压痛,肝B超示液性暗区,可诊断为细菌性肝脓肿(A)。阿米巴性肝脓肿起病缓慢,全身中毒症状不重,与本病不符。肝血管瘤一般很少并发感染。本例肝脏体检不符合肝癌。患者无外伤史,不能诊断为肝被膜下破裂。②细菌性肝脓肿的感染途径有4条:胆道逆行感染是最主要的感染途径(占50%左右),其他途径包括经肝动脉、门静脉、肝周围的感染蔓延等(C)。③细菌性肝脓肿的致病菌多为大肠埃希菌、金黄色葡萄球菌、厌氧链球菌、类杆菌属等(A)。④细菌性肝脓肿的治疗主要是抗生素,对于有手术指征的单个较大脓肿(直径>5cm)可行置管引流或切开引流。

485. ABCDE 门静脉和腔静脉间有4条交通支:①胃底、食管下段交通支:门静脉血流经胃冠状静脉(E)、胃短静脉(A)等流入上腔静脉。②直肠下端、肛管交通支:门静脉血经肠系膜下静脉、直肠上静脉与直肠下静脉、肛管静脉(B)吻合,流入下腔静脉。③前腹壁交通支:门静脉血流经脐旁静脉(D)与腹上深静脉、腹下深静脉吻合,分别流入上、下腔静脉。④腹膜后交通支:即Retzius静脉丛扩张。腰静脉不是门静脉属支(C)。

486. ABCDE 门脉高压症时最早受累的门腔静脉交通支为胃底、食管下段交通支,表现为门静脉血流经胃冠状静脉、胃短静脉等流入上腔静脉,故答B。

487. ABCDE ①门静脉高压症手术治疗最主要的目的是控制食管、胃底曲张静脉破裂所致的上消化道大出血(B)。②对于合并脾功能亢进的病人可同时行脾切除术。分流术可降低门静脉压力,但由于同时可使肝功能受损,因此术后腹腔积液减少并不明显。贲周血管离断术可增加门静脉压,术后入肝血流增加,肝性脑病发生率较低。门静脉高压性胃病所致上消化道出血仅占5%~20%,且出血量小,因此不是治疗的主要目的。

488. ABCDE 肝炎后肝硬化患者,大量呕血,可诊断为门脉高压症胃底食管下段曲张静脉破裂出血。患者有黄疸和大量腹腔积液,说明肝功能属于Child-Pugh C级,若急诊外科手术,死亡率可高达60%~70%,因此对这类病人应尽量采用非手术疗法,如输血输液、静滴垂体加压素、静滴生长抑素、应用三腔管压迫止血、内镜治疗(经内镜硬化剂注射疗法、曲张静脉套扎)等。

489. ABCDE ①患者乙型肝炎病史多年,食管静脉曲张,外周血白细胞和血小板计数降低,应诊断为乙肝肝硬化门静脉高压症合并脾功能亢进。对于尚未出血的门静脉高压症,目前倾向于不做预防性手术,重点应为内科保肝治疗。因为肝炎后肝硬化病人的肝功能损害多较严重,任何一种手术对病人来说都是负担,甚至引起肝功能衰竭(D)。②患者脾大至肋缘,说明脾脏为轻度肿大,无需行脾切除术。严重脾大多见于晚期血吸虫病,行脾切除效果较好。

490. ABCD 491. ABCDE 492. ABCDE 493. ABCDE 494. ABCDE 495. ABCDE ①门静脉高压症的手术方式分分流术和断流术两类。分流术又细分为非选择性门体分流术和选择性门体分流。非选择性门体分流术包括门腔分流术、肠系膜上-下腔静脉分流术、中心性脾-肾分流术等。选择性门体分流包括远端脾肾静脉分流术(Warren手术)、限制性门-腔静脉分流术等。贲周血管离断术就是阻断门奇静脉间反常血流的止血方法(C)。②非选择性门体分流术,如门腔静脉端侧分流术,完全阻断了入肝血流,因此术后入肝血流减少,肝功能不能得到改善,肝性脑病发生率最高,达30%~50%。

但降压止血效果最显著，可使门静脉压力降低 10～16cmH_2O。选择性门体分流术可降低门静脉压 8～10cmH_2O。贲周血管离断术后，入肝血流增加，门静脉压比术前更高。③贲周血管离断术对病人打击较小，能达到即刻止血的目的，又能维持入肝血流，对肝功能影响小，手术后死亡率和并发症发生率低，是急诊手术常用的术式（C）。④对门静脉高压症顽固性腹腔积液最有效的治疗方法是肝移植（D）。⑤对于晚期血吸虫病所致的严重脾肿大、脾功能亢进者，单纯脾切除效果良好（E）。

496. ABCDE 胆总管分为 ABCD 四段，临床上胆总管探查、T 管引流均在十二指肠上段进行（A）。

497. ABCDE ①逆行胰胆管造影（ERCP）为经口→胃→十二指肠降部→胰胆管开口处→胰管、胆管注入造影剂→行胰胆管造影及各种治疗。因此，ERCP 可诱发胰腺炎和胆管炎。患者腹痛部位在“剑突下偏左”，应诊断为胰腺炎而不是胆管炎（B）。②ERCP 检查器械不能经胆总管到达胆囊，因此不会引起急性胆囊炎。ERCP 更不会引起胃炎。ERCP 若未损伤胆总管，则不会导致胆汁漏。

498. ABCDE ①黄疸患者，肝内胆管扩张，为明确黄疸原因，最有价值的检查是经皮肝穿刺胆管造影（PTC）。②静脉胆道造影由于受肝功能的影响，显影常不清晰，故临床上少用。核素扫描、十二指肠低张造影、腹腔动脉造影不能显示胆道树，不宜采用。

499. ABCDE ①患者餐后突发右上腹痛，向右肩胛区放射，右上腹肌紧张，Murphy 征阳性，应诊断为急性胆囊炎（A）。②Murphy 征为急性胆囊炎的特征性表现，故不答 BCDE。

500. ABCDE ①胆绞痛为胆管管壁痉挛引起的疼痛，表现为骤然右上腹或中上腹的阵发性绞痛，多发生于胆囊炎、胆石症、胆道蛔虫症急性发作期。患者胆囊小结石，突发右上腹绞痛，应诊断为急性胆绞痛（C）。②急性胆囊炎常表现为胆绞痛及 Murphy 阳性，而本例仅有胆绞痛而Murphy阴性，故只能诊断为急性胆绞痛而不能诊断为急性胆囊炎。急性胆管炎常表现为 Charcot 三联征，即腹痛+寒战高热+黄疸。急性胰腺炎常表现为上腹部或左上腹部持续性剧痛，而不是绞痛。急性胃炎常表现为上腹隐痛，而不是绞痛。

501. ABCDE ①患者肥胖，餐后右上腹阵发性疼痛，应考虑胆囊结石。为明确诊断，首选 B 超检查，准确率几乎 100%（A）。②CT 价格昂贵，故不作为首选。胃镜主要用于消化性溃疡、胃癌的诊断。口服胆囊造影现在基本上已被 B 超所取代。上消化道造影主要用于诊断上消化道动力性病变。

502. ABCDE ①有症状的胆囊结石，应首选胆囊切除（A）。②对于胆囊胆固醇结石，可口服鹅脱氧胆酸、熊脱氧胆酸行溶石治疗，但有效率仅 10%～12%，故临床上少用。③体外震波碎石主要用于肾结石的治疗，由于胆囊结石的成分不同于肾结石，故疗效不佳。④抗感染治疗不能去除基本病因胆结石，只对胆囊结石引发的急性胆囊炎有效，故不答 D。⑤由于胆囊颈管直径仅 0.2～0.4cm，胆囊结石易嵌顿于胆囊管的 Heister 瓣，故排石治疗效果不佳。

503. ABCDE ①无症状的胆囊结石无需预防性手术治疗（A 错）。②对于有症状的胆囊结石首选腹腔镜胆囊切除（B 对）。③胆囊结石数量多及结石直径≥2～3cm 需手术治疗，因为有一定的癌变率（CD 对）。④伴有糖尿病者需将血糖控制后手术治疗（E 对）。

504. ABCDE ①患者右上腹疼痛，体温增高，右上腹腹膜刺激征，化验血象增高，B 超提示胆囊肿大伴结石，诊断为“胆囊结石，慢性胆囊炎急性发作”，应行胆囊切除。患者术前 B 超提示胆总管增粗，直径 1.2cm（直径>1cm 称胆总管增粗），因此术中需行胆总管探查。胆总管增粗的原因可能是胆囊内的细小结石沿胆囊颈管进入胆总管，阻塞胆总管下端开口所致。如术中不行胆总管探查，可能遗留结石于胆总管，导致严重后果。②单纯行胆囊造瘘和经皮肝胆管穿刺引流（PTCD），仅能部分减轻胆道压力，达不到根治胆总管结石的目的。单纯做胆肠吻合，不能处理胆囊病灶。

505. ABCDE 胆总管拔除的指征为：病人无腹痛、腹胀等症状；体温正常；肝功能正常、无黄疸；T 管造影示肝内外胆管显影正常；T 管通常在术后 2 周左右拔除。否则过早拔除 T 管，管壁周围纤维组织包裹不严实，胆汁漏入腹腔，会导致胆汁性腹膜炎等严重并发症。

506. ABCDE ①胆总管探查后应常规放置 T 管，拔出 T 管应在手术 2 周以后，其目的是让 T 管周围的大网膜、肉芽组织等形成完整的窦道,以免拔出T管后胆汁经胆总管T管开口处漏入腹腔。若拔出T管后患者立即出现持续性右上腹痛、肌紧张等,说明有胆汁漏入游离腹腔,导致了胆汁性腹膜炎。②拔出T管不会导致胆道痉挛,即使胆道痉挛,也不会出现急性腹膜炎的典型体征腹肌紧张。急性胆管炎多见于胆道结石患者进食油腻食物后。急性胰腺炎多见于胆、胰管共同通道受阻。

507. ABCDE　胆道手术后如造影发现残余结石,需保留T管至少6周,才可行胆道镜取石。

508. ABCDE　肝细胞分泌的胆汁,经左右肝管→肝总管→与胆囊管汇合→胆总管→与主胰管汇合→共同通路开口于十二指肠降部。BCDE均可导致胆汁流出道受阻,而出现梗阻性黄疸。肝内胆管结石,若未阻塞左右肝管的主干,一般不会出现黄疸。

509. ABCDE　510. ABCDE　①本例题干强调胆囊结石为多发小结石,因此行腹腔镜胆囊切除时,个别细小的结石很可能经"胆囊→胆囊颈管→胆总管→阻塞胆总管下端"引起梗阻性黄疸(E)。术中胆总管损伤常在术后早期出现梗阻性黄疸,可有胆瘘、腹部剧痛及腹膜刺激征,与本例不符。胆总管水肿狭窄、急性胆管炎常于胆总管探查后发生,本例仅行单纯胆囊切除,术中造成胆管损伤,故不答BC。甲型肝炎虽有黄疸,但与手术无关。②当胆囊内细小结石落入胆总管后,可行内镜逆行胰胆管造影(ERCP)予以确诊,并可加乳头切开(EST)。此时,不必开腹行胆总管探查,以免增加病人痛苦。腹部手术后10天,腹腔粘连严重,严禁行腹腔镜手术。消炎利胆、保肝等都是保守治疗方法,一般不能使胆总管结石排出体外。

511. ABCDE　①患者上腹部不适并放射至右肩,曾发作胆绞痛,右上腹有深压痛,故应诊断为胆囊炎。B超提示胆囊缩小,只能诊断为慢性胆囊炎,而不能诊断为急性胆囊炎,因急性胆囊炎常有胆囊充血肿胀而增大而不是缩小(D对C错)。②胃十二指肠溃疡常表现为周期性上腹痛,不会发生胆绞痛。右肾结石不会发生胆绞痛。慢性阑尾炎常表现为右下腹固定性隐痛,可反复发作。

512. ABCDE　①急性胆囊炎常有右上腹疼痛、阵发性加剧,伴恶心呕吐,可有轻至中度发热,无黄疸。体检右上腹压痛,Murphy征阳性。结合病史及临床表现,本例应诊断为急性胆囊炎(B)。②急性阑尾炎常表现为转移性右下腹疼痛,右下腹压痛反跳痛及肌紧张。急性胰腺炎常表现为上腹部或左上腹持续性疼痛,疼痛可向左肩及左腰背部放射。胃十二指肠溃疡常表现为周期性发作性上腹痛,无发热。胆总管结石、胆管炎常表现为右上腹阵发性疼痛、畏寒发热、明显黄疸。

513. ABCDE　①急性非结石性胆囊炎多见于男性老年病人,临床表现与急性结石性胆囊炎相似,但病情发展更迅速,易坏疽穿孔。一经确诊,应及早手术治疗。②长期肠外营养者,因肠道缺乏食物刺激,缩胆囊素分泌减少,导致胆囊胆汁淤滞和缺血可能是发病原因。参阅3版8年制《外科学》P586。

514. ABCDE　515. ABCDE　516. ABCDE　517. ABCDE　①40岁以上的女性患者,突发Charcot三联征(腹痛+发热+黄疸),应考虑急性胆管炎。患者皮肤黄染,尿色深,说明有阻塞性黄疸。患者既往反复发作上腹部隐痛,向右肩背部放射,此为胆囊结石的典型表现。因此,本例应诊断为急性胆管炎,胆囊结石合并胆总管结石。为明确诊断,首选检查为腹部B超(A)。腹部CT、MRI价格昂贵,一般不作为首选检查,故不答BC。经皮肝穿胆管造影为有创检查,一般不作为首选,主要适用于不明原因的病程发展缓慢的阻塞性黄疸,肝内胆管增粗者,故不答D。内镜逆行胆胰管造影为有创检查,也不作为首选,故不答E。②在我国,急性胆管炎的病因以胆道结石最常见,其次为胆道寄生虫、胆管狭窄等(B)。③本例最可能的B超结果为:胆囊增大,胆总管增粗,胆囊及胆总管结石(C)。根据现有病史,不能诊断本例为壶腹部占位性病变,故不答B。急性胰腺炎常表现为左上腹持续性疼痛,向左腰背部放散,与题干所述不符,故本例不考虑急性胰腺炎,因此不答DE。④本例在Charcot三联征的基础上发生休克,说明出现Reynolds五联征,应诊断为急性梗阻性化脓性胆管炎(AOSC),最有效的治疗措施是:在纠正休克的同时急诊行胆管引流手术,即胆总管切开取石+T管引流术(D)。ABC为一般性治疗措施。只行胆囊切除,不能缓解胆总管阻塞,故不答E。

518. ABCDE　519. ABCDE　①患者有腹痛、寒战高热、黄疸、血压降低、神志淡漠的典型表现,此为Reyn-

olds 五联征，常见于急性化脓性梗阻性胆管炎（AOSC）。Charcot 三联征＝腹痛＋寒战高热＋黄疸，常见于急性胆管炎。Whipple 三联征＝低血糖症状＋发作时血糖<2.8mmol/L＋给予葡萄糖后症状缓解，常见于胰岛素瘤。Grey-Turner 征是指急性坏死性胰腺炎时，腰部、季肋部和下腹部皮肤出现大片青紫斑。Murphy 征见于急性胆囊炎。②AOSC 起病急，发展快，故应急诊行胆总管探查＋T 管引流。不能先保守治疗，等到休克纠正后再手术，因为不解除胆道梗阻休克不易好转。若病情稳定，可先行鼻胆管引流（ENBD）或经皮肝穿刺胆管引流（PTCD），再彻底手术。

520. ABCDE ①患者皮肤巩膜黄染，皮肤瘙痒，大便白陶土样，应诊断为阻塞性黄疸。肝门部胆管癌、胆总管下段癌、胰头癌均可引起阻塞性黄疸，但肝门部胆管癌一般无胆囊肿大，胆总管下段癌和胰头癌可导致胆囊肿大。患者胆囊无肿大，故应诊断为肝门部胆管癌（A）。②胆囊癌一般不导致阻塞性黄疸，故不答 B。患者甲胎蛋白（AFP）正常（正常值<25μg/L），故不答 D。

521. ABCDE 急性胰腺炎有多种致病因素：①胆汁逆流入胰管是国内最常见的病因，占 50%以上，其原理就是共同通道受阻。胆道结石向下移动，可阻塞胆总管末端（Vater 壶腹），胆汁经共同通道逆流入胰管。②过量饮酒是国外最常见的病因。乙醇既可直接损伤胰腺，也可间接刺激胰液分泌，还可引起 Oddi 括约肌痉挛，造成胰管内高压，细小胰管破裂导致胰腺自家消化。③内镜逆行胰胆管造影（ERCP）为有创检查，可诱发胰腺炎。④高脂血症所致的胰腺炎占总数的 7%，但致病机理目前尚不清楚。⑤消化性溃疡慢性后壁穿孔可引起胰腺炎，但极为少见。因此“消化性溃疡易导致胰腺炎”的说法，是错误的。

522. ABCDE 急性胰腺炎的发病主要是胰腺自身消化的结果。各种原因导致胰腺腺泡细胞破坏，释放的胰蛋白酶原首先在肠激酶的作用下，激活为胰蛋白酶。胰蛋白酶可激活磷脂酶 A、弹力纤维酶、激肽酶、糜蛋白酶、胰舒血管素等多种胰酶，对胰腺进行自身消化而发生胰腺炎。可见，胰蛋白酶原的激活是触发急性胰腺炎的“扳机点”，其活性形式胰蛋白酶是激活各种胰酶，造成胰腺组织损伤的关键。

523. ABCDE 腹痛是急性胰腺炎的主要症状，常于饱餐和饮酒后突然发作，腹痛剧烈，呈持续性，多位于左上腹，向左腰背部放射。病变累及全胰时，疼痛范围较宽并呈束带状向腰部放射（D）。

524. ABCDE ①大量饮酒、进食脂肪餐后上腹疼痛为急性胰腺炎的特点。青年男性大量饮酒后上腹痛，伴恶心呕吐，上腹压痛反跳痛，应诊断为急性胰腺炎（C）。因为发病时间仅 2 小时，故血尿淀粉酶无异常。②急性肠梗阻常表现为腹痛、呕吐、腹胀、肛门停止排气排便。急性胆囊炎常表现为脂肪餐后右上腹痛，右上腹压痛，Murphy 征阳性。上消化道穿孔多表现为突发上腹剧痛，板状腹，肝浊音界消失。2018 年真题。

525. ABCDE ①血清淀粉酶升高见于多种急腹症，如急性胰腺炎、消化性溃疡穿孔、胆石症、胆囊炎、肠梗阻等，但后 4 种疾病一般不超过正常值 2 倍。急腹症时淀粉酶升高主要是由于病变累及胰腺或富含淀粉酶的肠液进入腹腔被吸收所致。②慢性肝炎不属于急腹症，血清淀粉酶不升高（E）。

526. ABCDE ①血钙降低（<2mmol/L）为出血坏死性胰腺炎的诊断标准之一（D）。②出血坏死性胰腺炎的血清淀粉酶可升高、正常或降低。血清胆红素升高主要见于肝功能衰竭。出血坏死性胰腺炎血糖常增高（>11.2mmol/L），若长期禁食未补充镁剂，可造成镁缺乏，但对诊断无特异性。

527. ABCDE **528. ABCDE** ①患者暴饮暴食后中上腹持续性疼痛，伴恶心呕吐，左上腹腹膜刺激征，应考虑急性胰腺炎（D）。急性肠梗阻常表现为痛、吐、胀、肛门停止排气排便，肠鸣音亢进。急性阑尾炎常表现为转移性右下腹痛，右下腹压痛反跳痛。急性胆囊炎常表现为脂肪餐后发作性右上腹绞痛，Murphy 征阳性。消化性溃疡穿孔常表现为突发上腹痛，后扩散至右下腹或全腹，板状腹，肝浊音界缩小或消失，肠鸣音消失。②急性胰腺炎患者，血淀粉酶于发病数小时开始升高，6～8 小时可测，24 小时达高峰，4～5 天降至正常。尿淀粉酶于发病 12～24 小时开始升高，48 小时达高峰，1～2 周恢复正常。血清脂肪酶于发病 24～72 小时开始升高，持续 7～10 天。本例发病仅 8 小时，为明确诊断，只能选择血清淀粉酶测定（B），因为尿淀粉酶、血脂肪酶还没升高。腹部 B 超为急性胰腺炎首选的影像学检查,但不能确诊。腹部平片对急性胰腺炎诊断价值不大。

529. ABCDE ①胰腺假性囊肿是急性胰腺炎的常见并发症,由于胰管破裂,胰液流出积聚在网膜囊内,刺激周围组织及器官的浆膜形成纤维包膜,囊内壁无上皮细胞。体检时,左上腹可触及半球形囊性包块。胰腺假性囊肿常在急性胰腺炎4周后形成。本例2个月前饮酒后剧烈腹痛,住院30天后好转,暗示该患者可能为急性胰腺炎。2个月后出现左上腹包块,轻压痛,最大可能为胰腺假性囊肿。②脾脏属免疫器官,因此脾脏肿瘤临床上少见。③胰腺炎性包块及胰周脓肿常有高热,剧烈腹膜刺激征,与本例不符。④胰腺恶性肿瘤一般无发热,无腹膜刺激征表现。

530. ABCDE ①患者8小时前开始上腹剧烈疼痛,上腹部压痛。可拟诊为急性胰腺炎、消化性溃疡穿孔、急性心肌梗死等。急查血淀粉酶可排除或肯定急性胰腺炎的诊断。可做心电图检查用以排除急性心肌梗死,做X线腹部平片检查用以排除消化性溃疡穿孔。②急性胰腺炎时,尿淀粉酶发病24小时开始升高,48小时达高峰,持续1~2周后恢复正常。本例发病仅8小时,尿淀粉酶仍未增高,不能用于鉴别诊断。腹部CT可用于确诊急性胰腺炎。

531. ABCDE 抑制胰酶活性的药物是抑肽酶,抑肽酶可抑制胰舒血管素、胰蛋白酶和糜蛋白酶,使缓激肽原不能转变为缓激肽。抑制胰液分泌的药物是奥曲肽和生长抑素。胰升糖素是体内升高血糖的主要激素,不是药物。降钙素是甲状腺C细胞分泌的激素,主要作用是降低血钙,也不是药物。

532. ABCDE 533. ABCDE 534. ABCDE 535. ABCDE ①患者突发持续上腹部疼痛,上腹腹膜刺激征,白细胞增高,血淀粉酶>500U/L,可确诊为急性胰腺炎。患者有胆囊结石病史,提示胆源性胰腺炎的可能性大(A)。急性胆管炎、急性胆囊炎、消化性溃疡穿孔、急性心肌梗死都可有血清淀粉酶增高,但都不会超过500U/L。血清淀粉酶>500U/L为确诊急性胰腺炎的依据。②诊断急性胆源性胰腺炎的首选影像学检查是腹部B超,B超检查经济、简便、易行(B)。虽然CT、MRI的分辨率较B超高,但由于价格昂贵,一般不作为首选。X线片、心电图对急性胰腺炎的诊断价值不大。注意区分:诊断急性胰腺炎最有价值的影像学检查方法是增强CT。③急性胰腺炎的基础治疗措施为禁食、补液、胃肠减压,因为禁食、胃肠减压可减少胃酸分泌,使促胰液素分泌减少,从而减少胰液分泌,使胰腺得到休息,有利于胰腺炎症的恢复(E)。若保守治疗无效,有手术指征时,可行手术治疗。对于胆源性胰腺炎,手术方式包括胆囊切除+胆总管探查+胰周坏死组织清除+引流术。④急性胰腺炎4周后可并发假性囊肿,常表现为上腹部囊性包块,囊壁成熟至少需4~6周。囊壁成熟前,如无严重感染,只能行保守治疗,观察随访,多数可吸收消散(A)。囊壁成熟后,若直径>5cm,则可行外引流(囊肿切开引流术)或内引流术(囊肿空肠吻合术),不宜行囊肿切除、囊肿穿刺,否则易发生胰瘘。

536. ABCDE 胰头癌在中晚期压迫胆总管下端,可引起黄疸。由于胆汁排出受阻,可使胆囊充盈性无痛性肿大。由于胆囊无肿块,故胆囊表面光滑,此体征称为Courvoisier征阳性(B)。

537. ABCDE ①壶腹周围癌压迫胆胰管共同通道,导致胆汁排出受阻,胆管内胆汁淤积,胆汁沿胆囊管进入胆囊,胆囊被动充盈,可于右上腹扪及无痛性肿大的胆囊(B)。②肝脏下缘不可能呈圆形肿块,故不答A。Courvoisier征于右上腹扪及的是被胆汁充盈的胆囊,而不是胰头癌、壶腹部癌本身,故不答CD。胆总管囊肿常表现为反复胆道感染。

538. ABCDE ①胰头癌可压迫胆总管下端,导致无痛性黄疸及Courvoisier征阳性。结合病史和临床表现,本例应诊断为胰头癌(E)。②胆囊癌、急性胆囊炎可有胆囊肿大,但不会造成胆汁排出通道阻塞,故多无黄疸。胆囊结石常表现为脂肪餐后突发右上腹绞痛,多无黄疸。急性病毒性肝炎可有黄疸、肝肿大,但无胆囊肿大。

539. ABCDE ①无痛性黄疸+胆囊无痛性肿大,称为Courvoisier征阳性,常见于壶腹癌、胆总管下段癌等。根据题干,本例应诊断为壶腹周围癌(E)。②胆总管结石常表现为波动性黄疸+胆囊触痛性肿大。胆囊癌、慢性胆囊炎一般不会引起黄疸。慢性胰腺炎病程迁延,主要表现为脂肪泻,消瘦等,不会出现梗阻性黄疸的表现。

540. ABCDE 胰腺癌血清学标记物包括癌胚抗原(CEA)、胰胚抗原(POA)、胰腺癌特异性抗原(PaA)和糖类抗原 199(CA199)、CA50。其中 CA199 最常用于胰腺癌的辅助诊断和术后随访,不要误选答案 PaA 或 POA。甲胎蛋白(AFP)为肝癌的诊断和随访指标。

541. ABCDE 动脉硬化性闭塞症是一种全身性疾病,主要累及全身大、中动脉,以腹主动脉远侧、髂-股-腘动脉最为常见,后期可累及腘动脉远端的主干动脉(D 错)。可有下肢慢性缺血的表现,早期可有间歇性跛行,晚期可出现静息痛。本病好发于 45 岁以上的男性。

542. ABCDE ①超声多普勒是根据动脉音的强弱来判断血流强弱、血管狭窄程度,测定血流速度,不能确诊动脉硬化性闭塞症(A)。②动脉造影、DSA(数字减影血管造影)、MRA(磁共振血管造影)、CTA(螺旋 CT 血管造影)均可确诊动脉硬化性闭塞症,其中 MRA、CTA 为无创检查,常作为诊断动脉硬化性闭塞症的首选检查。

543. ABCDE 544. ABCDE 545. ABCDE 546. ABCDE 血栓闭塞性脉管炎(Buerger 病)的临床分期与动脉硬化性闭塞症相同,均采用 Fontaine 法分为 4 期:Ⅰ期:无明显临床症状;Ⅱ期:以间歇性跛行为主;Ⅲ期:以静息痛为主;Ⅳ期:可有静息痛、趾(指)发黑坏死、缺血性溃疡。

547. ABCDE 548. ABCDE ①血栓闭塞性脉管炎(Buerger 病)好发于吸烟的青年男性,病人大量吸烟者达 80%~90%。在肢体末端出现坏疽前及时戒烟能明显减轻症状,复吸后病情又会复发(C)。由于 Buerger 病主要累及四肢中小动静脉,故无动脉钙化。②动脉硬化性闭塞症常累及大、中动脉,多见于男性,发病年龄多在 45 岁以上,常有导致动脉粥样硬化的因素,如高血压、高脂血症、糖尿病等,因此受累动脉常有钙化(E)。③踝关节过度背屈试验(Homans 征)阳性见于小腿深静脉血栓形成。Perthes 试验阳性常见于深静脉阻塞。

549. ABCDE 550. ABCDE ①血栓闭塞性脉管炎好发于男性青壮年,多数有吸烟嗜好(A)。②动脉硬化闭塞症好发于 45 岁以上的中老年男性(C)。

551. ABCDE 552. ABCDE 553. ABCDE 554. ABCDE 555. ABCDE ①大隐静脉瓣膜功能(Trendelenburg)试验:病人平卧,抬高患肢使静脉排空,在大腿根部扎止血带,阻断大隐静脉;然后让病人站立,迅速释放止血带,如出现自上而下的静脉逆向充盈,提示瓣膜功能不全(B)。②交通静脉瓣膜功能(Pratt)试验:病人仰卧,抬高患肢,在大腿根部扎止血带,然后从足趾向上至腘窝缚缠第一根弹力绷带;再自止血带处向下,扎上第二根弹力绷带。让病人站立,一边向下解开第一根弹力绷带,一边向下继续缚缠第二根弹力绷带,如果在两根绷带之间的间隙内出现曲张静脉,即提示该处有功能不全的交通静脉(C)。③深静脉通畅试验(Perthes 试验):用止血带结扎大腿浅静脉主干,嘱病人用力踢腿或做下蹬活动连续 10 余次,迫使静脉血液向深静脉回流,使曲张静脉排空。若活动后浅静脉曲张更明显,张力增高,甚至有胀痛,则表明深静脉不通畅,为 Perthes 试验阳性(A)。④体位性色泽改变试验(Buerger 试验):先将下肢抬高 70°~80°,持续 1 分钟,肢体远端皮肤保持淡红色或稍微苍白,若呈苍白或蜡白色,提示动脉供血不足。再将下肢下垂于床沿,正常人皮肤色泽可在 10 秒内恢复,若恢复时间超过 45 秒,且色泽不均匀者,进一步提示动脉供血障碍(D)。⑤小腿深静脉血栓形成常表现为小腿肿胀,深压痛,做踝关节过度背屈试验可致小腿剧痛,称为 Homans 试验阳性(E)。

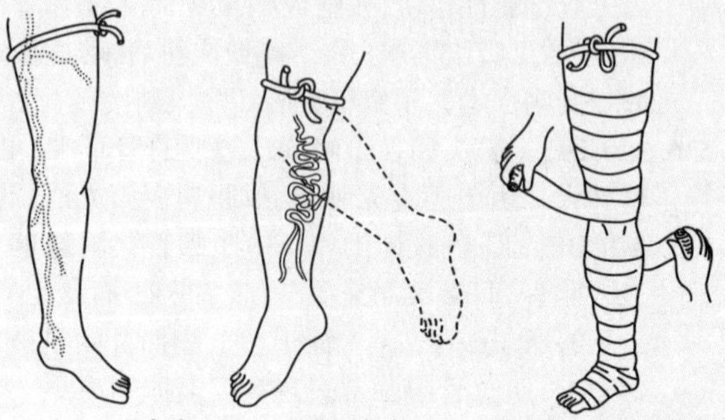

Trendelenburg试验　　Perthes试验　　Pratt试验

556. ABCDE 血栓闭塞性脉管炎(Buerger 病)是一种累及下肢中小动静脉的炎症性、节段性、周期性的慢性闭塞性疾病。好发于男性青壮年,多有吸烟史。患者晚期可有肢体缺血症状。可反复发作游走性浅静脉炎。Buerger 病无动脉粥样硬化,因此 X 线检查动脉无钙化斑(E 错)。

557. ABCDE ①老年男性,既往有高血压、血脂异常病史多年,左下肢慢性缺血性表现(左足背动脉搏动消失),应诊断为动脉硬化性闭塞症(A)。②深静脉血栓形成起病急骤,进展快,常表现为单侧下肢肿胀、疼痛。血栓性浅静脉炎常表现为沿浅静脉线性分布的红肿热痛。急性动脉栓塞常表现为局部疼痛、感觉异常、麻痹、无脉、苍白,即 5P 征。血栓闭塞性脉管炎多发于 45 岁以下的青壮年,常无高血压、血脂异常等疾病。

558. ABCDE ①男性青壮年,吸烟 20 余年,"左下肢疼痛,行走后加重 3 年,休息片刻缓解",此为间歇性跛行,为早期血栓闭塞性脉管炎的典型症状(D)。②下肢静脉曲张常表现为下肢静脉迂曲怒张,无动脉缺血的表现。动脉粥样硬化性闭塞症好发于 45 岁以上的中老年人,主要累及大、中型动脉,多有高血压、高血脂和糖尿病等病史。多发性大动脉炎常见于青年女性,主要累及主动脉及其分支。雷诺综合征多见于青壮年女性,患肢远端动脉搏动正常。

559. ABCDE 大隐静脉注入股静脉之前主要有 5 个属支:阴部外静脉(A 错)、腹壁浅静脉、旋髂浅静脉、股外侧静脉、股内侧静脉。

560. ABCDE ①患者右下肢静脉迂曲扩张 15 年,足靴区颜色加深、肿胀,深静脉通畅试验阴性说明无深静脉阻塞,应考虑单纯性下肢静脉曲张(D 对 C 错)。②后天性动静脉瘘多有外伤史,常表现为损伤局部搏动性肿块,大多有震颤和血管杂音。血栓性浅静脉炎常表现为沿静脉分布的线状充血,压痛明显。原发性下肢深静脉瓣膜功能不全病情进展迅速,不会迁延 15 年。

561. ABCDE ①足靴区溃疡是单纯性下肢静脉曲张的常见并发症,常经久不愈,愈合后易复发。处理方法为:创面湿敷,抬高患肢以利静脉回流,较浅的溃疡一般都能愈合,随后应手术治疗。较大的溃疡,经上述处理后溃疡缩小,周围炎症消退,创面清洁后行手术治疗(E)。②弹力绷带包扎、局部硬化剂注射一般用于轻症不愿手术者。

562. ABCDE 全身主干静脉均可发生深静脉血栓形成,尤其多见于下肢(E)。

563. ABCDE ①Perthes 试验可检查深静脉是否通畅,若 Perthes 试验阳性,说明深静脉阻塞,下肢深静脉血栓形成(D)。②5 P 即 Pain(疼痛)、Pallor(苍白)、Pulselessness(无脉)、Paresthesia(感觉异常)、Paralysis(麻痹),是动脉栓塞的主征。Buerger 试验是检查肢体有否动脉供血不足或静脉回流障碍的方法。大隐静脉瓣膜功能试验(Trendelenburg 试验)阳性提示大隐静脉瓣膜功能不全。

564. ABCDE ①患者有血栓形成的高危因素:癌症病人血液呈高凝状态、手术后卧床休息使血流缓慢;突发一侧下肢肿胀,股三角区有压痛,应考虑左下肢深静脉血栓形成(E)。②动脉栓塞常见于老年房颤患者,常表现为突发下肢剧痛,皮肤缺血苍白,动脉搏动消失。淋巴水肿常表现为缓慢下肢肿胀,不会突然起病。大隐静脉曲张仅表现为下肢浅静脉曲张。血栓性浅静脉炎常表现为沿浅静脉分布的充血、触痛性红线。

565. ABCDE ①阿司匹林可防治血小板聚集,但并不能预防下肢深静脉血栓形成。②华法林、肝素、术后早期下床活动,均可预防下肢深静脉血栓形成。参阅 9 版《外科学》P504。2020 年真题。

566. ABCDE 567. ABCDE ①患者有血栓形成的高危因素:癌症病人血液呈高凝状态、手术后卧床休息使血流缓慢;突发一侧下肢肿胀,足背动脉搏动存在,应考虑左下肢深静脉血栓形成。为明确诊断,最有意义的体征是 Homans 试验(踝关节过度背屈试验)阳性(D)。ABE 都是诊断单纯性下肢静脉曲张的检查方法。直腿抬高试验阳性常见于腰椎间盘突出症。②对于下肢深静脉血栓形成的患者,当然严禁使用止血药(A)。BCDE 都属于深静脉血栓形成的一般性治疗措施。

568. ABCDE 569. ABCDE ①患者上腹部手术后第 10 天,胸片正常,上腹部 B 超正常,切口愈合好,排除了肺部、腹腔及伤口感染。故 3 天来低热的原因与"左小腿微肿,腓肠肌压痛"有关,可诊断为左下肢深静脉血栓形成(C)。左下肢肌筋膜炎是指肌筋膜及肌组织的非特异性炎症,常表现为反复出现的慢性肌痛、下肢酸软无力等。根据发病部位,可首先排除左膝关节炎的诊断。左下肢浅静脉炎常表现为沿浅静脉分布的线状充血肿胀、发硬。左下肢动脉栓塞不会出现下肢肿胀,故不答 E。②对于下肢深静脉血栓形成患者,若在发病后 3~5 天内,可行取栓治疗;一般处理包括卧床休息,抬高患肢;也可行抗凝治疗,有利于降低机体血凝功能;严禁过多活动下肢,以免下肢深静脉血栓脱落造成肺栓塞等严重后果(D 错)。

570. ABCDE 隐睾的治疗原则为:1 岁以内的隐睾有自行下降的可能;若 1 岁以后睾丸仍未下降,可短期应用绒毛膜促性腺激素;若 2 岁以前睾丸仍未下降,应行睾丸固定术。本例患儿 1 岁,内分泌治疗无效,故应在 2 岁前手术治疗。由于隐睾位于腹股沟管内,游离之后可以拉下并置入阴囊固定(D)。

571. ABCDE 1 岁以内的隐睾症,可行内分泌治疗。绒毛膜促性腺激素每周肌注 2 次。每次 500U,总剂量为 5000~10000U。若 2 岁以前睾丸仍未下降,再行手术治疗。

572. ABCDE ①患者左腰部外伤,局部压痛,尿常规结果示血尿,应考虑肾外伤。本例血压正常,生命体征稳定,应诊断为肾挫伤(A)。②严重肾裂伤(如肾部分裂伤、肾全层裂伤)时,因损伤和失血常发生休克(血压降低)。肾蒂断裂可造成短期内大出血而死亡。输尿管位于腹膜后隙,受到周围组织的良好保护,因此输尿管外伤少见。

573. ABCDE 闭合性肾外伤的病理分型包括四类:肾挫伤、肾部分裂伤、肾全层裂伤和肾蒂血管外伤。

574. ABCDE 肾外伤可因肾周软组织损伤出现患侧腰腹部疼痛,但无尿痛。尿痛是指排尿时感到尿道疼痛,属于膀胱刺激征,故答 C。ABDE 均属于肾外伤的典型表现。

575. ABCDE 临床上大多数肾外伤属于轻微肾挫伤,一般症状较轻,经短期休息即可康复(A)。

576. ABCDE 肾外伤不宜做逆行肾盂造影(RP)检查,以免招致感染。DSA 为肾动脉造影,CTU 为 CT 尿路成像。

577. ABCDE 578. ABCDE ①前尿道外伤多见于骑跨伤,多为球部外伤,记忆为前骑球。②后尿道外伤多见于骨盆骨折,多为膜部外伤,记忆为后骨膜。

579. ABCDE ①以尿生殖膈为界,男性尿道分前、后两段。前尿道包括球部和阴茎部,以球部外伤多见。后尿道包括膜部和前列腺部,以膜部外伤多见。②由于有尿生殖膈的阻隔,后尿道(尿道膜部)外伤后血肿和尿液常积聚在尿生殖膈以上的部位,如耻骨后间隙、膀胱周围(C)。③前尿道(尿道球部)外伤后血肿和尿液常积聚在尿生殖膈以下的部位,如会阴部、阴茎、阴囊、下腹壁。

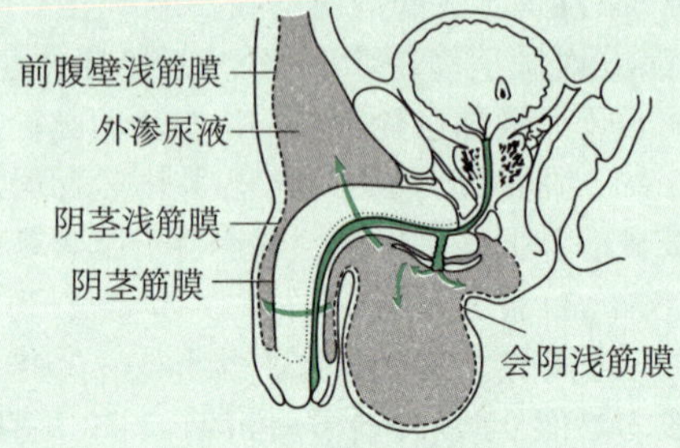

前尿道(尿道球部)外伤的尿外渗范围

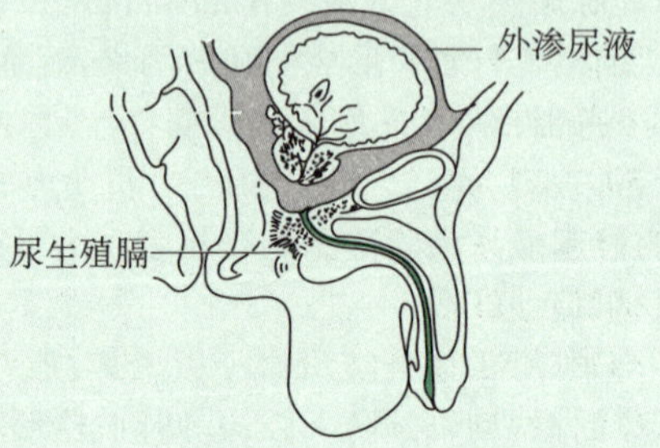

后尿道外伤的尿外渗范围

580. ABCDE ①男性尿道以尿生殖膈为界,分为前、后两段。前尿道包括阴茎部和球部,后尿道包括膜部和前列腺部。当高空坠落或摔倒时,会阴部骑跨于硬物上,尿道被挤压于硬物与耻骨联合之间,常引起前尿道球部外伤。当前尿道球部外伤时,尿液可外渗至会阴浅筋膜包绕的会阴部及阴囊等(B)。②"尿液外渗至腹腔"为腹膜内型膀胱破裂的特点,故不答 A。腹膜外型膀胱破裂时,尿液常外渗至膀胱周围、耻骨后间隙,故不答 CE。

581. ABCDE ①本例为骨盆骨折,故多为后尿道的膜部外伤,答案为 B。②本例不要误诊为膀胱破裂,膀胱破裂的受伤机制为:膀胱充盈时,下腹部遭受撞击、挤压、踢伤等,骨盆骨折所致的膀胱破裂仅占 10%,少见,故最佳答案为 B 而不是 C。

582. ABCDE ①尿道外伤尿液外渗至阴囊,应诊断为前尿道断裂,应及时经会阴切口清除血肿,然后行尿道端端吻合术,留置导尿管3周。若条件不允许时,可仅做耻骨上膀胱造瘘,故答E而不是D。②因前尿道完全断裂,导尿常常失败。经会阴尿道修补、清除会阴部血肿,没有同时恢复尿道连续性和处理血肿,故不答BC。2018年真题。

583. ABCDE ①骑跨伤导致前尿道断裂,会阴、阴茎、阴囊内会形成巨大血肿,应及时经会阴切口予以清除,然后行尿道端端吻合术,并留置导尿管3周(D)。②导尿是前尿道挫伤的治疗方法。前尿道断裂,若条件不允许时,可作耻骨上膀胱造瘘,以解决尿潴留。尿道断裂仅清除会阴部血肿,不能恢复尿道连续性,故不答C。E为一般性治疗措施,显然不是正确答案。2018年真题。

584. ABCDE ①尿道滴白为慢性前列腺炎的典型临床表现。前列腺液检查提示WBC>10个/HP,卵磷脂小体减少(正常值为大量),可诊断为慢性前列腺炎。②慢性膀胱炎常表现为反复发作的尿频、尿急、尿痛。泌尿系统结核常表现为慢性膀胱刺激征。非淋菌性尿道炎常表现为尿道刺痛、尿痛、少量尿道分泌物等。膀胱结石好发于男性儿童,常表现为排尿中断,改变体位后可继续排尿。2020年真题。

585. ABCDE 慢性前列腺炎的致病菌多为大肠埃希菌、变形杆菌、克雷伯杆菌属、葡萄球菌、链球菌等,治疗时首选红霉素、多西环素等具有较强穿透力的抗菌药物。

586. ABCDE ①急性前列腺炎患者严禁行前列腺按摩,以免感染蔓延引起精囊炎、附睾炎、菌血症等(E)。但慢性前列腺炎可行前列腺按摩治疗。②少数并发前列腺脓肿者,可经会阴切开引流。ABC为一般性治疗措施。

587. ABCDE 急性附睾炎病原体多为大肠埃希菌,也有淋病奈瑟菌、衣原体、病毒等。

588. ABCDE 90%的肾结核继发于肺结核,少数继发于骨关节结核、消化道结核。

589. ABCDE 90%的肾结核继发于肺结核,结核分枝杆菌经血行感染进入肾,导致肾结核(A)。

590. ABCDE 90%的肾结核继发于肺结核,结核杆菌经血行感染进入肾,肾皮质(肾小球)结核→肾髓质(肾小管)结核→肾盂肾盏→结核性肾盂肾炎→膀胱结核。绝大多数肾结核为单侧病变,故答A。

591. ABCDE 592. ABCDE 593. ABCDE 594. ABCDE 595. ABCDE 596. ABCDE 597. ABCDE
①尿频是肾结核最早的症状,常是病人就诊的主诉(A)。②尿频是良性前列腺增生最常见的早期症状,夜间更为明显(A)。③肾结核的特点是病变在肾,症状在膀胱,主要表现为慢性膀胱刺激征(E)。④良性前列腺增生最重要的症状是排尿困难,表现为排尿迟缓、断续、尿流细而无力(B)。⑤上尿路结石的典型临床表现是肾区疼痛+血尿(D)。⑥肾细胞癌的常见症状是间歇性无痛性肉眼血尿(C)。⑦膀胱癌的典型症状是间歇性无痛性肉眼血尿,约占85%(C)。

598. ABCDE 599. ABCDE 600. ABCDE ①肾损伤的血尿多为全程血尿(D)。②肾结核的重要症状是血尿,常为终末血尿(C)。③肾结石常为镜下血尿,有时活动后血尿为其唯一临床表现(E)。

601. ABCDE 602. ABCDE ①患者进行性膀胱刺激征,抗生素治疗无好转,有结核中毒症状(午后潮热),应考虑肾结核。对肾结核有决定意义的检查为尿沉渣找到抗酸杆菌,阳性率50%~70%(D)。血尿、脓尿均无特异性,故不答AB。尿液普通细菌培养阳性常见于尿路感染,尿细胞学检查找到癌细胞提示肾盂癌,故不答CE。②静脉尿路造影(IVU)可以了解分侧肾功能、病变程度与范围,对肾结核的诊断、治疗方案的制订均有重要价值(B)。B超主要用于确定肾结核的部位。逆行肾盂造影、CT、MRI主要用于IVU显影不良的病人。

603. ABCDE 肾结核是全身结核病的一部分,其基本治疗手段是抗结核药物治疗(A)。对于药物治疗6~9个月无效、肾结核破坏严重者可行手术治疗。

604. ABCDE 605. ABCDE 606. ABCDE 607. ABCDE ①青年男性,慢性膀胱刺激征,抗生素治疗无效,应首先考虑肾结核(D)。慢性肾盂肾炎、慢性膀胱炎好发于育龄期女性,对抗生素治疗有效。肾结石常表现为有痛性肉眼血尿。肾细胞癌常表现为无痛性肉眼血尿。②对于肾结核患者首先要作尿液检查,其层次顺序为:尿常规→尿沉渣找抗酸杆菌→尿结核菌培养。由于题干要求回答的是"目前首先要作的检查”,故答 A。若题干要求回答的是“对确诊最有价值的检查”,则答案为 C。③静脉尿路造影(IVU)可了解分肾功能、病变程度和范围,可作为制订治疗方案的依据,故答 A。④肾结核的基本治疗是抗结核药物治疗,即使是手术治疗,术前可要行抗结核治疗 2 周以上,故答 A。

608. ABCDE 609. ABCDE 引起输尿管梗阻最常见的原因是结石。引起尿道梗阻最常见的原因是狭窄。

610. ABCDE 611. ABCDE 612. ABCDE 613. ABCDE 614. ABCDE 615. ABCDE ①B 超可了解肾积水的程度、皮质萎缩情况,简便易行无创,是肾积水的首选检查方法(A)。②B 超能显示肾结石的高回声影及其后方的声影,属于无创检查,为首选影像学检查方法(A)。③CT 可清晰显示肾损伤尿外渗和血肿的范围,显示无活力的肾组织,是肾损伤的首选检查,参阅 7 版《外科学》P642,9 版外科学已删除该知识点。④CT 对肾癌的确诊率高,是目前诊断肾癌最可靠的影像学方法(B)。⑤诊断慢性肾盂肾炎的标准之一即为静脉肾盂造影(IVU),常显示肾盂肾盏变形、狭窄,故答 D。⑥IVU 可了解分肾功能、病变程度和范围,可作为制订治疗方案的依据,故答 D。⑦KUB 为尿路平片,MRU 为磁共振尿路成像。

616. ABCDE 小儿肾积水最常见的梗阻是肾盂-输尿管连接部先天性狭窄。参阅 8 版《诸福棠实用儿科学》P1714。2020 年真题。

617. ABCDE 肾积水的根本治疗措施是解除病因(B)。

618. ABCDE 619. ABCDE ①良性前列腺增生早期常表现为尿频,随着尿频加重,可出现急迫性尿失禁(C)。②良性前列腺增生晚期常表现为排尿困难,当膀胱过度充盈时,可出现充溢性尿失禁(B)。③尿失禁分 ABCD 四种,可首先排除答案 E。

620. ABCDE 621. ABCDE 622. ABCDE ①良性前列腺增生最重要的检查是直肠指检,所有病人均需作此项检查(A)。②B 超可清晰显示前列腺大小、是否增生,测定膀胱残余尿量,是诊断前列腺增生最简便的影像学检查方法(B)。③确诊良性前列腺增生最有价值的检查是细针穿刺细胞学检查(E)。

623. ABCDE ①老年男性,进行性排尿困难,应考虑良性前列腺增生。不能自行排尿 2 小时,应考虑合并急性尿潴留,首选导尿并留置导尿管,1 周后再试行拔除导尿管(E)。②针灸为急性尿潴留的辅助治疗方法,故不答 A。药物治疗为前列腺增生的治疗方法。急性尿潴留的病人在不能插入导尿管时,可采用粗针头行耻骨上膀胱穿刺吸出尿液,以缓解病人的痛苦。若需持续引流尿液,可在局麻下行耻骨上膀胱造瘘。2018 年真题。

624. ABCDE ①老年患者进行性排尿困难,夜尿增多,B 超示前列腺增大(正常前列腺大小约为 4cm×3cm×2cm),应诊断为良性前列腺增生。其手术指征为梗阻严重(最大尿流率<10ml/s)、残余尿量>50ml,故本例应手术治疗。经尿道前列腺切除术(TURP)是目前最常用的手术方式,故答案为 C。②膀胱穿刺造瘘主要用于伴尿路感染、残余尿量较多、肾功能不全者。雌激素不宜常规应用,因对心血管系统副作用较大,故不答 B。本例具有手术治疗指征,故不答 D。耻骨上经膀胱前列腺切除术为原来老的手术方法,因创伤大,现已弃用,故不答 E。

625. ABCDE ABC 均属于机械性梗阻引起的尿潴留,可首先排除答案 ABC。DE 均属于动力性梗阻引起的尿潴留,但以中枢和周围神经病变造成的神经源性膀胱功能障碍最常见,故答 E。

626. ABCDE 体外冲击波碎石的禁忌证包括:结石远端尿路梗阻、妊娠、出血性疾病、严重心脑血管疾病、主动脉或肾动脉瘤、尚未控制的泌尿系感染等。

627. ABCDE 628. ABCDE ①草酸钙结石质硬,不易碎,粗糙,不规则,呈桑椹样,棕褐色(A)。②胱氨酸结石淡黄至黄棕色,质韧,光滑,呈蜡样(D)。③B 为磷酸钙结石、磷酸镁铵结石的特点,C 为尿酸结石的特点。

629. ABCDE 尿路结石中,以草酸钙结石最常见,磷酸盐结石、尿酸盐、碳酸盐结石次之,胱氨酸结石罕见。

630. ABCDE 肾结石的治疗方案主要与结石直径有关:①结石直径<6mm、光滑、结石以下无尿路梗阻,可行保守治疗;②直径≤20mm 的结石,首选体外冲击波碎石(ESWL),有效率可达 90%;③直径≥

20mm 的肾盂结石,首选经皮肾镜碎石取石术(PCNL)。按此原则,直径 13mm 的肾盂结石,应行体外冲击波碎石治疗(A)。经输尿管镜碎石主要用于输尿管中、下段结石的处理。肾盂切开取石为开放性手术,损伤大,现已少用。

631. ABCDE ①排尿因疼痛而突然中断,改变体位后疼痛自行缓解可继续排尿为膀胱结石的特点。结合病史及临床表现,本例应诊断为膀胱结石(D)。②急性膀胱炎常表现为尿频、尿急、尿痛等膀胱刺激征,与体位无关。急性前列腺炎常表现为突发寒战高热、膀胱刺激征,会阴部坠胀感。尿道狭窄常表现为排尿困难,不会有膀胱刺激征。输尿管结石常表现为阵发性肾绞痛及血尿。

632. ABCDE 输尿管上段结石的治疗原则是:直径≤2cm 的结石行体外冲击波碎石,直径>2cm 的结石行腹腔镜输尿管取石术。由于患者目前处于肾绞痛发作期,故应答 E 而不是 A。

633. ABCDE ①肾肿瘤多为无痛性间歇性肉眼血尿,而不是终末血尿,终末血尿常见于肾结核(A 对 D 错)。②肾癌出现血尿表明肿瘤已侵入肾盂、肾盏,故血尿出现较晚。肾盂癌血尿出现早且显著,多为无痛性间歇性肉眼血尿。肾母细胞瘤的主要症状是腹部肿块,而不是血尿。

634. ABCDE ①肾母细胞瘤对放化疗较敏感,术后配合放化疗,可显著提高术后生存率(D)。②肾癌、肾盂癌对放化疗不敏感,故不答 ABE。肾未分化癌恶性程度高,预后不佳。

635. ABCDE 肾癌的典型表现为肉眼血尿、腰痛、腹部肿块三联征。同侧阴囊内可发现精索静脉曲张,提示肾静脉、下腔静脉内癌栓形成。根据题干,本例应诊断为肾癌。BCDE 均不会出现精索静脉曲张。

636. ABCDE 肾盂癌组织学分类包括移行上皮癌(占 90%)、鳞状细胞癌(占 0.7%~7%)、腺癌等。请牢记,肾癌以透明细胞癌最多见,肾盂癌、膀胱癌以移行细胞癌最多见。

637. ABCDE 肾癌淋巴转移最先转移至肾蒂淋巴结(C)。

638. ABCDE ①无痛性肉眼血尿是泌尿系统肿瘤的典型症状,故可首先排除答案 CDE。②静脉尿路造影提示肾盂充盈缺损,说明病变部位在肾盂,故应诊断为肾盂癌。

639. ABCDE 小儿最常见的恶性肿瘤是 Wilms 瘤(肾母细胞瘤),约占 15 岁以下小儿恶性泌尿生殖系肿瘤的 8%。

640. ABCDE 肾母细胞瘤好发于 5 岁以下小儿,约占 80%,平均发病年龄为 3.5 岁。

641. ABCDE 根据肿瘤的浸润深度,膀胱癌的 TNM 分期标准为:①Tis:原位癌;②Ta:无浸润的乳头状癌;③T_1:浸润黏膜固有层;④T_2:浸润肌层(T_{2a}浸润浅肌层,T_{2b}浸润深肌层);⑤T_3:浸润膀胱周围脂肪组织;⑥T_4:浸润前列腺、子宫、阴道及盆壁等邻近器官。N_{1-3}为区域淋巴结浸润,M_1 为远处转移。

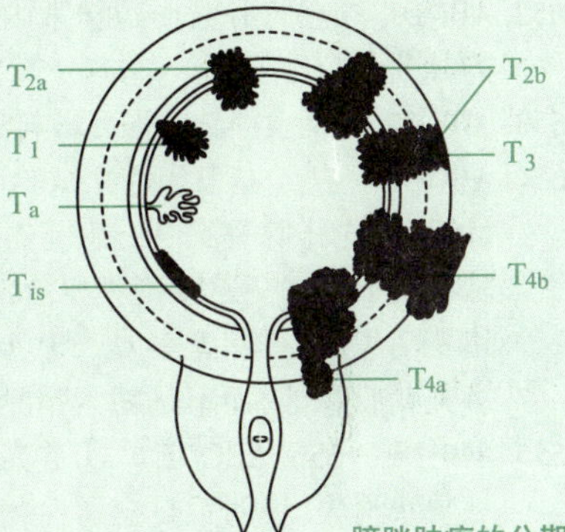

膀胱肿瘤的分期

642. ABCDE ①泌尿系统肿瘤的典型临床表现为无痛性肉眼血尿,故本例应首先考虑膀胱肿瘤(A)。②膀胱炎好发于已婚女性,常表现为尿频、尿急、尿痛等膀胱刺激症状。慢性前列腺炎常无明显症状。膀胱结石多表现为有痛性血尿,排尿突然中断,改变体位后可继续排尿。前列腺增生常表现为进行性排尿困难。

643. ABCDE ①老年女性患者,无痛性肉眼血尿,应诊断为膀胱乳头状癌 Ta 期,治疗首选经尿道膀胱肿瘤电切术(TURBt)。②放射治疗主要适用于 T_3、T_4 期膀胱癌。膀胱内药物灌注治疗适用于分化良好的膀胱原位癌。膀胱全切除术适用于肌层浸润性膀胱癌。

644. ABCDE 645. ABCDE ①膀胱癌以手术治疗为主,手术方式取决于临床分期。单发 T_a 期膀胱尿路上皮癌首选经尿道膀胱肿瘤电切术(TURBT),为预防复发,应在术后 24 小时内行膀胱灌注化疗。参阅 9 版《外科学》P570。②T_3 期膀胱尿路上皮癌首选根治性膀胱切除术。2018 年真题。

646. ABCDE 647. ABCDE ①急性肾炎常表现为“上感”后出现血尿、蛋白尿、水肿、高血压等,与本例不符,故不答 A。肾癌、肾盂癌常表现为间歇性无痛性肉眼血尿,多为全程血尿而不是终末血尿,故不答 CE。肾结核可有终末血尿,但常表现为慢性膀胱刺激征,故不答 D。排除答案 ACDE 后,得出正确答案为 B。膀胱癌多见于老年男性,吸烟是最重要的致癌因素。血尿是膀胱癌最常见和最早出现的症状,常表现为间歇性肉眼血尿,多为全程血尿,但膀胱三角区、膀胱颈部癌则表现为终末血尿。②确诊膀胱癌首选膀胱镜检查(D)。尿细胞学检查常用于诊断肾盂癌。静脉尿路造影、尿沉渣抗酸杆菌检查常用于诊断肾结核。尿路 B 超常用于诊断尿路结石。

648. ABCDE ①血清前列腺特异性抗原(PSA)正常值<4ng/ml,前列腺癌病人常增高。老年男性,进行性排尿困难,前列腺增大,PSA 增高。为鉴别前列腺增生症和前列腺癌,首选的检查为前列腺穿刺活检(C)。②ABE 为前列腺增生症的治疗方法,D 为前列腺癌的治疗方法。2018 年真题。

649. ABCDE ①T_2 期前列腺癌是指肿瘤局限于前列腺内,首选治疗是根治性前列腺切除术(C)。②化学治疗主要用于内分泌治疗失败者,故不答 A。内分泌治疗主要用于 T_3、T_4 患者,故不答 BDE。LHRH-A 是指促黄体释放激素类似物。

650. ABCDE ①睾丸肿瘤好发于右侧,常表现为单侧无痛性肿块,可有轻微坠胀感或钝痛,体检可触及睾丸肿块,质地较硬,与睾丸界限不清。根据题干,本例应诊断为睾丸肿瘤(B)。②睾丸结核少见,多由附睾结核直接蔓延所致。腹股沟斜疝常表现为可复性包块,可进入阴囊。睾丸鞘膜积液呈球形或卵圆形,表面光滑,有弹性和囊性感,无压痛,不易触及睾丸和附睾。睾丸炎常表现局部疼痛、红肿、明显触痛。2018 年真题。

651. ABCDE 精原细胞瘤对放疗较敏感,首选放射治疗;或术后配合放射治疗,也可配合以顺铂为基础的化学治疗。

652. ABCDE 左肾肿瘤压迫精索内静脉,或癌栓栓塞肾静脉,可使血流回流受阻,引起左侧继发性精索静脉曲张(C)。

653. ABCDE 精索静脉曲张可影响精子产生和精液质量,是引起男性不育症的主要病因,占 21%~41%。

654. ABCDE ①5 岁小儿透光试验阳性,提示鞘膜积液,而不是腹股沟斜疝,腹股沟斜疝透光试验为阴性,可首先排除答案 A。患儿右侧阴囊出现包块,不可能为右侧隐睾,隐睾表现为阴囊空虚,故可排除答案 E。②交通性鞘膜积液常表现为站立位阴囊包块出现,平卧位时消失。本例平卧位时阴囊包块不消失,可排除答案 C。③患儿"右睾丸未扪及",说明积液在睾丸,而不在精索,故本例应诊断为睾丸鞘膜积液,而不是精索鞘膜积液,故答 D。

655. ABCDE 656. ABCDE ①透光试验阳性,说明肿块为液性而不是实性,故不答 AB。患者平卧后未见肿块消失,说明不是交通性鞘膜积液。患者触不到睾丸和附睾,说明为睾丸鞘膜积液,而不是精索鞘膜积液,故答 C。②患者透光试验阳性,故不答 AB。患者囊性包块位于睾丸上方,与睾丸有明显分界,应诊断为精索鞘膜积液(D)。

657. ABCDE 658. ABCDE ①患儿透光试验阳性提示为鞘膜积液,故可首先排除答案 AE。平卧后阴囊包块可消失,应诊断为交通性鞘膜积液(C)。②交通性鞘膜积液应切断鞘膜囊与腹腔的通道,在内环高位结扎鞘状突(D)。睾丸鞘膜翻转术常用于治疗睾丸鞘膜积液,精索囊肿切除术常用于治疗精索鞘膜积液,疝囊高位结扎+修补术常用于治疗腹股沟斜疝。

659. ABCDE 不完全骨折是指骨的完整性和连续性部分中断,裂缝骨折、青枝骨折均属于不完全骨折。ACDE 均属于完全骨折。

660. ABCDE 不稳定性骨折包括螺旋形骨折(C)、粉碎性骨折、斜形骨折等。稳定性骨折包括裂缝骨折、青枝骨折、横形骨折、椎体压缩性骨折(<1/4)、嵌插骨折。

661. ABCDE ①嵌插骨折既属于完全性骨折,又属于稳定性骨折(B)。②螺旋形骨折、粉碎性骨折、斜形骨折均属于不稳定骨折。裂缝骨折属于不完全骨折。

662. ABCDE 短期内失血超过 800ml 可发生休克。骨折休克最主要的原因是失血,骨盆骨折失血量可达 500~5000ml,股骨干骨折失血量可达 300~2000ml(C)。ABDE 项骨折不易发生休克。

663. ABCDE ①骨折的特有体征包括局部畸形、异常活动、骨擦音或骨擦感。②局部肿胀为骨折的一般临床表现,而不是特有体征。2018 年真题。

664. ABCDE 骨化性肌炎也称损伤性骨化,属于骨折的晚期并发症(B)。由于关节扭伤、脱位、关节附近的骨折,骨膜剥离形成骨膜下血肿,处理不当使血肿扩大,血肿机化,并在关节附近软组织内广泛骨化,造成严重关节活动功能障碍,称为骨化性肌炎。ACDE 均属于骨折的早期并发症。

665. ABCDE ①股骨干骨折时,髓腔内血肿张力过大,骨髓被破坏,脂肪滴进入破裂的静脉窦内,可引起肺、脑的脂肪栓塞,表现为伤后 1~3 天突发性呼吸急促,呼吸困难和心动过速,甚至烦躁不安、昏迷、死亡。结合病史及临床表现,本例应诊断为脂肪栓塞综合征(C)。②骨折继发感染多见于开放性骨折,表现为持续性高热。大血管破裂常在受伤当时发生,表现为出血性休克。骨筋膜室综合征好发于小腿和前臂骨折,股骨干骨折很少发生。骨折断端严重再移位只会造成局部畸形、血管或神经损伤,不会导致患者突然呼吸困难、昏迷。

666. ABCDE 骨筋膜室综合征是指由骨、骨间膜、肌间隔和深筋膜形成的骨筋膜室内肌肉和神经因急性缺血而产生的一系列早期症候群。常由创伤骨折的血肿和组织水肿使其室内内容物体积增大或外包扎过紧、局部压迫使骨筋膜室容积减小而导致骨筋膜室内压力增高所致。最多见于前臂掌侧和小腿(D 对)。例如:伸直型肱骨髁上骨折极易压迫或刺破肱动脉,导致前臂骨筋膜室综合征。胫骨中 1/3 骨折易导致小腿骨筋膜室综合征。

667. ABCDE ①在肱骨干中下 1/3 段后外侧有桡神经沟,由臂丛神经后束发出的桡神经经内后方紧贴骨面斜向外前方进入前臂,此处骨折反复手法复位易损伤桡神经。②伸直型肱骨髁上骨折远折端向上移位,近折端向前向下移位,因此近折端容易损伤肱动脉、正中神经。而肱骨内上髁骨折不会损伤肱动脉(B 错)。注意:肱骨内上髁骨折不是肱骨髁上骨折。③在腓骨颈,有腓总神经由腘窝后、外侧斜向下外方,经腓骨颈进入腓骨长、短肌及小腿前方肌群,因此腓骨小头和颈部骨折可引起腓总神经损伤。④左或右下位肋骨骨折时,骨折断端可刺破脾或肝,导致脾破裂或肝破裂。⑤股骨干滋养动脉升支是支配股骨头的主要血管之一,沿股骨颈进入股骨头,当股骨颈骨折时,可损伤该动脉支,导致股骨头缺血坏死。

668. ABCDE 669. ABCDE ①踝部骨折可造成关节内骨折,关节面遭到破坏,若未能准确复位,骨折愈合后使关节面不平整,长期磨损易导致创伤性关节炎(A)。②骨化性肌炎也称损伤性骨化,是指关节扭伤、脱位或关节附近的骨折,骨膜剥离形成骨膜下血肿,处理不当使血肿扩大,血肿机化并在关节附近软组织内广泛骨化,造成严重关节活动功能障碍。特别多见于肘关节,如肱骨髁上骨折,反复暴力复位,可导致骨化性肌炎(C)。③骨筋膜室综合征常见于前臂、小腿骨折。关节僵硬是患肢长期固定,静脉和淋巴回流受阻,关节周围浆液纤维素渗出、粘连所致。关节积液不是骨折的并发症。

670. ABCDE 在腓骨颈,有腓总神经由腘窝后、外侧斜向下外方,经腓骨颈进入腓骨长、短肌及小腿前方肌群,因此腓骨颈有移位的骨折可引起腓总神经损伤,导致小腿前外侧伸肌麻痹,出现足背屈、外翻功能障碍,呈内翻下垂畸形。

671. ABCDE 骨折后,原始骨痂中的新生骨小梁逐渐增粗,排列逐渐规则和致密。骨折端的死骨不断被清除,新生骨形成,完成爬行替代过程,则骨折部位形成骨性连接。骨折处恢复正常骨结构。这一过程称为骨痂改造塑形期,一般约需 1~2 年。

672. ABCDE 骨折临床愈合标准:①局部无压痛及纵向叩击痛;②局部无异常活动;③X 线平片显示骨折处有连续性骨痂,骨折线模糊。骨折断端完成“改造塑形”约需 1~2 年,不可能是骨折的临床愈合标准。

673. ABCDE 胫骨的营养血管从胫骨干上、中 1/3 交界处进入骨内,因此,胫骨下 1/3 处骨折使营养动脉损伤,导致下 1/3 段胫骨的血供显著减少;同时下 1/3 段胫骨几乎无肌附着,由胫骨远端获得的血循环很少,因此胫骨下 1/3 处骨折愈合较慢,容易发生骨折延迟愈合或不愈合(E)。

674. ABCDE　反复多次的手法复位、固定不确实、局部严重感染、过早和不恰当的功能锻炼都可导致骨折延期愈合、甚至不愈合。复位不满意、对线差，一般不影响骨折的正常愈合过程，但可能为畸形愈合。

675. ABCDE　676. ABCDE　677. ABCDE　①局部畸形、异常活动为骨折的专有特征。患者有外伤史，右侧大腿、小腿畸形，异常活动，应诊断为大腿和小腿完全性骨折。为明确诊断，当然首选 X 线片检查(D)。B 超对骨折的诊断价值不大。肌电图主要用于诊断神经损伤。MRI 和 CT 价格昂贵，不作为首选检查。②骨折的现场急救措施包括抢救休克、包扎伤口、妥善固定、迅速转运，其中固定是骨折急救的重要措施。由于患者生命体征稳定，无休克征象，故答案为 C。ABDE 均为患者入院后的治疗方法，而不是急救措施。③多处骨折为切开复位内固定的指征。患者多处骨折，为便于护理和治疗，防止并发症，应行切开复位内固定，答案为 D 而不是 B 或 C。

678. ABCDE　经复位后，两骨折段虽未恢复至正常的解剖关系，但在骨折愈合后对肢体功能无明显影响者，称功能复位。骨折功能复位的标准是：①前臂双骨折对位、对线必需良好；②长骨干横形骨折骨折端对位至少 1/3 左右，干骺端骨折至少应对位 3/4；③旋转移位、分离移位必须完全矫正；④下肢骨缩短移位成人应<1cm，儿童应<2cm；⑤侧方成角移位、与关节活动方向垂直的成角移位必须完全复位。

679. ABCDE　骨折后功能复位的标准为：缩短移位在成人下肢骨折不能超过 1cm，否则将导致跛行；儿童若无骨骺损伤，下肢缩短应在 2cm 以内，在生长发育过程中可自行矫正。

680. ABCDE　①骨折并发主要血管、神经损伤，应急诊手术处理。②关节内骨折，如果手法复位对位不好，将导致外伤性关节炎，影响关节功能，故需切开复位内固定。③骨折断端有软组织嵌插，手法复位失败，应切开复位，否则易导致骨折不愈合。④骨折只要达到功能复位的标准即可，无需追求解剖复位。

681. ABCDE　①局部畸形、反常活动为骨折的特有体征。患者有前臂外伤史，前臂畸形，反常活动，应确诊为前臂骨折。患者创口有活动性出血，说明骨折处皮肤和黏膜有破损，故应诊断为开放性骨折(C)。②患者腕手活动自如，说明无神经、肌腱损伤，故不答 ABDE。

682. ABCDE　①锁骨呈"~"形，内侧端与胸骨柄形成胸锁关节，外侧端与肩峰形成肩锁关节。本例右肩外伤史，胸骨柄至右肩峰连线中点处隆起，此为锁骨中点处畸形。而局部畸形是骨折的特有体征，一旦发现局部畸形，即可确诊骨折，故本例可确诊为右锁骨中段骨折。②肩关节脱位常表现为肩胛盂下空虚，但不会累及锁骨。肱骨外科颈骨折主要表现为肱骨近端明显压痛。肩胛骨骨折表现为肩胛部疼痛肿胀，压痛部位在肩胛部或腋下部。肱骨头周围的环状浅沟称为肱骨解剖颈，因较粗大，骨折少见，故不答 E。ACDE 项骨折的畸形部位、压痛部位都不在锁骨中点处。

683. ABCDE　锁骨后有臂丛神经和锁骨下血管经过，锁骨骨折易损伤臂丛神经，但损伤锁骨下血管少见。

684. ABCDE　①方肩畸形是肩关节脱位的特征性表现，患者肩部饱满，说明无方肩畸形，可首先排除肩关节脱位，故不答 ABE。②患者左肩关节下方凹陷，提示局部畸形，此为完全性骨折的特征性表现，故不答 C。③患者左肩稍下方凹陷，明显压痛，说明病变部位在肱骨外科颈，而不在肩关节，故应诊断为左肱骨外科颈骨折(D)。

685. ABCDE　①老年妇女，左肩部外伤，X 线片示左侧肱骨外科颈骨皮质连续性中断，应诊断为肱骨外科颈骨折。对于无明显移位的肱骨外科颈骨折，无需手法复位，仅需用三角巾悬吊、贴胸位固定 3~4 周即可(C)。②切开复位内固定主要用于治疗粉碎型骨折。小夹板外固定、石膏外固定主要用于治疗外展型骨折。尺骨鹰嘴骨牵引+夹板固定主要用于治疗青壮年严重粉碎型骨折。

686. ABCDE　肱骨干横形或短斜形骨折均可采用手法复位+石膏/小夹板固定。

687. ABCDE　①无论肱骨髁上骨折，还是肘关节脱位，均可出现局部明显肿胀、活动受限、局部畸形、局部瘀斑，故不答 ABCE。②肱骨髁上骨折并未累及肘关节，因此肘后三角关系无改变；而肘关节脱位后肘后三角关系肯定有改变，这是两者临床鉴别的要点。肘后三角是指内、外髁与尺骨鹰嘴组成的三角。

688. ABCDE　①伸直型桡骨下端骨折(Colles 骨折)常表现为典型的餐叉样畸形(侧面观)、枪刺刀畸形(正面观)。②屈曲型桡骨下端骨折(Smith 骨折)不会出现餐叉样畸形。尺神经损伤常表现为爪形手畸形。正中神经损伤常表现为扳机手畸形。桡神经损伤常表现为垂腕畸形。

689. ABCDE ①尺神经损伤、肱动脉损伤均为骨折的早期并发症,故不答 BC。肱骨髁上骨折不会发生骨折不愈合,故不答 E。②肱骨髁上骨折好发于 10 岁以下的儿童,儿童期肱骨下端有骨骺,若骨折线穿过骺板,可影响骨骺发育,造成肘内翻或外翻畸形,此为骨折的晚期并发症。由于临床上肘内翻的发生率远高于肘外翻,故答 D 而不是 A。2017 年执医真题,参阅 1 版《黄家驷外科学》P1882。

690. ABCDE 孟氏(Monteggia)骨折是指尺骨上 1/3 骨干骨折合并桡骨头脱位(A)。盖氏(Galeazzi)骨折是指桡骨干下 1/3 骨折合并尺骨小头脱位(B)。

691. ABCDE Monteggia 骨折、Galeazzi 骨折均属于前臂双骨折,Barton 骨折为桡骨远端关节面骨折伴腕关节脱位,Smith 骨折为屈曲型桡骨远端骨折。可见 ABCE 均属于上肢骨折。Jefferson 骨折为寰椎前后弓骨折,属于颈椎骨折(D)。

692. ABCDE ①"银叉样"畸形为 Colles 骨折、Barton 骨折的典型临床表现,故正确答案为 B。Colles 骨折是指伸直型桡骨下端骨折,远折端向背侧、桡侧移位,近折端向掌侧移位,出现银叉(侧面)和枪刺刀畸形(正面)。②Galeazzi 骨折是指桡骨干下 1/3 骨折合并尺骨小头脱位。Monteggia 骨折是指尺骨上 1/3 骨干骨折合并桡骨小头脱位。Chance 骨折为胸腰椎椎体水平状撕裂性损伤。Smith 骨折是指屈曲型桡骨下端骨折。

693. ABCDE 桡骨下段骨折以手法复位外固定治疗为主,部分患者需要手术治疗(D)。

694. ABCDE 695. ABCDE 696. ABCDE ①Smith 骨折也称屈曲型桡骨远端骨折,骨折近端向背侧移位,远端向掌侧、桡侧移位(B)。②Barton 骨折是指桡骨远端关节面骨折伴腕关节脱位,远端骨折片向背侧移位(D)。③盖氏(Galeazzi)骨折是指桡骨干下 1/3 骨折合并尺骨小头脱位(C)。④Colles 骨折也称伸直型桡骨远端骨折,骨折近折端向掌侧移位,远折端向手背侧、桡侧移位。孟氏(Monteggia)骨折是指尺骨上 1/3 骨干骨折合并桡骨头脱位。

697. ABCDE 698. ABCDE 股骨颈长轴线与股骨干纵轴线之间形成颈干角,正常值为 110°~140°,平均为 127°。若颈干角变大,为髋外翻;若颈干角变小,为髋内翻。

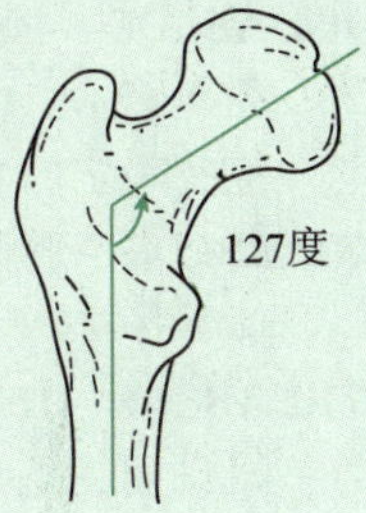

股骨的颈干角

699. ABCDE 700. ABCDE 701. ABCDE 股骨头的血供包括:①股骨头圆韧带内的小凹动脉,提供股骨头凹部的血液供应。②股骨干滋养动脉升支,沿股骨颈进入股骨头,因此经股骨颈骨折时,可损伤该动脉支,导致股骨头缺血坏死。③旋股内、外侧动脉的分支,这是股骨头、颈的最重要营养血管。因此股骨头下骨折时,由于骨折线位于股骨头下,可损伤旋股内、外侧动脉,导致股骨头因缺乏血液供应而发生缺血性无菌坏死。旋股内侧动脉在股骨颈基底部分为骺外侧动脉、干骺端上侧动脉和干骺端下侧动脉进入股骨头。骺外侧动脉供应股骨头 2/3~4/5 区域的血液循环,是股骨头最主要的供血来源。

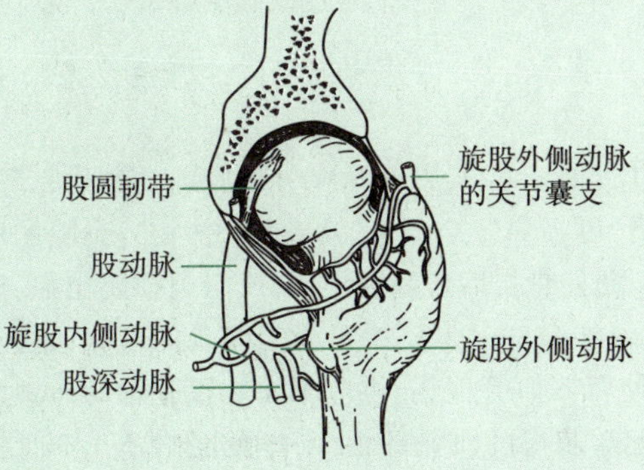

股骨头的血供来源

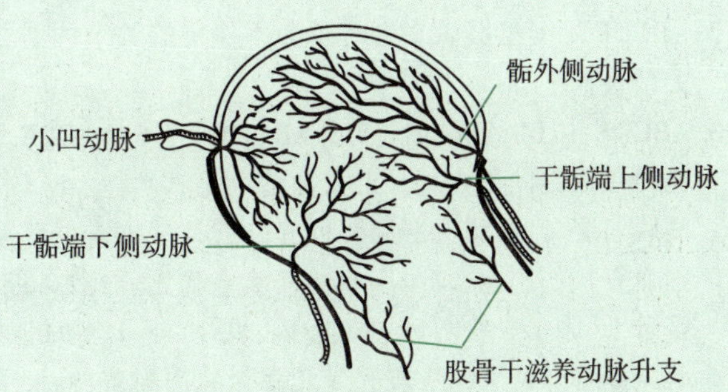

股骨头的血液供应

702. ABCDE ①股骨颈骨折,尤其头下型骨折,易损伤旋股内侧动脉的分支,导致股骨头缺血坏死(A)。②ACDE 项骨折均不易发生缺血性骨坏死。2018 年真题。

703. ABCDE ①Pauwels 角与股骨颈骨折的稳定性成反比。外展骨折是指 Pauwels 角<30°,由于骨折面接触多,不容易再移位,故属于稳定性骨折(A)。②内收骨折是指 Pauwels 角>50°,属于不稳定性骨折。CDE 都是特指骨折部位,与其稳定性无关。

704. ABCDE ①股骨颈骨折和股骨转子间骨折两者都可有患肢短缩,其鉴别要点是患肢外旋角度:前者外旋 45°,后者外旋 90°。本例患者右下肢短缩、外旋 50°(接近 45°),应诊断为股骨颈骨折(E)。②髋关节前脱位多表现为髋关节屈曲、外展外旋。髋关节后脱位多表现为患肢缩短、髋关节屈曲、内收内旋。③股骨大转子骨折不会产生肢体短缩。

705. ABCDE 股骨颈骨折按骨折线部位不同分头下型、经颈型和基底型。对于没有移位的骨折,可行保守治疗。对于有移位的经颈型和基底型股骨颈骨折,可采用闭合复位、空心螺钉固定。对于 65 岁以上有移位的股骨头下型骨折,首选全髋人工关节置换,因其骨折线位于股骨头下,股骨头仅有小凹动脉很少量的血液供应,致使股骨头严重缺血,容易发生股骨头缺血性坏死(D)。

706. ABCDE 股骨头下型骨折易发生股骨头缺血坏死,对于年龄>65 岁的患者常采用人工髋关节置换术治疗。但本例为高龄患者,且有心血管疾病、骨质疏松症,不宜手术治疗,只能行非手术治疗,即皮牵引+穿"丁"字鞋保持下肢中立位(E)。

707. ABCDE ①ABC 均属于股骨颈骨折,股骨颈骨折为关节囊内骨折,由于骨折远端有关节囊的约束,下肢的外旋畸形有时不明显(外旋 45°)。②股骨转子间骨折为关节囊外骨折,外旋畸形明显(外旋≥90°)。③髋关节后脱位多表现为患肢缩短、髋关节屈曲、内收内旋。

708. ABCDE 股骨转子间骨折分为 Ⅰ ~ Ⅴ 型,其中以Ⅲ型最常见(约占 45.1%)。Ⅲ型是指小转子粉碎性骨折,不能获得稳定的复位。

709. ABCDE 股骨干骨折可分为上 1/3、中 1/3、下 1/3 骨折。股骨干中 1/3 骨折后,由于内收肌群的牵拉,使骨折向外成角。

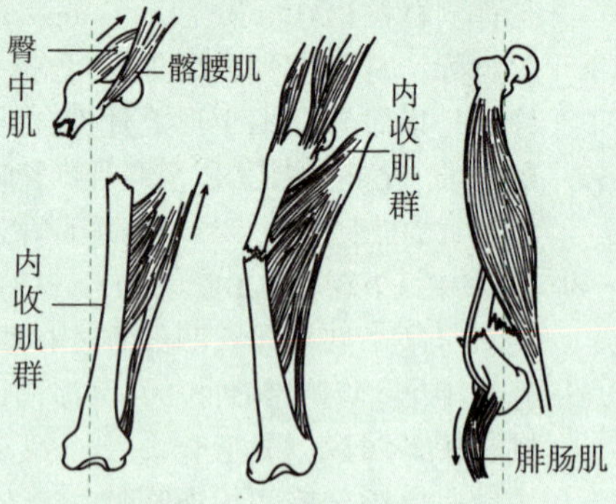

上1/3骨折　中1/3骨折　下1/3骨折

710. ABCDE 711. ABCDE ①股骨干骨折患者,足背动脉搏动细弱,提示合并腘动脉损伤,应行手术探查,切开复位内固定(D)。②3 岁以下的小儿股骨干骨折,可采用垂直悬吊皮肤牵引,利用自身体重进行复位(A)。③胫骨结节持续牵引多用于治疗成人稳定性股骨干骨折。新生儿产伤所致的股骨干骨折可将伤肢用绷带固定于胸腹部,2 周后拆除。

712. ABCDE Ⅴ型胫骨平台骨折为不稳定的关节内骨折,需手术治疗,以达解剖复位,以免并发创伤性关节炎。

713. ABCDE 714. ABCDE 715. ABCDE 716. ABCDE ①胫骨上 1/3:腘动脉在分出胫前动脉后,穿过比目鱼肌腱向下走行。此处血管固定,胫骨上 1/3 骨折,可损伤胫后动脉。②胫骨中 1/3:小腿的肌筋膜与胫骨、腓骨和胫腓骨间膜一起构成四个筋膜室。此处骨折后骨髓腔出血,或肌肉损伤出血,或因血管损伤出血,均可引起骨筋膜室高压,导致骨筋膜室综合征。③胫骨下 1/3:胫骨的营养血管从胫骨上、中 1/3 交界处进入骨内,在中、下 1/3 的骨折使营养血管损伤,供应下 1/3 段胫骨的血液显著减少;同时,下 1/3 段胫骨几乎无肌肉附着,由胫骨远端获得的血循环很少,因此胫骨下 1/3 骨折容易导致骨折延迟愈合或不愈合。④在腓骨颈,有腓总神经经由腘窝后、外侧斜向下外方,经腓骨颈进入腓骨长、短肌及小腿前方肌群,腓骨颈有移位的骨折可引起腓总神经损伤。

717. ABCDE　胸腰段脊柱(T_{10}～L_2)位于胸腰生理弧度的交汇部,是应力集中之处,因此该处为脊柱骨折的好发部位。爆破型脊柱骨折以C_5、C_6多见。

718. ABCDE　①胸腰椎骨折检查时可有畸形、后凸、脊柱的生理弧度消失;躯干活动受限,功能障碍;伤处局部疼痛及肿胀。②异常活动及骨擦音为骨折的专有体征,但有些骨折如裂缝骨折、嵌插骨折、脊柱骨折、骨盆骨折,没有异常活动及骨擦音。

719. ABCDE　患者腰背部外伤后立即出现双下肢弛缓性瘫痪,大小便失禁,伤后1小时恢复正常,应诊断为脊髓震荡(D)。ABCE均不会在1小时内恢复正常。

720. ABCDE　①正常人脊髓终止于第1腰椎下缘,第12胸椎和第1腰椎骨折可发生脊髓圆锥损伤,表现为会阴部皮肤感觉缺失,括约肌功能丧失导致大小便不能控制,双下肢感觉和运动功能正常(C)。②马尾神经起自第2腰椎的骶髓,终止于第1骶椎下缘。马尾受损常表现为损伤平面以下弛缓性瘫痪,有感觉、运动功能障碍及括约肌功能丧失,肌张力降低,腱反射消失,锥体束征阴性。③AB显然不是正确答案,腹膜后巨大血肿常见于骨盆骨折,故不答C。

721. ABCDE　722. ABCDE　723. ABCDE　724. ABCDE　①患者高处跳下,双下肢顿感无力,应考虑脊髓损伤,其正确搬运方法是躺在木板床上运送(D)。②本题要求回答的是"在急诊室骨科所作的检查",而不是确诊有无脊髓损伤的首选检查,因此最佳答案为D而不是A。CT一般用于X线显示不清的骨折的诊断。核素扫描主要用于恶性肿瘤骨转移的诊断。B超对骨折诊断无价值。③MRI可了解脊髓有无损伤(A)。④胸椎压缩性骨折,且有骨块进入椎管,应争取在伤后6小时以内急诊手术取出碎骨片,以解除脊髓压迫,否则可能引起脊髓变性坏死,造成截瘫(E)。ABCD都是脊柱骨折未合并脊髓损伤时的常用治疗措施。

725. ABCDE　726. ABCDE　727. ABCDE　①患者从3楼高处坠落,臀部着地,下肢完全不能活动,提示脊柱骨折合并脊髓损伤。脊神经在体表的节段分布为:T_2为胸骨柄上缘,T_4为两侧乳头连线,T_6为剑突下,T_8为季肋部肋缘,T_{10}平脐,T_{12}平耻骨联合上(9版《外科学》P58)。患者双侧腹股沟平面以下感觉丧失,提示脊髓损伤平面在T_{12}。胸段脊髓的神经根离开脊髓出椎间孔,自上而下,由横行变为斜行至下胸椎,同序数脊髓节段约比同序数脊椎高2~3节(第7版《黄家驷外科学》P2896)。本例脊髓损伤平面在T_{12},故应为第9或10胸椎骨折所致(C)。骨盆骨折不会造成脊髓损伤,故可首先排除答案E。②对于胸椎骨折合并脊髓损伤最有价值的检查是MRI,不仅可明确骨折情况,还可了解脊髓损伤情况。X线检查为胸椎骨折的常规影像学检查手段。心电图及血气分析为一般检查项目。下肢肌电图一般用于恢复期检查神经及下肢肌力恢复情况,伤后早期无需检查(C)。③胸椎骨折合并脊髓损伤,说明骨折块压迫了脊髓,应尽早手术探查,解除对脊髓的压迫,恢复脊柱的稳定性(C)。ABDE均为保守治疗方法。

728. ABCDE　729. ABCDE　①硬瘫也称痉挛性瘫痪,是指支配肢体的上运动神经元损伤后,表现为肢体肌张力增高、腱反射亢进、病理反射阳性。软瘫也称弛缓性瘫痪,是指支配肢体的下运动神经元损伤后,表现为肢体肌张力下降、腱反射减弱、病理反射阴性。②上肢由臂丛支配,而臂丛由$C_{5\sim8}$和T_1的前支组成。因此T_2(胸$_2$)水平损伤时,上肢功能完好,发生下肢的上运动神经元损伤(即硬瘫)。③下肢由腰骶丛支配,而腰骶丛由L_1~S_5组成。因此L_3(腰$_3$)水平损伤时,上肢功能完好,发生下肢的下运动神经元损伤(即软瘫)。

730. ABCDE　高位截瘫的并发症包括:①呼吸道感染和呼吸衰竭:颈脊髓损伤的严重并发症。②泌尿生殖道感染和结石:由于括约肌功能丧失,伤员因尿潴留而需长时间留置导尿管,容易发生泌尿道感染和结石。③压疮(曾称褥疮):截瘫病人长期卧床,皮肤知觉丧失,骨隆突部位的皮肤长时间受压于床褥与骨隆突之间而发生神经营养性改变,皮肤出现坏死,称为压疮。④体温失调:颈脊髓损伤的患者,自主神经系统功能紊乱,受伤平面以下不能出汗,对气温的变化丧失了调节和适应能力,易产生高热。高位截瘫的并发症不包括癫痫(E)。

731. ABCDE ①骨盆是松质骨，邻近又有髂内、髂外动静脉的分支，血液供应丰富，因此骨盆骨折可引起广泛性出血，出血量可达 500~5000ml，造成失血性休克。出血是骨盆骨折最危险的并发症，也是导致死亡的最重要原因（D）。②耻骨联合分离和耻骨支骨折移位常导致尿道、膀胱损伤。坐骨神经由 $L_{4\sim5}$ 和 $S_{1\sim3}$ 组成，故骨盆骨折可造成坐骨神经损伤。耻骨下支和坐骨支骨折可刺破直肠，导致直肠损伤。虽然 ABC 项都是骨盆骨折的并发症，但都不是最危险的并发症。骨盆骨折不会导致截瘫。

732. ABCDE Apley 试验也称研磨试验，是检查半月板和内侧副韧带损伤的方法。骨盆骨折时，ABDE 均可出现。

733. ABCDE 耻骨支骨折移位容易引起尿道损伤（B）。会阴部瘀斑是耻骨和坐骨骨折的特有体征。

734. ABCDE **735. ABCDE** ①最常见的关节脱位是肩关节脱位，约占全身关节脱位的 50%，肘关节脱位为次常见的关节脱位（A）。②桡骨头半脱位是唯一 X 线拍片阴性的关节脱位（D）。

736. ABCDE **737. ABCDE** **738. ABCDE** ①当肘关节处于半伸直位时跌倒，手掌着地，可使尺、桡骨向肱骨后方脱出，发生肘关节后脱位。当肘关节处于屈曲位时，肘关节后方遭受暴力可使尺、桡骨向肱骨前方移位，发生肘关节前脱位。临床上以肘关节后脱位多见（B）。②根据肱骨头脱位的方向，可将肩关节脱位分为前脱位、后脱位、上脱位、下脱位四种，其中以前脱位最常见（A）。③髋关节脱位以后脱位最多见（占 85%~90%），前脱位和中心脱位少见（各占约 5%）。

739. ABCDE **740. ABCDE** ①Hippocrates 法（足蹬法）、Kocher 法（旋转法）、Stimson 法（悬垂法）都是肩关节脱位的复位方法，但临床上以 Hippocrates 法最常用（E）。②Allis 法（提拉法）、Bigelow 法（问号法）都是髋关节脱位的复位方法，但以 Allis 法最常用（A）。

741. ABCDE Dugas 征阳性是指将患侧肘部紧贴胸壁时，手掌搭不到健侧肩部，或手掌搭在健侧肩部时，肘部无法贴近胸壁，为肩关节脱位的特征性体征（A）。2018 年真题。

742. ABCDE 方肩畸形是肩关节脱位的特有体征，故答 C。

743. ABCDE ①桡骨头半脱位好发于儿童，主要诊断依据是手腕向上牵拉史，可表现为肘部疼痛，活动受限，X 线片检查常为阴性。②肩、肘、腕关节脱位及锁骨骨折均需较大的间接暴力，很少由牵拉双手引起，且肩关节脱位、腕关节脱位与本例的发病部位不相符。

744. ABCDE 桡骨头半脱位是唯一 X 线拍片阴性的关节脱位，也无特殊临床表现，不能依据 X 线摄片、CT、MRI 结果确诊，而是根据患儿手腕向上牵拉史来诊断（A）。

745. ABCDE **746. ABCDE** **747. ABCDE** **748. ABCDE** ①股骨颈骨折常表现为患肢缩短，Bryant 三角底边较健侧缩短，纵向叩击痛阳性，患肢外旋 45°~60°（A）。②股骨转子间骨折常表现为患肢短缩，纵向叩击痛，外旋 90°畸形（C）。③髋关节前脱位常表现为患肢短缩，髋关节屈曲、外展、外旋畸形（B）。④髋关节后脱位常表现为患肢短缩，髋关节屈曲、内收、内旋畸形（D）。⑤E 为髋关节中心脱位的临床表现。

749. ABCDE ①髋关节后脱位常表现为患肢短缩，髋关节呈屈曲、内收、内旋畸形，可以在臀部摸到脱出的股骨头，大转子明显上移。②髋关节前脱位常表现为患肢屈曲、外展、外旋畸形。2019 年真题。

750. ABCDE ①患者髋部外伤后，右髋关节活动受限，屈曲内收，内旋畸形，应诊断为髋关节后脱位。髋关节后脱位可合并坐骨神经损伤，出现足下垂、趾背伸无力、足背外侧感觉障碍。根据题干，本例尚无坐骨神经合并伤，故答 A 而不是 E。②髋关节后脱位不会造成股神经、闭孔神经损伤，故不答 BD。髋关节骨折不会出现髋关节屈曲、内收、内旋畸形，故不答 C。2018 年真题。

751. ABCDE 膝关节的关节囊松弛薄弱，关节的稳定性主要依靠韧带和肌肉。BCDE 等诸韧带都参与维持关节的稳定，但以内侧副韧带最为重要，它位于股骨内上髁与胫骨内上髁之间。

752. ABCDE ①侧方应力试验可用于检查内侧副韧带和外侧副韧带的损伤。抽屉试验和 Lachman 试验主要用于检查前交叉韧带和后交叉韧带受损情况。轴移试验主要用于检查前交叉韧带断裂后的膝关节稳定性。②旋转试验主要用于检查半月板损伤情况。

753. ABCDE　754. ABCDE　①膝关节侧方应力试验主要用于诊断副韧带损伤。患者侧方应力下 X 线示右侧膝关节内侧间隙张开，应诊断为内侧副韧带损伤(A)。抽屉试验主要用于诊断交叉韧带损伤。Mc Murray 试验主要用于诊断半月板损伤。②对于内侧副韧带损伤的患者，应首选关节镜检查。若发现韧带完全断裂，即可在关节镜下及时修补，创伤小，恢复快(E)。CT 对内侧副韧带损伤的诊断价值不大。MRI、膝关节造影可用于诊断但不能治疗，故不答 BC。核素扫描临床上应用很少。

755. ABCDE　①手部尺神经损伤表现为骨间肌和蚓状肌麻痹导致环、小指爪形手畸形，骨间肌和拇收肌麻痹所致的 Froment 征(B)，即示指用力与拇指对指时，呈现示指近端指间关节明显屈曲、远侧指间关节过伸及拇指掌指关节过伸、指间关节屈曲，以及手部尺侧、环指尺侧和小指掌背侧感觉障碍。②A 为正中神经受损的表现。C 为桡神经受损的典型表现。E 为尺神经肘上伤的表现。

756. ABCDE　①正中神经支配掌心桡侧半、桡侧 3.5 个手指掌面及其中节、远节手指背面的皮肤。尺神经支配手背尺侧半+尺侧 1.5 个手指背侧皮肤。桡神经支配手背桡侧半+桡侧 3.5 个手指近节背面的皮肤。②患者右手小指掌背侧及环指尺侧感觉障碍，应诊断为尺神经损伤(E)。

757. ABCDE　①手外伤创面出血，可通过局部压迫止血，局部加压包扎是手外伤最简单而行之有效的止血方法(E)。②禁忌采用束带类物在腕平面以上捆扎，因为捆扎过紧、时间过长易导致手指坏死；若捆扎压力不够，只将静脉阻断而动脉未能完全阻断，出血会更加严重，故不答 AC。缝合创口是进入医院后的止血方法，而不是现场急救处理，故不答 B。上臂止血带止血主要适用于上肢出血，故不答 D。

758. ABCDE　①手外伤后，抬高患肢，可增加血液回流，防止和减轻手部肿胀。②手外伤后应常规应用破伤风抗毒素，以预防破伤风。③剪开桡骨茎突部的敷料，以免局部受压皮肤坏死。④如有关节破坏，日后常难以恢复活动功能，因此，术后应将手固定于功能位，而不是伸直位(D 错)。⑤包扎手部时，应用纱布隔开手指同时露出指尖，以便观察末梢血运。

759. ABCDE　760. ABCDE　761. ABCDE　①普通的开放性伤口、手部开放性损伤后，清创缝合时限均为伤后 6~8 小时(B)。②头皮裂伤清创缝合的时限为 24 小时(E)。

762. ABCDE　手外伤清创术应于伤后 6~8 小时内进行。为控制术中大出血，最好使用气囊止血带。不能在有张力的情况下，勉强缝合伤口，否则术后将影响手的正常屈伸功能。为了避免因瘢痕挛缩影响手指的伸屈功能，当创口越过关节时，应采用"Z"字成形术。软组织缺损较大、有骨外露时，最好采用带蒂皮瓣移植，不宜采用游离植皮，因为游离植皮不易存活。

763. ABCDE　离断肢体的保存方法视运送距离而定：①如受伤地点距医院较近，可将断肢用无菌敷料或清洁布类包好，勿须作任何处理，连同病人一起迅速送往医院即可。②如需远距离运送，则应采用干燥冷藏法保存，即将断肢用无菌敷料包好，放入塑料袋中，再放在加盖的容器内，外周加冰块保存(D 对)。但不能让断肢与冰块直接接触，以防冻伤，也不能用任何液体浸泡。

764. ABCDE　患者小指和环指尺侧半感觉消失，夹纸试验阳性，应诊断为尺神经损伤。

765. ABCDE　①正中神经在腕部和肘部位置表浅，易受损伤，特别是腕部切割伤较常见。腕部损伤时所支

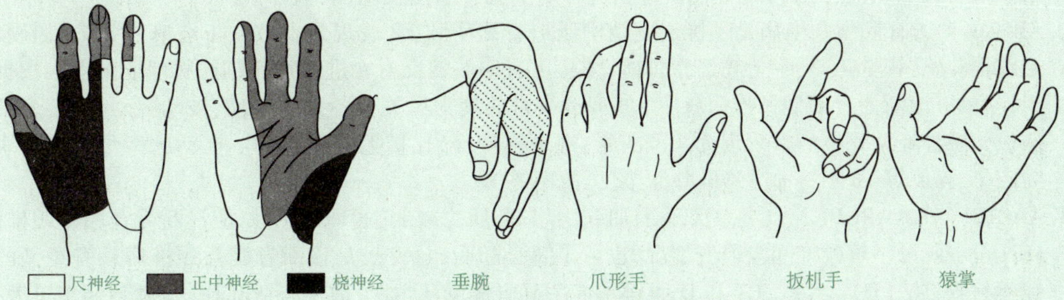

手部感觉神经的分布　桡神经损伤　尺神经损伤　正中神经损伤　正中+尺神经损伤

配的鱼际肌和蚓状肌麻痹及所支配的手部皮肤感觉障碍，临床表现为拇指对掌功能障碍、手的桡侧半感觉障碍，特别是示指、中指远节感觉消失。②猿手为正中神经与尺神经损伤的共同表现(E 错)。

766. ABCDE ①爪形手畸形为尺神经损伤的典型表现。拇指对掌功能丧失为正中神经损伤的典型表现，故答 D。②桡神经损伤的典型表现为垂腕，伸拇、伸指障碍。

767. ABCDE ①尺神经损伤后手内在肌萎缩，环小指掌指关节屈伸肌力失衡，产生掌指关节过伸畸形，称爪形手畸形。②桡神经在肘关节上方损伤后，伸腕肌、伸指肌麻痹，腕关节不能主动伸直，称垂腕畸形。垂腕是桡神经损伤的典型畸形，不是正中神经损伤的表现(B 错)。③桡骨远端 Colles 骨折后，远折端向桡侧、背侧移位，从前后位看似"银叉"畸形。④肩关节脱位后关节盂空虚，肩峰突出明显，肩关节失去圆滑外形，称方肩畸形。⑤正中神经和尺神经同时损伤后，大小鱼际萎缩，称为猿手畸形。

768. ABCDE ①腓总神经支配小腿前外侧伸肌群、小腿前外侧和足背皮肤，故腓总神经损伤可导致小腿前外侧伸肌麻痹，出现踝背伸、外翻功能障碍，呈足内翻下垂畸形(马蹄内翻足)；伸跗、伸趾功能丧失；小腿前外侧和足背前、内侧感觉障碍(C 错)。②跨阈步态是指因踝部肌腱、肌肉弛缓，患足下垂，行走时必须抬高下肢才能起步，见于腓总神经损伤。

769. ABCDE 颈椎病分 4 种基本类型：神经根型(占 50%～60%)、脊髓型(占 10%～15%)、交感神经型和椎动脉型。此外，还有复合型、食管型等类型。

770. ABCDE ①脊髓型颈椎病是颈椎退变结构压迫脊髓所致，常表现为四肢麻木乏力、行走及持物不稳、病理征阳性等。②ACD 为交感神经型颈椎病的表现。B 为神经根型颈椎病的表现。

771. ABCDE 772. ABCDE 773. ABCDE 774. ABCDE ①颈椎病分 4 种基本类型：神经根型(最常见，占 50%～60%)、脊髓型(占 10%～15%)、交感神经型和椎动脉型。此外，还有复合型、食管型颈椎病等类型，少见。②神经根型颈椎病是神经根受压所致，体检时压头试验(Spurling 征)、臂丛牵拉试验(Eaton 试验)均阳性。③颌枕带牵引可解除肌痉挛，增大椎间隙，减小椎间盘压力，减少对神经根的刺激，主要适用于神经根型、交感神经型和椎动脉型。脊髓型禁用颌枕带牵引、推拿按摩，否则可导致脊髓损伤致瘫痪。

775. ABCDE 776. ABCDE 777. ABCDE 778. ABCDE ①椎动脉型颈椎病是由于椎动脉受压、痉挛等引起椎动脉血供减少导致的脑缺血性表现，可出现眩晕(最主要的症状)、阵发性头痛、视觉障碍、猝倒(最突出的症状)等。②脊髓型颈椎病是由于脊髓受压所致。在脊髓受压早期，由于压迫物多来自脊髓前方，故临床上以侧束、锥体束损害表现突出。此时，颈痛不明显，而以四肢乏力，行走、持物不稳为最先出现的症状。③当头部或上肢姿势不当时，可发生剧烈的闪电样锐痛，是神经受刺激的表现，是神经根型颈椎病的主要临床表现。④瞳孔扩大为交感神经型颈椎病的临床表现。

779. ABCDE ①头痛、眩晕、猝倒是椎动脉型颈椎病的典型症状，故答 A。②神经根型颈椎病常表现为上肢放射性疼痛、麻木、压头试验阳性等，一般不出现眩晕。③美尼尔综合征常表现为无明显诱因的突发性眩晕，常伴耳鸣耳聋，神经系统无异常。④体位性眩晕与体位变化有关，脊髓造影不会出现梗阻。短暂性脑缺血(TIA)体格检查、脊髓造影均不会有阳性发现，故不答 E。

780. ABCDE ①脊髓型颈椎病是颈椎退变结构压迫脊髓所致，常表现为上肢或下肢麻木无力，僵硬，双足踩棉花感，触觉障碍，手持物经常掉落，体检可有四肢腱反射亢进，肌力减退，病理征阳性。根据题干，本例应诊断为脊髓型颈椎病(C)。②肩周炎常表现为肩关节各方向主动、被动活动受限，肩部疼痛。交感神经型颈椎病常表现为头痛头晕，视物模糊，瞳孔扩大或缩小等。椎动脉型颈椎病常表现为眩晕、猝倒等，故不答 D。颈椎肿瘤罕见，故不答 E。

781. ABCDE 782. ABCDE ①患者双下肢肌张力增高，肌力减弱，病理征阳性，应诊断为脊髓型颈椎病。MRI 检查既可了解颈椎间盘退变情况，也可了解脊髓受压情况，是诊断脊髓型颈椎病最有意义的影像学检查方法(D)。X 线、CT 和 DSA 都不能明确脊髓受压情况，故不答 ABCE。②随着病情进展，脊髓型颈椎病的症状将逐渐加重，确诊后应及时手术治疗，不宜推拿按摩(D)。

783. ABCDE ①神经根型颈椎病为颈椎退变，压迫脊神经根所致，表现为颈肩痛，同时伴有神经根支配区域的感觉障碍、感觉减弱、感觉过敏、肌力减退、肌萎缩等。臂丛神经牵拉试验（Eaton 试验）和压头试验（Spurling 征）阳性为其特点。根据题干，本例应诊断为神经根型颈椎病（D）。②交感神经型颈椎病常表现为头痛头晕、恶心呕吐、视物模糊、心跳加速等。脊髓型颈椎病常表现为四肢乏力、行走及持物不稳、病理征阳性等。椎动脉型颈椎病常表现为眩晕、头痛、视觉障碍、猝倒等。混合型颈椎病少见，常有以上两种或多种类型症状同时出现。

784. ABCDE 狭窄性腱鞘炎好发于中指和环指，拇指和示指次之，小指最少。

785. ABCDE 握拳尺偏腕关节时，桡骨茎突处出现疼痛，称为 Finkelstein 试验，常见于桡骨茎突狭窄性腱鞘炎（C）。

786. ABCDE ①弹响指是狭窄性腱鞘炎的特征性表现，故答案为 B。②类风湿关节炎常表现为对称性腕、掌指关节、近端指间关节炎。腱鞘囊肿好发于腕背、腕掌桡侧屈腕肌腱及足背，表现为缓慢长大的包块。滑囊炎常表现为局部疼痛，活动受限，无弹响指。创伤性关节炎为骨折的晚期并发症。

787. ABCDE 788. ABCDE 789. ABCDE 弹响指是手指屈肌腱狭窄性腱鞘炎。弹响拇是拇长屈肌腱狭窄性腱鞘炎。桡骨茎突狭窄性腱鞘炎是拇长展肌和拇短伸肌腱鞘炎。

790. ABCDE ①肱骨外上髁炎是伸肌总腱起点附近的慢性损伤性炎症。在前臂过度旋前或旋后位，被动牵拉伸肌（屈腕）和主动收缩伸肌（伸腕）将对肱骨外上髁处的伸肌总腱起点产生较大张力，如反复这种动作即可引起该处的慢性损伤。因此治疗肱骨外上髁炎时，应适当限制腕关节（而不是肘关节）的活动（A 对 C 错）。可在桡骨头下方伸肌上捆扎弹性保护带，以减少肌腱起点处的牵张应力。②绝大多数肱骨外上髁炎可行保守治疗，仅有少数早期治疗不当，病程长，症状顽固者，需手术治疗，可施行伸肌总腱起点剥离松解术或卡压神经血管束切除结扎术。

791. ABCDE 粘连性肩关节囊炎患者行肩关节 MRI 检查，可见关节囊增厚，当厚度>4mm 对本病诊断特异性达 95%，对鉴别诊断意义较大。

792. ABCDE ①股骨颈骨折易损伤股骨头的主要支配血管，引起股骨头缺血坏死。股骨头负重区“新月征”为股骨头坏死Ⅰ期的特征性 X 线表现。老年患者股骨颈骨折后 2 年，出现髋部疼痛，活动受限，髋关节片示新月征，应诊断为股骨头缺血性坏死（C）。②患者病史半年，无寒战高热，不可能为化脓性髋关节炎，故不答 A。本例 X 线片得到确诊，故不答 B。髋关节结核常有结核中毒症状，X 线表现为局限性骨质疏松，关节间隙狭窄，关节破坏等。类风湿关节炎常对称性累及小关节，而不是髋关节，故不答 E。

793. ABCDE 股骨头骨软骨病的 X 线分期包括软骨下溶血期、股骨头修复期、股骨头塌陷期、股骨头脱位期 4 期，不包括股骨头坏死期（B）。

794. ABCDE ①全髋关节置换术适用于Ⅲ、Ⅳ期股骨头坏死，可消除疼痛、改善功能（D）。②非手术治疗主要适合于Ⅰ期股骨头坏死，带血供髂骨移植术适合用Ⅱ、Ⅲ期患者，经转子间旋转截骨术适合于Ⅱ期患者。

795. ABCDE 腰痛是腰椎间盘突出症最先出现的症状，发生率约 91%。随着病情进展，疼痛经下腰部→臀部→大腿后方→小腿外侧→足部放射。

796. ABCDE 腰椎间盘突出症患者，向正后方突出的髓核或脱垂、游离的椎间盘组织可压迫马尾神经，导致大小便障碍、鞍区感觉异常，发生率约为 0.8%～24.4%。

797. ABCDE ①腰椎间盘突出症的典型 X 线平片表现有腰椎曲度变直，生理性前凸消失；由于脱出的髓核可向左后方或右后方突出，故椎间盘间隙左右不等宽；椎间盘病变后前部椎间隙缺少椎间盘支撑而塌陷，后部椎间隙因关节突出而塌陷不明显，表现为椎间隙前窄后宽。常有椎体退变的 X 线征象，如椎体边缘增生、椎间隙狭窄等。②椎间盘是由上下软骨终板、中心的髓核及四周的纤维环构成，在 X 线平片上不显影，故不会出现“椎间盘影向后突出”的 X 线征象（C）。

798. ABCDE ①中青年患者,腰痛伴单侧下肢放射痛,直腿抬高试验阳性,应诊断为腰椎间盘突出症。患者小腿前外侧和足内侧感觉减退,踇趾背伸无力,应定为于 L_5(D)。②L_2 受累常表现为屈髋障碍。L_3 受累常表现为膝反射减弱。L_4 受累常表现为伸膝无力。S_1 受累常表现为足跖屈无力。

799. ABCDE 800. ABCDE 801. ABCDE ①中年男性,腰扭伤病史,腰痛伴左下肢放射痛,直腿抬高试验阳性,应诊断为腰椎间盘突出症。为明确诊断,首选 MRI,次选 CT(C)。X 线检查不能确诊本病,仅具有间接诊断价值。ECT 主要用于恶性肿瘤骨转移的诊断。肌电图可协助确定神经损害的范围及程度。②本例诊断为腰椎间盘突出症(E)。腰部棘上韧带炎多无明确外伤史,可表现为腰痛长期不愈,部分病人疼痛可向骶部或臀部放射,但不会向下肢放射,压痛部位在受损韧带的棘突处,而不在下肢。腰椎结核多有长期低热、盗汗,双手托腰,头和躯干后倾,拾物试验阳性等。腰椎骨髓炎常有寒战高热,局部红肿、压痛等炎症表现。单纯坐骨神经痛一般不合并腰痛。③腰椎间盘突出症的手术指征包括:非手术治疗无效;马尾受压;患者中年,病史较长,影响工作或生活。本例病史较长,反复发作,故应首选手术治疗,而不是保守治疗,ABDE 均属于非手术治疗措施。

802. ABCDE 803. ABCDE 804. ABCDE ①L_5S_1 椎间盘突出,骶 1 神经根受累,腓肠肌和比目鱼肌肌力减退,导致踇趾跖屈力弱(D)。骶 1 神经根受累常表现为外踝附近及足外侧痛、触觉减退。L_{4-5} 椎间盘突出,腰 5 神经根受累,胫前肌、腓骨长短肌、伸踇长肌、伸趾长肌瘫痪,其中以伸踇长肌瘫痪最常见,表现为踇趾背伸力弱。腰$_4$ 椎间盘突出表现为小腿前内感觉减退,膝无力,膝反射减弱。②腰椎 X 线片不能直接反映椎间盘突出,只能看到脊柱侧凸、椎体边缘增生、椎间隙狭窄等退行性改变。腰椎磁共振扫描(MRI)可全面地观察各椎间盘是否病变、髓核突出的程度及位置,对腰椎间盘突出症有极大诊断价值(D)。CT 检查不能明确髓核受压情况,故不答 E。本例伴大小便障碍,说明有马尾受压。③对于已确诊的腰椎间盘突出症患者,若有马尾受压,应行椎间盘切除术(C)。持续牵引+理疗为保守治疗。髓核化学溶解术、皮质激素硬膜外注射、卧床休息均属于非手术治疗。

805. ABCDE 急性血源性骨髓炎好发于儿童,以长骨干骺端(胫骨上段、股骨下段)最多见,其次为肱骨与髂骨,脊柱、肋骨、颅骨等少见。

806. ABCDE 急性骨髓炎好发于儿童,多为血源性感染,由于干骺端血液循环丰富,故好发于干骺端。患者起病急骤,常有寒战高热,体温达 39℃以上,有明显毒血症症状,因此白细胞计数和中性粒细胞增高。早期就可有干骺端剧烈疼痛,局部皮温增高,有局限性压痛(B 错)。起病 14 天内的 X 线检查往往无异常发现,不能用于早期诊断。

807. ABCDE 808. ABCDE 809. ABCDE 810. ABCDE ①急性血源性骨髓炎的早期诊断首选局部脓肿分层穿刺,若穿刺液中发现脓细胞或细菌即可确诊(B)。②急性化脓性关节炎的早期诊断取决于关节腔穿刺+关节液检查,若穿刺液找到化脓性细菌即可确诊(C)。③CT 和 MRI 均可看到普通 X 线片不能显示的膝关节结核病灶,特别是 MRI 具有早期诊断价值(E)。④股骨头坏死的早期诊断可以选用 MRI,其敏感性高于 CT(E)。

811. ABCDE 急性血源性骨髓炎病变已深入骨髓,手术行"软组织切开引流"怎行?且不成了脓肿切排?事实上,只能行髓腔钻孔引流、开窗减压。C 错,其他各项均正确。

812. ABCDE 患者目前仍高热,局部红肿,说明为骨髓炎的急性发作期,不宜手术治疗,以免感染扩散。

813. ABCDE 814. ABCDE 815. ABCDE ①患儿寒战高热,T39.8℃,说明全身中毒症状严重,化脓性细菌感染的可能性较大,故不答 BDE。患儿右膝下方剧痛,右小腿近端压痛,说明病变部位在膝关节下方的胫骨干骺端,而不是在膝关节,因此应诊断为急性血源性骨髓炎而不是化脓性关节炎(C)。②为早期确诊急性血源性骨髓炎,应首选局部脓肿分层穿刺。若抽出混浊液,涂片发现细菌即可明确诊断(E)。X 线检查、CT 检查均不能早期诊断急性血源性骨髓炎。血常规、体格检查均无特异性。③急性血源性骨髓炎的治疗应首选足量联合使用敏感抗生素(A)。若抗生素治疗 48~72 小时,仍不能控制局部症状,则应手术治疗。CDE 均为辅助治疗措施。

816. ABCDE ①皮肤窦道并有死骨排出为慢性骨髓炎的特征性临床表现。结合病史及临床表现，本例应诊断为慢性骨髓炎(C)。②骨结核常有低热盗汗等结核中毒症状，晚期可有皮肤窦道，干酪样坏死物质排出。骨肿瘤好发于儿童，无外伤史，常表现为干骺端骨性新生物，无死骨形成。缺血性骨坏死多见于股骨颈头下型骨折。急性化脓性骨髓炎好发于儿童长骨干骺端，常表现为突发寒战高热，局部疼痛压痛，病程短暂，无死骨形成，一旦死骨形成则提示已演变为慢性骨髓炎。

817. ABCDE 急性化脓性关节炎好发于大关节，如髋关节、膝关节。

818. ABCDE 急性化脓性关节炎最常见的致病菌为金黄色葡萄球菌(约占85%)，其次为白色葡萄球菌、淋病奈瑟菌、肺炎球菌、肠道杆菌等。

819. ABCDE 化脓性关节炎好发于下肢大关节，如髋、膝关节等(B 错)。由于是细菌引起的关节内的化脓性感染，因此可有发热、白细胞数增高，血沉增快。X 线表现出现较晚，不能作为早期诊断依据。

820. ABCDE 化脓性关节炎 X 线表现：早期可见关节周围软组织阴影。骨骼改变的第一个征象为骨质疏松(C)；随后因关节软骨破坏而出现关节间隙进行性变窄；软骨下骨质破坏使骨面毛糙，并有虫蚀状骨质破坏；晚期可出现关节间隙狭窄。

821. ABCDE 822. ABCDE ①患儿突发高热，右髋疼痛，白细胞计数明显增高，说明为炎性疾病。患儿右髋关节肿胀，不敢活动，说明病变部位在右侧髋关节，因此本例应诊断为急性化脓性髋关节炎(A)。急性风湿性髋关节炎不会出现高热、白细胞计数明显增高。类风湿性关节炎一般累及手足等小关节，累及髋关节者少见。髋周软组织炎对髋关节活动影响较小。髋关节结核常有低热盗汗，局部疼痛，病程较长，不会出现高热。②髋关节位置较深，穿刺插管难以成功，应在使用抗生素治疗的同时，及时作切开引流，故答 C。D 为化脓性膝关节炎的治疗方法。E 为急性血源性骨髓炎的治疗方法。

823. ABCDE 约 90%的骨与关节结核继发于肺结核。

824. ABCDE ①骨与关节结核是最常见的肺外继发性结核。浅表关节早期常有关节肿胀、积液，并有压痛。深部关节(如髋关节)结核局部肿胀多不明显。②脓肿常局限于病灶附近，一般无红、热等急性炎症反应，称之为"寒性脓肿"。③发病多隐匿、缓慢，常为单发性病灶，少数为多发性(D 错)。④由于髋关节与膝关节神经支配有重叠现象，所以髋关节结核患儿可主诉膝关节疼痛。

825. ABCDE ①骨与关节结核的手术治疗首选病灶清除术，即采用合适的手术切口途径，直接进入病灶部位，将脓液、死骨、结核性肉芽组织与干酪样坏死物质彻底清除，并放入抗结核药物。②脓肿切开引流术尽量不用，因寒性脓肿切开必然会有慢性窦道形成，为以后的病灶清除术带来很多困难。CDE 均属于矫形手术，多用于晚期患者。

826. ABCDE 脊柱结核常累及椎体，累及棘突者少见。腰椎结核可有拾物试验阳性(B 对)。托马斯征阳性常见于髋关节结核，而不是脊柱结核。约 70%～80%的脊柱结核在晚期可形成寒性脓肿。为防止感染扩散，脊柱结核患者术前、术后均应常规使用抗结核药物治疗。

827. ABCDE ①脊柱结核为结核杆菌引起的特异性感染，所形成的脓肿称为"冷脓肿"或"寒性脓肿"，因为缺乏红、热等普通急性炎症的表现。结核病人可有低热、盗汗等中毒症状，一般无高热等表现(A 错)。②脊柱结核的典型 X 线片表现为骨质破坏和椎间隙狭窄。脊柱结核分为中心型和边缘型。边缘型椎体结核多见于成人，好发于腰椎，病变局限于椎体上、下缘。中心型椎体结核多见于 10 岁以下的儿童，好发于胸椎。③脊柱结核以椎体结核多见，附件结核罕见。

828. ABCDE 脊柱肿瘤一般先侵犯椎弓根，后累及椎体，椎间隙高度正常。边缘型脊柱结核一般先侵犯椎体，后累及椎弓根，因此表现为进行性椎间隙狭窄。故椎间隙是否正常是脊柱结核和脊柱肿瘤的鉴别要点(D)。脊柱肿瘤和脊柱结核均可出现椎体破坏、椎弓根受累，故不答 ABCE。

829. ABCDE 830. ABCDE 831. ABCDE 832. ABCDE 833. ABCDE ①胸腰段脊柱(T_{10}～L_2)位于胸腰段生理弧度的交汇部，是应力集中之处，因此此处是脊柱骨折的常见部位(C)。②脊柱结核好发于腰椎，其次为胸椎、颈椎(D)。③中心型椎体结核多见于 10 岁以下的儿童，好发于胸椎(B)。④边缘型椎体结核多见于成人,好发于腰椎(D)。⑤脊柱结核中截瘫发生率约为 10%,以胸椎结核发生截瘫最常见,其次为颈椎、颈胸段和胸腰段,腰椎最为少见(B)。

834. ABCDE 835. ABCDE 836. ABCDE 837. ABCDE ①脊柱肿瘤多见于老年人,一般先侵犯椎弓根,后累及椎体,椎间隙高度正常(C)。②中心型椎体结核多见于 10 岁以下的儿童,好发于胸椎,一般只侵犯一个椎体,椎间隙高度正常(A)。③边缘型椎体结核多见于成人,好发于腰椎,病变局限于椎体的上下缘,很快侵犯至椎间盘及相邻的椎体,导致椎间隙狭窄(B)。④椎间盘突出症 X 线侧位片可见生理性前凸消失,椎间隙狭窄;在 X 线平片上可见纤维环钙化、椎体边缘增生、关节突肥大;因其不是恶性病变,故无骨质破坏死(D)。

838. ABCDE 839. ABCDE 840. ABCDE 841. ABCDE A 为骨关节炎,B 为脊柱化脓性骨髓炎,C 为强直性脊柱炎,D 为脊柱结核,E 为类风湿关节炎。

842. ABCDE ①椎体肿瘤椎间隙正常,脊椎结核、老年骨质疏松症常表现为椎间隙狭窄,故本例应考虑脊柱肿瘤并排除答案 AE。脊柱肿瘤以转移癌多见,原发癌罕见,故不答 C。②椎体嗜酸性肉芽肿好发于 12 岁以下儿童而不是成人,故不答 B。

843. ABCDE 844. ABCDE ①患者双下肢无力,行走受限,T_9 压痛。X 线摄片见 T_9 椎弓根及椎体后缘受累,应诊断为脊柱(T_9)转移性骨肿瘤伴脊髓受压。脊柱转移癌一般先侵犯椎弓根,后侵犯椎体,椎间隙高度正常,没有椎旁软组织阴影。脊柱原发性肿瘤罕见,故不答 A。脊柱(T_9)结核一般首先累及椎体,后累及椎弓根,椎间隙狭窄,常见椎旁软组织阴影,与本例不符。骨髓炎一般急性起病,有寒战高热,与本例不符。强直性脊柱炎常先累及骶髂关节,后累及脊椎,病程发展缓慢。②脊柱转移癌伴脊髓受压首选 MRI 检查,可显示骨质受累及脊髓受压情况。胸椎 CT 虽能显示骨质破坏情况,但不能显示脊髓受压征象。胸椎 X 线检查对细微的骨质破坏、脊髓受压、椎间盘病变等均不能很好显示。全身骨骼同位素扫描,对骨肿瘤阳性率高,早于 X 线显影,但也不能显示脊髓受压情况。椎管造影为有创检查,一般不作为首选检查。

845. ABCDE ①患儿低热、消瘦,为结核中毒症状。患者右髋痛,跛行,“4”字试验阳性,应诊断为髋关节结核(D)。“腹股沟及臀部触及囊性肿物”,为寒性脓肿顺腰大肌下流所致。②风湿性关节炎常表现为游走性大关节炎,无关节活动障碍。类风湿性关节炎好发于手足等小关节,很少累及髋关节。骨肿瘤可有疼痛,关节活动障碍,但局部肿物一般为实性,而不是囊性。髋关节脱位多有明确外伤史,常表现为髋部疼痛,患肢短缩,髋关节屈曲畸形。

846. ABCDE ①托马斯(Thomas)征阳性常见于髋关节屈曲挛缩,如髋关节结核。病人平卧于检查床上,检查者将其健侧髋、膝关节完全屈曲,使膝部贴住或尽可能贴近前胸,此时腰椎前凸完全消失而腰背平贴于床面。若患髋存在屈曲畸形,即能一目了然(C)。②骶髂关节炎常表现为 Piedallu 征阳性。腰椎间盘突出症常表现为直腿抬高试验及加强试验阳性。腰椎管狭窄症常表现为神经源性间歇性跛行。膝关节屈曲挛缩常见于膝关节结核。

847. ABCDE ①恶性骨肿瘤呈侵袭性生长,若骨膜被肿瘤顶起,骨膜下产生新骨,可呈现三角形骨膜反应阴影,称 Codman 三角或“日光射线”形态(B)。恶性骨肿瘤的病灶不规则,呈虫蛀样或筛孔样,界限不清。②良性骨肿瘤界限清楚,多为膨胀性病损或外生性生长,病灶周围可有硬化反应骨,通常无骨膜反应。③无论恶性还是良性骨肿瘤,均可有骨质破坏,因此均可产生病理性骨折。

848. ABCDE ①X 线片示日光射线样改变,为典型恶性骨肿瘤表现,以骨肉瘤最常见(D)。②骨结核 X 线表现为骨质疏松、骨质破坏灶、周围可见软组织肿胀影。骨囊肿的 X 线表现为干骺端圆形或椭圆形界限清楚的溶骨性病灶,骨皮质不同程度膨胀变薄,无硬化性边缘,无日光射线样改变。慢性骨髓炎 X 线表现为虫蛀状骨破坏与骨质稀疏,逐渐出现硬化区,并有完全孤立的死骨及大量较致密的新骨形成。骨软骨瘤 X 线表现为干骺端向外的疣状突起,边界清楚,无骨膜反应。

849. ABCDE 骨肿瘤生长缓慢,无明显疼痛,X 线片示股骨干骺端杵状肿块,边缘清楚,是良性骨肿瘤的特点。因此,可首先排除恶性和交界性骨肿瘤的诊断,如骨肉瘤、软骨肉瘤及骨巨细胞瘤。由于骨样骨瘤的主要症状是疼痛,且好发于下肢长骨,都与本例特点不同,可排除之,故答 D。

850. ABCDE 临床上最常见的恶性骨肿瘤为骨肉瘤(D),其次为软骨肉瘤、纤维肉瘤、骨髓瘤、尤因肉瘤、脊索瘤、恶性淋巴瘤、恶性纤维组织细胞瘤,其余少见。

851. ABCDE 骨肉瘤是最常见的恶性骨肿瘤,恶性程度高,转移发生早,需行根治性切除。因骨肉瘤对化疗较敏感,故术前、术后均应行化学治疗。近十余年来,由于包括化疗在内的综合治疗水平的提高,本病的 5 年生存率已达 50%左右。肿瘤刮除术仅适用于某些良性骨肿瘤的治疗。

852. ABCDE 骨巨细胞瘤属于交界性肿瘤,是介于良性与恶性之间的骨肿瘤(D 错)。多见于 20~40 岁,女性略多。好发于长骨干骺端和椎体,特别是股骨远端和胫骨近端,即膝关节上、下骨端。主要症状为疼痛和包块。典型 X 线特征为骨端偏心性、囊性破坏而无骨膜反应,呈肥皂泡样改变。

853. ABCDE ①X 线片示"肥皂泡样改变"为骨巨细胞瘤的典型表现,故答 B。②骨肉瘤的典型 X 线片表现为骨质破坏及 Codman 三角。骨囊肿的典型 X 线片表现为干骺端圆形或椭圆形溶骨性病灶。骨软骨瘤的典型 X 线片表现为干骺端境界清楚的骨性突起。尤因肉瘤的典型 X 线片表现为虫蛀样溶骨病灶,呈葱皮样改变。2019 年真题。

854. ABCDE 常发生骨转移的肿瘤依次为乳腺癌、前列腺癌、肺癌、肾癌等。

855. ABCDE 856. ABCDE ①骨巨细胞瘤为交界性肿瘤,以手术治疗为主,但术后易复发(C)。骨巨细胞瘤对化疗无效。放疗后易肉瘤变,使恶性程度增高。②软骨肉瘤是恶性肿瘤,属 $G_2T_{1\sim2}M_0$,以根治手术为主,对放化疗不敏感(C)。

857. ABCDE 858. ABCDE ①X 线片示"肥皂泡样阴影"为骨巨细胞瘤的特点,故本例应诊断为骨巨细胞瘤(D)。骨结核常表现为低热盗汗,X 线片示骨质破坏、椎间隙或关节间隙狭窄。急性骨髓炎常表现为畏寒高热,局部红肿疼痛,2 周内 X 线片无阳性征象。骨坏死常见于股骨颈骨折。骨软骨瘤常表现为骨性突起。②骨巨细胞瘤为交界性骨肿瘤,应以手术治疗为主,术后易复发(C)。A 为辅助治疗。骨巨细胞瘤不是细菌感染所致,无需使用抗生素及抗结核药物。本病物理治疗价值不大。

第十九篇　妇产科学试题

第1章　女性生殖系统解剖与生理

1. 关于女性外生殖器的解剖，正确的是
   A. 女性外生殖器即为外阴　B. 女性阴毛呈菱形分布　C. 双侧小阴唇前端为腹股沟韧带
   D. 前庭大腺开口于阴道内　E. 阴道前庭为双侧大阴唇之间的菱形区
2. 关于阴道形态的叙述，正确的是
   A. 上端窄下端宽　B. 可经阴道后穹隆穿刺引流　C. 黏膜层覆盖单层鳞状上皮
   D. 阴道有腺体　E. 月经周期中不受性激素的影响
3. 月经后新生的子宫内膜由哪层长出？
   A. 功能层　B. 海绵层　C. 致密层
   D. 基底层　E. 表层

   A. 圆韧带　B. 主韧带　C. 阔韧带
   D. 宫骶韧带　E. 骨盆漏斗韧带
4. 固定宫颈位置的主要韧带是
5. 横行于子宫颈两侧和骨盆侧壁之间的主要韧带是
6. 防止子宫下垂的最主要韧带是
7. 防止子宫侧倾的最主要韧带是
   A. 腹主动脉　B. 髂内动脉　C. 髂外动脉
   D. 髂总动脉　E. 肾动脉
8. 卵巢动脉来自
9. 子宫动脉来自
10. 阴道动脉来自
11. 阴部内动脉来自

12. 受精常发生于输卵管的
    A. 子宫部　B. 间质部　C. 峡部
    D. 壶腹部　E. 伞部
13. 骨盆的组成包括
    A. 骶骨、尾骨、髂骨、坐骨　B. 骶骨、尾骨、髂骨、耻骨　C. 骶骨、尾骨、坐骨、耻骨
    D. 骶骨、尾骨、髂骨、髋骨　E. 骶骨、尾骨、髋骨
14. 我国妇女最常见的骨盆类型是
    A. 女型骨盆　B. 扁平型骨盆　C. 类人猿型骨盆
    D. 男型骨盆　E. 漏斗型骨盆

    A. 大阴唇　B. 小阴唇　C. 阴阜
    D. 阴蒂　E. 前庭大腺

15. 当外阴发生炎症时，最易形成囊肿的部位是
16. 当外阴受损伤时，最易形成血肿的部位是
17. 女性第二性征的最初特征是
A. 月经初潮　B. 乳房发育　C. 骨盆变化
D. 卵泡发育　E. 阴毛和腋毛生长
18. 关于排卵，正确的是
A. 排卵多发生在下次月经来潮前 14 天左右　B. 妇女自青春期开始周期性规律排卵
C. 在 FSH 作用下黄体形成　D. 每一月经周期，每个卵巢排出一个卵子
E. 卵巢排出卵子直接进入输卵管
19. 关于雌、孕激素生物合成与代谢，正确的是
A. 卵巢不能合成雌酮　B. 孕激素来自雄烯二酮　C. 雌三醇活性最强
D. 甾体激素主要在肝脏代谢　E. 雌激素由颗粒细胞单独产生
20. 不属于甾体激素的是
A. 雌二醇　B. 雌酮　C. 黄体酮
D. 卵泡刺激素　E. 睾酮
21. 育龄期妇女一次月经周期中出现两次高峰的激素是
A. 雌激素　B. 孕激素　C. 雄激素
D. FSH　E. LH
22. 雌激素和孕激素作用的相同点是
A. 促进乳腺导管增生　B. 使子宫内膜变厚　C. 使子宫输卵管平滑肌活动减弱
D. 减少宫颈黏液的分泌　E. 使宫颈黏液变黏稠
23. 育龄期妇女子宫内膜腺上皮细胞出现顶浆分泌，表明子宫内膜处于
A. 增殖早期　B. 增殖中期　C. 增殖晚期
D. 分泌早期　E. 分泌中期
24. 女性，28 岁，月经周期 28 日，规则，基础体温双相型，于月经周期第 9 日诊刮，镜检子宫内膜应为
A. 增殖早期　B. 增殖中期　C. 增殖晚期
D. 分泌早期　E. 分泌中期
25. 月经周期为 28 日的育龄期女性，宫颈黏液涂片镜检见典型的羊齿植物叶状结晶，相当于月经周期的
A. 5~7 日　B. 8~10 日　C. 13~14 日
D. 16~18 日　E. 20~23 日
26. 女性，51 岁，月经周期紊乱 3 年，现停经 50 日。基础体温呈单相型，宫颈黏液涂片镜检见典型羊齿植物叶状结晶，相应的子宫内膜最可能为
A. 分泌早期图像　B. 分泌中期图像　C. 分泌晚期图像
D. 增殖期图像　E. 萎缩型图像

第 2 章　妊娠生理与诊断

27. 精子头部顶体膜稳定性降低的过程称为
A. 受精　B. 顶体反应　C. 精子获能
D. 透明带反应　E. 着床
28. 受精卵着床的必备条件不包括

A. 透明带消失　B. 囊胚和子宫内膜同步发育　C. 孕妇体内有足量的孕酮
D. 孕妇体内有足量的 hCG　E. 囊胚细胞滋养细胞分化出合体滋养细胞

29. 根据胎儿身长判断妊娠周数，正确的是
A. 妊娠 20 周末胎儿身长 25cm　B. 妊娠 24 周末胎儿身长 28cm　C. 妊娠 28 周末胎儿身长 31cm
D. 妊娠 32 周末胎儿身长 34cm　E. 妊娠 40 周末胎儿身长 45cm

30. 胎儿血液含氧量最低的血管是
A. 静脉导管　B. 脐动脉　C. 脐静脉
D. 下腔静脉　E. 主动脉

31. 具有胎盘屏障作用的胎盘结构是
A. 胎膜　B. 羊膜　C. 叶状绒毛膜
D. 底蜕膜　E. 真蜕膜

32. 胎盘不能合成的激素是
A. 缩宫素酶　B. 雌激素　C. 孕激素
D. 黄体生成素　E. 人绒毛膜促性腺激素

33. 绒毛膜促性腺激素的主要作用是
A. 促进绒毛发生水泡样变　B. 促进乳腺发育　C. 促进雌激素分泌
D. 促进胎儿生长发育　E. 维持妊娠黄体

A. 血清 hCG 测定　B. 尿 hCG 测定　C. 尿早早孕试纸检测
D. 经腹 B 超检查　E. 经阴道 B 超检查

34. 诊断早孕最敏感的方法是
35. 诊断早孕最常用的方法是

A. 叶状绒毛膜　B. 绒毛合体滋养细胞　C. 绒毛细胞滋养细胞
D. 胎膜　E. 脐带

36. 耐热性碱性磷酸酶的产生部位是
37. 妊娠期能生成大量花生四烯酸的部位是

38. 妊娠中期羊水的主要来源是
A. 胎儿皮肤　B. 胎膜　C. 胎肺
D. 胎盘　E. 胎儿尿液

39. 足月妊娠的子宫容量和重量较非孕时分别约增加
A. 500 倍与 10 倍　B. 500 倍与 20 倍　C. 1000 倍与 10 倍
D. 1000 倍与 20 倍　E. 1000 倍与 50 倍

A. Montgomery 结节　B. Braxton Hicks 收缩　C. Chadwick 征
D. Hegar 征　E. 蜕膜斑

40. 妊娠 12~14 周起，子宫出现不规律无痛性收缩，称为
41. 妊娠期阴道黏膜变软，水肿充血呈紫蓝色，称为
42. 妊娠期乳晕颜色加深，外周皮脂腺肥大而隆起，称为
43. 妊娠早期双合诊检查发现宫颈与宫体似不相连，称为

44. 关于妊娠期母体循环系统的改变，正确的是
A. 心排出量自妊娠 15 周逐渐增加　B. 心排出量至 32~34 周达高峰
C. 妊娠期舒张压轻度增高　D. 妊娠晚期休息时，心率每分钟增加不足 10 次

E. 心脏容量至妊娠末期约增加30%

45. 妊娠期母体循环系统的变化,错误的是
A. 心排出量至妊娠10周逐渐增加
B. 心率从妊娠早期至末期每分钟增加10~15次
C. 心排出量至妊娠32~34周达高峰
D. 妊娠后期心脏向左、向上、向前移位
E. 第二产程期间,心搏出量略减少

46. 妊娠晚期心血管系统生理功能变化,错误的是
A. 心率增快而有心悸
B. 心脏容量增加10%左右
C. 叩诊心浊音界稍扩大
D. 心尖部可闻及柔和吹风样收缩期杂音
E. 增大的子宫压迫下腔静脉使血液回流受阻,心搏量减少

47. 妊娠期母体肾血浆流量和肾小球滤过率比非孕时分别增加约
A. 25%和25%
B. 20%和30%
C. 30%和35%
D. 35%和50%
E. 50%和30%

48. 孕妇出现早孕反应一般在停经后
A. 4周左右
B. 5周左右
C. 6周左右
D. 8周左右
E. 10周左右

49. 早期妊娠诊断,错误的是
A. 阴道壁和子宫颈呈紫蓝色
B. 黑加征阳性
C. 子宫增大变软呈球形
D. 检测尿hCG阳性
E. 黄体酮试验阳性

50. 早孕时最早最重要的症状是
A. 乳房胀痛
B. 停经
C. 恶心呕吐
D. 尿频
E. 腹痛

51. 节律与胎心率相一致的声音是
A. 腹主动脉音
B. 子宫血流杂音
C. 脐带杂音
D. 胎动音
E. 肠蠕动音

A. 孕12周
B. 孕16周
C. 孕18周
D. 孕20周
E. 孕24周

52. B超可发现胎动的最早孕期为
53. 孕妇自觉胎动的最早孕期为
54. 用多普勒胎心听诊仪能探测到胎心音的最早孕期为
55. 用听诊器经孕妇腹壁可听到胎心音的最早孕期为

A. 脐上2横指
B. 脐上3横指
C. 剑突下2横指
D. 脐耻之间
E. 脐与剑突之间

56. 孕32周末子宫底高度在
57. 孕36周末子宫底高度在
58. 孕40周末子宫底高度在

A. ROP
B. LOP
C. ROA
D. LOA
E. ROT

59. 胎头矢状缝在骨盆入口左斜径上,大囟门在骨盆的右前方,其胎方位为
60. 胎头矢状缝在骨盆入口横径上,小囟门在骨盆正右方,其胎方位为

61. 初孕妇,29岁。末次月经记不清,自觉5周前出现胎动,检查子宫长度为25cm。估计实际孕周为
A. 16~18周
B. 18~20周
C. 20~22周

D. 22～24 周　　E. 24～26 周

62. 初孕妇,28 岁,末次月经 2015 年 4 月 12 日,于 2015 年 11 月 15 日就诊。手测宫底高度为脐上 3F,枕左前位,胎心率无异常。现在的情况应是
A. 妊娠满 30 周,宫底高度正常　B. 妊娠满 30 周,宫底低于正常　C. 妊娠满 31 周,宫底高于正常
D. 妊娠满 31 周,宫底高度正常　E. 妊娠满 31 周,宫底低于正常

63. 临床上推算孕周较准确的方法是
A. 血清 hCG 测定　B. 尿 hCG 测定　C. 宫底高度测定
D. 腹围测定　E. B 超测定双顶径

第 3 章　产前检查与孕期保健

64. 首次产前检查的时间一般在妊娠
A. 4～6 周　B. 6～8 周　C. 8～10 周
D. 10～12 周　E. 12～14 周

(65～67 题共用题干)初孕妇,29 岁,孕 21 周,第 3 次来院行产前检查。

65. 本次产前检查的重点为
A. 询问有无家族遗传病史　B. 推算预产期　C. 健康教育
D. 了解有无胎动　E. 空腹血糖测定

66. 本次无需检查的项目为
A. 产科 B 超　B. 测量血压　C. 测量腹围
D. 先心病的超声筛查　E. 骨盆内测量

67. 下次产前检查的间隔时间为
A. 1 周　B. 2 周　C. 3 周
D. 4 周　E. 5 周

68. 产科检查时通过四步触诊法不能了解
A. 胎产式　B. 胎方位　C. 胎先露
D. 骨盆有无狭窄　E. 胎先露是否衔接

69. 初产妇,孕 36 周,胎心音在脐上偏左听得最清楚,最可能的胎方位是
A. 枕左前　B. 枕右前　C. 骶左前
D. 骶右前　E. 肩左前

70. 骨盆外测量的径线不包括
A. 骶耻外径　B. 髂棘间径　C. 髂嵴间径
D. 对角径　E. 坐骨结节间径

71. 骨盆内测量的时间宜在妊娠
A. 18～20 周　B. 20～24 周　C. 24～28 周
D. 24～36 周　E. 阴道分娩前

72. 关于骨盆测量的正常值,错误的是
A. 骶耻外径 18～20cm　B. 坐骨结节间径 8.5～9.5cm　C. 髂嵴间径 23～26cm
D. 对角径 12.5～13cm　E. 坐骨棘间径 10cm

73. 坐骨结节间径中点至骶骨尖端的距离,称为
A. 对角径　B. 真结合径　C. 产科结合径

D. 出口后矢状径　E. 坐骨切迹宽度

A. 髂棘间径　B. 骶耻外径　C. 坐骨棘间径
D. 坐骨结节间径　E. 出口后矢状径

74. 反映骨盆入口狭窄最重要的径线是
75. 反映中骨盆狭窄最重要的径线是
76. 反映骨盆出口狭窄最重要的径线是

77. 确定胎儿安危最简便而较准确的方法是
A. 缩宫素激惹试验　B. 胎动计数　C. 尿雌三醇测定
D. 胎儿电子监护　E. 羊膜镜检查

78. 提示胎儿缺氧的胎动计数是胎动
A. <3 次/2 小时　B. <4 次/2 小时　C. <5 次/2 小时
D. <6 次/2 小时　E. <10 次/2 小时

79. 电子胎儿监护可评估胎儿宫内安危,开始监护的时间一般为
A. 孕 30 周　B. 孕 32 周　C. 孕 34 周
D. 孕 36 周　E. 孕 38 周

80. 胎儿电子监护中,提示胎儿缺氧的是胎心率
A. 出现早期减速　B. 出现晚期减速　C. 出现变异减速
D. 摆动频率>6 次/分　E. 摆动幅度为 10~25 次/分

(81~84 题共用题干)初孕妇,29 岁,孕 38 周,自觉胎动减少 2 日。无腹痛,无阴道流血流液。查体:BP120/80mmHg,P90 次/分,R16 次/分,心肺无异常发现,腹部膨隆,宫底高度 30cm,腹围 92cm。FHR124bpm。

81. 为了解有无胎儿宫内窘迫,首选的检查是
A. B 超检查　B. 尿雌三醇测定　C. 血清 hPL 测定
D. 电子胎儿监护　E. Manning 评分

82. 若上述检查结果为无反应型,则下一步应进行的检查为
A. B 超检查　B. MRI 检查　C. 羊膜腔穿刺羊水检查
D. 阴道检查　E. 生物物理评分

83. 若上述检查过程中见胎儿呼吸运动 1 次,持续>20s;无肢体活动;肌张力好;羊水最大暗区 1cm,则检查结果为
A. 0 分　B. 2 分　C. 3 分
D. 4 分　E. 5 分

84. 该检查结果的临床意义为
A. 无急慢性缺氧　B. 有急慢性缺氧　C. 可能有急或慢性缺氧
D. 有急或慢性缺氧　E. 有急性缺氧伴慢性缺氧

85. 初孕妇,32 岁,孕 37 周,为了解胎盘功能,需要进行的辅助检查是
A. 测定血 AFP 含量　B. 尿 hCG 含量测定　C. 尿雌三醇测定
D. 羊水肌酐测定　E. 羊水淀粉酶测定

A. 卵磷脂/鞘磷脂比值为 2.3　B. 淀粉酶值为 500U/L　C. 胆红素类物质值为 0.01
D. 含脂肪细胞出现率为 23%　E. 肌酐值为 2.3mg/dl

86. 羊水中能提示胎儿肺成熟的指标是

87. 羊水中能提示胎儿肾成熟的指标是
A. 确诊早孕时　B. 孕 4 周　C. 产后 1 周
D. 产后 4 周　E. 产后 6 周
88. 孕妇系统管理开始的时间为
89. 孕妇系统管理结束的时间为
90. 产后访视结束的时间为
91. 孕妇保健手册开始建册的时间为

92. 孕妇,25 岁,孕 37 周。检查发现小阴唇内侧菜花状赘生物,同时合并肺部感染。针对该患者抗感染治疗,不能使用的药物是
A. 红霉素　B. 喹诺酮类　C. 头孢菌素类
D. β-内酰胺类　E. 青霉素类
93. 药物对孕妇致畸作用最大的时期是
A. 受精阶段　B. 着床前期　C. 着床后至孕 12 周
D. 孕 12~14 周　E. 孕 14~20 周

第 4 章　遗传咨询、产前筛查与产前诊断

94. 38 岁孕妇,G_4P_0,现妊娠 8 周,首次来院行产前检查。患者担心胎儿有先天性畸形,要求进行产前诊断。进行羊水穿刺检查的合适时间是
A. 孕 8~10 周　B. 孕 12~16 周　C. 孕 16~22 周
D. 孕 18~24 周　E. 孕 22~26 周
95. 可疑神经管缺陷的羊水过多孕妇,最常采用的检测方法是
A. 血 hCG 测定　B. 血胎盘生乳素测定　C. 血雌三醇测定
D. 羊水甲胎蛋白测定　E. 羊水卵磷脂/鞘磷脂比值测定
96. 关于宫内诊断的叙述,错误的是
A. 测定羊水 AFP 可用于诊断 NTD　B. 从孕妇外周血提取胎儿细胞可诊断胎儿基因疾病
C. 抽取羊水测定酶可诊断胎儿代谢性疾病　D. 在孕早期取绒毛可进行染色体核型分析
E. B 超主要用于诊断胎儿体表畸形

A. 孕 11~13^{+6}周　B. 孕 15~20^{+6}周　C. 孕 14~22 周
D. 孕 18~24 周　E. 孕 24~28 周
97. 唐氏综合征孕早期的产前筛查时间宜选在
98. 唐氏综合征孕中期的产前筛查时间宜选在
99. 神经管畸形的产前筛查时间宜选在
100. 胎儿结构畸形的产前筛查时间宜选在
101. 胎儿先天性心脏病的产前筛查时间宜选在

(102~103 题共用题干)36 岁孕妇,孕 4 产 0,孕晚期自然流产 3 次。现孕 16 周来院检查和咨询。
102. 导致患者复发性流产的最可能原因是
A. 胎儿染色体异常　B. 免疫因素异常　C. 黄体功能不全
D. 宫颈功能不全　E. 甲状腺功能减退
103. 为排除胎儿畸形,不宜进行下列哪项检查?

A. 羊水染色体检查 B. 羊水生化检查 C. 产科B超检查
D. 孕妇血清AFP测定 E. 腹部X线平片检查

第5章 妊娠并发症

104. 孕12周至不足28周终止妊娠者,称为
A. 早期流产 B. 中期流产 C. 晚期流产
D. 早产 E. 先兆流产
105. 复发性流产的常见病因不包括
A. 胚胎染色体异常 B. 黄体功能不足 C. 甲状腺功能低下
D. 免疫功能异常 E. 父母一方地中海贫血

A. 先兆流产 B. 不全流产 C. 完全流产
D. 难免流产 E. 稽留流产
106. 妊娠20周,阴道出血,量多,伴组织块。检查见子宫小于停经月份,宫口松软,有活动性出血。最可能的诊断为
107. 妊娠16周,阴道出血,阵发性下腹痛。检查见子宫与停经月份相符,宫口已扩张。最可能的诊断为
108. 女,26岁,妊娠8周,阵发性下腹痛2天,阴道少量流血5小时,为决定是否继续妊娠,最有价值的检查是
A. 测定血清甲胎蛋白含量 B. 尿妊娠试验 C. 测定血清雌三醇含量
D. B超检测 E. 测定血清雌二醇含量
109. 27岁已婚妇女,停经8周。下腹阵发性剧痛1小时伴阴道较多量流血。检查宫口开大2cm。本例最恰当的处置是
A. 给予止血药物 B. 肌内注射黄体酮 C. 肌内注射麦角新碱
D. 静脉滴注缩宫素 E. 吸宫术
110. 正常妊娠6~8周,其血液hCG含量每日增长速度应
A. ≥20% B. ≥30% C. ≥50%
D. ≥66% E. ≥100%
111. 25岁初产妇,妊娠36周,枕右前位,出现少量阴道流血,无宫缩,胎心136次/分。本例最恰当的处理方法应是
A. 期待疗法 B. 行剖宫产术 C. 立即行人工破膜
D. 立即静脉滴注止血药物 E. 缩宫素静脉滴注引产

(112~113题共用题干)女性,结婚2年未育,现停经8^+周,感下腹隐痛伴阴道少许流血3天。妇科检查:阴道少许血液,宫颈口未扩张,子宫约孕50^+天大,软,双附件正常。

112. 本例最可能的诊断为
A. 子宫肌瘤 B. 慢性盆腔炎 C. 先兆流产
D. 功能失调性月经紊乱 E. 子宫腺肌病
113. 最佳治疗方案是
A. 诊断性刮宫 B. 药物人工周期治疗 C. 抗感染治疗
D. 保胎治疗 E. 手术切除子宫

A. B超检查 B. 宫腔镜检查 C. 腹腔镜检查

D. 血或尿 hCG 测定　　E. 阴道后穹隆穿刺

114. 输卵管妊娠的辅助检查方法不包括

115. 输卵管妊娠破裂最简单可靠的诊断方法是

116. 输卵管妊娠诊断的金标准是

117. 女,23 岁,已婚。停经 40 天,阴道少量流血 1 周。平素月经规律。曾行人工流产 2 次。妇检:子宫稍大,宫颈举痛(+),左侧附件区可触及约 5cm×4cm×3cm 大小包块,质中,压痛。为明确诊断,首选的辅助检查项目是

A. 宫腔镜检查　　B. 腹腔穿刺　　C. B 超检查

D. 后穹窿穿刺　　E. 诊断性刮宫术

118. 女性,30 岁,停经 43 天,阴道少量出血伴下腹隐痛 2 天。行吸宫术,病理报告为"蜕膜组织"。首先考虑的疾病是

A. 闭经　　B. 先兆流产　　C. 月经

D. 月经不调　　E. 异位妊娠

119. 30 岁,已婚妇女。停经 48 天,剧烈腹痛 2 天,阴道不规则流血 1 天,今晨从阴道排出三角形样组织。检查:贫血外貌,下腹部压痛、反跳痛明显。正确治疗措施应选择

A. 立即行刮宫术　　B. 静脉滴注缩宫素　　C. 肌注麦角新碱

D. 行剖腹探查术　　E. 应用止血药物

(120~122 题共用题干)30 岁女性,停经 41 天。突发右下腹撕裂样疼痛,宫颈举痛,后穹隆饱满。B 超示右附件包块,盆腔积液。

120. 最可能的诊断是

A. 难免流产　　B. 卵巢肿瘤蒂扭转　　C. 急性盆腔炎

D. 输卵管妊娠破裂　　E. 右侧输尿管结石

121. 临床上最实用的诊断方法为

A. CT 检查　　B. 尿妊娠试验　　C. 后穹隆穿刺

D. 腹腔镜检查　　E. 诊断性刮宫

122. 最恰当的处理是

A. 立即剖腹探查　　B. 纠正休克的同时手术　　C. 纠正休克后手术

D. 静滴止血药物　　E. 静滴抗生素

123. 输卵管妊娠药物治疗的指征不包括

A. 生命体征稳定　　B. 无明显腹腔内出血　　C. 妊娠囊直径≤4cm

D. 血 hCG<2000IU/L　　E. B 超见胎心搏动

124. 输卵管妊娠的药物治疗应首选

A. hCG　　B. 甲氨蝶呤　　C. 环磷酰胺

D. 石炭酸　　E. 吲哚美辛

125. 患者,女性,28 岁,已婚。停经 48 日,右下腹间断隐痛伴阴道少量出血 2 日。尿妊娠试验阳性。B 超示宫内未见妊娠囊,右侧附件区见一孕囊,且有胚芽及胎心管搏动,盆腔未见液性暗区。该患者的治疗宜选用

A. 口服米非司酮　　B. 开腹探查　　C. 腹腔镜手术

D. 肌内注射甲氨蝶呤　　E. B 超引导下甲氨蝶呤囊内注射

126. 孕妇易发妊娠剧吐的孕周是

A. 孕 2~4 周　　B. 孕 4~6 周　　C. 孕 6~8 周

D. 孕5~10周　　E. 孕8~12周

127. 与妊娠剧吐发病无关的因素是
A. 血清hCG升高　　B. 雌激素水平增高　　C. 孕激素水平增高
D. 精神过度紧张　　E. 幽门螺杆菌感染

128. 妊娠剧吐需终止妊娠的指征不包括
A. 持续性黄疸　　B. 持续性蛋白尿　　C. 心率≥120次/分
D. 严重代谢性酸中毒　　E. 伴发Wernicke综合征

129. 子痫患者发生抽搐的主要原因是
A. 脑组织出血　　B. 脑梗死　　C. 低钙血症
D. 胎盘毒素　　E. 颅内小动脉痉挛与脑水肿

130. 下列哪项并发症与妊娠期高血压疾病无关?
A. 急性肾衰竭　　B. HELLP综合征　　C. 胎盘早剥
D. 前置胎盘　　E. 产后出血

131. 重度子痫前期孕妇于孕晚期出现腹痛伴阴道流血,最可能的疾病是
A. 前置胎盘　　B. 胎盘早剥　　C. 子宫破裂
D. 胎膜早破　　E. 早产

132. 初产妇,35岁。自停经20周起血压增高150~170/90~110mmHg,并有下肢水肿,偶尔头痛。孕36周时血压180/120mmHg,下肢水肿和头痛加重,尿蛋白(+)。妊娠前无高血压病史。患者最可能的诊断是
A. 原发性高血压　　B. 妊娠期高血压　　C. 轻度子痫前期
D. 重度子痫前期　　E. 子痫

133. 初孕妇,32岁,孕34周,确诊为轻度子痫前期。为防止病情加重,下列处理措施中,错误是
A. 保证充足睡眠　　B. 休息时取左侧卧位　　C. 必要时服用镇静剂
D. 严格限制食盐摄入　　E. 间断吸氧

134. 妊娠期高血压疾病需降压治疗的指征是血压≥
A. 120/80mmHg　　B. 140/90mmHg　　C. 140/100mmHg
D. 160/100mmHg　　E. 160/110mmHg

135. 妊娠期高血压疾病不宜使用的降压药物是
A. 拉贝洛尔　　B. 硝苯地平　　C. 尼莫地平
D. 酚妥拉明　　E. 依那普利

136. 初孕妇,妊娠37^{+2}周,基础血压不高。近5天头痛、视物模糊,血压160/100mmHg,尿蛋白(++),尿雌激素/肌酐值为11,胎心148次/分。此时正确的处理是
A. 立即行剖宫产术　　B. 静脉滴注催产素引产　　C. 积极治疗,等待自然分娩
D. 治疗至孕39周终止妊娠　　E. 积极治疗24~48h后终止妊娠

(137~141题共用题干)初孕妇,32岁,孕39周,未做产前检查。下肢水肿半月,头痛3天收入院。今晨出现视物模糊,头痛加重,呕吐胃内容物2次。外院查尿蛋白2.5g/24h。

137. 体格检查时尤其应注意是否有
A. 肝肿大　　B. 脾肿大　　C. 肾区叩痛
D. 血压升高　　E. 肺部湿啰音

138. 若测血压为160/110mmHg,该患者最可能的诊断为
A. 妊娠合并原发性高血压　　B. 妊娠期高血压　　C. 轻度子痫前期

D. 重度子痫前期　　E. 子痫

139. 若眼底检查发现视网膜小动脉痉挛伴视网膜渗出，首选的治疗药物是

A. 地西泮　　B. 拉贝洛尔　　C. 硫酸镁

D. 呋塞米　　E. 硝苯地平

140. 积极治疗 24 小时后决定是否终止妊娠，最简单且有价值的检查项目是

A. 血红蛋白测定　　B. 血肌酐测定　　C. 血压测定

D. 尿 E/C 测定　　E. 尿酸测定

141. 若胎心率为 180 次/分，最恰当的处理措施是

A. 立即静滴宫缩素引产　　B. 立即剖宫产　　C. 立即人工破膜

D. 静滴拉贝洛尔　　E. 静滴硫酸镁、甘露醇后剖宫产

142. 下列哪项不是早产的病因？

A. 下生殖道感染　　B. 胎膜早破　　C. 前置胎盘

D. 羊水过少　　E. 多胎妊娠

143. 早产治疗中，不属于宫缩抑制剂的是

A. 盐酸利托君　　B. 地塞米松　　C. 硝苯地平

D. 阿托西班　　E. 硫酸镁

144. 女，28 岁，初产妇。妊娠 $28^{+}1$ 周，阵发性腹痛，伴有少许阴道流血 1 天。查体：T36.5℃，规律宫缩 1 次/5 分钟，持续 40 秒，宫颈扩张 3cm。最可能的诊断是

A. 早产临产　　B. 先兆早产　　C. 难免流产

D. 不全流产　　E. 先兆流产

145. 初产妇，29 岁，孕 35 周。今晨少量阴道流血，无明显下腹痛。既往产检未发现妊娠合并症及并发症。体检：宫底高 31cm，LOA，胎心率 150 次/分，无宫缩，无阴道流液，宫口未开，一般情况好。目前最恰当的处理是

A. 人工破膜　　B. 静脉点滴缩宫素　　C. 静脉点滴宫缩抑制剂

D. 肌注地塞米松促肺成熟　　E. 密切监测胎儿情况，无需特殊处理

（146~149 题共用题干）初产妇，28 岁。妊娠 43 周，自觉胎动减少 2 日。血压 110/80mmHg，枕左前位，无头盆不称。

146. 为正确处理该病例，最重要的检查项目是

A. 孕妇尿 E/C 比值　　B. 羊水磷脂酰甘油　　C. 羊水淀粉酶

D. 羊水胆红素类物质值　　E. 羊水卵磷脂/鞘磷脂比值

147. 不能用于胎盘功能检查的项目是

A. OCT 试验　　B. fFN 测定　　C. 羊膜镜观察羊水性状

D. 孕妇血清 hPL 测定　　E. 孕妇尿雌三醇测定

148. 若上述检查证实患者胎盘功能减退，无其他产科情况，该患者最恰当的处理是

A. 期待疗法　　B. 静滴缩宫素经阴道分娩　　C. 剖宫产结束分娩

D. 静滴利托君观察　　E. 静滴头孢菌素抗感染

149. 围生儿最不可能出现的病理情况是

A. 胎儿窘迫　　B. 巨大儿　　C. 胎粪吸入综合征

D. 新生儿颅内出血　　E. 新生儿硬肿症

第 6 章　妊娠合并内外科疾病

A. 孕 26~28 周　B. 孕 28~30 周　C. 孕 30~32 周
D. 孕 32~34 周　E. 孕 34~36 周

150. 妊娠合并心脏病最易发生心力衰竭的时期是
151. 孕妇血容量达高峰的时期是
152. 高危孕妇开始进行胎儿健康状况评估的时期是

153. 妊娠期心脏病患者,发生心力衰竭的体征不包括
A. 轻微活动后有胸闷气短　B. 休息时心率>110 次/分　C. 休息时呼吸频率>20 次/分
D. 全身水肿,肝脾肿大　E. 夜间阵发性呼吸困难

154. 妊娠早期心脏病患者是否继续妊娠,主要根据是
A. 患者年龄　B. 胎儿大小　C. 心脏病种类
D. 心功能分级　E. 病变发生部位

155. 女性,28 岁,风湿性心脏病二尖瓣狭窄病史 2 年。平时不用药,上三楼无明显不适。孕 5 个月起活动时常有轻度心悸、气促。现孕 38 周,因心悸、咳嗽、夜间不能平卧、心功能Ⅲ级而急诊入院。在制订治疗计划时,最佳的方案是
A. 积极控制心力衰竭后终止妊娠　B. 积极控制心力衰竭,同时行剖宫产
C. 积极控制心力衰竭,同时行引产术　D. 适量应用抗生素后继续妊娠
E. 纠正心功能,等待自然分娩

(156~158 题共用题干)初孕妇,32 岁,孕 37 周,自觉胎动 5 个月。规律腹痛 3 小时,既往有二尖瓣关闭不全病史。日常活动时心悸、气短,休息时好转,夜间能平卧。查体:BP120/80mmHg,P90 次/分,R17 次/分,心尖部可闻及 3/6 级收缩期杂音。头位,胎心率 142 次/分。

156. 目前不恰当的处置措施是
A. 测量宫高及腹围　B. 产科 B 超检查　C. 进行骨盆外测量
D. 肝肾功能检查　E. 立即行术前准备,急诊剖宫产

157. 该产妇的心功能属于 NYHA
A. Ⅰ级　B. Ⅱ级　C. Ⅲ级
D. Ⅳ级　E. Ⅴ级

158. 若产科超声检查结果提示 BPD9.2cm,FL7.0cm,头位,胎心率 140 次/分,骨盆测量未见异常,则该产妇正确的处理是
A. 立即剖宫产　B. 静滴缩宫素加快产程　C. 人工破膜加快产程
D. 等待经阴道分娩　E. 产后不宜哺乳

159. 关于妊娠期糖代谢的特点,错误的是
A. 孕妇空腹血糖较非孕妇低　B. 孕妇易发生酮症　C. 孕妇清除葡萄糖能力较强
D. 部分孕妇尿中排糖量增加　E. 妊娠晚期胰岛素需求降低

160. 妊娠妇女首次产前检查,常规检查项目不包括
A. 肝肾功能　B. 血常规　C. 尿常规
D. 糖化血红蛋白　E. 空腹血糖

161. 女,28 岁,妊娠 28 周。口服葡萄糖耐量试验空腹、服糖后 1 小时、2 小时血糖水平分别为 5.0、9.5、

10.0mmol/L。1 周后测得早餐后 2 小时血糖为 8.7mmol/L。患者初次妊娠，既往无糖尿病病史。应诊断为

A. 糖耐量正常　B. 妊娠期糖耐量减低　C. 妊娠期糖尿病
D. 糖尿病合并妊娠　E. 特殊类型糖尿病

162. 妊娠期糖尿病患者胰岛素使用量达高峰的孕周是
A. 孕 12~24 周　B. 孕 24~26 周　C. 孕 26~32 周
D. 孕 32~36 周　E. 孕 36~38 周

163. 妊娠期糖尿病首选的治疗措施是
A. 饮食控制　B. 口服降糖药　C. 胰岛素皮下注射
D. 胰岛素静脉滴注　E. 胰岛素类似物皮下注射

164. 女，29 岁。妊娠 7 个月，每日进主食量 300g。口服葡萄糖耐量试验结果：空腹血糖 6.9mmol/L，2 小时血糖 13.1mmol/L。既往无糖尿病病史。应采取的措施是
A. 口服降糖药物　B. 无需治疗　C. 加强运动
D. 控制饮食　E. 胰岛素治疗

165. 关于妊娠期妇女的生理变化，错误的是
A. 孕妇出现肝掌为病理现象　B. 多种凝血因子合成增加　C. 血液处于高凝状态
D. 血清白蛋白浓度下降　E. 血清 ALT 稍下降

166. 初孕妇，28 岁，孕 26 周。乏力、食欲不振 3 日，拟诊为妊娠合并肝炎。对诊断最有价值的检查项目是
A. 血清 ALT 明显升高　B. 血清 AST 明显升高　C. 血清总胆红素明显升高
D. 血清 HBsAg 阳性　E. 凝血功能指标明显异常

第 7 章　胎儿异常与多胎妊娠

167. 内因性匀称型胎儿生长受限的特点不包括
A. 体重、头围、身长均小　B. 与基因或染色体异常有关　C. 与宫内感染有关
D. 外表无营养不良表现　E. 胎儿有缺氧表现

168. 诊断胎儿生长受限的首选检查是
A. 手测宫底高度　B. 产科 B 超　C. 彩色多普勒超声
D. 抗心磷脂抗体测定　E. 产科 MRI

169. 初孕妇，28 岁，平时月经规则，现停经 32 周，近 3 周体重无明显增加。宫高 23cm，B 超示羊水指数 43mm。该患者的最佳处理是
A. 立即终止妊娠　B. 待其足月后终止妊娠　C. 待其 34 周后终止妊娠
D. 待其自然分娩　E. 积极促胎肺成熟后终止妊娠

170. 巨大胎儿是指出生时胎儿体重≥
A. 2500g　B. 3000g　C. 3500g
D. 4000g　E. 4500g

171. 关于巨大胎儿的特点，不正确的是
A. 头盆不称发生率高　B. 宫底高度>35cm　C. 孕妇常有糖尿病
D. 胎头双顶径>10cm　E. 听诊胎心音位置较低

172. 初孕妇，30 岁，孕 38 周，孕期未行产前检查。入院查体：腹围 105cm，宫高 40cm。B 超提示胎儿双顶径 11cm，羊水 3.0cm。临产后活跃期 10 小时，宫口开大 8cm，S+1 已停滞 1 小时，孕妇疲乏。最恰当

的处理措施为
A. 继续阴道试产　B. 急诊剖宫产　C. 静滴缩宫素
D. 产钳助产　E. 胎头吸引助产

173. 导致慢性胎儿窘迫的原因是
A. 脐带受压　B. 胎盘早剥　C. 孕妇休克
D. 宫缩过强　E. 胎盘功能不全

174. 急性胎儿窘迫的主要诊断依据不包括
A. 胎心率异常　B. 胎动频繁　C. 胎动消失
D. 羊水胎粪污染　E. 胎儿酸中毒

175. 诊断慢性胎儿窘迫的指标是
A. 胎儿生物物理评分≤4分　B. 尿雌三醇 30mg/24h　C. 12小时胎动14次
D. 胎心率110次/分　E. 胎动时胎心率增加20次/分

176. 评价胎儿宫内窘迫最简单有效的方法是
A. 胎儿电子监护　B. 羊膜镜检查　C. 胎动计数
D. 胎儿B超检查　E. 缩宫素激惹试验

(177~179题共用题干)初产妇,28岁,孕38周。规律宫缩12小时,宫缩间隔4min,持续40s,宫口开大3cm,胎心率120次/分,胎膜已破,羊水浅绿色。

177. 该患者首选的处理措施是
A. 自数胎动　B. 胎儿电子监护　C. 改变体位
D. 立即剖宫产　E. 立即产钳助产

178. 胎儿电子监护仪上见到下列哪种胎心率变化可诊断为胎儿宫内窘迫?
A. 频繁早期减速　B. 频繁晚期减速　C. 偶发变异减速
D. 一过性加速　E. 基线摆动≥6次/分

179. 1小时后胎心监护显示胎心率频繁早期减速,宫口开大4cm,S=0,正确处理应为
A. 立即剖宫产　B. 产钳助产　C. 胎头负压吸引助产
D. 静滴缩宫素　E. 继续严密观察产程变化

A. 急性肾功能衰竭　B. DIC　C. 胎盘滞留
D. 胎盘卒中　E. 肝功能衰竭

180. 死胎最严重的并发症是
181. 胎盘早剥最严重的并发症是

(182~185题共用题干)初产妇,28岁,孕27周。下腹部膨隆不明显,宫底高度在脐耻之间,尚未自觉胎动。否认腹痛史及阴道流血史。

182. 最可能的诊断是
A. 胎儿窘迫　B. 死胎　C. 胎儿生长受限
D. 胎盘早剥　E. 前置胎盘

183. 为明确诊断,首选的检查是
A. 宫腔镜检查　B. 羊膜镜检查　C. 产科B超检查
D. 盆腔MRI检查　E. 血尿hCG检测

184. 明确诊断后首选的处理措施是
A. 立即剖宫产　B. 阴道放置米索前列醇引产　C. 经羊膜腔注入依沙吖啶引产
D. 经羊膜腔注入催产素引产　E. 等待自然分娩

185. 在进行上述处理前,该患者应特别注意
A. 测定血糖　B. 检查肝肾功能　C. 检查心电图
D. 检查凝血功能　E. 进行眼底检查

186. 双胎妊娠的常见并发症不包括
A. 羊水过多　B. 胎盘早剥　C. 胎膜早破
D. 宫缩乏力　E. 羊水栓塞

第 8 章　胎儿附属物异常

187. 妊娠晚期阴道流血最常见的原因是
A. 前置胎盘　B. 胎盘早剥　C. 胎膜早破
D. 早产　E. 子宫先兆破裂

188. 前置胎盘是指胎盘部分或全部附着于
A. 子宫体前壁　B. 子宫体后壁　C. 子宫体侧壁
D. 子宫体底部　E. 子宫颈内口

189. 前置胎盘阴道流血的特征是
A. 常伴有下腹阵发性疼痛　B. 常发生在妊娠中期
C. 阴道流血量与贫血程度不成正比　D. 妊娠 28 周出现阴道流血多为完全性前置胎盘
E. 妊娠 35 周出现阴道流血多为边缘性前置胎盘

190. 前置胎盘的典型临床表现是
A. 子宫大小与孕周不符　B. 胎位常扪不清　C. 胎心音常听不清
D. 常无胎位异常　E. 可于耻骨联合上方闻及胎盘杂音

A. 前置胎盘　B. 妊娠合并阑尾炎　C. 胎盘早剥
D. 先兆早产　E. 先兆子宫破裂

191. 初孕妇,妊娠 36 周。重度子痫前期患者,突然剧烈腹痛。查体:子宫板状硬,压痛,该患者最可能发生了

192. 初孕妇,妊娠 35 周。晨起发现臀下床单血染。查体:子宫软,无压痛,大小与妊娠周数相符,耻骨联合上方听到胎盘杂音。该患者最可能的诊断是

193. 经产妇,32 岁,孕 36 周。阴道流血 2 日,量如月经量,无腹痛。查体:枕左前位,胎头高浮,胎心 140 次/分。产后检查见胎膜破口距胎盘边缘 5cm,胎盘边缘有黑紫色陈旧血块附着。该患者最可能的诊断是
A. 胎盘早剥　B. 前置胎盘　C. 前置血管破裂
D. 胎盘边缘静脉窦破裂　E. 子宫先兆破裂

194. 初产妇,27 岁,孕 29 周。夜间睡眠中家属发现孕妇躺在血泊中。入院时呈休克状态,此时阴道出血不多。最可能的诊断是
A. 完全性前置胎盘　B. 部分性前置胎盘　C. 边缘性前置胎盘
D. 胎盘早剥　E. 前置血管破裂

195. 患者,25 岁,孕 1 产 0,孕 32 周,LOA,无痛性少量阴道流血 4 天,胎心 140 次/分,无明显宫缩。最恰当的处理为
A. 住院期待疗法　B. 急诊剖宫产　C. 输血后剖宫产
D. 静滴缩宫素引产　E. 人工破膜加快产程

196. 初孕妇，28岁，妊娠37周。枕左前位，阴道无明显诱因无痛性流血超过500ml，胎心120次/分，无规律宫缩。正确的处理措施是
A. 期待疗法
B. 静滴缩宫素引产
C. 立即人工破膜
D. 立即阴道助娩
E. 行剖宫产术

A. 6周
B. 8周
C. 12周
D. 20周
E. 28周
197. 死胎是指妊娠多长时间以后胎儿在子宫内死亡？
198. 胎盘早剥最早出现临床表现的时间一般是妊娠
199. 完全性前置胎盘最早出现临床表现的时间一般是妊娠
200. 妊娠期高血压疾病最早出现临床表现的时间一般是妊娠

201. 胎盘早剥的常见病因是
A. 前置胎盘
B. 子宫手术史
C. 妊娠高血压疾病
D. 初产妇
E. 缺铁性贫血
202. Couvelaire子宫常见于
A. 妊娠高血压疾病
B. 胎盘早剥
C. 前置胎盘
D. 胎膜早破
E. 子宫先兆破裂
203. 胎盘早剥隐性出血较可靠的诊断依据是
A. 持续性腹痛
B. 阴道大量出血
C. 破膜有血性羊水
D. 宫体压痛明显
E. B超提示液性低回声区
204. 初孕妇，24岁，妊娠33周，头痛6天。查体：血压160/110mmHg，治疗3天无显效，今晨5时突然出现剧烈腹痛。检查子宫板状硬。最可能的诊断是
A. 妊娠合并急性阑尾炎
B. 胎盘早剥
C. 前置胎盘
D. 先兆子宫破裂
E. 先兆早产

（205～207题共用题干）初孕妇，妊娠39周，剧烈持续性腹痛4小时入院。贫血貌，血压130/80mmHg，脉搏120次/分，子宫硬，不松弛，有局限性压痛，胎位不清，胎心110次/分，阴道少量流血。肛查宫口未开。
205. 可能的诊断是
A. 前置胎盘
B. 先兆子痫
C. 继发性贫血
D. 胎盘早剥
E. 低张力性子宫收缩乏力
206. 为明确诊断，最有价值的辅助检查是
A. 胎心监护
B. 阴道检查
C. B超检查
D. 血白细胞计数及分类
E. 血红细胞计数及血红蛋白值
207. 此时正确的处理措施是
A. 输血输液
B. 静脉滴注缩宫素引产
C. 给予镇静药等待产程发动
D. 剖宫产结束分娩
E. 人工破膜加快产程

（208～210题共用题干）女，35岁，初孕妇。妊娠32周，头痛4天。查体：T36.8℃，P110次/分，BP160/110mmHg，治疗2天后血压下降。今晨突然出现持续性腹痛，伴少量阴道流血。宫底剑突下3横指，子宫张力高，胎心100次/分，宫口未开。
208. 该孕妇最可能的诊断是
A. 前置胎盘
B. 子宫破裂
C. 早产临产

D. 胎盘早剥　　E. 急性阑尾炎

209. 最恰当的处理是
A. 立即剖宫产结束分娩　　B. 继续静脉滴注硫酸镁　　C. 立即静脉滴注缩宫素引产
D. 镇静降压等待自然临产　　E. 促胎肺成熟后择期终止妊娠

210. 产时出血约为 1200ml，宫底脐下 1 指，质硬，导致出血最可能的原因是
A. 凝血功能障碍　　B. 子宫收缩乏力　　C. 产褥感染
D. 胎盘残留　　E. 软组织裂伤

211. 胎膜早破对母儿的影响不包括
A. 宫内感染　　B. 诱发早产　　C. 延缓产程进展
D. 增加产褥感染机会　　E. 容易发生脐带脱垂

212. 预测胎膜早破最好的辅助检查是
A. 阴道液酸碱度检测　　B. 阴道液涂片检查　　C. 羊膜镜检查
D. 阴道窥镜检查　　E. 胎儿纤连蛋白测定

(213~215 题共用题干)患者，女性，26 岁，孕 4 月$^{+}$。昨日搬重物后腰酸、下坠感，今天上午开始下腹部阵发性疼痛，逐渐加重。半小时前阴道流液，量较多，湿透内裤。急诊来院。

213. 最可能的诊断为
A. 先兆流产　　B. 难免流产　　C. 不全流产
D. 完全流产　　E. 复发性流产

214. 最有助于诊断本病的检查是
A. 测宫缩　　B. 听胎心音　　C. 尿 hCG 定性
D. 测阴道液体 pH 值　　E. B 超检查

215. 若确诊为本病，此患者最恰当的处理是
A. 急诊剖宫产　　B. 急诊诊断性刮宫　　C. 药物引产
D. 负压吸引人流　　E. 药物流产

A. 脐带先露　　B. 脐带脱垂　　C. 脐带缠绕
D. 脐带打结　　E. 前置胎盘

216. 胎膜已破，脐带脱出于子宫颈口或阴道外口，称为

217. 胎膜未破，脐带位于先露部以下，称为

218. 最易发生脐带脱垂的胎位是
A. 枕后位　　B. 枕横位　　C. 完全臀先露
D. 单臀先露　　E. 足先露

219. 脐带血流受阻多长时间，可导致胎儿宫内死亡？
A. 1~3 分钟　　B. 3~5 分钟　　C. 5~6 分钟
D. 7~8 分钟　　E. 8~10 分钟

(220~222 题共用题干)初产妇，28 岁，孕 40 周。临产 5 小时，胎头高浮，胎心 140 次/分，宫口开大 3cm。4 小时后破膜。立即听胎心音减慢至 80 次/分。

220. 最可能的诊断是
A. 胎盘功能减退　　B. 胎头受压　　C. 脐带脱垂
D. 脐带绕颈　　E. 前置胎盘

221. 为明确诊断，首选检查是

A. 肛门指检　B. 阴道检查　C. 腹部检查
D. B 超检查　E. 彩色多普勒超声检查

222. 确诊后应立即采取的措施是
A. 等待自然分娩　B. 产钳阴道助娩　C. 胎头吸引阴道助娩
D. 立即剖宫产　E. 取头低臀高位，上推先露部，立即剖宫产

第 9 章　正常分娩

223. 决定分娩难易的因素不包括
A. 骨盆大小　B. 产力强弱　C. 胎方位
D. 胎心率　E. 产妇精神心理因素

224. 临产后子宫收缩以宫底最强，子宫下段最弱，此特性称为子宫收缩的
A. 节律性　B. 规律性　C. 极性
D. 对称性　E. 缩复作用

225. 关于女型骨盆特点的叙述，正确的是
A. 骨盆入口前后径大于横径　B. 骨盆出口横径大于前后径　C. 骨盆出口呈椭圆形
D. 骨盆倾斜度正常值为 80°　E. 中骨盆平面是骨盆腔最狭窄的平面

226. 骨盆出口前后径的前端是
A. 耻骨联合上缘　B. 耻骨联合下缘　C. 耻骨联合上缘中点
D. 耻骨联合下缘中点　E. 坐骨结节

227. 软产道的组成不包括
A. 子宫体部　B. 子宫颈部　C. 子宫峡部
D. 阴道　E. 盆底软组织

228. 分娩期生理缩复环的特点是
A. 与子宫肌缩复作用有关　B. 位于子宫下段　C. 可于下腹部见到
D. 局部有压痛　E. 由局部肌纤维收缩形成

A. 枕额径　B. 枕下前囟径　C. 枕颏径
D. 双顶径　E. 枕颞径

229. 胎头最大横径为
230. 胎头最长的径线是
231. 枕左前位分娩时，胎头进入骨盆入口平面的径线是
232. 枕左前位分娩时，其衔接的径线是
233. 枕左前位分娩时，胎头通过产道的径线是

234. 枕左前位分娩时，开始内旋转的部位是
A. 骨盆入口平面　B. 中骨盆平面　C. 骨盆出口平面
D. 骨盆最大平面　E. 骨盆底

235. 枕左前位分娩，胎头下降至阴道口仰伸时，胎儿双肩径进入
A. 骨盆入口横径　B. 骨盆入口前后径　C. 骨盆入口左斜径
D. 骨盆入口右斜径　E. 中骨盆横径

A. 假临产　B. 胎儿下降感　C. 见红

D. 胎动活跃　　E. 规律且逐渐增强的宫缩

236. 先兆临产比较可靠的征象是

237. 临产开始的标志是

238. 临床上判断产程进展的重要标志是

A. 规律宫缩　　B. 宫口扩张　　C. 胎头下降

D. 胎膜破裂　　E. 胎先露入盆

239. 阴道检查时,了解胎头下降程度的骨性标志是

A. 坐骨结节　　B. 坐骨切迹　　C. 坐骨棘

D. 耻骨联合下缘　　E. 骶骨岬下缘

240. 阴道检查胎头下降程度为“+2”,是指

A. 胎头双顶径在坐骨棘水平下 2cm　　B. 胎头最低点在坐骨结节下 2cm

C. 胎头颅骨最低点在坐骨棘水平下 2cm　　D. 胎头顶骨在坐骨棘水平上 2cm

E. 胎头颅骨最低点在坐骨棘水平上 2cm

241. 第一产程活跃期的加速期是指宫口扩张

A. 0~3cm　　B. 3~4cm　　C. 3~5cm

D. 4~9cm　　E. 9~10cm

242. 初孕妇,28 岁,孕 38 周,自然临产入院。规律宫缩 12 小时,破膜 11 小时,宫口开大 5cm,S+1。应诊断为

A. 正常潜伏期　　B. 正常活跃期　　C. 胎膜早破

D. 潜伏期延长　　E. 第一产程延长

243. 24 岁,初产妇。妊娠 38 周,规律宫缩 7 小时。血压 110/70mmHg,骨盆不小,预测胎儿体重为 2800g,枕左前位,胎心良好。肛查宫口开大 4cm,S=0。本例正确处置应是

A. 不需干涉产程进展　　B. 人工破膜　　C. 静脉缓注 25%硫酸镁 16ml

D. 静脉滴注缩宫素　　E. 静脉推注地西泮 10mg

244. 临产时可以灌肠的是

A. 胎膜已破,宫口开大 2cm,头先露,S+1,胎心音正常

B. 宫口开大 2cm,头先露,S+1,胎心音正常,阴道流血,量较多

C. 产程顺利,估计 1 小时内胎儿可以娩出

D. 胎膜未破,臀先露,胎心音正常

E. 胎膜未破,宫口开大 2cm,头先露,S+1,胎心音正常

245. 产程中阴道检查的内容不包括确定

A. 宫口扩张程度　　B. 胎先露下降程度　　C. 胎方位

D. 是否破膜　　E. 对角径长度

A. 胎头拨露　　B. 胎头着冠　　C. 宫口开大 4cm

D. 宫口开大 6cm　　E. 宫口开大 10cm

246. 进入第二产程的标志是

247. 分娩时胎膜自然破裂的时间常在

248. 初产妇进入分娩室的时间是

249. 经产妇进入分娩室的时间是

250. 经产妇,37 岁,G_2P_1,孕 38 周。规律宫缩 3 小时门诊就诊。查体:胎心率 140 次/分,宫缩 40s/3min。肛查宫口开大 4cm,前羊膜囊膨出,头位 S+1。骨盆外测量正常。最恰当的处理是

A. 收住院待产　　B. 破膜后收住院　　C. 肥皂水灌肠

D. 人工破膜　　E. 送产房准备接生

251. 胎儿娩出后 5 分钟，阴道出血量 150ml，首要处理是
A. 肌注缩宫素　　B. 缝合会阴伤口　　C. 牵拉脐带
D. 协助胎盘娩出　　E. 按摩子宫

252. 胎盘剥离的征象不包括
A. 宫底升高达脐上　　B. 宫体变硬呈球形　　C. 阴道口外露的脐带自行下降
D. 阴道少量流血　　E. 于耻骨联合上方轻压子宫下段，脐带回缩

253. 初产妇，26 岁。规律宫缩，宫口已开大 5cm，阴道检查见胎头矢状缝与骨盆横径一致，后囟在 3 点，前囟在 9 点。其胎方位为
A. LOA　　B. ROA　　C. LOT
D. ROT　　E. LOP

254. 新生儿出生后，心率 98 次/分，呼吸浅，全身瘫软，上唇青紫，全身皮肤苍白，吸痰时喉部仅有轻度反射。Apgar 评分为
A. 1 分　　B. 2 分　　C. 3 分
D. 4 分　　E. 5 分

255. 新生儿阿普加评分最灵敏的指标是
A. 呼吸　　B. 心率　　C. 皮肤颜色
D. 肌张力　　E. 喉反射

256. 正常经阴道分娩出血量一般不超过
A. 50ml　　B. 100ml　　C. 250ml
D. 300ml　　E. 500ml

第 10 章　异常分娩

257. 子宫收缩乏力的原因不包括
A. 头盆不称　　B. 巨大胎儿　　C. 子宫畸形
D. 产程早期使用大剂量哌替啶　　E. 孕妇体内前列腺素合成过多

258. 协调性宫缩乏力的特点是
A. 子宫收缩极性倒置　　B. 哌替啶效果明显　　C. 不易发生胎盘残留
D. 产程多延长　　E. 多发生于潜伏期

259. 胎头下降延缓是指初产妇在宫颈扩张减速期及第二产程，胎头下降速度<
A. 0.5cm/h　　B. 0.8cm/h　　C. 1.0cm/h
D. 1.5cm/h　　E. 2.0cm/h

260. 滞产是指总产程超过
A. 16 小时　　B. 18 小时　　C. 24 小时
D. 36 小时　　E. 48 小时

261. 初产妇，27 岁，足月妊娠分娩中。宫口开全 2 小时，LOT，S+2，宫缩由强转弱约 40 分钟，宫缩间隔由 2 分钟延长为 6 分钟。导致宫缩由强转弱最常见的原因是
A. 产妇衰弱　　B. 骨盆入口狭窄　　C. 中骨盆狭窄
D. 骨盆出口狭窄　　E. 巨大胎儿

262. 初产妇，28 岁，足月分娩中。其分娩过程中的时间、宫口开大、胎先露位置分别为：10∶00，4cm，S−2；

12:00,5cm,S-1;14:00,6cm,S0;16:30,6cm,S+1。最可能的诊断是

A. 活跃期延长　B. 活跃期停滞　C. 胎头下降延缓
D. 胎头下降停滞　E. 第二产程延长

263. 27 岁初产妇,妊娠 40 周,阵发性腹痛 10 小时,宫缩 10~15 分钟 1 次,持续 30 秒,宫口开全。若已进入第二产程,胎头 S+4,胎心 102 次/分。此时的处理应是

A. 立即行剖宫产　B. 等待自然分娩　C. 行产钳术助产
D. 静滴缩宫素　E. 静注地西泮

264. 24 岁初产妇,规律宫缩 10 小时,连续观察 2 小时,宫口由 6cm 开大至 7cm,胎头 S+1,胎心 140 次/分。本例恰当的处置应是

A. 严密观察产程进展　B. 静滴缩宫素　C. 肌注哌替啶
D. 立即行人工破膜　E. 立即行剖宫产

265. 初产妇,26 岁。妊娠 40 周,临产 11 小时,宫口开大 4cm,前羊膜囊饱满,S=0,胎心率 140 次/分。目前该患者恰当的处理措施是

A. 肌注哌替啶　B. 静滴缩宫素　C. 行剖宫产术
D. 行人工破膜　E. 温肥皂水灌肠

(266~269 题共用题干)初产妇,28 岁,孕 38 周。不规律宫缩 2 日,阴道少许血性黏液。查体:BP128/82mmHg,宫高 38cm,腹围 105cm,胎心率 140 次/分,宫缩 32s/5min。肛查宫口 1cm。缩宫素激惹试验出现早期减速。

266. 该患者不可能的诊断是

A. 巨大胎儿　B. 足月活胎　C. 第一产程潜伏期
D. 临产　E. 先兆临产

267. 入院后行肥皂水灌肠,1 小时后子宫阵缩频繁,宫缩 40s/2~3min,胎心率 146 次/分,S-1,宫口开大 2cm。此时错误的处理措施为

A. 鼓励进食　B. 左侧卧位　C. 检查有无头盆不称
D. 每小时听胎心音 1 次　E. 静滴缩宫素

268. 临产 18 小时后再查宫缩减弱变稀,胎心率 140 次/分,肛查宫口开大 2cm,S0,无自觉症状。此时最可能的诊断为

A. 原发性宫缩乏力　B. 胎儿宫内窘迫　C. 潜伏期延长
D. 活跃期延长　E. 活跃期停滞

269. 临产 20 小时再查,宫缩 45s/3min,胎心监护显示胎心 168 次/分,频繁出现晚期减速,胎膜已破,羊水黄绿色。阴道检查宫口已开全,S+4。此时处理措施首选

A. 静滴宫缩素　B. 肌注哌替啶　C. 立即剖宫产
D. 行产钳术阴道助娩　E. 等待自然分娩

(270~272 题共用题干)25 岁,初产妇。妊娠 39 周,阵发性腹痛 20 小时,10~12 分钟宫缩 1 次,持续 30 秒,宫口开大 3cm。

270. 出现上述临床表现的原因是

A. 子宫收缩对称性异常　B. 子宫收缩节律性异常　C. 子宫收缩极性异常
D. 子宫收缩缩复作用异常　E. 腹肌和膈肌收缩力异常

271. 此时的处理原则应是

A. 肌内注射缩宫素　B. 静脉滴注麦角新碱　C. 肌内注射哌替啶
D. 人工破膜　E. 立即行剖宫产术

272. 若进入第二产程后，胎头+3，胎心 90 次/分，此时的处理应是
A. 立即行剖宫产术　B. 等待自然分娩　C. 行产钳术助娩
D. 静脉滴注缩宫素　E. 静注地西泮

273. 初产妇，28 岁，足月分娩。临产 12 小时，产妇烦躁不安，呼痛不已。查体：子宫收缩强，宫底高度 32cm，腹围 100cm，胎心 138 次/分，宫口开大 1cm，S=0。此时的处理措施是
A. 肥皂水灌肠　B. 人工破膜　C. 静滴宫缩素
D. 肌注哌替啶　E. 立即剖宫产

A. 正常分娩过程中　B. 先兆子宫破裂　C. 子宫破裂
D. 不协调性宫缩过强　E. 不协调性宫缩乏力
274. 痉挛性狭窄环常见于
275. 病理性缩复环常见于
276. 生理性缩复环常见于

A. 坐骨棘间径<10cm　B. 坐骨棘间径+中骨盆后矢状径<15cm
C. 坐骨结节间径<8cm　D. 坐骨结节间径+骨盆出口后矢状径<15cm
E. 骶耻外径<18cm
277. 诊断骨盆入口狭窄的重要指标是
278. 诊断中骨盆狭窄的重要指标是
279. 诊断骨盆出口狭窄的重要指标是

280. 初产妇，30 岁。妊娠 40 周，宫缩规律，枕左前位，胎心 138 次/分。肛查宫口开大 2cm，胎头未衔接。本例最可能的骨盆测量数据是
A. 对角径 13cm　B. 骶耻外径 17cm　C. 髂棘间径 24cm
D. 髂嵴间径 27cm　E. 坐骨棘间径 10cm

281. 初产妇，妊娠 38 周。骨盆外测量：骶耻外径 19.5cm，髂棘间径 25cm，髂嵴间径 28cm，坐骨棘间径 9cm，坐骨结节间径 7.5cm。该孕妇的骨盆应诊断为
A. 女娃骨盆　B. 漏斗骨盆　C. 猿人骨盆
D. 扁平骨盆　E. 均小骨盆

（282~284 题共用题干）初孕妇，28 岁，孕 39 周，规律宫缩 10 小时。查体：髂棘间径 24cm，骶耻外径 20cm，坐骨棘间径 9.5cm，坐骨结节间径 7cm，枕左前位，胎心 140bpm。肛查宫口开大 4cm，S0。2 小时后产妇腹痛难忍，宫缩 45s/1~2min，胎心 100bpm，子宫下段压痛，肛查宫口开大 5cm，S0。
282. 产妇产程受阻的主要原因是
A. 骨盆入口狭窄　B. 中骨盆狭窄　C. 骨盆出口狭窄
D. 漏斗骨盆　E. 扁平骨盆
283. 最可能的诊断是
A. 协调性宫缩乏力　B. 不协调性宫缩乏力　C. 协调性宫缩过强
D. 不协调性宫缩过强　E. 先兆子宫破裂
284. 最合适的处理措施是
A. 等待自然分娩　B. 产钳经阴道助娩　C. 胎头吸引经阴道助娩
D. 立即剖宫产　E. 静滴缩宫素加快产程

（285~286 题共用题干）初产妇，28 岁，孕 39 周，规律宫缩 12 小时。查体：宫高 36cm，胎头先露，胎心 140 次/分。肛查宫口开大 3cm，S-2。估计胎儿体重 3500g。

285. 骨盆外测量应注意哪条径线？
A. 髂棘间径　B. 髂嵴间径　C. 骶耻外径
D. 坐骨棘间径　E. 坐骨结节间径

286. 消毒后阴道检查：对角径 11cm，胎头变形，S-1，LOP，宫口开大 4cm。目前的正确处理措施是
A. 人工破膜　B. 手转胎头　C. 产钳阴道助娩
D. 胎头吸引阴道助娩　E. 立即剖宫产

287. 初产妇，孕 39 周，G_1P_0。规律宫缩 12 小时，阴道流水 3 小时，宫口开全 1 小时，急诊入院。查体：宫底高度 33cm，腹围 90cm，LOA，胎心 138 次/分，有产瘤，S+2，宫缩乏力，宫缩时，拨开会阴可见胎发，骶耻外径 19cm，坐骨棘间径 7cm，中骨盆后矢状径 6cm。恰当的处理措施是
A. 等待自然分娩　B. 静脉滴注缩宫素　C. 产钳术
D. 胎头吸引术　E. 立即剖宫产

288. 测得初孕妇坐骨结节间径 7cm，出口后矢状径 7cm，现妊娠 39 周，估计胎儿约 3200g，宫缩正常，宫口开大 2.5cm。正确的分娩方式应是
A. 自然分娩　B. 会阴侧切，经阴道分娩　C. 胎头吸引术
D. 产钳术　E. 剖宫产术

289. 初产妇，29 岁，孕 40 周。宫口开全 2 小时，频繁用力，但未见胎头拨露。查体：宫底为臀部，腹部前方可触及胎儿小部分，未触及胎头。阴道检查：S+2，矢状缝与骨盆前后径一致，大囟门在母体骨盆前方。应诊断为
A. 持续性枕右横位　B. 持续性枕左横位　C. 持续性枕右后位
D. 持续性枕左后位　E. 持续性枕后位

（290~291 题共用题干）初产妇，28 岁，孕 39 周。临产 14 小时，宫口开全，胎头下降无进展，胎心 140 次/分。消毒阴道后检查见矢状缝与坐骨棘间径一致，枕骨在母体骨盆右侧，S+1。

290. 该产妇的正确诊断是
A. 枕右前位　B. 持续性枕左后位　C. 持续性枕右后位
D. 持续性枕左横位　E. 持续性枕右横位

291. 此时首选的处理是
A. 等待自然分娩　B. 徒手顺时针旋转胎头 135 度　C. 徒手逆时针旋转胎头 135 度
D. 徒手顺时针旋转胎头 90 度　E. 徒手逆时针旋转胎头 90 度

A. 持续性枕横位　B. 持续性枕后位　C. 臀先露
D. 忽略性肩先露　E. 复合先露

292. 临床上最常见的异常胎位是
293. 对母体最为不利的异常胎位是

294. 临床上最常见的臀先露类型是
A. 单臀先露　B. 完全臀先露　C. 混合臀先露
D. 不完全臀先露　E. 膝先露

295. 关于臀先露第一产程的处理措施，错误的是
A. 严禁灌肠　B. 勤听胎心音　C. 胎心变慢应检查有无脐带脱垂
D. 破膜后应取头低足高位　E. 胎足脱出阴道口，应行臀牵引

296. 初产妇，28 岁，孕 38 周。临产 5 小时，LSA，突然破膜，胎心 110 次/分。阴道检查：宫口开大 4cm，阴道内扪及一束状物，徒手将束状物送回宫腔后，胎心 140 次/分。下一步的处理措施应为

A. 密切观察胎心音　B. 用手堵阴道口　C. 待宫口开全自然分娩
D. 待宫口开全臀牵引　E. 立即剖宫产

297. 26 岁初产妇,妊娠 39 周。肩右后位,2 小时前破膜,现宫口开大 6cm,胎心 140 次/分,未见病理缩复环。本例的恰当处理是
A. 持续吸氧　B. 静注地西泮　C. 静滴缩宫素
D. 麻醉下行内转胎位术　E. 行剖宫产术

(298~300 题共用题干)初产妇,29 岁,孕 40 周,疑肩先露。

298. 产妇腹部体检,最常见的异常体征是
A. 子宫板状硬　B. 子宫呈纵椭圆形　C. 病理性缩复环
D. 宫底高度高于孕周　E. 呈尖腹

299. 若为忽略性肩前位,脱出的胎手是胎儿右手,其腹部检查体征是
A. 胎背朝向产妇腹壁,胎头位于产妇腹壁左侧　B. 胎儿肢体朝向产妇腹壁,胎头位于产妇腹壁左侧
C. 胎背朝向产妇腹壁,胎头位于产妇腹壁右侧　D. 胎儿肢体朝向产妇腹壁,胎头位于产妇腹壁右侧
E. 胎儿肢体朝向产妇腹壁,胎头位于产妇腹壁脐旁

300. 若胎心 130 次/分,宫缩 30s/5min,缩复环在脐耻之间,正确的处理措施是
A. 等待自然分娩　B. 产钳助产阴道分娩　C. 行外转胎位术
D. 行内转胎位术　E. 立即行剖宫产

301. 初产妇,26 岁。妊娠 39 周,规律宫缩 8 小时,自然破膜 5 小时,宫口开大 3cm,S-2,胎心率 118 次/分,胎心监护频繁出现晚期减速。该患者正确的处理措施是
A. 急查尿雌激素/肌酐比值　B. 观察胎心变化,宫口开全阴道助产
C. 立即行剖宫术　D. 静脉滴注缩宫素,加速产程进展
E. 吸氧,严密观察产程进展

第 11 章　分娩并发症

302. 宫缩乏力导致的产后出血,其治疗首选
A. 按摩子宫底　B. 静滴缩宫素　C. 肌注麦角新碱
D. 宫腔纱布填塞　E. 切除子宫

303. 胎儿娩出后,随即大量阴道出血,其最佳处理方法是
A. 徒手剥离胎盘　B. 按摩子宫　C. 应用宫缩剂
D. 切除子宫　E. 检查有无软产道损伤

304. 初产妇,26 岁,孕 40 周。顺产一体重 3000g 女婴,30 分钟后胎盘仍未娩出,阴道阵发性流血 400ml,色暗红。该产妇出血的可能原因是
A. 宫缩乏力　B. 胎盘滞留　C. 软产道损伤
D. 凝血功能障碍　E. 巨大胎儿

305. 经产妇,30 岁。规律宫缩 20 小时后宫口开全,1 小时后胎儿娩出,20 分钟后胎盘娩出,突然出现阴道大量流血。血压 80/60mmHg,P100 次/分。导致阴道出血的最可能原因是
A. 软产道损伤　B. 凝血功能障碍　C. 胎盘残留
D. 宫缩乏力　E. 胎盘植入

(306~307 题共用题干)初孕妇,孕 33 周。因胎动消失 1 周入院,经人工破膜、静滴宫缩素娩出一死

女婴，之后即开始不断阴道流血，经人工剥离胎盘、使用缩宫素后仍无效，出血不止，无凝血块。

306. 产后出血的可能原因是
A. 宫缩乏力　B. 凝血功能障碍　C. 胎盘植入
D. 宫颈撕裂伤　E. 宫内感染

307. 首选治疗措施为
A. 切除子宫　B. 应用宫缩剂　C. 应用肝素
D. 检查软产道有无裂伤　E. 输液输血、补充凝血因子

308. 羊水栓塞常发生于
A. 妊娠早期　B. 妊娠晚期　C. 分娩前
D. 分娩过程中　E. 分娩后

309. 羊水栓塞最常受累的脏器是
A. 肝　B. 脾　C. 肾
D. 肺　E. 肠

310. 女，25 岁，妊娠 37 周，G_1P_0，因羊膜破裂入院待产。既往身体健康，无传染病及遗传性疾病史。分娩过程顺利，产一男婴 3500g。分娩后突然出现呼吸困难、发绀、抽搐、休克死亡。最可能的死因是
A. 下肢深静脉血栓形成　B. 空气栓塞　C. 脂肪栓塞
D. 急性心肌梗死　E. 羊水栓塞

（311~315 题共用题干）初产妇，30 岁，孕 40 周，临产入院。宫缩 30 秒/2~3 分钟，宫口开大 7cm，先露 S-1。行人工破膜后，产妇突然烦躁不安，抽搐，呼吸困难，面色青紫，测血压 60/30mmHg，脉搏扪不清。

311. 最可能的诊断为
A. 羊水栓塞　B. 子痫　C. 重度胎盘早剥
D. 子宫破裂　E. 心力衰竭

312. 首选治疗措施是
A. 纠正心力衰竭　B. 静脉滴注肝素　C. 立即终止妊娠
D. 解除肺动脉高压　E. 吸氧，静注地塞米松

313. 若要解除肺动脉高压，首选药物是
A. 氨茶碱　B. 罂粟碱　C. 酚妥拉明
D. 阿托品　E. 地塞米松

314. 为明确诊断，首选的检查是
A. 心电图　B. 床边胸片　C. 胸部 CT
D. 3P 试验　E. 抽下腔静脉血查胎儿有形成分

315. 若经上述检查确诊为本病，且经抢救后产妇病情稳定，其产科处理首选
A. 等待自然分娩　B. 急诊剖宫产　C. 产钳阴道助娩
D. 胎头吸引阴道助娩　E. 静滴缩宫素加快产程

316. 子宫破裂的常见病因是
A. 子痫　B. 胎膜早破　C. 瘢痕子宫
D. 前置胎盘　E. 重度胎盘早剥

317. 先兆子宫破裂的典型临床表现不包括
A. 病理性缩复环　B. 下腹部压痛　C. 胎心音异常
D. 血尿　E. 胎先露升高，宫颈口回缩

318. 最容易导致子宫破裂的胎位是

A. 枕左前位　B. 枕右前位　C. 枕横位
D. 臀位　E. 肩先露

319. 26岁初产妇,妊娠40周,临产后10小时出现烦躁不安,自述下腹疼痛难忍。检查腹部见病理性缩复环,下腹拒按,胎心听不清,导尿为血尿。此病例应诊断为
A. 先兆子宫破裂　B. 子宫破裂　C. 重度胎盘早剥
D. 羊水栓塞　E. 妊娠合并急性泌尿系感染

320. 预防子宫破裂的措施不包括
A. 严禁滥用缩宫素　B. 及时纠正异常胎位　C. 及时处理病理性缩复环
D. 头盆不称者禁用缩宫素　E. 曾行剖宫产者宜选用缩宫素催产

(321~326题共用题干)初产妇,28岁,孕40周。头先露,测髂棘间径24cm,骶耻外径19cm,坐骨棘间径9cm,坐骨结节间径7.0cm。宫缩20小时,宫口开大8cm,先露S+2。2小时后宫口仍为8cm,宫缩40s/1~2min,胎心116次/分,产妇疼痛难忍,出现血尿,耻骨联合上方有压痛。

321. 该产妇最可能的诊断是
A. 胎儿窘迫　B. 先兆子宫破裂　C. 子宫破裂
D. 协调性宫缩过强　E. 胎盘早剥

322. 产程停滞的主要原因为
A. 骨盆入口狭窄　B. 中骨盆狭窄　C. 均小骨盆
D. 扁平骨盆　E. 漏斗骨盆

323. 20分钟后产妇突感下腹部撕裂样剧痛,随后腹痛缓解,半小时后腹痛再次加剧,并呈持续性,四肢无力,腹部压痛反跳痛,此时应诊断为
A. 胎盘早剥　B. 子宫破裂　C. 羊水栓塞
D. 急性肠穿孔　E. 胎儿窘迫

324. 此时若行阴道检查,最可能发现的体征是
A. 胎先露部升高　B. 阴道大量流血　C. 病理性缩复环
D. 阴道壁巨大血肿　E. 后穹隆大量积血

325. 此时行B超检查,可以见到的典型征象是腹腔大量积液及
A. 胎心消失,胎儿位于子宫旁　B. 胎心消失,胎儿位于子宫内　C. 胎心存在,胎儿位于子宫右侧
D. 胎心存在,胎儿位于子宫内　E. 胎心存在,胎儿位于子宫左侧

326. 此时正确的治疗措施为
A. 严密观察,等待自然分娩　B. 产钳阴道助娩　C. 待宫口开全产钳助产
D. 肌注哌替啶　E. 急诊手术

第12章　产褥期与产褥期疾病

327. 产褥期是指胎盘娩出至产后
A. 4周　B. 5周　C. 6周
D. 8周　E. 10周

328. 关于产褥期母体的变化,错误的是
A. 子宫于产后10日降至盆腔内　B. 子宫于产后6周恢复到妊娠前大小
C. 产后乳房的最大变化是泌乳　D. 产后24小时内产妇循环血量增加15%~25%
E. 产后24小时内易发生尿潴留

329. 产褥期变化最大的器官或组织是

A. 乳房　　B. 阴道　　C. 盆底组织
D. 子宫　　E. 外阴

330. 影响子宫复旧的主要因素是

A. 宫内感染　　B. 分娩次数　　C. 卧床时间
D. 产妇情绪　　E. 是否哺乳

331. 产妇循环血量恢复到未孕状态需

A. 1~2 周　　B. 2~3 周　　C. 3~4 周
D. 4~5 周　　E. 4~6 周

332. 初产妇,25 岁,足月顺产后第 3 天,母乳喂养,乳房胀痛,无红肿。乳汁排出不畅,体温 37.6℃。恰当的处理方法是

A. 生麦芽煎服　　B. 少喝水　　C. 让新生儿吸吮双乳
D. 抗生素治疗　　E. 用芒硝外敷

333. 经产妇,27 岁。足月顺产后第 2 日,出现轻微下腹部阵痛。脐下 3 指可触及宫底,无压痛,阴道流血不多,无恶心呕吐。本例恰当处理措施应为

A. 按摩子宫　　B. 排除肠梗阻　　C. 一般不需处理
D. 给予止血药物　　E. 抗生素预防感染

334. 属于正常产褥期表现的是

A. 产后 24 小时体温>38℃　　B. 产后第 1 天宫底达脐水平　　C. 产后 24 小时白细胞恢复正常
D. 产后脉搏一般偏快　　E. 产后 2 周恶露开始转为浆液性

335. 产妇极易发生严重并发症的时间是产后

A. 半小时内　　B. 1 小时内　　C. 2 小时内
D. 4 小时内　　E. 24 小时内

336. 产妇产后 2 小时内应重点观察的内容是

A. 血压,脉搏,呼吸,子宫收缩情况,阴道流血量
B. 体温,血压,脉搏,呼吸,子宫收缩情况
C. 血压,脉搏,呼吸,阴道壁血肿,阴道流血量
D. 血压,脉搏,呼吸,有无泌乳,子宫收缩情况
E. 血压,脉搏,呼吸,子宫收缩情况,阴道流血量,膀胱是否充盈

337. 开始母乳喂养的时间应在产后

A. 半小时内　　B. 1 小时内　　C. 2 小时内
D. 4 小时内　　E. 24 小时内

338. 产褥感染致病性最强的病原体是

A. 大肠埃希菌　　B. β-溶血性链球菌　　C. 变形杆菌
D. 金黄色葡萄球菌　　E. 厌氧菌

339. 不属于产褥感染的是

A. 急性宫颈炎　　B. 急性子宫内膜炎　　C. 急性输卵管炎
D. 急性乳腺炎　　E. 血栓性静脉炎

A. 急性子宫内膜炎　　B. 急性子宫肌炎　　C. 急性输卵管炎
D. 急性盆腔腹膜炎　　E. 急性弥漫性腹膜炎

340. 初产妇,26 岁,产后 4 日出现下腹痛,低热,恶露量多,臭味明显,子宫平脐,应诊断为

341. 初产妇,26岁,产后4日出现发热、腹痛。T39.2℃,下腹压痛,子宫如孕4周大小,触痛明显,子宫左侧触及囊性肿块,拳头大小,应诊断为

342. 晚期产后出血的原因不包括

A. 胎盘残留　B. 蜕膜残留　C. 子宫胎盘附着面复旧不全
D. 宫腔感染　E. 继发性宫缩乏力

343. 初产妇,28岁。10天前在家中经阴道分娩,产后血性恶露持续时间长,无异味。突然出血增多1天,无寒战、高热。查体:子宫如妊娠3个月大,质软,压痛不明显,宫口松,能容2指。其阴道流血最可能的原因是

A. 子宫颈裂伤　B. 蜕膜残留　C. 子宫脱垂
D. 子宫内膜炎　E. 胎盘、胎膜残留

344. 经阴道分娩发生晚期产后出血最常见的原因是

A. 胎盘胎膜残留　B. 蜕膜残留　C. 宫腔感染
D. 子宫息肉　E. 子宫胎盘附着面感染

345. 初产妇,28岁,2周前经阴道分娩一女婴,产后恶露较少,无臭味。2小时前突然大量阴道出血。检查:子宫大而软,有压痛,宫口松,有血凝块。引起阴道出血最可能的原因是

A. 胎盘残留　B. 胎膜残留　C. 蜕膜残留
D. 宫腔感染　E. 子宫胎盘附着面复旧不全

第13章 外阴与阴道炎症

346. 维持阴道生态平衡的主要因素是

A. 乳杆菌、雌激素、阴道pH　B. 乳杆菌、孕激素、阴道pH　C. 加德纳菌、雌激素、阴道pH
D. 乳杆菌、加德纳菌、雌激素　E. 乳杆菌、加德纳菌、雌激素、阴道pH

347. 关于女性生殖道的生理防御机制,正确的是

A. 卵巢分泌的孕激素使阴道上皮增厚并富含糖原
B. 宫颈内口紧闭以及宫颈管有黏液栓利于防止上行感染
C. 阴道正常情况下呈弱碱性环境
D. 宫颈阴道部表面为单层鳞状上皮,抗感染能力强
E. 正常阴道菌群中不包括支原体和念珠菌

348. 滴虫性阴道炎的传播方式不包括

A. 衣物传播　B. 性交传播　C. 公共浴池传播
D. 母婴垂直传播　E. 不洁器械和敷料传播

A. 间接接触传播　B. 性接触传播　C. 上行蔓延
D. 经血循环传播　E. 内源性感染

349. 滴虫性阴道炎的主要传播途径是
350. 外阴阴道假丝酵母菌病的主要传播途径是
351. 淋菌性盆腔炎的主要感染途径是

A. 稠厚,白色,豆腐渣样　B. 稀薄,均质,白色,鱼腥臭味　C. 稀薄,淡黄色
D. 稀薄,黄白色,泡沫状　E. 黏液脓性

352. 滴虫性阴道炎的典型白带性状是
353. 外阴阴道假丝酵母菌病的典型白带性状是

354. 细菌性阴道病的典型白带性状是
355. 萎缩性阴道炎的典型白带性状是
356. 急性宫颈炎的典型白带性状是
A. 乳杆菌　B. 加德纳菌　C. 阴道毛滴虫
D. 大肠埃希菌　E. 白色念珠菌
357. 外阴阴道假丝酵母菌病的常见病原体是
358. 细菌性阴道病的常见病原体是
359. 育龄期妇女阴道微生物群中的优势菌是
A. 雌激素　B. 甲硝唑　C. 青霉素
D. 头孢拉定　E. 氟康唑
360. 治疗滴虫性阴道炎最常用的药物是
361. 治疗外阴阴道假丝酵母菌病的常用药物是
362. 治疗细菌性阴道病的首选药物是
363. 萎缩性阴道炎的常用治疗药物是

364. 患者,女,37 岁。外阴瘙痒 4 日,阴道分泌物增多。妇科检查:阴道黏膜散在出血点,灰白色稀薄泡沫状阴道分泌物。最可能的诊断是
A. 滴虫性阴道炎　B. 外阴阴道假丝酵母菌病　C. 细菌性阴道病
D. 萎缩性阴道炎　E. 急性盆腔炎
365. 需要同时对性伴侣进行治疗的外阴阴道炎是
A. 非特异性外阴炎　B. 滴虫性阴道炎　C. 外阴阴道假丝酵母菌病
D. 细菌性阴道病　E. 萎缩性阴道炎
366. 糖尿病合并外阴阴道炎症,最常见的是
A. 非特异性外阴炎　B. 滴虫性阴道炎　C. 假丝酵母菌病
D. 细菌性阴道病　E. 萎缩性阴道炎
367. 女,48 岁,糖尿病病史 7 年,外阴痒 2 月余,白带无异味。妇检:阴道黏膜充血,白带多,呈凝乳块状。本例最可能的诊断是
A. 细菌性阴道病　B. 萎缩性阴道炎　C. 外阴硬化性苔癣
D. 非特异性外阴炎　E. 外阴阴道假丝酵母菌病
368. 女,35 岁。外阴瘙痒伴烧灼感 2 天。妇科检查:外阴局部充血,阴道黏膜表面有白色凝乳状物覆盖。阴道分泌物镜检找到假菌丝。该患者首选的治疗药物是
A. 糖皮质激素　B. 雌激素　C. 甲硝唑
D. 制霉菌素　E. 干扰素
369. 妇女,54 岁。白带增多,均匀稀薄,有臭味,阴道黏膜无明显充血,阴道 pH 值 5。最可能的诊断是
A. 急性淋病　B. 细菌性阴道病　C. 滴虫性阴道炎
D. 念珠菌性阴道炎　E. 老年性阴道炎
370. 对萎缩性阴道炎患者,最恰当的处理措施是
A. 口服己烯雌酚　B. 酸性溶液冲洗阴道后置入己烯雌酚
C. 碱性溶液冲洗阴道后置入己烯雌酚　D. 碱性溶液冲洗阴道后置入甲硝唑
E. 酸性溶液冲洗阴道后置入甲硝唑
371. 女,26 岁。人工流产术后第 4 日出现发热。查体:T38.5℃,外阴(-),阴道内少许血性分泌物;子宫颈充血,举痛(-);子宫大小正常,压痛明显;双侧附件区未触及明显增厚,无压痛。最可能的诊断是

A. 盆腔腹膜炎 B. 吸宫不全 C. 不全流产
D. 输卵管卵巢炎 E. 子宫内膜炎及子宫肌炎

372. 女,32 岁。药物流产后 3 天,左下腹痛伴发热 2 天。妇科检查:阴道脓性分泌物,宫颈举痛,子宫饱满,压痛(+),右附件区明显压痛。最可能的诊断是
A. 卵巢巧克力囊肿破裂 B. 急性阑尾炎 C. 卵巢黄体破裂
D. 异位妊娠破裂 E. 急性盆腔炎

373. 女,30 岁。人工流产后发热伴下腹疼痛 20 天。查体:宫颈举痛,子宫后位,正常大小,触痛明显。右侧宫旁明显增厚,压痛。盆腔超声检查:子宫大小正常,右宫旁可探及不均质混合回声包块,大小约 5.0 cm×2.5cm,边界欠清。最可能的诊断是
A. 急性盆腔炎 B. 盆腔结核 C. 卵巢肿瘤蒂扭转
D. 急性阑尾炎 E. 黄体破裂

374. 患者,女,23 岁。腹痛伴发热 1 周。半月前流产并清宫。查体:体温 38.8℃,下腹压痛反跳痛,宫口脓性分泌物,子宫大,压痛(+),双附件压痛。外周血白细胞计数及中性粒细胞比例升高。最可能的诊断是
A. 异位妊娠 B. 盆腔炎性疾病 C. 子宫内膜异位症
D. 不全流产 E. 急性阑尾炎

375. 初孕妇,25 岁,尿频、尿痛伴阴道脓性分泌物 2 天。尿道及宫颈管分泌物涂片查见中性粒细胞内革兰阴性双球菌。首选的治疗药物是
A. 头孢曲松 B. 四环素 C. 阿奇霉素
D. 氧氟沙星 E. 青霉素

第 14 章 子宫内膜异位症、子宫腺肌病与子宫脱垂

376. 被多数学者接受的子宫内膜异位症的发病学说是
A. 遗传学说 B. 异位种植学说 C. 体腔上皮化生学说
D. 诱导学说 E. 免疫与炎症学说

A. 子宫内膜长入肌层 B. 子宫内膜种植于卵巢 C. 子宫内膜超过子宫范围生长
D. 异位内膜形成的肿物 E. 子宫内膜组织出现在子宫体以外的部位

377. 子宫内膜异位症是指
378. 子宫腺肌病是指

A. 子宫不均匀性增大 B. 子宫增大,表面结节状突起 C. 子宫均匀性增大,质硬,有压痛
D. 宫颈举痛 E. 直肠子宫陷凹触痛性结节

379. 子宫内膜异位症的典型体征是
380. 子宫腺肌病的典型体征是
381. 输卵管妊娠破裂的典型体征是
382. 子宫肌瘤的典型体征是

A. 继发性痛经进行性加重 B. 接触性出血 C. 经量增多经期延长
D. 绝经后不规则阴道流血 E. 停经后不规则阴道流血

383. 子宫内膜异位症的典型症状是
384. 子宫腺肌病的典型症状是
385. 宫颈癌的典型症状是

386. 子宫肌瘤的典型症状是
387. 子宫内膜癌的典型症状是
388. 完全性葡萄胎的典型症状是

389. 与子宫内膜异位症的病因学说无关的是
A. 异位种植学说　B. 体腔上皮化生学说　C. 诱导学说
D. 遗传因素　E. 连续排卵学说
390. 子宫内膜异位症的病理变化,错误的是
A. 异位内膜发生周期性出血　B. 卵巢巧克力囊肿形成　C. 病变周围纤维组织增生
D. 病变区出现紫褐色斑点　E. 极易发生癌变
391. 育龄期妇女继发性痛经伴不孕症首先考虑的疾病是
A. 子宫肌瘤　B. 多囊卵巢综合征　C. 黄体发育不全
D. 子宫内膜异位症　E. 经前期综合征

A. CA125 测定　B. B 超　C. MRI
D. 腹腔镜　E. 后穹隆穿刺活检
392. 诊断子宫内膜异位症最常用的方法是
393. 确诊子宫内膜异位症最佳方法是
394. 子宫内膜异位症的临床分期依据是

395. 患者,女,29 岁。经期腹痛 4 年,经前期 1~2 日开始下腹痛,经后逐渐消失。结婚 3 年未孕。查体:子宫正常大小,后倾,不活动,压痛,右侧附件可触及直径 7cm 大小之囊性包块,不活动,压痛,阴道后穹隆有一痛性结节。最可能的诊断是
A. 子宫内膜异位症　B. 子宫肌瘤　C. 子宫腺肌病
D. 葡萄胎　E. 输卵管囊肿
396. 子宫内膜异位症的治疗一般不用
A. 性激素治疗　B. 化疗　C. 手术加性激素治疗
D. 保留生育功能的手术　E. 根治性手术
397. 药物性卵巢切除导致暂时性闭经的药物是
A. 米非司酮　B. 达那唑　C. 孕三烯酮
D. GnRH-α　E. 甲羟孕酮
398. 女性,28 岁,结婚 3 年未孕,月经规律,4~5/(28~30)天,量中,近 2 年痛经。妇科检查:宫颈糜烂 I 度,子宫后倾,正常大小,活动度差。左侧附件可扪及 8cm×8cm×6cm 囊性肿块,轻压痛,右附件(-)。B 超检查:左侧卵巢囊肿。该患者宜选用的治疗方法为
A. 高效孕激素周期疗法　B. 经期用消炎痛对症治疗　C. 假孕疗法
D. 假绝经疗法　E. 行左侧附件囊肿切除术

(399~402 题共用题干)患者,女,28 岁。原发不孕,痛经进行性加重 3 年。查体:子宫正常大小,后倾,欠活动,后壁有 2 个黄豆大小痛性结节,左侧附件可扪及直径 3cm 大小的囊性包块,不活动,右侧附件增厚。
399. 最可能的诊断是
A. 子宫肌瘤　B. 子宫内膜异位症　C. 子宫腺肌病
D. 附件炎性包块　E. 输卵管结核
400. 为明确诊断,最有价值的检查是

A. B 超　B. 输卵管造影　C. 基础体温测定
D. 腹腔镜检查　E. 剖腹探查

401. 为明确诊断,价值最小的检查是
A. B 超　B. MRI　C. CT
D. 宫腔镜检查　E. 腹腔镜检查

402. 其治疗宜选用
A. 雄激素　B. 双侧附件切除　C. 根治性手术
D. 保留生育功能手术　E. GnRH-α

403. 子宫腺肌病的病因主要是
A. 慢性盆腔炎　B. 子宫内膜过度生长　C. 高孕激素水平
D. 高雌激素水平　E. 多次人流、分娩造成子宫内膜损伤

404. 子宫腺肌病的病理特点不包括
A. 病灶以后壁居多　B. 子宫均匀性增大　C. 子宫腺肌病有包膜
D. 异位内膜对孕激素不敏感　E. 异位内膜呈岛状分布为其特征

405. 女,39 岁。痛经进行性加重 5 年,月经量增多 2 年。妇科检查:子宫后位,球形增大,如 2 个月妊娠大小,活动欠佳,子宫触痛阳性,双附件区未触及异常。CA_{125} 87U/ml。最可能的诊断是
A. 子宫内膜炎　B. 子宫肉瘤　C. 子宫内膜异位症
D. 子宫腺肌病　E. 子宫肌瘤

(406~408 题共用题干)患者,女,48 岁。痛经进行性加重 3 年,月经量多。查体:子宫均匀性增大,如孕 10 周大小,较硬,轻压痛。

406. 最可能的诊断是
A. 子宫内膜异位症　B. 子宫腺肌病　C. 子宫肌瘤
D. 子宫肉瘤　E. 子宫内膜癌

407. 该患者首选的检查是
A. B 超检查　B. 宫腔镜检查　C. 腹腔镜检查
D. MRI 检查　E. CT 检查

408. 若确诊为本病,其最佳治疗为
A. 吲哚美辛　B. 米非司酮　C. 达那唑
D. 孕三烯酮　E. 子宫切除

409. 子宫重度脱垂的主要临床表现是
A. 下腹坠胀　B. 排尿困难　C. 张力性尿失禁
D. 月经紊乱　E. 外阴部脱出肿物

410. 女,60 岁。阴道脱出物 3 个月。查体:屏气用力时宫颈及部分宫体脱出阴道口外,宫颈前唇有一溃疡。首选的治疗是
A. 曼氏手术　B. 经阴道子宫全切除术　C. 阴道纵隔形成术
D. 子宫托　E. 腹腔镜圆韧带缩短术

第 15 章　子宫颈癌、子宫肌瘤与子宫内膜癌

411. 与子宫颈鳞状细胞癌有关的病毒是

A. HBV　　B. HCV　　C. HPV
D. HIV　　E. EBV

412. 子宫颈细胞学检查 HSIL 提示
A. 宫颈正常　　B. 宫颈炎　　C. 宫颈癌
D. 可疑癌前病变　　E. 癌前病变

413. 女,45 岁。白带增多 2 年,近半年出现性交后出血。宫颈细胞学检查结果为 HSIL。为明确诊断应首选
A. 宫颈冷刀锥切　　B. 阴道镜下活检　　C. 宫颈管搔刮
D. 宫颈环形电切术　　E. HPV-DNA 检测

414. 女,23 岁。外阴瘙痒、白带增多 5 天。妇科检查:外阴皮肤黏膜充血,小阴唇内侧见多个小菜花状赘生物,宫颈柱状上皮异位,子宫正常大,附件无明显异常。为确诊,应选择的辅助检查是
A. B 超检查　　B. 宫颈刮片细胞学检查　　C. 血常规
D. 赘生物活组织检查　　E. 白带微生物培养

A. 子宫颈癌　　B. 卵巢癌　　C. 绒毛膜癌
D. 葡萄胎　　E. 子宫肌瘤

415. 最常见的恶性妇科肿瘤是
416. 女性生殖器最常见的良性肿瘤是

417. 子宫颈癌最常见的转移途径是
A. 淋巴转移　　B. 血行转移　　C. 直接蔓延
D. 种植转移　　E. 椎旁静脉系统

418. 子宫颈癌直接蔓延最常见的部位是
A. 子宫内膜　　B. 阴道壁　　C. 主韧带
D. 宫颈旁　　E. 膀胱

(419~423 题共用题干)女,54 岁。绝经 4 年,阴道不规则出血 1 个月。妇科检查发现宫颈肥大,宫口处有菜花状赘生物,大小约 2cm × 3cm ×3cm,触血(+),子宫稍小,活动,双侧附件(-),宫旁结节状浸润达盆壁。

419. 最可能的诊断是
A. 子宫颈息肉　　B. 子宫颈癌　　C. 子宫颈肌瘤
D. 卵巢肿瘤　　E. 子宫内膜癌

420. 为明确诊断,应首选的检查是
A. HPV 检测　　B. 阴道镜　　C. 宫腔镜
D. 分段诊刮　　E. 宫颈活检

421. 其 FIGO 临床分期为
A. ⅡA 期　　B. ⅡB 期　　C. ⅢA 期
D. ⅢB 期　　E. Ⅳ期

422. 诊断明确后,该患者首选的治疗方法是
A. 同期放化疗　　B. 筋膜外全子宫切除　　C. 改良广泛子宫切除
D. 广泛子宫切除　　E. 广泛子宫切除+盆腔淋巴结清扫

423. 若需放射治疗,应选用
A. 体外照射　　B. 腔内照射　　C. 全腹照射
D. 体外+腔内照射　　E. 多用^{137}Cs 照射

(424~427 题共用题干)患者,女,45 岁。接触性出血 1 个月,平素月经规则。查体:宫颈重度糜烂,宫体后倾,大小正常,活动好,双侧附件(-)。宫颈细胞学涂片高度可疑。阴道镜下活检报告为癌细胞突破基底膜 3~5mm。

424. 该患者应诊断为
A. 宫颈原位癌　B. 宫颈癌ⅠA 期　C. 宫颈癌ⅠB 期
D. 宫颈癌ⅡA 期　E. 宫颈癌ⅡB 期

425. 最佳治疗方法为
A. 筋膜外全子宫切除　B. 改良广泛子宫切除+盆腔淋巴结清扫
C. 广泛子宫切除+盆腔淋巴结清扫　D. 广泛子宫切除+盆腔淋巴结清扫+腹主动脉旁淋巴结取样
E. 同期放化疗后行广泛子宫切除+盆腔淋巴结清扫

426. 若要清扫淋巴结,其清扫范围不包括
A. 髂外淋巴结　B. 髂总淋巴结　C. 髂内淋巴结
D. 腹股沟浅淋巴结　E. 闭孔淋巴结

427. 手术后
A. 无需进行放化疗　B. 只需进行放疗　C. 只需进行化疗
D. 需进行放化疗　E. 需进行生物治疗

428. 最易引起急腹症的子宫肌瘤类型是
A. 肌壁间肌瘤　B. 带蒂浆膜下肌瘤　C. 黏膜下肌瘤
D. 宫体肌瘤　E. 宫颈肌瘤

429. 最易与子宫肌壁间肌瘤混淆的疾病是
A. 子宫内膜炎　B. 子宫内膜癌　C. 子宫腺肌病
D. 子宫颈癌　E. 功能性子宫出血

430. 女,35 岁。停经 4 个月,腹痛 1 天。有子宫肌瘤病史。妇科检查:子宫左侧壁可触及结节状突起,压痛明显。血 WBC12.3×10^9/L。B 超示:中期妊娠,子宫肌瘤。该患者肌瘤变性最可能的是
A. 肉瘤样变　B. 钙化　C. 囊性变
D. 红色样变　E. 玻璃样变

431. 女性,35 岁。经量增多,经期延长 2 年。妇科检查子宫如 12 周妊娠大小,表面多个突起,最大者位于前壁下段,直径 6cm,质硬。最可能的诊断是
A. 子宫畸形　B. 子宫肥大症　C. 子宫内膜癌
D. 子宫腺肌病　E. 子宫肌瘤

432. 子宫肌瘤红色样变的孕妇,首选治疗方法是
A. 保守治疗　B. 终止妊娠　C. 肌瘤剔除术
D. 腹腔镜肌瘤切除　E. 子宫切除术

433. 患者,女,已婚,28 岁,G_3P_0。月经量多 2 年,B 超示子宫前壁直径 8cm 低回声区,双侧附件正常。该患者最合适的治疗是
A. 等待观察　B. 药物治疗　C. 肌瘤切除术
D. 子宫切除术　E. 宫腔镜子宫内膜切除术

(434~437 题共用题干)患者,女性,35 岁,已婚。平素月经规则,末次月经半月前。今晨排便后突发右下腹剧痛。查体:P86 次/分,BP130/82mmHg。子宫稍大,质硬,于子宫右侧扪及一直径约 8cm 之肿块,质硬,触痛明显。

434. 对诊断最有价值的病史是

A. 停经史　B. 急性阑尾炎病史　C. 附件炎病史
D. 下腹部包块史　E. 流产史

435. 入院急查血象:WBC12.0×10^9/L,N0.88,L0.12。为明确诊断,首选辅助检查是
A. 尿妊娠试验　B. 阴道后穹隆穿刺　C. 腹腔镜检查
D. 分段诊刮　E. B 超检查

436. 若 B 超检查示子宫右侧有一低回声肿物,境界清楚,直径约 8.5cm,则最可能的诊断为
A. 子宫腺肌病　B. 子宫内膜异位症　C. 子宫肌瘤
D. 输卵管妊娠破裂　E. 急性盆腔炎

437. 1 小时后患者腹痛加重,下腹部压痛反跳痛明显,此时正确的处理措施为
A. 输液输血　B. 胃肠减压,广谱抗生素　C. 立即剖腹探查
D. 腹腔引流术　E. 后穹隆穿刺引流

438. Ⅰ型子宫内膜癌的特点不包括
A. 比Ⅱ型子宫内膜癌常见　B. 发病与雌激素长期作用无关　C. 孕激素受体多为阳性
D. 常见于年轻妇女　E. 均为子宫内膜样腺癌

439. 子宫内膜癌的癌前病变是
A. 子宫内膜单纯型增生　B. 子宫内膜复杂型增生　C. 子宫内膜不典型增生
D. 增殖期子宫内膜　E. 萎缩型子宫内膜

440. 子宫内膜癌恶性程度最高的病理类型是
A. 内膜样腺癌　B. 鳞癌　C. 腺鳞癌
D. 浆液性癌　E. 黏液性癌

441. 女,45 岁。月经不规则 2 年余,阴道不规则流血 20 天。查体:中度贫血貌,子宫略大,稍软,无压痛,宫旁未触及异常。为确定诊断,应首选的检查是
A. 尿 hCG 测定　B. 液基细胞检查　C. 阴道镜检查
D. 盆腔 CT 检查　E. 分段诊刮

442. 女,65 岁。绝经 15 年,阴道不规则流血 10 余天。高血压、糖尿病病史 10 年。妇科检查:宫颈光滑,宫体如 8 周妊娠大小,质软,双附件未见异常,应首先考虑的疾病是
A. 子宫内膜癌　B. 子宫内膜炎　C. 子宫腺肌病
D. 子宫内膜息肉　E. 子宫肌瘤

443. 子宫内膜癌不宜使用的治疗是
A. 雌激素　B. 孕激素　C. 手术治疗
D. 放射治疗　E. 化学治疗

(444~448 题共用题干)患者,女,61 岁,已绝经 10 年。阴道流血 2 个月。查体:子宫孕 5 周大小,质中等。分段诊刮:宫颈管刮出极少组织,宫腔 8cm,宫内刮出少许易脆组织。病理报告为"子宫内膜中分化腺癌累及宫颈"。

444. 该患者 FIGO 临床病理分期为
A. ⅠA 期　B. ⅠB 期　C. Ⅱ期
D. ⅢA 期　E. ⅢB 期

445. 该患者首选的治疗方案是
A. 手术治疗　B. 放射治疗　C. 化学治疗
D. 内分泌治疗　E. 生物治疗

446. 若需手术治疗,则手术方式首选

A. 筋膜外子宫切除　　B. 筋膜内子宫切除　　C. 改良广泛性子宫切除
D. 次全子宫切除　　E. 广泛性子宫切除

447. 若需放射治疗，则应选择的方式为
A. 体外照射　　B. 腔内照射　　C. 全腹部照射
D. 体外+腔内照射　　E. 扩大照射

448. 若需行内分泌治疗，则其条件是
A. 雌激素受体阳性　　B. 孕激素受体阳性　　C. HER-2 阳性
D. P53 阳性　　E. 临床病理分期ⅢB 期以上

第 16 章　卵巢肿瘤

449. 属于卵巢性索-间质性肿瘤的是
A. 浆液性癌　　B. 黏液性癌　　C. 纤维瘤
D. 无性细胞瘤　　E. 卵黄囊瘤

450. 最常见的女性生殖细胞肿瘤是
A. 卵黄囊瘤　　B. 卵巢黏液性囊腺瘤　　C. 卵巢黄素化囊肿
D. 卵巢颗粒细胞瘤　　E. 畸胎瘤

451. 卵巢肿瘤最常见的转移部位是
A. 肝　　B. 肺　　C. 横膈
D. 大网膜　　E. 腹膜后淋巴结

452. 卵巢癌转移至子宫，FIGO 手术病理分期属于
A. ⅠA 期　　B. ⅠB 期　　C. ⅠC 期
D. ⅡA 期　　E. ⅡB 期

453. 卵巢癌的少见临床表现是
A. 腹胀　　B. 腹痛　　C. 腹腔积液
D. 盆腔包块　　E. 阴道鱼腥味分泌物

（454～457 题共用题干）女，20 岁。上厕所后突发下腹部疼痛伴恶心、呕吐 3 小时。查体：T37.6℃，P80 次/分，下腹部拒按。直肠-腹部诊：子宫前倾，正常大小，右侧附件区可触及一 8cm×7cm×5cm 囊实性包块，边界清楚，触痛明显。急查血常规：WBC9.8×10^9/L，N0.85。

454. 最可能的诊断是
A. 卵巢肿瘤蒂扭转　　B. 急性阑尾炎　　C. 卵巢黄体破裂
D. 输卵管妊娠破裂　　E. 浆膜下子宫肿瘤

455. 为明确诊断，首选的检查是
A. 血尿 hCG 测定　　B. 血清 AFP 测定　　C. 血清 CA125 测定
D. B 超检查　　E. 后穹隆穿刺

456. 首选的治疗措施是
A. 诊断性刮宫　　B. 输液输血，抢救休克　　C. 禁食，持续胃肠减压
D. 静脉滴注头孢类抗生素　　E. 立即剖腹探查

457. 若需手术治疗，其术中处理措施错误的是
A. 一经确诊即应手术　　B. 术中应在蒂根部下方钳夹　　C. 钳夹蒂部后才能切除肿瘤
D. 钳夹前不可将蒂复位　　E. 应将肿瘤剜出，术中送快速冰冻切片病检

458. 卵巢上皮癌患者血清 CA125 检测最具有特异性意义的是
A. 黏液性癌　B. 浆液性腺癌　C. 内膜样癌
D. 未分化癌　E. 透明细胞癌
459. 卵巢黏液性囊腺瘤病理特点,错误的是
A. 多房居多　B. 多为双侧　C. 体积多较大
D. 囊内充满胶胨样物　E. 囊内很少有乳头生长
460. 女性,64 岁。绝经 14 年,阴道少量出血 3 次。查体:腹膨隆,如足月妊娠,腹腔积液征(-)。B 超示:盆腔-下腹部巨大肿物 40cm×50cm×30cm,囊性,多房性。体重、食欲、尿便均无变化。本例最可能为卵巢的
A. 浆液性囊腺瘤　B. 黏液性囊腺瘤　C. 皮样囊肿
D. 卵泡膜细胞瘤　E. 透明细胞癌
461. 好发于儿童及青少年的卵巢肿瘤是
A. 性索间质肿瘤　B. 生殖细胞肿瘤　C. 上皮性肿瘤
D. 转移性癌　E. 非特异性间质肿瘤
462. 女性,18 岁,无性生活史。剖腹探查见右侧卵巢直径约 5cm 的实性肿瘤,包膜完整,腹腔未见肿瘤浸润,左侧卵巢及子宫外观正常。切除肿瘤,术中冰冻切片病理报告为卵巢无性细胞瘤。本例的恰当处理措施为
A. 肿瘤切除,术后放疗　B. 肿瘤切除,术后化疗　C. 右附件切除
D. 右附件切除,术后放疗　E. 右附件切除,术后化疗
463. 患者,女,48 岁。绝经 3 年,自觉腹胀 3 个月。查体:宫颈光滑,子宫水平位,稍小于正常,右侧附件扪及 10cm×9cm×10cm 大小之实性肿块,质硬,活动度尚可。腹腔穿刺抽出清亮液体 400ml。胸片示右侧少量胸腔积液。最可能的诊断是卵巢
A. 纤维瘤　B. 颗粒细胞瘤　C. 内胚窦瘤
D. 浆液性囊腺瘤　E. 库肯勃瘤
464. 女,47 岁。胃癌术后 2 年,下腹不适 3 个月。妇科检查:子宫正常大小,双侧附件区各触及一个手拳大小的椭圆形包块,移动性浊音(-)。最可能的诊断是
A. 卵巢卵黄囊瘤　B. 卵巢库肯勃瘤　C. 卵巢子宫内膜异位囊肿
D. 卵巢畸胎瘤　E. 卵巢纤维瘤

(465~467 题共用题干)患者,女,35 岁,G_1P_1。单位常规体检发现盆腔肿物 2 天就诊,无明显不适。查体:宫颈光滑,子宫稍大稍硬,子宫右侧扪及一 7cm×7cm 大小之囊实性包块,活动度尚好,无压痛。
465. 为明确诊断,下列哪项检查价值最小?
A. 腹部 B 超　B. 腹部平片　C. 血清 CA125
D. 血沉　E. 血清 AFP
466. 若 B 超提示子宫正常大小,子宫右侧有 8cm×9cm 大小之液性暗区,其中有强光团。最可能的诊断是
A. 卵巢纤维瘤　B. 无性细胞瘤　C. 卵巢畸胎瘤
D. 巧克力囊肿　E. 子宫肌瘤
467. 恰当的治疗措施是
A. 肿瘤剔除　B. 右侧附件切除　C. 右侧附件加子宫切除
D. 双侧附件切除　E. 双侧附件加子宫切除

第 17 章　妊娠滋养细胞疾病

468. 水泡状胎块是指

A. 葡萄胎　B. 侵蚀性葡萄胎　C. 绒毛膜癌
D. 部分性葡萄胎　E. 完全性葡萄胎

469. 妊娠滋养细胞疾病不包括
A. 葡萄胎　B. 侵蚀性葡萄胎　C. 胎盘部位滋养细胞肿瘤
D. 绒毛膜癌　E. 原发性卵巢绒癌

470. 与完全性葡萄胎发病无关的因素是
A. 地区差异　B. 种族差异　C. 营养状况
D. 妊娠年龄　E. 月经不规则

471. 完全性葡萄胎与部分性葡萄胎的病理区别在于
A. 绒毛水肿程度　B. 滋养细胞增生程度　C. 滋养细胞异型程度
D. 有无扇贝样轮廓绒毛　E. 有无水泡物

472. 与卵巢黄素化囊肿形成有关的激素是
A. 雌激素　B. 孕激素　C. 雄激素
D. 绒毛膜促性腺激素　E. 催产素

A. 宫腔内落雪征或蜂窝征　B. 子宫增大,肌层内高回声区　C. 宫腔内不均匀回声,宫腔线消失
D. 子宫呈弥漫性增高回声　E. 子宫增大,肌壁增厚,回声不均,无边界

473. 完全性葡萄胎的典型B超征象是
474. 子宫内膜癌的典型B超征象是

475. 葡萄胎完全排空后,血清hCG首次降至正常的平均时间为
A. 4周　B. 6周　C. 8周
D. 9周　E. 10周

476. 女,28岁。G_2P_1,停经2月余,阴道少量流血10天。妇科检查:宫体如4个月妊娠大小。B超显示宫腔内充满落雪状光点,未测到胎体和胎盘回声,双附件区探及直径5cm大小无回声包块,初步诊断是
A. 双侧卵巢肿瘤　B. 稽留流产　C. 羊水过多
D. 葡萄胎　E. 绒癌

477. 女,29岁。孕2产2,诊断为葡萄胎。查体:子宫如16周妊娠大小。肺部CT无异常。最佳治疗方法是
A. 清宫术　B. 子宫全切术　C. 先清宫后手术切除子宫
D. 清宫后常规化疗　E. 化疗

(478~482题共用题干)患者,女,29岁。平素月经规则,现停经60日,阴道少量流血10日,偶有阵发性下腹痛。查体:宫体孕4个月大,双附件均可扪及5cm×5cm大小之囊性肿物。

478. 该患者最不可能的诊断是
A. 葡萄胎　B. 绒毛膜癌　C. 妊娠合并子宫内膜异位症
D. 先兆流产　E. 妊娠合并子宫肌瘤

479. 双侧附件区包块最可能为
A. 卵巢畸胎瘤　B. 卵巢纤维瘤　C. 输卵管囊肿
D. 输卵管结核　E. 卵巢黄素化囊肿

480. 为明确诊断,首选的检查是
A. 血清hCG测定　B. B超检查　C. 超声多普勒查胎心
D. 诊断性刮宫　E. MRI

481. 若被确诊葡萄胎,其首选治疗措施为
A. 清宫术　B. 药物流产　C. B超引导下囊肿穿刺

D. 羊膜腔注射引产　E. 化学治疗

482. 对于双侧附件区肿物的处理,首选措施是
A. 无需处理　B. B 超引导下囊肿穿刺　C. CT 引导下囊肿穿刺
D. 腹腔镜下囊肿摘除　E. 开腹囊肿切除

483. 与绒毛膜癌发病无关的因素是
A. 葡萄胎　B. 宫外孕　C. 人工流产
D. 输卵管复通术　E. 足月产

484. 绒毛膜癌最常见的死亡原因是
A. 肺转移　B. 肝转移　C. 脑转移
D. 心脏转移　E. 阴道转移

485. 葡萄胎与侵蚀性葡萄胎的鉴别要点是
A. 子宫增大的速度　B. 有无黄素化囊肿　C. 血清 hCG 的浓度高低
D. 阴道有无转移　E. 阴道流血量的多少

486. 葡萄胎清宫术后 3 个月,阴道不规则流血,子宫稍大,尿 hCG(+)。胸片示双下肺有多处片状阴影。最可能的诊断是
A. 葡萄胎残留　B. 先兆流产　C. 异位妊娠
D. 绒毛膜癌　E. 侵蚀性葡萄胎

487. 青年女性,停经 3 个月。近来发现阴道结节,镜检在阴道凝血块中可见胎盘绒毛和增生的滋养层细胞。最可能的诊断是
A. 宫外孕　B. 葡萄胎　C. 侵蚀性葡萄胎
D. 绒毛膜癌　E. 水泡状胎块

488. 28 岁,经产妇。人工流产术后半年,术后断续阴道流血,量不多,术后一直避孕。尿妊娠试验阳性。查子宫超鸭卵大、软。胸片见两肺中下部有多处散在棉絮团影。本例最可能的疾病是
A. 吸宫不全　B. 葡萄胎　C. 侵蚀性葡萄胎
D. 绒毛膜癌　E. 胎盘部位滋养细胞肿瘤

489. 女,42 岁。人工流产术后 2 年,阴道断续流血 6 月余,近日出现咳血丝痰。血 β-hCG 为 1300U/L,胸部 X 线片示肺部多个结节。首选的治疗方法是
A. 子宫切除术　B. 放射治疗　C. 肺叶切除术
D. 化学治疗　E. 肺叶切除+子宫切除术

490. 女性,24 岁。葡萄胎清宫后 5 个月,门诊以"妊娠滋养细胞肿瘤"收入院。入院后测定血清 hCG1500U/L,B 超见子宫病灶直径 2cm,胸部 CT 未见异常。该患者的正确治疗措施是
A. MTX 单一化疗　B. EMA-CO 联合化疗　C. 5-FU+KSM 联合化疗
D. 手术治疗　E. 放射治疗

(491~493 题共用题干)患者,女,32 岁。产后 3 个月,母乳喂养。不规则阴道流血 1 个月,近半月来出现咳嗽,咯血,头痛,呕吐,四肢活动无力。产后工具避孕。

491. 最可能的诊断是
A. 葡萄胎　B. 侵蚀性葡萄胎　C. 绒毛膜癌
D. 肺结核　E. 胎盘滋养部位肿瘤

492. 为明确诊断,下列哪项检查价值最小?
A. 血清 hCG 测定　B. B 超检查　C. 胸部 CT
D. 宫颈涂片　E. 诊断性刮宫

493. 首选的治疗措施是
A. 清宫术　B. 化学治疗　C. 放射治疗
D. 肺叶切除术　E. 子宫切除术

第 18 章　生殖内分泌疾病

494. 青春期异常子宫出血的原因是
A. FSH 持续高水平　B. 月经周期中 LH 高峰形成　C. FSH 与 LH 分泌相对增高
D. 对卵巢激素的正反馈异常　E. 卵泡对促性腺激素的敏感性降低
495. 无排卵性异常子宫出血子宫内膜的病理变化不包括
A. 单纯型增生　B. 复杂型增生　C. 不典型增生
D. 萎缩型子宫内膜　E. 分泌期子宫内膜
496. 无排卵性异常子宫出血的好发时期是
A. 妊娠期　B. 哺乳期　C. 育龄期
D. 围绝经期　E. 青春期和绝经过渡期
497. 无排卵性异常子宫出血的临床表现不包括
A. 腹痛　B. 月经过多　C. 月经过频
D. 子宫不规则出血　E. 子宫不规则出血过多
498. 异常子宫出血的常用检查方法不包括
A. 诊断性刮宫　B. 宫腔镜检查　C. 腹腔镜检查
D. 血清性激素测定　E. 基础体温测定
499. 判断有无排卵的检查不包括
A. 性激素测定　B. 基础体温测定　C. 诊断性刮宫
D. 宫颈黏液结晶检查　E. 阴道分泌物检查
500. 青春期异常子宫出血的治疗措施不包括
A. 调整月经周期　B. 应用止血药物　C. 促排卵治疗
D. 全身支持治疗　E. 子宫内膜切除术
501. 绝经过渡期异常子宫出血的治疗首选
A. 单纯雌激素止血　B. 单纯孕激素止血　C. 雌、孕激素序贯治疗
D. 丙酸睾丸酮止血　E. 刮宫术
502. 患者，女性，28 岁，已婚。停经 50 天后子宫出血较多，基础体温呈单相型。最可能的诊断为
A. 早孕　B. 先兆流产　C. 不全流产
D. 排卵性异常子宫出血　E. 无排卵性异常子宫出血
503. 患者，女，15 岁。月经周期(7～10)/(15～20)天，量多。此次月经 10 天未净，量多，基础体温呈单相。下列止血措施应首选
A. 诊断性刮宫　B. 静滴止血敏　C. 肌注黄体酮
D. 输注血小板悬液　E. 大剂量口服雌激素

(504～506 题共用题干)患者，女，49 岁，孕 2 产 1。月经紊乱半年，经量多。此次阴道出血半月未净，伴头昏、心悸。查体：贫血貌，子宫稍大，宫颈无新生物，双侧附件未见明显异常。

504. 最可能的诊断是
A. 子宫肌瘤　B. 子宫腺肌病　C. 子宫内膜异位症

D. 无排卵性异常子宫出血　E. 排卵性异常子宫出血

505. 其止血措施首选

A. 口服大剂量雌激素　B. 肌注大剂量孕激素　C. 雌孕激素联合治疗

D. 雌孕激素序贯治疗　E. 诊断性刮宫+病理检查

506. 若病理检查结果为子宫内膜不典型增生,则下一步治疗措施应为

A. 雌孕激素联合治疗　B. 雌孕激素序贯治疗　C. 肌注丙酸睾丸酮

D. 宫腔镜下子宫内膜切除术　E. 子宫切除术

A. 月经来潮 6 小时内　B. 月经第 2~3 日　C. 月经第 5~6 日

D. 月经干净后 3 日　E. 月经来潮前 1~3 日

507. 疑为黄体功能不足的患者,诊刮时机应选在

508. 疑为子宫内膜不规则脱落的患者,诊刮时机应选在

509. 疑为无排卵性异常子宫出血的患者,诊刮时机应选在

510. 为确定卵巢有无排卵和黄体功能,诊刮时机应选在

A. 子宫内膜呈分泌期改变　B. 子宫内膜分泌反应不良　C. 子宫内膜呈增生期改变

D. 子宫内膜增生反应不良　E. 刮宫为蜕膜组织

511. 卵巢黄体功能不足时,经前期诊刮的病检结果为

512. 子宫内膜不规则脱落时,月经第 5~6 日刮宫的病检结果为

513. 无排卵性异常子宫出血时,经前 3 日刮宫的病检结果为

(514~516 题共用题干)患者,女,29 岁,已婚,婚后 3 年未孕。月经尚规则,现停经 45 天,阴道少量流血 1 个月,无腹痛。查体:宫颈充血,较软,子宫稍大稍软,附件(-)。宫颈黏液涂片可见羊齿状结晶,尿妊娠试验(-)。

514. 最可能的诊断是

A. 宫外孕　B. 先兆流产　C. 难免流产

D. 葡萄胎　E. 异常子宫出血

515. 应选择的治疗措施为

A. 大量雌激素止血　B. 肌注黄体酮　C. 口服避孕药

D. 诊断性刮宫　E. 子宫切除

516. 止血后,为解决不孕问题,首选的治疗是

A. 人工授精　B. 雌孕激素联合治疗　C. 雌孕激素序贯治疗

D. 孕激素后半周疗法　E. 氯米芬促排卵

517. 月经量多或经期延长,但周期基本正常,应首先考虑

A. 子宫内膜癌　B. 子宫颈癌　C. 子宫肌瘤

D. 宫颈息肉　E. 排卵性异常子宫出血

518. 经产妇,38 岁,近半年经期 9~10 天,周期正常,经量多。妇科检查:子宫前位,稍大,无压痛,双侧附件正常。基础体温双相。恰当处理应是

A. 口服氯米芬　B. 人工周期疗法　C. 肌注 HMG

D. 经前期肌注黄体酮　E. 月经干净后肌注黄体酮

519. 继发性闭经是指正常月经建立后月经停止

A. 3 个月以上　B. 6 个月以上　C. 9 个月以上

D. 12 个月以上　E. 18 个月以上

520. 属于卵巢性闭经的是

A. Asherman 综合征 B. Sheehan 综合征 C. Turner 综合征
D. 空蝶鞍综合征 E. 神经性厌食

521. 盆腔放射治疗后导致的闭经属于
A. 子宫性闭经 B. 卵巢性闭经 C. 垂体性闭经
D. 肾上腺性闭经 E. 下丘脑性闭经

522. 由于卵巢功能衰竭引起卵巢性闭经，体内卵泡刺激素（FSH）水平应是
A. 增高 B. 降低 C. 波动大
D. 持续下降 E. 测不出

523. 未婚女，28岁，闭经2年。肛诊：子宫正常大小，孕激素试验阴性，下一步最佳检查方法是
A. 垂体兴奋试验 B. 基础体温测定 C. 染色体检查
D. 激素水平测定 E. 雌孕激素序贯试验

524. 女，30岁。7个月前妊娠48天行人工流产术，术后未来月经，雌、孕激素试验均阴性。闭经的原因应是
A. 卵巢性闭经 B. 垂体性闭经 C. 下丘脑性闭经
D. 子宫性闭经 E. 难以确定

525. 与检查卵巢性闭经无关的项目是
A. 基础体温测定 B. 血清 FSH 测定 C. 血清雌孕激素测定
D. 孕激素试验 E. 雌孕激素序贯试验阴性

526. 20岁，未婚妇女。初潮14岁，近3年月经周期规律，1年前经量逐渐减少，半年前闭经，基础体温呈双相型曲线。本例最可能的疾病是
A. 子宫颈管狭窄 B. 子宫发育不良 C. 子宫内膜结核
D. 卵巢睾丸母细胞瘤 E. 垂体功能低下

A. HMG B. hCG C. 氯米芬
D. FSH E. GnRH

527. 最常用的促排卵药物是
528. 适用于下丘脑性闭经的促排卵药物是

529. 多囊卵巢综合征患者的内分泌改变应为
A. 有周期性雌激素水平升高 B. LH 持续性高水平，无 LH 峰 C. 雌激素水平降低
D. 雄激素水平降低 E. FSH 持续性高水平，无 FSH 峰

530. 关于多囊卵巢综合征的病理变化，错误的是
A. 双侧卵巢均匀性增大 B. 白膜下有≥12个囊性卵泡 C. 无成熟卵泡及排卵迹象
D. 子宫内膜呈不同程度增生 E. 子宫内膜可有分泌期变化

531. 多囊卵巢综合征最常见的临床表现是
A. 原发性闭经 B. 周期性痛经 C. 继发性月经稀发或闭经
D. 经期长而淋漓不净 E. 月经过多和闭经交替出现

532. 多囊卵巢综合征少见的临床表现是
A. 月经稀发或闭经 B. 多毛 C. 不孕
D. 黑棘皮症 E. 继发性痛经

533. 多囊卵巢综合征常起病于
A. 幼儿期 B. 青春期 C. 妊娠期
D. 中年期 E. 绝经过渡期

534. 多囊卵巢综合征患者行诊断性刮宫的时机为

A. 月经期间　B. 月经来潮 6 小时内　C. 月经后第 2~3 日
D. 月经后 5~6 日　E. 排卵期

535. 患者,女,18 岁。月经紊乱 2 年,24~60 日 1 次。查体:面部痤疮,多毛。血清 LH/FSH>2,血脂未见明显异常。适合的治疗措施为
A. 口服螺内酯　B. 口服二甲双胍　C. 氯米芬促排卵
D. 腹腔镜下卵巢打孔　E. 孕激素后半周期疗法

536. 患者,女,25 岁,未婚。因多毛、肥胖、闭经,初步诊断为多囊卵巢综合征。其首选治疗为
A. 抗雄激素治疗　B. 抗雌激素治疗　C. 卵巢楔形切除术
D. 腹腔镜下卵巢打孔　E. 促排卵治疗

537. 女性围绝经期最早发生功能衰竭的器官或组织是
A. 下丘脑　B. 垂体　C. 卵巢
D. 子宫　E. 阴道

538. 绝经综合征的典型表现是
A. FSH/LH<1　B. FSH/LH<2　C. FSH/LH>1
D. FSH/LH>2　E. FSH/LH>3

539. PCOS 的典型表现是
A. LH/FSH<1　B. LH/FSH<2　C. LH/FSH<3
D. LH/FSH>1　E. LH/FSH>2~3

540. 卵巢功能衰退最早的征象是
A. 雌激素水平降低　B. 孕激素水平降低　C. LH 水平升高
D. FSH 水平升高　E. GnRH 水平升高

541. 雌激素水平低下的特征性症状是
A. 阴道干涩　B. 潮热　C. 情绪低落
D. 失眠　E. 月经稀少

542. 绝经综合征患者 HRT 的常用药物是
A. 雌激素　B. 孕激素　C. 雄激素
D. 氯米芬　E. GnRH

543. 绝经综合征行激素补充治疗的禁忌证是
A. 潮热　B. 骨质疏松　C. 睡眠障碍
D. 反复泌感　E. 血栓性疾病

第 19 章　不孕症与辅助生殖技术

544. 不孕症是指女性无避孕性生活而未孕至少达
A. 半年　B. 1 年　C. 1 年半
D. 2 年　E. 3 年

545. 不孕症夫妇首选的检查项目是
A. 基础体温测定　B. 盆腔 B 超检查　C. 输卵管通畅度检查
D. 宫腔镜检查　E. 精液常规检查

546. 为了解输卵管是否通畅,不宜进行的检查是
A. 子宫输卵管 X 线造影　B. 子宫输卵管超声造影　C. 输卵管通液试验

D. 诊断性刮宫　E. 腹腔镜检查

547. 女,27 岁。平素月经不规律,婚后 3 年未孕,以下哪种检查最常用于评价卵巢功能?
A. 性激素测定　B. 宫颈醋酸白试验　C. B 超
D. 子宫颈细胞学检查　E. 子宫内膜活检

548. 不能诱发排卵的药物是
A. LH　B. 氯米芬　C. 孕激素
D. 绒促性素　E. 尿促性素

549. 试管婴儿是指
A. 经阴道配子移植　B. 宫腔内精子注入　C. 宫腔内配子移植
D. 输卵管内配子移植　E. 体外受精-胚胎移植

550. IVF-EF 的最常见适应证是
A. 排卵障碍　B. 免疫性不孕症　C. 精子生成障碍
D. 输卵管不通　E. 精子异常

551. 女,32 岁。婚后 3 年不孕。患者平素月经规律,妇科检查未发现异常,内分泌检查正常,造影示双侧输卵管堵塞,适宜的辅助生育技术是
A. 配子输卵管内移植　B. 胞浆内单精子注射　C. 植入前遗传学诊断技术
D. 体外受精与胚胎移植　E. 人工授精

552. 不属于辅助生殖技术的项目是
A. 人工周期　B. IVF-EF　C. ICSI
D. AID　E. PGD

(553~555 题共用题干)患者,女性,29 岁,继发性不孕 3 年。3 年前人工流产 1 次,术后发热、下腹痛 1 周,经抗生素治疗痊愈。既往月经规律,但伴痛经,基础体温呈双相型。丈夫精液常规分析无异常。妇科检查:宫颈轻度糜烂,子宫后位,固定,大小正常,两侧附件未触及肿块。

553. 该患者不孕症的最可能病因是
A. 阴道因素　B. 宫颈因素　C. 卵巢功能不全
D. 免疫因素　E. 输卵管因素

554. 最可能有阳性发现的检查项目是
A. 诊断性刮宫　B. 宫腔镜检查　C. 子宫输卵管碘油造影
D. 性激素测定　E. 抗精子抗体检查

555. 最可能采用的治疗方法是
A. AID　B. IVF-EF　C. 手术治疗
D. 促进排卵　E. 免疫学治疗

第 20 章　计划生育与妇女保健

556. 我国孕龄期妇女最常用的避孕措施是
A. 避孕套　B. 宫内节育器　C. 口服避孕药
D. 皮下埋植　E. 安全期避孕

557. 含孕激素的宫内节育器是
A. 惰性宫内节育器　B. 母体乐　C. 曼月乐
D. 含铜宫内节育器　E. 活性 γ-IUD

558. 宫内节育器的避孕机制不包括
A. 干扰着床　　B. 对精子的毒性作用　　C. 对胚胎的毒性作用
D. 反射性抑制排卵　　E. 孕激素对子宫内膜的局部作用

559. 女,48 岁。放置宫内节育器 10 年,近 6 个月出现不规则阴道流血。妇科检查:宫颈光滑,宫体正常大,表面光滑,附件区未触及包块。宫颈细胞学检查无异常,对症治疗无明显改善。首选的处理措施是
A. 止血药治疗　　B. 抗生素治疗　　C. 取出宫内节育器
D. 人工周期治疗　　E. 取出宫内节育器+分段诊刮

(560~561 题共用题干)已婚女性,30 岁。使用 IUD 避孕 3 年来院做常规检查,自诉 IUD 为 TCU 型,此次月经干净已 6 日。

560. 首选的检查是
A. 盆腔 X 线片　　B. B 超检查　　C. 宫腔镜检查
D. 子宫碘油造影检查　　E. 窥阴器检查

561. 若检查发现 IUD 位于子宫腔中央,最合适的处理是
A. 无需处理,定期复查　　B. 更换新的 IUD　　C. 立即取出 IUD,无需再放
D. 取出 IUD,下次再放　　E. 下次月经干净后 3~7 天取出

562. 药物避孕的机理不包括
A. 抑制排卵　　B. 改变宫颈黏液性状　　C. 改变子宫内膜形态
D. 抑制受精卵着床　　E. 阻止精子与卵子结合

563. 不宜选用口服复方避孕药的人群是
A. 月经过多　　B. 冠心病　　C. 阴道炎
D. 附件炎　　E. COPD

564. 某妇女,28 岁,口服短效避孕药半年,此周期服用 5 天后出现阴道流血 3 天,量少于月经量,无腹痛。其正确处理为
A. 立即停服避孕药　　B. 每日肌注黄体酮,共 3 日　　C. 每晚加服雌激素,共 14 天
D. 每晚加服短效避孕药　　E. 每日肌注止血敏,共 3 天

565. 既可避孕又可防止性病传播的避孕措施是
A. IUD　　B. 口服避孕药　　C. 避孕套
D. 阴道隔膜　　E. 皮下埋植

566. 不会出现不规则阴道出血副作用的避孕措施是
A. IUD　　B. 口服避孕药　　C. 避孕套
D. 皮下埋植　　E. 长效避孕针

567. 安全期避孕要求性生活应避开易受孕期,易受孕期是指预计下次
A. 月经前 14 日　　B. 排卵前后 1~2 日　　C. 排卵前后 2~3 日
D. 排卵前后 4~5 日　　E. 排卵前后 5~7 日

568. 输卵管结扎术的禁忌证是
A. 两次开腹手术史　　B. 正常分娩后 48 小时　　C. 严重的神经官能症
D. 已婚妇女要求绝育　　E. 心脏病患者 NYHA Ⅰ级

A. 妊娠≤49 日　　B. 妊娠 10 周内　　C. 妊娠 10~12 周
D. 妊娠 10~14 周　　E. 中晚期妊娠

569. 药物流产适用于
570. 负压吸引术终止妊娠适用于

571. 钳刮术终止妊娠适用于
572. 利凡诺羊膜腔注射引产适用于

573. 孕 59 天终止妊娠，最常用的方法是
A. 药物流产　B. 负压吸宫术　C. 静脉滴注催产素
D. 钳刮术　E. 利凡诺羊膜腔内注射

574. 人工流产吸宫术适用于
A. 妊娠 14 周　B. 急性生殖道炎症　C. 各种慢性疾病的急性期
D. 妊娠剧吐　E. 手术当天体温 2 次超过 37.5℃

（575～576 题共用题干）28 岁，女性。产后 8 个月，哺乳。厌食 1 周。妇科检查子宫软，如妊娠 40 天大小，人工流产术中，探针探宫腔深度 14cm，患者无明显腹痛，无阴道流血。

575. 应该考虑
A. 子宫肌瘤　B. 子宫肥大　C. 子宫后位
D. 子宫畸形　E. 子宫穿孔

576. 应采取的处理是
A. 继续操作吸宫　B. 请上级大夫再次探宫腔深度　C. 立即剖腹探查
D. 严密观察 1 周后再吸宫　E. 后穹隆穿刺确定有无内出血

577. 患者，女，31 岁。人流术后不规则阴道流血半月，量较多，使用头孢类抗生素、缩宫素无效。妇检：宫颈中糜，宫口松，少量出血，子宫稍大稍软，轻压痛，附件（－）。最可能发生的并发症是
A. 子宫穿孔　B. 出血　C. 漏吸
D. 吸宫不全　E. 宫腔感染

578. 患者，女，25 岁。人工流产后 1 周，仍感恶心呕吐，少许阴道出血，轻微腹痛。尿妊娠试验阳性。最可能的诊断是
A. 子宫穿孔　B. 出血　C. 漏吸　D. 吸宫不全　E. 宫腔感染

579. 女性，28 岁，第一胎产后半年，母乳喂养。来院咨询避孕措施，宜选用
A. 安全期避孕　B. 复方短效避孕药　C. 复方长效避孕针
D. 三相口服避孕药　E. 皮下埋植

580. 30 岁妇女，G_2P_2。月经量少 1 年，患滴虫性阴道炎，宜选用的避孕措施是
A. 宫内节育器　B. 安全期避孕　C. 避孕套
D. 阴道隔膜　E. 口服短效避孕药

581. 女，23 岁。新婚，月经规律，经量较多。尚无生育计划。最应该建议的避孕方法是
A. 长效避孕针　B. 安全期避孕　C. 宫内节育器
D. 体外排精　E. 复方短效口服避孕药

582. 女，38 岁。患慢性肝炎 7 年，要求给予避孕指导。应选择的避孕措施是
A. 安全期避孕　B. 阴茎套避孕　C. 口服短效避孕药
D. 长效避孕针　E. 皮下埋置避孕

583. 降低孕产妇死亡率及围产儿死亡率属于
A. 生育期保健　B. 围产期保健　C. 孕期保健
D. 产时保健　E. 哺乳期保健

584. 青春期保健的内容不包括
A. 自我保健　B. 营养指导　C. 体育锻炼　D. 卫生指导　E. 定期体格检查

妇产科学试题参考答案及详细解答

（正确答案为绿色的选项）

1. ABCDE ①女性外生殖器是指生殖器的外露部分，包括阴阜、大阴唇、小阴唇、阴蒂、阴道前庭，统称为外阴（A 对）。②女性阴毛呈倒三角形分布，男性阴毛呈菱形分布。③左右两侧小阴唇前端融合，并分为前后两叶，前叶形成阴蒂包皮，后叶形成阴蒂系带。④前庭大腺位于大阴唇后部，腺管细长，向内侧开口于阴道前庭后方小阴唇与处女膜之间的沟内，并不开口于阴道内。⑤阴道前庭为一菱形区域，前为阴蒂，后为阴唇系带，两侧为小阴唇，可见阴道前庭为双侧小阴唇之间的菱形区域。

2. ABCDE 阴道为一上宽下窄的管道。阴道穹隆分为前、后、左、右 4 部分，其中后穹隆最深，临床上常经此穿刺引流（B 对）。阴道黏膜层由非角化复层鳞状上皮覆盖，无腺体，有较大伸展性，在月经周期中受性激素影响有周期性变化。

3. ABCDE 子宫内膜分为三层，即致密层、海绵层和基底层。内膜表面 2/3 为致密层和海绵层，统称为功能层，受性激素的影响发生周期性变化，在月经期发生脱落。靠近子宫肌层的 1/3 内膜为基底层，不受性激素的影响，不发生周期性变化，当月经期功能层脱落后，由基底层再生长出子宫内膜（D）。

4. ABCDE 5. ABCDE 6. ABCDE 7. ABCDE ①主韧带又称子宫颈横韧带，横行于子宫颈两侧和骨盆侧壁之间，是固定子宫颈位置、防止子宫下垂的主要韧带（B）。②阔韧带位于子宫两侧，由覆盖于子宫前后壁的腹膜自子宫侧缘向两侧延伸达骨盆壁，能限制子宫向两侧倾斜（C）。③圆韧带、宫骶韧带是维持子宫前倾的主要韧带。

8. ABCDE 9. ABCDE 10. ABCDE 11. ABCDE 卵巢动脉来自腹主动脉，子宫动脉、阴道动脉、阴部内动脉均来自髂内动脉。

12. ABCDE 输卵管分为 4 部分，即间质部、峡部、壶腹部和伞部，受精常发生于壶腹部（D）。

13. ABCDE 骨盆由骶骨、尾骨和左右两块髋骨组成，每块髋骨由髂骨、坐骨和耻骨融合而成。

14. ABCDE 我国妇女以女型骨盆最常见（占 52%～58.9%），其次为扁平型骨盆（占 23.2%～29%）、类人猿型骨盆（占 14.2%～18%）、男型骨盆（占 1%～3.7%）。

15. ABCDE 16. ABCDE ①前庭大腺位于大阴唇后部，腺管细长，向内侧开口于阴道前庭后方小阴唇与处女膜之间的沟内。正常情况下不能触及此腺，若外阴炎症导致腺管闭塞时，可形成前庭大腺囊肿或脓肿（E）。②大阴唇皮下为疏松结缔组织和脂肪组织，富含血管，外伤后易形成血肿（A）。

17. ABCDE 女性第二性征出现包括音调变高，乳房发育，出现阴毛及腋毛，骨盆横径发育大于前后径，胸、肩、髋部皮下脂肪增多，形成女性特有的体态。其中，乳房发育是女性第二性征的最初特征，为女性青春期发动的标志。

18. ABCDE ①排卵多发生在下次月经来潮前 14 日左右（A 对）。②女性青春期开始时性腺轴尚未发育成熟，有时虽有月经来潮，但无排卵。女性一般从性成熟期开始周期性规律排卵。③在 LH 作用下黄体生成。④性成熟期，每个月经周期一般只有一个卵子排出，多由两侧卵巢轮流排出。⑤卵子自卵巢排出后，经输卵管伞部捡拾、输卵管壁蠕动以及输卵管黏膜纤毛等协同作用进入输卵管。

19. ABCDE ①卵巢合成的激素主要是雌激素（包括雌酮）和孕激素，均为甾体激素。其合成原料为胆固醇，由胆固醇合成的孕烯醇酮是合成孕激素的前体物质。孕烯醇酮可经 Δ^4 途径合成孕激素，雄烯二酮是孕激素的中间代谢产物（B 错）。②雌激素包括雌二醇、雌酮和雌三醇，其中以雌二醇活性最强，雌酮的活性仅为雌二醇的 10%，雌三醇活性最低。③雌激素主要由卵泡的内膜细胞和颗粒细胞合成，此外胎盘、肾上腺皮质网状带、黄体期的黄体细胞也可少量合成。④甾体激素的降解主要在肝脏进行（D 对）。雌二醇可与雌酮相互转化，以后进一步形成雌三醇。雌三醇与葡萄糖醛酸盐结合，形成水溶性物质从肾排出。孕激素在肝脏降解为孕二醇，后者与葡萄糖醛酸盐结合，从肾排出。

20. ABCDE 由卵巢分泌的雌激素（雌二醇、雌酮）、孕激素（黄体酮）、雄激素（睾酮）均属于甾体激素，由腺垂体分泌的卵泡刺激素（FSH）、黄体生成素（LH）均属于糖蛋白激素。

21. ABCDE 在一次月经周期中唯一出现 2 次高峰的激素是雌激素，在排卵前后各出现 1 次高峰（A）。

22. ABCDE ①雌激素主要刺激乳腺导管的发育，而孕激素主要刺激乳腺腺泡的发育。②雌激素可使子宫内膜增生变厚，发生增生期变化。孕激素可使处于增生期的子宫内膜进一步增厚，发生分泌期变化（B 对）。③雌激素可促进子宫输卵管平滑肌运动，孕激素可抑制输卵管平滑肌的节律性收缩。④雌激素可促进子宫颈黏液的分泌，性状变稀薄。孕激素可使宫颈黏液分泌减少，性状变黏稠。

23. ABCDE ①子宫内膜腺上皮细胞出现顶浆“分泌”，只可能是分泌期而不是增殖期，可首先排除答案 ABC。②出现糖原小泡属于分泌早期，出现顶浆分泌属于分泌中期（E）。

24. ABCDE 月经周期 28 日的女性，其月经周期可分为增殖早期（月经周期第 5～7 日）、增殖中期（第 8～10 日）、增殖晚期（第 11～14 日）、分泌早期（第 15～19 日）、分泌中期（第 20～23 日）、分泌晚期（第 24～28 日）。因此，月经周期第 9 日诊刮，子宫内膜应为增殖中期（B）。

25. ABCDE 宫颈黏液涂片镜检可见羊齿植物叶状结晶，这种结晶于月经周期第 6～7 日出现，排卵期（即月经周期第 14 日）最典型，第 22 日左右消失，代之以排列成行的椭圆体。

26. ABCDE 宫颈黏液可见羊齿植物叶状结晶，说明此时宫颈分泌受雌激素的影响，子宫内膜应处于增殖期（D）。

27. ABCDE 精子进入子宫腔和输卵管后，精子顶体表面的糖蛋白被生殖道分泌物中的 α、β 淀粉酶降解，同时顶体膜结构中胆固醇与磷脂比率和膜电位发生变化，降低顶体膜稳定性，此过程称为精子获能（C）。

28. ABCDE 受精后第 6～7 日晚期胚泡透明带消失后，逐渐埋入并被子宫内膜覆盖的过程，称受精卵着床。ABCE 均属于受精卵着床的必备条件，不包括 D，因为 hCG 是由合体滋养细胞分泌的。

29. ABCDE 胎儿身长的计算公式为：妊娠前 5 个月的胎儿身长（cm）= 妊娠月数的平方，妊娠后 5 个月的胎儿身长（cm）= 妊娠月数×5。按此公式计算，妊娠 20、24、28、32、40 周末，胎儿身长分别为 25cm、30cm、35cm、40cm、50cm（A 对）。

30. ABCDE 脐带是连接胎儿与胎盘的条索状组织，内含 1 条脐静脉、2 条脐动脉。由胎盘来的动脉血经脐静脉进入胎儿体内，代谢后经脐动脉流回胎盘，因此脐静脉血含氧量最高，脐动脉血含氧量最低。

31. ABCDE 胎盘由羊膜、叶状绒毛膜和底蜕膜构成，故可首先排除答案 AE。叶状绒毛膜为胎盘的主要结构，其内的绒毛具有胎盘屏障作用（C）。

32. ABCDE ABCE 均属于胎盘合成的激素，黄体生成素是腺垂体合成的。

33. ABCDE 人绒毛膜促性腺激素可维持月经黄体寿命，使月经黄体增大成为妊娠黄体，增加甾体激素的分泌以维持妊娠（E）。

34. ABCDE 35. ABCDE ①受精后第 6 日滋养细胞即可分泌 hCG，在受精后 10 日可由母血中测出，因此血清 hCG 测定是诊断早孕最敏感的方法（A）。②临床上诊断早孕最常用的方法是早早孕试纸检测尿液，结果阳性结合临床可诊断早孕（B）。

36. ABCDE 37. ABCDE ①妊娠期中晚期胎盘合体滋养细胞能合成耐热性碱性磷酸酶，故可作为检查胎盘功能的一项指标（B）。②胎膜含有大量花生四烯酸的磷脂，且含能催化磷脂生成游离花生四烯酸的溶酶体，在分娩发动上有一定作用（D）。

38. ABCDE 妊娠早期的羊水主要来自母体血清经胎膜进入羊膜腔的透析液；妊娠中期后胎儿尿液成为羊水的主要来源；妊娠晚期胎肺参与羊水的生成；羊膜、脐带华通胶及胎儿皮肤可渗出液体，但量少。

39. ABCDE　妊娠期间子宫逐渐增大变软。至妊娠足月时子宫体积达 35cm×25cm×22cm；容量约 5000ml，较非孕期增加约 1000 倍。足月妊娠子宫重量约 1100g，较非孕期增加近 20 倍。

40. ABCDE　41. ABCDE　42. ABCDE　43. ABCDE　①自妊娠 12～14 周起，子宫可出现不规律无痛性收缩，这种生理性无痛宫缩称为 Braxton Hicks 收缩，其特点为宫缩稀发、不规律、不对称，随妊娠进展而增加（B）。②妊娠期阴道黏膜变软，水肿充血呈紫蓝色，称为 Chadwick 征（C）。③妊娠期乳晕颜色加深，外周皮脂腺肥大形成散在的结节状隆起，称为蒙氏（Montgomery）结节（A）。④妊娠停经 6～8 周，双合诊检查子宫峡部极软，感觉宫颈与宫体之间似不相连，称为黑加征（Hegar 征）。⑤妊娠期卵巢略增大，妊娠早期可见妊娠黄体。妊娠 10 周后，黄体功能由胎盘取代，黄体开始萎缩，卵巢表面出现散在小的不规则红色突起，称为蜕膜斑。

44. ABCDE　妊娠期母体循环系统的变化包括：①心排量自妊娠 10 周逐渐增加，至妊娠 32～34 周达高峰（A 错 B 对）。②妊娠期一般收缩压无变化，舒张压轻度降低，脉压稍增大（C 错）。③心率于妊娠晚期休息时每分钟增加 10～15 次（D 错）。④心脏容量至妊娠末期约增加 10%（E 错）。

45. ABCDE　①妊娠期母体心排出量于妊娠 10 周逐渐增加，至妊娠 32～34 周达高峰，左侧卧位心排出量较未孕时增加约 30%。②心率于妊娠晚期休息时每分钟增加 10～15 次。③妊娠后期因膈肌升高，心脏向左、上、前方移位，更贴近胸壁。④临产后在第二产程心排出量显著增加（E 错）。

46. ABCDE　①心率于妊娠晚期休息时每分钟增加 10～15 次。②心脏容量至妊娠末期约增加 10%。③妊娠后期因膈肌升高，心脏向左、上、前方移位。心尖搏动左移 1～2cm，心浊音界稍扩大。④由于心脏移位，加之血流量增加，多数孕妇于心尖部可闻及Ⅰ～Ⅱ级柔和吹风样收缩期杂音。⑤在妊娠期，心搏出量应增加，而不是减少（E 错）。

47. ABCDE　妊娠期母体肾血浆流量和肾小球滤过率比非孕时分别增加约 35%和 50%。

48. ABCDE　停经 6 周左右孕妇出现畏寒、头晕、流涎、乏力、嗜睡、缺乏食欲、喜食酸物、恶心、晨起呕吐等症状，称为早孕反应，多在停经 12 周左右自行消失。

49. ABCDE　①妊娠后阴道黏膜及宫颈充血水肿、变软呈蓝紫色（Chadwick 征）。②停经 6～8 周时，子宫体饱满，前后径增宽呈球形。由于子宫颈变软及子宫峡部极软，双合诊检查时，感觉宫颈与宫体之间似不相连，称黑加（Hegar）征阳性（BC 对）。③尿 hCG 阳性常见于早期妊娠。④黄体酮（孕激素）试验：黄体酮注射液，20mg，im，qd×5d，停药后出现撤药性出血，为阳性反应。该试验主要用于判断闭经的原因，用于早孕诊断时主要适用于妊娠试验和 B 超检查不能确诊者（E 错）。

50. ABCDE　停经是妊娠最早最重要的症状，但不是妊娠特有的症状（B）。育龄期有性生活史的健康妇女，停经 10 日以上，应怀疑妊娠；若停经 2 个月以上，则妊娠的可能性更大。

51. ABCDE　①脐带杂音为脐带血流受阻出现的与胎心率一致的吹风样低音响（C）。②腹主动脉音、子宫血流杂音与孕妇心率一致。胎动音、肠蠕动音与胎心率、孕妇心率均无关。

52. ABCDE　53. ABCDE　54. ABCDE　55. ABCDE　①最早于妊娠 18 周 B 超可发现胎动，孕 20 周孕妇可感到胎动。②最早于孕 12 周用多普勒胎心听诊仪能够探测到胎心音，于孕 18～20 周用听诊器经孕妇腹壁可听到胎心音。

56. ABCDE　57. ABCDE　58. ABCDE　①孕 32 周末、孕 40 周末子宫底高度均在脐与剑突之间（E）。②孕 36 周末子宫底高度在剑突下 2 横指（C）。③孕 28 周末宫底高度在脐上 3 横指。

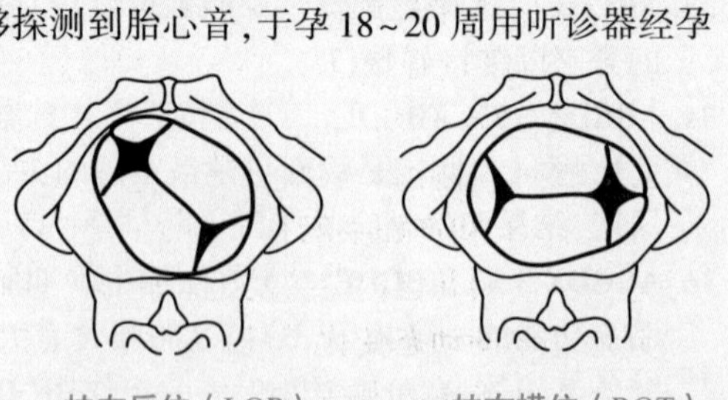

枕左后位（LOP）　　枕右横位（ROT）

59. ABCDE　60. ABCDE　①骨盆入口左斜径是指左骶髂关节至右髂耻隆突间的连线，胎头矢状缝在骨盆入口左斜径上，说明胎位可能是枕右前或枕左后。小囟门为后囟，与枕骨同向。大囟门为前囟，与额骨同向。大囟门在骨盆的右前方，说明小囟门（枕骨）位于骨盆左后方，故应诊断为枕左后位（LOP）。②胎头矢状缝在骨盆入口横径上，说明为枕横位。枕部位于后囟，小囟门在骨盆正右方，说明枕部位于骨盆正右方，故应诊断为枕右横位（ROT）。

61. ABCDE ①正常情况下，妊娠 20 周可感觉到胎动，5 周前出现胎动提示孕周约为 25 周。②尺测子宫长度：孕 20 周末约为 18cm，孕 24 周末约为 24cm，孕 28 周末约为 26cm。本例子宫长度为 25cm，估计孕周约为 24 周⁺，故答 E。

62. ABCDE ①2015 年 4 月 12 日至 2015 年 11 月 15 日为 217 天，即 31 周。②正常情况下，妊娠 28 周末的宫底高度为脐上 3F（3 横指），因此本例应诊断为妊娠满 31 周，宫底高度低于正常（E）。

63. ABCDE B 超可测定胎头双顶径、股骨长度等多条径线，了解胎儿生长发育情况。若无胎儿生长受限，B 超可较准确地推算孕周。

64. ABCDE 首次产前检查应从确诊妊娠早期开始，即妊娠 6~8 周（B）。

65. ABCDE 66. ABCDE 67. ABCDE ①正常情况下，初产妇在孕 20 周左右自觉胎动，本例孕 21 周，本次检查重点应了解有无胎动及不适（D）。ABCE 均属于首次产前检查的内容。②骨盆内测量应在妊娠 24~36 周进行，故本次产前检查无需进行（E）。ABC 都是中期产前检查的常规内容。先心病的超声筛查宜在妊娠 18~24 周进行。③首次产前检查一般在妊娠 6~8 周进行，妊娠 20~36 周每 4 周检查 1 次，妊娠 37 周以后每周检查 1 次，共行产前检查 9~11 次。

68. ABCDE 四步触诊法可以检查子宫大小、胎产式、胎先露、胎方位及胎先露是否衔接，但不能了解骨盆是否狭窄。可通过骨盆测定了解骨盆是否狭窄。

69. ABCDE 胎心在靠近胎背上方的孕妇腹壁上听得最清楚。骶左前位在脐上偏左听得最清楚，骶右前位在脐上偏右听得最清楚，枕左前位在脐下偏左听得最清楚，枕右前位在脐下偏右听得最清楚，横位在脐部下方听得最清楚。

70. ABCDE 对角径属于骨盆内测量的径线（D），ABCE 均属于骨盆外测量的径线。

71. ABCDE ①9 版《妇产科学》P51：进行骨盆内测量的时间为阴道分娩前或产时。②8 版《妇产科学》P147：骨盆内测量应于妊娠 24~36 周进行，在阴道松软时测量为宜。过早测量阴道较紧，预产期测量容易引起感染。按 9 版《妇产科学》观点，答 E。按 8 版《妇产科学》观点，答 D。

72. ABCDE 髂嵴间径正常值应为 25~28cm，髂棘间径正常值为 23~26cm（C 错），ABDE 均正确。

73. ABCDE 出口后矢状径是指坐骨结节间径中点至骶骨尖端的距离（D）。

74. ABCDE 75. ABCDE 76. ABCDE ①骨盆入口呈横椭圆形，其特点是横径>前后径，因此判断骨盆入口有无狭窄主要看骨盆入口前后径大小。髂棘间径可间接反映骨盆入口横径，骶耻外径可间接反映骨盆入口前后径，因此反映骨盆入口狭窄最重要的径线是骶耻外径（B）。②中骨盆呈纵椭圆形，其特点是横径<前后径，因此判断中骨盆有无狭窄主要看横径大小。坐骨棘间径为中骨盆横径，是判断中骨盆有无狭窄最重要的径线（C）。③骨盆出口由两个不同平面的三角形组成，其特点是横径<前后径，因此判断骨盆出口有无狭窄主要看横径大小。坐骨结节间径可间接反映骨盆出口横径，是判断骨盆出口有无狭窄最重要的径线（D）。只有当坐骨结节间径<8cm 时，才加测出口后矢状径，两者之和<15cm 表示明显狭窄，故不答 E。这三个试题的结论及其正常值请牢记，解题中经常用到。

77. ABCDE ①胎动计数是评价胎儿宫内情况最简便有效的方法之一（B）。经产妇一般在妊娠 16 周末自觉胎动，初产妇一般在妊娠 20 周末自觉胎动。正常胎动为 3~5 次/小时。②缩宫素激惹试验主要用于预测胎儿宫内储备能力。尿雌三醇测定主要用于了解胎盘功能。胎儿电子监护能连续观察和记录胎心率的动态变化，评估胎儿宫内安危情况，但操作较复杂，不是最简便的方法，故最佳答案为 B 而不是 D。羊膜镜为有创检查方法，可危及母儿安全，临床上少用。

78. ABCDE ①9 版《妇产科学》P139：胎动计数≥10 次/2 小时为正常，<10 次/2 小时提示胎儿缺氧。②8 版妇产科学 P149：胎动计数≥6 次/2 小时为正常，<6 次/2 小时提示胎儿缺氧。③7 版妇产科学数

据为:胎动计数>30 次/12 小时为正常,<10 次/12 小时提示胎儿缺氧。

79. ABCDE 电子胎儿监护一般于妊娠 34 周开始。

80. ABCDE ①胎心率出现晚期减速提示胎盘功能减退、胎儿宫内缺氧(B)。②胎心率早期减速提示宫缩时胎头受压,胎心率变异减速提示宫缩时脐带受压。DE 为胎儿健康的表现。

81. ABCDE 82. ABCDE 83. ABCDE 84. ABCDE ①要了解胎儿宫内有无缺氧,首选电子胎儿监护,可连续观察胎心率的动态变化及胎心、胎动与宫缩之间的关系(D)。B 超可了解胎儿大小、胎动、胎方位等情况,但不能判断有无胎儿宫内窘迫。尿雌三醇测定、血清 hPL 测定主要用于了解胎盘功能。②生物物理评分(Manning 评分)常用于电子胎儿监护无反应型的孕妇(E)。③Manning 评分标准有 5 项,每项 2 分:无应激试验(20 分钟)正常 2 分,异常 0 分;胎儿呼吸运动(30 分钟)≥1 次,持续≥30s 计 2 分,无呼吸运动或持续<30s 计 0 分;胎动(30 分钟)≥3 次计 2 分,≤2 次计 0 分;肌张力≥1 次计 2 分,无活动计 0 分;羊水最大暗区≥2cm 计 2 分,<2cm 计 0 分。根据题干,本例 Manning 评分应为 2 分。④Manning 评分满分为 10 分,10~8 分无急慢性缺氧,8~6 分可能有急或慢性缺氧,6~4分有急或慢性缺氧,4~2 分有急性缺氧伴慢性缺氧,0 分有急慢性缺氧。

85. ABCDE ①雌三醇是由胎儿-胎盘功能单位合成的,因此测定血或尿中雌三醇含量可了解胎盘功能是否低下(C)。②妊娠中期测定血甲胎蛋白(AFP)含量常用于唐氏综合征的筛查,但该患者为妊娠晚期,故不答 A。孕早期尿 hCG 含量测定主要用于早孕的诊断。羊水肌酐、淀粉酶测定常用于胎儿成熟度的检查。

86. ABCDE 87. ABCDE A 提示胎儿肺成熟,B 提示胎儿唾液腺成熟,C 提示胎儿肝成熟,D 提示胎儿皮肤成熟,E 提示胎儿肾成熟。

88. ABCDE 89. ABCDE 90. ABCDE 91. ABCDE ①孕妇系统管理从确诊妊娠开始,到产后 42 日结束。②产后访视共 3 次,分别是出院 3 日内、产后 14 日、产后 28 日。③孕妇保健手册从确诊早孕开始建册,直至产褥期(产后 6 周)结束。

92. ABCDE ①喹诺酮类药物严禁用于孕妇及 18 岁以下的儿童,因为可影响软骨发育(B 错)。②头孢菌素类、青霉素类(β-内酰胺类)、红霉素类均属于 B 级药物,经动物实验研究,未见对胎儿有危害。

93. ABCDE ①着床前期的受精卵与母体组织尚未直接接触,故着床前期用药对妊娠影响不大。②囊胚着床后至孕 12 周是药物的致畸期,是胚胎、胎儿各器官高度分化、迅速发育、不断形成的阶段。此期孕妇用药,其毒性能造成某组织或器官发生畸形(C)。③妊娠 12 周以后药物的致畸作用明显减弱,但对尚未分化完全的器官,如生殖系统,某些药物还可能对其产生影响。

94. ABCDE 用于产前检查的羊膜腔穿刺宜在孕 16~22 周进行,此时子宫轮廓清楚,羊水量相对较多,易于抽取,不易伤及胎儿,且羊水细胞易存活,培养成功率高(C)。

95. ABCDE ①测定羊水甲胎蛋白(AFP)含量可用于诊断胎儿开放性神经管缺陷(D)。②血清 hCG 测定主要用于诊断早孕、滋养层细胞肿瘤等。血清胎盘生乳素、雌三醇含量测定主要用于检测胎盘功能。测定羊水卵磷脂/鞘磷脂比值,主要用于了解胎儿肺是否成熟。

96. ABCDE ①B 超主要用于诊断胎儿结构畸形,而不是体表畸形(E 错)。②测定羊水 AFP 含量可用于诊断胎儿神经管缺陷(NTD)。从孕妇外周血提取胎儿细胞,经 DNA 分子杂交、PCR 技术等可检测胎儿基因的核苷酸序列,用于诊断胎儿基因疾病。抽取羊水测定酶可诊断胎儿代谢性疾病(如苯丙酮尿症)。利用羊水、绒毛、胎儿细胞培养,可检测胎儿染色体疾病。

97. ABCDE 98. ABCDE 99. ABCDE 100. ABCDE 101. ABCDE ①唐氏综合征孕早期的产前筛查宜在孕 11~13^{+6}周进行,孕中期宜在孕 15~20^{+6}周进行。②神经管畸形的产前筛查宜在孕 14~22 周进行(C)。③胎儿结构畸形、先心病的产前筛查宜在孕 18~24 周进行(D)。

102. ABCDE 103. ABCDE ①早期流产是指孕 12 周以前终止妊娠,晚期流产是指孕 12 周至不满 28 周终止妊娠。晚期复发性流产最常见的病因是宫颈功能不全,早期复发性流产最常见的病因是胎儿染色体异常(D)。②腹部X线平片可致胎儿畸形,孕妇禁用(E)。

104. ABCDE 妊娠12周前终止者,称为早期流产。妊娠12周至不足28周终止者,称为晚期流产。妊娠满28周至不满37周期间分娩称为早产。妊娠满37周至不满42周期间分娩称为足月产。

105. ABCDE 复发性流产是指同一性伴侣连续发生3次及3次以上的自然流产。早期复发性流产常见原因为胚胎染色体异常、免疫功能异常、黄体功能不足、甲状腺功能低下等。晚期复发性流产的常见原因为子宫解剖异常、自身免疫异常、血栓前状态等。

106. ABCDE 107. ABCDE ①阴道出血量多,宫口松软,子宫小于停经月份,应考虑不全流产(B)。②患者子宫与停经月份相符,可首先排除不全流产、完全流产,故答案可能为AD。患者宫口扩张,应诊断为难免流产而不是先兆流产,因为先兆流产宫口关闭。③稽留流产是指胚胎或胎儿死亡后滞留宫腔内,故不答E。

108. ABCDE ①患者妊娠8周,突然阵发性下腹痛,阴道流血,应考虑早期流产。可首选B超检查,看胚胎是否成活(因妊娠6周B超即可见到心管搏动)、流产是否完全,以决定是否继续妊娠(D)。②检测血清甲胎蛋白主要用于判断胎儿是否有神经管缺陷。尿妊娠试验主要用于早孕的诊断。血清雌三醇值检测主要用于了解胎儿-胎盘单位的功能状态。雌三醇、雌二醇于妊娠10周后由胎盘大量合成,而本例仅妊娠8周,故目前测定血清雌三醇、雌二醇含量对了解胎盘功能状态的价值不大。

109. ABCDE ①患者妊娠早期阵发腹痛+阴道流血,应考虑流产。宫口开大,应考虑难免流产或不全流产。无论难免流产,还是不全流产,一经确诊,均应尽快行负压吸宫术,清除宫腔妊娠物(E)。②难免流产或不全流产时,若不彻底清除宫腔内残留组织,则子宫收缩不良,出血不止,即使应用止血药物,效果也不好,故不答A。黄体酮多用于习惯性流产的治疗。麦角新碱、缩宫素主要用于分娩后的止血。

110. ABCDE 正常妊娠6~8周,其血液hCG含量每日应以66%的速度增长。若48小时增长速度<66%,提示妊娠预后不良。

111. ABCDE ①足月产是指妊娠满37周至不足42周分娩。本例妊娠仅36周,出现早产征象,而无宫缩,且胎心良好,故应尽量延长孕周,避免早产(A)。②早产儿体积较小,一般可经阴道分娩,无需剖宫产。行人工破膜将加速产程,促使孕妇早产,故禁用。孕妇少量无痛性阴道流血为前置胎盘所致,静滴止血药物,疗效不佳,故不答D。本例妊娠仅36周,无宫缩,胎心音好,无引产指征,故不答E。

112. ABCDE 113. ABCDE ①患者妊娠早期阵发性腹痛+阴道流血,应考虑流产。患者宫颈口未开,应考虑先兆流产或完全流产。妇检子宫略小于孕周,故应诊断为先兆流产(C)。子宫肌瘤多见于30~50岁妇女,多表现为无痛性经量增多及经期延长、下腹包块等。慢性盆腔炎常表现为下腹痛、发热、阴道分泌物增多,一般无停经。功能失调性月经紊乱不会有下腹疼痛及子宫增大。子宫腺肌病常表现为子宫增大,月经量增多。②患者结婚2年未育,先兆流产,应卧床休息,禁止性生活,行保胎治疗(D)。诊断性刮宫常用于子宫内膜癌的诊断。药物人工周期常用于异常子宫出血的治疗。抗感染常用于宫颈口已开的难免流产和不全流产的治疗。手术切除子宫一般仅用于流产合并严重感染者。

114. ABCDE 115. ABCDE 116. ABCDE ①宫腔镜检查主要用于观察子宫内病变,而输卵管妊娠病变部位在宫外,故不宜选用(B)。②输卵管妊娠破裂最简单可靠的诊断方法是阴道后穹隆穿刺,适用于疑有腹腔内出血的患者(E)。③腹腔镜检查是输卵管妊娠诊断的金标准,在确诊的同时可镜下手术治疗(C)。

117. ABCDE ①多次人工流产是异位妊娠的常见病因。已婚育龄期妇女,停经40天,应考虑早期妊娠。患者少量阴道流血,子宫稍大,宫颈举痛,右侧附件区触及压痛性肿块,应诊断为输卵管异位妊娠。为明确诊断,首选B超检查(C)。患者无腹痛,无腹腔内出血表现,说明输卵管妊娠尚未破裂。②宫腔镜检查对本病诊断价值不大。腹腔穿刺、后穹窿穿刺常用于诊断输卵管妊娠破裂合并大出血。诊断性刮宫术仅用于B超不能确定妊娠部位者。

118. ABCDE ①青年女性,停经43天,应考虑早期妊娠。少量阴道出血及下腹痛,应考虑先兆流产或异位妊娠。刮宫后子宫内膜病检,若切片中见到绒毛,可诊断为宫内妊娠先兆流产;若仅见到蜕膜未见绒毛,则应诊断为异位妊娠。故答 E 而不是 B。②蜕膜为胎盘的组成成分之一,因此子宫内膜病检发现蜕膜组织,可确诊妊娠,故本例不可能为闭经、月经、月经不调等。

119. ABCDE ①已婚妇女,停经 48 天,应考虑早孕。患者剧烈腹痛,阴道流血,阴道排出蜕膜组织,应诊断为异位妊娠。阴道排出三角形蜕膜管型为异位妊娠的特点。对于异位妊娠,下腹剧痛,贫血貌患者,应考虑输卵管妊娠破裂,故应立即行剖腹探查术(D)。②刮宫术只能处理宫内妊娠,对于宫外的输卵管妊娠不适合,故不选 A。静滴缩宫素只适合宫内妊娠引产。肌注麦角新碱主要用于产后止血。本例阴道出血为异位妊娠所致,应用普通止血药物无效。

120. ABCDE 121. ABCDE 122. ABCDE ①年轻女性停经 41 天,应考虑早期妊娠。患者突发右下腹痛,宫颈举痛,后穹隆饱满,盆腔积液,应诊断为右侧输卵管妊娠破裂出血(D)。难免流产不会有盆腔内出血及宫颈举痛。卵巢肿瘤蒂扭转常表现为改变体位后出现下腹痛,但不会出现宫颈举痛、盆腔积液。急性盆腔炎常表现为发热、下腹坠胀,但不会有停经史。右侧输尿管结石常表现为阵发性腹痛伴血尿,但无停经、腹腔内出血征象。②确诊输卵管妊娠破裂出血最简单准确的方法是阴道后穹隆穿刺,只要抽出不凝血即可确诊(C)。虽然腹腔镜是诊断异位妊娠的金标准,但不是简单有效的方法,因此答案为 C 而不是 D。CT 检查操作复杂,价格昂贵,不作为首选。尿妊娠试验为诊断早期妊娠的方法,但不能确诊输卵管妊娠破裂出血。诊断性刮宫常用于子宫内膜癌的诊断。③对于输卵管妊娠破裂出血的急救,应在抗休克的同时积极准备剖腹探查。若不抗休克治疗直接手术,则患者可能难以耐受死于手术台。若待休克纠正后再手术,可能休克难以纠正。输卵管异位妊娠破裂多为活动性出血,普通止血药物难以奏效。本例主要矛盾为腹腔内出血,而不是感染,因此目前无需使用抗生素。

123. ABCDE 输卵管妊娠 B 超见胎心搏动为药物治疗的禁忌证,应急诊手术治疗(E)。ABCD 均属于药物治疗的适应证。

124. ABCDE ①输卵管妊娠的药物治疗首选甲氨蝶呤,它可抑制滋养细胞增生,破坏绒毛,使胚胎组织坏死、脱落、吸收(B)。②吲哚美辛为治疗早产的药物。

125. ABCDE 根据题干,本例应诊断为输卵管妊娠尚未破裂,但 B 超见胎心搏动,应手术治疗而不能行药物治疗。输卵管妊娠手术经腹或经腹腔镜均可完成,除非患者生命体征不稳定,需快速进腹止血,其余情况均首选腹腔镜手术(C)。

126. ABCDE 妊娠剧吐好发于孕 5~10 周。

127. ABCDE ABDE 均属于妊娠剧吐的病因,孕激素水平高低与妊娠剧吐无关。

128. ABCDE 妊娠剧吐需终止妊娠的指征为:①持续性黄疸;②持续性蛋白尿;③体温升高,持续在 38℃以上;④心动过速(≥120 次/分);⑤伴发 Wernicke 综合征。对于合并严重代谢性酸中毒的患者,可给予补液、碳酸氢钠纠正,而无需终止妊娠(D)。

129. ABCDE 妊娠期高血压疾病最基本的病理变化是全身小血管痉挛,子痫患者脑血管痉挛,通透性增高,脑水肿、充血、局部缺血,可导致抽搐发生(E)。

130. ABCDE ①妊娠期高血压疾病的基本病变是全身小血管痉挛。肾动脉痉挛可造成肾脏缺血,严重者可导致急性肾衰竭。胎盘血管痉挛破裂可造成胎盘早剥。②妊娠期高血压疾病患者常伴有凝血因子缺乏或变异所致的高凝状态,可导致产后出血、HELLP 综合征,后者常表现为微血管病性溶血、肝酶增高、血小板减少。③前置胎盘的发生常与子宫内膜损伤有关,而与妊娠期高血压疾病无关(D)。

131. ABCDE ①子痫前期患者胎盘血管痉挛破裂可造成胎盘早剥,出现孕晚期有痛性阴道流血(B)。②ACDE都不是子痫前期的常见并发症。

132. ABCDE 妊娠 20 周后出现高血压、水肿、蛋白尿,应考虑妊娠期高血压疾病。患者血压>160/110mmHg,应排除 BC,因为妊娠期高血压、轻度子痫前期的血压均不会超过 160/110mmHg。患者无抽搐、昏迷,应诊断为重度子痫前期而不是子痫(D)。

133. ABCDE ①子痫前期患者应保证充足睡眠,必要时可睡前口服地西泮。应注意休息,取左侧卧位,以减轻子宫对腹主动脉、下腔静脉的压迫，使回心血量增加，改善子宫胎盘血供。间断吸氧可增加氧含量，改善全身主要脏器和胎盘的氧供。②子痫前期患者的高血压主要是全身小血管痉挛所致而不是水钠潴留引起，因此一般不主张限制食盐摄入，只有全身水肿者才限制食盐的摄入（D 错）。

134. ABCDE 妊娠期高血压疾病患者收缩压≥160mmHg 和（或）舒张压≥110mmHg 时需降压治疗。

135. ABCDE 依那普利为血管紧张素转换酶抑制剂（ACEI），可舒张出球小动脉，降低肾灌注压，导致肾小球滤过率降低，加重肾损害。妊娠期高血压疾病患者常有肾小动脉痉挛，故不宜使用（E）。ABCD 均可使用。

136. ABCDE ①妊娠晚期出现高血压、蛋白尿、头痛、视物模糊，应考虑妊娠高血压疾病。孕妇血压 160/100mmHg，尿蛋白（++），无抽搐，应诊断为重度子痫前期。尿雌激素/肌酐正常值>15，<10 提示胎盘功能不良，本例为 11，说明胎盘功能受损不重。②终止妊娠是治疗妊娠期高血压疾病的有效措施，8 版妇产科学终止妊娠的指征为：重度子痫前期：妊娠<24 周经治疗病情不稳定者；妊娠 24~28 周根据母儿情况决定是否期待治疗；妊娠 28~34 周如病情不稳定，经积极治疗 24~48 小时病情仍加重，促胎肺成熟后终止妊娠；如病情稳定，可考虑期待治疗；妊娠≥34 周，胎儿肺成熟后终止妊娠；妊娠 37 周后的重度子痫前期应终止妊娠。③本例为重度子痫前期，孕 37^{+2} 周，应立即行剖宫产术终止妊娠（A）。④重度子痫前期随时可能发生子痫抽搐，危及母子生命，故应积极治疗，不能等待自然分娩。本例没有临产，宫口更没开全，故严禁使用催产素引产。

137. ABCDE 138. ABCDE 139. ABCDE 140. ABCDE 141. ABCDE ①妊娠 20 周后出现高血压、水肿、蛋白尿、颅内压增高等，应首先考虑妊娠期高血压疾病。患者孕 39 周，已出现水肿、蛋白尿、头痛、呕吐等颅内压增高的症状，故体检时尤其应诊断血压是否升高（D）。②患者血压≥160/110mmHg，无抽搐、昏迷，应诊断为重度子痫前期（D）。③子痫前期行眼底检查可判断病情严重程度，为防止发生子痫，应首选硫酸镁静脉静滴（C）。子痫前期患者一般不主张使用利尿剂，以免加重血液浓缩，减少有效血液循环总量，故不答 D。地西泮为一般性治疗措施。拉贝洛尔、硝苯地平均为降压药物。④子痫前期患者可积极治疗 24~48 小时后，看血压是否下降，是否出现抽搐、昏迷，若无效，应终止妊娠（C）。⑤胎心率为 180 次/分，说明无胎儿急性宫内窘迫，可静滴硫酸镁、甘露醇后剖宫产终止妊娠（E）。

142. ABCDE 羊水过多可导致子宫过度膨胀，是早产的常见病因，羊水过少不会引起早产（D）。ABCE 均可引起早产。

143. ABCDE ①利托君为 β_2-肾上腺素能受体激动剂，可兴奋子宫平滑肌细胞膜上的 β_2 受体，抑制其收缩，延长妊娠期。硝苯地平为钙通道阻滞剂，可减少 Ca^{2+} 内流，干扰细胞内 Ca^{2+} 浓度，抑制子宫收缩。阿托西班是缩宫素类似物，可通过竞争子宫平滑肌的缩宫素受体，抑制由缩宫素所诱发的子宫收缩。硫酸镁的 Mg^{2+} 可直接作用于子宫平滑肌，拮抗钙离子对子宫的收缩活性，抑制子宫收缩。②地塞米松为促进胎肺成熟的药物，而不是宫缩抑制剂（B）。

144. ABCDE ①妊娠未达到 28 周而终止妊娠，称为流产。妊娠达到 28 周但不足 37 周分娩者，称为早产。本例妊娠 $28^{+}1$ 周，腹痛，阴道流血，应考虑早产而不是流产，故可首先排除答案 CDE。②先兆早产是指有规则或无规则宫缩，伴宫颈管进行性缩短。早产临产需符合下列条件：出现规则宫缩，伴宫颈进行性改变；宫颈扩张 1cm 以上；宫颈容受≥80%。本例有规律宫缩，宫颈扩张 3cm，应诊断为早产临产而不是先兆早产，故答 A。2018 年真题。

145. ABCDE 妊娠满 28 周至不足 37 周的初孕妇，出现少量阴道出血，应考虑先兆早产。由于孕周已超过 34 周，故无需使用地塞米松促胎肺治疗。患者无宫缩，故无需使用宫缩抑制剂。患者无宫缩，说明尚未临产。患者宫口未开，不能使用人工破膜、静滴宫缩素。排除答案 ABCD，得出正确答案为 E。

146. ABCDE 147. ABCDE 148. ABCDE 149. ABCDE ①患者妊娠超过 42 周仍未分娩，应诊断为过期

妊娠。处理的关键是明确胎盘功能是否低下，孕妇尿雌激素/肌酐(E/C)比值测定可判断胎盘功能，若 E/C<10 提示胎盘功能减退(A)。羊水磷脂酰甘油、羊水卵磷脂/鞘磷脂比值测定主要反映胎肺成熟度，羊水淀粉酶测定主要反映胎儿唾液腺成熟度，羊水胆红素类物质值测定主要反映胎儿肝成熟度。可见，BCDE 均不能反映胎盘功能，故不答 BCDE。②胎儿纤连蛋白(fFN)测定主要用于诊断胎膜早破，不能反映胎盘功能，故答 B。缩宫素激惹试验(OCT)可测定胎儿的储备能力，羊膜镜观察羊水性状可了解胎儿是否宫内窘迫，均可间接了解胎盘功能。孕妇血清胎盘生乳素(hPL)正常值为 4~11mg/L，若足月妊娠时降低，则提示胎盘功能减退。孕妇尿雌三醇<10mg/24h，提示胎盘功能不良。③过期妊娠时，若胎盘功能减退，需适当放宽剖宫产指征(C)。④过期妊娠可导致胎儿过熟综合征、胎儿窘迫、胎粪吸入综合征、新生儿窒息、巨大儿、新生儿颅内出血等并发症。新生儿硬肿症常见于早产儿，故答 E。

150. ABCDE　**151. ABCDE**　**152. ABCDE**　以上三个时间都是孕 32~34 周，常考，请一并记忆。

153. ABCDE　妊娠期心脏病患者发生心力衰竭常表现为：①轻微活动后即出现胸闷、心悸、气短；②休息时心率>110 次/分，呼吸频率>20 次/分；③夜间阵发性呼吸困难；④肺底部出现少量持续性湿啰音，咳嗽后不消失。

154. ABCDE　妊娠早期心脏病患者是否继续妊娠，应根据心脏病种类、病变程度、是否需手术矫治、心功能级别及医疗条件等，进行综合判断，但心功能分级是最重要的判断依据(D)。心脏病变较轻，心功能Ⅰ~Ⅱ级，既往无心力衰竭病史者，可以妊娠。心功能Ⅲ~Ⅳ级者，不宜妊娠。

155. ABCDE　①妊娠合并心脏病总的处理原则是心功能Ⅰ~Ⅱ级可以妊娠，心功能Ⅲ~Ⅳ级者不宜妊娠，本例为心功能Ⅲ级，不宜继续妊娠，故不答 DE。终止妊娠时机的选择原则为：妊娠晚期发生心衰，应在心衰控制后再行剖宫产；若为严重心衰，经内科各种治疗措施均未能奏效者，应边控制心衰边紧急剖宫产。本例不属于严重心衰，也没有经内科治疗，因此不应紧急剖宫产，故正确答案应为 A 而不是 B。②引产术适用于妊娠 14~27 周孕妇，本例孕 38 周，不适合引产，故不答 C。

156. ABCDE　**157. ABCDE**　**158. ABCDE**　①妊娠合并心脏病产妇入院后应立即判断心功能分级、评价头盆关系，以选择适宜的分娩方式，而不是急诊剖宫产(E)。ABCD 都是一般性产科处理措施。②NYHA 心功能分级：Ⅰ级是指患者日常活动不受限制；Ⅱ级是指患者日常活动即有症状，休息时无自觉症状(B)；Ⅲ级是指患者体力活动明显受限，低于平时活动即可引起心衰症状；Ⅳ级是指患者不能从事任何体力活动，卧床休息仍有心衰症状。③足月儿双顶径(BPD)正常值 9.3cm，股骨长度(FL)正常值 7.4cm。题干数据说明胎儿已成熟，且胎儿大小、胎位、胎心率均正常，由于心功能Ⅱ级，故可经阴道分娩(D)。若心功能Ⅲ~Ⅳ级，则应行剖宫产。心功能≥Ⅲ级者，产后不宜哺乳。

159. ABCDE　①随着孕周增加，胎儿从母体摄取的葡萄糖增加，故孕妇空腹血糖水平较非孕时降低约 10%。因此孕妇长时间空腹易发生低血糖、酮症等并发症。②雌激素、孕激素可增加母体对葡萄糖的利用，因此孕妇清除葡萄糖的能力较非妊娠期增强。③妊娠期肾血流量和肾小球滤过率均增加，但肾小管对葡萄糖的再吸收能力不能相应增强，可导致部分孕妇自尿中排糖量增加。④妊娠中、晚期，孕妇体内拮抗胰岛素样物质增加，孕妇对胰岛素敏感性降低，为维持正常糖代谢水平，胰岛素需求量相应增加(E 错)。

160. ABCDE　为防止漏诊妊娠期糖尿病，首次产前检查需测定空腹血糖，但不应将糖化血红蛋白测定作为常规检查，糖化血红蛋白常作为近期血糖控制的指标(D)。ABC 都是产前检查的常规检查项目。

161. ABCDE　口服葡萄糖耐量试验(OGTT)诊断妊娠期糖尿病的标准为：空腹、服糖后 1 小时、2 小时血糖值≥5.1、10.0、8.5mmol/L，任何一点血糖值达到或超过节点值，即可确诊。

162. ABCDE　妊娠期糖尿病药物治疗首选胰岛素，不同孕期机体对胰岛素的需求量不同：①妊娠早期因早孕反应进食量较少，需根据血糖监测结果相应减少胰岛素用量；②妊娠中、后期胰岛素用量应不同程度地增加，妊娠 32~36 周胰岛素用量达高峰，妊娠 36 周以后胰岛素用量稍下降。

163. ABCDE　绝大多数妊娠期糖尿病经饮食控制和适当运动治疗，均能控制血糖在满意范围，为其首选治疗。若饮食控制不能使血糖达标，则首选胰岛素药物治疗。

164. ABCDE　①孕妇既往无糖尿病，妊娠期间口服葡萄糖耐量试验（OGTT）示空腹血糖>5.1mmol/L、2小时血糖>8.5mmol/L，应诊断为妊娠期糖尿病（GDM）。②妊娠期糖尿病经饮食控制后，仍不能使血糖达标（空腹血糖 3.3~5.3mmol/L、餐后 2 小时血糖 4.4~6.7mmol/L），应使用胰岛素控制血糖（E）。目前，口服降糖药二甲双胍、格列苯脲均未在我国获得治疗妊娠期糖尿病的注册适应证。

165. ABCDE　①妊娠期由于雌激素水平增高，部分孕妇可出现肝掌、蜘蛛痣，并随妊娠而加重，分娩后4~6周消失（A 错）。②妊娠期多种凝血因子（Ⅱ、Ⅴ、Ⅶ、Ⅷ、Ⅸ、Ⅹ、纤维蛋白原）合成明显增加，血液呈高凝状态。血清白蛋白因血液稀释而降低，白蛋白/球蛋白比值下降。血清丙氨酸转氨酶（ALT）因血液稀释在妊娠期稍下降。

166. ABCDE　血清 ALT、AST、总胆红素、凝血功能指标均可受妊娠期影响，故不答 ABCE。血清 HBsAg 阳性为乙型肝炎的特异性诊断指标，故答 D。

167. ABCDE　内因性匀称型胎儿生长受限属于原发性胎儿生长受限，胎儿体重、头围、身长均小，故称为匀称型。其病因包括基因或染色体异常、病毒感染、接触放射性物质等。胎儿外表无营养不良表现，胎儿无缺氧表现（E 错）。胎儿有慢性缺氧表现为外因性不匀称型胎儿生长受限的特点。

168. ABCDE　产科 B 超简便无创，可测定胎儿头围与腹围比值、胎头双顶径等，是诊断胎儿生长受限的首选检查（B）。ACD 属于辅助检查。

169. ABCDE　①胎儿发育指数=子宫长度（cm）-3×（月份+1）。指数在-3~+3 之间为正常，<-3 可能为胎儿生长受限（FGR）。本例胎儿发育指数=23-3×（8+1）=-4，提示 FGR。②羊水指数（AFI）≥25cm 诊断为羊水过多，AFI≤5cm 诊断为羊水过少，大多数胎儿生长受限均伴有羊水过少。本例羊水指数为 43mm，提示羊水过少。故本例应诊断为胎儿生长受限，一般应在 34 周左右终止妊娠，而本例仅孕 32 周，应积极促胎肺成熟后终止妊娠（E）。

170. ABCDE　巨大胎儿是指出生时胎儿体重≥4000g。

171. ABCDE　①巨大胎儿由于胎体较大，头盆不称发生率增高，触诊腹部明显膨隆，宫底高度>35cm，先露部高浮，多数跨耻征阳性，因此胎心音听诊清晰，但位置较高（E 错）。②巨大胎儿的孕妇常有糖尿病，尤其 2 型糖尿病病史，且孕期血糖控制不满意。巨大胎儿的胎头双顶径常>10cm。

172. ABCDE　胎儿体重（g）= 900×双顶径（cm）-5200 = 900×11-5200 = 4700g，应诊断为巨大胎儿。产妇疲乏无力，说明继发性宫缩乏力，常见于中骨盆狭窄。产妇 S+1 时产程停滞，应考虑存在中骨盆狭窄，由于胎儿巨大，故应急诊剖宫产，不能经阴道分娩。

173. ABCDE　ABCD 均属于急性胎儿窘迫的原因，E 为慢性胎儿窘迫的原因。

174. ABCDE　急性胎儿窘迫的临床表现包括胎心率异常（持续>160 次/分或<120 次/分）、胎动异常（胎动频繁、减弱、次数减少）、胎儿酸中毒等。按 9 版妇产科学 P139 观点：羊水胎粪污染不是胎儿窘迫的征象（D）。

175. ABCDE　慢性胎儿窘迫主要发生于妊娠晚期，常表现为：①胎儿生物物理评分低：≤4 分为胎儿窘迫，6 分为胎儿可疑缺氧（A 对）。②胎盘功能减退：正常孕妇 24 小时尿雌三醇应>15mg，若<10mg 提示胎盘功能不良。③胎动减少或消失：正常胎动>30 次/12 小时，若胎动<10 次/12 小时为胎动减少，是胎儿缺氧的重要表现。④胎心率异常：胎心率正常值为 110~160 次/分。胎儿慢性缺氧时，NST 无反应型胎动时胎心率加速≤15bpm。

176. ABCDE　胎儿窘迫常有胎动改变，胎动计数可大致反映胎儿宫内是否缺氧，简单有效（C）。

177. ABCDE　178. ABCDE　179. ABCDE　①单纯羊水胎粪污染不是胎儿窘迫的表现，故不能根据羊水浅绿色诊断为胎儿窘迫。本例胎心率正常，可首先应用胎儿电子监护仪了解胎儿宫内情况，以排除胎儿窘迫（B）。胎动计数可粗略反映胎儿有无缺氧，但没有胎儿电子监护准确，故最佳答案为 B 而不是 A。②胎心率频繁晚期减速常见于胎盘功能减退、胎儿宫内窘迫(B)。胎心率频繁早期减速提示胎头受压,变异减速常提示脐带受压。胎心率一过性加速、基线摆动≥6 次/分表示胎儿有一定的储备能力,是健康胎儿的表现。③观察 1 小时,产程有进展(宫口从 3cm 开大为 4cm),且早期减速不是胎儿窘迫的征象,故可严密观察产程变化,继续阴道分娩(E)。

180. ABCDE　181. ABCDE　①胎儿宫内死亡超过 3 周仍未排出,退行性变的胎盘组织可释放凝血活酶进入母血循环,激活血管内凝血因子,容易引起弥散性血管内凝血(DIC)。胎死宫内 4 周以上,则发生 DIC 的机会增多。②DIC 是胎盘早剥最严重的并发症,一旦发生,病死率较高(B)。

182. ABCDE　183. ABCDE　184. ABCDE　185. ABCDE　①孕 28 周正常宫底高度应在脐上 3 横指,孕 16 周末宫高在脐耻之间,可见本例宫高小于正常。正常初产妇孕 20 周可自觉胎动,但本例孕 27 周仍未感觉胎动,应诊断为死胎(B)。胎儿宫内窘迫可有胎动,故不答 A。孕妇无阴道流血史,故不答 DE。胎儿生长受限可有宫高小于正常,但不会出现胎动消失。②确诊死胎首选 B 超检查,发现无胎心搏动即可确诊(C)。③死胎一旦确诊,应尽早引产。BCD 都属于引产方法,但对于孕 28 周前无子宫手术史者,首选阴道内放置米索前列醇引产,安全有效,且方法简单(B)。对于孕 28 周后的引产方式可根据产科指南决定。④本例从孕 20~27 周均未感觉胎动,说明胎死宫内超过 4 周,发生 DIC 的可能性极大,故引产前应行凝血功能检查,以防严重出血(D)。

186. ABCDE　ABCD 均属于双胎妊娠的常见并发症,羊水栓塞与双胎妊娠无关。

187. ABCDE　前置胎盘是妊娠晚期的严重并发症之一,也是妊娠晚期阴道流血最常见的原因,发病率为 0.24%~1.57%。

188. ABCDE　正常妊娠时胎盘附着于子宫体部的前壁、后壁或侧壁。妊娠 28 周后,若胎盘附着于子宫下段、下缘达到或覆盖宫颈内口,位置低于胎先露部,称为前置胎盘。

189. ABCDE　①前置胎盘的典型临床表现是孕 28 周后无痛性反复阴道流血(AB 错),阴道流血量与贫血程度成正比(C 错)。阴道流血量与贫血程度不成正比,为胎盘早剥的特点。②前置胎盘分为 4 种类型:a.完全性前置胎盘(中央性前置胎盘),是指胎盘组织完全覆盖宫颈口,表现为初次出血时间早,多在妊娠 28 周左右,称为警戒性出血(D 对);b.边缘性前置胎盘,胎盘附着于子宫下段,胎盘边缘到达宫颈内口,出血多发生于妊娠 37~40 周或临产后,出血量较少(E 错);c.部分性前置胎盘,胎盘组织部分覆盖宫颈内口,初次出血时间、出血量介于上述两者之间。d.低置胎盘是指胎盘位于子宫下段,胎盘边缘极为接近但未达到宫颈内口。

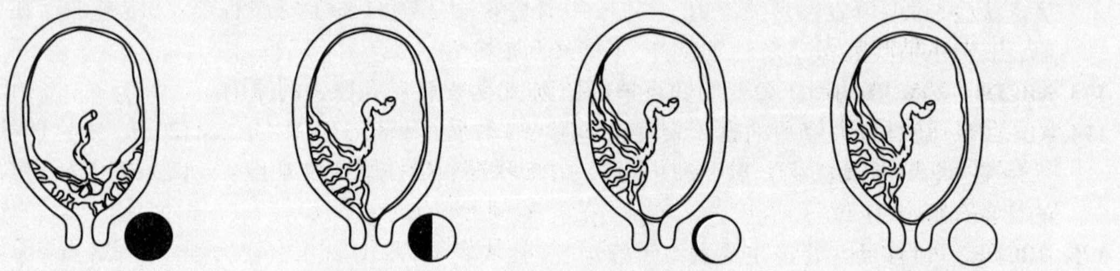

完全性前置胎盘　　部分性前置胎盘　　边缘性前置胎盘　　低置胎盘

190. ABCDE　①前置胎盘腹部检查可见子宫软,无压痛,大小与孕周相符。由于子宫软,故胎位能扪清楚,胎心音可闻及。胎位扪不清,胎心音听不清是胎盘早剥的特点。由于子宫下段有胎盘占据,影响胎先露入盆,故胎先露高浮,常有胎位异常。②当前置胎盘附着于子宫前壁时,可在耻骨联合上方闻及胎盘杂音(E 对)。

191. ABCDE　192. ABCDE　①妊娠期高血压疾病(重度子痫前期)是胎盘早剥的常见病因。妊娠晚期患者突然出现剧烈腹痛,子宫板状硬,应诊断为Ⅲ度胎盘早剥(C)。先兆子宫破裂也可出现剧烈腹痛,子宫板状硬,但主要发生在分娩期,故不答 E。②妊娠晚期突然出现无痛性阴道流血,应首先考虑前置胎盘(A)。耻骨联合上方听到胎盘杂音,说明前置胎盘附着于子宫前壁。

193. ABCDE　妊娠28周后无痛性阴道流血首先应考虑前置胎盘。产后检查若前置部位的胎盘母体面有陈旧性黑紫色血块附着,或胎膜破口距胎盘边缘<7cm,则可确诊前置胎盘(B)。

194. ABCDE　①妊娠28周后无痛性阴道流血首先应考虑前置胎盘,故可排除答案DE。②完全性前置胎盘常于孕28周左右第一次阴道出血,且出血量大,可导致失血性休克。边缘性前置胎盘常于妊娠晚期或临产后阴道出血,出血量少,很少引起休克。部分性前置胎盘介于这两者之间。根据题干,本例应诊断为完全性前置胎盘(A)。

195. ABCDE　妊娠28周后无痛性阴道流血首先应考虑前置胎盘。患者阴道流血量少,胎位和胎心率正常,无明显宫缩说明未临产。患者孕周<36周,胎肺尚未成熟,不宜终止妊娠,可使用糖皮质激素促胎肺成熟,期待治疗(A)。

196. ABCDE　患者妊娠晚期无痛性阴道流血,应首先考虑前置胎盘。患者孕周>36周,说明胎肺已成熟,可尽早终止妊娠。对于阴道流血量较大,胎先露高浮者,首选剖宫产终止妊娠(E)。

197. ABCDE　198. ABCDE　199. ABCDE　200. ABCDE　①死胎是指妊娠20周以后胎儿在子宫内死亡(D)。②胎盘早剥是指妊娠20周或分娩期,正常位置的胎盘从子宫壁剥离,表现为有痛性阴道流血(D)。③完全性前置胎盘初次阴道出血多在妊娠28周左右,称为警戒性出血(E)。④妊娠期高血压疾病常表现为妊娠20周以后出现高血压、水肿、蛋白尿,分娩后消失(D)。

201. ABCDE　妊娠高血压疾病的基本病变是全身小血管痉挛,由于底蜕膜螺旋小动脉痉挛,血液在底蜕膜与胎盘之间形成胎盘后血肿,致使胎盘与子宫壁分离,发生胎盘早剥。

202. ABCDE　胎盘早剥内出血较多时,可发生子宫胎盘卒中,又称库弗莱尔(Couvelaire)子宫。此时,血液积聚于胎盘和子宫壁之间,胎盘后血肿压力增加,血液浸入子宫肌层,引起肌纤维分离、断裂、变性,当血液渗透至子宫浆膜层时,子宫表面呈现紫蓝色瘀斑。

203. ABCDE　胎盘早剥隐性出血是指胎盘边缘附着于子宫壁或由于胎先露部固定于骨盆入口,使血液存聚于胎盘与子宫壁之间,无阴道流血。B超检查发现胎盘和子宫壁之间出现液性低回声区,胎盘异常增厚或胎盘边缘"圆形"裂开,即可确诊(E)。ABCD均无特异性,故不答ABCD。

204. ABCDE　①妊娠晚期出现高血压、头痛,应考虑妊娠期高血压疾病(妊高征),妊高征易并发胎盘早剥。今晨突然出现剧烈腹痛,子宫板状硬,应诊断为胎盘早剥(B)。子宫板状硬为胎盘早剥的特点之一。②妊娠合并急性阑尾炎常表现为转移性右下腹痛,且疼痛不剧烈,不会出现子宫板状硬。前置胎盘常表现为无痛性阴道出血。先兆子宫破裂常表现为子宫病理缩复环、下腹压痛、胎心异常和血尿。先兆早产常表现为规律宫缩,其过程与足月产相似。

205. ABCDE　206. ABCDE　207. ABCDE　①妊娠晚期突然有痛性阴道流血,应考虑胎盘早剥。重度胎盘早剥腹痛严重,阴道出血量少,子宫板状硬,可有胎心音改变。结合病史及临床表现,本例应诊断为重度胎盘早剥(D)。前置胎盘常表现为妊娠晚期无痛性阴道流血。先兆子痫常表现为妊娠20周后出现高血压、尿蛋白、水肿、头痛头晕、视力模糊等。继发性贫血可表现为贫血貌,但不能概括题干所述的症状和体征。低张力性子宫收缩乏力表现为宫缩乏力,不会出现子宫板状硬。②确诊胎盘早剥最有价值的辅助检查是产科B超(C)。胎心监护只能了解宫内胎儿的安危。胎盘早剥不宜行阴道检查。血白细胞计数及分类、血红细胞计数及血红蛋白测定均无特异性,故不答DE。③患者孕39周,已足月,发生胎盘早剥,但宫口未开,胎儿缺氧(胎心率减慢至110次/分),应立即行剖宫产尽快结束妊娠(D)。输液、输血为一般行治疗措施。本例应为足月妊娠,而不能行缩宫素引产。本例尚未临产,但胎心减慢,胎位不清,应尽快结束分娩,不能给予镇静剂等待产程发动。本例宫口未开,不能行人工破膜。

208. ABCDE　209. ABCDE　210. ABCDE　①初产妇,孕20周后出现头痛,血压增高,应考虑妊娠期高血压疾病,此为胎盘早剥的常见病因。患者妊娠28周后出现有痛性阴道流血,应首先考虑胎盘早剥

(D)。Ⅱ度胎盘早剥常表现为子宫大于妊娠周数,子宫张力增高。前置胎盘常表现为妊娠晚期无痛性阴道流血。子宫破裂常继发于先兆子宫破裂,多表现为突发下腹部撕裂样剧痛,子宫收缩停止,全腹压痛反跳痛,腹壁下可扪及胎体,胎心音消失。患者为持续性腹痛,而不是规律性宫缩,不能诊断为早产临产。急性阑尾炎常表现为转移性右下腹痛。②胎心 100 次/分,说明存在宫内窘迫。对于Ⅱ、Ⅲ度胎盘早剥,应立即剖宫产终止妊娠(A)。静脉滴注硫酸镁常用于治疗妊娠期高血压疾病,但对胎盘早剥无效,故不答 B。患者宫口未开,短时间内不可能经阴道分娩,故不答 CD。胎盘早剥严重危及母儿生命,应紧急处理,不应等待胎肺成熟后再择期终止妊娠。③胎盘早剥是妊娠期发生凝血功能障碍最常见的原因,因此胎盘早剥患者发生产时出血,应首先考虑凝血功能障碍所致(A)。患者子宫质硬,不能诊断为子宫收缩乏力。患者为产时出血,而不是产后出血,不可能诊断为产褥感染。本例为剖宫产,不可能发生胎盘残留和软组织裂伤,故不答 DE。

211. ABCDE ①在临产前胎膜破裂称为胎膜早破。破膜后阴道内的病原微生物易造成宫内上行感染,若破膜时间超过 24 小时,感染率较正常破膜增加 5~10 倍。②胎膜早破易诱发早产,30%~40%的早产与胎膜早破有关。③胎膜早破是产褥期感染的常见原因。④胎先露未衔接者胎膜早破后,脐带脱垂的危险性增加,易导致胎儿窘迫。⑤胎膜早破不会延缓产程进展(C 错)。

212. ABCDE 胎儿纤连蛋白(fFN)是胎膜分泌的细胞外基质蛋白。当宫颈及阴道分泌物内 fFN>0.05mg/L时,胎膜抗张能力下降,易发生胎膜早破,因此胎儿纤连蛋白测定可预测胎膜早破(E)。ABCD 均为胎膜早破的诊断方法,而不是预测方法。

213. ABCDE 214. ABCDE 215. ABCDE ①患者孕 16 周⁺,搬重物后下腹痛,阴道大量流液,此为羊水,应考虑胎膜早破。胎膜已破,说明流产不可避免,应诊断为难免流产(B)。②正常阴道液 pH 值为 4.5~5.5,羊水 pH 值为 7.0~7.5。若 pH 值≥6.5,提示胎膜早破,准确率 90%,故答 D。注意:一般病理产科的确诊均首选 B 超检查,但胎膜早破的诊断例外。③妊娠<24 周的胎膜早破,胎儿不能存活,应终止妊娠。胎膜破裂后 12 小时多自然临产,若 12 小时内未临产,可给予药物引产(C)。药物流产适用于停经≤49 日的早孕,负压吸引适用于妊娠 10 周内的早孕,本例孕 16 周⁺,故不答 DE。

216. ABCDE 217. ABCDE ①胎膜破裂后,脐带脱出于宫颈口外,降至阴道内,甚至露于外阴部,称为脐带脱垂(B)。②胎膜未破时脐带位于胎先露部前方或一侧,称为脐带先露(A)。

218. ABCDE 足先露时,胎体与盆壁之间的间隙最大,最易发生脐带脱垂。

219. ABCDE 脐带血循环阻断超过 7~8 分钟,可导致胎死宫内。

220. ABCDE 221. ABCDE 222. ABCDE ①破膜后出现胎心急性减慢,是脐带脱垂的典型症状(C)。胎盘功能减退常表现为胎心率慢性改变。胎头受压常表现为胎心早期减速。脐带绕颈常表现为胎儿窘迫、胎心变异减速。前置胎盘常表现为妊娠晚期无痛性阴道流血。②脐带脱垂首选阴道检查,若在阴道内触及脐带,或见脐带脱出于外阴,即可确诊(B)。虽然 B 超可以确诊脐带脱垂,但耗时复杂,不应作为首选。因为脐带血流受阻 7~8 分钟,即可胎死宫内,此时急救应争分夺秒,不可能做 B 超检查。③产妇宫口尚未开全,应立即取头低臀高位,将胎先露部上推,应用宫缩抑制剂,以缓解脐带受压,严密监测胎心,立即剖宫产(E)。

223. ABCDE 影响分娩的四大因素包括:产力、产道、胎儿及产妇精神心理因素,不包括胎心率(D)。

224. ABCDE 临产后子宫收缩具有节律性、对称性、极性、缩复作用的特点。子宫收缩以宫底部最强、最持久,向下逐渐减弱,宫底部收缩力的强度几乎是子宫下段的 2 倍,此为宫缩力的极性(C)。

225. ABCDE ①女型骨盆的骨盆入口平面呈横椭圆形,横径(13cm)大于前后径(11cm)。骨盆出口平面由两个不在同一平面的三角形组成,其前后径(11.5cm)大于横径(9cm)。骨盆倾斜度是指妇女站立时,骨盆入口平面与地平面所形成的角度,正常值为 60°。②中骨盆平面为骨盆最小平面,是骨盆腔最狭窄的部分(E 对)。

226. ABCDE ①骨盆出口前后径是指耻骨联合下缘至骶尾关节间的距离,故答 B。②骨盆入口前后径是指耻骨联合上缘中点至骶岬上缘正中间的距离。骨盆出口前矢状径是指耻骨联合下缘中点至坐骨结节间径中点间的距离。

227. ABCDE 软产道是由子宫下段、宫颈、阴道及骨盆底软组织构成的弯曲通道，子宫下段由非孕时长约1cm的子宫峡部伸展形成。子宫体部不参与软产道的组成(A)。

228. ABCDE 临产后由于子宫肌纤维的缩复作用，子宫上段肌壁越来越厚，下段肌壁被牵拉越来越薄。由于子宫上下段的肌壁厚薄不同，在两者间的子宫内面形成一环状隆起，称为生理缩复环。正常情况下，此环不易自腹部见到，局部无压痛。

229. ABCDE 230. ABCDE 231. ABCDE 232. ABCDE 233. ABCDE ①双顶径(BPD)是指两侧顶骨隆突间的距离，为胎头最大横径(D)。临床上常用B超检测BPD以判断胎儿大小。②枕颏径(大斜径)是指颏骨下方中央至后囟顶部间的距离，是胎头最长的径线(C)。足月儿正常值：双顶径9.3cm，枕额径11.3cm，枕下前囟径9.5cm，枕颏径13.3cm。枕颞径为不规范化名称。③枕左前位分娩时，胎头以双顶径进入骨盆入口平面(D)。④胎头颅骨最低点接近或到达坐骨棘水平，称为衔接。枕左前位分娩时，胎头取半俯屈状态以枕额径进入骨盆入口，进行衔接(A)。⑤胎头以枕额径进入骨盆腔降至骨盆底时，胎头枕部遇到肛提肌阻力，借杠杆作用进一步俯屈，变胎头枕额径(周径34.8cm)为枕下前囟径(周径32.6cm)，以适应产道。

234. ABCDE 胎头围绕骨盆纵轴旋转，使其矢状缝与中骨盆及骨盆出口前后径相一致的动作，称为内旋转。内旋转从中骨盆平面开始，至骨盆出口平面完成，以适应中骨盆及骨盆出口前后径大于横径的特点，有利于胎头下降。

235. ABCDE 枕左前位分娩时，胎头下降达阴道外口，宫缩和腹压继续迫使胎头下降，而肛提肌收缩力又将胎头向前推进。两者的合力使胎头沿骨盆轴下段向下向前的方向转向前，胎头枕骨下部达耻骨联合下缘时，以耻骨弓为支点，胎头逐渐仰伸。当胎头仰伸时，胎儿双肩径沿左斜径进入骨盆入口。

236. ABCDE 237. ABCDE ①大多数孕妇在临产前24~48小时内，因宫颈内口附近的胎膜与该处的子宫壁剥离，毛细血管破裂有少量出血经阴道排出，称为见红，是先兆临产比较可靠的征象(C)。②临产开始的标志为规律且逐渐增强的子宫收缩，同时伴随进行性宫颈管消失、宫口扩张和胎先露下降(E)。

238. ABCDE 胎头沿骨盆轴前进的动作称为胎头下降，临床上常将胎头下降的程度作为产程进展的重要标志。胎头下降程度是决定胎儿能否经阴道分娩的重要观察指标。

239. ABCDE 临床上常以坐骨棘平面作为判断胎头高低的标志，以胎头颅骨最低点与坐骨棘平面的关系标明胎头下降程度。如胎头颅骨最低点平坐骨棘平面，以"0"表示；在坐骨棘平面上1cm，以"-1"表示；在坐骨棘平面下1cm，以"+1"表示。

240. ABCDE 临床上常以坐骨棘平面作为判断胎头高低的标志，如胎头颅骨最低点平坐骨棘平面，以"0"表示；在坐骨棘平面上2cm，以"-2"表示；在坐骨棘平面下2cm，以"+2"表示。

241. ABCDE 第一产程活跃期的加速期是指宫口扩张3~4cm。参阅8版《妇产科学》P178，9版《妇产科学》已删除相关内容。2011年真题。

242. ABCDE ①第一产程是指从临产到宫口开大10cm，分为潜伏期和活跃期。潜伏期是指宫口开大0~3cm，活跃期是指宫口开大4~10cm。本例宫口开大5cm，应处于活跃期。初产妇潜伏期不应超过16小时，活跃期不应超过8小时。本例临产仅12小时，宫口开大5cm，应诊断为正常活跃期。②胎膜早破是指临产前发生胎膜破裂，而本例胎膜破裂在临产后，故不答C。9版《妇产科学》概念有更改。

243. ABCDE ①妊娠满37周至不足42周间分娩为足月产，本例妊娠38周，应为足月产。正常足月儿体重2500~4000g，本例预测胎儿体重正常。从题干可知，孕妇骨盆大小、胎位(枕左前位)、胎心均正常。②从规律宫缩至宫口开大3cm为潜伏期，初产妇需8小时。从宫口开大3cm至4cm为加速期，需1小时30分钟。初产妇规律宫缩7小时，宫口开大4cm，应处于加速期末。本例胎先露已达坐骨棘水平(S=0)，说明无产道梗阻，此为正常产程，故无需人工干涉产程进展，答案为A。

244. ABCDE ①胎膜已破者严禁行肥皂水灌肠，以免造成宫内污染，故不选 A。②阴道流血，量较多，可能为前置胎盘所致，不能灌肠治疗。③产程顺利，估计 1 小时内胎儿可以自然娩出者，严禁肥皂水灌肠，以免造成急产。④臀先露为难产胎位，多采用剖宫产。如果经阴道分娩，多使用“堵”外阴法，应少做肛诊，不灌肠，尽量避免胎膜早破。⑤初产妇宫口扩张<4cm、经产妇<2cm，无上述禁忌证者，临产后可采用肥皂水灌肠，以加速产程（E 对）。

245. ABCDE ①产程中，阴道检查能准确估计宫颈管消退、宫口扩张、胎膜破否、胎先露部及其位置。若为头先露，还能了解矢状缝及囟门，确定胎方位。②对角径为骨盆内测量指标。

246. ABCDE **247. ABCDE** **248. ABCDE** **249. ABCDE** ①第二产程是指从宫口开全至胎儿娩出的过程，因此进入第二产程的标志是宫口开全，即宫口开大 10cm（E）。②头位分娩时，胎膜多在宫口近开全时自然破裂（E）。③初产妇在宫口开全、经产妇在宫口开大 6cm，且宫缩规律有力时，送入分娩室，并做好接产准备。

250. ABCDE 胎心率正常，无宫内缺氧征象。骨盆外测量正常。经产妇宫口开大 4cm，应送入产房准备接生（E）。

251. ABCDE ①胎儿娩出 5 分钟，阴道少量流血，为胎盘剥离征象。当确认胎盘完全剥离后，接生者应首先协助胎盘胎膜完整娩出，故答案为 D。②如有产后出血史、巨大儿、羊水过多等产后高危因素，可在胎儿胎肩娩出时静注缩宫素，故不答 A。缝合会阴伤口、按摩子宫都是在胎盘娩出后才能进行，故不答 BE。牵拉脐带为协助胎盘娩出的措施，故不答 C。

252. ABCDE 胎盘剥离的征象有：①宫体变硬呈球形，下段被扩张，宫体被向上推，宫底升高达脐上；②剥离的胎盘降至子宫下段，阴道口外露的一段脐带自行延长；③阴道少量流血；④接产者用手掌尺侧在产妇耻骨联合上方轻压子宫下段时，宫体上升而外露的脐带不再回缩。

253. ABCDE ①胎头矢状缝与骨盆横径一致，说明为横位。后囟（枕骨）在 3 点，应诊断为枕左横位（LOT）。②LOA 为枕左前位，ROA 为枕右前位，ROT 枕右横位，LOP 为枕左后位。

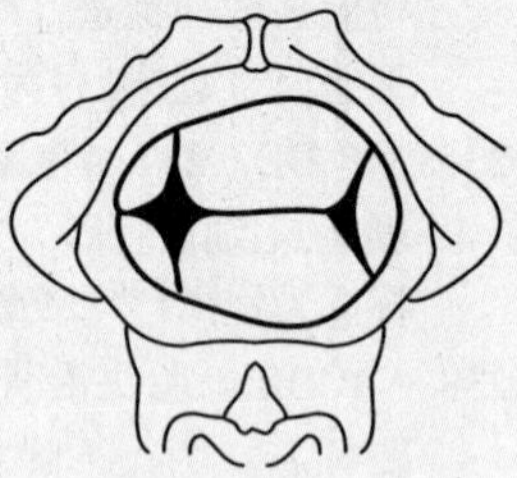

枕左横位（LOT）

254. ABCDE Apgar 评分指标有 5 项：①心率：无为 0 分，<100 次/分为 1 分，≥100 次/分为 2 分；②呼吸：无为 0 分，慢而不规则为 1 分，规则、啼哭为 2 分；③肌张力：瘫软 0 分，四肢稍屈曲 1 分，活动活跃 2 分；④喉反射：无反射 0 分，皱眉 1 分，哭声响亮 2 分；⑤皮肤颜色：全身青紫、苍白 0 分，躯体红润、四肢青紫 1 分，全身红润 2 分。根据题干，心率 = 1 分，呼吸 1 分，肌张力 0 分，喉反射 1 分，皮肤颜色 0 分，Apgar 评分共 3 分。

255. ABCDE ABCDE 都是阿普加评分的指标，其中以皮肤颜色最灵敏，临床病情恶化的顺序为：皮肤颜色→呼吸→肌张力→喉反射→心率。

256. ABCDE 正常经阴道分娩出血量一般不超过 300ml（D）。

257. ABCDE ①头盆不称可导致胎先露部下降受阻，不能紧贴子宫下段及宫颈内口，不能引起反射性子宫收缩，可导致继发性宫缩乏力。②巨大胎儿可使子宫肌纤维失去正常收缩力而致宫缩乏力。③子宫畸形可引起原发性宫缩乏力。④产程早期使用大剂量镇静镇痛剂哌替啶，可抑制宫缩。⑤前列腺素是促进宫缩的物质，因此合成过多将导致妊娠子宫收缩过强（E 错）。

258. ABCDE 协调性宫缩乏力由于子宫收缩无力，故产程常延长（D 对）。ABCE 均属于不协调性宫缩乏力的特点。

259. ABCDE 胎头下降延缓是指初产妇在宫颈扩张减速期及第二产程，胎头下降速度<1.0cm/h，经产妇<2.0cm/h。

260. ABCDE 滞产是指总产程超过 24 小时。

261. ABCDE ①产妇宫口已开全，说明早期宫缩正常。现宫缩由强转弱，应考虑继发性宫缩乏力而不是原发性宫缩乏力，因为原发性宫缩乏力常表现为产程一开始就出现宫缩乏力。继发性宫缩乏力多见于中骨盆与骨盆出口狭窄。由于本例 S+2，说明先露部尚未达骨盆出口，应诊断为中骨盆狭窄而不是骨盆出口狭窄(C)。②骨盆入口狭窄常导致原发性宫缩乏力，胎头高浮。

262. ABCDE ①活跃期是指宫口开大 3~10cm，其中，最大加速期是指宫口扩大 4~9cm，减速期是指宫口开大 9~10cm，参阅 8 版《妇产科学》P178，9 版《妇产科学》已删除该知识点。胎头下降延缓是指减速期或第二产程初产妇胎头下降速度<1cm/h。胎头下降停滞是指减速期胎头下降停滞>1 小时，而本例仍处于加速期而不是减速期，故可首先排除答案 CD。本例处于第一产程活跃期，尚未达第二产程，故可排除答案 E。②活跃期停滞是指活跃期宫口扩大停止>4 小时，而本例宫口扩大停止仅 2 小时 30 分钟(即从 14:00 至 16:30)，故不能诊断为活跃期停滞而只能诊断为活跃期延长(A)。活跃期延长是指活跃期初产妇宫口扩张<1.2cm/h。

263. ABCDE ①初产妇第二产程的正常宫缩应为每次持续 60 秒，间歇 1~2 分钟，但本例每次宫缩 30 秒，间隙 10~15 分钟，应考虑协调性宫缩乏力，易导致产程延长。由于本例宫口开全(一般胎膜已破)，胎头 S+4 提示胎头已降至中骨盆最狭窄的坐骨棘水平以下，因此可经阴道分娩。但由于胎心率减慢(正常值为 110~160 次/分)，说明胎儿宫内窘迫，应行产钳术助产尽快结束分娩，以免胎死宫中(B 错 C 对)。②当胎头下降 S≥+3 时，一般行阴道分娩，不能行剖宫产(A 错)。缩宫素助产不如产钳术助产迅速，因此在胎心不良、胎儿窘迫的情况下，应首选产钳助产而不是缩宫素助产，故不答 D。静注地西泮多用于不协调性宫缩乏力，故不答 E。解答此类试题时，请记住原则：S+3 表示胎头已接近骨盆出口(即阴道下部)，因为坐骨棘平面距骨盆出口约 5cm。因此 S≥+3 时应经阴道分娩；若合并胎儿窘迫，应加行产钳助产；S≤+2 时，应行剖宫产(顺产例外)。

264. ABCDE ①宫口从 6cm 开大至 7cm，说明产妇处于第一产程活跃期。若宫口扩张速度初产妇<1.2cm/h、经产妇<1.5cm/h，称为活跃期延长。因此，本例应诊断为活跃期延长，故不答 A。孕妇有规律宫缩，故导致活跃期延长的原因最可能为潜伏期协调性宫缩乏力。对于第一产程中发现协调性宫缩乏力，产程无进展，宫口扩张≥3cm、无头盆不称、胎头已衔接者，可先行人工破膜，加速产程进展，观察半小时宫缩仍无好转，再静滴缩宫素加强宫缩，故本题正确答案为 D 而不是 B。②只有经人工破膜、静滴缩宫素等处理后，产程仍无进展或出现胎儿窘迫征象时，才行剖宫产术，故不答 E。肌注哌替啶主要用于不协调性宫缩乏力的治疗，故不答 C。

265. ABCDE ①初产妇临产 11 小时，宫口开大 4cm，应处于正常的活跃期，故不答 C。S=0，说明无头盆不称，胎头已衔接。前羊膜囊饱满，说明胎膜未破。为加快产程进展，应行人工破膜(D)。人工破膜的指征为：宫口扩张≥3cm、无头盆不称、胎头已衔接。②肌注哌替啶主要用于治疗不协调性宫缩乏力。静滴缩宫素主要用于治疗协调性宫缩乏力。温肥皂水灌肠主要用于初产妇宫口扩张<4cm 者。

266. ABCDE　267. ABCDE　268. ABCDE　269. ABCDE ①胎儿体重=宫高×腹围+200=38×105+200=4190g>4000g，应诊断为巨大胎儿。孕 38 周，胎心率 140 次/分，说明为足月活胎。第一产程潜伏期是指宫口开大 0~3cm，本例宫口开大 1cm，应处于第一产程潜伏期。先兆临产可有不规则腹痛，但不会出现宫口扩张和胎先露下降，本例宫口已扩张至 1cm，应诊断为临产而不是先兆临产，故答 E。②产妇肥皂水灌肠后出现，宫缩加强，严禁使用缩宫素，以免子宫破裂(E)。③患者不是一开始就出现宫缩乏力，故不应诊断为原发性宫缩乏力。本例胎心率正常，故不能诊断为胎儿宫内窘迫。本例宫口开大 2cm，处于第一产程潜伏期，而不是活跃期，故可首先排除答案 DE。初产妇潜伏期延长是指潜伏期>16 小时，本例已临产 18 小时仍处于潜伏期，应诊断为潜伏期延长(C)。④频繁出现晚期减速，说明胎儿宫内窘迫，应尽快结束分娩，以免胎死宫内。患者胎先露 S≥+3，应经阴道分娩，可行产钳助产，以加快分娩(D)。若 S≤+2，可行剖宫产。

270. ABCDE　271. ABCDE　272. ABCDE ①初产妇宫口开大 3cm，说明处于第一产程潜伏期末。正常潜伏期每次宫缩 30~40 秒，间歇 5~6 分钟，但本例每次宫缩 30 秒，间歇 10~12 分钟，故应诊断为子宫收缩节律性异常(B)。题干所述与 ACD 无关。腹肌和膈肌收缩力是第二产程的辅助产力,而本例尚处于第一产程潜伏期,故不答 E。②本例处于第一产程潜伏期末,子宫收缩节律异常,应诊断为不协调性宫缩乏力而不是协调性宫缩乏力。协调性宫缩乏力多发生于活跃期后期或第二产程,其宫缩节律性应正常。治疗不协调性宫缩乏力,首选哌替啶 100mg 肌内注射,使产妇充分休息,醒后不协调性宫缩乏力多能恢复为协调性宫缩(C)。若经上述处理后,不协调性宫缩未能得到纠正,或出现胎儿窘迫,则行剖宫产,故不答 E。肌内注射缩宫素、静脉滴注麦角新碱只能用于产后止血,严禁用于催产,故不答 AB。人工破膜为协调性宫缩乏力的治疗措施,故不答 D。③患者已进入第二产程,S+3,应经阴道分娩而不能剖宫产,故不答 A。由于胎心率减慢(正常值 110~160 次/分),说明胎儿宫内窘迫,应立即行产钳术助产,尽早结束分娩(C)。在第二产程,行产钳术助产要较静滴缩宫素助产快得多,因此在胎儿窘迫缺氧的危急情况下,应首选产钳助产,静滴缩宫素只是辅助治疗措施,故答 C 而不是 D。第二产程无需静注地西泮,故不答 E。

273. ABCDE ①产妇烦躁不安,子宫收缩强,应考虑宫缩过强。患者已临产 12 小时,胎先露仍平坐骨棘水平(S=0),应考虑不协调性宫缩乏力。可给予宫缩抑制剂、哌替啶,以抑制子宫收缩,并密切观察胎儿安危。若宫缩缓解、胎心正常,可等待自然分娩。若宫缩不缓解,已出现胎儿窘迫或病理性缩复环,则应尽早行剖宫产。由于题干要求回答的是"此时的急救处理措施",故答 D 而不是 E。②ABC 均可加强宫缩,严禁使用。

274. ABCDE 275. ABCDE 276. ABCDE ①痉挛性狭窄环是子宫局部平滑肌呈痉挛性不协调收缩,形成的环形狭窄,持续不放松,常见于不协调性宫缩过强(D)。②病理性缩复环是指胎先露下降受阻,子宫收缩过强,子宫体部肌肉增厚变短,子宫下段肌肉变薄拉长,在两者之间形成的环形凹陷,常见于先兆子宫破裂(B)。③生理性缩复环是指临产后由于子宫肌纤维的缩复作用,子宫上段越来越厚,子宫下段越来越薄,在上、下段之间的子宫内面形成一环形隆起,常见于正常分娩中(A)。

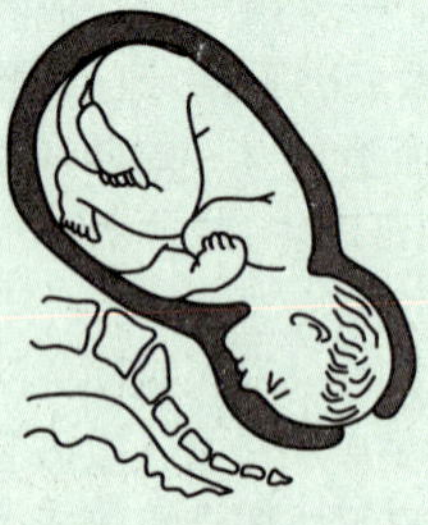

痉挛性狭窄环围绕胎颈

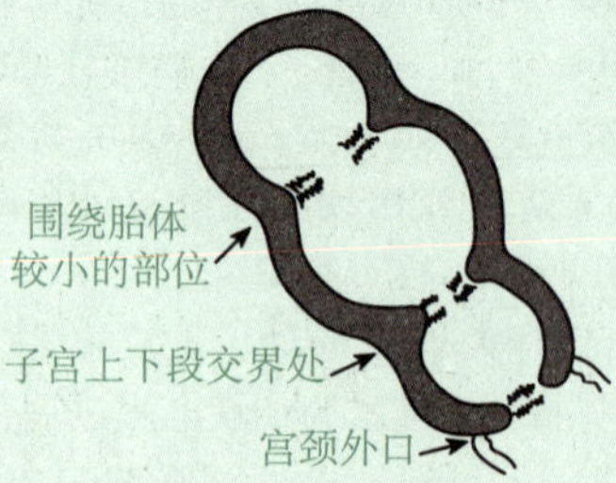

痉挛性狭窄环好发部位

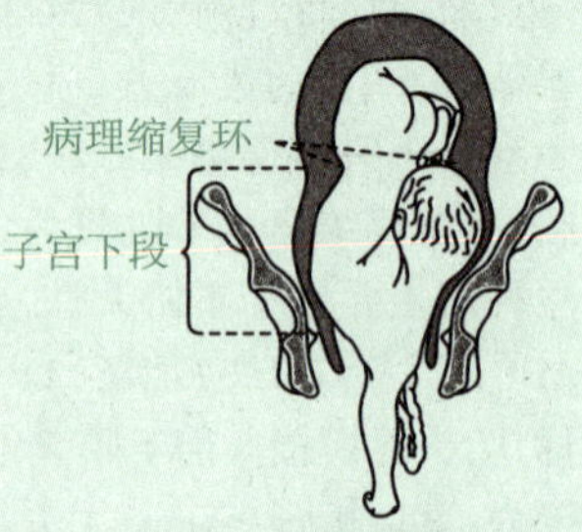

病理缩复环

277. ABCDE 278. ABCDE 279. ABCDE ①诊断骨盆入口狭窄的重要指标是骶耻外径<18cm,骶耻外径正常值为 18~20cm(E)。②诊断中骨盆狭窄的重要指标是坐骨棘间径<10cm,或坐骨棘间径+中骨盆后矢状径<13.5cm。坐骨棘间径正常值为 10cm,中骨盆后矢状径(坐骨切迹宽度)正常值为5.5~6cm(3 横指)。③诊断骨盆出口狭窄的重要指标是坐骨结节间径<7.5cm,或坐骨结节间径+骨盆出口后矢状径<15cm。若坐骨结节间径<8cm,应加测骨盆出口后矢状径。坐骨结节间径正常值为 8.5~9.5cm,骨盆出口后矢状径正常值为 8~9cm。这些数据解题中经常用到,请牢记。

280. ABCDE ①初产妇临产后胎头未衔接,胎头未入盆,说明存在骨盆入口平面狭窄。其诊断标准为骶耻外径<18cm,故答 B。②对角径是指骶岬上缘中点至耻骨联合下缘之间的距离,正常值为 12.5~13cm。髂棘间径是指孕妇两侧髂前上棘外缘之间的距离,正常值为 23~26cm。髂嵴间径是指孕妇两侧髂嵴外缘最宽处之间的距离,正常值为 25~28cm。坐骨棘间径也称中骨盆横径,是指两坐骨棘之间的距离,正常值为 10cm。可见,ACDE 项指标均正常。

281. ABCDE ①患者骨盆入口各径线值正常(正常值:骶耻外径 18~20cm,髂棘间径 23~26cm,髂嵴间径 25~28cm)，说明无骨盆入口狭窄。坐骨棘间径<10cm，说明存在中骨盆狭窄；坐骨结节间径<8cm，说明存在骨盆出口狭窄，故应诊断为漏斗骨盆。②女性骨盆的坐骨棘间径应≥10cm。猿人骨盆的骨盆入口呈长椭圆形，入口横径大于前后径。扁平骨盆的特点是骨盆入口前后径(骶耻外径)短而横径(髂棘间径)正常。均小骨盆的三个平面各径线均比正常值小 2cm 以上。2020 年真题。

282. ABCDE **283. ABCDE** **284. ABCDE** ①产妇骶耻外径正常，说明无骨盆入口狭窄；坐骨棘间径<10cm，说明存在中骨盆狭窄；坐骨结节间径<7.5cm，说明存在骨盆出口狭窄，故应诊断为漏斗骨盆(D)。扁平骨盆的特点是骨盆入口前后径(骶耻外径)短而横径(髂棘间径)正常，故不答 E。②产妇腹痛难忍，宫缩加强，应首先排除答案 AB。协调性宫缩过强的特点是宫缩过强、产程缩短。不协调性宫缩过强可有子宫痉挛性狭窄环、强直性子宫收缩，不易查清胎位，胎心音听不清，故不答 CD。先兆子宫破裂多见于产程长、产道梗阻者，常表现为产妇疼痛难忍，子宫下段压痛等(E 对)。③先兆子宫破裂一旦确诊，应抑制宫缩，立即行剖宫产结束分娩(D)。

285. ABCDE **286. ABCDE** ①初产妇预产期前 1~2 周内胎头应入盆衔接。足月妊娠正常宫底高度为 33cm(30.0~35.3cm)，而本例临产后 12 小时，宫高仍达 36cm，说明胎头尚未入盆衔接，存在头盆不称、骨盆入口狭窄。诊断骨盆入口狭窄最重要的指标是骶耻外径<18cm，故答 C。髂棘间径、髂嵴间径都是反映骨盆入口横径大小的指标。坐骨棘间径是诊断中骨盆狭窄的指标，坐骨结节间径是诊断骨盆出口狭窄的指标。②对角径可反映骨盆入口前后径大小，是诊断骨盆入口狭窄的次选指标，正常值为 12.5~13cm。本例对角径<11.5cm，可诊断为骨盆入口狭窄。目前 S-1，胎头挤压变形，应行剖宫产(E)。LOP 为枕左后位。

287. ABCDE ①产妇骶耻外径>18cm，说明无骨盆入口狭窄。产妇坐骨棘间径+中骨盆后矢状径<13.5cm，应诊断为中骨盆狭窄，治疗首选剖宫产(E)。②产妇继发性宫缩乏力的原因是中骨盆狭窄。

288. ABCDE ①宫口开大 2.5cm，说明处于第一产程潜伏期。本例为足月妊娠分娩，胎儿约 3200g。②患者坐骨结节间径+出口后矢状径<15cm，应诊断为骨盆出口狭窄，不宜经阴道分娩，应行剖宫产术。

289. ABCDE ①胎头矢状缝与骨盆前后径一致，应考虑枕后位或枕前位。大囟门在母体骨盆前方，应诊断为持续性枕后位(E)。②若为持续性枕左后位，则矢状缝落与骨盆入口左斜径一致。若为持续性枕右后位，则矢状缝与骨盆入口右斜径一致。持续性枕右横位、持续性枕左横位的矢状缝均与骨盆横径一致。

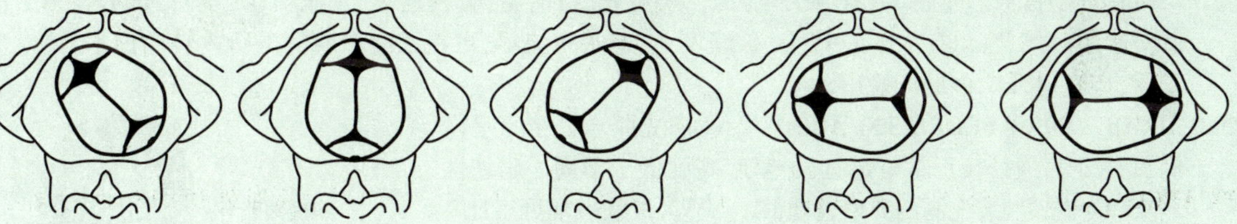

持续性枕左后位　持续性枕后位　持续性枕右后位　持续枕左横位　持续枕右横位

290. ABCDE **291. ABCDE** ①胎头矢状缝与坐骨棘间径一致，说明为横位。枕骨在母体骨盆右侧，应诊断为持续性枕右横位(ROT)。②对于持续性枕横位，若胎头双顶径已达坐骨棘平面或以下，可徒手

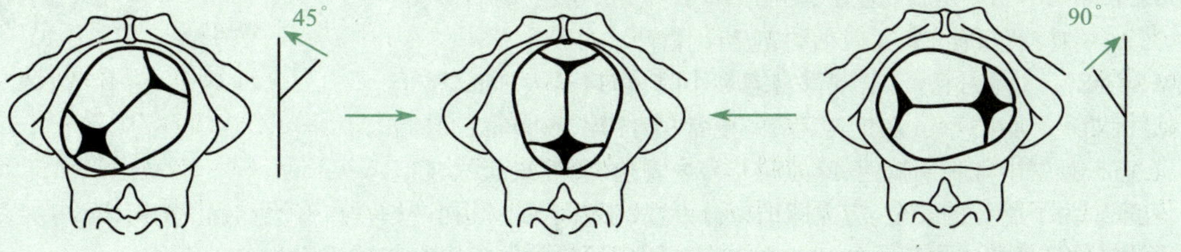

正常情况下枕左前位的胎头内旋转　枕右横位(ROT)

将胎头枕部转向前方，使矢状缝与骨盆出口前后径一致，或自然分娩，或经阴道助产。本例 S+1，说明胎头双顶径已达坐骨棘平面以下，应将胎头顺时针旋转 90 度(D)。

292. ABCDE　293. ABCDE　①临床上最常见的异常胎位是臀先露，占妊娠分娩总数的 3%～4%(C)。②肩先露临产后，宫缩不断加强，胎肩及胸廓一部分被挤入盆腔内，胎体折叠弯曲，胎颈被拉长，上肢脱出于阴道口外，胎头和胎臀被阻于骨盆入口上方，形成忽略性(嵌顿性)肩先露，是对母体最为不利的胎位(D)。

294. ABCDE　按照胎儿双下肢所取的姿势，可将臀先露分为三种类型，即单臀先露、完全臀先露(混合臀先露)、不完全臀先露(包括膝先露)，其中以单臀先露最常见(A)。

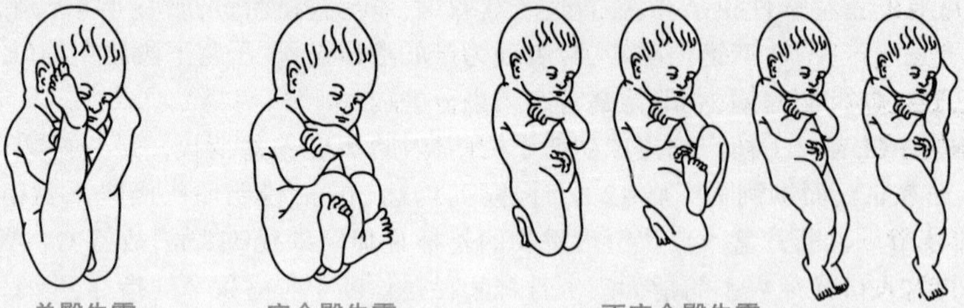

单臀先露　　完全臀先露　　不完全臀先露

295. ABCDE　臀先露第一产程应少做肛查及阴道检查，严禁灌肠，尽量避免胎膜早破。一旦胎膜早破，应立即听胎心音。若胎心变慢或变快，应行阴道检查，了解有无脐带脱垂。破膜后应取头低足高位，以防脐带脱出。当宫口开大 4～5cm 时，胎足可脱出阴道口。为了使宫颈和阴道充分扩张，可采用“堵”外阴方法，而不是行臀牵引术。臀牵引是第二产程的处理措施(E 错)。

296. ABCDE　LSA 为骶左前位，属于臀先露。足月臀先露剖宫产的指征为：狭窄骨盆、软产道异常、胎儿体重>3500g、胎儿窘迫、妊娠合并症、高龄初产、B 超见胎头过度仰伸、有脐带先露或膝先露、有难产史、不完全臀先露、瘢痕子宫等。本例阴道内扪及一束状物，此束状物应为脐带，应诊断为脐带脱垂，故应立即行剖宫产(E)。

297. ABCDE　①肩先露是对母儿最为不利的胎位，在分娩期，无论初产妇还是经产妇，只要是足月活胎，均应首选剖宫产。本例为初产妇，足月妊娠，肩先露，活胎，破膜已久，羊水流尽，应首选剖宫产(E)。②对于经产妇，宫口扩大 5cm 以上，破膜不久，羊水未流尽，可在乙醚深麻醉下行内转胎位术，转成臀先露，待宫口开全再助产娩出。

298. ABCDE　299. ABCDE　300. ABCDE　①肩先露产妇子宫呈横椭圆形，子宫横径较正常妊娠宽，子宫底高度低于孕周。病理性缩复环为嵌顿性肩先露的典型表现(C)。子宫板状硬常见于Ⅲ度胎盘早剥，尖腹常见于初产妇骨盆入口狭窄。②肩先露的指示点为肩胛骨，因此忽略性肩前位的胎背(与肩胛骨同向)应朝向产妇腹壁。若脱出的胎手是胎儿右手，则胎头应位于产妇腹壁的左侧；若脱出的胎手是胎儿左手，则胎头应位于产妇腹壁的右侧，故答 A。③初产妇肩先露足月活胎，应行剖宫产。

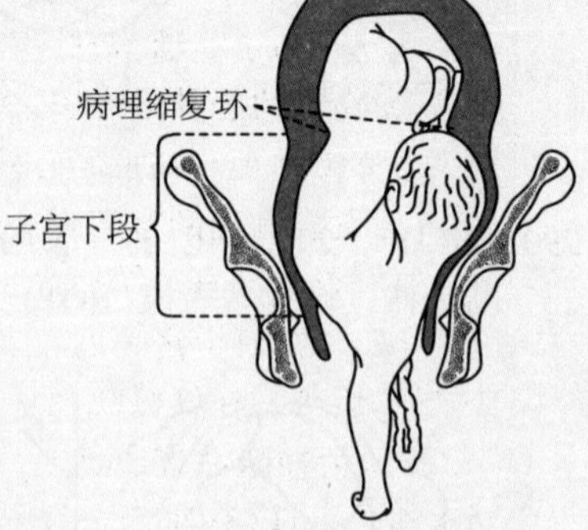

忽略性(嵌顿性)肩先露

301. ABCDE　①足月初产妇，规律宫缩 8 小时，宫口开大 3cm，属于潜伏期末。胎心率虽在正常范围(正常值 110～160bpm)，但胎心监护频繁出现晚期减速，此为胎儿宫内窘迫、急性缺氧的典型表现。为了胎儿的安全，应立即结束分娩，故不答 AE。②初产妇宫口开大 3cm，胎先露部 S-2，不能经阴道分娩(经阴道分娩的指征为 S≥+3)，因此可排除答案 BD，正确答案为 C。

302. ABCDE　①宫缩乏力导致的产后出血首选静滴缩宫素，缩宫素无效者可选用麦角新碱。②按摩子宫底为一般性治疗措施,故不答A。宫腔纱布填塞仅用于上述治疗无效者。子宫切除仅用于积极抢救无效,危及产妇生命的大出血患者。

303. ABCDE 胎儿娩出后,随即大量阴道出血,色鲜红,应考虑软产道损伤,应立即检查软产道有无损伤。若有裂伤,应彻底止血,逐层缝合裂伤(E)。

304. ABCDE ①题干已表明胎儿娩出而胎盘未娩出时阴道出血,故胎盘滞留所致产后出血可能性大(B)。②宫缩乏力常表现为子宫轮廓不清,质软。软产道损伤常表现为胎儿娩出后立即阴道出血。凝血障碍常表现为阴道出血不凝固。婴儿体重3000g,不属于巨大胎儿。

305. ABCDE 经产妇,产程较长,胎儿胎盘娩出后阴道大量出血,应首先考虑宫缩乏力所致的产后出血。

306. ABCDE 307. ABCDE ①死胎易造成凝血功能障碍,DIC。患者死胎娩出后出血不止,无凝血块,应考虑凝血功能障碍(B)。宫缩乏力常见于巨大胎儿、产程过长者,多表现为胎儿娩出后子宫轮廓不清。胎盘植入少见。宫颈撕裂伤常表现为胎儿娩出后立即出现鲜红色阴道出血。胎儿娩出后不会立即发生宫内感染,故不答E。②凝血功能障碍是凝血因子继发性缺乏所致,故应输液输血,补充凝血因子(E)。

308. ABCDE 羊水栓塞是指在羊水中的有形物质进入母体血液循环所致,常发生于分娩过程中,尤其胎儿娩出前后的短时间内。

309. ABCDE 羊水栓塞可累及全身各脏器,除心脏外,肾脏是最常受累的脏器,常出现肾脏微血管栓塞、肾脏缺血缺氧,导致肾脏器质性损害,引起急性肾衰竭。

310. ABCDE ①羊水栓塞是指分娩过程中,羊水突然进入母体血液循环引起急性肺栓塞、过敏性休克、弥散性血管内凝血(DIC)、肾衰竭或猝死等严重分娩并发症。因此健康产妇在分娩过程中,突然出现呼吸困难、发绀、抽搐,甚至休克死亡,首先应考虑羊水栓塞,羊膜早破为其常见病因(E)。②血栓形成不同于血栓栓塞,是一个慢性病理过程,与本例急性发病、突然死亡的特点不符。分娩过程中发生空气栓塞少见。脂肪栓塞常见于股骨干骨折、脂肪肝遭受外伤挤压等,故不答C。急性心肌梗死常表现为突发性心前区剧痛,血压降低,很少出现呼吸困难等症状。

311. ABCDE 312. ABCDE 313. ABCDE 314. ABCDE 315. ABCDE ①产妇分娩过程中,尤其胎膜破裂时,出现烦躁不安、呼吸困难、抽搐、血压下降,应诊断为羊水栓塞(A)。子痫常表现为抽搐,很少短时间内出现呼吸困难。胎盘早剥常表现为妊娠晚期有痛性阴道出血。子宫破裂常表现为病理性缩复环、下腹部压痛、胎心音异常、血尿四大症状。心力衰竭常表现为呼吸困难、肺部湿啰音、肝脾肿大等。②羊水栓塞的急救措施包括抗过敏、解除肺动脉高压、改善低氧血症,首选面罩吸氧、糖皮质激素抗过敏(E)。③ABCD都是解除肺动脉高压的药物,但首选盐酸罂粟碱,它可松弛平滑肌,扩张冠状动脉、肺小动脉,降低小血管阻力(B)。④羊水栓塞是分娩过程中,羊水中的有形物质经宫颈或宫体损伤处的静脉或血窦进入母体血循环所致,因此抽取下腔静脉血,镜检见到胎儿有形成分(胎儿毳毛、角化上皮、胎脂、胎粪)即可确诊本病(E)。⑤羊水栓塞应在病情好转后尽快结束分娩。在第一产程发病者应剖宫产终止妊娠,第二产程发病者可阴道助娩。本例宫口开大7cm,为第一产程发病,故应首选剖宫产结束分娩(B)。

316. ABCDE 瘢痕子宫是近年来子宫破裂的常见原因,如剖宫产术、子宫肌瘤剔除术、宫角切除术、子宫成形术后等。在妊娠晚期、分娩期由于宫腔内压力增高可使瘢痕子宫破裂。注意:7版《妇产科学》P210认为梗阻性难产是子宫破裂最常见的病因,8版、9版《妇产科学》已删除该知识点。

317. ABCDE ABCD属于先兆子宫破裂的四大典型症状,E是完全性子宫破裂的症状,而不是先兆子宫破裂的表现。

318. ABCDE 忽略性(嵌顿性)肩先露易导致病理性缩复环,引起子宫破裂。

319. ABCDE ①先兆子宫破裂多发生于分娩期,表现为子宫病理性缩复环、下腹压痛、胎心异常和血尿四大特点,其中病理性缩复环为先兆子宫破裂的特征,因此本例应诊断为先兆子宫破裂(A)。②子宫完全性破裂后腹痛反而减轻,腹壁下可扪及胎体、胎心音消失。重度胎盘早剥常表现为妊娠晚期有痛性阴道出血、休克等。羊水栓塞常表现为分娩期突发寒战、咳嗽、呼吸困难、抽搐、昏迷、甚至死亡。妊娠合并急性泌尿系感染常表现为尿频、尿急、尿痛,可有血白细胞计数增高等。

320. ABCDE 瘢痕子宫是子宫破裂的常见病因,因此曾行剖宫产者产前严禁使用缩宫素催产(E 错)。

321. ABCDE 322. ABCDE 323. ABCDE 324. ABCDE 325. ABCDE 326. ABCDE ①足月初产妇,产程过长,下腹剧痛,血尿,耻骨联合上方压痛,应考虑先兆子宫破裂(B)。胎心率正常,不能诊断为胎儿宫内窘迫。子宫破裂常表现为腹膜刺激征,胎心消失,胎儿死亡。协调性宫缩过强常表现为急产。胎盘早剥常表现为妊娠晚期有痛性阴道流血。②产妇骨盆入口径线(髂棘间径、骶耻外径)正常,而中骨盆和骨盆出口径线(坐骨棘间径、坐骨结节间径)过短,应诊断为漏斗骨盆(E)。③子宫破裂常表现为先兆子宫破裂之后,产妇突感一阵撕裂样剧痛,子宫收缩骤然停止,腹痛稍缓解,待羊水、血液进入腹腔,又出现全腹持续性疼痛,压痛反跳痛明显。根据题干,本例应诊断为子宫破裂(B)。④子宫破裂若行阴道检查,可见阴道少量鲜血流出,胎先露部升高,开大的宫颈口缩小,部分患者可扪及宫颈或子宫下段裂口(A)。病理性缩复环为先兆子宫破裂的腹部体征。⑤子宫破裂 B 超检查可见胎儿死亡,胎心胎动消失,胎体位于子宫侧方(A)。⑥子宫破裂后,无论胎儿是否存活,均应尽快手术治疗(E)。

327. ABCDE 产褥期是指从胎盘娩出至产妇全身各器官除乳腺外恢复正常未孕状态所需的一段时间,通常为产后 6 周。

328. ABCDE 产后 72 小时内产妇循环血量增加 15%~25%,易发生心力衰竭(D 错)。ABCE 均正确。

329. ABCDE 产褥期子宫变化最大,子宫复旧一般需 6 周。

330. ABCDE 子宫在胎盘娩出后逐渐恢复至未孕状态的全过程,称为子宫复旧,需时 6 周。影响子宫复旧的因素包括:①部分胎盘、胎膜残留;②宫内感染或盆腔感染为主要因素(A 对);③膀胱过度充盈,如产后尿潴留;④子宫肌壁间肌瘤、子宫腺肌病;⑤子宫过度后倾、后屈,影响恶露排出;⑥多胎妊娠、羊水过多;⑦多次分娩引起子宫纤维组织相对增多;⑧胎盘过大。

331. ABCDE 产妇循环血量于产后 2~3 周恢复至未孕状态。

332. ABCDE ①产后 3~4 天,产妇可有乳房胀痛,有热感,多因乳房过度充盈及乳腺管阻塞所致,一般于产后 7 天乳腺管通畅后自然消退。施行母婴同室,产后多让新生儿吸吮双乳,可缓解乳胀(C)。②生麦芽煎服、芒硝外敷,均为退奶的方法,严禁使用。少喝水不一定能减少乳汁分泌,但可导致产妇水分摄入不足。产妇仅有乳房胀痛,没有充血发红,不能诊断为急性乳腺炎,无需使用抗生素。

333. ABCDE ①在产褥早期因宫缩引起下腹部阵发性剧烈疼痛,称为产后宫缩痛,多于产后 1~2 日出现,持续 2~3 日自然消失,多见于经产妇,一般无需处理(C)。②本例产后阴道出血不多,无需按摩子宫、给予止血药物。肠梗阻常表现为腹痛腹胀,恶心呕吐,肛门停止排气排便。本例体温不高,无感染征象,无需使用抗生素。

334. ABCDE ①产妇体温可在产后 24 小时内略升高,但一般不超过 38℃。②胎盘娩出后,子宫圆而硬,宫底在脐下一指。产后第 1 日略上升至脐平,以后每日下降 1~2cm,至产后 10 日子宫降入骨盆腔内(B 对)。③白细胞总数于产褥早期较高,可达(15~30)×10^9/L,一般 1~2 周恢复正常。④产后脉搏在正常范围内,一般略慢,60~70 次/分。⑤产后血性恶露持续 3~4 日,出血量逐渐减少,浆液增多,转变为浆液恶露。

335. ABCDE 产后 2 小时内极易发生严重并发症,如产后出血、子痫、产后心衰等,应在产房内严密观察产妇的生命体征、子宫收缩情况及阴道出血量等。

336. ABCDE 产后 2 小时内极易发生严重并发症,如产后出血、子痫、产后心力衰竭等,故应在产房内严密观察产妇的生命体征、子宫收缩情况、阴道流血量,并注意宫底高度及膀胱是否充盈等(E)。

337. ABCDE WHO 鼓励母乳喂养,母婴同室,早接触,早吸吮。应于产后 30 分钟内开始哺乳,尽早刺激乳房，建立泌乳反射。

338. ABCDE ABCDE 均可导致产褥感染，但以 β-溶血性链球菌致病性最强，该菌能产生致热外毒素与溶组织酶，使病变迅速扩散，导致严重感染。

339. ABCDE ABCE 均属于产褥感染，而急性乳腺炎不属于产褥感染。

340. ABCDE 341. ABCDE ①急性子宫内膜炎常表现为子宫内膜充血、坏死，恶露量多，臭味明显，但中毒症状相对较轻。急性子宫肌炎常表现为腹痛，脓性恶露，量较少，子宫压痛明显，但中毒症状明显，常有高热、头痛、外周血白细胞明显计数增高等。根据题干，本例应诊断为急性子宫内膜炎而不是子宫肌炎(A)。②急性输卵管炎常有发热、腹痛，宫旁压痛及炎性包块，无明显恶露(C)。③急性盆腔腹膜炎、急性弥漫性腹膜炎均有明显全身症状及腹膜炎体征。

342. ABCDE ABCD 均属于晚期产后出血的原因，继发性宫缩乏力是产后出血最常见的原因。

343. ABCDE ①分娩 24 小时后，在产褥期内发生的子宫大量出血，称为晚期产后出血。胎盘、胎膜残留为阴道分娩晚期产后出血最常见的原因，多于产后 10 日左右出血，常表现为血性恶露持续时间延长，以后反复出血或突然大量出血。根据题干，本例应诊断为胎盘、胎膜残留所致的晚期产后出血(E)。②子宫颈裂伤常表现为胎儿娩出后，立即发生阴道流血。蜕膜残留多于产后 1 周内出血。子宫脱垂不属于晚期产后出血的病因。患者产后血性恶露无异味，故不答 D。

344. ABCDE ABCE 均属于晚期产后出血的原因，其中胎盘胎膜残留为阴道分娩最常见的原因，多于产后 10 日发生。

345. ABCDE 子宫胎盘附着面复旧不全导致的晚期产后出血常表现为产后 2 周突然阴道大量流血(E)。胎盘胎膜残留常在产后 10 日出血，蜕膜残留常在产后 1 周出血，宫腔感染常于产后 5~6 周出血。

346. ABCDE 在维持阴道生态平衡中，雌激素、乳杆菌及阴道 pH 起重要作用：①雌激素：可使阴道上皮增生变厚，增加细胞内糖原含量，阴道上皮细胞分解糖原为单糖。②乳杆菌：正常阴道菌群中，乳杆菌是优势菌，可将单糖转化为乳酸，维持阴道正常的酸性环境，抑制其他病原体生长。③阴道 pH：正常 pH≤4.5，不利于其他细菌的生长。

347. ABCDE ①卵巢分泌的雌激素可促进阴道上皮细胞增生、角化，黏膜变厚，并增加细胞内糖原含量(A 错)。②正常情况下，宫颈内口紧闭，宫颈管有黏液栓，有利于防止上行感染(B 对)。③阴道正常情况下呈酸性环境(pH≤4.5)。④子宫颈阴道部由复层鳞状上皮覆盖，表面光滑(D 错)。⑤阴道正常微生物群包括乳杆菌、加德纳菌、大肠埃希菌、支原体及假丝酵母菌等(E 错)。

348. ABCDE 滴虫性阴道炎是由阴道毛滴虫引起的常见阴道炎，其传播方式包括：①经性交直接传播：男性感染滴虫后常无症状，易成为传染源；②间接传播：经公共浴池、浴盆、衣物、污染的器械及敷料等传播。滴虫性阴道炎不会垂直传播，垂直传播是指母婴之间经过胎盘传播。

349. ABCDE 350. ABCDE 351. ABCDE ①滴虫性阴道炎的传播方式包括性接触传播和间接传播，但主要为性接触传播，由于男性感染滴虫后常无症状，故易成为传染源(B)。②外阴阴道假丝酵母菌病主要为内源性传染，少部分可经性交直接传播(E)。③淋菌性盆腔炎常由生殖道黏膜上行蔓延(C)。

352. ABCDE 353. ABCDE 354. ABCDE 355. ABCDE 356. ABCDE ①滴虫性阴道炎的典型白带呈灰黄色、黄白色稀薄液体，或黄绿色脓性分泌物，泡沫状(D)。②外阴阴道假丝酵母菌病的白带特征为白色、稠厚，呈凝乳状或豆腐渣样(A)。③细菌性阴道病的白带特点是稀薄，均质，白色，鱼腥臭味(B)。④萎缩性阴道炎的白带特点是稀薄，淡黄色，感染严重时可呈脓血性(C)。⑤急性宫颈炎的白带特点是黏液脓性(E)。

357. ABCDE 358. ABCDE 359. ABCDE ①外阴阴道假丝酵母菌病是由假丝酵母菌(真菌)引起的常见外阴阴道炎，致病菌为白色念珠菌(E)。②细菌性阴道病是阴道内正常菌群失调所致，主要微生物有加德纳菌、厌氧菌、支原体等，其中以厌氧菌居多，由于所给答案项中无"厌氧菌"，故选 B 为最佳答案。③阴道正常微生物群包含多种需氧菌、厌氧菌、支原体、假丝酵母菌等，其中优势菌为乳杆菌,乳杆菌可维持阴道的酸性环境,抑制其他致病微生物的生长(A)。

360. ABCDE　361. ABCDE　362. ABCDE　363. ABCDE　①治疗滴虫性阴道炎最常用的药物是甲硝唑(B)。②治疗外阴阴道假丝酵母菌病,应选用抗真菌药物氟康唑(E)。③治疗细菌性阴道病首选抗厌氧菌药物甲硝唑(B)。④萎缩性阴道炎多见于体内雌激素水平低下的老年妇女,因此常用药物是雌激素(A)。

364. ABCDE　阴道分泌物灰白色、稀薄、泡沫状,为滴虫性阴道炎的特点(A)。

365. ABCDE　ABCDE5 项外阴阴道炎中,只有滴虫性阴道炎以性接触传播为主,故需要同时对性伴侣进行治疗。

366. ABCDE　假丝酵母菌为机会致病菌,合并糖尿病时,机体免疫力下降,阴道组织内糖原增加,酸度增高,有利于假丝酵母菌繁殖,而导致外阴阴道假丝酵母菌病(C)。

367. ABCDE　①凝乳状白带为外阴阴道假丝酵母菌病的特点,故答 E。②细菌性阴道病的白带特点为均质、稀薄、白色、鱼腥臭味。萎缩性阴道炎的阴道分泌物稀薄,呈淡黄色。外阴硬化性苔癣主要表现为外阴瘙痒,阴道分泌物多正常。非特异性外阴炎常表现为外阴充血、肿胀、糜烂,阴道分泌物多无异常。

368. ABCDE　①患者外阴瘙痒,局部充血,阴道黏膜表面有白色凝乳状物覆盖,阴道分泌物镜检找到假菌丝,应诊断为外阴阴道假丝酵母菌病,治疗首选制霉菌素栓(D)。②真菌感染不宜使用糖皮质激素、干扰素。雌激素常用于治疗萎缩性阴道炎。甲硝唑常用于治疗滴虫性阴道炎。

369. ABCDE　1983 年,Amsel 等提出了诊断细菌性阴道病的 4 项标准,即:①阴道分泌物增多,均质、稀薄;②镜检找到线索细胞;③阴道分泌物 pH>4.5;④胺臭味试验阳性。4 项标准中有 3 项即可确诊。本例有①③④项标准,故可确诊为细菌性阴道病。

370. ABCDE　①萎缩性阴道炎的治疗原则是抑制细菌生长,补充雌激素,增强阴道抵抗力。②阴道分泌物多时,可给予酸性溶液(1%乳酸或 0.5%醋酸溶液)冲洗阴道,每日 1 次可抑制细菌繁殖,参阅 2 版《实用妇产科学》P559。③补充雌激素是萎缩性阴道炎的主要治疗方法,雌激素可局部应用放置于阴道内,也可全身给药,故答案为 B。④用碱性溶液(2%碳酸氢钠溶液)冲洗阴道主要用于外阴阴道假丝酵母菌病的治疗,故不答 CD。

371. ABCDE　①患者人流术后第 4 天出现发热,应考虑感染,而不是吸宫不全、不全流产,故可首先排除答案 BC。②人工流产是急性盆腔炎的常见病因,本例人流后子宫压痛明显,而双侧附件无压痛,说明病变部位在子宫而不是输卵管,故答案为 E 而不是 D。患者宫颈举痛阴性,故不答 A,因为盆腔腹膜炎常有含纤维素的渗出液,而形成盆腔脏器粘连,导致宫颈举痛明显。

372. ABCDE　①患者下腹疼痛,发热,阴道脓性分泌物,应考虑炎性疾病,故不答 ACD,ACD 均不会出现阴道脓性分泌物。②患者有药物流产史,发热,下腹痛,阴道脓性分泌物,宫颈举痛,右侧附件压痛,应诊断为急性盆腔炎(E)。③急性阑尾炎常表现为转移性右下腹痛,且无阴道分泌物、宫颈举痛。

373. ABCDE　①人工流产为急性盆腔炎的常见诱因。患者人流后下腹痛,宫颈举痛,右侧宫旁明显压痛,B 超示混合性回声包块,应诊断为急性盆腔炎(A)。②盆腔结核常慢性起病,病程迁延,多有低热盗汗等结核中毒症状。卵巢肿瘤蒂扭转常突发一侧下腹部疼痛,与改变体位有关。急性阑尾炎常表现为转移性右下腹疼痛,右下腹压痛反跳痛,不会出现宫颈举痛。黄体破裂常表现为突发下腹疼痛,腹腔内出血。

374. ABCDE　①流产、清宫是盆腔炎性疾病的常见病因。患者清宫后腹痛伴发热,宫颈口脓性分泌物,白细胞计数和中性粒细胞比例增高,应诊断为盆腔炎性疾病。②ACD 均不属于炎性疾病,故不答 ACD。E 显然不是正确答案。

375. ABCDE　患者有尿频尿痛等刺激症状,脓性白带,宫颈管分泌物涂片查见中性粒细胞内革兰阴性双球菌,多为淋球菌所致。应诊断为急性淋球菌性盆腔炎,治疗首选三代头孢菌素(头孢曲松、头孢西丁等),氧氟沙星为次选药物。四环素临床上少用。阿奇霉素为支原体、衣原体感染的首选药物。青霉素为治疗梅毒的首选药物。

376. ABCDE　ABCDE 都是子宫内膜异位症的发病学说,其中以异位种植学说广为接受。异位种植学说认为:经期时,子宫内膜腺上皮和间质细胞可随经血逆流,经输卵管进入盆腔,种植于卵巢和邻近的盆腔腹膜,并在该处继续生长、蔓延,形成盆腔内异症,也称为经血逆流学说(B)。

377. ABCDE　378. ABCDE　①子宫内膜异位症是指子宫内膜组织(腺体和间质)出现在子宫体以外的部位(E)。②子宫腺肌病是指子宫内膜侵入肌层(A)。

379. ABCDE　380. ABCDE　381. ABCDE　382. ABCDE　①子宫内膜异位症的典型体征是子宫后倾固定,直肠子宫陷凹、宫骶韧带可触及痛性结节,一侧或双侧附件处触及囊实性包块(E)。②子宫腺肌病的典型体征是子宫均匀增大或局限性隆起,质硬,有压痛(C)。③输卵管妊娠破裂的典型体征是腹腔内出血,宫颈举痛,子宫漂浮感(D)。④子宫肌瘤的典型体征是子宫增大,表面不规则,单个或多个结节状突起(B)。⑤子宫不均匀性增大为妊娠滋养细胞肿瘤的典型体征。

383. ABCDE　384. ABCDE　385. ABCDE　386. ABCDE　387. ABCDE　388. ABCDE　①子宫内膜异位症的典型症状是继发性痛经,进行性加重(A)。②子宫腺肌病的典型症状是继发性痛经,进行性加重,患者可有经量过多,经期延长,故最佳答案为 A 而不是 C。③宫颈癌的典型症状是接触性出血,即性生活或妇科检查后阴道流血(B)。④子宫肌瘤的典型症状是经量增多经期延长,多见于肌壁间肌瘤、黏膜下肌瘤(C)。⑤子宫内膜癌的典型症状是绝经后不规则阴道流血,量一般不多(D)。⑥完全性葡萄胎的典型症状是停经后阴道流血,约占 80%,表现为停经 8~12 周开始不规则阴道流血,量多少不定(E)。

389. ABCDE　ABCD 均属于子宫内膜异位症的病因学说,连续排卵学说为卵巢癌的发病学说。

390. ABCDE　①子宫内膜异位症的基本病理变化是异位子宫内膜随卵巢激素的变化而发生周期性出血,导致病变周围纤维组织增生,病变区可出现紫褐色斑点或小泡,最终可发展为卵巢巧克力囊肿。②内异症在形态学上呈现良性表现,但在临床行为学上类似恶性肿瘤,具有种植、侵袭及远处转移的能力,但极少发生恶变,恶变率低于 1%(E 错)。

391. ABCDE　子宫内膜异位症的典型症状是继发性痛经,进行性加重,约 40%的内异症患者伴不孕症(D)。

392. ABCDE　393. ABCDE　394. ABCDE　①诊断子宫内膜异位症最常用的方法是 B 超,其敏感性和特异性均在 96%以上(B)。盆腔 MRI 对子宫内膜异位症有诊断价值,但费用昂贵,不作为首选检查。②腹腔镜检查是确诊子宫内膜异位症的重要手段,也是临床分期的依据(D)。

395. ABCDE　①育龄期妇女继发性痛经伴不孕,后穹隆结节,首先应考虑子宫内膜异位症。右侧附件囊性包块为卵巢异位囊肿,故答 A。②子宫肌瘤无继发性痛经,常表现为经量增多经期延长。子宫腺肌病常有继发性痛经,但无卵巢异位囊肿。葡萄胎常表现为停经后阴道不规则流血,可有黄素化囊肿,但无痛经。输卵管囊肿常有盆腔炎的表现。

396. ABCDE　子宫内膜异位症是一种良性疾病,虽可向外播散,但并非恶性肿瘤,其恶变率<1%,无需化疗(B)。可以采用药物治疗和手术治疗,药物治疗多采用假孕或假绝经性激素疗法。对于药物治疗后症状不能缓解、卵巢异位囊肿较大者,可采用腹腔镜手术,包括保留生育能力的手术、保留卵巢功能的手术、根治性手术等。术前、术后可给予药物治疗。

397. ABCDE　①促性腺激素释放激素激动剂(GnRH-α)为人工合成的 10 肽类化合物,其活性较天然 GnRH 高百倍,能抑制垂体分泌内源性 FSH 及 LH,导致卵巢激素水平明显下降,出现暂时性闭经,此疗法称为药物性卵巢切除,常用药物有亮丙瑞林、戈舍瑞林。②米非司酮为孕激素受体拮抗剂,达那唑、孕三烯酮为假绝经疗法的药物。甲羟孕酮为假孕疗法的药物。

398. ABCDE　①ABCDE 都是子宫内膜异位症的治疗方法,对于直径≥5cm 的卵巢巧克力囊肿,应行手术治疗。由于患者已婚未育,故应行保留生育能力的手术,可行囊肿切除术(E)。②高效孕激素周期疗法、假孕疗法主要用于轻度内异症的治疗。消炎痛主要用于轻度痛经者。假绝经疗法主要用于轻、中度内异症痛经明显者。

399. ABCDE　400. ABCDE　401. ABCDE　402. ABCDE　①育龄期妇女继发性痛经进行性加重，不孕，卵巢囊肿，应诊断为子宫内膜异位症（B）。②诊断内异症的金标准是腹腔镜检查（D）。③宫腔镜主要用于诊断宫腔病变，对内异症的诊断价值不大（D）。④卵巢异位囊肿若≥5cm，应手术治疗，否则可药物治疗。本例囊肿直径3cm，可选用促性腺激素释放激素激动剂（GnRH-α）治疗（E）。

403. ABCDE　子宫腺肌病是由基底层子宫内膜侵入肌层生长所致。目前认为，多次妊娠及分娩、人工流产、慢性子宫内膜炎等造成子宫内膜基底层损伤，与本病的发病密切相关。

404. ABCDE　子宫腺肌病的异位内膜在子宫肌层弥漫性生长，累及后壁居多，故子宫呈均匀性增大。腺肌病病灶与周围肌层无明显界限，无包膜，手术时难以剥出（C 错）。异位内膜对雌激素有反应性改变，但对孕激素不敏感。异位内膜腺体和间质呈岛状分布为其镜下特征。

405. ABCDE　①患者痛经进行性加重，应首先考虑子宫腺肌病和子宫内膜异位症。子宫内膜炎、子宫肉瘤、子宫肌瘤均不会出现继发性痛经进行性加重，故不答 ABE。②子宫腺肌病常有子宫均匀性增大，子宫触痛，双侧附件区无异位囊肿。子宫内膜异位症常有一侧或双侧附件区异位囊肿，但无子宫增大和触痛。根据题干，本例应诊断为子宫腺肌病。③癌抗原125（CA125）正常值<35U/ml，子宫腺肌病和子宫内膜异位症患者 CA125 均可升高，无特异性，参阅3版《实用妇产科学》P629。

406. ABCDE　407. ABCDE　408. ABCDE　①患者继发性痛经进行性加重，子宫均匀性增大，应诊断为子宫腺肌病（B）。子宫内膜异位症常有直肠子宫陷凹痛性结节、卵巢囊肿等。子宫肌瘤一般无继发性痛经，且子宫为不均匀增大。子宫肉瘤少见。子宫内膜癌常表现为老年妇女不规则阴道流血。②子宫腺肌病首选 B 超检查（A）。宫腔镜检查常用于诊断子宫内膜癌。腹腔镜检查为内异症的金标准。MRI、CT 可用于诊断子宫腺肌病，但价格昂贵，一般不作为首选检查。③与内异症不同，子宫腺肌病对激素治疗不敏感，不宜药物治疗。本例为围绝经期患者，可行子宫全切除（E）。ABCD 均属于内异症的治疗措施。

409. ABCDE　①子宫重度脱垂的主要临床表现是外阴部脱出肿物，此肿物为脱出的子宫（E）。②重度子宫脱垂对子宫韧带有牵拉，并可导致盆腔充血，下腹坠胀。可伴排尿、排便困难，部分患者可发生压力性尿失禁。子宫脱垂不论程度多重，一般不影响月经，故不答 D。

410. ABCDE　子宫脱垂的治疗应个体化，选用合适的治疗方法。①放置子宫托：适用于全身情况较差不宜手术者、妊娠期、产后。②曼氏手术（Manchester 手术），即阴道前后壁修补+主韧带缩短+宫颈部分切除术，适用于年龄较轻、宫颈延长、希望保留子宫的Ⅱ、Ⅲ度子宫脱垂伴阴道前后壁脱垂患者。③经阴道子宫全切适用于年龄较大、不需保留子宫的Ⅱ、Ⅲ度子宫脱垂。④阴道纵隔形成术又称阴道封闭术，适用于年老体弱不能接受较大手术、不需保留性交功能者。⑤腹腔镜圆韧带缩短术即重建盆底，手术缩短圆韧带，达到悬吊子宫和阴道的目的，适用于单纯性轻度子宫脱垂患者。⑥患者用力屏气时宫颈及部分宫体脱出阴道口外，应诊断为Ⅱ度重型子宫脱垂。本例宫颈前唇有一溃疡，不宜放置子宫托，故不答 D。患者年龄60岁，无生育要求，无需保留子宫，故应行经阴道子宫全切除术（B）。曼氏手术常用于年轻人，故不答 A。

411. ABCDE　①人乳头瘤病毒（HPV）高危型（HPV16、18）与子宫颈癌的发病密切相关。高危型 HPV 可产生病毒癌蛋白，其中 E6、E7 分别作用于宿主细胞的抑癌基因 *p53*、*Rb*，使之失活或降解，继而通过分子事件导致癌变。②HBV、HCV 分别是乙型肝炎、丙型肝炎的病原体。HIV 为艾滋病的病原体，EBV 为鼻咽癌的病原体。2018 年真题。

412. ABCDE　①子宫颈细胞学检查 TBS 评价系统将鳞状上皮细胞异常分为5类：不能明确意义的不典型鳞状上皮细胞（ASCUS）、低级别鳞状上皮内病变（LSIL）、高级别鳞状上皮内病变（HSIL）、可疑鳞癌细胞、癌细胞。②LSIL 包括 HPV 感染和 CINⅠ；HSIL 包括 CINⅡ和 CINⅢ，为可疑癌前病变（D）。

413. ABCDE ①宫颈上皮内病变的诊断应遵循“三阶梯式”诊断程序,即细胞学检查(HPV 检测)→阴道镜检查→组织病理学检查。若细胞学检查发现异常细胞,则应做阴道镜+活组织病理学检查,以明确诊断(B)。②宫颈冷刀锥切或宫颈环形电切术+活检主要适用于宫颈细胞学检查阳性,而宫颈活检阴性者。宫颈管搔刮阳性率及准确率没有阴道镜下活检高,故不答 C。HPV-DNA 检测只能了解是否存在人乳头瘤病毒感染,常与宫颈细胞学检查一起用于宫颈癌的筛查,不能确诊宫颈癌,故不答 E。

414. ABCDE 患者小阴唇内侧菜花状赘生物,为明确病变,当然首选活组织检查(D),其他检查方法都不能明确病理性质。

415. ABCDE 416. ABCDE ①最常见的恶性妇科肿瘤是子宫颈癌(A)。②女性生殖器最常见的良性肿瘤是子宫肌瘤(E)。

417. ABCDE ABC 都是子宫颈癌的转移途径,其中以直接蔓延最常见,不要误答 A。

418. ABCDE 子宫颈癌直接蔓延最常向下累及阴道壁,极少向上、向两侧蔓延。

419. ABCDE 420. ABCDE 421. ABCDE 422. ABCDE 423. ABCDE ①老年女性,不规则阴道流血,接触性出血,宫口处菜花状赘生物,应考虑宫颈癌(B)。宫颈息肉属于慢性子宫颈炎,一般不会有触血,不会呈菜花状生长。宫颈肌瘤多为圆形,光滑,质硬,不会呈菜花状。患者体检双侧附件未见异常,故不应诊断为卵巢肿瘤。子宫内膜癌不会出现宫颈口赘生物。②为明确宫颈癌的诊断,准确性最高的是宫颈活检(E)。③子宫颈癌浸润达盆腔壁,应诊断为ⅢB 期(D)。④宫颈癌ⅢB 期不宜手术治疗,只能行放化疗(A)。筋膜外全子宫切除适用于ⅠA1期无淋巴脉管间隙浸润患者。改良广泛子宫切除+盆腔淋巴结切除术适合于ⅠA2期患者。广泛子宫切除+盆腔淋巴结清扫适合于ⅠB1和ⅡA1期患者。⑤放射治疗包括体外照射和腔内照射,体外照射多采用直线加速器、^{60}Co 等,以治疗宫旁及盆腔淋巴结;腔内照射多采用后装治疗机,以控制局部原发病灶(D)。

424. ABCDE 425. ABCDE 426. ABCDE 427. ABCDE ①癌细胞突破基底膜应为浸润癌而不是原位癌,故可首先排除答案 A。宫颈癌间质浸润深度≤3mm,宽度≤7mm,为ⅠA1 期;间质浸润深度>3mm但<5mm,宽度≤7mm,为ⅠA2 期。根据题干,本例应诊断为宫颈癌ⅠA2 期(B)。②宫颈癌ⅠA2 期的首选术式为改良广泛性子宫切除术+盆腔淋巴结切除术(B)。ⅠA1期行筋膜外全子宫切除术。ⅠB1和ⅡA1期行广泛性子宫切除术+盆腔淋巴结切除术。ⅠB2和ⅡA2期行广泛性子宫切除术+盆腔淋巴结切除术+腹主动脉旁淋巴结取样。③盆腔淋巴结为一级组淋巴结,包括宫旁、宫颈旁、闭孔、髂内、髂外、髂总、骶前淋巴结,而腹股沟浅淋巴结属于二级组淋巴结,故答 D。④放疗主要适合于部分ⅠB2、ⅡA2 期和ⅡB~Ⅳ期患者;化疗主要用于晚期、复发转移的患者,ⅠA2 期宫颈癌术后无需放化疗(A)。

428. ABCDE 带蒂浆膜下肌瘤易发生蒂扭转,而出现急腹症(B)。

429. ABCDE 子宫腺肌病,尤其局限型子宫腺肌病,与子宫肌壁间肌瘤非常相似,均有子宫增大,月经增多,两者极易混淆(C)。

430. ABCDE ①子宫肌瘤红色样变多见于妊娠期或产褥期,常表现为剧烈腹痛,伴恶心呕吐,发热,白细胞计数增高,检查发现肌瘤迅速增大、压痛(D)。②子宫肌瘤肉瘤样变常见于年龄较大的妇女。子宫肌瘤钙化常见于绝经后妇女。子宫肌瘤囊性变、玻璃样变不会出现剧烈腹痛。

431. ABCDE ①子宫肌瘤常表现为经量增多、经期延长,子宫增大,表面不光滑,多个结节突起,质硬。根据题干,本例应诊断为子宫肌瘤(E)。②子宫畸形临床症状各异。子宫肥大症是指子宫均匀性增大,肌层肥厚超过 2.5cm,常有不同程度的子宫出血。子宫内膜癌常表现为围绝经期妇女月经紊乱。子宫腺肌病常表现为继发性痛经进行性加重,经量增多,经期延长,子宫均匀性增大,表面无结节。

432. ABCDE 妊娠期子宫肌瘤易发生红色样变,采用保守治疗通常能缓解(A)。

433. ABCDE ①患者月经量多,子宫壁实质性占位病变,应诊断为子宫肌瘤。②对于需要保留生育功能的患者,应行肌瘤切除术(C)。③等待观察适用于无症状的患者。子宫肌瘤药物治疗效果不佳,仅用于症状轻、近绝经期患者。子宫切除术、宫腔镜子宫内膜切除术适用于无生育要求者。

434. ABCDE 435. ABCDE 436. ABCDE 437. ABCDE ①患者右侧附件区有一肿物，改变体位（排便后）突发右下腹痛，应首先考虑是否为肿物蒂扭转，因此下腹部包块史，对明确诊断最有价值（D）。停经史常用于诊断早孕，但患者末次月经半个月前，不应考虑早孕，故不答A。急性阑尾炎病史常用于诊断阑尾周围脓肿，但患者起病突然，可排除阑尾周围脓肿，故不答B。附件炎病史常用于诊断卵巢囊肿，但患者为实性肿物，故不答C。流产史常用于诊断急性盆腔炎，但与本例无关。②为明确右侧附件区实性肿物的诊断，当然首选B超检查（E）。尿妊娠试验常用于诊断早孕，阴道后穹隆穿刺常用于诊断输卵管妊娠破裂，腹腔镜检查常用于诊断子宫内膜异位症，分段诊刮常用于诊断子宫内膜癌。③B超检查证实右侧附件区实性肿物，质硬，应诊断为子宫浆膜下肌瘤蒂扭转，不要误答为子宫内膜异位症的卵巢囊肿蒂扭转，后者应为囊性肿物（C）。子宫腺肌病不会出现附件区实性肿物，故不答A。输卵管妊娠破裂常表现为腹腔内出血，但本例血压、脉搏正常，无腹腔内出血征象，故不答D。急性盆腔炎不会突发与体位改变有关的右下腹痛，故不答E。④子宫浆膜下肌瘤蒂扭转患者腹膜刺激征明显，应立即剖腹探查（C）。

438. ABCDE ACDE为Ⅰ型子宫内膜癌的特点，B为Ⅱ型子宫内膜癌的特点。

439. ABCDE 子宫内膜单纯型增生癌变率1%，复杂型增生癌变率3%，不典型增生癌变率23%，故答C。增殖期子宫内膜、萎缩型子宫内膜与子宫内膜癌无关。

440. ABCDE 子宫内膜浆液性癌又称子宫乳头状浆液性腺癌，占1%~9%，恶性程度高，预后极差。黏液性癌预后较好。

441. ABCDE ①围绝经期妇女，月经不规则，应首先考虑子宫内膜癌。为明确诊断，应首选子宫内膜分段诊刮。②尿hCG测定常用于诊断早期妊娠、妊娠滋养层细胞疾病。液基细胞学检查（TCT）常用于宫颈癌的筛查。阴道镜检查常用于阴道癌、宫颈癌的诊断。盆腔CT检查常用于诊断盆腔占位性病变。

442. ABCDE ①绝经后妇女，不规则阴道流血，子宫增大，应首先考虑子宫内膜癌（A）。②子宫内膜炎常表现为寒战高热、白细胞计数增高、阴道脓血性分泌物等。子宫腺肌病常表现为继发性痛经进行性加重，经量增多，经期延长，子宫均匀性增大，表面无结节。子宫息肉多位于宫颈，子宫内膜息肉少见。子宫肌瘤常表现为经量增多、经期延长，子宫增大，表面不光滑，多个结节突起，质硬。2018年真题。

443. ABCDE 雌激素可促进子宫内膜增生，是子宫内膜癌的高危因素之一，故禁用（A）。

444. ABCDE 445. ABCDE 446. ABCDE 447. ABCDE 448. ABCDE ①子宫内膜癌累及宫颈，应属于Ⅱ期（C）。②Ⅰ期、Ⅱ期子宫内膜癌首选手术治疗，术后可联合放化疗（A）。③子宫内膜癌Ⅱ期首选改良广泛性子宫切除+双侧附件切除+盆腔及腹主动脉旁淋巴结取样术（C）。筋膜外子宫切除适合于Ⅰ期患者。④子宫内膜癌的放疗可分为体外照射和腔内照射两种，体外照射常用^{60}Co、直线加速器，腔内照射常用后装治疗机（D）。⑤子宫内膜癌内分泌治疗的常用药物是孕激素，当然应用条件是孕激素受体阳性，孕激素受体阳性者有效率可达80%（B）。

449. ABCDE AB均属于卵巢上皮性肿瘤，C属于卵巢性索-间质性肿瘤，DE均属于生殖细胞肿瘤。

450. ABCDE ①卵黄囊瘤和畸胎瘤均属于生殖细胞肿瘤，但畸胎瘤更常见，故答E。②卵巢黏液性囊腺瘤属于上皮性肿瘤，卵巢颗粒细胞瘤属于性索-间质性肿瘤，卵巢黄素化囊肿见于葡萄胎。2020年真题。

451. ABCDE 卵巢肿瘤常发生盆、腹腔广泛转移，包括横膈、大网膜、腹腔脏器表面、壁腹膜、腹膜后淋巴结等部位，横膈为转移的好发部位，尤其右膈下淋巴丛密集，最易受侵犯（C）。

452. ABCDE ①卵巢癌转移至子宫和（或）输卵管，属于ⅡA期（D）。②卵巢癌转移至其他盆腔器官属于ⅡB期。卵巢癌局限于一侧卵巢，包膜完整，表面无肿瘤，属于ⅠA期。卵巢癌局限于双侧卵巢，包膜完整，表面无肿瘤，属于ⅠB期。卵巢癌局限于一侧或双侧卵巢，但有下列任何1项属于ⅠC期：包膜破裂；卵巢表面有肿瘤；腹腔积液有癌细胞。

453. ABCDE ABCD均属于卵巢癌的常见临床表现，E为细菌性阴道病的常见表现。

454. ABCDE 455. ABCDE 456. ABCDE 457. ABCDE ①年轻女性,右侧附件区巨大囊实性包块以卵巢肿瘤最常见。患者改变体位后突发下腹部疼痛,为卵巢肿瘤蒂扭转所致,故答 A。急性阑尾炎常表现为转移性右下腹疼痛,但右下腹不会触及巨大肿块,故不答 B。卵巢黄体破裂和输卵管妊娠破裂均可有一侧附件区压痛,均可短期内腹腔内出血致休克,故不答 CD。题干所述提示包块位于右侧附件区,边界清楚,说明与子宫无关,故不答 E。②诊断卵巢肿瘤蒂扭转,最简单的影像学检查是盆腔 B 超(D)。血尿 hCG 测定常用于诊断早孕,血清 AFP 测定常用于诊断卵黄囊瘤,血清 CA125 测定常用于诊断卵巢浆液性癌,后穹隆穿刺常用于诊断宫外孕破裂。③治疗卵巢肿瘤蒂扭转,应立即剖腹探查(E)。④卵巢肿瘤蒂扭转一经确诊,应尽快手术治疗。术中应先在扭转蒂部靠子宫的一侧钳夹,再切除肿瘤和扭转的蒂部,钳夹前不可先将扭转的蒂复位,以防血栓脱落造成重要器官栓塞。术中不能行肿瘤剜出,以免将肿瘤弄破,污染腹腔(E 错)。切除的标本应常规送病理学检查,依据术中快速切片结果,进一步决定手术方式和切除范围。

458. ABCDE ABCDE 均属于卵巢上皮癌。癌抗原 125(CA125)是一种糖蛋白性肿瘤相关抗原。胚胎发育期的体腔上皮可找到此抗原,如胸膜、心包膜、腹膜、输卵管内膜、子宫内膜及宫颈内膜等,在正常卵巢组织中不存在。最常见于卵巢肿瘤患者血清中,也可见于乳房、肾脏、胃肠道肿瘤等,故 CA125 测定的特异性不高。约 80%的卵巢上皮性癌(尤其是浆液性腺癌)患者血清 CA125 升高(>35U/ml),但黏液性卵巢癌不存在 CA125,因此在所给 5 个选项中,CA125 检测对浆液性腺癌的特异性相对较高。由于 CA125 特异性不高,但敏感性较高,故临床上主要用于病情监测。

459. ABCDE 卵巢黏液性囊腺瘤多为单侧,B 错,其他各项均正确。

460. ABCDE 长得最大的卵巢肿瘤是黏液性囊腺瘤,其他肿瘤很少长得如此之大。

461. ABCDE ①生殖细胞肿瘤(内胚窦瘤)恶性程度高,常见于儿童及年轻妇女,发病中位年龄为 16~18 岁(B)。②性索间质肿瘤(颗粒细胞瘤、支持细胞-间质细胞肿瘤)多见于 40 岁左右妇女。上皮性肿瘤(黏液性囊腺瘤、浆液性囊腺瘤)多见于中老年妇女。转移性癌多见于老年妇女。非特异性间质肿瘤(如纤维瘤)多见于 30 岁以上的妇女。

462. ABCDE ①无性细胞瘤为恶性生殖细胞肿瘤,治疗首选全面分期手术。对于年轻并希望保留生育功能者,无论期别早晚,只要对侧卵巢和子宫未被肿瘤浸润,均可行保留生育功能的手术,故本例应行右侧附件切除(C)。②无性细胞瘤虽然对放疗非常敏感,但由于放疗会影响生育功能,目前少用,故不答 AD。③患者卵巢肿瘤局限于一侧卵巢,包膜完整,应诊断为ⅠA 期。对于ⅠA 期无性细胞瘤,无需化疗,故不答 BE。

463. ABCDE ①卵巢纤维瘤较常见,患者可有胸腔积液和(或)腹腔积液,称为梅格斯(Meigs)综合征。腹腔积液经淋巴或横膈至胸腔,右侧横膈淋巴丰富,故胸腔积液多见于右侧。手术切除肿瘤后,胸腔积液、腹腔积液常自行消失。②BCDE 项肿瘤一般不合并胸腹腔积液。请注意:卵巢纤维瘤属良性肿瘤,而不是恶性肿瘤。

464. ABCDE ①女性胃癌可种植转移至双侧卵巢,称为库肯勃瘤(Krukenberg tumor)。肿瘤常为双侧,中等大,多保持卵巢原状,一般无粘连,切面实性,胶质样。②卵巢卵黄囊瘤常见于儿童及年轻女性,多为单侧。卵巢子宫内膜异位囊肿常继发于子宫内膜异位症,可有继发性痛经,进行性加重。卵巢畸胎瘤多为囊性,好发于 20~40 岁女性。卵巢纤维瘤单侧居多,实性,常合并胸腔积液、腹腔积液。

465. ABCDE 466. ABCDE 467. ABCDE ①诊断卵巢肿瘤的首选影像学检查为 B 超,腹部平片有助于诊断畸胎瘤,血清 CA125 测量有助于诊断卵巢浆液性腺癌,血清 AFP 测定有助于诊断卵黄囊瘤,可见 ABCE 均有助于卵巢肿瘤的诊断,血沉测定对本病诊断价值不大(D)。②B 超示卵巢肿瘤中有强光团,此为牙齿或骨质所致,故畸胎瘤的可能性大(C)。ABDE 均不会出现强光团。③卵巢畸胎瘤多为良性肿瘤,单侧肿瘤可行肿瘤剔除术或患侧附件切除术。由于本例肿块较大(7cm×7cm),单纯作肿瘤剔除困难,故应行右侧附件切除(B)。只有绝经后妇女才考虑行子宫及双侧附件切除。

468. ABCDE　水泡状胎块是指葡萄胎，分为完全性葡萄胎和部分性葡萄胎两类。

469. ABCDE　妊娠滋养细胞疾病包括葡萄胎、侵蚀性葡萄胎、绒毛膜癌、胎盘部位滋养细胞肿瘤。

470. ABCDE　完全性葡萄胎的发病与地域、种族、营养状况、社会经济因素、妊娠年龄、前次妊娠有葡萄胎病史等有关。月经不规则、口服避孕药与部分性葡萄胎的发病有关。

471. ABCDE　①完全性葡萄胎的水泡大小较一致，绒毛弥漫性水肿，弥漫性增生，异型性大，但无扇贝样轮廓绒毛。②部分性葡萄胎的部分绒毛呈水泡状，绒毛局限性水肿，局限性增生，异型性较小，但有显著的扇贝样轮廓绒毛(D)。

472. ABCDE　葡萄胎患者滋养细胞可分泌大量人绒毛膜促性腺激素(hCG)，刺激卵巢卵泡内膜细胞发生黄素化而形成黄素化囊肿，常为双侧，大小不一。

473. ABCDE　474. ABCDE　①完全性葡萄胎的典型B超征象是子宫大于相应孕周，无妊娠囊或胎心搏动，宫腔内充满不均质密集状或短条状回声，呈落雪状或蜂窝状(A)。②子宫内膜癌的典型B超征象是宫腔有实质不均匀回声区，宫腔线消失，肌层内有不均匀回声(C)。③BD为妊娠滋养细胞肿瘤的B超征象。E为子宫腺肌病的B超征象。

475. ABCDE　正常情况下，葡萄胎完全排空后，血清hCG应逐渐下降，首次降至正常的平均时间为9周，最长不超过14周。

476. ABCDE　①葡萄胎常表现为停经8~12周后阴道流血，子宫异常增大，双侧附件可出现卵巢黄素化囊肿，B超示宫腔内“落雪状”“蜂窝状”回声为其特点。根据题干，本例应诊断为葡萄胎(D)。②双侧卵巢肿瘤不会出现子宫增大、B超示宫腔内落雪征。稽留流产妇检可见子宫小于停经周数，而不是大于停经周数。羊水过多B超示羊水最大暗区垂直深度(AFV)≥8cm，羊水指数≥25cm。绒癌B超示子宫增大，肌层可见高回声团块。2018年真题。

477. ABCDE　①葡萄胎一经确诊，应及时清宫。通常选用刮宫术，具有手术时间短、出血少、不易发生子宫穿孔等优点，即使子宫增大至妊娠6个月大小，仍可选用吸刮术。子宫小于妊娠12周可以一次刮净，大于妊娠12周可于1周后第2次刮宫。②葡萄胎为良性疾病，一般不施行子宫切除，故不答BC。对于年龄较大、无生育要求者可行子宫切除术。葡萄胎为良性疾病，清宫后无需常规化疗，故不答DE。

478. ABCDE　479. ABCDE　480. ABCDE　481. ABCDE　482. ABCDE　①葡萄胎、绒毛膜癌、妊娠合并子宫内膜异位症或子宫肌瘤都可出现子宫大于孕周，但先兆流产子宫与孕周相符，故答D。②葡萄胎可有子宫增大、双侧卵巢黄素化囊肿，故答E。卵巢畸胎瘤、纤维瘤均为实性肿瘤，故不答AB。输卵管囊肿、结核可有附件囊性肿块，但无子宫增大，故不答CD。③诊断葡萄胎首选B超检查，若显示宫腔落雪征即可确诊。不要误答诊断性刮宫，此为治疗措施，且为有创操作，不作为首选，故不答D。血清hCG增高对葡萄胎的诊断无特异性，故不答A。超声多普勒查胎心主要用于确诊活胎。MRI价格昂贵，一般不作为首选。④葡萄胎一经确诊，需及时清宫(A)。葡萄胎不是恶性肿瘤，无需化疗。⑤双侧卵巢黄素化囊肿在葡萄胎清宫后会自行消退，一般无需处理(A)。若发生急性蒂扭转，可在B超或腹腔镜下作穿刺抽液，囊肿多能自然复位。

483. ABCDE　绒毛膜癌约60%继发于葡萄胎，30%继发于流产，10%继发于足月妊娠或异位妊娠。输卵管复通术与绒毛膜癌发病无关(D)。

484. ABCDE　绒毛膜癌易发生血行转移至肺、阴道、盆腔、肝、脑等，其中脑转移预后凶险，为主要死因(C)。

485. ABCDE　葡萄胎为良性疾病，不可能出现阴道转移。侵蚀性葡萄胎为交界性肿瘤，可出现阴道转移，故答D。ABCE都不能作为两者的鉴别点。

486. ABCDE　①葡萄胎清宫后3个月，阴道不规则流血，子宫稍大，有肺转移征象(胸片示肺部片状阴影)，应考虑妊娠滋养细胞肿瘤而不是葡萄胎残留，因为葡萄胎为良性疾病，不会发生肺转移，故不答A。②葡萄胎妊娠后既可继发侵蚀性葡萄胎，也可继发绒癌；而非葡萄胎妊娠后则只能继发绒癌，故答案可能为D或E。葡萄胎清宫后半年内发病者一般诊断为侵蚀性葡萄胎，清宫1年以上发病者一般诊断为绒毛膜癌。本例在清宫后半年内发病,应诊断为侵蚀性葡萄胎而不是绒毛膜癌,绒毛膜癌常在清宫后1年发病,故答案为E而不是D。③先兆流产和异位妊娠均不会出现肺转移征象,故不答BC。

487. ABCDE ①阴道结节为滋养层细胞肿瘤的浸润症状,故可首先排除答案ABE,因为宫外孕、葡萄胎(水泡状胎块)都是良性疾病,不可能发生浸润转移。②阴道凝血块中可见绒毛,应诊断为侵蚀性葡萄胎而不是绒癌,因为绒癌无绒毛、无血管、无间质。

488. ABCDE ①人流后长期不规则阴道流血,子宫增大变软,尿hCG长期阳性,应首先考虑葡萄胎及妊娠滋养细胞肿瘤。本例有肺转移征象(胸片见两肺有散在棉絮团影),故应诊断为妊娠滋养细胞肿瘤而不是葡萄胎,葡萄胎为良性病变,不会发生肺转移。由于非葡萄胎妊娠后只继发绒癌而不继发侵蚀性葡萄胎,故本例应诊断为绒癌(D)。②吸宫不全常表现为吸宫后即出现阴道流血,但子宫不增大变软,不会出现肺转移,故不答A。胎盘部位滋养细胞肿瘤极少见,症状和体征均不典型,临床很难诊断,一般靠组织学检查确诊,故不答E。

489. ABCDE ①患者人流术后2年出现阴道流血,咳血,胸片示肺部多个结节,应诊断为绒毛膜癌肺转移。绒癌的治疗以化疗为主、手术和放疗为辅,故答D。②子宫切除术只用于控制大出血等并发症。

490. ABCDE ①葡萄胎清宫后半年以内多发展为侵蚀性葡萄胎,1年以上多发展为绒癌。本例葡萄胎清宫后5个月,血清hCG增高,应诊断为侵蚀性葡萄胎。其预后评分为:年龄<40岁=0分;前次妊娠为葡萄胎=0分;距前次妊娠时间5个月=1分;治疗前血清hCG1500U/L=1分,共计2分,应评定为低危患者。对于低危患者应选择单一药物(甲氨蝶呤MTX)化疗,故答案为A。②BC为高危患者的联合化疗方案,故不答BC。滋养细胞肿瘤很少采用手术治疗,手术治疗仅为辅助治疗方法之一,故不答D。放射治疗仅用于肝、脑转移的治疗。

491. ABCDE 492. ABCDE 493. ABCDE ①患者产后咳嗽、咯血,可能为滋养细胞肿瘤肺转移。患者头痛、呕吐、四肢活动无力,可能是滋养细胞肿瘤脑转移。葡萄胎、肺结核为良性疾病,不会出现肺、脑转移,故可首先排除答案AD。胎盘滋养部位肿瘤少见,故不答E。非葡萄胎妊娠后只可能继发绒癌,而不会继发侵蚀性葡萄胎,故答C而不是B。②宫颈涂片常用于宫颈癌的诊断,对绒毛膜癌的诊断价值不大(D)。③绒癌的治疗首选化疗(B)。

494. ABCDE ①青春期异常子宫出血是由于下丘脑-垂体-卵巢轴(H-P-O轴)激素间的反馈调节尚未成熟所致,大脑中枢对雌激素的正反馈作用存在缺陷,FSH呈持续低水平,无促排卵性LH陡直高峰形成,而不能排卵。②绝经过渡期异常子宫出血的原因是卵巢功能不断衰退,卵巢对垂体促性腺激素的反应性低下,卵泡发育受阻而不能排卵。

495. ABCDE 无排卵性异常子宫出血患者的子宫内膜受雌激素持续作用而无孕激素拮抗,可发生不同程度的增生变化,如单纯性增生、复杂性增生、不典型增生,而无分泌期变化;少数可呈萎缩性改变。

496. ABCDE 无排卵性异常子宫出血好发于青春期和绝经过渡期,但也可发生于育龄期。

497. ABCDE 无排卵性异常子宫出血一般无腹痛,最常见的症状是子宫不规则出血,BCE都是其常见临床表现。

498. ABCDE 异常子宫出血为功能性疾病,无子宫的器质性病变,故不做腹腔镜检查(C)。

499. ABCDE ①性激素测定:在排卵后,于月经来潮前1周左右抽血测定孕酮含量,若升高提示近期有排卵。②基础体温测量:若为双相型表示有排卵,若为单相型则无排卵。③诊断性刮宫:在经前期或月经来潮6小时内诊刮,可确定卵巢有无排卵和黄体功能。④宫颈黏液结晶检查:涂片出现典型结晶提示接近排卵期。⑤阴道分泌物检查主要用于外阴阴道炎的诊断,不能判断有无排卵(E)。

500. ABCDE 子宫内膜切除术适用于年龄较大,无生育要求的异常子宫出血患者,不适合青春期异常子宫出血(E)。ABCD均正确。

501. ABCDE 绝经过渡期异常子宫出血首选诊断性刮宫,以排除宫内器质性病变(E)。

502. ABCDE 患者基础体温单相型,说明无排卵,因此不可能妊娠,故可首先排除答案ABC,得出正确答案为 E。

503. ABCDE　①本例应诊断为青春期无排卵性异常子宫出血,多为内源性雌激素不足所致。其止血首选口服大剂量雌激素,以迅速促使子宫内膜生长,短期内修复创面而止血。②诊断性刮宫多用于绝经过渡期异常子宫出血的治疗。止血敏、血小板悬液对异常子宫出血的止血效果不佳,故不答 BD。肌注黄体酮多用于体内有一定雌激素水平的异常子宫出血患者。

504. ABCDE　505. ABCDE　506. ABCDE　①绝经过渡期异常子宫出血患者,应首先考虑无排卵性异常子宫出血(D)。ABC 查体均可有阳性发现,故不答 ABC。排卵性异常子宫出血多见于育龄期妇女,而不是绝经过渡期,故不答 E。②对于绝经过渡期异常子宫出血患者,首先应行诊断性刮宫,以排除子宫内膜癌(E)。③子宫内膜不典型增生为子宫内膜癌的癌前病变。对于绝经过渡期异常子宫出血,伴子宫内膜不典型增生,应行子宫切除术(E)。宫腔镜下子宫内膜切除术仅用于不适合子宫切除的绝经过渡期异常子宫出血患者。

507. ABCDE　508. ABCDE　509. ABCDE　510. ABCDE　①疑为黄体功能不足的患者,宜在月经来潮前 1~3 日诊刮,若活检内膜的分泌反应比应有的组织学变化落后 2 日以上即可确诊(E)。②疑为子宫内膜不规则脱落的患者,宜在月经第 5~6 日诊刮,若仍能见到呈分泌反应的内膜,且出血期与增殖期并存,有助于诊断(C)。③疑为无排卵性异常子宫出血的患者,宜在月经来潮 6 小时内诊刮,若仍为增生期内膜,有助于诊断(A)。④为确定卵巢有无排卵和黄体功能,应在经前期或月经来潮 6 小时内诊刮。

511. ABCDE　512. ABCDE　513. ABCDE　①排卵性异常子宫出血分为黄体功能不足、子宫内膜不规则脱落两类。黄体功能不足患者经前期诊刮见活检内膜分泌反应落后 2 日以上,即分泌反应不良(B)。②子宫内膜不规则脱落是指黄体发育良好,但排卵后萎缩过程延长,子宫内膜受孕激素影响,不能如期完整脱落。正常情况下月经第 3~4 日,分泌期子宫内膜应已全部脱落,转为增殖期内膜。但子宫内膜不规则脱落患者,即使在月经期第 5~6 日刮宫仍能见子宫内膜呈分泌反应(A)。③无排卵性异常子宫出血患者由于卵巢不排卵,可导致孕激素缺乏,子宫内膜仅受雌激素持续影响而无孕激素拮抗,常发生不同程度的增生期改变,而无分泌期变化(C)。④刮宫发现子宫蜕膜组织,为早期妊娠的表现。

514. ABCDE　515. ABCDE　516. ABCDE　①患者尿妊娠试验阴性,可首先排除答案 ABCD。患者长期不孕,阴道长时间流血,查体未见异常,应诊断为异常子宫出血(E)。②患者病史长达 3 年,为明确异常子宫出血原因,可行诊断性刮宫(D)。③患者宫颈黏液涂片可见羊齿状结晶,说明受雌激素影响大,无孕激素作用,考虑不孕症原因可能为不排卵。为解决不孕问题,关键在于促排卵(E)。

517. ABCDE　①排卵性异常子宫出血包括黄体功能不足和子宫内膜不规则脱落。前者表现为月经周期缩短;后者表现为月经周期正常,但经期延长、经量增多。故本题应考虑子宫内膜不规则脱落,属于排卵性异常子宫出血的一种,答案为 E。②子宫内膜癌常表现为围绝经期阴道流血,以月经紊乱(经期延长、经量增多、周期不正常)为主要表现,故不答 A。子宫颈癌多表现为接触性出血,故不答 B。子宫肌瘤多表现为经量增多、经期延长、周期缩短,故不答 C。宫颈息肉本质上属于慢性宫颈炎,常表现为宫颈外口处突出,色红,质脆而软,月经正常,故不答 D。

518. ABCDE　①生育年龄妇女基础体温呈双相曲线,说明月经周期中有排卵。患者月经周期正常,但经量增多,经期延长至 9~10 天,应诊断为子宫内膜不规则脱落(黄体萎缩不全)。其治疗以补充孕激素为主,可于排卵后第 1~2 日或下次月经前 10~14 日开始,肌注黄体酮(D)。②子宫内膜不规则脱落为排卵性异常子宫出血,无需使用促排卵药物氯米芬。人工周期疗法主要用于无排卵性异常子宫出血的治疗。于排卵后 1~2 日,肌注尿促性素(HMG),可促进黄体功能。

519. ABCDE　继发性闭经是指正常月经建立后月经停止 6 个月以上(B)。

520. ABCDE　①Turner(特纳)综合征属于性腺先天性发育不全,表现为原发性闭经,卵巢不发育,身材矮小,第二性征发育不良等,属于卵巢性闭经(C)。②Asherman 综合征为子宫性闭经,Sheehan 综合征、空蝶鞍综合征均为垂体性闭经,神经性厌食为下丘脑性闭经。

521. ABCDE 盆腔放疗可损伤子宫内膜引起继发性闭经,属于子宫性闭经(A)。

522. ABCDE 下丘脑(GnRH)-垂体(LH/FSH)-卵巢(E/P)-子宫是一个生理性调节轴,当卵巢功能衰竭时,卵巢分泌的雌激素(E)和孕激素(P)减少,对垂体的负反馈抑制作用减弱,则垂体分泌的 LH/FSH 增加(A)。

523. ABCDE ①药物撤退试验主要用于评估体内雌激素水平,以确定闭经程度。若孕激素试验阳性(即出现撤药性出血),提示子宫内膜已受一定水平雌激素影响,为Ⅰ度闭经;若孕激素试验阴性(即无撤药性出血),则存在两种可能:内源性雌激素水平降低所致的Ⅱ度闭经、子宫病变所致的子宫性闭经。②为区分Ⅱ度闭经和子宫性闭经,还需进行雌孕激素序贯试验:口服己烯雌酚 1mg,qd×21d,最后 10 天加服甲羟孕酮 10mg,qd×10d。停药后发生撤药性出血者为阳性,提示子宫内膜正常、雌激素水平低落,为Ⅱ度闭经;雌孕激素序贯试验阴性提示子宫性闭经。③垂体兴奋试验也称 GnRH 刺激试验,可了解垂体对 GnRH 的反应性,主要用于鉴别下丘脑性闭经和垂体性闭经。基础体温测定主要用于判断月经周期中有无排卵。染色体检查主要用于判断有无先天畸形。激素水平测定可了解体内各激素水平状态。

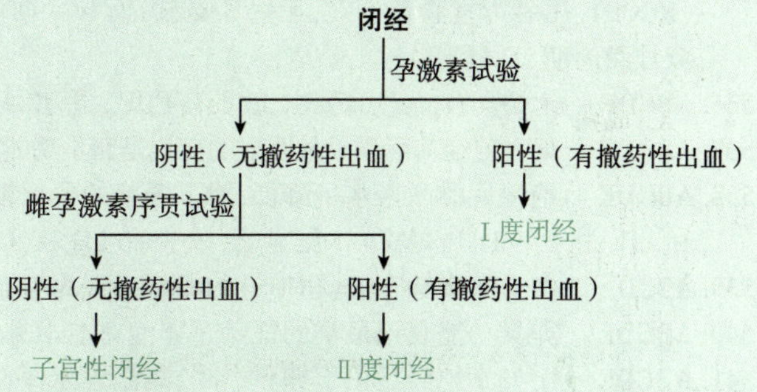

药物撤退试验

524. ABCDE 患者雌孕激素序贯试验阴性,提示子宫性闭经。雌孕激素序贯试验原称雌激素试验。

525. ABCDE ①雌孕激素序贯试验阴性(无撤药性出血)提示子宫性闭经而不是卵巢性闭经(E)。②基础体温呈单相提示卵巢无排卵,故不答 A。卵巢早衰引起的闭经患者血清 FSH 浓度增高,故不答 B。卵巢功能衰竭可导致雌激素、孕激素分泌减少,故不答 C。孕激素试验阳性表示子宫内膜已受雌激素影响,说明卵巢合成的雌激素正常,故不答 D。

526. ABCDE ①下丘脑-垂体-卵巢-子宫是一个生理性调节轴。卵巢具有产生卵子及排卵的功能,只有当"下丘脑-垂体-卵巢"的结构和功能均正常时,卵巢才可能正常排卵。本例基础体温呈双相曲线,提示有正常排卵,说明下丘脑→垂体→卵巢功能均正常,因此本例应考虑为子宫病变导致的继发性闭经,即子宫性闭经,故可排除答案 DE。②子宫颈管狭窄时,只要子宫内膜正常就不会引起闭经,故可排除答案 A。患者 14 岁初潮后月经一直正常,说明没有先天性子宫发育不良,故不答 B,选择 C 作为正确答案。事实上,子宫内膜结核是临床上子宫性闭经的常见原因之一。

527. ABCDE **528. ABCDE** ①氯米芬是最常用的促排卵药物,适用于有一定内源性雌激素水平的无排卵者(C)。②促性腺激素释放激素(GnRH)适用于下丘脑性闭经(E)。

529. ABCDE 下丘脑(GnRH)-垂体(LH/FSH)-卵巢(E/P)-子宫是一个生理性调节轴,多囊卵巢综合征(PCOS)患者由于垂体对 GnRH 敏感性增加,分泌过量 LH,导致 LH/FSH 比值增大。过量 LH 可刺激卵巢间质、卵泡膜细胞分泌大量雄激素。卵巢内高雄激素抑制卵泡成熟,不能形成优势卵泡。但卵巢中的小卵泡仍能分泌雌二醇,造成雌酮过多。持续分泌的雌酮作用于下丘脑和垂体,对 LH 分泌呈正反馈,使 LH 分泌幅度及频率增加,呈持续高水平,无周期性,不形成月经中期 LH 峰(B 对)。

530. ABCDE ①多囊卵巢综合征(PCOS)大体见双侧卵巢均匀性增大,为正常妇女的 2~5 倍,呈灰白色,包膜坚硬。切片见卵巢白膜均匀性增厚,囊性卵泡≥12 个,无成熟卵泡及排卵迹象。②子宫内膜长期受雌激素刺激,呈不同程度地增殖性改变。由于患者无排卵,无法产生孕激素,因此子宫内膜不会出现分泌期变化(E 错)。

531. ABCDE 多囊卵巢综合征由于长期无排卵及高雄激素血症，常表现为月经失调、不孕、多毛、痤疮、肥胖等，其中月经失调为最常见症状，多表现为继发性月经稀发或闭经(C)。请注意，多囊卵巢综合征导致的是继发性闭经而不是原发性闭经。

532. ABCDE ABCD 均属于多囊卵巢综合征(PCOS)的常见临床表现，PCOS 一般不会出现痛经(E)。

533. ABCDE 多囊卵巢综合征常起病于青春期，主要表现为月经失调、雄激素过多、肥胖(B)。

534. ABCDE 多囊卵巢综合征(PCOS)行诊断性刮宫，宜选择在月经前数日或月经来潮 6 小时内进行，若子宫内膜呈不同程度的增殖期改变，而无分泌期改变，有助于诊断。

535. ABCDE ①青春期女性，月经稀发，面部痤疮，多毛，血清 LH/FSH>2，应诊断为多囊卵巢综合征(PCOS)。患者为青春期少女，无生育要求，故不答 CD。②患者主诉为月经紊乱，故需补充孕激素调节月经周期(E 对)。

536. ABCDE 未婚女性，无生育要求，故不答 CDE。患者目前的主要矛盾为雄激素过高导致的多毛，故答 A。

537. ABCDE 妇女绝经前后最早最明显的变化是卵巢功能衰退，随后表现为下丘脑-垂体功能退化(C)。

538. ABCDE 绝经后雌激素水平降低，对下丘脑的负反馈调节减弱，GnRH 释放增加，刺激垂体释放 FSH 和 LH，由于 FSH 升高较 LH 更显著，故 FSH/LH>1(C)。

539. ABCDE 多囊卵巢综合征(PCOS)的典型表现为 LH/FSH>2~3，常见于非肥胖型患者(E)。

540. ABCDE 卵巢功能衰退最早的征象是卵泡对 FSH 敏感性降低，FSH 水平升高(D)。

541. ABCDE ①妇女绝经后由于卵巢衰竭，雌激素水平降低，主要表现为潮热，是雌激素水平低下的特征性症状。特点是反复出现短暂的面部、颈部和胸部皮肤阵发性潮红，伴有轰热，继之出汗。一般持续 1~3 分钟，夜间或应激状态易促发。②阴道干涩为雌激素水平低下的远期症状。失眠为自主神经失调的表现。月经稀少为绝经过渡期的表现。

542. ABCDE 绝经综合征患者激素补充治疗(HRT)的常用药物是雌激素。

543. ABCDE ABCD 为绝经期综合征行激素补充治疗(HRT)的适应证，E 为其禁忌证。

544. ABCDE 女性无避孕性生活至少 12 个月而未孕，称为不孕症。

545. ABCDE 不孕症夫妇首选的检查项目是精液常规检查，初诊时男方一般要进行 2~3 次精液检查，以获取基线数据。

546. ABCDE ①ABC 显然可了解输卵管是否通畅，故不答 ABC。腹腔镜检查可在直视下观察输卵管大小、形态、有无盆腔粘连等，间接了解输卵管是否通畅。②诊断性刮宫主要用于了解子宫内膜病变，不能明确输卵管是否通畅(D)。

547. ABCDE ①卵巢功能检查包括 B 超监测卵泡发育及排卵、基础体温测定、宫颈黏液检查、黄体期子宫内膜活检、性激素(FSH、LH、E_2、PRL、T、P)测定等，临床上以 B 超检查最为常用(C)。②宫颈醋酸白试验主要用于尖锐湿疣的辅助检查。子宫颈细胞学检查主要用于宫颈癌的筛查。子宫内膜活检一般不用于不孕症患者，以免损伤子宫内膜。

548. ABCDE 孕激素是排卵后黄体细胞分泌的激素，因此不能诱发排卵(C)。ABDE 均可促进排卵。

549. ABCDE 体外受精-胚胎移植(IVF-EF)技术是指从妇女卵巢内取出卵子，在体外与精子发生受精并培养 3~5 日，再将发育到卵裂期或囊胚期阶段的胚胎移植到宫腔内，使其发育成胎儿的过程，俗称试管婴儿(E)。

550. ABCDE 体外受精-胚胎移植(IVF-EF)的适应证包括输卵管性不育症、子宫内膜异位症、男性因素不育症、排卵异常、宫颈因素不孕症等，其中以输卵管不通最为常见(D)。

551. ABCDE ①卵巢功能和子宫正常，而双侧输卵管堵塞导致的不孕症是体外受精与胚胎移植的最好适应证(D)。②本例由于双侧输卵管堵塞，当然不能进行配子输卵管内移植。③卵细胞胞浆内单精子注射主要用于治疗重度少、弱、畸形精子症的男性不育。胚胎植入前遗传学诊断技术主要用于 X

性连锁疾病的胚胎性别选择。人工授精是将精子通过非性交方式注入女性生殖道内，使其受孕的一种技术，本例由于双侧输卵管堵塞，当然不能采用此种技术。

552. ABCDE 体外受精-胚胎移植（IVF-EF）、卵胞浆内单精子注射（ICSI）、精液人工授精（AID）、胚胎植入前遗传学诊断（PGD）均属于辅助生殖技术。人工周期常用于治疗月经失调，不属于辅助生殖技术。

553. ABCDE 554. ABCDE 555. ABCDE ①患者3年前人流术后发热、下腹疼痛1周，说明合并盆腔炎，很可能导致输卵管粘连堵塞，故答E。阴道因素多为阴道闭锁、机械性损伤所致，宫颈因素多为解剖异常所致，临床上均少见，故不答AB。患者基础体温呈双相，说明有排卵，故不答C。免疫因素为男性不育症的常见原因，故不答D。②输卵管阻塞所致的不孕症，子宫输卵管造影当然会有阳性发现（C）。③体外受精-胚胎移植（IVF-EF）最常见的适应证是输卵管不通（B）。

556. ABCDE 宫内节育器避孕（IUD）是一种安全、有效、简便、经济、可逆的避孕工具，为我国育龄妇女的主要避孕措施。

557. ABCDE ①曼月乐是含孕激素的宫内节育器（IUD），有效率99%以上。②惰性宫内节育器为第一代IUD，不含活性物质，现已停产。母体乐为含铜宫内节育器。活性γ-IUD为含吲哚美辛的IUD。

558. ABCDE ①反射性抑制排卵是甾体激素的避孕机制，而不是IUD的避孕机制（D）。②干扰着床是宫内节育器的主要避孕机制。对精子、胚胎的毒性作用是含铜IUD的作用机制。"孕激素对子宫内膜的局部作用"是含孕激素的IUD的作用机制。

559. ABCDE ①目前国内应用最多的是含铜宫内节育器（TCu-IUD），放置时间可达10~15年，本例为围绝经期妇女，放置时间已达10年，出现不规则阴道流血，妇科检查和宫颈细胞学检查无异常，可排除妇科肿瘤，对症治疗无效，建议取环，并作分段诊刮，以明确阴道出血原因（E）。②不规则阴道出血使用普通止血药物效果不佳，故不答A。本例无感染征象，故不答B。只取出宫内节育器，不作诊刮，不能排除子宫内膜癌。人工周期（雌孕激素序贯治疗）多用于无排卵性异常子宫出血的治疗。

560. ABCDE 561. ABCDE ①TCU型IUD为含铜宫内节育器，B超检查容易探测，且简单无创，为首选检查方法（B）。盆腔X线片虽然也可检查IUD，但由于存在放射性，临床上少用。宫腔镜、子宫碘油造影为有创检查，不作为首选。窥阴器检查不能了解IUD情况，不宜选用。②含铜IUD一般可放置5~7年，且经B超检查证实IUD尚未脱落、移位，故无需处理，只需定期复查（A）。

562. ABCDE ①ABCD均为口服避孕药的作用机制。②阻止精子与卵子结合为输卵管结扎、阴茎套的避孕机制（E）。

563. ABCDE 复方避孕药含有雌激素，而雌激素可促进血液凝固，增加心肌梗死的发生率，故冠心病患者禁用（B）。ACDE均可使用复方避孕药。

564. ABCDE 口服短效避孕药期间出现不规则阴道流血，称为突破性出血。轻者无需处理，重者可每晚加服雌激素直至停药（C）。

565. ABCDE 避孕套为男性避孕工具，还具有防止性病传播的作用。

566. ABCDE ABDE均含有性激素，可导致不规则阴道流血，而避孕套为屏障避孕，不会引起阴道流血。

567. ABCDE 易受孕期是指预计下次排卵前后4~5日。

568. ABCDE 输卵管结扎术的禁忌证：①24小时内两次体温≥37.5℃；②全身情况不佳，如心衰、血液病等，不能耐受手术；③患严重的神经官能症；④各种疾病急性期；⑤腹部皮肤有感染灶或患急、慢性盆腔炎。

569. ABCDE 570. ABCDE 571. ABCDE 572. ABCDE ①药物流产适用于妊娠≤49日（A）。②负压吸引术终止妊娠适用于妊娠10周内（B）。③钳刮术终止妊娠适用于妊娠10~14周（D）。④利凡诺羊膜腔注射引产适用于中晚期妊娠（E）。

573. ABCDE 本例为妊娠59天，即孕8^{+3}周，应选用负压吸宫术（B）。

574. ABCDE 人工流产负压吸宫术适用于妊娠10周以内者，故不答A。急性生殖道炎症不宜行负压吸宫术,否则将导致宫内感染,故不答 B。各种慢性疾病的急性期不宜手术,否则将加重病情,故不答 C。手术当天体温 2 次超过 37.5℃,提示体内存在感染,不宜行负压吸宫术,故不答 E。妊娠剧吐为常见的早孕反应,不是负压吸宫术的禁忌证,否则大多数孕妇均存在妊娠剧吐,难道都不能行负压吸宫术?这种论断显然不正确,故答案为 D。

575. ABCDE　576. ABCDE　①正常宫腔深 8~10cm,本例负压吸宫术中探针探得宫腔深度 14cm,说明有子宫穿孔(E)。子宫肌瘤、子宫肥大、子宫后位、子宫畸形,都不会出现子宫"无底感"。②对于子宫穿孔,应立即停止宫腔操作(A 错)。小的穿孔,可给予宫缩素和抗生素预防感染,并严密观察患者的生命体征、有无腹痛、阴道流血及腹腔内出血情况。若病人一般情况尚好,胚胎组织尚未吸净,可在 B 超或腹腔镜监护下清宫。尚未进行吸宫操作者,可在 1 周后清除宫腔内容物(D 对)。若出血较多或有脏器损伤者,应剖腹探查(C 错)。

577. ABCDE　①人流术后长时间阴道流血,血量多,应首先考虑吸宫不全(D)。②子宫穿孔常表现为子宫无底感。出血是指妊娠月份较大时,因子宫较大,子宫收缩欠佳,出血量较多,使用缩宫素效果较好,故不答 B。漏吸是指人流时未吸出胚胎及绒毛,导致继续妊娠。宫腔感染常表现为恶露增多,臭味,抗生素治疗多有效。

578. ABCDE　①漏吸是指人流时未吸出胚胎及绒毛,导致继续妊娠,尿妊娠试验仍为阳性。②吸宫不全常表现为阴道大量出血,尿妊娠试验应为阴性。

579. ABCDE　①雌激素可抑制乳汁分泌,因此哺乳期避孕不宜选用含雌激素的避孕药,BCD 项均含有雌激素,不宜使用。安全期避孕不安全,故不答 A。②哺乳期避孕首选避孕套,次选单孕激素制剂或皮下埋植(E)。

580. ABCDE　滴虫性阴道炎主要经性交传播,采用避孕套避孕可减少性病传播。

581. ABCDE　①新婚夫妇,尚未生育,应首选复方短效口服避孕药避孕,使用方便,避孕效果好,不影响性生活(E)。待性生活适应后,可选用阴茎套。②长效避孕针、宫内节育器适用于生育后期避孕。安全期避孕并不安全,失败率高达 20%,不宜选用。体外排精易造成部分精液遗漏在阴道内,导致避孕失败,不宜选用。

582. ABCDE　①安全期避孕并不安全,失败率高达 20%,不宜使用。②雌激素在肝脏内灭活,慢性肝炎患者肝功能减退,对雌激素的灭活作用减弱,故不宜使用含雌激素的避孕药。口服短效避孕药、长效避孕针均含有雌激素,慢性肝炎患者不宜使用。皮下埋置避孕在我国不作为首选,故答 B。

583. ABCDE　生育期保健主要是维护生殖功能的正常,保证母婴安全,降低孕产妇死亡率及围产儿死亡率。

584. ABCDE　青春期保健包括自我保健、营养指导、体育锻炼、卫生指导和性教育。定期体格检查为老年期保健内容(E)。

第二十篇　儿科学试题

第 1 章　绪论、生长发育与儿童保健

1. 最易发生意外伤害的年龄段是
   A. 新生儿期　　B. 婴儿期　　C. 幼儿期
   D. 学龄前期　　E. 青春期
2. 不符合小儿生长发育的一般规律的是
   A. 由上到下　　B. 由远到近　　C. 由粗到细
   D. 由低级到高级　　E. 由简单到复杂
3. 乳牙最晚于何时出齐？
   A. 1 岁　　B. 2 岁　　C. 3 岁
   D. 4 岁　　E. 5 岁

   A. 淋巴系统　　B. 生殖系统　　C. 神经系统
   D. 呼吸系统　　E. 循环系统
4. 儿童时期发育最早的系统是
5. 儿童时期发育最晚的系统是
   A. 30cm　　B. 31cm　　C. 33cm
   D. 46cm　　E. 48cm
6. 足月儿出生时头围约
7. 1 岁小儿的头围约
8. 2 岁小儿的头围约
   A. 30cm　　B. 32cm　　C. 33cm
   D. 46cm　　E. 49cm
9. 足月儿出生时胸围约
10. 1 岁小儿的胸围约
11. 2 岁小儿的胸围约
12. 儿童 1 岁时头围与胸围的增长曲线形成交叉，这说明胸围生长发育是
   A. 正常　　B. 肥胖　　C. 消瘦
   D. 矮小　　E. 低体重
13. 一小儿体重 9kg，身高 75cm，头围 46cm。此小儿的年龄是
   A. 9 个月　　B. 1 岁　　C. 2 岁
   D. 2 岁半　　E. 3 岁
14. 脊柱出现第二个生理性弯曲的年龄是
   A. 3 个月　　B. 6 个月　　C. 9 个月
   D. 1 岁　　E. 6 岁

15. 婴儿期拍摄 X 线片测定骨龄时,拍摄部位是
A. 左手腕　B. 右手腕　C. 左手腕及膝
D. 右手腕及膝　E. 右手腕及髋
16. 12 岁小儿腕部骨化中心应有
A. 6 个　B. 8 个　C. 9 个
D. 10 个　E. 12 个
17. 小儿有牙 18 个,会用汤匙吃饭,能说 2~3 字拼成的短语,其年龄为
A. 1 岁　B. 1 岁半　C. 2 岁
D. 2 岁半　E. 3 岁
18. 正常婴儿,体重 4kg,前囟 1.5cm×1.0cm,后囟 0.2cm,头不能竖立,最可能的月龄是
A. 28 天内　B. 1~2 个月　C. 2~3 个月
D. 3~4 个月　E. 4~5 个月
19. 小儿体重 9kg,身高 76cm,头围 46cm,胸围 46cm,牙齿 8 颗,最可能的年龄是
A. 10 个月　B. 12 个月　C. 15 个月
D. 18 个月　E. 2 岁
20. 婴儿体重 4kg,逗能微笑,头能竖直,推测其月龄为
A. 1 个月　B. 2 个月　C. 3 个月
D. 4 个月　E. 5 个月

(21~23 题共用题干)男婴,独坐稳,换手,认生,头围 43cm。
21. 其年龄为
A. 3 个月　B. 5 个月　C. 8 个月
D. 12 个月　E. 18 个月
22. 不可能出现的发育情况是
A. 能叫"妈妈"　B. 能指出身体的几个部分　C. 会拍手
D. 能听懂自己的名字　E. 能扶着栏杆站立
23. 腕部 X 线摄片,骨化中心数最多为
A. 0 个　B. 1 个　C. 2 个
D. 3 个　E. 4 个

24. 男婴,3 个月。3 周前曾患肺炎。按计划免疫接种程序,此时应接种
A. 麻疹疫苗第一次　B. 脊髓灰质炎糖丸第一次　C. 乙肝疫苗第二针
D. 百白破混合制剂第二针　E. 百白破混合制剂第一针
25. 小儿 8 个月,按儿童计划免疫的接种程序,其应接种的疫苗是
A. 卡介苗　B. 乙肝疫苗　C. 脊髓灰质炎糖丸
D. 百白破疫苗　E. 麻疹疫苗
26. 我国规定 1 岁以内必须完成的计划免疫是
A. 麻疹疫苗　B. 乙脑疫苗　C. 流脑疫苗
D. 流感疫苗　E. 甲型肝炎疫苗
27. 4 岁小儿应再次接种的疫苗是
A. 卡介苗　B. 百白破疫苗　C. 脊髓灰质炎疫苗
D. 乙肝疫苗　E. 麻疹疫苗
28. 按计划免疫接种程序,6 个月婴儿应该接种的疫苗是

A. 麻疹减毒疫苗　B. 卡介苗　C. 乙肝疫苗
D. 百白破疫苗　E. 脊髓灰质炎疫苗

第2章　营养和营养障碍疾病

29. 膳食营养素参考摄入量不包括的指标是
A. 平均需要量　B. 推荐摄入量　C. 适宜摄入量
D. 最低摄入量　E. 可耐受最高摄入量
30. 儿童总能量消耗中，所占比例最大的部分是
A. 食物热力作用　B. 活动消耗　C. 基础代谢
D. 排泄消耗　E. 生长发育
31. 婴儿能量的RNI为每日每千克体重
A. 30kcal　B. 50kcal　C. 80kcal
D. 95kcal　E. 150kcal
32. 1岁以内婴儿蛋白质的推荐摄入量为
A. 0.5～1.0g/(kg·d)　B. 1.0～2.0g/(kg·d)　C. 1.5～3.0g/(kg·d)
D. 3.0～4.0g/(kg·d)　E. 4.0～5.0g/(kg·d)
33. 不易被消化的食物营养素是
A. 碳水化合物　B. 蛋白质　C. 微量营养素
D. 膳食纤维　E. 水
34. 母乳喂养的优点应除外
A. 三大物质比例适宜　B. 含很多的抗感染物质　C. 钙磷的含量很低
D. 维生素D含量高　E. 容易消化吸收
35. 母乳喂养优于牛乳在于
A. 含蛋白质总量高　B. 含饱和脂肪酸的脂肪较多　C. 含铁量多
D. 含乳糖量多　E. 含钙、磷高
36. 母乳与牛乳相比，营养丰富，易于消化，是因为母乳中
A. 蛋白质含量较高　B. 含酪蛋白多　C. 含乳清蛋白多
D. 含饱和脂肪酸多　E. 含甲型乳糖高
37. 牛奶与人乳的最大区别是
A. 饱和脂肪酸含量高　B. 各种免疫因子缺乏　C. 乳糖含量少
D. 蛋白质含量高　E. 微量元素锌、铜含量较少

A. 40kcal　B. 50kcal　C. 67kcal
D. 69kcal　E. 100kcal
38. 每100ml母乳产生的能量约为
39. 每100ml牛乳产生的能量约为
40. 8%糖牛奶100ml产生的能量约为

41. 3个月婴儿，体重5kg，需人工喂养，每日喂8%糖牛奶量应为
A. 400ml　B. 450ml　C. 500ml
D. 650ml　E. 700ml
42. 0～6个月婴儿人工喂养时最好选用

A. 新鲜牛奶　　B. 新鲜羊奶　　C. 全脂奶粉
D. 婴儿配方奶粉　　E. 全牛乳

43. 为满足婴儿能量需求,人工喂养时婴儿配方奶粉供给量约为
A. 5g/(kg·d)　　B. 10g/(kg·d)　　C. 20g/(kg·d)
D. 30g/(kg·d)　　E. 40g/(kg·d)

44. 母乳喂养婴儿引入的第一种食物应是
A. 配方米粉　　B. 配方奶粉　　C. 鲜牛奶
D. 水果泥　　E. 维生素 A、D 强化奶

45. 辅食添加的原则不包括
A. 由少到多　　B. 由一种到多种　　C. 由细到粗
D. 由软到硬　　E. 增加能量

46. 蛋白质-能量营养不良好发于
A. 6 个月以下婴幼儿　　B. 1 岁以下婴幼儿　　C. 2 岁以下婴幼儿
D. 3 岁以下婴幼儿　　E. 5 岁以下婴幼儿

47. 导致婴幼儿蛋白质-能量营养不良最常见的病因是
A. 摄入不足　　B. 消耗过多　　C. 消化吸收不良
D. 需要量增加　　E. 丢失过多

48. 蛋白质-能量营养不良患儿最先出现的表现是
A. 体重不增　　B. 体重减轻　　C. 皮下脂肪消失
D. 水肿　　E. 身高低于正常

49. 蛋白质-能量营养不良患儿皮下脂肪逐渐减少或消失,首先累及的部位是
A. 四肢　　B. 臀部　　C. 腹部
D. 胸部　　E. 面颊部

(50~53 题共用题干)女,2 岁。自幼牛乳喂养,未按要求添加辅食,有时腹泻,逐渐消瘦。体检:身高 80cm,体重 7000g,皮下脂肪减少,苍白,肌张力明显减低,肌肉松弛,脉搏缓慢,心音较低钝。

50. 此患儿目前最可能的主要诊断是
A. 营养性缺铁性贫血　　B. 先天性甲状腺功能减退症　　C. 营养不良
D. 婴幼儿腹泻　　E. 心功能不全

51. 假设该患儿出现哭而少泪,眼球结膜有毕脱斑,则并发有
A. 维生素 A 缺乏　　B. 维生素 B_{12} 缺乏　　C. 维生素 C 缺乏
D. 维生素 D 缺乏　　E. 维生素 E 缺乏

52. 假设此患儿清晨突然面色苍白,神志不清,体温不升,呼吸暂停。首先应考虑最可能的原因是
A. 急性心力衰竭　　B. 低钾血症引起的呼吸肌麻痹　　C. 重度脱水伴休克
D. 低钙血症引起的喉痉挛　　E. 自发性低血糖

53. 该情况下,除立即给氧外,首先应采取的紧急抢救措施为
A. 给予呼吸兴奋剂　　B. 输液纠正脱水　　C. 测血糖,静注高渗葡萄糖
D. 立即测血钙,补充钙剂　　E. 立即给予强心剂治疗

54. 男孩,4 岁,身高 90cm,体重 11kg,皮肤较松弛。查表知:4 岁男孩的正常体重应为(17.4±2.0)kg,身高为(106±4)cm。该小儿的营养状况属于
A. 正常　　B. 轻度营养不良　　C. 中度营养不良
D. 重度营养不良　　E. 单纯性肥胖

55. 治疗蛋白质-能量营养不良，补充铁剂的时机宜选在
A. 开始治疗时　B. 开始治疗 48 小时后　C. 进食 1 周后
D. 体重开始增加时　E. 网织红细胞开始增加时

56. 儿童单纯性肥胖可见于任何年龄，但最常见于
A. 新生儿期　B. 婴儿期　C. 幼儿期
D. 学龄前期　E. 婴儿期、5~6 岁、青春期

57. 肥胖儿童的实验室常规检查不包括
A. 糖耐量　B. 血糖　C. 甘油三酯
D. 低密度脂蛋白　E. 球蛋白

(58~60 题共用题干)男孩，6 岁。活动后气喘、易疲倦 2 年。体重 30kg，皮下脂肪丰满，心肺未见异常，腹部膨隆，肝脾不大。

58. 为明确诊断，价值最大的检查项目是
A. 血常规　B. 尿常规　C. 血脂
D. 腹部 B 超　E. 心电图

59. 实验室检查结果：血清总 T_3 和 T_4、游离 T_3 和 T_4 均正常，T_3 受体减少，血清 PTH 升高，最可能的诊断为
A. 糖尿病　B. 糖原累积病　C. 小儿肥胖症
D. 甲状腺功能低下　E. 单纯性甲亢

60. 测定该患儿体质指数(体重/身高^2)为 P_{98}，应诊断为
A. 轻度营养不良　B. 中度营养不良　C. 重度营养不良
D. 肥胖症　E. 超重

61. 人类维生素 D 的主要来源是
A. 食物中摄取　B. 母乳中获得　C. 经胎盘从母体获得
D. 皮肤光照合成　E. 肾脏合成

62. 诊断营养性维生素 D 缺乏最重要的病史是
A. 配方奶粉喂养　B. 多汗　C. 夜惊
D. 慢性腹泻　E. 早产，日照不足

63. 早产儿易发生维生素 D 缺乏性佝偻病，主要是由于
A. 肝肾功能较差　B. 胃肠道对钙吸收障碍　C. 胃肠道对维生素 D 吸收障碍
D. 体内维生素 D 贮存不足　E. 体内钙贮存不足

64. 女婴。5 个月。3 天内抽搐 4 次。发作时意识不清，持续 2 分钟，自行缓解，醒后活泼如常，不伴发热。实验室检查：血钙 1.73mmol/L，血镁 1.00mmol/L。血糖 3.9mmol/L。最可能的诊断是
A. 低镁血症　B. 维生素 D 依赖性佝偻病　C. 低血糖症
D. 婴儿痉挛症　E. 维生素 D 缺乏性手足搐搦症

A. 神经精神症状　B. 全身肌肉松弛　C. 骨骼畸形
D. 出牙延迟　E. 颅骨软化

65. 维生素 D 缺乏性佝偻病早期的主要表现是
66. 维生素 D 缺乏性佝偻病激期的主要表现是
67. 维生素 D 缺乏性佝偻病后遗症期的主要表现是

(68~70 题共用题干)3 个月男婴，早产儿，出生体重 2400g。母乳喂养，生后开始添加维生素 D。近半月来时有夜惊，睡眠不安，头发脱落。查体：体重 6400g，身长 61cm，一般情况尚好，前囟 2.0cm，枕秃，

未触及颅骨软化。

68. 对明确诊断最有价值的病史是
A. 分娩方式　B. 产时有无大出血　C. 出生季节及户外活动史
D. 产前母亲有无子痫　E. 母亲有无孕期贫血

69. 为明确诊断，首选检查是
A. 骨龄测定　B. 血钙测定　C. 血磷测定
D. 骨骼X线摄片　E. 血清25-(OH)D_3测定

70. 若实验室检查结果为：血钙、血磷、血清25-(OH)D_3均正常，长骨干骺端X线摄片无异常，应诊断为
A. 正常婴儿　B. 维生素D缺乏性佝偻病　C. 软骨发育不良
D. 慢性肾衰竭　E. 黏多糖病

A. 生后1周　B. 生后2周　C. 生后1月
D. 生后2月　E. 生后3月

71. 为预防维生素D缺乏性佝偻病，早产儿开始补充维生素D的时间为
72. 为预防维生素D缺乏性佝偻病，足月儿开始补充维生素D的时间为
73. 为预防维生素D缺乏性佝偻病，双胎儿开始补充维生素D的时间为

A. 200IU/d　B. 400IU/d　C. 800IU/d
D. 1600IU/d　E. 2000IU/d

74. 为预防维生素D缺乏性佝偻病，早产儿开始补充维生素D的剂量为
75. 为预防维生素D缺乏性佝偻病，足月儿开始补充维生素D的剂量为
76. 为预防维生素D缺乏性佝偻病，双胎儿开始补充维生素D的剂量为

A. 日光浴　B. 静脉注射钙剂　C. 口服维生素D
D. 肌注注射维生素D_3　E. 静注地西泮

77. 治疗维生素D缺乏性佝偻病的关键措施是
78. 预防维生素D缺乏性佝偻病的关键措施是
79. 控制维生素D缺乏性手足搐搦症发作的关键措施是

80. 维生素D缺乏性佝偻病早期诊断的可靠指标是
A. 血清碱性磷酸酶　B. 血25-(OH)D_3　C. 血磷
D. 血钙磷乘积　E. 血钙

81. 维生素D缺乏性手足搐搦症的主要死因是
A. 颅内出血　B. 脑水肿　C. 呼吸衰竭
D. 喉痉挛　E. 误吸

82. 男，6个月。近1个月烦躁、多汗、夜惊，突然两眼上窜，神志不清，四肢抽动，持续约1分钟缓解。血清钙1.6mmol/L，血糖4.5mmol/L。最可能的诊断为
A. 癫痫　B. 化脓性脑膜炎　C. 低血糖
D. 低钙惊厥　E. 高热惊厥

83. 6月龄男婴，近1月烦躁、多汗、夜惊不安。查体：头发稀疏，心肺检查未见异常，不能独坐。就诊过程中突然发生两眼上窜、面色青紫、四肢抽动。紧急处理首选
A. 维生素$D_3$30万IU肌内注射　B. 10%葡萄糖液15ml静脉注射
C. 地西泮3mg缓慢静注　D. 20%甘露醇20ml静脉注射
E. 10%葡萄糖酸钙10ml稀释1倍静脉缓慢推注

第 3 章　新生儿与新生儿疾病

84. 小于胎龄儿是指婴儿的出生体重在同胎龄儿平均出生体重的
A. 第 5 百分位以下　B. 第 10 百分位以下　C. 第 10~90 百分位之间
D. 第 90 百分位以上　E. 第 5~95 百分位之间

85. 男婴,孕 38 周,出生体重 2400g,身长 47cm,应诊断为
A. 足月儿　B. 早产儿　C. 足月低出生体重儿
D. 足月极低出生体重儿　E. 足月超低出生体重儿

86. 早产儿的临床特点是
A. 皮肤毳毛少　B. 耳舟直挺　C. 乳腺无结节
D. 大阴唇可遮盖小阴唇　E. 足纹遍及整个足底

87. 早产儿易出现呼吸暂停,主要是由于
A. 红细胞数量相对较多　B. 呼吸中枢发育不成熟　C. 肺泡表面活性物质较少
D. 膈肌位置较高　E. 肋间肌肌力较弱

88. 超低出生体重新生儿的出生体重低于
A. 800g　B. 1000g　C. 1500g
D. 2000g　E. 2500g

89. 足月新生儿易出现溢乳的原因不包括
A. 食管下部括约肌松弛　B. 胃呈水平位　C. 幽门括约肌较发达
D. 胃底发育差　E. 胃扭转

90. 足月新生儿出生时外周血与成人相似的是
A. 血红蛋白浓度　B. 红细胞计数　C. 网织红细胞计数
D. 中性粒细胞计数　E. 血小板计数

91. 早产男婴,出生体重 2.5kg,产后第 1 天,其中性温度与需水量分别为
A. 32℃,60~100ml/kg　B. 33℃,100~120ml/kg　C. 34℃,60~100ml/kg
D. 33℃,100~150ml/kg　E. 34℃,100~120ml/kg

92. 正常足月新生儿不会出现的现象是
A. 马牙　B. 螳螂嘴　C. 乳腺肿大
D. 新生儿红臀　E. 新生儿粟粒疹

93. 早产儿长时间常规吸氧可能导致
A. 呼吸中枢受抑制　B. 脑水肿　C. 持续性肺动脉高压
D. 视网膜病　E. 呼吸暂停

94. 新生儿 Apgar 评分指标不包括
A. 心率　B. 皮肤颜色　C. 呼吸
D. 肌张力　E. 体温

95. 新生儿出生时皮肤苍白,心率 40 次/分,无呼吸,四肢略屈曲,弹足底无反应。应诊断为
A. 正常新生儿　B. 轻度窒息　C. 中度窒息
D. 重度窒息　E. 极重度窒息

96. 新生儿,出生 1 分钟。心率 90 次/分,全身苍白,四肢可屈曲,弹足底皱眉反应,无呼吸。Apger 评分为
A. 1 分　B. 2 分　C. 3 分

D. 4 分　　E. 5 分

97. 足月新生儿,顺产,生后立即出现呼吸快,R70 次/分,有三凹征,口周青紫,双肺可闻及湿啰音。生后 1 小时患婴症状明显改善,呼吸频率降至 38 次/分,除有轻度周围青紫外,余未见异常。最可能的诊断是
A. 新生儿透明膜病　　B. 新生儿窒息　　C. 吸入性肺炎
D. 产时感染性肺炎　　E. 正常新生儿

98. 新生儿窒息的生理代谢改变不包括
A. 低血糖　　B. 高血糖　　C. 低钠血症
D. 高钙血症　　E. 代谢性酸中毒

99. 新生儿窒息复苏的正确步骤是
A. 保暖→吸引→擦干→体位→刺激　　B. 刺激→保暖→体位→吸引→擦干
C. 擦干→保暖→体位→吸引→刺激　　D. 保暖→体位→吸引→擦干→刺激
E. 保暖→体位→刺激→吸引→擦干

(100~102 题共用题干)早产儿,生后立即行阿普加评分为 3 分。

100. 首选的复苏措施为
A. 清理呼吸道　　B. 触觉刺激　　C. 气囊面罩正压通气
D. 持续气道正压通气　　E. 机械通气

101. 若经上述抢救无效,则应选用
A. 清理呼吸道　　B. 触觉刺激　　C. 气囊面罩正压通气
D. 气管切开　　E. 机械通气

102. 若经上述抢救后虽有呼吸,但心率<100 次/分,则应选用
A. 清理呼吸道　　B. 触觉刺激　　C. 气囊面罩正压通气
D. 气管切开　　E. 机械通气

103. 有助于确定新生儿缺氧缺血性脑病损害严重程度和判断预后的检查首选
A. 脑氢质子磁共振波谱　　B. 头颅 CT　　C. 头颅 MRI
D. 脑电图　　E. 颅脑超声检查

104. 早期诊断新生儿缺血缺氧性脑病最有价值的检查是
A. 血气分析　　B. 头颅 B 超　　C. 头颅 CT
D. 头颅 MRI　　E. 脑电图

105. 女婴,1 天,足月产。出生 1 分钟 Apgar 评分 3 分。查体:P90 次/分,R30 次/分。嗜睡,面色微绀,前囟饱满,心音低钝,四肢肌张力差,拥抱反射消失。最可能的诊断是
A. 新生儿肺透明膜病　　B. 新生儿湿肺　　C. 新生儿缺氧缺血性脑病
D. 胎粪吸入综合征　　E. 新生儿低血糖

(106~110 题共用题干)患婴,足月分娩,出生体重 2400g。Apgar 评分 1 分钟为 2 分,生后 24 小时抽搐 1 次。查体:反应迟钝,瞳孔缩小,心肺无明显异常,四肢肌张力减退,原始反射减弱。血钙 2.0mmol/L,血糖 2.2mmol/L。

106. 最可能的诊断为
A. 新生儿轻度窒息,轻度缺氧缺血性脑病　　B. 新生儿轻度窒息,中度缺氧缺血性脑病
C. 新生儿重度窒息,轻度缺氧缺血性脑病　　D. 新生儿重度窒息,中度缺氧缺血性脑病
E. 新生儿重度窒息,重度缺氧缺血性脑病

107. 控制惊厥的首选药物是
A. 地西泮　　B. 苯巴比妥　　C. 苯妥英钠

D. 水合氯醛　E. 丙戊酸钠

108. 首选药物的负荷量与维持量分别为
A. 5mg/kg,10mg/(kg·d)　B. 5mg/kg,20mg/(kg·d)　C. 10mg/kg,5mg/(kg·d)
D. 20mg/kg,10mg/(kg·d)　E. 20mg/kg,3~5mg/(kg·d)

109. 每日补液量不宜超过
A. 50~90ml/kg　B. 60~80ml/kg　C. 80~100ml/kg
D. 100~120ml/kg　E. 120~150ml/kg

110. 降低颅内压的首选药物是
A. 甘露醇　B. 糖皮质激素　C. 呋塞米
D. 高渗葡萄糖　E. 螺内酯

111. 新生儿呼吸窘迫综合征最常见的病因是
A. 围生期窒息　B. 母亲患糖尿病　C. 前置胎盘
D. 胎盘早剥　E. 肺表面活性物质缺乏

112. 患婴胎龄33周,生后6小时出现呼吸困难,呻吟,进行性加重。查体:吸气性三凹征明显,两肺呼吸音减低。最可能的诊断是
A. 湿肺　B. 肺出血　C. 胎粪吸入性肺炎
D. 感染性肺炎　E. 新生儿呼吸窘迫综合征

113. 确诊新生儿呼吸窘迫综合征的首选检查是
A. 血气分析　B. 胸片　C. 肺部CT
D. 肺成熟度测定　E. 肺核素扫描

114. 下列哪项不是肺透明膜病的胸片常见表现?
A. 两肺毛玻璃样改变　B. 支气管充气征　C. 白肺
D. 心影及肺肝界均消失　E. 局限性肺气肿

(115~118题共用题干)孕35周顺产新生儿,生后进行性呼吸困难30分钟。胎膜早破30小时,生后1、5、10分钟Apgar评分分别为8分、9分、10分。查体:吸气性三凹征,两肺呼吸音减弱。胃液振荡试验为阴性。

115. 最可能的诊断是
A. 肺出血　B. 湿肺　C. 宫内感染性肺炎
D. 羊水吸入性肺炎　E. 新生儿呼吸窘迫综合征

116. 为明确诊断,首选的检查是
A. 血培养　B. 床边胸部X线片　C. 胸部CT
D. 痰培养　E. 血气分析

117. 目前最有效的治疗药物是
A. 头孢菌素　B. 糖皮质激素　C. β_2 肾上腺素受体激动剂
D. 肺泡表面活性物质　E. 苯巴比妥

118. 其氧疗措施首选
A. 持续低流量吸氧　B. 持续高流量吸氧　C. 间断低流量吸氧
D. 间断高流量吸氧　E. 持续气道正压给氧

119. 新生儿胆红素代谢的特点是
A. 红细胞寿命较长　B. 血红蛋白分解速度较慢　C. 葡萄糖醛酸基转移酶活性较高
D. 肝脏排泄胆红素能力较差　E. 肠道葡萄糖醛酸酐酶活性较低

120. 符合足月新生儿生理性黄疸特点的是
A. 黄疸时间>2 周　B. 黄疸退而复现　C. 生后 24 小时内出现黄疸
D. 血清胆红素<221μmol/L　E. 每日血清胆红素升高>85μmol/L

121. 不属于足月儿病理性黄疸特点的是
A. 黄疸于生后 24 小时后出现　B. 黄疸持续超过 2 周　C. 黄疸消退后又再出现
D. 血清胆红素>221μmol/L　E. 血清结合胆红素>34μmol/L

122. 足月新生儿,生后 2 天,巩膜、皮肤明显黄染。查血清总胆红素 171μmol/L,结合胆红素 17.1μmol/L。精神、食欲一般,肝右肋下 2cm。可能的诊断是
A. 新生儿败血症　B. 新生儿溶血病　C. 新生儿胆汁淤积
D. 新生儿生理性黄疸　E. 新生儿肝炎综合征

123. 孕 36 周早产儿,生后 20 小时出现黄疸,进行性加重,未予治疗。现患儿出现尖叫,烦躁不安,惊厥。其最可能诊断是
A. 重度贫血　B. 新生儿肝炎　C. 颅内出血
D. 胆红素脑病　E. 新生儿 ABO 溶血病

124. 临床上最常见的新生儿溶血病类型是
A. Rh D 溶血病　B. Rh E 溶血病　C. MN 溶血病
D. ABO 溶血病　E. G6PD 缺乏症

125. 新生儿生后 24 小时内出现黄疸,应首选的检查项目是
A. 血常规检查　B. 肝功能测定　C. 血培养
D. 检测母子血型　E. 肝胆 B 超

126. 新生儿 Rh 溶血病的常见临床表现不包括
A. 黄疸　B. 贫血　C. 肝脾肿大
D. DIC　E. 胆红素脑病

127. 男,3 天。第一胎足月顺产,出生 18 小时发现皮肤黄染,吃奶好。体检:反应好,皮肤巩膜中度黄染,肝肋下 2cm,子血型“B”,母血型“O”,血清胆红素 257μmol/L。最可能的诊断为
A. 新生儿肝炎　B. 败血症　C. 新生儿 ABO 溶血病
D. 新生儿 Rh 溶血病　E. 胆管闭锁

128. 男婴,3 天。黄疸 2 天,加重伴嗜睡 1 天。无发热及惊厥。足月儿,出生体重 3560g。查体:T36.5℃。吸吮无力,反应差,全身皮肤及巩膜明显黄染。心肺未见明显异常,腹软,肝肋下 2cm。实验室检查:Hb90g/L,血清总胆红素 425μmol/L。最可能的诊断是
A. 先天性胆道闭锁　B. 生理性黄疸　C. 新生儿溶血病
D. 母乳性黄疸　E. 新生儿肝炎

129. 新生儿溶血病的确诊试验首选
A. 母子血型检测　B. 改良 Coombs 试验　C. 抗体释放试验
D. 游离抗体试验　E. 红细胞脆性试验

A. >100μmol/L　B. >150μmol/L　C. >200μmol/L
D. >205μmol/L　E. >425μmol/L

130. 新生儿溶血病进行光疗的指征是足月儿血清总胆红素水平
131. 新生儿溶血病进行换血治疗的指征是足月儿血清总胆红素水平

132. 新生儿溶血症的换血量约为婴儿全血量的
A. 1 倍　B. 1.5 倍　C. 2 倍

D. 2.5倍　　E. 3倍

133. 新生儿溶血病进行光疗的副作用不包括
A. 发热　　B. 腹泻　　C. 皮疹
D. 肝功能受损　　E. 青铜症

(134~137题共用题干)足月儿,母乳喂养,生后3天因黄疸入院。急查:Hb90g/L,血清总胆红素390μmol/L,母亲血型为O型、Rh阳性,父亲血型为AB型、Rh阳性。

134. 该患婴最可能的诊断为
A. 新生儿败血症　　B. 新生儿肝炎　　C. 母乳性黄疸
D. 新生儿ABO溶血病　　E. 新生儿Rh溶血病

135. 为明确诊断,首选的检查是
A. 血培养　　B. 交叉配血试验　　C. 肝功能测定
D. 血型抗体释放试验　　E. 游离抗体试验

136. 宜采取的主要治疗措施是
A. 光疗　　B. 换血治疗　　C. 口服苯巴比妥
D. 输注白蛋白　　E. 输注免疫球蛋白

137. 若患儿突然发生抽搐,首先应考虑
A. 低血钙　　B. 颅内出血　　C. 低血糖
D. 胆红素脑病　　E. 高热惊厥

138. 关于新生儿败血症,错误的是
A. 临床表现常不典型　　B. 可出现黄疸　　C. 可伴肝脾肿大
D. 可并发脑膜炎　　E. 均有高热

139. 男婴,12天。拒奶、少尿、体温不升10小时急诊入院。查体:重病容,面色苍白,前囟平,颈软,心音低钝,双肺未闻及啰音,腹胀,肝右肋下3.5cm,脐有少许分泌物。实验室检查:血WBC5.0×10^9/L,N0.70,L0.30。最可能的诊断是
A. 新生儿寒冷损伤综合征　　B. 新生儿化脓性脑膜炎　　C. 新生儿肺炎
D. 新生儿颅内出血　　E. 新生儿败血症

(140~144题共用题干)12天女婴,足月顺产,母乳喂养。生后第3天出现黄疸,近2天黄疸加深,拒奶。体检:面色晦暗,易激怒,前囟张力增高,四肢稍凉,脐部红肿,有脓性分泌物,肝肋下3cm,肛温34.5℃。

140. 最可能的诊断是新生儿脐炎合并
A. 生理性黄疸　　B. 母乳性黄疸　　C. 新生儿肝炎
D. 新生儿溶血病　　E. 新生儿败血症

141. 为明确诊断,首选的检查是
A. 肝功能测定　　B. 血培养　　C. 母婴血型检测
D. 血常规　　E. 骨髓穿刺检查

142. 该患婴最可能的并发症是
A. 脑膜炎　　B. 核黄疸　　C. 肝硬化
D. 肝炎　　E. 腹膜炎

143. 需做哪项检查以明确并发症的诊断?
A. 腹腔穿刺　　B. 腰椎穿刺　　C. 骨髓穿刺
D. 血常规　　E. 肝功能测定

144. 最基本的治疗措施是

A. 蓝光照射　　B. 换血治疗　　C. 敏感抗生素治疗
D. 注射免疫球蛋白　　E. 注射白蛋白

145. 新生儿坏死性小肠结肠炎最常见的病因是
A. 寒冷　　B. 溶血　　C. 未按时添加辅食
D. 早产　　E. 双胎或多胎

146. 新生儿坏死性小肠结肠炎早期常见的临床表现是
A. 呕吐物不含胆汁　　B. 过期产儿多见　　C. 腹胀、呕吐、血便
D. 大便呈蛋花汤样　　E. 多无感染中毒症状

147. 确诊新生儿坏死性小肠结肠炎的腹部 X 线检查依据是
A. 肠曲形态不规则及肠壁僵硬　　B. 门静脉积气及肠壁积气　　C. 肠间隙明显增宽
D. 钙化点　　E. 立位片见较多液平面及腹胀

第 4 章　免疫性疾病

148. 婴幼儿易发生化脓性感染的主要原因是
A. 单核细胞数量减少　　B. 巨噬细胞功能低下　　C. 中性粒细胞数量减少
D. 中性粒细胞功能暂时低下　　E. 淋巴细胞功能低下

149. 婴幼儿血清 IgG 水平降至最低点的时间在
A. 刚出生时　　B. 生后 1 个月　　C. 生后 2 个月
D. 生后 3 个月　　E. 生后 6 个月

150. 新生儿各种吞噬细胞的功能
A. 成熟　　B. 增强　　C. 暂时增强
D. 减低　　E. 暂时减低

151. 下列关于小儿免疫系统的说法,错误的是
A. IgM 不能通过胎盘　　B. 新生儿 B 淋巴细胞发育已完善,但不成熟
C. IgG 不能通过胎盘　　D. 新生儿时期各种 T 细胞亚群功能均显不足
E. 脐血 IgM 水平过高,提示可能有宫内感染

152. 川崎病的好发年龄是
A. 1 岁以下　　B. 3 岁以下　　C. 5 岁以下
D. 10 岁以下　　E. 青春期

153. 川崎病的常见临床表现不包括
A. 发热　　B. 球结膜充血　　C. 颈淋巴结肿大
D. 心肌炎　　E. 血尿

154. 川崎病的冠状动脉损害多发生于病程的第
A. 1~2 周　　B. 2~3 周　　C. 2~4 周
D. 3~5 周　　E. 4~6 周

155. 诊断川崎病的必要条件是
A. 发热 5 天以上　　B. 手足硬性水肿　　C. 多形性红斑
D. 眼结合膜充血　　E. 颈淋巴结肿大

156. 川崎病急性期的最佳治疗药物是
A. 阿司匹林　　B. 糖皮质激素　　C. 丙种球蛋白

D. 糖皮质激素+阿司匹林　　E. 丙种球蛋白+阿司匹林

157. 男,3岁,因发热1周伴手足硬性水肿住院。查体:球结膜充血,皮疹,颈部淋巴结肿大。给予阿司匹林后体温正常,后续阿司匹林治疗方案是
A. 热退后15天停药　　B. 热退后7天开始逐渐减量,维持2~3周
C. 热退后7天停药　　D. 热退后3天停药
E. 热退后3天开始逐渐减量,维持6~8周

158. 下列川崎病的治疗中,易发生冠状动脉瘤和影响冠脉修复,而不宜单独使用的是
A. 阿司匹林　　B. 糖皮质激素　　C. 静脉注射丙种球蛋白
D. 双嘧达莫　　E. 心脏手术

(159~163题共用题干)患儿,女,3岁。发热6天,全身淡红色斑丘疹3天入院。生后8个月接种麻疹疫苗,1个月前邻居小孩患"麻疹"。查体:眼结膜充血,未见脓性分泌物,口唇充血皲裂,口腔黏膜弥漫充血,未见Koplik斑。右颈部淋巴结肿大,大小约1.5cm×1.5cm,质硬,触痛,无红肿。心肺未见异常,肝脾肋下未触及。手足硬性肿胀。门诊查WBC12.5×10^9/L,N0.85。血细菌培养阴性。

159. 该患儿最可能的诊断是
A. 急性风湿热　　B. 川崎病　　C. 麻疹
D. 猩红热　　E. 幼儿急疹

160. 为了解本病的预后,应作的检查是
A. ASO测定　　B. 麻疹抗体检测　　C. X线摄片
D. 心脏超声检查　　E. 头颅CT检查

161. 最有助于本病诊断为检查结果是
A. 心包积液　　B. 二尖瓣反流　　C. 冠状动脉主干扩张
D. 冠状动脉瘤　　E. 冠状动脉壁回声增强

162. 本病的首选治疗措施是
A. 阿司匹林　　B. 糖皮质激素　　C. 阿司匹林+糖皮质激素
D. 丙种球蛋白　　E. 丙种球蛋白+阿司匹林

163. 若上述治疗无效,可以选用的治疗方案是
A. 丙种球蛋白+糖皮质激素　　B. 阿司匹林+糖皮质激素　　C. 丙种球蛋白+环磷酰胺
D. 糖皮质激素+环磷酰胺　　E. 阿司匹林+环磷酰胺

第5章 感染性疾病

A. 发热1~2天出疹,出疹时高热　　B. 高热3~4天出疹,出疹时热更高
C. 高热3~5天,热退出疹　　D. 发热1~2天出疹,1天出齐,伴颈淋巴结肿大
E. 发热1~2天出疹,斑疹、丘疹、疱疹、结痂同时出现

164. 麻疹的出疹特点是
165. 水痘的出疹特点是
166. 风疹的出疹特点是
167. 幼儿急疹的出疹特点是
168. 猩红热的出疹特点是

169. 女孩,8个月。发热4天,伴眼红、流涕、咳嗽。查体:呼吸稍急促,咽红,颊黏膜见Koplik斑,耳后及面部可见红色斑丘疹,双肺呼吸音清晰,心率增快。无疫苗接种史。应诊断为麻疹

A. 潜伏期　　B. 出疹前期　　C. 前驱期
D. 出疹期　　E. 恢复期

170. 女,2 岁,发热 3 天。体温 39℃,流涕,咳嗽。皮肤出现红色斑丘疹,体温升至 40℃。颊黏膜粗糙,可见白色斑点。最可能的诊断是
A. 麻疹　　B. 风疹　　C. 水痘
D. 猩红热　　E. 肺炎

171. 男婴,10 个月。4 天前无明显诱因出现发热,体温持续在 38℃~39.6℃,应用退热药后可短暂下降,1 天前体温恢复正常,皮肤出现皮疹。查体:T36.5℃,颜面、颈部及躯干可见细小红色斑丘疹,咽红。其最可能的诊断是
A. 猩红热　　B. 麻疹　　C. 幼儿急疹
D. 水痘　　E. 风疹

172. 麻疹传染性最强的时期是
A. 潜伏期　　B. 前驱期　　C. 出疹期
D. 恢复期　　E. 后遗症期

173. 麻疹患儿疹退后 1 周,体温又上升至 39℃,呕吐 2 次,抽搐 1 次,嗜睡。腰穿脑脊液检查:细胞总数 200×10^6/L,N0.20,L0.80,蛋白质 0.8g/L,糖 3.4mmol/L。应考虑麻疹合并
A. 高热惊厥　　B. 低钙惊厥　　C. 脑炎
D. 脑水肿　　E. 结核性脑膜炎

(174~175 题共用题干)2 岁男孩,未接种麻疹疫苗。今天上午在托儿所接触过麻疹患儿。

174. 应立即采取的措施是
A. 隔离观察　　B. 注射麻疹疫苗　　C. 注射免疫球蛋白
D. 口服板蓝根冲剂　　E. 口服病毒唑

175. 对该小儿应隔离检疫观察
A. 5 天　　B. 10 天　　C. 21 天
D. 28 天　　E. 无需检疫观察

A. 水痘病毒　　B. 水痘-带状疱疹病毒　　C. 人疱疹病毒 6 型
D. 肠道病毒　　E. A 组乙型溶血性链球菌

176. 水痘的病原体是
177. 幼儿急疹的病原体是
178. 猩红热的病原体是
179. 手足口病的病原体是

A. 肺炎　　B. 急性肾小球肾炎　　C. 皮肤感染
D. 脑炎　　E. 肝功能受损

180. 麻疹最常见的并发症是
181. 水痘最常见的并发症是
182. 猩红热最常见的并发症是

A. 出疹后 5 天　　B. 出疹后 10 天　　C. 出疹后 15 天
D. 皮疹全部结痂　　E. 咽拭子培养阴性

183. 麻疹患儿若不合并肺炎应隔离至
184. 麻疹患儿若合并肺炎应隔离至
185. 水痘患儿应隔离至

186. 风疹患儿应隔离至
187. 猩红热患儿应隔离至
A. 5 天　B. 10 天　C. 21 天
D. 28 天　E. 60 天
188. 对接触麻疹的易感儿童应隔离检疫观察
189. 对接触水痘的易感儿童应隔离检疫观察

190. 男婴，7个月。4天前发热，体温最高38.2℃，伴流涕、咳嗽。1天前热峰达39.5℃，咳嗽加剧，且耳后及面部逐渐出现皮疹。查体：神志清楚，精神欠佳，耳后及颜面部散在红色充血性斑丘疹，睑结膜充血，颊黏膜可见较多灰白色小点，外有红晕，咽部充血，呼吸急促，双肺呼吸音粗，可闻及细湿啰音。该患儿至少应隔离至
A. 出疹后5天　B. 出疹后7天　C. 出疹后10天
D. 出疹后14天　E. 所有皮疹结痂后
191. 能进行特殊病原治疗的小儿出疹性疾病是
A. 麻疹　B. 水痘　C. 幼儿急疹
D. 猩红热　E. 手足口病
192. 患儿，男，6岁。低热1天后躯干出现散在分布的红色斑丘疹，继之变为透明的水疱，逐渐混浊并部分破溃，有痒感，枕后浅表淋巴结如黄豆大小，多个，精神尚可，食欲减退，大小便正常。该患儿的治疗措施，错误的是
A. 对症治疗　B. 早期应用阿昔洛韦　C. 早期使用糖皮质激素
D. 隔离治疗　E. 皮肤瘙痒者局部用炉甘石洗剂
193. 水痘的病原治疗首选
A. 青霉素　B. 头孢菌素　C. 喹诺酮类
D. 阿昔洛韦　E. 氟康唑
194. 4岁男孩，发热（T38.2℃），有结膜炎。发热1天后出疹，由面部开始，1天后遍及全身，3天后皮疹消退，枕后、耳后淋巴结肿大。最可能的诊断是
A. 麻疹　B. 风疹　C. 水痘
D. 猩红热　E. 手足口病
195. 幼儿急疹与麻疹的主要鉴别点在于前者
A. 持续高热3~5天热退疹出　B. 红色斑丘疹散布于颈和躯干　C. 全身症状轻微
D. 白细胞计数减少　E. 出疹顺序自颈部开始延至全身
196. 患婴，6个月。发热3天（39℃），热退后全身出现红色斑丘疹，其病原体最可能是
A. 麻疹病毒　B. 人类疱疹病毒6型　C. 风疹病毒
D. 乙型溶血性链球菌　E. 肠道病毒
197. 不符合猩红热患儿皮疹特点的是
A. 皮疹粗糙，砂纸样　B. 常有散在糠屑样脱皮　C. 疹间皮肤呈红色
D. 常在24小时内遍及全身　E. 在腋窝、腹股沟等皮肤皱褶处皮疹稀疏
198. 皮疹在腋窝、肘窝、腹股沟处密集，可有皮下出血点，形成紫红色帕氏线，见于
A. 猩红热　B. 水痘　C. 麻疹
D. 幼儿急疹　E. 风疹

A. 猩红热　B. 麻疹　C. 幼儿急疹
D. 水痘　E. 风疹

199. 恢复期伴大片脱皮的出疹性疾病是
200. 恢复期伴细小脱屑及色素沉着的出疹性疾病是

201. 女孩,7 岁。发热伴咽痛 2 天,皮疹 1 天。查体:神萎,咽红,扁桃体Ⅱ度肿大,其上有黄白色分泌物,躯干皮肤弥漫性发红,其上有粟粒疹。首选治疗药物是

A. 阿昔洛韦　B. 青霉素　C. 环丙沙星
D. 头孢曲松　E. 氨苄西林

202. 3 岁男孩,3 天前与 1 名猩红热患儿接触过,既往无猩红热病史。为防止该患儿发病,应采取的正确措施为

A. 注射青霉素 5 天　B. 肌注丙种球蛋白　C. 接种疫苗
D. 肌注干扰素　E. 口服 SMZco3 天

203. 关于手足口病皮疹的特点,错误的是

A. 常见于手足口臀部　B. 常为斑丘疹和疱疹　C. 常呈向心性分布
D. 不痛不痒不结痂不结疤　E. 水疱和皮疹常在 1 周内消退

204. 小儿初次感染结核杆菌至结核菌素试验呈阳性反应的时间是

A. 48~72 小时　B. 2~3 周　C. 4~8 周
D. 8~12 周　E. 12~16 周

205. PPD 试验阳性属于变态反应的

A. Ⅰ型　B. Ⅱ型　C. Ⅲ型
D. Ⅳ型　E. Ⅴ型

206. PPD 试验皮内注射的皮丘直径为

A. 1~3mm　B. 3~5mm　C. 5~8mm
D. 6~10mm　E. 10~15mm

A. (-)　B. (+)　C. (++)
D. (+++)　E. (++++)

207. PPD 试验硬结直径<5mm,结果为
208. PPD 试验硬结直径 10~19mm,结果为
209. PPD 试验硬结直径 25mm 伴水疱,结果为

210. 1 岁小儿未接种卡介苗,PPD 试验由阴性转为阳性提示

A. 曾感染过结核杆菌　B. 体内有活动性结核病　C. 新近感染结核病
D. 非结核分枝杆菌感染　E. 机体出现了对结核菌的免疫力

211. 患儿,2 岁,接种过卡介苗,PPD 试验 72 小时硬结直径 21mm,不发热,下一步处理是

A. 复查 PPD 试验　B. 拍摄胸部 X 线片　C. 青霉素抗感染
D. 口服异烟肼　E. 严密观察 1 个月

212. 儿科抗结核治疗原则不包括

A. 早期治疗　B. 适宜剂量　C. 联合用药
D. 症状控制后减量　E. 分段治疗

213. 属于抑菌剂的抗结核药物是

A. INH　B. RFP　C. PZA
D. SM　E. EMB

214. 卡介苗接种的禁忌证不包括

A. 先天性胸腺发育不全　B. 严重联合免疫缺陷病　C. 全身性皮肤病

D. 急性传染病恢复期　E. 结核菌素试验阴性

(215~217题共用题干)家中新发现1例活动性空洞性肺结核病人,1岁男孩与患者有密切接触,但无任何临床表现。

215. 首先应进行的辅助检查是
A. 血常规　B. 痰涂片抗酸染色检查　C. 痰结核杆菌培养
D. 胸片+PPD试验　E. 血结核抗体检测

216. 若上述检查结果未见异常,则应采取的措施是
A. 严密观察,无需处理　B. 口服异烟肼　C. 肌注链霉素
D. 口服乙胺丁醇　E. 口服吡嗪酰胺

217. 若行上述治疗,则疗程至少为
A. 1个月　B. 2个月　C. 3个月
D. 6个月　E. 9个月

218. 较大儿童原发型肺结核最常见的临床表现是
A. 生长发育障碍　B. 反复呕吐,惊厥　C. 肝脾肿大
D. 干咳,轻度呼吸困难　E. 发热盗汗,食欲减退

219. 小儿原发型肺结核最少见的临床表现是
A. 发热　B. 食欲减退　C. 体重不增
D. 咯血　E. 咳嗽

220. 诊断小儿原发型肺结核的重要方法是
A. 血沉测定　B. 血清结核抗体检测　C. 痰涂片找抗酸杆菌
D. 痰结核杆菌培养　E. 胸部X线片

221. 患儿,3岁。体检时发现肺部有原发综合征,PPD试验(++),无任何症状,应给予的治疗为
A. 不予治疗,严密观察　B. 青霉素　C. 链霉素
D. 吡嗪酰胺　E. 异烟肼+利福平

222. 活动性原发型肺结核常用的化疗方案是
A. 2HRZ/4HR　B. 2EHRZ/4HR　C. 2SHRZ/4HR
D. 2HRZSE/6HRE　E. $2H_3R_3Z_3E_3/4H_3R_3$

223. 结核性脑膜炎的治疗方案为
A. 强化治疗1个月,巩固治疗1年　B. 强化治疗3个月,巩固治疗1年
C. 强化治疗3个月,巩固治疗9~12个月　D. 强化治疗3个月,巩固治疗6~12个月
E. 强化治疗3个月,巩固治疗至脑脊液正常为止

A. 原发型肺结核　B. 继发型肺结核　C. 急性粟粒性肺结核
D. 结核性脑膜炎　E. 结核性腹膜炎

224. 小儿结核病最严重的临床类型是

225. 小儿结核病最常见的临床类型是

226. 幼婴结核性脑膜炎中期的临床表现是
A. 性格改变　B. 食欲不振　C. 颅缝延迟愈合
D. 前囟膨隆　E. 频繁惊厥

227. 婴幼儿不典型结核性脑膜炎的首发症状是
A. 突发高热　B. 嗜睡　C. 惊厥

D. 前囟膨隆　E. 喷射性呕吐

228. 诊断结核性脑膜炎首要的检查是

A. PPD 试验　B. 胸部 X 线片　C. 头颅 CT 检查

D. CSF 检查　E. 血清结核抗体检测

229. 结核性脑膜炎的典型脑脊液改变是

A. 压力增高　B. 外观呈毛玻璃样　C. 糖和氯化物同时降低

D. 蛋白质含量增高　E. 白细胞总数增多,以淋巴细胞为主

(230~234 题共用题干)患儿,2 岁。低热、盗汗、乏力半个月,头痛、间断抽搐 5 天入院。查体:精神萎靡,颈项强直,克氏征阳性,心肺腹(-)。胸部正侧位片正常。PPD 试验(+++)。腰椎穿刺脑脊液检查:无色透明,压力 25cmH_2O,蛋白质 2g/L,葡萄糖 1.58mmol/L,氯化物 94mmol/L,WBC150×10^6/L,N0.4,L0.6。

230. 最可能的诊断为

A. 化脓性脑膜炎　B. 结核性脑膜炎　C. 病毒性脑膜炎

D. 真菌性脑膜炎　E. 颅内出血

231. 首选治疗方案为

A. 使用广谱抗生素　B. 抗结核化疗　C. 抗病毒治疗

D. 降低颅内压　E. 对症治疗

232. 若最终确诊为结核性脑膜炎,其强化治疗应选择

A. 异烟肼+利福平+链霉素+泼尼松　B. 异烟肼+利福平+乙胺丁醇+泼尼松

C. 异烟肼+利福平+吡嗪酰胺+泼尼松　D. 异烟肼+链霉素+吡嗪酰胺+泼尼松

E. 异烟肼+利福平+吡嗪酰胺+链霉素+泼尼松

233. 使用泼尼松的目的不包括

A. 抑制炎症渗出　B. 降低颅内压　C. 减轻中毒症状

D. 有利于脑脊液循环　E. 缩短疗程

234. 该治疗方案中,泼尼松的疗程一般为

A. 2~4 周　B. 4~8 周　C. 8~12 周

D. 12~16 周　E. 16~20 周

第 6 章　消化系统疾病

235. 下述婴儿排大便情况,异常的是

A. 足月儿生后 13 小时排胎粪　B. 母乳喂养,每日排便 2~4 次　C. 人工喂养,每日排便 1~2 次

D. 母乳喂养,大便可有红色物　E. 混合喂养,大便可有绿色物

236. 关于婴幼儿胃肠道结构与功能的叙述,正确的是

A. 母乳喂养比牛乳喂养更易发生便秘　B. 肠道免疫功能低下,故不易发生过敏反应

C. 升结肠与后壁固定差,故易发生肠套叠　D. 正常情况下婴幼儿肠道是无菌的

E. 婴儿肠管相对成人短,不容易发生肠扭转

237. 母乳喂养的婴幼儿肠道细菌主要是

A. 大肠埃希菌　B. 嗜酸杆菌　C. 双歧杆菌

D. 肠球菌　E. 变形杆菌

A. 金黄色,稍稀薄,呈酸性,无臭味　B. 黄白色,干稠,呈酸性,无臭味

C. 金黄色,稀薄,呈碱性,无臭味
D. 黄色,稀薄,呈碱性,有臭味
E. 淡黄色,干稠,呈中性或碱性,有臭味

238. 母乳喂养的健康婴儿典型大便是

239. 牛奶喂养的婴儿典型大便是

240. 先天性肥厚性幽门狭窄多见于
A. 男性足月儿
B. 女性足月儿
C. 男性早产儿
D. 女性早产儿
E. 巨大儿

241. 先天性肥厚性幽门狭窄的典型临床表现是
A. 生后出现顽固性呕吐
B. 呕吐大量宿食和胆汁
C. 右上腹扪及橄榄形包块
D. 可出现代谢性酸中毒
E. X线片可见"双气泡"征

(242~244题共用题干)2个月男婴,生后3周出现溢乳,继之喷射性呕吐,呕吐物为带凝块奶汁,不含胆汁。体检:可见胃蠕动波,右季肋下可触及橄榄大小包块,移动度尚可。

242. 最可能的诊断是
A. 胃扭转
B. 幽门痉挛
C. 胃食管反流
D. 贲门失弛缓症
E. 先天性肥厚性幽门狭窄

243. 为明确诊断,首选的检查是
A. X线钡餐检查
B. B超检查
C. CT检查
D. MRI检查
E. 纤维胃镜检查

244. 明确诊断后,首选的治疗是
A. 抗幽门螺杆菌治疗
B. 胃黏膜保护剂治疗
C. 抑制胃酸治疗
D. 灌肠疗法
E. 手术治疗

245. 婴儿出生后48小时内无胎便或仅有少量胎便排出,以后即有顽固性便秘和腹胀,最常见于
A. 继发性巨结肠
B. 特发性巨结肠
C. 功能性便秘
D. 先天性肠闭锁
E. 先天性巨结肠

(246~247题共用题干)男,15天新生儿,腹胀、呕吐8天,逐渐加重,呕吐物含少量胆汁。查体:腹部明显膨隆,可见肠型及蠕动波,未触及腹部包块,肠鸣音亢进。直肠指检可见直肠壶腹部空虚,拔指后闻及恶臭气味。

246. 最可能的诊断是
A. 胃扭转
B. 幽门痉挛
C. 先天性巨结肠
D. 胃食管反流
E. 先天性肥厚性幽门狭窄

247. 为明确诊断,首选检查是
A. 腹部B超
B. 腹部平片
C. 钡剂灌肠
D. 腹部CT
E. 直肠黏膜活检

248. 婴幼儿患腹泻的内在因素不包括
A. 消化系统发育不成熟
B. 胃肠道负担重
C. 胃排空较快
D. 尚未建立正常肠道菌群
E. 母乳喂养儿肠道感染率高于人工喂养儿

249. 引起小儿腹泻病的最常见病因是
A. 细菌感染
B. 病毒感染
C. 食物过敏
D. 乳糖酶缺乏
E. 食物污染

250. 引起小儿腹泻病最常见的病原体是

A. 星状病毒　　B. 肠道腺病毒　　C. 轮状病毒
D. 大肠埃希菌　　E. 空肠弯曲菌

251. 婴儿腹泻重度脱水的主要诊断依据是
A. 皮肤弹性差　　B. 哭无泪,尿量少　　C. 眼眶及前囟凹陷
D. 外周循环衰竭　　E. 精神萎靡

A. 稀黄,泡沫较多,带黏液,豆腐渣样　　B. 黄绿色水样便,可有假膜排出
C. 黏液状,带脓血,有腥臭味　　D. 暗绿色,水样,量多,带黏液
E. 黄色水样或蛋花样,无腥臭味

252. 轮状病毒性肠炎的大便特点是
253. 侵袭性大肠埃希菌性肠炎的大便特点是
254. 金黄色葡萄球菌性肠炎的大便特点是
255. 白色念珠菌性肠炎的大便特点是
256. 难辨梭状芽胞杆菌性肠炎的大便特点是

257. 8 个月女孩,发热、腹泻、轻咳 2 天入院。大便 10 余次/日,蛋花汤样。大便镜检:白细胞 2~3 个/HP,大便细菌培养阴性。血常规:WBC7.5×10^9/L。除轻度脱水征外,无其他异常。最可能的诊断是
A. 细菌性痢疾　　B. 金黄色葡萄球菌肠炎　　C. 真菌性肠炎
D. 病毒性肠炎　　E. 致病性大肠埃希菌肠炎

258. 女孩,2 岁。发热、腹痛腹泻 1 天,无里急后重,大便 6 次,黏液状,带脓血,有腥臭味。镜检示 RBC25/HP,WBC25~30/HP。导致患儿腹泻的最可能病原体是
A. 痢疾志贺菌　　B. 产毒性大肠埃希菌　　C. 侵袭性大肠埃希菌
D. 金黄色葡萄球菌　　E. 白色念珠菌

259. 3 个月婴儿,母乳喂养,生后大便 5~6 次/天,为黄色稀糊便,无特殊臭味,精神食欲好,生后体重增长 3kg。大便常规检查阴性。最可能的诊断是
A. 慢性细菌性痢疾　　B. 生理性腹泻　　C. 迁延性腹泻
D. 真菌性腹泻　　E. 产毒性大肠埃希菌肠炎

260. 男,3 岁。腹泻 4 天,加重 2 天,稀水样便,每天 10 余次,尿量减少。体检:眼窝凹陷,皮肤弹性差,脉搏可扪及。查血钠 135mmol/L。其腹泻脱水的程度与性质应是
A. 轻度低渗性　　B. 轻度等渗性　　C. 中度高渗性
D. 中度等渗性　　E. 重度低渗性

261. 小儿腹泻病的治疗原则,错误的是
A. 调整饮食　　B. 合理用药　　C. 纠正脱水
D. 应用红霉素　　E. 纠正电解质紊乱

262. 女孩,2 岁。腹泻伴呕吐 3 天,大便 7~8 次/日,为黄绿色稀水样便,黏液较多,时有发热、腹痛。粪常规检查示白细胞(++)。不宜采用的治疗是
A. 止泻剂　　B. 液体疗法　　C. 锌制剂
D. 肠道黏膜保护剂　　E. 肠道微生态制剂

263. 患儿,男,1 岁。1 天前腹泻 10 余次,为黄稀水便。查体:精神稍萎靡,皮肤弹性佳。医师推荐使用 WHO 规定的口服补液盐。该补液盐的为
A. 1/2 张　　B. 1/3 张　　C. 2/3 张
D. 1/4 张　　E. 等张

(264~270 题共用题干)10 个月女婴,腹泻 2 天于 2016 年 10 月 20 日收入院。大便为蛋花汤样,

10～12次/日，无腥臭味，哭时泪少，尿量明显减少。查体：精神萎靡，皮肤弹性差，眼窝及前囟明显凹陷。血钠 135mmol/L。

264. 最可能的诊断是
A. 生理性腹泻　B. 轮状病毒肠炎　C. 产毒性大肠埃希菌肠炎
D. 侵袭性大肠埃希菌肠炎　E. 金黄色葡萄球菌肠炎

265. 患婴脱水性质和程度是
A. 中度低渗性脱水　B. 中度等渗性脱水　C. 中度高渗性脱水
D. 重度低渗性脱水　E. 重度等渗性脱水

266. 入院第一天补液总量应为
A. 50～80ml/kg　B. 80～100ml/kg　C. 90～120ml/kg
D. 120～150ml/kg　E. 150～180ml/kg

267. 入院第一天补液性质应为
A. 1/3 张含钠液　B. 2/3 张含钠液　C. 1/5 张含钠液
D. 1/2 张含钠液　E. 等张含钠液

268. 若经上述补液后出现腹胀，肠鸣音减弱，心音低钝，腱反射减弱，应考虑的诊断是
A. 低钠血症　B. 低钙血症　C. 低钾血症
D. 低磷血症　E. 水中毒

269. 若发生低钾血症，治疗原则应为
A. 静滴 10%氯化钾溶液　B. 每日口服氯化钾 30～40mmol/kg　C. 静滴氯化钾，浓度<0.3%
D. 持续补充氯化钾 2 周　E. 全天静滴时间<6～8 小时

270. 入院第 2 天脱水纠正，大便 2～3 次，纳差，有时呕吐，尿量尚可。补液原则为
A. 停止补液　B. 补生理需要量　C. 补液量与前一天相等
D. 补继续丢失量　E. 补生理需要量+继续丢失量

第 7 章　呼吸系统疾病

271. 关于小儿肺的解剖学特点，错误的是
A. 肺泡数量少且面积小　B. 弹力组织发育较差　C. 血管丰富，间质发育旺盛
D. 肺含血量少而含气量多　E. 感染时易致黏液阻塞

272. 扁桃体炎好发于年长儿的原因是
A. 咽部狭窄　B. 咽扁桃体 1 岁末才开始增大　C. 腭扁桃体 1 岁末才开始增大
D. 咽鼓管呈水平位　E. 婴儿非特异性免疫功能差

273. 婴幼儿常见的呼吸类型是
A. 胸式呼吸　B. 腹式呼吸　C. 胸腹式呼吸
D. 混合性呼吸　E. 点头样呼吸

274. 小儿最常见的疾病是
A. 腹泻病　B. 急性上呼吸道感染　C. 急性下呼吸道感染
D. 高热惊厥　E. 急性泌尿道感染

275. 引起小儿上呼吸道感染最常见的病原体是
A. 病毒　B. 细菌　C. 支原体
D. 衣原体　E. 真菌

276. 引起小儿急性上呼吸道感染最常见的致病菌是
A. 肺炎链球菌　B. 流感嗜血杆菌　C. 溶血性链球菌
D. 变形杆菌　E. 铜绿假单胞菌
277. 咽结膜热的典型临床表现不包括
A. 高热、咽痛　B. 眼部刺痛　C. 眼结膜炎
D. 耳后淋巴结肿大　E. 恢复期指端膜状脱屑
278. 患儿，男，4 岁。发热 2 天伴咽痛。查体：咽部充血，咽腭弓、悬雍垂、软腭处可见 2～4mm 大小疱疹。最可能的病原体是
A. 柯萨奇 A 组病毒　B. 呼吸道合胞病毒　C. 腺病毒
D. 鼻病毒　E. 冠状病毒
279. 链球菌性上呼吸道感染后 2～3 周可引起
A. 咽后壁脓肿　B. 川崎病　C. 中耳炎
D. 颈淋巴结炎　E. 急性肾小球肾炎
280. 急性上呼吸道感染的治疗原则是
A. 抗病毒治疗　B. 应用抗生素　C. 对症治疗
D. 支持治疗　E. 中医中药治疗
281. 小儿夜间阵发性咳嗽和喘息，首先应考虑
A. 急性支气管炎　B. 支气管哮喘　C. 腺病毒肺炎
D. 呼吸道合胞病毒肺炎　E. 支原体肺炎
282. 小儿支气管哮喘的诊断标准是吸入速效 β_2 受体激动剂后 15 分钟 FEV_1 增加
A. ≥5%　B. ≥8%　C. ≥10%
D. ≥12%　E. ≥15%
283. 5 岁，男性。咳嗽 4 个月，凌晨及活动后加剧，服用多种抗生素无效，服用博利康尼后可缓解。查体：无发热，面部及颈部散在湿疹，两肺呼吸音粗。该患儿最可能的诊断是
A. 毛细支气管炎　B. 支气管异物　C. 咳嗽变异型哮喘
D. 支气管淋巴结核　E. 儿童哮喘
284. 患儿，女，从 3 岁至 8 岁类似哮喘发作 10 余次，肺功能明显降低，舒张试验阳性，确诊为支气管哮喘。2 天前因感冒诱发咳喘加重，使用口服糖皮质激素、支气管舒张剂仍无缓解。体检：呼吸困难，大汗淋漓，不能平卧，面色青灰，三凹征，心音较低钝，双肺呼吸音减低，无哮鸣音。最可能的诊断是
A. 并发肺源性心脏病　B. 合并细菌性肺炎　C. 哮喘持续状态
D. 水电解质紊乱　E. 使用 β_2 受体激动剂过量

A. 口服短效 β_2 受体激动剂　B. 吸入速效 β_2 受体激动剂　C. 吸入长效 β_2 受体激动剂
D. 吸入糖皮质激素　E. 静脉滴注糖皮质激素
285. 缓解支气管哮喘急性发作首选
286. 支气管哮喘患儿长期控制首选
287. 缓解支气管哮喘持续状态首选
A. 白三烯调节剂　B. β_2 受体激动剂　C. 糖皮质激素
D. 肥大细胞膜稳定剂　E. 抗胆碱能药物
288. 沙丁胺醇属于
289. 布地奈德属于
290. 孟鲁司特属于

291. 色甘酸钠属于
292. 异丙托溴铵属于
293. 支气管哮喘持续状态辅助机械通气的指征不包括
A. 持续严重的呼吸困难　B. 哮鸣音消失　C. $PaCO_2 \geq 45mmHg$
D. 意识障碍　E. 吸氧状态下发绀进行性加重
294. 肺功能检查是确诊支气管哮喘的常用方法,主要适合于
A. 2岁以上患儿　B. 3岁以上患儿　C. 5岁以上患儿
D. 8岁以上患儿　E. 10岁以上患儿
295. 下列肺炎中属于病理分类的是
A. 病毒性肺炎　B. 支原体肺炎　C. 支气管肺炎
D. 衣原体肺炎　E. 真菌性肺炎
296. 小儿迁延性肺炎的病程为
A. <1周　B. <1个月　C. 1~3个月
D. 2~3个月　E. >3个月
297. 小儿病毒性肺炎最常见的病原体是
A. 腺病毒　B. 呼吸道合胞病毒　C. 流感病毒
D. 副流感病毒　E. 肠道病毒
298. 不属于肺炎病原体的是
A. 肠道病毒　B. 腺病毒　C. 立克次体
D. 合胞病毒　E. 金黄色葡萄球菌
299. 患儿,2岁。发热3天,伴咳嗽,呼吸较急促,50次/分,心音正常,双肺可闻及较固定的中、细湿啰音,腹部平软,肝脾不大。该患儿应诊断为
A. 哮喘性支气管炎　B. 急性支气管肺炎　C. 毛细支气管炎
D. 急性重症肺炎　E. 急性支气管炎
300. 小儿肺炎合并急性心力衰竭的诊断依据中,最不重要的是
A. 双下肢水肿　B. 心率增快　C. 肝脏迅速肿大
D. 心音低钝　E. 闻及奔马律
301. 重症肺炎合并心力衰竭的治疗措施不包括
A. 吸氧　B. 利尿剂　C. 洋地黄制剂
D. 血管活性药物　E. 糖皮质激素
302. 10个月婴儿,发热、咳嗽6天入院。查体:T37.2℃,呼吸急促,烦躁,口唇、面色发绀,双肺可闻及细湿啰音,心率170次/分,心音低钝,腹胀,肝右肋下3.5cm,剑突下4cm,质软,已给予吸氧。现紧急处理应首选
A. 静滴地塞米松　B. 口服地高辛　C. 静注西地兰
D. 静推呋塞米　E. 静滴东莨菪碱
303. 5岁儿童,低热、干咳1周,加重3天,为刺激性干咳。体温38℃,双肺呼吸音粗糙,未闻及干湿啰音。外周血白细胞$11 \times 10^9/L$,中性0.7,ESR40mm/h。胸片示右下肺云雾状薄片影。最可能的诊断是
A. 大叶性肺炎　B. 支气管肺炎　C. 支原体肺炎
D. 腺病毒肺炎　E. 嗜酸性粒细胞肺炎
304. 女婴,6个月,咳嗽伴喘憋2天。查体:T38℃,P120次/分,R50次/分,烦躁不安,双肺明显哮鸣音,喘息缓解时可闻及少许中、小湿啰音,肝肋下2.0cm。最可能的诊断是

A. 肺炎链球菌肺炎　　B. 腺病毒肺炎　　C. 呼吸道合胞病毒肺炎
D. 肺炎支原体肺炎　　E. 金黄色葡萄球菌肺炎

305. 6 个月小婴儿，发热、咳嗽 1 周。今惊厥 1 次（当时体温 39℃）。查体：T39.5℃，烦躁，前囟略饱满，面色发绀，呼吸 50 次/分，心率 140 次/分，双肺少许细湿啰音，脑膜刺激征阳性。最可能的诊断是
A. 支气管肺炎合并心力衰竭　　B. 肺炎合并中毒性脑病　　C. 毛细支气管炎合并高热惊厥
D. 支气管肺炎合并高热惊厥　　E. 毛细支气管炎合并心力衰竭

306. 5 个月男婴，体温 38℃，咳嗽、喘憋明显。查体：呼吸急促，鼻扇，三凹征明显，双肺听诊满布哮鸣音，偶可闻及中、小水泡音。胸部 X 线片：双侧肺纹理增强，可见小片状阴影，肺气肿改变明显。可诊断为
A. 呼吸道合胞病毒肺炎　　B. 肺炎支原体肺炎　　C. 腺病毒肺炎
D. 金黄色葡萄球菌肺炎　　E. 衣原体肺炎

307. 女孩，3 岁。发热、咳嗽和气促 1 周。查体：精神不振，面色苍白，呼吸急促，皮肤可见荨麻疹样皮疹，双侧可闻及细湿啰音。胸部 X 线片示双肺多发性小脓肿。最可能的诊断是
A. 肺炎支原体肺炎　　B. 金黄色葡萄球菌肺炎　　C. 流感嗜血杆菌肺炎
D. 呼吸道合胞病毒肺炎　　E. 腺病毒肺炎

（308~311 题共用题干）男，6 岁。发热 10 天，体温 38~39℃，刺激性咳嗽明显，胸痛。查体：双肺散在干啰音。胸片：左肺下野淡薄片状阴影。

308. 最可能的诊断为
A. 腺病毒肺炎　　B. 呼吸道合胞病毒肺炎　　C. 肺炎支原体肺炎
D. 金黄色葡萄球菌肺炎　　E. 肺炎链球菌肺炎

309. 为明确诊断，首选的检查是
A. 血培养　　B. 结核菌素试验　　C. 冷凝集试验
D. 血肥大试验　　E. 痰液病毒分离培养

310. 首选的治疗药物为
A. 青霉素　　B. 头孢菌素　　C. 链霉素
D. 红霉素　　E. 无环鸟苷

311. 首选药物的疗程一般为
A. 体温正常后 3 天　　B. 体温正常后 5~7 天　　C. 体温正常后 2~3 周
D. 10~14 天　　E. 6 周

（312~315 题共用题干）2 岁男孩，持续高热伴咳嗽 6 天入院。体温波动在 38.0~40℃之间，静滴青霉素 4 天体温未降低。查体：T39.2℃，R40 次/分，P160 次/分，精神萎靡，呼吸急促，唇干，鼻翼扇动，三凹征明显，气管略左移，右下肺呼吸音消失，叩诊浊音，肝肋下 2cm。外院血常规 WBC19.2×10^9/L，N0.92。胸片示两肺散在斑片状阴影，右中下肺野致密阴影，上缘呈外高内低弧形影。

312. 该患儿最可能的诊断是
A. 腺病毒肺炎　　B. 呼吸道合胞病毒肺炎　　C. 肺炎支原体肺炎
D. 肺炎链球菌肺炎　　E. 金黄色葡萄球菌肺炎

313. 该患儿最可能的并发症是
A. 气胸　　B. 脓胸　　C. 脓气胸
D. 肺脓肿　　E. 败血症

314. 若诊断性胸穿抽出少量黏稠脓液，则最重要的治疗措施是
A. 胸腔穿刺抽脓冲洗　　B. 胸腔闭式引流　　C. 剖胸探查
D. 胸腔镜探查　　E. 静滴广谱抗生素

315. 若使用抗生素，则首选药物为
A. 氨苄西林 B. 红霉素 C. 环丙沙星
D. 万古霉素 E. 庆大霉素

第8章 心血管系统疾病

316. 关于胎儿血液循环出生后的改变，不正确的是
A. 脐血管关闭 B. 卵圆孔关闭 C. 动脉导管关闭
D. 肺循环压力增高 E. 体循环压力增高
317. 11个月小儿正常心率为
A. 120~140次/分 B. 110~130次/分 C. 100~120次/分
D. 80~100次/分 E. 70~90次/分
318. 小儿动脉收缩压的推算公式为
A.（年龄×2）+50mmHg B.（年龄×2）+60mmHg C.（年龄×2）+70mmHg
D.（年龄×2）+80mmHg E.（年龄×2）+90mmHg
319. 属于左向右分流型先心病的是
A. 动脉导管未闭 B. 肺动脉狭窄 C. 主动脉缩窄
D. 法洛四联症 E. 大动脉转位

A. 房间隔缺损 B. 室间隔缺损 C. 动脉导管未闭
D. 法洛四联症 E. 肺动脉狭窄
320. 婴儿期持续青紫的先心病是
321. 婴儿期不会出现青紫的先心病是

322. 先天性心脏病患儿，胸片示肺血少，提示
A. 房间隔缺损 B. 室间隔缺损 C. 动脉导管未闭
D. 肺动脉狭窄 E. 主肺动脉间隔缺损
323. 肺循环血量增多，而左心室、主动脉及体循环血流量减少的先心病是
A. 房间隔缺损 B. 室间隔缺损 C. 动脉导管未闭
D. 肺动脉狭窄 E. 法洛四联症
324. 胸部X线片示肺野清晰的先心病是
A. 房间隔缺损 B. 室间隔缺损 C. 动脉导管未闭
D. Roger病 E. 法洛四联症

A. 右心房、右心室增大 B. 左心室、右心室增大 C. 左心房、左心室增大
D. 全心增大 E. 右心室增大，肺动脉段凹陷
325. 房间隔缺损X线检查表现为
326. 室间隔缺损X线检查表现为
327. 动脉导管未闭X线检查表现为
328. 法洛四联症X线检查表现为
A. 房间隔缺损 B. 室间隔缺损 C. 动脉导管未闭
D. 法洛四联症 E. 三尖瓣狭窄
329. 胸骨左缘第2~3肋间闻及收缩期杂音，提示

330. 胸骨左缘第 3~4 肋间闻及收缩期杂音,提示
331. 胸骨左缘第 2~4 肋间闻及粗糙喷射性收缩期杂音,提示
332. 胸骨左缘第 2 肋间闻及响亮粗糙的连续机械样杂音,提示
333. 胸骨左缘第 4~5 肋间闻及舒张早中期杂音,提示

A. 二尖瓣狭窄　B. 二尖瓣关闭不全　C. 三尖瓣狭窄
D. 三尖瓣关闭不全　E. 肺动脉瓣狭窄

334. 房间隔缺损分流量较大时,可在胸骨左缘第 4~5 肋间闻及舒张早中期杂音,是因为相对性
335. 室间隔缺损分流量较大时,可在心尖部闻及舒张中期杂音,是因为相对性
336. 动脉导管未闭分流量较大时,可在心尖部闻及舒张期杂音,是因为相对性

A. 肺动脉狭窄　B. 肺动脉扩张　C. 肺动脉瓣相对狭窄
D. 肺动脉瓣相对性关闭不全　E. 三尖瓣相对狭窄

337. 房间隔缺损收缩期杂音产生的原理是
338. 法洛四联症收缩期杂音产生的原理是
339. 室间隔缺损出现声音嘶哑的原因是

A. 原发孔型房间隔缺损　B. 继发孔型房间隔缺损　C. 室间隔膜周部缺损
D. 动脉导管未闭　E. 法洛四联症

340. 最可能自然闭合的先心病是
341. 最可能用药物治愈的先心病是

342. 房间隔缺损的特征性临床表现是

A. 生长发育延迟、乏力、心悸　B. 心前区可闻及粗糙收缩期杂音
C. 有肺动脉高压时,可出现青紫　D. 肺动脉瓣区第二心音亢进并固定性分裂
E. X 线胸片可见心房心室扩大及肺门“舞蹈”

343. 患者男性,12 岁。肺动脉瓣区闻及 3/6 级收缩期杂音,同时可听到不受呼吸影响的第二心音分裂。该患者可能是

A. 正常人　B. 肺动脉瓣狭窄　C. 房间隔缺损
D. 二尖瓣狭窄　E. 肺动脉瓣关闭不全

(344~347 题共用题干)女性,5 岁。自幼体弱,易患呼吸道感染。查体:心前区稍隆起,无震颤,胸骨左缘第 2~3 肋间闻及 3/6 级收缩期杂音,P_2 亢进,S_2 固定性分裂。

344. 最可能的诊断是

A. 房间隔缺损　B. 室间隔缺损　C. 动脉导管未闭
D. 法洛四联症　E. 风湿性心脏病

345. 最可能出现的心电图异常是

A. PR 间期延长　B. 左心室肥大　C. 不完全性右束支传导阻滞
D. T 波低平倒置　E. 左束支传导阻滞

346. 胸部 X 线片可见心影呈

A. 靴形　B. 梨形　C. 普大型
D. 球形　E. 烧瓶形

347. 超声心动图检查可显示

A. 左心房增大　B. 左心室增大　C. 主动脉增宽
D. 心室壁矛盾运动　E. 右心房、右心室增大,室间隔矛盾运动

348. 我国最常见的先天性心脏病是

A. 房间隔缺损　B. 室间隔缺损　C. 动脉导管未闭
D. 法洛四联症　E. 肺动脉瓣狭窄

(349~353 题共用题干)患儿 3 岁。近 1 年来剧烈啼哭时出现青紫。查体:心前区隆起,胸骨左缘第 3~4 肋间可闻及 4/6 级收缩期杂音,可触及震颤。胸片示左右心室增大,肺血管影增多,肺动脉段凸出。

349. 最可能的诊断是
A. 房间隔缺损　B. 室间隔缺损　C. 动脉导管未闭
D. 法洛四联症　E. 肺动脉瓣狭窄

350. 其杂音产生的机制是
A. 二尖瓣相对狭窄　B. 三尖瓣相对狭窄　C. 右心室流出道相对狭窄
D. 主动脉瓣相对狭窄　E. 血流通过缺损部位产生漩涡

351. 若同时在心尖区闻及较柔和的舒张期杂音,则提示
A. Roger 病　B. 大中型室间隔缺损　C. 中小型室间隔缺损
D. 合并肺动脉高压　E. 合并感染性心内膜炎

352. 为明确诊断,首选的检查项目是
A. 心电图　B. 超声心动图　C. 心脏 CT
D. 心脏 MRI　E. 心导管造影

353. 若患儿出现永久青紫,则说明
A. 合并心力衰竭　B. 合并动脉系统充血　C. 合并静脉系统淤血
D. 合并肺水肿　E. 形成了艾森门格综合征

354. 动脉导管未闭患者出现周围血管征的主要原因是
A. 心脏存在异常通道　B. 体循环血流量明显减少　C. 肺循环血流量明显增多
D. 脉压明显增大　E. 收缩压明显升高

355. 动脉导管未闭患者脉压增大的主要原因是
A. 心脏存在异常通道　B. 主动脉的血液分流至肺动脉　C. 肺循环血流量明显增多
D. 体循环血流量明显减少　E. 收缩压明显升高

(356~360 题共用题干)3 岁男孩,曾多次患肺炎,平时无发绀。体检:心前区隆起,心尖搏动弥散,胸骨左缘第 2 肋间闻及粗糙的连续性机器样杂音,向颈部传导,有震颤。

356. 该患儿还需特别注意的体征是
A. 三凹征　B. 水冲脉　C. 腹部血管杂音
D. 颈静脉怒张　E. 蹲踞

357. 该患儿最可能出现的血流动力学改变是
A. 左心房血流量减少　B. 肺循环血流量增加　C. 主动脉血流量明显减少
D. 右向左分流　E. 左心室容量负荷减小

358. 该患儿心电图检查的可能结果是
A. 左心室肥厚　B. 右心室肥厚　C. 右心房肥大
D. 左束支传导阻滞　E. 不完全性右束支传导阻滞

359. 若于心尖部闻及舒张中期杂音,提示
A. 肺动脉高压　B. 肺动脉狭窄　C. 心功能不全
D. 左向右分流量大　E. 左向右分流量小

360. 若患儿出现差异性发绀,提示
A. 左向右分流量大　B. 心力衰竭　C. 主动脉压高于肺动脉

D. 主动脉血液流入肺动脉　E. 肺动脉血液流入主动脉

A. 肺动脉狭窄　B. 室间隔缺损　C. 主动脉骑跨
D. 右心室肥大　E. 肺动脉漏斗部痉挛

361. 法洛四联症对病理生理影响最大的畸形是
362. 法洛四联症心脏杂音的产生是由于
363. 法洛四联症的杂音响度主要取决于
364. 法洛四联症的青紫程度主要取决于
365. 法洛四联症阵发性缺氧发作的原因是

A. 脑栓塞　B. 脑脓肿　C. 感染性心内膜炎
D. 冠状动脉瘤　E. 缺氧发作

366. 法洛四联症最常见的并发症是
367. 法洛四联症最少见的并发症是

368. 法洛四联症最早出现的临床表现是
A. 呼吸困难　B. 活动耐力下降　C. 晕厥
D. 青紫　E. 蹲踞

369. 法洛四联症的常见临床表现不包括
A. 苍白　B. 蹲踞　C. 晕厥
D. 杵状指(趾)　E. 活动耐力下降

370. 胸部 X 线检查显示肺动脉段凹陷的先天性心脏病是
A. 房间隔缺损　B. 室间隔缺损　C. 法洛四联症
D. 动脉导管未闭　E. 主动脉瓣狭窄

371. 2 岁小儿,生后 4 个月出现发绀,哭吵甚,时有抽搐。查体:发育差,发绀明显,心前区可闻及 3/6 级收缩期喷射音。胸片示肺门血管影少,右心室增大,心腰凹陷,呈靴形心。最可能的诊断是
A. 法洛四联症　B. 动脉导管未闭　C. 肺动脉狭窄
D. 室间隔缺损　E. 房间隔缺损

372. 患儿,女孩,1 岁。生后 2 个月口周发绀。今晨哭闹后发绀加重,意识丧失,四肢颤动,持续 1 分钟缓解,胸骨左缘第 2~4 肋间闻及 3/6 级收缩期杂音,双下肢无水肿,神经系统正常。X 线片示心尖上翘,肺动脉段凹陷。意识丧失的原因为
A. 法洛氏四联症并肺脓肿　B. 法洛氏四联症并缺氧发作　C. 室间隔缺损并肺脓肿
D. 室间隔缺损并心力衰竭　E. 室间隔缺损并急性肺炎

(373~377 题共用题干)2 岁患儿,体重 8.5kg。生后 6 个月出现唇绀,无肺炎病史。查体:杵状指,胸骨左缘第 3 肋间闻及 3/6 级收缩期杂音,肺动脉瓣区第二心音亢进。胸片示两肺清晰透亮,心影呈靴形。

373. 最可能的诊断是
A. 房间隔缺损　B. 室间隔缺损　C. 动脉导管未闭
D. 法洛四联症　E. 肺动脉瓣狭窄

374. 为明确诊断,首选的检查是
A. 心电图　B. 超声心动图　C. 心脏 CT
D. 心脏 MRI　E. 心血管造影

375. 今天上午患儿在幼儿园和其他小朋友玩耍时突然晕厥,其原因是
A. 血液黏稠　B. 脑血栓形成　C. 血流缓慢

D. 肺动脉狭窄　　E. 漏斗部肌肉痉挛

376. 此时最有效的急救措施是
A. 高流量吸氧　　B. 取胸膝位　　C. 吗啡肌注
D. 静注普萘洛尔　　E. 静滴碳酸氢钠

377. 此时严禁使用的药物是
A. 去氧肾上腺素　　B. 普萘洛尔　　C. 吗啡
D. 碳酸氢钠　　E. 西地兰

第9章　泌尿系统疾病

378. 小儿肾小球滤过率达成人水平的时间为
A. 半岁　　B. 1岁　　C. 2岁
D. 3岁　　E. 5岁

379. 小儿无尿的诊断标准为尿量
A. <10ml/d　　B. <30ml/d　　C. <50ml/d
D. <100ml/d　　E. <150ml/d

380. 急性肾小球肾炎的典型临床表现不包括
A. 水肿　　B. 高血压　　C. 血尿
D. 少尿　　E. 大量蛋白尿

381. 急性肾小球肾炎在病程1~2周常发生的严重并发症是
A. 休克　　B. 肉眼血尿　　C. 严重循环充血
D. 大量蛋白尿　　E. 高钾血症

382. 4岁，男孩。10天前受凉感冒服药后好转，3天前眼睑浮肿，伴尿少，今天烦躁不安，抽搐2次。查体T39℃，呼吸28次/分，脉搏110次/分，BP150/110mmHg，心脏正常，肝未触及，神经系统检查无异常。最可能的诊断是急性肾炎合并
A. 高血压脑病　　B. 循环充血　　C. 高热惊厥
D. 低钙血症　　E. 肾功能衰竭

383. 诊断急性链球菌感染后肾炎最关键的检查是
A. 尿常规　　B. CRP　　C. ASO
D. C3　　E. ESR

384. 男，9岁。尿少、水肿1天。体检：眼睑部水肿，血压140/100mmHg，尿蛋白(+)，尿红细胞(+++)。该患儿的诊断是
A. 急性肾小球肾炎　　B. 泌尿系感染　　C. 单纯型肾病
D. 肾炎型肾病　　E. 继发性肾病综合征

(385~390题共用题干)7岁男孩，晨起眼睑水肿伴尿少1周，肉眼血尿1天。病前1周有咽痛史。查体：T38.2℃，BP120/80mmHg，发育良好，双侧扁桃体Ⅱ度肿大。外周血Hb112g/L。尿常规：Pro(++)，RBC(+++)，WBC1~3/HP。血BUN7.2mmol/L，血总蛋白52g/L，白蛋白32g/L，血胆固醇4.6mmol/L。

385. 最可能的诊断是
A. 急性肾小球肾炎　　B. 急性肾盂肾炎　　C. 肾病综合征
D. 慢性肾炎急性发作　　E. 慢性肾小球肾炎

386. 患儿入院后突发抽搐，测体温38.5℃，血压160/110mmHg，应考虑合并

A. 高热惊厥　　B. 中毒性脑病　　C. 高血压脑病
D. 脑栓塞　　E. 严重循环充血

387. 此时急救的首选药物是
A. 硝普钠　　B. 呋塞米　　C. 地西泮
D. 硝苯地平　　E. 苯妥英钠

388. 若经上述处理仍抽搐不止，下一步应选择的药物是
A. 呋塞米　　B. 地西泮　　C. 苯巴比妥
D. 硝苯地平　　E. 苯妥英钠

389. 患儿应卧床休息至
A. 尿常规恢复正常　　B. 血沉正常　　C. 血 BUN 正常
D. 血 CR 正常　　E. 水肿消退、肉眼血尿消失、血压正常

390. 患儿恢复上学的指标是
A. 尿常规正常　　B. 血沉正常　　C. 血压正常
D. 水肿消退　　E. 镜下血尿转阴

（391～395 题共用题干）患儿，女，8 岁。眼睑水肿伴血尿、少尿 6 天，气促 2 天。查体：T37.8℃，P150 次/分，血压 135/90mmHg，双肺底可闻及湿啰音，肝肋缘下 3.0cm，质软，无压痛。

391. 最可能的诊断是
A. 肺炎伴心力衰竭　　B. 急性肾小球肾炎　　C. 急性肾炎伴呼吸衰竭
D. 急性肾炎伴循环充血　　E. 急性肾炎伴高血压脑病

392. 该患儿的首选治疗是
A. 静推西地兰　　B. 静滴呋塞米　　C. 静滴硝普钠
D. 舌下含化硝苯地平　　E. 静注地西泮

393. 该患儿住院治疗 2 天后，突然出现惊厥，下列治疗措施不正确的是
A. 使用硝普钠　　B. 静脉注射呋塞米　　C. 静脉注射地西泮
D. 限盐限水　　E. 使用糖皮质激素

394. 该患儿经治疗后惊厥停止，血压恢复正常，但尿量进一步减少，每日尿量仅 100～200ml。血 BUN31mmol/L，Scr610μmmol/L，进一步的治疗重点为
A. 加用糖皮质激素　　B. 加用环磷酰胺　　C. 加大呋塞米剂量
D. 进行肾透析治疗　　E. 进行肾移植

395. 该患儿治疗后“临床痊愈”出院，1 年后随访，尿中仍有少量红细胞。为明确诊断，最有价值的检查是
A. 尿沉渣镜检　　B. 尿相差显微镜检查　　C. 尿蛋白定量
D. 静脉肾盂造影检查　　E. 肾穿刺活检

396. 肾病综合征的临床特点不包括
A. 大量蛋白尿　　B. 低蛋白血症　　C. 高脂血症
D. 明显水肿　　E. 血尿

397. 小儿原发性肾病综合征病理分型最常见的类型是
A. 微小病变　　B. 局灶节段性肾小球硬化　　C. 膜性增生型肾小球肾炎
D. 增生性肾小球肾炎　　E. 膜性肾病

398. 不符合单纯型肾病的临床表现是
A. 全身水肿　　B. 大量蛋白尿　　C. 低蛋白血症
D. 肉眼血尿　　E. 高胆固醇血症

399. 鉴别肾炎型肾病综合征与单纯型肾病综合征的指标是
A. 持续高血压　B. 低蛋白血症　C. 高胆固醇血症
D. 高度水肿　E. 大量蛋白尿

400. 鉴别单纯型肾病与肾炎型肾病的指征不包括
A. 低蛋白血症　B. 补体 C_3 降低　C. 高血压
D. 氮质血症　E. 血尿

401. 男,5岁。眼睑水肿2周。化验检查:血红蛋白97g/L,尿蛋白(+++),尿红细胞(+),尿比重1.026,血白蛋白27g/L,胆固醇9.8mmol/L,C_3 460mg/L。最可能的诊断是
A. 急进性肾炎　B. 慢性肾炎急性发作　C. 急性肾盂肾炎
D. 单纯型肾病　E. 肾炎型肾病

402. 男,10岁。反复水肿半年。尿常规:蛋白(+++)~(++++),红细胞8~18/HP,血尿素氮10.8 mmol/L,白蛋白15g/L,BP150/100mmHg。最可能的诊断为
A. 急性链球菌感染后肾炎　B. 单纯型肾病　C. 病毒性肾炎
D. 急进性肾炎　E. 肾炎型肾病

403. 6岁男孩,水肿1个月。查体:血压110/70mmHg,高度水肿,尿蛋白定量2.5g/d,血清白蛋白15g/L,BUN5.4mmol/L。最可能的诊断是
A. 急性肾炎　B. 单纯型肾病　C. 肾炎型肾病
D. 急性肾盂肾炎　E. 慢性肾炎

404. 肾病综合征患儿应用糖皮质激素治疗4周后,尿蛋白完全消失,其疗效属于
A. 激素敏感　B. 激素部分敏感　C. 激素耐药
D. 激素依赖　E. 激素不敏感

405. 肾病综合征最常见的临床表现是
A. 高血压　B. 水肿　C. 蛋白尿
D. 肾功能衰竭　E. 高脂血症

406. 肾病综合征的常见并发症不包括
A. 感染　B. 低血容量　C. 高血压脑病
D. 急性肾功能衰竭　E. 电解质紊乱

407. 肾病综合征最常见的感染部位是
A. 上呼吸道　B. 下呼吸道　C. 泌尿生殖道
D. 消化道　E. 皮肤

408. 男,5岁。患肾病综合征,长期忌盐,5天来低热、咳嗽、颜面四肢浮肿,曾用呋塞米4支。体检:精神萎靡,嗜睡,手足冷,血压74/40mmHg。最可能的诊断是
A. 低钠血症　B. 低钙血症　C. 代谢性酸中毒
D. 代谢性碱中毒　E. 低钾血症

409. 诊断小儿肾病综合征大量蛋白尿的标准是尿蛋白
A. ≥30mg/(kg·d)　B. ≥50mg/(kg·d)　C. ≥80mg/(kg·d)
D. ≥100mg/(kg·d)　E. ≥150mg/(kg·d)

410. 治疗小儿原发性肾病综合征的首选药物是
A. 呋塞米　B. 低分子右旋糖酐　C. 白蛋白
D. 糖皮质激素　E. 细胞毒药物

411. 对糖皮质激素依赖的肾病综合征患儿首先考虑加用的药物是
A. 双嘧达莫　B. 环磷酰胺　C. 肝素

D. 吲哚美辛　　E. 左旋咪唑

412. 糖皮质激素治疗肾病综合征的长程疗法是
A. 1 个月　　B. 3 个月　　C. 6 个月
D. 9 个月　　E. 12 个月

413. 最适合选用甲泼尼龙冲击治疗的疾病是
A. 急性肾炎　　B. 急性肾盂肾炎　　C. 慢性肾炎
D. 激素敏感性肾病综合征　　E. 激素耐药性肾病综合征

(414~418 题共用题干)7 岁男孩,水肿 5 天。查尿蛋白(+++),尿红细胞 2/HP。血浆白蛋白 15g/L,血胆固醇 6.5mmol/L。

414. 该患儿最可能的诊断是
A. 肾病综合征　　B. 急性肾小球肾炎　　C. 急性肾盂肾炎
D. 间质性肾炎　　E. 慢性肾炎急性发作

415. 最可能的病理类型是
A. 微小病变　　B. 膜性肾病　　C. 增生性肾小球肾炎
D. 局灶性球性硬化　　E. 膜性增生性肾小球肾炎

416. 首选的治疗方案是
A. 激素短程疗法　　B. 激素中长程疗法　　C. 甲泼尼龙冲击疗法
D. 免疫抑制剂　　E. 激素+免疫抑制剂

417. 若采用上述方案治疗 4 周后,复查尿蛋白仍为(+++),下一步的治疗应为
A. 停用激素　　B. 加用细胞毒药物　　C. 激素减量维持治疗
D. 激素加量维持治疗　　E. 继续用原量维持治疗

418. 若治疗过程中患儿持续出现氮质血症,则可能的诊断为
A. 急性肾炎伴肾衰竭　　B. 急性肾盂肾炎伴肾衰竭　　C. 单纯型肾病综合征
D. 肾炎型肾病综合征　　E. 急进性肾炎

第 10 章　造血系统疾病

419. 胚肝造血最旺盛的时期是
A. 胚胎 6~8 周　　B. 胚胎 8~12 周　　C. 胎儿期 4~5 个月
D. 胎儿期 6~9 个月　　E. 胎儿期 9~10 个月

420. 婴儿期外周血白细胞总数维持在
A. $>20\times10^9/L$　　B. $15\times10^9/L$　　C. $10\times10^9/L$
D. $5\times10^9/L$　　E. $<5\times10^9/L$

421. 小儿外周血细胞计数接近成人的细胞是
A. 中性粒细胞　　B. 嗜酸性粒细胞　　C. 嗜碱性粒细胞
D. 红细胞　　E. 血小板

422. 男孩,2 岁。血常规 Hb45g/L,RBC$2.0\times10^{12}/L$。该患儿的贫血程度是
A. 正常血象　　B. 轻度贫血　　C. 中度贫血
D. 重度贫血　　E. 极重度贫血

423. 符合小细胞低色素性贫血的指标是
A. MCV↓,MCH↑,MCHC↑　　B. MCV↑,MCH↑,MCHC↑　　C. MCV↑,MCH↑,MCHC↓

D. MCV↓,MCH↓,MCHC↓ E. MCV↑,MCH↓,MCHC↓

424. 小儿重度贫血可输入浓缩红细胞,剂量为每次

A. 1~3ml/kg B. 3~5ml/kg C. 5~10ml/kg

D. 10~15ml/kg E. 15~20ml/kg

425. 小儿缺铁性贫血好发年龄段为

A. 1~3个月 B. 3~6个月 C. 6~12个月

D. 9~12个月 E. 6~24个月

426. 小儿缺铁性贫血最主要的病因是

A. 铁吸收障碍 B. 铁丢失过多 C. 先天储铁不足

D. 铁摄入量不足 E. 生长发育过快

A. 兴奋、多动 B. 腱反射减退 C. 精神不集中,记忆力减退

D. 感觉异常 E. 智力及动作发育落后

427. 缺铁性贫血的神经系统表现是

428. 营养性巨幼细胞性贫血的神经系统表现是

429. 10个月,女婴。因面色不好就医。查Hb110g/L。为明确该婴是否有体内贮铁减少,最重要的实验室检查是血清

A. 叶酸测定 B. 铁测定 C. 总铁结合力测定

D. 铁蛋白测定 E. 转铁蛋白饱和度测定

430. 男,10个月,牛奶喂养。面色苍白2个月,烦躁。肝肋下2cm,脾肋下刚及。血象:血红蛋白80g/L,红细胞3.6×10^{12}/L,网织红细胞0.01,外周血涂片红细胞大小不等,中心淡染。初步诊断是

A. 营养性巨幼红细胞性贫血 B. 地中海贫血 C. 维生素B_6缺乏性贫血

D. 再生障碍性贫血 E. 营养性缺铁性贫血

431. 男,1岁。面色苍白1个月,易疲乏,时而烦躁,纳差。体检:肝肋下3cm,质中,脾肋下1.5cm。查血常规:Hb86g/L,RBC3.45×10^{12}/L,MCV68fl,MCH20pg,MCHC0.26。最可能的诊断是

A. 叶酸缺乏性贫血 B. 再生障碍性贫血 C. 缺铁性贫血

D. 维生素B_{12}缺乏性贫血 E. 生理性贫血

432. 男婴,6个半月,双胞胎之一,早产出生。查体:面色苍白,欠活泼,心肺无异常,腹软,肝脾肋下均可触及。实验室检查:血清铁蛋白10μg/L,血清铁9μmol/L,外周血涂片可见红细胞大小不等,以小细胞为主。考虑诊断为

A. 地中海贫血 B. 感染性贫血 C. 生理性贫血

D. 缺铁性贫血 E. 铁粒幼红细胞性贫血

433. 营养性缺铁性贫血的有效治疗措施是

A. 叶酸加维生素B_{12} B. 硫酸亚铁加维生素C C. 反复多次输血

D. 口服枸橼酸铁胺 E. 肌注右旋糖酐铁

434. 为促进铁的吸收,治疗缺铁性贫血时铁剂应

A. 餐前服用,与牛奶同服 B. 前后服用,与茶同服 C. 餐后服用,与维生素C同服

D. 餐前服用,与维生素C同服 E. 餐间服用,与维生素C同服

435. 营养性缺铁性贫血的治疗,铁剂需用至

A. 临床症状消失 B. Hb恢复正常 C. Hb恢复正常后6~8周

D. Ret恢复正常 E. RBC计数恢复正常

436. 关于缺铁性贫血的输血治疗,错误的是

A. 严重贫血需输注红细胞　B. 合并感染者需输注红细胞　C. Hb>60g/L 者不必输红细胞
D. 外科手术者需输注红细胞　E. 贫血越重，每次输血量应越多

(437~441 题共用题干)1 岁男孩，母乳喂养，未添加辅食。查体：皮肤黏膜苍白，肝肋下 2cm，脾肋下 1cm。血常规：Hb78g/L，RBC3.5×10^{12}/L，WBC4.0×10^9/L，Plt150×10^9/L。

437. 该患儿贫血程度为
A. 轻度贫血　B. 中度贫血　C. 重度贫血
D. 极重度贫血　E. 生理性贫血

438. 最可能的诊断是
A. 营养性缺铁性贫血　B. 营养性巨幼细胞性贫血　C. 生理性贫血
D. 溶血性贫血　E. 再生障碍性贫血

439. 最可能出现的实验室检查结果是
A. MCV68fl，MCH26pg，MCHC0.28　B. MCV100fl，MCH34pg，MCHC0.35
C. MCV98fl，MCH34pg，MCHC0.36　D. MCV72fl，MCH26pg，MCHC0.34
E. MCV92fl，MCH30pg，MCHC.036

440. 若行骨髓穿刺细胞学检查，可能结果是
A. 多部位骨髓增生低下　B. 骨髓增生活跃，以中晚幼红细胞增生为主
C. 骨髓增生活跃，以早中幼红细胞增生为主　D. 骨髓增生活跃，以中晚幼粒细胞增生为主
E. 骨髓增生活跃，以巨核细胞增生为主

441. 若行有关铁代谢的实验室检查，结果错误的是
A. 血清铁降低　B. 血清铁蛋白降低　C. 总铁结合力升高
D. 转铁蛋白饱和度降低　E. 红细胞游离原卟啉降低

442. 营养性巨幼细胞性贫血是因为缺乏
A. 叶酸和铁　B. 叶酸和维生素 B_{12}　C. 维生素 D 和维生素 B_{12}
D. 叶酸和维生素 C　E. 维生素 A 和维生素 C

443. 营养性巨幼细胞性贫血的病因不包括
A. 母乳喂养未及时添加辅食　B. 单纯羊奶喂养　C. 慢性腹泻
D. 婴儿生长发育较快　E. 长期服用维生素 C

444. 营养性巨幼细胞性贫血的临床表现不包括
A. 肝脾肿大　B. 虚胖　C. 表情呆滞
D. 舌炎　E. 反甲

445. 1 岁女婴，牛奶喂养，面色苍黄 3 个月。Hb80g/L，RBC2.5×10^{12}/L，MCV96fl，MCH35pg，网织红细胞 0.012，WBC 和 Plt 正常。最可能的诊断是
A. 营养性缺铁性贫血　B. 营养性巨幼细胞性贫血　C. 地中海贫血
D. 溶血性贫血　E. 再生障碍性贫血

446. 女婴，10 个月。动作发育倒退 2 个月。人工喂养，未正规添加辅食。查体：面色蜡黄，哭时无泪，舌颤。最可能的诊断是
A. 脑性瘫痪　B. 营养性巨幼细胞性贫血　C. 缺铁性贫血
D. 蛋白质-能量营养不良　E. 营养性维生素 D 缺乏性佝偻病

447. 营养性巨幼细胞性贫血出现神经系统症状主要是由于
A. 叶酸缺乏　B. 维生素 B_{12} 缺乏　C. 叶酸和维生素 B_{12} 均缺乏
D. DNA 合成障碍　E. 合并缺铁

448. 女婴,8 个月。间断腹泻 2 个月。一直母乳喂养,添加辅食少。查体:皮肤苍白,表情淡漠,舌有震颤,体形虚胖,肝肋下 1.5cm,脾脏未触及。实验室检查:Hb85g/L,RBC2.8×10^{12}/L,MCV98fl,MCH34pg,WBC5.6×10^9/L,Plt170×10^9/L。该婴儿贫血的原因是
A. 慢性感染性疾病　B. 缺铁　C. 中枢神经系统病变
D. 叶酸缺乏　E. 维生素 B_{12} 缺乏

449. 确诊营养性巨幼细胞性贫血最有价值的辅助检查是
A. 血清铁测定　B. 血清维生素 B_{12} 测定　C. 血清叶酸测定
D. 外周血红细胞形态镜检　E. 骨髓象细胞学检查

450. 女婴,10 个月。反应呆滞伴面色发黄 2 个月。生后母乳喂养,一直未添加辅食。查体:精神萎靡,面色黄白,舌有震颤,腹软,肝肋下 3cm,腱反射亢进,踝阵挛阳性。最佳的治疗药物是
A. 铁剂　B. 维生素 C　C. 维生素 D
D. 亚叶酸钙　E. 维生素 B_{12}

(451~458 题共用题干)1 岁男孩,面色苍黄、不喜动 2 个月。生后母乳喂养,未添加辅食,母亲平时以素食为主。查体:面色苍黄,精神呆滞,智力发育落后于同龄儿童,头发稀疏淡黄,浅表淋巴结无肿大,心肺未见异常,肝肋下 1cm,脾肋下 0.5cm,肢体震颤,踝阵挛阳性。

451. 最可能的诊断是
A. 营养性缺铁性贫血　B. 营养性巨幼细胞性贫血　C. 溶血性贫血
D. 地中海贫血　E. 再生障碍性贫血

452. 首先应进行的检查是
A. 心电图检查　B. 血常规检查　C. 尿常规检查
D. B 超检查　E. 脑电图检查

453. 最不可能出现的结果是
A. Hb70g/L　B. RBC3.0×10^{12}/L　C. WBC3.8×10^9/L
D. Plt95×10^9/L　E. Ret10%

454. 为明确诊断,最有价值的检查是
A. 网织红细胞计数　B. 红细胞沉降率测定　C. 骨髓穿刺细胞学检查
D. 血气分析　E. 肝肾功能检查

455. 导致本病最可能的病因是
A. 失血过多　B. 肠道吸收不良　C. 营养素摄入不足
D. 红细胞破坏过多　E. 骨髓造血功能衰竭

456. 若单独给予叶酸治疗 3 周后贫血症状改善不明显,精神更差,可能原因是
A. 诊断错误　B. 药物剂型错误　C. 药物剂量不够
D. 药物疗程不够　E. 药物选择错误

457. 解决上述情况的最佳方法是
A. 增加叶酸剂量　B. 加用铁剂　C. 加用维生素 C
D. 肌注维生素 B_{12}　E. 延长治疗时间

458. 在治疗初期,需谨防的电解质紊乱类型是
A. 低钠血症　B. 高钠血症　C. 低钾血症
D. 高钾血症　E. 低钙血症

第 11 章 神经系统与内分泌系统疾病

459. 新生儿出生时不会出现的神经反射是
A. 拥抱反射　　B. 吸吮反射　　C. 颈肢反射
D. 握持反射　　E. 迈步反射
460. 生后 3~4 个月消失的暂时性反射是
A. 拥抱反射　　B. 觅食反射　　C. 迈步反射
D. 降落伞反射　　E. 握持反射
461. 可出现双侧 Babinski 征阳性的正常婴幼儿年龄段是
A. 1 个月以内　　B. 3 个月以内　　C. 6 个月以内
D. 12 个月以内　　E. 24 个月以内
462. 小儿热性惊厥的复发危险因素不包括
A. 首次发作 6 个月以内　　B. 一级亲属有热性惊厥史　　C. 长程热性惊厥
D. 发作时体温>38.5℃　　E. 5 岁以内
463. 小儿热性惊厥最常见的病因是
A. 上呼吸道感染　　B. 下呼吸道感染　　C. 颅内感染
D. 泌尿道感染　　E. 消化道感染
464. 单纯型热性惊厥的特点是
A. 惊厥呈局限性发作　　B. 1 次惊厥时间>15 分钟　　C. 1 次热程中有 1 次发作
D. 热性惊厥复发总数>5 次　　E. 发作 1 周后 EEG 检查见棘波、尖波发放
465. 男婴,8 个月。发热 3 小时,体温 39.3℃。就诊过程中突然双眼上翻,肢体强直,持续半分钟后缓解。查体:咽充血,肺、心、腹及神经系统无异常。2 个月前曾有同样发作。其表现考虑为
A. 病毒性脑炎　　B. 热性惊厥　　C. 癫痫
D. 结核性脑膜炎　　E. 中毒性脑病
466. 小儿热性惊厥发作时的首要处理是
A. 保持呼吸道通畅　　B. 降低颅内压　　C. 降低体温
D. 控制感染　　E. 静推地西泮

A. 丙戊酸钠　　B. 地西泮　　C. 苯巴比妥
D. 苯妥英钠　　E. 冬眠合剂
467. 终止小儿惊厥的首选药物是
468. 终止新生儿惊厥的首选药物是
469. 终止小儿惊厥持续状态的首选药物是
470. 预防热性惊厥复发的长程用药首选

(471~474 题共用题干)1 岁女孩,因发热 3 小时来院。在门诊就诊时突发惊厥,送入急诊室时惊厥尚未停止。
471. 紧急处理措施为
A. 静滴抗生素　　B. 迅速物理降温　　C. 静推甘露醇
D. 静注地西泮　　E. 静注葡萄糖酸钙
472. 患儿惊厥停止后,立即宛如常人。查体:T39.6℃,热病容,一般情况好,咽部充血,心肺腹(-),脑膜刺激征(-)。最可能的诊断为

A. 低钙惊厥　　B. 高热惊厥　　C. 癫痫发作
D. 颅内感染　　E. 中毒性脑病

473. 患者以前有 2 次类似发作史，本次脑电图检查正常。若要短程预防其惊厥发作，宜选用
A. 舒乐安定　　B. 地西泮　　C. 丙戊酸钠
D. 苯妥英钠　　E. 苯巴比妥

474. 若患儿经短程预防后仍反复发作热性惊厥，拟行长程预防，宜选用
A. 地西泮　　B. 苯妥英钠　　C. 丙戊酸钠
D. 舒乐安定　　E. 氯丙嗪

475. 化脓性脑膜炎的好发年龄段是
A. 1 岁以下　　B. 3 岁以下　　C. 5 岁以下
D. 10 岁以下　　E. 15 岁以下

476. 幼婴化脓性脑膜炎的体检，特别要注意的体征是
A. 颈抵抗　　B. Kernig 征　　C. Brudzinski 征
D. Babinski 征　　E. 前囟隆起

477. 年龄 3 个月以下的婴儿患化脓性脑膜炎时，临床表现中最突出的问题是
A. 高热　　B. 喷射性呕吐　　C. 脑膜刺激征
D. 强直-阵挛性惊厥　　E. 临床症状不典型

478. 婴幼儿化脓性脑膜炎最重要的诊断依据是
A. 体温不升　　B. 前囟隆起　　C. 惊厥或嗜睡
D. 吐奶，尖叫　　E. 以上都不是

479. 小儿颅内感染性疾病中，急性期脑脊液检查提示白细胞总数正常，最可能的疾病是
A. 肺炎球菌性脑膜炎　　B. 结核性脑膜炎　　C. 病毒性脑膜炎
D. 隐球菌性脑膜炎　　E. 脑膜炎双球菌性脑膜炎

480. 化脓性脑膜炎的脑脊液变化不包括
A. 压力增高　　B. 外观混浊，米汤样　　C. Pandy 试验强阳性
D. 蛋白质增高　　E. 葡萄糖和氯化物正常

481. 8 个月男孩，因发热 3 天，反复惊厥 3 次入院。既往无惊厥史。查体：体温 38.5℃，嗜睡，醒后烦躁不安，易激惹，前囟饱满，心率 120 次/分，心肺腹无异常。为明确诊断，最重要的检查是
A. 血培养　　B. 头颅 CT　　C. 腰椎穿刺
D. 头颅 B 超　　E. 脑电图

482. 4 个月女孩，高热，频繁呕吐 2 天，嗜睡 1 天，惊厥 2 次入院。查体：精神差，双眼凝视，前囟隆起，心肺腹(-)。脑膜刺激征(-)。血常规：WBC18×10^9/L，N0.92，L0.08。最可能的诊断为
A. 上呼吸道感染　　B. 结核性脑膜炎　　C. 病毒性脑膜炎
D. 隐球菌性脑膜炎　　E. 化脓性脑膜炎

483. 小儿化脓性脑膜炎最常见的早期并发症是
A. 硬膜下积液　　B. 硬膜外积液　　C. 脑积水
D. 脑室管膜炎　　E. 抗利尿激素异常分泌综合征

484. 小儿化脓性脑膜炎经正规合理治疗，一般症状好转后再次出现意识障碍、惊厥、前囟隆起，应考虑
A. 药物疗程不够　　B. 药物产生耐药性　　C. 迟发型综合征
D. 产生了并发症　　E. 水电解质紊乱

485. 1 岁女孩，发热呕吐 3 天，反复惊厥发作 2 天。查体：嗜睡，前囟饱满，颈部有抵抗。腰椎穿刺脑脊液

培养为肺炎链球菌。入院后给予头孢曲松静脉滴注，48 小时后意识障碍有所改善，但仍高热不退、惊厥反复发作。该患儿病情好转不顺利的主要原因是

A. 致病菌耐药　　B. 并发硬膜下积液　　C. 并发脑疝

D. 并发脑脓肿　　E. 并发脑积水

486. 小儿脑膜炎球菌性脑膜炎抗生素疗程一般为

A. 7 天　　B. 10 天　　C. 10~14 天

D. 21 天　　E. 28 天

(487~490 题共用题干)6 个月女婴，发热咳嗽 3 天，嗜睡，反复惊厥 1 天。查体：精神差，前囟隆起，双肺可闻及细小湿啰音，颈无抵抗，双侧 Babinski 征阳性。

487. 最不可能的诊断是

A. 化脓性脑膜炎　　B. 病毒性脑膜炎　　C. 结核性脑膜炎

D. 高热惊厥　　E. 中毒性脑病

488. 为明确诊断，首选的检查是

A. 血常规　　B. 头颅 CT　　C. 头颅 MRI

D. 腰椎穿刺　　E. 血培养

489. 若头孢曲松静滴治疗 4 天后，患婴出现烦躁不安，惊厥次数增多，颅缝增大，头颅破壶音，两眼向下呈落日征，应考虑合并

A. 硬膜下积液　　B. 硬膜外积液　　C. 脑水肿

D. 脑积水　　E. 脑室管膜炎

490. 此时，为明确诊断，首选的检查是

A. 血常规　　B. 头颅 CT　　C. 头颅透光试验

D. 腰椎穿刺　　E. 硬膜下穿刺

491. 地方性甲状腺功能减退症的常见原因是

A. 甲状腺发育不全　　B. 甲状腺激素合成障碍　　C. TSH 缺乏

D. TRH 缺乏　　E. 孕妇饮食缺碘

492. 新生儿甲状腺功能减退症的临床表现不包括

A. 动作反应迟钝　　B. 吮奶差　　C. 常有腹泻

D. 肌张力低下　　E. 哭声低且少

493. 新生儿甲状腺功能减退症常见于

A. 早产儿　　B. 过期产儿　　C. 足月儿

D. 小于胎龄儿　　E. 低出生体重儿

A. 出生时　　B. 生后 3~6 个月　　C. 生后半年

D. 生后 6~9 个月　　E. 生后 9~12 个月

494. 先天性甲状腺功能减退症出现典型症状的时间是

495. 苯丙酮尿症开始出现症状的时间是

496. 唐氏综合征出现症状的时间是

A. T_3　　B. T_4　　C. TSH

D. TSH 和 T_3　　E. TSH 和 T_4

497. 先天性甲状腺功能减退症筛查试验测定的指标是

498. 先天性甲状腺功能减退症确诊试验测定的指标是

499. 诊断先天性甲状腺功能减退症最敏感的指标是

500. 先天性甲状腺功能减退症随访测定的指标是

501. 女孩,1 岁。智力低下伴经常便秘来诊。查体:身高 65cm,头发干燥,面黄,塌鼻梁,舌体厚大,腹胀,脐部膨出。最可能的诊断是

A. 先天性巨结肠　B. 苯丙酮尿症　C. 21-三体综合征
D. 黏多糖病　E. 先天性甲状腺功能减退症

502. 早期确诊甲状腺功能减退症的实验室检查是

A. 血清甲状腺抗体测定　B. TRH 兴奋试验　C. 血清 T_3、T_4、TSH 测定
D. 甲状腺扫描　E. 骨龄测定

503. 4 岁,小儿。表情呆滞,智商低下,怕冷,食欲差,头发干、黄、稀,颜面臃肿,呈睡容,鼻根扁平,眼距宽,舌体宽厚常伸出口外,腹胀便秘,四肢短。为协助诊断,首选检查是

A. 尿三氯化铁试验　B. 血清钙磷测定　C. 血清 T_3、T_4、TSH 测定
D. 染色体核型分析　E. TRH 兴奋试验

504. 治疗先天性甲状腺功能减退症最重要的目的是

A. 延长寿命　B. 增加身高　C. 减轻神经系统损害
D. 防止肥胖　E. 增加体重

(505~511 题共用题干)男婴,1 个月,为过期产儿,出生体重 4200g。生后即有腹胀,便秘,嗜睡,喂养困难,声音嘶哑,末梢循环差,至今仍有黄疸。外周血象正常。血培养阴性。血清 TSH50mU/L。

505. 最可能的诊断是

A. 苯丙酮尿症　B. 唐氏综合征　C. 先天性甲状腺功能减退症
D. 新生儿败血症　E. 先天性巨结肠

506. 本病最重要的病因是

A. 碘缺乏　B. 甲状腺发育不良　C. 母婴血型不合
D. 代谢酶缺乏　E. 感染

507. 为明确诊断,首选的检查是

A. 染色体核型分析　B. 血浆氨基酸分析　C. 血清 TSH、T_3、T_4 测定
D. 母婴血型检测　E. 肝功能

508. 最主要的治疗措施是

A. 饮食控制　B. 口服甲状腺素片　C. 手术治疗
D. ^{131}I 治疗　E. 放射治疗

509. 开始治疗的最佳时间是

A. 确诊后尽早治疗　B. 生后 3 个月　C. 生后 6 个月
D. 生后 9 个月　E. 生后 12 个月

510. 服用药物的疗程约为

A. 半年　B. 1 年　C. 3 年
D. 5 年　E. 终身

511. 若患儿口服左旋甲状腺素片,每日 50μg,1 个月后患儿出现烦躁不安,多汗,腹泻等症状,此时应采取的措施为

A. 增加甲状腺素片的剂量　B. 减少甲状腺素片的剂量　C. 停服甲状腺素片
D. 加用普萘洛尔　E. 加用地西泮

第 12 章　遗传性疾病

A. 特殊面容　B. 智能落后　C. 生长发育迟缓
D. 尿液和汗液鼠尿臭味　E. 通贯手

512. 唐氏综合征最突出最严重的临床表现是
513. 苯丙酮尿症最突出的临床表现是

514. 唐氏综合征的临床表现不包括
A. 身材矮小　B. 愚笨面容　C. 皮肤粗糙
D. 肌张力低下　E. atd 角度增大

515. 21-三体综合征最易并发的先天性畸形是
A. 隐睾　B. 先天性心脏病　C. 消化道畸形
D. 先天性甲状腺功能减退症　E. 原发性闭经

516. 21-三体综合征染色体核型最常见的是
A. 标准型　B. D/G 易位型　C. G/G 易位型
D. 嵌合体型　E. 混合型

517. 下列情况下，下一代发生 21-三体综合征风险最高的是
A. 母亲为标准型患者　B. 母亲为 D/G 平衡易位携带者　C. 父亲为 D/G 平衡易位携带者
D. 父母之一为 G/G 易位型患者　E. 母亲为 21q21q 平衡易位携带者

518. 女孩，2 岁。不会走路和说话。查体：身高 65cm，眼裂小，眼距宽，鼻梁低，全身皮肤细嫩，胸骨左缘 3~4 肋间可闻 3/6 级收缩期杂音。为明确诊断，首选的检查是
A. 心电图　B. 尿液有机酸分析　C. 染色体核型分析
D. 胸部 X 线片　E. 血清 T_3、T_4、TSH 测定

A. 21-三体综合征　B. 苯丙酮尿症　C. 先天性甲状腺功能减退症
D. 维生素 D 缺乏性佝偻病　E. 生长激素缺乏症

519. 出生时正常，3~6 个月出现智力落后，头发灰黄，皮肤白皙，尿有鼠尿臭味
520. 特殊面容，骨龄落后，出牙延迟，智力落后，身材矮小，通贯手，皮肤细腻
521. 特殊面容，骨龄落后，智力落后，身材矮小，黏液性水肿，皮肤粗糙
522. 囟门延迟闭合，方颅，出牙延迟，出牙顺序紊乱，智力正常

523. 21-三体综合征的特殊面容畸形不包括
A. 眼裂小眼距宽　B. 双眼外眦上斜　C. 鼻梁低平
D. 常张口伸舌　E. 四肢细长

（524~526 题共用题干）患者，男，2 岁。不能独立行走，智力明显低于同龄儿童。查体：眼距增宽，鼻梁平，舌常伸出口外，小指向内侧弯曲，通贯手，面部无水肿，皮肤细腻，身体无异常臭味。

524. 最可能的诊断是
A. 21-三体综合征　B. 苯丙酮尿症　C. 先天性甲状腺功能减退症
D. 维生素 D 缺乏性佝偻病　E. 侏儒症

525. 为明确诊断，首选的检查是
A. 血清甲状腺激素检测　B. 血苯丙氨酸浓度测定　C. 尿液有机酸分析
D. 染色体核型分析　E. 智力测定

526. 患儿一般不会出现的临床表现是
A. 先天性心脏病　　B. 脐疝　　C. 骨龄落后
D. 先天性肾病　　E. 免疫功能低下
527. 苯丙酮尿症患儿血液浓度增高的物质是
A. 酪氨酸　　B. 苯丙氨酸　　C. 多巴胺
D. 5-羟色胺　　E. 丙氨酸
528. 苯丙酮尿症患儿的尿液和汗液具有特殊的鼠尿臭味,是因为含有较多的
A. 苯丙氨酸　　B. 酪氨酸　　C. 苯丙酮酸
D. 苯乙酸　　E. 对羟基苯乙酸
529. 患儿,女,1 岁。生后智能渐渐落后,皮肤和头发色泽逐渐变浅,身上有鼠尿臭味。为明确诊断,宜选用的检查是
A. 脑电图　　B. 血钙测定　　C. 有机酸分析
D. 血钾测定　　E. 血镁测定

A. 常染色体畸变　　B. 常染色体显性遗传　　C. 常染色体隐性遗传
D. X 连锁显性遗传　　E. X 连锁隐性遗传
530. 苯丙酮尿症的遗传形式为
531. 唐氏综合征的遗传形式为

532. 苯丙酮尿症患儿初现症状通常在
A. 刚出生时　　B. 生后 1~2 个月　　C. 生后 3~6 个月
D. 生后 7~9 个月　　E. 生后 10~12 个月
533. 苯丙酮尿症开始治疗的时间宜在
A. 确诊后立即开始　　B. 生后 3~6 个月　　C. 生后 7~9 个月
D. 生后 10~12 个月　　E. 青春期
534. 苯丙酮尿症患儿行低苯丙氨酸饮食控制至少应持续到
A. 幼儿期以后　　B. 学龄期以后　　C. 青春期以后
D. 成人以后　　E. 终身
535. 苯丙酮尿症婴幼儿期首选
A. 母乳喂养　　B. 人工喂养　　C. 混合喂养
D. 牛乳喂养　　E. 羊乳喂养
536. 男孩,2 岁。生后 6 个月发现智能发育落后,8 个月出现惊厥,尿有异味。查体:T36.5℃,P100 次/分,R28 次/分,目光呆滞、毛发棕黄,心肺腹未见明显异常,膝腱反射亢进。其饮食治疗中需限制摄入量的氨基酸是
A. 精氨酸　　B. 苯丙氨酸　　C. 色氨酸
D. 酪氨酸　　E. 赖氨酸

(537~539 题共用题干)患儿,男,10 个月。近 1 周抽搐 1 次。查体:智力发育明显落后于同龄儿童,皮肤白皙,毛发黄,身上可闻及鼠尿臭味。脑电图可见痫样放电。
537. 该患儿最可能的诊断是
A. 21-三体综合征　　B. 苯丙酮尿症　　C. 先天性甲状腺功能减退症
D. 原发性癫痫　　E. 低钙惊厥
538. 为明确诊断,首选的检查为

A. 染色体核型分析　　B. 血清 T_3、T_4 和 TSH 测定　　C. 血浆氨基酸分析
D. 尿三氯化铁试验　　E. Guthrie 细菌生长抑制试验

539. 治疗宜选择
A. 母乳喂养　　B. 低苯丙氨酸配方奶粉　　C. 低苯丙酮酸配方奶粉
D. 无苯丙氨酸配方奶粉　　E. 无苯丙酮酸配方奶粉

儿科学试题参考答案及详细解答

（正确答案为绿色的选项）

1. ABCDE 自1岁至满3岁之前，称为幼儿期。此期小儿对危险的识别和自我保护能力都有限，因此容易发生意外伤害（C）。

2. ABCDE ①小儿生长发育遵循由上到下、由近到远（B错）、由粗到细、由低级到高级、由简单到复杂的规律。②出生后小儿生长发育的规律是：先抬头后抬胸，再会坐、立、行（从上到下）；从臂到手，从腿到脚的活动（由近到远）；从全掌抓握到手指拾取（由粗到细）；先画直线后画圈（由简单到复杂）；先会看、听、感觉事物，认识事物，发展到有记忆、思维、分析、判断能力（由低级到高级）。

3. ABCDE 乳牙于生后4～10个月开始萌出，大多于3岁出齐。

4. ABCDE 5. ABCDE 小儿各系统的生长发育并不平衡，神经系统发育较早，脑在出生2年内发育较快；淋巴系统在儿童期生长迅速，于青春期达高峰，以后逐渐下降；生殖系统发育较晚（如图）。其他系统，如心、肝、肾、肌肉的发育与体格生长相平行。

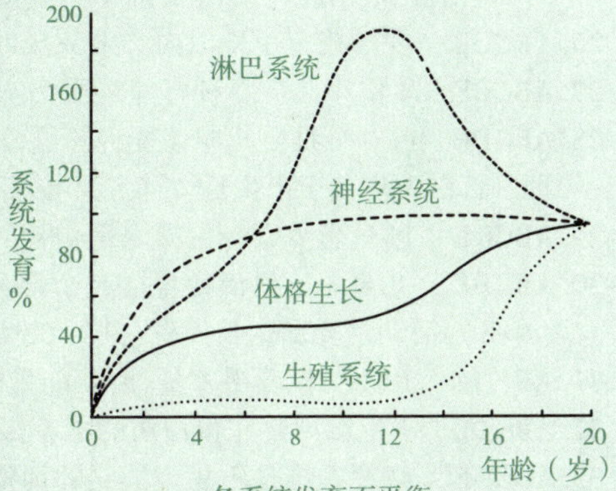

各系统发育不平衡

6. ABCDE 7. ABCDE 8. ABCDE 正常足月儿出生时头围约33～34cm，1岁时约46cm，2岁时约48cm。

9. ABCDE 10. ABCDE 11. ABCDE 正常足月儿出生时胸围约32cm，1岁时胸围约等于头围（46cm），2岁时胸围=头围+年龄-1=48+2-1=49cm。

12. ABCDE 正常儿1岁时胸围约等于头围，即头围与胸围的增长曲线在1岁时形成交叉，此交叉时间与儿童营养、胸廓的生长发育有关，生长较差者头、胸围交叉时间延后。

13. ABCDE 足月儿出生体重约3.3kg、身长约50cm、头围33～34cm；1岁时体重约10kg、身长约75cm、头围约46cm；2岁时体重约12kg、身长约87cm、头围约48cm。可见，本例小儿约1岁。这种试题若按公式计算，数据误差较大，往往得出错误的结论，因此应将书本上这些“特殊”的数据牢记，直接解题。

14. ABCDE 新生儿出生时脊柱无弯曲。3个月小儿抬头时出现颈椎前凸（第1个生理弯曲），6个月小儿能坐时出现胸椎后凸（第2个生理弯曲），1岁小儿站立行走时出现腰椎前凸（第3个生理弯曲）。至6～7岁这些脊柱自然弯曲随韧带的发育而固定。

15. ABCDE 用X线测定不同年龄儿童长骨干骺端骨化中心的出现时间、数目、形态的变化，并将其标准化，即为骨龄。出生时腕部尚无骨化中心，股骨远端及胫骨近端已出现骨化中心。因此判断长骨的生长，婴儿早期应拍摄膝部X线片，年长儿应拍摄左手及腕部X线片。

16. ABCDE 腕部于出生时无骨化中心，1～9岁腕部骨化中心数目=岁数+1，10岁时出全，共10个。

17. ABCDE ①小儿乳牙在3岁前萌齐（20个），本例仅18个，说明年龄不到3岁。②小儿2岁时会用勺子吃饭，能说2～3个字构成的句子，故本例年龄约为2岁（C）。

18. ABCDE ①前囟出生时1～2cm，6月龄逐渐骨化而变小，最迟于2岁闭合。后囟最迟6～8周闭合。该婴儿后囟尚未闭合，故月龄不会超过6～8周，可首先排除答案CDE。②新生儿出生体重为

3.24~3.33kg,而本例体重为4kg,故答案为B而不是A。

19. ABCDE　1岁时,头围=胸围=46cm。2岁以内乳牙数=月龄-(4~6),1岁时乳牙数为6~8颗。可见,该小儿最可能的年龄为1岁。

20. ABCDE　①2个月小儿能抬头,能发出和谐的喉音,能微笑,有面部表情(B)。②3个月能侧卧,用手摸东西,咿呀发音,头能转动。

21. ABCDE　22. ABCDE　23. ABCDE　①头围出生时为33~34cm,1岁时46cm,2岁时48cm。头围43cm的男婴不会超过1岁,故可排除答案DE。6个月小儿能独坐一会,该男婴应大于6个月,故答案为C。②7个月小儿能叫"爸爸、妈妈",能听懂自己的名字,故不答AD。8个月小儿会拍手,会扶栏杆站立,故不答CE。18个月能认识和指出身体的各部分(B)。③腕部于出生时无骨化中心,其出生后的出现次序为:头状骨、钩骨(3个月左右)、下桡骨骺(约1岁)、三角骨(2~2.5岁)、月骨(3岁)、大小多角骨(3.5~5岁)、舟骨(5~6岁)、下尺骨骺(6~7岁)、豆状骨(9~10岁)。8个月小儿应有2个骨化中心。

24. ABCDE　3个月小儿应预防接种脊髓灰质炎糖丸第二次、百白破混合制剂第一针(E对)。麻疹疫苗第一次应于8个月接种。乙肝疫苗第二针应于1个月接种。百白破混合制剂第二针应于4个月接种。

25. ABCDE　预防接种时间的记忆口诀为:出生乙肝卡介苗,二月脊灰炎正好,三四五月百白破,八月麻疹岁乙脑。根据此口诀,8个月小儿应接种麻疹疫苗(E)。

26. ABCDE　我国规定1岁以内必须完成的计划免疫是麻疹疫苗(A)。

27. ABCDE　4岁小儿应复种脊髓灰质炎三价混合疫苗。

28. ABCDE　①6个月婴儿应该复种乙肝疫苗。②麻疹疫苗于出生后8个月接种。卡介苗于出生时接种。百白破疫苗于出生后3、4、5月接种。脊髓灰质炎疫苗应于出生后2个月接种。2020年真题。

29. ABCDE　膳食营养素参考摄入量包括ABCE4项指标,无最低摄入量。

30. ABCDE　儿童总能量消耗包括5个部分:基础代谢(占50%)、食物热力作用(7%~8%)、排泄消耗(10%)、活动消耗和生长发育(共约32%~35%)。

31. ABCDE　RNI为推荐摄入量,婴儿能量的RNI为95kcal/(kg·d)。不同版本教材的数据差异很大。

32. ABCDE　1岁以内婴儿蛋白质的推荐摄入量为1.5~3.0g/(kg·d)。

33. ABCDE　膳食纤维是不易被消化的食物营养素,包括纤维素、半纤维素、果胶、树脂、木质素。主要功能是吸收大肠水分,软化大便,促进肠蠕动。

34. ABCDE　①母乳中糖、蛋白质和脂肪三大营养物质的比例适宜,容易被婴儿消化吸收,因此母乳是婴儿最理想的天然食品和饮料,是4~6个月以内婴儿唯一的、最佳营养来源(AE对)。②母乳中含有很多免疫物质,如初乳中含有丰富的SIgA和大量的免疫活性细胞,能发挥免疫作用,保护消化道黏膜,抗多种病毒、细菌感染(B对)。③人乳含矿物质约为牛乳的1/3,钙磷含量低,但由于钙磷比例适宜,其吸收率较高。④人乳中维生素D含量较低,母乳喂养的婴儿应补充维生素D(D错)。

35. ABCDE　①人乳中蛋白质含量为牛乳所含蛋白质的1/3左右,但质量比牛乳好。②人乳中脂肪含量为3.5~4.5g/L,与牛乳相仿。但人乳以长链脂肪酸为主,含不饱和脂肪酸较多(占51%),初乳中更高,有利于脑发育。③人乳中铁含量为0.05mg/dl,与牛乳相似,但人乳中铁吸收率(49%)高于牛乳(4%)。④人乳中的碳水化合物主要是乳糖,含量约为70g/L,远高于牛乳(40g/L)。⑤人乳含矿物质约为牛乳的1/3,钙磷含量低,但由于钙磷比例适宜(2:1),其吸收率(50%~70%)远高于牛乳(20%)。

36. ABCDE　①人乳中蛋白质含量为牛乳的1/3左右,但质量比牛乳好(A错)。人乳蛋白质以乳清蛋白为主,酪蛋白较少,乳清蛋白:酪蛋白=7:3(B错)。乳清蛋白在婴儿胃内形成的蛋白质凝块细小柔软,适合婴儿消化吸收(C对)。酪蛋白易在胃内形成较大凝块,较难吸收。②人乳含不饱和脂肪酸和乙型乳糖(β-双糖)较多,有利于脑的发育(DE错)。

37. ABCDE　①牛奶与人乳的最大区别是后者富含免疫成分,如免疫球蛋白、乳铁蛋白、溶菌酶、大量免疫活性细胞等(B对)。②牛奶不饱和脂肪酸(亚麻酸)的含量(2%)明显低于人乳(8%)。③牛奶乳糖含量少(约为40g/L),低于人乳的70g/L。④牛奶的蛋白质含量比人乳高,但以酪蛋白为主,易在婴儿胃内形成较大凝块,影响消化吸收。⑤牛奶和人乳锌含量相似(均为0.4mg/dl),但不易吸收。牛奶铜含量(0.03mg/dl)低于人乳(0.04mg/dl)。虽然CD项说法本身正确,但不是牛奶和人乳的重要区别所在,因此最佳答案为B而不是CD。

38. ABCDE 39. ABCDE 40. ABCDE ①每100ml母乳产生的能量约为67kcal(280kJ)。②每100ml牛乳产生的能量约为69kcal(288kJ)。③8%糖牛奶100ml产生的能量约为100kcal(418kJ)。

41. ABCDE 8%糖牛奶100ml供能约100kcal,婴儿的能量需求量为100kcal/(kg·d),因此5kg婴儿每日应喂8%糖牛奶500ml。此外,还需补充水分150ml/(kg·d)×体重(5kg)-糖牛奶量(500ml)=250ml。

42. ABCDE 婴儿配方奶粉是以牛乳为基础的改造奶制品,使宏量营养素成分尽量接近于人乳,使之适合婴儿的消化能力和肾功能,为人工喂养时的首选。

43. ABCDE 婴儿能量需要量约为100kcal/(kg·d),100g婴儿配方奶粉供能约500kcal,因此婴儿配方奶粉的供给量应为20g/(kg·d)。

44. ABCDE 母乳喂养婴儿的食物转换是帮助婴儿逐渐用配方奶完全替代母乳,同时引入其他食物。人工喂养婴儿的食物转换是逐渐引入其他食物。因此母乳喂养婴儿引入的第一种食物是配方奶粉,人工喂养婴儿引入的第一种食物是配方米粉。

45. ABCDE 辅食添加的原则:由少到多,由一种到多种,由细到粗,由软到硬,注意进食技能培养。

46. ABCDE 蛋白质-能量营养不良好发于3岁以下婴幼儿。

47. ABCDE 蛋白质-能量营养不良的病因包括摄入不足、消化吸收不良、需要量增加,其中以摄入不足最常见,喂养不当是导致营养不良的重要原因,如母乳不足而未及时添加其他富含蛋白质的牛奶、奶粉配制过稀、突然停奶而未及时添加辅食等,均可引起营养不良。

48. ABCDE 蛋白质-能量营养不良患儿最先出现的表现是体重不增,随着营养不良加重,体重可逐渐下降;之后可出现皮下脂肪消失。水肿、身高低于正常为晚期表现。2018年真题。

49. ABCDE 蛋白质-能量营养不良患儿皮下脂肪消耗的顺序为:腹部→躯干→臀部→四肢→面颊。

50. ABCDE 51. ABCDE 52. ABCDE 53. ABCDE ①2岁儿童理想体重=年龄×2+8=2×2+8=12kg,本例仅7kg,实际体重较正常值减轻约42%,皮下脂肪减少,苍白,肌张力明显降低,应诊断为重度营养不良(C)。营养不良可以并发缺铁性贫血,但从题干不能确诊缺铁性贫血。先天性甲减常表现为生长发育迟缓、智能落后、生理功能低下。婴幼儿生理性腹泻多见于6个月以内婴儿,食欲好,不影响生长发育。心功能不全常表现为心率增快、唇绀缺氧等。②毕脱斑为维生素A缺乏的典型体征,故本例应诊断为维生素A缺乏(A)。维生素B_{12}缺乏常导致巨幼细胞性贫血。维生素C缺乏常导致坏血病。维生素D缺乏常导致佝偻病。截至目前,尚未发现维生素E缺乏症。③严重营养不良易并发自发性低血糖,常表现为突发面色苍白、神志不清、脉搏减慢、呼吸暂停、体温不升,故本例应诊断为自发性低血糖(E)。急性心衰常表现为唇绀、心率增快、呼吸急促等。低钾血症常与喂养史、营养不良无关。重度脱水常表现为精神极度萎靡,表情淡漠,昏睡甚至昏迷,皮肤极度干燥,哭无泪。低钙血症引起的喉痉挛常见于维生素D缺乏性手足搐搦症。④本例诊断为重度营养不良并发自发性低血糖,应立即测定血糖,以明确诊断,同时静注高渗葡萄糖(C)。给予呼吸兴奋剂为呼吸衰竭、呼吸骤停的抢救措施。输液纠正脱水为婴儿腹泻的救治措施。立即测血钙、补充钙剂,为维生素D缺乏性佝偻病的治疗措施。立即给予强心剂为急性心力衰竭的急救措施。

54. ABCDE 8版《儿科学》营养不良的诊断标准为:体重或身长低于同年龄、同性别参照人群值的均值-2SD以下,为营养不良;低于均值-2SD~3SD为中度营养不良;低于均值-3SD为重度营养不良。该男孩体重为11kg,低于17.4-3SD(即17.4-3×2=11.4kg),应诊断为重度营养不良(D)。若以身高作为诊断标准:男孩身高90cm,小于106-3SD(即106-3×4=94cm),也可诊断为重度营养不良。9版《儿科学》有更改。

55. ABCDE 蛋白质-能量营养不良常合并营养性贫血，与铁、叶酸、维生素 B_{12}、蛋白质缺乏有关，在治疗的第 1 天应补充大剂量的维生素 A、叶酸，在体重开始增加时应补充铁剂（D）。

56. ABCDE 儿童单纯性肥胖最常见于婴儿期、5~6 岁、青春期，且男童多于女童。

57. ABCDE 肥胖儿童应常规检查血压、腰围、血糖、糖耐量、甘油三酯、高密度脂蛋白、低密度脂蛋白、胆固醇等指标，不包括球蛋白，球蛋白是反映免疫因素的指标（E）。

58. ABCDE 59. ABCDE 60. ABCDE ①6 岁男孩正常体重 = 年龄×2+8 = 6×2+8 = 20kg。本例体重 30kg，皮下脂肪丰满，应首先考虑肥胖症，故最有价值的检查项目是血脂测定（C）。②儿童单纯性肥胖常表现为总 T_3 和 T_4、游离 T_3 和 T_4 均正常，T_3 受体减少，血清 PTH 升高。根据题干，本例应诊断为小儿肥胖症（C）。③体质指数（BMI）是诊断小儿肥胖症的常用指标之一，BMI = 体重（kg）/身长^2（m^2）。当儿童 BMI 在 P_{85}~P_{95}时为超重，超过 P_{95}为肥胖。本例为 P_{98}，应诊断为肥胖症（D）。

61. ABCDE ①皮肤光照合成是人类维生素 D 的主要来源，人类皮肤中的 7-脱氢胆骨化醇是维生素 D 生物合成的前体，经日光紫外线照射可转变为胆骨化醇，即为内源性维生素 D_3（D）。②天然食物和母乳含维生素 D 很少，故不答 AB。胎儿可通过胎盘从母体获得维生素 D，胎儿体内 25-（OH）D_3 的贮存可满足生后一段时间的生长需要，但不是维生素 D 的主要来源，故不答 C。维生素 D 的活化需在肝、肾中加羟，故不答 E。

62. ABCDE 皮肤光照合成是人类维生素 D 的主要来源，若日照不足则内源性维生素 D 合成不足；再则早产儿体内维生素 D 贮存不足，因此早产、日照不足是维生素 D 缺乏最常见的病因（E）。

63. ABCDE 胎儿可通过胎盘从母体获得维生素 D，足月儿体内 25-（OH）D_3 的贮存可满足生后一段时间的生长需要。早产儿体内维生素 D 贮存不足，易导致维生素 D 缺乏性佝偻病（D）。

64. ABCDE ①维生素 D 缺乏性手足搐搦症多见于 6 个月以下的小婴儿，血钙常低于 1.75mmol/L，常表现为阵发性惊厥、手足抽搐，发作时意识不清，每次发作数秒至数分钟，可自行缓解，醒后活泼如常，一般不发热。根据题干，本例应诊断为维生素 D 缺乏性手足搐搦症（E）。②血镁正常值为 0.8~1.0mmol/L，故不答 A。血糖正常值为 3.9~6.1mmol/L，故不答 C。维生素 D 依赖性佝偻病常表现为神经兴奋性增高，如易激惹、烦闹、汗多刺激头皮而摇头等。婴儿痉挛症常突然发作，表现为头、躯干、上肢连续成串出现的强直性痉挛。

65. ABCDE 66. ABCDE 67. ABCDE ①维生素 D 缺乏性佝偻病临床上分为早期、激期、恢复期和后遗症期，早期常表现为神经兴奋性增高，如易激惹、烦闹、多汗等，但这些症状均无特异性（A）。②维生素 D 缺乏性佝偻病激期的主要临床表现是颅骨改变（E）。虽然激期也可有其他骨骼畸形（如腕踝畸形、鸡胸、佝偻病串珠）、全身肌肉松弛、出牙延迟，但这些都不是主要表现，故不答 BCD。③严重佝偻病可后遗不同程度的骨骼畸形（C）。

68. ABCDE 69. ABCDE 70. ABCDE ①3 个月早产儿，母乳喂养，夜惊，睡眠不安，头发脱落，应首先考虑维生素 D 缺乏性佝偻病，因此询问出生季节及户外活动史，对确诊本病尤其重要（C）。若出生在冬季，户外活动少，皮肤光照合成维生素 D 减少，则易发生佝偻病。②血清 25-（OH）D_3 测定是早期诊断维生素 D 缺乏性佝偻病最可靠的指标，故答 E。③血生化、骨骼 X 线片、血清 25-（OH）D_3 测定是诊断维生素 D 缺乏性佝偻病的金标准，由于这些检查均正常，故答 A。

71. ABCDE 72. ABCDE 73. ABCDE 为预防维生素 D 缺乏性佝偻病，早产儿、双胎儿应于生后 1 周开始补充维生素 D800IU/d；足月儿应于生后 2 周开始补充维生素 D400IU/d。

74. ABCDE 75. ABCDE 76. ABCDE 为预防维生素 D 缺乏性佝偻病，早产儿、双胎儿应于生后 1 周开始补充维生素 D800IU/d，3 个月后改为预防量（400IU/d），补充至 2 岁；足月儿应于生后 2 周开始补充维生素 D400IU/d，补充至 2 岁。

77. ABCDE 78. ABCDE 79. ABCDE ①治疗维生素 D 缺乏性佝偻病的关键措施是小剂量口服维生素

D(C)。②预防维生素 D 缺乏性佝偻病的关键措施是日光浴,冬季也要保证每日 1~2 小时的户外活动时间。研究表明,每周让母乳喂养的婴儿户外活动 2 小时,仅暴露面部和手部,即可维持婴儿血清 25-(OH)D_3 浓度在正常范围的低值(A)。③控制维生素 D 缺乏性手足搐搦症发作首选地西泮缓慢静脉注射,不要误选答案 B。

80. ABCDE ①维生素 D 缺乏可致维生素 D 羟化障碍,25-(OH)D_3 生成不足,最终导致佝偻病。血清 25-(OH)D_3 在病初即明显降低,是早期诊断维生素 D 缺乏性佝偻病的最可靠指标。婴儿及儿童的血清 25-(OH)D_3 正常水平应>20ng/ml,若<8ng/ml 即可诊断本病。②维生素 D 缺乏性佝偻病活动期血清碱性磷酸酶增高、血磷降低、血钙降低,但不能作为诊断本病的最可靠指标。2018 年真题。

81. ABCDE 维生素 D 缺乏性手足搐搦症可引起喉痉挛,呼吸困难,突发窒息而死亡,是本病最常见的死因。

82. ABCDE ①6 个月男婴,烦躁,多汗,夜惊,应考虑维生素 D 缺乏性佝偻病。患婴血钙降低(<1.75mmol/L),可诊断为维生素 D 缺乏性手足搐搦症,即低钙惊厥(D 对)。②癫痫抽搐常表现为神志不清、口吐白沫等。化脓性脑膜炎常表现为脑膜刺激征,症状不会在 1 分钟内缓解。低血糖常于清晨空腹时发病,重症病例惊厥后转入昏迷。题干未提及高热,因此不能诊断为高热惊厥。

83. ABCDE ①6 个月婴儿,烦躁、多汗、夜惊不安,头发稀疏,应考虑维生素 D 缺乏性佝偻病。患婴突发惊厥,应诊断为维生素 D 缺乏性手足搐搦症。急救时应首先使用地西泮缓慢静注,以迅速控制惊厥,然后静脉滴注钙剂,待惊厥控制后改为口服钙剂及维生素 D(C)。②维生素 $D_3$30 万 U 肌内注射为重症维生素 D 缺乏性佝偻病的治疗措施。B 项治疗无意义。20%甘露醇 20ml 静脉注射可降低颅内压,防治脑水肿。

84. ABCDE ①小于胎龄儿是指婴儿的出生体重在同胎龄儿平均出生体重的第 10 百分位以下(B)。②适于胎龄儿是指婴儿的出生体重在同胎龄儿平均出生体重的第 10~90 百分位之间。大于胎龄儿是指婴儿的出生体重在同胎龄儿平均出生体重的第 90 百分位以上。

85. ABCDE ①足月儿是指 37 周≤胎龄<42 周的新生儿。本例孕 38 周,应属于足月儿。②低出生体重儿(LBW)是指出生体重<2500g 的新生儿。其中,出生体重<1500g 称为极低出生体重儿(VLBW);出生体重<1000g 称为超低出生体重儿(ELBW)。本例体重 2400g,应属于 LBW,故答 C。

86. ABCDE ABDE 为足月儿的临床特点,C 为早产儿的临床特点。

87. ABCDE ①早产儿因呼吸中枢发育不成熟,红细胞内缺乏碳酸酐酶,肺泡数量少,呼吸肌发育不全,因此,呼吸浅快不规则,易出现周期性呼吸及呼吸暂停(B)。②肺泡表面活性物质较少是导致呼吸窘迫综合征的原因。

88. ABCDE 低出生体重儿(LBW)是指出生体重<2500g 的新生儿。其中,出生体重<1500g 称为极低出生体重儿(VLBW);出生体重<1000g 称为超低出生体重儿(ELBW)。2018 年真题。

89. ABCDE ①足月新生儿出生时吞咽功能已完善,但食管下部括约肌松弛,胃呈水平位,幽门括约肌较发达,故易出现溢乳,甚至呕吐。②胃扭转属于病理状态,不可能作为生理性溢乳的原因。

90. ABCDE 足月新生儿出生时血红蛋白浓度、红细胞、网织红细胞、中性粒细胞计数均比成人高,但血小板计数与成人相似(E)。

91. ABCDE ①不同出生体重新生儿的中性温度:2kg<体重≤2.5kg:初生 2 天内为 34℃,2 天以后为 33℃,3 周以后为 32℃;体重>2.5kg:初生 2 天内为 33℃,2 天以后为 32℃。本例体重 2.5kg,产后第 1 天,中性温度应为 34℃。②新生儿生后第 1 天需水量为每日 60~100ml/kg,以后每日增加 30ml/kg,直至 150~180ml/kg,故答 C。

92. ABCDE 新生儿红臀也称尿布皮炎,是指新生儿肛门附近、臀部、会阴部等处皮肤发红,属于病理现象,故答 D。ABCE 均属于特殊生理现象。

93. ABCDE 早产儿低氧血症可予以吸氧,但动脉氧分压维持在 50~80mmHg 即可,切忌给早产儿常规吸氧,以防吸入高浓度氧或吸氧时间过长导致早产儿视网膜病。

94. ABCDE Apgar 评分是判断新生儿窒息的常用方法，评分指标有 5 项，即心率、呼吸、肌张力、喉反射、皮肤颜色(E 错)。2020 年真题。

95. ABCDE ①新生儿 Apgar 评分指标有 5 项，每项 0~2 分，满分共 10 分。8~10 分为正常，4~7 分为轻度窒息，0~3 分为重度窒息。②本例 Apgar 评分＝心率 1 分+呼吸 0 分+皮肤颜色 0 分+肌张力 1 分+弹足底反应 0 分＝2 分，应诊断为重度窒息。

指标	0 分	1 分	2 分
心率(次/分)	无	<100	>100
呼吸	无	慢，不规则	正常，哭声响
皮肤颜色	青紫或苍白	身体红，四肢青紫	全身红
肌张力	松弛	四肢略屈曲	四肢活动
弹足底或插鼻管反应	无反应	有些动作，如皱眉	哭，喷嚏

96. ABCDE 患儿 Apger 评分＝心率 1 分(<100 次/分)+呼吸 0 分(无)+皮肤颜色 0 分(苍白)+肌张力 1 分(可屈曲)+弹足底反应 1 分(皱眉)＝3 分。2020 年真题。

97. ABCDE 新生儿生后 1 小时 Apgar 评分为 9 分，应属正常。

98. ABCDE 新生儿窒息的代谢改变包括低血糖或高血糖、低钙血症、低钠血症、低氧血症、高碳酸血症、代谢性酸中毒等。

99. ABCDE 新生儿窒息初步复苏的步骤为：①保暖；②摆好体位；③清理呼吸道(新生儿娩出后，应立即用吸球或吸管吸净口、咽和鼻腔的黏液)；④擦干；⑤刺激(弹足底)。以上步骤应在 30 秒内完成。

100. ABCDE 101. ABCDE 102. ABCDE ①患婴阿普加评分 3 分，应诊断为重度窒息。急救复苏时，首先应清理呼吸道，保持呼吸道通畅，这是复苏治疗的根本措施(A)。②若清理呼吸道后仍无效，则应给予触觉刺激，即弹足底，以建立呼吸，增加肺通气(B)。③若新生儿呼吸暂停，心率<100 次/分，应立即行气囊面罩正压通气。足月儿可用空气复苏，早产儿开始给 30%~40%的氧(C)。

103. ABCDE ①脑电图可客观地反映新生儿缺氧缺血性脑病(HIE)脑损害的严重程度、判断预后，为首选检查项目(D)。②脑氢质子磁共振波谱检查有助于 HIE 的早期诊断。头颅 CT 可了解有无颅内出血，对 HIE 有辅助诊断价值。头颅 MRI 对脑损伤的判断有较高的敏感性，常用于 B 超或 CT 显示不清的病例。颅脑超声检查只能作为动态随访措施。

104. ABCDE 诊断新生儿缺血缺氧性脑病(HIE)，应根据病程选用相应的检查：病后 1~2 天首选头颅 MRI，72 小时内选用头颅 B 超检查，4~7 天内选用头颅 CT 检查，1 周内选用脑电图检查。

105. ABCDE ①患婴出生后 1 分钟 Apgar 评分 3 分，应考虑为重度窒息。患婴有重度窒息史，嗜睡，四肢肌张力差，拥抱反射消失，前囟饱满，应诊断为新生儿重度缺氧缺血性脑病(C)。②新生儿肺透明膜病常表现为出生后 6 小时内出现呼吸窘迫，鼻扇，三凹征，青紫。新生儿湿肺常表现为生后数小时内出现呼吸增快，但吃奶佳、哭声响亮、反应好，属自限性疾病。胎粪吸入综合征在产时有羊水吸入史，分娩时见羊水混有胎粪，早期表现为呼吸道梗阻，呼吸急促，鼻翼扇动，三凹征。新生儿低血糖常于生后 24~72 小时发病，常表现为反应差，喂养困难，呼吸暂停，嗜睡，青紫，哭声异常，颤抖，震颤，惊厥等。

106. ABCDE 107. ABCDE 108. ABCDE 109. ABCDE 110. ABCDE ①新生儿 Apgar 评分满分为 10 分，8~10 分为正常，4~7 分为轻度窒息，0~3 分为重度窒息。本例 Apgar 评分 1 分钟为 2 分，应诊断为重度窒息。缺氧缺血性脑病(HIE)根据病情分为轻、中、重三度。患婴发生过惊厥，瞳孔缩小，肌张力减低，原始反射减弱，应诊断为中度 HIE，故答 D。②控制 HIE 患儿惊厥，首选苯巴比妥，肝功能不良者可选用苯妥英钠，顽固性抽搐可选用地西泮(B)。③苯巴比妥负荷量为 20mg/kg，12~24 小时后给维持量每日 3~5mg/kg(E)。④为避免输液过量导致脑水肿，每日液体总量不宜超过 60~80

ml/kg(B)。⑤HIE 常导致脑水肿,当颅内压增高时,首选利尿剂呋塞米,而不是降低颅内高压的常用药物甘露醇,只有严重病例才使用甘露醇,一般不主张使用糖皮质激素(C)。

111. ABCDE ①肺表面活性物质由肺泡Ⅱ型上皮细胞分泌,主要作用是降低肺泡表面张力,防止呼气末肺泡萎陷。当肺泡表面活性物质减少时,肺泡表面张力增加,顺应性降低,肺泡萎陷,常导致新生儿呼吸窘迫综合征(E)。②母亲患糖尿病易发生此病。围生期窒息、前置胎盘、胎盘早剥均可诱发本病。

112. ABCDE 新生儿呼吸窘迫综合征好发于早产儿,常表现为生后 6 小时以内出现呼吸窘迫,进行性加重。因呼气时声门不完全开放,可导致呼气呻吟。吸气性三凹征是辅助呼吸肌参与的结果,以满足增加的肺扩张压。根据题干,本例应诊断为新生儿呼吸窘迫综合征(E)。

113. ABCDE 胸部 X 线检查是目前确诊新生儿呼吸窘迫综合征的最佳手段,为首选检查。

114. ABCDE 肺透明膜病也称呼吸窘迫综合征,胸片常见表现为:①两肺透亮度普遍降低,可见弥漫性均匀一致的细颗粒网状影,即毛玻璃样改变;②在弥漫性不张肺泡(白色)的背景下,可见清晰充气的树枝状支气管(黑色)影,即支气管充气征;③双肺野均呈白色,肺肝界及肺心界均消失,即白肺。无局限性肺气肿表现(E 错)。

115. ABCDE 116. ABCDE 117. ABCDE 118. ABCDE ①早产儿,生后 6 小时内进行性呼吸困难,三凹征阳性,首先应考虑新生儿呼吸窘迫综合征(E)。②胸片检查是确诊新生儿呼吸窘迫综合征的最佳手段(B)。③新生儿呼吸窘迫综合征主要是肺泡表面活性物质减少所致,因此最有效的治疗药物是肺泡表面活性物质(D)。原则上不宜使用抗生素和糖皮质激素,故不答 AB。β_2 肾上腺素受体激动剂常用于缓解支气管哮喘急性发作。苯巴比妥常用于新生儿黄疸的治疗。④新生儿呼吸窘迫综合征的氧疗首选持续气道正压给氧,可使有自主呼吸的患儿在整个呼吸周期中都接受高于大气压的气体,防止呼气时肺泡萎陷,以改善肺氧合、减少肺内分流(E)。

119. ABCDE ①新生儿红细胞寿命相对较短,足月儿约为 80 天,成人约为 120 天。②新生儿血红蛋白分解速度是成人的 2 倍。③游离胆红素进入肝脏后在葡萄糖醛酸基转移酶催化下,与葡萄糖醛酸结合,形成水溶性的结合胆红素,后者经胆汁排泄至肠道。由于新生儿葡萄糖醛酸基转移酶活性低且量少,因此肝脏排泄胆红素的能力不足(C 错 D 对)。④排入肠道的结合胆红素可被肠道的 β- 葡萄糖醛酸酐酶水解,或在碱性环境中直接与葡萄糖醛酸分离成为非结合胆红素,后者可通过肠壁经门静脉重吸收回肝脏再进行处理,称为胆红素的肠肝循环。新生儿肠腔内 β- 葡萄糖醛酸酐酶活性相对较高,可将结合胆红素转变为非结合胆红素,增加了肠肝循环,可导致血浆非结合胆红素水平增高。

120. ABCDE ①足月新生儿生理性黄疸常于生后 2~3 天出现,4~5 天达高峰,5~7 天消退,最迟 2 周消退。血清胆红素<221μmol/L,每日升高<85μmol/L,或每小时升高<0.85μmol/L(D 对)。②ABCE 均属于病理性黄疸的特点。

121. ABCDE 足月儿病理性黄疸常在生后 24 小时内出现(A 错)。BCDE 都是病理性黄疸的特点。

122. ABCDE 足月儿生后 2 天出现黄疸,血清总胆红素<221μmol/L,一般情况好,应诊断为生理性黄疸。

123. ABCDE ①早产儿出生 24 小时内出现黄疸,应考虑病理性黄疸。患儿出现颅内高压表现,应诊断为胆红素脑病(D)。②重度贫血不会出现黄疸。出生后 20 小时,不可能患新生儿肝炎。颅内出血多见于胎龄 32 周以下的早产儿,常表现为神志改变,颅内高压,凝视,瞳孔不等大等。新生儿 ABO 溶血病的黄疸多发生于生后 2~3 天,很少发生脑性尖叫。

124. ABCDE ①新生儿溶血病是指母子血型不合而引起的同族免疫性溶血,以 ABO 血型不合最常见(占 85.3%),其次为 Rh 血型不合(14.6%)、MN 溶血病(占 0.1%)等。②G6PD 缺乏症为 6-磷酸葡萄糖脱氢酶缺乏所致的先天性溶血性疾病,不属于母婴血型不合引起的溶血病,故不答 E。

125. ABCDE ①新生儿出生后 24 小时内出现黄疸,应首先考虑新生儿 Rh 溶血病。为明确诊断,应首选母子血型检测(D)。②血常规检查无特异性,故不答 A。肝功能测定常用于诊断新生儿肝炎。血培养常用于诊断新生儿败血症。肝胆 B 超常用于诊断新生儿胆道畸形。

126. ABCDE　新生儿 Rh 溶血病的典型临床表现为黄疸、贫血、肝脾肿大，胆红素脑病为新生儿溶血病最严重的并发症。新生儿溶血病很少发生 DIC(D)。

127. ABCDE　①足月儿生后 24 小时内出现黄疸，血清总胆红素>221μmol/L，应诊断为病理性黄疸。生后 24 小时内出现黄疸，首先应考虑母婴血型不合引起的溶血等。ABO 溶血病多发生于第一胎妊娠，见于母亲血型为 O 型而胎儿血型为 A 型或 B 型时，故本例应诊断为新生儿 ABO 溶血病(C)。②虽然新生儿 Rh 溶血病多发生在生后 24 小时内，多有肝脾肿大，与题干所述相符，但新生儿 Rh 溶血病一般不会发生于第一胎妊娠，故不答 D。新生儿肝炎存在一定潜伏期，黄疸常在生后 1~3 周或更晚出现，故不答 A。新生儿败血症常在生后 3~7 天出现黄疸，常表现为黄疸退而复现，故不答 B。新生儿胆道闭锁常于生后 24 小时出现黄疸，且较重，以直接胆红素升高为主，故不答 E。

128. ABCDE　①足月男婴出生后 24 小时出现黄疸，血清总胆红素>221μmol/L，应诊断为病理性黄疸，而不是生理性黄疸，故不答 B。②新生儿 Rh 溶血病常于出生后 24 小时内出现黄疸，并迅速加重，多有不同程度的肝脾肿大。根据题干，本例应诊断为新生儿溶血病(C)。③先天性胆道闭锁常表现为生后 1~2 周黄疸逐渐加深。母乳性黄疸是指母乳喂养的新生儿在出生 3 个月内仍有黄疸。新生儿肝炎常表现为出生后数天至数周出现黄疸，肝功能损害等。

129. ABCDE　改良 Coombs 试验和抗体释放试验均属于新生儿溶血病的确诊试验，但由于改良 Coombs 试验对 Rh 溶血病阳性率高，对 ABO 溶血病阳性率低；抗体释放试验对 Rh 溶血病和 ABO 溶血病均为阳性，故最佳答案为 C 而不是 B。AD 不属于溶血病的确诊试验，红细胞脆性试验主要用于遗传性球形细胞增多症的诊断。

130. ABCDE　131. ABCDE　①各种原因导致的足月儿血清总胆红素>205μmol/L(12mg/dl)，均可进行光疗，它是降低血清非结合胆红素简单而有效的方法。②新生儿溶血病进行换血治疗的指征是足月儿血清总胆红素水平>425μmol/L(25mg/dl)，或胎儿脐带血总胆红素>68μmol/L(4mg/dl)，参阅 7 版《诸福棠实用儿科学》P479。

132. ABCDE　新生儿溶血症行换血治疗，可置换出部分血中游离抗体和致敏红细胞，减轻溶血。其换血量一般为患儿血量的 2 倍(约 150~180ml/kg)，大约可置换出 85%的致敏红细胞和 60%的胆红素及抗体。

133. ABCDE　光疗的副作用包括发热、腹泻、皮疹、青铜症，对肝功能无影响。

134. ABCDE　135. ABCDE　136. ABCDE　137. ABCDE　①Rh 阴性母亲怀有 Rh 阳性的胎儿，第二胎时可使 Rh 阳性胎儿发生 Rh 溶血病，且多在生后 24 小时内出现黄疸。而本例母亲为 Rh 阳性，生后 3 天才出现黄疸，故不答 E。新生儿 ABO 溶血病多见于母亲 O 型血而胎儿 A 或 B 型者，一般于生后 2~3天出现黄疸。根据题干，本例应诊断为新生儿 ABO 溶血病(D)。新生儿败血症多表现为“五不一低下”(不吃、不哭、不动、体重不增、体温不升、反应低下)，黄疸退而复现。患婴出生仅 3 天，不可能诊断为新生儿肝炎。母乳性黄疸是指母乳喂养的新生儿在生后 3 个月内仍有黄疸。②为明确新生儿 ABO 溶血病，首选血型抗体释放试验，此为确诊试验方法(D)。游离抗体试验不属于确诊试验，故不答 E。血培养常用于新生儿败血症的诊断。交叉配血试验常用于输血前准备。肝功能测定常用于诊断新生儿肝炎。③新生儿溶血病换血治疗的指征为：血清总胆红素>425μmol/L，或胎儿脐带血总胆红素>68μmol/L，或 Hb<120g/L 等。患婴 Hb90g/L，应行换血治疗(B)。患婴血清总胆红素>205μmol/L，也可行光疗，但由于换血治疗比光疗起效快，疗效显著，故最佳答案为 B 而不是 A。CDE 均属于一般性治疗措施。④新生儿溶血病最严重的并发症是胆红素脑病，因此患婴一旦出现抽搐，应首先考虑胆红素脑病(D)。

138. ABCDE　①新生儿败血症的早期症状和体征均不典型，一般表现为反应差、嗜睡、发热或体温不升、不吃、不哭、体重不增等。黄疸有时可为败血症的唯一表现，常表现为黄疸退而复现。肝脾肿大一般出现较晚，多为轻至中度肿大。可合并脑膜炎、肺炎、坏死性小肠结肠炎等。②并不是所有败血症患儿均有发热，患儿可表现为发热或体温不升(E错)。

139. ABCDE ①新生儿败血症和新生儿寒冷损伤综合征均可有“五不一低下”的临床表现：不吃、不哭、不动、体重不增、体温不升、反应低下，容易混淆。但本例“脐有分泌物”，说明有感染病灶存在；患婴无下肢硬肿的表现，故应诊断为新生儿败血症而不是新生儿寒冷损伤综合征。②患婴前囟平，颈软，说明颅内压不高，故不答BD。患婴双肺未闻及湿啰音，故不答C。

140. ABCDE 141. ABCDE 142. ABCDE 143. ABCDE 144. ABCDE ①患婴有脐部化脓性感染灶，出现黄疸、不吃、体温不升等症状，应首先考虑新生儿败血症(E)。ABCD均不会出现脐部感染灶。②为明确败血症的诊断，应首选血培养检查(B)。③患婴易激怒，前囟张力增高，说明有颅内压增高的表现，应考虑合并脑膜炎(A)。核黄疸是新生儿溶血病的最严重并发症，故不答B。肝硬化、肝炎、腹膜炎都不是新生儿败血症的常见并发症。④为明确脑膜炎的诊断，当然首选腰椎穿刺+脑脊液检查(B)。⑤败血症合并脑膜炎，应首选敏感抗生素治疗(C)。

145. ABCDE ①新生儿坏死性小肠结肠炎的常见病因包括早产、肠黏膜缺氧缺血、感染、肠道微生态环境失调等。早产儿肠道屏障功能不成熟，胃酸分泌少，胃肠道动力差，消化酶活力低，消化道黏膜通透性高，当喂养不当、罹患感染、肠壁缺血时，易导致肠黏膜损伤，引起新生儿坏死性小肠结肠炎，故答D。②寒冷是新生儿寒冷损伤综合征的病因。溶血是新生儿溶血症的病因。未按时添加辅食为营养性缺铁性贫血的病因。

146. ABCDE ①新生儿坏死性小肠结肠炎的典型临床表现是腹胀、呕吐、血便。早期常表现为胃潴留、腹胀、呕吐等喂养不耐受的症状。②呕吐物不含胆汁为先天性肥厚性幽门狭窄的特点，故不答A。新生儿坏死性小肠结肠炎多有感染中毒症状，多见于早产儿，而不是过期产儿，故不答BE。大便呈蛋花汤样为婴儿腹泻病的特点，故不答D。

147. ABCDE 新生儿坏死性小肠结肠炎行腹部X线检查，可见麻痹性肠梗阻、肠壁间隔增宽、肠壁积气、门静脉积气、部分肠袢固定、腹腔积液、气腹等。其中，肠壁积气、门静脉积气为其特征性表现，具有诊断价值。

148. ABCDE 中性粒细胞功能暂时低下是婴幼儿易发生化脓性感染的主要原因。

149. ABCDE IgG是唯一可通过胎盘的免疫球蛋白，新生儿刚出生时IgG主要来源于母体，其血清IgG高于母体5%~10%。之后新生儿自身可缓慢合成IgG，随着母血IgG消失，于生后3个月血清IgG降至最低点，至10~12个月时体内IgG均为自身产生，8~10岁达成人水平。

150. ABCDE 新生儿期各种吞噬细胞的功能可呈暂时性低下，其原因为新生儿期接触抗原或过敏原较少，抗体产生较少；血清缺乏补体、调理素、趋化因子等。

151. ABCDE ①IgG是唯一能通过胎盘的免疫球蛋白，IgM不能通过胎盘(A对C错)。胎盘母体一侧的滋养层细胞可表达一种IgG输送蛋白，称为新生Fc段受体(FcRn)。IgG可选择性结合FcRn，从而转移到滋养层细胞内，并主动进入胎儿血液循环中。②胎儿和新生儿的B淋巴细胞已开始发育，但尚未成熟，分泌IgG的B细胞于2岁、分泌IgA的B细胞于5岁达成人水平。新生儿时期各种T细胞亚群功能均显不足，如T细胞产生的TNF仅为成人的50%。胎儿期已能产生IgM，出生后更快，脐血IgM水平过高，提示可能有宫内感染。2018年真题。

152. ABCDE 川崎病好发于婴幼儿，5岁以下占87%。

153. ABCDE ABCD都是川崎病的常见临床表现，血尿不是(E)。

154. ABCDE 川崎病的冠状动脉损害多发生于病程的第2~4周。

155. ABCDE 发热5天以上，伴下列5项临床表现中4项者，排除其他疾病后，可诊断为川崎病：①四肢变化：急性期掌跖红斑、手足硬性水肿，恢复期指(趾)端膜状脱皮；②多形性红斑；③眼结合膜充血，非化脓性；④唇充血皲裂，口腔黏膜弥漫性充血，舌乳头突起，充血呈草莓舌；⑤颈部淋巴结肿大。可见，诊断川崎病的必要条件是发热5天以上(A)。

156. ABCDE ①川崎病是一种急性全身性中、小动脉炎，好发于冠状动脉，表现为发热、皮疹、球结膜充血、口腔黏膜充血、手足红斑、硬性水肿和颈部淋巴结肿大。早期口服阿司匹林可减轻急性炎症过程。早期静脉输注丙种球蛋白+口服阿司匹林可降低冠状动脉瘤的发生率。因此川崎病的首选治疗为丙种球蛋白+阿司匹林(E)。②糖皮质激素因可促进血栓形成，易发生冠状动脉瘤和影响冠脉病变修复，故不宜单独应用，可与阿司匹林合用，主要用于丙种球蛋白无效的患儿。

157. ABCDE ①3 岁患儿，发热 1 周，手足硬性水肿，球结膜充血，皮疹，颈部淋巴结肿大，应诊断为川崎病。②川崎病的治疗首选阿司匹林+丙种球蛋白。阿司匹林的使用方法为每日 30～50mg/kg，分 2～3 次服用，热退后 3 天逐渐减量，2 周左右减至每日 3～5mg/kg，维持 6～8 周(E)。

158. ABCDE ①治疗川崎病时，因糖皮质激素可促进血栓形成，易发生冠状动脉瘤和影响冠脉病变修复，故不宜单独应用，可与阿司匹林和双嘧达莫合并使用，主要用于丙种球蛋白无效的患儿。②阿司匹林常与丙种球蛋白同时应用。若合并严重冠状动脉病变可行冠状动脉搭桥术。

159. ABCDE 160. ABCDE 161. ABCDE 162. ABCDE 163. ABCDE ①5 岁以下小儿，发热 5 天以上，应首先考虑川崎病。患儿手足硬性肿胀，眼结膜充血，口唇充血皲裂、口腔黏膜弥漫充血，颈淋巴结肿大，共 4 项症状，按川崎病的诊断标准，可确诊为川崎病(B)。②川崎病最常见的死因是冠状动脉瘤破裂，因此为判断预后，应及时作超声心动图检查，以了解有无冠状动脉瘤并存(D)。③川崎病行超声心动图检查，可见心包积液、左心室内径增大、冠脉扩张、冠状动脉瘤等，但以冠状动脉瘤最有价值，对预后判断极为重要，最有助于本病的诊断(D)。④川崎病的首选治疗措施是静脉注射丙种球蛋白+口服阿司匹林(E)。⑤若静脉注射丙种球蛋白+口服阿司匹林无效，可以考虑将丙种球蛋白更换为糖皮质激素，即阿司匹林+糖皮质激素(B)。

164. ABCDE 165. ABCDE 166. ABCDE 167. ABCDE 168. ABCDE ①麻疹常于发热 3～4 天出疹，出疹期为发热的高峰期(B)。②水痘常于发热 1～2 天出疹，斑疹、丘疹、疱疹、结痂同时出现，即"四世同堂"(E)。③风疹常于发热 1～2 天出疹，1 天出齐，伴颈淋巴结明显肿大，皮疹多于 3 天内迅速消退，不留色素沉着(D)。④幼儿急疹常表现为持续性高热 3～5 天，热退出疹，全身症状较轻，皮疹于 1～3 天消退，无色素沉着(C)。⑤猩红热常于发热 1～2 天出疹，出疹时高热，表现为红草莓舌、贫血性皮肤划痕、帕氏线三大特点(A)。

169. ABCDE 典型麻疹按病程分为 4 期，即潜伏期、前驱期(出疹前期)、出疹期和恢复期。题干已说明体检可见到红色斑丘疹，当然属于出疹期(D)。

170. ABCDE ①麻疹的易感人群为 6 个月～5 岁小儿，常在发热 3～4 天出疹，早期可出现 Koplik 斑(颊黏膜灰白色斑点)。结合病史及临床表现，本例应诊断为麻疹(A)。②风疹常于发热 1～2 天出疹，水痘常于发热 1～2 天出疹，猩红热常于发热 1～2 天出疹，且这些疾病都不会出现 Koplik 斑。肺炎常表现为发热、咳嗽咳痰、肺部湿啰音等，与本例不符。

171. ABCDE ①幼儿急疹常表现为持续高热 3～5 天，热退出疹，皮疹常分布于头面、颈部、躯干，四肢较少，1 天出齐，多为红色、细小、密集斑丘疹。根据题干，本例应诊断为幼儿急疹(C)。②猩红热常表现为发热 1～2 天出疹，出疹时高热。麻疹常表现为发热 3～4 天出疹，出疹时体温更高。水痘常表现为发热 1 天后出疹，低热出疹。风疹常表现为发热半天至 1 天出疹。

172. ABCDE 麻疹分为潜伏期、前驱期、出疹期、恢复期 4 期。麻疹患儿出疹前后 5 天均有传染性，而前驱期常持续 3～4 天，因此在前驱期传染性最强。

173. ABCDE ABD 都不是麻疹的并发症，故可首先排除答案 ABD。题干所述与结核性脑膜炎无关，故最佳答案为 C 而不是 E。脑炎是麻疹的常见并发症，临床表现、脑脊液性状与病毒性脑炎相似。

174. ABCDE 175. ABCDE ①对于没有接受麻疹主动疫苗的儿童，应在接触麻疹后 5 天内肌注免疫球蛋白，进行被动免疫，可预防发病或减轻麻疹症状(C)。②对接触麻疹的易感患儿应隔离检疫观察 3 周，并给予被动免疫(C)。

176. ABCDE 177. ABCDE 178. ABCDE 179. ABCDE ①水痘是由水痘-带状疱疹病毒感染引起的儿童期出疹性疾病(B)。②幼儿急疹是由人类疱疹病毒6型引起的急性出疹性传染病(C)。③猩红热是由A组乙型溶血性链球菌引起的急性出疹性传染病(E)。④手足口病的病原体主要是肠道病毒,以柯萨奇病毒A组16型、肠道病毒71型多见(D)。

180. ABCDE 181. ABCDE 182. ABCDE ①麻疹最常见的并发症是肺炎,约90%的患儿死于肺炎(A)。②水痘最常见的并发症是皮肤继发性感染,如脓疱疮、丹毒、蜂窝织炎、败血症等(C)。③猩红热最常见的并发症是急性肾小球肾炎、风湿热等(B)。

183. ABCDE 184. ABCDE 185. ABCDE 186. ABCDE 187. ABCDE ①麻疹患儿若不合并肺炎应隔离至出疹后5天,若合并肺炎应隔离至出疹后10天。②水痘患儿应隔离至皮疹全部结痂(D)。③风疹患儿应隔离至出疹后5天(A)。④猩红热患儿应隔离至痊愈及咽拭子培养阴性(E)。

188. ABCDE 189. ABCDE ①对接触麻疹的易感儿童应隔离检疫3周(C)。②对接触水痘的易感儿童应隔离检疫3周(C)。

190. ABCDE 7个月男婴,发热3天后出现皮疹,颊黏膜灰白色小点,应考虑麻疹。患婴咳嗽,咽部充血,呼吸急促,双肺呼吸音粗,可闻及细湿啰音,应考虑肺炎,故本例应诊断为麻疹合并肺炎,至少应隔离至出疹后10天。2020年真题。

191. ABCDE 猩红热的病原体是A组乙型溶血性链球菌,可首选青霉素进行抗病原菌治疗,而ABCE的病原体均为病毒,目前尚无抗病毒治疗的特效药物,只能对症支持治疗。

192. ABCDE 6岁小儿,低热1天出疹,斑疹、丘疹、水疱同时出现,应诊断为水痘。不宜使用糖皮质激素治疗,因可能导致病毒感染播散(C错)。ABDE均属于水痘的一般性治疗措施。

193. ABCDE 水痘的病原体是水痘-带状疱疹病毒,抗病毒治疗首选阿昔洛韦,应在皮疹出现的48小时内开始应用。

194. ABCDE 风疹的临床特点是发热1~2天出疹,全身症状轻,枕后、耳后淋巴结肿大(B)。

195. ABCDE 幼儿急疹的特点是持续性高热3~5天,热退疹出。而麻疹的临床特点是发热后3~4天出疹,出疹期间体温更高,此为两者主要鉴别点。

196. ABCDE 患婴持续高热3天后,热退出疹,应诊断为幼儿急疹,其病原体为人类疱疹病毒6型(B)。

197. ABCDE 猩红热是由乙型溶血性链球菌引起的急性出疹性传染病,常在发热1~2天出疹,表现为颈部、腋下和腹股沟处出疹,24小时内遍及全身(D)。全身皮肤弥漫性充血发红(C)。皮疹为密集而均匀的红色细小丘疹,呈鸡皮样,触之砂纸感(A)。在皮肤皱褶处(腋窝、肘窝、腹股沟等处)皮疹密集(E错)。疹退后1周开始脱皮,面部躯干糠屑样脱皮,手足大片状脱皮(B)。

198. ABCDE 皮疹在皮肤皱褶处(腋窝、肘窝及腹股沟等处)密集,其间有出血点,形成明显的横纹线,称为帕氏(Pastia)线,帕氏线为猩红热的特征性表现(A)。BCDE项不会出现帕氏线。

199. ABCDE 200. ABCDE ①猩红热常表现为全身皮肤针尖大小丘疹,退疹后全身大片脱皮,以指、趾最显著,无色素沉着(A)。②麻疹常表现为自"头面部→颈部→躯干→四肢"的红色斑丘疹,退疹后有色素沉着及细小脱屑(B)。③幼儿急疹常表现为颈部及躯干部红色斑丘疹,热退疹出,退疹后无色素沉着和脱屑。水痘常表现为"斑疹、丘疹、疱疹、结痂"并存。风疹常表现为"面部→躯干→四肢"的斑丘疹,退疹后无色素沉着及脱屑。

201. ABCDE 患儿咽红,扁桃体肿大,说明有上呼吸道感染,可能为乙型溶血性链球菌感染。发热1天后迅速出疹,为猩红热的特点。根据题干,本例应诊断为猩红热,病原体为乙型溶血性链球菌,首选青霉素治疗。

202. ABCDE 密切接触猩红热患儿的易感儿,为预防发病,可口服复方磺胺甲噁唑(SMZco)3~5天,也可肌注一次长效青霉素。请注意:治疗猩红热首选青霉素,预防猩红热发病首选SMZco。

203. ABCDE 手足口病的皮疹常分布于手、足、口、臀部,躯干很少累及,因此呈离心性分布,而不是向心性分布,C错,ABDE均正确。

204. ABCDE　小儿被结核分枝杆菌感染4~8周后,结核菌素试验即可呈阳性反应。

205. ABCDE　小儿受结核杆菌感染后4~8周,作结核菌素试验(PPD试验)即呈阳性反应。PPD试验阳性主要是由于致敏淋巴细胞和巨噬细胞浸润,使机体组织对结核杆菌及其代谢产物产生的迟发型(Ⅳ型)变态反应。

206. ABCDE　PPD试验:取结核菌纯蛋白衍生物(PPD)1:2000的稀释液0.1ml(5个结核菌素单位),于左前臂掌侧面中上部1/3处皮内注射,使之形成直径6~10mm的皮丘。48~72小时后观察结果,以局部硬结直径表示。

207. ABCDE　208. ABCDE　209. ABCDE　PPD试验的判断标准:硬结平均直径<5mm为阴性(-);5~9mm为阳性(+);10~19mm为中度阳性(++);≥20mm为强阳性(+++);局部除硬结外,还有水肿(8版儿科学P217)、水疱(3版8年制儿科学P518)、破溃、淋巴管炎、双圈反应等为极强阳性(++++)。

210. ABCDE　①未接种卡介苗的小儿,PPD试验由阴性转为阳性,或硬结直径由原来<10mm增至>10mm且增幅>6mm,表示新近有结核感染(C)。②PPD试验阳性表示曾感染过结核杆菌,强阳性表示有活动性结核病。

211. ABCDE　①PPD试验硬结直径≥20mm为强阳性(+++),提示体内有活动性结核病。小儿以原发型肺结核最多见,为明确诊断,首先应拍摄胸片(B)。②只有明确诊断后,才能行抗结核治疗,故不答D。ACE显然不是正确答案。

212. ABCDE　儿科抗结核治疗原则为:早期治疗,适宜剂量,联合用药,规律用药,坚持全程,分段治疗。

213. ABCDE　常用抗结核药物可分为两类:①杀菌药:包括全杀菌药(异烟肼INH、利福平RFP)、半杀菌药(链霉素SM、吡嗪酰胺PZA);②抑菌药:包括乙胺丁醇(EMB)、乙硫异烟胺(ETH)。

214. ABCDE　结核菌素试验阳性为卡介苗接种的禁忌证,故答E。ABCD均属于卡介苗接种的禁忌证。

215. ABCDE　216. ABCDE　217. ABCDE　①活动性空洞性肺结核患者为肺结核的最重要传染源,1岁男孩与之密切接触,很可能被传染。为明确男孩是否患有肺结核,首选检查为胸部X线片及PPD试验(D)。痰涂片抗酸染色检查、痰结核杆菌培养都是肺结核的确诊试验,但男孩无咳嗽症状,无痰液,故不答BC。血结核抗体检测特异性不高,临床上少用,故不答E。血常规检查无特异性,故不答A。②密切接触家庭内开放性肺结核者,为预防性抗结核治疗的适应证,首选异烟肼治疗,疗程6~9个月。

218. ABCDE　①较大儿童原发型肺结核表现为低热、食欲不振、疲乏、盗汗等结核中毒症状(E)。②婴幼儿原发型肺结核常表现为持续性高热,2~3周后转为低热,并伴结核中毒症状,干咳和轻度呼吸困难是最常见的症状(D)。

219. ABCDE　①咯血是成人继发性肺结核的常见症状,但小儿原发型肺结核少见(D)。②ABCE均属于原发型肺结核的常见临床表现。

220. ABCDE　①由于小儿原发型肺结核咳嗽少见,即使有咳嗽也多为干咳,因此很少采用痰涂片找抗酸杆菌、痰结核杆菌培养等检查进行诊断,故不答CD。CD两项检查常用于成人继发性肺结核的诊断。②血沉测定常用于判断结核病的活动性,故不答A。血清结核抗体检测特异性差,很少用于结核病的诊断,故不答B。③诊断小儿原发型肺结核的重要方法是胸部X线片(E)。

221. ABCDE　①PPD试验(+++)为强阳性,提示活动性肺结核,需行直接督导下短程化疗,常用方案为2HRZ/4HR,即强化阶段需口服异烟肼(H)+利福平(R)+吡嗪酰胺(Z)。②本例为原发综合征,PPD试验(++)为中度阳性,无任何症状。对于无明显症状的原发型肺结核,宜选用标准治疗,即异烟肼(INH)+利福平(RFP)和(或)乙胺丁醇(EMB),疗程9~12个月,故答E。

222. ABCDE　①活动性原发型肺结核宜采用直接督导下短程化疗(DOTS),常用方案为2HRZ/4HR(A)。②2EHRZ/4HR、2SHRZ/4HR也属于短程疗法,但不常用。2HRZSE/6HRE为成人复治涂阳肺结核的常用化疗方案。$2H_3R_3Z_3E_3/4H_3R_3$ 为成人初治肺结核的常用化疗方案。

223. ABCDE 结核性脑膜炎应选用容易通过血脑屏障的抗结核杀菌药物，分阶段治疗：强化治疗应联合使用异烟肼(INH)+利福平(RFP)+吡嗪酰胺(PZA)+链霉素(SM)，疗程3~4个月；巩固治疗应采用INH+RFP或EMB(乙胺丁醇)，疗程9~12个月。抗结核药物治疗的总疗程不少于12个月，或待脑脊液恢复正常后继续治疗6个月。

224. ABCDE 225. ABCDE ①结核性脑膜炎是小儿结核病中最严重的类型，常在结核原发感染后1年内发生。②小儿结核病最常见的临床类型是原发型肺结核(A)。

226. ABCDE ①幼婴结核性脑膜炎中期主要表现为颅内压增高的症状，如前囟膨隆、颅缝裂开(不是颅缝延迟愈合)，可有脑膜刺激征。②AB为结核性脑膜炎的早期表现，E为晚期表现。

227. ABCDE ①婴幼儿不典型结核性脑膜炎起病急，进展较快，有时仅以惊厥为主诉(C)；早期可出现脑实质损害，表现为舞蹈症或精神障碍。②ABDE均属于典型结核性脑膜炎的症状。

228. ABCDE 脑脊液(CSF)检查对诊断结核性脑膜炎极为重要，脑脊液中查到结核杆菌即可确诊(D)。

229. ABCDE ABCDE均属于结核性脑膜炎的脑脊液改变，其中糖和氯化物同时降低为其典型改变。

230. ABCDE 231. ABCDE 232. ABCDE 233. ABCDE 234. ABCDE ①患儿脑脊液检查提示压力增高(正常值7~20cmH_2O)，蛋白质增高(正常值0.2~0.4g/L)，葡萄糖和氯化物均降低(正常值分别为2.8~4.5mmol/L、117~127mmol/L)，白细胞计数增高(正常值0~10×10^6/L)，分类以淋巴细胞为主，应诊断为结核性脑膜炎(B)。化脓性脑膜炎外观混浊，白细胞总数常>1000×10^6/L。病毒性脑膜炎常表现为蛋白质轻度增高，糖和氯化物正常。真菌性脑膜炎少见，故不答D。颅内出血常见于新生儿。②对于结核性脑膜炎，治疗当然首选抗结核化疗(B)。③结核性脑膜炎的强化治疗，宜选用四联易透过血脑屏障的杀菌药物，如异烟肼(INH)+利福平(RFP)+吡嗪酰胺(PZA)+链霉素(SM)。此外，还需加用糖皮质激素(E)。④治疗结核性脑膜炎，加用糖皮质激素泼尼松，可抑制炎症渗出，从而降低颅内压，可减轻中毒症状及脑膜刺激症状，有利于脑脊液循环，并可减少粘连，从而减轻脑积水，早期使用效果较好。使用糖皮质激素不能缩短抗结核治疗的疗程(E)。⑤泼尼松的疗程为8~12周(C)。

235. ABCDE ①足月儿生后排胎粪的时间：母乳喂养者平均为13小时，人工喂养者平均为15小时。②母乳喂养者平均每日排便2~4次，添加辅食后次数减少。③人工喂养者平均每日排便1~2次，易发生便秘。④母乳喂养者大便呈黄色或金黄色，为均匀膏状或带少许黄色粪便颗粒，或较稀薄，绿色，不臭，呈酸性反应(D错)。⑤混合喂养者粪便较软，黄；添加蔬菜、水果等辅食时，大便外观与成人相似，初加菜泥时，常有小量绿色粪便排出。

236. ABCDE ①母乳喂养的婴儿平均每天排便2~4次；牛乳喂养的婴儿每天排便1~2次，易发生便秘(A错)。②婴幼儿肠壁薄，通透性高，屏障功能差，肠内毒素、消化不全产物等过敏原可经肠黏膜进入体内，加之口服耐受机制尚不完善，故容易发生过敏反应(B错)。③幼儿肠管相对比成人长，肠系膜柔软而长，结肠无明显结肠带与脂肪垂，升结肠与后壁固定差，因此容易发生肠扭转和肠套叠(C对E错)。④在母体内，胎儿肠道是无菌的，但生后数小时细菌即侵入肠道(D错)。

237. ABCDE 婴幼儿肠道菌群受食物成分的影响较大，单纯母乳喂养儿以双歧杆菌占绝对优势，人工喂养和混合喂养儿肠内的大肠埃希菌、嗜酸杆菌、双歧杆菌及肠球菌所占比例几乎相等。

238. ABCDE 239. ABCDE ①母乳喂养的健康婴儿典型大便为黄色或金黄色，较稀薄，呈酸性反应(pH4.7~5.1)，无臭味(A)。②牛奶喂养的婴儿典型大便为淡黄色或灰黄色，较干稠，呈中性或碱性反应(pH6~8)。因牛乳含酪蛋白较多，粪便常有明显的蛋白质分解产物的臭味(E)。

240. ABCDE 先天性肥厚性幽门狭窄第一胎多见，常见于男性足月儿(A)。

241. ABCDE ①先天性肥厚性幽门狭窄主要表现为呕吐，为喷射性呕吐，呕吐物不含胆汁。右上腹扪及肿块为其特有体征，具有诊断意义，临床检出率可达 60%～80%（C 对）。反复呕吐可导致低钾低氯性代谢性碱中毒。②X 线片可见“双气泡”征是肠旋转不良的典型影像（E 错）。

242. ABCDE　243. ABCDE　244. ABCDE　①患婴生后出现喷射性呕吐，呕吐物不含胆汁，右上腹可扪及包块，都是先天性肥厚性幽门狭窄的典型表现，故答 E。胃扭转常表现为生后数周内出现呕吐，呕吐物可含胆汁，移动体位时呕吐加剧。幽门痉挛常表现为生后即出现间歇性不规则呕吐，非喷射性，右上腹不能触及包块。胃食管反流多为非喷射性呕吐，上腹无蠕动波，也无包块。贲门失弛缓症新生儿少见。②诊断先天性肥厚性幽门狭窄，首选腹部 B 超检查（B）。若测定幽门肌厚度≥4mm、幽门前后径≥13mm、幽门管长≥17mm，即可诊断为本病。③先天性肥厚性幽门狭窄一旦确诊，应早期行幽门括约肌切开术。手术方法简便，效果良好（E）。

245. ABCDE　①先天性巨结肠常表现为胎便排出延迟，多表现为生后 48 小时无胎便或仅有少量胎便排出。以后即有顽固性便秘，3～7 天或 1～2 周排便 1 次（E）。②继发性巨结肠在体检时，可发现肛门、直肠末端有器质性病变，如先天性肛门狭窄、术后疤痕狭窄等。特发性巨结肠与排便训练不当有关，常表现为新生儿便秘，2～3 岁出现症状。功能性便秘常表现为排便次数少、排便费力、粪质较硬、排便不尽感。先天性肠闭锁多表现为低位肠梗阻。

246. ABCDE　247. ABCDE　①先天性巨结肠的典型表现是胎便排出延迟、顽固性便秘、腹胀、呕吐，直肠指检见直肠壶腹部空虚。根据题干，本例应诊断为先天性巨结肠（C）。②诊断先天性巨结肠，首选钡剂灌肠检查，诊断率约为 90%（C）。腹部平片只能显示低位肠梗阻，不能确诊巨结肠，故不答 B。腹部 B 超有助于诊断先天性肥厚性幽门狭窄。

248. ABCDE　婴幼儿患腹泻的内在因素包括：①婴幼儿消化系统发育不成熟，胃酸和消化酶分泌少，对食物和缺水的耐受性差，易发生体液紊乱。②婴幼儿生长发育快，所需营养物质相对较多，胃肠道负担重，易造成消化道功能紊乱。③婴幼儿胃酸偏低，胃排空较快，对进入胃内的细菌杀灭能力较弱。④新生儿尚未建立正常肠道菌群，改变饮食、滥用广谱抗生素等，均可使肠道菌群失调而患肠道感染。⑤母乳中含有大量 SIgA、乳铁蛋白、巨噬细胞、粒细胞、溶菌酶、溶酶体等，有很强的抗肠道感染作用。牛乳中虽有某些上述成分，但在加热过程中被破坏，而且人工喂养的食物和食具易受污染，故人工喂养儿肠道感染率高于母乳喂养儿（E 错）。

249. ABCDE　引起小儿腹泻病的最常见病因是病毒感染，寒冷季节的婴幼儿腹泻 80%由病毒感染引起。

250. ABCDE　引起小儿腹泻病的最常见病因是病毒感染，其中以轮状病毒最常见，其次为星状病毒、诺沃克病毒、柯萨奇病毒、肠道腺病毒、埃可病毒、冠状病毒等。

251. ABCDE　婴儿腹泻重度脱水常引起失液性休克（即外周循环衰竭），表现为昏迷，无泪，烦渴，尿量极少或无尿，皮肤干燥有花纹，眼窝和前囟明显凹陷，四肢厥冷，脉细，血压下降，故答 D。

252. ABCDE　253. ABCDE　254. ABCDE　255. ABCDE　256. ABCDE　①轮状病毒肠炎多表现为大便次数多，水分多，呈黄色水样或蛋花样，带少量黏液，无腥臭味（E）。②侵袭性大肠埃希菌肠炎多表现为频繁腹泻，大便呈黏液状，带脓血，有腥臭味（C）。③金黄色葡萄球菌肠炎大便为暗绿色，水样，量多，带黏液，少数为血便（D）。④白色念珠菌肠炎多表现为大便次数多，黄色稀便，泡沫较多，带黏液，有时可见豆腐渣样细块（A）。⑤难辨梭状芽胞杆菌肠炎属于伪膜性肠炎，多表现为频繁腹泻，为黄绿色水样便，可有假膜排出，为坏死毒素致肠黏膜坏死所形成的假膜（B）。

257. ABCDE　患儿外周血白细胞总数不高，说明病毒感染可能性大，细菌感染可能性小。患儿粪便细菌培养阴性，且脓细胞少，说明肠黏膜破坏不重，应诊断为病毒性肠炎而不是细菌性肠炎，故答 D。

258. ABCDE　①侵袭性大肠埃希菌肠炎多表现为频繁腹泻，大便呈黏液状，带脓血，有腥臭味，粪便镜检有大量白细胞和数量不等的红细胞（C）。②细菌性痢疾常有不洁饮食史，伴里急后重，故不答 A。产毒性大肠埃希菌肠炎多表现为频繁腹泻，量多，呈水样或蛋花汤样，有黏液，粪便镜检无白细胞。金黄色葡萄球菌肠炎多继发于使用大量抗生素后，大便为暗绿色，量多，带黏液，镜检有大量脓细胞和革兰阳性球菌。白色念珠菌性肠炎表现为大便次数多，黄色稀便，泡沫较多，带黏液，有时可见豆腐渣样细块。

259. ABCDE　生理性腹泻多见于6个月以内婴儿，除大便次数增多外，无其他症状，食欲好，不影响生长发育。根据题干，本例应诊断为生理性腹泻(B)。

260. ABCDE　①小儿血钠正常值为130～150mmol/L，本例血钠为135mmol/L，应诊断为等渗性脱水，可首先排除答案ACE。②患儿尿量减少，眼窝凹陷，皮肤弹性差，脉搏可扪及，应诊断为中度脱水(D)。

	轻度脱水	中度脱水	重度脱水
失水量	30～50ml/kg	50～100ml/kg	100～120ml/kg
失水量	占体重3%～5%	占体重5%～10%	占体重>10%
精神状态	稍差，略烦躁不安	精神萎靡或烦躁不安	精神极度萎靡，淡漠，昏睡，昏迷
皮肤黏膜	皮肤稍干燥，弹性尚可	皮肤苍白干燥，弹性较差	皮肤极度干燥，有花纹，弹性极差
前囟眼窝	稍凹陷	明显凹陷	深度凹陷，眼睑不能闭合
眼泪	哭时有泪	哭时泪少	哭时无泪
四肢末梢	温暖	稍凉	厥冷
休克体征	血压正常，无休克	血压正常，无休克	血压降低，有休克
尿量	稍减少	明显减少	极少或无尿

261. ABCDE　①小儿腹泻病的治疗原则为：调整饮食，预防和纠正脱水，合理用药，加强护理，预防并发症。②约70%的小儿腹泻为水样便，多为病毒和非侵袭性细菌所致，无需使用抗生素(D错)，只要合理使用液体疗法，均可治愈。

262. ABCDE　幼儿腹泻，呕吐3天，间断发热，腹痛，粪常规示白细胞，应诊断为腹泻病。严禁使用止泻剂，因为止泻剂可抑制胃肠蠕动，增加细菌繁殖和毒素的吸收(A)。BCDE均属于腹泻病的常规治疗。

263. ABCDE　口服补盐液(ORS液)新配方为2/3张的含钠溶液(C)。

264. ABCDE　265. ABCDE　266. ABCDE　267. ABCDE　268. ABCDE　269. ABCDE　270. ABCDE

①患婴秋季发生腹泻，最可能为秋季腹泻，以轮状病毒肠炎最多见，大便呈蛋花汤样，无腥臭味，故答B。②血钠正常值为130～150mmol/L，本例血钠135mmol/L，应诊断为等渗性脱水。患婴哭时泪少，尿量明显减少，皮肤弹性差，眼窝及前囟明显凹陷，应考虑中度脱水，故本例应诊断为中度等渗性脱水(B)。③小儿腹泻第1天的补液总量应为：轻度脱水90～120ml/kg，中度脱水120～150ml/kg，重度脱水150～180ml/kg，故答D。④第1天补液性质为：等渗性脱水补充1/2张含钠液，低渗性脱水补充2/3张含钠液，高渗性脱水补充1/5～1/3张含钠液。本例为等渗性脱水，应补充1/2张含钠液(D)。⑤大量补液后，由于血液稀释，易导致低钾血症。患者补液后出现腹胀，肠鸣音减弱，心音低钝，腱反射减弱，应考虑低钾血症(C)。⑥补钾原则为：氯化钾浓度应<0.3%，缓慢静脉滴注，应均匀分配于全日静脉输液中，每日补钾总量静滴时间不应少于6～8小时。由于细胞内钾恢复较慢，治疗低钾血症须持续补钾4～6日。参阅3版8年制《儿科学》P20。⑦经第1天补液后，脱水和电解质紊乱已基本纠正，第2天及以后主要是补充继续丢失量和生理需要量，继续补钾，供给热量，总量于12～24小时内均匀静滴(E)。

271. ABCDE　小儿肺泡数量少且面积小，弹力组织发育较差，血管丰富，间质发育旺盛，致肺含血量多而含气量少，易于感染(D错)。感染时易致黏液阻塞，引起间质炎症、肺气肿和肺不张等。

272. ABCDE　①扁桃体包括腭扁桃体和咽扁桃体。腭扁桃体1岁末才逐渐增大，4～10岁发育达高峰，14～15岁退化，故扁桃体炎好发于年长儿，而婴儿少见(C)。②咽扁桃体又称腺样体，6个月已停止发育，严重的腺样体肥大可导致小儿阻塞性睡眠呼吸暂停综合征。

273. ABCDE 小儿膈肌较肋间肌相对发达，且肋骨呈水平位，肋间隙小，故婴幼儿为腹式呼吸(B)。随着年龄增长，膈肌和腹腔脏器下降，肋骨由水平位变为斜位，逐渐转化为胸腹式呼吸，7 岁以后逐渐接近成人。

274. ABCDE 急性上呼吸道感染俗称感冒，是小儿最常见的疾病。

275. ABCDE 各种病毒和细菌都可引起上呼吸道感染，但以病毒最常见(约占 90%)，其次为细菌感染。

276. ABCDE 导致上呼吸道感染的致病菌以溶血性链球菌最多见，其次为肺炎链球菌、流感嗜血杆菌等。

277. ABCDE ABCD 均是咽结膜热的典型表现，恢复期指端膜状脱屑为川崎病的典型表现(E)。

278. ABCDE 患儿发热、咽痛、咽部充血，软腭见 2~4mm 大小疱疹，应诊断为疱疹性咽峡炎，其病原体为柯萨奇 A 组病毒(A)。

279. ABCDE ①年长儿若患 A 组溶血性链球菌咽峡炎，2~3 周可引起急性肾小球肾炎和风湿热(E)。②ACD 均属于急性上呼吸道直接蔓延所致的并发症，因此不会于 2~3 周后出现，故不答 ACD。川崎病与上呼吸道感染无关，故不答 B。

280. ABCDE 引起急性上呼吸道感染最常见的病原体是病毒，而病毒感染目前尚无特效治疗药物，故急性上感的治疗原则是对症治疗(C)。

281. ABCDE 小儿支气管哮喘的典型症状是阵发性咳嗽和喘息，以夜间及清晨为重(B)。腺病毒肺炎、呼吸道合胞病毒肺炎虽可有喘息，但不能自行缓解，也没有夜间多发的特点，故不答 CD。AE 一般不会出现喘息等症状。

282. ABCDE 小儿支气管哮喘的诊断标准是吸入速效 β_2 受体激动剂后 15 分钟 FEV_1 增加≥12%。

283. ABCDE ①博利康尼也称特布他林，为 β_2 受体激动剂，可舒张支气管。患儿咳嗽 4 个月，无发热，服用多种抗生素治疗无效，故可排除肺炎。患儿有湿疹，说明为过敏体质。患儿间断咳嗽，使用支气管舒张剂能缓解，故应诊断为咳嗽变异型哮喘(C)。②毛细支气管炎好发于 6 个月以内的小婴儿，以喘憋、三凹征、气促为主要表现。支气管异物多有异物吸入史，主要表现为阵发性咳嗽，吸气性呼吸困难。支气管淋巴结核常表现为刺激性咳嗽，可有低热盗汗等结核中毒症状。儿童哮喘常表现为阵发性咳嗽和喘息，呼气性呼吸困难，肺部满布哮鸣音。

284. ABCDE 哮喘持续状态(哮喘危重状态)是指哮喘发作时，在合理应用常规缓解药物后，仍不能缓解，表现为哮喘急性发作，出现咳嗽、喘息、呼吸困难、大汗淋漓和烦躁不安，甚至表现为端坐呼吸，语言不连贯，严重发绀，意识障碍及心肺功能不全的征象(C)。

285. ABCDE 286. ABCDE 287. ABCDE ①缓解支气管哮喘急性发作首选吸入速效 β_2 受体激动剂(沙丁胺醇、特布他林)，吸入后 5~10 分钟即可见效，维持 4~6 小时(B)。②支气管哮喘患儿长期控制首选吸入糖皮质激素(布地奈德、丙酸氟替卡松、丙酸倍氯米松)，药物可直接作用于气道黏膜，局部抗炎作用强，全身不良反应少，通常需要长期、规范吸入 1~3 年甚至更长时间(D)。③糖皮质激素是治疗支气管哮喘最有效的药物，哮喘持续状态首选静脉滴注糖皮质激素(E)。

288. ABCDE 289. ABCDE 290. ABCDE 291. ABCDE 292. ABCDE ①沙丁胺醇属于 β_2 受体激动剂，可迅速舒张支气管，是缓解哮喘急性发作的首选药物(B)。②布地奈德属于新型糖皮质激素，是哮喘长期控制的首选药物(C)。③孟鲁司特属于白三烯调节剂，主要用于哮喘慢性持续期的治疗(A)。④色甘酸钠属于肥大细胞膜稳定剂，常用于预防运动性哮喘(D)。⑤异丙托溴铵属于抗胆碱能药物，舒张支气管的作用比 β_2 受体激动剂弱，起效较慢，临床应用较少(E)。

293. ABCDE 支气管哮喘持续状态辅助机械通气的指征包括：①持续严重的呼吸困难；②呼吸音减低或几乎听不到哮鸣音及呼吸音；③因过度通气和呼吸肌疲劳而使胸廓运动受限；④意识障碍、烦躁或抑制，甚至昏迷；⑤吸氧状态下发绀进行性加重；⑥$PaCO_2$≥65mmHg。

294. ABCDE 肺功能检查主要适合于 5 岁以上患儿(C)。

295. ABCDE ①肺炎按病理分为三类:大叶性肺炎、支气管肺炎、间质性肺炎(C)。②ABDE 均属于肺炎的病因分类。

296. ABCDE 小儿肺炎按病程分为三类:①急性肺炎:病程<1 个月;②迁延性肺炎:病程 1~3 个月;③慢性肺炎:病程>3 个月。

297. ABCDE ABCDE 均可导致小儿病毒性肺炎,但以呼吸道合胞病毒最常见(B)。

298. ABCDE ABDE 均可引起肺炎。立克次体不属于肺炎的病原体,而是引起自然疫源性传染病,如流行性斑疹伤寒、恙虫病、Q 热等。

299. ABCDE 患儿发热,咳嗽,双肺闻及较固定的中、细湿啰音,应诊断为急性支气管肺炎(B)。急性支气管炎不会出现肺部湿啰音,故不答 E。本例除呼吸系统症状外,无其他系统症状,故不能诊断为重症肺炎。AC 显然不是正确答案。

300. ABCDE 小儿肺炎合并心衰的诊断依据:①安静状态下呼吸突然加快>60 次/分;②安静状态下心率突然增快>180 次/分;③突然极度烦躁不安,明显发绀,面色苍白;④心音低钝、奔马律、颈静脉怒张;⑤肝脏迅速增大;⑥尿少或无尿、眼睑或双下肢水肿。具备前 5 项可诊断为肺炎合并心衰(A)。

301. ABCDE ①重症肺炎合并心衰应给予吸氧,呋塞米利尿,洋地黄强心,血管活性药物酚妥拉明等,不宜使用糖皮质激素(E)。②糖皮质激素主要用于肺炎合并呼吸衰竭、感染性休克、脑水肿等。

302. ABCDE 患儿发热、咳嗽、肺部湿啰音,应考虑肺炎。患儿烦躁,呼吸急促,心率增快,心音低钝,肝脏肿大,应考虑合并心力衰竭。故本例应诊断为肺炎合并心力衰竭,治疗首选洋地黄(C)。

303. ABCDE ①支原体肺炎好发于学龄前儿童,以刺激性干咳为主要症状,肺部无明显阳性体征。胸片示:支气管肺炎、间质性肺炎、均匀片状阴影、肺门阴影增浓。结合病史及临床表现,本例应诊断为支原体肺炎(C)。②大叶性肺炎常见于青壮年,常于受凉后发病,表现为咳嗽,咳铁锈色痰。支气管肺炎常有肺部固定性细小湿啰音。腺病毒肺炎中毒症状严重,可有高热、频繁咳嗽、阵发性喘憋、肝脾增大等表现。嗜酸性粒细胞肺炎为变态反应性疾病,常表现为低热、轻微干咳、阵发性哮喘、外周血嗜酸性粒细胞增多等。

304. ABCDE ①呼吸道合胞病毒肺炎好发于 1 岁以内的小儿,以发热、呼吸困难、喘憋、发绀为主要症状,其突出特点为喘憋,因此对于 1 岁以下的咳嗽、喘憋患儿首先应考虑呼吸道合胞病毒肺炎。腺病毒肺炎也可有喘憋,但为阵发性喘憋,且咳嗽频繁。因此本例应诊断为呼吸道合胞病毒肺炎而不是腺病毒肺炎,答案为 C。②肺炎链球菌肺炎多见于 5 岁以下的小儿,常表现为寒战高热,呼吸困难,胸痛,中毒症状严重,故不答 A。肺炎支原体肺炎为典型的间质性肺炎,常表现为顽固性咳嗽,无痰或少痰,但肺部体征不明显,故不答 D。金黄色葡萄球菌肺炎起病急,进展快,全身中毒症状严重,患者面色苍白,烦躁不安,呼吸浅快,易并发脓胸、脓气胸等。

305. ABCDE 重症肺炎合并中毒性脑病的诊断标准:①烦躁、嗜睡、眼球上窜、凝视;②球结膜水肿、前囟隆起;③昏睡、昏迷、惊厥;④瞳孔对光反射迟钝或消失;⑤呼吸节律不整、呼吸心跳解离(有心跳无呼吸);⑥有脑膜刺激征。若有①②两项提示脑水肿,伴其他 1 项以上者即可确诊。本例有烦躁、前囟隆起、惊厥、脑膜刺激征阳性 4 项,应诊断为小儿肺炎合并中毒性脑病(B)。

306. ABCDE ①呼吸道合胞病毒肺炎好发于 1 岁以内的小婴儿,常表现为发热、呼吸困难、喘憋、唇绀、鼻扇、三凹征,肺部可闻及中细湿啰音,胸片可见两肺小点状、斑片状阴影,故本例应诊断为呼吸道合胞病毒肺炎(A)。②肺炎支原体肺炎多表现为剧烈干咳。腺病毒肺炎中毒症状严重,可有高热、频繁咳嗽、阵发性喘憋、肝脾增大等表现。金葡菌肺炎常导致脓胸、脓气胸。衣原体肺炎起病缓慢,常表现为呼吸增快,阵发性咳嗽。

307. ABCDE ①金黄色葡萄球菌肺炎肺组织坏死严重,易形成多发性小脓肿、肺大疱。金葡菌肺炎可出现各种类型皮疹,如荨麻疹、猩红热样皮疹等。根据题干,本例应诊断为金黄色葡萄球菌肺炎(B)。②ACDE 均不易出现肺脓肿。2018 年真题。

308. ABCDE　309. ABCDE　310. ABCDE　311. ABCDE　①肺炎支原体肺炎好发于学龄前儿童,常表现为发热,刺激性干咳,肺部体征轻微,胸片示片状阴影。结合病史及临床表现,本例应诊断为肺炎支原体肺炎(C)。②肺炎支原体肺炎血清冷凝集试验滴度大多上升至 1:32 或更高,阳性率 50%~75%。冷凝集素多于起病后 1 周末开始出现,3~4 周达高峰,以后逐渐减低,至 2~4 月消失。血细菌培养常用于败血症的诊断。结核菌素试验常用于原发性肺结核的诊断。血肥大试验常用于伤寒的诊断。痰液病毒分离培养对肺炎支原体无诊断价值。③肺炎支原体对大环内酯类抗生素敏感,红霉素为首选药物(D)。青霉素、头孢菌素、链霉素等对支原体不敏感,不宜选用。无环鸟苷为抗病毒药物,对支原体感染无效。④肺炎支原体肺炎的疗程为 10~14 天(D)。葡萄球菌肺炎的疗程≥6 周,或体温正常后 2~3 周。普通细菌性肺炎的疗程为体温正常后 7~10 天。

312. ABCDE　313. ABCDE　314. ABCDE　315. ABCDE　①患儿血常规白细胞总数及中性粒细胞比例显著升高,说明为细菌性肺炎,故可首先排除答案 ABC。患儿气管左移,右下肺呼吸音消失,叩诊浊音,说明合并脓胸,应诊断为金葡菌肺炎而不是肺炎链球菌肺炎,因为金葡菌肺炎最易并发脓胸、脓气胸(E)。②胸片示两肺散在斑片状阴影,提示两肺肺炎。胸片示右中下肺野致密阴影,上缘呈外高内低弧形影,此为脓胸的征象(B)。③患儿中毒症状严重,脓胸量大(右中下肺野),且脓液黏稠,应行胸腔闭式引流以尽快排出脓液(B)。胸腔穿刺抽脓冲洗仅用于量小、脓液稀薄的脓胸患儿。④金黄色葡萄球菌对青霉素耐药,可选用万古霉素(D)。

316. ABCDE　①新生儿出生后脐带结扎,脐血管关闭。②出生后胎儿呼吸建立,肺泡扩张,肺小动脉管壁变薄并扩张,肺循环压力下降(D 错)。卵圆孔于出生后 5~7 个月关闭(B 对)。③出生后肺循环压力降低,体循环压力升高,流经动脉导管的血流逐渐减少,足月儿动脉导管约 80%在生后 10~15 小时形成功能性关闭。约 95%于生后 1 年内形成解剖上关闭(CE 对)。

317. ABCDE　小儿心率较快,随年龄增长心率逐渐减慢。新生儿心率为 120~140 次/分,1 岁以内为 110~130次/分,2~3 岁为 100~120 次/分,4~7 岁为 80~100 次/分,8~14 岁为 70~90 次/分。

318. ABCDE　小儿动脉收缩压=(年龄×2)+80mmHg,舒张压=收缩压×2/3。

319. ABCDE　先天性心脏病根据心脏左、右侧及大血管之间有无血流分流分为三类:①左向右分流型:如动脉导管未闭(A)、房间隔缺损、室间隔缺损等;②右向左分流型:法洛四联症、大动脉转位等;③无分流型:如肺动脉狭窄、主动脉缩窄等。

320. ABCDE　321. ABCDE　①法洛四联症属于右向左分流型先心病,即青紫型先心病,表现为婴儿期持续青紫(D)。②肺动脉狭窄属于无分流型(即无青紫型)先心病,不会出现青紫(E)。③ABC 属于左向右分流型先心病,即潜伏青紫型先心病,常在病程晚期出现青紫。

322. ABCDE　①肺动脉狭窄患儿从右心室进入肺动脉中的血液减少,导致肺循环血量减少,胸片示肺血减少(D)。②ABC 均属于左向右分流型先心病,当然肺循环血量增加,胸片示肺血增加。

323. ABCDE　①肺动脉狭窄进入肺循环血量减少,故可排除 D。法洛四联症为右向左分流型先心病,肺循环血量减少,故可排除 E。②ABC 均属于左向右分流型先心病,当然肺循环血量增加。室间隔缺损、动脉导管未闭进入左心室血量增加,故从左心室射出的血量增加,体循环血量增加,故可排除 BC。③房间隔缺损时,右心房、右心室增大,左心室废用性萎缩,左心室及体循环血量减少,故答 A。

324. ABCDE　①法洛四联症为右向左分流型先心病,肺循环血量减少,当然胸片示肺野清晰(E)。②Roger 病为小型室间隔缺损。房缺、室缺、动脉导管未闭均属于左向右分流型先心病,当然肺循环血量增加,胸片示肺部充血。

325. ABCDE　326. ABCDE　327. ABCDE　328. ABCDE　①房间隔缺损时出现左向右分流,使右心房血流量增多→右心室、肺动脉、肺循环血流量均增加→导致右心房、右心室增大,肺循环充血→而左心室、主动脉、体循环血流量减少(A)。②室间隔缺损时,左心室血液可经缺损的间隔向右心室分流,使左右心室负荷加重,导致左右心室增大(B)。③动脉导管未闭可使主动脉血通过未闭的动脉导管进入肺动脉，导致肺循环及左心房、左心室血流量明显增加，久之左心房、左心室均增大(C)。④法洛四联症由四种畸形组成，即右心室流出道梗阻、室间隔缺损、主动脉骑跨、右心室肥厚，由于常有肺动脉狭窄，故常表现为右心室增大、肺动脉段凹陷(E)。

329. ABCDE　**330.** ABCDE　**331.** ABCDE　**332.** ABCDE　**333.** ABCDE　①房间隔缺损可于胸骨左缘2~3肋间闻及2~3级收缩期杂音。②室间隔缺损可于胸骨左缘3~4肋间闻及3~4级粗糙的全收缩期杂音。③法洛四联症可于胸骨左缘第2~4肋间闻及2~3级粗糙喷射性收缩期杂音。④动脉导管未闭可于胸骨左缘第2肋间闻及响亮粗糙的连续机械样杂音。⑤三尖瓣狭窄可于胸骨左缘第4~5肋间闻及舒张早中期杂音，常见于房间隔缺损肺循环血流量超过体循环1倍以上时。

334. ABCDE　**335.** ABCDE　**336.** ABCDE　①房间隔缺损分流量较大时，可在胸骨左缘第4~5肋间闻及舒张早中期杂音，提示相对性三尖瓣狭窄(C)。②室间隔缺损分流量较大时，可在心尖部闻及较柔和的舒张中期杂音，提示相对性二尖瓣狭窄(A)。③动脉导管未闭分流量较大时，可在心尖部闻及短促的舒张期杂音，提示相对性二尖瓣狭窄(A)。

337. ABCDE　**338.** ABCDE　**339.** ABCDE　①房间隔缺损存在左向右的分流，导致右心室负荷加大，右心室增大，大量的血液通过正常肺动脉瓣时，会形成相对性肺动脉瓣狭窄，可于胸骨左缘第2肋间闻及收缩期杂音(C)。②法洛四联症由四种畸形组成，即右心室流出道梗阻、室间隔缺损、主动脉骑跨、右心室肥厚，可于胸骨左缘第2~4肋间闻及2~3级粗糙喷射性收缩期杂音，此为肺动脉狭窄所致(A)。③室间隔缺损患儿可因扩张的肺动脉压迫喉返神经，引起声音嘶哑(B)。

340. ABCDE　**341.** ABCDE　①小型房间隔缺损在4岁前的自然闭合率约为15%，室间隔膜周部缺损的自然闭合率约为20%~50%，法洛四联症为严重的先心病，不能自然闭合，故答C。②大多数先心病均不能药物治愈，但动脉导管未闭出生1周以内使用吲哚美辛(消炎痛)治疗，可使90%的患儿治愈，仅有10%的患儿需手术治疗(D)。

342. ABCDE　①房缺时，左心房血液向右心房分流，使肺循环血流增加，肺动脉高压，可出现肺动脉瓣区第二心音亢进，S_2固定性分裂为房缺的特征(D)。②房缺和室缺均可出现生长发育延迟、乏力、心悸，故不答A。房缺和法洛四联症均可于胸骨左缘第2~3肋间闻及粗糙的收缩期杂音，故不答B。③"有肺动脉高压并出现暂时性青紫"可见于房缺、室缺、动脉导管未闭等，故不答C。X线胸片示肺门"舞蹈征"可见于房缺、室缺、动脉导管未闭，故不答E。

343. ABCDE　①正常人心脏无病理性杂音，故不答A。②肺动脉瓣狭窄可于肺动脉瓣区闻及3/6级收缩期杂音，但不会出现S_2固定性分裂，故不答B。③房缺可于肺动脉瓣区闻及收缩期喷射性杂音，S_2固定性分裂为房缺的特征，故答C。④二尖瓣狭窄时，在心尖部可闻及舒张期杂音，故不答D。⑤肺动脉瓣关闭不全不发生S_2分裂，故不答E。

344. ABCDE　**345.** ABCDE　**346.** ABCDE　**347.** ABCDE　①第二心音(S_2)固定性分裂是房缺的特有表现，加上房缺的典型体征"胸骨左缘第2~3肋间3/6级收缩期杂音"，可确诊为房间隔缺损(A)。BCDE均不会出现S_2固定性分裂。②房缺患者心电图常表现为右心室增大伴不完全性右束支传导阻滞(C)。③房缺患者常有右心房、右心室增大，肺动脉段突出，心影呈梨形(B)。法洛四联症心影呈靴形，心包积液呈普大型心(三角形烧瓶样心)。④房缺患者超声心动图检查可显示右心房、右心室增大，室间隔矛盾运动(E)。

348. ABCDE　室间隔缺损是最常见的先心病，约占50%。

349. ABCDE　**350.** ABCDE　**351.** ABCDE　**352.** ABCDE　**353.** ABCDE　①胸骨左缘第3~4肋间闻及收缩期杂音，为室间隔缺损的典型体征(B)。②室间隔缺损患儿，左、右心室的压力阶差显著，血液流经缺损的室间隔时，便可产生湍流而出现杂音(E)。③只有大中型室间隔缺损，分流量较大时，才可在心尖部闻及较柔和的舒张期杂音，此为相对性二尖瓣狭窄所致(B)。小型室间隔缺损(Roger病)可无症状，但可在胸骨左缘第3~4肋间听到收缩期杂音。④诊断室间隔缺损，当然首选超声心动图检查(B)。⑤大型室间隔缺损患者,由于大量左向右的分流,可使肺循环血量增多,导致肺动脉高压。晚期,当右心室收缩压超过左心室收缩压时,可出现右向左分流,导致永久性青紫,即艾森门格综合征(B)。

354. ABCDE ①周围血管征包括水冲脉、枪击音、Duroziez 双重杂音、毛细血管搏动征等,主要见于脉压明显增大者,如主闭、严重贫血、甲亢、动脉导管未闭等(D)。②A 无特异性,如房缺、室缺患儿心脏均存在异常通道,故不答 A。体循环血流量明显减少将导致收缩压降低,肺循环血流量明显增多将导致肺动脉高压,故不答 BC。动脉导管未闭时收缩压大多正常,故不答 E。

355. ABCDE ①动脉导管未闭时,从主动脉射出的血液经未闭的动脉导管分流至肺动脉,使舒张压降低,而收缩压基本正常,因此导致脉压增大(B)。②A 无特异性,如房缺、室缺患儿心脏均存在异常通道,故不答 A。肺循环血流量明显增多将导致肺动脉压增高,而不是脉压增大,故不答 C。体循环血流量明显减少将导致收缩压降低,而不是脉压增大,故本题正确答案为 B 而不是 DE,参阅 7 版《诸福棠实用儿科学》P1446。

356. ABCDE 357. ABCDE 358. ABCDE 359. ABCDE 360. ABCDE ①患儿胸骨左缘第 2 肋间闻及粗糙的连续性机器样杂音,应诊断为动脉导管未闭(PDA)。PDA 患儿由于脉压增大,可出现周围血管征,如水冲脉、毛细血管搏动征等(B)。三凹征常见于上呼吸道梗阻,腹部血管杂音常见于肾动脉狭窄,颈静脉怒张常见于右心衰竭,蹲踞常见于法洛四联症。②PDA 由于存在左向右分流,故肺血增多,肺循环血流量增加(B)。由于主动脉在收缩期和舒张期的压力均超过肺动脉,因此通过未闭的动脉导管左向右的分流连续不断,使左心房、左心室、主动脉的血流量明显增加,左心室容量负荷增加。③PDA 分流量大者,可有不同程度的左心室肥大,偶有左心房肥大(A)。右心室肥大仅见于肺动脉高压者,故不答 B。不完全性右束支传导阻滞常见于房间隔缺损。④PDA 左向右分流量大者,因相对性二尖瓣狭窄而在心尖部可闻及较短促的舒张期杂音(D)。⑤PDA 晚期,当肺动脉压超过主动脉压时,左向右分流明显减少或停止,可产生肺动脉血流逆向分流入降主动脉,患儿呈现差异性发绀,即下半身青紫,左上肢轻度青紫,而右上肢正常(E)。

361. ABCDE 362. ABCDE 363. ABCDE 364. ABCDE 365. ABCDE ①法洛四联症由右心室流出道受阻、室间隔缺损、主动脉骑跨、右心室肥大四种畸形组成,其中对病理生理影响最大的畸形是右心室流出道受阻,即肺动脉狭窄程度(A)。②法洛四联症患儿心脏杂音的产生、杂音的响度均与肺动脉狭窄程度有关(A)。③当肺动脉狭窄时,右心室血液入肺受阻,可引起右心室代偿性肥大。肺动脉轻度狭窄患儿,右心室压力低于左心室,可引起左向右分流。肺动脉严重狭窄时,右心室压力与左心室相似,此时右心室血流大部分进入骑跨的主动脉,造成右向左的分流,出现青紫。因此患儿青紫程度主要取决于肺动脉狭窄程度(A)。④法洛四联症阵发性缺氧发作多见于婴儿,发生的诱因多为吃奶、哭闹、情绪激动、贫血、感染等,常表现为阵发性呼吸困难,其原因是在肺动脉漏斗部狭窄的基础上突然发生该肌部痉挛,引起一过性肺动脉阻塞,使脑缺氧加重(E)。

366. ABCDE 367. ABCDE ①法洛四联症患儿由于严重缺氧发绀,红细胞代偿性增多,血液黏稠度增高,故易并发脑栓塞(A)。脑脓肿、感染性心内膜炎为次常见并发症。阵发性缺氧发作为常见症状。②法洛四联症很少并发冠状动脉瘤,冠状动脉瘤是川崎病的常见并发症(D)。

368. ABCDE ①法洛四联症最早出现的症状是青紫,一般于生后 3~6 个月即可出现青紫(D)。②ABCE 项症状一般于生后 6~18 个月出现。此数据 8 版儿科学未讲述,参阅 7 版诸福棠实用儿科学 P1451。

369. ABCDE 法洛四联症可表现为青紫,而不是苍白(A 错)。BCDE 都是法洛四联症的临床表现。

370. ABCDE ①法洛四联症由室间隔缺损、主动脉骑跨、肺动脉狭窄及右心室肥厚 4 种畸形组成。由于肺动脉狭窄,右心室收缩时,射入肺动脉的血量减少,使肺动脉压降低,故胸部 X 线检查可见肺动脉段凹陷(C)。②房缺、室缺早期可发生左向右分流,使右心室、肺动脉血流量增加,导致肺动脉高压,肺动脉扩张,故 X 线检查可见肺动脉段凸出。动脉导管未闭时,主动脉内血液可经未闭的动脉导管分流入肺动脉,使肺动脉血流增加,肺动脉扩张,故X线片上可见肺动脉凸出。主动脉瓣狭窄可使左心室、左心房扩大,对肺动脉压力影响较小,故肺动脉一般正常。

371. ABCDE ①动脉导管未闭、室缺、房缺均属于潜伏青紫型先心病,患儿早期不会出现明显发绀,故不答BDE。肺动脉狭窄为无青紫型先心病,患儿不会出现发绀,故不答C。②法洛四联症为青紫型先心病,阵发性缺氧发作为其特征性临床表现,故答A。题干所述心脏杂音、胸片检查结果均符合法洛四联症。

372. ABCDE ①室间隔缺损胸片示左、右心室增大,肺动脉段明显突出,而本例肺动脉段凹陷,故可首先排除答案CDE。②法洛四联症可有阵发性缺氧发作,严重者可出现晕厥、抽搐、死亡,其原因是肺动脉漏斗部肌肉痉挛,引起的一过性肺动脉梗阻所致,故答B。③肺脓肿与题干所述不符。2020年真题。

373. ABCDE 374. ABCDE 375. ABCDE 376. ABCDE 377. ABCDE ①房缺、室缺、动脉导管未闭均属于左向右分流型先心病,可导致肺血增多,而本例胸片示两肺清晰透亮,故可首先排除答案ABC。胸骨左缘第3肋间闻及3/6级收缩期杂音,心影呈靴形,为法洛四联症的典型临床表现,故答D。②确诊法洛四联症,首选的无创检查当然是超声心动图(B)。心血管造影为有创检查,不作为首选。③法洛四联症可有阵发性缺氧发作,严重者可出现晕厥、抽搐、死亡,其原因是肺动脉漏斗部肌肉痉挛,引起的一过性肺动脉梗阻所致(E),不要误选答案D。④法洛四联症缺氧发作时,静注普萘洛尔,可抑制心脏收缩,降低心肌氧耗(D)。ABCE均属于一般性治疗措施。⑤法洛四联症缺氧发作是由于肺动脉痉挛所致,若使用洋地黄加强心肌收缩,则会增加心肌氧耗,加重肺动脉梗阻,故严禁使用(E)。ABCD都是法洛四联症缺氧发作的治疗措施。

378. ABCDE 新生儿出生时肾小球滤过率(GFR)仅为成人的1/4,3~6个月为成人的1/2,6~12个月为成人的3/4,2岁时达成人水平。

379. ABCDE 新生儿尿量每小时<0.5ml/kg为无尿。小儿尿量<50ml/d为无尿。

380. ABCDE 急性肾炎的典型表现为血尿、水肿、高血压、少尿、蛋白尿,但不是大量蛋白,大量蛋白尿是肾病综合征的典型表现。

381. ABCDE 急性肾炎在病程早期可出现三种严重表现:严重循环充血、高血压脑病、急性肾衰竭,故答C。

382. ABCDE ①急性肾炎合并高血压脑病患儿由于脑血管痉挛,可导致缺血、缺氧、血管渗透性增高而发生脑水肿。多见于疾病的早期,血压常>150~160/100~110mmHg,多表现为头痛、呕吐、复视、烦躁不安、惊厥抽搐、昏迷等。根据题干,本例应诊断为急性肾炎合并高血压脑病(A)。②急性肾炎合并循环充血常表现为呼吸急促、肺部湿啰音、肝大等。高热惊厥、低钙血症不是急性肾炎的并发症,故不答CD。急性肾炎合并肾衰竭常表现为尿少、尿闭、氮质血症等。根据题干所给材料,不能确诊肾功能衰竭。

383. ABCDE 诊断急性肾炎辅助检查的价值一般为:肾穿刺活检>补体C3>ASO。80%~90%急性肾炎患儿血清C3下降,至第8周恢复正常有助于诊断。抗链球菌溶血素(ASO)增高提示近期曾有溶血性链球菌感染,因此C3的诊断价值大于ASO。C反应蛋白(CRP)增高、血沉(ESR)增快提示疾病处于活动期。

384. ABCDE ①患儿有下行性水肿、血尿、蛋白尿、尿量减少、血压升高,应考虑急性肾小球肾炎(A)。②泌尿系感染常表现为尿频、尿急、尿痛,尿白细胞增多(而不是血尿),故不答B。单纯型肾病常表现为尿蛋白(+++~++++)、低蛋白血症(<30g/L)、高脂血症、水肿等,故不答C。肾炎型肾病表现为单纯型肾病+尿RBC≥10个/HP、血压≥130/80mmHg、C_3降低等,故不答D。继发性肾病综合征常表现为蛋白尿(+++~++++)、低蛋白血症(<30g/L),故不答E。

385. ABCDE 386. ABCDE 387. ABCDE 388. ABCDE 389. ABCDE 390. ABCDE ①患儿病前1周有上呼吸道感染史,现血尿、水肿、尿少,应首先考虑急性肾小球肾炎(A)。急性肾盂肾炎常表现为尿频、尿急、尿痛,脓尿而不是血尿,早期很少出现水肿、少尿,故不答B。患者血浆白蛋白>30g/L,应排除肾病综合征。患儿病史仅 1 周，故不答 DE。②急性肾炎早期出现惊厥、昏迷，血压>150~160/100~110mmHg，首先应考虑合并高血压脑病(C)。患儿体温仅 38.5℃，不能诊断为高热惊厥。中毒性脑病是慢性肾衰竭的常见并发症，而不是急性肾炎的并发症，故不答 B。脑栓塞不属于急性肾炎的并发症，故不答 D。急性肾炎合并严重循环充血，常表现为心力衰竭的症状，故不答 E。③高血压脑病的治疗首选硝普钠快速降压，而不是地西泮止惊，故答 A 而不是 C。通常静滴硝普钠 1~5 分钟即可使血压明显下降，抽搐立即停止。④若硝普钠无效，持续抽搐不能缓解，应使用止惊药物地西泮缓慢静注(B)。参阅 3 版 8 年制《儿科学》P292，讲得较详细，9 版《儿科学》未详细讲解，该知识点常考。⑤急性肾炎急性期应卧床休息 2~3 周，直到肉眼血尿消失、水肿消退、血压正常，即可下床进行轻微活动(E)。⑥血沉正常可恢复上学，但应避免体力活动(B)。

391. ABCDE　392. ABCDE　393. ABCDE　394. ABCDE　395. ABCDE　①患儿眼睑水肿、少尿、血尿、高血压，应首先考虑急性肾炎。患儿病程早期出现心率增快，双肺湿啰音，肝肿大，应考虑急性肾炎合并严重循环充血(D)。肺炎伴心力衰竭不会出现少尿、血尿、高血压，故不答 A。普通的急性肾小球肾炎不会出现心力衰竭的临床表现，故不答 B。题干中没有提及血气分析结果，不能诊断呼吸衰竭，故不答 C。急性肾炎伴高血压脑病常表现为血压显著增高(150~160/100~110mmHg)、头痛、呕吐、惊厥等症状，故不答 E。②急性肾炎合并严重循环充血首选强利尿剂呋塞米静注，若有肺水肿再加用硝普钠，故最佳答案为 B 而不是 C。急性肾炎合并循环充血主要由水钠潴留引起，不宜使用强心药物，故不答 A。DE 显然不是正确答案。③急性肾炎病程早期出现惊厥，应考虑合并高血压脑病，可首选硝普钠静滴，次选地西泮静注，BD 为一般性治疗。急性肾炎为自限性疾病，无需使用糖皮质激素治疗(E)。④急性肾炎患儿尿量减少，血 BUN≥15mmol/L，血 Scr≥176μmmol/L，应考虑合并急性肾衰竭。肾透析治疗的指征为：血 BUN≥28.6mmol/L 或 Scr≥707.2μmmol/L，本例血 BUN31mmol/L，应行肾透析治疗(D)。⑤患儿 1 年后仍有血尿，为明确诊断，最有价值的检查当然是肾穿刺活组织病检(E)。

396. ABCDE　ABCD 均属于肾病综合征的四大临床特点，不包括血尿(E)。

397. ABCDE　原发性肾病综合征病理分型包括微小病变(占 76%)、局灶节段性肾小球硬化(6.9%)、膜性增生型肾小球肾炎(7.5%)、单纯系膜增生(2.3%)、增生性肾小球肾炎(2.3%)、局灶性球性硬化(1.7%)、膜性肾病(1.5%)、其他(1.4%)。

398. ABCDE　①肾病综合征分为单纯型肾病和肾炎型肾病两类。单纯型肾病常表现为“三多一少”的典型症状，即大量蛋白尿、低蛋白血症、高胆固醇血症、水肿。②只要还有“三多一少”之外的症状，即应诊断为肾炎型肾病。可见肉眼血尿为肾炎型肾病的临床表现，而不是单纯型肾病的表现(D)。

399. ABCDE　①肾病综合征分为单纯型肾病综合征和肾炎型肾病综合征两类。肾病综合征的诊断标准是大量蛋白尿、低白蛋白血症，因此 BE 不可能作为肾炎型肾病和单纯型肾病的鉴别指标，故可首先排除答案 BE。②单纯型肾病主要表现为大量蛋白尿、低白蛋白血症、高脂血症、水肿。在肾病综合征基础上，凡具有以下 4 项之一或多项者即可诊断为肾炎型肾病综合征：尿沉渣镜检 RBC≥10 个/HP；反复或持续高血压；肾功能不全；持续低补体血症。可见持续高血压是鉴别肾炎型肾病与单纯型肾病的指标之一，答案为 A。

400. ABCDE　①原发性肾病综合征分为单纯型肾病和肾炎型肾病两类。只要具有尿红细胞≥10 个/HP、血压≥130/90mmHg、肾功能不全、持续低补体血症 4 项之一或多项者，应诊断为肾炎型肾病。可见这 4 项指标，均可作为单纯型肾病和肾炎型肾病的鉴别指征，故不答 BCDE。②低蛋白血症为肾病综合征“三多一少”的典型症状之一，属于单纯型肾病与肾炎型肾病的共同表现，故答 A。

401. ABCDE　①患儿大量蛋白尿(+++)、低蛋白血症(白蛋白<30g/L)、水肿、高胆固醇血症(胆固醇正常值为 3.12~5.20mmol/L)，应诊断为肾病综合征。②患儿有血尿(RBC+)，应诊断为肾炎型肾病而不是单纯型肾病，答案为 E。③急进性肾炎常表现为短期内肾功能急剧减退，题干未述及肾功能，故

本例不能诊断为急进性肾炎。本例病程仅 2 周，不能诊断为慢性肾炎急性发作。急性肾盂肾炎常表现为膀胱刺激征，脓尿等，与本例不符。

402. ABCDE ①患儿大量蛋白尿（≥+++）、低蛋白血症（白蛋白<30g/L）、水肿，应诊断为肾病综合征。②小儿理想收缩压=年龄×2+80，舒张压=收缩压的 2/3，收缩压高于此标准 20mmHg，称为高血压。本例理想收缩压=10×2+80=100mmHg，实际血压为 150/100mmHg，应为高血压。故本例有血尿（RBC>10 个/HP）、高血压，应诊断为肾炎型肾病而不是单纯型肾病，答案为 E。③急性链球菌感染后肾炎不会出现大量蛋白尿及低蛋白血症，故不答 A。确诊病毒性肾炎前应排除其他继发性肾小球疾病，且经肾组织切片找到病毒标记物，故不答 C。急进性肾炎常表现为短期内肾功能急剧减退，题干未述及肾功能，故本例不能诊断为急进性肾炎。

403. ABCDE ①本例理想收缩压=6×2+80=92mmHg，舒张压=92×2/3=61mmHg，实际血压为 110/70mmHg，不能诊断为高血压。患儿体重=年龄×2+8=6×2+8=20kg。②患儿水肿，血清白蛋白<30g/L，尿蛋白定量>50mg/（kg·d）（即 1.0g/d），故应诊断为肾病综合征。患儿血压正常，BUN 正常（正常值 1.78~8.92mmol/L），故应诊断为单纯型肾病综合征而不是肾炎型肾病综合征（B）。

404. ABCDE 根据糖皮质激素正规足量[泼尼松 2mg/（kg·d）]治疗 8 周的效应，将肾病综合征疗效分为 4 类：①激素敏感型：治疗≤8 周，尿蛋白转阴；②激素耐药型：治疗 8 周，尿蛋白仍为阳性；③激素依赖型：对激素敏感，但连续 2 次减量或停药 2 周内复发；④肾病复发与频复发：复发是指连续 3 天，尿蛋白由阴性转为（+++）或（++++），或 24 小时尿蛋白定量≥50mg/kg 或尿蛋白/肌酐（mg/mg）≥2.0。频复发（FR）是指肾病病程中半年内复发≥2 次，或 1 年内复发≥3 次。

405. ABCDE 肾病综合征最常见的临床表现是水肿，开始于眼睑，后逐渐遍及全身，呈凹陷性。

406. ABCDE ABDE 均属于肾病综合征的并发症，高血压脑病为急性肾炎的严重并发症（C）。

407. ABCDE 肾病综合征患儿极易罹患各种感染，常见为呼吸道、皮肤、泌尿道感染和原发性腹膜炎等，其中以上呼吸道感染最常见，占 50%以上。

408. ABCDE ①肾病综合征患儿长期忌盐，大量使用利尿剂，易导致低钠血症。患儿精神萎靡、嗜睡、手足冰冷、血压降低，应诊断为低钠血症（A）。②低钙血症常表现为神经肌肉兴奋性增高，如手足抽搐等。代谢性酸中毒常表现为呼吸深快。代谢性碱中毒常表现为呼吸浅慢。低钾血症常表现为肌无力、腹胀、胃肠蠕动减弱等。

409. ABCDE 诊断小儿肾病综合征大量蛋白尿的标准是尿蛋白≥50mg/（kg·d）。

410. ABCDE ①治疗原发性肾病综合征的首选药物是糖皮质激素（D）。②细胞毒药物只用于激素不敏感或激素依赖的病例。呋塞米为利尿剂、低分子右旋糖酐和白蛋白为扩容剂，只能用于对症治疗。

411. ABCDE 对糖皮质激素依赖的肾病综合征，应加用免疫抑制剂环磷酰胺。

412. ABCDE 糖皮质激素治疗肾病综合征的短程疗法为 8 周，中程疗法为 6 个月，长程疗法为 9 个月。

413. ABCDE 肾病综合征的治疗首选糖皮质激素，故可首先排除答案 ABC。甲泼尼龙冲击治疗虽可用于初治者，但我国更多用于激素耐药或需较大剂量维持且激素副作用明显者。

414. ABCDE 415. ABCDE 416. ABCDE 417. ABCDE 418. ABCDE ①患儿水肿，大量蛋白尿（+++），血浆白蛋白<30g/L，应诊断为肾病综合征（A）。BCDE 均不会出现大量蛋白尿和血浆白蛋白显著降低。②小儿原发性肾病综合征最常见的病理类型是微小病变，约占 76%，故答 A。③肾病综合征的治疗首选糖皮质激素，初治常用中、长程疗法，因为短程疗法易复发，国内少用（B）。对于激素依赖者，可采用甲泼尼龙冲击疗法，或加用免疫抑制剂，故不答 CDE。④观察肾病综合征对糖皮质激素是否敏感，一定要足量用药至少 8 周，而本例用药仅 4 周，故应继续用原量维持治疗至 8 周，再观察尿蛋白是否转阴（E）。⑤肾病综合征一般不会出现急性肾衰竭，若出现氮质血症，应诊断为肾炎型肾病综合征，而不是单纯型肾病综合征（D）。

419. ABCDE 胚肝自胚胎 6~8 周开始造血，4~5 个月达高峰，6 个月以后逐渐减退。

420. ABCDE 新生儿初生时外周血 WBC(15~20)×10^9/L,生后6~12小时达(21~28)×10^9/L,以后逐渐下降,1周时平均为12×10^9/L,婴儿期维持在10×10^9/L左右。

421. ABCDE 小儿外周血血小板计数与成人相似,约为(150~300)×10^9/L。

422. ABCDE 小儿贫血分为4度:①血红蛋白从正常下限至90g/L为轻度;②~60g/L为中度;③~30g/L为重度;④<30g/L为极重度。2018年真题。

423. ABCDE ①平均红细胞体积(MCV)正常值为80~94fl,平均红细胞血红蛋白(MCH)正常值为28~32pg,平均红细胞血红蛋白浓度(MCHC)正常值为32%~38%。小细胞低色素性贫血表现为MCV<80fl,MCH<28pg,MCHC<32%(D)。②大细胞性贫血表现为MCV>94fl,MCH>32pg,MCHC正常。

424. ABCDE 小儿重度贫血可输入浓缩红细胞,剂量为每次5~10ml/kg。

425. ABCDE 小儿缺铁性贫血以6个月至2岁发病率最高(E)。

426. ABCDE ABCDE都是小儿缺铁性贫血的病因,但以铁摄入量不足最常见,这是因为人乳、牛乳、谷物中含铁量均较低,如不及时添加含铁较多的辅食,容易发生缺铁性贫血。

427. ABCDE 428. ABCDE ①缺铁性贫血的神经系统表现为烦躁不安、萎靡不振,精神不集中,记忆力减退,智能多低于同龄儿(C)。②营养性巨幼细胞性贫血的神经系统表现为表情呆滞、目光发呆、对周围反应迟钝、嗜睡、不认亲人、少哭不笑、智力及动作发育落后甚至退步(E)。

429. ABCDE ①人体内的铁分为功能铁和贮存铁。功能铁包括血红蛋白铁(占体内铁67%)、肌红蛋白铁(占15%)、转铁蛋白铁(3~4mg)以及乳铁蛋白、酶和辅因子结合的铁。贮存铁包括铁蛋白和含铁血黄素。含铁血黄素多在慢性溶血性贫血时含量增加,因此平常生理状态下,血清铁蛋白是反映体内贮存铁的敏感指标(D)。②血清铁、总铁结合力、转铁蛋白饱和度均为反映血浆中铁含量的指标。血清叶酸测定主要用于诊断巨幼细胞性贫血。

430. ABCDE ①10个月患儿,血红蛋白80g/L,应诊断为中度贫血。外周血涂片红细胞中心淡染,应诊断为缺铁性贫血(E)。②巨幼细胞性贫血常有精神神经症状及消化系统症状,血涂片可见红细胞大小不等,以大细胞为主,无中央区淡染。地中海贫血少见,血涂片可见靶形红细胞。再生障碍性贫血无肝脾肿大,呈全血细胞减少,网织红细胞计数明显减少。

431. ABCDE ①患儿Hb86g/L,应诊断为中度贫血。②平均红细胞体积(MCV)正常值为80~94fl,平均红细胞血红蛋白(MCH)正常值为28~32pg,平均红细胞血红蛋白浓度(MCHC)正常值为32%~38%。根据MCV、MCH、MCHC不同,将贫血分为4种:小细胞低色素性贫血表现为MCV<80fl,MCH<28pg,MCHC<32%;大细胞性贫血表现为MCV>94fl,MCH>32pg,MCHC32%~38%;正细胞性贫血表现为MCV、MCH、MCHC均正常;单纯小细胞性贫血表现为MCV<80fl,MCH<28pg,MCHC32%~38%。③本例MCV68fl,MCH20pg,MCHC0.26,应诊断为小细胞低色素性贫血,故答C。AD为大细胞性贫血,BE为正细胞性贫血。

432. ABCDE ①血清铁蛋白(SF)正常值为18~91μg/L,SF<12μg/L提示缺铁。血清铁(SI)正常值为12.8~31.3μmol/L,SI<9.0~10.7μmol/L有诊断意义。患婴,双胞胎早产,面色苍白,应考虑贫血。患婴肝脾肿大,血清铁蛋白和血清铁均降低,红细胞以小细胞为主,应诊断为缺铁性贫血(D)。②地中海贫血外周常有异型红细胞,HbF含量明显增高,而血清铁、血清铁蛋白不会减低。患婴无慢性感染病史,故感染性贫血可能性不大。生理性贫血常见于出生后2~3个月,为一过性贫血,故不答C。铁粒幼红细胞性贫血常表现为骨髓涂片中细胞外铁明显增加,中、晚幼红细胞的核周围可见铁颗粒呈环状排列,血清铁增高,总铁结合力降低。

433. ABCDE ①缺铁性贫血是因体内铁缺乏导致血红蛋白合成减少引起的贫血症,故最有效的治疗是补充铁剂。铁剂在体内是以亚铁(Fe^{2+})形式被吸收的,而维生素C可促进Fe^{3+}还原成Fe^{2+},临床上常将$FeSO_4$与维生素C联合使用,以促进铁的吸收。②叶酸加维生素B_{12}常用于巨幼细胞性贫血的治疗。反复多次输血仅用于严重贫血病例。枸橼酸铁胺为三价铁,不如硫酸亚铁易于吸收,但无刺激性,主要用于不能吞服药片的轻、中症贫血患儿。肌注右旋糖酐铁主要用于不能口服铁剂的患儿。

434. ABCDE ①维生素 C 可促进铁剂的吸收,故治疗缺铁性贫血时,常将维生素 C 与铁剂同服。为减少铁剂的胃肠道反应,以两餐之间口服为宜(E)。②牛奶、茶均可影响铁的吸收,不宜同服。

435. ABCDE 治疗缺铁性贫血,铁剂需用至血红蛋白恢复正常后 6~8 周,以增加铁贮存(C)。

436. ABCDE 贫血越重,每次输注红细胞的量应越少,而不是越多。ABCD 均正确。

437. ABCDE 438. ABCDE 439. ABCDE 440. ABCDE 441. ABCDE ①婴幼儿贫血的分度标准为:轻度贫血 Hb 从正常下限~90g/L,中度贫血 Hb~60g/L,重度贫血 Hb~30g/L,极重度贫血 Hb<30g/L。本例 Hb78g/L,应诊断为中度贫血(B)。②小儿贫血以缺铁性贫血最多见,患儿皮肤黏膜苍白,肝脾肿大,应首先考虑营养性缺铁性贫血(A)。营养性巨幼细胞性贫血常表现为皮肤苍黄,而不是苍白,常有精神神经症状,故不答 B。生理性贫血常见于生后 2~3 个月,故不答 C。溶血性贫血常表现为贫血、黄疸、肝脾肿大三联征,故不答 D。再生障碍性贫血常表现为发热、感染、出血、肝脾无肿大,故不答 E。③小细胞低色素性贫血表现为 MCV<80fl,MCH<28pg,MCHC<32%;大细胞性贫血表现为 MCV>94fl,MCH>32pg,MCHC32%~38%;正细胞性贫血表现为 MCV、MCH、MCHC 均正常;单纯小细胞性贫血表现为 MCV<80fl,MCH<28pg,MCHC32%~38%。可见 A 为小细胞低色素贫血(缺铁性贫血),BC 为大细胞性贫血,D 为单纯小细胞性贫血,E 为正细胞性贫血。④缺铁性贫血行骨髓穿刺细胞学检查常提示骨髓增生活跃,以中晚幼红细胞增生为主,粒细胞和巨核细胞无明显异常(B)。⑤缺铁性贫血常表现为血清铁、血清铁蛋白、转铁蛋白饱和度均降低,总铁结合力增高,红细胞游离原卟啉增高(E 错)。

442. ABCDE 营养性巨幼细胞性贫血是由于维生素 B_{12} 或(和)叶酸缺乏所致的一种大细胞性贫血。铁的缺乏可导致缺铁性贫血。维生素 D 缺乏可导致佝偻病。维生素 A 缺乏可导致夜盲症。维生素 C 缺乏可导致坏血症。

443. ABCDE ①单纯母乳喂养未及时添加辅食,可导致维生素 B_{12} 和叶酸缺乏。②羊乳的叶酸含量很低,单纯以羊奶喂养可致叶酸缺乏。③婴儿生长发育较快造成维生素 B_{12} 和叶酸需求量增加,可致巨幼细胞性贫血。④长期服用维生素 C 有助于叶酸的吸收,因此不是巨幼细胞性贫血的病因。

444. ABCDE ①巨幼细胞性贫血常有肝脾肿大,多呈虚胖或颜面轻度水肿,面色苍黄。②维生素 B_{12} 缺乏者可有表情呆滞,目光发直,对周围反应迟钝,嗜睡等神经精神症状。③巨幼细胞性贫血消化道症状出现较早,可有厌食、恶心呕吐、腹泻、舌炎等。④反甲不是巨幼细胞性贫血的临床表现,而是缺铁性贫血的常见表现(E)。

445. ABCDE ①患儿 Hb80g/L,应诊断为中度贫血。②患儿 MCV>94fl,MCH>32pg,应诊断为大细胞性贫血,临床上以营养性巨幼细胞性贫血最常见(B)。③AC 为小细胞低色素性贫血,DE 为正细胞性贫血。

446. ABCDE ①营养性巨幼细胞性贫血好发于 6 个月至 2 岁小儿,多有人工喂养不当病史,目光呆滞,对周围反应迟钝,动作发育倒退,重症病例可出现不规则震颤,面色蜡黄为其特点。根据题干,本例应诊断为营养性巨幼细胞性贫血(B)。②脑性瘫痪与喂养史无关,不会出现面色蜡黄。缺铁性贫血常表现为面色苍白而不是蜡黄,无舌颤等神经系统症状。蛋白质-能量营养不良常表现为活动减少,精神差,体重不增,生长发育缓慢,消瘦。营养性维生素 D 缺乏性佝偻病多见于 6 个月以内的小婴儿,常表现为易激惹,烦恼,汗多,佝偻病的骨骼改变等。2018 年真题。

447. ABCDE ①维生素 B_{12} 能促使脂肪代谢产生的甲基丙二酸转变成琥珀酸而参与三羧酸循环,此作用与神经鞘中脂蛋白的形成有关,因而能保持中枢和外周髓鞘神经纤维的功能完整性。若维生素 B_{12} 缺乏,将导致中枢和外周神经髓鞘受损,而出现神经精神症状(B)。②叶酸缺乏无神经系统症状,但可导致精神异常。

448. ABCDE ①患婴一直母乳喂养,添加辅食少,皮肤苍白,Hb85g/L,应诊断为中度贫血。患婴平均红细胞容积(MCV)>94fl、平均红细胞血红蛋白量(MCH)>32pg,应诊断为巨幼细胞性贫血,故不答ABC。患婴表情淡漠,舌有震颤,说明有神经精神症状,应考虑维生素 B_{12} 缺乏所致的巨幼细胞性贫血,故答 E。2020 年真题。

449. ABCDE　血清维生素 B_{12}、叶酸测定及骨髓象细胞学检查均可用于巨幼细胞性贫血的诊断,但由于血清维生素 B_{12}、叶酸测定操作复杂,临床应用较少,故最佳答案为 E。AD 显然不是正确答案。

450. ABCDE　①营养性巨幼细胞性贫血好发于 6 个月至 2 岁、母乳喂养而未及时添加辅食的小儿,常表现为皮肤蜡黄色,肝脾肿大,可有神经精神症状,如表情呆滞、不规则震颤、抽搐、共济失调、腱反射亢进、踝阵挛阳性。根据题干,本例应诊断为营养性巨幼细胞性贫血。患儿以神经系统症状为主,应考虑维生素 B_{12} 缺乏而不是叶酸缺乏所致,故最佳治疗药物为维生素 B_{12},而不是亚叶酸钙。②铁剂常用于治疗缺铁性贫血,维生素 C 常用于治疗坏血病,维生素 D 常用于治疗维生素 D 缺乏性佝偻病。2018 年真题。

451. ABCDE　452. ABCDE　453. ABCDE　454. ABCDE　455. ABCDE　456. ABCDE　457. ABCDE

458. ABCDE　①母乳喂养不及时添加辅食、母亲素食都是叶酸和维生素 B_{12} 缺乏的常见原因。患儿母乳喂养,面色苍黄,说明有贫血。患儿有神经精神症状,肝脾肿大,应诊断为营养性巨幼细胞性贫血,而不是缺铁性贫血,因为后者多表现为面色苍白,一般不会出现神经精神症状(B)。CDE 显然不是正确答案。②为明确巨幼细胞性贫血的诊断,首选血常规检查,可明确有无贫血及红细胞形态,可大致区分小细胞低色素性贫血和大细胞性贫血(B)。③巨幼细胞性贫血可有血红蛋白和红细胞计数降低,网织红细胞、白细胞、血小板常减少,故答 E。④为明确巨幼细胞性贫血的诊断,最有价值的检查是骨髓穿刺细胞学检查(C)。⑤导致巨幼细胞性贫血最常见的病因是叶酸和维生素 B_{12} 摄入不足(C)。失血过多是女性缺铁性贫血的常见原因,肠道吸收不良常见于缺铁性贫血。红细胞破坏过多常见于溶血性贫血,骨髓造血功能衰竭常见于再生障碍性贫血。⑥由维生素 B_{12} 缺乏所致的巨幼细胞性贫血常有精神神经症状,若单用叶酸治疗反而可加重症状,此时应肌注维生素 B_{12}。⑦在巨幼细胞性贫血的治疗初期,由于大量新生红细胞使细胞外钾转移至细胞内,可引起低钾血症,甚至发生低钾性婴儿猝死,应预防性补钾(C)。

459. ABCDE　颈肢反射于生后 2 个月出现,6 个月消失(C)。ABDE 均可在出生时出现。

460. ABCDE　①拥抱反射、觅食反射、迈步反射、握持反射均可在出生时出现,消失的时间分别为 3~6 个月、4~7 个月、2 个月、3~4 个月,答案为 E。②降落伞反射生后 9~10 个月出现,终身存在。

461. ABCDE　正常 2 岁以下婴幼儿可呈现双侧 Babinski 征阳性,若该反射恒定不对称或 2 岁后继续阳性,提示锥体束损害。

462. ABCDE　小儿首次热性惊厥后复发率为 29%~55%,其危险因素包括:起病早(<6 个月);家族史阳性;长程热性惊厥易出现反复长程性惊厥;发作时体温<38.5℃;绝大多数 5 岁以后不再发作。

463. ABCDE　小儿热性惊厥最常见的病因是上呼吸道感染,约占 70%。

464. ABCDE　单纯型热性惊厥的特点是:①惊厥呈全面性发作;②1 次惊厥时间<10 分钟;③1 次热程中只有 1 次发作(C 对);④热性惊厥复发总数≤4 次;⑤脑电图(EEG)检查常无阳性发现。

465. ABCDE　①患婴在高热时,突发惊厥,持续半分钟后自行缓解,应诊断为热性惊厥(B)。②ACDE 不可能于 2 个月前有类似发作史。2018 年真题。

466. ABCDE　题干要求回答的是"惊厥发作时",答案当然是静推地西泮终止惊厥(E)。

467. ABCDE　468. ABCDE　469. ABCDE　470. ABCDE　①终止小儿惊厥首选地西泮缓慢静脉推注,肌注效果不好(B)。②终止新生儿惊厥首选苯巴比妥静注(C)。③终止惊厥持续状态首选苯妥英钠静注(D)。④预防热性惊厥复发的长程用药首选丙戊酸钠,次选苯巴比妥(A)。

471. ABCDE　472. ABCDE　473. ABCDE　474. ABCDE　①1 岁患儿,发热时突发惊厥,首先应考虑热性惊厥,终止发作首选地西泮缓慢静脉注射(D)。②单纯型热性惊厥发作持续时间一般<10 分钟,体

检无神经系统阳性体征。本例在高热时出现惊厥,应诊断为高热惊厥(B)。题干未提及血钙浓度,无低钙惊厥的典型表现,故不答 A。癫痫发作多与高热、感染无关,故不答 C。颅内感染、中毒性脑病的惊厥不会在短时间内终止,惊厥停止后不会宛如常人,故不答 DE。③热性惊厥短程预防首选地西泮口服,连续用药 2~3 天(B)。④热性惊厥长程预防首选丙戊酸钠,次选苯巴比妥(C)。

475. ABCDE 化脓性脑膜炎好发于 5 岁以下小儿,约占 90%。

476. ABCDE ①3 个月以内的幼婴,由于肌肉不发达、肌力较弱、反应低下,因此化脓性脑膜炎时,脑膜刺激征不明显。颈抵抗、Kernig 征、Brudzinski 征均属于脑膜刺激征,故不答 ABC。②Babinski 征为病理反射,2 岁以内的正常婴幼儿均可出现,因此对幼婴化脑的诊断价值不大。③幼婴化脓性脑膜炎时,可有颅内压增高的表现,可出现前囟隆起(E 对)。

477. ABCDE 年龄 3 个月以下的幼婴患化脓性脑膜炎时,临床表现多不典型,如体温可高可低,颅内压增高、脑膜刺激征、惊厥等均不明显(E)。

478. ABCDE 婴幼儿化脓性脑膜炎最重要的诊断依据是脑脊液检查(E)。

479. ABCDE ①病毒性脑膜炎常表现为脑脊液 WBC 计数正常,以淋巴细胞为主(C)。②化脓性脑膜炎的脑脊液 WBC 计数常显著增高,故不答 AE。结核性脑膜炎、真菌性脑膜炎的脑脊液 WBC 计数常轻度增高,故不答 BD。

480. ABCDE 化脓性脑膜炎的脑脊液检查常提示葡萄糖明显降低、氯化物多数降低。ABCD 均正确。

481. ABCDE 患婴前囟饱满,说明存在颅内压增高。患婴发热,惊厥,醒后易激惹,可排除热性惊厥,应考虑脑膜炎。为明确诊断,最有价值的检查是腰椎穿刺脑脊液检查(C)。

482. ABCDE 患婴前囟隆起,说明颅内压增高,可首先排除答案 A。患婴外周血白细胞总数和中性粒细胞比例增高,说明为化脓性脑膜炎的可能性大,故答 E。BCD 脑脊液中的白细胞均轻度增高或正常。

483. ABCDE 小儿化脓性脑膜炎最常见的早期并发症是硬脑膜下积液,发生率约为 80%,1 岁以下婴儿多见。

484. ABCDE 小儿化脓性脑膜炎经有效治疗 48~72h 后脑脊液有好转,但体温不退或退而复升,一般症状好转后出现意识障碍、惊厥、前囟隆起或颅内高压症状,均应考虑合并硬脑膜下积液(D)。

485. ABCDE 患儿脑脊液培养肺炎链球菌阳性,应确诊为化脓性脑膜炎。正规治疗 48~72h 后仍有惊厥,应首先考虑合并硬膜下积液,此为化脓性脑膜炎最常见的并发症。

486. ABCDE 化脓性脑膜炎抗生素疗程一般为:脑膜炎球菌 7 天,肺炎链球菌、流感嗜血杆菌 10~14 天,金黄色葡萄球菌 21 天。

487. ABCDE 488. ABCDE 489. ABCDE 490. ABCDE ①小儿高热惊厥神经系统体征常为阴性,而本例有前囟隆起,故最不可能的诊断是高热惊厥(D)。②为明确急性脑膜炎的病因和性质,首选检查是腰椎穿刺脑脊液检查(D)。③化脓性脑膜炎可并发脑积水,常表现为烦躁不安,嗜睡,呕吐,惊厥发作,颅缝增大,头颅破壶音、头皮静脉扩张。根据题干,本例应诊断为脑积水(D)。硬膜下积液常表现为正规治疗 48~72 小时后脑脊液好转,但体温不降反升,或意识障碍再次出现。脑室管膜炎常表现为高热不退、惊厥、意识障碍不改善、颈项强直进行性加重。BC 均不属于化脓性脑膜炎的并发症,故不答 BC。④为明确有无脑积水,首选检查是头颅 CT(B)。头颅透光试验、硬膜下穿刺常用于诊断硬膜下积液。

491. ABCDE ABCD 均属于散发性先天性甲状腺功能减退症的病因,E 为地方性甲状腺功能减退症的病因。

492. ABCDE ①新生儿甲减常表现为胎粪排出延迟,腹胀,便秘而不是腹泻(C 错)。腹泻是甲亢的典型表现。②ABDE 均属于甲减的临床表现。

493. ABCDE 新生儿甲状腺功能减退症常见于过期产儿,出生体重常大于第 90 百分位,身长和头围可正常,前后囟大。

494. ABCDE 495. ABCDE 496. ABCDE ①先天性甲状腺功能减退症出现典型症状的时间多为半年

(C)。②苯丙酮尿症开始出现症状的时间是生后 3~6 个月,1 岁时症状明显(B)。③唐氏综合征出生时即有明显的特殊面容(A)。

497. ABCDE 498. ABCDE 499. ABCDE 500. ABCDE ①目前多采用出生后 2~3 天的新生儿干血滴纸片检测 TSH 浓度作为先天性甲状腺功能减退症的初筛(C)。②当初筛 TSH>15~20mU/L 时,再测定血清 TSH 和 T_4 以明确诊断(E)。③目前诊断甲亢或甲减最敏感的指标都是血清 TSH 测定(C)。④先天性甲减随访过程中,应根据 TSH 和 T_4 水平调整甲状腺素制剂的剂量(E)。

501. ABCDE ①先天性甲状腺功能减退症常表现为出生后腹胀、便秘、脐疝,出生后半年常有特殊面容(头发干燥、面黄、塌鼻梁、舌体厚大),身材矮小,智能发育低下。根据题干,本例应诊断为先天性甲状腺功能减退症(E)。②先天性巨结肠可有腹胀、便秘、脐疝,但不会出现智力低下。苯丙酮尿症常表现为智力低下,皮肤白皙,尿液和汗液有鼠尿臭味。21-三体综合征可有智力低下,但特殊面容不同于先天性甲减。黏多糖病常表现为粗丑面容、骨骼异常、运动受限、肝脾肿大、智能低下。

502. ABCDE ①诊断甲减最敏感的指标是血清 TSH,其次为 T_4。血清 T_3 可降低或正常,故血清 T_3 不敏感。若患婴血清 T_4 降低、TSH 升高,即可确诊甲减(C)。②甲状腺抗体测定主要用于判断甲减是否为自身免疫性疾病(如慢性淋巴细胞性甲状腺炎)所致。TRH 兴奋试验主要用于鉴别原发性和继发性甲减:即静脉注射 TRH200~500μg 后,若血清 TSH 更高,提示原发性甲减;若血清 TSH 延迟性增高,提示病变在下丘脑水平;若血清 TSH 无增高,提示病变在垂体水平,后两种均为继发性甲减。甲状腺扫描主要用于甲亢、甲状腺肿瘤的诊断。骨龄测定主要用于了解生长发育情况。

503. ABCDE ①先天性甲低的特殊面容为:眼睑浮肿,眼距宽;鼻梁低平,唇厚,舌宽大、常伸出口外;头大颈短,面部黏液水肿;皮肤粗糙,面色苍黄,毛发稀疏、无光泽;患儿身材矮小,躯干长而四肢短小;腹部膨隆,常有脐疝。先天性甲低患儿常有神经系统发育延迟,表现为智能发育低下,表情呆板,淡漠,神经反射迟钝,运动发育障碍等。根据临床表现,本例应考虑先天性甲低。为明确诊断,应首选血清 T_3、T_4、TSH 测定(C)。②尿三氯化铁试验为苯丙酮尿症较大儿童的筛查方法。血清钙、磷测定主要用于诊断甲状旁腺功能亢进症。染色体核型分析主要用于确诊 21-三体综合征。TRH 兴奋试验主要用于鉴别原发性甲低和继发性甲低。

504. ABCDE 甲状腺素是促进神经系统发育最重要的激素,治疗先天性甲减时应补充生理量的甲状腺素,其重要目的是减轻神经系统损害。若生后 3 个月开始治疗,则智能绝大多数可达到正常。若生后 6 个月开始治疗,虽然给予甲状腺素可改善生长状况,但是智能仍会受到严重损害。

505. ABCDE 506. ABCDE 507. ABCDE 508. ABCDE 509. ABCDE 510. ABCDE 511. ABCDE
①先天性甲状腺功能减退症好发于过期儿,常表现为腹胀,便秘,黄疸。根据题干,应首先考虑先天性甲状腺功能减退症。患儿血清 TSH>15~20mU/L,即为先天性甲减筛查阳性,本例血清 TSH 为 50mU/L,故答 C。苯丙酮尿症的汗液呈鼠尿臭味。唐氏综合征常有贯通手。新生儿败血症常表现为"五不一低下",即不吃、不哭、不动、体温不升、体重不增、反应低下。先天性巨结肠多表现为胎便排出延迟,顽固性便秘,腹胀,呕吐及营养不良。②先天性甲状腺功能减退症最重要的病因是甲状腺发育不良或甲状腺不发育(B)。碘缺乏是地方性甲状腺功能减退症的常见病因。③为明确先天性甲减的诊断,当然首选血清 TSH、T_3、T_4 测定(C)。④先天性甲减最主要的治疗措施是口服甲状腺素片(B)。⑤对于先天性甲减,应早期确诊,尽早治疗,以避免对脑发育的损害(A)。⑥先天性甲减,应终身服用甲状腺素片(E)。⑦在甲状腺素片治疗过程中,药物过量常表现为烦躁、多汗、消瘦、腹痛、腹泻等。根据题干,本例应诊断为甲状腺激素过量,故应减少甲状腺素片的剂量(B)。

512. ABCDE 513. ABCDE ①唐氏综合征最突出最严重的临床表现是智能落后(B)。绝大部分患者都有不同程度的智能发育障碍,随着年龄的增长日益明显。②苯丙酮尿症最突出的临床表现是智力发育落后,智商低于正常(B)。③特殊面容、生长发育迟缓、通贯手均为唐氏综合征的一般临床表现。尿液和汗液鼠尿臭味为苯丙酮尿症的一般临床表现。

514. ABCDE ①唐氏综合征可有生长发育迟缓、身材矮小、肌张力低下。②唐氏综合征也称先天愚型，可有愚笨面容。③唐氏综合征的手掌可出现猿线(俗称通贯手)，手掌三叉点 t 上移向掌心，轴三角的 atd 角度>45°，第 4、5 指桡箕增多。④唐氏综合征可有皮肤细腻，皮肤粗糙为先天性甲状腺功能减退症的特点(C)。

515. ABCDE ABCDE 均属于 21-三体综合征的伴发畸形，其中以先心病最常见，约 50%的患儿伴先心病。

516. ABCDE 根据染色体核型不同，可将 21-三体综合征分为三种类型，即标准型(占 95%)、易位型(占 2.5%~5%)和嵌合体型(占 2%~4%)。其中，易位型又细分为 D/G 易位型和 G/G 易位型两类。

517. ABCDE ①标准型 21-三体综合征的再发风险为 1%，母亲年龄越大，风险率越高，>35 岁者发病率明显升高。②母亲为 D/G 平衡易位携带者，子代再发风险率为 10%。③父亲为 D/G 平衡易位携带者，子代再发风险率为 4%。④父母之一为 G/G 易位型患者，绝大多数为散发，仅 5%与遗传有关。⑤母亲为 21q21q 平衡易位携带者，子代发病风险率为 100%。

518. ABCDE ①唐氏综合征主要表现为智能落后、特殊面容(表情呆滞、眼裂小、眼距宽、鼻梁低平、外耳小、头小而圆)、生长发育迟缓(身材矮小、四肢短、手指短)、皮肤细嫩、50%合并先天性心脏病。根据题干，本例应诊断为唐氏综合征。为明确诊断，最有意义的检查是染色体核型分析(C)。②心电图常用于心律失常的诊断。尿液有机酸分析常用于苯丙酮尿症的诊断。胸部 X 线片常用于肺炎的诊断。血清 T_3、T_4、TSH 测定常用于先天性甲减的诊断。2018 年真题。

519. ABCDE 520. ABCDE 521. ABCDE 522. ABCDE ①21-三体综合征、苯丙酮尿症、先天性甲减均属于先天性疾病，均有智力落后，但通贯手为 21-三体综合征的特点，鼠尿臭味为苯丙酮尿症的特点，皮肤粗糙、黏液性水肿为先天性甲减的特点。②营养性维生素 D 缺乏性佝偻病为后天性疾病，智力正常，囟门延迟闭合，方颅畸形(D)。

523. ABCDE 21-三体综合征出生时即有明显的特殊面容，表情呆滞。眼裂小，眼距宽，双眼外眦上斜，可有内眦赘皮；鼻梁低平，外耳小；硬腭窄小，常张口伸舌，流涎多；头小而圆，前囟大且关闭延迟；颈短而宽。四肢短，手指粗短。

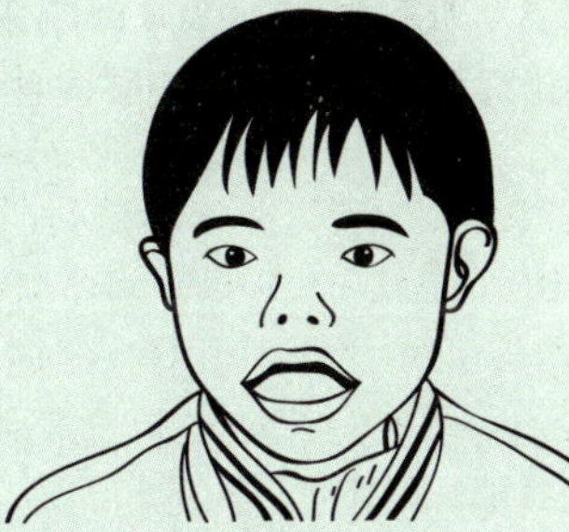

21-三体综合征面容

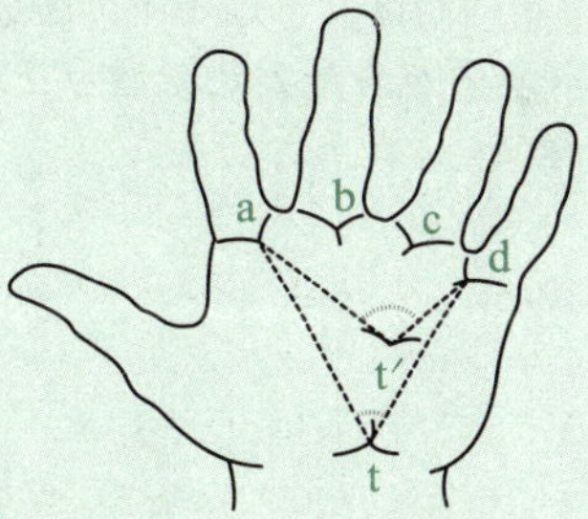

通贯手

524. ABCDE 525. ABCDE 526. ABCDE ①患儿智力低下，可首先排除答案 DE，因为维生素 D 缺乏性佝偻病和侏儒症智力均正常。通贯手为 21-三体综合征的特征性表现，故答 A。患儿面部无水肿，皮肤细腻，可排除答案 C。患儿身体无鼠尿臭味，可排除答案 B。②为确诊 21-三体综合征，首选染色体核型分析(D)。血清甲状腺激素检测常用于诊断先天性甲减。血苯丙氨酸浓度测定、尿液有机酸分析常用于诊断苯丙酮尿症。智力测定无特异性，故不答 E。③约 50%的 21-三体综合征合并有先天性心脏病，可伴有脐疝。由于生长发育迟缓，因此骨龄落后于正常儿童。患儿免疫功能低下，易患感染性疾病。21-三体综合征与先天性肾病无关(D)。

527. ABCDE ①苯丙酮尿症患儿由于苯丙氨酸羟化酶缺乏，苯丙氨酸在体内不能正常转变为酪氨酸，故可造成苯丙氨酸在体内的堆积(B)。②多巴胺由多巴脱羧生成，而多巴的前体为酪氨酸，因此酪氨酸生成减少,将导致血液中多巴胺浓度降低。③5-羟色胺由色氨酸脱羧生成。四氢生物蝶呤是色氨酸等芳香族氨基酸在反应过程中所需的辅酶,非经典苯丙酮尿症患者,由于四氢生物蝶呤缺乏,可使5-羟色胺合成受阻。④丙氨酸由丙酮酸接受氨基生成,故苯丙酮尿症对其影响不大。

528. ABCDE 正常情况下,体内的苯丙氨酸在苯丙氨酸羟化酶作用下,生成酪氨酸而进一步代谢。经典型苯丙酮尿症患儿由于先天性缺乏苯丙氨酸羟化酶,苯丙氨酸不能正常转变为酪氨酸,造成体内苯丙氨酸蓄积,并经转氨基作用生成苯丙酮酸。大量苯丙酮酸及其部分代谢产物(苯乳酸、苯乙酸)由尿排出。由于尿液和汗液中含有较多的苯乙酸,故可出现明显的鼠尿臭味(D)。

529. ABCDE ①身上有鼠尿臭味是苯丙酮尿症(PKU)的特征性表现,患儿智力低下,皮肤头发色素减少,应考虑 PKU。为明确诊断,应行尿有机酸分析,可提供生化诊断依据(C)。②脑电图主要用于新生儿缺氧缺血性脑病的诊断。血钾、钙、镁浓度测定对本病的诊断价值不大。

530. ABCDE 531. ABCDE ①苯丙酮尿症(PKU)是一种常染色体隐性遗传疾病,是因苯丙氨酸羟化酶基因突变导致酶活性降低,使苯丙氨酸及其代谢产物在体内蓄积所致(C)。②唐氏综合征的特征是21 号染色体呈三体征,属于常染色体畸变(A)。

532. ABCDE 苯丙酮尿症患儿出生时正常,通常在 3~6 个月开始出现症状,1 岁时症状明显。

533. ABCDE 苯丙酮尿症一旦确诊,应立即开始治疗,以免影响智力发育。

534. ABCDE 苯丙酮尿症患儿宜采用低苯丙氨酸饮食,至少维持到青春期,终身治疗对患者更有益。

535. ABCDE 苯丙酮尿症婴幼儿期首选母乳喂养,因母乳中苯丙氨酸含量仅为牛奶的 1/3。对幼儿添加辅食时应以低蛋白、低苯丙氨酸食物为主。

536. ABCDE 患儿智能发育落后,惊厥,尿中有鼠尿臭味,毛发棕黄,应诊断为苯丙酮尿症。一旦确诊,应采用低苯丙氨酸饮食治疗至青春期。酪氨酸为非必需氨基酸,体内可以合成,故不答 D。

537. ABCDE 538. ABCDE 539. ABCDE ①鼠尿臭味是苯丙酮尿症的特征,故答 B。②确诊苯丙酮尿症首选血浆氨基酸分析,可作为生化确诊依据(C)。染色体核型分析常用于确诊 21-三体综合征。血清 T_3、T_4 和 TSH 测定常用于确诊先天性甲减。尿三氯化铁试验常用于苯丙酮尿症较大儿童的初筛。Guthrie 细菌生长抑制试验常用于苯丙酮尿症新生儿的初筛。③苯丙酮尿症幼婴宜采用母乳喂养,患婴主要采用低苯丙氨酸配方奶粉治疗,较大儿童可采用低苯丙氨酸饮食治疗。本例为 10 个月幼儿,故答 B 而不是 A。

第二十一篇　实践综合试题

1. 水肿首先出现于身体低垂部位，多见于
   A. 心源性水肿　B. 肾源性水肿　C. 肝源性水肿
   D. 黏液性水肿　E. 营养不良性水肿
2. 夜间咳嗽最常见于
   A. 百日咳　B. 左心衰竭　C. 支气管扩张
   D. 支气管肺癌　E. 肺脓肿
3. 周围性发绀最常见于
   A. 慢性阻塞性肺气肿　B. 肺淤血　C. 法洛四联症
   D. 严重休克　E. 心力衰竭
4. 发作性呼气性呼吸困难常见于
   A. 支气管哮喘　B. 慢性支气管炎　C. 大叶性肺炎
   D. 大量胸腔积液　E. 慢性左心衰竭
5. 头痛伴喷射性呕吐常见于
   A. 急性糜烂性胃炎　B. 幽门梗阻　C. 胃潴留
   D. 颅内压增高　E. 急性胆囊炎
6. 内脏性腹痛的特点是
   A. 疼痛部位不确切　B. 疼痛程度剧烈而持续　C. 可有局部腹肌强直
   D. 疼痛可因体位变化而加重　E. 不伴自主神经兴奋症状
7. 便秘是指 7 天内大便次数少于
   A. 1 次　B. 2 次　C. 3 次
   D. 4 次　E. 5 次
8. 血清结合胆红素的正常值为
   A. 0～3.42μmol/L　B. 1.7～17.1μmol/L　C. 1.7～13.68μmol/L
   D. 1.7～3.42μmol/L　E. 1.3～5.1μmol/L
9. 尿失禁的分类不包括
   A. 持续性溢尿　B. 间歇性溢尿　C. 急迫性溢尿
   D. 压力性溢尿　E. 暂时性溢尿
10. 正常青年人不会出现的胸部叩诊音是
   A. 清音　B. 浊音　C. 实音
   D. 鼓音　E. 过清音
11. 发绀不常出现的部位是
   A. 口唇　B. 耳廓　C. 面颊
   D. 肢端　E. 腹部
12. 玫瑰疹多出现于
   A. 胸腹部　B. 面部　C. 背部

D. 四肢　E. 手掌

13. 气管向患侧移位见于
A. 大量胸腔积液　B. 纵隔肿瘤　C. 张力性气胸
D. 肺不张　E. 单侧甲状腺肿大

14. 颈静脉搏动常见于
A. 右心衰竭　B. 三尖瓣关闭不全　C. 缩窄性心包炎
D. 心包积液　E. 主动脉瓣关闭不全

15. Kussmaul 呼吸常见于
A. 代谢性酸中毒　B. 呼吸性酸中毒　C. 颅内压增高
D. 充血性心力衰竭　E. 抑郁症

16. 下列疾病中,叩诊检查可发现 Kronig 峡增宽的是
A. 肺炎　B. 慢性阻塞性肺气肿　C. 肺结核
D. 肺纤维化　E. 胸腔积液

17. 肺部湿啰音的特点不包括
A. 持续时间较短　B. 强度性质易变　C. 多呈断续性
D. 吸气时较为明显　E. 咳嗽后可减轻或消失

18. 正常人肺部可闻及的湿啰音为
A. 粗湿啰音　B. 中湿啰音　C. 细湿啰音
D. 小水泡音　E. 捻发音

19. 下列哪种疾病不会闻及干啰音?
A. 支气管结核　B. 支气管异物　C. 支气管肿瘤
D. 支气管闭塞　E. 支气管狭窄

20. 单纯 S_1 增强常见于
A. 二尖瓣关闭不全　B. 二尖瓣狭窄　C. 甲状腺功能减退
D. 急性心肌梗死　E. 心房颤动

21. 第二心音反常分裂常见于
A. 完全性左束支传导阻滞　B. 完全性右束支传导阻滞　C. 二尖瓣关闭不全
D. 房间隔缺损　E. 室间隔缺损

22. 舒张晚期奔马律常见于
A. 重症心肌炎　B. 扩张型心肌病　C. 主动脉瓣狭窄
D. 主动脉瓣关闭不全　E. 急性心肌梗死

23. 可出现奇脉的疾病是
A. 主动脉瓣关闭不全　B. 左心衰竭　C. 甲状腺功能亢进症
D. 动脉导管未闭　E. 缩窄性心包炎

24. 正常腹部触诊可触及下列哪种脏器?
A. 脾脏　B. 胆囊　C. 膀胱
D. 横结肠　E. 子宫

25. 下列哪个脏器的包块不随呼吸上下移动?
A. 胆囊　B. 脾脏　C. 游走肾
D. 肝脏　E. 胃

26. 不出现杵状指的疾病是
A. 慢性肺脓肿　B. 慢性支气管炎　C. 支气管扩张症

D. 支气管肺癌　E. 肝硬化

27. 肢体能在床面上水平移动，但不能抬离床面，提示肌力为

A. 1 级　B. 2 级　C. 3 级

D. 4 级　E. 5 级

28. 患者 APTT 延长，提示下列哪一组凝血因子缺陷?

A. FⅧ、FⅨ、FⅪ　B. FⅢ、FⅪ、FⅫ　C. FⅡ、FⅢ、FⅤ

D. FⅤ、FⅦ、FⅧ　E. FⅡ、FⅤ、FⅦ

29. 慢性肾小球肾炎晚期常出现的蛋白尿是

A. 小分子量蛋白尿　B. 中分子量蛋白尿　C. 大分子量蛋白尿

D. 混合性蛋白尿　E. 清蛋白尿

30. 正常粪便不应含有

A. 红细胞　B. 白细胞　C. 脂肪颗粒

D. 大肠埃希菌　E. 淀粉颗粒

31. 不符合漏出液特点的是

A. 比重<1.018　B. 不自凝　C. Rivalta 试验阳性

D. 淡黄色透明液　E. 细胞计数$<100\times10^6/L$

32. 完全性梗阻性黄疸时，粪胆素的含量

A. 增加　B. 显著增加　C. 正常

D. 减少或无　E. 不定

33. $FEV_1/FVC\%$明显减少常见于

A. 肺结核　B. 肺间质纤维化　C. 支气管哮喘急性发作

D. 支气管肺炎　E. 早期肺气肿

34. 男，21 岁。查体见奇脉。奇脉的产生机制是吸气时

A. 左心室搏出量减少　B. 肺循环血量增加　C. 左心室收缩力增强

D. 体循环回流增加　E. 心律不齐

35. 女，68 岁。因咳嗽、咳痰服用“头孢克洛”治疗 12 天后出现腹泻，无明显腹痛。取粪便标本行细菌培养，发现大量革兰染色阳性葡萄球菌。该患者腹泻的主要原因是

A. 内毒素作用于肠黏膜　B. 菌群失调　C. 结肠蠕动增强

D. 肠黏膜渗出增加　E. 细菌侵袭肠黏膜所致

36. 区别血红蛋白尿与血尿的主要方法是

A. 尿蛋白电泳　B. 尿比重　C. 尿沉渣镜检

D. 尿胆红素　E. 尿蛋白定性试验

37. 心尖部收缩中晚期喀喇音提示

A. 二尖瓣脱垂　B. 室壁瘤形成　C. 二尖瓣狭窄

D. 主动脉瓣关闭不全　E. 室间隔穿孔

38. 目前最常用的评价肾小球滤过率的指标是

A. 血尿素氮　B. 菊粉清除率　C. 内生肌酐清除率

D. 血肌酐　E. 血尿素

39. 女，50 岁。双下肢水肿 10 余年，晨轻暮重，无眼睑水肿和泡沫尿。查体：BP130/70mmHg，双肺呼吸音清，心界不大，心率 87 次/分，律齐，腹软，肝脾肋下未触及，移动性浊音阴性，双下肢凹陷性水肿，浅静脉呈蚯蚓状改变。该患者下肢水肿的最可能原因是

A. 心肌收缩力降低　B. 淋巴液回流受阻　C. 下肢静脉压增高

D. 血浆胶体渗透压降低　　E. 血浆晶体渗透压降低

40. 砖红色胶冻样血痰主要见于

A. 流感嗜血杆菌肺炎　　B. 铜绿假单胞菌肺炎　　C. 肺炎克雷伯杆菌肺炎

D. 金黄色葡萄球菌肺炎　　E. 肺炎链球菌肺炎

41. 硬管乙状结肠镜检查过程中，最严重的并发症是

A. 交叉性感染　　B. 肛门皮肤撕裂　　C. 肠壁穿破

D. 肠壁出血　　E. 误伤内痔或混合痔

42. 女，45 岁。回肠及部分空肠切除术后出现排稀水样便，每日 10 余次，进食后加重。腹泻的主要原因是

A. 肠道感染　　B. 吸收不良　　C. 肠道细菌过度生长

D. 肠蠕动加快　　E. 分泌增加

43. 女，65 岁。慢性心力衰竭 5 年，因胸闷、乏力、下肢水肿加重 1 周就诊。服用强心、利尿剂后症状改善。用药后水肿改善的原因是

A. 血浆胶体渗透压降低　　B. 毛细血管后阻力增高　　C. 毛细血管血压降低

D. 毛细血管前阻力增高　　E. 血浆晶体渗透压升高

44. 患者，男，23 岁。1 周前淋雨后受凉，突发寒战高热、咳嗽咳痰，最高体温 39.6℃。曾给予头孢菌素治疗，体温稍降低。查体 T38.1℃，双肺呼吸音粗糙，可闻及胸膜摩擦音。其胸膜摩擦音的听诊特点是

A. 仅能在吸气时听到　　B. 仅能在呼气时听到　　C. 呼气初明显

D. 与心搏一致　　E. 心前区听得最清楚

A. 房间隔缺损　　B. 室间隔缺损　　C. 动脉导管未闭

D. 法洛四联症　　E. 主动脉缩窄

45. 肺动脉瓣区第二心音(P_2)亢进、固定分裂见于

46. 肺动脉瓣区第二心音(P_2)减低见于

实践综合试题参考答案及详细解答

（正确答案为绿色的选项）

1. ABCDE　①心源性水肿多见于右心衰竭，常首先出现于身体低垂部位，因低垂部位流体静水压较高（A）。②肾源性水肿多从眼睑、颜面开始。肝源性水肿多从踝部开始，逐渐向上蔓延。黏液性水肿一般不受体位影响。营养不良性水肿常从足部开始逐渐蔓延至全身。

2. ABCDE　夜间咳嗽常见于左心衰竭、肺结核，可能与夜间肺淤血加重、迷走神经兴奋性增高有关。

3. ABCDE　①周围型发绀是由于周围循环血流障碍所致，常见于严重休克（D）。②慢性阻塞性肺气肿、肺淤血、法洛四联症常导致中心性发绀，心力衰竭常导致混合性发绀。

4. ABCDE　①支气管哮喘常表现为阵发性呼气性呼吸困难（A）。②慢性支气管炎常引起持续性呼气性呼吸困难，大叶性肺炎、大量胸腔积液常导致混合性呼吸困难，慢性左心衰竭常导致心源性呼吸困难。

5. ABCDE　头痛伴喷射性呕吐是颅内压增高的特点。

6. ABCDE　①内脏性腹痛的特点包括：疼痛部位不确切，接近腹中线；疼痛感觉模糊；常伴恶心呕吐等自主神经兴奋症状（A）。②BCD 为躯体性腹痛的特点。

7. ABCDE　便秘是指 7 天内大便次数少于 3 次，伴排便困难、大便干结。

8. ABCDE　血清结合胆红素的正常值为 0~3.42μmol/L，非结合胆红素正常值为 1.7~13.68μmol/L，总胆红素正常值为 1.7~17.1μmol/L。

9. ABCDE　临床上常将尿失禁分为 ABCD 四类，不包括暂时性尿失禁。

10. ABCDE　①过清音是介于鼓音和清音之间的一种类乐性音，是正常成人不会出现的一种病态叩诊音（E）。②清音是正常肺部叩诊音，浊音为正常心脏叩诊音，实音为正常肝脏叩诊音，鼓音为正常胃泡区叩诊音。

11. ABCDE　发绀常出现于口唇、耳廓、面颊、肢端，常见于还原型血红蛋白增多。

12. ABCDE　玫瑰疹多出现于胸腹部，是伤寒、副伤寒的特征性皮疹。

13. ABCDE　ABCE 气管向健侧移位，肺不张气管向患侧移位。

14. ABCDE　①颈静脉搏动常见于三尖瓣关闭不全（B）。②右心衰竭、缩窄性心包炎、心包积液常导致颈静脉怒张，主动脉瓣关闭不全常导致颈动脉明显搏动。

15. ABCDE　库斯莫尔（Kussmaul）呼吸常见于糖尿病酮症酸中毒、尿毒症酸中毒等严重代谢性酸中毒（A）。呼吸性酸中毒常导致呼吸深快，颅内压增高常导致呼吸缓慢、间停呼吸，充血性心力衰竭常导致潮式呼吸，抑郁症常导致叹气样呼吸。

16. ABCDE　Kronig 峡是指肺尖的宽度，Kronig 峡变宽常见于肺气肿，Kronig 峡变窄常见于肺结核肺尖浸润、纤维变、萎缩。

17. ABCDE　湿啰音为呼吸音外的附加音，断续而短暂，一次常连续多个出现，于吸气时或吸气终末较为明显，有时也可出现于呼气早期，部位较为恒定，性质不易变化，中小湿啰音可同时存在，咳嗽后可减轻或消失。

18. ABCDE　①正常老年人、长期卧床者，可于肺底部闻及捻发音，在数次深呼吸或咳嗽后可消失，一般无临床意义（E）。②粗湿啰音、中湿啰音、细湿啰音（小水泡音）仅见于病理状态。

19. ABCDE　干啰音是气管、支气管或细支气管狭窄或部分阻塞，空气吸入或呼出时形成湍流所产生的声音。故支气管完全闭塞时，由于没有气流通过支气管，既不会出现干啰音，也不会出现呼吸音。

20. ABCDE ①二尖瓣狭窄时，由于心室充盈减慢减少，以致在心室开始收缩时二尖瓣位置低垂；由于左心室充盈减少，心室收缩时左心室内压上升加速和收缩时间缩短，可造成瓣膜关闭时振动幅度加大，导致 S_1 亢进（B）。②二尖瓣关闭不全、甲状腺功能减退、急性心肌梗死常造成 S_1 减弱，心房颤动常导致 S_1 强弱不等。

21. ABCDE ①第二心音反常分裂是指主动脉瓣关闭迟于肺动脉瓣，吸气时分裂变窄，呼气时变宽，常见于完全性左束支传导阻滞（A）。②完全性右束支传导阻滞、二尖瓣关闭不全、室间隔缺损常导致第二心音通常分裂。房间隔缺损常导致第二心音固定分裂。

22. ABCDE ①舒张晚期奔马律的发生与心房收缩有关，多见于阻力负荷过重引起心室肥厚的心脏病，如高心病、肥厚型心肌病、主动脉瓣狭窄等（C）。②重症心肌炎、扩张型心肌病、急性心肌梗死常导致舒张早期奔马律。

23. ABCDE ①奇脉是指吸气时脉搏明显减弱或消失，系左心室搏出量减少所致，常见于缩窄性心包炎、心脏压塞（E）。②主动脉瓣关闭不全、甲状腺功能亢进症、动脉导管未闭常导致水冲脉。左心衰竭常表现为交替脉。

24. ABCDE 正常腹部可触及的结构包括腹直肌肌腹及腱划、腰椎椎体、骶骨岬、乙状结肠粪块、横结肠、盲肠。ABCE 均不能于正常腹部触及。

25. ABCDE 肾脏属于腹膜后位脏器，其包块不可能随呼吸上下移动（C）。ABDE 均属于腹腔脏器，其包块当然让可随呼吸上下移动。

26. ABCDE 请注意，支气管扩张症、支气管肺癌均可出现杵状指，但慢性支气管炎不出现杵状指。

27. ABCDE 肌力分为 6 级：0 级：完全瘫痪，测不到肌肉收缩。1 级：仅能测到肌肉收缩，但不能产生动作。2 级：肢体能在床面上水平移动，但不能抵抗自身重力，即不能抬离床面。3 级：肢体能抬离床面，但不能抗阻力。4 级：能做抗阻力动作，但不完全。5 级：正常肌力。

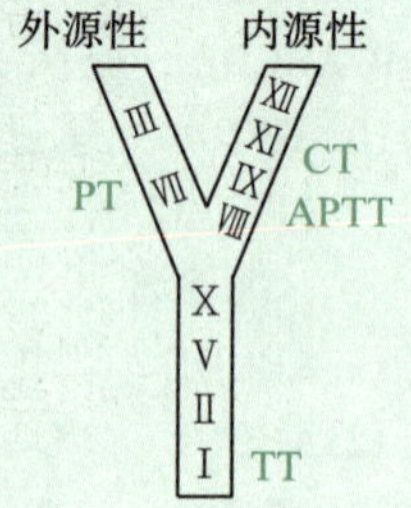

凝血途径简图

28. ABCDE ①活化部分凝血活酶（APTT）是反映内源性凝血系统较为灵敏的指标，APTT 延长见于 FⅫ、FⅪ、FⅨ、FⅧ、FⅩ、FⅤ、FⅡ、FⅠ异常（A）。②凝血酶原时间（PT）延长见于外源性凝血系统异常，如 FⅢ、FⅦ、FⅩ、FⅤ、FⅡ、FⅠ异常。

29. ABCDE 混合性蛋白尿是肾小球和肾小管同时受损所致，常见于晚期慢性肾小球肾炎、晚期肾盂肾炎。

30. ABCDE ①正常粪便不应含有红细胞，当下消化道出血时可有红细胞。②正常粪便中不见或偶见白细胞。正常粪便中当然偶见食物残渣，如脂肪颗粒、淀粉颗粒。正常粪便当然含有大量大肠埃希菌。

31. ABCDE 漏出液由于蛋白质含量较少，Rivalta 试验常为阴性。ABDE 均为漏出液的特点。

32. ABCDE 完全性梗阻性黄疸时，排入肠腔的胆红素减少，粪胆素显著减少或无，大便呈白陶土色。

33. ABCDE $FEV_1/FVC\%$明显减少常见于阻塞性通气功能障碍，如支气管哮喘急性发作（C）。

34. ABCDE 奇脉是指吸气时脉搏明显减弱或消失，系左心室搏出量减少所致。

35. ABCDE ①长期大量使用广谱抗生素（头孢克洛），可导致肠道菌群失调，引起腹泻（B）。②内毒素是革兰阴性菌而不是革兰阳性菌产生的，故可首先排除答案 A。结肠蠕动增强一般会出现腹痛，故不答 C。DE 与题干所述关系不大。

36. ABCDE ①血红蛋白尿是由于发生血管内溶血，血浆中大量游离的血红蛋白进入原尿，超过肾小管的重吸收阈值所致。临床上常采用尿沉渣镜检、尿隐血试验来区分血红蛋白尿和血尿。若尿沉渣镜检离心后上清液颜色不变，镜检时不见红细胞，尿隐血试验呈强阳性，则为血红蛋白尿。若尿沉渣离心后上清液红色消退，镜检见大量红细胞，尿隐血试验阴性或弱阳性，则为血尿，故答 C。参阅实用诊断学 P659。②尿蛋白电泳常用于估计尿蛋白的选择性、鉴别病变部位是在肾小球还是肾小管。尿比重是反映肾小管浓缩稀释功能的指标。尿胆红素是反映机体胆红素代谢的指标。尿蛋白定性试验主要用于了解肾小球的滤过功能。2018年真题。

37. ABCDE ①二尖瓣脱垂患者在收缩中、晚期二尖瓣脱入左心房，瓣叶突然紧张、腱索拉紧产生震动，可出现额外心音，称为喀喇音(A)。②室壁瘤形成可于心尖区闻及收缩期杂音，而不是喀喇音。二尖瓣狭窄可于心尖区闻及舒张期杂音。主动脉瓣关闭不全可于主动脉瓣区闻及舒张期杂音。室间隔穿孔可于胸骨左缘第3~4肋间闻及响亮的收缩期杂音。2018年真题。

38. ABCDE ①菊粉清除率与内生肌酐清除率均可反映肾小球滤过率，前者操作复杂，临床上少用，多用于科研；后者测定方法简便，干扰因素较少，无需多次抽血，临床上最常用，故答C而不是B。参与5版《内科学》P516，9版《内科学》已删除。②血尿素氮、血肌酐、血尿素测定也可反映肾小球滤过功能，但不敏感。2018年真题。

39. ABCDE ①中年女性长期双下肢凹陷性水肿，浅静脉呈蚯蚓状改变，说明伴有静脉压增高、静脉回流障碍，故答C。②心肌收缩力降低为心源性水肿的发病机制。淋巴回流受阻导致的水肿常见于非特异性淋巴管炎、淋巴结切除术后、丝虫病等，与题干所述不符。血浆胶体渗透压降低常见于肝源性水肿，多伴有腹腔积液、门静脉高压症、低蛋白血症。血浆晶体渗透压降低不是水肿的发病机制，故不答E。2018年真题。

40. ABCDE ①肺炎克雷伯杆菌肺炎的特征性痰液为砖红色胶冻样血痰(C)。②流感嗜血杆菌肺炎多为脓性痰。铜绿假单胞菌肺炎为黄绿色、翠绿色痰液。金黄色葡萄球菌肺炎为金黄色痰液。肺炎链球菌肺炎为铁锈色痰。2018年真题。

41. ABCDE 硬管乙状结肠镜检查的常见并发症包括肠壁穿破、肠出血、肠系膜裂伤、心脑血管意外、气体爆炸。其中，肠壁穿破是最严重的并发症，一旦发生需急诊手术治疗。2018年真题。

42. ABCDE ①小肠大部切除后，由于肠黏膜吸收面积减少或吸收障碍，可导致吸收不良性腹泻(B)。②肠道感染、肠道细菌过度生长可导致渗出性腹泻。肠蠕动加快可导致动力性腹泻。分泌增加可导致分泌性腹泻。2018年真题。

43. ABCDE ①慢性右心衰竭时，有效循环血量减少，肾血流量减少，继发性醛固酮增多引起水钠潴留及静脉淤血，造成毛细血管血压增高，组织液回吸收减少，导致双下肢水肿。服用强心剂、利尿剂后，心脏射血增多、前负荷降低，导致毛细血管血压降低，组织液回吸收增加，水肿改善(C)。②血浆胶体渗透压降低可导致下肢水肿加重，而不是水肿改善，故不答A。BDE对下肢水肿的形成影响不大。2018年真题。

44. ABCDE 胸膜摩擦音通常于呼吸两相均可听到，一般于吸气末或呼气初较为明显，屏气时消失(C对)。胸膜摩擦音在前下侧胸壁听得最清楚，因呼吸时该区域的呼吸动度最大。"与心搏一致"是心包摩擦音的特点，故不答D。2018年真题。

45. ABCDE 46. ABCDE ①固定分裂是房间隔缺损的特征性表现，故答A。房间隔缺损、室间隔缺损、动脉导管未闭均可发生左向右的分流，造成肺循环血量增加，导致肺动脉高压，出现肺动脉瓣区第二心音(P_2)亢进。②法洛四联症为右向左分流型先心病，可造成肺循环血量减少，导致肺动脉压降低，出现肺动脉瓣区第二心音(P_2)减低。③主动脉缩窄属于无分流型先心病，肺循环血量不明显变化，不会出现肺动脉瓣区第二心音变化。2018年真题。